Der deutsche Wein

herausgegeben von
Hans Ambrosi und Helmut Becker

Der deutsche Wein

Von Karl Adams · Hans Ambrosi · Georg Anders
Hans Joachim Arndt · Helmut Arntz · Hans Helmut Asbach
Carl Michael Baumann · Helmut Becker · Theo Becker
Werner Becker · Karl Ludwig Bieser · Bernhard Breuer
Helmut Hans Dittrich · Ernst Eichhorn · Franz-Heinz Eis
Karl-Heinz Faas · Josef Frank · Bruno Götz
Gerhard Götz · Friedrich Gollmick · Horst-Ulrich Großer
Hanns Joachim Guntrum · Helmut Haubs · Günther Horney
Erwin Kadisch · Wilhelm Kiefer · Karl Kriegeskorte · Arne Krüger
Franz Werner Michel · Albert Paul · Winfried Rathke
Karl Röder · Georg Scheuerpflug · Renate Schoene
Rüdiger Schornick · Fritz Schumann · Reinhold Schwalbach
Josef Staab · Peter Wilhelm von Weymarn · Angelika Wilcke
Heinz-Gert Woschek · Heinrich Zakosek · Karl-Heinz Zerbe

Herausgegeben von

Hans Ambrosi und Helmut Becker

Gräfe und Unzer Verlag München

Inhalt

Präsident Werner Tyrell
Zum Geleit 8

Hans Ambrosi und Helmut Becker
Über dieses Buch 9
Die Autoren 10

Fritz Schumann
Die Geschichte des Weines 13
Die Wildrebe 13 · Beginn der Weinkultur 14 · Römischer Weinbau 15 · Weinbau im Mittelalter 16 · Weinbau der Neuzeit 18 · Weinbau im 19. Jahrhundert 20

Helmut Becker
Der Weinbau in der Welt 22
Die Rebe 22 · Die Standorte 22 · Der Wein 23 · Die Tafeltrauben 24 · Rosinen, Sultaninen, Korinthen und Zibeben 24 · Der Traubensaft 24 · Die Traubensaftkonzentrate 24

Die Rebe und ihre Umwelt

Helmut Becker
Die Rebe 26
Aufbau der Rebe 26 · Das Sproßsystem 26 · Das Wurzelsystem 28 · Der innere Bau der Rebe 28 · Die Physiologie der Rebe 29 · Austrieb und Wachstum 29 · Wasserhaushalt 30 · Mineralische Ernährung 30 · Die Photosynthese 31 · Die Rebe im botanischen System 31

Helmut Becker
Rebenveredelung und Rebenzüchtung 32
Ursache: Die Reblaus 32 · Folge: Der Pfropfrebenbau 35 · Die Rebenveredelung 36 · Grundlagen der Rebenzüchtung 40 · Methoden der Rebenzüchtung 41 · Ziele und Stand der Rebenzüchtung 42

Helmut Becker
Die Rebsorten 43
Die Entstehung des Sortimentes 43 Das heutige Sortiment 44 · Die Ertragssorten 45 · Die Deckrotweinsorten 53 Die Unterlagensorten 54 · Die Rebenzüchter 57 · Die Rebenpflanzguterzeuger 58

Heinrich Zakosek
Gestein und Wein 58
Bodenentstehung 58 · Bodenart und Bodengefüge 60 · Bodenwasser 60 Bodenwärme und Bodenatmung 63 Boden und Unterlagen 64 · Bodenkarten 64 · Bodenschutz und Bodenpflege 64 · Boden und Weincharakter 64

Günther Horney
Wetter und Klima 65
Das Großklima 65 · Pflanzenphysiologische Klimaanforderungen 65 · Das Gelände- und Lokalklima 66 · Das Bestandsklima 66 · Das Klima der deutschen Weinbaugebiete 67 · Die Klimakartierung 69 · Klima und Jahrgang 69 »Kometenwein« 71 · »Mondeinfluß« und »Hundertjähriger Kalender« 72 Bauernregeln 72

Helmut Becker
Hausreben und Tafeltrauben 74
Die Traube als Obst 74 · Der Standort 74 · Die Pflanzen 74 · Das Auspflanzen 75 · Der Aufbau des Stockes 75 · Der Schnitt 75 · Die Laubbehandlung 76 · Schädlingsbekämpfung und Düngung 76 · Das Ausbeeren 77 Ernte und Aufbewahrung 78 · Die Tafeltraubensorten 78 · Die Rebenlaube 81

Weinbau und Weinbereitung

Wilhelm Kiefer
Die Arbeit im Weinberg 84
Die Erstellung von Neuanlagen 84 · Das Rigolen 84 · Das Pflanzen 84 · Die Jungfeldpflege 85 · Die Rebenerziehung 85 · Unterstützungsvorrichtungen 86 · Der Rebschnitt 87 · Rebschnitt und Menge-Güte-Verhältnis 87 · Das Gerten 88 · Die Laubarbeiten 88 · Die Bodenbearbeitung 89 · Mechanische Bodenbearbeitung 89 · Biologische Bodenbearbeitung 90 · Chemische Bodenbearbeitung 90 · Bodenbedeckung 90 Die Düngung 90 · Organische Düngung 90 · Mineralische Düngung 90 Pilzkrankheiten und ihre Bekämpfung 91 · Falscher Mehltau 91 · Echter Mehltau 91 · Grauschimmel 92 · Sonstige Pilzerkrankungen 92 · Rebschädlinge und ihre Bekämpfung 92 · Schäden durch Wespen, Bienen, Vögel und ihre Bekämpfung 93 · Stiellähme, Viruserkrankungen und ihre Bekämpfung 93 Die Dürreberegnung 94 · Der Frostschutz 94 · Die Traubenlese 95 · Zeitpunkt der Lese 95 · Verordnungen zur Lese 95 · Durchführung der Lese 95 Die Flurbereinigung 96 · Mechanisierung durch Transport- und Pflegeschlepper 97 · Mechanisierung der Laubarbeiten 98 · Mechanisierung der Bodenbearbeitung 98 · Mechanisierung der Düngung 98 · Mechanisierung der Schädlingsbekämpfung 99 · Mechanisierung der Traubenlese 100

Helmut Hans Dittrich
Chemie und Mikrobiologie 100
Definition des Weines 100 · Die Zusammensetzung des Mostes 100 · Die Hefen und die alkoholische Gärung 102 · Die Gärungs-Nebenprodukte 103 · Das »Schwefeln« und die schweflige Säure 104 · Die Anreicherung des Mostes 105 · Chemische Säureverminderung und bakterieller Säureabbau 105 Qualitätsminderungen und Fehler des Weines 105 · Stabilisieren und Schönen 106 · Zusammensetzung und Haltbarkeit des Weines 107 · Spitzenweine 107

Helmut Haubs
Weinbereitung 108
Die Verarbeitung der Trauben 108 · Das Keltern 110 · Die Qualitätsverbesserung des Mostes 111 · Die Gärtechnik 111 · Die Weinbehälter 112 · Abstich und Reifung 113 · Die Stabilisierung 114 Klärung und Schönung 115 · Der Verschnitt 119 · Die Restsüße 120 · Die Abfüllung 121

Josef Frank
Die Großkellerei 123

Helmut Becker
Forschung und Ausbildung 125
Wissen fürs Überleben 125 · Forschungseinrichtungen 125 · Berufsausbildung und Beratung 126

Die Weinbaugebiete

Franz-Heinz Eis
Ahr 128
Landschaft 128 · Geschichte 128
Standorte 129 · Boden 129
Klima 129 · Rebsorten 129 · Anbau 130 · Art 131 · Erzeugung und Absatz 131 · Weinreise 132 · Die Lagen 132

Rüdiger Schornick
Mittelrhein 133
Landschaft 133 · Geschichte 133
Standorte 134 · Boden 134
Klima 134 · Rebsorten 137 · Anbau 137 · Art 137 · Erzeugung 137
Absatz 137 · Die Lagen 138 · Weinreise 139

Karl-Heinz Faas
Mosel-Saar-Ruwer 139
Landschaft 139 · Geschichte 139
Standorte 140 · Boden 140
Klima 140 · Rebsorten 140 · Anbau 141 · Art 142 · Erzeugung 142
Absatz 142 · Weinreise 142 · Die Lagen 144

Karl Röder
Nahe 147
Landschaft 147 · Geschichte 147
Standorte 148 · Boden 148
Klima 148 · Rebsorten und Art 148
Anbau 149 · Erzeugung 149 · Absatz 151 · Weinreise 152 · Die Lagen 152

Josef Staab
Rheingau 156
Landschaft 156 · Geschichte 156
Standorte 157 · Boden 157
Klima 157 · Rebsorten 157 · Anbau 158 · Art 158 · Erzeugung und Absatz 159 · Weinreise 159 · Die Lagen 160

Ernst Eichhorn
Hessische Bergstraße 161
Landschaft 161 · Geschichte 161
Standorte 162 · Boden 162
Klima 162 · Rebsorten 162 · Anbau 163 · Art 163 · Erzeugung und Absatz 163 · Weinreise 164 · Die Lagen 164

Erwin Kadisch
Rheinhessen 164
Landschaft 164 · Geschichte 164
Standorte 165 · Boden 165
Klima 165 · Rebsorten 166 · Anbau 167 · Art 167 · Erzeugung und Absatz 168 · Weinreise 168 · Die Lagen 169

Karl Adams
Rheinpfalz 173
Landschaft 173 · Geschichte 173
Standorte 174 · Boden 174
Klima 174 · Rebsorten 174 · Anbau 174 · Art 174 · Erzeugung und Absatz 175 · Weinreise 175 · Die Lagen 177

Bruno Götz
Baden 179
Landschaft 179 · Geschichte 179
Standorte 180 · Boden 180
Klima 180 · Rebsorten 181 · Anbau 181 · Art 181 · Erzeugung und Absatz 181 · Weinreise 182 · Die Lagen 184

Gerhard Götz
Württemberg 188
Landschaft 188 · Geschichte 188
Standorte 191 · Boden 191
Klima 191 · Rebsorten 191 · Anbau 192 · Art 192 · Erzeugung und Absatz 193 · Weinreise 194 · Die Lagen 195

Georg Scheuerpflug
Franken 198
Landschaft 198 · Geschichte 198
Standorte 198 · Boden 199
Klima 199 · Rebsorten 200 · Anbau 200 · Art 200 · Erzeugung 200
Absatz 201 · Weinreise 201 · Die Lagen 202

Friedrich Gollmick
Weinbau in der DDR 204
Landschaft 204 · Geschichte 204
Standorte 205 · Boden 206
Klima 206 · Rebsorten 206 · Anbau 206 · Art 209 · Lagen 209 · Erzeugung und Absatz 209

Hans Ambrosi
Die Lagennamen 211

Das Weinrecht

Werner Becker
Deutscher Wein in der EG 216

Carl Michael Baumann
Weinrecht und Etikett 221
Weinrecht im Übergang 221 · Grundsätze des Weinrechts 222 · Die Qualitätsstufen 224 · Der Tafelwein 224 · Der Qualitätswein (bA) 224 · Der Qualitätswein mit Prädikat 225 · Die Weinartbezeichnungen 226 · Die Herkunftsbezeichnungen 226 · Markenwein und Handelsmarken 227 · Geschmacks- und Abfüllerangaben 228

Horst-Ulrich Großer
Die amtliche Prüfung 228
Die Voraussetzungen 228 · Die Anstellung 229 · Die Prüfungsbehörden 230
Theorie der Prüfung 230 · Praxis der Prüfung 231 · Die Weinüberwachung 232 · Prüfungsstatistik 233

Angelika Wilcke
Prämierungen, Siegel, Gütezeichen 234
Die DLG 234 · Das Deutsche Weinsiegel 235 · Die Bundesweinprämierung 237 · Die Regionalprämierungen 239 · Das badische Gütezeichen 243

Die Weinwirtschaft

Albert Paul
Weinstatistik 246
Statistik der Weinmosternte 246
Statistik der Weinbestände, der Weinerzeugung, des Weinverbrauchs und der Lagerbehälter 249 · Weinbaukataster 250 · Weinbauerhebung 251

Carl Michael Baumann
Weinwerbung 253
Die Grundlagen 253 · Die Verbraucheraufklärung 254 · Schulung, Fortbildung 254 · Die Öffentlichkeitsarbeit 254 · Die Deutsche Weinkönigin 256

Franz Werner Michel
Weinverkauf und Weinverbrauch 256
Das System 256 · Die Angebotsstruktur 257 · Die Absatzwege 261 · Der Weinverbrauch 262 · Die Preisbildung 263

Bernhard Breuer und Hanns Joachim Guntrum
Weinexport 265
Liebfraumilch und Markenwein 265
Entwicklung des Exportes 265 · Schwierigkeiten 268 · Helfer und Hilfen 269
Herkunft, Qualität und Verbrauch 270

Werner Becker
Der Deutsche Weinbauverband 271

Karl Ludwig Bieser
Die Winzergenossenschaften 273
Geschichte 273 · Auf dem Weg zur mo-

dernen Winzergenossenschaft 274 · Gegenwart 276 · Ziele und Leistungen der modernen Winzergenossenschaft 279

Georg Anders
Weinhandel 282

Reinhold Schwalbach
Die Weinkommissionäre 285

Karl Kriegeskorte
Die Weinhandelsvertreter 287

Peter Wilhelm von Weymarn
Die Prädikatsweingüter 289

Hans Ambrosi
Versteigerungen, Märkte, Messen 290
Überblick 290 · Weinversteigerungen 291 · Weinmärkte 292 · Weinmessen 292

Vom Umgang mit Wein

Theo Becker
Weinflasche und Weinglas 294
Die Flasche 294 · Das Glas 294

Heinz-Gert Woschek
Die Flaschenausstattung 298

Karl-Heinz Zerbe
Der Flaschenkeller 301

Hans Joachim Arndt
Riechen und Schmecken 302
Riechschleimhaut und Riechnerven 302 · Das Riechhirn 303 · Die Physiologie des Riechens 303 · Das Geschmacksorgan 304 · Die Physiologie des Schmeckens 305

Hans Ambrosi
Weinbeurteilung und Weingenuß 306
Weinqualität 306 · Weinansprache 306 · Weinprüfung 308 · Weinuntersuchung 308 · Weinbewertung 310 Weingenuß 312

Hans Ambrosi und Helmut Becker
Die Art der deutschen Weine 314
Artbestimmende Faktoren 314 · Die Vielfalt deutscher Weine 314 · Weißer Riesling 314 · Müller-Thurgau 315 Silvaner 315 · Traminer und Gewürztraminer 316 · Ruländer 316 · Weißer Burgunder 316 · Auxerrois 316 · Gutedel 316 · Scheurebe 316 · Kerner 316 Ehrenfelser 316 · Morio-Muskat 317 Faber 317 · Huxelrebe 317 · Bacchus 317 · Deutsche Muskatweine 317 Die Art neuer Weißweinsorten 317 Deutsche Rotweine 317 · Portugieser 317 · Blaue Burgunder 317 · Blauer Trollinger 318 · Schwarzriesling 318 Lemberger 318 · Blauer Saint-Laurent 318 · Rotberger 318 · Weißer Ausbau roter Trauben 318 · Der Jahrgang 319 · Die Reifung 319 · Die Restsüße 320

Arne Krüger
Wein und Speise 321

Winfried Rathke
Wein und Gesundheit 323
Alte Erfahrung 323 · Der Wein als Nahrungsmittel 323 · Die Bekömmlichkeit des Weines 324 · Der Wein in den Verdauungsorganen 324 · Der Wein in Blut und Leber 325 · Wieviel wird vertragen? 325 · Die Wirkung auf Kreislauf, Nerven und Stoffwechsel 325 · Der Kater 326 · Wein im Alter 327 · Alkohol am Steuer 327 · Lob des Weines 328

Theo Becker
Weinkulturelle Vereinigungen 328

Weinbrand und Schaumwein

Hans Helmut Asbach
Weinbrand 332
Geschichte 332 · Herstellung 332 Absatz 333

Helmut Arntz
Schaumwein und Sekt 334
Die Geschichte 334 · Der Nachkriegsmarkt 335 · Der Name Sekt 336 · Die Sektherstellung 336 · Die gesetzlichen Vorschriften 338 · Deutscher Sekt und deutscher Wein 340 · Die wichtigsten Sektkellereien 342

Zum Nachschlagen

Renate Schoene
Weinliteratur 344
Bibliographie 344 · Spezielle Literaturhinweise zu den Beiträgen dieses Buches 348 · Fachzeitschriften 350

Weinadressen 350
Die für Wein zuständigen Ministerien 350 · Lehr-, Versuchs- und Forschungsanstalten, Weinbauämter, Weinbauberatungsstellen 350 · Prüfstellen für die amtliche Qualitätsweinprüfung 351 · Staatliche Weinprüfer/-kontrolleure 351 · Sonstige Institutionen 352 · Weinwerbung 352 · Verbände der Küfer 353 · Verbände der Verpackungsindustrie 353 · Internationale Gremien und Institutionen 353

Register 354

Zum Geleit

Die Gewinnung des Weines – von der Kultur der Rebe bis zu seiner Pflege im Faß – ist eine auf wissenschaftlicher Grundlage beruhende schöpferische Tätigkeit: in der Vollendung wird sie zur Kunst. Hoher Wissensstand ist Voraussetzung für den Erfolg in Weinbau und Kellerwirtschaft. Die Vielfalt der deutschen Weine hat in den einzelnen Anbaugebieten vor mehr als hundert Jahren zahlreiche Lehr- und Forschungsstätten, die dem Weine dienen, entstehen lassen. Dieser Tatsache ist es zu verdanken, daß Weinbau und Kellertechnik in Deutschland heute einen Rang haben, der von kaum einem Weinbauland der Welt erreicht wird.

Namhafte Sachkenner, Fachautoren des Weines, Wissenschaftler und Männer der Praxis haben in diesem Standardwerk die ganze Weite des Themas »deutscher Wein« in einer Weise dargestellt, die es bisher noch nicht gibt. Das Wissen um die Rebe, das Werk des Winzers im Weinberg und im Keller, der Wein und sein Markt sind die Grundthemen dieses Buches.

Die Weinrebe prägt das Bild einer Landschaft, sie prägt auch den Menschen, der sie pflegt, den Winzer. Die Tätigkeit des Winzers ist das Wirken in Generationen. Seine Weinberge wurden von Ahnen und Urahnen angelegt. Sein Werk steht für Kinder und Kindeskinder. Der Beruf des Winzers wurzelt in der Tradition. Tradition im Sinne von: Übernommenes bewahren, es fortführen und mit vorausschauendem Blick weiter entwickeln. Wer die Rebe züchtet und kultiviert, muß in Jahrzehnten denken können.

Der Winzer erzieht seine Rebe. Sie ist ihm untertan. In jedem Frühjahr wird sie aufs neue in die ihr gemäße Form gebracht. Die Erziehungsart des Rebstockes hat im Weinbau hohe Bedeutung. Sie bestimmt den Charakter ganzer Weinbaugebiete. Eines ist jeder Erziehungsart gleich: sie ist weitgehend »autoritär«. Würde man »antiautoritär« mit der Rebe verfahren und sie dem Wildwuchs überlassen, sehr bald wären Fruchtertrag und Qualität nicht mehr sicher.

Wenn der Saft der Traube, der Wein heranreift, heißt es wiederum, den richtigen Zusammenklang zu finden zwischen dem Bewahren alter Grundsätze und dem Fortschritt moderner Kellertechnik.

Die Kunst des Winzers im Keller ist es, den Wein richtig zu führen, ihn zu formen und nicht zu manipulieren. Denn das Ziel ist der harmonische Wein: wohlausgewogen in Frucht, Duft, Süße und Säure.

In der Weinwirtschaft gilt, was in allen Sparten der Landwirtschaft Gültigkeit hat. Der Markt entscheidet über das Schicksal des Weinbauern und seines Produktes Wein. Nicht nur als Bauer, sondern auch als Kaufmann muß der im Weinfach Tätige denken und handeln können, denn sein Erzeugnis ist von hohem Wert.

Das vorliegende Buch wird dem Fachmann und dem Laien nicht nur neue Erkenntnisse vermitteln, es wird auch dazu beitragen, den guten Ruf des deutschen Weines als eines der besten in der Welt zu vertiefen. Wenn es darüber hinaus vermag, dem deutschen Wein neue Freunde zu gewinnen, dann war der hohe Einsatz nicht umsonst.

In der großen Weimarer Goethe-Ausgabe finden sich, auf 15 Druckseiten, die »Entwürfe zu einem Aufsatz über den Weinbau«. Hier stellt Goethe, Weinkenner von Rang und Weinfreund zugleich, nüchtern fest: »Es liegen im Wein produktivmachende Kräfte ganz bedeutsamer Art.« Auch in diesem Sinne möge das Buch »Der deutsche Wein« seine Leser beflügeln!

Werner Tyrell, Präsident des Deutschen Weinbauverbandes e. V.

Über dieses Buch

Mit diesem ersten umfassenden Standardwerk über den deutschen Wein hoffen wir, den Wunsch von Weinfreunden, Weinkennern und Fachleuten nach einer eingehenden und dabei verständlichen Gesamtdarstellung dieses großen Themas zu erfüllen. Das Buch soll Brücken schlagen – sowohl zwischen der Fachwissenschaft und dem Weinfreund als auch zwischen den Spezialisten und Praktikern der verschiedenen Fachrichtungen. Es war unsere Absicht, Kennern wie Laien einen wissenschaftlich fundierten und dabei doch leicht lesbaren Gesamtüberblick zu bieten, auf den sie immer wieder zurückgreifen, von dem aus sie aber auch in jede Richtung weitergehen können. Nicht zuletzt ist das Buch auch für Journalisten und Pädagogen gedacht, die auf den verschiedensten Ebenen über den Wein berichten oder unterrichten.

Im Zeitalter des Sachbuches ist das Angebot an Weinschrifttum groß; und wer sich nicht nur am Wein selbst, sondern auch an schönen Büchern über dieses Thema erfreuen will, kann die unterschiedlichsten Erscheinungsjahre, Qualitäten und Preisklassen genießen – wie beim Wein. Wer sich über den Stand der Wissenschaft vom Wein und allem, was mit ihm zusammenhängt, über ihre Forschungsthemen und -ergebnisse informieren will, kann sich diesen Wunsch ebenfalls in zahlreicher Fachliteratur, periodischer wie unperiodischer, erfüllen. Wer aber, ohne Fachwissenschaftler zu sein oder es werden zu wollen, wer also schlicht als Weinfreund sich ein Gesamtbild von der Weinkunde verschaffen will, fand sich bisher alleingelassen. In den Fachschriften, selbst da, wo Übersicht geboten wird, geht es ins unabsehbare Detail, sind Spezialkenntnisse und Erfahrungen vorausgesetzt, die nur der haben kann, dessen Beruf der Wein ist. Dieser Zustand ist bedauerlich, denn es besteht die Gefahr für den Weinfreund, daß er sich von der Realität entfernt. Für den weinwissenschaftlichen Spezialisten sieht es nicht besser aus: Was er dem Weinfreund an Überblick nicht vermittelt, fehlt oft ihm selbst, das ist in unserem Fach genauso wie in jeder anderen modernen Wissenschaft. Dabei werden Praktiker und Theoretiker des Weinfaches immer wieder berührt von der Begeisterungsfähigkeit unzähliger Menschen unserer Zeit für den Wein. Das Interesse an breiter, umfassender und vor allem sachlicher Information zeigt sich bei Vorträgen, Kursen, Seminaren und Führungen immer wieder.

Diesem Interesse haben wir, zusammen mit den Autoren und dem Verlag, nunmehr entsprochen. Die Bitte um Mitarbeit an diesem Buch konnte nicht jedem gelegen kommen, und nicht jede wurde erfüllt. Auch die Bedingung, Kompliziertes allgemeinverständlich darzustellen, konnte nicht alle Spezialisten begeistern. Daß diese Bedingung, wie wir glauben, letztlich vorzüglich erfüllt worden ist, wird der Leser dem jeweiligen Verfasser zu danken wissen.

Als Herausgeber danken wir allen Autoren für die Mühe, für die Zeit, für die teilweise sehr umfangreichen Nachforschungen und -prüfungen, die sie angestellt haben, wir danken ihnen nicht zuletzt für das Vertrauen, das sie in uns gesetzt haben, als sie bei einem Werk mitzuwirken versprachen, das wir – in seiner äußeren wie in seiner inneren Qualität – keinem von ihnen vorher zeigen konnten.

Schließlich danken Verlag und Herausgeber allen Institutionen, Bibliotheken und Archiven für ihre Hilfe. Nur durch das konstruktive Zusammenwirken aller Kräfte konnte dieses umfassende Werk zustandekommen.

Hans Ambrosi   Helmut Becker

Die Autoren

Karl Adams geboren 1932. Weinbaulehre, Studium, Dr. agr., Assistent Institut für Betriebswirtschaft Geisenheim, Referendar Lehr- und Versuchsanstalt Ahrweiler, Leiter Weinbauabteilung der Lehr- und Forschungsanstalt Neustadt/Weinstraße. Seit 1975 Direktor Lehr- und Forschungsanstalt für Wein- und Gartenbau Neustadt/Weinstraße.

Hans Georg Ambrosi geboren 1925 Mediasch/Siebenbürgen. Landwirtschaftslehre, Meisterprüfung, Studium, Dipl.-Landwirt, Dr. agr., Assistent Institut für Rebenzüchtung Geisenheim, Assistent Institut für Obstbau Stuttgart-Hohenheim, 11 Jahre Weinbau in Südafrika. Direktor Hessische Staatsweingüter in Eltville, Studienleiter »German Wine Academy«, Kloster Eberbach.

Georg Anders geboren 1921 Glogau/Schlesien. Studium, Dr. jur., Assessor, tätig in Verwaltung, Wirtschaft und Verbandswesen, seit 1962 Bundesverband des Wein- und Spirituosenhandels. Seit 1964 Geschäftsführer Bundesverband des deutschen Wein- und Spirituosenhandels, Bonn-Bad Godesberg.

Hans Joachim Arndt geboren 1928. Studium, Dr. med., Habilitation Hals-Nasen-Ohrenheilkunde, apl. Professor. Chefarzt Hals-Nasen-Ohrenklinik der Stadt Wiesbaden.

Helmut Arntz geboren 1912 Bonn. Studium (indogermanische Sprachwissenschaft, Kulturgeschichte, Rechtswissenschaft, Germanistik), Dr. phil; o. ö. Professor emer. Präsident Gesellschaft für Geschichte des Weines, Berater Verband deutscher Sektkellereien, Bonn.

Hans Helmut Asbach geboren 1924 Rüdesheim. Studium, Dipl.-Kaufmann. Geschäftsführender Gesellschafter Weinbrennerei Asbach & Co., Rüdesheim/Rhein.

Carl Michael Baumann geboren 1934 Ludwigshafen. Studium (Volkswirtschaft, Rechtswissenschaft), Rechtsanwalt. Seit 1967 Vorstandsmitglied Stabilisierungsfonds für Wein, seit 1972 Geschäftsführer Deutsches Wein-Institut, Mainz.

Helmut Becker geboren 1927 Geisenheim. Studium (Naturwissenschaften), Dr. rer. nat., Assistent Staatliches Weinbau-Institut Freiburg/Br., wissenschaftlicher Mitarbeiter Lehr- und Forschungsanstalt Neustadt/Weinstraße, Professor. Seit 1964 Leiter Institut für Rebenzüchtung und Rebenveredelung Forschungsanstalt Geisenheim. Von 1971 bis 1976 Leiter Fachbereich Weinbau- und Getränketechnologie der Fachhochschule (Wahlamt). Vorsitzender des Verbandes Deutscher Rebenpflanzguterzeuger e. V.

Theo Becker geboren 1927 Hassloch/Pfalz. Studium, Dipl.-Landwirt, Dr. agr. Seit 1951 Leiter Lehr- und Versuchsgut und Weinbauberatung der Hoechst AG, Deidesheim/Pfalz.

Werner Becker geboren 1918 Eitorf/Sieg. Studium (Wirtschafts-, Sozialwissenschaften), Dipl.-Kaufmann, Dr. rer. pol., Referent beim Deutschen Weinbauverband. Seit 1954 Generalsekretär Deutscher Weinbauverband, Bonn, Mitglied Ausschuß für Wein der EG.

Karl Ludwig Bieser geboren 1934 Darmstadt. Winzergehilfenprüfung, Studium (Landwirtschaft, Weinbau), Dr. agr. Abteilungsleiter für Weinwirtschaft im Deutschen Raiffeisenverband, Bonn, Vorstandsvorsitzender Weinabsatzzentrale Deutscher Winzergenossenschaften, Bonn.

Bernhard Breuer geboren 1946 Rüdesheim. Ausbildung und Volontär Weinbau und Weinhandel im elterlichen Betrieb in Rüdesheim, in Montpellier, Beaune und Paris. Geschäftsführender Gesellschafter Adlerturm-Kellerei und Mitinhaber Weingut Georg Breuer, Rüdesheim.

Helmut Hans Dittrich geboren 1928 Hermannsthal/Sudetenland. Studium (Naturwissenschaften), Dr. rer. nat., Stipendiat am Botanischen Institut Hohenheim, Abteilungsleiter Mikrobiologie am Staatlichen Weinbauinstitut Freiburg/Br., Professor. Seit 1966 Leiter Institut für Mikrobiologie und Biochemie Forschungsanstalt Geisenheim. Von 1971 bis 1973 Rektor der Fachhochschule Wiesbaden (Wahlamt). Seit 1978 geschäftsführender Direktor Forschungsanstalt Geisenheim.

Ernst Eichhorn geboren 1920. Studium (Landwirtschaft), Referendar Landwirtschaftsschule Bad Schwalbach, Assessor Weinbauamt mit Weinbauschule Eltville, Fachlehrer und Wirtschaftsberater Bad Schwalbach, dann Reichelsheim/Odenwald, seit 1962 am Landwirtschaftsamt mit Landwirtschaftsschule Heppenheim/Bergstraße, Studiendirektor. Seit 1973 Leiter Landwirtschaftsamt mit Landwirtschaftsschule Heppenheim/Bergstraße.

Franz-Heinz Eis geboren 1924 Mesenich/Mosel. Weinbaulehre, Studium (Landwirtschaft), Dr. agr., Weinbaulehrer Lehr- und Versuchsanstalt für Wein- und Gartenbau Weinsberg, Leiter Weinbauamt Cochem/Mosel, Leiter Weinbauabteilung Landwirtschaftskammer Koblenz. Von 1959 bis 1977 Direktor Landes-Lehr- und Versuchsanstalt für Weinbau, Gartenbau und Landwirtschaft Bad Neuenahr-Ahrweiler. Seit 1977 am Aus- und Weiterbildungsseminar für Beratungskräfte in Emmelshausen/Kreis Simmern.

Karl-Heinz Faas geboren 1927 Nonkirchen/Saarland. Studium (Landwirtschaft), Dr. agr., Referendar Landwirtschaftsschule Saarburg, Reblaus-Kommissar Mittelmosel, Direktor Staatliche Weinbaudomäne Trier. Seit 1968 Direktor Landes-Lehr- und Versuchsanstalt für Weinbau, Gartenbau und Landwirtschaft Trier, 1. Kanzler Weinbruderschaft Mosel-Saar-Ruwer.

Josef Frank geboren 1922 Leutesdorf. Studium (Weinbau und Kellerwirtschaft), Dipl.-Weinbauinspektor. Seit 1962 Kellereidirektor-Geschäftsführer und hauptamtlicher Vorstand der Zentralkellerei badischer Winzergenossenschaften, Breisach.

Bruno Götz geboren 1908 Karlsruhe. Studium (Naturwissenschaften), Dr. rer.

Die Autoren

nat., Assistent Zoologisches Institut Universität Freiburg, Institut für Pflanzenkrankheiten Geisenheim, Leiter der zoologischen Abteilung am Staatlichen Weinbauinstitut Freiburg/Br., Direktor Staatliches Weinbauinstitut Freiburg, Professor. Seit 1974 im Ruhestand, Freiburg/Br.

Gerhard Götz geboren 1930. Weinbaulehrer, Studium, Dr. agr., Institut Obst- und Gemüsebau Hohenheim, Geschäftsführer Weinbauverband Württemberg. Seit 1970 Direktor Staatliche Lehr- und Versuchsanstalt für Wein- und Obstbau Weinsberg.

Friedrich Gollmick geboren 1907 Berlin. Studium (Naturwissenschaften), Dr. phil., Zweigstelle Naumburg der Biologischen Reichsanstalt, Habilitation, Dozent allgemeine Botanik Universität Jena, Direktor Institut für Obstzüchtung Naumburg. Seit 1972 emeritiert, Naumburg/Saale.

Horst-Ulrich Großer geboren 1922 Reinersdorf/Oberschlesien. Winzerlehre, Studium (Landwirtschaft), Referendar Lehr- und Forschungsanstalt Neustadt/Weinstraße, Assessor, Weinbauberater Lehr- und Versuchsanstalt Oppenheim, dann Neustadt/Weinstraße, Weinbauabteilung im Ministerium für Landwirtschaft, Weinbau, Forsten in Mainz, Weinbaureferent Landwirtschaftskammer Pfalz. Seit 1977 Leiter Abteilung Erzeugung Wein- und Gartenbau der Landwirtschaftskammer Rheinland-Pfalz, Bad Kreuznach.

Hanns Joachim Guntrum geboren 1938 Nierstein. Weinbaustudium in Geisenheim, Weiterbildung in Frankreich, Spanien, Portugal, Kalifornien. Geschäftsführender Gesellschafter Weingut Louis Guntrum, Nierstein.

Helmut Haubs geboren 1926 Traben-Trarbach. Studium (Weinbau und Kellerwirtschaft, Agrarwissenschaften), Dipl.-Landwirt, Professor. Seit 1973 Leiter Institut für Kellerwirtschaft Forschungsanstalt Geisenheim.

Günther Horney geboren 1912 Neuderben/Elbe. Studium, Dipl.-Meteorologe, Referendar Reichswetterdienst, meteorologisches Zentralobservatorium Potsdam, agrarmeteorologische Versuchs- und Beratungsstelle Bonn, desgleichen Würzburg, Instrumentenamt München, agrarmeteorologische Forschungsstelle Geisenheim. Leiter agrarmeteorologische Forschungsstelle Geisenheim. 1977 verstorben.

Erwin Kadisch geboren 1929 Rüdesheim bei Bad Kreuznach. Gärtner-, Winzer- und Landwirtschaftsgehilfenprüfung, Studium (Weinbau, Landwirtschaft), Dipl.-Landwirt, Weinbauabteilung der Lehr- und Versuchsanstalt für Wein- und Gartenbau Oppenheim, Leiter dieser Anstalt. Seit 1976 Direktor Landes-Lehr- und Versuchsanstalt für Weinbau, Gartenbau, Landwirtschaft mit Technikerschule Bad Kreuznach.

Wilhelm Kiefer geboren 1931. Weinbaugehilfenprüfung, Studium (Landwirtschaft, Volkswirtschaft, Weinbau und Kellerwirtschaft), Dr. agr., Assistent Institut für Betriebs- und Wirtschaftslehre Geisenheim, Professor. Seit 1964 Leiter Institut für Weinbau Forschungsanstalt Geisenheim.

Karl Kriegeskorte geboren 1936 Köln. Kaufmännische Lehre, kaufmännischer Außen- und Innendienst. Seit 1966 Komplementär Wein- und Spirituosen-Handelsvertretung Hanns Stiel, Köln. Seit 1971 Vorsitzender Fachverband Deutscher Handelsvertreter für Weine und Spirituosen.

Arne Krüger geboren 1929 Seesen/Niedersachsen. Koch-, Konditorlehre, Hotelleriefachschule, Hotelkoch. Autor, Herausgeber und Verleger gastronomischer Schriften.

Franz Werner Michel geboren 1932 Berlin. Kaufmännische Lehre, Studium, Dipl.-Kaufmann, Dr. rer. pol., Gasthörer Lehr- und Forschungsanstalt Geisenheim, Assistent Institut für Agrarwesen Universität Frankfurt. Seit 1963 Vorstandsmitglied Stabilisierungsfonds für Wein, Mainz.

Albert Paul geboren 1933 Emsdorf bei Marburg/Lahn. Studium (Landwirtschaft), Dr. agr. Seit 1967 Referent für Statistik der Weinwirtschaft am Statistischen Bundesamt, Wiesbaden.

Winfried Rathke geboren 1932 Königsberg/Ostpreußen. Studium, Dr. med. Diplom Tropenmedizin, Facharzt Augenkrankheiten, Lektor Augenheilkunde Universität Ibadan (Nigeria). Seit 1965 Facharzt Augenkrankheiten, Rüdesheim/Rhein.

Karl Röder geboren 1911 Bonn. Weinbaupraktikum, Studium, Dr. agr., Direktor Lehr- und Versuchsanstalt für Weinbau, Gartenbau und Landwirtschaft Bad Kreuznach. Seit 1976 im Ruhestand, seit 1965 Honorarprofessor Universität Bonn.

Georg Scheuerpflug geboren 1922 Waizenbach Kreis Bad Kissingen. Studium, Dr. agr., Landwirtschaftsberater, Sachbearbeiter für Berufsausbildung bei der Regierung von Unterfranken, Referent für pflanzenbauliche Erzeugung, Betriebs- und Marktwirtschaft bei der Regierung von Unterfranken. Seit 1973 Direktor Bayerische Landesanstalt für Wein- und Gartenbau, Würzburg-Veitshöchheim.

Renate Schoene geboren 1945 Pattensen, Kreis Hannover. Dipl.-Bibliothekarin. Seit 1969 Universitätsbibliothek Bonn.

Rüdiger Schornick geboren 1922. Studium (Landwirtschaft), Referendar Lehr- und Versuchsanstalt Ahrweiler, staatliche Domänenverwaltungen Trier, Niederhausen, Marienthal, Assessor Lehr- und Versuchsanstalt Ahrweiler, Leiter Weinbauberatungsstelle St. Goarshausen, Leiter Landes-Rebenveredelungsstelle Vallendar. Seit 1973 Direktor Weinbauberatungsstelle Mittelrhein, St. Goar, Reblauskommissar Ahr, Rhein, Untermosel, Nahe.

Fritz Schumann geboren 1939 Ungstein/Rheinpfalz. Studium, Dipl.-Landwirt, Dr. agr., Referendar Lehr- und Forschungsanstalt für Wein- und Gartenbau Neustadt/Weinstraße. Seit 1971 Leiter Fachgebiet Veredelung und Adaption der Rebe und des Versuchsbetriebes Rebenveredelung der Lehr- und Forschungsanstalt in Neustadt an der Weinstraße.

Reinhold Schwalbach geboren 1931 Wiesbaden. Kaufmännische Lehre, Volontär Weinbau und Weinhandel. Seit 1966 selbständiger Weinkommissionär, Wiesbaden.

Josef Staab geboren 1919 Kiedrich/Rheingau. Winzerlehre, Studium, Dipl.-Landwirt, Assistent Forschungsanstalt für Rebenzüchtung Geilweilerhof, Verwalter Schloß Johannisberg/Rheingau. Seit 1968 Domänenrat und Betriebsleiter Fürst von Metternich'sche Domäne Schloß Johannisberg/Rheingau.

Peter Wilhelm von Weymarn geboren 1936 Reval/Estland. Studium, Dipl.-Physiker, Assistent Max-Planck-Institut. Seit 1969 geschäftsführender Mitinhaber Weingut Freiherr Heyl zu Herrnsheim, Nierstein. Seit 1972 Vorsitzender des Verbandes Deutscher Prädikatsweingüter.

Angelika Wilcke geb. Hannemann geboren 1950 Frankfurt/Main. Wirtschaftsredakteurin, Praktikantin in der Sprechergruppe der EG-Kommission, Pressestelle der DLG. Seit 1976 Leiterin der Pressestelle der Deutschen Landwirtschafts-Gesellschaft.

Heinz-Gert Woschek geboren 1937. Kaufmännische und journalistische Ausbildung, Redakteur, PR-Referent bei Verbänden und Agrar-Organisationen, Pressereferent der deutschen Niederlassung französischer Agrarförderungsgesellschaft, Leiter Deutsche Wein-Information, Mainz. Seit 1971 freier Fachjournalist für Essen, Trinken, Gastronomie, Mainz.

Heinrich Zakosek geboren 1925 Duisburg. Studium (Landwirtschaft, Geologie, Physik), Dr. agr., Geologischer Landesdienst von Rheinland-Pfalz, von Hessen, Habilitation, o. ö. Professor. Seit 1975 Direktor Institut für Bodenkunde Universität Bonn.

Karl-Heinz Zerbe geboren 1935 Johannisberg/Rheingau. Lehre und Praktika auf verschiedenen Weingütern und in landwirtschaftlichem Betrieb in England, Studium (Agrarwissenschaften, Volkswirtschaftslehre), Dr. agr., Diplom-Agraringenieur, Assistent und Wissenschaftlicher Rat Institut für Betriebs- und Wirtschaftslehre der Forschungsanstalt für Wein-, Obst- und Gartenbau Geisenheim. Seit 1976 Direktor der Weingüter Schloß Reinhartshausen, Erbach, und Reichsrat von Buhl, Deidesheim.

Fritz Schumann
Die Geschichte des Weines

Die Wildrebe

Pflanzen mit reblaubähnlichen Blättern gab es bereits vor etwa 130 Millionen Jahren in der Unteren Kreide. Somit könnten die Rebengewächse zu den ältesten zweikeimblättrigen Pflanzen gehören. Samen der Rebe, die eine botanische Zuordnung sichern, wurden erst in etwa 60 Millionen Jahren alten Erdschichten aus dem frühen Tertiär (Eozän) in Südengland, im Südosten Amerikas und sogar in Südgrönland gefunden. Aus dem jüngeren Tertiär, dem Oligozän, stammen die ältesten mitteleuropäischen Funde von Rebenkernen, beispielsweise aus Niederpleis bei Siegburg, aus den Sudeten und der Niederlausitz. Auch in der durch eine allmähliche Abkühlung gekennzeichneten Zeit des Miozän sind Rebsamen für den Vogelsberg, den Westerwald, das Bodenseegebiet (Öhningen), Österreich (Leoben) und Schlesien nachgewiesen. Im Pliozän, das ein ähnliches Klima wie heute aufwies, war die Rebe vom Niederrhein bis zum Bodensee, in Nordbrabant, in Limburg sowie in Thüringen und Polen vertreten.

Die weite Verbreitung der Wildrebe endete mit dem eiszeitlichen Kälteeinbruch vor etwa 1 Million Jahren. Die Typen Vitis teutonica, Vitis Ludwigii und Tetrastigma Chandleri starben in Europa aus. Die mit den heutigen Wildreben vergleichbaren Formen wurden in den klimatisch begünstigten Süden unseres Kontinents zurückgedrängt. Aber in den warmen Zwischeneiszeiten breiteten sie sich wieder nach Norden aus, wie Rebsamen in alten Ablagerungen aus Jockgrim/Pfalz (Günz-Mindel-Interglazial), Tönisstein (Mindel-Riß-Interglazial) und Sessenheim, Auenheim und Wanzenau/Nordelsaß (Riß-Würm-Interglazial) zeigen.

Aus der nacheiszeitlichen Wärmezeit, dem Atlantium (etwa 5000 bis 2500 vor Christus), sind Samen der Rebe in Schichten der Rössener Kultur in Heilbronn und bei Stuttgart aus der Zeit von 3000 bis 2000 geborgen worden. Weitere Funde von Oberrhein, Bodensee, Neuenburger See, von Schwäbisch-Hall, Bad Dürkheim, aus Belgien und im Osten aus Plauen im Vogtland, aus Mödling (Niederdonau), Brünn, ja aus der Mark Brandenburg, stammen aus der La-Tène-Zeit, den letzten Jahrhunderten vor Christi Geburt. Diese zwar meist in Kulturschichten gefundenen bescheidenen Reste von Reben lassen aber dennoch nicht auf einen vorrömischen Weinbau in Deutschland schließen. Bei einer Nutzung von Trauben zur Weinbereitung müßten jedenfalls mehr Überreste zu finden sein.

Die Wildrebe war während der römischen Kaiserzeit über ganz Mitteleuropa verbreitet. Nach der Anpflanzung von Rebstöcken in Weinbergen lassen sich Rebenreste nicht mehr eindeutig der Wildform zuordnen. Sie können dann auch von Kulturreben stammen. In der landwirtschaftlichen und botanischen Literatur der Römer (Plinius, Dioskurides, Columella) wird die Kulturrebe eingehend behandelt. Es finden sich aber keine Angaben, die sich eindeutig auf die Verbreitung der Wildrebe beziehen.

Auch in der nachrömischen Zeit bis ins 15. Jahrhundert sind die Nachrichten über Wildreben dürftig. Aber die Sprachforschung zeigt, daß die Bevölkerung zwischen Kultur- und Wildreben unterschied. Den frühesten sicheren Anhaltspunkt gibt erst Hieronymus Bock 1546, indem er schreibt: »Gemelte wilde Reben seind auff dem Rhein, zwischen Straßburg und Speir gantz gemein, wachsen auff die hohen Bäum, die müssen sie tragen.« Im wesentlichen wurde die Wildrebe in geschichtlicher Zeit nur im Rheintal, zwischen Bodensee, Limmat und Aare im Süden und Bad Vilbel im Norden, gefunden. Während sie nach Bronner (1857) in der Mitte des 19. Jahrhunderts noch zu vielen Tausenden in den Auwäldern des Rheins stand, ist sie heute durch Kultivierung des Auwaldes, die durch die Tulla'sche Rheinregulierung im 19. Jahrhundert ermöglicht wurde, nahezu ausgerottet. An sieben dem Verfasser bekannten Standorten, bei Colmar, Sermersheim, Offendorf, Hördt, Otterstadt, Ketsch und Mannheim, befinden sich nur noch weniger als 100 Reben.

Die Wildrebe (Vitis vinifera Linné variatio silvestris Gmelin) läßt sich von der Kulturrebe (Vitis vinifera Linné variatio sativa de Candolle) unterscheiden. Sie ist zweihäusig. Es gibt weibliche, männliche und nur selten zwittrige Einzelpflanzen. Ihre Trauben sind klein und besitzen dünne, wenig saftige, runde, blaue Beeren mit meist saurem Geschmack. Die Samen sind herzförmig. Die kleinen, wenig behaarten Blätter weisen eine geöffnete Stielbucht auf und verfärben sich im Herbst purpurrot. Ihre Zweige sind dünn, zäh, mit sehr langen Internodien und engem Holz-Mark-Verhältnis. Die Wildrebe ist wenig empfindlich gegen Winterfrost. Sie wird aber von Schädlingen und Krankheiten wie die europäische Kulturrebe befallen. Die Stöcke der Wildrebe sind alle verschieden, weil sie aus Samen hervorgegangen sind und ihrer Mischerbigkeit wegen aufspalten. Die Kulturreben dagegen werden vegetativ vermehrt und behalten so ihre sortentypischen Eigenschaften. Bronner konnte 1857 ein Sortiment mit 36 sich deutlich unterscheidenden Formen der Wildrebe aus dem Auwald auslesen. Darunter fand sich die bis heute als Kulturrebe angepflanzte »Orangetraube«, so daß die Verbindung zwischen der Kultur- und der Wildrebe für die geschichtliche Zeit sicher nachgewiesen ist.

Die Wildrebe, Vorfahrin der heutigen Kulturrebe, ist heute nahezu ausgestorben. Das Foto stellt eine auf einem Stützbaum wachsende Wildrebe auf einer Rheininsel dar, deren Blätter und Stämme gut zu erkennen sind.

Beginn der Weinkultur

Die Trauben der Wildreben wurden sicherlich an allen Stätten der Begegnung zwischen Mensch und Rebe verzehrt. Wir müssen jedoch den Ursprung der Weinkultur in den Gebieten der alten Hochkulturen West- und Mittelasiens vermuten. Neben den im gesamten Mittelmeerraum verbreiteten Wildreben (Vitis vinifera Linné variatio silvestris Gmelin oder ihren örtlichen Untervarianten) waren dort auch die kulturellen Voraussetzungen für das Entstehen einer kontinuierlichen Weinbereitung gegeben. Die bei Damaskus gefundene 8000 Jahre alte Frucht-und Traubenpresse, 6000 Jahre alte sumerische Rollsiegel zur Kennzeichnung von Weinamphoren und eine etwa gleichalte Presse vom Südhang des Kaukasus in Grusinien sind die ältesten Zeugen der Weinbereitung.

Nachweise für Rebkultur und Weingenuß gibt es für die prähistorische Dschemdet-Nasr-Kultur (3000 vor Christus) in Uruk im südlichen Mesopotamien ebenso wie für die gleichaltrige vordynastische ägyptische Kultur. Urukagina von Uruk kannte um 2360 vor Christus Reben und trank Wein. Gudea von Lagasch pflanzte schon 2150 vor Christus Reben auf bewässerten Terrassen. Bei den assyrischen und babylonischen Königen war der »Wein von den Bergen« beliebt. Assurnasirpal II. (883 bis 859 vor Christus) besaß Weingärten, und Sanherib (704 bis 681 vor Christus) baute exotische Rebsorten an. Sargon II. (721 bis 705 vor Christus) und Nebukadnezar II. (604 bis 562 vor Christus) importierten Wein vom Van-See. Assurbanipal (668 bis 626 vor Christus) setzte in seiner Bibliothek die zehn besten Weine als »Reiner Wein von Izalla« an die erste Stelle und an die zweite den »Wein von Helbon« bei Damaskus. Diesen Wein kannte auch der Prophet Hesekiel (Hesekiel 27.18).

In der ältesten Gesetzessammlung von Hammurabi (1792 bis 1750 vor Christus) war schon eine Art Schankrecht mit drastischen Strafen enthalten. Lärmende Personen mußten festgenommen und an die Behörden übergeben werden. Diesen drohte die Todesstrafe ebenso wie Priesterinnen, die Gasthäuser betraten. Wein durfte nur zu festgelegten Preisen verkauft werden.

In Ägypten hat man bereits aus der 1. Dynastie (nach 3000 vor Christus) gesiegelte Lehmpropfen von Weinamphoren gefunden. Pharao Djoser (3. Dynastie, 2778 bis 2723 vor Christus) pflanzte die Weingärten »Lob des Horus, des Ersten

Attische Amphora des Amasismalers um 510 vor Christus mit einer Darstellung der Weinlese und des Keltervorganges. Links der Gärbehälter.

im Himmel« und »Seele von Ägypten«. Weinbau war auch zur Zeit der Erbauer der großen Pyramiden (4. Dynastie, 2723 bis 2563 vor Christus) bekannt. Sie kannten bereits 6 Weinsorten, die allerdings hauptsächlich kultischen Zwecken dienten. Im neuen Reich schenkte Pharao Amenophis III. (18. Dynastie, 1580 bis 1314 vor Christus) dem Tempel von Luxor einen Weinberg, »dessen Ernten größer waren als die Wasser des vom Gott der Ewigkeit geborenen Nils bei Hochwasser«. Neben ungeheuren Kunstschätzen wurden dem Grab von Tutanchamun (um 1340 vor Christus) außer Trauben und Rosinen 36 große Amphoren mit Wein beigegeben. Die Weine stammten nach ihrer Beschriftung überwiegend »aus den Domänen des Westflusses« und wurden im 5. und 9. Regierungsjahr des Herrschers abgefüllt. Diese »Etiketten« sind der wichtigste Nachweis für die Dauer der Regierungszeit dieses Pharaos. Die Weinberge in Ägypten befanden sich bis in die hellenistische Zeit (nach 332 vor Christus) im Besitz des jeweiligen Königs, des Adels oder der Tempel. Als Erziehungsart wurden wie in Mesopotamien Lauben verwendet. Es waren Rebsorten mit weißen, grünen, rosa, roten, dunkelblauen und violetten Trauben bekannt. Die Mostgewinnung erfolgte durch Austreten bei gleichzeitigem Entsaften. Die Tresterreste wurden durch Einschlagen in ein Tuch mit anschließendem »Ausdrehen« weiter ausgepreßt. Anschließend kamen die Weine in Gärbehälter. Nach Gärung und sorgfältiger Filtration durch leinene Tücher wurden sie in »Lageramphoren« gefüllt und mit einem versiegelten Lehmpropfen verschlossen. Durch Siegel oder Aufschrift wurden Jahr, Ort, Betrieb und Abfüller vermerkt, zum Beispiel »Im Jahr 1, guter Wein aus den bewässerten Weinbergen des Tempels Ramses II. in Per Ammon. Der Direktor der Weinkellerei, Thothmes«.

Auch in Palästina wurde Wein gewonnen. Im 7. Jahrhundert vor Christus war Gibeon ein Weinbauzentrum. Die Weine wurden, mit Honig gesüßt oder mit Arthemisia absynthium gewürzt, als »Wermuth« getrunken. Ein Beweis für die enge Verbindung der jüdischen Geschichte und des Alten Testamentes mit dem Weinbau sind die beiden Verse: »Noah aber fing an und ward ein Ackersmann und pflanzte Weinberge« (1. Mose 9.20) und: »Er wird sein Füllen an den Weinstock binden und seiner Eselin Sohn an den edlen Reben. Er wird sein Kleid in Wein waschen und seinen Mantel in Weinbeerblut« (1. Mose 49.11).

Die Geschichte des Weines

Der Sage nach brachte Dionysos den Weinbau nach Griechenland. Wenn die Sprachforscher recht haben, stammen die westsemitische, die griechische und die lateinische Bezeichnung, damit auch unser Wort »Wein«, aus Kleinasien. Ob der Weinbau über Kleinasien – wie Teile des Bacchuskultes – oder von Syrien und Ägypten über Kreta nach Griechenland gekommen ist, kann nicht mehr festgestellt werden. Weinbau in Griechenland wurde in der frühen Bronzezeit, in mykenischer Zeit (1600 bis 1200 vor Christus) nachgewiesen. Die Baumpresse ist, wie Vasenbilder zeigen, im späten 6. Jahrhundert vor Christus für Trauben eingesetzt worden. Schraubenpressen konnten erst nach Archimedes (287 bis 212 vor Christus) entwickelt werden.

Zur Vergärung wurde der Most in tönerne, gemauerte oder hölzerne Gärbehälter geschüttet und nach 6 Monaten in Lagerbehälter umgefüllt. Aus diesem Anlaß wurde das Weinfest des »Öffnens der Gärbehälter« gefeiert. Zur Lagerung dienten Tongefäße (pithoi), die 3 m Höhe und einen Mündungsdurchmesser von 1 m haben konnten. Diogenes hatte also durchaus Platz, in einem Weinfaß zu schlafen. Zur Abdichtung der porösen Gefäßwände wurden Pech oder Harz benutzt. Möglicherweise hat sich daraus das bis heute in Griechenland übliche Harzen des Weines (Rezina) entwickelt. Zur Weinbehandlung dienten Seewasser, Terpentin, Pech, Harz, Kreide, Gips, Kalk aus Marmor oder Muschelschalen und aromatische Kräuter, um »schwarzen«, roten, weißen oder gelben Wein von trockenem, herbem, leichtem oder süßem Geschmack herzustellen.

Der Weinbau gewann im 5. und 4. Jahrhundert vor Christus in Griechenland immer größere Bedeutung, bis schließlich das fruchtbare Land weithin mit Reben bepflanzt war. Durch Weinexporte mußte die Einfuhr von Getreide finanziert werden.

Mit der Gründung griechischer Kolonien im westlichen Mittelmeerraum breitete sich die Weinkultur um 600 vor Christus nach Südfrankreich (Massilia = Marseille) und um 500 vor Christus nach Süditalien aus. Von Massilia aus fand der Export von Wein in das keltische Gallien statt. Natürliche Handelswege waren die Flüsse Rhône, Saône und Rhein und vermutlich die Mosel. Scherben von Weinamphoren, die aus der Zeit vor der römischen Besetzung der Rheingebiete stammen, fanden sich reichlich bei Basel, dem vermutlichen Umschlagplatz, sowie in der Pfalz und in Südbaden. Noch älter sind die dem Weingenuß dienenden Transport-, Lager-, Misch- und Trinkgefäße, die sich als Beigaben in Gräbern keltischer Fürsten des 5. bis 4. Jahrhunderts an Rhein, Mosel, Neckar, Main und Donau fanden. Der starke Einfluß der künstlerisch meist hervorragend gestalteten Becher und Kannen auf die keltische Kunst veranlaßte einen Archäologen zu der Feststellung: »Die La-Tène-Kunst verdankt ihre Existenz dem keltischen Durst.«

Römische Weinflasche mit noch flüssigem Wein unter verharztem Olivenöl (um 3. Jahrhundert nach Christus). Weinmuseum Speyer.

Römischer Weinbau

Die Römer übernahmen die Weinkultur über die Etrusker von den Griechen. Frühe Nachrichten stammen aus der Zeit des Zweiten Punischen Krieges (242 vor Christus).

Auf Übersetzungen griechischer Fachbücher, insbesondere des Theophrastus (370 bis 385 vor Christus) und Magos (550 bis 530 vor Christus) gründet sich die römische Weinliteratur mit Cato (234 bis 149 vor Christus) und Varro (116 bis 27 vor Christus), Columella (65 nach Christus) und Plinius (23 bis 79 nach Christus). Sie übernahmen griechisches Gedankengut und berichteten über eigene Erfahrungen. Ihre Schriften sind Ausgangspunkt der mittelalterlichen bis neuzeitlichen Weinliteratur. Selbst heute noch findet man bei antiken Autoren Anregungen für unseren Weinbau.

Die Rebenerziehung der Römer war nach Bassermann-Jordan vielfältig. Man kannte
- die selbsttragende Erziehung (zum Beispiel Bockschnitt), wie er heute noch im Mittelmeerraum üblich ist;
- das Wachstum auf Bäumen, insbesondere auf Maulbeerbäumen;
- an einzelnen Pfählen gezogene Reben;

Römisches Weinschiff, 3. Jahrhundert nach Christus, 1878 in Neumagen gefunden.

- an offenen Rahmen gezogene Reben (dieser Erziehungsart ist die heutige Drahtrahmenerziehung am ähnlichsten, wenn man von einem Draht in der Reihe ausgeht, der durch eine Stange ersetzt wird);
- den geschlossenen Rahmenbau. Hier wurden zur Verbesserung der Stabilität Querstangen auf den offenen Rahmen aufgelegt, so daß auch nach dem Abbrechen der Standpfähle das Traggerüst standfest blieb. Die Höhe des Rahmens konnte als »Laube« mehrere Meter betragen.

Aus den Berichten der Agrarschriftsteller sind auch die Rebsorten und ihre Eigenschaften bekannt. Eine sichere Identifizierung mit den heutigen Sorten ist nicht möglich. Die Römer wußten um die Bedeutung der Klimafaktoren, der Lagen sowie des Lesetermins. Die zuerst geernteten Trauben ergaben den größten Saftanteil, die anschließend gelesenen den besten und die zuletzt eingebrachten den süßesten Wein. Damit waren gewissermaßen unsere Spätlese, Auslese und Beerenauslese vorweggenommen. Auch das Entrappen und die Strohweinbereitung waren den Römern bekannt. Als normale Weinernte wurden 12 000 l/ha angesehen. Es konnte aber auch doppelt so viel geherbstet werden. Im Idealfall war der römische Weinbaubetrieb mit einem Kelterraum mit Baumkelter, einem Gärkeller und einem Lagerkeller ausgestattet. Vom Kelterraum wurde der Wein in Kanälen und Röhren zum Gärkeller transportiert, der besonders rein und teilweise mit dem Bacchuskult verbunden war. Hier entstand aus Traubensaft »Wein«. Nach einer halbjährigen Lagerzeit wurde, wie in Griechenland, der Wein zwischen Mai und Juli in Lageramphoren gefüllt. Zur Klärung dienten Filter aus Leinengewebe und Eiweißschönungen. Das Erhitzen des Mostes im heißen Wasserbad oder auf einer Feuerstelle, um Gärung zu verhindern, ist als Vorläufer der Pasteurisation zu betrachten. Gleichzeitig wurde dadurch ein Eindicken des Mostes erreicht und ein Konzentrat erzeugt, das anderen Weinen wieder zugesetzt werden konnte. Konzentrate waren als Honigersatz zum Süßen im Gebrauch. Auch Gärungshemmung durch Kühllagerung, zum Beispiel in kaltem Wasser, wurde bewußt praktiziert. Wie die Griechen verwendeten die Römer verschiedene Behandlungsmittel bei der Weinbereitung. Die »Etiketten« der Lageramphoren waren teilweise sehr aufschlußreich. Neben Lage, Ursprung, Fülldatum und Abfüller wurden der Name des Weines, Farbe, Rebsorte, das Jahr und der Name des Kellermeisters festgehalten. Dies war um so wichtiger, als Weine häufig erst 10 bis 15 Jahre alt getrunken wurden. Als Luftabschluß dienten eine dünne Schicht Olivenöl, Lehm- oder Korkstopfen (vom 1. Jahrhundert vor Christus an) und eine Dichtungsmasse aus Pech, Harz, Mörtel oder Gips. Bis zur Zerstörung durch Septimus Severus (197 nach Christus) war Lyon eine bedeutende Weinhandelsstadt in der südlich gelegenen Provinz Narbonensis. Von dort aus mag der Wein und vor allem die Weinkultur an Rhein und Mosel gekommen sein.

Römische Winzermesser aus der Pfalz.
Unten: römische Form, Sesel.
Mitte: griechische Form mit beilartigem Fortsatz.
Oben: Bodenbearbeitungsgerät.

Die Zeugen römischen Weinbaues in Deutschland sind sehr zahlreich und vielfältig. Reste von römischen Weinbergen wurden nur am Mittelrhein und an der Ahr, mit 1,8 bis 2,4 m breiten Reihen, gefunden. Dagegen sind Funde von Resten der Rebe häufiger, zum Beispiel in Mainz, in der Saalburg, in Rheinzabern und in Ungstein sowie in Aachen und Xanten. Während Rebholz und Rebsamen auch von Wildreben stammen können, belegen Weinbaugeräte, insbesondere Winzermesser, wie sie zahlreich in der Pfalz, in Rheinhessen, an Nahe, Mosel, Saar und Ahr gefunden wurden, den Weinbau eindeutig. Der hohe Anteil der griechischen Rebmesserform mit einem beilartigen Fortsatz an der Rückseite deutet auf die Herkunft der deutschen Weinkultur aus der Provence. Hinweise auf Weinbau rechts des Rheins geben Kelteranlagen aus der Wetterau (um 150 nach Christus) sowie Kult- und Gebrauchsgegenstände vom Neckar. Römische Holzfässer des 1. und Küferwerkzeuge des 4. Jahrhunderts wurden in der Rheinpfalz gefunden. Auf Weintransporte im 4. Jahrhundert weisen das Weinschiff von Neumagen und die Darstellungen von Fässern aus Mainz hin. Eine Besonderheit ist der in einer Glasflasche flüssig erhalten gebliebene Wein aus der Zeit um 300 im Weinmuseum zu Speyer. Schriftliche Nachrichten sind nur in der »Mosella« des Ausonius (370) erhalten geblieben. Dagegen bezeugt ein Fahrtbericht des Fortunatus aus dem Jahre 565, der Weinberge bei Andernach und Trier erwähnt, das Fortbestehen der Weinkultur über die Zeit der Römer hinaus.

Die wichtigsten Zeugnisse über den Ursprung des deutschen Weinbaues und sein Fortbestehen über die Wirren der Völkerwanderungszeit hinweg sind uns aber in der Sprache der Winzer erhalten. Griechische und lateinische Lehnwörter geben ständig lebendiges Zeugnis für die antiken Wurzeln unserer Weinkultur:

in der Barb	barba, ein Verfahren zur Förderung von Austrieb- und Wurzelbildung bei wurzelechten Reben, vergleichbar mit dem »Vortreiben« von Pfropfreben
Botter	botrys (Traube)
Kammert	Camera (Rebenerziehungsart)
Keller	cellarium (Keller)
Kelter	calcatorium (Kelter)
Kufe	cupa (Faß)
Logel	loculi (Behältnis mit Fächern)
Most	mustum (Most)
Ohm	ama (Ohm)
Secker	sectum (abgeschnitten)
Wein	vinum (Wein)
Winzer	vinitor (Winzer)

Weinbau im Mittelalter

Neben der erwähnten Nachricht des Fortunatus (565) für Trier und Andernach berichtet Gregor von Tours 589 über Reben von Marlenheim (Elsaß). 634 werden Weinberge von Lieser an der Mosel erwähnt, 653 schenkt König Sigebert dem Bischof von Speyer den Weinzehnten im Speyergau. Für die wirtschaftliche Bedeutung des Weinbaues spricht dessen Einbeziehung in fast alle germanischen Volksrechte.

Seit der Errichtung der Klöster Weißenburg, Münster und Ebersheim (Elsaß) im 7. und St. Gallen, Lorsch, Fulda, Prüm, Hersfeld, Klingenmünster, Schwarzach, Neuweiler, Honau, Murbach und St. Stephan in Straßburg im 8. Jahrhundert wird durch Beurkundung von Weinbergs-Schenkungen für zahlreiche Dörfer Weinbau belegt. Während für die Zeit vor 700 durch Bodenfunde für 23 Orte

Die Geschichte des Weines

und durch Urkunden für 14 Orte Weinbau nachgewiesen werden kann, steigt die Gesamtzahl im 8. Jahrhundert um 267 und im 9. um weitere 113 Dörfer mit urkundlich gesichertem Weinbau. Vor 900 sind in Rheinhessen 88, in der Rheinpfalz 70, im Elsaß 64, in Nordbaden 41, in Südbaden 41, am Mittelrhein 25, an der Mosel 22, in der Wetterau 15 und an der Nahe 11 Dörfer mit Reben dokumentarisch festgelegt. Mit wenigen Erstnennungen ist der Weinbau auch für die Ahr, für Franken, Württemberg und den Rheingau für die Zeit vor 900 belegt. Darüber hinaus werden für Thüringen und Sachsen und in geringerem Umfange sogar für die klimatisch günstigeren Gebiete der Eifel Reben erwähnt.

Ab dem 9. und verstärkt im 10. Jahrhundert werden an steilen Hängen Terrassen angelegt. Die Rebe wächst nun auch in den Engtälern des Rheins, der Mosel, des Mains und der Ahr. Am Haardt-, Schwarzwald- und Vogesenrand erobert die Rebe die Vorhügelzone. Am Obermain dringt der Weinbau in die Seitentäler vor. Die Hänge in den Tälern von Kocher, Jagst und Tauber und das Alpenvorland tragen Reben. Im 11. Jahrhundert erreicht der Weinbau Niedersachsen. In Thüringen und Sachsen gewinnt er größere wirtschaftliche Bedeutung. In diesem und im folgenden Jahrhundert werden die bekanntesten Reblagen des Rheingaues gerodet. Im 12. Jahrhundert entstehen in Schlesien, Brandenburg, Pommern und Nordhessen Rebenanlagen. Schließlich finden wir sogar in Schleswig-Holstein und Dänemark Weinbau. Im 13. Jahrhundert dehnt sich der Rebbau bis nach West- und Ostpreußen und im 14. Jahrhundert in Südengland aus. Um die Mitte des 15. Jahrhunderts fand der Weinbau seine größte Ausbreitung in Mittel- und Nordeuropa.

Die Klöster waren die Zentren der Weinkultur. Nach Rebsorten und Weinqualitäten wurde im frühen Mittelalter nur selten unterschieden. Etwa ab dem 13. Jahrhundert unterschied man zwei Klassen, nämlich vinum hunicum, huntschen, hynß, hunnischen Wein, und vinum francium, frentschen, frenß, fränkischen Wein. Letzterer war der wertvollere, er kostete etwa doppelt so viel wie vinum hunicum. Mit der Farbe des Weines hatte die Bezeichnung nichts zu tun. Zusammenhänge von hunicum und Hart-Heunscht oder Franken mit Silvaner sind

ungeklärt. Vermutlich handelt es sich dabei um zwei Rebsortengruppen, ähnlich den Bezeichnungen Zwicker und Edelzwicker im Elsaß, von denen möglicherweise die bessere von Karl dem Großen eingeführt und verbreitet wurde. In seinem »Capitulare de villis« gibt er um 813 genaue Anweisungen für den Weinbau seiner Königsgüter. Wo möglich, sollten Reben gepflanzt und der Wein in durch ausgehängte Kränze gekennzeichneten Wirtschaften, Straußwirtschaften also, ausgeschenkt werden. Daneben wurden das Treten der Trauben mit den Füßen und die Lagerung des Weines in Schläuchen (Tierhäuten) verboten. Über Weinvorräte mußte Buch geführt werden. Insgesamt wurden Sauberkeit und Ordnung in der Kellerwirtschaft befohlen.

Im 13. Jahrhundert regelte das Kloster Weißenburg das Düngen, Schneiden, Unterstützen, Anbinden, zweimalige Hacken und Herbsten. Aber eine qualitätsbezogene Lese, wie sie die Römer kannten, wird nicht erwähnt. Der Zins betrug ein Drittel des Ertrages. Im Vergleich zur Römerzeit waren die Erträge niedrig und betrugen im 14. Jahrhundert beispielsweise am Kaiserstuhl etwa 40 hl/ha.

In der Kellerwirtschaft war das Hauptbestreben darauf gerichtet, durch Fehlgärungen und Trübungen veränderten Wein wieder klar und »lauter« zu machen. Die Empfehlungen in den Fachbüchern von Albertus Magnus (1193 bis 1280), Petrus de Crescentiis (13./14. Jahrhundert) und Gottfried von Franken (Mitte des 14. Jahrhunderts) stützten sich auch in der Kellerwirtschaft im wesentlichen auf die Erkenntnisse der Antike und waren teilweise von abergläubischen Vorstellungen geprägt. Häufig läßt sich zwischen Mitteln zur Weinbehandlung und Geruchs- und Geschmacksstoffen nicht unterscheiden. Zur Anwendung wurden empfohlen: Eiweiß, Eidotter, Milch, Käse, Hefe, gesottener Wein, Branntwein, Honig, Honigwaben, Speck, Schweinefleisch, Hirschhorn, Weizenmehl, Gerstenmehl, Stärke, getrocknete Semmeln, Olivenöl, Rebwurzeln, Rebasche, gemahlene Rebkerne, Buchenspäne, gebrannte Eichgallen, Ton, Lehm, Sand, Ziegelgrus, Weinstein, gebrannter Weinstein, Vitriol (Galitzenstein), Alaun und Kochsalz. Zum Konservieren und Würzen dienten Hopfen, Wacholderholz und -beeren, Beifuß, Rebenblüten, Salbei, Johanniskraut, Benediktenwurzel, Baldrian, Nesselwurzel, Knoblauchsamen, Lauch, Walnußblätter, Bockshornkraut, Rautensamen, Efeublätter, Diptam, Feigen, Petersilie, Leinsamen, Nieswurz, Sauerkirschen, Pfirsichkerne, Mandeln, Senf, Anis, Muskatnuß, Nelken, Ingwer, Pfeffer, Wermut, Rosenblütenblätter, Holunderblüten, Zimt, Enzian, Fenchel, Lorbeer, Kümmel, Zitronen und Pomeranzen.

Der Pro-Kopf-Verbrauch an Wein in Deutschland war im Mittelalter mit 150

Vier Arten der Rebenerziehung: am Baum rankend, am Pfahl, als Laubengang und als Vinea Camerata. Straßburg 1502.

bis 200 l/Jahr sehr hoch, so daß Luther predigen konnte: »Unser deutscher Teufel wird ein guter Weinschlauch sein und muß Sauf heißen.«

Weinbau der Neuzeit

Bis etwa zur Mitte des 16. Jahrhunderts hielt der Weinbau in Deutschland seine große Verbreitung. Dann wurden die Rebflächen in Nord-, Ost- und Süddeutschland gerodet, und die heutigen Weinbaugebiete blieben allmählich übrig. Aber auch in ihnen begann im 17. Jahrhundert in den extremen Randlagen die Aufgabe der Rebflächen, während andererseits in den Kerngebieten alle geeigneten Lagen mit Reben bestockt wurden.

Die Ursachen des Rückganges sind vielfältig. So wird eine um 1500 einsetzende Verschlechterung des Großklimas als Ursache angesehen. Stärker wirkte sich der Fernhandel durch die Hanse aus. Zwar wurden auch deutsche Weine ausgeführt. Aber die Einfuhr süßer Südweine erwies sich als zu starke Konkurrenz für die von Säure geprägten inländischen Gewächse.

Baumkelter von 1727. Weinmuseum Speyer.

Die Zollschranken wirkten ebenfalls hemmend auf den Weinhandel im Inland. Ferner waren Änderungen der Verzehrgewohnheiten mit einer Bevorzugung süßer Speisen und Getränke an Stelle von sauren von großem Einfluß. Gleichzeitig rückte das Bier durch billigere Herstellungsverfahren ab der ersten Hälfte des 16. Jahrhunderts durch günstigere Preise vor den Wein.

Der Dreißigjährige Krieg, im Südwesten die Kriege Ludwigs XIV. und schließlich die Revolutionskriege um 1800 führten zur Dezimierung der weinbautreibenden Bevölkerung und vor allem zur Vernichtung von Rebflächen. Demgegenüber erleichterten die besseren Transport- und Reisemöglichkeiten Vergleiche. Wein wurde jetzt nach Herkünften unterschieden (in Klammern am Ende die Autoren der Quellen):

1536 Bergstraße, Kraichgau, Landau-Worms, Neustadter (köstlicher roter Gänsfüßer), Wormser, Pfeddersheimer, Franken (Münster)
1544 Speyergauer, Weißenburger (Münster)
1546 Mosel, Rhein, Worms, Landau, Neustadt, Dürkheim, Wachenheim, Weißenburg (Bock)
1563 Rhein, Elsaß, Württemberg, Franken (Matthioli)
1575 Markobrunn (Rheingau), Seckenheim, Mannheim, Guntheim, Dirmstein, Steinheim, Elsaßzabern, Katzenthal, Franken, Widenberg, Laufen, Elfingen, Beutelsbach, Heppach, Fellbach, Mönchberg, Beinstein, Wangheim, Tübingen (Frischlin)
1582 Bacharach, Franken, Pfeddersheim, Elsaß, Rheingau, Rheinwein, Breisgau, Bergstraße, Tauber, Neckar, Remstal, Münchberg, Trechtingshausen, Dürkheim, Elsaß, Württemberg, Franken; Einfuhr nach Bayern: Rhein, Neckar, Bodensee, Elsaß, Württemberg, Franken (Rasch)
1589 Meißen, Liptiser, Sorrenberg, Weißenfels (Albinus)
1595 Elsaß, Kaiserberg, Rhein, Rheingau, Main, Neckar, Mosel, Donau, an anderer Stelle: Elsaß, Rhein, Rheingau, Scharlach-Wein von Assmannshausen, Neustadt, Deidesheim, Worms, Mosel, Neckar, Main, Franken, Donau, Kreuznach, Nahe, Alsenz, Glan, Blies, Saar (Bock)
1645 Bacharach, Rheinwein, Elsaß (Colerus)
1646 Klingenberg, Neckar, Reichenweier, Barr, Reichsfeld, Hambach, Dürkheim, Wachenheim, Herxheim, Deidesheim, Bacharach (Moscherosch)
1666 Hochheim, Rheingau, Wormsgau, Bacharach, Rheinpfalz (Elsholz)
1699 Hochheim, Bacharach, Rheingau, Worms, Hambach, Deidesheim, Elsaß, Reichenweier (Böckler)
1700 Bacharach, Hambach, Pfeddersheim, Hochheim, Riedeberg, Rheingau, Rüdesheim (Zedler)

Diese (lobenden) Erwähnungen beschränken sich bezeichnenderweise fast ausschließlich auf Weine aus den auch heute renommierten Anbaugebieten. Colerus gibt 1645 für Weinherkünfte aus Brandenburg Wusterhausen, Zossen, Forst, Guben, Crossen, Baruth und Werder an, diese Weine »sollen dem Rheinischen fast gleich sein. Frankfurtischer Wein an der Oder ist auch nit böse«. Aus Bayern berichtet Rasch (1582) in einem »gedicht und lobspruch von dem edlen Rebensaft« nach langem Lob anderer Herkünfte: »Der Wein von Landßhut ist kein nütz / Trink wie vil wilst / du krigst kein spitz. Den Durst allein Kelhaymer lescht, man hielts für essig wers nit west (wüßt).«

Eine enge Bindung des Rufes der Weine an die Handelsorte ist für diese Zeit charakteristisch. Köln war für seinen Rheinwein berühmt; vom Kloster Eberbach wurden Ende des 15. Jahrhunderts jährlich mehrere Millionen Liter Wein nach Köln verkauft. Der weit gerühmte Bacharacher konnte aus der gesamten Kurpfalz von Landau bis Bacharach stammen. Die in die südöstlichen Gebiete exportierten Weine wurden in Straßburg und Speyer verladen. An der Donau war Ulm für seinen Weinmarkt bekannt. Weitere Weinhandelsstädte größerer Bedeutung waren Straßburg, Landau, Worms, Mainz, Frankfurt, Nürnberg und Leipzig.

Die Geschichte des Weines

Wie schon in der Antike unterlag der Bekanntheitsgrad der Weinbaugebiete Modeeinflüssen. Während vor 1500 Elsässer und Speyergauer Weine bevorzugt wurden, waren im 16. Jahrhundert Rheinweine aus dem Rheingau, Bacharacher aus der Kurpfalz und Weine von Worms beliebt. Bis 1700 nimmt der Ruhm des »Bacharachers« und des Frankenweines zu, einzelne Orte der Mittelhaardt werden genannt. Nach 1800 wurden die Weine von der Mosel beliebt.

Neben der Herkunft der Weine werden ab 1500 folgende Rebsorten häufiger aufgeführt:

Riesling: 1435 Rüsselsheim, 1490 Worms, 1511 Pfeddersheim, 1546 Mosel, Rhein, Wormsgau, 1643 Bingen, 1669 Trarbach, 1672 Pfalz, 1716, 1720 Johannisberg, 1726 Franken, 1745, 1748 Pfalz
Silvaner: 1567 Württemberg, 1568 Weingarten bei Karlsruhe, 1665 Franken (vermutlich ist diese Sorte wie der Gutedel in der Gruppe der Österreicher, Fränkisch- beziehungsweise Lautertrauben enthalten)
Traminer: 1534 Baden-Württemberg, 1546 Rhein und Südtirol, 1578 Brandenburg, 1590 Württemberg, 1591 Rhodt, 1595 als besonders hochwertig, 1608 Brandenburg, 1726 Franken, 1745 Pfalz, 1757 Rüdesheim
Muskateller: 1487 Neustadt (?), 1546 Rhein, 1567 Württemberg, 1575 Elsaß, 1595 Gebiet Neustadt und Deidesheim, 1608 Brandenburg, 1720 Johannisberg, 1726 Franken, 1752 Pfalz
Gutedel: 1590 Württemberg, 1592 Kurpfalz, 1607 Franken, Württemberg
Elbling: 1546 Landau, 1567, 1590 Württemberg, 1578, 1608 Brandenburg, 1643 Bingen, 1705 Meersburg, 1726 Franken, 1747, 1748, 1752, 1783 Pfalz
Trollinger (Hammelshoden): 1783 Speyer
Blauer Spätburgunder (Klebroth): 1308 Salem, 1470 Hattenheim, 1476, 1496 Eberbach, 1507 Aßmannshausen, 1575 Elsaß, 1578, 1608 Brandenburg, 1637, 1650 Elsaß, 1705 Meersburg, 1726 Franken
Ruländer: ab 1711 in Speyer, 1745, 1748 Pfalz

Viele Sorten, die heute keine Bedeutung mehr haben, wurden angepflanzt:

Gänsfüßer: 1505 Deidesheim, 1536, 1546, 1584 Neustadt, 1595 Neustadt, Gimmeldingen, Deidesheim, 1608 in Brandenburg unbekannt, 1645 Speyer
Hart-Heunsch: 1546 überall, Dürkheim und Wachenheim, 1608 Brandenburg, 1731 Bergstraße
Weißer Räuschling (Drutsch, Trötsch): 1546 Landau, 1637, 1650 Elsaß, 1745 Pfalz
Grünfränkisch: 1546 Cleeburg bei Weißenburg, überall, 1726 Gutfränkisch Trauben
Groß- und Kleinfränkisch: 1546 Rhein, überall, 1578, 1608 Brandenburg
Edel- und Lautertrauben: 1546 Rhein
Österreicher: 1546 überall
Hudler: 1752 Pfalz
Wiener: 1608 Brandenburg
Kurzroth: 1608 Brandenburg
Veltliner: 1608 in Brandenburg unbekannt
Hartroth: 1608 Brandenburg
Ziegelroth: 1608 Brandenburg
Orleans: 1709, 1757 Rüdesheim, 1716, 1720 Johannisberg
Ortlieber: 1774 Elsaß neue Sorte
Lampersch: 1575 Elsaß

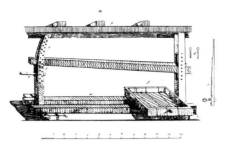

Sehr einfache Kelter, Hebelkelter genannt. Gräfenhausen/Pfalz 1833. Als größere Baumkelter in Württemberg gebräuchlich.

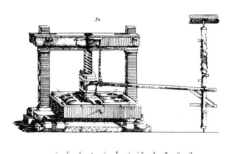

Einfache Schraubenkelter. Pfalz, Rheingau 1833.

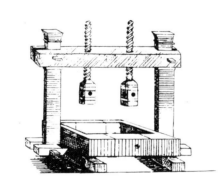

Hölzerne Presse mit zwei Schrauben. Aus der Gegend um Worms 1833.

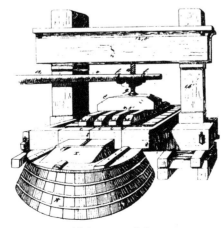

Geschlossene Weinpresse mit eiserner Schraube. Rüdesheim 1836.

Die Rebsorten wurden meist im gemischten Satz angepflanzt, wobei die eine die Qualität und die andere die Quantität bringen sollte. Für ihre Qualität waren Gänsfüßer und Räuschling, der Muskateller, die Burgunderarten und der Traminer, der Riesling und später der Trollinger (Hammelshoden) bekannt. Bassermann-Jordan nimmt an, daß etwa drei Viertel der rheinischen Rebfläche mit den mehr Quantität bringenden Sorten bepflanzt waren.

Da der Zins der Winzer im »Zehnten« des Ertrages bestand, der nach Möglichkeit in Trauben bei der Lese entrichtet werden mußte, waren die Grundherren aufs äußerste darauf bedacht, diesen Zehnt von allen Rebsorten zu erhalten. Keinesfalls sollten nur Trauben von den reichtragenden Sorten in den herrschaftlichen und die von Qualitätssorten nur in den Keller des Winzers gelangen. Die Versuchung für die Winzer, so zu verfahren, war natürlich groß. Mit Hilfe von Leseordnungen und Anbauempfehlungen versuchten die Zehntempfänger, die Qualität ihrer Weine zu heben. So wurde angeordnet oder empfohlen:

Reichenweier 1575: Muskateller weiß und rot, Edelklevner (Burgunder) weiß, grau, rot, Lampersch pflanzen.
Neustadt/Weinstraße 1584: Gänsfüßer pflanzen.
Colmar 1637 und 1650: Klevner (Burgunder) weiß, grau, rot, Räuschling, Muskateller pflanzen.
Würzburg 1726: Elbling verringern, nur Traminer, Riesling, Gutedel, Gutfränkisch und Blauen Spätburgunder anbauen.
Neustadt/Weinstraße 1745: Riesling, Traminer, Ruländer, Räuschling (Drötsch) pflanzen.
Speyer 1747: Elbling einschränken.
Deidesheim 1748: $2/3$ Riesling, $1/3$ Ruländer oder Elbling pflanzen.
Rhodt 1752: Elbling, Hudler, Muskateller jährlich um $1/6$ verringern.
Speyer 1783: Frankenrieslinge, Hammelshöden (Trollinger), Alben (Elbling) sind verboten, Riesling pflanzen.
Mosel 1786: Riesling pflanzen.

Dieses Streben nach Qualität durch Unterscheidung der Weine nach Herkunft und Rebsorte erfuhr in allen Kriegen immer wieder Rückschläge. Die Armut der Winzer infolge der Zerstörungen in Weinberg und Keller führte bei der Neubepflanzung immer wieder zur Bevorzugung reichtragender Rebsorten. Erst nach einer Zeit wirtschaftlicher Gesundung trat jeweils wieder der Qualitätsgedanke in den Vordergrund.

Abgesehen vom Wechsel der Rebsorten war der Weinbau konservativ. Er behielt die alten Produktionsmethoden im Weinberg bei. Bei der Lese jedoch erfolgte durch Zufall eine entscheidende Veränderung. Während im 15. und 16. Jahrhundert der Lesebeginn nach botani-

Die Geschichte des Weines

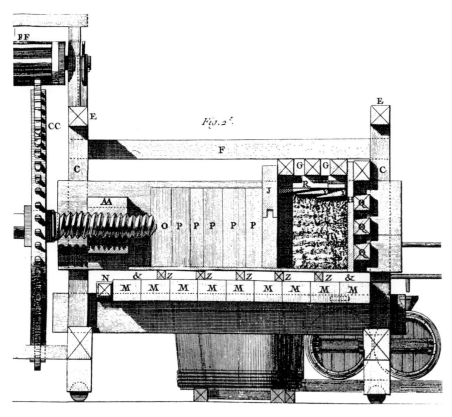

Sargkelter (Horizontalkelter). Der Preßdruck wurde durch Drehen einer kleinen Handkurbel (links oben) über die sehr großen Zahnräder und die Spindel ausgeübt. Die Maische wurde in den Kasten eingefüllt, dessen Größe durch Einlegen von Holzklötzen verändert werden konnte. Der Most wurde über die rechts unten sichtbaren Leitungen direkt in die Fässer geleitet (18. Jahrhundert).

schen Merkmalen der Trauben (Beerenfarbe, Saftigkeit, Bräunung des Rebkerns) bestimmt wurde, kam es 1775 durch die verspätete Leseerlaubnis in Johannisberg im Rheingau zur Wiederentdeckung der bereits den Römern bekannten Spätlese und der richtigen Bewertung der Edelfäule für die Weinqualität. Erleichtert wurde diese Entwicklung durch die gezielte Verwendung des Schwefels als Konservierungsmittel in der Kellerwirtschaft. Vorher ging bei der Lese das Bestreben auf möglichst gesundes Lesegut aus, da den negativen Auswirkungen fauler Trauben auf die Weinstabilität nicht begegnet werden konnte. Vermutlich entwickelte sich das als »Einschlag« bezeichnete Verbrennen des Schwefels im 15. Jahrhundert aus dem Ausräuchern der leeren Fässer mit Holzkohle oder Weihrauch. In einem kaiserlichen Mandat wurde 1487 die Verwendung von 1 Lot Schwefel auf 768 Maß (16,2 g/860 l) gestattet. Aber das Verfahren blieb lange umstritten, und noch zu Beginn des 17. Jahrhunderts wurde das unwirksame Einhängen von unverbranntem Schwefel in den Wein empfohlen.

Ansonsten wurden die alten Weinbehandlungsmittel weiter benutzt. Das Würzen und das Aromatisieren gewinnen vor allem außerhalb der heutigen Weinbaugebiete weiter an Bedeutung. Große Anstrengungen wurden auf die Erhaltung der Süße des Weines verwendet. Durch Beigaben zu durchgegorenen Weinen sollten diese lieblicher werden. Die angewandten Verfahren waren jedoch mit großen Schwierigkeiten verbunden.
Als Lager besonderer Qualität gibt es seit 1736 in Kloster Eberbach den »Cabinet-Keller«. Unsere wichtigsten Prädikatsbegriffe (Kabinett, Spätlese und Auslese) sind also im 18. Jahrhundert begründet worden.

Weinbau im 19. Jahrhundert

Ende des 18. Jahrhunderts beginnt die Epoche des wissenschaftlichen Weinbaues. Die Wende kündigt sich durch aktive Pflanzenschutzmaßnahmen an, wie sie 1727, 1748, 1765 und 1796 von den Kurfürsten der Pfalz und 1765 vom Fürstbischof von Speyer gegen den Rebstecher befohlen wurden. In der Weinliteratur wurde nun nicht mehr das seit Jahrhunderten Bekannte kritiklos abgeschrieben, sondern das Überlieferte wurde geprüft und eigene Erfahrungen wurden mitgeteilt. Sogar Reisen in andere Länder wurden zu Studienzwecken unternommen. Die darüber veröffentlichten Berichte, etwa von Bronner, geben genaueste Kunde über jahrhundertealte Weinbauverfahren, den Stand des Weinbaues und die angepflanzten Rebsorten.

So waren die verschiedensten Unterstützungsverfahren üblich. Die Pfahlerziehung war in Baden-Württemberg, Franken, an der Nahe, im nördlichen Teil Rheinhessens, im Rheingau, am Mittelrhein, an der Mosel sowie an Saale und Unstrut in zahlreichen örtlichen Varianten verbreitet. Die heute noch an der Küste des Mittelmeeres üblichen unterstützungslosen Erziehungen, wie der Bockschnitt, waren im südlichen Rheinhessen und an der Unterhaardt und als Heckenwingerte auf langen Schenkeln an der oberen Nahe von Bedeutung. Die am stärksten mit der Drahterziehung vergleichbare offene Kammererziehung wurde an der Mittelhaardt, in der Umgebung von Worms und an einigen Stellen der Bergstraße angewandt. Die seit dem 16. Jahrhundert nachgewiesene geschlossene Kammererziehung, bei der zur Stabilisierung der Anlage Querstangen aufgelegt wurden, war südlich von Neustadt bis ins Nordelsaß und stellenweise an der Bergstraße gebräuchlich.

Zu den wichtigsten Rebsorten in der ersten Hälfte des 19. Jahrhunderts gehörten:

Ahr: Blauer Spätburgunder
Mosel: Elbling, Riesling, Blauer Spätburgunder
Saar: Elbling, Riesling, Traminer, Burgunder
Mittelrhein: Elbling, Silvaner, Muskateller, Veltliner
Rheingau: Riesling, Blauer Spätburgunder, Orleans
Bergstraße: Elbling, Veltliner, Trollinger, Heunisch, Gutedel, Silvaner, Ortlieber
Franken:
  West: Elbling, Riesling, Trollinger, Gutedel, Silvaner
  Ost: Elbling, Riesling, Traminer, Burgunder
Nahe: Riesling, Silvaner, Elbling (Orleans, Ruländer, Veltliner, Gutedel, Muskateller, Blauer Spätburgunder)
Rheinhessen:
  Hügelland: Riesling, Silvaner, Elbling, (Ingelheim: Elbling, Riesling, Silvaner, Ruländer, Veltliner, Blauer Spätburgunder)
  Südwesten: Silvaner
  Rheinfront: Riesling, Silvaner (Elbling, Veltliner, Gutedel, Traminer)
Rheinpfalz:
  Unterhaardt: Riesling, Silvaner, Traminer
  Mittelhaardt: Riesling, Silvaner, Traminer (Trollinger, Elbling, Blauer Spät- und Frühburgunder, Gelbhölzer, Färber)
  Oberhaardt: Gutedel (Traminer, Elbling)
Württemberg: Elbling, Gutedel, Silvaner, Trollinger, Fürterer, Veltliner, Muskateller, Ortlieber, Müllerrebe, Blauer Spätburgunder, Traminer, Ruländer, Riesling, Putzschere

Die Geschichte des Weines

Baden:
  Kraichgau: Gutedel, Silvaner, Elbling, Trollinger, Gelbhölzer
  Ortenau: Gutedel, Elbling, Räuschling, Riesling, Traminer, Blauer Spätburgunder
  Kaiserstuhl: Elbling, Heunisch, Silvaner, Gutedel, Klevner (alle Burgunder und Traminer)
  Markgräflerland: Gutedel, Blauer Spätburgunder, Elbling (Heunisch), Krachgutedel
  Oberrhein: Heunisch, Elbling, Gutedel, Silvaner, Muskateller, Ruländer, Burgunder, Traminer
  Saale-Unstrut: Riesling, Traminer, Ruländer, Blauer Spätburgunder, Silvaner, Elbling, Heunisch

Bei den Rebsorten ist also bereits die Tendenz zur noch heute gegebenen Verbreitung deutlich erkennbar. Der Riesling war schon die dominierende Rebsorte an Rhein, Mosel, Main und an der Mittelhaardt. Häufig wurde er im Gemisch mit Elbling oder Traminer gepflanzt. Der Gutedel war wesentlich weiter verbreitet als heute, ebenso der Blaue Spätburgunder und der Frühburgunder. Die Angaben mancher Gebiete reichen allerdings nicht zur Unterscheidung beider Sorten aus. Daneben fanden sich noch zahlreiche Lokalsorten, wie Orleans, Gelbhölzer, Fürterer und Veltliner, die heute aus dem Sortiment verschwunden sind. Wesentlich ist, daß die Reben in der Regel als Sortengemisch angepflanzt wurden. Sortenreine Anlagen, wie sie heute üblich sind, wurden von Bronner als Besonderheit erwähnt, zum Beispiel Riesling im Rheingau oder Riesling beziehungsweise Traminer an der Mittelhaardt.

Von Sommer wurde der Portugieser zwar bereits 1786 zum Anbau empfohlen und seine Pflanzreben wurden zu Höchstpreisen angeboten, aber erst durch Bronner wurde zwischen 1850 und 1870 seine Verbreitung bis zur heutigen Bedeutung gebracht. 1882 wurde die Sorte Müller-Thurgau von Professor Müller-Thurgau in Geisenheim gezüchtet. Neben der Züchtung und Prüfung neuer Sorten im 19. Jahrhundert wurde zugleich die Grundlage zur Leistungsfähigkeit der alten Rebsorten gelegt, indem Froelich (Pfalz) und Englerth (Franken) um 1870 die Klonenzüchtung, also die Auslese besonders leistungsfähiger Einzelpflanzen einleiteten, wie sie bereits von den römischen Weinbauschriftstellern gefordert worden war.

Dieser Drang nach Neuem brachte aber nicht nur Vorteile. Zum Studium der Pflanzenarten anderer Erdteile wurden große botanische Sammlungen angepflanzt. Mit der Einfuhr von Reben aus Nordamerika nach Europa wurden so auch die Schädlinge verschleppt. So trat 1845 zum ersten Mal der echte Mehltau an Reben in England und ab 1850 in Deutschland auf. Etwa zur gleichen Zeit wurde das Bestäuben mit Schwefel zur Bekämpfung eingeführt. Bei der Suche nach mehltauunanfälligen Reben wurde um 1860 die Reblaus (Phylloxera vitifolii Shimer) nach Frankreich eingeschleppt, 1874 trat sie erstmals in Deutschland auf. Im Gegensatz zu anderen europäischen Weinbaugebieten (Frankreich, Ungarn) konnte ihre weiträumige Verbreitung in Deutschland durch umfassende Vorbeugungs- und Bekämpfungsmaßnahmen um ein halbes Jahrhundert verzögert werden, so daß ihre Eindämmung durch die Pfropfung anfälliger Ertragssorten auf widerstandsfähige Unterlagenreben bis zur Praxisreife entwickelt werden konnte. Im Zuge der Einfuhr reblausunanfälliger Rebenarten kam es jedoch zur Verbreitung des falschen Mehltaues, der 1878 in Frankreich erstmals festgestellt wurde und 1888 einen verheerenden Vernichtungszug durch den deutschen Weinbau antrat. Die bekämpfende Wirkung der »Bordelaiser Brühe«, einer neutralen Kupfervitriol-Kalk-Lösung, wurde durch Zufall von einem Winzer entdeckt.

Für die Ausbringung der Pflanzenschutzmittel, die anfangs äußerst primitiv mit Eimer und Besen oder Reisigbündel erfolgte, wurden um 1880 Rückenspritzen aus Frankreich eingeführt; Platz baute solche Spritzen ab 1884. Zum »Schwefeln« wurden Stäubeapparate eingesetzt. Dies kann als Beginn der Mechanisierung der Weinbergsarbeiten angesehen werden. Bis dahin wurden im Weinberg alle Arbeiten von Hand ausgeführt und alle Lasten auf dem Rücken des Menschen bewegt. Tiere wurden nur für Transporte

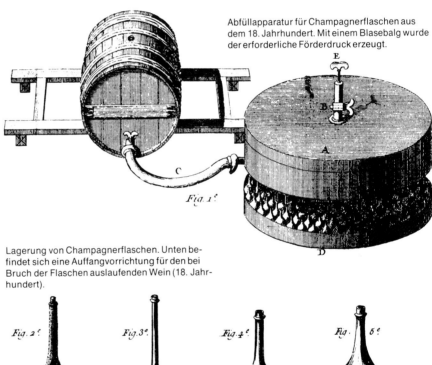

Abfüllapparatur für Champagnerflaschen aus dem 18. Jahrhundert. Mit einem Blasebalg wurde der erforderliche Förderdruck erzeugt.

Lagerung von Champagnerflaschen. Unten befindet sich eine Auffangvorrichtung für den bei Bruch der Flaschen auslaufenden Wein (18. Jahrhundert).

außerhalb des Weinberges eingesetzt. Das durch Jahrtausende unveränderte Rebmesser, das als Allzweckinstrument beim Rebschnitt, beim Anbinden, mit der Sichel bei der Laubarbeit im Sommer und schließlich bei der Ernte benutzt wurde, ist inzwischen von der erstmals Ende des 18. Jahrhunderts verwendeten und 1824 für den Rebschnitt empfohlenen Rebschere abgelöst worden.

Die Erkenntnisse über die Pflanzenernährung führten 1847 zu Versuchen mit »Liebigs Weinbergsdünger« in Überlingen. Um 1850 wurde die Anwendung von Guano in Rheinhessen empfohlen, und 1862 wurden Mineraldünger in der Pfalz angewendet.

Mit dem Einziehen von Draht an Stelle des Längsbalkens der offenen Kammererziehung begann um 1800 in Frankreich die moderne Drahtrahmenerziehung. Größere Anlagen dieser Art bestanden ab 1837 bei Bad Kreuznach und Mainz; ihre Kosten lagen um 20% über denen der Rahmenerziehung. Weinbergspflüge fanden erstmals um 1880 zur Bodenlockerung Verwendung.

Bei der Lese wurde verstärkt auf Qualität geachtet. Insbesondere der Spitzenjahrgang 1811 zeigte, welche Qualitäten möglich sind. Die Bezeichnungen »Ausstich« (beim 1811er) für Auslese und »ausgelesen« (1822) wurden zur Charakterisierung verwendet. Die Qualitätsmessung des Mostes wurde durch die Verwendung des spezifischen Gewichtes ab 1754 von Reuß in Württemberg und vor allem ab 1830 mit der Mostwaage System Oechsle ermöglicht.

Die seit den Römern bekannten Kelterformen blieben weiterhin in Gebrauch, doch wurden bei den Schraubenkeltern die hölzernen Spindeln durch eiserne ersetzt. Bereits 1835 wurde eine hydraulische Kelter in die Pfalz geliefert. 1831 war eine vermutlich aus Frankreich stammende Horizontalkelter (Sargkelter) in Kallstadt in Gebrauch.

Die Vielzahl mittelalterlicher Weinbehandlungsmethoden blieb weiter üblich. Kräuterweine und – nach der Verbilligung der Zuckergewinnung – Kunstweine waren weit verbreitet. Erst die 1892, 1901 und 1909 erlassenen Weingesetze räumten damit nach dem Grundsatz auf: Alle Maßnahmen, die nicht ausdrücklich erlaubt sind, sind verboten.

Schwere Vermarktungskrisen führten zur Bildung der Winzergenossenschaften (1868 Mayschoß). 1874 wurde der Deutsche Weinbauverein als Vorläufer des Deutschen Weinbauverbandes gegründet und im gleichen Jahr der erste Weinbaukongreß in Trier abgehalten. Die Verwissenschaftlichung des Weinbaues fand schließlich ihren Ausdruck in der Gründung der Weinbau-Forschungs- und Lehranstalten Weinsberg 1866, Geisenheim 1872, Trier 1893, Oppenheim 1895, Neustadt 1899, Bad Kreuznach 1900, Veitshöchheim 1901, Ahrweiler 1902, Freiburg 1921 und Eltville 1923.

Helmut Becker

Der Weinbau in der Welt

Die Rebe

Ursprünglich ist die Weinrebe auf der nördlichen Halbkugel beheimatet. Südlich des Äquators ist die Rebe erst durch den Menschen verbreitet worden. Auch die Wildformen der Rebe, von denen alle Kultursorten einschließlich der Unterlagenreben stammen, haben ihr ursprüngliches Verbreitungsgebiet auf der nördlichen Hemisphäre.

Überwiegend gehören die Kulturreben zum Formenkreis der Edelrebe Vitis vinifera. Teilweise, vorwiegend im Osten der Vereinigten Staaten, werden auch Vertreter der Vitis labrusca und deren Hybriden mit anderen Arten als Kulturreben angebaut. Die Muscadinien, welche sich von allen anderen Reben durch höhere Chromosomenzahl, abweichende morphologische Merkmale und totale Pilzresistenz unterscheiden, sind als Vitis rotundifolia (Scuppernongs) im Südosten der Vereinigten Staaten und teilweise in Mexiko in Kultur. Der Mensch kreuzte europäische, amerikanische und asiatische Wildformen miteinander. Diese Hybriden, vor allem mit euro-amerikanischer Erbmasse, haben in vielen Teilen der Welt als Kulturreben Verwendung gefunden. Spontan entstandene Hybriden und vor allem durch Erbsprünge (Mutationen) veränderte Sorten fanden ebenfalls Interesse für den Anbau. Als Unterlagenreben, denen die Ertragssorten aufgepfropft werden, dienen vornehmlich amerikanische Wildformen und deren Kreuzungen.

Insgesamt sind ungefähr 8000 Rebsorten namentlich bekannt und beschrieben. 20% davon, also etwa 1000 Sorten, dürften irgendwo in der Welt in Weinbergen oder -gärten, manche nur in wissenschaftlichen Sortimenten, stehen.

Die Ertragssorten sind überwiegend blaubeerig. Die weißen Sorten sind in der Minderzahl. Es gibt auch Sorten mit rötlicher Beerenfarbe, die weiße Weine liefern. Das Geschmacksspektrum der Weinbeeren und der aus ihnen gewonnenen Weine ist enorm breit und reicht vom fruchtigen Riesling über schwere Muskatweine des Südens bis zum Rotwein mit »Fuchsgeschmack« aus Labrusca-Trauben.

Die Standorte

Die Rebe stellt hohe Ansprüche an das Klima. Wir finden den Weinbau daher vornehmlich in den gemäßigten Zonen. Der Mittelmeerraum verfügt über klassische Standortbedingungen. Eine Ernte erfolgt im Jahresablauf bei Vegetationsabschluß.

Die Begrenzung nach nördlichen Breitengraden ist allgemein und global durch die Wintertemperaturen gegeben; sehr weit über den 50. Breitengrad hinaus ist der Weinbau in Europa nur auf Standorten mit günstigem Mikroklima möglich. Über den 52. Breitengrad nach Norden sind wenige Standorte zu finden, die einen erfolgreichen Anbau der Edelrebe erlauben. In Ostasien liegt die nördliche Begrenzung bei 45°. Auch in Amerika ist im Osten sehr viel weiter nördlich als 45° keine Erzeugung von Wein möglich, obwohl die frostharten Wildreben der Vitis riparia in Kanada sehr viel weiter nach Norden vorkommen. Im Westen von Nordamerika ist der Weinbau in Britisch-Kolumbien bis über den 50. Breitengrad hinaus am Okanagan-See zu finden.

Auf der südlichen Halbkugel reicht der Weinbau nicht entsprechend in die südlichen Breitengrade vor. Wir finden Weinbau in Tasmanien und in Neuseeland kaum südlicher als 45°. Auch in Südamerika ist die Grenze bei durchschnittlich

Der Weinbau in der Welt

Globale Verteilung und Begrenzung des Weinbaues

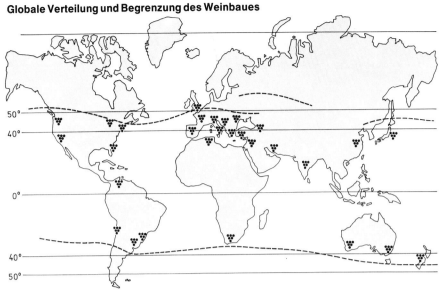

Die Rebflächen der wichtigsten Weinbauländer

× 10 000 ha

% weiß	% rot	Land	0–170 (×10 000 ha)

1. Länder mit einer Rebfläche von über 1 Million ha:

% weiß	% rot	Land
47	53	Spanien
30	70	Italien
30	70	Frankreich

2. Länder mit einer Rebfläche von 500 000 bis 1 Mill. ha:

% weiß	% rot	Land
?	?	UdSSR

3. Länder mit einer Rebfläche von 100 000–500 000 ha:

% weiß	% rot	Land
33	67	Portugal
5	95	Algerien
60	40	Jugoslawien
?	?	Argentinien
?	?	Rumänien
70	30	Ungarn
35	65	USA
40	60	Griechenland

4. Länder mit einer Rebfläche von 50 000–100 000 ha:

% weiß	% rot	Land
?	?	Bulgarien
?	?	Südafrika
85	15	BR Deutschland
?	?	Chile
3	97	Marokko

5. Länder mit einer Rebfläche unter 50 000 ha:

% weiß	% rot	Land
10	90	Tunesien
?	?	Australien
90	10	Österreich
60	40	Schweiz
100	0	Luxemburg

In Höhenlagen ist der Weinbau nicht überall möglich, da nach oben 0,6° C Temperaturabnahme auf je 100 m zu verzeichnen ist. In der Schweiz gibt es noch Reben bis zu 1100 m über NN. Aber auch in heißen Ländern kann der Weinbau in beachtlichen Höhenlagen betrieben werden.

Wichtige Klimafaktoren sind die Durchschnittstemperaturen während der Vegetationszeit und die Sonnenscheindauer. Niederschläge sind ebenfalls wichtig. Wo sie fehlen, greift man zur künstlichen Bewässerung. Bei Niederschlägen von mehr als 1000 mm steigt die Gefahr von Pilzinfektionen. Daher werden in feuchtwarmen Zonen pilzfeste Hybriden bevorzugt. Grundsätzlich darf die Rebe zu den Pflanzen gerechnet werden, die mit relativ wenig Wasser zu leben vermögen. Für Vollernten sollten die Weinberge bei künstlicher Bewässerung etwa 700 bis 900 mm Wasser zur Verfügung haben. Bei günstiger Verteilung der natürlichen Niederschläge kann noch bei 300 mm mit einem Ertrag gerechnet werden.

Der Wein

Die Rebfläche der Welt beträgt etwa 10 Millionen ha. Dies sind rund 0,7% der gesamten ackerbaulich genutzten Fläche der Erde, die 1,4 Milliarden ha ausmacht. Von den geernteten Trauben gelangen etwa 85% zur Weinbereitung. Sie ergeben in der Welt rund 354 Millionen hl Wein. 1973 hatten die Kontinente folgende Anteile an der Weltweinerzeugung:

Europa	82%
Amerika	12%
Afrika	4%
Asien	1%
Ozeanien	1%

Europa hat also nach wie vor eine dominierende Stellung.

Deutschland gehört zur Gruppe jener Länder, die bezüglich der Rebfläche eine unscheinbare Rolle spielen. 14 Länder haben eine größere Rebfläche als wir. Auf die Flächengröße allein kommt es aber nicht an, wie unsere überall in der Welt als Vorbild geltenden deutschen Weißweine zeigen. Insgesamt beträgt die Rebfläche der Bundesrepublik weniger als 1% der Weltweinbaufläche, doch die deutsche Mosternte ergibt dank eines sehr fortschrittlichen, sich auf wissenschaftliche Erkenntnisse stützenden modernen Weinbaues ungefähr 2,5% der Welternte.

In den letzten 25 Jahren haben Rebfläche und Weinproduktion global stark zuge-

40° südlicher Breite erreicht. Die Spitze von Südafrika reicht ohnehin nur bis etwa 35°. In den tropischen und subtropischen Zonen fehlt es nicht an Reben, jedoch ist der Anbau begrenzt. Dort können zwei Ernten im Jahr erzielt werden, wobei man kurze Vegetationspausen durch Rückschnitt erzwingt.

Verwendung der Welt-Traubenernte

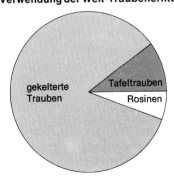

gekelterte Trauben / Tafeltrauben / Rosinen

nommen. Weltweit sind daher Überlegungen angestellt worden, wie die künftig ständig zu erwartende Zunahme der globalen Weinüberschüsse abgebremst werden könnte. Hier dürften die nationalen Gesetze verschiedener Länder eine wichtige Rolle spielen. Die Bundesrepublik hat durch ihre Gesetzgebung, eingebettet in die internationalen Regelungen der EG, eine vorbildliche Anbauregelung und ein Weingesetz, das in der Welt nicht seinesgleichen hat.

Die Tafeltrauben

Der Verzehr frischer Trauben ist weltweit bedeutend und wohl die ursprünglichste Art der Verwendung. Durch die Klimaunterschiede der Anbauzonen (in der südlichen Hemisphäre werden schon ab Januar Trauben geerntet) wird der Markt der reichen Völker mit Tafeltrauben fast während des ganzen Jahres versorgt. In kalten Ländern bis nach Island hin werden Tafeltrauben auch in Gewächshäusern gezogen. Die Welterzeugung von Tafeltrauben wird auf jährlich 6,3 Millionen Tonnen geschätzt. Dies ergibt einen Durchschnitt von 1,7 kg Tafeltrauben je Kopf der Weltbevölkerung. Viele Menschen, vor allem in der dritten Welt, werden aber wohl noch nie eine Traube verkostet haben. In Deutschland werden Tafeltrauben nur in sehr begrenztem Umfang erzeugt. Die Bundesrepublik gehört zu den wichtigsten Importländern für Tafeltrauben.

Für die Ernährung sind frische Trauben wichtige Quellen der harmonischen Mineralstoff- und Vitaminversorgung. Da 1 kg Trauben 700 Kalorien enthält, wäre mit Tafeltrauben auch eine Bekämpfung des Hungers in der Welt möglich.

Rosinen, Sultaninen, Korinthen und Zibeben

Die beste Konservierung der vom Stock abgenommenen Trauben ist das Trocknen in der Sonne. Dieses Verfahren ist seit Jahrtausenden im Mittelmeerraum heimisch. 100 kg frische Trauben ergeben 20 bis 30 kg Rosinen. Die Welterzeugung von Rosinen wird auf etwa 650 000 bis 750 000 Tonnen geschätzt, die auf rund 600 000 ha Rebfläche produziert werden. Die Muselmanen erzeugen und verzehren den Hauptanteil. Die wichtigsten Verbrauchergebiete sind die Erzeugerländer des Mittelmeerraumes, Zentralasiens, Amerikas und Australiens sowie die Importländer in Europa, Nordamerika und im Fernen Osten. In Deutschland können aus klimatischen Gründen keine Rosinen erzeugt werden.

Rosinen haben einen enormen Nährwert, nämlich 3340 Kalorien je kg, weil der Zuckergehalt 60 % des Gewichtes ausmacht.

Smyrna-Rosinen werden aus großbeerigen weißen Sorten mit weichen Kernen, Sultaninen aus der kernlosen Sorte Sultanina (Sultana oder Thompson seedless), Korinthen aus kleinbeerigen blauen Trauben gewonnen. Zibeben sind am Stock getrocknete Trauben.

Der Traubensaft

Traubensaft wird als Getränk oder als Traubengelee (Concord-Jelly in den USA) genossen, der Saft auch im Rahmen von Traubenkuren (Ampelotherapie). Die amerikanischen Astronauten nahmen Traubensaft im Weltraum zu sich. Der Umfang der Erzeugung von Traubensaft in der Welt ist nicht genau bekannt, weil der Eigenverbrauch der Hersteller groß sein dürfte. Man schätzt die Welterzeugung auf 3,5 Millionen hl.

Die Traubensaftkonzentrate

Durch Verdampfen des im Traubenmost enthaltenen Wassers werden Konzentrate gewonnen, die bis zum Sirup eingedickt und karamelisiert werden können. In Notzeiten waren diese Produkte vor allem in Frankreich wichtig. Bei den Muselmanen sind Konzentrate üblich, die mit kalkhaltiger Erde entsäuert werden (Pekmez in der Türkei). Nomadenvölker mischen solche Konzentrate mit Mehl. In Syrien gibt es ein trockenes, solides Konzentrat aus Traubensaft, welches »Malban« genannt wird. Bei der Überproduktion von billigen Trauben in verschiedenen Teilen der Welt könnte mit solchen Konzentraten ebenfalls der Hunger in der Welt bekämpft werden.

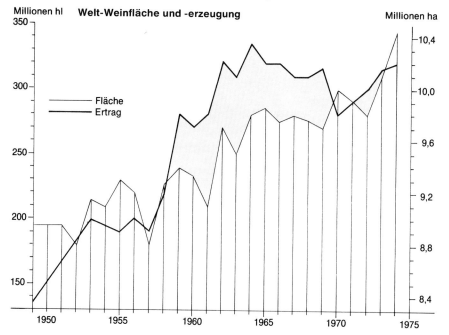

Die Rebe und ihre Umwelt

Die Menschen der modernen Industriegesellschaft haben nicht mehr den engen Kontakt zur Natur wie frühere Generationen, die als Bauern, Winzer und Kleinstädter mitten unter Tieren und Pflanzen lebten. Goethe konnte noch »geistige Zwiesprache halten mit den Ranken der Weinrebe«. Der Weinfreund unserer Tage ist schon glücklich, wenn ihn ein Winzer einmal in seinen Weinberg mitnimmt. Viel wird er bei einem solchen Rundgang nicht erfahren, weil der Winzer bald merkt, woran es fehlt. Denn auch der Weinliebhaber weiß immer weniger von der Kulturpflanze Rebe, wo sie wächst, wie sie gedeiht, wie sie gepflegt wird, wie Boden, Wind und Wetter, Pflug und Rebschnitt sie beeinflussen.

Dieser Teil des Buches befaßt sich mit dem Rebstock und seiner Umwelt, mit Biologie, Boden-, Klima- und Rebsortenkunde. In diesen Bereichen ist heute so viel erforscht und entwickelt worden, daß eine Gesamtschau unter weinbaulichen Gesichtspunkten möglich und sinnvoll ist. So läßt sich auch mit vielen Ungereimtheiten und falschen Vorstellungen aufräumen, die sich hartnäckig in der Literatur und in den Köpfen vieler Zeitgenossen, auch mancher Winzer, noch halten.

Rebe und Wein wollen als Ganzheit verstanden werden. Ist das Wort »Naturwein« auch abgeschafft, so bleibt die Natur doch die Voraussetzung für alles Geschehen um den Wein.

Helmut Becker
Die Rebe

Aufbau der Rebe

Die Rebe folgt als Samenpflanze dem Urbild dieser Gruppe. Sproß (Trieb), Blatt und Wurzel sind die Grundorgane der Rebe. Auf dieses Urbild lassen sich alle Organe zurückführen.

Das Sproßsystem

Die oberirdischen Teile bilden das Sproßsystem. Der einjährige Sproß (Sommertrieb oder Lotte genannt) geht aus der Winterknospe hervor und ist durch Knoten (Nodien) gegliedert, die Blätter tragen. Die Zwischenglieder (Internodien) sind unten am Trieb kürzer und rankenlos. Dann folgen regelmäßig zwei Knoten mit Ranken und ein rankenloses Nodium. Diese diskontinuierliche Rankenfolge ist typisch für Vitis vinifera und andere Arten. Nur Vitis labrusca und ihre Abkömmlinge haben eine kontinuierliche Rankenfolge.

Die Ranken sind entwicklungsgeschichtlich Sprosse, die mit Blütenständen enden. In der Tat sind die Blütenstände der Rebe blütentragende Ranken, und sie befinden sich demgemäß an Fruchttrieben an der gleichen Stelle wie Ranken. Die Ranken selbst tragen manchmal verkümmerte Blütenansätze. In den Blattachseln an den Knoten bilden sich Knospen, von denen eine als Geiztrieb im Sommer auswächst. Die zweite Knospe bleibt als Winterauge im Ruhestand und entwickelt im nächsten Jahr erneut einen Trieb. Die Winterknospe enthält ein Hauptauge und zwei Neben- oder Beiaugen, die meist nur dann austreiben, wenn das Hauptauge beschädigt ist.

Die Ranken sind gegabelt und führen Greifbewegungen aus. Wenn sie Halt finden, heften sie sich und damit die ganze Lotte fest. Mehrjähriges Holz der Rebe kann zum Stamm oder zum Kopf und zu verschiedenen Zwischenformen werden. Schenkel sind bereits Äste des Stammes.

Die Blätter der Reben haben die vertraute Form und zeigen eine Gliederung in Blattgrund, Blattstiel und Blattspreite. In der Stielbucht laufen die fünf Hauptnerven der Blattspreite, die drei-, fünf- oder

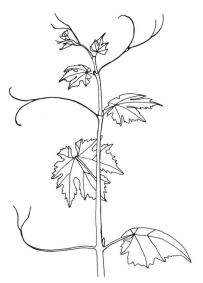

Trieb der Vitis vinifera (Müller-Thurgau) mit diskontinuierlicher Rankenfolge.

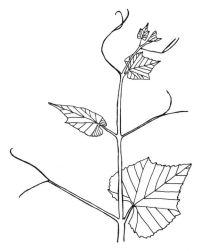

Trieb der Vitis labrusca mit kontinuierlicher Rankenfolge.

Eine Ranke hat an einem Pfahl Halt gefunden und umklammert ihn.

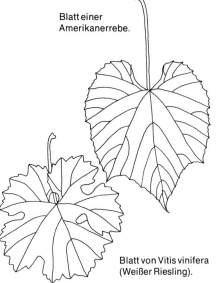

Blatt einer Amerikanerrebe.

Blatt von Vitis vinifera (Weißer Riesling).

a) Einzelblüte des Rieslings. Das »Käppchen« bricht auf.

Die Rebe

siebenlappig sein kann, zusammen. Das Blatt ist zwischen den Hauptnerven von einem feinmaschigen Adernetz durchzogen. Der Blattrand weist eine Zahnung auf, die unterschiedlich ausgebildet ist. Für die Sortenbeschreibung (Ampelographie) sind die Merkmale des Blattes wichtig.

Der Blütenstand der Rebe ist botanisch gesehen eine zusammengesetzte Rispe. Im Weinbau heißt der Blütenstand »Gescheine«. Gescheine bilden sich statt Ranken am 3. bis 6. Knoten und stehen somit einem Blatt gegenüber. Normalerweise werden 2, bei guten Klonen 3 und manchmal 4 Gescheine pro Lotte gebildet. Pro Blütenstand entstehen 100 bis 250 Blüten.

Die wilden Reben und auch Unterlagensorten sind meist funktionell getrenntgeschlechtlich, das heißt, es gibt Stöcke oder Sorten, die Trauben tragen, und solche, die in männlichen Blüten nur Pollen hervorbringen. Übergangsformen sind möglich. Unsere deutschen Kultursorten sind alle zwittrig, sie bestäuben und befruchten sich also selbst. Die zwittrigen Blüten sind durch Mutation entweder aus weiblichen oder männlichen »Scheinzwittern« hervorgegangen.

Die Blüte der Rebe zeigt die morphologischen Grundzüge der höheren Pflanzen. Der Kelch ist fünfzählig und wenig auffällig. Die fünfzählige, grüngefärbte Blumenkrone öffnet sich nicht nach oben, wie etwa bei der Tulpe, sondern löst sich

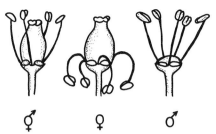

Die Blüten der Reben.
Links: zwittrige Blüte (zum Beispiel Riesling, Silvaner, Müller-Thurgau).
Mitte: weiblicher Scheinzwitter (zum Beispiel Madeleine Angevine).
Rechts: männlicher Scheinzwitter (zum Beispiel Unterlagenrebe 5 C Geisenheim).

an der Basis und wird als »Mützchen« (»Käppchen«) abgeworfen. In diesem Stadium ist die Bestäubung bei zwittrigen Blüten bereits erfolgt. Der flaschenförmige Stempel verjüngt sich nach oben zum Griffelhals und endet in einer rauhen Narbe. Ferner zeigt die geöffnete Blüte fünf aufrechtstehende Staubblätter mit jeweils zwei Staubbeuteln. Zwischen den Staubblättern und dem Stempel befinden sich ringförmig fünf Nektardrüsen, die für den Duft der Weinberge in der Blütezeit verantwortlich sind.

Im Gegensatz zu den Zwitterblüten unserer Kultursorten sind die ungeschlechtlichen Blüten weiblicher Sorten oder von Wildreben auf Fremdbestäubung vornehmlich durch Wind, weniger durch Insekten, angewiesen. Der Pollen keimt in dem Narbensekret und wächst bis zum

Der zwittrige Riesling beginnt aufzublühen. Ein Teil der »Käppchen« ist schon abgeworfen.

Fruchtknoten in die Samenanlage, wo die Befruchtung der Eizelle erfolgt. Im Fruchtknoten befinden sich vier Samenanlagen. Mit der Befruchtung der Eizelle und des Embryosackkernes wird die Entwicklung der Frucht angeregt. Die Blütezeit liegt ungefähr Mitte Juni und ist temperaturabhängig. Erfolgt keine Befruchtung, fallen die Blüten durch (Durchrieseln) oder es gibt kernlose Jungfernfrüchte.

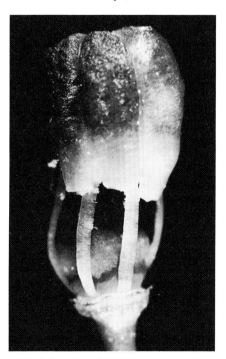

b) Die Staubblätter strecken sich unter dem »Käppchen«.

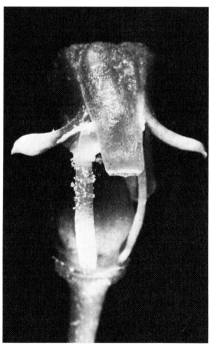

c) Unter dem »Käppchen« sind die Staubbeutel geplatzt, der Pollen tritt aus.

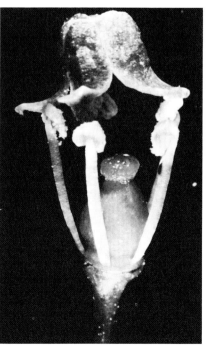

d) Wenn das »Käppchen« fällt, ist die Narbe schon bestäubt.

Der Fruchtknoten wird zur Weinbeere mit meist nur einem Samen (auch Rebkern), selten bis zu vier, weil nicht alle Samenanlagen befruchtet werden. Das Fruchtfleisch der Beere enthält die so begehrten Substanzen, die sich in Most und Wein wiederfinden. Das Fruchtfleisch ist meist grüngelb gefärbt, kann aber auch rote und blaue Farbstoffe enthalten. Die Hülse der Beere ist je nach Sorte oft sogar namengebend gefärbt (Weißer Riesling, Blauer Spätburgunder). Die Kerne sind hartschalige Samen und finden sich im markigen Teil der Beere, der Butzen (Mark) genannt wird.

Das Wurzelsystem

Die Wurzeln der Rebe sind je nach Art der Pflanzrebe verschieden. Ein Sämling entwickelt sein Wurzelsystem aus der Wurzelanlage meist mit einer reichverzweigten Pfahlwurzel. Vegetativ vermehrte Reben haben eine Wurzelstange, die ursprünglich ein einjähriges Sproßstück darstellt. Einjähriges Holz der Rebe bildet unter entsprechenden Bedingungen zuerst an den Knoten Wurzeln. Grundsätzlich sind morphologisch die gleichen Verhältnisse gegeben, wenn eine Rebe mit eigenen Wurzeln oder wenn sie auf eine Unterlage gepfropft ausgepflanzt wird. Unter hoher Luftfeuchtigkeit können oberirdische Teile der Rebe sogar Luftwurzeln bilden.

Als Fußwurzeln bezeichnet man die am unteren Knoten der Wurzelstange entwickelten Wurzeln. Seitenwurzeln gehen aus den mittleren und oberen Teilen der Wurzelstange hervor. Die Wurzelstange wird bei alten Reben zum Wurzelstamm und stellt die Verbindung zwischen dem oberirdischen Stamm und dem tiefer gehenden Wurzelsystem her. Edelreiswurzeln sind solche, die bei veredelten, zu tief gepflanzten Reben oberhalb der Veredelungsstelle aus dem Edelreis herauswachsen. Als Tau- oder Tagwurzeln bezeichnet man die dicht unter der Oberfläche aus dem Wurzelstamm sich immer wieder von neuem entwickelnden Wurzeln.

An jungen, wachsenden Wurzeln, die gelblichweiß gefärbt sind, werden die Wurzelspitze, wo die Neubildung des Gewebes erfolgt, die Streckungszone und schließlich die Absorptionszone als Bereich der Wasser- und Nährstoffaufnahme unterschieden. In der Absorptionszone sind die einzelligen Wurzelhaare, die eine große aufnahmefähige Oberfläche aufweisen, aktiv. Die Gesamtlänge der Wurzelhaare eines Stockes beträgt mehrere Kilometer. Die der Absorptionszone folgende Leitungszone transportiert Wasser und Nährstoffe.

Einjährige, braungefärbte Wurzeln zeigen ein Dickenwachstum und verholzen schließlich. Mit Beginn der Vegetationszeit werden neue Wurzeln, die leistungsfähig sind, gebildet.

Unter günstigen Bedingungen können Fußwurzeln der Rebe 10 bis 20 m tief vordringen. Das aktive Wurzelsystem, welches die Ernährung der Rebe sichert,

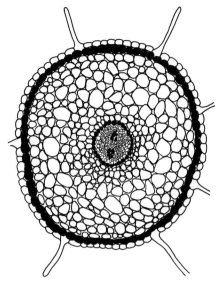

Querschnitt durch die Absorptionszone einer Rebwurzel. Die Wurzelhaare der äußeren Zellschicht sind sichtbar.

befindet sich jedoch in den obersten Bodenschichten.

Der innere Bau der Rebe

Alle wesentlichen Kenntnisse der Zytologie (Zellenlehre) und der Histologie (Lehre von den Zellverbänden) sind auf die Rebe direkt übertragbar. Es bestehen keine grundsätzlichen Unterschiede zu anderen Samenpflanzen.

Der Zellkern unserer Rebsorten enthält im doppelten Chromosomensatz 38

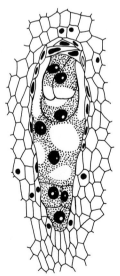

Embryosack einer Vinifera-Sorte. Oben sind die beiden Synergidenzellen, welche die Eizelle teilweise überdecken, sichtbar. Aus der Eizelle entsteht nach der Befruchtung der Embryo der Rebe.

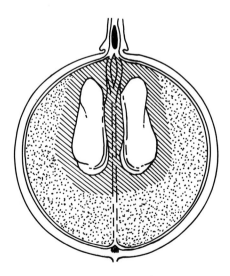

Längsschnitt durch eine Weinbeere mit Butzen (gestreift), Fruchtfleisch (gepunktet) und Samen.

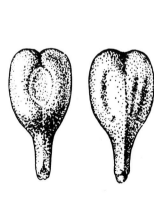

Samen der Rebe. Links: Rückenseite; rechts: Bauchseite. Auf der Rückseite ist die Chalaza (Rückenplatte) sichtbar, auf der Bauchseite befinden sich die beiden Kernfalten neben der Samennaht.

Einjährige Wurzel der Rieslingrebe. Der untere weißgefärbte Teil ist die Absorptionszone. Der dunkle obere Teil wird Leitungszone genannt.

Die Rebe

Chromosomen, die bei jeder Zellteilung, auch bei der vegetativen Vermehrung, mit allen Erbanlagen weitergegeben werden. Die Zellen in den grünen Teilen der Rebe enthalten Chloroplasten. Das Hautgewebe (Epidermis) schließt alle Gewebe nach außen ab. Bei der Rebe ist die Kutikula, ein dünnes, wachsartiges Häutchen, welches der Epidermis aufliegt, besonders bei den Weinbeeren entwickelt. Es ist wasserabstoßend und verantwortlich für die »Beduftung« der Beeren. Die Blätter haben Spaltöffnungen überwiegend an den Unterseiten. Sie regulieren den Gasaustausch.

Das Leitgewebe in den Trieben erkennt man sehr gut an Querschnitten. Junge Triebe haben ein noch aus lebenden Zellen bestehendes Mark, welches von dem Leitbündelring umgeben ist. Die sekundär in die Dicke wachsenden einjährigen Triebe der Rebe sind durch die Aktivität des Kambiums gekennzeichnet. Dieses Meristem erzeugt durch lebhafte Zellteilung nach innen Holzelemente und nach außen ein Siebteil, welches durch Hartbaststränge (Sklerenchymplatten) gestützt wird. Ein Korkgewebe wird gegen Ende des Sommers gebildet, und es entsteht schließlich die typische Streifenborke, welche alte Rebstämme kennzeichnet. Gut ausgereifte einjährige Triebe haben einen relativ hohen Anteil an Kohlenhydraten als Reservestoffe und einen Wassergehalt knapp unter 50%. Werden diese Triebe zu mehrjährigen Stämmen, so haben sie typische Jahresringe, welche auf die unterschiedliche Aktivität des Kambiums in der Vegetationszeit hinweisen. Sie erlauben ein Auszählen der Lebensjahre. Längsschnitte durch einjährige Triebe zeigen den inneren Bau mit Markbrücke (Diaphragma), Holzteil und Mark.

Die Physiologie der Rebe

Die pflanzenphysiologische Forschung hat auch bezüglich der Rebe wesentliche und für die Praxis des Weinbaues sehr bedeutsame Erkenntnisse geliefert. Wichtig sind vor allem jene über das Wachstum, den Wasserhaushalt und die mineralische Ernährung einschließlich der Photosynthese.

Austrieb und Wachstum

Vor dem Austrieb beginnen die Reben an den Schnittstellen zu »bluten«. Der farblose Blutungssaft (Tränen) kann in Mengen von 0,7 bis 2,5 l pro Stock ausfließen. Bei der Entfaltung der ersten Blättchen nach dem Austrieb hört das Bluten auf. Ein früher Schnitt vor dem Zeitpunkt des Blutens verringert den Vorgang, weil sich die Schnittstellen verschließen. Das Bluten bedeutet keine Schwächung der Rebstöcke. Es tritt aber nur dann ein, wenn durch den Anschnitt das Leitungssystem der Rebe geöffnet wird. Der Wurzeldruck ist Ursache des Blutungsdruckes, der 1 bis 2 Atmosphären erreicht.

Der Austrieb der Winterknospen setzt schon ein, bevor die Wurzeln zum Leben erwachen und mit dem Wachstum beginnen. Es wird angenommen, daß Austrieb und beginnendes Wachstum bei 8 bis 10° C einsetzen. Das Triebwachstum ist von der Lufttemperatur, der Ernährung und der Bodenwärme abhängig. Zellvermehrung und Streckungswachstum der Zellen sind Grundlagen des Wachstums, welches bei der Rebe mit einer irreversiblen Volumen- und Substanzzunahme verbunden ist. Die Vorgänge des Wachstums können nur ablaufen, wenn die aufbauenden Stoffwechselprozesse die abbauenden übertreffen. Im Zuge des Wachstums findet die Differenzierung der Gewebe statt. Die Länge der Triebe ist sortentypisch und wird von der Erziehung und von Faktoren der Umwelt bestimmt. Die Bildung der Internodien und neuer Knoten erfolgt in der Gipfelknospe

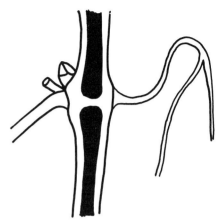

Längsschnitt durch einen Knoten von Vitis vinifera mit Markbrücke, Ranke, Blattstiel und Winterknospe. Das Mark ist schwarz gezeichnet.

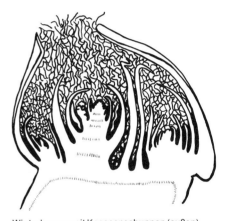

Winterknospe mit Knospenschuppen (außen), Wollhaaren und dem Hauptauge in der Mitte, welches von zwei kleineren Beiaugen umgeben ist.

Querschnitt durch einen gut ausgereiften einjährigen Rebtrieb. Der Holzteil ist kräftig entwickelt.

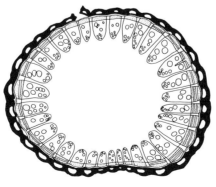

Querschnitt durch einen schlecht ausgereiften einjährigen Rebtrieb, der ein weites Mark und wenig Holzkörper zeigt.

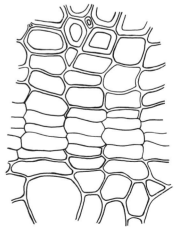

Kambium mit schmalen, teilungsfähigen Zellen (Mitte) in einem einjährigen Rebtrieb.

Die Entwicklung des Rebtriebes vom Knospenaustrieb bis zur Traubenreife.

(Triebspitze). Das Optimum für das Wachstum der Triebe liegt bei einer Temperatur um 25° C. Wuchsstoffe oder Wachstumsregulatoren steuern hemmend oder fördernd einzelne Organe. Dies zeigt sich zum Beispiel, wenn der Haupttrieb gekürzt wird und als Folge Geiztriebe austreiben. Auch die Pollenschläuche wachsen bei der Befruchtung in die Samenanlage. Sie benötigen dafür mindestens 14° C und werden über 1 bis 2 mm lang, wenn 25° C herrschen. Übermäßiger Wuchs der Rebe kann das Verrieseln fördern, weil die Blüten unterernährt bleiben.

Wasserhaushalt

Das Wasser hat in der Pflanze vor allem Bedeutung als Transportmittel. Zur Erzeugung von 1000 g Trockensubstanz müssen etwa 500 l Wasser durch die Systeme der Pflanze geleitet werden. Somit haben die Absorption von Wasser durch die Wurzeln und die Abgabe von Wasser vornehmlich durch die Blätter als Transpiration wichtige physiologische Aufgaben. Die Transpiration als Abgabe von Wasser in Dampfform wird von meteorologischen Faktoren beeinflußt. Die Abgabe von Wasser erhöht die Saugkraft der Pflanzen bis in den Wurzelbereich. Daneben erzeugt die Transpiration Verdunstungskühle. Dies ist an warmen und trockenen Standorten der Rebe von großer Bedeutung. Die Rebe kann die Transpiration in gewissen Grenzen als stomatäre Transpiration regulieren. Bei geschlossenen Stomata wird die Photosynthese gebremst. Das durch die Leitbündel bis in die Nerven der Blätter gelangende Wasser wird in Dampfform im Schwammparenchym abgegeben und zieht durch die Spaltöffnungen, wenn sie geöffnet sind, ins Freie. Ein Rebenblatt von etwa 215 cm^2 Fläche hat 4 Millionen Stomata. Ein Rebstock mit etwa 200 Blättern gibt täglich etwa 1 bis 1,5 l Wasser ab. Daraus ergibt sich ein Wasserverbrauch von 432 l während einer Wachstumsperiode. Dadurch wird verständlich, welch große Bedeutung die Niederschläge während der Vegetationszeit haben. Die Rebe hat die erstaunliche Fähigkeit, an den trockensten Standorten zu gedeihen und ihren Wasserhaushalt sehr ökonomisch zu regulieren.

Mineralische Ernährung

Die Wurzelhaare nehmen mit dem Wasser aus dem Boden einige Elemente selektiv auf. Ein Zuviel an Nährstoffen kann in gewissen Grenzen sogar von der Aufnahme ausgeschlossen bleiben. Diese Fähigkeit der Rebe ist für die harmonische Versorgung mit Nährstoffen von großer Bedeutung. Die Nährstoffe gelangen mit dem Wasserstrom über die Leitbündel der Triebe bis in die Blätter und Trauben.
Stickstoff wird von der Rebe während der ganzen Vegetationszeit benötigt. Phosphorsäure ist vor allem zu Beginn des Wachstums und während der Blüte von Wichtigkeit. Kalium wird am intensivsten vor der Blüte bis Mitte Sommer aufge-

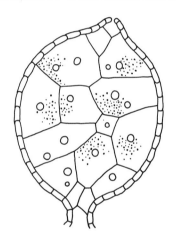

Perldrüse der Rebe, die im Durchschnitt 2 mm groß wird. Die Perldrüsen bestehen aus mehreren Zellen und finden sich vor allem in der Zeit des Austriebs in großer Zahl auf Blättern und jungen Trieben. Ihre Bedeutung ist bis in die heutige Zeit noch nicht erforscht.

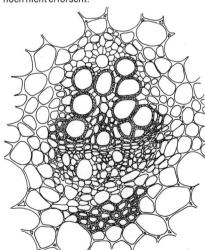

Leitbündel aus dem Blattstiel einer Amerikanerrebe.

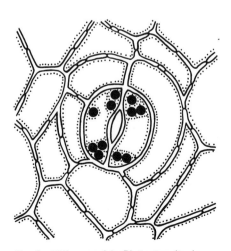

Eine Spaltöffnung auf der Blattunterseite eines Rebblattes in Aufsicht.

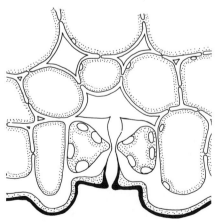

Querschnitt durch eine Spaltöffnung. Die Schließzellen, welche die Spaltöffnung umgeben, regulieren den Gasaustausch.

Die Rebe

nommen. Der Ertrag und seine Qualität hängen vor allem von dem richtigen Verhältnis der Nährstoffe zueinander ab. Neben den Kernnährstoffen Stickstoff, Phosphor, Kali, Calcium und Magnesium und den Nebennährstoffen Schwefel und Eisen sind Spurenelemente wie Bor, Mangan, Zink, Kupfer und andere unentbehrlich. Kein Nährstoff kann durch einen anderen ersetzt werden.

Die Photosynthese

Auch die Rebe ist autotroph. Sie kann somit wie andere grüne Pflanzen mit Hilfe des Blattgrüns (Chlorophyll) das Kohlendioxid der Luft zusammen mit Wasser im Sonnenlicht assimilieren und mit dieser Photosynthese die aufgenommenen anorganischen Stoffe in körpereigene, also organische Substanzen verwandeln. Bei diesem sehr komplizierten biochemischen Prozeß werden über zahlreiche Zwischenstufen zunächst Kohlenhydrate synthetisiert, wobei elektromagnetische Energie des Sonnenlichts in chemische Energie umgewandelt wird. Die Photosynthese wird dargestellt mit der Formel:

$6\,CO_2 + 6\,H_2O + 674\,\text{kcal} \rightarrow C_6H_{12}O_6 + 6\,O_2$

oder in Worten:
Kohlendioxid + Wasser + Lichtenergie ergibt Zucker + Sauerstoff.
100 m² Rebenblattfläche können täglich etwa 223 g Zucker erzeugen. 450 m² Blattfläche bilden somit pro Tag 1 kg Zucker. Davon wird jedoch ein großer Teil wieder veratmet. Die Assimilationsleistung der Rebe ist bei 30 000 bis 40 000 Lux und 25° bis 30° C am höchsten.
Die Blätter sind also die wichtigsten Organe für die Qualitätserzeugung. Sie bedürfen daher der besonderen Pflege. Vor allem muß die Gesamt-Blattfläche groß genug sein, damit genügend Zucker gebildet werden kann. Da nur etwa 0,5 bis 0,6 g Kohlendioxid in 1 m³ Luft enthalten sind, müssen die Blätter große Mengen an Luft umsetzen. Aus den Kohlenhydraten, die zu den Stätten des Verbrauches transportiert werden, bildet die Rebe im Zuge des Stoffwechsels Stärke, Zellulose, Fett und andere organische Stoffe. Auch die lebensnotwendigen Eiweiße werden durch Assimilate und andere Elemente nicht nur in den Blättern, sondern auch in Trieben und Wurzeln aufgebaut.

Die Blätter in der Traubenzone liefern ihre Assimilate (Zucker, Säuren und andere Stoffe) in die Gescheine und heranwachsenden Beeren. Daher dürfen während des Blühens und Beerenwachsens keine Triebe eingekürzt und keine Blät-

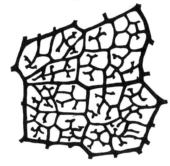

Vergrößerte Nervatur eines Blattstückchens der Sorte Riesling.

ter entfernt werden. Das unterste Blatt entläßt seine Produkte vorwiegend in Richtung Wurzeln. Gegen Ende der Traubenreife versorgen vornehmlich die oberen Blätter und die Geiztriebe die Trauben. Unfruchtbare Triebe exportieren ihre Assimilate sogar in die Trauben benachbarter Triebe. Ein Teil der Assimilate geht in das reifende Holz der Triebe, um als Reservestoffe deponiert zu werden. Ein weiterer Teil wird von der Rebe wieder veratmet. Dieser Prozeß läuft genau umgekehrt wie die Photosynthese, und er ist von der Temperatur abhängig. Da in der Reifezeit die Nächte kühl sind, überwiegt bei uns der Stoffgewinn. Harmonie von Säure und Zuckergehalt sind daher die wesentlichen Merkmale unserer Trauben.

Die Rebe im botanischen System

Im Sinne der systematischen Botanik gehört die Rebe zur Ordnung Rhamnales. Diese Ordnung ist in drei Familien gegliedert. Eine davon ist die Familie der Vitaceae (Reben), die sich wiederum in 14 Gattungen untergliedert: Eine von diesen ist die Gattung Vitis. Diese Gattung Vitis ist in zwei Untergattungen aufgeteilt: Euvitis (echte Reben) und Muscadinia.
Von dieser Untergattung Euvitis, die ursprünglich nur auf der nördlichen Halbkugel verbreitet war, sind 50 bis 60 Arten (Species) bekannt. Unsere europäische Kulturrebe ist eine dieser Arten, nämlich Vitis vinifera Linné subspecies sativa, die aus der Vitis silvestris hervorgegangen ist. Bei der Vitis vinifera werden die Sortengruppen Vitis vinifera occidentalis Negrul (zentraleurasisch), Vitis vinifera pontica Negrul (Schwarzmeergebiet) und Vitis vinifera orientalis Negrul (Mittel- und Vorderasien) unterschieden. Die Ausgangsform der Vitis vinifera occidentalis ist ursprünglich – wenn wir dem russischen Rebenzüchter und Forscher Negrul folgen – über Italien und Spanien nach Gallien gelangt. Neben anderen werden Riesling und Burgundersorten zur Gruppe »occidentalis« gezählt. Die Edelrebe der alten Welt, Vitis vinifera, zeigt eine enorme Vielfalt von Kultursorten, Klonen und Neuzuchten.
In Amerika kennen wir die folgenden wichtigsten Arten der Gattung Vitis:

Vitis aestivalis Michaux.
Massachusetts, New Hampshire südlich bis Missouri und Georgia.

Vitis berlandieri Planchon.
Arkansas, Texas, Mexiko (UL).

Vitis californica Bentham.
Mittel-Kalifornien bis südliches Oregon.

Vitis candicans Engelmann.
Arkansas, Louisiana, Oklahoma, Texas, Mexiko.

Vitis champini Planchon.
Texas (UL).

Vitis cinerea Engelmann.
Louisiana bis Wisconsin (UL).

Vitis cordifolia Michaux.
Pennsylvania, Kansas bis Texas und Florida.

Vitis doaniana Munson.
Texas, Oklahoma, New Mexico.

Vitis girdiana Munson.
Südliches Kalifornien.

Vitis labrusca
Neu-England bis Georgia, hauptsächlich in den Appalachian Mountains (E).

Vitis lincecumii Buckley.
Missouri, Texas, westliches Lousiana (E).

Vitis Longii Prince (= Solonis).
Oklahoma, Texas, New Mexico, Colorado (UL).

Vitis monticola Buckley.
Texas.

Vitis riparia Michaux.
Nova Scotia, New Brunswick bis Manitoba bis zu den Rocky Mountains, Texas, Arkansas, Tennessee und Virginia (UL).

Vitis rufotomentosa Small.
Florida bis Louisiana.

Vitis rupestris Scheele.
Missouri, Illinois, Kentucky, Tennessee bis Texas.

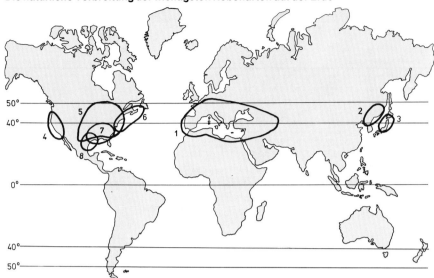

Die natürliche Verbreitung der wichtigsten Rebenarten auf der Erde

1. Vitis vinifera; 2. Vitis amurensis; 3. Vitis coignetiae; 4. Vitis californica; 5. Vitis riparia; 6. Vitis labrusca; 7. Vitis rupestris; 8. Vitis berlandieri.

Von den genannten Arten der Untergattung Euvitis sind die Vitis berlandieri, riparia und rupestris Bestandteile der Erbmasse der in Deutschland verwendeten Unterlagen (als UL bezeichnet). Auch Vitis cinerea und Vitis Longii sind in der europäischen Unterlagenzüchtung von Wichtigkeit. Die Vitis champini wird in Kalifornien als Unterlage verwendet. Die Vitis labrusca ist die Grundlage zahlreicher Ertragssorten in Amerika mit Fuchsgeschmack (als E bezeichnet). Bei den neueren französischen Ertragshybriden ist vor allem die Erbmasse der Vitis lincecumii von Bedeutung, weil diese Wildform eine gut ausgebildete Traube aufweist.

Die amerikanischen Wildarten, die östlich der Rocky Mountains (Felsengebirge) vorkommen, sind weitgehend reblausfest und ertragen echten und falschen Mehltau. Dieser geographische Raum ist zugleich die Heimat der genannten Schädlinge. Dies trifft vor allem auch für jene Arten zu, die für die Rebenveredelung eingesetzt werden. Westlich des großen Gebirges hat sich in Amerika keine Resistenz gegen die Reblaus bei den Wildarten entwickelt, weil sie dort nicht beheimatet ist. Die im Südwesten und Westen von Amerika in den trockenen Zonen vorkommenden Wildarten haben auch keine Resistenz gegen Pilzkrankheiten, die sich dort nicht halten können, entwickelt. Die bis hoch nach Kanada reichenden Vitis-riparia-Typen sind außerordentlich frostresistent. Unter der Vitis cinerea gibt es Klone, die völlig unanfällig für Rebläuse sind. Von besonderem Interesse sind die Muscadinien geworden, die der zweiten Untergattung der Reben angehören. Diese kommen als Vitis rotundifolia Michaux und Vitis munsoniana Simpson in den südlichen und südwestlichen Staaten von Amerika vor. Diese Reben weichen durch 20 Chromosomen (1n), fehlendes Diaphragma und ungegabelte Ranken von den Euvitis-Formen ab. Sie sind völlig immun gegen die Reblaus und fast alle Krankheiten der Rebe. Sie haben daher für die Rebenzüchtung neuerdings an Bedeutung gewonnen.

In Asien gibt es ebenfalls Wildreben. Im Amurgebiet kommt Vitis amurensis Ruprecht vor, die bei der Einkreuzung mit ihrer großen Frosthärte interessante winterharte Neuzüchtungen ergab. In Ostasien sind ferner die Vitis thunbergii Siebold et Zuccarini und die Vitis coignetiae Pulliat verbreitet, die selbst bis auf mehr als 1000 m über NN am Fujiyama in Japan zu finden sind.

Helmut Becker

Rebenveredelung und Rebenzüchtung

Ursache: Die Reblaus

Die Reblaus gehört zu den Pflanzenläusen (Aphiden), die sich saugend ernähren. Es werden 8 Familien der Aphiden unterschieden, von denen die Phylloxeridae, zu denen die Reblaus zählt, Eier legen.

Die Reblaus (Viteus vitifolii [Fitch 1855] Shimer 1867; Synonym: Phylloxera vastatrix Planchon 1868) stammt aus dem östlichen Nordamerika. Dort entwickelte sie sich in langen Zeiträumen zusammen mit ihren Wirtspflanzen unter gegenseitiger Anpassung. Die Reblaus kann nur auf einem Teil der Rebenarten der Untergattung Euvitis in Blattgallen oder auf Wurzelgallen (Nodositäten, die sich an jungen, und Tuberositäten, die sich an alten Wurzeln bilden) leben. Ohne Gallenbildung gibt es weder Entwicklung noch Wachstum, noch Eiablage der Reblaus.

Die Gallenbildung schadet den reblaus-

Kurz vor der Spätlese. An den fast völlig entlaubten Rebstöcken empfangen die Spätburgunder-Trauben die letzte Herbstsonne ▷

Rebenveredelung und Rebenzüchtung

festen amerikanischen Rebenarten nicht oder nur wenig. Die Reben der alten Welt, vor allem die Edelrebe Vitis vinifera, bilden dagegen bei Reblausbefall an ihrem Wurzelwerk große Nodositäten und Tuberositäten mit dichter Reblausbesiedlung. Im Winter faulen diese Wurzelgallen, so daß ganze Wurzelsysteme absterben. Damit ist das biologische Gleichgewicht zwischen Wirt und Parasit zugunsten der Reblaus verschoben. Die wurzelechten Europäerreben sterben durch den Befall ab.

Der oberirdische Kreislauf der Reblaus wird an den Vitis-vinifera-Sorten dagegen nicht verwirklicht. Sie bleiben im Weinbau frei von Blattgallen.

Aus diesen Erkenntnissen wurde die großartige Idee der biologischen Bekämpfung der Reblaus geboren: Das aufgepfropfte Edelreis der Vitis-vinifera-Sorten bleibt frei von Blattgallen der Reblaus, die resistenten Amerikanerreben als Unterlagen werden von der Reblaus zwar befallen, können aber nicht geschädigt werden.

Um eine Verbreitung der Reblaus in Deutschland über Blattgallen zu unterbinden, wurde der Anbau aller nicht zu Vitis vinifera und Vitis silvestris zählenden Rebenarten und Bastarde verboten. Nur Unterlagenreben dürfen gepflanzt werden.

Die Reblaus ist biologisch sehr interessant. Die Wurzelläuse sind alle weiblich und legen unbefruchtete Eier in großer Zahl. Aus diesen entwickeln sich im Hochsommer teilweise Nymphen, die sich zu beflügelten Rebläusen häuten. Sie verlassen den Boden. Auch sie sind weiblich und legen Eier, aus denen Männchen beziehungsweise Weibchen schlüpfen. Diese Geschlechtstiere leben nur der Liebe. Sie können gar keine Nahrung aufnehmen, weil ihnen Mundwerkzeuge fehlen; ihr Darm ist sogar verkümmert. Hans Moser kannte die Reblaus schlecht, sonst hätte er sein »Reblauslied« als Weintrinker und Mann nicht gesungen. Die Reblausmännchen können nämlich keinen Rebensaft aufnehmen, und sie sterben nach einmaliger Begattung. Das Weibchen legt ein einziges befruchtetes Ei oberirdisch zwischen der Rinde ab und stirbt dann ebenfalls. Aus diesem Winterei schlüpft im Frühjahr eine Laus, die Stamm-Mutter (Fundatrix) heißt. Sie lebt in einer Blattgalle und legt unbefruchtete Eier, aus denen eine oberirdische Generation wird. Aus den Eiern dieser Blattrebläuse schlüpfen auch Wurzelläuse, die den Boden aufsuchen und somit den komplizierten Kreislauf vollenden. Die

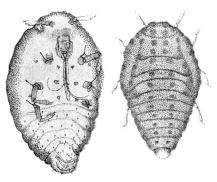

Erwachsene Wurzelrebläuse. Auf der Bauchseite (links) sind Stechborsten, Beine und Fühler sichtbar. Auf der Rückenseite (rechts) erkennt man die Warzen (Tuberkeln).

Die beflügelte weibliche Reblaus legt Eier, aus denen dann die Geschlechtstiere schlüpfen.

Wurzelläuse und Blattgallenläuse leben im erwachsenen Zustand sehr seßhaft. Sie haben einen geschlossenen Darm und keinen After und müssen also die aus der Blattgalle oder den Wurzelgallen aufgenommenen Nahrungssäfte ganz verdauen. Die Reblaus zeigt einen so hohen Grad der Differenzierung und der An-

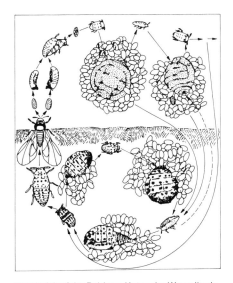

Der Kreislauf der Reblaus. Unten der Wurzelkreislauf; links daneben eine Nymphe, aus der die Reblausfliege hervorgeht. Links oben die Geschlechtstiere, das Winterei und in der Mitte die Stamm-Mutter, welche den oberirdischen Kreislauf begründet.

Reblausherd in einem alten wurzelechten Weinberg.

passung an ihren Wirt, daß sie ohne diesen ganz verloren ist.

Es dauerte recht lange, bis diese komplizierten Zusammenhänge erforscht waren und man wußte, daß die Reblaus »nur« indirekt schadet, weil die Gallen an den Wurzeln Fäulnisprozesse einleiten.

Folge: Der Pfropfrebenbau

Die Reblaus wurde aus ihrer Heimat Amerika in alle Welt verschleppt. In Frankreich ist sie 1865 aufgetaucht und hat dort einen ungeheuren Schaden verursacht. Die französischen Weinberge wurden fast völlig vernichtet. In Deutschland wurde sie 1874 gefunden. Sie hat sich hier aber wegen der strengen Quarantänebestimmungen aufgrund der Verordnung vom 11. 2. 1873 und wegen der Durchführung der Reblausgesetze von 1875, 1883 und 1904 nur langsam verbreitet. Es gelang, durch Vernichtung der Reblausherde die deutschen Weinbaugebiete vor einer Katastrophe zu bewahren und ab 1925 durch Freigabe des Pfropfrebenbaues die indirekte Bekämpfung einzuleiten. Hierzu waren umfangreiche wissenschaftliche und technologische Vorbereitungen erforderlich gewesen. Schon 1890 war die erste deutsche Rebenveredelungsstation in Geisenheim gegründet worden.

Der Pfropfrebenbau muß mit Unterlagensorten betrieben werden, die eine hinreichende Reblausresistenz aufweisen. Es gibt verschiedene Rassen der Reblaus, die sich gegenüber Amerikanerreben unterschiedlich verhalten. Die in Deutschland verwendeten Unterlagensorten sind widerstandsfähig gegen alle Rassen (Biotypen) der Reblaus.

Es ist oft befürchtet worden, die Reblaus könne eines Tages Rassen ausbilden, die auch die amerikanischen Unterlagenreben gefährden. Es gibt hierfür aber keine

◁ Bei der Weinlese. Vorsichtig schneidet die Leserin die Trauben ab.

Anzeichen. Es spricht eher vieles dafür, daß dies nicht eintreten kann. Die Reblaus hat einen äußerst differenzierten Entwicklungsstand erreicht, der mit einer Einengung des Nährpflanzenkreises verbunden ist und ihr ein Überleben nur auf Gallen erlaubt, die von der Pflanze gesteuert werden. Die biologische Evolution kennt aber keine Rückwärtsentwicklung. Die Wissenschaft ist jedoch bestrebt, durch Schaffung völlig unanfälliger Unterlagensorten allen Gefahren vorzubeugen.

Nach dem Zweiten Weltkrieg war die Situation in Deutschland äußerst gefährlich. Mit großem Schwung wurde schließlich die Umstellung auf Pfropfreben vollzogen, damit die Gefahr überwunden und ein neuer Weinbau geschaffen. So erwies sich der Großschädling Reblaus letztlich als Initiator des Fortschritts. Nach Überwindung der Krise, die fast das Ende des europäischen Weinbaues bedeutet hätte, präsentiert sich der neue Weinbau mit Pfropfreben leistungsfähiger als der seit der Antike auf eigenen Wurzeln stehende Weinbau. Ohne die Reblauskrise wäre wohl niemals der heutige Stand des Weinbaues und der Kellerwirtschaft erreicht worden.

Die Pfropfreben werden aber nicht nur der Reblaus wegen gepflanzt, ja heute denken die Winzer vielfach schon gar nicht mehr an die Reblaus. Pfropfreben mit guten Edelreisklonen sind wüchsiger und bringen, wenn die Unterlage eine gute Pfropfverwandtschaft (Affinität) und Bodenverträglichkeit (Adaptation) zeigt, besseren Ertrag als wurzelechte Reben.

Die Frage, ob veredelte Reben auch künftig Qualitätsweine bringen, hat Praxis und Wissenschaft von Anfang an beschäftigt. »Der deutsche Weinbau ist uns mit eigener, deutscher Wurzel und nicht mit fremdländischer ans Herz gewachsen«, formulierte ein Gegner der Pfropfreben seine Ablehnung noch vor dem Ersten Weltkrieg. Inzwischen ist aber in zahlreichen Untersuchungen und Vergleichsproben nachgewiesen worden, daß die Weine von Pfropfreben nicht schlechter und oft sogar besser sind als die von wurzelechten Reben. Die Unterlagen beeinflussen nur auf physiologischen Umwegen das Edelreis. Es gelangen keine geschmacksbestimmenden Stoffe aus den Wurzeln der Amerikanerreben in das Edelreis. Auf vielen Standorten, vor allem auf armen Böden, zeigen Pfropfreben sogar höhere Mostgewichte und auch eine feinere Säure als wurzelechte Reben. Die aufgepfropften Edelreiser bestimmen den Wein in seiner Art, doch das Wurzelwerk der Unterlagenreben ist vitaler als die eigene Wurzel der Edelsorten.

Heute sind die deutschen Weinbaugebiete bereits größtenteils und ihre besten Lagen schon längst auf Pfropfreben umgestellt. Mit ihnen werden in weit größerem Umfang als in früheren Zeiten große Qualitätsweine bis zur Trockenbeerenauslese geerntet.

Die Rebenveredelung

Für die Rebenveredelung werden in Deutschland jährlich mehr als 40 Millionen Unterlagenreben und Edelreisaugen benötigt. Die Unterlagenreben wachsen in Deutschland in Muttergärten in einer

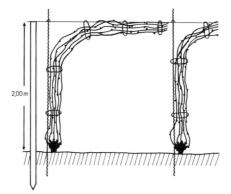

Auf moderne Weise hochgezogene Unterlagenreben im Schnittgarten.

Im Frühsommer kann der tägliche Zuwachs in Unterlagenschnittgärten 5–10 cm betragen.

besonderen Erziehungsform. Auch in Italien werden Unterlagenreben für Deutschland, und zwar teilweise auf Drahtrahmen, hochgezogen. Unter südlicher Sonne lassen sich die Unterlagen aber auch in kriechenden Unterlagenschnittgärten ohne Unterstützungsvorrichtung gewinnen. Dies geschieht in Italien und Frankreich auf günstigen Standorten. Die Unterlagen werden nach dem Laubfall während des Winters abgeerntet. Die Erzeugung des für Deutschland benötigten reifen Unterlagenholzes erfolgt im Süden wirtschaftlicher, als dies im deutschen Weinbau jemals möglich wäre.

Auch die Edelreiser werden in besonderen Vermehrungsanlagen in Deutschland gewonnen. An diese Vermehrungsweinberge sind hohe Anforderungen zu stellen.

Edelreiser und Unterlagen werden nach exakter Beschaffenheitsprüfung an die Rebenveredelungsbetriebe ausgeliefert. Die Unterlagen werden auf eine Länge von 30 cm zugeschnitten, wobei am Fuß ein Knoten mit einem Stummel von 0,5 bis 1 cm belassen wird. Die Augen sind zu »blenden«, das heißt, die Winteraugen werden restlos mit einem Blendmesser entfernt. Die Edelreisruten müssen ebenfalls zugeschnitten werden, wobei über dem Knoten ein Stummel von 1 cm und unter dem Auge ein Internodienstück von 5 cm belassen wird.

Da der Botrytispilz nicht nur die Trauben, sondern auch die vegetativen Organe der Rebe befällt, sind vorbeugende Maßnahmen unentbehrlich. Die wichtigste ist die Desinfektion des Veredelungsholzes vor der Einlagerung. Dabei ist gleichzeitig ein guter Quellungszustand anzustreben. Nach dem Zuschnitt der Edelreiser und der Unterlagen werden diese 15 Stunden in Chinosol (0,5%) eingeweicht. Die Temperatur der Lösung darf nicht unter 10° C liegen. Die Reben müssen nach der Behandlung so gelagert werden, daß kein Verdunsten oder Austrocknen möglich ist. Die Lagerung in Kunststoffsäcken gewährleistet eine Konservierung des Wassergehaltes. Die günstigste Lagertemperatur ist +1° C. Temperaturen unter 0° C würden ein Ausfrieren des Wassers und damit ein Ansteigen der Chinosolkonzentration bewirken.

Der Veredelungsschnitt muß dem anatomischen Bau des Rebtriebes Rechnung tragen, um einen raschen und harmonischen Verlauf der Verwachsung zu sichern. Die klassische Handveredelung berücksichtigt die Wechselständigkeit

Rebenveredelung und Rebenzüchtung

der Augen. Die schwache Stelle ist die Rinnenseite.
Bei der Normalveredelung erfolgt der Anschnitt in Richtung Auge–Ranke (Flachseite–Rinnenseite). Auch bei der jetzt fast nur noch angewandten Maschinenveredelung ist ein physiologisch gleichwertiger Schnitt zu erzielen. Die Unterlagen und Edelreiser werden im Zustand tiefer Winterruhe mit der Maschine veredelt. Dabei ist auf gleichen Durchmesser der Veredelungspartner zu achten, damit bei den Teilstücken die Kambienringe aufeinanderpassen.
Aus dem Kambium entwickelt sich während des Vortreibens der Kallus, ein zunächst undifferenziertes, zartes, weißgelb gefärbtes Parenchymgewebe, das sowohl von der Unterlage wie auch vom Edelreis ausgehend in sich verwächst. Der Omega-Schnitt sichert ein gutes Zusammenhalten der Veredelungspartner während der Kallusbildung und Verwachsung.
Durch Paraffinierung der Pfropfreben unmittelbar nach dem Veredeln werden die Sicherheit vor Trockenschäden erhöht, die Edelreiswurzelbildung unterbunden, der Austrieb der Augen zugunsten der Kallusbildung verzögert und einer sekundären Infektion der Veredelungsstellen und der Augen vorgebeugt. Veredelungswachse mit fungiziden und wachstumsregulierenden Beistoffen werden mit Erfolg angewendet.
Aus hygienischen Gründen sind für Pfropfreben Kisten aus Kunststoff eingeführt worden. Da ein Vortreiben ohne Deckschicht erforderlich ist, um kurze, ergrünte Triebe zu erhalten, werden diese Kisten so gepackt, daß die paraffinierten Veredelungsstellen gerade eben aus der Packmasse – in Deutschland ausschließlich Torf – herausragen. Die Zwischenräume werden bis in Augenhöhe mit Perlite angefüllt oder mit Schaumstoff abgedeckt. Wichtig ist ein gleichmäßiger Schnitt der Edelreiser, damit Augen und Veredelungsstellen jeweils auf eine Ebene gelangen.
Die zunächst im Kühlhaus gestapelten Kisten werden dann zum Vortreiben in Gewächshäuser, heizbare Frühbeetkästen oder Folienhäuser gebracht. Sie können dort nicht übereinandergestapelt werden, weil sonst nicht genügend Licht für die Chlorophyllbildung vorhanden wäre. Die für die Kallusbildung günstige Temperatur von 28° C wird im Bereich der freistehenden Köpfe sofort erreicht, während das Innere der Kiste durch die vorausgegangene Kühllagerung länger kalt bleibt. Erst nach 4 bis 5 Tagen ist die Temperatur auch in der Kiste auf 25 bis 28° C angestiegen. Diese Temperatur

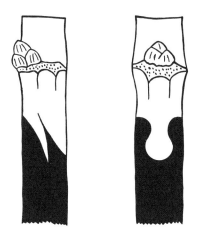

Veredelungsschnitte.
Links: Handveredelung. Englischer Kopulationsschnitt mit Gegenzunge.
Rechts: Omega-Schnitt, der nur mit der Maschine ausgeführt werden kann.

Moderne Rebenveredelungsmaschine mit Omega-Schnitt.

Die Pfropfreben sind paraffiniert und sauber in eine moderne Vortreibkiste aus Kunststoff gepackt. Nach dem Abdecken mit Perlite kann das Vortreiben beginnen.

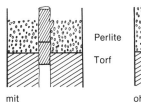

mit Veredlungswachs — ohne Veredlungswachs

Die Edelreiser sind bis über die Veredelungsstelle in der Kiste mit Perlite abgedeckt.

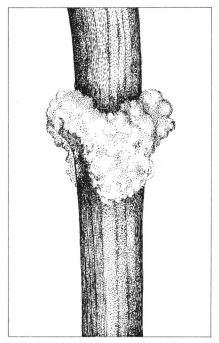

Der Kallus ist an der Veredelungsstelle (Omega-Schnitt) nach dem Vortreiben gut ausgebildet. Die Pfropfpartner sind verwachsen.

So sieht die Veredelungsstelle bei einer alten, zwanzigjährigen Pfropfrebe aus. Das Edelreis hat einen größeren Durchmesser als die Unterlage. Man erkennt deutlich die Trennungslinie an der Veredelungsstelle.

Die Rebe und ihre Umwelt

Vortreibkästen zur Intensivkultur von Pfropfreben in einem modernen Betrieb.

wirkt sich günstig aus und soll bis zum Ende der Kallusbildung beibehalten werden, um die Triebentwicklung nicht zu forcieren.

Nicht die Länge des Augenaustriebes am Edelreis, sondern der gut sichtbare geschlossene Kallusring ist das Signal zur Beendigung des Vortreibens, das normalerweise 21 bis 24 Tage dauert. Neuerdings werden die Veredelungsstellen bis knapp über die Augen mit Perlite (Agriperl) abgedeckt. Die Konstanthaltung der Luftfeuchtigkeit ist nach dem Austrieb besonders wichtig. Vom Austreiben der Augen an hat eine Behandlung gegen Botrytis einzusetzen. Mit der Entfaltung der jungen Blätter und bei hinreichender allseitiger Kallusbildung kann mit dem Abhärten für das Einschulen oder direkt mit dem Kartonieren der Pfropfreben begonnen werden.

Bei der geschilderten Technik des Vortreibens entwickelt sich ein kompakter Kallus, der ergrünt und zu einer rascheren Überwindung der sensiblen Phase fähig ist. Der im Licht sich bildende Kallus ist nach dem Vortreiben akklimatisiert und bildet frühzeitig Periderm aus, weil Perlite lichtdurchlässig ist. Die jungen Triebe beginnen sofort mit der Photosynthese, was sich sehr günstig auf die Verwachsungsprozesse auswirkt. Die geschilderte Methode ist Voraussetzung für moderne Intensivverfahren in der Kartonage oder im Topf.

Die vorgetriebenen Reben, die einen geschlossenen Kallusring an der Veredelungsstelle sowie eine zufriedenstellende Triebentwicklung besitzen und abgehärtet sind, können in die nächste Kulturstufe, die Rebschule, übernommen werden, wo sie ein Jahr verbleiben. In der Rebschule sollen kräftige Triebbildung, allseitige Bewurzelung und möglichst gute Verwachsung erfolgen. Der Boden der Rebschule muß leicht erwärmbar, locker und nährstoffreich, die Lage der Rebschule windgeschützt und klimatisch günstig sein. Das Einschulen erfolgt Ende April bis Mitte Mai; es hängt von der Bodentemperatur ab. Maschinen ermöglichen ein rationelles Einschulen in Reihen von 80 bis 120 cm Abstand. In der Reihe werden Zwischenräume von 5 bis 10 cm gewählt. Während des Sommers ist die Rebschule gut zu pflegen. Die Schädlingsbekämpfung erfolgt während der Vegetationszeit wöchentlich. Ende Juli werden die Reben »freigestellt«, das heißt, es werden die angehäuften Dämme eingeebnet, damit sich keine Edelreiswurzeln bilden. Diese Arbeit entfällt bei der Verwendung von Mulchfolie.

Nach dem Blattfall erfolgen das Ausschulen durch Pflügen, das Sortieren und Bündeln der Reben. Das klassische Rebschulverfahren bringt im Durchschnitt mehr als 50% Anwuchs, während mit dem kombinierten Kartonage-Rebschul-Verfahren höhere Anwuchsprozente erzielt werden.

Das Kartonageverfahren wurde in Geisenheim schon in den 30er Jahren entwickelt und in die Praxis eingeführt. Nach dem Zweiten Weltkrieg gab es der deutschen Rebenveredelung ein eigenes Profil und hat wesentlich zur Sicherung des planmäßigen Wiederaufbaues der von der Reblaus bedrohten deutschen Rebflächen beigetragen.

Durch das Kartonageverfahren können

• der Anwuchs auf 80% und mehr gesteigert werden,
• bereits im Jahr der Veredelung und schon zu Beginn der Vegetationsperiode Pfropfreben im Weinberg angepflanzt werden,
• durch Einschulen der Kartonage-Pfropfreben in der Rebschule eine wesentlich bessere Ausbeute gut verwachsener und bereits entwickelter Wurzelpfropfreben erzielt werden,
• durch Eintopfen von Kartonage-Pfropfreben im Juni und von da an bis in den Winter hinein Pfropfreben geliefert werden.

Somit bietet die moderne Rebenveredelung das ganze Jahr hindurch entweder Kartonage-Pfropfreben als grüne Pflanzen oder Pfropfreben aus dem Kühlhaus in Winterruhe an.

Für das Kartonageverfahren werden Vortreib-Doppelkästen oder Folienhäuser mit Bodenheizung benötigt. Beide sind gleichermaßen für das Vortreiben von Pfropfreben in Kisten wie auch für die Kultur von Kartonagereben zu verwenden. Das Kartonieren wird heute mit Maschinen durchgeführt. Als Kultursubstrate dienen Gemische von modernen Industrieerden mit Torf im Verhältnis 1:3. Die kartonierten Pfropfreben werden ohne Zwischenräume eingestellt (pro

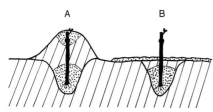

Einschulmethoden:
A) Hügelpflanzung im Querschnitt.
B) Abdeckung mit Folie.

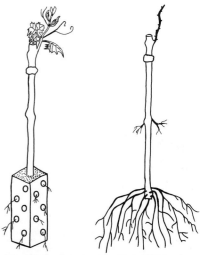

Links: Kartonagerebe. Der Kallus ist zwischen Edelreis und Unterlage entwickelt.
Rechts: gut verwachsene und bewurzelte Pfropfrebe nach der Kultur in der Rebschule.

Rebenveredelung und Rebenzüchtung

m² 400 bis 500 Stück) und mit warmem Wasser gut angegossen. Die Bodenwärme wird auf 22 bis 25° C gehalten. Die Temperatur im Luftraum soll bis zum Aufrichten der Triebe 20° C betragen und danach nicht unter 15° C sinken. Dadurch werden gute Bewurzelung und ein kurzer Trieb erreicht. Sofort nach dem Einstellen werden die Reben mit Fungiziden gespritzt, um sie gegen Botrytisinfektionen zu schützen. Da die grünen Triebe der Rebe bereits an Licht gewöhnt sind, müssen sie nur bei starker Sonneneinstrahlung beschattet werden. Die Kultur erfolgt zunächst bei möglichst hoher Luftfeuchte, bis neue Wurzeln gebildet sind. Dann wird mit dem Lüften begonnen. Pflanzfertige Kartonagen sollen gut bewurzelt sein und einen kurzen, akklimatisierten Trieb aufweisen. Dadurch kann das Wachstum im Weinberg oder in der Rebschule nach dem Einpflanzen ohne Unterbrechung weitergehen.

Das Kartonageverfahren verläuft unter deutschen Klimabedingungen nach folgendem Zeitplan:
- Ende März: Beginn des Vortreibens;
- Mitte April: Beginn des Einkartonierens;
- Mitte Mai: Beginn des Einpflanzens oder Einschulens.

Die Anzucht von Pfropfreben in Pflanztaschen aus Karton nach Jäger soll eine Steigerung des Anwuchses und ein schnelleres maschinelles Einschulen der vorgetriebenen Veredelungen gewährleisten. Das Packen der Pflanztaschen

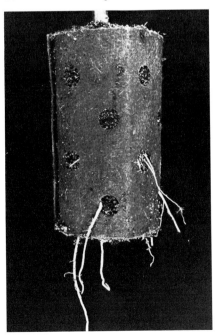

Gut bewurzelte Kartonagenreben.

Eine Rebschule auf der Rheininsel bei Lorch (Rheingau) wird beregnet.

(50 cm breit, 25 cm hoch) erfolgt an Packtischen oder an einem Förderband. Das Vortreiben soll früher als sonst üblich beginnen. Es ist vorteilhaft, Unterhitze zu geben, damit eine intensivere Wurzelbildung einsetzt. Die beste Zeit zum Einschulen ist gekommen, wenn die Wurzeln aus den Pflanztaschen stoßen. Bewährt hat sich eine Pflanzmaschine, die in einem Arbeitsgang fräst, den Pflanzgraben zieht, die Veredelungen in den Pflanztaschen einstellt, andrückt, wässert und zuhäufelt. Das Verfahren bringt, wenn es richtig ausgeführt wird, gute Ergebnisse in der Rebschule.

Vorgetriebene, verkaufsfertige Kartonage-Pfropfreben.

Im kombinierten Kartonage-Rebschul-Verfahren werden die fertigen Kartonage-Pfropfreben in gut vorbereitete Rebschulen ausgeschult. Hierzu sind besondere Maschinen und eine eigene Technik entwickelt worden. Dieses kombinierte Verfahren, das die Vorteile der Kartonage auf das konservative Rebschulverfahren überträgt, ist in Deutschland verbreitet. Diese Intensivkultur in der Rebenveredelung hat Kapazität und Wirtschaftlichkeit der deutschen Pflanzguterzeugung wesentlich gesteigert.

In Deutschland werden zunehmend Kartonagereben ab Ende Mai in größeren Töpfen (etwa 10 cm Durchmesser) im Freiland bis zum September hin kultiviert. In der arbeitsarmen Zeit vor der Weinlese werden mit diesen Topfreben Junganlagen erstellt. Das Wachstum setzt

dann erst im darauffolgenden Frühjahr ein.
Die wissenschaftliche und technologische Entwicklung der hygienischen Maßnahmen erlaubt auch eine längere Lagerung bewurzelter Reben. Diese werden nach dem Ausschulen sortiert, gebündelt, etikettiert und verplombt, Erd- und Torfreste werden entfernt. Schon das Reinigen mit Wasser bringt den Reben meist einen entsprechend hohen Feuchtigkeitsgehalt, dann hat das Desinfizieren zugleich den höchstmöglichen Wassergehalt zu sichern. Die Behandlung erfolgt durch völliges Eintauchen der Bündel in 0,1%ige Chinosollösung von wenigstens 10° C für mindestens 15 Stunden. Danach werden die behandelten Reben feucht in Foliensäcke gepackt, die fest verschlossen und bei +1° bis +5° C im Kühlraum gelagert werden. Je früher man die Reben nach dem Ausschulen behandelt und einlagert, um so besser halten sie sich frisch. Für kurze Zeit können Reben bei +5° C aufbewahrt werden. Bei langer, über ein Vegetationsjahr hinausgehender Einlagerung ist +1° C erforderlich. Ein Jahr lang gelagerte Reben sind frisch, treiben genau wie andere und zeigen eine normale Entwicklung im Weinberg. Im Gewächshaus läßt sich außerdem leicht vorprüfen, ob überlagerte Reben den Anforderungen entsprechen. Diese neue Lagermethode ist vor allem für den Winzer eine große Hilfe bei der Aufzucht der Jungfelder.

Grundlagen der Rebenzüchtung

Die Rebe ist eine heterozygote, das heißt mischerbige Pflanze: bei der Aussaat von Kernen einer Mutterpflanze entsteht eine Aufspaltung. Daher lassen sich Eigenschaften eines Rebstockes nur erhalten und weitergeben, wenn eine vegetative Vermehrung stattfindet. Dies kann durch Stecklinge oder durch Aufpropfen auf eine andere Rebe geschehen. Bei dieser vegetativen Vermehrung bleiben alle Individuen gleich. Ein Klon (griechisch Zweig) ist die vegetativ vermehrte Nachkommenschaft einer Pflanze. Kleinste Vermehrungseinheit für den Aufbau eines Klones ist bei der Rebe ein Auge. Ein Klon bleibt so lange konstant und kann auf eine erbgleiche, unbegrenzt große Individuenzahl erweitert werden, solange keine Mutation (lateinisch: Veränderung) eintritt. Spontane Mutationen sind bei der Rebe häufig. Sie können äußerlich unerkannt bleiben, aber physiologische

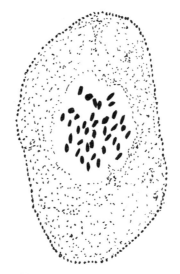

Junge Zelle aus der Wurzelspitze von V. vinifera mit 2n = 38 Chromosomen (Metaphasenplatte).

Änderungen bewirken. Sichtbare Mutationen bei Reben sind sprunghaft auftretende Farbänderungen der Trauben; manchmal findet sich an einem Stock ein Trieb mit anderer Traubenfarbe. Durch getrennte Vermehrung entsteht auf diese Weise ein neuer Klon oder eine neue Sorte.
Alle Arten der Untergattung Euvitis sind kreuzbar und liefern fruchtbare Hybridnachkommen, das heißt, alle Rebenarten der verschiedenen Kontinente können miteinander uneingeschränkt bastardiert

Schema der Auslesezüchtung

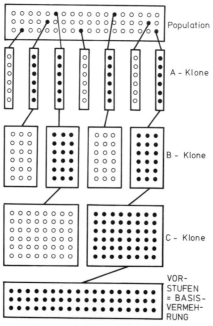

Die Selektion von Klonen traditioneller Sorten und die Auslese neuer Sorten vom Sämling bis zum Vorstufenpflanzgut folgt demselben Schema.

werden. Die Chromosomenzahl der Untergattung Euvitis ist n = 19, die der Muscadinien beträgt n = 20 (n = einfacher oder haploider Satz). Man nimmt an, daß Euvitis mit n = 19 schon polyploid (mit mehrfachem Chromosomensatz) ist.
Es gibt polyploide Reben, die Gigas-Formen (großtraubig mit dicken Beeren) sein können. In Deutschland sind keine polyploiden Reben im Anbau, obwohl tetraploide (mit vierfachem Chromosomensatz) Rieslinge spontan auftreten. Haploide Reben (mit einfachem Chromosomensatz) sind bisher noch nicht bekannt geworden.
Es gibt verschiedene geographische Genzentren der Rebe auf der Erde. Qualitätsgene finden sich bei Vitis vinifera in Europa, Nordafrika und Vorderasien. Resistenzgene gegen Reblaus und Mehltau sind im östlichen und südöstlichen Amerika (bis zu den Rocky Mountains) verbreitet. Frostresistenz ist in der Erbmasse von Wildformen im nordöstlichen Amerika, in Ostasien und in Mitteleuropa vorhanden. Der Mischerbigkeit der Rebe wegen sind Genanalysen schwierig. Dennoch ist eine Reihe von genetischen Grundkenntnissen über die Vererbung von Resistenz, Qualität und anderen Eigenschaften zutage gefördert worden, die in der Rebenzüchtung erfolgreich angewandt werden. Außerdem ist über Inzucht und Heterosis manches bekannt, was eine Förderung für die praktische Züchtung bedeutet.

Einzelstock der Unterlagensorte 5 BB ist selektioniert.

Methoden der Rebenzüchtung

Die einfachste Methode ist die negative Massenauslese. Dabei werden aus einem gegebenen Bestand durch negative Auslese minderwertige Stöcke von der Vermehrung ausgeschlossen. Dies führt wenigstens zur Verhinderung des Leistungsabfalles. Eine Leistungssteigerung kann durch positive Massenauslese erreicht werden, indem nur die besten Stöcke zur Vermehrung gelangen. Die positive Massenauslese führt aber zu einem Gemisch erblich unterschiedlicher Typen mit unbekannter Einzelleistung. Die sicherste Methode ist die Klonenauslese (Klonenselektion) als Individualauslese mit Nachkommenschaftsprüfung. So lassen sich die besten Klone erkennen und getrennt weitervermehren. Dabei werden zahlreiche leistungsfähige Einzelstöcke getrennt vermehrt und an einem Standort als A-Klone geprüft. Von diesen werden die besten als B-Klone weiterstudiert, und schließlich gelangen hiervon diejenigen mit der höchsten Leistung in die C-Prüfung.

Der Aufbau eines Klones oder mehrerer Klone dauert mindestens 12 bis 15 Jahre. Die einmal gewonnenen Klone müssen durch ständige Erhaltungszüchtung im Sinne der Auslesezüchtung auf einem hohen Leistungsstand gehalten werden. Mutationen können stets eintreten und einen Leistungsabfall bringen. Viruskrankheiten sind dagegen bei der Klonenzüchtung leichter als bei Massenauslesen zu beseitigen.

Durch die Klonenzüchtung konnten Ertrag und Qualität insbesondere bei alten Sorten erheblich gesteigert werden. Heute bringen die Klone das Drei- bis Fünffache der nicht selektionierten Bestände. Die Maßnahmen der modernen Weinbautechnik kommen bei Klonen voll zur Wirkung, weil die genetischen Leistungsvoraussetzungen dafür geschaffen wurden.

Die Erhaltungszüchter erstellen aus den Endstufen ihrer Klone mit Hilfe von Vorstufenpflanzgut Basisanlagen, aus denen wiederum Rebanlagen für das zertifizierte Vermehrungsgut für die Belieferung der Rebenveredelungsbetriebe aufgebaut werden. Durch dieses von den Anerkennungsbehörden überwachte System ist eine Belieferung der Winzer mit einwandfreiem Klonenmaterial möglich.

Die Auslesezüchtung wird heute bei alten und neuen Ertragssorten und selbstverständlich auch bei Unterlagensorten

Bei der Geburt des Sämlings zeigt sich zunächst eine Schleife des sogenannten Keimstengels.

Die Keimblätter ziehen sich aus dem Substrat heraus. Die Kernschale bleibt im Boden.

Die Keimblätter werden sichtbar und der Keimstengel streckt sich.

durchgeführt. Die Bundesrepublik ist das einzige Land der Erde, das seinen Winzern ausschließlich zertifizierte Klone zur Erstellung neuer Weinberge bereitstellen kann.

Die Keimblätter entfalten sich und ergrünen.

Erst an den Folgeblättern erkennt man die Rebe.

Sämlinge wachsen in Töpfen heran. Jede einzelne Rebe kann Ausgang einer neuen Sorte sein.

Ganz anders als bei der Auslesezüchtung werden bei der Kreuzungszüchtung zwei Rebsorten, Arten oder Klone generativ vereinigt. Eine Rebe wird als Mutter, eine andere als Vater verwendet. Hierbei müssen zwittrige Sorten vorher kastriert, das heißt, die männlichen Teile der Blüte (Staubblätter mit Staubbeuteln) müssen entfernt werden. Dadurch wird eine Selbstbefruchtung verhindert. Sind die Narben der Blüten der als Muttersorte vorgesehenen Rebe empfängnisbereit, wird der Pollen einer als Vater ausgewählten Sorte auf die Narbe aufgebracht. (Alles geschieht unter Vorsichtsmaßregeln, unter anderem durch Einbeuteln der Gescheine, damit keine Fremdbefruchtung erfolgt.) Die nach dieser künstlichen Befruchtung heranwachsenden

Die Rebe und ihre Umwelt

Der Wein neuer Sorten und neuer Klone wird im Versuchskeller getrennt unter wissenschaftlicher Kontrolle im Institut für Rebenzüchtung und Rebenveredelung, Geisenheim, ausgebaut.

Beeren enthalten Kerne mit Embryonen, welche die Erbmasse der Mutter- und der Vatersorte in sich vereinigen. Diese Kerne werden ausgesät und die Sämlinge im Gewächshaus aufgezogen. Nach einem Jahr kommen sie in ein Sämlingsfeld, wo sie weinbergsmäßig aufgestockt werden. Alle Sämlinge präsentieren sich verschieden, weil sie heterozygot sind. Sie zeigen jedoch innerhalb einer bestimmten Variationsbreite gemeinsame Eigenschaften, die ihnen von Mutter und Vater vererbt worden sind. Bevor die Sämlinge wurzelecht ausgepflanzt werden, kann eine intensive Auslese nach bestimmten Gesichtspunkten (Wüchsigkeit, Holzreife, Resistenz gegen Mehltau oder Frost) stattfinden. Durch die Aufspaltung lassen sich gewünschte Eigenschaften schon frühzeitig erkennen. Im Sämlingsfeld werden die Sämlinge beobachtet und alsbald diejenigen mit den besten Eigenschaften ausgewählt. Diese werden auf reblausresistente, virusfreie Unterlagen veredelt und zu 15 bis 20 Stock als neue Sorten in ein Prüffeld ausgepflanzt. Ihre weitere Bearbeitung gleicht jener bei der Klonenselektion, doch wird auch der Wein der neuen Sorten ausgebaut und sorgfältig geprüft. Nach etwa 20 bis 30 Jahren der Untersuchung auch auf verschiedenen Standorten wird eine neue Sorte zur Eintragung in die Sortenliste beim Bundessortenamt angemeldet.

Bei der Kreuzungszüchtung der Unterlagen wird im Prinzip genauso verfahren, wobei unter anderem strenge Reblausresistenzteste, Veredelungsprüfungen, Standortversuche (Bodenprüfung) und Virusteste notwendig sind.

Ziele und Stand der Rebenzüchtung

Durch systematische Erhaltungszüchtung auf dem Wege der Klonenselektion sollen die vorhandenen (auch neuen) Sorten nicht nur erhalten, sondern auf den höchstmöglichen Leistungsstand gebracht werden. Das Qualitätsstreben des deutschen Weinbaues deckt sich mit dieser Zielsetzung. Zugleich ist die Gewinnung von gesundem, nicht von Viren geschwächtem Pflanzgut mit der Klonenselektion verbunden.

Bei den Unterlagensorten ist die Erhaltungszüchtung durch Klonenselektion ebenfalls von größter Bedeutung. Die Edelreissorten sind auf diese Unterlagen gepfropft und müssen auf den unterschiedlichsten Standorten jahrzehntelang von ihnen versorgt werden. Stabilität, Leistungsfähigkeit, Gesundheit und die Langlebigkeit der Unterlagen sind daher wichtige Ziele bei der Klonenselektion.

Durch Kreuzungszüchtung sind zum Ausbau des bestehenden Sortiments neue Sorten zu schaffen. Dabei werden kräftiger, aufrechter Wuchs, gute Holzreife, sicherer Austrieb, Frosthärte, gesundes, robustes Laub, gute, sichere Ausreife und festes Stielgerüst der Trauben, Botrytisresistenz und Harmonie der Geschmacksstoffe angestrebt. Diese Ziele werden vor allem regional, je nach Weinbaugebiet, verfolgt. Zahlreiche neue Sorten sind in der Prüfung. Erste Erfolge der Heterosiszüchtung zeichnen sich ab. Vor allem scheint es wichtig, auch neue Rotweinsorten mit hohem Farbwert und guter Qualität zu schaffen.

Seit Beginn der Rebenzüchtung ist es ein wichtiges Ziel, Qualität und Resistenz gegen den echten und den falschen Mehltau (Oidium und Plasmopara) – gefährliche Schädlinge, die umfangreiche Pflanzenschutzmaßnahmen erfordern – zu kombinieren. An den Instituten in Siebeldingen sowie in Geisenheim und Freiburg wird seit Jahrzehnten in diesem Sinne gearbeitet. Es ist gelungen, resistente Zuchtstämme durch mehrfaches Rückkreuzen mit der Erbmasse amerikanischer resistenter Vitis-Arten zu schaffen, deren Geschmacksharmonie vielversprechend ist und die keinen Fuchsgeschmack aufweisen. Es gibt mehrere Weißweinsorten der genannten Institute, die eine hohe

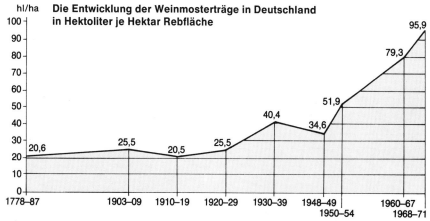

Die Steigerung der Erträge war nur möglich, weil Edelsorten und Unterlagen durch die systematische Rebenzüchtung eine enorme genetisch fixierte Leistungsfähigkeit erhalten haben. Die Einführung von Klonen und neuen Sorten gewann erst nach dem 2. Weltkrieg an Bedeutung.

Pilzresistenz und gute Weinqualität in sich vereinigen. Die Prüfung dieser Sorten ist im Gange. Weitere Zuchtstämme werden auf Grund der bisherigen Erfahrungen und nach Verbesserung der Selektionsmethoden zu erwarten sein.

Ferner werden pilz- und frostresistente Sorten durch Einkreuzen der Erbmasse der Vitis amurensis angestrebt. Es wird zwar sicher noch einige Zeit verstreichen, bis pilzresistente neue Sorten mit entsprechender Leistung der Praxis übergeben werden können, doch im Hinblick auf die durch Pestizidrückstände gegebenen Probleme des Umweltschutzes muß der Resistenzzüchtung ein hoher Stellenwert eingeräumt werden. Ein Fernziel ist es, neben der Pilzresistenz der Ertragssorten auch noch Reblausfestigkeit zu erzielen, die ein Pfropfen überflüssig machen würde. Von der Realisierung dieses Zieles ist man allerdings noch weit entfernt.

Die nur durch Kreuzungszüchtung möglich gewordene Bereitstellung immer besserer Unterlagen, die nach der Veredelung ein Leben lang der Reblaus trotzen, ist unter dem Gesichtspunkt des Umweltschutzes nicht hoch genug zu bewerten. Ohne die reblausfesten Unterlagen müßten wir unsere Böden mit Insektiziden vergiften, um der Reblaus Herr zu werden. Durch Einkreuzung von Vitis-cinerea-Erbmasse konnte eine sehr hohe Reblausresistenz beziehungsweise völlige Reblaus-Unanfälligkeit erzielt werden. Wenn diese neuen Unterlagen sich auf die Dauer bewähren, bedeutete dies die endgültige Überwindung der Reblaus. Bei der Unterlagenzüchtung werden darüber hinaus bessere Bodenverträglichkeit für schwierige Standorte, Langlebigkeit der Pfropfreben, bessere Beeinflussung der Edelreiser und Virusfestigkeit angestrebt. Diese Arbeiten sind auf lange Dauer angelegt. Spektakuläre Ergebnisse sind auf dem mühsamen Weg der Unterlagenzüchtung nicht zu erwarten, Erfolge in kleinen Schritten werden dankbar begrüßt.

Die Rebenzüchtung von heute ist der Weinbau von morgen. Vor hundert Jahren hätte sich niemand träumen lassen, welche große wirtschaftliche Rolle die Rebenzüchtung einmal spielen würde. Dabei steht sie heute erst am Anfang. Es sind noch schier unerschöpfliche Reserven in den Erbmassen unserer Reben vorhanden. Schon gibt es viele neue Sorten, aber noch nicht genügend sehr gute neue Sorten. Auf dieses Ziel hin werden – immer den Wein, seine Qualität und Bekömmlichkeit vor Augen – die deutschen Rebenzüchter weiterarbeiten. Sie haben ihre Aufgaben in einer Arbeitsgemeinschaft koordiniert und arbeiten eng zusammen.

Helmut Becker

Die Rebsorten

Die Entstehung des Sortimentes

Das Sortiment des deutschen Weinbaues unterscheidet sich erheblich von dem der großen Weinbauländer der Erde. Die nördliche Lage Deutschlands in Europa ist für den Weinbau nur zu erschließen, wenn an das Klima unserer Breiten angepaßte Sorten angepflanzt werden. Vegetationszeit, Sonnenscheindauer, Niederschläge und Wintertemperaturen stellen hier ökologische Anforderungen an die Rebsorten, die nicht zu vergleichen sind mit den im Mittelmeerraum herrschenden Verhältnissen. Schon früh in der Geschichte des Weinbaues entstanden regionale Sortengruppen. Die Täler des Rheines und seiner Nebenflüsse haben ein anderes Sortiment als das Donau- und Rhônegebiet.

Am Anfang des Weinbaues wurden von den damals verbreiteten Wildrebenbeständen jene Ökotypen in Kultur genommen, die die frühen Winzer als besonders geeignet ansahen. Man stellt sich den Vorgang der Entwicklung der Kulturreben oft zu einfach vor. Sicher ist nicht eine einmalige, unbewußte Selektion vorgenommen worden, die sofort und für immer zu Kultursorten führte. Anfangs wurden Reben, die noch wild wuchsen, abgeerntet. Von diesen gelangten die interessantesten zusammen mit anderen Kulturpflanzen in die Gärten, sowohl als Sämlinge wie auch als vegetativ vermehrte Stöcke. Auflaufende Sämlinge wurden wahrscheinlich in einem permanenten

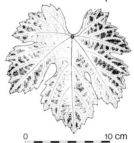

Blatt der Wildrebe Vitis silvestris, das kaum von dem der Vitis vinifera zu unterscheiden ist. (Der Maßstab dieser Abbildung gilt auch für die folgenden.)

Selektionsprozeß in der Umgebung von Siedlungen in den geschilderten Vorgang der frühen Kultur einbezogen. Dafür waren lange Zeiträume notwendig. Vögel und der Mensch selbst verbreiteten Kerne der Rebe, so daß sich ein buntes Gemisch der ohnehin sehr heterozygoten Reben in der Umgebung und in den Gärten, die selbst extensive Obst-, Wein- und Gemüsekulturen darstellten, zur Selektion anbot. Auch heute noch laufen im Freien von Tresterhaufen ausgehend Sämlinge auf, die meist mit der Unkrautbekämpfung verschwinden. Vielleicht ist die alte Sorte Riesling auf diese Weise nach mehreren Zuchtschritten und generativen Vermehrungen, denen später die vegetative Vermehrung folgte, schon früh ausgelesen worden. Wie es wirklich war, kann man allerdings heute nur noch ahnen. Über den ersten Phasen der Genealogie unserer Sorten liegt das Dunkel der Geschichtslosigkeit. Später kam zusätzlich ein Austausch zwischen Gebieten zustande. Noch heute steckt in unseren Winzern ein unbändiger Drang nach neuen oder fremden Sorten, der sicher ein unbewußtes Erbe der Frühzeit des Weinbaues ist.

Zur Zeit der Römer war die erste frühe Phase der Sortenentstehung weitgehend abgeschlossen. Die Darstellung der Historiker, daß die Römer Reben und Weinkultur nach Deutschland brachten, trifft ganz gewiß nicht zu. Der Rebenzüchter, dem die Rebe in ihrer Vielfalt und ihrem Verhalten vertraut ist, kann diesem Gedankengang nicht folgen. Römische Militärs hätten demnach, wenn wir bei der Sorte Riesling bleiben wollen, aus den in Italien vorhandenen Hunderten von Sorten jene herausfinden müssen, die später im rauhen Klima Germaniens gedeihen würden. Eine solche »blinde Selektion« ist selbst heute ohne Versuchsanbau zum Scheitern verurteilt. Der Transport der Reben hätte dann im Winter über die verschneiten Alpen oder den langen gefährlichen Weg über Gallien stattfinden müssen. Doch die militanten Römer haben im Winter nicht einmal Krieg geführt. Warum hätten sie den Rebentransport im Winter vornehmen sollen? Ich glaube viel eher an ein langsames Wandern der Sorten von Ort zu Ort, so wie es auch heute noch geschieht. Dieses Wandern der Sorten konnte unabhängig von der ortsgebundenen Auslese der Sorten stattfinden. Dabei ist das Prinzip von Versuch und Irrtum wirksam gewesen; Sorten, die sich eigneten, verblieben im Anbau. Unser Sortiment setzt sich also aus Sorten zusammen, die sowohl im Gebiet des Rheins und seiner Nebenflüsse ursprünglich durch ortsgebundene Auslesen entstanden sind und andererseits *auch* durch Zuwanderung fremder, aber heimisch gewordener Sorten erweitert wurden. Dieser Prozeß vollzog sich sogar noch in historischer Zeit und erlebt heute durch die moderne, wissenschaftliche Züchtung eine früher nicht gekannte Intensivierung. Zum Beispiel ist die Sorte Müller-Thurgau integrierter Bestandteil des deutschen Sortimentes und steht an erster Stelle, obwohl sie erst 1882 in Geisenheim entstand. Die Veränderung der Zusammensetzung des Sortimentes ist, wenn wir längere Zeiträume betrachten, bei der langlebigen Kulturpflanze wie der Rebe unvermeidbar und unaufhaltbar. Manchem konservativem Weinfreund mag dies ein unangenehmer Gedanke sein. Die Dynamik ist, wenn die Sorte Riesling betrachtet wird, deutlich. War sie doch vor hundert Jahren noch keineswegs die erste Sorte an Rhein und Mosel. Wer weiß, wie in hundert Jahren unser Sortiment einmal aussieht?

Das heutige Sortiment

Noch vor der Wiederentdeckung der Mendelschen Vererbungsregeln im Jahre 1900 setzte die wissenschaftliche Rebenzüchtung ein. Unterlagenreben mußten geschaffen und erprobt werden. Gleichzeitig begann die Auslesezüchtung. Von den wichtigsten Sorten wurden Klone mit guten, sicheren Erträgen geschaffen.

Heute ist der deutsche Weinbau der einzige in der Welt, der nur züchterisch bearbeitete (alte und neue) Sorten als Edelreis und Unterlage verwendet.
Die deutschen Erträge übertreffen – mit Ausnahme von Luxemburg – heute die aller übrigen Weinbauländer Europas. Dieser Erfolg beruht auf der genetisch verankerten Leistungsfähigkeit der angebauten Reben. Die Klonenselektion ist also die Basis für den Erfolg der deutschen Produktion.

Zweifarbiger Morillon, ein Beispiel von Mutation im Bereich der Trauben (Variegation).

In den vergangenen Jahren profilierten sich neben den Klonen alter Sorten eine Reihe wichtiger Neuzuchten, die zur allgemeinen Qualitätssteigerung und Erweiterung des Weinangebotes beitragen. Vor allem die 1882 in Geisenheim als Neuzucht entstandene Rebsorte Müller-Thurgau ist hier zu nennen, weil sie inzwischen als freie Sorte den ersten Platz in der deutschen Produktion einnimmt.
Von den traditionellen Kultursorten stehen Klone folgender freier Sorten bereit:

1. Auxerrois
2. Blauer Frühburgunder
3. Blauer Limberger
4. Blauer Portugieser
5. Blauer Spätburgunder
6. Blauer Trollinger
7. Früher roter Malvasier
8. Gelber Muskateller
9. Grüner Silvaner
10. Müllerrebe (Schwarzriesling)
11. Müller-Thurgau
12. Muskat-Ottonel
13. Roter Elbling
14. Roter Gutedel
15. Roter Traminer (Gewürztraminer)
16. Ruländer (Grauer Burgunder)
17. Weißer Burgunder
18. Weißer Elbling
19. Weißer Gutedel
20. Weißer Riesling

Für alle diese Sorten sind Erhaltungzüchter eingetragen.
Ertragssorten werden heute in Deutschland ausschließlich auf zertifizierte Unterlagenreben veredelt, nämlich auf

1. Berlandieri x Riparia Kober 5 BB
2. Berlandieri x Riparia 125 AA
3. Teleki 8 B
4. Riparia x Rupestris 3309 C
5. 5 C Geisenheim (mit Sortenschutz)
6. Selektion Oppenheim 4 (mit Sortenschutz)
7. Geisenheim 26 (mit Sortenschutz)
8. Dr.- Decker-Rebe (mit Sortenschutz)
9. Sori (mit Sortenschutz)

Auch für die freien Unterlagensorten (1–4) sind Erhaltungszüchter eingetragen.
Der größte Teil der deutschen Pfropfreben wird auf 5 BB veredelt, wobei der Klon 13 Geisenheim dominiert. Es folgen die Selektion Oppenheim 4, die 5 C Geisenheim und die 125 AA. Der Anteil der übrigen Unterlagensorten (3, 4, 7–9) in der Rebenveredelung ist gering. Die Wahl der Unterlagensorte hängt von den Bodenverhältnissen, den Edelreissorten und dem gewählten Pflanzabstand ab.
Der Bezug von Pfropfreben freier Sorten erfolgt über die Rebenveredelungsbetriebe. Geschützte Ertrags-Neuzüchtungen dürfen nur vom Züchter oder von dem von ihm beauftragten Vertragsbetrieb in den Verkehr gebracht werden.
Von letzteren gibt es zur Zeit folgende:

1. Albalonga
2. Bacchus
3. Deckrot
4. Domina
5. Ehrenfelser
6. Faber
7. Findling
8. Freisamer
9. Helfensteiner
10. Heroldrebe
11. Huxelrebe
12. Kanzler
13. Kerner
14. Kolor
15. Mariensteiner
16. Morio-Muskat
17. Nobling
18. Optima
19. Ortega
20. Perle
21. Regner
22. Reichensteiner
23. Rieslaner
24. Rotberger
25. Scheurebe
26. Septimer
27. Siegerrebe
28. Würzer

Zu prüfen ist immer, ob eine Sorte in dem betreffenden Weinbaugebiet zur Gewinnung von Qualitätswein angepflanzt werden darf. Aufgrund der EG-Verordnung 2005/70 ist eine Klassifizierung der Rebsorten nach Verwaltungseinheiten durchgeführt worden.
Der Charakter der deutschen Weine hat sich gemäß den verwendeten Sorten und Klonen gewandelt. Die Anpassung an die gestiegenen Ansprüche der Konsumenten spiegelt sich in der Sortenwahl. Der Kunde verlangt zunehmend Weine höherer Qualität, teilweise auch Weine mit besonderem Geschmackswert (Bukettsorten). Ob dieser Trend anhält, wird die Zukunft zeigen. Sollten künftig mehr

Die Rebsorten

trockene Weine verlangt werden, sind Bukettsorten weniger gefragt. Die Neuzuchtfrage ist deshalb ausschließlich von den Marktbedürfnissen und dem Gebietscharakter her zu sehen. Die Nachfrage nach Qualitätsweinen wird auch in Zukunft zur Züchtung und Verbesserung von leistungsstarken Sorten zwingen. Deutsche Weine sind nicht durch Alkohol, sondern durch Feinheit, Eleganz, anregende Fruchtsäure und dezentes Aroma geprägt. Dies sind insbesondere die Merkmale der Sorte Riesling. Es gilt auch in Zukunft, diese Eigenart des deutschen Weines und damit seine Sonderstellung zu erhalten und zu verstärken. Unter diesem Gesichtspunkt sind sowohl die Sortenvielfalt wie auch die Züchtung neuer Sorten zu sehen. Viele der neuen Sorten entsprechen dieser Sonderstellung des deutschen Weines. Andere, etwa Scheurebe und Kerner, erfreuen sich aber ebenfalls eines beachtlichen Marktanteiles und steigender Beliebtheit. Sie sind eine Bereicherung des Sortimentes.

Der Weinhändler wünscht sich ein möglichst vielfältiges Angebot, um allen Kundenwünschen gerecht zu werden. Da der deutsche Weinmarkt bei hohem Importanteil von Weinen aus aller Welt umworben wird, mag es dem deutschen Winzer recht sein, wenn er bei dieser Vielfalt mithalten kann. Die Genossenschaften möchten demgegenüber mehr Vereinheitlichung und Schwerpunktbildung in ihren Einzugsbereichen; Sortenwirrwarr ist ihnen nicht zuzumuten. Der selbstmarktende Winzer weiß genau, wie er in der Sortenfrage seinen Kunden und ihren Wünschen zu begegnen hat. Alle sind sich einig in dem Bemühen, den Gebietscharakter der Weine zu erhalten. Dieses Bemühen darf nicht in zwei Teilbereiche, hier alte, traditionelle Sorten, hier neue Sorten, gespalten werden. Für jedes Anbaugebiet wurde daher eine Gruppe von Sorten empfohlen, die genügend Spielraum lassen. Bei diesen Empfehlungen wird ein strenger Maßstab angelegt.

Wie das Rebensortiment einerseits durch Neuzüchtungen erweitert wird, so kann es andererseits ebenso selbstverständlich auch durch Ausscheiden von Sorten vermindert werden. Dabei dürfen mindere alte Sorten ebensowenig geschont werden wie neue Sorten, die sich nicht bewährt haben, ja es muß sogar gefordert werden, schlechtere Sorten fallen zu lassen. Die Rebenzüchtung ist sehr bemüht um die Verbesserung der traditionellen Sorten, und nur diese ständige züchterische Arbeit kann das Überleben dieser alten Sorten sichern. Aber mit gleicher Intensität müssen auch neue Sorten gezüchtet werden, denn es gibt noch zu wenig sehr gute Neuzuchten. Die Kreuzungszüchtung bleibt eine Aufgabe von größter Bedeutung, weil im deutschen, nördlichen Weinbau die Mannigfaltigkeit der angepaßten Rebsorten ohnehin begrenzt ist.

Die Ertragssorten

Es kann hier nicht eine vollständige Ampelographie (wissenschaftliche Beschreibung der Rebsorten), wohl aber ein beschreibendes Verzeichnis aller für den deutschen Weinbau belangvollen Keltertraubensorten gegeben werden. Die Erhaltungs-Züchter und Sortenschutzinhaber sind mit den Nummern ihres Verzeichnisses aufgeführt.

Müller-Thurgau

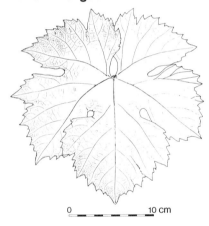

Sortentyp: kräftig im Wuchs, Blatt meist siebenlappig und mittelgroß, Beere gelblichgrün, »Müller-Thurgau-Typ«
Ansprüche: geringe Ansprüche an die Lage, braucht tiefgründigen Boden, ungeeignet für flachgründigen Boden
Unterlage: starkwüchsige Unterlagen wie 5 BB oder 125 AA, sonst in triebigen Böden 5 C und SO-4
Frosthärte: gering, durch hohe Erträge gemindert, erholt sich aber relativ gut von Frostschäden
Ertrag: 100–150 hl/ha, in manchen Jahren Spitzenerträge über 200 hl/ha möglich, sehr blütefest, Mostgewicht meist zwischen 65° und 80° Oechsle
Reife: früh
Wein: vorwiegend leichte Weine mit angenehmem Muskatton, mittlere bis geringe Säure, meist unter 10°/₀₀
Vorteile: frühe Reife, geringe Lageansprüche, Ertragstreue
Nachteile: schwache Holzreife
Erhaltungs-Züchter: 82, 93, 101, 114b, 115b, 116b, 229, 242
Bemerkungen: in der Schweiz Riesling x Silvaner genannt; 1882 schuf Prof. Dr. Müller-Thurgau in Geisenheim die Sorte durch Kreuzung, 1891 gelangte Holz nach Wädenswil, Zucht-Nr. 58 = Riesling x Silvaner 1 wurde 1897 erstmals vermehrt und kam 1913 durch Dern unter dem Namen »Müller-Thurgau« nach Deutschland zurück; heute werden leistungsfähige Klone der Sorte vermehrt; Kreuzungen von Riesling Klon 88 Gm x Riesling Klon 64 Gm gleichen der Sorte Müller-Thurgau; es wird vermutet, Müller-Thurgau sei keine Riesling x Silvaner-Kreuzung, weil diese Typen andere Sortenmerkmale haben

Weißer Riesling

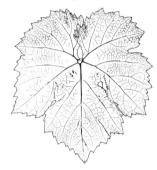

Sortentyp: wüchsig, »Riesling-Typ«, Blatt mittelgroß, rund und derb, Beere grüngelb und bepunktet
Ansprüche: gute Lagen, wenig trockenheitsempfindlich
Unterlage: 5 BB in trockenen, flachen Böden oder bei Weitraumerziehung, sonst 5 C, SO-4 oder 125 AA
Frosthärte: sehr winterfrostfest, daher gleichmäßige Erträge
Ertrag: wenig schwankend, gute Klone 70–110 hl/ha
Reife: spät
Wein: feine Rasse und Eleganz, sehr hohe Qualität
Vorteile: Frostfestigkeit, große Qualitätsspanne der Weine, gute weinbautechnische Eigenschaften
Nachteile: hohe Ansprüche an die Lage, späte Reife
Erhaltungs-Züchter: 29, 71, 82, 114a, 116a, 116b, 117c, 117d, 117e, 117f, 118, 119, 120, 183, 297
Bemerkungen: alte Sorte, vielleicht von Wildreben des Rheintales abstammend; nicht zu verwechseln mit Schwarzriesling oder Welschriesling, der in Südosteuropa angebaut wird; in Deutschland ist nur die Sorte Weißer Riesling (auch Rheinriesling, Johannisberger Riesling, in Baden Klingelberger genannt) im Anbau; Sortenbezeichnung »Riesling« wird im Ausland für andere Sorten mißbraucht; durch Klonenselektion ist der Riesling in Deutschland hochleistungsfähig; vor allem Geisenheimer Klone (239 Gm, 198 Gm) im Anbau

Grüner Silvaner

Sortentyp: mittlerer Wuchs, Blatt rund, mittelgroß, wenig gebuchtet, Beere grün

Ansprüche: mittlere Ansprüche an die Lage, da 14 Tage vor dem Riesling reifend, nicht geeignet für steinige, trockene Böden
Unterlage: in armen Böden 5 BB oder 125 AA, in besseren Böden SO-4 und 5 C
Frosthärte: gering, mehrjähriges Holz ist gefährdet, kann durch hohe Erträge geschwächt werden
Ertrag: erreicht neben dem Müller-Thurgau den höchsten Ertrag: in frostfreien Lagen bis 120 hl/ha; Mostgewichte oft geringer als bei Müller-Thurgau
Reife: mittelspät
Wein: neutral, volle Weine nur in sehr guten Lagen, häufig für Verschnitte bei Konsumweinen verwendet
Vorteile: ertragstreu, etwas geringere Lageansprüche als der Riesling, gute Eignung als Verschnittwein
Nachteile: geringe Holzreife, geringe Frostresistenz, chloroseempfindlich
Erhaltungs-Züchter: 92, 101, 114a, 114c, 115b, 117a, 117b, 117c, 117d, 118, 188, 229, 241
Bemerkungen: alte Sorte, stammt vielleicht aus dem Donaugebiet; Synonyme: Oesterreicher oder Franken; reichtragende Klone vorhanden; Blauer Silvaner ist eine Mutante des Grünen Silvaners

Ruländer

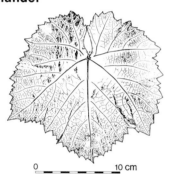

Sortentyp: wüchsig; »Burgunderblatt«: kaum gebuchtet und gelappt mit blasiger Oberfläche, Beere graurot, nur durch die Traube von Spätburgunder und Weißburgunder zu unterscheiden
Ansprüche: liebt warme, tiefgründige Böden; flachgründige Böden oder Sandböden kommen nicht in Frage
Unterlage: 125 AA, 5C, SO-4
Frosthärte: gut, auch altes Holz hat gute Frostresistenz; für Maifrostlagen nicht geeignet, da die Beiaugen wenig fruchtbar sind
Ertrag: liegt bei den heutigen Klonen zwischen 80 und 120 hl/ha; Mostgewicht 10° Oechsle über dem Riesling, Säure liegt 4–5 ‰ darunter
Reife: mittelfrüh
Wein: nur ansprechend, wenn er einen hohen Extrakt hat; gehört zu den Spitzengewächsen, insbesondere als Spät- oder Auslese
Vorteile: gute Mostgewichte; Stielfestigkeit gibt Möglichkeit zur Gewinnung von Spät- und Auslesen
Nachteile: höhere Ansprüche an Lage und Boden, hohe Mostgewichte erforderlich
Erhaltungs-Züchter: 76, 114b, 114c, 116a
Bemerkungen: Name geht auf den Kaufmann Ruland aus Speyer zurück; Synonym »Grauer Burgunder« (Pinot gris) zeigt die enge Verwandtschaft und Herkunft als Mutante aus dem Spätburgunder (Pinot noir) an; reichtragende Klone verfügbar

Morio-Muskat

Sortentyp: Wuchs mittel bis stark, Blatt mit glatter Oberfläche mittel bis groß, schwach dreilappig, Beere grün mit Muskatgeschmack
Ansprüche: benötigt bessere Lagen als der Silvaner, um wenigstens 80° Oechsle zu erreichen; erschöpft sich in armen Böden rasch, in zu schweren Böden – besonders wasserhaltigen – setzt sehr früh Traubenfäule ein, auf flachgründigen Böden entwickelt sich kein feines Bukett
Unterlage: 5 BB, 125 AA, auf triebigen Böden auch SO-4 und 5 C
Frosthärte: nur dann gut, wenn die Sorte nicht überfordert wird, Spätfrostgefahr hoch, jedoch sind die Beiaugen fruchtbar
Ertrag: ertragsicher, auf gutem Boden 150 hl/ha, Mostgewicht liegt unter dem des Silvaners, mittlere bis hohe Säure
Reife: mittelfrüh
Wein: kräftiges Muskatbukett, das bei hochreifen Weinen sehr wuchtig, bei unreifen Weinen jedoch oft nicht sehr fein wirkt; Verschnittsorte für Silvaner
Vorteile: sehr fruchtbar, kräftiges Bukett
Nachteile: fäulnisanfällig, geringe Frosthärte
Züchter: 30b
Kreuzung: Silvaner x Weißer Burgunder
Bemerkungen: genannt nach ihrem Züchter Peter Morio

Scheurebe

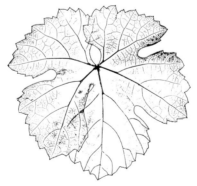

Sortentyp: Wuchs stark, Blatt mittelgroß, vorwiegend fünflappig, an Riesling erinnernd, typisch ist die »Stielbuchtfahne«; Beere grüngelb mit typischem Geschmack
Ansprüche: wenigstens Silvanerlagen erforderlich, stellt an den Boden kaum Ansprüche, gedeiht gut auf schweren Kalkböden, bringt auf leichten Steinböden noch guten Wuchs
Unterlage: SO-4 und 5 C, in armen Böden 125 AA und 5 BB
Frosthärte: nur wenig besser als Müller-Thurgau, Laub ist jedoch frosthart und assimiliert lange
Ertrag: stark von der Erziehung abhängig, liegt bei 80 hl/ha, erreicht bei gleicher Lage 10° Oechsle mehr als der Riesling; Säure baut in den Trauben spät ab
Reife: spät
Wein: körperreich, duftig mit Rieslingart, Bukett erinnert nicht selten an Schwarze Johannisbeeren und ist nur bei unreifen Trauben unfein; auch zum Verschnitt geeignet
Vorteile: Chlorosefestigkeit, frostfestes Laub, zur Gewinnung von Spitzenweinen geeignet
Nachteile: höhere Lageansprüche, da unreife Weine ein unfeines Bukett haben können
Züchter: 117a
Kreuzung: Silvaner x Riesling
Bemerkungen: benannt nach dem Züchter Georg Scheu, der die Sorte 1916 schuf

Weißer Elbling

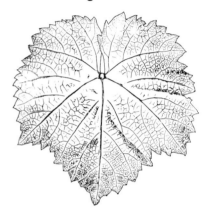

Sortentyp: sehr stark im Wuchs, Blatt groß mit großem Mittellappen, Oberfläche blasig rauh, Beere grünlich, bei rotem Elbling rötlich
Ansprüche: mittlere Lagen reichen aus, da der Wein meist als Sektgrundwein verwendet wird; an den Boden werden keine besonderen Ansprüche gestellt
Unterlage: 5 BB, 125 AA, nur in triebigen Böden 5 C und SO-4
Frosthärte: nur geringe Winterfrostfestigkeit, keine besonders gute Holzreife
Ertrag: gehört zu den ertragreichsten Sorten, bringt stets 100 hl/ha, oft über 200 hl/ha; Qualität ist gering, 50° bis 60° Oechsle, meist um 15 ‰ Säure
Reife: sehr spät, keine höheren Mostgewichte, da sehr fäulnisanfällig
Wein: leichter, dünner Wein ohne Aroma, der nur in guten Jahren Qualität erreicht, hauptsächlich als Sektgrundwein verwendet
Vorteile: gleichmäßig hoher Ertrag
Nachteile: geringer Wein, empfindlich gegen Botrytis
Erhaltungs-Züchter: 117h
Bemerkungen: sehr alte Sorte, vielleicht schon im Altertum angebaut; Säure des Elblings ist für die Sektindustrie wichtig; sehr reichtragende Klone sind verfügbar

Weißer Gutedel

Sortentyp: Wuchs kräftig, Blatt mittelgroß, fünflappig tief gebuchtet, lange Ranken, Triebspitze rotbraun, Beere hellgrüngelb
Ansprüche: verlangt mittlere, aber windgeschützte Lagen, da Blüte empfindlich bei kalten Winden, verlangt humusreiche, tiefgründige Böden
Unterlage: 5 BB
Frosthärte: mittelmäßig bis gut

Die Rebsorten

Ertrag: in geeigneten Lagen 80–150 hl/ha; da die Beeren wenig faulen, kann die Lese etwas hinausgeschoben werden, Mostgewicht liegt bei 65–75° Oechsle, die Säure ist niedrig, meist 5–6 ⁰/₀₀
Reife: mittelfrüh, zwischen Müller-Thurgau und Silvaner
Wein: leicht, süffig, mild, sehr bekömmlich
Vorteile: sichere Erträge
Nachteile: etwas blütenempfindlich, anspruchsvoll an Boden und Wasserversorgung
Erhaltungs-Züchter: 114c, 198, 282

Kerner

Sortentyp: Wuchs mittel bis stark, viele Geiztriebe, Blatt mittelgroß und dunkelgrün, Beere grün
Ansprüche: mittlere Lagen, gedeiht auf allen Böden
Unterlage: 5 BB, 125 AA, 5 C, in triebigen Böden SO-4
Frosthärte: ziemlich winterfrostfest, auch das Laub ist relativ frosthart
Ertrag: 100–120 hl/ha, Mostgewicht 10–15° Oechsle über Riesling, Säure 8–11 ⁰/₀₀
Reife: mittelspät
Wein: frisch, stoffig, mit leichtem Muskatbukett, jedoch nicht wie Riesling
Vorteile: guter Ertrag bei hohem Mostgewicht, ansprechender Wein
Nachteile: starke Geiztriebbildung, Doppelknoten, mehltauempfindlich
Züchter: 114 a
Kreuzung: Trollinger x Riesling
Bemerkungen: in Weinsberg gezüchtete Sorte, benannt nach dem Arzt und Dichter (»Wohlauf, noch getrunken den funkelnden Wein«) Justinus Kerner, der von 1819 bis zu seinem Tode 1862 in Weinsberg lebte

Roter Traminer (Gewürztraminer)

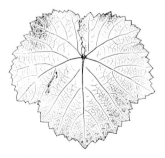

Sortentyp: Wuchs mittel, Blatt klein, unterseits stark behaart, Beere rot mit sortentypischem Geschmack, Trieb engknotig
Ansprüche: nur für sehr gute Lagen und leicht erwärmbare, tiefgründige Böden, degeneriert auf armen Böden
Unterlage: 5 C, SO-4, in kalkarmen Böden 3309 C

Frosthärte: gut
Ertrag: selten über 50 hl/ha, nur bei guten Klonen höher; Vollreife liegt vor dem Riesling, Mostgewichte erreichen fast immer 80° Oechsle, Säure liegt meist um 8 ⁰/₀₀, oft noch darunter
Reife: früh
Wein: an Rosenduft erinnernd; bei nicht zu niedriger Säure viel Spiel, zählt zu den Spitzen der Weißweine
Vorteile: gute Mostgewichte, würzige, feine Weinart
Nachteile: sehr hohe Ansprüche an Lage und Boden, unsichere Erträge, chloroseanfällig
Erhaltungs-Züchter: 114c, 118, 117d, neue Geisenheimer Klone noch nicht eingetragen
Bemerkungen: Synonym in der badischen Ortenau: Clevner; Herkunft vielleicht aus Tirol; es gibt größere Variabilität, die durch Mutationen verursacht ist, dies spricht für hohes Alter der Sorte; manche Typen sind blaß, andere dunkelrot, die Spielarten zeigen auch unterschiedlich würzigen Geschmack; neuere Klone verkörpern den typischen Gewürztraminer, die weniger ausgeprägten Gewürzton aufweisenden Varianten werden nicht mehr vermehrt; Klone sind ertragssicher

Weißer Burgunder

Sortentyp: wüchsig; »Burgunderblatt«, kaum gebuchtet und gelappt, mit blasiger Oberfläche, Beeren grüngelb, nur durch die Traube von Spätburgunder und Ruländer zu unterscheiden
Ansprüche: benötigt gute Böden mit ausreichend wasserhaltender Kraft und gute, warme Lagen; auf Sand- und Gesteinsböden erreicht der Wein zu wenig Extrakt
Unterlage: gut geeignet 5 C und SO-4, auf wuchsschwachen Böden kommen auch 125 AA und 5 BB in Frage
Frosthärte: etwas geringer als Riesling
Ertrag: bei guten Klonen langjährig etwa 90 hl/ha; Mostgewicht in gleicher Lage etwa 6°–8° Oechsle über dem Riesling, Säure meist 10–12 ⁰/₀₀, Erntezeit kurz vor dem Riesling
Reife: mittelspät
Wein: hat nicht das kräftige Bukett des Ruländers und ist neutraler als der Auxerrois, hat erst ab 80° Oechsle die nötige Fülle, wird in der Regel niedriger bewertet als Riesling und Ruländer
Vorteile: fester Stiel, gutes Mostgewicht, regelmäßiger Träger
Nachteile: hohe Lageansprüche, hohes Mostgewicht unbedingt notwendig
Erhaltungs-Züchter: 114b, 116a, 117c, 282
Bemerkungen: Sortenbezeichnung Weißer Burgunder (= Pinot blanc) zeigt die Verwandtschaft zur Burgundergruppe auf, vielleicht Mutante des Ruländers, nicht identisch mit Chardonnay oder Auxerrois; gute Klone sichern heute beachtliche Erträge

Huxelrebe

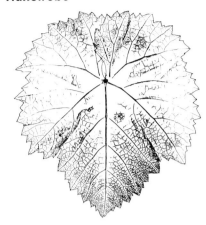

Sortentyp: Wuchs stark, Blatt groß bis sehr groß, Austrieb früh, Holzreife schlecht, Beere gelbgrau, muskatig
Ansprüche: nur für luftige, gute Böden, mittlere bis gute Lagen
Unterlage: 5 C, auf triebigen Böden SO-4, 5 BB, 125 AA
Frosthärte: schlecht, hohe Maifrostanfälligkeit
Ertrag: um 90 hl/ha, schwankt stark, häufige Jungfernfrüchtigkeit, Mostgewichte etwa 15° Oechsle über Standardsorten
Reife: früh
Wein: dezentes Muskatbukett, häufig Auslesequalität
Vorteile: hohe Qualität
Nachteile: schwankender Ertrag, frostanfällig, chloroseanfällig
Züchter: 117a
Kreuzung: Weißer Gutedel x Courtiller musqué
Bemerkungen: Georg Scheu schuf die Sorte 1927, der Sortenname verewigt den Winzer Fritz Huxel aus Westhofen, der als erster den Wert der Sorte erkannte; bei schlechtem Blütewetter bilden sich unbefruchtete »Jungfernfrüchte«, diese sind klein, haben aber hohes Mostgewicht

Faber

Sortentyp: ähnlich im Wuchs wie Müller-Thurgau, Blatt mittelgroß, drei- bis fünflappig, Beere grün
Ansprüche: mindestens Silvanerlagen, jedoch nicht zu magere Böden
Unterlage: SO-4 und 5 C in sehr triebigen Böden, sonst 125 AA und 5 BB
Frosthärte: zwischen Riesling und Silvaner
Ertrag: etwa ³/₄ des Müller-Thurgau-Ertrags, viele Bodentrauben, 6–8° Oechsle mehr als Silvaner, 2–3 ⁰/₀₀ mehr Säure als Müller-Thurgau

Reife: früh
Weine: traditionelle Art, fruchtig, frisch, zartes Muskatbukett
Vorteile: Mostgewicht über Müller-Thurgau, rassiger Wein
Nachteile: anfällig gegen Stiellähme und Stielfäule
Züchter: 117a
Kreuzung: Weißer Burgunder x Müller-Thurgau
Bemerkungen: Georg Scheu schuf die Sorte 1929, »Faber« ist lateinisch »Schmied« und soll an den ersten erfolgreichen Versuchsansteller Schmitt, Wollesheim bei Landau, erinnern

Bacchus

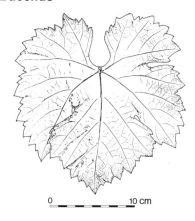

0   10 cm

Sortentyp: Wuchs aufrecht und stark, fast wie Müller-Thurgau, Blatt groß, rund und dreilappig, Beere gelbgrün mit zartem Muskataroma
Ansprüche: Lageansprüche etwas unter Silvaner, tiefgründige, nährstoffreiche Böden nötig, hoher Wasserbedarf
Unterlage: in kräftigen Böden 5 C, SO-4, in ärmeren Böden 5 BB und 125 AA
Frosthärte: wie Müller-Thurgau, aber höhere Maifrostanfälligkeit
Ertrag: gleichmäßig hoch, über Müller-Thurgau, 6–8° Oechsle mehr als Müller-Thurgau, Säure etwa wie Müller-Thurgau
Reife: mittelfrüh
Wein: extraktreich, fruchtig, dezentes Muskatbukett
Vorteile: hoher Ertrag, bei gutem Mostgewicht ansprechender Wein
Nachteile: anfällig gegen Stiellähme
Züchter: 30b
Kreuzung: (Silvaner x Riesling) x Müller-Thurgau
Bemerkungen: von Peter Morio geschaffene Sorte, hat erstaunliche Verbreitung gefunden

Sieger

Sortentyp: Wuchs mittel bis stark, Blatt mittelgroß, gelappt mit breitem Mittellappen, Beere rosafarbig und mit starkem Sortenbukett
Ansprüche: nicht in kühlen Lagen, da blüteempfindlich
Unterlage: SO-4, 5 C, nicht 5 BB oder 125 AA
Frosthärte: besser als Silvaner
Ertrag: 50 bis 80 hl/ha
Reife: sehr früh, Mostgewicht 85–100° Oechsle
Wein: extrem starkes Bukett, Auslesen von beachtlicher Qualität
Vorteile: sehr früh reif
Nachteile: in Verrieselungsgefahr, geringer Ertrag, Wespen- und Vogelfraß, chloroseanfällig
Züchter: 117a
Kreuzung: Madeleine angevine x Gewürztraminer

Perle

Sortentyp: Wuchs mittel, Blatt klein bis mittelgroß, fünflappig, Beere rötlich mit dezentem Muskatgeschmack
Ansprüche: an Lage gering, auch noch für magere Böden
Unterlage: 125 AA, 5 BB, 5 C und SO-4
Frosthärte: sehr hoch
Ertrag: 80–120 hl/ha
Reife: vor Müller-Thurgau
Wein: leicht, mild, blumig
Vorteile: frosthart
Nachteile: blütenempfindlich, frühe Fäulnis
Züchter: 115b
Kreuzung: Gewürztraminer x Müller-Thurgau
Bemerkungen: ursprüngliche Züchtung von Georg Scheu, dann in Würzburg von Hans Breider weiter bearbeitet, heute fast nur auf Franken beschränkt

Auxerrois

Sortentyp: wüchsig, Blatt burgunderartig mit fast gradlinigem Verlauf der untersten Hauptnerven; Beere hellgelb-grünlich
Ansprüche: gute, tiefgründige, nicht trockene Böden, Lageansprüche nicht sehr hoch
Unterlage: 5 C oder 125 AA
Ertrag: bei guten Klonen 80–100 hl/ha, Mostgewicht immer über 80° Oechsle, da früher reif als Weißburgunder
Frosthärte: gut, da Holzreife sehr gut
Reife: früher als Silvaner
Wein: körperreich, von neutraler aber feiner Art mit dezentem Bukett
Vorteile: fester Stiel, gutes Mostgewicht, gute Klone sind sichere Träger, frostfest
Nachteile: wenig fruchtige Weine
Erhaltungs-Züchter: 114b, neue Geisenheimer Klone noch nicht eingetragen
Bemerkungen: vielleicht aus Lothringen nach Deutschland gekommen, nicht identisch mit Weißem Burgunder; neue Klone sehr fruchtbar und ertragssicher; Ergänzungssorte zu Riesling, für trockene Weine geeignet

Reichensteiner

Sortentyp: Wuchs kräftig, Müller-Thurgau-Typ, Blatt mittelgroß und fünflappig, Beere grüngelb
Ansprüche: Müller-Thurgau-Lagen, keine trockenen und armen Böden
Unterlage: in triebigen Böden 5 C, in wenig triebigen Böden 125 AA und 5 BB
Frosthärte: bei Anschnitt von 6–8 Augen/m² wie Müller-Thurgau

Ertrag: bis zu 150 hl/ha, 5–10° Oechsle über Müller-Thurgau
Reife: früh
Wein: neutral, süffig
Vorteile: lockerbeerig, wenig Botrytis an den Trauben, höhere Reife
Nachteile: bei zu starkem Anschnitt Ertrag zu hoch mit sinkendem Extrakt
Züchter: 116a
Kreuzung: Müller-Thurgau x (Madeleine angevine x Calabreser Fröhlich)
Bemerkungen: nach der Burg Reichenstein benannt

Ortega

Sortentyp: »Muskatellerhabitus«, Wuchs gut, blattreich, Blatt mittelgroß, dreilappig, Beere gelb mit Muskatgeschmack
Ansprüche: geringe Lageansprüche, keine Windlagen, geringe Bodenansprüche, auch für trockene Böden geeignet
Unterlage: 5 C, SO-4
Frosthärte: gut, aber hohe Spätfrostanfälligkeit
Ertrag: schwankend, langfristig etwa 80–100 hl/ha möglich, Mostgewicht sehr hoch, oft um 100° Oechsle, Säure 6–9 ‰
Reife: sehr früh
Wein: kräftiges Bukett, voller Wein mit Auslesetyp
Vorteile: frühe Reife, Auseseweine
Nachteile: Wespenfraß, blüteempfindlich
Züchter: 115b
Kreuzung: Müller-Thurgau x Siegerrebe
Bemerkungen: Sorte trägt den Namen des spanischen Philosophen José Ortega y Gasset

Freisamer

Sortentyp: Wuchs mittel bis stark, Blatt burgunderartig und groß, drei- bis fünflappig, Beere gelbgrün
Ansprüche: an Lage mittel wie Silvaner, geeignet für alle Böden
Unterlage: SO-4, 5 C, 125 AA, in armen Böden 5 BB
Frosthärte: mittlere bis gute, aber maifrostgefährdet
Ertrag: Menge und Mostgewicht etwa wie Ruländer, auch bei hohem Ertrag gutes Mostgewicht
Reife: mittelspät
Wein: extraktreich, neutral, rassig
Vorteile: auch in geringen Jahren über 70° Oechsle
Nachteile: in geringen Jahren unreife Säure im Wein, bedingt durch unreife 3. und 4. Traube am Trieb
Züchter: 114c
Kreuzung: Silvaner x Ruländer
Bemerkungen: Name aus Frei(burg an der Drei)sam zusammengezogen

Die Rebsorten

Nobling

Sortentyp: Wuchs mittelstark, Blatt fünflappig, Beere grün
Ansprüche: mittlere bis hohe Lageansprüche, braucht tiefgründige Böden und gute Wasserversorgung
Unterlage: 125 AA, SO-4, 5 C und 5 BB
Frosthärte: gut
Ertrag: um 90 hl/ha, das Mostgewicht liegt 10–14° Oechsle, die Säure 1 ⁰/₀₀ höher als beim Silvaner
Reife: früh bis mittelfrüh
Wein: fruchtig, körperreich, feines Bukett mit eigener Art
Vorteile: reifer als Silvaner und Gutedel
Nachteile: nicht für Gebiete mit geringen Niederschlägen
Züchter: 114c
Kreuzung: Silvaner x Gutedel

Optima

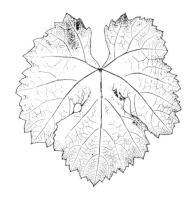

Sortentyp: Wuchs mittel und buschig, Blatt mittelgroß, blasig, drei- bis fünflappig, Beere grüngelb bis gelb
Ansprüche: fast alle Böden geeignet, nicht für feuchte Böden wegen Traubenfäulnis
Unterlage: 5 C, 5 BB und 125 AA
Frosthärte: gut
Ertrag: langjährig sind etwa 70 hl/ha möglich; Mostgewicht 20–25° Oechsle über dem Riesling; Säure liegt bei etwa 8 ⁰/₀₀
Reife: früh
Wein: Rieslingtyp, duftig, rassig, erreicht immer die Prädikatsstufe
Vorteile: frühe Reife, hohes Mostgewicht bei harmonischer Säure
Nachteile: Botrytisbefall setzt oft zu früh ein
Züchter: 30b
Kreuzung: (Silvaner x Riesling) x Müller-Thurgau

Rieslaner

Sortentyp: Wuchs kräftig, Blatt mittelgroß, drei- bis schwach fünflappig, Beere gelbgrün, Austrieb spät
Ansprüche: an Lage hoch, etwa wie Riesling, Bodenansprüche mittel bis gering
Unterlage: SO-4 und 5 C
Frosthärte: mittel bis gut
Ertrag: unter Riesling, Mostgewicht höher als Riesling, sehr hohe Säure
Reife: spät
Wein: ab 90° Oechsle traditioneller, rassiger Wein
Vorteile: traditioneller Wein von Rieslingart
Nachteile: unsicherer Ertrag, spitze Säure
Züchter: 115b
Kreuzung: Silvaner x Riesling

Ehrenfelser

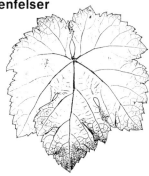

Sortentyp: rieslingartig im Wuchs, Blatt fünflappig von Rieslinggröße, Beere gelbgrün
Ansprüche: geeignet für mittlere bis gute Lagen, verträgt auch Trockenheit und steinige Böden
Unterlage: 5 C, auf sehr steinigen, armen Böden 5 BB und 125 AA
Frosthärte: etwa wie Riesling
Ertrag: wie Riesling, aber 5–15° Oechsle mehr als der Riesling, Säure wie Riesling
Reife: spät, jedoch früher als Riesling
Wein: rieslingähnlich, fruchtig mit feiner Säure
Vorteile: höheres Mostgewicht als Riesling und stielfest, daher geeignet für Spät- und Beerenauslesen
Nachteile: nicht für geringe Lagen
Züchter: 116a
Kreuzung: Riesling x Silvaner
Bemerkungen: Ursprungszüchter ist Prof. Dr. Birk, Geisenheim, der die Sorte 1929 (vom Erfolg der Müller-Thurgau-Rebe angeregt) kreuzte; benannt nach der Ruine Ehrenfels über dem Binger Loch

Muskat-Ottonel

Sortentyp: Wuchs mittel bis schwach, Blatt klein bis mittelgroß, drei- bis fünflappig, glatte Oberfläche; »Mukateller-Typ«, Beere gelbgrün mit feinem Sortenbukett
Ansprüche: hohe Anforderungen an Lage, kräftige Böden, nicht viel Kalk
Unterlage: 5 C oder SO-4
Frosthärte: frostfest
Ertrag: schwankend, bis zu 65 hl/ha
Reife: früh
Wein: mit feinem Muskatton
Vorteile: sehr feiner Wein
Nachteile: blüteempfindlich, zu hohe Ansprüche an Lage, schwankende Erträge
Züchter: 114b
Bemerkungen: im 19. Jahrhundert von R. Moreau aufgezogener Sämling

Kanzler

Sortentyp: Wuchs sehr stark, Blatt groß bis mittel, drei- bis fünflappig, Beere grün
Ansprüche: keine kalten Lagen, da sonst ertragslabil, extrem schwere und leichte Böden sind ungeeignet
Unterlage: 5 C und SO-4
Frosthärte: mangelhaft, auch maifrostgefährdet
Ertrag: durchschnittlich 65 hl/ha, Mostgewicht 20° Oechsle über Müller-Thurgau, Säure wie Müller-Thurgau
Reife: früh
Wein: viel Stoff und Fülle, oft Ausleseton, ausgeprägtes Sortenbukett
Vorteile: hohe Qualität
Nachteile: Holzreife gering, Erträge schwankend
Züchter: 117a
Kreuzung: Müller-Thurgau x Silvaner

Gelber und Roter Muskateller

Sortentyp: Wuchs stark, Blatt typisches »Muskatellerblatt« mit fünf Lappen und am Rand spitzgesägt, Beere grüngelb beziehungsweise rot mit starkem Muskatgeschmack
Ansprüche: warme Standorte, für alle Böden geeignet, außer bindigen Kalkböden
Unterlage: 5 C, SO-4 in armen Böden, 125 AA
Frosthärte: gut, nur wenig geringer als Riesling
Ertrag: 60–70 hl/ha auf warmen Standorten
Reife: spät
Wein: rassig mit Muskatbukett, edler als Morio-Muskat
Vorteile: feiner Muskatwein
Nachteile: zu hohe Standortansprüche
Bemerkungen: in der ganzen Welt weitverbreitete Sorte; Mutationen mit verschiedenen Traubenfarben sind bekannt

Mariensteiner

Sortentyp: Wuchs stark, Blatt stark bis mittelstark gelappt, Beere grün
Ansprüche: an Lage mindestens wie Silvaner, mittlere Böden
Unterlage: 5 BB, 125 AA, in guten Böden 5 C und SO-4
Frosthärte: mäßig
Ertrag: höher als Silvaner, Mostgewicht 10° Oechsle über Silvaner, hohe Säure
Reife: spät
Wein: rassig, körperreich, säurebetont, aber nicht grasig
Vorteile: ertragstreu bei gutem Mostgewicht
Nachteile: gelegentlich zu hohe Säuren in ungeeigneten Lagen
Züchter: 115b
Kreuzung: Silvaner x Rieslaner

Septimer

Sortentyp: Wuchs kräftig, dichtlaubig, Blatt drei- bis fünflappig, Beere rosa bis rot
Ansprüche: wie Müller-Thurgau, aber etwas wärmere Lagen
Unterlage: SO-4, 5 C, in ärmerem Boden 125 AA
Frosthärte: geringer als Müller-Thurgau
Ertrag: 60–70 hl/ha, schwankend, Mostausbeute gering
Reife: früh, wie Müller-Thurgau
Wein: kräftiges Bukett, an Scheurebe erinnernd, fast immer reif
Vorteile: frühe Reife, hohe Mostgewichte
Nachteile: niedriger Ertrag, geringe Frostfestigkeit
Züchter: 117a
Kreuzung: Gewürztraminer x Müller-Thurgau
Bemerkungen: latinisierter Sortenname »Siebenter«, von Georg Scheu gezüchtet 1927

Albalonga

Sortentyp: Wuchs kräftig, mittlere Geiztriebbildung, Blatt gelappt, Beere grüngelb
Ansprüche: an Lage und an Boden mittel bis hoch
Unterlage: SO-4, 5 C
Frosthärte: mäßig
Ertrag: ähnlich wie Müller-Thurgau, jedoch höheres Mostgewicht, aber hohe Säure (über 10⁰/₀₀)
Reife: spät
Wein: fruchtig, elegant, durch langes Hängenlassen Spät- und Auslesen möglich
Vorteile: wenig botrytisempfindlich, guter Ertrag bei gutem Mostgewicht
Nachteile: spitze Säure in geringen Lagen
Züchter: 115b
Kreuzung: Rieslaner x Silvaner
Bemerkungen: alba longa = die lange weiße

Blauer Portugieser

Sortentyp: Wuchs sehr stark, Blatt drei- bis fünflappig, groß und glatt, glänzend grün, Beere pflaumenblau und hellgrau, beduftet
Ansprüche: für alle Lagen und Böden, auch für feuchte, jedoch nicht für staunasse Böden
Unterlage: 5 BB und 125 AA, auf sehr triebigen Böden auch 5 C und SO-4
Frosthärte: gering, häufig Stockausfälle
Ertrag: gleichmäßige Erträge zwischen 130 und 160 hl/ha meist um 70° Oechsle und 8 ‰ Säure
Reife: früh
Wein: überwiegend Tafelweine, bei später Lese mild und gut gefärbt
Vorteile: hoher Ertrag, geringe Ansprüche
Nachteile: empfindlich gegen Winterfrost und Beerenbotrytis
Erhaltungs-Züchter: 114a, 117aa, 118
Bemerkungen: Herkunft ungewiß, sicher ist Portugal nicht die Heimat

Blauer Spätburgunder

Sortentyp: wüchsig, »Burgunderblatt« kaum gebuchtet und gelappt, mit blasiger Oberfläche, färbt sich im Herbst bei gesunden Klonen gelb, Beere blau bis violettblau, stark beduftet; nur durch die Traube vom Ruländer und Weißen Burgunder zu unterscheiden
Ansprüche: gute Lagen, braucht tiefgründige, fruchtbare Böden
Unterlage: in kalkarmen Böden 3309 C, sonst 5 C und SO-4, in armen Böden 125 AA
Frosthärte: gut
Ertrag: bei gut selektionierten Klonen etwa 90 hl/ha bei durchschnittlich 80° Oechsle und 6–8 ‰ Säure
Reife: mittelfrüh bis spät
Wein: samtig, vollmundig, mit feinem, an Bittermandeln erinnerndem Ton, gilt als beste Rotweinsorte
Vorteile: hochedle Weine
Nachteile: hohe Ansprüche an Lage und Boden
Erhaltungs-Züchter: 114a, 114c, 115b, 116a, 117g, 215, 236, 298
Bemerkungen: Synonyme: Klebrot, Klevner, sicherlich aus Burgund nach Deutschland gelangt, deutsche Klone sind reichtragend

Blauer Trollinger

Sortentyp: Wuchs sehr stark, Blatt groß, dunkelgrün, drei- bis fünflappig, Beere blau und beduftet
Ansprüche: verlangt gute Lagen, gedeiht auch auf armen, nicht zu trockenen Böden
Unterlage: in schweren Böden 26 G, sonst 5 BB und 125 AA
Frosthärte: nur mäßig
Ertrag: durchschnittlich 100–120 hl/ha bei etwa 70° Oechsle und 7–10 ‰ Säure
Reife: sehr spät, nach dem Riesling
Wein: frisch, rassig, säurebetont, von meist hellroter Farbe
Vorteile: hoher Ertrag, kräftiger Wuchs
Nachteile: sehr späte Reife, winterfrostempfindlich
Erhaltungs-Züchter: 114 a
Bemerkungen: könnte als »Tirolinger« von Tirol nach Deutschland gekommen sein, heißt in Südtirol »Groß-Vernatsch«; die deutschen Bestände unterscheiden sich durch lange züchterische Bearbeitung von denen Südtirols; wird als Tafeltraube auch »Black Hamburg« oder »Frankentaler« genannt

Müllerrebe

Sortentyp: Wuchs mittel, Blatt mittelgroß, fünflappig, sehr rauh und blasig, unterseits dicht wollig behaart, Triebspitze dichtfilzig weißwollig, wie mit Mehl bestäubt, daher Müllerrebe, Beere schwarz-blau
Ansprüche: an Lage und Boden geringere als Spätburgunder
Unterlage: 125 AA, 5 BB, auf triebigen Böden 5 C und SO-4
Frosthärte: gut
Ertrag: etwa wie Spätburgunder, Qualität ist meist etwas geringer, weniger Säure als der Spätburgunder
Reife: früh bis mittelfrüh
Wein: gut gefärbt, Art ähnlich dem Spätburgunder
Vorteile: geringere Ansprüche an Lage und Boden als Spätburgunder
Nachteile: geringe Qualität gegenüber dem Spätburgunder
Erhaltungs-Züchter: 114 a
Bemerkungen: ist mit ziemlicher Sicherheit eine Mutation des Blauen Spätburgunders, bei der Müllerrebe gibt es »Rückmutationen«, die exakt wieder die Merkmale des Blauen Spätburgunders zeigen, eine solche Mutation ist die Sorte »Samtrot«, die somit als Klon des Spätburgunders zu betrachten ist; Synonyme der Müllerrebe sind: Schwarzriesling und Pinot Meunier, letzteres deutet auf die Abkunft aus dem Pinot noir hin

Blauer Limberger

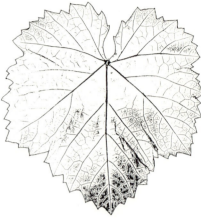

Sortentyp: Wuchs mittel bis stark, Blatt groß, breit, dreilappig, Beere blau
Ansprüche: an Lage etwa wie Silvaner, mittlere Ansprüche an den Boden, sehr kalkverträglich, gedeiht am besten auf Lößboden
Unterlage: SO-4, 5 C, in armen Böden 125 AA und 5 BB
Frosthärte: ausreichend winterfrosthart, aber sehr empfindlich gegen Spätfröste
Ertrag: etwa 80 hl/ha bei 70–80° Oechsle, Säure liegt etwa 3 ‰ über der des Spätburgunders
Reife: spät
Wein: rassiger, gerbstoffreicher, gut gedeckter Wein
Vorteile: kräftiger Rotwein
Nachteile: späte Reife, nicht immer blütefest
Erhaltungs-Züchter: 114 a
Bemerkungen: heißt in Österreich Blaufränkisch

1 Müller-Thurgau
2 Weißer Riesling
3 Grüner Silvaner
4 Ruländer
5 Morio-Muskat
6 Scheurebe
7 Weißer Gutedel
8 Kerner
9 Gewürztraminer

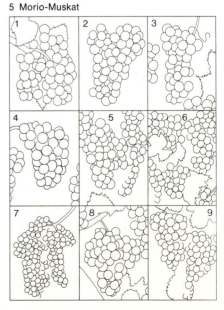

Die Rebsorten

Heroldrebe

Sortentyp: Wuchs sehr stark, Blatt groß und dreilappig, Beere blau
Ansprüche: gute bis mittlere Lagen, nicht zu magere Böden
Unterlage: 5 C und SO-4, in wenig triebigen Böden 125 AA und 5 BB
Frosthärte: besser als Portugieser
Ertrag: bis 140 hl/ha
Reife: früher als Trollinger, etwa wie Spätburgunder
Wein: rassig und gerbstoffbetont, bei zu hohem Ertrag nicht besser als Portugieser
Vorteile: kräftiger Wuchs, sichere Erträge
Nachteile: nicht immer reifer Wein
Züchter: 114 a
Kreuzung: Portugieser × Limberger
Bemerkungen: trägt den Namen des Züchters August Herold

Helfensteiner

Sortentyp: Wuchs kräftig, Blatt groß, schwach fünflappig, Beere blau
Ansprüche: an die Lage mittlere; nur für gute Böden, verträgt wenig Kalk
Unterlage: SO-4, 5 C, in armen Böden 125 AA
Frosthärte: etwas besser als Trollinger
Ertrag: stark schwankend, um 90 hl/ha bei Mostgewichten um 80° Oechsle und Säuren bei 9–10 %
Reife: früh bis mittelfrüh
Wein: neutral, gefällig, von mittlerer Qualität
Vorteile: frühe Reife
Nachteile: schwankender Ertrag
Züchter: 114 a
Kreuzung: Frühburgunder × Trollinger

Blauer Frühburgunder

Sortentyp: entspricht dem des Blauen Spätburgunders, doch der Wuchs ist schwächer, die Trauben sind kleiner, Beeren dunkelblau
Ansprüche: mittlere Lagen mit guten tiefgründigen Böden

1 Weißer Burgunder
2 Faber
3 Bacchus
4 Reichensteiner
5 Ehrenfelser
6 Blauer Portugieser
7 Blauer Spätburgunder
8 Blauer Trollinger
9 Schönburger

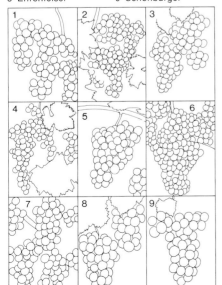

Unterlage: 5 C oder SO-4
Frosthärte: gut
Ertrag: nur bei guten Klonen mehr als 50 hl/ha, aber immer hohes Mostgewicht von 90–100°, Säure wie Spätburgunder
Reife: früh
Wein: körperreich, gut gedeckt, fruchtiger, samtiger Rotwein von höchster Qualität
Vorteile: bringt immer selbständige reife Rotweine
Nachteile: Erträge niedriger als beim Blauen Spätburgunder
Erhaltungs-Züchter: 231, neue Klone von Geisenheim noch nicht eingetragen
Bemerkungen: Synonym: »August Klevner«; stellt die Klonenzüchtung gute Stämme bereit, ist der Anbau auf guten Böden von größtem Interesse für die Erzeugung wertvoller Qualitätsrotweine

Rotberger

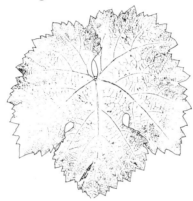

Sortentyp: Wuchs stark, trollingerartig, Blatt groß, gelappt, Beere blau
Ansprüche: an die Lage mittlere, für tiefgründige, kalkhaltige, feinerdereiche Böden geeignet
Unterlage: bei Weiterpflanzung 125 AA und 5 BB, sonst 5 C und SO-4
Frosthärte: besser als Trollinger
Ertrag: Menge etwa wie Trollinger, jedoch 10° Oechsle mehr und etwas weniger Säure
Reife: spät
Wein: fruchtig, körperreich, trollingerähnlich, für Rosee-Wein geeignet
Vorteile: höheres Mostgewicht und bessere Frostfestigkeit als der Trollinger
Nachteile: späte Reife, nicht sehr farbintensiv
Züchter: 116 a
Kreuzung: Trollinger × Riesling

Blauer Saint-Laurent

Sortentyp: Wuchs kräftig, Blatt fünflappig, unterseits behaart, Beere schwarzblau
Ansprüche: mittlere, auch kühle Lagen, nicht zu schwere, zu kräftige Böden
Unterlage: 5 C, SO-4, in weniger triebigen Böden 125 AA und 5 BB
Frosthärte: sehr gut
Ertrag: 70–80 hl/ha
Reife: später als Portugieser, früher als Blauer Spätburgunder
Wein: kräftig, tiefrot mit Bordeaux-Bukett
Vorteile: gute Reife, robuste Sorte, feiner Wein
Nachteile: spätfrostgefährdet
Züchter: 114 a
Bemerkungen: alte Sorte, von Bronner 1870 aus dem Elsaß nach Deutschland verbracht; Synonym: St.-Lorenz-Traube

Domina

Sortentyp: Wuchs kräftig, Blatt mittelgroß, drei- bis schwach fünflappig, Beere blau
Ansprüche: mittlere Lagen, derbe Sorte
Unterlage: 5 C, SO-4 und 125 AA, auf schwachtriebigen Böden 5 BB
Frosthärte: mittel bis gut
Ertrag: sehr gut, höher als Portugieser
Reife: wie Müller-Thurgau
Wein: angenehme Rotweinart, gut gedeckt
Vorteile: ertragstreu
Nachteile: manchmal zu hohe Säure
Züchter: 30
Kreuzung: Portugieser × Spätburgunder

Dornfelder

Sortentyp: sehr starker Wuchs, Blatt groß und dreilappig, Beere blau, in Schale sehr intensiv gefärbt
Ansprüche: mittlere an die Lage
Unterlage: 5 BB, 125 AA, in sehr gutem Boden 5 C und SO-4
Frosthärte: besser als Portugieser
Ertrag: gut
Reife: früher als Trollinger
Wein: gut gedeckt, fruchtig
Vorteile: bringt hohe Farbwerte aus der Schale
Nachteile: bei zu hohem Ertrag nicht reif genug
Züchter: 114 a
Kreuzung: Helfensteiner × Heroldrebe

Die Deckrotweinsorten

Deckrotweinsorten (Färbersorten, Färberreben) haben in der Beerenschale und auch im Beerensaft Rotwein-Farbstoffe. Die Farbintensität ist bei der Freiburger Sorte Deckrot (Ruländer × Färber) sehr hoch. Allerdings sind die Säurewerte nicht niedrig, so daß keine selbständigen Rotweine gewonnen werden können. Die Freiburger Sorte Kolor (Blauer Spätbur-

Deckrotweinsorte »Dunkelfelder«

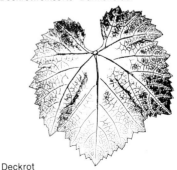

Deckrot

gunder × Färber) hat etwas weniger Deckkraft, sonst ähnliche Eigenschaften wie Deckrot. Die Sorte Dunkelfelder, von Geisenheim als freie Sorte angemeldet, hat recht intensive Farbwerte, Weißherbste zeigen tiefdunkelrote Farbe. Die Sorte hat weniger Säure und eignet sich daher gut für Verschnitte und als Deckrotweinsorte.

Färbersorten aus Frankreich sind wegen ihrer hohen Säure für den deutschen Weinbau nicht zu empfehlen.

Die Unterlagensorten

Die Sortenliste der Unterlagenreben umfaßt geschützte und freie Sorten. Von den empfohlenen Unterlagen werden in der Bundesrepublik überwiegend Sorten aus Berlandieri × Riparia eingesetzt, weil sie reblausfest, kalkresistent, wüchsig und gesund sind und gut mit den Edelreissorten harmonieren, die dank ihrer züchterischen Bearbeitung nur dann hohe Leistungen bringen, wenn sie durch die Unterlagen vom Boden her entsprechend versorgt werden. In Deutschland wird heute ausschließlich zertifiziertes Unterlagenmaterial bereitgestellt; auf Standardpflanzgut kann man verzichten. 80 % der deutschen Unterlagenreben werden aufgrund von Verträgen der deutschen Unterlagenzüchter (die ausschließlich Länder-Institute sind) mit entsprechenden Erzeugern virusfrei und sanitär einwandfrei in Italien und Frankreich als zertifiziertes Material herangezogen, der Rest wird in den deutschen Weinbaugebieten selbst erzeugt. Alle deutschen Selektionen aus Berlandieri × Riparia (5 BB, 125 AA, 5 C Geisenheim, Selektion Oppenheim 4 und Teleki 8 B) stammen von Teleki-Sämlingen aus dem Jahre 1896 ab. Die 80jährige Zuchtarbeit mußte sich positiv auswirken. Sie hat zu folgenden Unterlagensorten geführt:

A) freie Unterlagensorten

1. Kober 5 BB

Kreuzung: Vitis berlandieri × Vitis riparia
Wuchs: stark, Triebspitze bronziert, Blatt glänzend; traubentragend
Kalkverträglichkeit: hoch
Reblausfestigkeit: sehr gut
geeignet: vor allem auf armen, wuchsschwachen Böden, weite Standräume, große Streubreite
ungeeignet: für zur Verrieselung neigende Sorten auf triebigen Böden
Erhaltungs-Züchter und Klone:
    116a–5 BB Klon 13 Geisenheim
    114c–5 BB Klon 148 Freiburg
    114a–5 BB Klon 48 Weinsberg
    115b–5 BB Klon 137 Würzburg

Ertragssorten in Deutschland

Beerenfarbe: w = weiß, g = grau, b = blau, r = rot. [1] Nur für den Export.

I	Landesanstalt für Rebenzüchtung, 6508 Alzey.	VI	Bayerische Landesanstalt für WOG, 8700 Würzburg.
II	Staatliches Weinbauinstitut, 7800 Freiburg i. Br.	VII	Franz Kimmig, 7591 Tiergarten, Spring 91 a.
III	Forschungsanstalt für WGGL, Institut für Rebenzüchtung und Rebenveredlung, 6222 Geisenheim.	VIII	Dalkowski, 6550 Bad Kreuznach 12 (Bosenheim).
		IX	Weiß, 7840 Müllheim (Baden).
IV	Bundesforschungsanstalt für Rebenzüchtung Geilweilerhof, 6741 Siebeldingen.	X	Aug. Lersch, 6536 Langenlonsheim.
		XI	Höhere Bundeslehr- und Versuchsanstalt für Wein- und Obstbau, Klosterneuburg.
V	Staatliche Lehr- und Versuchsanstalt für WOG, 7102 Weinsberg.	XII	Landes-Obst- und Weinbauschule, Silberberg (Steiermark).

a) Freie Rebsorten

Sortenbezeichnung	Herkunft	Beerenfarbe
Auxerrois	vermutlich Lothringen	w
Blauer Frühburgunder	wahrscheinlich Mutation aus Blauer Spätburgunder	b
Blauer Limberger	unbekannt, vermutlich Österreich	b
Blauer Portugieser	unbekannt, vermutlich Niederösterreich und Ungarn	b
Blauer Spätburgunder	Burgund	b
Blauer Trollinger	Südtirol	b
Früher roter Malvasier	unbekannt	r
Gelber Muskateller	unbekannt	w
Grüner Silvaner	unbekannt	w
Müllerrebe	Burgund, Mutation aus Blauer Spätburgunder	b
Müller-Thurgau	(Riesling x Silvaner)	w
Muskat-Ottonel	Sämling von Moreau	w
Roter Elbling	unbekannt	r
Roter Gutedel	unbekannt	r
Roter Traminer (Gewürztraminer)	unbekannt	(r)
Ruländer	wahrscheinlich Mutation aus Blauer Spätburgunder	g
Weißer Burgunder	wahrscheinlich Mutation aus Blauer Spätburgunder	w
Weißer Elbling	unbekannt	w
Weißer Gutedel	unbekannt	w
Weißer Riesling	unbekannt	w

b) Geschützte Rebsorten

Sortenbezeichnung	Zucht-Nr.	Herkunft Kreuzung	Züchter	Beerenfarbe
Albalonga	Wü B 51-2-1	Rieslaner x Silvaner	VI	w
Bacchus	Gf 33-29-133	(Silvaner x Riesling) x Müller-Thurgau	IV	w
Deckrot	Fr. 119-39	Ruländer x Färbertraube	II	b
Domina	Gf IV 25-7 N	Portugieser x Spätburgunder	IV	b
Ehrenfelser	Gm 9-93	Riesling x Silvaner	III	w
Faber	Az 10 375	Weißer Burgunder x Müller-Thurgau	I	w
Findling	Kimmig P 1	Mutation aus Müller-Thurgau	VII	w
Freisamer	Fr. 21-5	Silvaner x Ruländer	II	w
Helfensteiner	We S 53-32	Frühburgunder x Trollinger	V	b
Heroldrebe	We S 130	Portugieser x Limberger	V	b
Huxelrebe	Az 3962	Gutedel x Courtiller musqué	I	w
Kanzler	Az 3983	Müller-Thurgau x Silvaner	I	w
Kerner	We S 25-30	Trollinger x Riesling	V	w
Kolor	Fr. 71-39	Spätburgunder x Färbertraube	II	b
Mariensteiner	Wü B 51-7-3	Silvaner x Rieslaner	VI	w
Morio-Muskat	Gf I 28-30	Silvaner x Weißer Burgunder	IV	w
Nobling	Fr. 128-40	Silvaner x Gutedel	II	w
Optima	Gf 33-13-113	(Silvaner x Riesling) x Müller-Thurgau	IV	w
Ortega	Wü B 48-21-4	Müller-Thurgau x Siegerrebe	VI	w
Perle	S 3951	Gewürztraminer x Müller-Thurgau	VI	r
Regner	Az 10378	Luglienca bianca x Gamay früh	I	w
Reichensteiner	Gm C/D 18-92	Müller-Thurgau x (Madeleine angevine x Calabr. Fröhlich)	III	w
Rieslaner	N I 11-17	Silvaner x Riesling	VI	w
Rotberger	Gm 3-37	Trollinger x Riesling	III	b
Scheurebe	Az S 88	Silvaner x Riesling	I	w
Septimer	Az 3952	Gewürztraminer x Müller-Thurgau	I	g
Siegerrebe	Az 7957	Madeleine angevine x Gewürztraminer	I	r
Würzer	Az 10487	Gewürztraminer x Müller-Thurgau	I	w
Aris[1]	Sbl 2-19-58	Oberlin 716 (Riparia x Gamay) x Riesling Klon 91	IV	w
Siegfriedrebe[1]	F S 4-201-39	Riesling x V I 5861 (Selbst. aus Oberlin 595-F 2)	IV	w

Die Rebsorten

Zur Eintragung in die Sortenliste angemeldete Rebsorten (Vitis vinifera)

Vorgeschlagene Sortenbezeichnung	Zucht-Nr.	Herkunft Kreuzung	Züchter	Beerenfarbe
Arnsburger	Gm 22-74	Riesling Kl 88 Gm x Riesling Kl 64 Gm	III	w
Cantaro	Wü B 55-8-53	(Rieslaner x Silvaner) x Müller-Thurgau	VI	w
Comtessa	Gf 35-26-139	Madeleine angevine x Traminer F 2	IV	w
Dalkauer (Beutel-Rebe)	G B I	Riesling x Veltliner	VIII	w
Diana	Gf 30n-8-127	Silvaner x Müller-Thurgau	IV	w
Dornfelder	We S 341	Helfensteiner x Heroldrebe	V	b
Dunkelfelder	Fr. V 44	Sortiment Geisenheim	III	b
Edelsteiner	Weiß I	Smederevka x Bouvier	IX	w
Fontanara	Wü B 51-4-10	Rieslaner x Müller-Thurgau	VI	w
Forta	Gf 31-15-100	(Madeleine angevine x Silvaner) F 2	IV	w
Gloria	Gf 30n-9-130	Silvaner x Müller-Thurgau	IV	w
Gutenborner	Gm 17-52	Müller-Thurgau x Chasselas	III	w
Hölder	We S 397	Riesling x Ruländer	V	w
Juwel	Lersch I	Mutation aus Silvaner	X	w
Oraniensteiner	Gm 11-34	Riesling x Silvaner	III	w
Osteiner	Gm 9-97	Riesling x Silvaner	III	w
Rabaner	Gm 22-73	Riesling Klon 88 Gm x Riesling Klon 64 Gm	III	w
Ruling	We S 385	Ruländer x Riesling	V	w
Schönburger	Gm 15-114	Spätburgunder x I P 1 (Chasselas rosa x Muskat Hamburg)	III	r
Sulmer	We S 351	Limberger x Schwarzer Elbling	V	b
Thurling	Az 4612	Müller-Thurgau x Riesling	I	w
Witberger	Gm 3-48	Trollinger x Riesling	III	w
...	We S 378	Kerner x Silvaner	V	w

Sonstige Rebsorten
a) ältere

Sortenbezeichnung	Herkunft	Beerenfarbe
Blauer Hängling	unbekannt	b
Blauer Silvaner	wahrscheinlich Mutation aus Silvaner	b
Färbertraube	unbekannt	b
Früher Malingre	Tafeltraube aus Frankreich	w
Gelber Ortlieber	Umgebung von Colmar (Elsaß)	w
Grüner Veltliner	unbekannt	w
Neuburger	unbekannt	w
Roter Muskateller	unbekannt	r
Saint-Laurent	Frankreich	b
Samtrot	Mutation aus der Müllerrebe	b
Wannerrebe	33/10 Laquenexy, Lothringen (Steinschiller x kgl. Magdalenentraube)	w

b) Neuzüchtungen

Vorgeschlagene Sortenbezeichnung	Zucht-Nr.	Herkunft Kreuzung	Züchter	Beerenfarbe
Augusta Luise	Wü B 48-12-8	Zyperntraube x Siegerrebe	VI	w
Carmina	Gf IV-26-4 N	Portugieser x Spätburgunder	IV	b
Grando (z.S.)	Wü B 55-8-59	(Riesling x Silvaner) x Müller-Thurgau	VI	w
Jubiläumsrebe	24-125	Portugieser x Limberger	XI	r
Multaner	Gm 10-54	Riesling x Silvaner	III	w
Muscabona (z.S.)	Wü B 40-10-2	Siegerrebe x Müller-Thurgau	VI	w
Noblessa (z.S.)	Gf 32-16-74	Madeleine angevine x Silvaner F 2	IV	w
Tamara (z.S.)	Wü B 48-21-8	Müller-Thurgau x Siegerrebe	VI	w
Zähringer (z.S.)	Fr. 3-39	Traminer x Riesling	II	w
Schlagerrebe		Portugieser x Färbertraube	XII	b
Zweigeltrebe	71	St. Laurent x Limberger	XI	b

z.S. = zum Sortenschutz angemeldet.

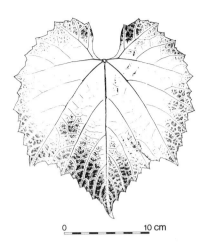

2. Kober 125 AA

Kreuzung: Vitis berlandieri × Vitis riparia
Wuchs: kräftig, Trieb behaart, Triebspitze bronziert; Blatt mit verlängertem Mittellappen; traubentragend
Kalkverträglichkeit: hoch
Reblausfestigkeit: sehr gut
geeignet: für alle Sorten bei großem Standraum, besonders für Burgundersorten, sowie auf wuchsschwachen Standorten für Sorten mit Verrieselungsneigung
ungeeignet: für flachgründige Böden
Erhaltungs-Züchter und Klone:
116a–125 AA Klon 1, 2, 3, 4 Geisenheim,
114c–125 AA Klon 26 Freiburg

3. Teleki 8 B

Kreuzung: Vitis berlandieri × Vitis riparia
Wuchs: kräftig, Trieb behaart, Triebspitze weißlichgrün, Blatt schwach blasig, männlicher Scheinzwitter
Kalkverträglichkeit: sehr hoch
Reblausfestigkeit: sehr gut
geeignet: für Mergelböden mit extremem Kalkgehalt, für trockene Böden
ungeeignet: für zu reichtragende Sorten
Erhaltungs-Züchter und Klone:
116a–8 B Klon 349–4 Geisenheim
349–7 Geisenheim
361–2 Geisenheim
361–3 Geisenheim
361–5 Geisenheim

4. Couderc 3309

Kreuzung: Vitis riparia × Vitis rupestris
Wuchs: schwach, viele Geiztriebe, Triebspitze Rupestris-Typ, Blatt klein, Seitenlappen mit breiten Eckzähnen; männlicher Scheinzwitter
Kalkverträglichkeit: mittel
Reblausfestigkeit: gut
geeignet: für warme Standorte mit genügendem Feinerdeanteil und für zur Verrieselung neigende Sorten
ungeeignet: für kalkhaltige Böden und starkwachsende Sorten
Erhaltungs-Züchter und Klone:
114c–3309 C Klon 465 Freiburg

Die Rebe und ihre Umwelt

Klassifizierung der Rebsorten (Keltertrauben) in der Bundesrepublik Deutschland nach Verwaltungseinheiten

Rebsorten / Verwaltungseinheiten ▶	Reg.-bez. Köln	Reg.-bez. Trier	Reg.-bez. Koblenz	Reg.-bez. Rheinhessen-Pfalz	Saarland	Reg.-bez. Darmstadt	Reg.-bez. Nordbaden	Reg.-bez. Südbaden	Reg.-bez. Nordwürttemberg	Reg.-bez. Südwürttemberg-Hohenzollern	Reg.-bez. Unterfranken und Mittelfranken	Reg.-Bez. Oberfrk., Lkr. Bamberg; Niederbay., Lkr. Landshut; Oberpf., Lkr. Regensburg	Reg.-bez. Schwaben, Landkreis Lindau	Reg.-bez. Kassel Landkreis Melsungen, Gemeinde Böddiger
Auxerrois	●●	●●	●●	●●	●●	●●	●●	●●	●●	○	●●	○	●●	○
Burgunder, Weißer	●●	●●	●●	●●	●●	●●	●●	●●	●●	●●	●●	○	●●	○
Ehrenfelser	●●	●●	●●	●●	●●	●●	○	○	●●	●●	●●	○	○	○
Elbling, Roter	●	●●[1]	●●[2]	○	●●[5]	○	○	○	○	○	○	○	○	○
Elbling, Weißer	●	●●[1]	●●[2]	○	●●[5]	○	○	○	○	○	○	○	○	○
Faber	●●	●	●●	●●	●●	●●	○	○	●	○	●●	○	○	○
Färbertraube	○	●	●●	●	○	●	●	●	●	○	●	○	○	○
Freisamer	●●	●	●●	●●	●●	●●	●●	●●	●	○	●	○	○	○
Frühburgunder, Blauer	●●	○	●	●	○	●	●	●	●●	○	●●	○	○	○
Gewürztraminer	●●	●●	●●	●●	○	●●	●●	●●	●●	●●	●●	○	●●	○
Gutedel, Roter	●	●	●	●	●	●	●	●●	●	○	●	○	○	○
Gutedel, Weißer	●	●	●	●	●	●	●	●●	●	○	●	○	○	○
Helfensteiner	●	○	●●	●●	○	●	●	●	●●	○	●	○	○	○
Heroldrebe	●	○	●●	●●	○	●	●	●	●●	○	●●	○	○	○
Huxelrebe	●●	●●	●●	●●	●	●●	●	○	●	○	●●	○	○	○
Kanzler	●●	●	●●	●●	●●	●●	●●	○	●	○	●●	○	○	○
Kerner	●●	●●	●●	●●	●●	●●	●●	●●	●●	●●	●●	●●	●	○
Limberger, Blauer	●	○	●	●	○	●	●	●	●●	●●	●	○	○	○
Malingre, Früher	○	○	●	●[3]	●	●	○	○	○	○	○	○	○	○
Malvasier	●	●	●	●	●	●	○	●	●	○	●	○	○	○
Morio-Muskat	●●	●	●●	●●	●●	●●	●●	○	●	○	●●	○	○	○
Müllerrebe	○	○	●	●	○	●	●	●	●●	●●	●	○	○	○
Müller-Thurgau	●●	●●	●●	●●	●●	●●	●●	●●	●●	●●	●●	●●	●●	●●
Muskateller, Gelber	●	●	●●	●	●	●	●	●	●	○	●	○	○	○
Muskateller, Roter	○	●	●●	●	●	●	●	●	●	○	●	○	○	○
Muskat-Ottonel	●	●	●	●	●	●	●	●	●●	○	●	○	○	○
Muskat-Trollinger	○	○	○	○	○	○	●	●	●●	○	○	○	○	○
Perle	●●	●	●●	●●	●	●●	●	●	●	○	●●	●●	○	○
Portugieser, Blauer	●●	○	●●	●●	●	●●	●	●	●	○	●●	●●	○	○
Rieslaner	●●	●●	●●	●●	○	●●	●	○	●	○	●●	●●	●●	○
Riesling, Weißer	●●	●●	●●	●●	●●	●●	●●	●●	●●	●●	●●	●●	●●	○
Ruländer	●●	●●	●●	●●	●	●●	●●	●●	●●	●●	●●	●	●●	○
Saint-Laurent	●	○	●●	●●	○	●	●	●	●●	○	●●	○	○	○
Scheurebe	●●	●●	●●	●●	●●	●●	●●	●	●●	○	●●	●	●●	○
Siegerrebe	●	●	●	●●	●●	●	●	●	●	○	●	○	●	○
Silvaner, Blauer	○	○	○	○	○	○	●	●	●	○	●	○	○	○
Silvaner, Grüner	●●	●	●●	●●	●●	●●	●●	●●	●●	●	●●	●●	●●	●●
Spätburgunder, Blauer	●●	●	●●	●●	●●	●●	●●	●●	●●	●●	●●	○	●●	○
Traminer, Roter	●	○	●	●	○	●	●	●	●●	○	●	○	○	○
Trollinger, Blauer	●	○	○	○	●	○	●	●	●●	●●	●	○	○	○
Veltliner	●	●	●●	●●[4]	●	●	●	●	●	○	●	○	○	○
Rotberger	●●	●	●●[6]	○	○	●	●	●	●	○	●	○	○	○
Optima	●	●	●●[7]	●●	○	●	○	○	●	○	●	○	○	○
Ortega	●	●	●	●●	●	●	○	○	●	○	●●	●●	●	○
Bacchus	○	●●	●	●●	○	●●	○	○	●	○	●●	●●	○	○
Findling	○	●	●	●	○	●	○	○	○	○	●	○	○	○
Albalonga	○	○	●[8]	●	○	●	○	○	○	○	●	○	○	○
Nobling	○	○	●	●	○	●	●●	●●	●	○	●	○	○	○
Septimer	○	●	●[8]	●	○	●	○	○	○	○	●	○	○	○
Deckrot	○	○	●	●	○	●	○	○	○	○	●	○	○	○
Mariensteiner	○	○	○	○	○	○	○	○	○	○	●●	○	○	○

●● empfohlene Rebsorten
● zugelassene Rebsorten
○ nicht zugelassene bzw. nicht vorhandene Rebsorten

[1] ausschließlich im Landkreis Trier-Saarburg für die Schaumweinerzeugung empfohlen
[2] ausschließlich im Landkreis Cochem-Zell für die Schaumweinerzeugung empfohlen
[3] ausschließlich im Landkreis Landau-Bad Bergzabern für die Gemeinden Maikammer, Kirrweiler und Edenkoben zugelassen
[4] ausschließlich in den Landkreisen Mainz-Bingen und Alzey-Worms sowie im Gebiet der Städte Mainz und Worms empfohlen
[5] für die Schaumweinbereitung empfohlen
[6] ausschließlich im Landkreis Bad Neuenahr empfohlen
[7] ausschließlich im Landkreis Bad Kreuznach empfohlen
[8] ausschließlich im Landkreis Bad Kreuznach zugelassen

B) geschützte Unterlagensorten

5. 5 C Geisenheim

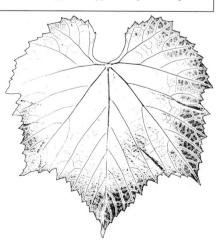

Kreuzung: Vitis berlandieri × Vitis riparia
Wuchs: schwächer als 5 BB, Triebspitze gelblich-grün, Blatt unterseits größere Borstenbüschel in Nervenwinkeln; männlicher Scheinzwitter
Kalkverträglichkeit: hoch
Reblausfestigkeit: sehr gut
geeignet: für alle Sorten in kräftigen Böden, vor allem für zur Verrieselung neigende Sorten
ungeeignet: für nasse, kalte Standorte
Züchter: 116 a Geisenheim

Die Rebsorten

Klassifizierung der Unterlagensorten nach Verwaltungseinheiten

Verwaltungseinheiten ▶		Regierungsbezirke Köln, Trier, Koblenz-Montabaur und Saarland	Regierungsbezirk Rheinhessen-Pfalz	Regierungsbezirke Darmstadt und Kassel, Landkreis Melsungen, Gemeinde Böddiger	Regierungsbezirke Nordbaden, Südbaden, Nordwürttemberg, Südwürttemberg-Hohenzollern	Regierungsbezirke Unterfranken und Mittelfranken sowie Regierungsbezirk Oberfranken, Landkreis Bamberg, Regierungsbezirk Niederbayern, Landkreis Landshut, Regierungsbezirk Oberpfalz, Landkreis Regensburg, und Regierungsbezirk Schwaben, Landkreis Lindau
Unterlagensorten ▼	Abkürzung					
Selektion Oppenheim Nr. 4	SO 4	●●	●●	●●	●●	●●
5 C Geisenheim	–	●●	●●	●●	●●	●●
Teleki 8 B	8 B	●●	●●	●●	●●	●●
Berlandieri x Riparia Kober 5 BB	5 BB	●●	●●	●●	●●	●●
Berlandieri x Riparia Kober 125 AA	125 AA	●●	●●	●●	●●	●●
161 – 49 Couderc	161 – 49 C	●●	○	○	●●	○
Riparia x Rupestris 3309 Couderc	3309 C	●●	●●	●●	●●	●●
Geisenheim 26	–	●●	○	○	●●[2]	○
Dr.-Decker-Rebe	–	●●[1]	○	○	○	○

●● empfohlene Unterlagensorten
○ nicht empfohlene und nicht vorübergehend zugelassene Unterlagensorten, soweit sie nicht Gegenstand von Prüfungen der Anbaueignung einer Rebsorte, wissenschaftlichen Untersuchungen der Kreuzungs- und Selektionsarbeiten sind

[1] empfohlen ausschließlich im Saarland, im Regierungsbezirk Trier und im Regierungsbezirk Koblenz – Landkreis Cochem-Zell – Landkreis Koblenz, in den Gemeinden Güls, Lay, Winningen, Dieblich, Kobern-Gondorf, Niederfell, Oberfell, Lehmen, Alken, Kattenes, Löf, Hatzenport, Brodenbach und Burgen und – Landkreis Mayen, in den Gemeinden Lasseg, Mosel-Sürsch und Waldesch

[2] Ausschließlich empfohlen in den Regierungsbezirken Nordwürttemberg und Südwürttemberg-Hohenzollern

6. Selektion Oppenheim 4

Kreuzung: Vitis berlandieri × Vitis riparia
Wuchs: schwächer als 5 BB, Triebspitze bronziert, Blatt glänzend aber blasig, männlicher Scheinzwitter
Kalkverträglichkeit: hoch
Reblausfestigkeit: sehr gut
geeignet: für zur Verrieselung neigende Sorten auf kräftigen, humosen Kalkböden
ungeeignet: für starkwachsende Sorten, für leichte, arme Böden
Züchter: 117 b Oppenheim

7. Geisenheim 26

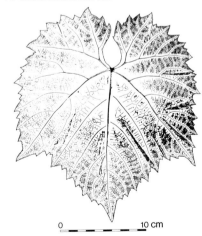

Kreuzung: Trollinger × Vitis riparia
Wuchs: stark, Triebspitze gelblichgrün. Blatt groß, trollingerartig; traubentragend
Kalkverträglichkeit: hoch
Reblausfestigkeit: nicht sicher, da Vitis-vinifera-Erbgut

geeignet: nur wenn keine kurzrüsselige Reblaus vorhanden, für zur Verrieselung neigende Sorten
ungeeignet: für trockene Standorte mit Reblausinfektion
Züchter: 116 a Geisenheim

8. Dr.-Decker-Rebe

Kreuzung: (Solonis × Riesling) 157 Geisenheim × Riesling
Züchter: 30 b Geilweilerhof

9. Sori

Kreuzung: Solonis × Riparia
Züchter: 116 a Geisenheim
(Die beiden letztgenannten Sorten werden nur vereinzelt angebaut und zur Zeit nicht gefragt.)

Die Rebenzüchter

29 Bürklin, Dr. Albert, 6706 Wachenheim
30 Bundesrepublik Deutschland, vertreten durch
   b) Bundesforschungsanstalt für Rebenzüchtung, 6741 Geilweilerhof, Post Siebeldingen
71 Guttenberg, Georg Enoch Freiherr von und zu, Postfach 86, 6705 Deidesheim
76 Hauser, Arno, 7801 Bickensohl
82 Heinz, Otto, und Henrici, Armin, Neugasse 4, 6501 Hahnheim
92 Husfeld, Johanna, Edelsheimer Straße 42, 6732 Edenkoben
93 Jäger, Hermann, Rheinstraße 17, 6531 Ockenheim
101 Kiefer, Heinz, Westhofner Weg 1, 6509 Monzernheim
102 Kimmig, Franz, Spring 91 a, 7591 Tiergarten
114 Land Baden-Württemberg, vertreten durch
   a) Staatliche Lehr- und Versuchsanstalt für Wein- und Obstbau, Postfach 1309, 7102 Weinsberg
   b) Staatliche Rebenveredlungsanstalt, Drosselstraße 19, 7500 Karlsruhe-Durlach
   c) Staatliches Weinbau-Institut, Merzhauser Straße 119, 7800 Freiburg/Breisgau
115 Land Bayern, vertreten durch
   b) Bayerische Landesanstalt für Wein-, Obst- und Gartenbau, Institut für Züchtungsforschung, Postfach 296, 8700 Würzburg 1
116 Land Hessen, vertreten durch
   a) Forschungsanstalt für Weinbau, Gartenbau, Getränketechnologie und Landespflege, Institut für Rebenzüchtung und Rebenveredlung, Postfach 1180, 6222 Geisenheim
   b) Verwaltung der Staatsweingüter im Rheingau, Schwalbacher Straße 56–62, 6228 Eltville
117 Land Rheinland-Pfalz, vertreten durch
   a) Landesanstalt für Rebenzüchtung, Dautenheimer Landstraße 18, 6508 Alzey
   b) Landes-Lehr- und Versuchsanstalt für Wein- und Gartenbau, Postfach 67, 6504 Oppenheim
   c) Landes-Lehr- und Versuchsanstalt für Weinbau, Gartenbau und Landwirtschaft, Rüdesheimer Straße 68, 6550 Bad Kreuznach
   d) Landes-Lehr- und Forschungsanstalt für Wein- und Gartenbau, Maximilianstraße 43–45, 6730 Neustadt
   e) Verwaltung der staatlichen Weinbaudomänen Niederhausen, Schloßböckelheim, 6551 Niederhausen
   f) Verwaltung der staatlichen Weinbaudomänen, Christophstraße 4–5, 5500 Trier
   g) Landes-Lehr- und Versuchsanstalt für Weinbau, Gartenbau und Landwirtschaft, Walporzheimer Straße 48, 5483 Bad Neuenahr-Ahrweiler
   h) Landes-Lehr- und Versuchsanstalt für Weinbau, Gartenbau und Landwirtschaft, Egbertstraße 18–19, 5500 Trier
118 Landkreis Bad Dürkheim, vertreten durch Weinbauversuchsanstalt Dirmstein, 6711 Dirmstein
119 Landkreis Bernkastel-Wittlich, vertreten durch Kreisrebenveredlungsanstalt, Postfach 69, 5550 Bernkastel-Kues
120 Landkreis Cochem-Zell, vertreten durch Lehr- und Versuchsweingut Sonneck, 5584 Neumerl
183 Ruf, Otto, Gaisbach 3, 7602 Oberkirch
188 Schätzel, Rudolf, Dipl.-Landwirt, 6524 Guntersblum
198 Schopferer, Karl, 7845 Buggingen
215 Stuber, Wilhelm, 7801 Oberrotweil
229 Waller IV, Wilhelm, Adelpfad 166, 6501 Bubenheim
231 Wasen, Julius, Gerhard und Jochen, Edelgasse 1, 6507 Ingelheim
236 Wiegert, Hermann, 7602 Wolfhag
241 Zeuner, Wilhelm, Neumorgen 4, 6550 Bad Kreuznach
242 Zimmer, Otto, Blaugasse 5, 6509 Eppelsheim
269 Weintz, Johann, Bahnhofstraße 11, 6509 Armsheim
282 Dreher, Werner, Ellengurt 17, 7841 Auggen (Baden)
297 Weis, Hermann, St. Urbanushof, 5559 Leiwen/Mosel
298 Frank, Reinhard, 7832 Kenzingen 2

Die Rebenpflanzguterzeuger

Der Verband Deutscher Rebenpflanzguterzeuger e. V. hat seine Geschäftsstelle in Oberflecken 14, 6223 Lorch/Rhein 2. Sein Vorsitzender ist Professor Dr. Helmut Becker, Geisenheim, Geschäftsführer ist Ewald Pohl, Lorch/Rhein. Mitglieder des Verbandes sind:

- Vereinigung Badischer Rebenveredler im Badischen Weinbauverband e. V., Merzhauser Straße 115, 7800 Freiburg, Vorsitzender: Otto Ruf, Gaisbach 3, 7602 Oberkirch
- Verband Fränkischer Rebenpflanzguterzeuger e. V., Max-Heim-Straße 30, 8700 Würzburg, Vorsitzender: Hermann Schmidt, 8711 Obernbreit
- Arbeitsgemeinschaft Hessischer Rebenveredler, Walluferstraße 19, 6228 Eltville, Vorsitzender: Ferdinand Staab, Schillerstraße 12, 6203 Hochheim/Main
- Arbeitsgemeinschaft der Rebenveredler von Mosel-Saar-Ruwer und Mittelrhein, Rebschulweg, 5550 Bernkastel-Kues, Vorsitzender: Eduard Wiemer, 5550 Bernkastel-Kues
- Verband der Rebenveredler der Nahe, Wilhelmstraße 7–11, 6550 Bad Kreuznach, Vorsitzender: Paul Häußling, Auf der Höhe, 5310 Laubenheim
- Verband der Rebenveredler Rheinhessen e. V., Rheinstraße 17, 6531 Ockenheim, Vorsitzender: Hermann Jäger, Rheinstraße 17, 6531 Ockenheim
- Verband der Rheinhessischen Vertragsveredler der WAK Mainz, Wonnegaustraße, 6521 Worms-Abenheim Vorsitzender: Georg Linder, Wonnegaustraße, 6521 Worms-Abenheim
- Verband der Rebenveredler der Rheinpfalz e. V., Finkenpfad VI/5, 6702 Bad Dürkheim, Vorsitzender: Kurt Darting, Triftweg 19, 6702 Bad Dürkheim
- Verband Pfälzischer Vertragsveredler der WAK Mainz, Hauptstraße 63, 6741 Heuchelheim, Vorsitzender: Fritz Grimm, Längelstraße 28, 6749 Schweigen
- Arbeitsgemeinschaft Württembergischer Rebenveredler, Mühltorstraße 80, 7128 Lauffen/Neckar, Vorsitzender: Walter Haidle, Kelterstr. 21, 7055 Stetten i. R.

Heinrich Zakosek

Gestein und Wein

Bodenentstehung

Böden sind die oberste Verwitterungsschicht der festen Erdrinde. An der Entstehung der Weinbergsböden sind Ausgangsgestein, Relief, Klima und der Mensch beteiligt.

Die Ausgangsgesteine beeinflussen die Entstehung der Böden und deren Eigenschaften durch Gefüge und Mineralbestand. So verwittern Sandsteine, Grauwacken und Quarzite zu leichten, steinigen, flachgründigen, basenarmen, sauren Böden; aus Tonmergeln hingegen entstehen schwere, basenreiche, alkalische Böden. Gründigkeit, Bodenart und -gefüge, Basengehalt und Reaktion, also die wichtigsten chemischen und physikalischen Eigenschaften, verdanken die Weinbergsböden in erster Linie ihrem Ausgangsgestein.

Die genetisch bedingte gute Bodenverträglichkeit der alten europäischen Kultursorten der Weinrebe (Vitis vinifera) hat es mit sich gebracht, daß altersmäßig, genetisch und petrologisch sehr unterschiedliche Gesteine am Aufbau der deutschen Weinbaugebiete beteiligt sind. Gesteine aus dem Erdaltertum (Paläozoikum), dem Erdmittelalter (Mesozoikum) und der Erdneuzeit (Neozoikum) sind vertreten. Es überwiegen zwar Sedimentgesteine (Sandsteine, Schiefer, Mergel, Kalke, Löße, Sande, Kiese, Lehme, Tone), doch haben auch durch vulkanische Vorgänge entstandene Magmatite (Granite, Porphyre, Melaphyre, Diabase, Basalte, Trachyttuffe) und durch Umwandlung (Metamorphose) im Untergrund erzeugte kristalline Gesteine oder Metamorphite (Phyllite, Gneise, Glimmerschiefer) eine bemerkenswerte Verbreitung.

In den nördlichen Weinbaugebieten (Ahr, Mittelrhein, Mosel) finden sich vor allem paläozoische Schiefer und Sandsteine des Rheinischen Schiefergebirges. Im Oberrheintalgraben und an den Hängen der angrenzenden Mittelgebirge Hunsrück, Taunus, Pfälzer Bergland, Nahe-Bergland, Odenwald und Schwarzwald erscheinen neben paläozoischen hauptsächlich meso- und neozoische Gesteine (Löße, Mergel, Kalke, Sandsteine). Sehr ähnlich aufgebaut sind auch die östlich vom Oberrheintalgraben gelegenen Weinbaugebiete Franken und Württemberg. Vorkommen vulkanischer Festgesteine, auf denen Weinbau betrieben wird, gibt es im Siebengebirge (Trachyte, Basalte), an der Nahe (Porphyre, Melaphyre), der Bergstraße (Porphyre, Granite), am Kaiserstuhl (Basalte), im Rheingau (Diabase), in der Rheinpfalz (Porphyre, Granite, Melaphyre), in der Ortenau (Granite), in Franken (Granite) und in Württemberg. Metamorphe Gesteine (Phyllite, Gneise) treten an mehreren Stellen, zum Beispiel in Baden und im Rheingau, hervor und werden ebenfalls weinbaulich genutzt. Am Bodensee schließlich stocken die Reben auf tertiärer Molasse und eiszeitlichen Moränen.

Das Relief wirkt sich hauptsächlich durch seine Exposition und Inklination auf das Kleinklima und die Erosion aus. Für den Weinbau werden überwiegend nach Süden orientierte Hanglagen genutzt. Durch ihre »Lage« sind die meisten Weinberge im Strahlungs- und Wärmegenuß zwar begünstigt, in bezug auf die Durchfeuchtung aber benachteiligt. Das hat zur Folge, daß Weinbergsböden nicht so stark verwittert sind wie die benachbarten Acker- und Waldböden. Der Rebe stehen dadurch mehr unmittelbar aus den Gesteinen stammende Nährstof-

Das aufgegrabene Bodenprofil zeigt die über 1,5 m tiefe Durchwurzelung von Rieslingreben im Schiefer-Verwitterungsboden und gibt wertvolle Anhaltspunkte für Bearbeitungs- und Düngemaßnahmen.

Gestein und Wein

fe zur Verfügung als den übrigen Kulturpflanzen. Andererseits wird die Erosion durch die mangelhafte Bodenbedeckung, durch die fast allerorts übliche Zeilung in Gefällerichtung und durch die Exposition gefördert. Kuppen- und Hanglagen in Weinbaugebieten sind daher meist abgetragen. Das abgeschwemmte Boden- und Gesteinsmaterial lagerte sich, soweit es nicht in die Gewässer gelangte, in Hangzwischenstücken und in Unterhängen ab. Die Erosion hemmt also ebenfalls die Bodenentwicklung, in Hanglagen durch Abtrag und in Ablagerungsgebieten durch Auftrag. Auch durch diese Umlagerungsvorgänge wird der Wurzelbereich der Reben mit frischem Gesteinsmaterial angereichert.

Weinbergslagen befinden sich nur in klimatisch bevorzugten Anbaugebieten. In Deutschland liegen diese fast überall tiefer als 450 m über NN. Der Weinbau beschränkt sich auf die wärmsten und trockensten Lagen, so daß auch die großklimatischen Gegebenheiten die Verwitterung hemmen. Für das Wachstum ungünstige Bodentypen, wie Podsole, Pseudogleye und Grundwasserböden, treten nur selten und kleinflächig auf. Ranker, Rendzinen und Pararendzinen, Tschernoseme, Pelosole und die ökologisch außerordentlich günstigen Braunerden und Parabraunerden bilden die Bodengesellschaft in den Weinbaugebieten Mitteleuropas.

Der Mensch hat die Weinbergsböden durch Rigolen (Roden), durch Aufbringen von Gesteins-, Boden- und Fremdmaterial, zum Teil auch durch Terrassierungen verändert.

Fast alle Weinberge werden vor der Neuanlage rigolt. Vor der Umstellung des europäischen Weinbaues auf reblausresistente Unterlagensorten waren Neuanlagen etwa alle 30 bis 80 Jahre nötig; selten wurde länger als 100 Jahre geerntet. Seit der Umstellung von 1850 bis zur Gegenwart sind alle 20 bis 40 Jahre Neuanlagen notwendig geworden. Da der größte Teil der Rebflächen aus dem Mittelalter stammt, kann man für die meisten Weinberge annehmen, daß sie mindestens zehn- bis fünfzehnmal, früher etwa 60 bis 100 cm, in jüngerer Zeit jeweils 40 bis 80 cm tief rigolt worden sind. Dadurch sind die Weinbergsböden tiefgelockert und homogenisiert. Da sie außerdem überwiegend aus wenig entwickelten Böden hervorgegangen sind, wurde beim Rigolen viel frisches Gesteinsmaterial erfaßt und dem Rigol-Horizont beigemischt.

Hinzu kommen noch sehr häufig die aufgebrachten Einmengungen. Besonders vor der »Kunstdüngerzeit« waren Überschieferung, Übermergelung, Lößbedeckung und ähnliches üblich. Dabei wurden zum Teil wiederholt Mengen von mehr als 1000 t/ha aufgebracht. Aber auch heute werden noch Boden und Gesteinsmaterial in die Weinberge gefahren, daneben oft große Mengen Kohlenschlacken, Trester, Schlamm, Müllkompost und anderes. Alle diese Maßnahmen wirken der Erosion entgegen.

Die Terrassen in den Weinbergen, die die Bewirtschaftung erleichtern und den Boden vor Abtrag schützen sollen, haben bei ihrer Anlage, besonders in stark geneigten Lagen, große Erdbewegungen erfordert. Die Mauern mußten im festen Untergrund verankert werden. Das dabei gewonnene Material wurde zum Auffüllen der Weinberge verwandt. In den engterrassierten Steillagen gibt es daher Böden, die zu mehr als 50% aus Gesteinsmaterial bestehen, das bei der Anlage gewonnen wurde. Auch auf diesem Wege gelangte viel frisches Gesteinsmaterial in die Weinberge.

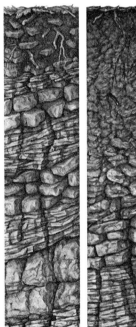

Bodengruppe I: sehr trocken. Ranker aus devonischen Grauwacken und Schiefern (Ahr, Mosel, Rhein).

Bodengruppe II: trocken bis frisch. Braunerde aus devonischen Grauwacken und Schiefern (Ahr, Mosel, Rhein).

Bodengruppe III: frisch. Parabraunerde aus Löß (in fast allen deutschen Weinbaugebieten).

Bodengruppe IV: staunaß. Pseudogley aus Löß (kleinflächig Rheingau, Rheinhessen, Pfalz, Baden, Württemberg, Franken).

Bodengruppe V: sehr trocken. Rendzina aus Kalkstein (Rheinhessen, Pfalz, Baden, Württemberg, Franken).

Bodengruppe VI: trocken bis frisch. Pararendzina aus Löß (in fast allen deutschen Weinbaugebieten).

Bodengruppe VII: frisch. Auenböden aus Flutlehm (kleinflächig in fast allen deutschen Weinbaugebieten).

Bodengruppe VIII: feucht bis staunaß. Pelosol aus Tonmergeln (Nahe, Rheinhessen, Rheingau, Pfalz, Württemberg, Franken).

Bodenart und Bodengefüge

Bei der Bodenkartierung der hessischen Weinbaugebiete wurden über 500 verschiedene Bodeneinheiten ermittelt. Davon entfallen 236 auf den Rheingau, etwa 50 auf den Untermain und 233 auf die Bergstraße. Die Gesamtzahl der Böden in deutschen Weinbaugebieten läßt sich nur grob schätzen, sie dürfte bei weit über 1000 liegen. Nach weinbauökologischen Gesichtspunkten kann man die Böden der deutschen Weinbaugebiete nach nebenstehender Tabelle ordnen.

Die wichtigsten chemischen Erscheinungen der Weinbergsböden sind ihr Nährstoffhaushalt und die Reaktion. Nährstoffarme und saure Böden sind durch die intensive Düngung im deutschen Weinbau praktisch verschwunden. Keinen bemerkenswerten Einfluß hingegen hat die Düngung auf den natürlichen Kalkgehalt der Böden, der vor allem bei der Unterlagenauswahl beachtet werden muß und der daher einen wichtigen Gesichtspunkt bei der Klassifizierung der Weinbergsböden darstellt.

Die Weinbergsböden werden stark vom Ausgangsgestein bestimmt, weil durch die Erosion, das Groß- und Kleinklima und durch die menschliche Tätigkeit die verwitterungsbedingte Bodenentwicklung gehemmt ist. Pflanzenwurzeln können aus gemahlenen oder grobgemörserten Gesteinen Mineralstoffe aufnehmen. Das tiefreichende Wurzelsystem des Weinstockes entnimmt aus den mineralreichen Weinbergsböden große Mengen Makro- und Mikronährstoffe. Auf diesem Wege bestimmt das Gestein unmittelbar Faktoren des Wachstums sowie Menge und Güte des Weines.

Bodenarten sind ein Gemisch von Gesteinsbruchstücken und Mineralkörnern, die durch Verwitterung oder mechanische Gesteinszerstörung entstanden sind. Die gröberen Bestandteile (Durchmesser größer als 2 mm) nennt man Bodenskelett (Kies, Stein, Grus), den Rest Feinerde (Durchmesser kleiner als 2 mm). Die Bestandteile der Feinerde sind Sand (Durchmesser 2 bis 0,06 mm), Schluff (Durchmesser 0,06 bis 0,002 mm) und Ton (Durchmesser kleiner als 0,002 mm). Je nach Gemengeanteil dieser Bodenartenfraktionen gibt es Skelett-, Sand- oder Tonböden. Bei Lehmböden sind alle drei Feinerdefraktionen mit ziemlich gleichen Gemengeanteilen an der Mischung beteiligt. Zwischen den genannten Bodenarten gibt es zahlreiche Übergänge. Die Bodenart ist neben dem Bodengefüge für die physikalischen Eigenschaften eines Bodens von großer Bedeutung. Sie ist aber im Gegensatz zum Gefüge unveränderlich. Der Rebstock gedeiht am besten auf lehmigen Bodenarten.

Bodengefüge oder Bodenstruktur ist die Art und Form der Lagerung der Bodenbestandteile. Neben der Bodenart ist das Gefüge maßgebend für die Menge und Größe der Bodenporen. Für Reben ist ein Gesamtporenvolumen zwischen 45 bis 50%, bestehend aus allen Porengrößen, optimal. Die gröberen Poren (Durchmesser 10 bis 50 µ und größer) führen das Sickerwasser ab und durchlüften den Boden, die mittleren (Durchmesser 0,2 bis 10 µ) speichern das pflanzenverfügbare Wasser. Überwiegen Großporen, so ist der Boden trocken, bei zu vielen Feinporen (Durchmesser kleiner als 0,2 µ) ist er naß und kalt. Hauptziel der Bodenverbesserung und -pflege im Weinbau ist die optimale Gestaltung des Bodengefüges, weil es für die physikalischen Eigenschaften eines Bodens, nämlich den Wasser-, Wärme- und Lufthaushalt, von entscheidender Bedeutung ist.

Bodenwasser

Das aus den Niederschlägen stammende Bodenwasser ist Haft-, Sicker- oder

Die Böden der deutschen Weinbaugebiete

Bodengruppe	allgemeine Charakterisierung	ökologischer Feuchtegrad	Gesteine
I	kalkfrei, flachgründig, skelettreich oder sandig-kiesig	trocken bis wechseltrocken	Kiese, Sandsteine, Schiefer, Magmatite, Metamorphite
II	kalkfrei, mittel- bis tiefgründig, lehmig-skelettreich oder sandig	mäßig trocken bis frisch	Sandsteine, Schiefer, Magmatite, Metamorphite, Sande
III	kalkfrei, tiefgründig, lehmig	frisch	Lehme
IV	kalkfrei, lehmig-tonig	mäßig feucht bis feucht und wechselfeucht	Lehme, Tone
V	kalkhaltig, flachgründig, skelettreich oder sandig-kiesig	trocken bis wechseltrocken	Karbonatgesteine
VI	kalkhaltig, mittel- bis tiefgründig, lehmig-skelettreich oder sandig-lehmig	mäßig trocken bis frisch	Karbonatgesteine, Löße
VII	kalkhaltig, tiefgründig, lehmig	frisch	Löße, Lehme
VIII	kalkhaltig, lehmig-tonig	mäßig feucht bis feucht und wechselfeucht	Mergel, Tone, Lehme

Schloß Vollrads im Rheingau. Auf seinen tiefgründigen Böden mit ausgeglichenem Wasserhaushalt gedeihen Weine mit feiner, rassiger Säure. (Siehe Standortkarte Seite 61.)

Gestein und Wein

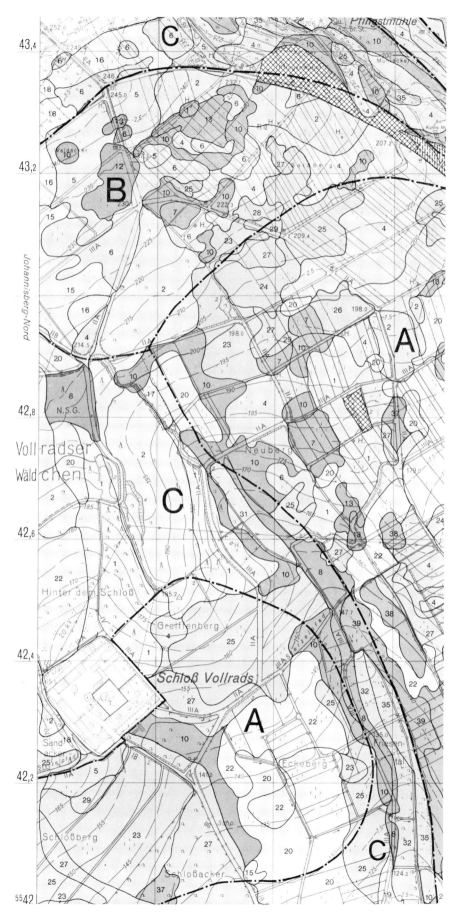

Grundwasser. Haftwasser wird vom Boden wie von einem Schwamm gegen die Schwerkraft festgehalten. Sickerwasser fließt in großen Poren der Schwerkraft folgend ziemlich schnell nach unten und entzieht sich so größtenteils dem Zugriff durch die Pflanze. Es verwandelt sich in Grundwasser, wenn es im Untergrund auf eine undurchlässige Schicht trifft, auf der es sich ansammelt. Grundwasser, das während der Sommermonate mehr oder weniger austrocknet, nennt man Staunässe oder Stauwasser.

Die maximale Haftwassermenge, die der Boden gegen die Schwerkraft festhalten kann, nennt man Feldkapazität. Sie ist größtenteils pflanzenverfügbar (nutzbare Feldkapazität). Der nicht verfügbare Anteil wird totes Wasser genannt. Ist die nutzbare Feldkapazität verbraucht, fangen die Pflanzen an zu welken (Welkepunkt). Dauert dieses Stadium länger an, treten ertragsmindernde Dürreschäden auf. Die Speicherleistung (Feldkapazität) wird hauptsächlich von der Bodenart und dem Bodengefüge bestimmt; sie liegt bei 100 (Sand), 300 (Lehm) und 400 mm (Ton) pro Meter Bodensäule. Der Anteil an totem Wasser ist bei Sand am kleinsten und bei Ton am größten, die nutzbare Feldkapazität ist auf lehmig-schluffigen Böden mit Krümelgefüge am höchsten. Auf diesen Böden (Bodengruppen III und VII) hat auch die Rebe im Durchschnitt der Jahre optimale Wasserverhältnisse. In Naßjahren sind daneben noch leichtere (Bodengruppen II und VI), in Trockenjahren hingegen schwere Böden (Bodengruppen IV und VIII) günstig. Staunasse Böden und Grundwasserböden mit hohem Grundwasser (Bodengruppen IV und VIII) sind ohne Melioration für den Weinbau nicht geeignet. Sie spielen im deutschen Weinbau auch nur eine untergeordnete Rolle.

Wie stark das Wasseraufnahmevermögen der Rebenwurzeln ist, konnte man im heißen, trockenen Sommer 1976 beobachten. Während den Weinbergen benachbarte Kartoffel- und Rübenschläge welkten, waren die Rebenblätter noch straff und grün.

Standortkarte:
Auf dem nebenstehenden Ausschnitt der Standortkarte sind Wuchsräume mit langer (A) und kurzer Vegetationszeit (B) sowie weinbaulich nicht geeignete Standorte (C) verzeichnet. A ist ein typischer Riesling- und B ein Müller-Thurgau-Standort. Die Bodengruppen sind durch verschiedene Raster voneinander abgesetzt. So kann man Ausgangsgestein, Bodenart, Kalkgehalt und Wasserhaushalt, Meliorationsweise, vor allem aber auch Unterlagen- und Anbauempfehlungen für jede Parzelle aus der Karte entnehmen.
Maßstab 1 : 5000

Die Rebe und ihre Umwelt

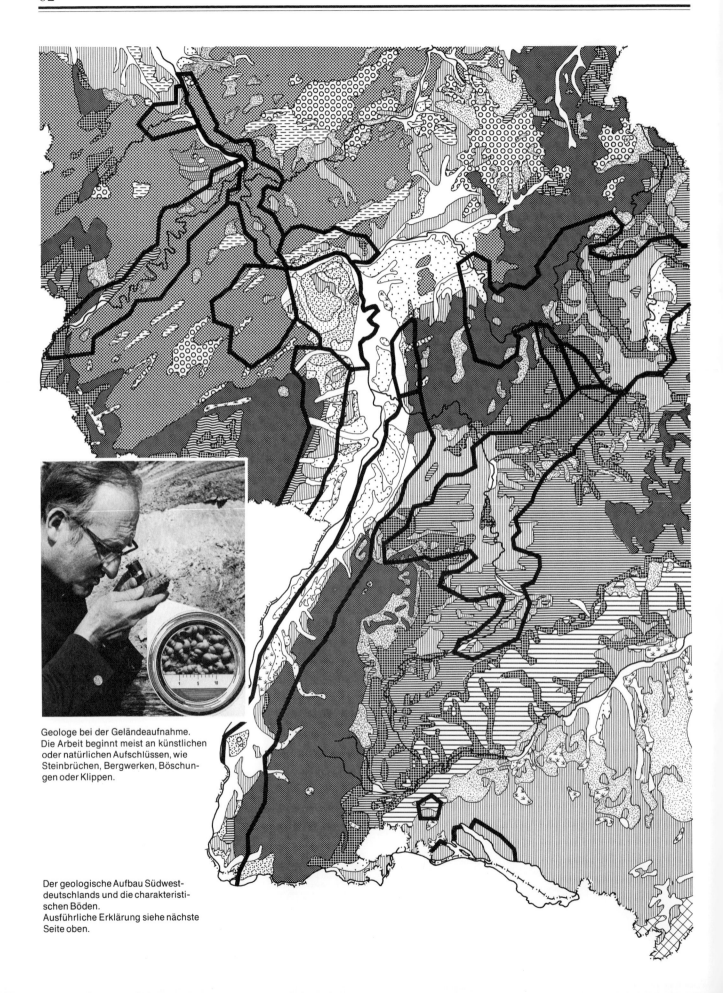

Geologe bei der Geländeaufnahme.
Die Arbeit beginnt meist an künstlichen oder natürlichen Aufschlüssen, wie Steinbrüchen, Bergwerken, Böschungen oder Klippen.

Der geologische Aufbau Südwestdeutschlands und die charakteristischen Böden.
Ausführliche Erklärung siehe nächste Seite oben.

Gestein und Wein

Gestein und Erdzeitalter	Vorherrschende Bodengruppen							
	I	II	III	IV	V	VI	VII	VIII
Gesteine unterschiedlichen Alters								
Vulkanische Festgesteine, Gehängelehm aus Löß und Basalt	•	•				•		
Vorwiegend tief verwitterte Gesteine, oft mit Decken äolischen Materials				•				
Gesteine des Erdaltertums und Erdmittelalters								
Basenarme paläozoische Gesteine	•	•		(•)				
Sandsteine und Konglomerate des Buntsandstein, eingeschlossenes Kristallin, Keuper-Sandstein	•	•						
Kalkhaltige und tonhaltige Sand- und Schuttgesteine des Buntsandstein und Rotliegenden	•	•		(•)				
Mergelige Gesteine des Jura und der Trias				•		•	•	•
Carbonatgesteine des Jura				•	•	(•)	(•)	
Mesozoische und paläozoische Carbonatgesteine						•	•	
Gesteine der Kalkalpen (z. T. Alttertiär)								
Ablagerungen der Erdneuzeit (Quartär und Tertiär)								
Carbonatgesteine				(•)	•	•		
Trachyttuff				•				
Löß, Altmoräne	(•)	•	•					
Würm-Löß, Jungmoräne, Kalkschotter, Mergelgesteine	(•)	•	(•)		(•)	•		
Würm-Löß							•	
Moor								
Flugsand, Talsand, Schotter		•						
Auenlehm					•	•		• •

Bodenwärme und Bodenatmung

Die Bodenwärme oder Bodentemperatur hat für die unterirdischen Teile der Rebe die gleiche Bedeutung wie die Lufttemperatur für die oberirdischen Teile. Je näher und je länger die Bodenwärme während der Vegetationszeit an das Temperatur-Optimum von 25 bis 28° C herankommt, desto günstiger ist dies für die Rebe. Neben den für die Ernährung der Pflanze lebenswichtigen mikrobiellen und chemischen Umsetzungen steuert die Bodenwärme auch entscheidend den Wachstumsbeginn und -verlauf der Rebe. Die optimalen Temperaturen werden im Hauptwurzelungsbereich der Rebe, der durchschnittlich 10 bis 40 cm unter der Oberfläche liegt, in deutschen Weinbergen praktisch nie erreicht. Am nächsten kommen dem Optimum noch dunkle, skelettreiche oder gare, gut durchlüftete, tiefgründige Böden, die hauptsächlich aus Sandsteinen, Quarziten, Grauwakken, vor allem aber aus dunklen Magmatiten (wie Basalt), Schiefern und Löß entstanden sind (Bodengruppen II, III, VI, VII). Sie haben eine verhältnismäßig geringe spezifische Wärme und eine hohe Erwärmbarkeit und werden darum auch »warme Böden« genannt. Fast die umgekehrten Wärmeverhältnisse liegen in hellen, tonigen, dichten und schlecht durchlüfteten Böden vor (Bodengruppen IV, VIII), die man »kalte Böden« nennt.
Denn die Sonnenstrahlung ist zwar die Hauptquelle der Bodenwärme, beeinflußt wird letztere aber ganz entscheidend durch bodenspezifische Eigenschaften.

Mit Spezialgeräten werden die Daten über die Bodenbeschaffenheit zusammengetragen, aus denen dann die geologische Karte entsteht.

So haben dunkle Böden eine kleinere Albedo (reflektierten Strahlungsanteil) und sind daher bei sonst gleichen Eigenschaften bis etwa 20 cm Tiefe durchschnittlich 0,5 bis 3° C wärmer als helle Böden.

Der Boden schafft durch sein Wärmespeichervermögen einen wichtigen Ausgleich zwischen Tag und Nacht. Würde die Bodentemperatur die Schwankungen der Lufttemperatur mitmachen, dann wäre in unseren Breiten kein Weinbau möglich. So aber hat der tägliche Wärmegang an der Bodenfläche – unmittelbar von der Luft beeinflußt – zwischen 13 und 14 Uhr sein Maximum, in 30 cm Tiefe um 22 Uhr und in 60 cm Tiefe schließlich erst um 6 Uhr morgens. Auch im Herbst, wenn die Nächte bereits empfindlich abkühlen, profitiert die Rebe vom Wärmespeicher Boden. Der Winzer kann durch Meliorationen (Entwässerung, Aufbringen von Gesteins- und Bodenmaterial, »Schiefern«) und durch Bodenpflege den Wärmehaushalt eines Bodens verbessern. Auch Bodenbedeckung mit Stroh oder Kompost mindert die Ein- und Ausstrahlung und kann die schädlichen Auswirkungen der Nachtfröste verhindern.
Die Bodenluft befindet sich in den Bodenporen und ist für das Wachstum der Reben lebenswichtig, weil ohne Wurzelatmung (Sauerstoffaufnahme) keine Wasser- und Nährstoffaufnahme erfolgt. Auf den Sauerstoff der Bodenluft sind auch die luftliebenden Mikroorganismen (Aerobier) angewiesen, die den Abbau der abgestorbenen organischen Substanz und die Nährstoffbereitstellung besorgen. Die Menge und die Zusammensetzung der Bodenluft werden – wie die Bodenatmung – hauptsächlich von der Bodenart und dem Bodengefüge beeinflußt. Das Luftbedürfnis der Pflanzen ist unterschiedlich. Die Rebe ist besonders lufthungrig und gedeiht am besten bei Luftkapazitäten (Gesamtporenvolumen eines Bodens minus Feldkapazität) um 20 %. Schwere und verdichtete Böden (Bodengruppen IV und VIII) erreichen diese Werte nicht und sind darum ohne Meliorationen keine geeigneten Rebstandorte. Optimal sind die Bodengruppen II, III, VI und VII. Doch läßt sich auch die Bodenbelüftung durch Meliorationsmaßnahmen verbessern.
Wichtig für das Gedeihen der Reben ist die Bodenatmung, das heißt der Austritt von Bodenkohlensäure und der Eintritt von Luftsauerstoff in den Boden. Die Bodenatmung erfolgt in erster Linie durch Diffusion, sie wird aber auch von atmosphärischen Einflüssen (Luftdruck, Temperatur, Niederschlag) gesteuert. Auch dieser Prozeß hängt entscheidend von der Bodenart und dem Bodengefüge ab.
Der Kohlensäuregehalt der Bodenluft ist im allgemeinen acht- bis zehnmal so hoch wie in der bodennahen Luftschicht (etwa

0,03 Volumenprozent). Diese Konzentrationen werden vertragen, wenn der Sauerstoffgehalt nicht wesentlich absinkt. In schlecht durchlüfteten Böden kann letzteres jedoch eintreten. Auch hier kann aber mit durchlüftenden Pflegemaßnahmen geholfen werden. Gestörte Bodenatmung ist bei den Bodengruppen IV und VIII häufig.

Boden und Unterlagen

Früher spielten bodenkundliche Überlegungen im europäischen Weinbau eine untergeordnete Rolle, weil einmal die Kenntnisse über Böden noch gering waren und zum anderen die europäischen Rebsorten eine umfassende Bodenverträglichkeit besitzen. Seitdem aber die um 1850 aus Amerika eingeschleppte Reblaus den Anbau der wurzelechten Europäerrebe unmöglich gemacht und den Pfropfrebenanbau erzwungen hat, stellt die Europäerrebe das Edelreis auf der reblausresistenten Kreuzung amerikanischer Arten als Unterlage.

Viele Unterlagen versagen jedoch, weil jede Unterlagensorte spezifische Bodenansprüche stellt. Die umfangreichen Mißerfolge, vor allem beim Wiederaufbau der Weinberge in Frankreich, legen hiervon Zeugnis ab. Vielerorts kann man heute noch beträchtliche Unterschiede in Wuchs und Behang feststellen, die durch den Boden bedingt sind. Auffällig sind beispielsweise die Chlorosenester (lokales Auftreten der Gelbsucht), die häufig durch örtlich hohe Kalkgehalte in Verbindung mit Verdichtungen im Boden verursacht werden und bei kalkempfindlichen Unterlagen zunächst zu großen Ertragseinbußen, dann nach und nach zu Fehlstellen führen. Ausfälle und Schwachwüchsigkeit können aber auch durch Staunässe, Trockenheit, Bodenverdichtungen und durch andere ungünstige Bodeneigenschaften hervorgerufen werden.

Das Versagen mancher Rebenunterlagen hängt mit der Herkunft der Elternsorten zusammen. So ist etwa die Vitis riparia auf den feuchten, fruchtbaren Hochflutlehmböden von Flüssen in Kanada und Texas beheimatet. Die Vitis rupestris hingegen ist vornehmlich auf skelettreichen, trockenen Böden in den wärme- und lichtreichen, baumlosen Prärien von Tennessee, Missouri und Texas anzutreffen. Die Berlandieri liebt noch wärmere Regionen und ist nur im Süden der USA, meist auf kalkhaltigen Böden, verbreitet. Die Solonis findet sich in feuchten Lagen in höheren Teilen von Arkansas.

Durch eine planmäßige Rebenzüchtung – hauptsächlich aus den genannten Wildformen – ist inzwischen ein großes Sortiment von Unterlagen entstanden. Die meisten der in Deutschland benutzten Unterlagen ergeben jedoch nur dann gleichmäßig hohe und qualitativ gute Erträge, wenn sie bodengemäß gepflanzt worden sind. So bevorzugt zum Beispiel die Unterlagensorte 1 Geisenheim, die eine reine Vitis-riparia-Selektion ist, frische, tiefgründige, kalkarme, lehmige, garebereite, nährstoffreiche Böden. Die Berlandieri x Riparia-Kreuzungen (5 C, 5 BB, SO 4 und andere) gedeihen auf kalkreichen Böden, auf denen andere Unterlagensorten versagen. Durch die (mit Adaptionsversuchen erreichbare) richtige Unterlagenauswahl kann bei sonst gleichen Aufwendungen eine bis zu 100% höhere Rente pro Hektar erzielt werden.

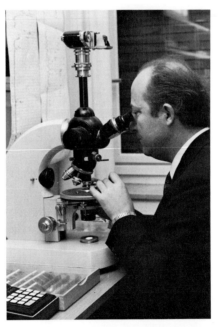

Auf die Geländeaufnahme folgt die mikroskopische, röntgenographische und chemische Untersuchung der Gesteinsproben im Labor.

Bodenkarten

Eine den Böden angepaßte Unterlagenauswahl ist nicht einfach, weil die Böden sehr verschiedene Eigenschaften haben, häufig auf engem Raum stark wechseln und ihre Unterschiede im Gelände oft nur schwer zu erkennen sind, weil durch Rigolen verwischt sind. Auf Bodenkarten werden daher sowohl die Art der Böden als auch ihre ökologisch wichtigen Eigenschaften (wie Gründigkeit, Kalkgehalt, Wasserhaushalt) großmaßstäblich dargestellt und erläutert.

Für Hessen wurde die Bodenkartierung zu einem ersten Standortatlas weiterentwickelt, der 1967 erschien und weltweites Interesse fand. In Bayern wurde die Bodenkartierung im fränkischen Weinbau abgeschlossen. Rheinland-Pfalz hat bereits große Weinbauflächen aufgenommen.

Bodenschutz und Bodenpflege

Die Weinbergsböden sind Einflüssen ausgesetzt, die im Ackerbau weniger wirksam werden. Die austrocknende Wirkung der Sonnenstrahlen und die Erosionsgefahr bei starken Regengüssen sind stärker als bei anderen Kulturarten. Bodenpflege und Erhaltung der Fruchtbarkeit sind daher von großer Bedeutung und Grundlage der Weinqualität. Humuszufuhr, Bodenbearbeitung und Unkrautbekämpfung werden in Verbindung mit der Mineraldüngung heute als harmonische Ganzheit gesehen, um das gesunde Wachstum der Reben und die Reife der Trauben zu sichern.

Boden und Weincharakter

Die Rebe reagiert sehr subtil auf Umwelteinflüsse. Ist die Pflanze durch den Boden zu beeinflussen, dann können auch die Weine vom Standort geprägt werden. Aber auch bei der Diskussion um den »Bodengeschmack« ist eine ganzheitliche Sicht vonnöten.

Veredelte Reben stehen mit der artfremden Wurzel der Unterlagen in den verschiedenen Böden. Bei der Pfropfrebe besitzen die unterirdischen Teile eine andere genetische Konstitution als die oberirdischen. Dadurch ist nicht allein die Unterlage bei dem Studium der standortgebundenen Faktoren zu betrachten, sondern auch das Edelreis. Beide beeinflussen sich gegenseitig, und zwar standortgebunden. Es ist beispielsweise nicht möglich, durch die Unterlage allein die Kalkchlorose zu überwinden. Eine Edelreissorte mit Kalkempfindlichkeit behält diese Eigenschaft, auch wenn die Unterlage die Standortschwierigkeit für sich allein zu überwinden vermag. Andererseits läßt sich das Edelreis im Rahmen der Reaktionsnorm der Edelreissorte durch die Unterlage beeinflussen. Der Weinbau muß diese innere, genetisch fixierte Beeinflussung von Unterlage und Edelreis und ihre äußeren Effekte so beachten, daß die höchstmögliche Leistung erzielt wird.

Auf das Edelreis wirkt in erster Linie das Kleinklima ein, von dem aber auch das Verhalten der Unterlage abhängig ist. Entscheidend wird die Unterlage vom Boden beeinflußt. Auch für das Edelreis spielt der Boden eine Rolle, obwohl es keinen direkten Kontakt zu ihm hat. Das läßt sich auch unmittelbar am Wein nachweisen. Weine wurzelechter Reben waren bei exakten Vergleichsversuchen von demselben Typ wie solche von veredelten Reben. Ist die Unterlage trockenresistent, dann wird der Wein der veredelten Rebe voller und nachhaltiger als der Wein von der auf eigener Wurzel stehenden Rebe. In feuchten Jahren nähern sich beide Weine in ihrer Zusammensetzung wieder sehr stark.

Es ist behauptet worden, wurzelechte Reben brächten bessere Weine hervor als veredelte. Diese Annahme ließ sich nicht halten. Gepfropfte Reben bringen gleichwertige, oft sogar bessere Weine hervor. Da die Unterlage dem Boden nicht nur Nährstoffe entnimmt, sondern auch den Wasserhaushalt des Edelreises regelt, kommt es in den Trauben je nach Bodenart zur Ausbildung spezifischer Stoffe. Der Weincharakter ganzer Gebiete wird somit vom Boden beziehungsweise Standort indirekt und direkt entscheidend beeinflußt. Natürlich ist beim Wein dann auch die Verschiedenheit der kellerwirtschaftlichen Behandlungsmethoden zu berücksichtigen. Rieslingweine von verschiedenen Böden im Rheingau beispielsweise zeigten im Versuch den Charakter ihrer Standorte: Weine von devonischen Schieferböden waren blumig, fruchtig und rassig, Weine von Lößböden erwiesen sich als breit und vollmundig, Weine von Böden aus Meeressanden und Rheinschottern waren leichter und eleganter.

Von der Meinung allerdings, eine gute Weinzunge schmecke »Schiefer« oder »Muschelkalk« aus dem Wein heraus, muß man sich trennen. »Da«, wie der Botaniker Seybold einmal drastisch bemerkte, »das Erdfressen bei uns nicht üblich ist, wird wohl niemand im Ernst ein Urteil darüber abgeben wollen, daß der eine Wein etwa nach ›Mergel‹ oder ein anderer nach ›Schiefer‹ schmecke.« Ausdrücke wie »erdig«, »Basalt-« oder »Lößgeschmack« darf man daher nicht wörtlich nehmen. In Wirklichkeit sind diese Substrate ziemlich geschmacksneutral und mit der Zunge wohl kaum zu unterscheiden. Der Boden beeinflußt, aber auf sehr komplizierten Umwegen, den Weincharakter.

Diese Erkenntnis ist vor allem in den Rieslinggebieten Bestandteil uralter Weinerfahrung. Die Weine von vorherrschend durchlässigen Verwitterungsböden des Schiefers und der Grauwacke aus dem Devon (Bodengruppen I und II) bringen leichte, feinblumige, würzige, elegante Weine, die sich in trockenen Jahren weniger vollmundig als in feuchten Jahren präsentieren. In den weniger skelettreichen, aber dafür tiefgründigen Böden (Bodengruppe III) des Tonschiefers erhalten wir kräftigere und zugleich elegante Weine. Auf den aus Lehmen und Tonen bestehenden Böden (Bodengruppe IV) wachsen Weine von nachhaltiger und kräftiger Art, welche sich nicht so rasch entwickeln. Bei der Sorte Riesling benötigen diese Weine einige Jahre, um ihre ganze Fülle und Harmonie zu präsentieren. Die Bodengruppe VIII mit ihrem nachhaltigen Kalk und ihrer Tiefgründigkeit bringt sehr füllige, breite Weine hervor, die gegenüber den Standorten mit kalkfreien, steinigen Böden weniger elegant sind.

Ganze Weinbaugebiete, wie Mosel-Saar-Ruwer und Mittelrhein, zeigen auf den durchlässigen Devonböden das Spiel des Rieslings in einer enormen Vielfalt. Demgegenüber sind die Weine der Obermosel von Standorten des Muschelkalks, Keupers und Buntsandsteins anders und etwas weniger elegant. Bei fränkischem Wein spricht man gern von »erdigem« Wein. In der Tat finden sich von Muschelkalk und Keuper in Franken Weine, die einen besonderen Charakter aufweisen, wobei es sich um den Einfluß bindiger, kräftiger Böden handelt, der sich besonders bei Silvaner und Müller-Thurgau zeigt. Vielleicht wurde von diesen Weinen her der Begriff »Bodengeschmack« abgeleitet. Der Einfluß des Bodens aber läßt sich bei allen Rebsorten und in allen Weinbaugebieten deutlich erkennen.

Günther Horney

Wetter und Klima

Das Großklima

Die deutschen Weinbaugebiete liegen im nördlichsten Bereich der Rebenkultur. Die Rebe gedeiht bei uns nur in klimatisch bevorzugten Lagen.

Seitdem aus vielen Orten langjährige Mittelwerte der einzelnen Klimafaktoren zur Verfügung stehen, hat es nicht an Versuchen gefehlt, die Weinbauwürdigkeit eines Gebietes anhand dieser Werte abzugrenzen. Die Ergebnisse dieser Versuche waren jedoch problematisch, weil die gefundenen Klimakriterien entweder nicht für alle deutschen Weinbaugebiete zutrafen oder weil sie generell überall erfüllt waren. So wurde beispielsweise gefordert, das langjährige Temperaturmittel des kältesten Monats müsse über dem Gefrierpunkt liegen. Diese Bedingung ist aber nicht einmal in Franken erfüllt. Ferner sollte das Mittel des wärmsten Monats über $+18°$ C liegen. Für die Mosel und die westlich von ihr liegenden Weinbaugebiete trifft dies nicht zu. Schließlich sollten im Mittel 1300 Stunden Sonnenschein im Jahr vorhanden sein. Diese Forderung ist – abgesehen vom Grund enger Täler – praktisch für ganz Mitteleuropa erfüllt. Das Sieb der Großklimawerte ist viel zu grob, um für die Weinbaueignung sinnvoll angewandt werden zu können. Es sind strengere Maßstäbe anzulegen.

Pflanzenphysiologische Klimaanforderungen

Heute werden andere Kriterien zur Bewertung der Weinbaueignung einer Parzelle benutzt. Das Weinwirtschaftsgesetz bestimmt, daß Reben nur auf solchen Standorten angebaut werden dürfen, auf denen bestimmte Leitsorten im Mittel von 10 Jahren gesetzlich festgelegte Mindestmostgewichte erwarten lassen. Inzwischen wird angestrebt, bei einer Novellierung des Gesetzes aus modernen ökologischen Überlegungen abgeleitete Kriterien der Weinbauwürdigkeit von Standorten einzuführen. Aus physiologischen Untersuchungen sind die optimalen Ansprüche der Reben an Temperatur, Licht und Wasser (Luftfeuchte und Bodenwasser) ziemlich gut bekannt. So liegt das optimale Temperaturniveau bei 25 bis 28° C. Die Assimilation der Reben benötigt bei sonst optimalen Bedingungen eine Lichtmenge von 20 000 Lux, um ihren höchsten Wirkungsgrad zu erreichen. Diese Lichtmenge ist in der Regel auch bei leichter Bewölkung vorhanden. Optimale Temperaturen werden in den deutschen Weinbaugebieten nur während einer kurzen Zeitspanne der Vegetationsperiode erreicht, während Licht fast immer in ausreichender Menge zur Verfügung steht. Da sich nun aber die Temperaturwirkungen über die Vegetationsperiode summieren, können auch kleine Unterschiede über längere Zeit erhebliche Wirkungen haben. Die Entwicklung der Reben ist im Frühjahr zwischen Austrieb und Blüte fast allein von der Temperatur abhängig. Erst im weiteren Verlauf der Vegetationsperiode gewinnen die anderen ökologischen Faktoren (Witterung, Boden, weinbauliche Maßnahmen) gegenüber der Temperatur an Gewicht.

Das Gelände- und Lokalklima

Es sind also jene Flächen für den Weinbau günstig, die die höchsten Temperaturen aufweisen. Dies sind vor allem die mehr oder weniger nach Süden exponierten Hanglagen, weil sie den größten Energiegewinn aus der direkten Sonneneinstrahlung erzielen. Am 50. nördlichen Breitengrad, der im Rheingau verläuft, erhält ein Südhang von 27 bis 28° Neigung während der Vegetationsperiode die größte Energiemenge (Licht- und Wärmeenergie) von der Sonne zugestrahlt. Dabei wird die Lichtenergie – der größere Anteil – vom Boden und den Pflanzen aufgenommen und in Wärme umgesetzt. Gäbe es keine Wolken, wären es in der Vegetationsperiode etwa 108 000 cal/cm². Wegen der Bewölkung und der teilweisen Absorption der Sonnenstrahlung in der Atmosphäre liegt der tatsächliche Wärmegewinn eines solchen Hanges bei etwa 57 000 cal/cm² und Vegetationsperiode. Für eine ebene Fläche in dieser geographischen Breite ergeben sich etwa 90 000 beziehungsweise 49 500 cal/cm² und Vegetationsperiode.

Durch die Gestaltung des Geländes wirken sich noch andere negative und positive Einflüsse aus. Windgeschützte Lagen haben ein höheres Temperaturniveau als windoffene, weil die Wärme vom Wind ausgeweht wird. In Tallagen, in denen sich in klaren Nächten die durch Ausstrahlung gebildete Kaltluft sammelt, wachsen die biologisch wirksamen Temperatursummen erheblich langsamer als in anderen Lagen. Hier entsteht neben einer Entwicklungsverzögerung ein begrenzender ökologischer Faktor mit der erhöhten Gefährdung durch Spätfröste im Frühjahr und Frühfröste im Herbst.

Die Weinbaueignung eines Geländes ergibt sich also aus dem Großklima und seiner Beeinflussung durch die örtlichen Verhältnisse, insbesondere durch die Geländegestaltung am Standort und in der Umgebung, sowie aus den physiologischen Ansprüchen der Rebe.

Das Bestandsklima

Seit alters werden die Reben im geschlossenen Bestand gepflanzt, weil bei uns nur in dieser Form die erwünschten guten Qualitäten zu erzielen sind. Der geschlossene Bestand wird unter dem Einfluß der Sonnenstrahlung wärmer als seine Umgebung und weist höhere Luftfeuchte als diese auf. Die Reben finden im geschlossenen Bestand die günstigsten Entwicklungsbedingungen. Wenn man heute aus betriebswirtschaftlicher Notwendigkeit die Zeilenbreite im Weinberg vergrößern möchte, muß man in Kauf nehmen, daß aus diesem aufgelockerten Bestand die Wärme vom Wind leichter ausgeblasen wird und damit die Existenzbedingungen für die Reben ungünstiger werden. Zwischen betriebswirtschaftlichen Notwendigkeiten, ökologischen Erfordernissen und dem Streben nach Qualität müssen Kompromisse geschlossen werden.

Standortkarte des Rheingaues mit Spätfrostgefährdung. Die Wahrscheinlichkeit für das Auftreten von Frühjahrsfrösten ist in den dunkel markierten Gebieten größer, in den hell markierten niedriger. Die Voraussetzungen für den Rebanbau sind in den dunklen Zonen ungünstig (Maßstab 1 : 50 000).

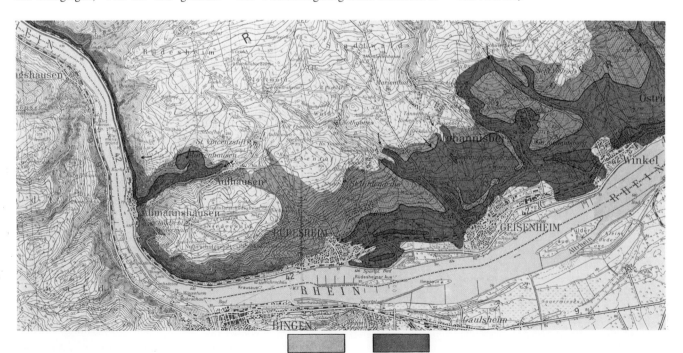

Frostgefährdung —4°C → Kaltluft-Einzugsgebiete   ungefährdet   schwach bis mäßig gefährdet

Das Klima der deutschen Weinbaugebiete

Von den klimatischen Faktoren hat die Wärme den größten Einfluß auf die Weinqualität. Einem optimalen Südhang in 50° nördlicher Breite, also im Rheingau, werden etwa 57 000 cal/cm² und Vegetationsperiode zugestrahlt. In Südbaden bei etwa 48° nördlicher Breite steigt der Wert bereits auf etwa 59 000 cal/cm². Zehnjährige Untersuchungen im Rheingau zeigen, daß die im Gesetz geforderte Mindestqualität im Mittel von 10 Jahren mit spätreifenden Qualitätssorten nur erreicht werden kann, wenn der Wärmegewinn aus der Sonnenstrahlung mindestens 48 000 cal/cm² und Vegetationsperiode beträgt. Frühreifende Sorten kommen mit geringerem Wärmegewinn aus. In den nördlichen Bereichen der deutschen Weinbaugebiete ist bei einer Neigung des Geländes von 1 bis 2° nach Nord und in den südlichen Teilen bei einer Nordneigung von 4 bis 5° die äußerste Grenze für die Weinbaueignung zu sehen. Dies gilt für windoffenes Gelände. In engen Flußtälern führen taleigene Luftströmungen (Talzirkulationen) zu einem gewissen Ausgleich zwischen den Lagen,

Ölfeuerung im Weinberg. Die Winzer haben sich zu dieser Notmaßnahme entschlossen, da die Eisheiligen vor der Tür stehen und seit Tagen anhaltende niedrige Nachttemperaturen gemessen wurden.

Auf dieser Standortkarte des Rheingaues ist die mögliche Strahlungsmenge eingezeichnet. Die höchste Sonneneinstrahlung erhalten die Südhänge am Rüdesheimer Berg oder am Schloß Johannisberg (dunkel markiert), die geringste die nach Norden offenen Täler (hell markiert). (Maßstab 1 : 50 000).

so daß hier die Lagen mit dem geringeren Wärmegewinn häufig von den günstigeren Standorten profitieren.

Zwischen den einzelnen deutschen Weinbaugebieten zeigen sich deutliche klimatische Unterschiede, die sich auf den Weinbau und auf die Eigenart der Weine auswirken. So liegt das Moselgebiet im stark maritim beeinflußten Klimabereich mit milden Wintern und kühlen Sommern; Franken dagegen ist stärker kontinental beeinflußt mit heißen Sommern und kalten Wintern. Das Rheintal liegt in einer Übergangszone zwischen diesen beiden Klimabereichen. Im Süden ist wegen des höheren Sonnenstandes und der damit verbundenen stärkeren Einstrahlung auch Weinbau in höheren Lagen möglich. Im Norden (Siebengebirge) liegt

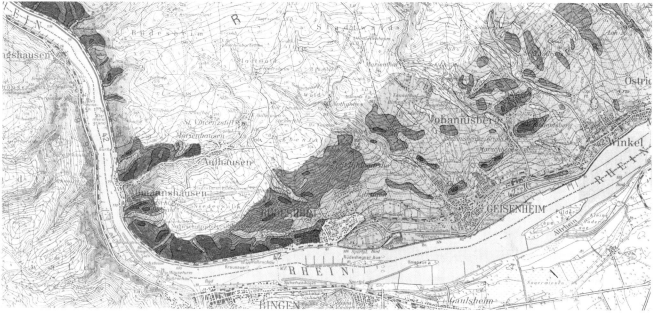

Mögliche Strahlungsmenge

Kcal cm² | 95 | 101 | 107

die Obergrenze bei etwa 150 m über NN, im Rheingau bei etwa 280 m NN, am Kaiserstuhl bei etwa 400 m NN und am Bodensee bei etwa 450 m über NN. Weil in der Atmosphäre die Temperatur im Mittel für je 100 m Höhenunterschied um 0,6° C abnimmt, ergibt sich auch hieraus eine Höhenbegrenzung der Weinbauwürdigkeit von Flächen. Die Qualitätserwartungen nehmen nach oben hin ab.

Kaltluft, die sich in Strahlungsnächten in den tiefsten Stellen des Geländes sammelt, führt zur Entwicklungshemmung der Reben und Erhöhung der Gefahr von Frostschäden. Von den deutschen Weinbaugebieten sind besonders die obere Mosel, Franken und die Oberrheinebene um den Kaiserstuhl kaltluft- und frostgefährdet. Man versucht, dieser Gefahr durch Heizen oder durch Frostschutzberegnung zu begegnen. In anderen Gebieten, zum Beispiel im Rheingau, sind nur ganz wenige Tallagen frostgefährdet. Der Aufwand für Heizung oder Frostschutzberegnung lohnt sich hier nicht.

Eisumhüllte Rebtriebe.

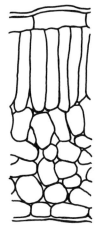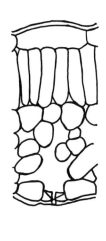

Links: Querschnitt durch ein Sonnenblatt von Vitis vinifera. Rechts: Querschnitt durch ein Schattenblatt.

Insbesondere in den Flußtälern und tiefsten Lagen der übrigen Gebiete bildet sich unter dem Einfluß der nächtlichen Ausstrahlung im Spätsommer und Herbst häufig Nebel, der bis zum späten Vormittag oder bis zum Mittag anhält. Dadurch erhalten alle Osthänge weniger Sonnenenergie als die nach Westen orientierten Hänge. Im Spätsommer und Herbst wird die Sonnenenergie zur Erwärmung der Weinberge dringend gebraucht. Es sind daher in den vom Nebel beeinflußten Tallagen Osthänge gegenüber Westhängen in der Weinqualität benachteiligt. Bei Lagen oberhalb des Talnebels verschwinden diese Unterschiede aber weitgehend.

Die Unterschiede zwischen den deutschen und den ausländischen Weinbaugebieten sind nicht nur durch andere Rebsorten und Techniken, sondern ganz besonders auch durch physiologische Vorgänge bestimmt. Die Atmung der Pflanzen ist eine Funktion der Temperatur. Je höher die Temperatur liegt, um so intensiver ist die Atmung. Bei der Atmung wird Sauerstoff verbraucht und Kohlensäure gebildet. Dabei werden die bei der Assimilation gebildeten Stoffe, wie Zucker, Stärke und Fruchtsäuren, umgesetzt. Mit zunehmender Temperatur und damit zunehmender Atmung werden zuerst die Säuren abgebaut, während Zucker und Stärke noch zunehmen können. Die Atmung ist ständig wirksam, während die Assimilation an das Licht gebunden ist.

Wetter und Klima

Tagsüber werden mehr Assimilate gebildet, als veratmet werden können. Diese Assimilate lagern sich als Reserven in Trauben und Rebholz ab. In unserem Klima bleibt wegen der kühlen Nächte und der damit geringeren Atmung in der Regel auch ein erheblicher Teil der Säuren erhalten. Unsere Weine sind daher durch ein harmonisches Gleichgewicht zwischen Fruchtsäuren (insbesondere Weinsäuren), Alkohol und unvergorenem Zucker ausgezeichnet. In Ländern mit wärmerem Klima werden die Säuren bereits veratmet, ehe sich genug Zucker in den Trauben gebildet hat. In südlichen Weinbaugebieten haben die reifen Trauben zwar sehr viel Zucker, aber außer Gerbstoff kaum noch Säure. Daher können dort keine Weine mit einem so harmonischen Zucker-Säure-Verhältnis erzeugt werden wie bei uns. Das deutsche Weinbauklima ist daher wie kein anderes geeignet, elegante Weine mit dezenter Würze und feiner Säure hervorzubringen.

Die Klimakartierung

Um deutschen Wein gegenüber den Weinen des Auslandes konkurrenzfähig zu erhalten, muß der deutsche Weinbau in erster Linie auf Qualität ausgerichtet sein. Aus diesem Grunde beschränkt ein Bundesrahmengesetz zusammen mit den entsprechenden Ausführungsverordnungen der weinbautreibenden Bundesländer den Anbau von Weinreben auf die Flächen, auf denen im Mittel von 10 Jahren eine bestimmte Leitrebsorte ein Mindestmostgewicht erreicht. Leitrebsorten und Mindestmostgewichte werden durch die Landes-Ausführungsverordnungen zum Weinwirtschaftsgesetz festgelegt.
Die Erfüllung der im Gesetz vorgeschriebenen Voraussetzungen für den Weinbau hängt in erster Linie von den lokalklimatischen Gegebenheiten der jeweiligen Fläche ab. Aus diesem Grund begann man 1956 mit der Klimakartierung der hessischen Weinbaugebiete (Rheingau und Hessische Bergstraße). Die Ergebnisse wurden zusammen mit einer Bodenkartierung 1967 veröffentlicht. Inzwischen ist eine ähnliche Kartierung in Franken abgeschlossen, in Rheinland-Pfalz im Gange, in Baden-Württemberg noch nicht begonnen worden.
Da nun diese Kartierung als Hilfsmittel zur Beurteilung der Weinbaueignung noch nicht überall vorliegt, wurde 1961 bis 1964 ein Schätzungsrahmen zur Beurteilung der klimatischen Weinbaueignung erarbeitet. In diesem Rahmen wird für einen zu bewertenden Standort aus Hangrichtung, Hangneigung, Horizontabschirmung, Höhe über NN, Höhe über dem Talgrund, Kaltlufteinfluß, mittlerer Bewölkung und Wohlfahrtswirkung naher Wasserflächen der Wärmehaushalt abgeschätzt. Dieser Schätzungsrahmen soll künftig durch ein neues Bewertungsverfahren ersetzt werden. Inzwischen kann aus vorliegenden Klimamittelwerten und anderen Kriterien mit Hilfe der modernen Datenverarbeitung für jede Parzelle der Wärmegewinn aus der direkten Sonneneinstrahlung als wesentlicher Faktor des Wärmehaushaltes berechnet werden. Die Sachverständigenausschüsse müssen aber vorerst noch immer die weiteren ökologischen Einflüsse, beispielsweise den Boden, und die lokalen Möglichkeiten der Weinbautechnik bei ihrer Entscheidung beachten.
1975 wurden im Rheingau zehn- beziehungsweise elfjährige Erhebungsuntersuchungen an 120 Testparzellen abgeschlossen, die eine klare Beziehung zwischen dem Wärmegewinn aus der Sonneneinstrahlung und dem erreichbaren mittleren Mostgewicht ergaben. Dabei wurden auch Einflüsse des Bodens, der Strahlungskaltluft, des Windes und der Weinbautechnik berücksichtigt, weil bei einer Standortbeurteilung stets alle diese Faktoren in Rechnung zu setzen sind.

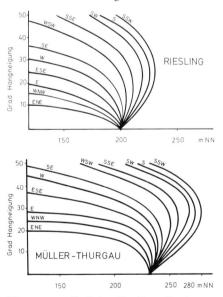

Höhengrenzen für die jeweilige Exposition in Abhängigkeit von der Hangrichtung für Riesling und Müller-Thurgau im Rheingau.

Neben der vom Gesetz geforderten Standortbeurteilung ergab sich schon bald der Wunsch nach einer Beratungskarte für den Winzer. In Hessen wurde 1972 das erste Blatt einer solchen Beratungskarte für Teile der Gemarkung Oestrich auf der Grundlage der Deutschen Grundkarte 1:5000 als Modell erarbeitet und veröffentlicht. Aus dieser Karte und ihrer sehr ausführlichen Legende lassen sich für jede Parzelle alle notwendigen Angaben über Klima, Boden, zweckmäßige Rebsorte und Pfropfunterlagen sowie über notwendige Maßnahmen zur Melioration und Weinbautechnik entnehmen. Die Fortführung dieser Pionierarbeit der Kartierung ist in Hessen eine Frage der verfügbaren Mittel. In den anderen weinbautreibenden Bundesländern wäre für eine solche Karte der Abschluß der Klima- und Bodenkartierung die unbedingt notwendige Voraussetzung.

Klima und Jahrgang

Bei der starken Klimaabhängigkeit des Weinbaues ist es verständlich, daß sich je nach Witterungsverlauf eine große Variationsbreite der Qualität nach den einzelnen Jahren ergibt. Die Variationsbreite der Weinqualität von Jahr zu Jahr ist sogar größer als die Variationsbreite der Qualität zwischen guten und schlechten Weinbergslagen im Einzeljahr. Diese Regel gilt allgemein für die nördlichen Weinbaugebiete. Je weiter man nach Süden kommt, um so länger wird die jährliche Vegetationsperiode und um so größer damit die Wahrscheinlichkeit, daß die Trauben zur Vollreife kommen. Die Differenzierung unter den Jahrgängen wird daher nach Süden zu immer geringer. In den weniger südlich gelegenen französischen Weinbaugebieten gibt es noch deutliche Unterschiede von Jahr zu Jahr. In Südspanien, Süditalien, Griechenland und vor allem in Nordafrika verschwinden die Jahrgangsunterschiede weitgehend.
Die Länge der Vegetationsperiode in Deutschland reicht in der Mehrzahl der Jahre aus, um die Trauben zur Reife zu bringen. In kühlen Jahren reicht sie nicht ganz, die Mostgewichte bleiben demzufolge niedrig. In warmen, sonnigen Jahren werden die Trauben vollreif.
Damit ein Spitzenjahrgang entsteht, müssen ganz bestimmte Bedingungen erfüllt sein. Die erste Forderung ist eine frühe Blüte der Reben, damit für die Traube bis zum Herbst eine möglichst lange Periode zur Verfügung steht. Dann müssen im Sommer ausreichende Niederschläge fallen, um Trockenschäden und damit Entwicklungshemmungen zu vermeiden. Schließlich ist noch ein warmer, sonniger Herbst notwendig, der den Reben Temperaturen zumindest in der Nähe der Optimalwerte bringt. Treffen alle drei

Aufbau einer Meßstation, die über die gesamte Vegetationsperiode die meteorologischen Größen Temperatur, Feuchtigkeit, Strahlung und Wind kontinuierlich erfaßt.

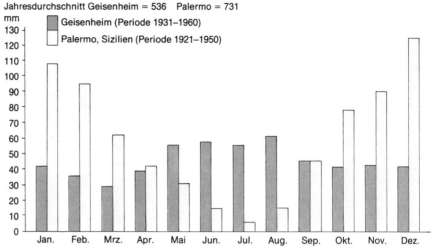

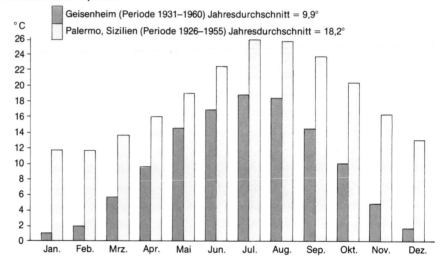

hauptsächlichen Bedingungen – frühe Blüte, ausreichende Wasserversorgung im Sommer, warmer sonniger Herbst – zusammen, sind die Voraussetzungen für einen Spitzenjahrgang gegeben. Die Erfüllung einer Bedingung allein oder auch von zweien reicht für einen Spitzenjahrgang nicht aus.

Etwa in der Hälfte aller Jahre ist eine mehr oder weniger frühe Blüte (das heißt vor dem mittleren Blühbeginn) zu erwarten. Trotzdem liegt die Weinqualität dieser Jahre durchaus nicht immer über dem Durchschnitt. Das beste Beispiel hierfür bildet das Jahr 1947. Es brachte die bisher wärmste und sonnenscheinreichste Vegetationsperiode dieses Jahrhunderts. Da aber der Sommer viel zu trocken war, ergab sich im Herbst eine Weinqualität, die nur wenig über dem Durchschnitt lag. 1975 ließ die späte Blüte zunächst keinen Spitzenjahrgang mehr erwarten. Auch der Sommer brachte nur mittlere Bedingungen. Der extrem günstige Herbst ließ die Weinqualitäten besonders bei spät reifenden Sorten aber doch noch weit über den Durchschnitt ansteigen. Wenn 1975 auch nicht zu den Spitzenjahren zu zählen ist, so muß es doch unter die sehr guten Weinjahre eingereiht werden.

Neben den genannten drei Bedingungen spielen selbstverständlich auch noch andere ökologische Faktoren eine Rolle. So wird in manchen Jahren (etwa 1945) die Menge-Güte-Relation bedeutsam (große Menge – geringe Qualität, geringe Menge – hohe Qualität). Wenn die Witterungsbedingungen für die Ausbreitung der Edelfäule in der Reifezeit günstig sind, können sehr viele Spitzenweine geerntet werden. So lag im Botrytisjahr 1967 der Anteil der Auslesen, Beeren- und Trockenbeerenauslesen über dem Durchschnitt, während der Jahrgang in der breiten Masse nur mittlere Qualität brachte. Sinken in der Lesezeit die Temperaturen unter $-7°$ C, beginnt in den reifen Trauben das Wasser zu gefrieren. Im Saft konzentrieren sich dann Zucker, Säure und alle anderen Inhaltsstoffe. Werden die gefrorenen Trauben gepreßt, bevor sie wieder auftauen, ist von der ersten Pressung ein Most mit der Qualität von Beeren- oder Trockenbeerenauslesen zu gewinnen. Diese Moste werden zu »Eiswein«, einer teuren Besonderheit unseres nördlichen Weinbaues. In letzter Zeit werden verschiedentlich reife Trauben unter Folien hängen gelassen, um eine Frostlage im Spätherbst zur Eisweinbereitung abzuwarten. Die Folien sollen die Trauben vor Nässe und Vogelfraß schützen. Allerdings sollte man die Trauben allenfalls nicht länger als bis Anfang Januar hängen lassen. Wenn der Frost ausbleibt, verderben sie in zu warmen Wintern schließlich.

Die Bedingungen für einen Spitzenjahrgang sind also nur in einigen wenigen Jahren erfüllt. Die deutschen Spitzenjahrgänge unseres Jahrhunderts sind 1911, 1920, 1921, 1937, 1945, 1949, 1953, 1959, 1971 und 1976. Vom Siebengebirge bis Südbaden und von der Saar bis Franken sind jedoch deutliche Unterschiede in der Wertung der einzelnen Spitzenjahre vorhanden. »Der« Jahrhundertwein läßt sich daher kaum mit einem bestimmten Jahr verbinden. Zudem kann man als Spitze sowohl den Jahrgang mit dem höchsten Durchschnittsmostgewicht aller Rebsorten und Weinbaugebiete beziehungsweise Weinbergslagen definieren als auch den Jahrgang mit dem höch-

Wetter und Klima

Winzer bei der Ernte des Eisweines. Nach plötzlichem Schneefall befinden sich die für die Spätlese vorgesehenen Trauben unter einer dicken Schneedecke.

sten Anteil an Spitzenweinen von der Auslese an aufwärts.

Zu den geringsten deutschen Jahrgängen zählen 1922, 1939, 1941, 1954, 1956, 1965 und 1968. Auch das »schlechteste Weinjahr« läßt sich ebensowenig allgemeingültig definieren wie das »beste«, zumal sich die Weine geringer Jahre oft nach längerer Lagerung recht ansprechend entwickeln.

»Kometenwein«

Die Versuche, das Schicksal von Mensch, Tier und Pflanze durch Einflüsse der Gestirne zu erklären, sind uralt. Dazu gehört auch der Glaube an Zusammenhänge zwischen Kometen und Weinqualität. 1811 erhielt dieser Glaube neue Nahrung, denn in diesem Jahr erschien ein heller Komet am Himmel, und gleichzeitig reifte ein hervorragender Wein. Ein solches Zusammentreffen erfolgte im vorigen Jahrhundert noch zweimal (1858 und 1861) und gab dem Aberglauben neue Nahrung, ungeachtet der Tatsache, daß in der Zwischenzeit helle Kometen mit sehr schlechten Weinjahren zusammengetroffen waren.

In der Erinnerung an 1811 und den – zufällig – ebenfalls hervorragenden Jahrgang 1911 wurde der letztere mit dem Auftauchen des hellen Halley'schen Kometen in Zusammenhang gebracht. Der Halley'sche Komet wurde aber bei seiner Annäherung an die Erde schon im Herbst 1909 von den Astronomen wiedergefunden. Er erreichte seine größte Erdnähe und Helligkeit im April 1910 und war 1911 schon längst wieder im Weltall verschwunden.

Was ein Kometenjahr sein soll, ist den Kometengläubigen selbst unklar. Alljährlich stellen die Astronomen zwischen 15 und 20 teils schon bekannte, teils neu entdeckte Kometen fest. Die hellsten Kometen werden (wie der Halley'sche) in der Regel mit dem Namen des Astronomen benannt, der ihre Bahn zuerst berechnet hat. Unter den vielen Kometen sind helle Kometen (das heißt solche, deren Helligkeit die der Venus, des hellsten Sternes, übertrifft) sehr selten. Das hängt weniger von ihrer Größe ab als vom Verlauf ihrer Bahn. Sie muß so verlaufen, daß das von dem (ja nicht selbst leuchtenden) Kometen reflektierte Sonnenlicht am Nachthimmel zu sehen ist. Wenn man aus den letzten 300 Jahren diejenigen mit hellen Kometen heraussucht und ihre Weinqualität betrachtet – hierzu standen die Veröffentlichungen von Bassermann-Jordan und die Statistik von Schloß Johannisberg im Rheingau zur Verfügung –, so finden sich (unter Einbeziehung des Halley'schen Kometen in den Jahren 1531 und 1607) insgesamt 19 Jahre mit hellen Kometen, in denen es dreimal (1811, 1858 und 1861) einen Spitzenwein und ebenfalls dreimal (1843, 1880 und 1882) besonders geringe Qualitäten gab. Werden die Jahrgänge benotet: Spitzenwein = 1, guter Jahrgang = 2, mittlerer Jahrgang = 3, geringer Jahrgang = 4 und sehr geringer Jahrgang = 5, und wird die mittlere Note für die 19 Jahre berechnet, dann ergibt sich exakt die Note 3,0. Das ist der Beweis, daß zwischen Kometen und Weinqualität keinerlei Zusammenhang besteht.

»Mondeinfluß« und »Hundertjähriger Kalender«

Immer wieder hört man, der Mond habe einen Einfluß auf das Wetter (und damit auf den Wein), wie er mit Ebbe und Flut einen Einfluß auf die Weltmeere zeige. Die Anziehungskraft des Mondes müsse auf die viel leichtere Lufthülle viel stärker wirken als auf die Weltmeere. Die Anziehungskraft ist jedoch dem Produkt der beteiligten Massen proportional. Da die Masse der Lufthülle gegenüber der Masse der Meere verschwindend klein ist, bleibt auch der Einfluß des Mondes auf die Lufthülle der Erde unbedeutend. Es gibt zwar eine Art Ebbe und Flut der Atmosphäre, die sich in Luftdruckschwankungen ausdrückt. Diese liegen aber an der untersten Grenze der Meßbarkeit durch die empfindlichsten Meßinstrumente. Sie haben auf die ganz unvergleichlich stärkeren Luftdruckschwankungen im Wettergeschehen und damit auf das Wetter nicht den geringsten Einfluß.

»Von warer erkantnus des wetters«.
Das Wetterbüchlein des Leonhard Reynmann, um 1520.

Abt Mauritius Knauer (1613–1664), der Vater des umstrittenen und durch vielfache Bearbeitungen verstümmelten »Hundertjährigen Kalenders«.

Viele glauben, bei Voll- oder Neumond ändere sich das Wetter. Wenn ein paar Tage vor oder nach Voll- oder Neumond großzügig mitgezählt werden, fällt in diesen Zeitraum von 6 bis 7 Tagen wahrscheinlich ein Wetterwechsel, denn in unseren Breiten ändert sich das Wetter im Mittel alle 3 bis 5 Tage. Es besteht also kein Zusammenhang.

Gelegentlich heißt es, schönes Wetter sei an zu- oder abnehmenden Mond gebunden. Die statistische Auswertung zeigt aber, daß schönes Wetter bei zu- und abnehmendem Mond in genau gleicher Häufigkeit auftritt.

Mitte des 17. Jahrhunderts zeichnete der Abt des Klosters Langheim, Mauritius Knauer, über 7 Jahre das Wetter auf. Damals waren 7 Planeten bekannt, und man nahm an, jeder regiere ein Jahr und bestimme auch das Wetter. Daher sind die Aufzeichnungen nach 7 Jahren abgebrochen worden. Abt Knauer berechnete aber die Planetentafeln bereits für 250 Jahre im voraus. Lange nach Knauers Tod fielen Abschriften seiner Aufzeichnungen in die Hände des Erfurter Buchhändlers Hellwig, der sie, auf den Zeitraum von 1701 bis 1800 erweitert, drukken ließ. Dabei wurden nicht nur Fehler eingebracht, sondern ganze Jahre verwechselt. 1721 gab der Buchhändler Weinmann dem Werk den Namen »Hundertjähriger Kalender«. Vergleicht man seine Angaben mit dem tatsächlichen Wetter, so findet man, daß seine einfachen Vorhersagen in der Hälfte aller Fälle zutreffen. Dies ist nichts weiter als die statistische Wahrscheinlichkeit für eine Vielzahl einfacher Blindlingsvorhersagen der Art »morgen ist es kühl« oder »morgen regnet es«. Mehr ist der hundertjährige Kalender nicht wert.

Bauernregeln

Bauernregeln lassen sich einteilen in
- Regeln von lokaler Gültigkeit;
- Regeln von großräumiger Gültigkeit;
- Regeln, die an Termine im Kalender – sogenannte »Lostage« – gebunden sind.

Lokale Wetterregeln erfassen die Erscheinungen, die in den Einflüssen der örtlichen Geländegestaltung ihren Ursprung haben. Eine aus örtlichen Gegebenheiten abgeleitete Regel kann nicht an einem anderen Ort gelten. Solche Übertragungen sind aber doch erfolgt und haben die Volksregeln in den Ruf der Fragwürdigkeit gebracht.

Eine Regel der Winzer in Rüdesheim am Rhein besagt: »Gewitter von Süden, die wüten«. In Rüdesheim sind die stärksten Niederschläge, die zu ausgedehnten Erosionsschäden (Abschwemmungen) führen können, an Wärmegewitter gebunden, die von Südwest bis Süd aus der Nahenniederung heranziehen. Schauer und Gewitter, die mit Schlechtwetterfronten von West oder Nordwest heranziehen, führen fast nie zu Schadregen. Wissenschaftliche Untersuchungen zeigen, daß die Wahrscheinlichkeit von erosionsauslösenden Starkregen in einem ganz bestimmten Teil der Gemarkung Rüdesheim um ein Vielfaches größer ist als in der näheren Umgebung. Wärmegewitter über der Naheniederung können sich mit latenter Wärmeenergie aufladen, weil durch die Regulierung und den Anstau der Nahe in diesem Gebiet ein hoher Grundwasserstand und damit eine gute Wasserversorgung der Vegetationsdecke gegeben ist. Diese Energie entlädt sich dann im Staubereich des Rüdesheimer Berges und führt hier zu den häufigen Schadregen. Bei Niederschlägen, die von Westen oder Nordwesten heranziehen, kommt es durch die Leewirkung von Hunsrück und Taunus im Rheingau eher zu einer Abschwächung der Niederschlagsintensität.

Eine lokale Bauernregel zur Rebenblüte in Verbindung mit Lostagen lautet:
Johannisblut tut immer gut,
Petriblut tut auch noch gut,
Margretenblut tut nimmer gut.

Wetter und Klima

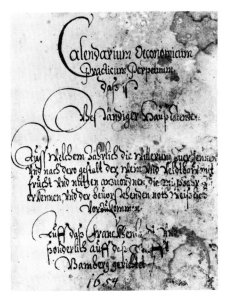

Titelseite von Knauers »Hundertjährigem Kalender«, Abschrift aus dem Jahre 1654, ohne Erwähnung des Verfassers. Den Druck erlebte der Abt nicht mehr.

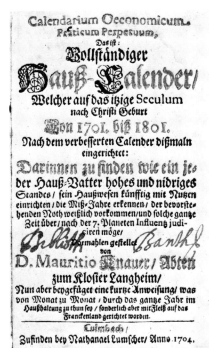

Titelkupferstich des »Hundertjährigen Kalenders« für die Ausgabe von 1704. Die Drucke nach 1701 waren unvollständig und fehlerhaft. Das Original blieb lange verschollen.

Planeten und Mond mit Jahreszahlen. Seite aus dem »Hundertjährigen Kalender«, Ausgabe 1704.

Mit der Zeit zwischen Johannes (24.6.) und Petrus (29.6.) dürfte der mittlere Blühtermin im fraglichen Gebiet erfaßt sein. Der Margaretentag (13.7.) wäre dann ein sehr später Blühtermin, der auf keinen guten Wein mehr hoffen läßt. Die Daten lassen auf einen Ursprung der Regel etwa an der oberen Mosel schließen. Für den Rheingau zum Beispiel liegen die Blühtermine etwa 10 bis 12 Tage früher (mittlere Blüte je nach Güte der Lage zwischen dem 10. und 19.6., sehr späte Blüte in den ersten Julitagen), hier kann die Regel zweifellos nicht mehr zutreffen. Ganz allgemein gilt dies für alle Winzerregeln, die bestimmte Entwicklungsstadien der Reben (Austrieb, Blüte, Reife) mit bestimmten Lostagen in Verbindung bringen. Sie treffen allenfalls für ein begrenztes Weinbaugebiet, aber niemals für alle Weinbaugebiete Deutschlands zu.

Die Bauernregel, daß in den nächsten 24 Stunden mit Regen zu rechnen ist, wenn Sonne oder Mond einen Ring (Halo) oder einen Hof haben, hat einen ganz realen physikalischen Grund. Wenn sich von Westen her ein Schlechtwettergebiet nähert, gleitet auf seiner Vorderseite warme und damit leichtere Luft auf die davorliegende kältere und schwerere Luft auf und kühlt sich dabei ab. Durch die Abkühlung kommt es zur Kondensation des Wasserdampfes, also zur Wolkenbildung. Als erstes entstehen feine Schleierwolken aus Eiskristallen in großer Höhe. Durch Lichtbrechung in diesen Eiskristallen kommt es zur Erscheinung eines Sonnen- oder Mondringes. Bei weiterer Annäherung des Schlechtwettergebietes sinkt die Wolkenuntergrenze langsam tiefer, und es treten jetzt auch Wolken aus Wassertröpfchen auf, die wiederum um Sonne oder Mond einen hellen Hof entstehen lassen, solange sie noch durch die Wolkenschicht hindurchscheinen. Bei weiterer Annäherung des Schlechtwettergebietes geht die Bewölkung dann in tiefe Regenwolken über.

Die ebenfalls allgemeingültige Regel, die das Abendrot mit gutem und das Morgenrot mit schlechtem Wetter verknüpft, findet ihre Begründung gleichfalls in der Zugrichtung der Schlechtwettergebiete von West nach Ost. Die Atmosphäre streut aus der Sonnenstrahlung den blauen Anteil am stärksten, weswegen uns der Himmel blau erscheint. Je weiter der Weg der Sonnenstrahlen durch die Atmosphäre ist (und am weitesten ist er morgens und abends, wenn die Sonne tief am Horizont steht), um so weniger blaues, grünes und gelbes Licht aus den spektralen Anteilen am Sonnenlicht bleibt in der direkten Sonnenstrahlung erhalten, oder mit anderen Worten, um so röter wird das verbleibende Sonnenlicht. Ist es bei Sonnenaufgang im Osten noch klar und zieht von Westen ein Schlechtwettergebiet heran, so werden die Regenwolken rot angestrahlt: Wir haben Morgenrot. Im Laufe des Tages ist damit zu rechnen, daß das Schlechtwettergebiet näher kommt und Regen bringt. Im umgekehrten Falle kann die Sonne nach einem Regentag am Abend die im Osten abziehenden Schlechtwetterwolken noch rot anstrahlen: Wir haben Abendrot und dürfen annehmen, daß der nächste Tag schönes Wetter bringt.

Wetterlagen, die mit mehr oder weniger großer Regelmäßigkeit wiederkehren, heißen »Singularitäten«. Wenn sie an bestimmte Kalendertage gebunden sind, spricht man von »Lostagen«. Eine Singularität ist das sprichwörtliche Aprilwetter. Im April stellt sich die großräumige Zirkulation auf der Nordhalbkugel der Erde um, die kalte Luft weicht nach Norden zurück, und wärmere Luft kann von Süden vordringen. Dabei kommt es im Grenzbereich zwischen beiden Luftmassen zur Ausbildung zahlreicher Schlechtwettergebiete, die unseren Raum in rascher Folge von Westen her überqueren und unbeständiges Wetter bringen.

Im Mai und Juni erfolgen nochmals Vorstöße kalter Luft von Norden her, die deutliche Abkühlung bringen: die Eisheiligen und die Schafkälte. Die Kurve des langjährigen Temperaturverlaufes liegt vom 15. bis 23. Mai deutlich unter den zu erwartenden Werten. Die Differenz ist aber nicht sehr groß. Dies ist ein Hinweis, daß dieser Kaltluftvorstoß zwar fast alljährlich eintritt, aber nicht sehr eng an die Lostage der Eisheiligen (mit örtlichen Unterschieden sind Mamertus, Pankratius, Servatius, Bonifatius und die kalte Sophie die Eisheiligen) gebunden ist.

Man kann aber mit Recht sagen, daß nach den Eisheiligen kaum noch mit Frösten zu rechnen ist. Der nach den vorliegenden Aufzeichnungen bisher späteste Termin für einen Frost ist in Baden (Oberrotweil), an der Mosel (Bernkastel) und im Rheingau (Hattenheim) der 12.5., in Württemberg (Heilbronn) der 14.5. und in Franken (Würzburg) der 15.5. Hier ist also eher der Bezug zu den Eisheiligen (11. bis 14.5.) und der kalten Sophie (15.5.) zu finden. Der Kaltluftvorstoß im Mai, die »Eisheiligen-Wetterlage«, kann zeitlich erheblich schwanken, nach den Lostagen der Eisheiligen gibt es aber in den Weinbaugebieten keine Fröste mehr. Viel deutlicher zeichnen sich zwei Kaltluftvorstöße im Juni ab, ein schwächerer vom 10. bis 12.6. und ein stärkerer am 15. und 16.6., beide zusammen »Schafkälte« genannt, weil die um diese Zeit frisch geschorenen Schafe frieren.

Auch die mit dem »Siebenschläfer« (27.6.) verbundene Regel: »Wenn es am Siebenschläfer regnet, dann regnet es sieben Wochen«, hat einen realen Hintergrund. Die langjährige Statistik zeigt, daß eine wechselhafte Witterung (Monsunlage), die sich Ende Juni einstellt, eine sehr große Erhaltungstendenz hat, sich also so schnell nicht ändert. Sie ist dabei aber keinesfalls genau an den 27.6. gebunden und muß nicht 7 Wochen anhalten.

Als nächste Singularität folgen die »Hundstage« Ende Juli/Anfang August. Häufig stellt sich in dieser im Mittel wärmsten Zeit des Jahres eine Schönwetterlage ein, bei der es dann zu besonders hohen Temperaturen kommt. Eine andere ziemlich regelmäßig wiederkehrende Schönwetterlage ist der »Altweibersommer« Ende September/Anfang Oktober.

Helmut Becker

Hausreben und Tafeltrauben

Die Traube als Obst

Trauben wurden verzehrt, lange bevor die Weinbereitung bekannt war. Weintrauben sind schöne Früchte, die grün, gelb, rötlich und blau zart beduftet zum Verkosten verführen, zumal die einzelnen Beeren mühelos gepflückt werden können. Trauben sind daher seit alters auch Tafelobst.

Die Kenntnis des gesundheitlichen Wertes der Tafeltraube ist ein wertvolles Erbe der mediterranen Völker, die seit der Antike Traubenkuren kennen. Heute ist der Konsum von Tafeltrauben groß und im Ansteigen, weil die moderne Lagertechnik eine Vermarktung während vieler Monate erlaubt. Trauben werden sogar von der südlichen Halbkugel in der ersten Jahreshälfte nach Europa eingeflogen. Winzer und Weinfreunde pflanzen gern Weinreben für den Verzehr von Trauben an, weil ein Rebstock an der Hauswand auch die Verbundenheit mit dem Wein zeigt. In klimatisch ungünstigen Ländern bis nach Island hin werden Tafeltrauben auch unter Glas gezogen. Trauben aus Glashäusern gehören zu den schönsten und teuersten der Welt.

Die deutschen Winzer befassen sich praktisch nicht mit der Erzeugung von Tafeltrauben, weil dies in den für Weinbau geeigneten Lagen wenig wirtschaftlich erscheint. Das kann sich ändern. Das Angebot preiswerter Tafeltrauben aus den europäischen Weinbauländern ist gegenwärtig sehr groß. Dennoch werden auf den Märkten der Städte in der Nähe großer Weinbaugebiete im Herbst Trauben

Reife Traube der Sorte Chasselas Tompa, in Geisenheim an einer Hauswand geerntet.

aus deutschen Weinbergen angeboten. Sie sind unscheinbarer als die importierten Tafeltrauben, dafür aber frisch im Geschmack, sehr würzig und daher auch bei höheren Preisen meist bald ausverkauft.

Der Standort

Es ist möglich, Rebstöcke in allen Teilen Mitteleuropas bis nach Jütland hin im Freien zu kultivieren, wenn ihre besonderen Anforderungen berücksichtigt werden. Da die Rebe sehr von der Wärme abhängt, sind geschützte, möglichst nach Süden, Südwesten oder Westen offene, unbeschattete Wände als Standort zu wählen. Das Kleinklima ist hier durch natürliche Erwärmung günstig. In windoffenen Höhenlagen ist zu bedenken, daß die von der Sonne erwärmte Luft weggeweht werden kann. Daher wählt man dort Standorte, die durch Mauern oder hohes Buschwerk windgeschützt sind. Schattige Standorte sind immer ungeeignet. Der Boden sollte aus tiefgründiger Gartenerde bestehen und nicht ständig staunaß sein. An Gebäuden ist der Boden oft durch Bauschutt aufgefüllt. Dies ist nicht gut für Tafeltrauben. Die Rebe gedeiht aber auf jedem Bodentyp, der anderen Holzpflanzen das Wachstum erlaubt. Natürlich können Tafeltrauben auch unter Glasdächern oder in ungeheizten Gewächshäusern erfolgreich kultiviert werden, wobei die Rebe aber im freien Boden wurzeln muß.

Die Pflanzen

Tafeltrauben sollten auf resistente Unterlagen veredelt werden, damit sie vor der Reblaus sicher sind und kräftig wachsen. Als Unterlage wird üblicherweise, um einen guten Wuchs zu sichern und um allen Bodenverhältnissen gerecht zu werden, ein Vertreter der Sorten Berlandieri x Riparia, wie Kober 5 BB, Kober 125 AA, 5 C Geisenheim oder Selektion Oppenheim 4, gewählt. Die deutschen Rebenveredelungsbetriebe bieten entsprechende Veredelungskombinationen mit Un-

Hausreben und Tafeltrauben

terlagen großer Streubreite an. Pfropfreben können im Winter oder während des ganzen Sommers als Kartonage- oder Topfreben bezogen werden. Bezugsquellen nennt der Verband deutscher Rebenpflanzguterzeuger e. V.

Das Auspflanzen

Sofort nach dem Beschaffen der Reben sollte gepflanzt werden, damit die Reben nicht vertrocknen. Im Winter sind die Reben bis zur Auspflanzung frostsicher aufzubewahren. In Winterruhe befindliche Wurzelreben werden bis auf ein sichtbares Auge zurückgeschnitten. Auch die Wurzeln sind auf 5 bis 10 cm zu kürzen. Für eine Nacht wirft man die Reben in frisches Wasser. Man pflanzt sie dann so ein, daß die Veredelungsstelle 4 bis 5 cm über der Bodenoberfläche bleibt. Das Pflanzloch wird mit feuchtem Torf, der mit Erde zu mischen ist, gefüllt. Die Wurzelrebe wird angedrückt und angegossen. Das Edelreis kann mit Sand oder Torf abgedeckt werden, wobei das Auge nur etwa 1 cm unter dieser Abdeckung sein soll. Kartonage- oder Topfreben werden in gleicher Weise angepflanzt, wobei jedoch der grüne Trieb belassen wird. Jede Rebe erhält einen Pfahl, an dem ein Trieb hochgezogen wird. Die Pflanzweite beträgt etwa 2 m zwischen den Stöcken. Von der Wand bleibt ein Abstand von mindestens 20 cm. Beim Aufbau hoher Spalierwände können auch Pflanzweiten von 1,5 oder 1 m gewählt werden.

Sachgerecht gepflanzte Hausrebe.

Der Aufbau des Stockes

Im ersten Jahr muß ein Trieb nach oben gezogen werden, die Seitentriebe (Geiztriebe) sind im Sommer laufend zu entfernen. Es kommt darauf an, einen möglichst gut entwickelten, gerade aufgewachsenen einjährigen Trieb, der gut ausgereift ist, zu erhalten. Gelingt dies im ersten Jahr nicht, muß der Trieb im zweiten Jahr auf 3 bis 5 Augen zurückgeschnitten werden. So erhält man dann im zweiten Jahr den gewünschten Trieb. Im nächsten Frühjahr ist zu entscheiden, ob

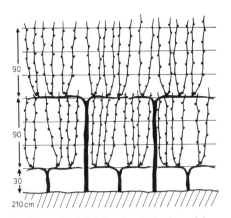

Spalierwand mit Tafeltrauben in Kordonerziehung.

Kordon-, Streckbogen- oder Bogenerziehung angewandt werden soll. Der einjährige Trieb bildet auf jeden Fall den Stamm für die Zukunft.

Im zweiten Jahr kann bereits ein mehr oder weniger kurzer Streckbogen angeschnitten werden. Verbleibt dieser mehrjährig, so ist eine einarmige Kordonerziehung entstanden, die im 3. und 4. Jahr weiter aufgebaut wird. Natürlich ist auch eine mehrarmige Kordonerziehung möglich. Es kann auch ein Rückschnitt im 3. Jahr auf einen Bogen oder Streckbogen und im 4. Jahr auf deren zwei erfolgen, und es kann natürlich auch eine Pergola mit hohem Stamm aufgebaut werden. Die Erziehung richtet sich nach den Gegebenheiten an der Hauswand und den Wünschen des Hausherrn.

Für ein Spalier an Wänden wählt man Draht, der etwa 15 cm vor der Wand an eingelassenen Winkeleisen befestigt wird. Es können auch Latten verwendet

Hausstock vor dem Schnitt.

Flach gegertete Fruchtruten.

werden. Die Abstände zwischen den Drähten oder Latten sollen 30 cm betragen. Vor dem Austrieb ist der Stock nach dem Schnitt fest am Spalier anzubinden.

Der Schnitt

Der Schnitt muß vor dem Austrieb durchgeführt werden. Er dient dazu, Traubenzahl und -größe in ein ausgewogenes Verhältnis zum Wachstum zu bringen. Einjährige überflüssige Triebe und zweijähriges Holz sind dabei wegzuschneiden. Altes Holz muß zur Verjüngung einen Rückschnitt erfahren. Es ist sehr wichtig, einjähriges Ersatzholz anzuschneiden, damit im nächsten Jahr kräftige Triebe zum Anschnitt von Tragholz vorhanden sind und der Stock seine Form behält. Die Ersatzzapfen müssen unterhalb des Tragholzes stehen und 2 bis 3 Augen haben. Das Trag- oder Fruchtholz besteht bei Kordonerziehung aus 2, höchstens 3 Augen und bei Streckbogen oder Bogen aus 4 bis 8 Augen. Auf den Kordonarmen werden in Abständen von 15 bis 20 cm

An demselben Hausstock werden zwei Fruchtruten angeschnitten.

Die Rebe und ihre Umwelt

Zapfenschnitt in verschiedenen Ausführungen.

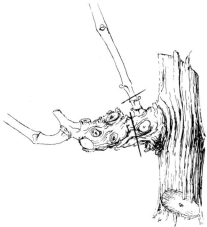

Verjüngung eines zu lang gewordenen Zapfens.

Rückschnitt eines Seitentriebes auf zwei Augen; das unterste Auge ist dem Beschauer abgewandt.

Zapfen möglichst dicht am alten Holz angeschnitten. Wenn flach aufzulegende Streckbögen angeschnitten werden, ist bei 2 m Abstand und gutem Wuchs ein harmonischer Anschnitt gewährleistet. Die Beobachtung des Wuchses gibt Hinweise für den Schnitt. Alljährlich werden etwa 80 bis 90% des meist einjährigen Holzes durch Schnitt entfernt. Bei sachgemäßem Aufbau ist bereits im dritten Jahr mit einer Ernte zu rechnen.

Die Laubbehandlung

Vom Frühsommer an müssen die Triebe alle 8 bis 14 Tage angebunden werden, damit sie nicht brechen und Licht und Luft Zutritt haben. Ferner ist das Zielholz für das nächste Jahr bei Verlängerung des Kordons oder bei Bogenschnitt bereits im Sommer durch Aufbau eines geraden Triebes anzustreben. Dabei sind überflüssige Triebe oder Seitentriebe auszubrechen oder zu kappen. Das Gipfeln oder Einkürzen der Triebe wird etwa Ende Juli/Anfang August vorgenommen. Auch bei dieser Arbeit sind der Wuchs und der künftige Schnitt zu berücksichtigen. Die einzelnen Triebe sollen dabei auf nicht weniger als 1 m eingekürzt werden. Bei wenigen Trieben und gutem Wuchs können durchaus 1,5 m lange Sommertriebe stehen bleiben. Wichtig ist, daß die Triebe durch gut ausgebildete Blätter ausreichend ernährt werden und daß nicht zu viele Geiztriebe verbleiben. Eine gute Durchlüftung des Stockes soll insbesondere im Traubenbereich angestrebt werden.

Schädlingsbekämpfung und Düngung

Da die Vinifera-Rebe von zahlreichen Schädlingen und Krankheiten befallen wird, sind Pflanzenschutzmaßnahmen sehr wichtig. Ohne Schädlingsbekämpfung ist keine Ernte zu erwarten. Oft sind Hausreben sträflich vernachlässigt, weil die Kenntnisse über Krankheiten und Schädlinge fehlen.

Tafeltrauben müssen wie Keltertrauben vorbeugend etwa viermal gespritzt werden. Je sorgfältiger die ersten Spritzungen durchgeführt werden, um so erfolgreicher ist die Kultur. Häufig wird weder mit den richtigen Präparaten noch zur rechten Zeit gespritzt. Die großen Firmen der Pflanzenschutzindustrie veröffentlichen Spritzpläne für Weinreben, die ko-

Reife Tafeltrauben werden durch Gazebeutel vor Wespen- und Vogelfraß geschützt.

Hausreben und Tafeltrauben

stenlos verteilt werden. Sie lassen sich mühelos über den Handel beschaffen. Notfalls kann man bei Weinbauberatungsstellen anfragen. Diese Spritzpläne zeigen, mit welchen Präparaten und bei welchem Entwicklungsstand die Spritzungen zu erfolgen haben. Wer sich an einen solchen Spritzplan hält, wird durch gesunde und schöne Trauben belohnt.

Vögel lassen sich durch Netze, Wespen und Bienen durch Einhüllen der reifenden Trauben in Beutel aus engmaschigem Gardinenstoff mit Sicherheit fernhalten.

Zur Düngung der Hausreben kann wie bei Obstbäumen verfahren werden. Oft stehen Hausreben auf jungfräulichen Böden und bedürfen im ersten Jahr kaum der Düngung. Der sicherste Weg ist, vor dem Auspflanzen eine Bodenanalyse vornehmen zu lassen. Hierüber erteilen Weinbauberatungsstellen Auskunft.

Wuchs und Blattfarbe zeigen an, ob der Stock Mangel leidet. Bei geringer Bodenfläche kann mit Flüssigdünger gegossen werden. In Trockenzeiten oder bei Hausstöcken in Höfen mit kleiner Bodenfläche ist Wässern erforderlich. Bei Stöcken auf größerer offener Bodenfläche streut man

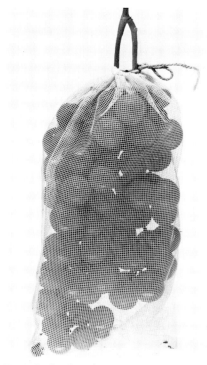

Traube im Gazebeutel.
Auch im Glashaus werden Tafeltrauben eingebeutelt.

im Frühjahr 40 bis 50 g eines mineralischen Volldüngers pro m^2. Alte Stöcke sind für eine Düngung dankbar, da sie oft über Jahrzehnte hin nicht gedüngt wurden. Zur Verbesserung der Bodenstruktur sollte die Erde mit Torf abgedeckt werden. Wenn Erfahrungen fehlen, ist der Rat des Fachmanns unentbehrlich.

Das Ausbeeren

Wenn Trauben mit gleichmäßigen, großen Beeren geerntet werden sollen, dann ist ein Ausdünnen vor dem »Traubenschluß« vorzunehmen. Ende Juli bis Mitte August haben die Beeren etwa Erbsendicke erreicht. Jetzt kann der Freund besonders schöner Tafeltrauben sich der zeitraubenden, aber sehr wirkungsvollen Aufgabe des »Ziselierens« (wie das Ausdünnen oder Ausbeeren in der Fachsprache heißt) widmen. Mit einer spitzen Schere werden die kleinsten

Traube vor dem Ziselieren.

Dieselbe Traube nach dem Ziselieren.

und die zu dicht stehenden Beeren mit Stiel abgeschnitten. Bei dieser Arbeit darf das übrige Stielgerüst nicht verletzt und die Traube nicht durch Drehen beschädigt werden. Das Ziselieren ist nicht nur ein kosmetischer Eingriff, um schöne, gleichmäßige Trauben zu erhalten. Es

führt zu vollausgebildeten Beeren, die sich nicht gegenseitig pressen und daher weniger leicht vorzeitig faulen. Die Mühe wird besonders bei großbeerigen Sorten durch herrliche Trauben belohnt.

Wenn nach dem Ziselieren noch eine letzte Spritzung vor dem Traubenschluß erfolgt, können von besonders sorgsamen Tafeltraubengärtnern die behandelten Gescheine mit Gazebeuteln umhüllt werden, um sie vor Wespenfraß zu schützen.

Ernte und Aufbewahrung

Nicht alle Trauben reifen gleichzeitig aus. Vor allem an Hauswänden kann man größere zeitliche Unterschiede beobachten. Dies ist willkommen, weil über einen längeren Zeitraum hinweg Trauben geschnitten werden können. Sind mehrere Sorten mit unterschiedlicher Reifezeit gepflanzt worden, läßt sich das Angebot eigener Tafeltrauben leicht auf 2 bis 3 Monate ausdehnen.

Zur Reifezeit ist anzuraten, die Trauben durch behutsames Beseitigen der Blätter um sie herum freizulegen. Dies soll nach und nach erfolgen und darf nicht zum völligen Entblättern der unteren Partie der Triebe führen. Freistehende Trauben lassen sich gut beobachten und faulen weniger. Die der Sonne zugewendete Seite der Beeren wird bei weißen Sorten leicht bräunlich gefärbt, was als Zeichen voller Reife gilt. Tafeltrauben sollen nicht bis zur Vollreife oder Überreife kommen, weil sie sonst nicht fruchtig und saftig schmecken. Vor der Ernte kann man sich durch Verkosten einzelner Beeren über Geschmack und Reifezustand unterrichten.

Die Trauben werden mit einem scharfen Messer oder einer Traubenschere abgeschnitten und vor dem Verzehr kühl und luftig aufbewahrt. Ein Waschen mit lauwarmem und anschließend mit kaltem Wasser vor dem Verzehr ist üblich. Im Vergleich zu anderem Obst sind Trauben sehr viel weniger und vor allem letztmalig vor dem endgültigen Traubenschluß gespritzt worden. Es bestehen daher keine gesundheitlichen Bedenken, wenn die Spritzpläne richtig eingehalten worden sind.

Wer die Trauben längere Zeit aufbewahren möchte, kann sie in trockenen, kühlen, aber frostfreien Räumen an Drähten oder Schnüren aufhängen. Wer seine Weinstöcke während des Sommers sorgfältig gepflegt hat, wird auf diese Weise mit schönen Trauben bis in die Weihnachtszeit belohnt.

Tafeltrauben in Deutschland und ihre Reifezeiten

Reifezeiten der Sorten:

I = sehr früh		August bis Mitte September
II = früh		Mitte bis Ende September
III = mittelfrüh		Ende September bis Anfang Oktober
IV = mittelspät		Anfang bis Mitte Oktober
V = spät		Mitte bis Ende Oktober
VI = sehr spät		Ende Oktober bis November

Sortenbezeichnung

weiße Trauben	=	w	Reifeperioden
rötliche Trauben	=	r	der Sorten
blaue Trauben	=	b	I II III IV V VI

Nr. Sorte	Farbe	I	II	III	IV	V	VI
1 Augusta Luise	w*	+					
9 Früher Malingre	w	+					
10 Gelbe Seidentraube	w	+					
16 Madeleine Céline	w	+					
17 Madeleine royale	w	+					
24 Panse précoce	w	+					
26 Perle von Csaba	w	+					
29 Pirovano 315	w	+					
34 Theklatraube	w*	+					
35 Volta = IP 105	b	+					
13 Hildegardistraube	r*		+				
23 Ortega	r*		+				
28 Pirovano 15	b		+				
11 Grüne Seidentraube	w		+				
5 Bouviertraube	w			+			
14 Huxelrebe	w*			+			
15 Königin der Weingärten	w			+			
20 Müller-Thurgau	w*			+			
21 Muscabona	w*			+			
31 Reichensteiner	w*			+			
3 Blauer Portugieser	b*			+			
2 Bacchus	w*				+		
7 Delight	w				+		
33 Schönburger	r*				+		
22 Muskat-Ottonel	w				+		
27 Perlette	w				+		
12 Gutedel	w, r*				+		
18 Marengo	w					+	
30 Regina	w					+	
32 Rotberger	b*					+	
8 Delizia di Vaprio	w						+
19 Michelsrebe	w						+
25 Perle impériale blanche	w						+
4 Blauer Trollinger	b*						+
6 Chasselas Tompa Mihaly	w						+

Beschaffung von Pflanzgut bei Keltertraubensorten und mit * bezeichneten Sorten unter Beachtung saatgutrechtlicher Bestimmungen leicht möglich.

Die Tafeltraubensorten

Die in Deutschland empfehlenswerten Sorten der Tafeltraube gehören ausschließlich zur Gruppe der Vitis vinifera oder Edelrebe. Anbau und Vertrieb von Reben mit Amerikanererbgut, die als Hybriden und auch als »pilzfeste Ertragskreuzungen« bezeichnet werden, sind wegen der Reblausgefahr gesetzlich verboten. Die gelegentlich noch an Häusern zu findenden alten Direktträger mit dem Erbgut amerikanischer Wildreben bringen im übrigen Trauben mit unangenehmem Geschmack hervor; sie sind daher unabhängig von dem Verbot schon deshalb nicht zu empfehlen. Die in unserer Liste aufgeführten Sorten bringen alle wohlschmeckende Früchte und haben sich nach den Erfahrungen in der Praxis und nach jahrelangen Prüfungen gut bewährt.

Die Zahl der Tafeltraubensorten ist nicht klein, und man ist geneigt, eine Auswahl vorzunehmen. Dies geschieht aber von selbst, weil niemand alle genannten Sorten als Pflanzreben vorrätig hat und liefern kann. Dennoch ist gerade in unserem Klima an der nördlichen Anbaugrenze der Rebe eine Vielzahl vor allem frühreifender Sorten notwendig, und es ist kein Zufall, daß die frühreifenden Tafeltraubensorten in größerer Zahl aufgeführt sind als die spät oder sehr spät reifenden. Möchte man doch gerade außerhalb der klimatisch begünstigten Weinbaugebiete Tafeltrauben ernten können.

Dies wird vorzugsweise mit Sorten der Gruppen I bis III möglich sein. Natürlich sind die Zeitangaben für die Reife nur Richtwerte, sie verschieben sich je nach Standort und Höhenlage. Die Gruppen I bis III dürften für alle Teile Deutschlands brauchbare Sorten enthalten; es gibt ja Hausreben bis in die nördlichsten Küstengebiete der Bundesrepublik.

In der Liste der Sorten finden sich keine Angaben über Erträge, weil alle aufgezählten Sorten ertragssicher und Mengenangaben je nach der Kulturmethode der Hausstöcke starken Schwankungen unterworfen sind. Die Liste der Sorten ist nicht vollständig. Manche Tafeltraubensorten mußten weggelassen werden, alle wichtigen aber sind aufgeführt. Weiße, rote und blaue Sorten finden sich in fast allen Reifezeitgruppen. Außerdem sind alle Geschmacksrichtungen vertreten. Wer geschickt auswählt, kann also vielfarbige Tafeltrauben von unterschiedlichstem Geschmack für 2 bis 3 Monate auftischen.

Auch die eine oder andere Keltertraubensorte ist als Tafeltraube zu empfehlen. Der Weinfreund kann anhand des Geschmacks verschiedener Tafeltrauben den Einfluß des nördlichen Klimas studieren. Die Züchtung geht weiter, und die Prüfung von Tafeltraubensorten wird fortgesetzt. Somit sind auch für die Zukunft neue Sorten zu erwarten, nicht zuletzt resistente Neuzuchten, die keiner oder nur weniger Pflanzenschutzmaßnahmen bedürfen.

Hausreben und Tafeltrauben

Die wichtigsten für Mitteleuropa geeigneten Tafeltraubensorten

1. Augusta Luise
Weiße Sorte.
Herkunft: Würzburger Züchtung B 48-12-8: Cyperntraube x Siegerrebe (= Madeleine angevine x Gewürztraminer).
Reife: sehr früh (I).
Traube: groß.
Beere: gelb.
Geschmack: Muskat.
Standort: nicht windig, warm, sonst anspruchslos.
Wuchs: gut.
Schnitt: Halbbogen.

2. Bacchus
Weiße Sorte.
Herkunft: Bundesforschungsanstalt Siebeldingen; Ursprungszüchter Peter Morio: (Silvaner x Riesling) x Müller-Thurgau; Sortenschutz.
Reife: mittelfrüh (III).
Traube: mittelgroß.
Beere: gelbgrün.
Geschmack: zarter Muskatgeschmack.
Standort: guter frischer Boden.
Wuchs: gut.
Schnitt: Halbbogen.

3. Blauer Portugieser

Blaue Sorte.
Herkunft: unbekannt, aus Österreich um 1800 nach Deutschland.
Reife: früh (II).
Traube: groß.
Beere: blau.
Geschmack: neutral.
Standort: windgeschützt, anspruchslos.
Wuchs: kräftig.
Schnitt: Halbbogen.

4. Blauer Trollinger
Blaue Sorte.
Herkunft: soll im 17. Jahrhundert aus Südtirol (Tirolinger) gekommen sein.
Reife: sehr spät (VI).
Traube: groß.
Beere: blau.

Geschmack: fruchtig.
Standort: warme Südwände, Boden gut.
Wuchs: kräftig.
Schnitt: Halbbogen.

5. Bouviertraube
Weiße Sorte.
Herkunft: Österreich; 1900 von Clotar Bouvier in Oberradkersburg als Sämling herangezogen.
Reife: früh (II).
Traube: mittelgroß.
Beere: grünweiß.
Geschmack: saftig, mit feinem Muskataroma.
Standort: windgeschützt, sonst anspruchslos.
Wuchs: stark.
Schnitt: längere Halbbogen.

6. Chasselas Tompa Mihaly (Synonym: Gutedel Tompa)
Weiße Sorte.
Herkunft: Ungarn; 1904 Kreuzung von J. Mathiasz: Queen Viktoria white x Chasselas Jalabert.
Reife: sehr spät (VII).
Traube: groß, geschultert.
Beere: grünlich, groß.
Geschmack: saftig, fruchtig.
Standort: sehr warm, guter Boden.
Schnitt: lange Halbbogen.

7. Delight
Weiße Sorte.
Herkunft: Kalifornien, USA; Kreuzung von Olmo (Universität Davis), 1936: Scolokertek hiralynoje 26 x Sultania marble, vergleiche Nr. 27.
Reife: mittelfrüh (III).
Traube: groß.
Beere: gelb, kernlos.
Geschmack: neutral.
Wuchs: mittel.
Standort: warm, guter Boden.
Schnitt: Zapfen und kurze Halbbogen.

8. Delizia di Vaprio (Synonym: I.P. 46 A)
Weiße Sorte.
Herkunft: Italien; Kreuzung von J.

Pirovano: Forster's white Seedling x Zibibbo.
Reife: spät (V).
Traube: mittelgroß.
Beere: gelb.
Geschmack: Muskat.
Standort: sehr warm, sonst anspruchslos.
Wuchs: stark.
Schnitt: Zapfen.

9. Früher Malingre (Synonym: Malingre précoce)

Weiße Sorte.
Herkunft: Frankreich; von Malingre 1840 aus Samen erzogen.
Reife: sehr früh (I).
Traube: mittelgroß, locker.
Beere: goldgelb.
Geschmack: saftig, süß.
Wuchs: mittel.
Standort: anspruchslos.
Schnitt: kurze Halbbogen oder Zapfen.

10. Gelbe Seidentraube (Synonyme: Frühe Leipziger, Weiße Zibebe)
Weiße Sorte.
Reife: sehr früh (I).
Traube: mittelgroß, locker.
Beere: gelblich.
Geschmack: aromatisch, süß.
Wuchs: kräftig.
Standort: warm.
Schnitt: lange Halbbogen.

11. Grüne Seidentraube (Synonym: Luglienca bianca)
Weiße Sorte.
Reife: sehr früh (I).
Traube: mittelgroß, locker, fäulnisanfällig.
Beere: grünlich.
Geschmack: saftig, süß.
Standort: anspruchslos.
Schnitt: lange Halbbogen.

12. Gutedel, Weißer oder Roter (Synonyme: Chasselas blanc, Chasselas rouge)

Weiße oder rote Sorte.
Herkunft: vielleicht im Dorf Chasselas bei Mâcon, Frankreich, erstmals angebaut, sehr alte Rebsorte.
Reife: mittelfrüh (III).
Traube: groß und locker.
Beeren: gelbgrün (weißer Gutedel) oder rötlich (roter Gutedel).
Geschmack: saftig, fein.
Standort: tiefgründige Böden, nicht trocken.
Wuchs: kräftig.
Schnitt: Bogen und Zapfen.

13. Hildegardistraube
Rote Sorte.
Herkunft: Würzburger Züchtung B 48-21-9: Müller-Thurgau x Siegerrebe (Madeleine angevine x Gewürztraminer).
Reife: sehr früh (I).
Traube: mittelgroß, kompakt.
Beere: rötlich.
Geschmack: aromatisch.
Standort: windgeschützt, sonst anspruchslos.
Wuchs: gut.
Schnitt: Halbbogen.

14. Huxelrebe
Weiße Sorte.
Herkunft: Alzeyer Züchtung 1927 von Georg Scheu: Weißer Gutedel x Courtiller musqué; Sortenschutz.
Reife: früh (II).
Traube: groß.
Beere: grün.
Geschmack: muskatartig.
Standort: windgeschützt, guter, nicht verdichteter Boden.
Wuchs: kräftig.
Schnitt: kurze Halbbogen.

15. Königin der Weingärten (Synonyme: Szölöskertek kiralynöie, Reine des vignes)
Weiße Sorte.
Herkunft: Ungarn; 1916 von Janos

Mathiasz gekreuzt: Königin Elisabeth x Perle von Csaba.
Reife: früh (II).
Traube: groß, locker.
Beere: dunkelgelb.
Geschmack: feines Muskataroma.
Standort: anspruchslos.
Wuchs: stark.
Schnitt: Bogen und Zapfen.

16. Madeleine Céline (Synonym: Frühe Celine)
Weiße Sorte.
Herkunft: unbekannt.
Reife: sehr früh (I).
Traube: groß und locker.
Beere: gelb.
Geschmack: neutral, süß, fein.
Standort: guter Boden.
Wuchs: mittel.
Schnitt: langer Halbbogen.

17. Madeleine royale (Synonym: Königliche Magdalenen-Traube)

Weiße Sorte.
Herkunft: Frankreich; 1845 von Moreau, Angers, aus Samen gezogen.
Reife: sehr früh (I).
Traube: langstielig, mittelgroß, locker, fäulnisempfindlich.
Beere: gelblichgrün.
Geschmack: zarter Muskatton.
Standort: guter Boden.
Wuchs: stark.
Schnitt: lange Halbbogen.

18. Marengo (Synonym: I.P. 205)
Weiße Sorte.
Herkunft: Italien; 1925 Kreuzung von J. Pirovano: (Sciambiese x Bicane) x Delizia di Vaprio (siehe Nummer 8).
Reife: spät (IV).
Traube: sehr groß, bis 30 cm lang.
Beere: gelb.
Geschmack: Anflug von Muskat.
Standort: sehr warmer und guter Boden.
Wuchs: stark.
Anschnitt: kurze Bogen und Zapfen.

19. Michelsrebe (Synonym: C/D 22-91 Gm)
Weiße Sorte.
Herkunft: Geisenheim; Kreuzung aus dem Jahre 1939 von Riesling Klon 88 Gm x Riesling Klon 64 Gm.
Reife: spät (V).
Traube: groß.
Beere: gelb, groß, rund.
Geschmack: saftig, neutral.
Standort: warm, guter Boden.
Wuchs: stark.
Schnitt: Halbbogen.

20. Müller-Thurgau
Weiße Sorte.
Herkunft: 1882 in Geisenheim von Prof. Dr. Müller-Thurgau als Riesling x Silvaner gekreuzt.
Reife: früh (II).
Traube: mittelgroß.
Beere: gelbgrün.
Geschmack: fruchtig, aromatisch.
Standort: windgeschützt, guter Boden.
Wuchs: gut.
Schnitt: Halbbogen.

21. Muskat-Ottonel
Weiße Sorte.
Herkunft: Frankreich; wahrscheinlich im 19. Jahrhundert von Moreau in Angers aus Samen gezogen.
Reife: mittelfrüh (III).
Traube: mittelgroß.
Beere: gelbgrün.
Geschmack: feiner Muskat.
Standort: windgeschützt, warm, guter Boden.
Wuchs: schwach.
Schnitt: Halbbogen.

22. Muscabona
Weiße Sorte.
Herkunft: Würzburger Züchtung B 48-10-2: Siegerrebe x Müller-Thurgau (siehe Nummer 20).
Reife: früh (II).
Traube: groß.
Beere: gelbgrün.
Geschmack: Muskat.
Standort: windgeschützt, anspruchslos.
Wuchs: gut.
Schnitt: Halbbogen.

23. Ortega
Rote Sorte.
Herkunft: Würzburger Züchtung: Müller-Thurgau x Siegerrebe (= Madeleine angevine x Gewürztraminer); Sortenschutz.
Reife: sehr früh (I).
Traube: mittelgroß.
Beere: rötlich.
Geschmack: Muskat.
Standort: nicht windig, warm, sonst anspruchslos.
Wuchs: gut.
Schnitt: Halbbogen.

24. Panse précoce
Weiße Sorte.
Herkunft: vielleicht Sämling der Sorte Van der Laan.
Reife: sehr früh (I).
Traube: groß, kegelförmig.
Beere: goldgelb.
Geschmack: saftig, neutral.
Standort: guter Boden.
Wuchs: mittel.
Schnitt: Zapfen.

25. Perle impériale blanche
Weiße Sorte.
Herkunft: unbekannt.
Reife: sehr spät (V).
Traube: lang und kegelförmig.
Beere: gelb.
Geschmack: harmonisch neutral.
Standort: warm, guter Boden.
Wuchs: mittel.
Schnitt: Zapfen und kurze Halbbogen.

26. Perle von Csaba (Synonym: Csaba Gyöngye)
Weiße Sorte.
Herkunft: 1904 in Katonatelep, Ungarn, von J. Mathiasz und Stark gekreuzt: Bronnerstraube x Muskat-Ottonel.
Reife: sehr früh (I).
Traube: groß und locker.
Beere: gelblich, feste Haut.
Geschmack: Muskat.
Standort: guter Boden.
Schnitt: kurze Halbbogen oder Zapfen.

27. Perlette
Weiße Sorte.
Herkunft: Kalifornien, USA; Kreuzung von Olmo (Universität Davis), 1936: Scolokertek hiralynoje 26 x Sultania marble (siehe Nummer 7).
Reife: mittelfrüh (III).
Traube: groß.
Beere: gelb, kernlos.
Geschmack: neutral.
Standort: warm, guter Boden.
Wuchs: mittel.
Schnitt: Zapfen und kurze Halbbogen.

28. Pirovano 15
Blaue Sorte.
Herkunft: Italien; Züchtung von J. Pirovano: Bellino x Madeleine angevine.
Reife: sehr früh (I).
Traube: mittelgroß.
Beere: dunkelblau.
Geschmack: süß und wohlschmeckend.
Standort: guter Boden.
Wuchs: stark.
Schnitt: Zapfen.

29. Pirovano 315
Weiße Sorte.
Herkunft: Italien; Kreuzung von J. Pirovano: Madeleine royal x Pirovano 46 a (= Forster's white seedling x Zibibbo).
Reife: sehr früh (I).
Traube: mittelgroß.
Beere: gelb.
Geschmack: zartes Muskataroma.
Standort: anspruchslos.
Wuchs: mittel.
Schnitt: Zapfen.

30. Regina (Synonym: Dattier de Beyrouth)
Weiße Sorte.
Herkunft: alte Kultursorte, über Italien nach Deutschland gekommen.
Reife: spät (IV).
Traube: groß, locker, langstielig, schön.
Beere: goldgelb.
Geschmack: saftig, mit zartem Muskataroma.
Standort: nur warme Lage, geschützte Südwände.
Wuchs: kräftig.
Schnitt: kurze Halbbogen oder Zapfen.

31. Reichensteiner
Weiße Sorte.
Herkunft: Geisenheimer Kreuzung von 1939: Müller-Thurgau x (Madeleine angevine x Calabreser). Sortenschutz.
Reife: früh (II).
Traube: mittelgroß, locker.
Beere: grüngelb.
Geschmack: neutral.
Standort: windgeschützt, guter Boden.
Wuchs: kräftig.
Schnitt: Halbbogen.

32. Rotberger
Blaue Sorte.
Herkunft: Geisenheimer Züchtung: Trollinger x Riesling; Sortenschutz.
Reife: mittelspät (IV).
Traube: groß.
Beere: blau.
Geschmack: fruchtig.
Standort: windgeschützt, guter Boden.
Wuchs: kräftig.
Schnitt: Halbbogen.

33. Schönburger
Rote Sorte.
Herkunft: Geisenheimer Züchtung: Spätburgunder x Pirovano 1 (= Chasselas rosa x Muscat Hamburg).
Reife: mittelfrüh (III).
Traube: mittelgroß.

Hausreben und Tafeltrauben

Beere: rosa.
Geschmack: kräftiges Muskataroma.
Standort: windgeschützt, anspruchslos.
Wuchs: kräftig.
Schnitt: Halbbogen.

34. Theklatraube
Weiße Sorte.

Herkunft: Würzburger Züchtung B 48-21-3: Müller-Thurgau x Siegerrebe (= Madeleine angevine x Gewürztraminer).
Reife: sehr früh (I).
Traube: groß.
Beere: gelb.
Geschmack: Vanille-Muskat.
Standort: windgeschützt, warm sonst anspruchslos.
Wuchs: gut.
Schnitt: Halbbogen.

35. Volta = JP 105
Blaue Sorte.
Herkunft: Italien; 1919 von J. Pirovano gekreuzt: Muskat rosa Malaga x JP 17.
Reife: sehr früh (I).
Traube: klein, locker, Fäulnis in feuchten Jahren.
Beere: schwarzblau.
Geschmack: delikates Muskataroma.
Standort: anspruchslos.
Wuchs: stark.
Schnitt: Zapfen.

Die Rebenlaube

Rebstöcke zur Gewinnung von Tafeltrauben bedürfen der Pflege und erfordern Kenntnisse. Nicht jeder aber kann sich der Mühe unterziehen, wie ein Winzer seine Hausreben zu betreuen. Die Beziehung zum Weinbau ist jedoch auch herzustellen, wenn resistente Wildreben gepflanzt werden, die zwar keine Trauben, dafür aber schönes Blattwerk zeigen. Diese Reben sind die nächsten Verwandten der Edelrebe und gehören zur Gattung Vitis. (Der sogenannte wilde Wein, Ampelopsis und Parthenocissus, ist hier nicht gemeint.)

Die amerikanischen Arten der Rebe sind winterhart und sehr widerstandsfähig. Sie bedürfen keiner Schädlingsbekämpfung während der Sommermonate und sind damit umweltfreundlich. Ihr Blattwerk ist üppig, grün und schattenspendend. Es können jedoch keine Trauben erwartet werden. Der Anbau aller nicht zu Vitis vinifera gehörenden Rebsorten und -arten ist untersagt. Im Weinbaugebiet ist daher für die Anlage einer Rebenlaube aus nicht zu Vitis vinifera gehörenden Reben eine Genehmigung der zuständigen Weinbaubehörde erforderlich. Geeignet sind für ein nicht zu ungünstiges Klima die kalkresistenten Unterlagenreben der

Hausstock am Hotel »Schwan« in Oestrich-Winkel/Rheingau.

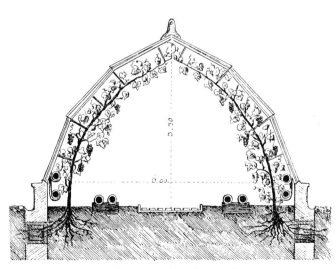

Traubenhaus der ehemaligen Gartenbauschule zu Versailles aus dem letzten Jahrhundert.

Mit Reben bekleidetes Parktor im letzten Jahrhundert.

Laubengang mit Tafeltrauben im Herbst.

Gruppe Berlandieri x Riparia wie zum Beispiel Kober 5 BB oder Kober 125 AA. Besonders schön sind auch die japanische Wildrebe Vitis coignetiae oder die amerikanische Uferrebe Vitis riparia (zum Beispiel: Riparia 1 Geisenheim). Die letztere hat eine gute Holzausreife und gedeiht vor allem auch in kühleren Gebieten. Sie wächst jedoch nicht bei zu hohem Kalkgehalt im Boden.

Das Laubengerüst muß stabil und beispielsweise mit feuerverzinkten Drähten quadratisch bespannt sein. Bei einem Abstand der waagrechten Drähte oder Latten oder auch Metallstützen von 30 cm kann bei einem richtigen Anschnitt auf jede Pflege im Sommer verzichtet werden. Die Kordons werden senkrecht an den Tragpfosten hochgezogen und oben auf das waagrechte Geflecht aufgebunden. Der Anschnitt erfolgt durch Zapfen oder kurze Streckbögen. Damit die Anlage nicht zu lange braucht, bis sie ihren Zweck erfüllt, muß der Boden gut vorbereitet sein. Die jungen Reben sind im Abstand von 1 m zu pflanzen. Später kann jede zweite Rebe wieder entfernt werden. Im ersten Jahr müssen die Reben mit nur einem Trieb wachsen, um möglichst bald das Laubendach zu erreichen. Auf diese Weise ist auch ein schöngewachsener Stamm zu erzielen. Im zweiten Jahr wird von dem obersten ausgereiften Auge erneut ein Trieb weiter nach oben gezogen und waagrecht aufgebunden. Wenn an dem Stamm später keine Austriebe geduldet werden, bleibt der Ausblick entsprechend offen.

Wildreben können auch zur Bekleidung von Hauswänden, Zäunen oder Gittern dienen. Für den interessierten Gast sollte man eine wetterfeste Beschilderung an der Rebe anbringen, die botanische Namen, Selektionsnummer und Ursprungsland nennt.

Weinbau und Weinbereitung

Weinbau und Weinbereitung haben sich gemeinsam entwickelt. Ihre Ganzheit blieb in Deutschland glücklicherweise bis heute erhalten. Deutsche Weine faszinieren durch ihre Vielfalt. Diese findet ihre Erklärung in den nachhaltigen Unterschieden, die im nördlichsten Weinbauland Europas durch Sorte und Lage bewirkt werden. Die deutsche Kellertechnik hat zu allen Zeiten die Individualität ihrer Weine unterstrichen.

Der Sinn für die Ganzheit von Rebe und Wein ist bei den deutschen Winzern lebendig. Dies wäre nicht so, wenn der Weinbau sich als Teil einer Landwirtschaft verstünde, die ihre Produkte an eine Veredelungsindustrie abführen muß. So ähnlich ist es in vielen anderen Weinbauländern.

Auch von der deutschen Weinwissenschaft und -lehre wird die Einheit von Rebe und Wein als wesentlich betrachtet und als Ganzheit in der Ausbildung verwirklicht. Nur wer das Leben der Rebe kennt, kann guten Wein bereiten und beurteilen. Feine Weine kommen nur aus hervorragend gepflegten Weinbergen. Die Forschung hat mit ihren Ergebnissen in Weinberg und Keller die Qualität revolutionär angehoben. Niemand würde heute Weine früherer Zeiten trinken wollen.

Nathan Chroman, Autor des Buches »The Treasury of American Wines«, schildert, wie einem amerikanischen Wissenschaftler ein berühmter, großer Wein zur Bewertung geschickt wurde. Dieser Chemiker fertigte eine umfassende Analyse an. Auf die Frage, was er von dem Wein selbst halte, kam keine Antwort – er hatte ihn nicht verkostet. Mit Recht fürchtet sich Chroman vor solchen Wissenschaftlern und solcher Wissenschaft. Wir würden es auch tun – wie Theodor Heuss, der Weinkenner, als er zum ersten Mal die ihm neue Amtsbezeichnung »Chemierat« hörte. Dazu schrieb er auf eine Weinkarte: »Laß deinen Chemieverstand, schau in die Traubentonne. Der beste Laborant ist immer noch die Sonne.«

Wilhelm Kiefer
Die Arbeit im Weinberg

Die Erstellung von Neuanlagen

Aus wirtschaftlichen Gründen erwartet man eine durchschnittliche Nutzungsdauer von 25 bis 30 Jahren für eine Reben-Ertragsanlage. Dies gilt beim Anbau von Pfropfreben, die einen höheren Durchschnittsertrag als wurzelechte Bestände bringen. Letztere erreichten früher bei niedrigeren Erträgen eine Nutzungsdauer von 40 bis 50 Jahren.

Es werden in der Regel Flächen bepflanzt, die schon Jahrhunderte mit Reben als Monokultur bestockt sind. Grünpflanzen zur Beschattung und Durchwurzelung des Bodens sind meist nicht vorhanden. Eine solche Monokultur bringt die Gefahr mit sich, daß der Boden »rebenmüde« wird: Die Reben reagieren dann mit Rückgangserscheinungen, das heißt mit einem schwächeren Wuchs. In früheren Jahren hat man besonders auf schweren, bindigen Böden nach dem Aushauen einer alten Anlage eine Brache von mehrjähriger Dauer eingeschoben. Während dieser Zeit wurden Luzerne oder andere tiefwurzelnde Grünpflanzen eingesät, um die Bodenstruktur zu verbessern, den Boden mit Humus anzureichern und der Rebenmüdigkeit entgegenzuwirken. Auch heute noch empfiehlt sich vor dem Pflanzen einer Neuanlage eine Brachezeit von 1 bis 2 Jahren mit Gründüngung. Zur Humusanreicherung ist besonders auf steinigen, feinerdearmen Böden vor der Pflanzung eine Düngung mit geeignetem Müllkompost, Torf oder anderen organischen Düngemitteln anzuraten.

Auf Standorten, die unter Staunässe leiden, muß vor dem Pflanzen das Wasser durch Dränage abgeleitet werden. Die Rebe ist gegenüber Staunässe sehr empfindlich. Wenn das Porenvolumen des Bodens weitgehend mit Wasser ausgefüllt und zu wenig Luft im Boden ist, fehlt es den Rebwurzeln an Sauerstoff. Auf staunassen Böden kommt es fehlender Wurzelneubildung wegen schon nach wenigen Jahren zu Rückgangserscheinungen bei den Reben.

In sehr windoffenen Lagen ist vor der Pflanzung zu prüfen, ob durch geeignete Windschutzpflanzungen eine allzu starke Durchlüftung der Anlagen verhindert werden kann. Eine mäßige Bewindung der Anlagen ist im Hinblick auf den Befall von Krankheiten und Schädlingen erwünscht. Bei stärkerer Durchlüftung einer Anlage wird aber die Temperatur im Rebenbestand gesenkt und durch Windbewegung das Trieblängenwachstum reduziert.

Eine weitere sehr wichtige Maßnahme vor dem Pflanzen ist die Bodenuntersuchung auf den Gehalt an mineralischen Nährstoffen. In der späteren Ertragsanlage werden durch die laufende mineralische Düngung die Nährstoffe nicht tief genug in den Boden eingebracht. Der größte Teil der wasser- und nährstoffaufnehmenden Wurzeln befindet sich aber erst in einer Tiefe zwischen 20 und 60 cm. Die oberste Bodenschicht kann besonders in Trockenperioden rascher austrocknen, so daß in einer Tiefe von 0 bis 30 cm die Nährstoffe oft nicht in gelöster Form den Rebwurzeln zur Verfügung stehen. Deshalb ist es notwendig, auch den Unterboden zwischen 30 und 60 cm mit den Hauptnährstoffen anzureichern. Dies geschieht vor der Neupflanzung durch Vorratsdüngung vor dem tiefen Pflügen (Rigolen).

Das Rigolen

Vor der Pflanzung erfolgt ein 40 bis 60 cm tiefes Umpflügen des Bodens, das Rigolen. Es wird dadurch die Bodenstruktur verbessert und den Rebwurzeln die Möglichkeit gegeben, in tiefere Schichten einzuwachsen. Zuweilen wird auch eine Kombination zwischen Pflügen und tiefem Lockern mit Spezialgeräten gewählt. Der Vorteil dabei ist, daß die weniger garen und wenig aktiven unteren Bodenschichten im Unterboden bleiben, aber gelockert und mit den notwendigen Nährstoffen angereichert werden. Die Rebwurzeln haben dann die Möglichkeit, auch in die tieferen Bodenschichten einzuwachsen.

Das Rigolen erfolgt in der Regel vor Winter mit Spezialpflügen, damit durch den Winterfrost die Bodengare gefördert wird und bis zum Pflanzen im folgenden Frühjahr der Boden sich genügend abgesetzt hat.

Das Pflanzen

In der Regel werden einjährige Pfropfreben gepflanzt. Ihre Wurzeln werden auf

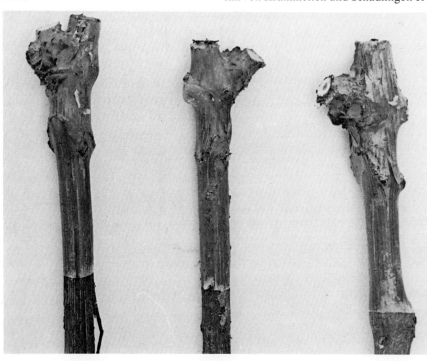

Pflanzfertig zugeschnittene einjährige Pfropfreben.

Die Arbeit im Weinberg

2 bis 5 cm zurückgeschnitten, der Trieb wird auf ein sichtbares Auge eingekürzt. In Weinbaugemeinden, die nicht reblausverseucht sind, werden verschiedentlich auch noch unveredelte einjährige Wurzelreben gepflanzt.

Mit Spaten, Erdbohrer oder anderem Gerät wird das Pflanzloch ausgehoben. Die Rebe wird so eingepflanzt, daß sie fest im Boden sitzt. Dieser Wurzelschluß ist für das An- und Weiterwachsen der Rebe sehr wichtig. Auf steinigen, feinerdearmen Böden verwendet man auch Pflanzerde aus einem Torf-Erde-Gemisch, um die Bedingungen für die Wurzelneubildung zu verbessern. Bei trockenem Boden empfiehlt sich ein kräftiges Angießen der Wurzelzone.

Veredelte Reben müssen so hoch gepflanzt werden, daß nur die Unterlage im Boden steht, das Edelreis sich aber ungefähr 5 cm über dem Boden befindet, damit nicht vom Edelreis aus Wurzeln gebildet werden und die Unterlage abgestoßen wird.

Die Jungfeldpflege

Nach dem Austrieb werden bei einer Länge der Triebe von etwa 10 cm alle Triebe bis auf den besten ausgebrochen. Dieser eine Trieb wird im Laufe des ersten Jahres wiederholt an den Pflanzpfahl angebunden, damit er gut in die Länge wächst. Hängende oder gar auf dem Boden liegende Triebe werden sehr rasch von der Peronospora (falscher Mehltau) befallen, so daß die Triebe verkümmern können. Der eine Trieb kann bei guter Pflege im ersten Jahre eine Länge von 1 bis 2 m erreichen. Voraussetzung ist, daß neben dem Anbinden allwöchentlich eine gute Schädlingsbekämpfung erfolgt. Die Bodenpflege muß besonders im ersten Jahr intensiv sein, damit den Jungreben ein lockerer, unkrautfreier Boden zur Verfügung steht.

Zu Beginn des zweiten Jahres wird bei guter Entwicklung des Jungfeldes der eine ausgereifte, einjährige Trieb von etwa 60 bis 80 cm Länge angeschnitten. Er bildet den späteren Stamm. Von den austreibenden Trieben bleiben nur 2 bis 4 stehen, damit diese sich kräftig entwickeln. Gut entwickelte Jungfelder liefern bereits im zweiten Jahr die ersten Trauben. Es ist nur ein kleiner Ertrag, aber meist eine besonders gute Qualität. Diese erste Ernte wird als »Jungfernwein« bezeichnet. Auch im zweiten Jahr sind intensive Bodenbearbeitung, Schädlingsbekämpfung und Heftarbeit erforderlich. Das dritte Jahr nach der Pflanzung dient

Rebschützer aus Kunststoff in einer einjährigen Junganlage.

ebenfalls noch zum Aufbau des Stockes. Allerdings kann schon mit der Hälfte des Vollertrages gerechnet werden.

Die Rebenerziehung

Unter der Art der Rebenerziehung versteht man vor allem die Zeilenbreite, die Höhe des Stammes, die Art des Fruchtholzes und die Art der Unterstützungsvorrichtung für die Rebe. Mit der Rebenerziehung ist der Rebschnitt eng verknüpft.

Ziel der Rebenerziehung ist es, auf der einen Seite einen nach Menge und Güte optimalen Ertrag zu sichern, auf der anderen Seite arbeitswirtschaftliche Vorteile und gute Voraussetzungen für die Mechanisierung zu gewährleisten.

Bezüglich der Gassenbreite sind Seilzuglagen (Steillagen) und Direktzuglagen (die direkt mit dem Schlepper befahren werden können) zu unterscheiden. In Seilzuglagen beträgt die Zeilenbreite 1,3 bis 1,6 m. Diese schmalen Zeilen sind in der in Steillagen oft geringen Wüchsigkeit der Stöcke begründet. Mechanisch können Steillagen ab etwa 30 bis maximal 40 % Gefälle nur mit der Seilwinde als Antriebskraft bewirtschaftet werden. In Direktzuglagen sind Zeilenbreiten von 1,5 bis 1,8 m üblich. Die Entwicklung geht zu noch breiteren Zeilen. Drei Zeilenbreiten werden unterschieden:

• Normalerziehung – Zeilenbreiten bis 1,8 m;

• erweiterte Normalerziehung – Zeilenbreiten zwischen 1,8 und 2,4 m;
• Weitraumerziehung – Zeilenbreiten von 2,4 bis 3,0 m.

Schon bei einer Zeilenbreite von etwa 2 m können größere, leistungsfähigere Schlepper eingesetzt werden. Auch bei verschiedenen Handarbeiten (wie beim Heften der grünen Sommertriebe) lassen sich bei etwa 2 m breiten Zeilen Arbeitsstunden einsparen. Weitraumerziehung und Zeilenbreiten über 2,4 m gestatten den Einsatz von Normalspurschleppern, die allgemein in der Landwirtschaft üblich sind. Wo aber die Wüchsigkeit auf leichten Böden oder trockenen Standorten oder bei schwachwüchsigen Sorten nicht ausreicht, ist es für die Leistung nach Menge und Güte nicht optimal, Weitraumanlagen anzulegen.

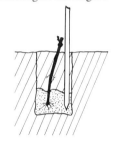

Rebe nach der Pflanzung – Veredelungsstelle paraffiniert.

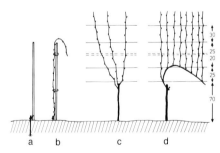

Aufzucht einer Jungrebe:
a) Rebe nach der Pflanzung.
b) Aufzucht eines Triebes im Laufe des ersten Jahres.
c) Aufbau eines Stämmchens und Belassen von drei Trieben im zweiten Vegetationsjahr.
d) Anschnitt einer Tragrute und eines Zapfens im dritten Jahr nach der Pflanzung (halber Ertrag).

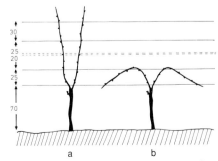

Anschnitt von zwei Fruchtruten und Ersatzzapfens
a) vor – und b) nach dem Gerten.

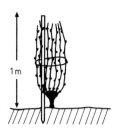

Kopfschnitt mit Einzelpfahlunterstützung.

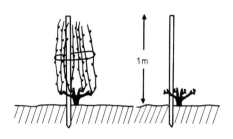

Bockschnitt mit kurzen Schenkeln und Zapfen vor und nach dem Rebschnitt.

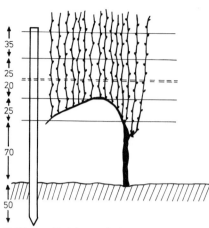

Halbbogen-Erziehung mit einer Fruchtrute und Ersatzzapfen für Zeilenbreiten bis etwa 1,80 m.

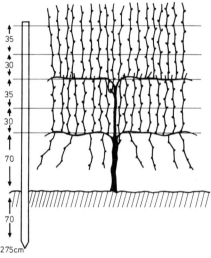

Etagenerziehung mit flach aufliegenden Fruchtruten auf zwei Etagen für Zeilenbreiten über 2 m.

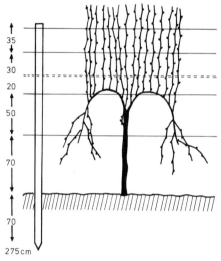

Pendelbogenerziehung für Zeilenbreiten ab 2 m.

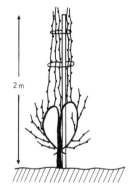

Einzelpfahlunterstützung für Steillagen – vornehmlich im Weinbaugebiet Mosel-Saar-Ruwer.

Der Stockabstand richtet sich nach der durch Rebsorte und Standort bedingten Wüchsigkeit. Während in Seilzuglagen der Stockabstand im allgemeinen 1,2 bis 1,5 m beträgt, liegt er in wüchsigen Direktzuglagen bei Normalerziehung bei 1,4 bis 1,6 m. Bei größeren Gassenbreiten geht der Stockabstand auf 1,2 bis 1,4 m zurück.

Daraus ergibt sich eine Standweite von 1,5 bis 2 qm pro Stock in Seilzuglagen, von 2,0 bis 2,5 qm in Direktzuglagen und von etwa 3,0 qm in Weitraumanlagen. Umgerechnet auf 1 ha Rebfläche bedeutet dies im allgemeinen 5000 bis 6000 Rebstöcke, in Direktzuglagen etwa 4000 bis 5000. Bei der geringeren Wüchsigkeit in früheren Jahrzehnten stand pro qm durchschnittlich 1 Stock, das ergab 10000 Stock pro ha.

Bezüglich der Höhe des Stammes kann man unterscheiden:
• niedere Erziehungsformen – Stammhöhe 10-30 cm;
• mittelhohe Erziehungsformen – Stammhöhe 40-80 cm;
• hohe Erziehungsformen – Stammhöhe über 80 cm.

In den letzten Jahrzehnten hat mit zunehmender Zeilenbreite auch die Stammhöhe zwangsläufig zugenommen. Besonders in Weinbaugebieten mit größerer Winterfrostgefahr hat man auch in Deutschland lange Zeit die Reben mit sehr niedrigem Stamm erzogen, um einen Teil des einjährigen Holzes vor dem Winter mit Erde bedecken zu können. Diese Arbeit ist sehr aufwendig und wird heute in Deutschland nur noch sehr selten praktiziert.

Mittelhohe Erziehungsformen mit Stämmen von 60 bis 80 cm haben arbeitswirtschaftliche Vorteile und sind auch für die Erzeugung von Qualität geeignet. Wird unter den klimatischen Bedingungen der Bundesrepublik der Stamm über 1 m hoch gezogen, dann befinden sich bei den meisten Erziehungsformen Trauben und Blätter in einer zu großen Entfernung vom Boden. Da mit zunehmendem Abstand vom Boden die Temperaturen niedriger werden, leidet die Qualität des Weines unter zu großer Stammhöhe, insbesondere wird die Säure im Most erhöht. Beim Rebstock unterscheidet man zwischen mehrjährigem Holz und einjährigem Holz. Letzteres dient als Tragholz. Dieses kann in unterschiedlicher Länge angeschnitten werden: Strecker haben 6 bis 10 Augen, Bogen mehr als 10 Augen. Zapfen weisen nur 2 bis 4 Augen auf.

Unterstützungsvorrichtungen

Wichtig ist die Art der Unterstützungsvorrichtung. Bis ins 19. Jahrhundert kannte man nur die Einzelstockunterstützung in Form eines Pfahles. Diese findet man heute nur noch in Steillagen, insbesondere an der Mosel, um auch bei Längszeilung quer zum Hang gehen zu können. Die Einzelpfahlunterstützung hat den großen arbeitswirtschaftlichen Nachteil, daß die grünen Sommertriebe mit Bast oder sonstigen Materialien am Pfahl angebunden werden müssen. Aus

Die Arbeit im Weinberg

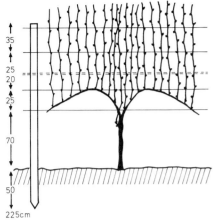

Halbbogen-Erziehung mit zwei Fruchtruten und Ersatzzapfen für Zeilenbreiten bis etwa 1,80 m.

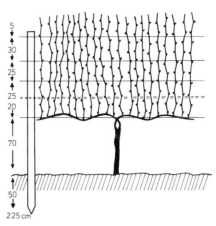

Flachbogenerziehung mit zwei Fruchtruten für Zeilenbreiten bis etwa 1,50 m.

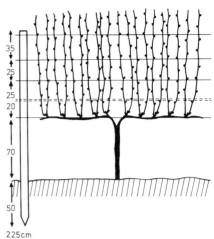

Kordonerziehung für Zeilenbreiten bis etwa 1,60 m.

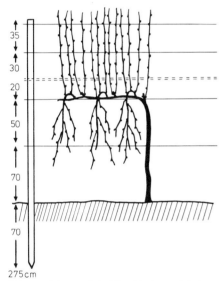

Sylvozerziehung mit drei Fruchtruten und drei Ersatzzapfen für Zeilenbreiten ab 2 m.

diesem Grund ist man in den letzten Jahrzehnten auch in Seilzuglagen zur Drahtrahmenunterstützung übergegangen.
Dabei werden in der Normalanlage mit 1,5 m Zeilenbreite 2,25 m lange Pfähle verwendet. An den Gertdrähten wird das einjährige Fruchtholz angebunden. Die Drähte darüber werden als Heftdrähte bezeichnet, weil mit ihrer Hilfe die grünen Sommertriebe geheftet werden. Ein Teil der Sommertriebe rankt sich selbst an den Drähten fest, ohne daß zusätzliche Handarbeit erforderlich ist. Im Durchschnitt sind allerdings noch zwei Arbeitsgänge notwendig, um die sich nicht selbst festrankenden Triebe einzustecken. Die grünen Sommertriebe wachsen also am Drahtrahmen aufrecht, wodurch der Wuchs gefördert wird. Ferner werden die einzelnen Triebe im Drahtrahmen gut verteilt, so daß Blätter und Trauben gut belichtet werden.

Die Rebenerziehung an Bäumen, teilweise noch in Italien üblich, ist die einfachste und billigste Form der Rebenunterstützung. Die Leistung ist aber nicht optimal, der Arbeitsaufwand bei der Lese hoch – und modernen Weinbau kann man damit nicht treiben.

Der Rebschnitt

Der Rebschnitt bezweckt, das letztjährige, alte Fruchtholz zu entfernen, eine Fruchtrute oder deren zwei für den Ertrag im laufenden Jahr und geeignete Ersatzzapfen für das folgende Jahr anzuschneiden, um unter Beibehaltung der Erziehungsform jedes Jahr den geeigneten Anschnitt vornehmen zu können.
Die Rebe ist eine Schlingpflanze, die sich in ihrer Wildform auf den Gipfeln der Bäume ausbreitet. Bei einem solchen Wildwuchs ohne Rebschnitt kommt es zur Ausbildung nur kleiner Trauben. In jedem Jahr wächst nämlich eine größere Zahl einjähriger Triebe aus. Ihre Zahl ist bei einem ungeschnittenen Rebstock so groß, daß die Ernährung der vielen Einzeltriebe und der Trauben nicht sichergestellt werden kann. Die Wuchskraft geht zurück. Die Folge ist, daß bei einem ungeschnittenen Rebstock zwar sehr viele Triebe und Trauben bei mangelhafter Durchlüftung vorhanden sind, die Trauben aber klein bleiben und dadurch der Ertrag sehr niedrig ist. Hinzu kommt, daß die vielen Triebe sich gegenseitig stark beschatten, die Assimilation niedrig ist und der Krankheitsbefall zunimmt. Ein ungeschnittener Rebstock wird überfordert und dadurch geschwächt.
Deshalb werden beim Rebschnitt im Winter bis spätestens Ende März etwa 90% der einjährigen Triebe entfernt. Entsprechend der Wüchsigkeit eines Stockes muß die richtige Zahl von Fruchtruten mit der richtigen Augenzahl belassen werden, damit ein Stock weder zuviel noch zuwenig Augen für den Austrieb hat. Auch ein zu geringer Anschnitt kann nachteilig sein: bei zuwenig Knospen pro Stock wird das Wachstum übermäßig gefördert und der Fruchtansatz geht zurück. Wenn statt 1 beziehungsweise 2 Fruchtruten mit 10 bis 12 Augen nur Zapfen mit 2 Augen angeschnitten werden, liegt Kordonschnitt vor. Er ist nicht sehr weit verbreitet, da bei den meisten Sorten die untersten Augen des einjährigen Holzes weniger Gescheine pro Auge ausbilden als die höherstehenden Augen.
Beim Kopfschnitt, der in früheren Jahrzehnten stärker verbreitet war, werden auf einem kurzen Stamm von etwa 20 cm Länge 3 bis 5 Zapfen mit je 2 Augen angeschnitten.

Rebschnitt und Menge – Güte – Verhältnis

Nicht nur bei der Rebe, sondern auch bei anderen Kulturen ist festzustellen, daß bei größer werdendem Mengenertrag pro Flächeneinheit ab einer gewissen Grenze die Qualität sinken kann. Im deutschen Weinbau ist im Durchschnitt ein Mengenertrag von 80 bis 100 hl/ha erreicht. Es stellt sich auch hier die Frage, ob diese und noch höhere Mengenerträge möglich sind, ohne daß die Qualität des Mostes und damit die Qualität des Weines abfällt.
Am stärksten wird der Mengenertrag beeinflußt durch die Zahl der Knospen, die pro qm Standraum angeschnitten wird. Deshalb stellt sich beim Rebschnitt die Frage, wieviel Knospen pro m² angeschnitten werden sollen, um einen guten

Mengenertrag ohne Abfall der Qualität zu erzielen.
Die bisherigen Untersuchungen haben gezeigt, daß dazu beachtet werden müssen:
• die Sorte beziehungsweise das Klonenmaterial;
• das Klima;
• der Boden;
• weinbautechnische Maßnahmen wie Rebenerziehung, Düngung, Schädlingsbekämpfung und anderes.
Bei großtraubigen und außerdem fruchtbaren Sorten mit durchschnittlich etwa 3 Trauben pro Trieb reichen etwa 6 bis 7 Knospen pro m^2 aus, um Mengenerträge um 100 hl/ha zu erzielen. Bei kleinbeerigen, weniger fruchtbaren Sorten (Gewürztraminer, Riesling) sind 10 bis 12 Augen pro m^2 anzuschneiden, um die gewünschten Mengenerträge ohne Abfall der Qualität zu erzielen.
Unter ungünstigen Voraussetzungen (Trockenheit) ist es durchaus möglich, daß Mengenerträge von mehr als 70 bis 80 hl/ha schon zu einem Abfall der Qualität führen. Andererseits können unter günstigen Standortbedingungen auch 100 bis 120 hl/ha ohne Abfall der Qualität geerntet werden. Steigen die Mengenerträge jedoch auf 150 bis 200 hl an, dann ist bei allen Sorten mit einem mehr oder weniger deutlichen Abfall der Qualität zu rechnen. Die in Deutschland erzielten Mengenerträge von im Durchschnitt 80 bis 100 hl/ha sind vor allem auf die genetisch leistungsfähigen, ertragssicheren Rebbestände und auf eine gute und intensive Pflege der Reben zurückzuführen.
Bei niedrigen Erträgen um 40 bis 50 hl/ha, wie sie in verschiedenen Gebieten in Frankreich für die Erzeugung von AC-Weinen (höchste Qualitätsstufe) vorgeschrieben sind, können unter den in Deutschland gegebenen Bedingungen keine höheren Qualitäten erzeugt werden. Diese starke Ertragsbeschränkung bei den Qualitätsweinen in Frankreich soll aber auch eine Verknappung des Angebotes und damit einen stabilen Preis bewirken.
Ein zu großer Anschnitt pro Stock und m^2 führt unter anderem zu kleineren Blättern, zu einem schwächeren Wuchs und unter Umständen zu einer stärkeren Selbstbeschattung, so daß die Voraussetzungen für eine gute Assimilation verschlechtert werden. Um im Hinblick auf die Qualität die Mengenerträge nicht zu überhöhen, gibt es derzeit in Deutschland Richtwerte für Hektarerträge, die bei 90 bis 100 hl/ha liegen.

Beim Binden der Bogreben. Heute gibt es bereits Handgeräte, die die Bindearbeit wesentlich erleichtern.

Das Gerten

Das einjährige Fruchtholz steht in der Regel senkrecht. Würde die Fruchtrute diese Form beibehalten, würden die oberen Augen verstärkt austreiben, während die unteren schwach blieben. Um den Austrieb gleichmäßiger zu gestalten und die Fruchtbarkeit der Fruchtrute zu fördern, werden die einjährigen Fruchtruten gegertet (gebogen). Das Fruchtholz wird dabei entweder waagrecht auf den untersten Draht (Strecker, Gertdraht) oder in Form eines Halbbogens gegertet. Bei der Pfahlunterstützung bildet man sogar einen geschlossenen Bogen.
Zum Anbinden der Fruchtruten, das vor dem Austrieb erfolgt, werden in der Regel Drahtkordel, früher Weidenruten, verwendet. Kunststoffbänder und kunststoffummantelte Drähte dienen vor allem zum Anbinden von mehrjährigem Holz, da sie eine längere Lebensdauer haben als die dünnere Drahtkordel.

Die Laubarbeiten

Unter Laubarbeiten versteht man die während der Vegetation am Stock durchgeführten Arbeiten: das Ausbrechen, das Heften, das Einkürzen der grünen Haupttriebe und das Einkürzen der Geiztriebe.
Beim Ausbrechen werden vor allem die Bodentriebe und die Wasserschosse, die aus dem alten Holz kommen, entfernt. Ziel dieser Maßnahme ist es, die verbleibenden Triebe zu fördern und den Stock aufzubauen. Wasserschosse können jedoch auch nützliche Triebe sein, etwa dann, wenn durch Frost zu viele Augen auf dem einjährigen Holz erfroren sind. Auch Triebe aus dem alten Holz können erwünscht sein, wenn sie für den Stockaufbau benötigt werden.
Wenn die jungen Triebe eine Länge von 30 bis 50 cm erreicht haben und noch weitgehend senkrecht wachsen, besteht die Gefahr des Windbruches, so daß das Heften, das heißt das Befestigen der Triebe im Drahtrahmen oder am Pfahl, notwendig wird. Durch das Heften im Drahtrahmen wird außerdem sichergestellt, daß alle Triebe einzeln stehen und so besser belichtet und belüftet werden. Die Selbstbeschattung der Triebe kann dadurch vermindert werden. Senkrecht wachsende Triebe zeigen ein stärkeres Wachstum und weisen eine geringere Geiztriebbildung auf. Auch müssen bei hängenden Trieben die Zeilenbreiten größer sein, damit bei mechanischer Bearbeitung die Maschinen ungehindert durch die Reihen fahren können, und schließlich ist bei ihnen die Leistung nach Menge und Güte weniger groß als bei aufrecht wachsenden Trieben. Dies kann unter anderen klimatischen Bedingungen (etwa in Amerika) durchaus anders sein. Aber schon der größere Abstand der Trauben vom Boden und die kleineren Blätter bei einer Rebenerziehung mit nur hängenden Trieben können unter den klimatischen Bedingungen in Deutschland zu einem Abfall der Qualität führen.
Wenn die Haupttriebe, an denen in der Regel zwei, manchmal sogar drei Trauben hängen, eine bestimmte Länge (1,3 bis 1,5 m) erreicht haben, werden die Triebspitzen abgeschnitten. Dabei ist – besonders bei den heutigen hohen Erträgen – von entscheidender Bedeutung, daß zur Ernährung der Trauben genügend viele und gut belichtete Blätter zur Verfügung stehen. Besonders bei wüchsigen Sorten und auf Standorten mit ausreichender Bodenfeuchtigkeit sowie bei spätreifenden Sorten sind für den heutigen Mengenertrag bei guter Qualität etwa 2,5 bis 3,0 m^2 Blattoberfläche pro m^2 Boden erforderlich, um die Trauben gut zu ernähren. Diese Blattoberfläche erreicht man durch eine Trieblänge von etwa 1,3 m. Von Jahr zu Jahr und von Sorte zu Sorte bestehen natürlich große Unterschiede.
Kürzt man die Haupttriebe nicht ein, so verbrauchen die wachsenden Triebspitzen und Blätter mehr Kohlenhydrate, als sie selbst assimilieren können. Zu lange Triebe hängen herunter und beschatten die älteren, leistungsfähigen Blätter. Sehr

Die Arbeit im Weinberg

schlecht ist es, wenn die Triebspitzen von zwei Zeilen in die Gassenmitte hängen und so in der Traubenzone eine schlechte Belüftung und Belichtung verursachen. Krankheiten und Schädlinge können sich um so leichter ansiedeln.

Das Belassen einer ausreichend großen Blattfläche führt dazu, daß die Trauben mehr Zucker einlagern, die Beeren dikker werden, mehr Säure veratmet wird und auch im Holzkörper mehr Kohlenhydrate gespeichert werden können. Dies hat wiederum einen besseren Austrieb und Wuchs im darauffolgenden Jahr zur Folge.

Als Geiztriebe bezeichnet man die Schosse von austreibenden Nebenaugen, die dann mit dem Haupttrieb in Konkurrenz treten. Die Stärke der Geiztriebbildung hängt ab von der Sorte, der Wüchsigkeit einer Anlage und der Art der Unterstützungsvorrichtung. Aufrecht wachsende grüne Triebe und spät eingekürzte Haupttriebe bilden weniger Geiztriebe.

Früher hielten die Winzer die Geiztriebe für Konkurrenztriebe und entfernten sie. Heute weiß man, daß Geiztriebblätter, die etwa 75% ihrer Endgröße erreicht haben, Kohlenhydrate exportieren. Damit können die Geiztriebe mit ihren physiologisch jungen, leistungsfähigen Blättern dazu beitragen, die Stoffproduktion zu erhöhen, was sowohl dem Zuckergehalt der Trauben als auch dem Kohlenhydratgehalt im Holz zugute kommt. Aus diesem Grund beläßt man die unteren Blätter der Geiztriebe und beschränkt sich auf das Entfernen der Triebspitzen zu lang gewachsener Geiztriebe. Nur dort, wo genügend Blätter am Haupttrieb vorhanden sind und wo das Belassen der Geiztriebblätter zu einer Verdichtung und damit schlechteren Belichtung und Belüftung der Trauben führen würde, werden die Geiztriebe ganz entfernt.

Die Bodenbearbeitung

Das Ziel der Bodenbearbeitung ist die Erhaltung und Förderung der Bodenfruchtbarkeit.

Der Boden besteht etwa je zur Hälfte aus festen Bestandteilen und aus Hohlräumen, die wiederum etwa je zur Hälfte mit Wasser und Luft gefüllt sind. Wenn sich die festen Bodenbestandteile aufgrund einer schlechten Struktur dicht lagern, verringert sich im Boden das Luftvolumen und damit der Sauerstoff, der für das Wachstum wichtig ist. Ferner kommt es durch die Wurzelatmung zu einer Anreicherung von Kohlensäure im Boden, was sich ebenfalls nachteilig auf das Wachstum der Reben auswirkt. Auch der Wasserhaushalt des Bodens wird gestört, wenn zu wenig Hohlraum im Boden vorhanden ist.

Böden in gutem Zustand bezeichnet man als »gare« Böden. In ihnen finden die Mikroorganismen gute Bedingungen für ihre bodenverbessernde Tätigkeit, der Wasserhaushalt ist in Ordnung, die Durchlüftung ist gewährleistet. Dies sind Voraussetzungen für eine nachhaltige Leistungsfähigkeit der Reben.

Im Weinbau ist Bodengare nur unter erschwerten Bedingungen zu erhalten:

• In der Regel handelt es sich um eine Monokultur, bei der seit Jahrzehnten oder gar Jahrhunderten nur Reben wachsen und nicht von Jahr zu Jahr andere Pflanzen.

• Häufig befinden sich die Böden in Hang- oder Steillagen, die bei Starkregen einer erhöhten Erosionsgefahr, bei schönem Wetter stärker der Sonneneinstrahlung ausgesetzt sind mit ebenfalls nachteiligen Folgen für die Bodengare.

• Oft sind es relativ steinige Böden, die wenig Humus haben und deshalb stärker austrocknen.

• Aus Gründen der Rationalisierung hat im Weinbau, besonders in Direktzuglagen, eine weitgehende Mechanisierung Eingang gefunden. Die Rebgassen werden im Laufe eines Jahres häufiger mit Schleppern befahren, wodurch es zu Bodenverdichtungen kommen kann.

Die Bodenbearbeitung im Weinbau besteht aus mechanischer Bodenbearbeitung, biologischer Bodenpflege (Begrünung), Einsatz chemischer Unkrautbekämpfungsmittel und der Bodenabdeckung.

Rebzeile in einer Weitraumanlage.

Mechanische Bodenbearbeitung

Die mechanische Bodenbearbeitung kann man einteilen in die Bearbeitung vor Winter (Winterbau), die Frühjahrsbearbeitung und die Sommerbearbeitung. Ein spezieller Fall ist die Tiefenlokkerung. Wenn festgestellt wurde, daß in tieferen Bodenschichten Verdichtungen vorliegen, wird, insbesondere vor der Erstellung von Neuanlagen, aber auch in Ertragsanlagen, der Boden bis etwa 80 cm tief gelockert.

Ziel der Bearbeitung vor Winter ist es, eine 10 bis 20 cm tiefe Lockerung herbeizuführen, Düngemittel in etwas tiefere Schichten einzubringen, das Unkraut zu bekämpfen und den Boden grobschollig vor Winter zu gestalten, damit die Winterfeuchtigkeit in den Boden eindringen kann. Früher war es üblich, Boden aus der Gassenmitte unter die Stockreihen zu pflügen, um durch eine Bedeckung der Veredelungsstellen mit Boden (Zupflügen) die Reben vor Winterfrost zu schützen. Dies wird heute nur noch in frostgefährdeten Lagen und bei frostanfälligen Sorten durchgeführt, denn es bringt im Frühjahr zusätzliche Arbeit, weil die Veredelungsstellen wieder vom Boden befreit werden müssen.

Die Bearbeitung im Frühjahr und während des Sommers – letztere ist im deutschen Weinbau am stärksten verbreitet – hat vor allem zum Ziel, das Unkraut zu bekämpfen und den Boden flach (5 bis 10 cm tief) zu lockern. Dabei wird in den trockenen Gebieten Wasser eingespart, und die Rebe erhält günstige Wachstumsbedingungen. Der Nachteil der mechanischen Bodenbearbeitung besteht insbesondere darin, daß durch die häufige Bearbeitung mehr Humus abgebaut wird und daß bei Starkregen Erosionsschäden leichter auftreten können.

Biologische Bodenbearbeitung

Aus den zuletzt genannten Gründen versucht man seit vielen Jahren, den Boden nicht mehr durch mechanische Bearbeitung offen zu halten, sondern durch geeignete Pflanzen zu begrünen. Pflanzenwuchs in den Gassen kann die Bodenerosion weitgehend verhindern. Die absterbenden Pflanzenteile bringen dem Boden zusätzlich Humus, und durch die tiefe Durchwurzelung des Bodens wird eine gute Bodenstruktur erreicht. Außerdem bleibt der Boden begeh- und befahrbar.

Einen Nachteil der Begrünung kann bei wenig Niederschlag die Wasserkonkurrenz bedeuten, und in Frostlagen wird durch die Begrünung eine erhöhte Maifrostgefahr ausgelöst.

Bei der zeitweisen Begrünung werden geeignete Grünpflanzen für einige Monate eingesät und anschließend durch mechanische Bearbeitung wieder entfernt. Bei der Dauerbegrünung werden Klee oder Grasarten eingesät und die mechanische Bearbeitung für viele Jahre unterlassen. Man beschränkt sich auf das Mähen der höher wachsenden Grünpflanzen. Wenn die Niederschläge pro Jahr bei guter Verteilung über 600 mm liegen und der Boden eine gute wasserhaltende Kraft hat, kann auf Dauerbegrünung mit all ihren Vorteilen übergegangen werden.

Chemische Bodenbearbeitung

Chemische Unkrautbekämpfungsmittel werden eingesetzt, weil Handarbeit immer teurer und knapper wird und weil Spezialpflüge, die auch unter den Stockreihen das Unkraut mechanisch entfernen, kompliziert sind und die Gefahr der Stockverletzung mit sich bringen. Es gibt chemische Mittel, die auf das keimende Unkraut wirken (Vorauflaufmittel) und solche, die über die Blätter der aufgelaufenen Unkräuter wirksam werden (Nachauflaufmittel). Letztere haben in der Praxis größere Bedeutung erlangt. Ziel der Unkrautbekämpfung ist es, das Unkraut im Boden zunächst einmal wachsen zu lassen, wodurch der Boden durchwurzelt und gegenüber Erosion geschützt wird. Durch den Einsatz der Nachauflaufmittel soll dann erreicht werden, daß das Unkraut nicht zu hoch wird und in die Stöcke wächst. Im Weinbau wird im allgemeinen nur das Unkraut unter den Stockreihen mit chemischen Mitteln bekämpft (Unterstockbehandlung), während in der Gassenmitte die mechanische Bearbeitung beibehalten wird.

Bevor chemische Unkrautbekämpfungsmittel im Weinbau eingesetzt werden dürfen, müssen sie von der Biologischen Bundesanstalt zugelassen werden. Dies setzt ihre eingehende Prüfung voraus. Es werden nur solche Mittel zugelassen, die nicht in den Wurzelbereich der Reben gelangen, so daß – bei richtiger Anwendung – Schäden an den Reben ausgeschlossen sind. Diese chemischen Mittel werden auch, besonders auf garen, humusreichen Böden, in einer überschaubaren Zeit abgebaut. Langjährige Untersuchungen haben ergeben, daß durch den Einsatz zugelassener Herbizide der Boden nicht vergiftet wird; die Gesamtzahl der Mikroorganismen im Boden geht durch Herbizide nicht zurück.

Bei der Anwendung von Vorauflaufmitteln auf der ganzen Fläche (Ganzflächenbehandlung) und gleichzeitigem Unterlassen der mechanischen Bodenbearbeitung kann es zu Bodenverdichtungen kommen. Aus diesem Grund und auch aus Kostengründen wird im Weinbau nur die Unterstockbehandlung durchgeführt.

Bodenbedeckung

Bei Bodenbedeckung ist der Boden nicht mehr direkt den Sonnenstrahlen ausgesetzt, die Erosion wird stark vermindert, die Bodenstruktur verbessert. Deshalb hat im Weinbau die Abdeckung des Bodens mit Stroh an Bedeutung gewonnen. Dabei werden etwa 80 dz Stroh pro ha ausgebracht. Ein Nachteil der Strohabdeckung besteht in der erhöhten Brandgefahr bei trockener Witterung.

Die Düngung

Es gibt organische Düngung (Humusdüngung) und mineralische Düngung. Die ältere Form ist die organische Düngung. Dabei wurde mit Stallmist und Jauche nicht nur organisch gedüngt, sondern auch mineralisch, denn Stallmist enthält auch eine Reihe mineralischer Nährstoffe. Mineralische Düngung erfolgt systematisch erst seit dem 20. Jahrhundert. Grundlagen für eine gezielte mineralische Düngung sind die Arbeiten Justus von Liebigs im vergangenen Jahrhundert. Mit zunehmendem Ertrag werden dem Boden auch in erhöhtem Umfang mineralische Nährstoffe entzogen, die durch eine entsprechende Zufuhr ersetzt werden müssen.

Organische Düngung

Infolge Einwirkung des Sauerstoffs und anderer Faktoren werden pro ha und Jahr etwa 30 bis 60 dz organische Trockenmasse im Boden abgebaut. Dieser Verlust muß durch Zufuhr von Humusdüngern ersetzt werden. Dabei unterscheidet man zwischen dem Nährhumus, der sich rasch im Boden zersetzt, und dem Dauerhumus, der längere Zeit im Boden stabil bleibt. Die Humuszufuhr kann erfolgen in Form von Stallmist, Stroh, Kompost verschiedener Art, Torf, Hühnerdung, organischem Volldünger auf der Basis tierischer oder pflanzlicher Abfälle oder durch Gründüngung. Am besten zieht man nicht nur einen der genannten Humusdünger für die organische Düngung heran, sondern wechselt ab. Je nach der Bodenart und nach den sonst gegebenen Voraussetzungen sind bestimmte Humusdünger vorzuziehen.

Stallmist ist mit dem Rückgang der Viehhaltung in den Weinbaugebieten immer knapper geworden. Damit stieg der Preis an. Da der Wassergehalt im Stallmist hoch ist, sind auch die Ausbringungskosten besonders in Steillagen hoch. Anstelle von Stallmist wird verstärkt in den letzten Jahren Stroh zur organischen Düngung herangezogen. Es wird im Spätherbst eingebracht und im folgenden Frühjahr leicht eingearbeitet. Zunehmend werden für die organische Düngung Müllkomposte oder mit Klärschlamm zersetzte Müllklärschlamm-Komposte verwendet. Dabei ist allerdings durch ständige Kontrolle dafür Sorge zu tragen, daß diese Komposte keine schädlichen Abfallstoffe enthalten, die sich auf den Boden und die Rebe negativ auswirken. Torf ist besonders für leichte Böden ein guter organischer Dünger, da er die Wasserkapazität des Bodens erhöht. Die organischen Volldünger (organische Dünger mit Zusatz von mineralischen Düngemitteln) enthalten schon die wichtigsten mineralischen Nährstoffe. Sie sind arbeitswirtschaftlich sehr vorteilhaft, aber, bezogen auf den Gehalt an organischer Substanz, relativ teuer. Die billigste Form der Humuszufuhr ist die Gründüngung, doch ist sie nur dort möglich, wo genügend Wasser vorhanden ist. Je nach Wüchsigkeit der Klee- und Graseinsaaten können in einem Jahr durch die Begrünung 20 bis 40 dz organische Masse an Ort und Stelle wachsen und dem Boden zugeführt werden.

Mineralische Düngung

Bei der mineralischen Düngung geht es um die Zufuhr von Mineralien, die auf natürliche Weise in jedem Boden vorhanden sind. Inzwischen sind aber die Erträge pro Flächeneinheit so stark gestiegen, daß auf den meisten Böden die natürlichen Vorkommen an Mineralien nicht mehr ausreichen, um diese Ernten sicherzustellen. Vielmehr kam es mit der Zeit im Boden zu einer Verarmung an mineralischen Nährstoffen. »Kunstdünger« meinte also nie einen Gegensatz zur Natur, sondern nur die Art der Gewinnung. Entscheidend für richtige mineralische Düngung sind ausreichende Gaben, die

Die Arbeit im Weinberg

im richtigen Verhältnis zueinander der Pflanze angeboten werden. Die Festlegung dieser Werte ist nur möglich, wenn im Abstand von etwa drei Jahren der Boden auf seine Gehalte an mineralischen Nährstoffen untersucht wird. Bei zu geringer mineralischer Düngung ist keine optimale Ernte möglich. Überhöhte mineralische Gaben führen zu Ertragseinbußen und Schädigungen der Rebe.

Calcium, Kalium, Stickstoff, Phosphorsäure und Magnesium werden vom Boden in größeren Mengen benötigt und deshalb als Hauptnährstoffe bezeichnet. Viele Weinbergsböden sind reich an Kalk (Calcium); dort braucht mit Calcium nicht zusätzlich gedüngt zu werden. Zuviel Kalk kann zu Vergilbungserscheinungen bei der Rebe führen. Wo der Kalkgehalt zu niedrig, das heißt der Grad der Versauerung des Bodens zu groß ist, muß Kalk zugeführt werden. Kalk ist zum Aufbau der Zellen erforderlich. Die Reben bevorzugen einen pH-Bereich (Maß für den Gehalt an Säuren im Boden) von etwa 7.

Kalium ist ebenfalls je nach Bodenart in unterschiedlichen Mengen vorhanden. Es ist für die Qualität, die Blüten- und Fruchtbildung sowie für die Holzausreife wichtig, und es übt einen positiven Einfluß auf den Wasserhaushalt der Rebe aus. Pro ha und Jahr werden in Abhängigkeit vom Boden und der erzielten Ernte etwa 150 bis 200 kg Kalium in Form von K_2O benötigt.

Stickstoff ist für das Wachstum der Reben insgesamt sehr wichtig. Er ist ein wesentlicher Bestandteil des Eiweißes und des Chlorophylls. Durchschnittlich werden zwischen 80 und 150 kg Reinstickstoff pro ha und Jahr gedüngt.

Phosphorsäure ist für Fruchtansatz und Ertrag von Bedeutung. Im Durchschnitt werden zwischen 40 und 80 kg Phosphorsäure pro ha und Jahr verabreicht. In ähnlicher Menge wird auch Magnesium gegeben.

Zu den Spurenelementen, die nur in geringen Mengen von der Rebe benötigt werden, gehören Bor, Zink und Mangan. Auch bei ihnen führt sowohl Unter- als auch Überversorgung zu Störungen der Rebe.

Da die Rebwurzeln besonders auf leichteren Böden auch in tiefere Schichten einwachsen, müssen Nährstoffe auch dort zur Verfügung stehen. Die meisten Nährstoffe sind auf mittleren und schweren Böden nicht sehr beweglich. Für die Düngung bedeutet dies, daß die Nährstoffe schon vor der Neuanlage tief einrigolt werden müssen. Der Vorteil der geringen Beweglichkeit mancher Nährstoffe im Boden besteht darin, daß sie bei stärkeren Niederschlägen nicht ausgewaschen werden.

Auf sehr trockenen Standorten können die Nährstoffe im Boden nicht gelöst und deshalb von den Rebwurzeln auch nicht aufgenommen werden. Wo keine Zusatzberegnung gegeben werden kann, besteht eine gewisse Möglichkeit, in Verbindung mit der Schädlingsbekämpfung oder auch durch Verspritzen nur der mineralischen Nährstoffe auf die Blätter den Reben über das Blatt Nährstoffe zuzuführen. Es handelt sich dabei zwar nur um geringe Mengen an mineralischen Nährstoffen, aber eine Wirkung ist dennoch nachzuweisen.

Der Dünger wird mittels eines Kreiselstreuers in einer Direktzuglage ausgebracht.

Pilzkrankheiten und ihre Bekämpfung

Die in Deutschland angebauten Rebsorten werden von verschiedenen Pilzkrankheiten befallen. Diese Pilze werden als weiße oder graue Beläge sichtbar. Sie dringen in die verschiedenen Organe der Rebe ein und können ganz erhebliche Schäden anrichten.

Falscher Mehltau

Die Peronospora oder Blattfallkrankheit (falscher Mehltau, Plasmopara viticola Berl. et de Toni) war früher die gefürchtetste pilzliche Erkrankung. Da die Bekämpfung mit sehr gutem Erfolg möglich ist, gilt heutzutage der Grauschimmel (Botrytis cinerea) als der gefährlichste Pilz.

Der Befall durch den Peronosporapilz führt zu Aufhellungen der befallenen Gewebe, oft zu runden, öligen Flecken, die durchscheinend sind. Voraussetzung ist feuchte und warme Witterung. Der Befall, der auf der Blattunterseite erfolgt, kann so stark sein, daß die Blätter und Gescheine abfallen (»Blattfallkrankheit«). Auch im Stadium der Erbsengröße der Beeren kann es noch zu erheblichen Schäden kommen. Es bilden sich bläulich verfärbte, lederartige Beeren (Lederbeeren). Für die Bekämpfung der Peronospora ist es von entscheidender Bedeutung, daß ein vollkommener Spritzbelag auf den Blättern und Gescheinen zur Zeit des Sporenflugs vorhanden ist. In Abhängigkeit von Standort und Sorte muß im deutschen Weinbau mit 3 bis 6 Spritzungen gerechnet werden. Während dazu früher Kupferkalkbrühe und Kupferfertigpräparate verwandt wurden, setzt man heute organische Fungizide ein, die die Reben (besonders bei kühler Witterung) wesentlich besser vertragen.

Echter Mehltau

Bei Oidium oder echtem Mehltau (Uncinula necator Burr.), auch Äscherich genannt, handelt es sich im Gegensatz zu Peronospora um einen echten Mehltaupilz. Junge Blättchen können befallen werden. Sie kräuseln sich und zeigen einen grauweißen schimmeligen Belag. Während der Vegetation können Blätter, Gescheine, Trauben und Triebe befallen werden. Da ganze Triebe mit einem mehligen, aus Pilzfäden bestehenden Belag überzogen werden können, spricht man von Mehltau. Die Bekämpfung mit Schwefel muß rechtzeitig, das erste Mal kurz nach dem Austrieb erfolgen. Anstelle von sehr fein gemahlenem, pulvrigem Schwefel wird heute allgemein Netzschwefel eingesetzt. Stark mit Oidium befallene Trauben können einen sehr unangenehmen Schimmelgeschmack im Wein zur Folge haben. Wie bei Peronospora ist die Befallgefahr mit dem Beginn der Reife gebannt.

Grauschimmel

Der Grauschimmel (Botrytis cinerea Persoon) ist heute der gefürchtetste Pilz. Er kommt überall vor, bildet massenhaft Konidien und gedeiht besonders bei feuchtwarmer Witterung sehr rasch. Bereits nach 4 bis 5 Tagen ist er so stark gewachsen, daß sich neue Konidien bilden können. Befallene Organe der Rebe zeigen einen filzartigen, grauen Belag (Grauschimmel). Der Pilz kann, wenn er einmal Fuß gefaßt hat, unter den genannten Bedingungen schnell um sich greifen und ist schwer zu bekämpfen.

Werden unreife Beeren befallen, so tritt Sauerfäule ein. Zu diesem Zeitpunkt haben die Beeren noch relativ wenig Zucker, aber noch viel Säure. Der Botrytispilz verbraucht anteilig mehr Zucker, so daß es zu einer Anreicherung mit Säure kommt. Befallene Trauben sind ausgesprochen minderwertig. Wird der Traubenstiel befallen (Stielfäule), so ist eine normale Versorgung der Trauben nicht mehr gewährleistet. Bei verschiedenen Sorten führt die Stielfäule zum Abfallen der Trauben.

Die einzelnen Sorten werden von Botrytis cinerea unterschiedlich stark befallen. Durch die Höhe der Erziehung und die Laubarbeit, die eine gute Durchlüftung des Bestandes und der Trauben sicherstellen, können das Abtrocknen der Trauben beschleunigt und die Befallsbereitschaft vermindert werden. Die Bekämpfung von Botrytis cinerea ist schwierig. Kupfer wirkt nur abhärtend, nicht abtötend. Es gibt einige organische Fungizide, die eine gewisse Wirkung gegen Botrytis cinerea haben. Zur Zeit werden neue Mittel geprüft. Wie kaum ein anderer Pilz ist der Botrytispilz in der Lage, fungizidresistente Formen zu bilden. Sehr erwünscht ist der Botrytispilz im deutschen Weinbau aber, wenn er reife Trauben zu einem späten Zeitpunkt befällt (Edelfäule): Die Beeren enthalten bereits reichlich Zucker, die Beerenhaut wird durch den Botrytisbefall porös, so daß bei trockener Witterung zusätzlich Wasser verdunsten kann und es zur Zuckerkonzentration in den Beeren kommt. Spitzenweine lassen sich nur bei Edelfäule erzeugen. Nicht erwünscht ist die Edelfäule jedoch bei Rotweinsorten, weil durch sie der Farbstoff zerstört wird.

Sonstige Pilzerkrankungen

Beim Roten Brenner (Pseudopeziza tracheiphila Müller-Thurgau) zeigen sich Ende Mai/Anfang Juni auf den untersten Blättern scharf abgegrenzte, keilförmige, zuerst gelbliche, später rötliche Flecken. Die Blätter sterben nach und nach ab. Selten kommt es auch zu einem Befall der Triebe und Gescheine. Die erfolgreiche Bekämpfung des Roten Brenners muß kurz nach dem Austrieb mit organischen Fungiziden geschehen.

Der Erreger der Schwarzfleckenkrankheit ist der Pilz Phomopsis viticola Sacc., der erst in den letzten fünfzehn Jahren im Weinbau stärker festgestellt wird. Die befallenen Blätter zeigen viele schwarze Pünktchen und teilweise auch eine starke Verkräuselung. An den grünen Rebtrieben können schwarzbraune Flecken auftreten. Im Herbst sind am Holz weiße Zonen festzustellen, die von zahlreichen schwarzen Pünktchen bedeckt sind. Die Bekämpfung muß kurz nach dem Austrieb intensiv erfolgen.

Rebschädlinge und ihre Bekämpfung

Der Traubenwickler, Heu- und Sauerwurm dürfte von den tierischen Schädlingen auch heute noch die größten Schäden verursachen, wenn man einmal von der Reblaus absieht. Bei ihm haben wir es mit zwei Wicklerarten zu tun: dem einbindigen und dem bekreuzten Traubenwickler. Die Bezeichnungen Heu- und Sauerwurm haben die Winzer erfunden. Die Raupen der ersten Generation treten nämlich im Juni zur Zeit der Heuernte auf, die Raupen der Sommergeneration befallen die Beeren noch vor der Reife, wodurch die Trauben sauer bleiben und faulen. Die Traubenwickler können durch Fraß und durch ihre Spinntätigkeit erhebliche Schäden anrichten. Eine regelmäßige Bekämpfung durch 1 bis 2 Behandlungen mit Insektiziden ist erforderlich. Wegen der Gefahr für Bienen dürfen Insektizide nicht in die Blüte gespritzt werden, doch wurden in den letzten Jahren für Bienen ungefährliche Insektizide entwickelt.

Bei der Roten Spinne handelt es sich im Weinbau um die Obstbaum-Spinnmilbe. Schon beim Austrieb können die Reben befallen werden. Die rötlichen, nur gerade mit den Augen erkennbaren Larven saugen auf der Blattunterseite. Ältere Blätter verfärben sich auf der Oberseite rostbraun. Die assimilatorische Leistung wird dadurch wesentlich beeinträchtigt. In warmen Lagen und Jahren können

Eier der Roten Spinne.

Pockenmilbe am Riesling.

Die Arbeit im Weinberg

5 und mehr Generationen während einer Vegetationsperiode gebildet werden. Dabei kann es besonders im Spätsommer zu einem starken Befall kommen. Ab Mitte August erfolgt die Ablage der dunkelroten Wintereier unterhalb der Knospen. Die Bekämpfung muß kurz nach dem Austrieb erfolgen, wenn etwa 4 bis 5 Blättchen entwickelt sind. Bei stärkerem Befall ist eine Bekämpfung mit Insektiziden zu wiederholen.

Obwohl die Blattgall- oder Pockenmilbe häufiger auftritt, sind die Schäden meist unbedeutend. Schon beim Schwellen der Knospen und beim Austrieb beginnen die Pockenmilben mit dem Saugen, was auf der Blattunterseite zu Gallen führt. Besonders wenn die Reben nach dem Austrieb infolge kühler Witterung nicht rasch weiterwachsen, kommt es häufiger zu diesem Befallsbild. Die Bekämpfung muß nur bei stärkerem Befall kurz nach dem Austrieb durch Insektizide erfolgen. In unterschiedlichem Umfang, besonders aber bei Jungfeldern, kann die Kräuselmilbenkrankheit auftreten. Die Milben halten sich auf den jüngsten Blättern auf und schädigen dort durch ihre Saugtätigkeit. Bei starkem Befall kann es zu einem Kümmerwuchs kommen.

Der Rebstichler ist ein grün- bis blaugefärbter, 6 bis 9 mm langer Rüsselkäfer. Sobald die Knospen zu schwellen beginnen, wandert er aus dem Boden auf die Reben und frißt an den jungen Knospen und Blättern. Es entstehen zahlreiche Löcher auf der Blattspreite. Bei stärkerem Auftreten muß mit einem Insektizid behandelt werden.

Der Springwurm, 2 bis 3 cm lang, graugrün mit schwarzem Kopf, ist zwischen weißen Gespinsten innerhalb von Blattknollen zu finden. Kurz nach dem Austrieb können verfressene und zusammengesponnene Blätter beobachtet werden.

Beim Dickmaulrüßler handelt es sich um einen grauschwarzen Rüsselkäfer von etwa 1 cm Länge. Während der Dunkelheit verläßt er seinen Aufenthalt in der oberen Erdkrume in der Nähe des Stokkes und schädigt die Reben durch Knospen- und später durch Blattfraß.

Schäden durch Wespen, Bienen, Vögel und ihre Bekämpfung

Bei hohen Temperaturen kommt es besonders bei frühreifen Trauben in manchen Jahren zu erheblichen Schäden durch Wespenfraß. Die Mundwerkzeuge der Wespen sind in der Lage, unbeschä-

Wespenfraß an einer reifen Traube.

Vogelschutznetze halten Stare und Amseln ab.

digte Beeren anzubeißen. Sobald Traubensaft ausgetreten ist, kommen rasch Bienen nach, wodurch Schäden in größerem Umfang entstehen können. In manchen Jahren müssen frühreife Sorten infolge Gefährdung durch Wespen- und Bienenfraß vorzeitig gelesen werden. Bis heute gibt es nämlich keine befriedigende Möglichkeit zur Bekämpfung der Wespen und Bienen. Der Einsatz von chemischen Mitteln zur Zeit der Traubenreife ist nicht erlaubt, und die Verwendung von Wespenfängern oder feinen Gespinstfäden ist arbeitsaufwendig und kostspielig. Auch Stare, Amseln und andere Vögel können erhebliche Schäden verursachen. Eine sichere Bekämpfung ist nicht möglich oder sehr kostspielig. Stare und andere Vögel durch Knallschreck oder sonstigen Lärm zu verscheuchen, hat nur einen begrenzten Effekt, da die Vögel sich sehr rasch an das Geräusch gewöhnen. In Österreich und 1976 erstmals auch in Deutschland werden große Starenschwärme mit dem Flugzeug vertrieben, besser gesagt: auf größere Gebiete verteilt. Am sichersten ist das Bedecken der Trauben mit Netzen, was aber arbeitsaufwendig und kostspielig ist.

Stiellähme, Viruserkrankungen und ihre Bekämpfung

Die Stiellähme ist eine physiologische Störung. Wenn die reifenden Beeren ein Mostgewicht von 25 bis 55° Oe haben, treten an den Stielen braune bis dunkle Flecken auf, die sich ausbreiten und die ganze Achse umfassen können. Die Folge davon ist, daß die Beeren welken. Bei feuchter Witterung wird das abgestorbene Gewebe sehr rasch durch Botrytis cinerea befallen. Die Stiele vermorschen, und es kommt zum Abfall der Trauben. Manche Sorten (Riesling) sind gegenüber der Stiellähme anfällig. Ebenso tritt diese verstärkt in zu dicht gepflanzten, wenig durchlüfteten Anlagen auf. Durch Stiellähme können ganz erhebliche Schäden auftreten. Ihre Bekämpfung ist noch nicht befriedigend möglich. Ein mehrmaliges Spritzen mit Kalium-Magnesiumchlorid kann den Befall lediglich vermindern.

Unter bestimmten Voraussetzungen zeigen sich bei der Rebe Rückgangserscheinungen, deren Ursachen nicht immer hinreichend geklärt sind. Für verschiedene Erkrankungen können aber mit Sicherheit Viren verantwortlich gemacht werden. Viren sind Eiweißkörper, die den Stoffwechsel und auch das Aussehen der Reben selbst außerordentlich stark verändern können. Zu den Viruserkrankungen der Reben gehören die Reisigkrankheit, die Rollkrankheit und die Mosaikkrankheit.

Bei der Reisigkrankheit zeigen die Reben ein völlig anormales Wachstum mit zahlreichen dünnen Trieben, »Besenwuchs« sagen die Winzer. Die Blätter bleiben kleiner und haben tiefer eingeschnittene

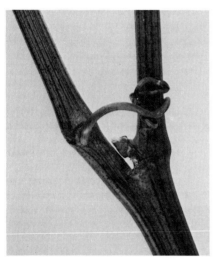

Krankhafte Gabelungen als Folge von Virusinfektion (Reisigkrankheit).

Kurzknotigkeit wird durch die Reisigkrankheit, die eine Virusinfektion ist, ausgelöst.

Blattbuchten. Die Trauben sind klein und lockerbeerig, so daß der Ertrag stark zurückgeht. Bei der Blattrollkrankheit werden besonders die unteren Blätter vom Rand her eingerollt. Häufig zeigen die Blätter auch eine frühere Herbstverfärbung.

Die Dürreberegnung

Die Meinung, die Rebe sei eine Trockenpflanze, trifft nur bedingt zu. Die Rebe wächst zwar unter relativ trockenen Bedingungen, bringt dabei aber keine optimale Leistung. Eine ausreichende Wasserversorgung ist erforderlich, um guten Wuchs und gute Ausbildung der Trauben nach Menge und Güte sicherzustellen. Im allgemeinen reichen die in deutschen Weinbaugebieten fallenden 500 bis 700 mm Niederschlag im Jahr aus, weil die Verteilung der Regenmengen im Durchschnitt der Jahre günstig ist. Während der Sommermonate fallen nämlich anteilig mehr Niederschläge als im Winter.

Es gibt in Deutschland aber Weinbaugebiete, die im langjährigen Durchschnitt keine 500 mm Jahresniederschlag haben. Wenn es sich dabei noch um Standorte handelt, die einen leichten, wasserdurchlässigen und dazu noch flachgründigen Boden aufweisen, dann reichen diese Niederschläge für optimale Leistungen nicht aus. In der Regel sind dies Steillagen, bei denen auch noch die Einstrahlung intensiver ist als in flachen Lagen und wo also auch die Wasserverdunstung stärker ist.

Bei unzureichender Wasserversorgung bleibt der Wuchs zurück, Triebe und Blätter bleiben klein, und die Traubenreife setzt sehr früh ein. In warmen, zu trockenen Jahren kann es zur Notreife der Trauben kommen: Die Trauben werden zwar früh, aber sehr mangelhaft reif. Auffallend niedrig ist unter diesen trockenen Bedingungen auch die Gesamtsäure im Most.

Es wird daher auch in Deutschland vereinzelt mit Zusatzberegnung gearbeitet, vor allem in Steillagen. Entscheidend sind Termin und Menge der Zusatzberegnung. Wird zu stark und auch in den letzten drei Wochen vor der Lese beregnet, besteht die Gefahr eines Qualitätsabfalles. Denn Böden, die ein zu geringes Luftvolumen, aber zuviel Wasser enthalten, erwärmen sich schlechter. Dies beeinflußt Entwicklung und Reife der Trauben negativ. Bei zu später Wassergabe kurz vor der Lese tritt in den Beeren ein Verdünnungseffekt ein.

Deshalb wird für Zusatzberegnung empfohlen, 20 bis 30 mm Wasser pro Termin innerhalb 8 bis 10 Stunden auszubringen. Bleibt es trocken, dann wird diese Wassergabe im Abstand von etwa 14 Tagen wiederholt. Eine richtig bemessene Zusatzberegnung bringt nicht nur im Jahr der Beregnung selbst eine höhere Leistung nach Menge und Güte, sondern kräftigt den Rebstock und führt dadurch auch im folgenden Jahr noch zu besserem Wuchs und Ertrag. Außerdem erlaubt die Zusatzberegnung Dauerbegrünung mit allen ihren Vorteilen.

Der Frostschutz

Frostschäden können zu drei verschiedenen Terminen eintreten: durch Spätfrost im Frühjahr nach dem Austrieb (Ende April bis Mitte Mai), durch Frühfrost im Herbst und durch Winterfrost.

Am gefürchtetsten sind die Fröste im Mai, die verheerende Schäden anrichten können. Durch Frühfrost im Oktober kann das noch grüne Laub erfrieren, wodurch die Assimilation unterbrochen wird. Das Erfrieren der Trauben führt zu rötlicher Verfärbung; je nach Schädigung sind die Trauben nicht mehr brauchbar. In größeren Abständen fallen auch in den deutschen Weinbaugebieten die Wintertemperaturen auf -18 bis $-25°$ C, was besonders am einjährigen Holz zu großen Schäden, unter Umständen bis zum totalen Stockausfall führen kann.

Am meisten gefährdet sind Tallagen, aus denen die Kaltluft schlecht abfließen kann. Wenig gefährdet sind Hang- und Steillagen, besonders dann, wenn sie an ihrem oberen Rand durch einen Waldgürtel vor Kaltluft geschützt sind. Ferner erweist sich die Nähe großer Wasserflächen als günstig (Rheingau). Diese wirken als Wärmespeicher und verhindern, daß die Temperaturen zu stark absinken. Wenn genügend Rebfläche zur Verfügung steht, sollten ausgesprochen frostgefährdete Lagen nicht zum Anbau von Reben genutzt werden. Geschieht es dennoch, so kann man versuchen, die Schäden durch den Anbau frosthärterer Sorten und durch höhere Erziehungsarten niedrig zu halten.

Besonders zur Bekämpfung von Maifrösten werden verschiedene Verfahren angewendet:

• Bedecken der Reben

Mit Stroh- oder Plastikmatten werden jung ausgetriebene Reben bedeckt. Diese Maßnahme bietet sich für kleinere Flächen an, da sie aufwendig ist.

• Lufttrübung

Durch Räuchern oder Nebeln werden die Ausstrahlung und damit sehr niedrige Temperaturen vermieden. Dieses Verfahren verspricht nur auf großen Flächen in einem geeigneten Gelände begrenzten Erfolg.

• Heizung

Diese Methode ist am weitesten verbrei-

Die Arbeit im Weinberg

tet. Ölöfen haben den Nachteil, daß die Wartung aufwendig ist. Propangasleitungen oder das Heizen mit Warmluft stellen eine elegante, aber teure Lösung dar.
• Beregnung
Durch ständiges Feuchthalten der jungen Triebe, wobei etwa 2,5 mm Wasser pro Stunde erforderlich sind, kann der Frost erfolgreich bekämpft werden. Die Wirkung beruht darauf, daß jeder Wassertropfen, der an den Pflanzen gefriert, an seine Umgebung Wärme (Erstarrungswärme) abgibt. Eine erfolgreiche Frostbekämpfung durch Beregnung nach dem Austrieb im Mai ist an bestimmte Voraussetzungen gebunden.

Nach arbeits- und betriebswirtschaftlichen Gesichtspunkten insgesamt gesehen, ist die Frostbekämpfung noch nicht befriedigend gelöst.

Die Traubenlese

Reife Trauben werden mit Traubenscheren abgeschnitten, in Kunststoffbehälter gebracht und abtransportiert. Von der Durchführung dieser Arbeit, der Lese, insbesondere vom Termin und von der Sorgfalt der Lese, hängt die Qualität des erzeugten Weines ganz wesentlich ab.

Der Lesezeitpunkt richtet sich in erster Linie nach dem Gesundheitszustand der Trauben. Das wichtigste Problem während der Reifezeit ist der Botrytisbefall, der bei reifen Trauben zur Edelfäule führt, durch die sich eine Konzentration von Inhaltsstoffen in den Beeren ergibt. Aber nicht nur diese Konzentration, sondern auch der geschmackliche Einfluß des Pilzes Botrytis cinerea sind für Qualitätsweine mit Prädikat ab der Stufe Auslese besonders erwünscht.

Weisen die Trauben Edelfäule auf, so besteht ein erhöhtes Risiko bei ungünstiger Witterung. Durch die poröse Beerenhaut kann nicht nur Wasser verdunstet werden, sondern bei feuchter Witterung kann eine starke Wasseraufnahme erfolgen und bei manchen Sorten sogar ein Platzen der Beeren und ein Auswaschen des Zuckers eintreten. Deshalb wird man die Lese einleiten, wenn ein gewisser Anteil von Trauben in den Zustand der Edelfäule übergegangen ist. Nur bei guter Witterung wird das Risiko eingegangen, die edelfaulen Trauben länger hängen zu lassen, um besondere Qualitäten zu ernten. Edelfaule Trauben können bei guter Witterung in einer Woche mehr als 10° Oe zunehmen. Bei schlechter Witterung besteht die Gefahr, daß das Mostgewicht in der gleichen Größenordnung geringer wird.

Zeitpunkt der Lese

Der Lesezeitpunkt hängt aber nicht nur von der Edelfäule, sondern auch von der Jahreszeit ab. Wenn in der zweiten Oktoberhälfte oder sogar Anfang November die gewünschte Reife noch nicht eingetreten ist, wird dennoch die Lese vorzunehmen sein, weil im allgemeinen im Monat November mit einer weiteren Verschlechterung der Witterung gerechnet werden muß. Schließlich ist für den Lesezeitpunkt von Bedeutung, ob die Blätter noch grün und leistungsfähig sind, um assimilieren zu können.

Im allgemeinen kann man sagen, daß unter den in Deutschland gegebenen klimatischen Bedingungen durch eine spätere Lese zwar der Mengenertrag reduziert, dafür aber die Qualität angehoben wird. Der Anstieg der Qualität wird sich dabei nicht immer nur in einem höheren Mostgewicht ausdrücken, sondern oft wird es, besonders bei der Sorte Riesling, durch eine spätere Lese auch zu einem Säureabbau kommen und damit zu reiferen, harmonischeren Weinen. Eine optimale Reife ist erreicht, wenn das Verhältnis zwischen dem Zuckergehalt (ausgedrückt in Grad Oechsle) und der Säure im Most etwa 10:1 beträgt.

Für die Gewinnung von Ausleseweinen müssen die Trauben in mühevoller Arbeit handverlesen werden.

Verordnungen zur Lese

Aufgrund des Weingesetzes von 1971 sind die weinbautreibenden Länder ermächtigt, Verordnungen zur Lese zu erlassen. Davon haben Rheinland-Pfalz, Hessen und Bayern Gebrauch gemacht. Baden-Württemberg hat bisher auf eine Herbstordnung verzichtet, weil in diesem Land die Lesetermine weitgehend durch die Winzergenossenschaften festgelegt werden.

Nach den Herbstordnungen der Länder ist in jeder weinbautreibenden Gemeinde ein Herbstausschuß zu bilden, der unter Vorsitz des Bürgermeisters darüber zu beraten hat, wann vor der Lese das Betreten der Weinberge durch nicht Nutzungsberechtigte untersagt wird. Die wichtigste Aufgabe des Herbstausschusses besteht sodann darin, festzusetzen, zu welchem Termin eine Vorlese, wann die Hauptlese und ab wann die Spätlese durchgeführt werden dürfen. Dabei sind für die einzelnen Lagen besondere Lesezeitpunkte festzulegen. Hält sich ein Winzer nicht an diese festgelegten Zeiten, kann dies zur Folge haben, daß sein Wein nicht verkehrsfähig ist.

Durchführung der Lese

Für die einzelnen Arten der Lese gelten folgende Kriterien:
• Eine Vorlese wird gestattet, wenn in

einzelnen Anlagen der Fäulegrad sehr hoch ist oder wenn große Gefahr besteht, daß die Ernte vernichtet wird.
• Eine Vor-Auslese wird vorgenommen, wenn ein Teil der Trauben in Fäule übergegangen ist und die Gefahr besteht, daß dieser Anteil quantitativ und qualitativ Schaden erleidet. Bei einer solchen Vor-Auslese werden nur die faulen Trauben abgeerntet, während die gesunden Trauben zum Nachreifen hängenbleiben. Dadurch wird die Qualität angehoben und der Mengenertrag gesichert.
• Unter Hauptlese versteht man die allgemeine Lese für die einzelnen Rebsorten.
• Eine Spätlese darf erst eingebracht werden, wenn die für die Hauptlese festgesetzte Zeit beendet ist und die Trauben vollreif sind.
• Auslesen gewinnt man, indem man die sehr reifen, edelfaulen Trauben und Beeren getrennt von den weniger reifen und noch gesunden Beeren erntet.
• Beerenauslesen werden aus besonders hochwertigen, überreifen, edelfaulen Beeren gewonnen. Diese Arbeit ist sehr aufwendig und nur in sehr reifen Jahrgängen möglich.
• Trockenbeerenauslesen werden aus eingeschrumpften, rosinenartigen Beeren in geeigneten Jahren und Lagen gewonnen. Voraussetzung dafür ist, daß genügend große Flächen zur Verfügung stehen, da die Gesamtausbeute gering ist.

Rebsorten:
- Müller-Thurgau
- Riesling
- Traminer und Gewürztraminer
- Silvaner
- Blauer Spätburgunder
- Freisamer
- Weißer Burgunder
- Ruländer
- Muskateller
- S 88 (Scheurebe)

Rebanbau in Ihringen/Baden vor der Flurbereinigung. Die Rebsorten sind durch verschiedene Schattierungen gekennzeichnet. Die Zersplitterung der Anbauflächen ist deutlich zu erkennen.

Ihringer Winklerberg/Kaiserstuhl.

• Für die Gewinnung von Eiswein sind Temperaturen von mindestens −6° C erforderlich. Zweite Voraussetzung ist, daß die Trauben eine genügende Reife haben. Bei der Sorte Riesling sind mindestens 70° Oe erforderlich. Wenn die Ausgangsmostgewichte der Trauben im ungefrorenen Zustand 80° Oe betragen und die Ausgangssäure relativ niedrig liegt, können die besten Eisweine erzeugt werden.

Die Flurbereinigung

Die wichtigste Voraussetzung für einen modernen Weinbau ist die Flurbereinigung. Durch sie erhält man größere Parzellen, erschließt die Rebflächen durch Wege und regelt die Wasserführung so, daß es bei Starkregen keine katastrophalen Abschwemmschäden gibt.
In der Zeit reiner Handarbeit im Weinbau war es nicht unbedingt erforderlich, am oberen und unteren Ende eines Weinberges je einen Weganschluß zu haben. Aber schon damals waren der Antransport von Stallmist und der Abtransport der Trauben ohne Wege sehr mühsam.

Die Arbeit im Weinberg

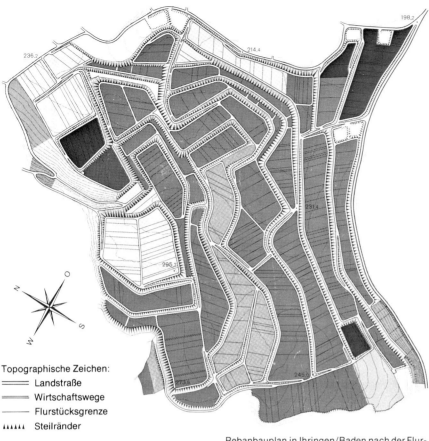

Topographische Zeichen:
- ═══ Landstraße
- ══ Wirtschaftswege
- ── Flurstücksgrenze
- ᴧᴧᴧᴧᴧᴧ Steilränder

0 100 200 300 400 500m

Rebanbauplan in Ihringen/Baden nach der Flurbereinigung. Kleine Parzellen wurden zu großen Flächen zusammengefaßt, der Anbau auf eine geringere Anzahl Sorten begrenzt.

Mit der Einführung der Mechanisierung im Weinbau und bei knapper und teurer werdenden Arbeitskräften wurde es immer notwendiger, die Parzellen zu erschließen und einen rentablen Weinbau zu betreiben. In Steillagen mußten bei Handarbeit etwa 2500 Stunden jährlich für die Pflege eines Hektars Reben aufgewendet werden. Durch die Flurbereinigung und Mechanisierung gelang es, den Arbeitsaufwand auf 1000 bis 1200 Stunden pro ha Rebfläche zu senken. In Direktzuglagen beträgt der Arbeitsbedarf nur noch etwa 700 Stunden pro ha.

Bei der Flurbereinigung wird in Steillagen entlang den Höhenschichtlinien mit einem Gefälle von maximal 10% im Abstand von 60 bis 70 m ein Weg gebaut. Die Wege sind befestigt. Sie haben nach der Bergseite ein schwaches Gefälle und eine Rinne für die Wasserführung. Die Wege sind 4 bis 5 m breit, damit zwei Fahrzeuge nebeneinander Platz haben. Jeder zweite Weg hat eine Glattdecke mit Teer oder Beton, so daß diese Wege unabhängig von der Witterung jederzeit befahrbar sind. In Direktzuglagen ist die Gefahr des Wasser- und Bodenabtrages bei Starkregen nicht so groß. Deshalb wählt man dort Wegeabstände von 80 bis 120 m.

Da die Rebzeilen in der Fallinie angelegt werden und diese Längszeilung die Gefahr des Bodenabtrages verstärkt, werden besonders am Fuße von Steillagen Rückhaltebecken angelegt, in denen sich die abgeschwemmte Erde sammelt, ohne in Siedlungsgebieten Schäden anrichten zu können. Von hier aus kann der abgetragene Boden wieder in die Weinberge zurücktransportiert werden.

In einigen Fällen ist man dazu übergegangen, statt die Rebzeilen in die Fallinie zu legen, etwa 3 m schmale Querterrassen zu bauen und darauf die Rebzeilen in Richtung der Höhenschichtlinien anzulegen. Diese Maßnahme hat den Vorteil, daß bei Starkregen die Erosion sehr vermindert wird und daß bessere Voraussetzungen für die Mechanisierung geschaffen werden. In Deutschland scheitert diese Querterrassierung häufig an Flachgründigkeit und Trockenheit. Außerdem geht zuviel Fläche in wertvollen Steillagen verloren, und schließlich fehlt es auch an langjähriger Erfahrung.

Am Kaiserstuhl in Baden war es möglich, Großterrassen von etwa 40 m Breite mit sehr hohen Böschungen zu bauen. Voraussetzung hierfür war das Vorhandensein sehr tiefgründiger Lößböden, die fast senkrechtstehende Böschungen erlaubten. Allerdings ist hierdurch auch eine sehr auffällige Produktionslandschaft entstanden.

Mechanisierung durch Transport- und Pflegeschlepper

Voraussetzung für eine Mechanisierung ist, daß auch in den Rebanlagen eine ausreichende Antriebsenergie zur Verfügung steht. Nach der Handarbeitsstufe diente in den ersten Jahrzehnten unseres Jahrhunderts in Direktzuglagen das Pferd als Zugkraft. Da die Arbeitsgeschwindigkeit mit dem Pferd geringer ist und hohe feste Kosten anfallen, wurde das Pferd in den letzten zwanzig Jahren weitgehend durch den Schlepper ersetzt.

Für Zeilenbreiten bis etwa 1,80 m stehen Spezialschlepper für den Weinbau zur Verfügung, die eine Gesamtbreite bis zu etwa 1 m haben. Mit diesen Schmalspurschleppern kann vielseitig mechanisiert und pro Arbeitskraft eine hohe Leistung erreicht werden. Während früher auch Schmalspurschlepper unter 20 PS eingesetzt wurden, liegt die Stärke heute allgemein um 30 PS und darüber. In breiten Zeilen um etwa 2 m werden Spezialschlepper mit 40 bis 50 PS eingesetzt. Weitraumanlagen mit Zeilenbreiten über 2,50 m gestatten den Einsatz von leistungsfähigen Normalspurschleppern.

Gegenüber dem Pferd als Zugkraft bieten Schlepper vor allem bei Transportarbeiten wesentliche Vorteile. Ferner können sie nicht nur vielseitiger eingesetzt, sondern auch in Arbeitsspitzen stärker überlastet werden als tierische Zugkräfte.

Gummibereifte, allradgetriebene Schlepper erreichen je nach Bodenzustand und Zugkraft unter optimalen Voraussetzungen eine Steigfähigkeit bis maximal 40%. Sollen Hanglagen zwischen 25 und 40% zu Direktzuglagen werden, so ist dies leichter mit Kettenfahrzeugen (Raupen) möglich. Da sie jedoch in der Unterhaltung teurer sind und zur Straßenschonung auf Spezialfahrzeugen transportiert werden müssen, haben sie im Weinbau keine große Verbreitung erfahren.

Ab 30 bis 40% Gefälle beginnen die Seilzuglagen. Meist werden Seilwinden benutzt, die an Schlepper angebaut sind.

Weinbau und Weinbereitung

Kultivator zur Lockerung des Bodens und zur Unkrautbekämpfung.

Bodenbearbeitung (mit Sitzpflug), Ausbringung der Düngemittel und andere Arbeiten können so mechanisiert werden. Nachteilig bei der Arbeit mit Seilwinden ist, daß für jeden Arbeitsgang zwei Arbeitskräfte erforderlich sind und daß nur bergan gearbeitet wird, während die Abfahrt im Leerlauf erfolgt. Darum ist der Arbeitsbedarf bei den mechanisierbaren Arbeiten in Steillagen mehr als doppelt so hoch wie in Direktzuglagen.

Traktor mit Risser zur mechanischen Bodenbearbeitung.

Mechanisierung der Laubarbeiten

Die Spitzen der Sommertriebe wurden früher mit Sichel, Hecken- oder Rebschere abgeschnitten. Seit einigen Jahren gibt es Laubschneidegeräte, die an den Schlepper angebaut werden und in beliebiger Höhe die Triebspitzen abschneiden. In der Regel wird einseitig gearbeitet, aber auch Geräte mit zweiseitiger Arbeitsweise sind auf dem Markt. Neuerdings gibt es auch einen Prototyp für ein Laubschneidegerät in Seilzuglagen. Das Gerät wird am Sitzpflug montiert und von einem eigenen Motor angetrieben.

Mechanisierung der Bodenbearbeitung

Während früher sowohl die Lockerung des Bodens als auch die Beseitigung des Unkrautes mit der Handhacke (Karst) erfolgte, wird heute die mechanische Bodenbearbeitung fast ausschließlich mit dem Pflug durchgeführt. Dieser wendet den Boden und führt so zu einer besseren Durchmischung und Einarbeitung der Düngemittel. Zum Rigolen vor dem Pflanzen werden große Pflüge mit 40 bis 60 cm Arbeitstiefe eingesetzt.

Zur Grundausstattung eines Weinbaubetriebes gehört ferner der Kultivator (Grubber). Für Direktzuglagen wird er an den Schlepper angebaut, in Seilzuglagen wird er als Sitzpflug von der Seilwinde gezogen. Kultivatoren verstopfen sich aber leicht bei höherem Unkraut. Zur Unkrautbeseitigung setzt man daher besser Fräsen ein. Diese müssen eine geringe Umlaufgeschwindigkeit haben und den Boden grobschollig hinterlassen. Zu feinkrümeliger Boden neigt zu Verschlämmung und verstärkter Erosion. Mit Fräsen kann man bis zu einem gewissen Grad auch das im Winter anfallende Schnittholz einarbeiten.

Daneben gibt es auch Geräte zur Bearbeitung dauerbegrünter Flächen. Hier geht es vor allen Dingen darum, zu hochgewachsene Grünpflanzen abzumähen (mulchen). Je nach Aufwuchs wird während des Sommers 3- bis 4mal gemulcht. Auch die Ausbringung von Herbiziden zur chemischen Unkrautbekämpfung erfolgt nur noch sehr selten mit Handspritzen. Für Direktzuglagen gibt es spezielle Anbau-Spritzgeräte, mit denen unter den Stockreihen die Herbizide ausgebracht werden.

Mechanisierung der Düngung

Vor allem die Ausbringung mineralischer Düngemittel konnte in den letzten Jahren stark mechanisiert werden. Aber auch bei der Ausbringung organischer Düngemit-

Die Arbeit im Weinberg

tel, besonders in Direktzuglagen, wurden Fortschritte erzielt.

In Direktzuglagen werden für mineralische Düngemittel Pendel- oder Kreiseldüngerstreuer als Anbaugeräte mit sehr großer Leistung eingesetzt. Auch für Seilzuglagen gibt es am Sitzpflug angebaute, allerdings weniger leistungsfähige Düngerstreuer. Schwieriger ist die Ausbringung organischer Düngemittel, weil es sich hierbei um sperriges, voluminöses Material handelt. Für Direktzuglagen stehen Stallmiststreuer, Heckschaufeln und andere Geräte zur Verfügung. In Steillagen muß man sich bis heute noch vorwiegend des Schlittens oder der Erdschaufeln bedienen.

Mechanisierung der Schädlingsbekämpfung

Die einzelnen Behandlungen sind besonders bei der Peronospora-Bekämpfung sehr termingebunden. Es muß also jeweils während kurzer Zeit eine große Fläche behandelt werden. Zu unterscheiden ist zwischen dem Spritzen, bei dem 2000 l Spritzbrühe pro ha ausgebracht werden, und dem Sprühen von nur 600 bis 1000 l (oder weniger) Spritzbrühe pro ha. Die Wirkstoffmenge pro Flächeneinheit bleibt bei beiden Verfahren dieselbe. Noch kleinere Tröpfchen zu wählen und die Konzentration zu erhöhen, hätte den Vorteil, mit weniger Spritzbrühe pro ha arbeiten zu können, aber den entscheidenden Nachteil, daß zu kleine Tröpfchen windanfälliger sind und sich deshalb die Abtriftgefahr vergrößert.

Rückenspritzen werden praktisch nicht mehr eingesetzt. Die Leistung ist zu gering und die Arbeit zu schwer. An ihre Stelle sind in Direktzuglagen fahrbare Spritz- und Sprühgeräte sowie vor allem Anbaugeräte für die verschiedenen Schlepper getreten. Mit letzteren läßt sich in 1 bis 2 Stunden 1 ha behandeln.

In Steillagen wird die Schlauchleitung mit der unter hohem Druck (40 bis 60 atü) stehenden Spritzpistole verwendet. Bei größeren Entfernungen sind zusätzlich eine bis zwei Arbeitskräfte erforderlich, um längere Schlauchleitungen zu ziehen. Je nach Parzellengröße und -form braucht man mit der Spritzpistole etwa 15 bis 20 Arbeitsstunden für einen Hektar. In den letzten Jahren haben sich verstärkt Großflächengeräte durchgesetzt. Zum einen sind dies Sprayer, die 25 bis 30 m weit die Spritzbrühe in den Bestand blasen. So lassen sich von beiden angrenzenden Wegen aus Parzellenlängen bis zu etwa 60 m behandeln. Dieses Verfahren ist vor allem für Steillagen günstig. Zum anderen wird der Hubschrauber verwendet. Für seinen Einsatz gibt es Richtlinien auf Bundesebene und in einzelnen Ländern zusätzliche Verordnungen, um Schäden zu vermeiden. Im Hinblick auf den biologischen Erfolg wird besonders für die Botrytisbekämpfung die Abschlußspritzung mit herkömmlichen Geräten und nicht mit dem Hubschrauber durchgeführt. Bei letzterem reduziert sich die verwendete Menge Spritzbrühe bei den ersten Spritzungen auf 75 l/ha und bei der Arbeit nach der Blüte auf 150 l/ha. Vereinzelt wird die Schädlingsbekämpfung auch mit stationären Beregnungsanlagen durchgeführt.

Rotierendes Bodenbearbeitungsgerät (Fräse) zur Unkrautbekämpfung, zur Lockerung des Bodens und zur Zerkleinerung des Rebholzes.

Mulchgerät zur Zerkleinerung des Rebholzes und zum Abmähen von Grünpflanzen.

Mechanisierung der Traubenlese

Die Traubenlese verursacht mit 300 bis 400 Stunden pro ha den mit Abstand höchsten Arbeitsaufwand aller Arbeitsvorgänge im Weinbau. Rechnet man für die Bewirtschaftung von 1 ha Reben in Direktzuglagen etwa 700 Stunden, so entfallen allein auf die Lese über 40% davon. Bis heute nämlich ist die Lese Handarbeit geblieben. Nur der Abtransport der Trauben aus den Zeilen wurde in den letzten Jahren weitgehend mechanisiert, selbst für Seilzuglagen. Es werden Lesekübel aufgestellt, die nach der Füllung mit der Seilwinde aus den Anlagen gezogen werden. Der größte Teil der deutschen Trauben wird aber auch heute noch in der Hotte (Butte, Bütte, Legel, Logel) auf dem Rücken aus dem Weinberg getragen. Je nach Traubenertrag und der Entfernung bis zum Weg rechnet man auf vier bis acht Leser einen Buttenträger.

Ausgehend von den Vereinigten Staaten gibt es umfangreiche Bemühungen zur Mechanisierung auch der Traubenernte. Dabei ist zu unterscheiden zwischen dem Absaugen der Trauben und dem Rüttel- oder Schüttelverfahren. Das letztere hat sich durchgesetzt. Im Staat New York werden mit ihm bereits 50% aller Keltertrauben geerntet. Auch andere Länder bemühen sich sehr, dieses Verfahren praxisreif zu entwickeln.

Unter den in Deutschland gegebenen Bedingungen ist diese Methode jedoch zur Zeit noch nicht zu gebrauchen. Die Verwendung einer Rüttelmaschine setzt eine genügend große Zeilenbreite und einen stabilen Drahtrahmen voraus. Noch wichtiger ist, daß bei den in Deutschland angebauten Sorten bei diesem Verfahren der Vollernte Saftverluste von 10 bis 15% entstehen. Außerdem läßt die Vollerntemaschine keinerlei differenzierte Lese zu, was ein Todesurteil für Auslesen bedeutet; schließlich scheiden solche Maschinen für Seilzuglagen ganz aus. Obwohl die Vollerntemaschine auch für manche deutschen Standorte nicht ganz uninteressant ist, kann daher in absehbarer Zeit mit ihrer Verbreitung in den deutschen Weinanbaugebieten nicht gerechnet werden.

Eine Erntemaschine wird in einem Rheingauer Rebgelände ausprobiert.

So sieht eine vollautomatische Erntemaschine für die Weinlese aus.

Helmut Hans Dittrich
Chemie und Mikrobiologie

Definition des Weines

»Wein ist das aus dem Saft frischer Weintrauben hergestellte Getränk, das infolge alkoholischer Gärung mindestens 55 g tatsächlichen Alkohol im Liter enthält.« Diese Definition des Weines (im 5. Deutschen Weingesetz von 1971) grenzt den Wein im eigentlichen Sinne von den Obst- und Beerenweinen ab. Sie macht auch klar, daß der Wein durch alkoholische Vergärung des Zuckers entsteht. Die Gärung ist also der entscheidende Vorgang, der diesen Pflanzensaft zu Wein macht. Die damit zusammenhängenden Veränderungen des Traubensaftes – meist Most genannt – sind sehr vielfältig und tiefgreifend.

Die Zusammensetzung des Mostes

Der wichtigste Inhaltsstoff des Mostes ist der Zucker. Zucker bedeutet hier im großen und ganzen Invertzucker, also Glucose und Fructose im Verhältnis 1:1. Andere Hexosen sowie die Di- und Trisaccharide, das Tetrasaccharid Stachyose sowie einige Pentosen kommen nur in Mengen von jeweils einigen Milligramm vor. Die Menge der Pentosen, die nicht vergärbar sind, wird mit etwa 1 g/l angegeben. Ein recht guter Most enthält etwa 1 Mol (Molekulargewicht in Gramm) Glucose und Fructose im Liter. Sein Zuckergehalt von 180 g/l ist einem »Mostgewicht« von 79° Oe gleichzusetzen.

Der Zuckergehalt der Moste wird bei uns in Dichte-Einheiten, in Grad Oechsle (° Oe), angegeben. Während Wasser das spezifische Gewicht (Dichte) 1,000 hat, besitzt dieser Most von 79° Oe eine Dichte von 1,079. 1 l dieses Traubenmostes wiegt also 1079 g, 79 g mehr als 1 l Wasser. Aus diesem Mostgewicht kann man den Zuckergehalt des Mostes in g/l ungefähr errechnen, wenn man die Oechslegrade mit 2,5 multipliziert und vom erhaltenen Produkt in mittleren Jahren 30, in guten 25 abzieht. Das Mostgewicht wird mittels einer Senkwaage (Spindel)· oder einem Refraktometer bestimmt.

Neben dem Zucker enthält Most eine größere Zahl von Säuren. Sie sind durch-

Chemie und Mikrobiologie

aus erwünscht, denn erstens sind sie für den Geschmack des Weines wichtig, zweitens schützen sie ihn vor bakteriellem Verderb, und drittens erhöhen sie seine Lagerungsfähigkeit. Die Menge der Säuren ist sehr unterschiedlich. Sie bewegt sich zwischen einigen Gramm, wie bei Wein- und Äpfelsäure, bis zu kaum nachweisbaren Spuren. Der Säuregehalt ist abhängig von Rebsorte, Jahrgang, Standort und Erntemenge.

Die mengenmäßig wichtigsten Säuren sind Wein- und Äpfelsäure. In guten Jahren ist die Weinsäure relativ hoch, in schlechten Jahren die Äpfelsäure. Das Verhältnis beider Säuren ist nämlich von der Reife der Trauben abhängig (Abbildung 1). Außer diesen beiden Säuren enthält Traubensaft noch etwas Citronensäure, die aber meist unter 0,5 g/l bleibt. In dieser Menge kommen auch Phenolcarbonsäuren vor, beispielsweise Chinasäure. Alle anderen Säuren bleiben unter diesem Wert.

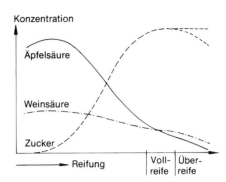

Abbildung 1.
Die Zunahme des Zuckers und die Abnahme der Äpfelsäure und der Weinsäure im Saft reifender Weinbeeren.

Tabelle 1
1 l deutscher Wein enthält:

700 – 780 g	Wasser	
55 – 120 g	Alkohol	gibt dem Wein Stärke und Feuer
6 – 12 g viel mehr bei Spitzenweinen	Glycerin	trägt zu Körper und Fülle des Weines bei
3 – 40 g viel mehr bei Spitzenweinen	Zucker	bei durchgegorenem Wein überwiegt Fructose, bei mit »Süßreserve« gesüßtem Wein verhalten sich Fructose und Glucose wie 1:1
4 – 12 g	Säuren	»Rückgrat« des Weines: Wein-, Äpfel-, Bernsteinsäure, in Spitzenweinen noch andere
2 – 4 g	Stickstoffverbindungen	Aminosäuren, Amide, Proteine
1,5 – 3,5 g	Mineralstoffe	»Asche«,: Phosphat, Sulfat, Silikat, Chlorid, Kalium, Calcium, Magnesium, Natrium
0,4 – 1 g	Butandiol-2,3	Beweis für erfolgte Gärung
0,1 – 0,4 g	Gerb- und Farbstoffe	bei Weißweinen
1 – 2,5 g	Gerb- und Farbstoffe	bei Rotweinen
0,1 – 0,25 g	höhere Alkohole	Vorstufen für Bukettstoffe
Spuren – mg	Bukett- und Aromastoffe	Ester, höhere Aldehyde, Lactone
Spuren – mg	Vitamine	
0,3 – 2 g	Kohlendioxid	gibt dem Wein Frische und Spritzigkeit

Tabelle 2

Zucker °Oe	g/l	Alkohol g/l	Vol. %	Mindestanforderung an Qualitätswein (mit Prädikat) im Weinbaugebiet
57	122	57	7,17	Qualitätswein Mosel-Saar-Ruwer
60	130	60	7,65	Qualitätswein Rheinpfalz, Rheinhessen, Rheingau
68	151	70	8,90	Kabinett Mosel-Saar-Ruwer
70	156	73	9,22	Kabinett Rheinpfalz, Rheinhessen, Rheingau
73	164	76	9,69	Spätlese Mosel-Saar-Ruwer
78	178	83	10,47	Auslese Mosel-Saar-Ruwer
79	180	83,9	10,63	zum Vergleich: 1 Mol Glucose bzw. Fructose
80	183	85	10,79	Spätlese Rheinpfalz, Rheinhessen, Rheingau
86	199	92	11,73	Auslese Rheinpfalz, Rheinhessen
88	204	95	12,04	Auslese Rheingau
100	236	110	13,92	Beerenauslese Mosel-Saar-Ruwer
108	257	120	15,18	Beerenauslese Rheinpfalz, Rheinhessen
112	268	125	15,81	Beerenauslese Rheingau
125	303	150	17,73	Trockenbeerenauslese Mosel-Saar-Ruwer, Rheinpfalz, Rheinhessen, Rheingau

Beziehungen zwischen Mostgewicht, Zuckergehalt und Alkoholgehalt bei Grenzwerten für Qualitätsweine mit Prädikat der Rebsorte Riesling in 4 deutschen Weinbaugebieten.
Bei Mosten hoher Qualität, insbesondere der Ausleseklasse, wird der theoretisch errechenbare Alkoholgehalt nicht erreicht. Bei hohen Mostgewichten bleiben stets größere Zuckermengen unvergoren. Trockenbeerenauslesen (höchstes festgestelltes Mostgewicht 327° Oe) enthalten oft weniger Alkohol als Spätlesen. Der verbleibende Zuckerrest ist demgegenüber extrem hoch.

Der Säuregehalt wird als titrierbare Säure – in den EG-Ländern berechnet als Weinsäure – angegeben. Er liegt in guten Jahren meist zwischen 4 und 10 g/l, in schlechten Jahren höher.
Die Aminosäuren tragen dagegen als Zwitterionen nichts zum sauren Geschmack bei. Sie sind zum Teil in anderer Weise geschmackswirksam, vor allem aber von Bedeutung als Stickstoffquelle für die Vermehrung der Hefe während der Gärung. Ihr Gehalt nimmt dann von 3 bis 4 g/l auf 2 bis 3 g/l ab. Neben den freien Aminosäuren sind im Most noch Eiweiße verschiedener Molekülgröße enthalten, deren Bausteine ebenfalls Aminosäuren sind. Der Stickstoffgehalt des Mostes schwankt zwischen 0,5 und 1,5 g/l.

Wichtige Mostinhaltsstoffe sind schließlich auch die Mineralien. Unter den Anionen ist Phosphat am wichtigsten, gefolgt von Sulfat. Phosphat ist für den Energiestoffwechsel der Hefe, Sulfat für die Synthese schwefelhaltiger Aminosäuren unentbehrlich. Unter den Kationen, die Enzyme im Stoffwechsel der Hefe aktivieren, stehen Kalium-Ionen an erster Stelle. Als Oxid berechnet liegt der Kaliumgehalt über 0,5 g/l. Um eine Zehnerpotenz geringer ist der Gehalt an Calcium, Magnesium und Natrium.
Der Gehalt der Moste an Mineralstoffen – analytisch als »Asche« bestimmt – schwankt nur wenig: bei Mosten zwischen 3 und 4 g/l, bei Weinen zwischen 1,5 und 3,5 g/l. In heißen und trockenen Jahren ist der Aschegehalt geringer als in normalen und feuchten Jahren.
Auch in Rotweinen, die auf der Maische vergoren werden, ist der Aschegehalt höher. Vor allem sind rote Moste und Weine aber durch einen höheren Gerb- und Farbstoffgehalt ausgezeichnet. Während der Most aus sofort abgepreßter Maische nur 0 bis 0,2 g/l Gerbstoff enthält, haben Rotweine, die auf der Maische vergoren werden, 1 bis 2,5 g/l und mehr Gerbstoff. Die eigentlichen Farbstoffe, die roten Mosten und Weinen ihre Farbe geben, sind Anthocyane, also β-Glucoside bestimmter Polyhydroxyphenole, der Anthocyanidine.
Natürlich sind damit nur die wichtigsten Substanzen des Vielstoffgemisches, das ein Pflanzensaft wie der Most es darstellt, genannt. Erwähnt werden sollen nur noch

die wasserlöslichen Vitamine der B-Gruppe. Für eine Traubenkur sind sie wohl kein hinreichender Grund. Für die Hefe, die den Most vergären soll, sind sie aber zumindest wichtig.

Die Hefen und die alkoholische Gärung

Der Most ist der Rohstoff des Weines, der Zucker das Ausgangsprodukt für die Bildung des Alkohols, des wichtigsten Weininhaltsstoffes. Die alkoholische Gärung, bei der der Zucker abgebaut wird, ist der wichtigste Prozeß der Weinbereitung. Diese Stoffumwandlung war bereits 1789 durch Lavoisier weitgehend geklärt. 1810 stellte Gay-Lussac die Summenformel auf:

Zucker → Alkohol + Kohlendioxid
$C_6H_{12}O_6$ 2 C_2H_5OH 2 CO_2
100%   51,1%   48,9%

Thenard hatte schon 1803 und Erxleben 1818 die Hefe als Erreger der Gärung erkannt. Aber erst nach 18jährigem Kampf gegen die wissenschaftliche Meinung seiner Zeit hatte Pasteur 1876 mit seinen »Études sur la bière« Ursache und Wesen der Gärungsvorgänge aufgeklärt. 1897 überraschte Eduard Buchner mit dem Beweis, daß auch zerriebene Hefe noch gärfähig ist. Mit dem Nachweis dieser »Fermente« wurde er zum Entdecker der Biokatalysatoren, die heute »Enzyme« heißen.

Die Vergärung des Traubenmostes geht aus von einigen wenigen Hefezellen, die neben anderen Mikroorganismen als zufällige Aufwuchsflora auf den reifen Beeren sitzen. Fraßstellen von Wespen und andere Verletzungen erlauben besonders einigen Saccharomyces-Arten eine Massenvermehrung. Diese sehr gärkräftigen Hefen konkurrieren nach dem Zerquetschen und Abpressen sofort mit allen anderen Mikroorganismen, die von den Beeren in den Most geschwemmt worden sind. Da Most einen niedrigen pH-Wert hat (2,9 bis 3,6), können sich nur säuretolerante Mikroorganismen vermehren. Neben pilzlichen Mikroorganismen sind das nur Essig- und Milchsäurebakterien. Ein frisch gepreßter Most kommt daher schnell »spontan«, ohne weiteres Zutun, in Gärung. Die Schimmelpilze und die mehr Sauerstoff benötigenden »wilden« Hefen (Apiculatus- und Kahmhefen), die anfangs überwiegen, werden nämlich unter diesen Bedingungen mehr und mehr von den gärstarken Saccharomyceten zurückgedrängt. Das Zahlenverhältnis beider Gruppen kehrt sich bald um.

Die alkoholische Gärung verläuft auf dem sogenannten Fructose-diphosphat-Weg. Dieses typische Zwischenprodukt wird gebildet, indem zunächst Glucose oder Fructose mit ATP (Adenosin-triphosphat), dem Phosphatdonator des Zellstoffwechsels, durch das Enzym Hexokinase zur Reaktion gebracht wird. Diese erste Reaktion der Gärung ist für die Ökonomie des Zuckerumsatzes entscheidend: Der Zucker ist durch die Dissoziation der Phosphatgruppe in der Zelle »gefangen«. Erst seine nicht mehr phosphorylierten Abbauprodukte können aus der Zelle diffundieren.

Die Fortsetzung der Reaktionsfolge ist die weitere Phosphorylierung zum Fructose-1,6-diphosphat (FDP). Das Glucosephosphat war vorher zu Fructose-6-phosphat isomerisiert worden. FDP ist nun das Substrat der Aldolase, die diese zweifach phosphorylierte Hexose in zwei Triosen spaltet: in Dihydroxyacetonphosphat und Glycerinaldehyd-3-phosphat (GAP). An diesem Triosephosphat setzt eine Dehydrogenase an. Die weiteren Zwischenprodukte können hier übergangen werden, bis in der Brenztraubensäure das Substrat für die Reaktion entstanden ist, die man in einem herbstlich glucksenden Weinkeller hören kann: die Pyruvat-Decarboxylierung zu Acetalde-

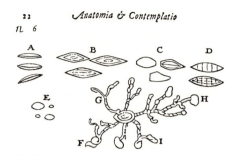

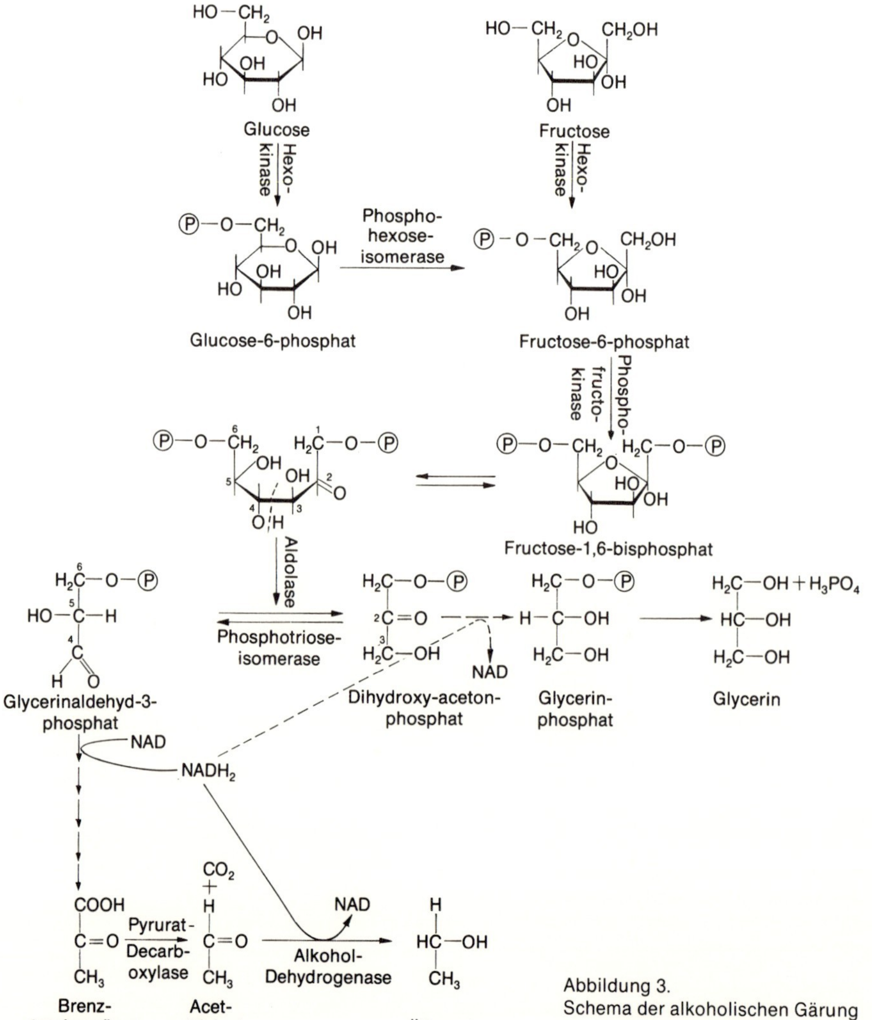

Abbildung 2.
Antonius van Leeuwenhoek mikroskopierte als erster »vinum Rijncoviense, vinum Rhenanum, quod vulgo Hogmer (das ist Hochheimer) dicitur«. Diese 1687 an die Royal Society in London übermittelte Zeichnung gibt A–D vermutlich Weinstein, E Hefezellen, F–H Hyphen von Botrytis cinerea wieder. Damals war weder bekannt, daß es Hefen gibt, noch was sie und Botrytis für den Wein bedeuten.

Abbildung 3.
Schema der alkoholischen Gärung und der Glycerin-Bildung.

Chemie und Mikrobiologie

hyd. Die Bilanz zeigt bereits, daß dabei fast die Hälfte des Zuckers als Kohlendioxid verlorengeht. Der Zucker wird von der gärenden Hefe also ganz unökonomisch vergeudet.

Wie gesagt, wird Triosephosphat dehydriert. Im Acetaldehyd liegt nun der Acceptor für diesen Wasserstoff vor. Mit ihm wird Acetaldehyd zu Äthanol hydriert. Da beide Triosen im Gleichgewicht stehen, wird auch der Dihydroxyaceton-Teil des Zuckers auf diesem Wege zu Alkohol.

Das folgende Schema gibt die Gärungsreaktionen vereinfacht wieder (Abbildung 3).

Das Einsetzen und die Schnelligkeit der Gärung werden von vielen Einflüssen bestimmt: von der Temperatur des Mostes, von seinem Trubstoffgehalt, vom CO_2- und Essigsäuregehalt, vom Stickstoff-, Vitamin- und Schwermetallgehalt. Alle diese Faktoren wirken indirekt oder direkt auf Vermehrung und Stoffwechsel der Gärungsauslöserin Hefe ein.

Gärt ein Most nicht ganz durch, so besteht der nicht vergorene Zuckerrest zum größten Teil aus Fructose. Die typischen Weinhefen sind nämlich glucophil; sie vergären bevorzugt Glucose. Dies ist für die geschmackliche Beurteilung solcher Weine wichtig, da Fructose etwa doppelt so süß schmeckt wie Glucose.

Die Gärungsnebenprodukte

Weinanalysen zeigen, daß zwar die theoretische Alkoholausbeute nicht erreicht wird, daß aber außer Äthanol und CO_2 auch noch andere Gärungs-Nebenprodukte gebildet werden. Das auch mengenmäßig wichtigste ist das Glycerin. Besonders am Beginn der Gärung wird es aus Dihydroxyacetonphosphat gebildet. Der normale Wasserstoffacceptor Acetaldehyd liegt dann noch nicht in erforderlicher Menge vor. Der überschüssige Wasserstoff wird daher ersatzweise auf dieses Zwischenprodukt übertragen. Der Glyceringehalt des Weines kann bis zu 10% seines (des Weines) Alkoholgehaltes erreichen. Er ist daher auch ein Qualitätsfaktor. Das äußert sich auch geschmacklich. Durch seine leichte Süße und Viskosität macht das Glycerin den Wein »rund«, das heißt vollmundig. In Spitzenweinen kommt es in Mengen bis zu 35 g/l vor.

Ein anderes Gärungsnebenprodukt ist Essigsäure. Sie entsteht durch Oxidation des Acetaldehyds in Mengen von 300 bis 500 mg/l. Da die Essigsäure letztlich auch

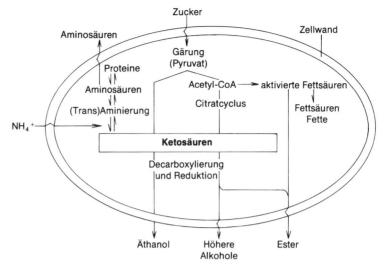

Abbildung 4.
Schema der Bildung von Äthanol, höheren Alkoholen und Estern aus Ketosäuren und deren Bedeutung im Zellstoffwechsel von Saccharomyces cerevisiae.

aus dem Zucker stammt, erhöht sich ihre Menge bei der Vergärung zuckerreicher Moste. In noch höheren Mengen (0,3 bis 1 g/l) wird Bernsteinsäure gebildet. Wie sie ist auch die 2-Ketoglutarsäure ein Zwischenprodukt des Citronensäurekreislaufs.

Die Bukett- und Aromastoffe des Weines, die seine Geruchs- und Geschmacksqualität prägen, sind ebenfalls meist Nebenprodukte der Gärung. Über die Zusammenhänge zwischen der typischen Sortenart und den Inhaltsstoffen des Weines weiß man noch nicht viel. Das Geschmacksbild des Weines setzt sich sicher aus sehr vielen Geschmacksstoffen zusammen. Wird nur ein Stoff quantitativ verändert, kann sich die Geschmacksqualität insgesamt ändern. Die Verhältnisse der vielen Geschmacksstoffe zueinander bestimmen den Geruchs- und Geschmackseindruck. Sortenspezifische Geschmacksstoffe, die man früher angenommen hat, gibt es wohl nicht.

Außer manchen Stoffen, die schon in der Beere vorkommen, wie aromatische Säuren und Terpene, sind auch die bei der Gärung gebildeten höheren Alkohole, die Ketosäuren und Aldehyde, aus denen sie hervorgehen, und die Ester, die aus ihnen gebildet werden, geschmackswirksam. Abbildung 4 zeigt die Herkunft dieser Stoffe aus dem Zucker des Mostes und ihre gegenseitigen Beziehungen.

Die höheren Alkohole werden aus dem vergärbaren Zucker als Nebenprodukte der Aminosäuresynthese der Hefe gebildet. Der letzte Schritt dieser Synthese, die Aminierung der jeweiligen Ketosäure zur Aminosäure, ist sehr energieaufwendig. Da die Gärung aber kaum Energie liefert, staut sich die Ketosäure auf. Sie wird infolgedessen von einem abbauenden Enzym erfaßt und zum entsprechenden Aldehyd decarboxyliert. Der Aldehyd wird dann, wie Acetaldehyd zu Äthanol, zum jeweiligen Alkohol hydriert.

3-Methylbutanol hat unter den höheren Alkoholen mit 60 bis 150 mg/l die höchste Konzentration. Es folgen 2-Methylpropanol (Isobutanol) mit 20 bis 80 mg/l, dann 2-Phenyläthanol (Phenylalkohol), Propanol und 2-Methylbutanol. Hexanol, das ganz anders entsteht, ist im Wein nur mit 0,5 bis 5 mg/l enthalten. Methylalkohol ist demgegenüber kein Gärungsnebenprodukt, sondern ein Abbauprodukt des Pektins. Während der Gärung

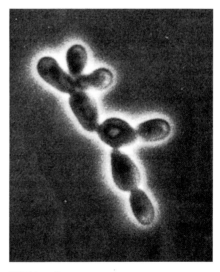

Abbildung 5.
Weinhefe (Saccharomyces cerevisiae) aus einem gärenden Traubenmost. Dieser »Sproßverband« ist aus der Vermehrung einer einzelnen Zelle hervorgegangen. Die Größe der Einzelzelle beträgt etwa $\frac{10}{1000}$ mm.

baut die Hefe nämlich dieses Polysaccharid, das aus den Beeren in den Most gekommen ist, enzymatisch ab. Durch die damit verbundene Viskositätsabnahme klärt sich der durchgegorene Jungwein, Hefe und Trubstoffe setzen sich ab.

Obwohl der Most »spontan« vergären kann, ist das Ergebnis der Mühe und Arbeit eines Jahres gefährdet, wenn sich die wenigen ursprünglich im Most vorkommenden Saccharomyces-cerevisiae-Zellen nicht oder nicht rechtzeitig vermehren können. Die Entwicklung anderer – zwangsläufig »weinschädlicher« – Organismen wäre die Folge. Es würde zu einer »Fehlgärung« kommen, die einen mangelhaften oder gar verdorbenen Wein ergeben würde. Um dies zu verhindern, setzt man dem Most reichlich »Reinzuchthefe« zu. Das sind Klone ausgesuchter – selektierter – Hefestämme, die sich in der Weinbereitung bewährt haben, also gute Gärungseigenschaften besitzen. Auf diese Weise wird das Risiko, das jede Spontangärung hat, auf ein Minimum beschränkt. Man erreicht mit dieser »Reinhefe«-Anwendung eine rasch einsetzende, zügige Gärung und damit wiederum, daß der Wein den erwünschten geringen »Schwefel«-Bedarf hat.

Das »Schwefeln« und die schweflige Säure

Sofort nach der Gärung wird der Jungwein durch Zusatz von schwefliger Säure »geschwefelt«, um die den Wein bräunenden Polyphenol-Oxidasen zu hemmen. Auch Bakterien und andere Weinschädlinge werden damit niedergehalten, um den Wein vor Verderb zu schützen.

Die Verwendung von Schwefel zum »Ein«- oder »Aufbrennen« des Weines war schon den Griechen und Römern bekannt. Bei uns ist das »Schwefeln« durch Verbrennen von Schwefel seit dem späten Mittelalter üblich. Im 15. Jahrhundert war es mehrfach verboten oder nur begrenzt zugelassen. Überschwefelung wurde bestraft. Im 18. Jahrhundert hieß es, daß die Schwefelung »denen jungen Weinen ein Balsam ist«.

Nach dem Schwefeln wird aber nur ein Teil der zugesetzten schwefligen Säure wiedergefunden. Der fehlende Anteil hat mit Zwischenprodukten des Hefestoffwechsels reagiert, nämlich mit den unmittelbaren Vorprodukten des Alkohols, Acetaldehyd und Pyruvat (Brenztraubensäure), sowie einer anderen Ketosäure, der 2-Ketoglutarsäure. Die Gärungszwischenprodukte werden vor allem bei

Christian Ferdinand Oechsle

Christian Ferdinand Oechsle wurde am 26. Dezember 1774 als erster Sohn von sieben Kindern des Bleiglasers Israel Oechsle auf der Buhlbacher Glashütte bei Baiersbronn im württembergischen Schwarzwald geboren. Ansätze zum Tüftler finden sich schon beim Vater, der sich als Leiter der Glashütte experimentell der Rubinfärbung des Glases widmete. Die Glasmacher waren damals Wahrer geheimer Künste, den Alchemisten nahe verwandt.

Einem naturwissenschaftlich begabten Hauslehrer war es zu verdanken, daß in dem wissensdurstigen Knaben ein besonderes Verständnis für Physik und Botanik geweckt werden konnte. In früher Jugend schon zeichnete ihn eine ausgesprochene Liebe und Befähigung für Musik aus. Seine ersten Stiefel soll er von seinem Vater als Belohnung dafür bekommen haben, daß er bereits mit neun Jahren in der Kirche von Baiersbronn die Orgel spielte.

Das Leben in einer Stadt scheint ihm aufgrund seiner geistigen Unruhe verlockender erschienen zu sein als die Einsamkeit der meisten damaligen Glashütten. Ferdinand kam als Lehrling zunächst nach Oehringen zu einem Goldschmied, 1794 von dort nach Pforzheim und wurde um 1800 »Kabinettmeister« in der neu gegründeten und bald bedeutenden Goldwarenfabrik von Dennig, wo er zehn Jahre blieb. Seine technische Neigung und sein Selbständigkeitsdrang fanden aber auf die Dauer in dieser Stellung kein Genüge. Er eröffnete eine mechanische Werkstätte, die Präzisions- und Brückenwaagen, Rechenmaschinen für Goldlegierungen, pharmazeutische und physikalische Instrumente aus Metall und Glas sowie Schmuckwaren herstellte. Kurze Zeit später richtete er in einer baufälligen ehemaligen Kapelle der Altstadt die erste Spiritusbrennerei Pforzheims ein, um so die Gebläselampen der Goldarbeiter mit einheimischem Brennstoff versorgen zu können.

Als Beweis charakterlicher und fachlich hoher Wertschätzung von seiten der steil aufsteigenden Pforzheimer Gold- und Schmuckwarenindustrie wurde ihm 1820 das Amt eines Großherzoglich Badischen Goldkontrolleurs übertragen. Seine mechanische Werkstätte war eine Schule der Präzisionsarbeit und zog als solche vielfachen Nutzen aus der goldschmiedisch-technischen Ausbildung ihres Leiters. Einrichtungen und Werkzeuge mußten damals von dem, der sich ihrer bedienen wollte, vielfach selbst erdacht und geschaffen werden. Es war die Zeit, in der Liebig in Darmstadt mit Erfolg zur Gründung von Werkstätten für Glaswaren und andere Hilfsmittel für Laboratorien, deren Zahl sich mit dem Triumph der Experimentalwissenschaft über die dialektische Naturwissenschaft stürmisch vermehrte, aufgefordert hatte. Im Jahre 1825 erschien im Stuttgarter »Polytechnischen Journal« ein »Verzeichnis derjenigen pharmazeutischen und physikalischen Instrumente, welche von Herrn Mechaniker Ferdinand Oechsle in Pforzheim gefertigt werden«. Die Liste ist hochinteressant und zeigt eine verblüffend große Variationsbreite genial ausgedachter Präzisionsgeräte. Zum Beispiel findet sich da ein »Stahlthermometer als Uhr«, eine Stahlspirale, deren Wärmeausdehnung mittels Zeiger auf einer umlaufenden Skala abzulesen war. Dann eine »elektrische Zündmaschine«, die vermutlich auf einer Entzündung von Wasserstoff durch den Funken einer kleinen Elektrisierungsmaschine beruhte. Gegenüber dem sehr mühsamen Feuerschlagen mit Stahl, Stein und Lunte oder Zunder waren diese Zündmaschinen zwar bequemer, aber sicher auch sehr teuer und – bei Verwendung von Wasserstoff – nicht ungefährlich. Das »Lötrohr nach englischer Art« und das »Knallgasgebläse ganz gefahrlos« dürften gegenüber der bis dahin üblichen Verwendung von Rapsöl zum Löten, mit der damit verbundenen Ruß- und Gestankentwicklung, die nur außerhalb der eigentlichen Arbeitsräume ertragen werden konnte, eine spürbare Verbesserung gewesen sein. Etwas ganz Besonderes stellten die »Uhren mit Wecker, die zugleich das Licht anzünden« dar. Ein glühender Platindraht brachte einen Zunder zum Glühen, der seinerseits einen Schwefelfaden entzündete, worauf dieser das Wachslicht ansteckte. Eine besonders hohe Wertschätzung genossen die in der Werkstätte Oechsles angefertigten Meßapparate. Aufgeführt werden unter anderem »Hand- und Granwaagen«, »Glasthermometer«, »Eudiometer mit elektrischer Vorrichtung« (zum Messen des Sauerstoffgehaltes der Luft), »Hydrostatische Waagen mit Gewichten«, »Areometer nach Beck, Beaumé und Tralles«. Die »Oechsle-Mostwaage« war in dieser Liste noch nicht enthalten. Die Liebe zur Musik, die schon dem Knaben aus der abgelegenen Schwarzwälder Glashütte an der Orgel der Dorfkirche Ehre eintrug, begleitete Ferdinand durch sein ganzes Leben. Kein Wunder, daß er in der mechanischen Werkstätte auch den Bau von Musikinstrumenten aufnahm. Eine »Physharmonika« (Vorstufe des Harmoniums) und vermutlich eine der ersten Mundharmonikas Deutschlands finden besondere Beachtung. Ein Uhrkettenanhängsel in der Form eines Petschafts, das beim Druck des Siegels ein musikalisches Ständchen von sich gibt, legt Zeugnis ab für den Einfallsreichtum und das technische Können des Mechanikus und Musikfreundes.

Am 17. März 1852 verstarb Ferdinand nach einem geruhsamen Lebensabend in Pforzheim. Sein Sohn Christian Ludwig, der an Fleiß, Phantasie und technischer Begabung seinem Vater um nichts nachstand, hatte die Hauptlast der Werkstattleitung im Laufe der vierziger Jahre bereits übernommen. Mit Christian Ludwig starb die männliche Linie der Oechsles aus. Die Stadt Pforzheim hält das Andenken beider verdienstvoller Mechaniker und Goldkontrolleure mit der Benennung einer Straße als »Oechslestraße« wach. Im Pforzheimer Heimatmuseum können leider nur noch eine historische Mostwaage, ferner ein Lehnstuhl und ein Notizheft über Versuche zum Rotfärben des Glases aus dem Besitz von Ferdinand Oechsle gezeigt werden. Alle anderen hochinteressanten Gegenstände fielen einem Bombenangriff zum Opfer. Die Lebensdaten der Oechsles wurden hauptsächlich den »Pforzheimer Geschichtsblättern«, Folge III, herausgegeben 1971 vom Kulturamt der Stadt Pforzheim, entnommen.

Chemie und Mikrobiologie

der Angärung gebildet. Gegen das Gärungsende nehmen sie ab. Wird die Gärung vorzeitig unterbrochen, sind die Mengen dieser Zwischenprodukte noch recht groß, der Wein »frißt« daher mehr »Schwefel«. Da freier Acetaldehyd den Geschmack des Weines verschlechtern würde, besteht eine Notwendigkeit mehr, den Wein zu schwefeln.

Es ist eines der Ziele der Weinbereitung, die Bildung dieser Binder der schwefligen Säure während der Gärung möglichst gering zu halten. Die Anwendung von Reinzuchthefe und damit eine zügige und vollständige Vergärung ist dazu der beste Weg.

Die an Oxoverbindungen »gebundene« schweflige Säure ist für die Enzym-Hemmung und die Unterdrückung unerwünschter Mikroorganismen ganz oder fast ganz unwirksam. Ein Pegel von 20 bis 30 mg/l »freier« schwefliger Säure ist daher stets für die Erhaltung der Qualität des Weines erforderlich.

Die Anreicherung des Mostes

In Deutschland, am nördlichsten Rande des Verbreitungsgebietes, ist die Reife der Weintrauben nicht in jedem Herbst optimal. Deshalb ist – auch in anderen Weinbauländern – die »Anreicherung«, also die Zuckerung der Moste, in bestimmten Grenzen zugelassen, denn auch in schlechten Jahren sollen Weine mit ausreichendem Alkoholgehalt gewonnen werden können. Qualitätswein darf nur mit Saccharose (Rohr- oder Rübenzucker) »verbessert« werden, Tafelwein auch mit Mostkonzentrat. In einigen anderen Staaten ist nur Mostkonzentrat erlaubt.

Saccharose ist zwar in der Traubenbeere mit 5 bis 10 % des Gesamtzuckergehaltes enthalten, sie wird aber beim Zerkleinern der Beeren von der freigesetzten Saccharase, genauer Fructosidase, rasch in Glucose und Fructose gespalten. Saccharose im Most oder im Wein gilt daher als sicheres Zeichen einer Fälschung. Dieses Enzym gehört aber auch zur Enzymausstattung der Hefe. Sie kann daher Saccharose ebenfalls spalten und deshalb dieses Disaccharid quantitativ zu den gleichen Produkten vergären, die auch die freien Monosen Glucose und Fructose ergeben hätten. Die oft vertretene Ansicht, daß »verbesserte« Weine Kopfweh und andere Unpäßlichkeiten verursachen, ist daher absolut unbegründet.

Chemische Säureverminderung und bakterieller Säureabbau

Nicht ganz reife Beeren haben nicht nur zuwenig Zucker, sondern auch zuviel Säure (siehe Abbildung 1). Die Säuregehalte deutscher Traubenmoste differieren stark. Sie liegen je nach Sorte, Lage und Jahrgang zwischen 3,5 und 20 g/l. Zu hohe Säuregehalte machen den Wein zu sauer. Daher ist die teilweise »Entsäuerung« von Most, Maische oder Wein durch Zugabe von kohlensaurem Kalk gesetzlich zugelassen. Dabei wird Weinsäure als schwerlösliches Calciumsalz ausgefällt nach der Formel:

$$H_2C_4H_4O_6 + CaCO_3 \rightarrow CaC_4H_4O_6 + CO_2 + H_2O$$
$$150 \quad\quad 100 \quad\quad 188 \quad\quad 44 \quad 18$$

Die Verminderung des Weinsäuregehaltes erfolgt stöchiometrisch, ist also berechenbar. Zur Herabsetzung der Gesamtsäure um 1 g/l sind demnach 0,66 g $CaCO_3$ erforderlich. Allerdings darf höchstens so viel Kalk zugesetzt werden, wie der Konzentration der fällbaren Weinsäure entspricht. Wie bei allen zulässigen Weinbehandlungs- und Schönungsverfahren wird auch hier der Zusatz – in anderer Form – später wieder aus dem Wein entfernt.

Bei manchen Weinen erfolgt aber auch ohne Kalkzusatz eine Säureverminderung. Sie wird von Milchsäurebakterien verursacht. Im Gegensatz zur »chemischen« Entsäuerung ist dies der »biologische Säureabbau«. Der englische und französische Ausdruck »malolactic fermentation« beziehungsweise »fermentation malolactique« sind präziser: Es handelt sich um eine Vergärung der Äpfelsäure (Malat) zu Milchsäure (Lactat) und CO_2:

```
COOH
 |
CH_2    Malolactat-Enzym    CH_3
 |      ───────────────▶    |
HOCH       NAD, Mn^++       HOCH  + CO_2
 |                           |
COOH                        COOH
L Malat                   L-Lactat  Kohlendioxid
 134                         90        44
```

In Most und Wein vorkommende Milchsäurebakterien der Gattungen Lactobacillus, Leuconostoc und Pediococcus bauen mittels ihres Malolactat-Enzyms die Äpfelsäure direkt zu Milchsäure und CO_2 ab, ohne daß dabei die zu erwartenden freien Zwischenprodukte Oxalessigsäure und Brenztraubensäure nachweisbar sind. Die Milchsäure des Weines entstammt größtenteils diesem bakteriellen Äpfelsäureabbau. Bei vollständigem Abbau entstehen aus einem Gewichtsteil Malat nur zwei Drittel Lactat, ein volles Drittel entweicht als Kohlendioxid. Aber auch die Umsetzung der zweibasigen Äpfelsäure zur nur einbasigen Milchsäure verringert die Azidität: Der Wein wird »milder«.

Qualitätsminderungen und Fehler des Weines

Die Beurteilung des bakteriellen Äpfelsäureabbaues ist im Hinblick auf die Qualität des Weines unterschiedlich. Für

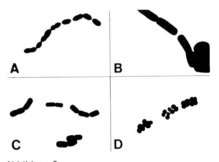

Abbildung 6.
Elektronenmikroskopische Aufnahmen verschiedener aus Wein isolierter Milchsäurebakterien.
A. Leuconostoc oenos; B. Lactobacillus casei; C. Lactobacillus brevis; D. Pediococcus cerevisiae.

Weißweine, besonders für die mit ausgeprägtem Bukett, wird er meist abgelehnt. Bukett und Aroma können nämlich von den Stoffwechselprodukten der Bakterien verändert werden. Man spricht dann vom »Abbauton«, in schwereren Fällen von »Molke-« oder »Sauerkrautton«, fälschlich auch vom »Milchsäureton«. Die Ursache dieses Geschmacksfehlers ist das Diacetyl (CH_3–CO–CO–CH_3), das den Wein schon ab 1 mg/l geruchlich und geschmacklich abartig verändert.

Durch eine erneute Gärung eines solchen Weines kann dieser Geschmacksfehler korrigiert werden: Das Diketon Diacetyl wird während der Gärung über Acetoin zu Butandiol-2,3, einem typischen Inhaltsstoff aller Weine, reduziert.

Manchmal ist mit dem Säureabbau auch das »Zäh-« oder »Öligwerden« des Weines verbunden. Manche Milchsäurebakterien bilden aus dem noch vorhandenen

Zucker Polysaccharide, die die Viskosität des Weines erhöhen. Der Wein läuft dann wie Öl aus dem Glas. Wird der Wein aber normal geschwefelt, verliert sich diese Veränderung wieder. Daneben können – wiederum durch Pediokokken – einige Aminosäuren decarboxyliert werden zu ihren Aminen, die vielleicht die Bekömmlichkeit des Weines beeinflussen. Auch andere Aminosäuren werden abgebaut:

Damit ist bereits das Risiko aufgezeigt, das durch den bakteriellen Äpfelsäureabbau für die Qualität des Weines entsteht. Bleibt es bei einer Säureverringerung, so können diese Mikroorganismen als nützlich gelten. Bei ihrer zu starken Vermehrung führt der Stoffwechsel der Bakterien aber zu abträglichen Weiterungen. Sie werden dann »schädlich«, nämlich zu Erregern von »Weinkrankheiten«, die im Wein Geschmacksfehler hinterlassen.

Der durch Diacetyl verursachte »Abbauton« ist in dieser schwächeren Ausprägung ein Mangel. Wird aber vom überbordenden Stoffwechsel heterofermentativer Milchsäurebakterien auch nicht vergorener Zucker erfaßt, wird daraus Milch- und Essigsäure gebildet. Dieser »Milchsäurestich«, für den außer Diacetyl auch Äthyllactat typisch ist, kann auch noch mit dem »Mannitstich« vergesellschaftet sein. Dieser Zuckeralkohol entsteht durch Hydrierung von Fructose. Solche Weine schmecken süßsauer und kratzig. Sie sind bereits verdorben.

Im allgemeinen sind »Krankheiten« bei Rotweinen häufiger, weil die Bakterien in ihnen bessere Vermehrungsmöglichkeiten haben. Das »Bitterwerden« war früher sogar typisch für Rotweine. Nicht genau bekannte Bakterien, vielleicht Clostridien, bilden aus Zucker oder durch Glycerinabbau Acrolein. Dieser ungesättigte Aldehyd reagiert dann mit Polyhydroxyphenolen zu bitter schmeckenden Substanzen.

Der häufigste und gefährlichste Weinfehler ist der »Essigstich«. Gemeint ist damit die Bildung von Essigsäure im Wein, viel häufiger noch im Most durch Essigbakterien. Anders als bei der Essigbereitung aus Wein, bei der diese Bakterien den Alkohol zur analogen Säure oxidieren, entsteht die Essigsäure meist schon im Most oder während seiner Gärung aus Zucker auf dem Pentosephosphat-Abbauwege.

Heute gelten Weine mit mehr als 1 g/l Essigsäure schon als verdorben. Früher waren solche Weine, besonders in heißen Weinbaugebieten, wohl die Regel, und kräftig mit Wasser verdünnt bildeten sie das Erfrischungsgetränk der römischen

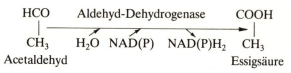

Acetaldehyd — Aldehyd-Dehydrogenase → Essigsäure

Legionen. Zum Schutz gegen die Gefahr des Verderbs wird der Most heute häufig nach dem Pressen pasteurisiert.

Stabilisieren und Schönen

Auch ohne Pasteurisation sind der Essigstich und die anderen Weinkrankheiten durch saubere und sorgfältige Most- und Weinbehandlung zu vermeiden. Die schon erwähnte Schwefelung, die einen ausreichenden Gehalt an freier schwefliger Säure sichert, stabilisiert den Wein. Enzymatische und damit auch mikrobiologische Veränderungen sind damit blockiert.

Manche chemischen Reaktionen sind dagegen nur zu verhindern, wenn man zumindest einen Reaktionspartner vermindert oder die Reaktion beschleunigt, so daß sie schon während des »Ausbaus« des Weines erfolgt. Würde sie erst beim Kunden einsetzen, wäre eine Reklamation die Folge.

Schon während der Gärung, aber auch danach, scheidet sich Weinstein ab. Die Ausscheidung dieses Kaliumhydrogentartrats verstärkt sich mit der Temperaturabnahme des Weines während der Wintermonate. Falls diese Ausscheidung nicht vollständig war, erfolgt der Ausfall in der Flasche. Obwohl dies eher ein Gütezeichen ist, bildet Weinstein oft einen Reklamationsgrund. Um den Wein »weinsteinstabil« zu machen, wird er längere Zeit stark gekühlt, da die Löslichkeit dieses Salzes mit fallender Temperatur abnimmt. Da aber die Kristallisation eines Salzes in einer »verunreinigten Lösung«, die der Wein im chemischen Sinne ist, nicht überschaubar ist, führt diese Maßnahme nicht immer zum Erfolg.

Unter »Schönen« versteht man Verfahren mit zulässigen Mitteln, die die Ausfällung oder den Entzug bestimmter Stoffe aus dem Wein bewirken. Eiweiß- und Gelatine-Schönungen spielen heute nur noch bei Obstweinen, allenfalls bei manchen Rotweinen, eine Rolle. Aktivkohle wird zur Behandlung von Geschmacksmängeln erfolgreich angewandt, ein Silberchlorid-Präparat zur Beseitigung von Schwefelwasserstoff- und Mercaptan-»Böcksern«. Wichtiger ist die »Blauschönung«. Sie ist eine vorbeugende Maßnahme gegen den »weißen« oder »grauen Bruch«. Das ist die Ausfällung von Eisen(III)-phosphat $FePO_4$. Durch zugesetztes Kalium-hexacyanoferrat(II) wird das Eisen zunächst als lösliches Berliner Blau (daher kommt die Bezeichnung »Blauschönung«) gebunden: $K_4[Fe(CN)_6] + FePO_4 \rightarrow KFe[Fe(CN)_6] + K_3PO_4$. Überschüssiges Eisen(III) setzt es in unlösliches Berliner Blau um: $3\ KFe[Fe(CN)_6] + FePO_4 \rightarrow Fe_4[Fe(CN)_6]_3 + K_3PO_4$. Auch Kupfer und Zink, die – wie das Eisen – durch Korrosion von Hähnen oder anderen Metallgegenständen in den Most und Wein kommen können, und das gerade erwähnte Silber werden durch Blauschönung gefällt. In jedem Fall muß sichergestellt sein, daß im geschönten Wein keine Cyanverbindungen verbleiben. Deshalb müssen die Schönung und die nötigen Untersuchungen durch Fachkräfte vorgenommen werden.

Zur vorbeugenden Behandlung gegen ausfallendes Eiweiß, das den Wein ebenfalls trüben kann, verwendet man Bentonite, also kaolinähnliche Mineralien (»Geisenheimer Erde«). Die aus der Beere stammenden Eiweißstoffe haben meist nur ein geringes Molekulargewicht von etwa 40 000 bis 60 000 und zu einem geringen Teil von etwa 80 000 bis 90 000. Das in Wasser gequollene Betonit ist negativ geladen. Die positiv geladenen Proteine werden adsorptiv gebunden und mit dem Bentonit aus dem Wein entfernt. Da 1 g dieses sehr quellfähigen Materials eine wirksame Oberfläche von bis zu 5 m² hat, ist seine gute Wirkung verständlich. Zur Weinbehandlung sind deshalb lediglich 50 bis 150, nur in Extremfällen bis zu 400 g Bentonit je hl nötig.

Wie gesagt, ist der Wein während des Ausbaus durch freie schweflige Säure ausreichend stabilisiert. Der deutsche Konsument will aber in der Regel – sofern er nicht Diabetiker ist – den Wein nicht durchgegoren, sondern »mild«. Bei der Flaschenfüllung wird daher der gewünschte Zuckergehalt des Weines mit Traubensaft hergestellt. Der damit zugesetzte Zucker bringt erneut eine mikrobiologische Gefährdung durch Hefe. Kommen nämlich bei der Füllung nur einige Hefezellen in den Wein, so vermehren sie sich und trüben ihn dadurch. Um das zu verhindern, ist der Zusatz von bis zu 200 mg/l Sorbinsäure erlaubt. Dieses Konservierungsmittel – eine ungesättigte Säure

Chemie und Mikrobiologie

(CH_3–CH=CH–CH=CH–COOH) – wirkt gut gegen Hefen, aber kaum gegen Milchsäurebakterien. Wenn letztere sich infolge ungenügender SO_2-Stabilisierung im sorbinsäurehaltigen Wein vermehren, können sie die Säure zum Alkohol Sorbinol reduzieren. Von ihm gehen Veresterungs- und Verätherungsreaktionen aus. Ein Äther verursacht den fälschlich »Geranienton« genannten Geruchs- und Geschmackseindruck solcher Weine.

Zusammensetzung und Haltbarkeit des Weines

Die Verwandlung des Mostes zu Wein durch die Gärung betrifft mengenmäßig den Zucker am stärksten. Aus ihm entsteht bis auf geringe nicht vergorene Reste Alkohol. Das gleichfalls sich bildende Kohlendioxid muß bei starker Gärung aus dem Keller entfernt werden, da dieses schwere Gas sonst zu Unfällen mit Todesfolge durch Ersticken führen kann. Aus dem Zucker entstehen aber auch Glycerin, verschiedene Säuren, höhere Alkohole, Aldehyde und Ester. Alle diese Substanzen sind Stoffwechselprodukte der Hefe. Vor der Gärung vermehren sich die ursprünglich sehr wenigen Zellen sehr stark. Sie entnehmen zum Aufbau ihrer Zellsubstanz dem Most Zucker, Aminosäuren, Mineralstoffe, Vitamine und andere kompliziert strukturierte Stoffe. Daran wird der Most also ärmer. Es liegt nahe, die Hefe ebenfalls als Gärungs-Nebenprodukt aufzufassen. Allerdings wird sie nach der Gärung vom Wein getrennt und verworfen. Höchstens »Hefepreßwein« wird aus ihr gewonnen, oder sie wird gebrannt, das heißt, der Alkohol des in der Hefemasse noch enthaltenen Weines wird abdestilliert.

Nach vollständigem Eindampfen des Weines bleibt sein »Extrakt« übrig. Das sind der Zucker, das Glycerin, die nichtflüchtigen Säuren, die Mineral-, Gerb- und Farbstoffe, die Stickstoffverbindungen und die höheren Alkohole. Der Extraktgehalt ist ein relatives Maß für die Güte des Weines; extraktarme Weine sind »dünn«. Der Extraktgehalt deutscher Weine liegt meist zwischen 20 und 30 g/l. Bei 10% aller Weine liegt er unter 20 g/l. Rotweine sind verständlicherweise meist extraktreicher als Weißweine.

Da der deutsche Weintrinker Weine mit höherem Zuckergehalt schätzt, ist der »zuckerfreie Extrakt« der aussagefähigere Wert. Manchmal wird auch noch der »Extraktrest« angegeben. Das ist der Extrakt, der nach Abzug des Zuckers und der nichtflüchtigen Säuren übrigbleibt. Wenn auch der größte Teil des Weines aus Wasser besteht (85 bis 90%) und der Wein in chemischer Definition nur eine »verunreinigte wäßrige Lösung« ist, so sind doch die vielen aus dem Zucker des Mostes hervorgegangenen Weininhaltsstoffe in jeder Beziehung am wichtigsten. Schon deshalb bestimmt der Zuckergehalt des Mostes weitgehend die Qualität des daraus hervorgehenden Weines.

Die Zusammensetzung des Weines kann sich bei langem Lagern ändern; geringe Mengen Alkohol können verdunsten. Alter Wein ist aber auch sichtbar verändert, er ist »hochfarbig«, also goldgelb. Rotweine nehmen einen Braunton an. Diese Farbvertiefung geht zurück auf die Oxidation von Polyhydroxyphenolen zu Chinonen. Ihre konjugierten Doppelbindungen bedingen die Farbigkeit. Eine Polymerisation der Polyhydroxyphenole zu größeren, dunkel gefärbten Stoffen findet statt. Auch geschmacklich hat sich damit ein Wein verändert. Er schmeckt nicht mehr »reif«, sondern »firn« oder sogar schon »alt«. Abgesehen davon, daß die erwähnten Polyhydroxyphenole und ihre Oxidationsprodukte geschmacklich wirksam sind, finden wohl auch Veresterungen und Umesterungen statt. Diäthylbernsteinsäure zum Beispiel scheint beim Altern der Weine zuzunehmen. Die freie schweflige Säure nimmt schließlich ab. Gleichzeitig entsteht durch Oxidation aus Äthanol Acetaldehyd, der stark geschmackswirksam ist, deshalb wird er im Jungwein schnell mit schwefliger Säure gebunden, also geschmacklich unwirksam gemacht.

Das »Altern« des Weines ist also im wesentlichen eine Summe von Oxidationsprozessen durch den Luftsauerstoff, der durch den Flaschenkorken geht. Katalysiert werden diese Oxidationen vom Eisen, das im Wein verblieben ist, vielleicht auch von Kupfer und Zink. Das ist ein Grund mehr für das Ausschönen dieser Schwermetalle. Wenn auch die Frage, wie lange sich ein Wein hält, nur tendenziell zu beantworten ist, so stimmt doch mit den genannten Fakten die Erfahrung überein, daß sich säurereiche und auch zuckerhaltige Weine länger halten. Die Fähigkeit der hydroxylgruppenreichen Substanzen, das Eisen komplex zu binden, verhindert die Oxidation zumindest graduell. Absolut sicher ist, daß der »goldene« Wein, den die Romantiker besangen, heute bestenfalls still beiseite gestellt werden würde.

Spitzenweine

Die großen Gewächse, etwa die Trockenbeerenauslese des Rieslings, oder die des »Königs der Weine, des Weines der Könige«, des Tokajers, verdanken ihre besondere Art dem Befall der Beeren durch Botrytis cinerea. Dieser unscheinbare Schimmelpilz durchlöchert bei nebligfeuchtem Wetter die Beerenhaut. Darauf folgendes schönes Herbstwetter läßt Wasser aus den Beeren verdunsten. Sie schrumpfen zu Trockenbeeren mit konzentriertem Most. Der Zuckergehalt dieser »Edelbeeren« ist stark erhöht. Er steigt oft auf 350 g/l und mehr.

Aber auch andere Substanzen in der Beere verändert der Pilz während seiner Infektion. Aus dem Zucker bildet er zum Teil Glycerin, das ja auch als Gärungsprodukt der Hefe entsteht. Trockenbeerenauslesen können daher bis über 30 g/l Glycerin enthalten, da zum Glyceringehalt des Mostes die Glycerinbildung der Hefe noch hinzukommt. Aus Glucose bildet der Botrytispilz auch einige Gramm Gluconsäure und verwandte Säuren. Aus dem Pektinabbau entsteht Galacturonsäure und durch deren Oxidation schließlich Schleimsäure. Die Weinsäure dagegen wird teilweise abgebaut, das Eiweiß ebenfalls. Auch die freien Aminosäuren verschwinden großenteils. Der Pilz nimmt sie zur eigenen Zellsubstanzsynthese auf. Mineralien und Vitamine braucht er dazu ebenfalls. Der zuckerfreie Extrakt wird also stark verändert.

Diese Moste mit ihrem hohen Zuckergehalt, die vom Pilz »leergefressen«, also an Nährstoffen verarmt sind, bieten der Hefe im Vergleich mit normalen Mosten schlechte Vermehrungschancen. Zunächst wirkt der hohe Zuckergehalt auf die Hefen wasserentziehend. Des weiteren hemmt das Stickstoffdefizit dieser Moste die Hefevermehrung. Die Moste gären deshalb schleppend. Aber auch die Nebenproduktbildung ist anders: Pyruvat und Ketoglutarat werden verstärkt gebildet. Das erklärt sich aus der starken Thiamin- (= Vitamin-B_1-) Verarmung durch Botrytis. Während in normalen Mosten etwa 0,5 mg/l dieses wasserlöslichen Vitamins vorkommen, vermindert der Botrytis-Befall seine Konzentration oft bis auf 0,05 mg/l. Andere Vitamine, wie das Nicotinsäureamid, werden zwar ebenfalls verringert, können aber von der Hefe schneller wieder synthetisiert werden. Die Hefe, die sich im »edelfaulen« Most vermehren muß, kann Thiamin nicht so schnell synthetisieren, wie sie es aus normalem Most aufnehmen kann. Da dieses Vitamin in Form seines Pyrophosphates das Co-Enzym des Ketosäure-decarboxylierenden Enzyms ist, werden diese Zwischenprodukte nicht mehr normal abgebaut. Sie bleiben in größerer Menge zurück. Da vor allem vom Pyruvat weitere Synthesen ausgehen, ist beispielsweise eine verstärkte Bildung von 2-Methyl-Propanol die Folge. Da die Ketosäuren schweflige Säure binden, erwächst aus dem veränderten Hefestoffwechsel in diesen Mosten auch das erhöhte SO_2-Bedürfnis der daraus entstehenden Weine. Hinzu kommt, daß die auf und in Botrytis-befallenen Beeren vermehrt vorkommenden Essigbakterien durch Oxidation der Fructose einen weiteren SO_2-bindenden Stoff bilden, die 5-Ketofructose. Gerade daraus wird klar, daß der Wein nicht nur ein sehr komplex zusammengesetztes Naturstoffgemisch ist, sondern

Abbildung 7.
Vom Edelfäulepilz Botrytis cinerea befallene Weinbeeren. Durch sein Eindringen wird die Beerenschale durchlöchert. Bei schönem Herbstwetter verdunstet daher Wasser aus diesen Beeren; vor allem der Zucker des Saftes wird konzentriert. – Der Pilz befindet sich größtenteils in der Beere, nur die Sporenträger mit den grauen Sporen sind auf der Beere sichtbar, daher der Name »Grauschimmel«.

daß es kaum einen Wein geben kann, der dem anderen gleicht: Die Stoffe, die die Rebe je nach den Umweltbedingungen in unterschiedlicher Menge synthetisiert und in ihren Beeren gespeichert hat, sind für einen ganz anderen Organismus, die Hefe, das Substrat ihres Stoffwechsels. Zu den Stoffwechselprodukten dieser beiden Organismen können aber noch die ein oder mehrerer weiterer Organismen kommen, denen der Wein im günstigen Falle seine Güte, in jedem Falle seine Prägung verdankt.

Helmut Haubs

Weinbereitung

Die Verarbeitung der Trauben

Der Herbst bringt für den Winzer die absolute Arbeitsspitze. Innerhalb von drei bis fünf Wochen müssen alle anfallenden Arbeiten, von der Traubenlese über die Traubenannahme, die Maischegewinnung, das Keltern der Maische, die Mostbehandlung bis zum Einlagern des Mostes in die Gärgebinde, abgeschlossen sein. Alles muß sehr schnell gehen, damit Oxidationsvorgänge und eine unerwünschte Vermehrung von Mikroorganismen weitestgehend ausgeschaltet werden. Grundsätzlich sind alle Trauben am Tag ihrer Lese abzukeltern. Noch vor nicht allzu langer Zeit wurde zur Herbstzeit im Kelterhaus bis in die Nacht hinein gearbeitet. Mit steigenden Löhnen und Lebensansprüchen mußten zwangsläufig hohe Investitionen im Kelterhaus vorgenommen werden, nicht nur, um die teuren Überstunden einzuschränken, sondern auch, um bessere Voraussetzungen für eine gute Most- beziehungsweise Weinqualität zu schaffen. Eine Tendenz zur Automatisierung der Arbeitsvorgänge ist dabei unverkennbar.
Die Arbeit im Kelterhaus beginnt mit dem Entladen der angelieferten Traubenbütten, der Kontrolle der Traubensorte und der Überprüfung des Gesundheitszustandes des Lesegutes. Das Entleeren war früher eine schwere Arbeit, weil es mit Hilfe von Traubengabeln und Schöpfeimern von Hand erfolgen mußte. Größere Traubenmengen sind aber auf diese Art und Weise nicht mehr zu bewältigen. Heute heben Elektroaufzüge die Traubenbütten hoch und schütten sie in entsprechend große Auffangtrichter aus.

Weinlese. In Handarbeit wird jede Traube einzeln mit der Schere abgeschnitten.

Mehr und mehr werden auch ganze Wagenladungen entweder mit Hilfe einer Kippbühne oder einer im Fahrzeug eingebauten hydraulischen Kippvorrichtung (Seitenkipper) entleert. Die Ladepritschen sind dann zur Vermeidung von Saftverlusten mit Kunststoffplanen aus Polyäthylen ausgelegt. Stark verbreitet sind auch Absauganlagen, die mit Hilfe eines Saugrüssels die Trauben aus jeder Bütte ansaugen und im Luftstrom einem trichterförmigen Abscheider zuführen, über den die Trauben durch eine Zellradschleuse in die Traubenmühle gefördert werden. Schließlich können auch Gabelstapler mit einem Drehkranz zum Kippen von Traubenbütten eingesetzt werden.
Rote Trauben werden generell entrappt, das heißt von den gerbstoffhaltigen Kämmen getrennt, damit bei der späteren Verarbeitung zu Rotwein auf dem Wege der Maischegärung oder Maischeerhitzung nicht zuviel Polyphenole (Gerbstoffe) in den Wein gelangen. Aus dem gleichen Grunde werden vielfach auch weiße Trauben entrappt, obwohl hier keine vergleichbare Maischebehandlung durchgeführt wird.
Anschließend werden die Trauben gemahlen, wodurch die Maische entsteht.

Weinbereitung

In dieser Maschine werden die Trauben entrappt, das heißt von den Stielen getrennt.

Um Oxidationsvorgänge und die Entwicklung von Mikroorganismen zu hemmen, wird der Maische etwa 50 mg/l schweflige Säure zugesetzt.

Sodann wird das Mostgewicht der Maische festgestellt. Es gibt an, um wieviel Gramm 1 l Most schwerer ist als 1 l Wasser. Das Mostgewicht (in Oechslegrad) ist zwar nicht der einzige, aber der wichtigste Anhaltspunkt für die Qualität eines Mostes.

Die Maische gelangt nun – meist mit Hilfe von Maischepumpen – entweder direkt in die Presse oder in Vorentsaftungsbehälter (Abtropfbehälter). Diese dienen nicht nur als Pufferbehälter zwischen Traubenmühle und Presse, sondern sie ermöglichen durch freien Ablauf auch eine Teilentsaftung, so daß hier bereits 40% des Mostes abgetrennt und dadurch die Pressen entlastet werden können. Vorentsaftungsbehälter müssen so gebaut sein, daß einerseits der Saft rasch ablaufen, andererseits die abgetropfte Maische leicht

Mit diesen Handrefraktometern kann auf einfache und schnelle Weise das Mostgewicht der Beeren schon vor der Lese bestimmt werden.

Traubenannahme. Das Lesegut wird mit riesigen Kränen in das Innere des Kelterhauses befördert.

herausrutschen kann. Deswegen sind die Behälter mit perforierten Blechen, schrägen Böden und großen Türen versehen. Diese Behälter können zum Vorentsaften natürlich nur während der Preßsaison

Das Lesegut wird abgeladen und in die Traubenmühle geschüttet. Im Vordergrund ein Angestellter mit Handrefraktometer.

eingesetzt werden. Es ist daher vorteilhaft, sie als Mehrzweckbehälter auszubilden, um sie auch zur Weinlagerung verwenden zu können. Es gibt Vorentsaftungsbehälter aus Stahlbeton, als ausgekleidete Metallbehälter und aus Edelstahl. Wichtig ist, daß sie gut gereinigt werden können.

Letzteres gilt grundsätzlich für alle Maschinen und Geräte, die mit Trauben, Maische oder Most in Berührung kom-

men. Tägliche, gründliche Reinigungsarbeiten im Kelterhaus sind deshalb so außerordentlich wichtig, weil sich in Saftresten unerwünschte Mikroorganismen (etwa Essigsäurebakterien) sehr schnell vermehren und eine große Infektionsgefahr herbeiführen können.

Das Keltern

Mit dem Beginn des Industriezeitalters im 19. Jahrhundert wurden die mechanischen Pressen von hydraulischen Vertikal-Korbpressen abgelöst, die mit schwenk- oder fahrbaren Körben als Unterdruck- oder Oberdruckpressen ausgebildet wurden. Diese hatten gegenüber unseren heutigen Horizontal-Korbpressen einen großen Vorteil: Wegen des dicken Preßkuchens mußte der Saft einen weiten Weg zurücklegen und wurde dadurch besser »filtriert« als bei den heutigen Pressen.

In diesen Horizontalpressen wird der Most aus der Maische herausgepreßt. Übrig bleiben die festen Bestandteile, die Trester.

Trotzdem mußten diese Vertikalpressen wegen ihrer doppelten Preßzeit weichen. Schnelle Arbeitsweise ist heute entscheidend für den Wert eines Preßsystems. Nachteile, wie etwa ein starker Trubgehalt des Mostes, sind durch ergänzende Maßnahmen, in diesem Fall durch Mostvorklärung, auszugleichen.
Bei den Horizontalpressen konnte neben der Verbesserung des Saftablaufs auch das Aufscheitern des Tresterkuchens rationeller gestaltet werden: Beim Auseinanderfahren der Preßteller erfolgt automatisch ein Auflockern des Kuchens mit Hilfe von Edelstahlketten. Schließlich können in der Horizontalpresse die einzelnen Preßvorgänge bei relativ niedrigem Druck in schneller zeitlicher Folge abgewickelt werden.
Mit besonders niedrigem Druck arbeiten die pneumatischen Horizontalpressen, in denen der Tresterkuchen durch einen aufblasbaren Gummisack nach außen gegen eine perforierte Zylinderwand gedrückt wird. Dadurch wird ein besonders kurzer Saftablaufweg erreicht.
Arbeitswirtschaftlich von großem Vorteil sind die Schnecken- oder Schraubenpressen. Sie arbeiten ähnlich wie ein Fleischwolf. Unterhalb der Schnecke können Mostmengen unterschiedlicher Qualität aufgefangen werden. Schneckenpressen arbeiten kontinuierlich; das kann für die Bewältigung der Preßarbeiten von ausschlaggebender Bedeutung sein. In den Weinbaugebieten Deutschlands stößt ihre Anwendung auf gewisse Schwierigkeiten, weil der Most von Schneckenpressen mehr Gerbstoff und mehr Trubstoffe enthält. Allerdings kann man dem durch Auswahl von Schneckenpressen mit großem Schneckendurchmesser (bis 100 cm) und langsamer Umdrehungsgeschwindigkeit entgegenwirken. Auch die Schneckenpresse ist ein Beispiel dafür, daß man bei der Weinbereitung die einzelnen Arbeitsvorgänge nicht für sich allein betrachten darf. So kann man die Nachteile der Schneckenpresse durch Verbesserung der Mostvorklärung und notfalls durch Schönungen (zur Entfernung eines zu hohen Gerbstoffgehaltes) ausgleichen. Eine interessante Variante der Schneckenpresse stellt die fahrbare Weinbergspresse mit Zapfwellenantrieb vom Traktor dar. Mit ihr wird schon im Weinberg innerhalb der Rebzeilen abgepreßt, so daß in letzter Konsequenz das Kelterhaus überflüssig wird. Diese neuartige Konzeption muß aber erst noch ihre Bewährungsprobe in der Praxis bestehen.

Neu ist auch die Tankpresse. Bei ihr erfolgt zum ersten Mal eine konsequente Ausschaltung des Luftsauerstoffs, indem das Auspressen mit Hilfe einer Membrane pneumatisch innerhalb eines geschlossenen Tanks erfolgt.
Traubenmost, so wie er von der Kelter läuft, ist mehr oder weniger trüb. Früher war es üblich, den Most ohne jede Klärmaßnahme »mit Dreck und Speck« zu vergären. Für die Reintönigkeit des späteren Weines ist es aber von Vorteil, wenn die gröbsten Trubbestandteile vorher entfernt werden. Sie bestehen aus Schmutzpartikeln, die vom Weinbergsboden herrühren, sowie aus Resten von Schädlingsbekämpfungsmitteln, die möglichst nicht mitvergoren werden sollen. Andererseits darf ein Most auch nicht ganz blank sein, da durch eine Reduzierung der »inneren Oberfläche« die Gärung erschwert wird.
Im Kleinbetrieb erfolgt das Vorklären durch Absetzenlassen in einem geschlossenen Behälter. Schon nach wenigen Stunden sinken die Schmutzpartikel zu Boden und können dann leicht vom Most getrennt werden. Auf keinen Fall darf das Absetzenlassen bis zum Beginn der Gärung hinausgezögert werden. Sonst gerät nämlich der Most in Bewegung, und ein Vorklären würde auf diesem Wege nicht mehr möglich sein. Mittel- und Großbetriebe klären mit Hilfe des Separators vor. Durch ein Variieren der Durchflußleistung ist es leicht möglich, jeden gewünschten Klärgrad zu erreichen. Dadurch ist der Separator in der Mostvorklärung jedem anderen Klärverfahren überlegen.
Neben der Vorklärung sind manchmal noch weitere Mostbehandlungen nötig. Kohleschönung zur Beseitigung von Geruchs- oder Geschmacksfehlern, Bentonitbehandlung zur Vermeidung von späteren Eiweißtrübungen im Wein, Anreicherung durch Zuckerzusatz (Verbesserung) oder Entsäuerung mit Hilfe von kohlensaurem Kalk führt man tunlichst schon beim Most durch, weil sie sich hier schonender auswirken. Durch den Gärprozeß wird das Substrat »Most« dann von Grund auf verwandelt.
Überall, wo sich Spuren von Most befinden, sind Mikroorganismen, vor allem Hefen. Das gilt auch für die am Rebstock hängenden Trauben, die oft schon vor der Lese beschädigt worden sind. Erst recht können sich Hefen, Bakterien und Schimmelpilze in der Traubenmaische und im Most mit großer Schnelligkeit vermehren. Die ohne weiteres Zutun spontan durch Hefen bewirkte Gärung läuft

Weinbereitung

Separator in einer modernen Kellerei. In ihm wird der Most von den noch vorhandenen Trubstoffen befreit.

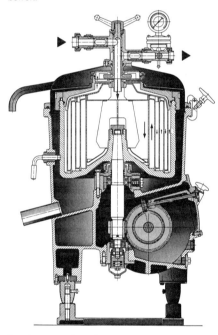

Schnitt durch einen Kammerseparator.

nicht immer mit der gewünschten Sicherheit ab, so daß man heute in allen Weinbaugebieten der Welt mehr und mehr zur Verwendung von Reinzuchthefe übergeht. Sie wird meist ohne besondere Vorbehandlung des Mostes zugesetzt, in der berechtigten Erwartung, daß die zahlenmäßig überwiegenden Reinzuchthefen »das Feld beherrschen« und die ursprünglich vorhandenen Hefen im Verlauf der Gärung mehr und mehr zurückgedrängt werden.
Um mit letzter Sicherheit auch Essigbakterien auszuschalten, erfolgt im Großbetrieb vor der Gärung eine Kurzzeiterhitzung. Hierbei wird der Most mit Hilfe eines Plattenapparats zunächst auf 87° C erwärmt, anschließend zurückgekühlt und mit Reinzuchthefe versetzt. Diese Arbeitsweise hat nicht nur den Vorteil, alle Mikroorganismen abzutöten, sondern auch die den Sauerstoff übertragenden Enzyme (Oxydasen) zu vernichten. Weine, die schon als Most einer Kurzzeiterhitzung unterzogen wurden, haben einen geringeren Bedarf an schwefliger Säure, bereiten allerdings auch größere Filtrationsschwierigkeiten.

Die Qualitätsverbesserung des Mostes

Um in ungünstigen Jahren auch aus weniger gut ausgereiften Trauben einen ansprechenden Wein bereiten zu können, ist – wie auch in außerdeutschen Weinbaugebieten – der Zusatz von reinem Rohr- oder Rübenzucker gesetzlich erlaubt (Anreicherung). Bei Tafelwein ist auch der Zusatz von Traubenmostkonzentrat gestattet. Die Höhe des Zusatzes ist streng geregelt. Bei einem weißen Qualitätswein darf er in der Regel nicht höher sein, als einer Alkoholerhöhung um 28 g/l (in Baden: 20 g/l) entspricht. Außerdem ist eine obere Grenze festgesetzt. Sie liegt bei Weißwein aus Baden bei 99 g/l Alkohol, aus den übrigen deutschen Weinbaugebieten bei 95 g/l. Nur Tafel- und Qualitätsweine ohne Prädikat dürfen gezuckert werden; Prädikatsweine dürfen keinen Zuckerzusatz erhalten. Sie sind im Sinne der früheren Weingesetze »naturrein«. Das Weinrecht der EG und das deutsche Weingesetz von 1971 kennen den Begriff »naturrein« nicht mehr. Das ist gut so, denn früher blieben viele unselbständige Weine ungezuckert, nur um sie als naturreine Weine verkaufen zu können. Das hatte oft arme, kleine, dünne, wenig ansprechende Weine zur Folge.
Die Zuckerung eines Mostes hat nichts mit der Restsüße des Weines zu tun. Letztere hängt nur davon ab, ob der Wein durchgegoren ist oder ob ihm vor der Abfüllung Süßreserve zugesetzt wurde. Ein als Most gezuckerter Wein kann vollkommen »trocken«, das heißt ohne Restsüße sein, während ein ungezuckerter Wein mild oder sogar süß schmecken kann.
Der Rohr- oder Rübenzucker wird im Most durch Rühren aufgelöst. Größere Betriebe verwenden hierzu Propellerrührgeräte. Innerhalb von etwa 30 Minuten ist der Zucker restlos aufgelöst. Durch Erwärmung des Mostes kann die Lösungsgeschwindigkeit noch gesteigert werden.

Gelegentlich im Flaschenwein auftretende Kristalle sind niemals Zucker, denn selbst bei unsachgemäß durchgeführter Anreicherung ist bis zur Flaschenfüllung der Zucker restlos aufgelöst. Es handelt sich bei diesen Kristallen vielmehr um Weinstein oder um Kristalle aus weinsaurem Calcium.
In weniger guten Jahren enthalten die Trauben in unseren Breiten nicht nur zu wenig Zucker, sondern oft auch ein Übermaß an Säure. Um diese zu reduzieren, wird seit vielen Jahren kohlensaurer Kalk angewandt. Diese chemische Entsäuerung führt zu guten Ergebnissen, wenn der Anteil der Weinsäure an der Gesamtsäure relativ hoch ist. Früher hat man sich mit der Kombination »Chemische Entsäuerung plus Naßverbesserung (Zusatz von Zuckerwasser)« helfen können, denn durch den Zuckerwasserzusatz wurde auch die Säure verdünnt.
Da aber ab 1. Juli 1979 die Naßverbesserung verboten ist, hat sich in der deutschen Weinwirtschaft die Doppelsalzfällung eingeführt, mit deren Hilfe es möglich ist, relativ saure Moste (und auch Weine) selbst mit geringem Weinsäureanteil ausreichend zu entsäuern. Auch mit Hilfe des biologischen Säureabbaues kann man eine Säurereduzierung erreichen. Im allgemeinen wird aber in den deutschen Weinbaugebieten bei der Weißweinbereitung der chemischen Entsäuerung der Vorzug gegeben, weil sie sicherer ist. Bei der Rotweinbereitung jedoch ist – wie in vielen ausländischen Weinbaugebieten mit günstigeren Vorbedingungen für den biologischen Säureabbau – letztere Methode weit verbreitet.

Die Gärtechnik

Die Gärung ist die Geburt des Weines und damit wesentlich für die spätere Weinqualität. Jeder Gärvorgang unterscheidet sich vom anderen und ist nicht reproduzierbar. Zwar liegt das summarische Ergebnis im großen und ganzen fest – der vorhandene Zucker wird etwa je zur Hälfte in Akohol und Kohlensäure umgewandelt –, es entsteht jedoch noch eine ganze Reihe weiterer geschmackswirksamer Stoffe, deren Menge stark schwanken kann.
Die Vorbedingungen für eine »gute« Gärung sind in unseren Weinkellereien recht günstig: relativ niedrige Temperaturen bei den eingebrachten Trauben und in den Kellern. Dadurch verläuft die Gärung langsam und gleichmäßig. Sie sollte mindestens 8 Tage, höchstens aber 3 Wochen dauern. Eine allzu stürmische Gä-

Kellermeister bei der Probe des werdenden Weines in einem herkömmlichen Holzfaßkeller.

rung ergibt einen plumpen Wein ohne Geruchs- und Geschmacksfeinheiten. Andererseits ist nach einer schleppenden Gärung im Wein viel Acetaldehyd enthalten, der durch schweflige Säure gebunden werden muß. Die Einsparung von schwefliger Säure (SO_2) steht aber im Vordergrund der Bemühungen zur Bereitung eines wohlschmeckenden und bekömmlichen Weines.

Das Gären des Mostes ist deutlich am Gluckern der Sperrflüssigkeit in den Gäraufsätzen zu hören, wenn das Kohlendioxid durch sie entweicht. Diese Flüssigkeit dient außerdem dazu, das Gebinde – vor allem zu Beginn und am Ende des Gärprozesses – von der Außenluft abzuschirmen. Große Kohlensäuremengen, etwa das Vierzig- bis Fünfzigfache des Behältervolumens, gelangen in die Kellerluft. Jedermann sollte wissen, daß der Aufenthalt in einem Gärkeller lebensgefährlich sein kann. Kohlensäure – genauer gesagt Kohlendioxid, CO_2 – ist schwerer als Luft und kann daher aus Kellern nicht »abfließen«. Sie muß mit Hilfe von Exhaustoren vom Kellerboden abgesaugt werden, damit Luft nachströmen und der Keller wieder betreten werden kann. Ein Kohlensäuregehalt von 5 bis 7 Vol.% kann schon schädlich bis gefährlich sein. Bei 10% entsteht in wenigen Minuten bereits starke Atemnot. Aus diesem Grunde soll man CO_2-verdächtige Räume nur mit offenem Kerzenlicht betreten, das bei etwa 10% CO_2-Gehalt erlischt.

Nach dem Zweiten Weltkrieg haben in der Kellerwirtschaft verschiedene neue Methoden der Gärführung von sich reden gemacht. Durch langsame und gleichmäßige Gärung kann nämlich die Alkoholausbeute erhöht und leichter ein Gärungsstillstand zur Erzielung einer Restsüße im Wein erreicht werden als bei stürmischer Gärung.

Bei der gezügelten Gärung wird die durch den Most selbst gebildete Kohlensäure mit Hilfe eines Drucktankes am Entweichen gehindert. Infolge des Druckanstiegs bleibt ein Teil der Kohlensäure im Most gelöst, wodurch sich die Gärung verlangsamt. Durch Ablassen des angestauten CO_2-Druckes kann dann die Gärung wieder beschleunigt werden.

Bei der gekühlten Gärung wird anstelle des Kohlensäuredrucks die Kälte zur Gärführung eingesetzt. In die Gärbehälter eingebaute Kühlschlangen oder auch Doppelmanteltanks ermöglichen mit Hilfe leistungsfähiger Sole-Kühlanlagen ein Abkühlen des Gärgutes. Auf diesem Wege der Temperaturregulierung ist ebenfalls eine elegante Senkung der Gärung möglich.

Eine besondere Gärtechnik wird bei der Rotweinbereitung angewandt. Hier ist eine Maischegärung erforderlich, weil der rote Farbstoff in den Hülsen der roten Traubenbeeren sitzt. Sie werden durch den bei der Gärung sich bildenden Alkohol zerstört, und der Farbstoff wird frei. Seit einigen Jahren gewinnt man den roten Farbstoff auch in stärkerem Maße durch Maischeerhitzung. Dadurch wird eine Maischegärung überflüssig, und der rote Most kann wie ein weißer vergoren werden. Farbstoff- und Gerbstoffgehalt sind bei diesem Verfahren besser zu beeinflussen. Deshalb erfreut es sich in deutschen Rotweinkellern steigender Beliebtheit.

Weiß gekelterte Rotweintrauben (ohne Maischegärung) ergeben Roséweine mit der typischen hellroten Farbe. Weißherbst ist ein nur aus einer Rebsorte bereiteter Roséwein zumindest der Qualitätsstufe QbA, wobei die Bezeichnung nur in Verbindung mit der Rebsorte benutzt werden darf (also beispielsweise Spätburgunder-Weißherbst). Bei einem Rotling sind weiße und rote Trauben – oder deren Maischen – miteinander verschnitten worden. Mit Schillerwein darf ein QbA-Wein dieser Art bezeichnet werden, wenn die Trauben im Weinbaugebiet Württemberg geerntet worden sind.

Die Weinbehälter

Bei der Besichtigung einer Weinkellerei möchte der Weinfreund Holzfässer vorfinden. Sorgen dann noch brennende Kerzen für eine stimmungsvolle Atmosphäre, ist ein nachhaltiger, guter Eindruck sicher.

Holzfässer verlieren aber immer mehr an Bedeutung. Sie werden durch ausgekleidete Metalltanks, Edelstahltanks und Kunststoffbehälter abgelöst. Wegen des niedrigen Preises sind Betonbehälter – früher mit Glasplatten, heute auch mit Epoxidharz ausgekleidet – ebenfalls weit verbreitet. Entscheidend für diese Entwicklung sind die hohen Anforderungen neuzeitlicher Kellerhygiene und der große Pflegeaufwand für das Holzfaß. Großbetriebe wären gar nicht mehr in der Lage, das hierfür notwendige Personal zu unterhalten. Alle Großbehälter dagegen werden mit wachsender Größe immer billiger. Metalltanks bis zu 1 Million l Inhalt und selbst darüber sind deshalb in Großkellereien immer häufiger anzutreffen.

Natürlich sind auch heute noch Holzfässer in allen Weinbaugebieten weit verbreitet. Einmal, weil es sich vielfach um alte Bestände handelt, zum anderen, weil in jeder Kellerei auch kleinere Gebinde zur Aufnahme von Spitzenweinen benötigt werden, die es eben nur in kleineren Mengen gibt.

Was den Einfluß des Eichenholzes auf den Wein angeht, so muß man doch stark differenzieren. Bei französischen Rotweinen etwa oder auch bei Weinbrand ist er zur Prägung des typischen Geschmacksbildes unbedingt erforderlich.

Weinbereitung

Deutsche Weißweine aber dürfen geschmacklich nicht oder zumindest nicht wahrnehmbar verändert werden. Die Sauerstoffdurchlässigkeit des Faßholzes ist nicht so groß, wie Laien oft annehmen. Selbst bei sehr kleinen Gebinden mit relativ großer Oberfläche (im Vergleich zum Faßinhalt) werden höchstens 10% des gesamten während des Ausbaues vom Wein gebundenen Sauerstoffs über die Poren des Faßholzes aufgenommen. Der weitaus größere Teil des Sauerstoffs stammt aus der Luft über dem Flüssigkeitsspiegel oder gelangt durch direkte Luftberührung bei Abstichen, Schönungen und dergleichen in den Wein.

Außerdem muß man bei der Weinbereitung ja viel mehr darauf bedacht sein, den Sauerstoff vom Wein fernzuhalten. Die luftdichten Metallbehälter sind also auch in dieser Beziehung dem Holzfaß überlegen. In ihnen kann der Wein, wie in einer großen Glasflasche, jahrelang liegen, ohne seine Frische, die von den Weintrinkern sehr geschätzt wird, einzubüßen.

Behälter aus Edelstahl sind in den Weinkellereien beliebt, weil ihr Material besonders unproblematisch ist. Sie bieten alle Vorteile des Metallbehälters und benötigen darüber hinaus weder eine Innenauskleidung noch einen Außenanstrich. Sie sind zwar teuer, aber bei Großgebinden im Vergleich zu ausgekleideten Stahltanks und auch Kunststoffbehältern durchaus konkurrenzfähig.

Alle Metallbehälter übertragen Temperaturen gut. So kann zum Beispiel die bei der Gärung entstehende Wärme durch Überrieseln der Behälter leicht abgeführt werden. Doppelmanteltanks gestatten die Verwendung von Kühlsole, um den Behälterinhalt besonders schnell und tief herunterkühlen zu können. Zur Vermeidung von Abstrahlungsverlusten wird eine Isolierung angebracht. Die Behälter sind meist mit eingebauten elektrischen Propellerrührgeräten versehen, um durch die ständige Bewegung des Behälterinhalts für eine gute Übertragung der Kälte zu sorgen. Die Behälter sind meist mit elektrischen Propellerrührgeräten versehen. Sie werden deshalb gern zur Weinsteinstabilisierung und für die Schaumweinbereitung benutzt.

Große Metalltanks werden zunehmend automatisch gereinigt. Nach einem bestimmten Programm können sie ohne jede Handarbeit mit Hilfe von feststehenden oder rotierenden Sprühköpfen mit verschiedenen Reinigungslösungen ausgespritzt werden. Vielfach sind auch Separatoren, Filter und sogar Füllmaschinen in das Programm miteinbezogen.

In diesem Ausbaukeller reift der Wein. Großkellereien verwenden in zunehmendem Maße moderne Kunststoff- und Metalltanks für den Ausbau der Weine.

Abstich und Reifung

Unter Abstich versteht man das Umlagern eines Weines in einen anderen Behälter bei gleichzeitiger Abtrennung des sedimentierten Trubes. Der Wein wird dabei in der Hauptsache von der Hefe getrennt, aber auch andere ausgeschiedene Stoffe (beispielsweise Weinstein) werden miterfaßt. Selbst wenn die Hefe schon restlos entfernt ist, können noch weitere Abstiche notwendig werden, zum Beispiel nach Schönungen. Schließlich ist auch das Umlagern eines Weines aus

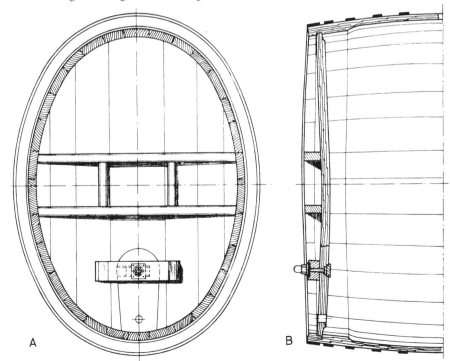

Längs- und Querschnitt durch ein hölzernes Weinfaß (nach Troost).

Gründen des Transportes ein Abstich. Nach der Trennung des Weines von der Hefe muß man ihn unbedingt schwefeln, damit der bei der Gärung entstandene Acetaldehyd gebunden und sein Geschmack nicht dem Wein belassen wird. Außerdem wirkt die schweflige Säure keim- und enzymhemmend, weswegen ja auch schon die Maische geschwefelt wurde. Schweflige Säure bietet auch einen gewissen Oxidationsschutz, den der Wein nach der Trennung von der Hefe sehr nötig hat. Das rechtzeitige maßvolle Schwefeln ist für die reduktiv auszubauenden deutschen Weine eine der wichtigsten Behandlungsmaßnahmen überhaupt.

Es ist immer wieder versucht worden, schweflige Säure durch andere Behandlungsmittel zu ersetzen. Das ist aber nur teilweise möglich. So kann etwa durch die Anwendung von Ascorbinsäure (Vitamin C) der Wein vor Oxidation geschützt werden, eine Acetaldehydbindung oder Keimhemmung ist damit jedoch nicht möglich.

Von der Gärung an durchläuft der Wein einen Reifeprozeß, und zwar im Holzfaß schneller als in einem hermetisch abschließenden Metalltank. Lange war man der Meinung, daß zum Weinausbau eine Faßlagerung unbedingt notwendig sei. Mittlerweile hat aber eine ganze Reihe von Weinkellereien bewiesen, daß man auch ohne Holzfässer auskommen kann, wenn die langsamere Entwicklung im Tank berücksichtigt wird. Schließlich hat sich auch gezeigt, daß der letzte Abschnitt des Reifeprozesses auf die Flasche verlegt werden kann. Etwa ein halbes bis ein Jahr nach der Flaschenfüllung ist diese Phase abgeschlossen. Auch die Kellertemperatur spielt bei der Reifung des Weines eine Rolle. Temperaturen von etwa 17° C beschleunigen zwar die Entwicklung, der Wein verliert jedoch an Frische. Besser sind Lagertemperaturen zwischen 12 und 14° C.

Manche Weinkellereien nehmen auf die Reifeentwicklung weniger Rücksicht. Bei ihnen wird das ganze Augenmerk auf die notwendigen Stabilisierungsmaßnahmen gerichtet, damit der abgefüllte Wein nicht trüb wird und keinen Anlaß zu Reklamationen gibt. Durch einen forcierten Ausbau können das Weinlager häufiger umgeschlagen und dadurch die Weinlagerbehälter besser genutzt werden. Die Amortisations- und die Zinskosten gehen dementsprechend zurück. Auf eine möglichst hohe Weinqualität kann dabei allerdings nicht Rücksicht genommen werden.

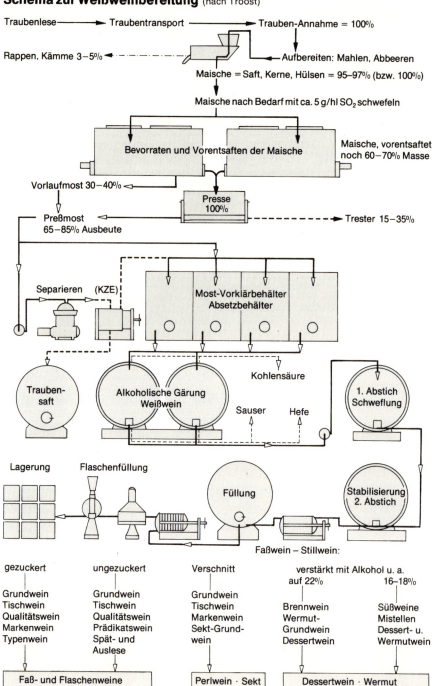

Schema zur Weißweinbereitung (nach Troost)

Die Stabilisierung

Abgefüllter Wein soll nicht nur gut schmecken, er muß auch frei sein von Ausscheidungen oder Trübungen aller Art. Das Heimtückische ist, daß die Trübungen zur Zeit der Flaschenfüllung noch gar nicht vorhanden sind, sondern erst viel später in Erscheinung treten. Es können sich Weinsteinkristalle ausscheiden und Metall- und Eiweißtrübungen auftreten. Auch Mikroorganismen sind in der Lage, schwerwiegende Veränderungen des Weines hervorzurufen (besonders Nachgärungen auf der Flasche).

Flaschentrübungen sind Veranlassung zu berechtigten Reklamationen, Weinstein bildet allerdings eine Ausnahme, weil er den Genußwert des Weines nicht beeinträchtigt. Der Wein bleibt hell, und die Kristalle können durch vorsichtiges Ausgießen leicht abgetrennt werden. Kleinere und mittlere Betriebe haben guten Kontakt zu ihren Kunden und können ih-

Weinbereitung

Schema zur Rotweinbereitung (nach Troost)

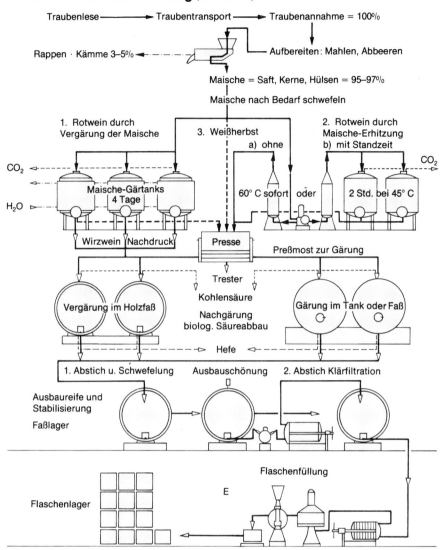

nen daher erklären, daß es sich bei Weinstein um eine natürliche Ausscheidung des Weines handelt, die in gewissem Sinne sogar ein Qualitätskriterium darstellt. Von Großbetrieben wird hundertprozentige Weinsteinstabilität verlangt; sie sind auch eher in der Lage, die dafür notwendigen teuren technischen Einrichtungen mit Kühlanlagen zu installieren.

Die Stabilisierungsmaßnahmen sind darauf gerichtet, durch geeignete Behandlung schon im Lagerbehälter spätere Ausscheidungen in der Flasche zu verhindern. Lediglich die mikrobiologische Stabilisierung erfolgt erst im Zusammenhang mit der Abfüllung.

Die Ausscheidung des Weinsteins wird durch Kühlung und Kühllagerung des Weines über etwa 8 Tage vorgenommen. Der Weinstein wird abfiltriert, dann erst wird der Wein zum Abfüllen freigegeben. Metalltrübungen werden in erster Linie durch Eisen verursacht. Seit in der Kellerwirtschaft für Maschinen und Geräte immer mehr Edelstahl und Kunststoffe verwendet werden, tritt diese Art von Trübungen immer stärker zurück. Zur Entfernung der Metalle schönt man mit Kaliumhexacyanoferrat II (Kaliumferrocyanid, gelbes Blutlaugensalz). Die notwendige Menge muß von einem Weinchemiker exakt ermittelt werden. Diese Schönung wird nach dem Erfinder auch Möslingerschönung und nach der Farbe des ausgeschiedenen Trubes auch Blauschönung genannt. Sie erfaßt neben dem Eisen auch Kupfer, Zink und Silber, Metalle, die von Natur aus im Wein nicht enthalten sind. Sie werden, wie das Eisen, hauptsächlich durch den Kontakt mit verschiedenen Geräten und Armaturen vom Wein aufgenommen.

Während die Zahl der Blauschönungen zurückgeht, hat die der Bentonitschönungen zum Entfernen der labilen Eiweißstoffe zugenommen. Dies ist unter anderem in der besseren Stickstoffversorgung der Weinbergsböden begründet. Der im Vergleich zu früher raschere Weinausbau und die geringere Luftberührung können ebenfalls – wenn auch in geringem Maße – dazu führen, daß sich bis zur Flaschenfüllung nicht alles labile Eiweiß von selbst ausscheidet. Bentonit bindet diese Eiweißstoffe aufgrund seiner großen Oberfläche. Es ist nicht auszuschließen, daß dadurch auch Eiweißstoffe, die gar nicht an den Eiweißtrübungen beteiligt sind, aus dem Wein entfernt werden. Aus diesem Grunde wird vereinzelt die Wärmebehandlung einer Bentonitschönung vorgezogen, um speziell das für die Trübung verantwortliche wärmelabile Eiweiß auszuscheiden. Die Wärmebehandlung erfolgt in Plattenapparaten, in denen der Wein auf etwa 55° C erhitzt, 2 Minuten warm gehalten und im Wärmeaustausch zurückgekühlt wird. Die ausgeschiedenen Eiweißstoffe werden abfiltriert. In besonders eiweißreichen Jahren ist aber eine Wärmebehandlung allein nicht ausreichend.

Von besonderer Bedeutung für die deutsche Kellerwirtschaft ist die mikrobiologische Stabilisierung des Weines. Sie muß zum letztmöglichen Zeitpunkt, also mit der Abfüllung, erfolgen. Sie hat zum Ziel, jede Veränderung des Weines auf der Flasche durch Hefen oder Bakterien zu verhindern. In erster Linie geht es darum, die durch Hefen verursachte Nachgärung zu verhindern. Nachgären kann aber nur ein Wein, der noch einen Rest von unvergorenem Zucker enthält. Je trockener ein Wein ist, um so weniger ist er gegenüber Nachgärungen gefährdet. Sehr trockene Weine (mit weniger als 2 g/l Restzucker) benötigen deshalb diese Art von Stabilisierungsmaßnahmen nicht. Es ist viel einfacher, einen trockenen Wein abzufüllen als einen mit Restsüße. Wenn trotzdem der Anteil an trockenen Weinen in vielen Kellereien niedrig ist, dann nur, weil der deutsche Weinmarkt restsüße Weine verlangt.

Klärung und Schönung

Trübungen stören nicht nur das Auge, sondern beeinträchtigen auch die Qualität des Weines. Geruchs- und Geschmacksstoffe werden durch sie verdeckt, so daß die Feinheiten nicht deutlich in Erscheinung treten. Von der Gärung ab ist jeder Wein bestrebt, sich selbst zu klären. Nicht nur die Hefe setzt sich ab, sondern es fallen auch alle labilen Trub-

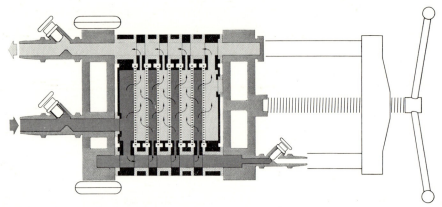

Schnitt durch einen Schichtenfilter.

stoffe aus. Noch heute gibt es Weingegenden, in denen jede »Nachhilfe« bei der Selbstklärung des Weines verpönt ist. Diese Einstellung wirkt sympathisch, möchte doch jeder, daß der Wein so natürlich wie möglich ausgebaut wird.
Die Selbstklärung des Weines genügt aber den heutigen Ansprüchen um so weniger, als sie von jeher schon ungenügend war. Schon immer hat man versucht, den Wein zu »schönen«, das heißt blanker, schöner zu machen. Im Laufe der Jahrhunderte wurden die verschiedensten, oft unglaublichsten Mittel nicht nur zur Klärung, sondern ganz allgemein zur geruchlichen und geschmacklichen »Verbesserung« gebraucht.
Die Bentonit- und die Blauschönung, die ein Trübwerden des Weines auf der Flasche verhindern sollen, wirken prophylaktisch. Klärschönungsmittel sollen dagegen bereits vorliegende Trübungen im Faß oder Tank niederschlagen.
Diesem Zweck dient beispielsweise die Gelatine, die entweder mit dem Gerbstoff des Weines oder in Kombination mit anderen Schönungsmitteln zur Flockenbildung führt, dadurch andere feinere Trubstoffe miterfaßt und zu Boden schlägt. Bei diesen Vorgängen spielt die elektrische Ladung der Schönungsmittel eine entscheidende Rolle. Entweder müssen sie den Trubstoffen entgegengesetzt geladen sein, oder es werden Schönungsmittel unterschiedlicher Ladungseigenschaften benutzt, um dadurch ein Ausflocken zu garantieren.
Schönungsmittel werden außer zur Stabilisierung und Klärung auch zur Beseitigung von Geruchs- und Geschmacksfehlern eingesetzt. In der Weingesetzgebung ist die Tendenz zu erkennen, die Zahl der zugelassenen Schönungsmittel einzuengen und bei Neuzulassungen sehr zurückhaltend zu sein.
Vorbereitung und Durchführung von Schönungen erfordern unter Umständen viel Zeit und Geschick. In der modernen Kellerwirtschaft zieht man es aber vor, schnell und unkompliziert zu arbeiten. Deshalb werden Klärschönungen immer mehr durch Klärfiltrationen ersetzt.
Auch die Filtrationstechnik hat in der Kellerwirtschaft eine lange Entwicklung. Vom Sieb über den Tuchfilter bis zur heutigen Asbestzellulose-Filtration und zur Abtrennung von Stoffen in Molekülgröße, ja sogar von Ionen, war ein weiter Weg. Von den Filterstoffen sind besonders Asbest, Zellulose und Kieselgur sowie die Filtermembranen wichtig.
Bei Kieselgur handelt es sich um eine Diatomeenerde aus Kieselsäurepanzern abgestorbener und abgelagerter Meeresalgen. Sie wird einem Glühprozeß unterworfen und dann zu feinem Pulver zermahlen. Kieselgur ist vielgestaltig in der Form und hat eine große Oberfläche, so daß Trubstoffe leicht »hängenbleiben«. Sie eignet sich besonders gut zur Filtration sehr trüber Flüssigkeiten. In Form einer Anschwemmfiltration wird ständig zudosiert und damit der Filterkuchen durchlässig gehalten.
Asbestzellulosehaltige Filterschichten sind sehr verbreitet. Kein Winzer, der selbst abfüllt, kann auf sie verzichten. Durch Parallelschaltung können die Schichtenfilter auf jede erforderliche Filterfläche erweitert werden. Durch die Veränderung des Verhältnisses von Asbest zu Zellulose wird die Durchlässigkeit der Filterschichten und damit der Klärgrad in weitem Rahmen variiert. Bei hohem Asbestgehalt (etwa 40%) ist sogar eine entkeimende Filtration möglich. Sieb- und Adsorptionswirkung sind nebeneinander gegeben.
Die Wirkung der Filtermembranen (meist aus Zelluloseacetat) ist dagegen ganz auf die Siebwirkung zurückzuführen. Sie bestehen bis zu 80% aus ziemlich gleichmäßig verteilten Poren, deren Größe variierbar ist. Alle Teilchen einer Flüssigkeit, die größer sind als die Porenweite, werden zwangsläufig zurückgehalten: Mikroorganismen wie etwa Hefen mit einem Durchmesser von 4 bis 14 Mikrometer oder Bakterien mit einem Durchmesser von etwa 1 Mikrometer. Nicht nur bei Wein, sondern bei allen Getränken, Flüssigkeiten und Gasen werden Membranen deshalb in steigendem Maße für entkeimende Filtrationen eingesetzt.

Filteranlage zur Klärung des Jungweines von letzten Hefezellen und anderen Trubstoffen.

In seine Weinberge eingebettet liegt Senheim an der Untermosel. ▷

Weinbereitung

Kleiner noch als Mikroorganismen sind Kolloide (0,1 bis 0,001 Mikrometer), die nach Zusammenballungen im Wein Trübungen herbeiführen können. Sie können durch Ultrafiltration (Molekularfiltration) abgetrennt werden. Möglicherweise gewinnt daher diese Filtrationsmethode in Zukunft (zum Beispiel für die Eiweißstabilisierung des Weines) größere Bedeutung. Auch die Verwendung ionenselektiver Membranen könnte (etwa für die Weinsteinstabilisierung) interessant werden. Auf dem Wege der Elektrodialyse ist es möglich, Kaliumionen aus dem Wein abzutrennen.

Außer der Selbstklärung, den Klärschönungen und der Filtration gibt es noch eine vierte Möglichkeit der Trubabtrennung: die Verwendung des Separators. Er ist wie bei der Mostvorklärung auch bei späteren Klärprozessen, etwa nach dem ersten oder zweiten Abstich und auch beim Abtrennen des Weines von den Schönungen, einsetzbar. Im Separator werden genau wie bei der Selbstklärung die spezifisch schwereren Stoffe aus dem Wein ausgeschieden, nur dank der vielfach vergrößerten Schwerkraft mit weitaus besserem Effekt. In Separatoren früherer Baureihen mußte der abgeschiedene Trub aus den Kammern herausgekratzt werden. In modernen Separatoren geschieht dieses Entfernen automatisch durch Öffnen der Trommel, ohne den Separator abstellen zu müssen. Während früher hierzu Zeitschalter oder Photozellen benutzt wurden, scheint neuerdings die Entwicklung mehr zur Eigensteuerung zu führen: Der Separator wird erst dann automatisch entleert, wenn der Schlammraum bis zu einem bestimmten Grad mit Trubstoffen angefüllt ist. Separatoren sind relativ teuer in der Anschaffung, jedoch billig in den Betriebskosten. Sie sind aus dem modernen Kellereibetrieb nicht wegzudenken und finden auch in Mittelbetrieben immer mehr Verbreitung.

Viele Laien sehen so viel Aufwand an Technik mit Mißbehagen. Sie meinen, dadurch werde der Wein strapaziert oder zu sehr »ausgezogen«. In der Regel ist aber das Gegenteil der Fall. Der Wein wird ja nur von den Trubstoffen, deren er sich selbst nur unvollkommen entledigen kann, befreit. Natürlich darf beim Klärprozeß keine negative Beeinflussung erfolgen, etwa durch Luftaufnahme oder durch geschmacklich nicht einwandfreie Schönungsmittel oder Filtriermaterialien (falsche Lagerung). Die besondere Klarheit eines Weines ist ein positives Qualitätskriterium. Sie wird deshalb in der Weinansprache mit der Bezeichnung »Brillanz« noch besonders hervorgehoben.

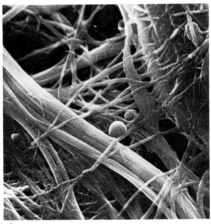

Filter aus Zellstoff und Asbest, aufgenommen mit dem Elektronen-Raster-Mikroskop. Deutlich sieht man, wie die Teilchen sich in dem engmaschigen Sieb verfangen haben.

Der Verschnitt

Die Bezeichnung »Verschnitt« deuten viele Weintrinker als etwas Negatives, Minderwertiges. Das Ergebnis eines Verschnitts ist aber in der Regel besser als seine Ausgangsweine. Ein fachmännisch durchgeführter Verschnitt ist kein willkürliches Vermischen gerade greifbarer Weine, sondern er dient ausschließlich der Ergänzung und der Verbesserung des einen Verschnittpartners durch den anderen.

Seltsamerweise werden in Deutschland Verschnitte von Wein oft diffamiert, während man sie bei Kaffee und Tee als Qualitätssteigerung ohne weiteres gutheißt. In den renommiertesten Weinbaugebieten des Auslandes wird der Verschnitt nicht nur geduldet, sondern ganz selbstverständlich als Qualitätssteigerung angesehen.

Das Verschneiden ist eine Kunst, die Erfahrung, Können und auch »ergänzungsfähige« Weine voraussetzt. Außerdem müssen selbstverständlich die gesetzlichen Vorschriften beachtet werden.

Einer der Gründe für das Verschneiden liegt in dem Bestreben, Marken- und Typenweine herzustellen. Es gibt unter ihnen gute Qualitäten. Sie sind in der Regel gut abgelagert und weisen eine gewisse Abrundung auf. Andererseits haben sie oft etwas weniger »Spiel«, das heißt, die Geruchs- und Geschmacksfeinheiten sind nicht so ausgeprägt. Markenweine können nach bestimmten Rebsorten, Weinbaugebieten oder nach Jahrgängen orientiert sein. Dies kommt dann auch auf dem Etikett entsprechend zum Ausdruck.

Beim Egalisieren werden, um eine größere Verkaufseinheit zu bilden, Weine gleicher Herkunft, die nur in verschiedenen Behältern vergoren und ausgebaut wurden, wieder zusammengebracht. So werden im Wein aufgetretene Unterschiede durch den Verschnitt wieder ausgeglichen. Nach den gesetzlichen Bestimmungen ist dies übrigens kein Verschnitt.

Ein Weinverschnitt wird auch vorgenommen, um natürliche oder durch fehlerhafte Behandlung eingetretene Mängel zu beseitigen. So kann säurereicher mit säurearmem, bukettarmer mit bukettreichem Wein verschnitten werden. Geschmacksfehler werden vielfach durch eine Kohleschönung entfernt. Nach der Behandlung mit großen Kohlemengen kann der Wein »leer«, ausgezogen, wirken. Durch den anschließenden Verschnitt mit einem körperreichen Wein beseitigt man diesen Mangel dann wieder.

Besonders wichtig ist der Zeitpunkt des Verschnitts. Am besten nimmt man ihn schon beim Most vor, da durch die Gärung die Durchmischung am gründlichsten erfolgt. Auch für fehlerhafte Weine stellt die »Umgärung«, das heißt die gemeinsame Gärung nach dem Verschneiden mit Most, die wirksamste Maßnahme zur Beseitigung von Weinfehlern dar.

Andererseits können die Eigenarten der einzelnen Weine gegen Ende ihrer Entwicklung besser beurteilt werden. Aus diesem Grunde verschneidet man zuweilen erst in einem sehr späten Stadium. Dabei muß man allerdings berücksichtigen, daß die vorher in sich stabilen Teile wieder unstabil werden können. Unter Umständen braucht der verschnittene Wein wieder eine Kühlbehandlung, Blau- oder Bentonitschönung. Auf jeden Fall muß man den Verschnitt wieder auf seine Stabilität hin untersuchen.

◁ Frühlingsstimmung bei Cochem an der Mosel mit der gleichnamigen Burg.

Ein Verschnitt besonderer Art liegt vor, wenn einer der Verschnittanteile eine mehr oder weniger ausgeprägte Restsüße enthält. Diese Verschnitte sind schon im Lagerbehälter durch Nachgärung sehr gefährdet und müssen unter Umständen sogar steril eingelagert werden (mit entkeimender Filtration in vorher sterilisierte Behälter). Um sich diese etwas komplizierten Arbeitsgänge zu ersparen, ist man bemüht, die »Süßung« eines Weines erst kurz vor der Abfüllung vorzunehmen. Der einfachste Weg hierzu ist der Zusatz einer »Süßreserve«.

Die Restsüße

Wenn man in einem Lokal Wein bestellt, fragt die Bedienung oft: »Herb oder mild?« Dabei wird unter »herb« trocken und unter »mild« süß verstanden. Wer aber möchte sich so unfachmännisch geben und einen süßen Wein bestellen? Also verlangt man einen herben Wein, und der ist in der Regel süß. In Australien, den USA und Südafrika sagt man: »Make it sweet and call it dry.« Ein wirklich trockener Wein hat auf dem deutschen Markt zur Zeit noch relativ wenig Verkaufschancen.

Die Bezeichnung »trocken« ist weingesetzlich geregelt; sie sagt aus, daß der Wein weniger als 8 bis 9 g/l Restzucker besitzt. Die Empfindung »trocken« ist nicht nur subjektiv unterschiedlich, sie ist auch stark von der Säure abhängig. Daß hoher Kohlensäuregehalt den Eindruck der Süße dämpft, sieht man an trockenen Schaumweinen, die oft mehr als 30 g/l Restzucker enthalten.

Früher war in den deutschen Weinbaugebieten die Restsüße den Spitzenweinen vorbehalten. Hohe Zuckergehalte im Most kann die Hefe nämlich nicht restlos in Alkohol und Kohlensäure umwandeln. Bei diesen Spitzenweinen war und ist die Süße ein echtes Qualitätsmerkmal. So war es nicht weiter verwunderlich, daß man auch bei weniger guten Weinen Restsüße zu erreichen versuchte, sobald die technologische Möglichkeit dazu bestand. Sie war praktisch schon durch die Entdeckung Pasteurs gegeben, Mikroorganismen durch Wärme abtöten zu können. Aber erst die Erfindung der Entkeimungsfiltration durch Schmitthenner im Jahre 1913 machte den Weg für die Erzeugung von Weinen mit Restsüße in großem Stil frei.

Die Spitzenweinerzeuger versuchten, sogar auf gesetzlichem Wege diese Entwicklung zu stoppen. Die »süße Welle« aber rollte darüber hinweg. Zum Teil wurde dabei so stark übertrieben, daß sich schließlich der Gesetzgeber gezwungen sah, eine Restzuckerbegrenzung einzuführen. Sie liegt heute (regional verschieden) im allgemeinen bei 3:1 (ein Wein mit beispielsweise 75 g/l Alkohol darf nicht mehr als 25 g/l Restzucker enthalten). Von dieser Regelung ausgenommen sind alle Prädikatsweine.

Heute sind die meisten deutschen Weine relativ ausgeglichen. Die Einstellung des Weintrinkers zur Restsüße ist seine ganz persönliche Angelegenheit; über Geschmack läßt sich nun einmal nicht streiten.

Die Süßung eines Weines kann entweder durch Gärungsunterbrechung oder durch

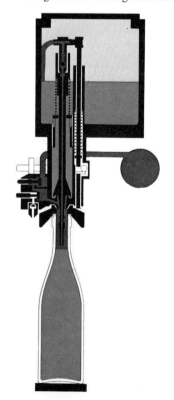

Oben: Schematische Darstellung eines Flaschenfüll-Ventils.
Links: Metalltanks in einem Gewölbekeller.

Weinbereitung

den Zusatz einer Süßreserve erfolgen. Angegorene Süßreserve wird als Zusatzwein bezeichnet. Er hat keinen »Mostcharakter« mehr und wird deshalb in einigen Betrieben dem Traubenmost vorgezogen. Letzterer enthält jedoch mehr Zucker; das bedeutet, daß man zur Süßung mit einer geringeren Menge auskommt und weniger Lagerraum benötigt. Außerdem hilft diese Art von Süßreserve, SO_2 einzusparen, weil keine Gärung und daher keine Acetaldehydbildung erfolgt.

Jede Süßreserve muß haltbar eingelagert werden, das heißt, sie darf nicht nachgären. Folgende Methoden kommen dafür in Frage: Heißeinlagerung, Kurzzeiterhitzung (über Plattenapparat), kaltsterile Einlagerung (über entkeimende Filterschichten) und Kohlensäuredruckeinlagerung (Seitz-Böhi-Verfahren). Jedes Verfahren hat seine Vor- und Nachteile. Die Heißeinlagerung ist sehr einfach durchzuführen und gibt große mikrobiologische Sicherheit. Sie sollte aber nur bei kleinen Gebinden (Korbflaschen) angewandt werden, da sonst ein »Wärmeschaden« auftreten kann. Dieser Nachteil wird bei der Kurzzeiterhitzung (KZE-Verfahren) vermieden, die Süßreserve muß hierbei aber in vorher sterilisierten Tanks eingelagert werden. Ähnlich muß man bei kaltsteriler Einlagerung verfahren, bei der anstelle des Plattenapparates ein Entkeimungsfilter eingesetzt wird, der in fast jedem Betrieb zur Verfügung steht. Bei diesem Verfahren ist eine über Separator beziehungsweise Kieselgurfilter und Schichtenfilter scharf vorgeklärte Süßreserve erforderlich. KZE- und kaltsterile Einlagerung setzen mikrobiologisches Wissen um die Möglichkeiten von Infektionen voraus. Beim Kohlensäuredruckverfahren wird die Süßreserve mit 15 g/l CO_2 imprägniert und in Drucktanks eingelagert. Eine Hefevermehrung wird dadurch unterbunden. Die Wirkung der Kohlensäure unterstützt man zweckmäßigerweise durch Kühllagerung.

Die Qualität der nach den verschiedenen Verfahren hergestellten Süßreserven ist nahezu gleichwertig. Der Zusatz zu den zu süßenden Weinen erfolgt erst etwa 14 Tage vor deren Abfüllung. Hierbei muß man die Qualitätsstufe, die Herkunft, den Jahrgang und die Rebsorte berücksichtigen.

Die Abfüllung

Die Weinabfüllung muß unter technischem und mikrobiologischem Aspekt betrachtet werden. Die mikrobiologische Stabilisierung muß in Verbindung mit der Abfüllung erfolgen, weil hierbei die letzte Möglichkeit einer Einflußnahme auf den Wein besteht.

Haltbarkeit ist nur dann zu erwarten, wenn Weine mit Restsüße vollkommen frei von Hefen abgefüllt werden. Das ist nicht leicht zu realisieren, denn nicht nur enthält der Wein trotz vielfältiger Behandlungen noch eine große Anzahl von Hefen, sondern diese Mikroorganismen sind praktisch auch überall im Keller verteilt. Obwohl das Pasteurisieren von Flüssigkeiten schon im vorigen Jahrhundert mit großem Erfolg angewandt wurde, hat sich die Hitzeanwendung zur Abfüllung deutscher Weine zunächst nicht durchsetzen können. Erst moderne technologische Verfahren unter Verwendung von Plattenerhitzern und Regelapparaturen führten nach dem Zweiten Weltkrieg zu einer stärkeren Verbreitung der Warmabfüllung.

Die Erfindung der Entkeimungsfiltration schuf die Voraussetzung für die kaltsterile Arbeitsweise. Dabei muß nicht nur der Wein einwandfrei entkeimt, sondern auch jede erneute Infektion verhindert werden. Das bedeutet, daß schon der Entkeimungsfilter, die Verbindungsleitungen, die Füllmaschine und vor allem die Flaschen und Verschlüsse sterilisiert werden müssen. Eine einzige Infektion genügt, um den Erfolg der Abfüllung in Frage zu stellen; dank des Zuckerrestes können sich zum Beispiel Hefen im Laufe von Wochen oder Monaten so stark vermehren, daß der Wein trüb wird. Da bei der Nachgärung auch Kohlensäure gebildet wird, schäumen diese Weine beim Öffnen der Flaschen mehr oder weniger stark.

Das Sterilisieren von Filter und Füllmaschinen wird in der Regel mit Dampf vorgenommen. Er garantiert, daß die Hitze überall hindringt und die Mikroorganismen auch in den verstecktesten Winkeln erfaßt. Die Flaschen jedoch können nicht ohne weiteres mit Hitze behandelt werden. Ihre Sterilisation erfolgt meist mit Hilfe von schwefliger Säure, entweder als Gas (SO_2-Gassterilisator) oder in 2%iger wäßriger Form (Klein- und Mittelbetriebe). Eine Zunahme des SO_2-Gehaltes im Wein ist damit nicht oder nur in geringem Maße verbunden, letzteres muß bei der »SO_2-Bilanz« entsprechend berücksichtigt werden. Auch die Korken werden mit schwefliger Säure sterilisiert, meist schon in der Korkfabrik, wo sie zusammen mit SO_2-Gas in Plastikbeutel verpackt werden.

Halbautomatischer Rundfüller.

Vom Bedienungspersonal der Abfüllanlagen muß nicht nur ein hohes Maß an technischem Können, sondern wegen der möglichen Kontakt- und Spritzinfektionen auch Verständnis für die biologischen Zusammenhänge gefordert werden.

Je größer die Abfüllanlage ist, desto notwendiger sind mikrobiologische Kontrollen. Damit kann man wenigstens stichprobenweise den Keimgehalt der abgefüllten Flaschen ermitteln: Einzelne Flaschen werden über eine Membrane filtriert, wobei eventuell vorhandene Mikroorganismen auf der Oberfläche zurückgehalten werden. Durch Einlegen der dünnen Membranen in Petrischalen mit Nährlösung bilden diese Mikroorganismen innerhalb von 3 Tagen Kolonien, die mit bloßem Auge sichtbar sind und ausgezählt werden können.

Einfacher und sicherer als die kaltsterile Abfüllung ist die Warmabfüllung. Eine Temperatur von 55° C reicht in Verbindung mit dem im Wein vorhandenen Alkohol aus, um alle weingefährlichen Hefen und auch Bakterien abzutöten. Die Erhitzung erfolgt in einem Plattenapparat, der einen schnellen Wärmeübergang gewährleistet. Regelarmaturen verhindern eine unnötige Wärmebelastung des Weines. Warm zu füllende Weine müssen besonders gut eiweißstabilisiert werden, damit durch die Erwärmung keine Eiweißtrübungen auftreten.

Warmgefüllte Weine schneiden bei Vergleichsverkostungen mit kaltsterilgefüllten Weinen oft nur deshalb schlechter ab, weil mit der Erwärmung die Kohlensäure im Wein abnimmt. Durch Verwendung von Gegendruckfüllmaschinen kann dieser Nachteil aber ausgeräumt werden. Eine gewisse Qualitätsminderung ist durch das sehr langsame Abkühlen der in Faltschachteln auf großen Palettenstößen gestapelten Flaschen gegeben. Um hier Abhilfe zu schaffen, beginnt man, Rückkühler zum Abkühlen der fertiggefüllten Flaschen einzusetzen. Sie haben sich bei der Heißfüllung empfindlicher Fruchtsaftgetränke bereits gut bewährt.

Die technische Seite der Weinabfüllung ist unter Umständen recht kompliziert. Unter den eingesetzten Füllmaschinen gibt es Unterdruckfüller, Gegendruckfüller und Füllmaschinen, die mit Atmosphärendruck arbeiten. Alle diese Füllsysteme sind sowohl für die kaltsterile als auch für die Warmabfüllung geeignet. Die Flaschen werden bis auf eine bestimmte Höhe gefüllt (Höhenfüllung) und nicht nach einem vorgegebenen Volumen (Maßfüllung oder Volumenfüllung), wie es in der Spirituosenindustrie zum Teil üblich ist. Zur Gewährleistung des nach der Fertigpackungsverordnung vorgeschriebenen Inhalts sind deshalb die Höhenfüller auf die Maßgenauigkeit der verwendeten Weinflaschen angewiesen. Unterdruckfüller arbeiten mit einem Unterdruck von etwa 350 mm Wassersäule. Daraus ergibt sich eine vollkommen tropffreie Abfüllung, die sowohl Flüssigkeitsverluste als auch Spritzinfektionen verhindert. Daher sind Unterdruckfüller für die kaltsterile Abfüllung besonders gut geeignet, obwohl sie ständig große Mengen unsteriler Luft in den Füllbehälter hineinsaugen. In dieser Luft sind aber in einem sauberen Abfüllbetrieb keine weingefährlichen Hefen enthalten.

Für die Abfüllung kohlensäurehaltiger Flüssigkeiten (Perlwein, Schaumwein) braucht man Gegendruckfüllmaschinen, die ein Entweichen der Kohlensäure während des Füllprozesses verhindern. Gegendruckfüller verwendet man besser auch zur Warmabfüllung von Stillwein, um einen Kohlensäureverlust zu vermeiden und den Wein frisch zu halten.

Zu dem technischen und dem mikrobiologischen Aspekt der Abfüllung kommt noch ein chemisch-technischer. Luftsauerstoff nach Möglichkeit vom Wein fernzuhalten, gilt in besonderem Maße auch für die Abfüllung. Aus diesem Grunde wurden Füllmaschinen entwickelt, bei denen die Flasche vor der Füllung mit einem inerten Gas (Stickstoff oder Kohlensäure) gefüllt werden kann. Dies geschieht entweder durch Vorevakuieren der Flaschen und späteres Einleiten eines Inertgases oder durch Herausspülen der Luft durch CO_2 beziehungsweise N_2. Die Leistung der Füllanlage wird dadurch nur unwesentlich reduziert. Die Abfüllanlagen verlangen neben dem Kelterhaus die höchsten Investitionen. Großkellereien können – unter der Voraussetzung der Kapazitätsauslastung – mit Hilfe von automatischen Anlagen den Füllprozeß rationalisieren. Sie gleichen darin anderen großen Unternehmen der Brauerei-, Schaumwein-, Spirituosen- und Erfrischungsgetränke-Industrie. Allerdings sind die Mammutleistungen der Brauereien (80 000 Flaschen/Stunde) in Weinkellereien nicht zu erreichen. Die größte zur Zeit installierte Weinabfüllanlage mit Naturkorkverschluß schafft etwa 18 000 Flaschen/Stunde.

Eine Weinabfüllstraße umfaßt etwa folgende Aggregate:
1. Palettenabräumer zum Abschieben angelieferter neuer Weinflaschen
2. Reinigungs- und Sterilisiermaschine (Ausspritzmaschine)
3. Füllmaschine
4. Verschließer (für Naturkork)
5. Flaschen-Kontrollgerät (für Füllstand und Verschluß)
6. Kapselaufsetzmaschine
7. Kapselanrollmaschine
8. Etikettiermaschine
9. Schachtelaufstafter
10. Stegstecker
11. Einpacker
12. Waage
13. Schachtelverschließer
14. Etikettierer (für Schachteln)
15. Palettiermaschine
16. Paletten-Umreifungsgerät

Wein wird nur in Glasflaschen abgefüllt. Hierdurch ist er am besten gegen Lufteinfluß geschützt. Andere Getränke gibt es vielfach auch in Dosen und in den verschiedensten Plastikbehältern. Auch bei Wein sind diese Verpackungen versucht worden, sie haben sich aber nicht bewährt. In den Augen vieler Weinfreunde bedeuten neuartige Weinbehälter oder auch moderne Flaschenverschlüsse eine Diskriminierung des Weines. Hinzu kommt die Gasdurchlässigkeit bei Plastikbehältern. Erst in jüngerer Zeit scheint es möglich, dem Glas annähernd gleichwertige Plastikmaterialien für die Behälterherstellung zu verwenden.

Die Größe einer Glasflasche hat einen gewissen Einfluß auf die Qualität des darin befindlichen Weines. Wenn auch besonders wertvolle Kreszenzen oft in

Korken werden aus der Rinde der Korkeiche geschnitten.

Nach 15 Jahren erfüllen Korken nicht mehr ihren Zweck. Sie sind geschrumpft und haben ihre Elastizität im Vergleich zum frischen Korken (Mitte) verloren.

halbe Flaschen (0,35 l), meist in ¹/₁ Flaschen (0,7 l), abgefüllt werden, so muß man doch generell sagen, daß der Wein in größeren Flaschen besser aufgehoben ist. Das liegt am Verhältnis der Weinmenge zu der in der Weinflasche vorhandenen Luftblase beziehungsweise zu der Sauerstoffmenge, die durch den Naturkorken hindurch mit dem Wein reagieren kann. Unter dem Gesichtspunkt der Oxidation ist die 2-l-Flasche, möglichst mit einem Aluminiumanrollverschluß, die beste Lösung. Allerdings werden in 2-l- oder 1-l-Flaschen hauptsächlich Konsumweine abgefüllt.

Die Verschlußfrage erregt zur Zeit die Gemüter. Der deutsche Weintrinker ist recht konservativ. Neuheiten können nur schwer eingeführt werden. So bildet die deutsche Weinwerbung auf ihren Plakaten einen Korkenzieher als selbstverständliches Attribut neben einer Weinflasche ab. Moderne Flaschenverschlüsse benötigen bei anderen Getränken schon längst kein »Handwerkszeug« mehr. Das Öffnen einer Weinflasche gilt offensichtlich als etwas Besonderes, im Gegensatz zum Öffnen irgendeiner anderen Getränkeflasche, selbst wertvoller Spirituosen, die mittlerweile fast alle mit Anrollverschlüssen versehen sind.

Dabei sprechen viele Gründe gegen den Naturkorken: Preis, Gasdurchlässigkeit, die Ungleichmäßigkeit (Naturprodukt), Qualitätsunterschiede, gelegentliche Korkknappheit auf dem Markt, schlechtere Sterilisierbarkeit, schlechtere Verarbeitung auf Verschlußmaschinen und vor allem der immer wieder auftretende Korkgeschmack. Aber alle diese Argumente haben bis heute den Weinfreund nicht überzeugt.

Schwierigkeiten mit Naturkorken auf dem Flaschenlager sind nicht selten. Durch fehlerhaftes Arbeiten der Korkenmaschine oder bei schlechtem Korkmaterial können Korkrillen entstehen. Das hat Ausläufer zur Folge. Der Kork kann auch durch die Larven der Korkmotte zerstört werden. In Weinkellereien müssen alte Flaschenbestände etwa alle 20 Jahre umgekorkt werden, weil innerhalb dieser Zeit die meisten Korken brüchig werden. Die entsprechende Flaschenpartie wird aufgezogen, der Wein geschwefelt, filtriert und erneut über eine Kleinanlage (meist kaltsteril) abgefüllt. Um diese vielfältigen, vom Naturkorken verursachten Arbeiten zu vermeiden, wurden früher wertvolle Flaschenweine mit Siegellack versiegelt. Das ist natürlich kein zeitgemäßes Verfahren mehr.

Der Wein reift auch auf der Flasche weiter. Er gewinnt an Wert, erreicht seinen Höhepunkt und fällt dann wieder ab. So weit sollte man es natürlich nicht kommen lassen, sondern den Wein rechtzeitig trinken. Es hat also wenig Sinn, einen alten Wein, nur weil er alt ist, noch älter werden zu lassen. Man sollte sich auch nicht durch spektakuläre Weinauktionen verwirren lassen, bei denen jahrzehntealte Weine unglaublich hohe Preise erzielen. Mehr als 30 Jahre alte Weißweine sind oft kaum noch genießbar und haben allenfalls noch eine schöne Blume. Bei Rotweinen allerdings ist es anders. Es gibt natürlich Weinliebhaber, die firne Weine besonders schätzen. Diese Weine können in der Tat sehr interessant und Glanzstücke fachmännischer Weinproben sein. Zu einem allzu lange aufbewahrten Wein, der breit, stumpf und ausdruckslos geworden ist, sagt man bei der Weinansprache: Dieser Wein ist passé.

Josef Frank

Die Großkellerei

Wein kann nicht nur in kühlen, dunklen, feuchten Kellern und schwarzen Eichenfässern reifen. Zwar spürt der Besucher einer modernen Großkellerei, wenn er zwischen den haushohen, blanken, nichtrostenden Stahlfässern durch die Gassen der Kellerhaltung geht, noch den Hauch der Kühle des Kellers, aber es ist nicht die Kühle feuchter Felsen, sondern das nach wissenschaftlichen Erkenntnissen gesteuerte und mit höchster Präzision geregelte Klima des perfekt hygienischen Betriebes.

Die Trauben aus Hunderten von Lagen und verschiedensten Sorten werden alljährlich in einer Großkellerei ausgebaut. Schon auf dem Lieferschein, der die Trauben begleitet, sind die Annahmestation und auch der Traubenaufnahmebehälter vermerkt. So gesteuert kommen die Winzer mit Beginn der Dunkelheit auf ihren Traktoren oder Lastwagen an die einzelnen Annahmestellen. Hier gibt es keine Verwechslung, denn elektronische Befehle, selbst über weite Strecken, steuern den Verkehr der Kräne, die die vollen Bütten von den Fahrzeugen heben und am richtigen Platz entladen. Zuverlässige Kontrollen schalten Irrtümer aus. Computer steuern vollelektronisch das

Füll- und Verschließanlage für Wein mit sterilem Flaschentransport. Die Stundenleistung dieser Abfüll-Linie liegt bei 18 000 Flaschen.

Messen der Oechslegrade und des Gewichtes nach Kilogramm. Diese Angaben werden über einen automatischen Drucker mit der Nummer des Winzers, der Traubensorte, der Lage und bereits der Qualitätsstufe auf eine Wiegekarte eingedruckt, ohne daß ein Winzer oder Techniker in diesen Vorgang eingreifen oder ihn beeinflussen könnte. Das gibt den Winzern Vertrauen in eine gerechte Qualitätsbezahlung.

Zahlreiche Entrappungsmaschinen sorgen dafür, daß die bitteren Rappen von den Beeren getrennt werden. Nur die Traubenbeeren selbst werden gemahlen. Eine lange Reihe von Pressen schließt sich an, denen eine entsprechende Zahl von Mostbehältern folgt. Jede Sorte, jede Qualität bleibt zuverlässig auf der ihr bestimmten Bahn. In einer einzigen Herbstnacht können 2000 bis 3000 t Trauben in die Aufnahmebehälter gelangen, 2000 Zentner Stiele und Traubenschalen (Trester) abgefahren werden.

In den 50er Jahren lernte man, daß Trauben nur kurze Zeit nach dem Mahlen mit den Beerenhäuten zusammenbleiben dürfen. Je schneller, je sauberer und hygienischer anschließend auf den Pressen gearbeitet wird, um so gesünder ist der spätere Wein. Ferner lernte man, je blanker der Most zur Vergärung gelangt, um so langsamer und um so kühler verläuft die Gärung, um so reintöniger und um so frischer und bekömmlicher ist der spätere Wein. Großraumfilter und Klärschleudern von enormer Leistung (bis zu 50 000 l je Stunde) sorgen bei Tag und Nacht kontinuierlich dafür, daß dieser Erkenntnis Rechnung getragen wird. Alles wird getan, um eine Oxidation zu vermeiden und der Vermehrung von Mikroorganismen Einhalt zu gebieten.

Das früher übliche hölzerne Halbstückfaß mit seinen 600 l Inhalt nimmt sich wie ein Zwerg aus gegenüber heutigen Lagertanks mit 10 000, 30 000, 60 000, 120 000, ja in Einzelfällen sogar mit 1,4 Millionen l Inhalt. Wenn solche riesigen Tanks dann gar noch in langen Reihen neben- und in zwei bis vier Stockwerken übereinander gelagert sind, oder auch batterieweise senkrecht in den Himmel ragen, dann mag der Betrachter den Glauben an das Dasein eines Kellermeisters vielleicht verlieren. Kellermeister gibt es aber auch im allergrößten Betrieb, und ihre Aufgabe ist unverändert, nur ihr Wissen und ihr technisches Instrumentarium sind weit über das früher übliche hinausgewachsen. In einer »Kellerei der kurzen Wege«, in der auf jedem Quadratmeter 10 000 l Wein lagern, sorgt der »Weinküfer«, der er immer noch ist, am Schaltpult über ferngesteuerte Ventile an festen Rohrleitungen für seine Millionenmengen.

Die Abfüllmaschine und ihre Größe sind dann richtig gewählt, wenn der Wein bei der Abfüllung nicht strapaziert, sondern schonend auf die Flasche gezogen wird. Mit einem Vakuumfüller, der pro Stunde 6000 bis 7000 Flaschen schafft, ist diese Bedingung zu erfüllen. Auch das Aufbringen der Verschlüsse und Etiketten erfordert Perfektion. Ausstattungsmaschinen mit einer Kapazität bis zu 20 000 Flaschen in der Stunde, Kapselaufsetzmaschinen, Kapselanrollmaschinen, Verpackungs- und Verschließungsmaschinen, Umkartoniermaschinen und andere sorgen dafür, daß auch bei größter Flaschenzahl jeder Teil der Flaschenausstattung millimetergenau seinen Platz auf der Flasche und jede Flasche ihren Platz im Karton findet.

Traubenerfassungsanlage, in der 30 Mio. Liter Wein gelagert werden können. 200 Tanks mit einem Fassungsvermögen von je 120 000 Liter und 6 Tanks mit einem Fassungsvermögen von je 1,4 Mio. Liter

Helmut Becker
Forschung und Ausbildung

Wissen fürs Überleben

Seit dem vergangenen Jahrhundert wird die gesamte deutsche Weinwirtschaft von der Wissenschaft geprägt. Rebensortiment und Pfropfrebenbau, Weinbautechnik, Pflanzenschutz und Rebenernährung, Flurbereinigung, Standortwahl, Kellerwirtschaft und Verfahrenstechnik, Qualitätskontrolle, Weinbaubetriebswirtschaft, Rationalisierung, Werbung und Absatz – ausnahmslos alle Bereiche sind wissenschaftlich untersucht, begründet und ausgebaut worden. Diese weinwissenschaftliche Tätigkeit in all ihrer Fülle war nie Selbstzweck, sondern immer Notwendigkeit, um dem Weinbau und der Winzerschaft in einem Industriestaat und in der nördlichsten Anbauzone das Überleben zu sichern. Diese Aufgabe stellt sich in unserer mit Umweltproblemen belasteten Zeit mehr noch als früher. Für die moderne Industriegesellschaft haben Weinbau und Wein einen hohen Stellenwert für Freizeit und Erholung.

Bei der Bildung der Europäischen (Wirtschafts-) Gemeinschaft wurden die Rollen der außerordentlich hochstehenden deutschen Weinwissenschaft und des sich auf sie stützenden Entwicklungsstandes deutlich. Der deutsche Weinbau fand trotz der Ungunst seiner geographischen Lage und seiner relativ kleinen Fläche, unter äußerst unvorteilhaften Wettbewerbsumständen, nicht nur Anschluß an den Gemeinsamen Markt, sondern er hat sich seitdem in seiner Besonderheit behauptet und weiterentwickelt.

Als angewandte Forschung benötigt diese Kontakt zur und Anregung durch die Praxis, für die sie wirken soll. Außerdem ist eine intensive Versuchsanstellung erforderlich, um die Übertragung von Erkenntnissen in die weinbauliche Praxis zu ermöglichen. Es bedarf aber nicht nur der überzeugenden Darstellung neuer Wege, sondern vor allem der Aufnahmebereitschaft der Praxis. Ohne Selbstbewußtsein der Winzer, gepaart aus hohem Wissensstand und Lernwilligkeit, kann eine Weiterentwicklung in Weinbau und Kellerwirtschaft nicht stattfinden.

Wert und Entwicklung der Weinwirtschaft werden auch künftig von der Forschung abhängen; ein sehr hoher Stand in Theorie und Praxis wird erhalten werden müssen. Viele Ergebnisse der Forschung werden dabei aber auch, wie bisher schon, über das jeweilige weinwissenschaftliche Fachgebiet hinaus von allgemeiner Bedeutung sein.

Die 1872 gegründete Geisenheimer Anstalt, wie sie im Jahre 1883 aussah. Heute umfaßt sie mehrere Institute, die sowohl in der Forschung als auch in der Lehre (Fachhochschule) aktiv tätig sind.

Forschungseinrichtungen

Die Forschung wird in staatlichen Instituten überwiegend außerhalb der Universitäten geleistet. Diese Einrichtungen werden vom Staat und nicht unmittelbar von der Weinwirtschaft – wie in anderen Ländern – finanziert. Die Industrie betreibt unabhängig davon ebenfalls Forschung und Entwicklungsarbeiten.

Der »Forschungsring des Deutschen Weinbaues« (FDW), der an die Deutsche Landwirtschaftsgesellschaft (DLG) angegliedert ist, vereinigt Wissenschaftler verschiedener Fachrichtungen und Institute zu gemeinsamem Gedankenaustausch, zu Anregungen und Planungen von Arbeitsprogrammen sowie zur Durchführung von Forschungsaufgaben. Der Forschungsring vergibt und finanziert befristete Forschungsaufträge. Die Ergebnisse der Forschung werden veröffentlicht. Der FDW gliedert sich in die Arbeitskreise:
- Betriebs- und Arbeitswirtschaft
- Bodenkunde und Rebenernährung
- Kellerwirtschaft und Weinbehandlung
- Rebenveredelung und Physiologie der Rebe
- Rebenzüchtung
- Pflanzenschutz

Das Führungsgremium des Forschungsringes besteht aus dem Vorsitzenden, den Federführenden der Arbeitskreise, Vertretern der Bundesregierung, der Landesregierungen und der Weinwirtschaft. Der »Ausschuß für Technik« (ATW), ein gemeinsames Organ des Deutschen Weinverbandes, des Kuratoriums für Technik und Bauwesen in der Landwirtschaft und der Deutschen Landwirtschaftsgesellschaft, bearbeitet Forschungsthemen in Zusammenarbeit mit dem FDW.

Der »Bundesausschuß für Weinforschung« ist unter der Leitung des Bundesministers für Ernährung, Landwirtschaft und Forsten tätig. Er setzt sich aus Vertretern von Forschungsanstalten und Untersuchungsämtern zusammen. Sie haben die Aufgabe, chemische Untersuchungsmethoden für Wein zu erarbeiten und die Bundesregierung in allen önologischen Fragen zu beraten.

Die Bundesrepublik Deutschland ist Mitglied des »Internationalen Amtes für

Rebe und Wein« (OIV) in Paris, dem 28 Staaten angehören. Bei den Plenarsitzungen des OIV, abwechselnd in einem der Mitgliedsstaaten, werden auch wissenschaftliche Themen behandelt. Darüberhinaus organisiert das OIV internationale Symposien für Wissenschaftler, um die weltweite Zusammenarbeit der Forscher zu fördern.

Unabhängig von offiziellen Gremien finden Begegnungen zwischen Wein-Wissenschaftlern im nationalen und internationalen Bereich statt.

Berufsausbildung und Beratung

Weinbau-Schulwesen und -Beratung reichen mit ihren Anfängen in die zweite Hälfte des 19. Jahrhunderts zurück.

Heute sind für den Winzer und Kellermeister Kenntnisse erforderlich, die keinen Vergleich mit der vor hundert Jahren gegebenen Situation aushalten. Der moderne Weinbau erfordert einen geistig vorbereiteten Berufsstand. Die Praxis selbst hat längst erkannt, daß nur Betriebe überleben können, die mit fundierten Kenntnissen geführt werden. Die Ausbildung des Nachwuchses ist daher eine wichtige Aufgabe.

Folgende Ziele der Ausbildung sind zu unterscheiden:
1. »Winzer«, »Weinküfer« oder »Weinhandelsküfer« mit Abschlußprüfung (Gehilfe);
2. »staatlich geprüfter Wirtschafter«, Fachrichtung Weinbau;
3. »Winzermeister«, »Kellermeister«;
4. »staatlich geprüfter Techniker für Weinbau und Kellerwirtschaft« beziehungsweise »staatlich geprüfter Wein- und Obstbautechniker« (Ausbildung möglich in Bad Kreuznach, Veitshöchheim und Weinsberg);
5. »Ingenieur (graduiert) für Weinbau und Kellerwirtschaft« (Fachhochschulausbildung nur in Geisenheim, 6 Semester auf wissenschaftlicher Grundlage, praxisbezogen).

Die mittlere Reife erlaubt alle Ausbildungsabschlüsse bis zum graduierten Ingenieur (5). Das Abschlußzeugnis als staatlich geprüfter Wirtschafter der Fachrichtung Weinbau (2) eröffnet die Zulassung zur Ausbildung als Weinbautechniker (4). Für die Zulassung zur Fachhochschule sind eine fachgebundene Hochschulreife oder eine allgemeine Hochschulreife sowie das Absolvieren eines Praktikums erforderlich. Die fachgebundene Hochschulreife kann in den Fachoberschulen zu Bad Kreuznach und Geisenheim erworben werden. Wer das Grundstudium an der Fachhochschule mit Erfolg absolviert hat, besitzt die allgemeine Hochschulreife. Er kann sich somit einem wissenschaftsbezogenen Studium zuwenden und dies mit Diplom oder Promotion abschließen. Das Ausbildungswesen im Weinbau ist also recht durchlässig und eröffnet viele Möglichkeiten.

Der Winzer oder Weinküfer (1) ist zur Mitarbeit in jedem Betrieb und zur selbständigen Erledigung aller Arbeiten befähigt. Die Ausbildung des staatlich geprüften Wirtschafters (2) ist auf die Tätigkeit als Betriebsleiter eines nicht zu großen Weinbaubetriebes ausgerichtet. Der Winzer- oder Kellermeister (3) verfügt über die Kenntnisse zur selbständigen Führung eines Weinbaubetriebes oder einer Kellerei und darf Lehrlinge ausbilden. Der staatlich geprüfte Techniker für Weinbau und Kellerwirtschaft (4) ist befähigt, eigene oder fremde Betriebe zu leiten und Tätigkeiten im mittleren Dienst bei Behörden sowie in Industrie und Handel zu übernehmen. Graduierte Ingenieure (5) sind Führungskräfte für größere Güter und Kellereien, für die mit Weinbau und Kellerwirtschaft verbundene Industrie und den gehobenen staatlichen Dienst.

Wer eine Ausbildung im Weinfach anstrebt, sollte sich noch vor dem Abschluß der Klasse 9 über Möglichkeiten und Besonderheiten der Ausbildungsgänge durch die Lehranstalten beraten lassen.

In Deutschland gibt es – im Gegensatz zu anderen Staaten – keine Hochschul- oder Universitätsausbildung für Weinbau oder Kellerwirtschaft mit einem Abschluß als Diplom-Ingenieur. Es existiert ein Lehrstuhl für Weinbau an der Universität in Hohenheim sowie einen Lehrstuhl für Mikrobiologie und Weinforschung an der Universität Mainz. Interessenten für eine wissenschaftlich orientierte Ausbildung im Weinfach sind zu berufsfremden Universitätsstudien gezwungen und gehen nicht selten dem Berufsstand verloren. Andererseits muß der bestehende Bedarf dann durch fachfremde Kräfte gedeckt werden. Daher wird neben der Ausbildung zum graduierten Ingenieur ein achtsemestriges wissenschaftliches Studium für Weinbau und Önologie gefordert. Daß an verschiedenen Universitäten Diplom- und Doktorarbeiten weinbauliche oder önologische Themen behandeln, ist kein Ersatz für das Spezialstudium.

Die Zahl der Winzer mit Fachausbildung ist sehr hoch und wird weiter ansteigen. Mehr und mehr werden solide Kenntnisse verlangt. Der gut ausgebildete Besitzer eines Weinbaubetriebes mit eigenem Weinausbau ist ein selbständiger Unternehmer, dessen Zukunft sicherer ist als die mancher seiner Zeitgenossen in der Großstadt. So verwundert es auch nicht, daß zunehmend weibliche Winzermeister, Techniker und Ingenieure in Weinbau und Keller tätig werden. Daher wird auch die »staatlich geprüfte Betriebssekretärin für Weinbau« in Bad Kreuznach als Ergänzung zur hauswirtschaftlichen Ausbildung angeboten.

Die berufliche Weiterbildung der Erwachsenen ist die wichtige Aufgabe der Beratung. Die Einheit von Lehre und Beratung ist durch das dichte Netz weinbaulicher Schulen und Dienststellen gewährleistet.

Im übrigen sorgen weinbauliche Fachtagungen in den Weinbaugebieten, überregionale Veranstaltungen und nicht zuletzt eine lebendige Fachpresse für einen ständigen Informationsfluß, an dem sich auch die Industrie ausgiebig beteiligt.

Die wichtigsten Ausbildungsabschlüsse im Weinbau (ohne Fachhochschule)

Ausbildungsjahre	»Winzer« mit Abschlußprüfung (Gehilfe)	Staatlich geprüfter Wirtschafter »Fachrichtung Weinbau«	Winzermeister	Staatlich geprüfter Weinbautechniker
17 / 16 / 15				
				Technikerprüfung Technikerschule
14			Winzermeisterprüfung Vorbereitungslehrgang	Abschlußprüfung Weinbaufachschule
		Abschlußprüfung Weinbaufachschule	Abschlußprüfung Weinbaufachschule	
13 / 12		Weinbaufachschule	Weinbaufachschule	praktische Tätigkeit im Weinbau (Praktikant)
11 / 10	Gehilfenprüfung praktische Berufsausbildung und Berufsschule	Gehilfenprüfung praktische Berufsausbildung und Berufsschule	Gehilfenprüfung praktische Berufsausbildung und Berufsschule	Gehilfenprüfung praktische Berufsausbildung und Berufsschule
9	oder mittlere Reife	oder mittlere Reife	oder mittlere Reife	oder mittlere Reife
	Hauptschulabschluß	Hauptschulabschluß	Hauptschulabschluß	Hauptschulabschluß

Die Weinbaugebiete

Die deutschen Rebstöcke stehen an der Nordgrenze des Weinbaues in Europa. Sie finden sich daher fast nur auf klimatisch günstigen Standorten der Regionen des Rheines und seiner Nebenflüsse. Auch die Weinbaugebiete der DDR sind weitgehend an die Flüsse gebunden.
Nicht Alkoholgehalt, sondern fruchtige Säure, Harmonie, Eleganz und Bekömmlichkeit begründeten den Ruf des deutschen Weines und den Spruch: »Einzig unter den Weinen.« Darüber hinaus kann jedes deutsche Weinbaugebiet wiederum für sich mit gutem Recht sagen: »Einzig unter den deutschen Weinen.« Die Vielfalt deutscher Weine wird mehr als in allen anderen Weinbauländern gebietsweise von Sorten, Standorten und der Kellerwirtschaft geprägt.
»Darum an allen Orten
von viel und manchen Sorten
wird gefunden guter Wein«,
steht in »Des Knaben Wunderhorn«.
So bilden denn Landschaft und Wein eine Gemeinschaft und untrennbare Ganzheit. Auch draußen in aller Welt verbinden sich die Vorstellungen von deutschem Wein mit jenen von einmaligen deutschen Weinlandschaften. Diese Reblandschaften für uns selbst und für künftige Generationen zu erhalten, ist uns als Aufgabe bewußt geworden. Ohne riesige Entfernungen überwinden zu müssen, kann jeder eine Reise durch deutsches Weinland genießen. In welchem Maße deutscher Wein etwas Besonderes ist, zeigt er in seiner Umwelt am deutlichsten. Die deutschen Weinbaugebiete präsentieren sich hier in ihrer Einmaligkeit, dargestellt von Kennern, die an führender Stelle inmitten dieser Gebiete tätig sind. Die Beiträge sind zwar einheitlich gegliedert, spiegeln aber doch den Charakter jedes Weinbaugebietes und die Verbindung des Autors zu ihm wider.

Franz Heinz Eis

Ahr

Landschaft

Das nördlichste deutsche Weinanbaugebiet mit 700 ha Rebfläche liegt genau in der Mitte zwischen dem nordrhein-westfälischen (Bonn-Köln-Düsseldorf) und dem mittelrheinischen Ballungsraum (Koblenz-Neuwied). Es ist von den Höhenzügen der Eifel, des Hohen Venn und jenseits des Rheines von denen des Westerwaldes umgeben.

Die Ahr durchfließt von ihrer Quelle in Blankenheim/Eifel bis zur Mündung in den Rhein zwischen Remagen und Sinzig in fast west-östlicher Richtung auf einer Länge von 90 km in vielen Windungen ein sehr enges und tief in die Eifelberge eingeschnittenes Tal. Die Rebkultur ist von Altenahr im mittleren bis nach Heimersheim im unteren Ahrtal heimisch. Die Rebe wird auf den nach Süden geneigten und stark terrassierten Hängen längs des Flußlaufes angepflanzt. Die Weinberge bilden eine geschlossene Rebfläche, die das Landschaftsbild des Ahrtales äußerst vielseitig und abwechslungsreich, teilweise geradezu mit bizarrer Schönheit prägt. Selbst stark zerklüftete Felspartien von größter Steilheit werden durch die Anlage von Terrassen weinbaulich genutzt. Ernst Moritz Arndt, Jacob Burckhardt, Ferdinand Freiligrath, Emanuel Geibel, Wolfgang Müller und Karl Simrock haben die Schönheit des Ahrtals gerühmt.

Geschichte

Die Anfänge der Rebkultur sind bis in die Zeit der Römer durch Funde, Niederlassungen und Lehnwörter nachweisbar. In der Franken- und Karolingerzeit war bereits eine zusammenhängende Rebfläche vorhanden. Die heutigen Winzerorte werden zwischen 828 und 893 erstmals urkundlich genannt. Die Terrassierung der Steilhänge erfolgte während des hohen Mittelalters (etwa 1000 bis 1250).

Eine nachhaltige Förderung der Rebkultur ging von den Klöstern und Domstiften aus. Die Reichsabtei Prüm und die Erzbischof-Kurfürsten von Köln und Trier verfügten über großen Weinbergsbesitz. Das im Jahre 1136 gegründete Augustinerinnen-Chorschwesternkloster Marienthal war bis zur Säkularisation auch ein weinbaulicher Mittelpunkt.

Im Wirtschaftsleben nahm der Wein eine erstrangige Stellung ein. Im Ratsprotokoll von Ahrweiler heißt es unterm 22.11.1602: »Der Wein ist hiesiger Gegend fürnehmste Nahrung(squelle), so es alle Zeit und unnachsichtlich gehalten werden soll.« Die Faßbinder gründeten in Ahrweiler gegen Ende des 14. Jahrhunderts die erste Zunft.

Im Mittelalter wurde die in hoher Blüte stehende Weinkultur häufig durch Fehden der Territorialherren, in der Neuzeit durch den Dreißigjährigen Krieg und die Kriegszüge Ludwigs XIV. von Frankreich äußerst nachteilig beeinflußt.

Eine Zäsur bildet das Jahr 1794 mit dem Einmarsch der französischen Revolutionsheere ins Rheinland. Adel und Geistlichkeit verloren ihre ständischen und gutsherrlichen Rechte, und das Eigentum der Klöster und Stifte wurde säkularisiert.

Auf wildromantischen Felsterrassen wächst der Wein bei Dernau.

Die mit dem Übergang der Rheinprovinz an Preußen seit 1815 verbundene Besserung der wirtschaftlichen Verhältnisse währte bis zur Bildung des Deutschen Zollvereins 1833. Die dann auftretenden innerdeutschen Absatzerschwernisse führten in Verbindung mit Mißernten durch Witterungseinflüsse und dem Auftreten von Krankheiten und Schädlingen in den folgenden Jahrzehnten zu wirtschaftlich schwierigen Zeiten und großer Not. Viele Bewohner des Ahrtales wanderten nach Amerika aus. Die Winzer von Mayschoß griffen dagegen zur Selbsthilfe und gründeten 1868 mit 18 Mitgliedern die erste Winzergenossenschaft der Welt. 1892 zählte das erfolgreiche Unternehmen schon 180 Mitglieder. Dem Beispiel folgten rasch die übrigen Weinbaugemeinden, so daß gegen Ende des 19. Jahrhunderts 22 Winzergenossenschaften mit 1000 Mitgliedern im Ahrgebiet bestanden.

Die 1881 in einem Weinberg am Fuße der Landskrone erstmalig in Deutschland aufgefundene Reblaus führte zu einem

Rückgang der Rebfläche (1910 waren bereits 211,2 ha durch Reblausbefall zerstört), der erst mit Beendigung der Wirtschaftskrise in den 30er Jahren zum Stillstand kam.
Der Zweite Weltkrieg hinterließ eine stark vernachlässigte Rebkultur. Die Währungsreform 1948 und der mit ihr einsetzende Wiederaufbau der gesamten Wirtschaft führten auch zu einer verstärkten Nachfrage nach Wein, die die Wiederbepflanzung nicht mehr bestockter Weinberge in den Steilhängen auslöste, so daß heute an der nördlichen Anbaugrenze ein konsolidierter Weinbau gegeben ist.

Standorte

Im Ahrtal wird die Rebe vornehmlich in Steil- (75%) und Hanglagen (15%) angepflanzt. Flachlagen (10%) sind nur in sehr begrenztem Ausmaß vorhanden. Mit der Terrassierung der Steilhänge sind die Einzelstockerziehung am Pfahl und ein unzureichendes Wegenetz verbunden. Bis gegen Ende der 60er Jahre führten nur schmale Fußpfade und zu Treppen ausgebaute Wasserabflußgräben in die Steilhänge. Sämtliche Dünge- und sonstigen Produktionsmittel mußten und müssen zum großen Teil auch heute noch auf dem Rücken der Winzer unter großer Anstrengung in die Weinberge getragen werden. Insbesondere die Stockarbeiten erfordern einen hohen Arbeitsaufwand. Mit der 1967 eingeleiteten Neugestaltung der Weinbergshänge durch die Flurbereinigung werden der Arbeitsaufwand und die persönlichen Anstrengungen wesentlich verringert.

Boden

Geologisch gehört das Ahrtal zur Nordabdachung des Rheinischen Schiefergebirges (Devon). Das mittlere Ahrtal mit seiner malerischen Felsenlandschaft wird durch die harten und schwer verwitterbaren Rauflaserschichten der Siegener Stufen geprägt. Die hieraus entstandenen Böden sind sehr steinig, feinerdearm und flachgründig. Daher ist eine gute Humus- und Nährstoffversorgung der Weinberge eine der Voraussetzungen für befriedigende Erträge.
Im unteren Ahrtal sind die Böden vornehmlich aus den weicheren Herdorfer Schichten hervorgegangen. Sie verwittern leichter, und zwar zu mächtigen, lehmigen Bodendecken von besserer Ertragsfähigkeit. Sie sind daher auch weniger stark terrassiert.
Neben den Schiefern und Grauwacken sind auch eiszeitliche Erscheinungen von Bedeutung, vor allem die kiesigen Terrassen und die lehmigen Lößablagerungen. Die Abschwemmung in den Hängen führte zu einer Mischung von Lößlehm, Lehm und Grauwackenstücken.
Eine wesentliche Hilfe für die standortgerechte Wahl der Rebsorten und Amerikaner-Unterlagsreben ist die geologisch-bodenkundliche Weinbergskartierung, die im Ahrgebiet 1956 bis 1966 durchgeführt wurde.

Klima

Die das Ahrtal umgebenden Höhen schützen den Rebstock vor kalten Winden und bedingen eine geringe, aber ausreichende Niederschlagsmenge. Die Steilhänge sichern eine intensive Sonneneinstrahlung, so daß ein Kleinklima entsteht, das die Erzeugung hochwertiger Weine gewährleistet. Die wichtigsten langjährigen Klimawerte für Ahrweiler sind:

Durchschnittstemperatur
    Jahr   9,5° C
    Vegetationszeit   13,9° C
Sonnenscheindauer
    Jahr   1384 Stunden
    Vegetationszeit   1092 Stunden
Niederschlagsmenge
    Jahr   646 mm
    Vegetationszeit   420 mm

Das günstige Klima wird durch das Auftreten von Spät- und Frühfrösten etwas beeinträchtigt. Die gefährdeten Lagen müssen durch Heizen und Räuchern geschützt werden.

Rebsorten

Das Ahrtal ist ein Rotweingebiet. Im Sortenbesatz steht an erster Stelle die Spätburgunderrebe. Ihre kleinbeerigen, sehr aromatischen und tiefdunklen Trauben wachsen und reifen in einer langen Vegetationsperiode zur höchsten Qualität.
Gegenüber Viruserkrankungen ist die Spätburgunderrebe sehr anfällig. Dies machte sich bis zur wirkungsvollen Bekämpfung ihrer Überträger (Nematoden im Boden) auf die Ertragsleistung und den Sortenbesatz nachteilig bemerkbar. 1908 umfaßte die Rotweinfläche 92,4% der Gesamtrebfläche, 1959 nur noch 64,4%, bis 1970 ging sie sogar auf 56,5% zurück. Die mit Rotweinsorten bepflanzte Rebfläche war bis zu Beginn der 30er Jahre zu 85 bis 90% mit Burgunderreben bestockt.
Die Rebsorte Frühburgunder stellt hohe Ansprüche. Nur tiefgründige, nährstoffreiche Böden in windgeschützten und besonders warmen Lagen können für die Anpflanzung der blühempfindlichen

Steillagen in der Gemarkung Mayschoß.

Rebe Verwendung finden. Auf ihr zusagenden Standorten bringt sie besonders reifes Lesegut.

Die Portugieserrebe als Ergänzungssorte wurde erst kurz vor Beginn des Zweiten Weltkrieges wegen der weitverbreiteten Viruserkrankungen der Spätburgunderbestände im Ahrgebiet verstärkt angepflanzt. Sie steht vorzugsweise in den leichteren Verwitterungsböden des Devonschiefers. Inzwischen nimmt sie etwa 25% der Rebfläche ein.

Die Rebsorte Domina, die keine besonderen Ansprüche an Boden und Klima stellt, kommt nach langjährigen Anbauprüfungen als Ergänzungssorte für die Portugieserrebe in Frage. Ihre Anbaufläche nimmt langsam, aber ständig zu.

Der Rotberger ist eine Spezialsorte für die Erzeugung von Roséwein. Mit der steigenden Nachfrage nach Roséwein gewinnt diese Sorte an Interesse.

Das Weinstädtchen Mayschoß mit Saffenburg.

Entwicklung der bestockten Rebfläche

Rebsorte	Jahr und Größe in ha				
	1910	1950	1954	1964	1975
Blauer Spätburgunder	599	175	213	103	138
Portugieser	24	82	167	147	121
Sonstige rote Sorten einschl. Frühburgunder u. Neuzüchtungen	16	22	0,3	4	5
Riesling	4	68	89	102	109
Müller-Thurgau	•	26	64	71	96
Elbling	45	•	•	•	•
sonstige weiße Sorten einschl. Neuzüchtungen	7	9	40,5	17	20
insgesamt	695	382	573,8	444	489

An Weißweinsorten werden Riesling und Müller-Thurgau angepflanzt. Ihre Anbauflächen sind in den flurbereinigten Gemarkungen stark rückläufig und werden künftig nur noch jenem Bedarf entsprechen, der im Rahmen des Fremdenverkehrs durch direkten Hofverkauf gegeben ist. Die Weißweine sollen nur eine Ergänzung zum Rotwein bleiben, obwohl sie in der Qualität selbst anspruchsvolle Weinkenner in Erstaunen setzen.

Gemeinsam mit der Landes-Lehr- und Versuchsanstalt für Weinbau, Gartenbau und Landwirtschaft in Bad Neuenahr-Ahrweiler bemühen sich die Mitglieder des Weinbauversuchsringes Ahr e.V., zur Zeit 56 Rotwein- und 15 Weißweinneuzüchtungen auf ihre Eignung zu prüfen.

Anbau

Der Ahrweinbau befindet sich in einer grundlegenden Umstellung, mit der eine durchgreifende Rationalisierung angestrebt wird. Im Zuge der – durch die Steillagen sehr aufwendigen – Flurbereinigung kann die frühere Einzelstockerziehung am Pfahl mit 2 bis 3 Rundbögen bei 14 bis 18 Augen je m² vielfach durch die Drahtrahmenerziehung mit dem Halbbogen und Zapfen bei 10 bis 12 Augen je m² ersetzt werden. Bei den Wiederanpflan-

zungen werden die wurzelechten Rebenbestände durch reblauswiderstandsfähige Pfropfreben ersetzt.

Im Sortenbesatz ist eine starke Zunahme der Spätburgunderrebe festzustellen. Sie nimmt jetzt schon in den einzelnen Wiederaufbauabschnitten bis zu 75% der Rebfläche ein. An 2. Stelle folgen Rotweinneuzüchtungen und die Rebsorte Portugieser mit etwa 15%. Die restliche Rebfläche verbleibt den Weißweinsorten Riesling und Müller-Thurgau. Angepflanzt werden neben den bewährten bodenständigen Klonen auch Selektionen aus den übrigen deutschen Weinbaugebieten und aus der Schweiz.

Art

Der Spätburgunder liefert die edelsten Ahrweine: von rubinroter Farbe, feinem Bukett und warmem, samtigem, elegantem, fruchtigem und mit feinem Spiel ausgestattetem Geschmack. Seine Qualitäts- und Kabinettweine sind für den täglichen Genuß hervorragend geeignet, Spät- und Auslesen erreichen eine Güte, die sie unter die europäischen Spitzenrotweine einreihen läßt.

Die Frühburgunderrebe bringt besonders reifes Lesegut. Ihre Weine zeichnen sich durch reiches Bukett und im Geschmack durch Fülle, Harmonie und Eleganz aus. Der Anteil an Spitzenweinen liegt besonders hoch.

Die Rebsorte Portugieser liefert selbständige Qualitäts- und Prädikatsweine von ansprechender, rassiger und würziger Art mit ausreichender Farbtiefe, die auch künftig in einem bestimmten Ausmaß den Anbau dieser Rebsorte rechtfertigen. Die Weine der Ergänzungssorte Domina sind farbkräftig, rubinrot, bukettreich, vollmundig und elegant.

Die Roséweine des Rotbergers zeichnen sich durch ein liebliches Bukett, einen frischen, herzhaften und spritzig-eleganten Geschmack aus. Sie sind besonders in der warmen Jahreszeit gefragt.

Die Weißweine jeder Qualitätsstufe besitzen das typische Bukett- und Geschmacksbild der im Schiefergestein gereiften Trauben: im Bukett duftig, im Geschmack rassig, kernig und spritzig.

Die Weine des »weinbaulichen Nordens« bereichern so die Vielfalt des deutschen Angebotes durch ihre Spezialität und Originalität sehr wirkungsvoll.

Erzeugung und Absatz

Die unmittelbare Nähe des Weinbaugebietes zu den industriellen Ballungsräumen mit ihrem großen Angebot an Arbeitsplätzen hat schon sehr früh, vor allem ab der Jahrhundertwende, zu erheblichen Strukturveränderungen geführt, nämlich zum Rückgang der Rebfläche und zur Entwicklung in Zu-, Neben- und Haupterwerbsbetriebe. Die bis 1948 an-

Durch Weinberge und Wald führt der Rotweinwanderweg an den Hängen des Ahrtales entlang.

haltende Reduzierung der Rebfläche hatte zur Folge, daß die Randlagen immer mehr aufgelassen wurden, so daß die heute bestockten Weinbergslagen als wirkliche »Kernlagen« angesehen werden können. Zwei Drittel der Rebflächen werden von Zu- und Nebenerwerbswinzern mit einer durchschnittlichen Betriebsgröße von 0,4115 ha bewirtschaftet. Die Rebfläche der Haupterwerbswinzer liegt meist zwischen 1,5 und 4 ha. Einige Weingüter besitzen eine Rebfläche bis zu 10 ha. Der größte Weinbaubetrieb ist die der Landes-Lehr- und Versuchsanstalt für Weinbau, Gartenbau und Landwirtschaft in Bad Neuenahr-Ahrweiler als Versuchs- und Wirtschaftsbetrieb angeschlossene Staatliche Weinbaudomäne Kloster Marienthal mit 19 ha bestockter Rebfläche.

Beim Absatz der Ahrweine stehen die Winzergenossenschaften an erster Stelle. Von den gegen Ende des 19. Jahrhunderts vorhandenen 22 Genossenschaften sind heute nur noch die Winzervereine bzw. Winzergenossenschaften Altenahr, Mayschoß, Dernau, Marienthal, Walporzheim, Ahrweiler und Lantershofen wirtschaftlich tätig. Das Genossenschaftsunternehmen Dernau, aus den Winzervereinen Dernau, Bachem, Heimersheim, Rech und der Ahrtalkellerei Bad Neuenahr entstanden, firmiert als »Vereinigte Ahrwinzergenossenschaften« und nimmt weitgehend die Funktion einer Zentralkellerei wahr.

Sehr wichtig ist ferner der Weinhandel. Sämtliche Weinhandelsfirmen besitzen eigenes Weinbergsgelände, teilweise in beachtlichem Umfange.

Schließlich gibt es auch hier die selbstmarktenden Weingüter und Winzerbetriebe.

Nachhaltige Förderung erfährt der Weinbau durch die Kreisverwaltung und die Landes-Lehr- und Versuchsanstalt für Weinbau, Gartenbau und Landwirtschaft in Ahrweiler.

Weinreise

Die landschaftlichen Reize des Ahrtales und seine verkehrsgünstige Lage lassen es immer mehr zu einem Erholungsgebiet werden. Über die Autobahn 61 und das gute Straßen- und Bahnnetz im Rheintal sind die romantisch gelegenen Weinbauorte in kürzester Zeit erreichbar. Dem Wanderer erschließt sich das Gebiet am besten auf dem mit einer roten Traube ausgezeichneten »Rotweinwanderweg«, der 30 km lang von Altenahr bis Heimersheim-Lohrsdorf mitten durch die Steillagen führt. Die einzelnen Winzerorte lassen sich über ebenfalls markierte Auf- und Abstiege gut erreichen. Die Entfernung von Ort zu Ort schwankt zwischen 1,4 und 4 km.

Jede Winzergenossenschaft hat einen Weinprobierkeller und eine Gaststätte. Auch im ehemaligen Augustinerinnen-Chorschwesternkloster Marienthal, der heutigen Staatlichen Weinbaudomäne mit ihren historischen Klosterruinen und dem Klostergarten, wird der Wein in den tiefen, 700 Jahre alten Kellergewölben ausgebaut und in einer Probierstube ausgeschenkt. Auch Weingüter und Winzerbetriebe unterhalten Straußwirtschaften, Wein- oder Probierstuben. Auskunft hierüber geben die örtlichen Verkehrsvereine und die Gebietsweinwerbung Ahr e.V. Das älteste und bekannteste Weinhaus ist »Sankt Peter« in Walporzheim. Hotels und Gaststätten mit besonderer Note sind die Lochmühle in Mayschoß, das Jägerhaus in Rech und das Kurhotel in Bad Neuenahr.

Rotwein schmeckt besonders gut zur herzhaften Speisen, so auch zu einer Spezialität des Gebiets, dem »Neuenahrer Rauchfleisch«. Der Gast bekommt die Weine im Ausschank im Krug mit 0,25 oder 0,2 l Inhalt und im Schoppenglas mit 0,1 oder 0,2 l Inhalt, natürlich auch in der Flasche serviert.

Großen Zuspruchs erfreuen sich die Winzerfeste der einzelnen Weinbauorte und der von der Weinwerbung Ahr e.V. durchgeführte Gebietsweinmarkt. Bei diesen Anlässen stellen Winzergenossenschaften und Weingüter in Weinprobierständen ihre Erzeugnisse zum Verkosten vor. Am Weinbrunnen wird der Festwein, ein typischer Ahrrotwein, ausgeschenkt. Die Termine der örtlichen Weinfeste sind:

Ende Mai:
Wein- und Burgenfest in Altenahr
Anfang Juni:
Gebietsweinmarkt in Bad Neuenahr-Ahrweiler
Mitte Juni:
Historischer Trinkzug der St. Sebastianus-Bürgerschützen in Ahrweiler
Anfang Juli:
Weinfest in Bachem
Anfang September:
Winzerfest in Walporzheim
Mitte September:
Weinfeste in Rech und Heimersheim
Ende September und Anfang Oktober:
Weinwochen in Ahrweiler und Weinfeste in Dernau und Altenahr
Oktober:
Weinfest in Mayschoß

Die Lagen

1 Bereich
1 Großlage
11 Gemarkungen
43 Einzellagen

Bereich Walporzheim/Ahrtal

I Großlage Klosterberg

Heimersheim
1 Kapellenberg
2 Landskrone
3 Burggarten

Heppingen
4 Berg

Neuenahr
5 Sonnenberg
6 Schieferlay
7 Kirchtürmchen

Bachem
8 Karlskopf
9 Sonnenschein
10 Steinkaul

Ahrweiler
11 Daubhaus
12 Forstberg
13 Rosenthal
14 Silberberg
15 Riegelfeld
16 Ursulinengarten

Walporzheim
17 Himmelchen
18 Kräuterberg
19 Gärkammer
20 Alte Lay
21 Pfaffenberg
22 Domlay

Marienthal
23 Rosenberg
24 Jesuitengarten
25 Trotzenberg

26 Klostergarten
27 Stiftsberg

Dernau
28 Hardtberg
29 Pfarrwingert
30 Schieferlay
31 Burggarten
32 Goldkaul

Rech
33 Hardtberg
34 Blume
35 Herrenberg

Mayschoß
36 Mönchberg
37 Schieferlay
38 Burgberg
39 Silberberg
40 Laacherberg
41 Lochmühlerlay

Altenahr
42 Eck
43 Übigberg

Rüdiger Schornick
Mittelrhein

Landschaft

Das Anbaugebiet Mittelrhein erstreckt sich 100 km längs des Rheines, linksrheinisch von Trechtingshausen bis Koblenz, rechtsrheinisch von Kaub bis Niederdollendorf und am Unterlauf der Lahn. Im Westen begrenzen Hunsrück und Eifel, im Osten Taunus, Westerwald und Siebengebirge das Gebiet. Es wird erschlossen durch die Bundesstraßen 9 (linksrheinisch) und 42 (rechtsrheinisch). Von der Autobahn 61 durch Hunsrück und Eifel sind die Weinbauorte am linken Flußufer gut zu erreichen. Rheinfähren befinden sich in Niederheimbach, Kaub, St. Goarshausen, Boppard, Andernach und Linz. Rheinbrücken für Straßenverkehr gibt es nur in Koblenz, sie verbinden mit dem Lahntal und der rechts- beziehungsweise linksrheinischen Autobahn (A 3, A 61). Der größte Teil des Gebietes liegt in Rheinland-Pfalz. Der Bereich Siebengebirge gehört zum Land Nordrhein-Westfalen.

Außer im Engtal des Rheines, wo sich der Weinbau an den Süd-, Südwest- und Westhängen findet, erstrecken sich die Weinbergslagen in den kleinen Nebentälern bis zu 4 km talaufwärts fast ausschließlich in Südlagen. Im Lahntal reicht der Weinbau heute noch 25 km von der Mündung flußaufwärts bis Obernhof. Größere zusammenhängende Flächen überschreiten in keinem Fall 150 ha. Die die Weinbergslagen umgebenden bewaldeten Berge bieten Schutz gegen Witterungsunbilden.

Geschichte

Für die Annahme, daß der Weinbau am Mittelrhein auf die Römer zurückzuführen sei, gibt es keine Beweise. Die frühesten urkundlichen Nennungen von Weinbau finden sich für Boppard 643, Rhens 874, Braubach 1019, Niederheimbach 1056, Oberdiebach 1091, Kaub 1135, Steeg 1262, Patersberg 1367.

Kaub mit Burg Gutenfels und der »Pfalz«.

Ein besonderes Kleinod der Weingeschichte am Mittelrhein ist das Weinmarktbuch der Stadt Kaub, dessen Aufzeichnungen über Weinsorten und Preise bis ins Jahr 1544 zurückgehen. Die Weinzunft »Zechgemeinschaft Bacharach-Steeg« führt ihren Ursprung nachweislich auf das Jahr 1328 zurück. Die heutige Zunftordnung enthält noch Abschnitte aus den Zunftordnungen der Jahre 1550 und 1600, beispielsweise über die Stellung eines Zech-Bürgen bei der Aufnahme eines neuen Zunftgenossen und den feierlichen Trunk jährlich um den Johannestag, eine Zeremonie, an der alle Zech-Bürgen und Zunftgenossen teilnehmen.

Im Gesetz des Landgrafen Philipp über

Burgenromantik am Rhein: Niederheimbach.

die Entrichtung der »Tranksteuer« in St. Goar vom 28.2.1579 wird bestimmt, daß die Wirte keinen Wein von außerhalb des Landes zukaufen und einführen sollen, bevor nicht der Wein der Bürger von St. Goar verkauft und verzapft ist. Bei Gebietsstreitigkeiten am Mittelrhein ging es weniger um ein reiches Weinland, als um den Zugang zum Strom mit den Zollpfründen. Die Zahlen über Rebflächen waren immer sehr ungenau. Brachflächen nahmen oft sehr rasch zu, wurden aber auch ebenso rasch wieder mit Reben bestockt. Starken Rückgang der Rebflächen brachten im 17. Jahrhundert der Dreißigjährige Krieg und die Erbfolgekriege danach.

Erst mit Beginn des Tourismus im vergangenen Jahrhundert begann wieder ein merklicher Aufschwung, der dann durch das Auftreten der Reblaus (erstmals im Heimbachtal 1893) beendet wurde. Bis 1928 war ein Viertel der Rebfläche der Gemeinde Oberheimbach durch die Reblaus vernichtet, die Einwohnerzahl des Ortes war von 1893 bis 1925 von 800 auf 600 gesunken. 1925 wurde erstmals in Deutschland im Heimbachtal eine Weinbergsflurbereinigung mit planmäßigem Wiederaufbau auf reblauswiderstandsfähigen Unterlagen begonnen. Diese zügig durchgeführte Maßnahme war beispielgebend für alle elf deutschen Weinbaugebiete, sie ist in ihren Grundzügen noch heute richtungweisend für Flurbereinigung und Wiederaufbau im deutschen Weinbau.

Standorte

Heute sind am Mittelrhein rund 700 ha bereits flurbereinigt oder befinden sich in der Flurbereinigung und im planmäßigen Wiederaufbau. 300 ha sind noch zu bereinigen. War in den 20er Jahren noch die Reblaus der Motor der Flurbereinigung, so ist dies heute in erster Linie der Zwang zur Rationalisierung. 50% der Rebfläche im Anbaugebiet gelten heute als reblausverseucht oder -verdächtig. In diesem Zusammenhang sei auf die für den Pfropfrebenanbau richtungweisenden Arbeiten der heute wieder aufgelösten staatlichen Rebenveredelungsanstalten in Oberlahnstein, Diez-Oranienstein, Bad Ems-Fachbach und Vallendar hingewiesen.

Um 1900 standen 2200 ha im Ertrag, 1923 noch 1800 ha, 1956 waren es 1300 ha und 1975 nur noch 900 ha. Der starke Rückgang gerade in den letzten 15 Jahren ist auf die leichteren Verdienstmöglichkeiten in den nahen Ballungsräumen Rhein-Main, Koblenz/Neuwied und Bonn zurückzuführen.

60% der Rebflächen sind Steillagen mit über 35% Steigung, 35% Hanglagen mit 10 bis 35% Steigung, 5% Flachlagen mit bis 9% Steigung. Die Rebflächen liegen zwischen 80 und 300 m über NN. Typisch für das Mittelrheingebiet ist der Terrassenbau, der auch bei der Flurbereinigung erhalten bleibt, durch die die bisherigen, ständig unterbrochenen Kleinterrassen durch Großflächenterrassen ersetzt werden.

Boden

Beim Boden handelt es sich überwiegend um ein Produkt der Schiefer- und Grauwackenverwitterung des Devons. So sind die Schichten aus dem oberen Unterdevon im Raum Bacharach-St. Goarshausen, die Schichten des unteren Mitteldevon im Raum Braubach-Rhens und die Schichten aus dem mittleren Unterdevon im Raum Leutesdorf-Bad Hönningen zu finden. Im nördlichsten Teil, zum Siebengebirge hin, finden sich auch Böden vulkanischen Ursprungs. Lößablagerungen kommen nur in kleinen über das ganze Gebiet verteilten Inseln vor. Bei Leutesdorf gibt es Bims-Tuff-Böden.

Der Riesling ist immer noch die geeignetste Rebsorte für die feinerdearmen Schiefer- und Grauwackenverwitterungsböden der Steillagen. Hier gedeihen die als rassig, kräftig und langlebig bekannten Rieslingweine des Mittelrheins mit ihrem gebietstypischen Bukett. In den feinerdereicheren Hanglehmböden, den Lößablagerungen und den Böden der unteren Rheinterrassen hat sich neben den verschiedenen Burgunderspielarten die Sorte Müller-Thurgau immer mehr ausgebreitet. Die Weine der letzteren Rebsorte präsentieren sich hier eleganter und leichter als jene, die wir aus den typischen Anbaugebieten des Müller-Thurgaus kennen. Versuche mit Neuzüchtungen werden in allen Böden durchgeführt, wobei solche Sorten den Vorzug erhalten, die dem Rieslingtyp ähnlich sind.

Klima

Das Mittelrheintal zeichnet sich durch milden Winter, früh einsetzendes Frühjahr und langwährende Vegetation (bis in den Spätherbst hinein) aus, Vorteile, die der Riesling gut zu nutzen weiß und auf

Herbstliche Weinberge am steilen Hang unterhalb der Schönburg bei Oberwesel im Gebiet Mittelrhein. ▷

Mittelrhein

die auch bei der Auswahl von Neuzüchtungen zu achten ist. Im Durchschnitt der Jahre sind die Monate Juni, Juli und August die niederschlagsreichsten, ein glücklicher Umstand, da die Reben in den wasserdurchlässigen Böden der Steilhänge ganz besonders auf die Sommerniederschläge angewiesen sind. Nicht die trokkenen, heißen Sommer, sondern warme Sommer mit ausreichenden Niederschlägen bringen die großen Jahrgänge, wobei der ganz große Jahrgang 1976 eine Ausnahme machte. Ausgesprochene Frostlagen sind äußerst selten, da die große Wasserfläche des Stroms als Wärmespeicher für Temperaturausgleich sorgt. Die Klimadaten für Koblenz lauten:

Durchschnittstemperatur
  Jahr   10,5° C
  Vegetationszeit   15,0° C
Sonnenscheindauer
  Jahr   1489 Stunden
  Vegetationszeit   1204 Stunden
Niederschlagsmenge
  Jahr   591 mm
  Vegetationszeit   385 mm

Rebsorten

Der in den letzten 30 Jahren allgemein zu verzeichnende Trend zur Sorte Müller-Thurgau und zu den Neuzüchtungen ist am Mittelrhein nicht ganz so stark ausgeprägt wie in anderen Weinbaugebieten. Die immer noch dominierende Stellung des Rieslings ist darauf zurückzuführen, daß auf den überwiegend feinerdearmen und wasserdurchlässigen Böden für den robusten Riesling noch kein Ersatz gefunden werden konnte.

Sortenstatistik

	1945 %	1955 %	1965 %	1975 %	1975 ha
Riesling	90	86	85	76,7	688
Silvaner	6	6	2,5	1,5	31
Müller-Thurgau	1	5	9,5	13,9	106
Weißburgunder, Ruländer und Gewürztraminer	–	0,5	0,8	0,7	7
Spätburgunder und Portugieser	1,5	1,5	1,5	1,6	14
Neuzüchtungen und sonstige Sorten	1,5	1	0,7	5,7	51
Rebfläche insgesamt					897

70% der Rebfläche sind auf Pfropfreben umgestellt. Die zur Zeit gebräuchlichsten Unterlagen sind Geisenheim 26, 5 C Geisenheim, Selektion Oppenheim Nr. 4 und Kober 5 BB.

Anbau

Die Erziehungsarten wurden immer stark von den großen Nachbargebieten beein-

Wirtshausschild einer Weinstube in Bacharach am Rhein.

flußt: im südlichen Teil von den Anbaugebieten Rheinhessen, Nahe und Rheingau, im nördlichen Teil vom Anbaugebiet Mosel-Saar-Ruwer. Typisch für den südlichen Teil war die sogenannte rheinische Doppelpfahlerziehung, auch rheinischer Wechselschnitt genannt, von der die Umstellung auf den modernen Drahtrahmen sich rasch vollzog. Schwierigkeiten macht immer noch die Umstellung der Moselpfahlerziehung auf den Drahtrahmen, besonders in Steillagen. Erst Flurbereinigung und planmäßiger Wiederaufbau konnten dem Drahtrahmen mit seinen arbeitswirtschaftlichen Vorteilen zum Durchbruch verhelfen.

Bei der Drahtrahmenerziehung werden je m^2 Standraum beim Riesling 10 bis 12 Augen angeschnitten, bei ertragreicheren Sorten 8 bis 10 Augen. Moderne Anlagen haben Gassenbreiten in Seilzuglagen von 1,3 bis 1,5 m bei Stockabständen von 1,1 bis 1,4 m.

Art

Der Gebietstyp wird geprägt von der kernigen, blumigen, nachhaltigen Art der Rieslingweine. Allen anderen Sorten kommt nur eine den Riesling ergänzende Bedeutung zu. Die Rieslingweine des Mittelrheins verlangen jedoch eine entsprechende Lagerzeit, damit die Säure abgeschliffen und abgerundet wird und Würze und Feinheit zur Geltung kommen. Sehr gefragt sind als Sektgrundweine die Rieslingweine aus dem Raum Bacharach-Oberwesel. Ziel der laufenden Sortenversuche ist, für den Riesling Ergänzungs- oder gar Ersatzsorten zu finden, die auch in geringen Jahren höhere Mostgewichte mit reiferer Säure als der Riesling bringen, jedoch der eleganten Art der Rieslingweine entsprechen.

Erzeugung

Betriebe mit mehr als 3 ha Rebfläche sind selten. Betriebstyp ist der Familien-und Nebenerwerbsbetrieb. Etwa 60% der Rebfläche werden von Neben- und Zuerwerbsbetrieben bewirtschaftet, 40% von Vollerwerbsbetrieben. Die durchschnittliche Betriebsgröße der Vollerwerbsbetriebe liegt bei 1,5 bis 2 ha.

Der durchschnittliche Arbeitsaufwand je ha konnte dank der Rationalisierungsmaßnahmen in der Zeit von 1950 bis 1975 von 2500 auf 1500 Stunden und teilweise noch tiefer gesenkt werden. Durch Einschaltung landwirtschaftlicher Maschinenringe besteht eine weitere Möglichkeit zur Senkung der in den kleinen Betrieben noch hohen Maschineninvestitionen.

Durch Intensivierung der Bewirtschaftung und Verbesserung der genetischen Pflanzenqualität sind seit der Jahrhundertwende sehr beträchtliche Ertragssteigerungen ohne Beeinträchtigung der Qualität zu verzeichnen. Die Erntemengen:

1910	12 hl/ha
1930	25 hl/ha
1950	40 hl/ha
1975	70 hl/ha

Absatz

Von der zur Zeit anfallenden Erntemenge von 70 000 hl Wein werden etwa 75% von selbstmarktenden Winzern eingelagert, 25% der Ernte durch die im Gebiet vorhandenen 17 Winzergenossenschaften erfaßt. Rund 75% der Weinernte werden von den selbstmarktenden Winzern und den Genossenschaften über die Fla-

Weinstube in einem Haus aus dem 14. Jahrhundert in Bacharach.

◁ Blick von Lorchhausen über den Rhein nach Bacharach.

Die Weinbaugebiete

Leubsdorf 14 Weißes Kreuz **Bad Hönningen** 15 Schloßberg **Rheinbrohl** 16 Monte Jup 17 Römerberg **Hammerstein** 18 In den Layfelsen 19 Hölle 20 Schloßberg	**Urbar** 30 Rheinnieder **Koblenz-Ehrenbreitstein** 31 Kreuzberg **Koblenz** 32 Schnorbach Brückstück **Lahnstein** 33 Koppelstein **Braubach** 34 Koppelstein 35 Mühlberg 36 Marmorberg **Osterspai** 37 Liebeneck-Sonnenlay	**Boppard** 42 Engelstein 43 Ohlenberg 44 Feuerlay 45 Mandelstein 46 Weingrube 47 Fässerlay 48 Elfenlay **Großlagenfrei** **Hirzenach** 49 Probsteiberg **VI Großlage Burg Rheinfels** **St.-Goar-Werlau** 50 Rosenberg 51 Frohwingert 52 (Werlau) Ameisenberg 53 Kuhstall		

Die Lagen

3 Bereiche
11 Großlagen
59 Gemarkungen
(Orte, Ortsteile)
112 Einzellagen
(Die in Klammern genannten Ortsteile stehen auf dem Etikett.)

Bereich Siebengebirge

I Großlage Petersberg

Oberdollendorf
1 Rosenhügel
2 Laurentiusberg
3 Sülzenberg

Niederdollendorf
4 Goldfüßchen
5 Longenburgerberg
6 Heisterberg

Königswinter
7 Drachenfels

Rhöndorf
8 Drachenfels

Bereich Rheinburgengau

II Großlage Burg Hammerstein

Unkel
9 Berg
10 Sonnenberg

Kasbach
11 Stehlerberg

Linz
12 Rheinhöller

Dattenberg
13 Gertrudenberg

Leutesdorf
21 Forstberg
22 Gartenlay
23 Rosenberg

III Großlage Lahntal

Fachbach
24 einzellagenfrei

Bad Ems
25 Hasenberg

Dausenau
25 Hasenberg

Nassau
26 Schloßberg

Weinähr
27 Giebelhöll

Obernhof
28 Goetheberg

IV Großlage Marksburg

Vallendar
29 Rheinnieder

Filsen
38 Pfarrgarten

V Großlage Gedeonseck

Rhens
39 König Wenzel
40 Sonnenlay

Brey
41 Hämmchen

Spay
42 Engelstein

Kestert
55 Liebenstein-Sterrenberg

Nochern
56 Brünnchen

Patersberg
57 Teufelstein

St. Goarshausen
58 Burg Maus
(auch Wellmicher und Ehrentaler Burg Maus)

VII Großlage Loreleyfelsen

Kamp-Bornhofen
54 Pilgerpfad
55 Liebenstein-Sterrenberg

59 Hessern
60 Burg Katz
61 Loreley Edel

Bornich
62 Rothenack

VIII Großlage Schloß Schönburg

Urbar
63 Beulsberg

Niederburg
64 Rheingoldberg
65 Bienenberg

Damscheid
66 Frankenhell
67 Sonnenstock
68 Goldemund

Oberwesel
69 Sieben Jungfrauen
70 Ölsberg
65 Bienenberg
71 St. Martinsberg
68 Goldemund
(auch Engehöller Goldemund)
72 Bernstein
(auch Engehöller Bernstein)
73 Römerkrug

Dellhofen
74 Römerkrug
75 St. Wernerberg

Langscheid
76 Hundert

Perscheid
77 Rosental

IX Großlage Herrenberg

Dörscheid
78 Wolfsnach
79 Kupferflöz

Kaub
80 Roßstein
81 Backofen
82 Rauschelay
83 Blüchertal
84 Burg Gutenfels
85 Pfalzgrafenstein

Bereich Bacharach

X Großlage Schloß Stahleck

Bacharach-Steeg
86 (Steeg) Schloß Stahlberg
87 (Steeg) Lennenborn
88 (Steeg) St. Jost
89 (Steeg) Hambusch

Bacharach
90 Hahn
91 Insel Heylesen Wert
92 Wolfshöhle
93 Posten
94 Mathias Weingarten
95 Kloster Fürstental

Manubach
96 Langgarten
97 St. Oswald
98 Mönchwingert
99 Heilgarten

Oberdiebach
100 Bischofshub
101 Fürstenberg
102 Kräuterberg
103 Rheinberg

XI Großlage Schloß Reichenstein

Oberheimbach
104 Römerberg
105 Klosterberg
106 Wahrheit
107 Sonne

Niederheimbach
108 Froher Weingarten
109 Schloß Hohneck
110 Reifersley
111 Sooneckerer Schloßberg

Trechtingshausen
112 Morgenbachtaler

sche verkauft, nur 25% als Faßwein und zwar vor allem als Sektgrundwein. Der Mittelrhein ist das typische Selbstmarktergebiet. Der starke Fremdenverkehr ermöglicht den direkten Kontakt vom Erzeuger zum Verbraucher. Die Weinerzeugung im Gebiet ist geringer als der Verbrauch!

Weinreise

Das Mittelrheingebiet ist ein ausgesprochenes Weinreiseland. Freundliche Winzerorte und die mit Mauern und Türmen bewehrten Städte mit ihren winkeligen, sich um zahlreiche Kirchen gruppierenden Stadtkernen mit malerischen Fachwerkhäusern laden die Besucher zum Verweilen ein. Straußwirtschaften, Gutsschenken und vielerorts mit dem Weinbau eng verbundene Gastronomie bieten den Gästen die Gewächse des Gebietes in ihrer ganzen Vielfalt an. Die Weinwerbung »Mittelrhein Burgen und Wein e.V.« verleiht als Hinweis für die Gäste an Wirtschaften mit Ausschank gepflegter Mittelrheinweine nach entsprechender Prüfung ein Güteschild. Winzerfeste werden in fast allen Weinbauorten vom Frühsommer bis in den Herbst hinein abgehalten. Der Weinbau ist vollintegrierter Bestandteil im Hauptwirtschaftszweig »Fremdenverkehr«. Eine Veranstaltung besonderer Art ist alljährlich im Spätsommer der »Rhein in Flammen« von Braubach bis Koblenz sowie bei St. Goar und St. Goarshausen.

Landschaftlich reizvoll geführte Wanderwege auf den Rheinhöhen über den Weinbergen bieten herrliche Ausblicke auf das sich in engen Schleifen hinwindende Flußbett, auf Burgen, Rebhänge und schroffe Felsen. Die Weinorte sind linksrheinisch auf der »Rheingoldstraße« von Trechtingshausen bis Rhens und rechtsrheinisch von der »Rheinburgenstraße« aus (von Kaub nach Lahnstein) zu erreichen. Empfehlenswert ist eine Fahrt oder Wanderung von Leutesdorf nach Unkel, wo sich Weinberg an Weinberg drängt. Bei einer Siebengebirgswanderung sollte man den Abschluß in einer Winzerschenke nicht vergessen. Empfehlenswert ist auch eine Wanderung durch das verträumte Lahntal, mitten durch den Naturpark Nassau. Außerordentlich beliebt sind Schiffsfahrten auf dem Rhein.

Karl-Heinz Faas

Mosel-Saar-Ruwer

Landschaft

Der weinbaulich bedeutendste Nebenfluß des Rheines, die Mosel, sowie deren rechte Nebenflüsse Saar und Ruwer haben dem Weinbaugebiet seinen Namen gegeben. Neben Konz, wo die Saar in die Mosel mündet, sind die wichtigsten Moselorte Trier, Wittlich, Bernkastel, Traben-Trarbach, Zell, Bullay und Cochem. Das Gebiet wird durch die Autobahnen Trier – Koblenz und Trier – Saarbrücken erschlossen. Die Hunsrück-Höhenstraße von Koblenz über Kastellaun ins Saarland hat viele Verbindungen ins Moseltal. Durch das Tal selbst führt die Moselstraße, die allen Windungen des Flusses folgt. Während die Luftlinie von Perl bis zur Mündung in den Rhein etwa 140 km beträgt, durchläuft der Fluß mit seinen zahlreichen Mäandern eine Strecke von 245 km. Für die gleiche Strecke benötigt die Bundesbahn, die nicht all seinen Windungen folgt, sondern durch die Wittlicher Senke und den Tunnel bei Cochem abkürzt, 160 km.

Seit 1964 ist die Mosel schiffbar. Um das zu erreichen, wurden 13 Staustufen mit Wehren, Schiffsschleusen und Kraftwerken gebaut. Das Landschaftsbild ist durch die Kanalisierung nicht gestört, eher noch schöner geworden.

An Saar und Ruwer ist jeweils nur die letzte, kurze Strecke vor der Mündung

Brückenschenke in Traben-Trarbach.

dem Weinbau gewidmet. Das Moseltal ist auf seiner ganzen deutschen Länge ein einzigartiges Weinland. Auf einer Länge von 245 km begleiten die Reben in fast ununterbrochener Folge den Fluß. Nur an ungünstig orientierten Berghängen und an allzu steilen oder felsigen Stellen steht Niederwald, während alle anderen Hänge von der Talsohle bis zum Bergkamm mit Reben bepflanzt sind.

Im Talgrund wurden die flacheren Lagen früher als Wiesen, Obstgärten oder Äkker genutzt, was sich aber seit den 50er Jahren gänzlich geändert hat, da die Kleinlandwirtschaft unrentabel geworden ist. Nur gelegentlich findet man noch Obstanlagen, die aber immer mehr dem Rebenanbau weichen. Oben säumen sehr oft Waldungen die Weinberge und schützen sie vor dem Kaltlufteinbruch von den Eifel- oder Hunsrückbergen.

Geschichte

Die Rebkultur wurde von den Römern an die Mosel gebracht. Kaiser Probus (276–282) stellte Soldaten zur Rodung von Weinbergsgelände zur Verfügung. Um 370 lieferte Decimus Magnus Ausonius in seiner »Mosella« ein großartiges Zeugnis über den umfangreichen Weinbau: »Bis dort, wo der Berg hoch oben am Joch schon himmelwärts strebt, bis dorthin ist der Uferrand mit grünem Weine bepflanzt.« Auch die zahlreichen Funde aus der römischen Zeit lassen auf die große Bedeutung des Weinbaues schließen.

Wie die erste urkundliche Erwähnung des Weinbaues des Klosters Sankt Maximin zu Trier aus dem Jahre 633 beweisen auch die späteren Dokumente die große Rolle der Klöster und Stifte – Domstift Trier, Sankt Matthias, Prüm, Himmerod – für die Weinkultur.

Die Erzbischöfe von Trier förderten ausnahmslos den Anbau der Reben und die Weinbehandlung. Kurfürst Erzbischof Clemens Wenzeslaus trat 1787 besonders für den Rieslinganbau ein und suchte die Massenträger einzuschränken.

Um 1800 führte die Auflösung des Kurstaates zum Wegfall des Zehnten und zur Überführung des kirchlichen Grundbesitzes in Privatbesitz. In der zweiten Hälfte des 19. Jahrhunderts gelang es durch Verbesserung der Anbautechnik und der Kellerwirtschaft, die Stellung des Moselweines zu festigen und ihm Weltruf zu verschaffen. Besondere Erwähnung verdienen die Arbeiten des Trierer Chemikers Dr. Gall, die richtungweisend für die Flaschenfüllung waren.

Gleichzeitig entwickelte sich ein leistungsfähiger Weinhandel. Zu Beginn des 19. Jahrhunderts wurden die Weinversteigerungen eingeführt. Drei Versteigerungsvereinigungen, sogenannte Konsortien, boten regelmäßig im Frühjahr ihre Weine auf größeren Auktionen aus: das klerikale Konsortium, das Konsortium der Mosel und das Konsortium der Saar. Diese förderten auch den Qualitätsweinbau. 1910 wurden die drei Konsortien durch Triers Oberbürgermeister von Bruchhausen zum »Trierer Verein von Weingutsbesitzern der Mosel, Saar und Ruwer« zusammengeführt. Später wurden an der Mosel vier weitere Versteigerungsringe nach diesem Vorbild gegründet.

Die Reblaus wurde 1912 zum erstenmal in Nennig an der Obermosel festgestellt, 1925 in Ayl an der Saar und 1927 in Kasel an der Ruwer. Die Infektion in Nennig wurde vermutlich vom benachbarten Luxemburg her durch Windverwehung verursacht. 1975 waren 79 der 143 Gemeinden verseucht. Insgesamt wurden bisher durch den Reblausbekämpfungsdienst 9 649 Herde festgestellt. An der mittleren und unteren Mosel gibt es aber noch vollkommen unverseuchte Weinbaugemeinden.

Standorte

Das Weinbaukataster 1964/66 weist für die bestockte und nichtbestockte Rebfläche nach Geländeneigung folgende Anteile auf:

0–20%		20–40%		über 40% Steigung	
absolut	relativ	absolut	relativ	absolut	relativ
6 953 ha	66,5%	605 ha	5,8%	2 900 ha	27,7%

Das Moselgebiet ist jenes mit dem größten Steillagenanteil. Terrassierung ist nicht sehr häufig, denn durch den felsigen Untergrund hält der Boden selbst bei Steigungen von 60–70%. Stärkere Terrassierung findet man heute besonders noch in Winningen und an der Obermosel. Im Rahmen der Flurbereinigung werden viele Terrassen beseitigt, um die Weinberge für den Seilzug zugänglich zu machen.

Boden

Bedingt durch die Länge des Flußlaufes und den geologischen Aufbau sind die Bodenverhältnisse nicht einheitlich. Der Westteil des Moseltales von der französischen Grenze bis zur Saarmündung ist aus Muschelkalk und Keuper, während sich der Ostteil aus den stark gefalteten Schichten des Devon aufbaut. In der Trier-Luxemburger Triasmulde liegen Kalksedimente, in der Wittlicher Senke Sedimente des Rotliegenden und des Buntsandsteins, deren südliche Ausläufer bei Ürzig das Moseltal berühren.

Das Erosionstal der Mosel beginnt bei Schweich, wo der Fluß das Rheinische Schiefergebirge durchbricht. In vielen Windungen bahnt sich die Mosel ihren Weg durch die Tonschiefer. Ab Zell findet man neben den weichen Tonschiefern auch harte, kieselsäurereiche Grauwacken. Die von der Mosel abgelagerten Terrassen werden durch Schotter-, Kies- und Sandablagerungen gebildet, die in unterschiedlicher Mächtigkeit und Flächenausdehnung zu finden sind. Besonders stark ausgebildete Moselschleifen liegen im Raum Leiwen-Trittenheim-Neumagen-Piesport und Enkirch-Pünderich.

Die Bodenqualität ist je nach dem Steingehalt, dem Feinerdeanteil, der Tiefgründigkeit und der Wasserführung recht unterschiedlich. Die steinigen und meist dunkel gefärbten Böden erwärmen sich bei Sonneneinstrahlung besonders gut. Nachts geben sie die Wärme langsam ab, wodurch das Mikroklima günstig beeinflußt wird. Die mannigfaltigen Unterschiede in der Lage, der Hangneigung und der Bodenqualität bieten beste Voraussetzungen für nuancenreiche Weine.

Klima

Das Moseltal liegt im Einflußbereich des Atlantischen Ozeans, wobei sich der Golfstrom großklimatisch noch auswirkt. Die Jahresdurchschnittstemperatur für Trier liegt bei 9,8° C. Dieser Wert wird im Mittelmoselgebiet leicht überschritten, im Saar- und Ruwertal leicht unterschritten. Die vorherrschenden Südwest- und Westwinde bringen nach der Menge und der jahreszeitlichen Verteilung genügend Regen. (Zahl der Regentage: 140; durchschnittliche Niederschlagsmenge: 700–750 mm; Luftfeuchte: 78%) Die Sonnenscheindauer gewährleistet eine gute Entwicklung und Reife der Trauben. Die Weinberge liegen zwischen der Talsohle der Mosel (80–140 m) und 300 m über NN, verschiedentlich reichen sie auch bis 350 m über NN hinauf. Darüber hinaus werden die Klimaverhältnisse für den Rebenanbau zu ungünstig. Die Klimadaten für Trier sind:

Durchschnittstemperatur
    Jahr   9,8° C
    Vegetationszeit   14,4° C
Sonnenscheindauer
    Jahr   1 574 Stunden
    Vegetationszeit   1 157 Stunden
Niederschlagsmenge
    Jahr   727 mm
    Vegetationszeit   448 mm

Rebsorten

Der Riesling ist die Hauptsorte an Mosel-Saar-Ruwer. Qualität, Boden- und Klimaanpassungsfähigkeit waren in den vergangenen Jahrhunderten entscheidend für den Anbau dieser Sorte, und sie sind es bis auf den heutigen Tag geblieben. Der Riesling gedeiht in den oft steinigen und trockenen Schieferböden ganz vorzüglich und übersteht auch die harten Winter, die zuweilen auftreten, am besten. In früheren Jahrhunderten war die Sorte Elbling, auch Kleinberger genannt, ein starker Rivale. Entscheidend für den stärkeren Rieslinganbau war die berühmte Verfügung des letzten Trierer Kurfürsten Clemens Wenzeslaus aus dem Jahre 1787, der den gesamten Moselweinbau im Sinne des Qualitätsweinbaues auf die Rebsorte Riesling umgestellt wissen wollte. Dieser Entwicklung kam weiter die Einführung der Verbesserung durch Dr. Gall zugute, der die Schwierigkeiten mit den unreifen Jahrgängen beheben half. War der Riesling noch um 1880 nur auf 42% der Rebfläche vertreten, so wurden 1910 bereits 88% Riesling angebaut, 1950 über 90%.

Seitdem ist der Anteil wieder zurückgegangen, denn die späte Reife und die hohe Säure des Rieslings in geringeren Weinjahren begünstigten die Einführung der Rebsorte Müller-Thurgau. In Versuchsanlagen wurde die Sorte bereits seit 1928 getestet. Sie hat sich nur sehr zögernd eingeführt, und erst in den 50er Jahren gelang ihr der Durchbruch. Die Ausweitung des Weinbaues in den Tallagen mit tiefgründigen und kräftigeren Böden war mit dieser Sorte sinnvoller als mit dem spätreifen Riesling. Während

Mosel-Saar-Ruwer

1964 der Anteil des Müller-Thurgau 9% betrug, ist er bis 1974 auf 19% gestiegen. Das Gebiet der Obermosel, der Sauer und kleinere Gemarkungsteile der unteren Mosel muß man gesondert betrachten. Hier wird seit Jahrhunderten hauptsächlich die Rebsorte Elbling mit Rücksicht auf die Bodenverhältnisse (kalkhaltige Lehm- und Tonböden) gepflanzt, die reichtragend ist und einen neutralen, säurebetonten Wein liefert, der einen guten Absatz in den Sektkellereien findet. Eine Besonderheit an der Mosel ist der hohe Prozentsatz an wurzelechten Weinbergen. Die untere Mosel und große Teile der Mittelmosel sind noch nicht reblausverseucht und erlauben den Anbau wurzelechter Europäerreben. An der Obermosel bis Bernkastel, an Saar und Ruwer wird wegen der Reblausverseuchung im Rahmen der Weinbergsflurbereinigungen die Umstellung auf Pfropfreben durchgeführt. Bei allen Hauptrebsorten, nämlich Riesling, Müller-Thurgau und Elbling, werden fast ausschließlich Klone veredelt. Durch Versuchsanlagen wurden die besten Rebklone und entsprechende Pfropfkombinationen mit Unterlagensorten ermittelt, die qualitativ und quantitativ zufriedenstellende Ergebnisse bringen.

Weinberge an der Untermosel bei Pommern.

Die Rebsortenentwicklung im Anbaugebiet Mosel-Saar-Ruwer

Rebsorte	1954 %	1960 %	1964 %	1970 %	1975 %	1975 ha
Riesling	91,6	86,7	79,5	72,8	63,9	7 389
Müller-Thurgau	1,7	4,2	8,9	14,5	20,2	2 353
Elbling	•	7,3	10,8	10,5	9,3	1 125
Kerner	•	•	•	•	1,5	168
Bacchus	•	•	•	0,5	1,3	155
Optima	•	•	•	(0,1)	1,1	127
Ortega	•	•	•	(0,1)	1,0	111
Reichensteiner	•	•	•	•	0,5	54
Scheurebe	•	(0,1)	0,1	(0,1)	0,1	13
Silvaner	0,1	•	0,1	•	0,1	12
Sonstige Rebsorten	6,6	1,8	0,6	1,7	1,0	143
Rebfläche insgesamt in ha	7 804	8 761	9 777	10 952		11 651

Anbau

In den Steillagen wird fast ausschließlich die traditionelle Pfahlerziehung praktiziert, die auch Moselerziehung genannt wird. Auf einem 60 bis 80 cm hohen Stamm werden 2 bis 3 Bogen angeschnitten. Auch die Kleinheit und die Form der einzelnen Grundstücke kommen dieser Erziehungsart entgegen. Nach der Flurbereinigung und in den Hang- und Flachlagen führt sich der Drahtrahmen immer mehr ein, wobei die Drahtpfahlerziehung als Übergangslösung anzusehen ist. Die Pfahl- oder Bogrebenerziehung hat sich aus qualitativen Gründen gut bewährt, doch der hohe Arbeitsaufwand für die Laubarbeiten (Einkürzen, Aufbinden) wird dem Drahtrahmen mehr Zuspruch bringen.

Die Zeilen- und Stockabstände wurden mit Rücksicht auf die stärkere Wuchskraft der Pfropfreben größer. Während früher die allgemeine Pflanzweite 1 × 1 m betrug, liegt sie heute, der Maschinenbreite entsprechend, in der Ebene bei 1,4 × 1,3 m, am Hang bei 1,3 × 1,2 m. Weitraumanlagen und insbesondere die

Hocherziehung haben sich nicht bewähren können.
Die Zahl der angeschnittenen Augen je m² liegt zwischen 8 und 12. Diese Augenzahl bringt ein gutes Verhältnis zwischen Menge und Güte.

Art

Der Riesling zählt zu den spätreifen und säurebetonten Sorten. Je nach Reifeentwicklung der Trauben reicht die Variationsbreite vom grasiggrünen bis zum duftigen, fruchtigen, großen, edlen Wein. Dem Auge bietet der Moselwein eine lichtgrüne bis grüngelbe, ja grüngoldene Farbe. Das Rieslingbukett ist dezent, je nach Jahrgang, Lage und Qualitätsstufe auch stärker ausgeprägt und erinnert zuweilen an schwarze Johannisbeeren, Reseda oder Pfirsich. Es braucht Zeit zur Entwicklung und kann eine beachtliche Altersschönheit erlangen.

Vom Alkoholgehalt her sind die Weine weniger reich ausgestattet. Sie sind leicht, spritzig, elegant, feinrassig und fruchtig und zeichnen sich durch gute Bekömmlichkeit aus.

In den letzten Jahrzehnten hat sich der Moselwein in seiner Geschmacksrichtung etwas gewandelt. Während er früher mehr durchgegoren, das heißt trockener und säurebetonter auf die Flasche kam, beläßt man ihm heute zur Geschmacksharmonisierung unvergorenen Zucker. Diese Restsüße wird durch entsprechende Gärführung oder Dosage mit Süßreserve erreicht. Gegenwärtig wird der Ruf nach trockeneren, durchgegorenen Weinen wieder stärker, und die Kellermeister tragen dem entsprechend Rechnung.

Die Saar- und Ruwerweine zeichnen sich durch ihre feinblumige, rassige Art aus, die durch die lebhafte Fruchtsäure bedingt wird. In den großen Jahrgängen macht die höhere Säure die besondere Eleganz dieser Weine aus. Wegen ihres höheren Säuregehaltes sind die Saarweine auch als Grundweine für Rieslingsekt gefragt. Er zeichnet sich aus durch volles Bukett, spritzige und fruchtige Art.

Die Müller-Thurgau-Weine sind ebenfalls in der Blume von feiner Art. Im Geschmack sind sie etwas milder, ihre Säure ist nicht so herzhaft und rassig, aber sie sind auch elegant, leicht und von angenehmer Frucht.

Erzeugung

Diese Statistik macht die starke Veränderung der Betriebsstruktur deutlich:

ha	1957	1964	1969	1972
bis 0,5	•	•	10 589	6 234
0,5 bis 1,0	4 352	4 543	4 536	3 337
1,0 bis 2,0	1 160	1 919	1 919	2 992
2,0 bis 5,0	223	314	302	953
über 5,0	73	74	89	110
Mittel	•	•	0,56	0,88

Eine Vielzahl von kleineren Nebenerwerbsbetrieben hat also den Weinbau gänzlich aufgegeben, während sich andere Betriebe vergrößert haben. Zur Zeit ist diese Entwicklung etwas verlangsamt worden, weil außerlandwirtschaftliche Arbeitsplätze kaum angeboten werden und daher die kleineren Haupterwerbsbetriebe auch versuchen, ihren Betrieb zu erhalten. Betriebe über 2 ha sind als Vollerwerbsbetriebe anzusprechen, wenn sie ihre Weine als Flaschenweine vermarkten. Für Betriebe mit Faßweinvermarktung müßte die Rebfläche bei 4 bis 5 ha liegen, um das notwendige Einkommen zu erzielen. Unter den wenigen Betrieben über 5 ha gibt es einige Großbetriebe, die bis zu 50, ja sogar über 90 ha bewirtschaften. Im Gebiet der Obermosel und Saar sind auch die gemischtwirtschaftlichen Betriebe stärker vertreten. Hier arbeiten die Maschinen- und Betriebshilfsringe Trier-Saarburg, Wittlich, e. V., Rhein-Eifel e. V. und Hunsrück-Nahe e. V. Auch Separatoren und fahrbare Abfüllanlagen werden seit 1975 eingesetzt.

Absatz

Die Vermarktungsanteile betragen etwa 60% für den Weinhandel, 25% für die Selbstmarkter und 15% für die Winzergenossenschaften. In den Nebenerwerbsbetrieben verstärkt sich die Tendenz zum Traubenverkauf. Den größten Anteil übernehmen die Genossenschaften.

Frühling in Merl an der Mittelmosel.

Mosel-Saar-Ruwer

Aufbauend auf eine traditionelle, eigene Kellerwirtschaft in den Haupt- und auch in manchen Nebenerwerbsbetrieben hat sich in der Vergangenheit ein bedeutungsvoller Produktionsweinhandel entwickelt, der nicht nur zahlenmäßig, sondern auch von der Funktion her stark ist. Die Konzentration im Nachfragebereich leitete beim Weinhandel einen noch fortdauernden Konzentrationsprozeß ein.

Der Wunsch nach kostendeckenden Preisen und die Entwicklung des Tourismus begünstigen die Selbstvermarktung. Sie war früher nur für große Betriebe sinnvoll, wird aber heute auch von mittleren und kleineren Betrieben praktiziert.

Das Genossenschaftswesen hat sich gut entwickelt. Seit der zweiten Hälfte des vorigen Jahrhunderts wurden in vielen Ortschaften kleinere Winzergenossenschaften (Winzervereine) gebildet. Ihre Marktbedeutung war meist gering. In den Jahren 1961 bis 1963 wurden drei Gebietswinzergenossenschaften gegründet. Diese schlossen sich 1969/70 zur Zentralkellerei zusammen, um die Marktstellung zu verbessern. Heute hat die Zentralkellerei rund 4 000 Mitglieder. Ihre Lagerkapazität liegt bei 25 Millionen l.

1908 gründete der Oberbürgermeister von Trier, Albert von Bruchhausen, den Trierer Verein von Weingutsbesitzern von Mosel, Saar und Ruwer, um die vielen Einzelversteigerungen in den verschiedenen Orten des Weinbaugebietes abzulösen. Dieser »Große Ring« brachte über die Mitglieder nur naturreine Weine ihres Wachstums zum Ausgebot. Am 1. Januar 1974 erfolgte eine Namensänderung im Zuge der Anpassung der Vereinsweine an das neue Weingesetz. Die neue Bezeichnung heißt: Großer Ring der Prädikatswein-Versteigerer von Mosel, Saar und Ruwer e. V. Der Sitz ist Trier. Heute gehören diesem Ring 36 Güter mit 250 ha Anbaufläche an. Die Versteigerungen finden im Frühjahr oder Herbst statt.

Daneben bestehen im Gebiet der Mosel noch zwei weitere Versteigerungsringe: die Prädikatswein-Versteigerungsgesellschaft e. V. = Trierer Ring, mit Sitz in Trier, und die Vereinigung von Weingutsbesitzern der Mittelmosel mit Sitz in Bernkastel-Kues.

Der Verein von Weingutsbesitzern des Ruwer e. V. und der Versteigerungsring der Untermosel wurden aufgelöst.

Weinmärkte oder Weinmessen konnten sich, obwohl sie eine sehr alte Tradition haben, in großem Stil nicht wieder durchsetzen. Verschiedentlich wurden entsprechende Versuche unternommen, die aber infolge mangelhafter Beteiligung keine Fortsetzung fanden. Nur in Pölich findet seit 1976 wieder eine Weinmesse »Mittelmosel« statt.

Weinreise

Das Moselgebiet ist ein interessantes und angenehmes Reiseland. Die landschaftlichen Schönheiten, die bedeutenden Kulturdenkmäler, die Gewächse dieses Raumes und die Menschen, die dort leben und arbeiten, sind für alle Besucher lohnende Ziele. Der Tourismus spielt daher eine erhebliche Rolle.

Viele Winzer machen sich dies zunutze. Ihre Bemühungen werden durch die Gemeinden und Ortsvereine unterstützt. Die Wiederbelebung der Winzertanzgruppen, Musik- und Heimatvereine hat sich hier sehr positiv ausgewirkt.

Es gibt nur wenige, stark besuchte Winzerorte, in denen während der Hauptreisezeit täglich Weinprobierstände aufgestellt sind. Übers Wochenende und besonders anläßlich der Wein- und Heimatfeste gehören die von Winzern, Vereinen oder Gemeinden betriebenen Weinprobierstände jedoch zum Straßenbild fast aller Orte. Es gibt dabei regelrechte Weinstraßen, auf denen sich die Weinprobierstände wie die Moselweinorte aneinanderreihen. Hier hat der Gast die Möglichkeit, die Weine der Weinbaubetriebe und -orte kennenzulernen.

Viele Weingüter und Genossenschaften bieten Besichtigungen mit anschließender Weinprobe an. Auf diese Möglichkeit wird auf den Preislisten oder durch Aushang aufmerksam gemacht. Im Anschluß an die Begehung von Weinlehrpfaden ist entweder nach einem festen Probeplan oder nach vorheriger Anmeldung eine Weinprobe möglich. Die Weinproben verlangen zwar einen erheblichen Zeitaufwand, sind aber in Gemeinden mit starkem Ausflugsverkehr eine gute Werbe- und Verkaufshilfe geworden. Der Ausschank eigener Gewächse durch die Winzer ist an der Mosel weniger stark verbreitet als in anderen Weinbaugebieten. Früher hatte der Pilgerverkehr einen nicht unbedeutenden Konsumentenkreis geschaffen, den besonders die Winzer in der Stadt zu bedienen suchten. In jüngerer Zeit werden zu Weinfesten Straußwirtschaften eingerichtet.

Zu den Moselspezialitäten gehören vornehmlich Fischgerichte. An der Obermosel und in Trier schmeckt als einfaches Gericht »gebackener Moselfisch« besonders zum herben, säurebetonten, leichten Wein. Daneben sind der Moselhecht mit Schmorkohl, der Moselaal geräuchert, Forellenfilets mit Kräuterbeize und gekochte »Trierer Lungenkrapfen« zu empfehlen. Sie sollten in einem kräftigen, etwas herberen Rieslingwein »schwimmen«. Schlachtplatten, Hausmacher-Blut- und Leberwurst und Auflauf aus Sauerkraut, zerdrückten Pellkartoffeln mit angebratenem Rauchfleisch und Zwiebelringen sind für Liebhaber derberer Kost zu empfehlen. Auch hierzu mundet der kräftige, in der Süße zurückhaltende Wein am besten.

In einem bekannten Trierer Restaurant werden die Speisen nach Rezepten von Marcus Gavius Apicius bereitet, jenem Meister der Kochkunst, der zur Zeit des Kaisers Tiberius (14 bis 37 nach Christus) lebte. Auch er empfahl Moselfischfilets, Frischlingssteaks und allgemein Wildsteaks. Hierzu gehört ein etwas fülligerer Wein, vielleicht schon eine Spätlese.

Als gebietstypisches Glas ist im Weinbaugebiet der Römer anzusprechen. Er hat eine apfelförmige Kuppa und einen waldgrünen Fuß. Der Inhalt des Römers, der auch Schoppen genannt wird, beträgt 0,2 l. Neben dem Schoppen gibt es den halben Schoppen mit 0,1 l Inhalt. An der unteren Mosel wird er auch einfach ein »kleiner Wein« genannt. Als gutes Tafelglas ist das Trevirisglas, ein Kristallglas mit feinem Schliff, zu erwähnen.

Aus der römischen Zeit bewahrt das Landesmuseum in Trier zahlreiche Trinkgefäße, Denkmäler und Inschriften, die auf eine verfeinerte Weinkultur hindeuten. Die bekanntesten Denkmäler sind das Neumagener Weinschiff und das Mundschenkrelief; es zeigt Rebstöcke und Trauben mit allem Getier der Weinberge und Bilder der Weinlese. Unter den Trinkgefäßen ist das Diatretglas, das in Niederemmel gefunden wurde, besonders erwähnenswert. Leider ist das Deutsche Weinmuseum, das 1925 in Trier gegründet worden war, mit seinem ganzen Bestand durch den Krieg völlig zerstört worden. In Traben-Trarbach wurde ab 1928 durch einen opferbereiten Heimat-Sammler das »Mittelmosel-Museum« aufgebaut. Es zeigt auch einiges aus dem Weinbau. In Trier, Zell und anderen Orten gibt es besonders in Weingaststätten kleinere, sehenswerte, private Sammlungen von Weinantiquitäten.

Die Bemühungen um die Schaffung einer Mosel-Weinstraße haben bisher nicht zum Erfolg geführt, obwohl die Moselstraße sich dazu anbietet, weil sie das ganze Weinbaugebiet erschließt.

Die Weinwerbung Mosel-Saar-Ruwer in Trier gibt jährlich einen Veranstaltungs-

Marktplatz mit Brunnen in Bernkastel.

kalender heraus, der die sehr zahlreichen Weinfeste und Veranstaltungen um den Wein aufführt. Weinfeste mit überregionaler Bedeutung sind das Trierer Moselfest, das Internationale Trachtenfest in Kröv, das Traben-Trarbacher Weinfest, das Weinfest der Mittelmosel in Bernkastel-Kues, das Saarweinfest in Saarburg, die Wittlicher Säubrennerkirmes, die Moselweinwoche in Cochem.

Der Trierer Weinlehrpfad, 1972 eröffnet, steht unter dem Motto »Sehenswertes und Merkwürdiges vom Anbau und Leben des Weinstocks«. Er wurde in Zusammenarbeit des Verkehrsamtes der Stadt Trier, der Landeslehr- und Versuchsanstalt für Weinbau, Gartenbau und Landwirtschaft Trier und der Winzer des Stadtteiles Trier-Olewig eingerichtet. Er führt über einen 3 km langen Weinbergweg um den Petrisberg und endet im Stadtteil Olewig. Der Besucher kann sich anhand eines instruktiven Faltblattes (deutsch, englisch, holländisch) über den Weinbau informieren. Am Ende des Weinlehrpfades ist Gelegenheit gegeben, einen Winzerbetrieb zu besichtigen und eine Weinprobe zu erhalten. Die Winzerbetriebe halten sich nach einem Zeitplan für die Besichtigung bereit.

1971 wurde der Weinlehrpfad in Reil, einem über tausendjährigen Weindorf im Zentrum des Moselgebietes, eingerichtet. Er führt durch einen schönen Abschnitt der großen Winzergemeinde und gibt auf Tafeln am Wegrand kurze und prägnante Auskünfte über den Weinbau. Proben sind in Winzerbetrieben möglich.

Der Weinlehrpfad in Winningen, einer Weinbaugemeinde an der unteren Mosel in unmittelbarer Nähe von Koblenz, führt über 4 km Länge durch einen eindrucksvollen Gemarkungsabschnitt. Zu den Tafeln, die von März bis Mitte November am Weinbergsweg aufgestellt sind und die meist in Versform vom Weinbau erzählen, gibt es einen Führer, der ergänzende Ausführungen zur Weinbautechnik und über den Winzerort bringt. Nach Vereinbarung sind auch Führungen mit Proben im Weinberg oder im »Hexenkeller« möglich. Von der Autobahnraststätte kann man eine Weinbergswanderung von der Höhe in den Ort unternehmen.

Weinseminare veranstaltet seit 1970 die Volkshochschule Trier in deutscher und englischer Sprache, meist als Wochenendseminare. Sie stehen unter dem Motto »Vom Weinfreund zum Weinkenner«. Hauptthemen sind Kulturgeschichte des Weines, Weinbau und Kellerwirtschaft.

Die Teilnehmer der deutschsprachigen Seminare kommen aus dem ganzen Bundesgebiet und den Nachbarländern Frankreich, Luxemburg, Niederlande und Schweiz, die englischsprachigen Weinfreunde kommen hauptsächlich aus England, den Vereinigten Staaten und Kanada. Auch verschiedene Hotels bieten Kurzseminare an, in denen Informationen über Weinbau, Kellerwirtschaft und Weinverkostung gegeben werden. Auskünfte erteilt die Weinwerbung Mosel-Saar-Ruwer. Außerdem werden Weinseminare oder Weinkollegs in Cochem und Traben-Trarbach durchgeführt, Auskunft geben das Reise- und Informationszentrum in Cochem und die Kreisverwaltung/Verkehrsamt Traben-Trarbach.

Für die Möglichkeit »Ferien auf dem Bauernhof« haben auch die Winzerbetriebe Vorsorge getroffen, wodurch die Gäste einen Einblick in das Geschehen in einem Winzerbetrieb bekommen.

Die Lagen

4 Bereiche
19 Großlagen
192 Gemarkungen (Orte, Ortsteile)
525 Einzellagen
(Die in Klammern genannten Ortsteile stehen auf dem Etikett.)

Bereich Zell (Untermosel)

I Großlage Weinhex

Koblenz, Stadtteil Güls
1 Marienberg
2 Bienengarten
3 Königsfels
4 Röttgen

Koblenz, Stadtteil Moselweiß
5 Hamm

Koblenz, Stadtteil Lay
5 Hamm
6 Hubertusborn

Winningen
7 Im Röttgen
8 Brückstück
9 Domgarten
10 Hamm
11 Uhlen

Kobern-Gondorf
11 (Kobern) Uhlen
12 (Kobern) Fahrberg
13 (Kobern) Weißenberg
14 (Gondorf) Schloßberg
15 (Gondorf) Gäns
16 (Gondorf) Fuchshöhle
17 (Gondorf) Kehrberg

Dieblich
18 Heilgraben

Niederfell
19 Fächern
20 Kahllay
21 Goldlay

Lehmen
22 Lay

Mosel-Saar-Ruwer

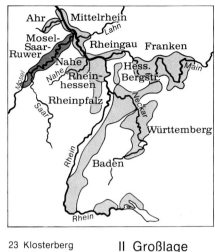

23 Klosterberg
24 Würzlay
25 Ausoniusstein

Oberfell
26 Goldlay
27 Brauneberg
28 Rosenberg

Moselsürsch
29 Fahrberg

Kattenes
29 Fahrberg
30 Steinchen

Alken
31 Bleidenberg
32 Burgberg
33 Hunnenstein

Brodenbach
34 Neuwingert

Löf
35 Goldblume
36 Sonnenring

Löf, Ortsteil Hatzenport
37 Stolzenberg
38 Kirchberg
39 Burg Bischofsteiner

Burgen
40 Bischofstein

Klotten
56 Rosenberg
57 Burg Coreidelsteiner
58 Sonnengold
59 Brauneberg

Cochem und Ortsteil Ebernach
60 Herrenberg
61 Pinnerkreuzberg
62 Schloßberg
63 Hochlay
64 (Ebernach) Klostergarten
65 (Ebernach) Sonnenberg
66 (Ebernach) Bischofstuhl

Ernst
67 Feuerberg
68 Kirchlay

Bruttig-Fankel
69 (Bruttig) Götterlay

II Großlage Goldbäumchen

Moselkern
41 Rosenberg
42 Kirchberg
43 Übereltzer

Müden
44 Funkenberg
45 Leckmauer
46 Sonnenring
47 St. Castorhöhle
48 Großlay

Treis-Karden
49 (Karden) Dechantsberg
50 (Karden) Münsterberg
51 (Karden) Juffermauer

Pommern
52 Zeisel
53 Goldberg
54 Sonnenuhr
55 Rosenberg

76 Greth
77 Treppchen

Cochem
78 Arzlay
79 Rosenberg
80 Nikolausberg

Valwig
81 Schwarzenberg
82 Palmberg
83 Herrenberg

Bruttig-Fankel
84 Pfarrgarten
85 Rathausberg
86 Kapellenberg
87 Martinsborn
88 Layenberg
89 Rosenberg

Ellenz-Poltersdorf
90 Woogberg
91 Silberberg

Beilstein
92 Schloßberg

Ellenz-Poltersdorf
70 Kurfürst
71 Altarberg
72 Rüberberger Domherrenberg

Briedern
72 Rüberberger Domherrenberg

Senheim, Ortsteil Senhals
72 Rüberberger Domherrenberg
74 Römerberg

III Großlage Rosenhang

Treis-Karden (Treis)
75 Kapellenberg

Briedern
93 Herrenberg
94 Kapellenberg
95 Servatiusberg
96 Römergarten

Mesenich
97 Abteiberg
98 Goldgrübchen
99 Deuslay

Senheim
100 Wahrsager
101 Bienengarten
102 Vogteiberg
103 Rosenberg

Bremm
104 Abtei Kloster Stuben

Ediger-Eller
105 Stubener Klostersegen

Großlagenfrei

Senheim
106 Lay

IV Großlage Grafschaft

Nehren
107 Römerberg

Ediger-Eller
108 Osterlämmchen
109 Hasensprung
110 Elzhofberg
111 Pfaffenberg
112 Feuerberg

113 Pfirsichgarten
114 Kapplay
115 Bienenlay
116 Höll
117 Engelströpfchen
118 Schützenlay
119 Calmont

Bremm
119 Calmont
120 Schlemmertröpfchen
121 Laurentiusberg
122 Frauenberg

Neef
122 Frauenberg
123 Petersberg
124 Rosenberg

St. Aldegund
125 Himmelreich
126 Palmberg Terrassen
127 Klosterkammer

Alf
128 Kapellenberg
129 Katzenkopf
130 Herrenberg
131 Burggraf
132 Kronenberg
133 Arrasburg-Schloßberg
134 Hölle

Beuren
135 Pelzerberger

Bullay
136 Graf Beyssel-Herrenberg

137 Brautrock
138 Kronenberg
139 Kirchweingarten
140 Sonneck

V Großlage Schwarze Katz

Zell-Merl
141 Sonneck
142 Adler
143 Königslay-Terrassen
144 Stefansberg
145 Fettgarten
146 Klosterberg

Zell
147 Nußberg
148 Burglay-Felsen
149 Petersborn-Kabertchen
150 Pomerell
151 Kreuzlay
152 Domherrenberg
153 Geisberg

Zell-Kaimt
154 Marienburger
155 Rosenborn
156 Römerquelle

Bereich Bernkastel (Mittelmosel)

VI Großlage Vom Heißen Stein

Briedel
157 Weißerberg
158 Schäferlay
159 Herzchen
160 Nonnengarten
161 Schelm

Pünderich
162 Goldlay
163 Rosenberg
164 Nonnengarten
165 Marienburg

Reil
166 Goldlay
167 Falklay
168 Moullay-Hofberg
169 Sorentberg

Die Weinbaugebiete

VII Großlage Schwarzlay

Burg
170 Wendelstück
171 Hahnenschrittchen
172 Thomasberg
173 Falklay
174 Schloßberg

Enkirch
175 Edelberg
176 Monteneubel
177 Steffensberg
178 Weinkammer
179 Herrenberg
180 Zeppwingert
181 Batterieberg
182 Ellergrub

Starkenburg
183 Rosengarten

Traben-Trarbach
184 Gaispfad
185 Zollturm
186 Burgweg
187 Schloßberg
188 Ungsberg
189 Hühnerberg
190 Kreuzberg
191 Taubenhaus
192 Königsberg
193 Kräuterhaus
194 Würzgarten

Wolf
195 Schatzgarten
196 Sonnenlay
197 Klosterberg
198 Goldgrube
199 Auf der Heide

Kinheim
200 Rosenberg
201 Hubertuslay

Lösnich
202 Försterlay
203 Burgberg

Erden
204 Busslay
205 Herrenberg
206 Treppchen
207 Prälat

Ürzig
208 Würzgarten
209 Goldwingert

Bengel
einzellagenfrei

Bausendorf
210 Herzlay
211 Hubertuslay

Flußbach
212 Reichelberg

Wittlich
213 Kupp
214 Lay
215 Bottchen
216 Felsentreppchen
217 Rosenberg
218 Portnersberg
219 Klosterweg

Hupperath
220 Klosterweg

Dreis
221 Johannisberg

Platten
222 Klosterlay
223 Rotlay

VIII Großlage Nacktarsch

Kröv
224 Burglay
225 Herrenberg
226 Steffensberg
227 Letterlay
228 Kirchlay
229 Paradies

IX Großlage Münzlay

Zeltingen-Rachtig
230 Deutschherrenberg
231 Himmelreich
232 Schloßberg
233 Sonnenuhr

Wehlen
234 Sonnenuhr
235 Hofberg
236 Abtei
237 Klosterhofgut
238 Klosterberg
239 Sonnenberg

Graach
240 Domprobst
241 Himmelreich
242 Abtsberg
243 Josephshöfer

X Großlage Badstube

Bernkastel-Kues
244 Lay
245 Matheisbildchen
246 Bratenhöfchen
247 Graben
248 Doctor

XI Großlage Beerenlay

Lieser
249 Süßenberg
250 Niederberg-Helden
251 Rosenlay

XII Großlage Kurfürstlay

Bernkastel-Kues
252 Johannisbrünnchen
253 Schloßberg
254 Stephanus-Rosengärtchen
255 Rosenberg
256 Kardinalsberg
257 Weißenstein

Andel
258 Schloßberg

Lieser
259 Schloßberg

Mülheim
260 Elisenberg
261 Sonnenlay
262 Helenenkloster
263 Amtsgarten

Veldenz
260 Elisenberg
264 Kirchberg
265 Mühlberg
266 Grafschafter Sonnenberg
267 Carlsberg

Maring-Noviand
268 Honigberg
269 Klosterberg
270 Römerpfad
271 Kirchberg
272 Sonnenuhr

Burgen
273 Römerberg
274 Kirchberg
275 Hasenläufer

Brauneberg
276 Mandelgraben
277 Klostergarten
278 Juffer
279 Juffer Sonnenuhr
280 Kammer
281 Hasenläufer

Osann-Monzel
282 Paulinslay
283 Kätzchen
284 Kirchlay
285 Rosenberg

Kesten
286 Paulinshofberger
287 Herrenberg
288 Paulinsberg

Wintrich
289 Stefanslay
290 Großer Herrgott
291 Sonnseite
292 Ohligsberg
293 Geierslay

XIII Großlage Michelsberg

Minheim
294 Burglay
295 Kapellchen
296 Rosenlay
297 Günterslay

Piesport
298 Treppchen
299 Falkenberg
300 Goldtröpfchen
297 Günterslay
301 Domherr
302 Gärtchen
303 Kreuzwingert
304 Schubertslay
305 Grafenberg
306 Hofberger

Neumagen-Dhron
300 Goldtröpfchen
305 Grafenberg
306 Hofberger
307 Roterd
308 Großer Hengelberg
309 Häschen
310 Nußwingert
311 Engelgrube
312 Landamusberg
313 Rosengärtchen
314 Sonnenuhr

Trittenheim
315 Altärchen
316 Apotheke
317 Felsenkopf
318 Leiterchen

Rivenich
319 Niederberg
320 Geisberg
321 Rosenberg
322 Brauneberg

Hetzerath
322 Brauneberg

Sehlem
323 Rotlay

XIV Großlage St. Michael

Leiwen
324 Klostergarten
325 Laurentiuslay

Köwerich
325 Laurentiuslay
326 Held

Klüsserath
327 Bruderschaft
328 Königsberg

Bekond
329 Schloßberg
330 Brauneberg

Thörnich
331 Enggaß
332 Ritsch
333 Schießlay

Ensch
334 Mühlenberg
335 St. Martin
336 Sonnenlay

Detzem
337 Würzgarten
338 Maximiner Klosterlay

Schleich
339 Sonnenberg
340 Klosterberg

Pölich
341 Held
342 Südlay

Mehring
343 Blattenberg
344 Goldkupp
345 Zellerberg

Lörsch
345 Zellerberg

Longen
345 Zellerberg

XV Großlage Probstberg

Mehring
einzellagenfrei

Riol
346 Römerberg

Fell
347 Maximiner Burgberg

Longuich
348 Hirschlay
349 Maximiner Herrenberg
350 Herrenberg

Schweich
350 Herrenberg
351 Annaberg
352 Burgmauer

Kenn
353 Held
354 Maximiner Hofgarten

Bereich Saar-Ruwer

XVI Großlage Römerlay

Trier
355 Sonnenberg
356 Marienholz
357 Karthäuserhofberg Burgberg
358 Karthäuserhofberg Kronenberg
359 Karthäuserhofberg Orthsberg
360 Karthäuserhofberg Sang
361 Karthäuserhofberg Stirn
362 Maximiner
363 Domherrenberg
364 Altenberg
365 Herrenberg
366 Kupp
367 Hammerstein
368 Rotlay
369 Andreasberg
370 Leikaul
371 St. Martiner Hofberg
372 St. Martiner Klosterberg
373 Burgberg
374 Jesuitenwingert
375 Deutschherrenköpfchen
376 Deutschherrenberg
377 St. Maximiner Kreuzberg
378 St. Petrusberg
379 Thiergarten Unterm Kreuz
380 Thiergarten Felsköpfchen
381 Kurfürstenhofberg
382 Benediktinerberg
383 St. Matheiser
384 Augenscheiner

Franzenheim
385 Johannisberg

Sommerau
386 Schloßberg

Korlingen
387 Laykaul

Riveris
388 Kuhnchen
389 Heiligenhäuschen

Morscheid
390 Dominikanerberg
391 Heiligenhäuschen

Waldrach
392 Hubertusberg

393 Sonnenberg
394 Jungfernberg
395 Krone
396 Laurentiusberg
397 Ehrenberg
398 Doktorberg
399 Heiligenhäuschen
400 Meisenberg
401 Jesuitengarten
402 Kurfürstenberg

Kasel
403 Herrenberg
404 Dominikanerberg
405 Kehrnagel
406 Hitzlay
407 Nieschen
408 Paulinsberg
409 Timpert

Mertesdorf
410 Mäuerchen
411 Felslay
412 Johannisberg
415 Herrenberg

Maximin Grünhaus
413 Bruderberg
414 Abtsberg
415 Herrenberg

Dazu einzellagenfreie Rebflächen in der Gemarkung Hockweiler.

XVII Großlage Scharzberg

Konz
416 Klosterberg
417 Brauneberg
418 Sprung
419 Hofberg
420 Euchariusberg
421 Auf der Wiltingerkupp

Falkenstein
419 Hofberg
434 Herrenberg

Könen
422 Feld
423 Kirchberg

Filzen
424 Liebfrauenberg
425 Urbelt
426 Pulchen
427 Unterberg
428 Herrenberg
429 Steinberger
430 Altenberg

Hamm
430 Altenberg

Kanzem
430 Altenberg
431 Hörecker
432 Schloßberg
433 Sonnenberg

Mennig
434 Herrenberg
435 Sonnenberg
436 Euchariusberg
437 Altenberg

Oberemmel
438 Karlsberg
439 Altenberg

440 Hütte 441 Raul 442 Agritiusberg 443 Rosenberg **Pellingen** 444 Jesuitengarten 445 Herrgottsrock **Wiltingen** 446 Sandberg 447 Hölle 448 Kupp 449 Braune Kupp 450 Gottesfuß 451 Klosterberg 443 Rosenberg 452 Braunfels 432 Schloßberg 453 Schlangengraben **Scharzhofberg** 454 einzellagenfreie Flächen **Wawern** 455 Ritterpfad 456 Jesuitenberg 457 Herrenberger 458 Goldberg	**Schoden** 459 Saarfeilser-Marienberg 460 Herrenberg 461 Geisberg **Ockfen** 462 Kupp 463 Herrenberg 464 Heppenstein 465 Bockstein 466 Zickelgarten 467 Neuwies 468 Geisberg **Ayl** 469 Kupp 470 Herrenberger 471 Scheidterberger **Saarburg** 472 Klosterberg 473 Fuchs 474 Stirn 475 Kupp 476 Schloßberg 477 Rausch 478 Antoniusbrunnen 479 Bergschlößchen 480 Laurentiusberg	**Irsch** 481 Sonnenberg 482 Hubertusberg 483 Vogelsang **Serrig** 484 König Johann Berg 485 Antoniusberg 486 Schloß Saarsteiner 487 Schloß Saarfelser Schloßberg 488 Kupp 489 Vogelsang 490 Heiligenborn 491 Hoeppslei 492 Württberg 493 Herrenberg **Kastel-Staadt** 494 König Johann Berg 495 Maximin Prälat **Bereich Obermosel** XVIII Großlage Königsberg	**Igel** 496 Dullgärten **Liersberg** 497 Pilgerberg **Langsur** 498 Brüderberg **Mesenich** 499 Held Dazu kommen einzellagenfreie Rebflächen in den Gemarkungen Edingen, Godendorf, Grewenich, Langsur, Liersberg, Metzdorf, Ralingen und Wintersdorf. **XIX Großlage Gipfel** **Wasserliesch** 500 Reinig auf der Burg 501 Albachtaler **Oberbillig** 502 Hirtengarten 503 Römerberg	**Fellerich** 504 Schleidberg **Temmels** 505 St. Georgshof 506 Münsterstatt **Wellen** 507 Altenberg **Onsdorf** 508 Hubertusberg **Nittel** 509 Leiterchen 510 Blümchen 511 Rochusfels 508 Hubertusberg **Köllig** 511 Rochusfels **Rehlingen** 512 Kapellenberg **Wincheringen** 513 Burg Warsberg 514 Fuchsloch **Wehr** 515 Rosenberg **Helfant-Esingen** 516 Kapellenberg	**Palzem** 517 Karlsfelsen 518 Lay **Kreuzweiler** 519 Schloß Thorner Kupp Dazu einzellagenfreie Rebflächen in den Gemarkungen Bitzingen, Fisch, Kirf, Meurich, Portz, Soest und Tawern. **Großlagenfrei** **Nennig** 520 Schloßberg 521 Römerberg **Sehndorf** 522 Klosterberg 523 Marienberg mit Rebflächen in der Gemarkung Oberperl **Perl** 524 Quirinusberg 525 Hasenberg

Karl Röder

Nahe

Landschaft

Mit einer Rebfläche von 5 000 ha (davon 4 469 ha im Ertrag) und einer jährlichen Mosternte zwischen 250 000 und 350 000 hl gehört die Nahe zu den mittelgroßen Weinbaugebieten Deutschlands.
Die Weinberge beginnen am Rhein bei Bingerbrück und erstrecken sich in einem nicht immer geschlossenen, 40 km langen Band naheaufwärts, vorbei an den Kurstädten Bad Kreuznach und Bad Münster am Stein-Ebernburg bis hin zum Soonwald. Relativ große und wichtige Teile dieses Weinbaugebietes liegen aber auch in den Seitentälern der Alsenz, des Glan, des Gräfen- und Guldenbachs sowie auf angrenzenden, etwas höher gelegenen Flächen.
Die Reben stehen vorwiegend an nach Südwesten, Süden und Südosten geneigten Hängen, außerdem in Tallagen und auf bis etwa 250 m über NN gelegenen Plateaus, während die für den Weinbau weniger oder nicht geeigneten Flächen landwirtschaftlich genutzt sind oder Wald tragen.
Die Landschaft ist bunt und wechselvoll und besonders für die Bewohner des

Winzerhaus an der mittleren Nahe

Rhein-Main-Gebietes ein beliebtes Erholungsziel. Dank der linksrheinischen Autobahn wird die Nahe auch mehr und mehr von Gästen aus Nordrhein-Westfalen besucht.

Geschichte

Funde aus dem 3. nachchristlichen Jahrhundert zeigen, daß bereits die Römer an der Nahe Weinbau betrieben haben. Im Museum zu Bad Kreuznach befinden sich aus dieser Zeit Rebmesser, Mostsiebe und Feldflaschen. Schriftliche Zeugen des Naheweinbaues sind Urkunden des 8. Jahrhunderts, besonders des Klosters Lorsch. Sie führen als Weinorte auf: Norheim 756, Waldlaubersheim 766, Langenlonsheim 769, Hüffelsheim 769, Weinsheim 770, Roxheim 773, Monzingen 778. Auch aus diesen Urkunden ist zu ersehen, daß für den Naheraum seit jeher der gemischtwirtschaftliche, aus Rebland, Äckern und Wiesen bestehende Betrieb typisch ist.
Bis zum Ende des 18. Jahrhunderts lag der größere Teil des Rebgeländes im Naheraum in den Händen der Kirche und des Adels. Rückschläge erlitt der Weinbau durch die zahlreichen Kriege an der deutschen Westgrenze. Erst mit dem 19. Jahrhundert begann wieder ein Aufschwung, da Preußen an der Förderung des Weinbaues seiner neuerworbenen linksrheinischen Gebiete interessiert war.

Dies drückt sich auch in der Gründung einer Provinzial-Weinbaulehranstalt im Jahre 1900 zu Bad Kreuznach aus. Ende der 20er Jahre wurde an der Nahe bereits mit der Flurbereinigung begonnen.
Während Naheweine früher oft als Rheinweine auf den Markt gelangten, hat sich das Nahegebiet in den letzten Jahrzehnten als selbständiges Qualitätsweinbaugebiet mit einer durchaus eigenen Geschmacksnote der Weine profiliert.

Standorte

Es gibt sowohl Steil- als auch Hang- und Flachlagen. Terrassierte Steillagen, wie im Trollbachtal, am Rotenfels und in kleinerem Umfang auch an der oberen Nahe, bilden die Ausnahme. Die meist flachgründigen Steillagen erfordern einen hohen Arbeitsaufwand. Sie liefern zwar in Jahren mit ausreichenden Niederschlägen wertvolle Weine, in trockenen Jahren kann jedoch die Wasserarmut die Weinqualität beeinträchtigen.
Etwa 30% der Rebflächen liegen in der Ebene oder Hochebene, 25% am Steilhang, 45% an Hängen. In der Ebene und im Hang vermag der Schlepper noch zu fahren und die schwereren Arbeiten im Einmannbetrieb auszuführen. In den Steillagen können die entsprechenden Arbeiten nur mit Hilfe der an den Schlepper angebauten Seilwinde im Zweimannverfahren vorgenommen werden. In sehr selten gewordenen Fällen müssen in besonders steilen Lagen diese Arbeiten auch mit der Hand ausgeführt werden.

Boden

Drei größere Landschaftsräume stoßen im Naheraum aufeinander. Im Norden erhebt sich das Rheinische Schiefergebirge in den Höhenzügen des Soonwaldes mit seinen devonischen Gesteinen. Südlich schließt sich die Saar-Nahe-Senke mit dem Nordpfälzer Bergland als eigentliches Durchflußgebiet der Nahe und ihrer Zuflüsse an, ein Gebiet, das aus den vielfältigen Sediment- und Erstarrungsgesteinen des Rotliegenden aufgebaut ist. Von Osten her greifen im Bereich der unteren und mittleren Nahe die Ablagerungen des Tertiärmeeres des Mainzer Beckens auf das Gebiet über. Die Gesteine der drei großen geologischen Zeitabschnitte Devon, Rotliegendes und Tertiär werden vielerorts noch von den jüngeren Ablagerungen der Flüsse in Form mehr oder weniger ausgedehnter Terrassenschotter und Ablagerungen des Windes in Form von Löß bedeckt.

Die Weinbergsböden des Nahegebietes

Böden	Hauptrebsorten	Charakteristik der Weine
Böden auf Schiefer, Quarzitschutt und Phyllit des Devons	Riesling Silvaner Müller-Thurgau	feinfruchtige, rassige, abgerundete Weine
Typische Weinbauorte: Rümmelsheim, Münster-Sarmsheim, Bingerbrück, Weiler bei Bingerbrück		
Böden auf Sandsteinen und Schiefertonen des Unterrotliegenden	Silvaner Riesling	kräftige, markante, rassige und nachhaltige Weine
Typische Weinbauorte: Waldböckelheim, Bockenau, Obermoschel, Odernheim, Alsenz		
Böden auf Hangschutt vulkanischer Gesteine des Rotliegenden, Porphyr, Porphyrit	Riesling	gehaltvolle, fruchtige Weine mit feiner Würze und Finessen, nachhaltige Art
Typische Weinbauorte: Schloßböckelheim, Niederhausen, Norheim, Bad Münster am Stein-Ebernburg		
Rote Böden auf Sandsteinen und Konglomeraten des Oberrotliegenden	Riesling Müller-Thurgau Scheurebe	abgerundete, ausgeglichene, saftige und blumige Weine mit feiner, anregender Säure
Typische Weinbauorte: Meddersheim, Monzingen, Weinsheim, Wallhausen		
Kiesböden auf Haupt- und Mittelterrassenschotter der Nahe und ihrer Zuflüsse	Silvaner Riesling Müller-Thurgau	leichte, fruchtige, elegante, ausgeglichene Weine mit früher Reife
Typische Weinbauorte: Hargesheim, Roxheim, Rüdesheim, Bad Kreuznach		
Böden auf Löß und tertiären Tonen und Sanden, überwiegend kalkhaltig	Müller-Thurgau Silvaner Riesling	milde, elegante, extraktreiche, zarte, feinblumige Weine
Typische Weinbauorte: Langenlonsheim, Windesheim, Bretzenheim, Guldental		

Klima

Die 500 bis 600 m hohen Bergketten des Hunsrücks bilden Barrieren für die Westwinde und damit die Regenwolken. Es fallen im Schnitt 520 mm Niederschläge im Jahr. Demgegenüber sind dank der geschützten Lage und der Höhenlage der Rebflächen von nur 100 bis 250 (300) m über NN die Temperaturen hoch. Wichtiger als die absoluten Werte jedoch ist die günstige Verteilung von Niederschlägen, Sonnenscheinstunden und Temperaturen auf die einzelnen Monate der Vegetationszeit. Hier liegt einer der Gründe dafür, weshalb die Naheweine so reich an geschmacklichen Feinheiten sind. Für Bad Kreuznach ergeben sich folgende Klimadaten:

Durchschnittstemperatur
    Jahr   9,7° C
    Vegetationszeit   14,6° C
Sonnenscheindauer
    Jahr   1542 Stunden
    Vegetationszeit   1206 Stunden
Niederschlagsmenge
    Jahr   520 mm
    Vegetationszeit   343 mm

Rebsorten und Art

Die Naheweine können als »Weine zwischen Mosel und Rheingau« angesprochen werden. Damit soll gesagt sein, daß gute Naheweine manche Geschmacksmerkmale typischer Moselweine aufweisen, nämlich die feine dezente Frucht, Eleganz und Frische, während sie andererseits mit Weinen des Rheingaus die größere Fülle und Abrundung gemeinsam haben.
Die Weine der oberen und mittleren Nahe zeigen mehr Ähnlichkeit mit Weinen der Mosel, während die Weine der unteren Nahe im allgemeinen den Weinen des Rheingaues ähnlicher sind.
Von den Gesteinsverwitterungsböden, insbesondere des Porphyrs und des Schiefers, kommen rassige, nervige Weine, unter denen die der Rebsorten Riesling, Müller-Thurgau, Scheurebe und neuerdings auch Faber und Kerner besonders typisch sind. Wo auf dem Ausgangsgestein Lehm- oder Konglomeratschichten lagern, kommt der für Gesteinsböden charakteristische Geschmack weniger klar oder überhaupt nicht zum Ausdruck.

Nahe

Auf den mehr tiefgründigen und mehr alkalischen Böden mit höherem Lehmanteil wachsen im Gegensatz zu den Gesteinsböden mildere und gefälligere Weine, insbesondere der Rebsorten Müller-Thurgau, Silvaner sowie neuerdings Kerner und Bacchus.

Die Winzer der Nahe wissen, daß die Vorzüge ihrer Weine in der Geschmacksrichtung der Rieslingweine liegen, also in der Frische, der feinen und dezenten Frucht sowie in der nachhaltigen, anregenden und die Bekömmlichkeit erhöhenden Fruchtsäure. Als Spezialitäten und zur Ergänzung des Angebots haben neben den Rebsorten mit Rieslingcharakter Varianten mit einer leichten Bukettnote durchaus ihre Bedeutung. Rebsorten, die Weine mit aufdringlichem Bukett liefern, passen nicht in die gewohnte und geschätzte Geschmacksrichtung der Naheweine.

Die Anteile der Hauptsorten betrugen in % der Gesamtrebfläche:

	1955	1965	1975	1976
Müller-Thurgau	10	26	31	31
Silvaner	54	40	28	24
Riesling	32	29	24	22

Von allen anderen Rebsorten hat bisher keine einen Anteil von 5% an der Gesamtfläche erreicht. Es dürften jedoch in den nächsten Jahren die Rebsorten Kerner, Ehrenfelser, Scheurebe, Bacchus und vielleicht auch noch einige andere, die hohe Mostgewichte und Weine der vom Nahewein erwarteten herzhaft-frischen Geschmacksrichtung bringen, diesen Anteil überschreiten.

Insgesamt befanden sich 1976 im Anbau:

	ha	%
Müller-Thurgau	1 384	31,0
Silvaner	1 087	24,3
Riesling	1 005	22,5
Scheurebe	210	4,7
Kerner	113	2,5
Ruländer	112	2,5
Bacchus	98	2,2
Faber	91	2,1
Morio-Muskat	59	1,3
Weißer Burgunder	56	1,3
Blauer Portugieser	37	0,8
Huxelrebe	32	0,7
Optima	24	0,5
Roter Traminer	22	0,5
Siegerrebe	20	0,5
Ortega	12	0,3
Blauer Spätburgunder	11	0,3
Perle	8	0,2
Ehrenfelser	6	0,2
Reichensteiner	4	0,1
Sonstige Neuzüchtungen	21	0,5

Alle Rebanlagen sind mit Pfropfreben und die meisten zudem mit Klonen, also wertvollen Selektionsreben bepflanzt. Die Erntemenge je ha liegt im Schnitt zwischen 70 und 110 hl Most.

Ebernburg mit Blick auf den Rotenfels.

Anbau

Die Reben wachsen im Nahegebiet fast ausnahmslos an Drahtrahmen, wobei heute eine Zeilen- oder Gassenbreite von 1,8 m vorherrscht. In älteren Rebanlagen sind Gassenbreiten von 1,5 bis 1,6 m anzutreffen. Diese »Normalerziehung«, bei der ein jährlicher Arbeitsaufwand von 800 bis 1 200 Stunden je ha erforderlich ist, herrscht bei weitem vor. Demgegenüber haben sich Weitraumanlagen, die bei Gassenbreiten von 2,8 bis 3,2 m nur 600 bis 800 Arbeitsstunden je ha und Jahr beanspruchen, nur vereinzelt in Flachlagen durchsetzen können.

In den Normalanlagen sind die Flachbogen- und die Halbbogenerziehung üblich. Die Zahl der Augen beträgt im Schnitt 10 je m^2.

Erzeugung

Typisch für den Weinbau im Nahegebiet waren früher noch weit mehr als heute landwirtschaftlich-weinbauliche Gemischtbetriebe. Nachdem, insbesondere in den letzten drei Jahrzehnten, im Nahegebiet große Anstrengungen unternommen worden waren, alle Möglichkeiten

Weinberge an der Nahe bei Niederhausen und Oberhausen.

zur Erzeugung qualitativ guter und gebietstypischer Weine zu nutzen, wurde die Nahe als Weinbaugebiet zunehmend bekannt. Dem Anwachsen der Nachfrage folgte die Ausdehnung der Ertrags-Rebfläche von 1 946 ha im Jahre 1950 auf 4 300 ha im Jahre 1975. Innerbetrieblich verlagerte sich dementsprechend der Schwerpunkt der landwirtschaftlich-weinbaulichen Gemischtbetriebe immer stärker zum Weinbau hin. Allerdings ist auch heute der landwirtschaftliche Anteil in den Betrieben noch beträchtlich. Aus arbeitswirtschaftlichen Gründen wird er jedoch im Gegensatz zu früher heute meist extensiv, vor allem viehlos, bewirtschaftet. Auch ist die Zahl derjenigen Betriebe angewachsen, die zugunsten des Weinbaues die Landwirtschaft völlig aufgegeben haben. Wenn auch die Zahl der Betriebe mit kleinem und kleinstem Rebflächenanteil vorherrscht, so ist für das Nahegebiet dennoch nicht der Nebenerwerbsbetrieb typisch, sondern der weinbauliche Vollerwerbsbetrieb als Familienbetrieb.

Ein solcher Familienbetrieb bewirtschaftet bei Traubenverkauf 6 bis 8 ha, bei Faßweinverkauf 5 bis 7 ha und bei Direktvermarktung über die Flasche etwa 3 bis 5 ha Rebfläche. Nur rund 30 Betriebe im gesamten Nahegebiet bearbeiten mehr als 10 und nur 20 Betriebe über 20 ha Rebfläche.

Von den rund 4 500 landwirtschaftlichen Betrieben im Kreis Kreuznach betreiben 3 507 Weinbau. Davon haben

Anzahl der Betriebe	Rebfläche in ha
1 451	unter 0,5
679	0,5 – 1
645	1 – 2
322	2 – 3
283	3 – 5
127	über 5
3 507	

Früher waren die Großbetriebe in der Bewirtschaftung der Weinberge und im Ausbau der Weine die Schrittmacher. Heute erfolgt auch in den mittleren und kleineren Weinbaubetrieben die Bewirtschaftung nach neuzeitlichen Gesichtspunkten. Auch die Familienbetriebe sind längst dazu übergegangen, hochwertiges Rebenpflanzgut zu verwenden und in der Bewirtschaftung alle Maschinen und Geräte einzusetzen, die früher allein den größeren Betrieben vorbehalten waren. Heute besucht zudem jeder künftige Leiter eines Vollerwerbsbetriebes außer der Berufsschule auch die weinbauliche Fachschule, oft die Technikerschule, bisweilen sogar die Fachhochschule. Hierdurch wird er so gut ausgebildet, daß er in der Lage ist, die Trauben, Moste und Weine ebenso gut zu behandeln wie erheblich größere Betriebe. Dies wird durch hervorragende Ergebnisse, die kleinere Betriebe bei Regionalprämierungen und auch der DLG-Bundesweinprämierung erzielen, bestätigt.

Der Gefahr der Übermechanisierung und damit der Verschuldung solcher Familienbetriebe wird durch den Maschinenring Rheinhessen-Nahe begegnet. Mit seiner Hilfe kann der Weinbauer Maschinen und Geräte einsetzen, ohne sie kaufen zu müssen. Bei bargeldloser Verrechnung läßt er in seinem Betrieb Maschinen anderer dem Ring angeschlossener Betriebe arbeiten. Wo im eigenen Betrieb eine Überkapazität besteht, kann diese durch vergütete Arbeitsleistungen in anderen Betrieben abgebaut werden. Der Maschinenring vermittelt Maschinen für die Außen- wie auch für die Kellerwirtschaft.

Erzeugergemeinschaften bestehen bei der Zentralkellerei der Nahewinzer, Bad

Nahe

Weinlagen im Schnee am Rotenfels.

Kreuznach, als Genossenschaft, und bei der Firma Ferdinand Pieroth, Weingut-Weinkellerei GmbH., Burg Layen bei Bingen. Die Kooperation innerhalb dieser Erzeugergemeinschaften beschränkt sich nicht nur auf mengenmäßige Liefer- und Abnahmevereinbarungen, sondern sie erstreckt sich auch auf Fragen der Weinbergsbewirtschaftung und damit auf eine marktgerechte Erzeugung.

Absatz

40% des Naheweines werden von den Weingütern und Winzern als Flaschenweine direkt vermarktet, 36% werden als Faßweine über verschiedene Wege (nicht nur über den Weinhandel) und 20% über Winzergenossenschaften vermarktet, 4% werden als Tafeltrauben verkauft. Je nach Bereichen und Großlagen sind die Vermarktungsanteile etwas verschieden.
Die Ursachen für die verschieden hohen Vermarktungsanteile sind in den speziellen Interessen und Schwerpunkten größerer Unternehmen des Weinhandels sowie der Genossenschaften, im Bekanntheitsgrad bestimmter Großlagen in bestimmten Absatzgebieten und in günstigen Verkehrsverbindungen zu suchen.
Es gibt im Nahegebiet 51 Weinhandelskellereien mit Umsätzen unter 1 Million, 5 Firmen mit Umsätzen bis 3 Millionen und 4 Firmen mit Umsätzen über 3 Millionen DM jährlich. Der Weinhandel ist stark mit dem Weinbau verbunden; fast alle Weinhandelsbetriebe bewirtschaften eigenes Rebgelände. Die Weinhandelsbetriebe sind im Verband der Weinkellereien an der Nahe, Planiger Straße 154, 6550 Bad Kreuznach, organisiert. Von den Großkellereien vermarktet die Firma Ferdinand Pieroth, Burg Layen, als einzige ihre Weine ausschließlich direkt an den Verbraucher.
Bereits um 1898 kam es zur Gründung der ersten beiden örtlichen Winzervereine in Langenlonsheim und Niederhausen. Bis 1935 folgten in allen bedeutenden Weinbaugemeinden Winzergenossenschaften, insgesamt 19. Im Zuge der Intensivierung des Weinbaues kam es in den 30er Jahren zu Absatzschwierigkeiten. Zur Verbesserung des Absatzes wurde 1935 eine Gebiets-Winzergenossenschaft mit Sitz in Bad Kreuznach gegründet, eine der ältesten Gebiets-Winzergenossenschaften in Deutschland überhaupt. Sie übernahm zunehmend die Funktion einer Zentrale. Diese Entwicklung, die durch die Kriegsjahre unterbrochen wurde, setzte sich verstärkt in den 50er und 60er Jahren fort, so daß heute neben der Zentralkellerei der Nahe-Winzer e. G., Bad Kreuznach, nur noch zwei örtliche Winzervereine selbständig tätig sind. Die Genossenschaften vermarkten heute etwa 22% der Weinerzeugung an der Nahe. 1 070 Winzer mit 1 034 ha Rebfläche gehören einer Winzergenossenschaft an. Demnach bewirtschaftet ein Genossenschaftsmitglied im Schnitt etwa 1 ha Rebfläche. Die Hauptabnehmergruppe sind der Weinfachhandel (32%) und der Lebensmittelgroß- und -einzelhandel (55%); Gaststätten und Letztverbraucher sind am Gesamtumsatz mit 13% beteiligt.

Weinreise

Es besteht eine ehrenamtlich geführte Gebietsweinwerbung »Weinland Nahe e. V.«, Kornmarkt 6, 6550 Bad Kreuznach, der 300 Mitglieder angehören. Die »Naheweinstraße« (130 km Länge) führt durch viele bekannte Weinorte, sie hat nach Fertigstellung der linksrheinischen Autobahn (1975) an Anziehungskraft gewonnen.

Neben vielen Weinfesten in den Winzergemeinden gibt es alljährlich an zwei Wochenenden im August/September das Naheweinstraßenfest und Ende August den Jahrmarkt in Bad Kreuznach. Für den Nahewein werben ein eigenes Emblem und ein Siegel. Es gibt einen »Weinorden an der Nahe e. V.« mit Sitz in Bad Kreuznach.

Wer das Weinbaugebiet Nahe nur einen Tag lang besuchen kann, sollte sich einen Betrieb oder deren zwei ansehen, die »Bastei« auf dem Rotenfels besuchen und entweder Bad Kreuznach oder Bad Münster am Stein-Ebernburg etwas näher kennenlernen.

Wer ein weinkulturelles Objekt in das Besichtigungsprogramm einbeziehen will, besuche das Bad Kreuznacher Museum in der Kreuzstraße (mit einer Sammlung von Weingläsern) oder das ebenfalls sehenswerte Weinkabinett in Burg Layen bei Bingerbrück.

Ein gebietstypisches Weinglas der Nahe ist das becherförmige, 0,2 l fassende »Remischen« (Remis-chen gesprochen). Die Entstehung des Namens dieses Glases, das an der Nahe bereits im vorigen Jahrhundert bekannt war, ist ungeklärt. Vielleicht kommt der Name von »Remise« = Wagenschuppen, in dem die Pferdeknechte und Reiter sich rasch zwischendurch ein kleines Glas Wein genehmigten.

Es gibt in zahlreichen Ortschaften Weinprobierstände, die in den Frühjahrs-, Sommer- und Herbstmonaten vor allem sonntags geöffnet sind. Außer Gaststätten gibt es Straußwirtschaften, auch Besenwirtschaften genannt, die durch Heraushängen eines Straußes oder Besens kenntlich gemacht sind. Durch Landesverordnung von 1971 ist es hauptberuflichen Winzern erlaubt, selbsterzeugte Weine längstens 4 Monate hintereinander oder in 2 Zeitabschnitten auszuschenken.

In etwa 30 kleineren, mittleren und größeren Weinbaubetrieben, Weinhandelsbetrieben und Genossenschaften sind Besichtigungen mit fachlichen Erläuterungen sowie mit Weinproben möglich. Für die Weinproben wird ein Betrag erhoben, der sich nach dem Umfang der Probe und den gewünschten Qualitätsgruppen richtet. (Bei Proben von 3 bis 6 Weinen zwischen DM 2,– und 6,–, bei Spitzenweinen mehr.) Die Führungen durch Weinberge, Betriebe und Weinkeller mit Probe finden meist montags bis freitags, gelegentlich auch samstags, statt. Kleinere Betriebe können Gruppen zwischen 5 und 30, größere Betriebe solche bis zu 100 Personen aufnehmen. Von der Möglichkeit dieser Führungen wird in wachsendem Umfang bei Betriebsausflügen und Vereinsfahrten Gebrauch gemacht. Die günstigen Autobahnverbindungen zur Nahe ermöglichen meist die Hin- und Rückfahrt am gleichen Tag.

Typische Gerichte des Weinbaugebietes Nahe sind Idar-Obersteiner Spießbraten (Bratenstücke mit rohen Zwiebeln, Salz, Kräutern, Gewürzen über dem Holzkohlenfeuer gebraten) und Spansau mit Füllselkartoffeln. (Die Spansau wird mit Pfeffer, Salz und Thymian gewürzt und im Backofen bei 180° braun und knusprig gebraten. Man rechnet pro Person 1 Pfund Fleisch. Die Füllselkartoffeln bestehen aus Pellkartoffeln, Leber, Schweinemett und Hausmacher-Leberwurst, gewürzt mit Pfeffer, Salz, Majoran und Muskat.)

Die Lagen

2 Bereiche
7 Großlagen
80 Gemarkungen (Orte, Ortsteile)
321 Einzellagen (In Klammern Ortsteile, die auf dem Etikett erscheinen.)

Bereich Kreuznach

I Großlage Schloßkapelle

Bingen-Bingerbrück
1 Hildegardisbrünnchen

2 (Weiler) Klostergarten
3 (Weiler) Abtei Ruppertsberg
4 (Weiler) Römerberg

Munster-Sarmsheim
4 Römerberg
5 Rheinberg
6 Kapellenberg
7 Dautenpflänzer
8 Trollberg
9 Pittersberg
10 Liebehöll
11 Steinkopf
12 Königsschloß

Rümmelsheim
13 Steinköpfchen

14 (Burg Layen) Schloßberg
15 (Burg Layen) Hölle
16 (Burg Layen) Rothenberg
17 (Burg Layen) Johannisberg

Waldlaubersheim
18 Domberg
19 Bingerweg
20 Alteburg
21 Hörnchen
22 Lieseberg
23 Otterberg

Genheim
24 Rossel

Eckenroth
25 Felsenberg
26 Hölle

Schweppenhausen
27 Steyerberg
28 Schloßgarten

Windesheim
29 Saukopf

30 Sonnenmorgen
31 Hölle
32 Rosenberg
33 Preiselberg
34 Hausgiebel
35 Schäfchen

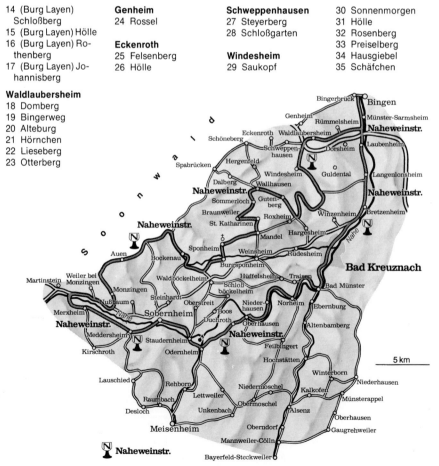

Schlepperverkehr zwischen Weinbergen. Der Neckar bei Kirchheim im Kreis Ludwigsburg. ▷

Nahe

36 Römerberg
37 Fels

Guldental
38 Apostelberg
39 Honigberg
40 St. Martin
41 Sonnenberg
42 Teufelsküche
43 Hölle
44 Hipperich
45 Rosenteich

Dorsheim
46 Burgberg
47 Honigberg
48 Goldloch
49 Pittermännchen
50 Klosterpfad
51 Laurenziweg
52 Jungbrunnen
53 Nixenberg
54 Trollberg

Laubenheim
55 Vogelsang
56 Karthäuser
57 St. Remigiusberg
58 Fuchsen
59 Junker
60 Hörnchen
61 Krone

Warmsroth
einzellagenfrei

Wald-Erbach
einzellagenfrei

II Großlage Sonnenborn

Langenlonsheim
62 Löhrer Berg
63 Bergborn
64 Lauerweg
65 Königsschild
66 Rothenberg
67 Steinchen
68 St. Antoniusweg

III Großlage Pfarrgarten

Schöneberg
69 Schäfersberg
70 Sonnenberg

Spabrücken
71 Höll

Dalberg
72 Schloßberg
73 Ritterhölle
74 Sonnenberg

Hergenfeld
75 Mönchberg
76 Sonnenberg
77 Herrschaftsgarten

Wallhausen
78 Felseneck
79 Hörnchen
80 Mühlenberg
81 Johannisberg
82 Kirschheck
83 Höllenpfad

84 Hasensprung
85 Pastorenberg
86 Backöfchen
87 Sonnenweg
88 Laurentiusberg

Sommerloch
89 Birkenberg
90 Steinrossel
91 Sonnenberg
92 Ratsgrund

Gutenberg
93 St. Ruppertsberg
94 Römerberg
95 Schloßberg
96 Schloß Gutenburg
97 Sonnenlauf
98 Felseneck

IV Großlage Kronenberg

Bad Kreuznach
99 Höllenbrand
100 Galgenberg
101 Tilgesbrunnen
102 Rosenberg
103 Kauzenberg Oranienberg
104 Kauzenberg-Rosenhügel
105 Kauzenberg in den Mauern
106 Osterhöll
107 Hofgarten
108 Kahlenberg
109 Steinweg
110 Mollenbrunnen
111 Hinkelstein
112 Forst
113 Vogelsang
114 Monhard
115 Kapellenpfad
116 Krötenpfuhl
117 Brückes
118 St. Martin
119 Breitenweg
120 Gutental
121 Mönchberg
122 Narrenkappe
123 Steinberg
124 Hungriger Wolf
125 In den 17 Morgen
126 Honigberg
127 Berg
128 Rosenheck
129 Himmelgarten
130 Junker
131 Römerhalde
132 Katzenhölle
133 Hirtenhain
134 Nonnengarten
135 Paradies

Bretzenheim
136 Felsenköpfchen
137 Vogelsang
138 Hofgut
139 Pastorei
140 Schloßgarten

Hargesheim
141 Straußberg
142 Mollenbrunnen

Bereich Schloß Böckelheim

V Großlage Rosengarten

Braunweiler
143 Michaeliskapelle
144 Wetterkreuz
145 Helenenpfad
146 Schloßberg

St. Katharinen
147 Fels
148 Klostergarten
149 Steinkreuz

Mandel
150 Alte Römerstraße
151 Schloßberg
152 Dellchen
153 Palmengarten
154 Becherbrunnen

Roxheim
155 Berg
156 Hüttenberg
157 Sonnenberg
158 Höllenpfad
159 Mühlenberg
160 Birkenberg

Rüdesheim
161 Wiesberg
162 Goldgrube

Weinsheim
163 Katergrube
164 Kellerberg
165 Steinkraut

Sponheim
166 Mühlberg
167 Abtei
168 Grafenberg
169 Klostergarten

Burgsponheim
170 Schloßberg
171 Höllenpfad
172 Pfaffenberg

Bockenau
173 Geisberg
174 Stromberg
175 Im Neuberg
176 Im Felseneck

Hüffelsheim
177 Mönchberg
178 Steyer
179 Gutenhölle

VI Großlage Paradiesgarten

Auen
180 Kaulenberg
181 Römerstich

Martinstein
182 Schloßberg

Weiler bei Monzingen
183 Herrenzehntel
184 Heiligenberg

Merxheim
185 Vogelsang
186 Römerberg
187 Hunolsteiner

Monzingen
188 Frühlingsplätzchen
189 Rosenberg
190 Halenberg

Nußbaum
191 Sonnenberg
192 Höllenberg
193 Rotfeld

Kirschroth
194 Wildgrafenberg
195 Lump

Meddersheim
196 Liebfrauenberg
197 Rheingrafenberg
198 Präsent
199 Altenberg
200 Edelberg

Lauschied
201 Edelberg

Sobernheim
202 Marbach
203 Domberg

Sobernheim-Steinhardt
204 Spitalberg

Waldböckelheim
205 (Steinhardt) Johannisberg
206 Kastell

Oberstreit
207 Auf dem Zimmerberg

Boos
206 Kastell
208 Herrenberg

Staudernheim
208 Herrenberg
209 Goldgrube

Odernheim
210 Kloster Disibodenberg
211 Hessweg
212 Montfort
213 Weinsack
214 Kapellenberg

Rehborn
215 Herrenberg
216 Schikanenbuckel
217 Hahn

Raumbach
218 Schwalbennest
219 Schloßberg
220 Allenberg

Desloch
221 Vor der Hölle
222 Hengstberg

Meisenheim
223 Obere Heimbach

Lettweiler
224 Rheingasse
225 Inkelhöll

Unkenbach
226 Würzhölle
227 Römerpfad

Obermoschel
228 Sonnenplätzchen
229 Schloßberg
230 Langhölle
231 Geißenkopf
232 Silberberg

Niedermoschel
231 Geißenkopf
232 Silberberg
233 Hahnhölle
234 Layenberg

Feilbingert
235 Feuerberg
236 Königsgarten
237 Bocksberg
238 Kahlenberg
239 Höchstes Kreuz

Hochstätten
240 Liebesbrunnen

Kalkofen
241 Graukatz

Alsenz
242 Elkersberg
243 Pfaffenpfad
244 Falkenberg
245 Hölle

Oberndorf
246 Weißenstein
247 Feuersteinrossel
248 Aspenberg
249 Beutelstein

Mannweiler-Cölln
246 Weißenstein
250 Schloß Randeck
251 Seidenberg
252 Rosenberg

Bayerfeld-Steckweiler
253 Adelsberg
254 Schloß Stolzenberg
255 Aspenberg
256 Mittelberg

Gaugrehweiler
257 Graukatz

Oberhausen a. d. Appel
257 Graukatz

Münsterappel
257 Graukatz

Niederhausen a. d. Appel
257 Graukatz

Winterborn
258 Graukatz

VII Großlage Burgweg

Altenbamberg
259 Laurentiusberg
260 Treuenfels
261 Kehrenberg
262 Schloßberg
263 Rotenberg

Bad Münster-Ebernburg
264 Schloßberg
265 Erzgruppe
266 Köhler-Köpfchen
267 Stephansberg
268 Feuerberg
269 Luisengarten
270 Götzenfels
271 Königsgarten
272 Steigerdell
273 Höll
274 Rotenfelser im Winkel
275 Felseneck

Traisen
276 Bastei
277 Kickelskopf
278 Rotenfels
279 Nonnengarten

Norheim
280 Götzenfels
281 Sonnenberg
282 Onkelchen
283 Oberberg
284 Kirschheck
285 Dellchen
286 Klosterberg
287 Kafels

Niederhausen
288 Pfingstweide
289 Felsensteyer
290 Rosenberg
291 Rosenheck
292 Pfaffenstein
293 Steinwingert
294 Stollenberg
295 Kertz
296 Klamm
297 Hermannshöhle
298 Hermannsberg
299 Steinberg

Schloßböckelheim
300 Kupfergrube
301 Felsenberg
302 Mühlberg
303 In den Felsen
304 Heimberg
305 Königsfels

Waldböckelheim
306 Mühlberg
307 Muckerhölle
308 Kirchberg
309 Römerberg
310 Hamm
311 Kronenfels
312 Drachenbrunnen
313 Marienpforter Klosterberg

Oberhausen
314 Felsenberg
315 Kieselberg
316 Leistenberg
317 Rothenberg

Duchroth
317 Rothenberg
314 Felsenberg
318 Königsfels
319 Kaiserberg
320 Vogelschlag
321 Feuerberg

◁ Sommer im Markgräflerland bei Britzingen.

Josef Staab
Rheingau

Reisende Gelehrte geistlichen Standes schrieben am 19. August 1660 in einem Brief, sie kämen jetzt »ins Rheingau, das heißt ins Rheinische Paradies, von dem der Nuntius Caraffa gesagt habe, er wolle auf den Römischen Pontifikat verzichten, wenn ihm die Herrschaft über das Rheingau gegeben würde«.

Landschaft

Der Rheingau liegt am westlichen Rand des Rhein-Main-Ballungsraumes. Im Osten tangiert ihn die Autobahn Köln – Darmstadt; mit 2 Zubringern stößt sie bis Walluf in ihn vor. Über die Fähre Bingen – Rüdesheim sind die linksrheinische Autobahn und die B 9 gut zu erreichen. Das Gebiet selbst wird erschlossen durch die Bundesstraßen 40 und 42. Nach Süden grenzen der Rhein auf seinem kurzen Ost-West-Lauf von Mainz bis Rüdesheim und die Mainmündung den Rheingau ab, nach Norden der Taunus mit dem Rheingaugebirge.

Auch hier hat sich gerade in unserer Generation manches geändert: Die Siedlungen nehmen einen breiteren Raum ein, die Flurbereinigung gestaltet die Reblandschaft um, wie seit der Rodungsbewegung im 11. und 12. Jahrhundert auch nicht annähernd mehr. Sie ist großräumiger geworden, auch durch den EG-bedingten Rückgang von Landwirtschaft, Obst- und Gartenbau. Aber man hat nicht »Berge versetzt«, keine reine Produktionslandschaft geschaffen. Geblieben ist die Staffelung des von der alten geistlichen und weltlichen Metropole Mainz aus nach Nordwesten wie ein Amphitheater sich aufbauenden »Lustgartens der Natur« (Kleist): unten Rhein und Main mit den Auen und der abwechslungsreich besiedelten Uferzone, höher ansteigend die weinbaulich genutzte und geordnete Hangzone mit eingestreuten Weinorten und schließlich der das Ganze bekrönende Wald.

Sanft verfließend an der Mainmündung im Raume Hochheim, sich steigernd und dem Strom immer enger verbunden von Wiesbaden bis Rüdesheim und weiter nordwestlich bis Lorchhausen einmündend in die dramatische Landschaft der mittelrheinischen Wein- und Burgenromantik, entspricht der Rheingau doch insgesamt der unübertroffenen Goethe'schen Charakterisierung von den »gestreckten Hügeln, hochgesegneten Gebreiten, weingeschmückten Landesweiten«.

Den ehemals 20 Weinorten des Rheingaues (Lorchhausen, Lorch, Assmannshausen, Aulhausen, Rüdesheim, Eibingen, Geisenheim, Johannisberg, Winkel, Mittelheim, Oestrich, Hallgarten, Hattenheim, Erbach, Eltville, Kiedrich, Rauenthal, Martinsthal, Ober- und Niederwalluf) folgt die Stadt Wiesbaden, die in ihren Stadtteilen Schierstein, Frauenstein und Dotzheim Rheingauer Wein erzeugt. Mainz-Kostheim leitet über zu Hochheim, das in der englischen Abkürzung »Hock« seit drei Jahrhunderten für Rheinwein steht, und zum östlichen Ausklang Rheingauer Lagen in Wicker und Flörsheim. (Zwei Exklaven sind dem Rheingau nur weinrechtlich angegliedert: der Lohrberger Hang in Frankfurt und der Böddiger Berg im Landkreis Melsungen, südlich von Kassel.)

Geschichte

Römischen Weinbau im Umfang unserer südlicheren Nachbargebiete gab es hier nicht. Ohnehin wurde er erst nach dem Bau des Limes am Ende des 1. nachchristlichen Jahrhunderts möglich. Spärliche Funde – ein Rebmesser in Rüdesheim und Gerätschaften in Wicker – zeugen nur von schüchternen Anfängen, denen die Völkerwanderung ein Ende setzte. Erst die karolingische Epoche schuf einen neuen Beginn: 779 werden Weinberge in Walluf genannt, 817 am Elsterbach (Johannisberg-Winkel).

Der schon 772 urkundlich genannte Rheingau und der Hochheimer Raum verblieben bis zur Säkularisation 1802/03 der Kirche von Mainz. 1074 erging der erzbischöfliche Befehl zur Rodung des Rüdesheimer Berges; derselben Maßnahme verdankt der Rauenthaler Berg Existenz und Ruhm. Für die Rodungsarbeit rang man dem geistlichen Landesherrn Zugeständnisse finanzieller und rechtlicher Art ab, vor allem die Bewahrung und Festigung der aus den Königszeiten des Landes herrührenden berühmten Rheingauer Freiheit: Die Rheingauer Winzer in ihren Dörfern – nur Eltville ist seit 1332 Stadt – waren mit stadtähnlichen Rechten ausgestattete Bürger, keine Leibeigenen.

Muster- und Lehrwirtschaften für ihre Umgebung wurden die 12 im Lande liegenden Klöster, vor allem das um 1100 als erstes von Mainzer Benediktinern gegründete Johannisberg und die von Clairvaux aus 1135 errichtete Abtei Eberbach der Zisterzienser. Getreu dem Programm ihres Ordens, das benediktinische »ora et labora« im ursprünglichen Sinne zu erneuern – Arbeit verstanden als Kultivierung brachliegenden Landes – rodeten sie nicht nur ihren berühmten Steinberg, sondern einen Morgen nach dem anderen in der engeren und weiteren Umgebung, so daß sie um das Jahr 1500 unter 25 000 Morgen Grundbesitz an die 600 Morgen Weinberge allein im Rheingau besaßen. Selektion des Pflanzgutes hielt die Erträge in bemerkenswerter Höhe konstant, und eine fortschrittliche Kellerwirtschaft gipfelte im Bau des großen Fasses von 1499, von einem humanistischen Dichter als 8. Weltwunder besungen. Vom Stapelplatz ihrer Weine im Hof Reichhartshausen übernahm eine eigene Flotte auf dem Rhein den Transport von der Verladung am Oestricher Kran bis nach Köln, wo die Servatiuspforte Umschlagplatz für den niederrheinischen Raum und für die Weitervermarktung durch die Hanse war. Zollbefreiung garantierte niedrige Spesen und ein konkurrenzloses Angebot. Gegen Ende der Klosterzeit schließlich tauchte in Eberbach im Jahre 1736 zum erstenmal der Begriff »Cabinetkeller« auf, weiterentwickelt ab 1779 durch Weinverkäufe des Klosters Johannisberg unter der Bezeichnung »Cabinets-Wein« – heute nach einigen zum Teil schmerzlichen Entwicklungsstadien als »Kabinett« fester Bestandteil des deutschen Weinrechtes.

Kloster Johannisberg, im 18. Jahrhundert Domäne und Schloß der Fürstäbte von Fulda, sorgte für den ehrenvollen Ausklang der geistlichen Geschichte des Rheingaues vor allem durch das »epochale, das Johannisberger Ereignis, das in der Chronik der Weinkultur mit goldenen Lettern verzeichnet zu werden verdient«

Rheingau

(K. Christoffel), die Entdeckung der Edelfäule und der Spätlese im Jahre 1775. Die Freiheit der Winzerbevölkerung und das Beispiel dieser Klöster waren nach Bassermann-Jordan die Ursachen, daß nur im Rheingau diese qualitätsbezogene Entwicklung möglich war. Ausbildung und Impulse vermitteln dem Winzernachwuchs heute die Weinbauschule mit Weinbauamt in Eltville (gegründet 1923) und, mit internationaler Ausstrahlung, die 1872 begonnene Lehre und Forschung in Geisenheim.

Standorte

Die Rheingauer Lagen sind im wesentlichen »schleppergängig« mit rund 50% Hanglagen und rund 25% Flachlagen in der Uferzone von Rhein und Main. Steillagen finden sich – von wenigen Ausnahmen abgesehen – fast ausschließlich von Rüdesheim bis Lorchhausen; sie sind Seilzuglagen. Neun Jahrhunderte lang bestimmte hier die sehr enge Terrassierung das bizarr und fast architektonisch wirkende Landschaftsbild; die Flurbereinigung schuf in Verbindung mit dem neu angelegten Wegenetz größere und der mechanischen Bearbeitung erschlossene Flächen, die einen zunächst ungewohnten, weiträumigen und ruhigeren Gesamteindruck machen.

Boden

Die Weinbergsböden, zwischen 80 und 220 m über NN ausgebreitet, bieten – entsprechend ihrer geologischen Herkunft aus einem tertiären Meer mit seinen Ablagerungen, aus den Erosionen des Rheindurchbruchs und der zahlreichen Bäche und schließlich infolge östlicher Winderosion – eine bunte Palette: im oberen Rheingau teilweise Kies und Sand, aber auch lehmige bis tonige Böden und öfter Mergel, zum Teil überdeckt von Löß; im unteren Rheingau Übergang zu Quarzit, Sandstein, Schiefer beziehungsweise Tonschiefer.

Klima

Eine weinbaulich markante Linie, der cum grano salis als Nordgrenze bezeichnete 50. Breitengrad, ist unterhalb der Schloßterrasse von Johannisberg sichtbar markiert. In dieser »nördlichen Breite« schafft der bis zu 1 km seenartig verbreiterte Rhein mit seiner wärmenden und reflektierenden Wasserfläche ein ideales Klima. Nicht zu vergessen ist der bis 620 m hoch ansteigende Wald des Rheingaugebirges mit seiner die Weinbauzone geschlossen abschirmenden Schutzfunktion.

Für Geisenheim ergeben sich:

Durchschnittstemperatur
    Jahr   9,9° C
    Vegetationszeit   14,7° C
Sonnenscheindauer
    Jahr   1643 Stunden
    Vegetationszeit   1316 Stunden
Niederschlagsmenge
    Jahr   536 mm
    Vegetationszeit   343 mm

Rebsorten

Der Rheingau ist vom Riesling geprägt. Nach Meinung vieler Ampelographen stammt er aus diesem Gebiet. Der urkundliche Befund scheint das zu bestätigen, denn sein erstes Auftreten ist für Rüsselsheim am Main für das Jahr 1435 gesichert. Das gegenüberliegende Flörsheim war bis zum Anfang des 19. Jahrhunderts bevorzugter Lieferant für Rieslingpflanzreben, besonders seit dem Ankauf des Klosters Johannisberg durch die

Rebsorten in ha bestockter Fläche

Sorten	1954	1965	1975
Weißer Riesling	1562	2386	2159
Müller-Thurgau	271	366	295
Grüner Silvaner	480	234	137
Ruländer		14	25
Ehrenfelser			47
Gewürztraminer		7	15
Kerner			19
Scheurebe		6	11
sonstige weiße Sorten	9	17	64
weiße Rebsorten insgesamt	2322	3030	2772
Blauer Spätburgunder	41	47	56
Portugieser	8	5	5
sonstige rote Sorten	6	10	9
rote Rebsorten insgesamt	55	62	70
insgesamt	2377	3092	2842

Abtei Fulda. Fürstabt Constantin von Buttlar hat ab 1716 den ganzen Johannisberg neu bepflanzen lassen, überwiegend mit Rieslingreben, die in Rüdesheim, Erbach und Flörsheim gekauft wurden. Dieses Beispiel eines sortenreinen Anbaues machte Schule, noch immer zu belegen durch die Doppelbezeichnung »Riesling-Johannisberg« im nord- und südamerikanischen Weinbau.

Der malerische Weinort Hattenheim.

Historische Fassade des Hattenheimer Rathauses.

Heute baut der Rheingau zu 76,7% Riesling an, selbstverständlich ertragstreue und qualitätsbezogene Klone und schon in der 2. Pflanzgeneration als Pfropfreben. Diese Entwicklung ist um so höher zu bewerten, wenn man bedenkt, daß 1930 der Rieslinganteil nur 57% betrug (infolge von Degenerationserscheinungen) und der heute hier mit 4,9% praktisch bedeutungslose Silvaner einen Anteil von 30% beanspruchte.

Anbau

Bis in die 20er Jahre herrschte die Pfahlerziehung, dann ging man rasch zur Drahtanlage mit der »klassischen Rheingauer Erziehung« über: Stammhöhe 30 bis 60 cm, 1 bis 2 Gertdrähte, 4 bewegliche oder 1 fester und 2 bewegliche Heftdrähte;

Stadtansicht von Rüdesheim.

Zeilen- und Stockabstand 1,2 bis 1,4 m. Im Zuge der fortschreitenden Mechanisierung folgte der Übergang zu weiträumigen Anlagen von 2 bis 2,6 m Zeilenbreite, wobei das Schema nach Lenz Moser nur in einer Übergangsphase auftrat. Mit einem Anschnitt von in der Regel 2 Bogreben pro Stock und 12 Augen pro m^2 werden – bezogen auf den hohen Rieslinganteil und das relativ trockene Gebiet – bemerkenswerte Erträge von 75 bis 80 hl/ha erzielt.

Art

Die Rheingauer Rieslingweine präsentieren sich, bedingt durch Boden und Klima, in einer nuancenreichen Geschmacksskala: die ätherischen, fast spritzigen im Lorcher Raum, die blumigen, oft von besonderer Eigenart geprägten im Umkreis von Hochheim, die fülligen, nachhaltigen und saftigen des oberen Rheingaues, die rassigen, eleganten der Hanglagen des mittleren Rheingaues, alle variiert durch das Jahrgangsklima und auch heute noch dankbar für den Ausbau im Stück- oder Halbstückfaß, geschmacklich vollendet oft erst nach mehrjährigem Flaschenlager.

Dem Riesling folgen der 1882 in Geisenheim gezüchtete Müller-Thurgau und natürlich auch Neuzüchtungen, die man als Ergänzungssorten testet und schätzt. Eine besondere Erwähnung verdient das »rote I-Tüpfelchen« auf der alliterierenden Gleichsetzung Rheingau = Riesling: der Spätburgunder. 1470 ist sein Anbau in Hattenheim bezeugt, und es liegt nahe, daß die in dieser Gemarkung wirkenden Zisterzienser von Eberbach die Sorte aus der burgundischen Heimat ihres Ordens mitgebracht haben. Wegen der besonderen Bodeneignung – violetter Phyllitschiefer – ist seit 1507 Assmannshausen der Kristallisationspunkt seines Anbaues, heute mit rund 40 ha; im ganzen Rheingau sind es etwa 2% der Fläche. Vergleiche mit dem Chambertin sind wiederholt angestellt worden, und einer seiner begei-

Rheingau

sterter Anhänger war Bismarck. Auch seine weiße Kelterung wird mehr und mehr gepflegt, seit Domänendirektor A. Czéh 1917 eine sagenhafte Spätburgunder-Rotweiß-Edelbeerenauslese präsentierte.

Erzeugung und Absatz

Die geistliche Vergangenheit des Rheingaues ist immer noch gegenwärtig in den Weingütern der Familien, die jahrhundertelang Erzbischöfe und Hofadel in Mainz stellten. Die Staatsweingüter und Schloß Johannisberg sind die Erben des Klosterweinbaues. Der Stolz auf die unternehmerische Freiheit und Selbständigkeit spiegelt sich in dem unverhältnismäßig großen Anteil selbstmarktender Familienbetriebe. Auch die Genossenschaften zeigen individualistische Züge, wenn ihrer 14 mit 1400 Winzern 524 ha bewirtschaften und vermarkten (teilweise durch eigene Versteigerungen), zögernd ab 1959 zusammengefaßt in der Rheingauer Gebietswinzergenossenschaft in Eltville (die schon 1787 gefordert worden war).

Struktur der Weinbaubetriebe

Betriebsgröße	1895 Anzahl	%	1971 Anzahl	%
bis zu 1 ha	2623	86,1	1407	71,6
1–5 ha	372	12,1	489	24,8
über 5 ha	51	1,7	71	3,6
insgesamt	3046		1967	
davon hauptberuflich			395	20,0

1973 wurde der Maschinenring Rheingau gegründet, dem zur Zeit 70 Betriebe angeschlossen sind, darunter eine stationäre Abfüllanlage.

Beachtlich ist der Export Rheingauer Weine, seit 1828 forciert durch Fürst Metternich und heute die Welt umspannend von den USA bis Japan. Handel und Kommissionäre decken ihren Bedarf auf den traditionellen, seit dem 18. Jahrhundert nachweisbaren Versteigerungen und neuerdings auf den Weinmessen der beiden Rheingauer Messeringe. Die selbstmarktenden Familienbetriebe mit ihrem überwiegenden Flaschenweinabsatz haben durch Direktverkauf ab Erzeugerkeller Pionierarbeit geleistet in der Erschließung neuer Konsumentenkreise und damit Wesentliches zur Hebung des Absatzes und zur Preisstabilität beigetragen. Auffällig ist die starke Konzentrierung der weinverarbeitenden Industrie – Weinbrand und Sekt mit international geschätzten Marken – in diesem Weinbaugebiet.

Weinreise

Die wohl unverbindlichste Möglichkeit, Rheingauer Weine kennenzulernen und sogar die bereits Erfahrenen mit Entdeckungen zu überraschen, bieten die zahlreichen, an der »Rheingauer Riesling-Route« aufgereihten Weinprobierstände, in der Regel geöffnet an den Wochenenden von Mai bis Oktober.

Regelmäßige Kellerproben werden in den Tourismuszentren Assmannshausen und Rüdesheim wie auch im Kloster Eberbach angeboten. Darüber hinaus sind Winzer und Güter bereit, nach vorheriger Anfrage Weinproben, zum Teil im Rahmen einer Betriebsführung, zu geben. Der Familienbetrieb bietet meist auch Probe und individuelle Beratung beim privaten Einkauf.

»Hier fühlen wir uns irgendwie immer erwartet«, so schrieb ein vom Rheingau Begeisterter (H. Reichert), und das gilt nicht nur für das touristische Aushängeschild Rüdesheim mit seiner Drosselgasse, es ist

Schloß Johannisberg inmitten seiner Riesling-Weinberge.

weit typischer für die Gastronomie mit teils weltbekannten Namen. Es gilt gleichermaßen für die familiäre Atmosphäre der Gutsschenke oder der Straußwirtschaft des Winzers, ehemals Notmaßnahmen bei schleppendem Absatz, heute probate Mittel, Bekanntheitsgrad und Umsatz zu heben.

Man hält sich in ihnen am besten an die alte Rheingauer Genußseligkeit von »Weck, Worscht un Woi«, »Worscht« als kalte oder warme Fleischwurst, heute mehr und mehr auch in Form belegter Brote mit Hausmacher-Wurst oder einer Wurstplatte (»Winzervesper«); sie darf auch ersetzt werden durch »Handkäs mit Musik« (reifer Handkäse, der »durch« ist, mit Zwiebeln, Gewürzen, Essig und Öl); dazu bestellt man sich den »halwe Schoppe« oder kurz »Halwe« (0,2 l), am besten einen trockenen, in manchen Jahrgängen auch harten, knochigen Riesling. »Herb« und »mild« sind zwar auch hier als Unterscheidung gang und gäbe geworden, doch differenzieren viele Wirte und Winzer auf ihrer Karte auch subtiler. Will man mehreres probieren, gibt es auch das »Piffche« (0,1 l). Die Zahl der »offenen« Weine ist meist nicht sehr groß; dafür gibt es vielfach bis zu den Spitzenweinen halbe Flaschen, die es auch dem schmäleren Geldbeutel erlauben, sich etwas Exquisites zu leisten.

Den Rheingauer probiert und trinkt man aus dem »Rheingauer Römer«, der heute jedoch meist ein Stengelglas bezeichnet, immer aber mit oben »geschlossenem« Kelch. Probierstände haben aus praktischen Gründen oft auch konische Gläser mit geraden Wänden.

Mit allen Besonderheiten des Gebietes macht (seit 1968) das Rheingauer Weinseminar in Theorie und Praxis durch fachliche Information und den »Umgang mit Wein« in Form von Exkursionen und Proben bekannt. Viele Teilnehmer finden sich wieder im »Rheingauer Weinkonvent«, der Rheingauer Weinbruderschaft mit Sitz in Kloster Eberbach. Über den Rheingau hinaus bekannt sind die »Rüdesheimer Weinfesttage« mit der Krönung der Rheingauer Weinkönigin im September. Prospekte wissen aber noch mehr: Kein Sommersonntag ohne »Kerb« oder Weinfest irgendwo.

Wer will, findet außerdem: das Weinmuseum in der Brömserburg zu Rüdesheim; die bezaubernde Altstadt von Eltville mit der von Burg, Kirche und Weingütern akzentuierten Rheinfront; die Weinschlösser Johannisberg, Vollrads, Schönborn in Geisenheim und das Hilchenhaus in Lorch; das Dichterzentrum des Brentanohauses und das Graue Haus des 10. Jahrhunderts in Winkel; die Weinlagendenkmäler »Marcobrunn« in Erbach und »Königin Victoria Berg« in Hochheim; die ehrwürdige Basilika in Mittelheim mit ihrem Pfarrhaus im Weinberg des Pfarrgutes; die von monumentaler Größe geprägte ehemalige Zisterzienserabtei gauer Winzerjahr klingt aus mit der Segnung des neuen Weines am 27. Dezember; in der Kirche wird er zum Trinken ausgeteilt und im Keller jedem Faß beigefüllt, den Segen zu multiplizieren.

Die räumliche Geschlossenheit des »kleinen Landes mit großem Wein« erlaubt auch dem eiligen Besucher das Kennenlernen entlang der gut ausgeschilderten und von der Rheingauer Weinwerbung betreuten Rheingauer Riesling-Route praktisch an einem Tag. Bei längerem Aufenthalt bringt die Wanderung durch Wälder und Weinberge auf dem Riesling-Wanderweg, auf den örtlichen Wein-Wanderwegen oder im Eberbacher Lehrweinberg in Verbindung mit dem Genuß des jeweiligen Gewächses Erweiterung der Kenntnisse, Entspannung und Erholung. Besonders eindrucksvoll zeigt sich die Weinlandschaft mit ihren berühmten Lagen vom Schiff aus. Prospekte sind erhältlich bei den örtlichen Verkehrsämtern und bei der Rheingauer Weinwerbung, Im alten Rathaus, 6222 Geisenheim-Johannisberg.

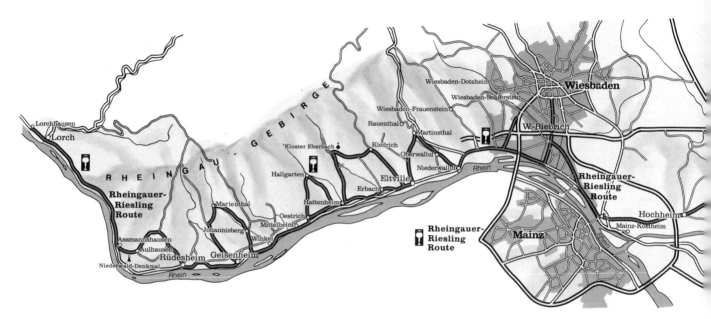

Eberbach und die liebenswürdige Gotik in Kiedrich. Er entdeckt den Winzerpatron Sankt Urban in Mittelheim, die Traubenmadonnen von Kiedrich, Lorch, Rauenthal, Hallgarten (deren schöne Schwester aus Eberbach heute im Louvre steht), und er stellt mit Erstaunen fest, daß immer noch vor Christi Himmelfahrt die Bittprozessionen durch die Weinberge ziehen, genauso wie es Bettina Brentano vor 170 Jahren beschrieben hat. Ohne großes Aufsehen bringen Winzer ihre ersten reifen Trauben zur Madonna, wenn im Kirchenjahr die Kiedricher Chorbuben in den Weisen der nur hier noch gepflegten »germanischen« Gregorianik den Vers »Honora Dominum« singen: »Ehre den Herrn ... mit den Erstlingen deiner Früchte, ... daß von Wein deine Keltern überfließen.« Am 1. Sonntag im Dezember feiern die Rheingauer Winzer Erntedank im Kloster Eberbach und übergeben dabei ihre Spende – durchschnittlich 4000 Flaschen Wein pro Jahr – an Altersheime und Krankenanstalten als Weihnachtsgeschenk. Und das Rhein-

Die Lagen

Die Orte sind ebenso wie die Einzellagen innerhalb der Ortsgemarkungen von West nach Ost aufgezählt. Gemarkungsgrenzen überschreitende Einzellagen, wie zum Beispiel Nr. 29 Klaus (Gemarkungen Geisenheim, Johannisberg, Winkel) oder Nr. 72 Sandgrub (Gemarkungen Kiedrich und Eltville) sind als *eine* Lage in die Weinbergsrolle eingetragen. Nr. 83 Rauenthaler Langenstück, Nr. 77 Eltviller Langenstück und Nr. 93 Oberwallufer Langenstück aber als drei Lagen, da sie nur namensgleich sind, geographisch jedoch nicht zusammenhängen und nicht von einer Gemarkungsgrenze geteilt werden. Die hinter den Einzellagen angegebenen römischen Zahlen bedeuten ihre Zugehörigkeit zu den verschiedenen Großlagen.

Ortszusammenschlüsse von Gemeinden im Rahmen der Kommunalreform zu größeren Verwaltungseinheiten sind nicht berücksichtigt, da sie die Namen der jeweiligen Lagen nicht beeinflussen. Obwohl Hattenheim in Eltville eingemeindet wurde, erscheint auf dem Etikett des entsprechenden Weines nur der Name Hattenheim (zum Beispiel Hattenheimer Mannberg und nicht Eltviller-Hattenheimer Mannberg, oder Frauensteiner Herrnberg und nicht Wiesbaden-Frauensteiner Herrnberg).

1 Bereich
10 Großlagen
  (I = Burgweg
  II = Steil
  III = Erntebringer
  IV = Honigberg
  V = Gottesthal
  VI = Mehrhölzchen
  VII = Deutelsberg
  VIII = Heiligenstock
  IX = Steinmächer
  X = Daubhaus)
28 Gemarkungen
120 Einzellagen (davon 4 Ortsteile)

Bereich Johannisberg

Lorchhausen
1 Rosenberg I
2 Seligmacher I

Lorch
3 Schloßberg I
4 Kapellenberg I
5 Krone I
6 Pfaffenwies I
7 Bodental-Steinberg I

Assmannshausen-Aulhausen
8 Höllenberg II

9 Hinterkirch II
10 Frankenthal II
11 Berg Kaisersteinfels I

Rüdesheim
12 Berg Schloßberg I
13 Drachenstein I
14 Berg Roseneck I
15 Berg Rottland I
16 Bischofsberg I
17 Klosterberg I
18 Kirchenpfad I
19 Klosterlay I
20 Magdalenenkreuz I
21 Rosengarten I

Geisenheim
22 Schloßgarten III
23 Fuchsberg I
24 Mäuerchen I
25 Mönchspfad I
26 Rothenberg I
27 Kläuserweg III
28 Kilzberg III
29 Klaus III

Johannisberg
29 Klaus III
30 Hölle III
31 Mittelhölle III
32 Hansenberg III
33 Goldatzel III

Hessische Bergstraße

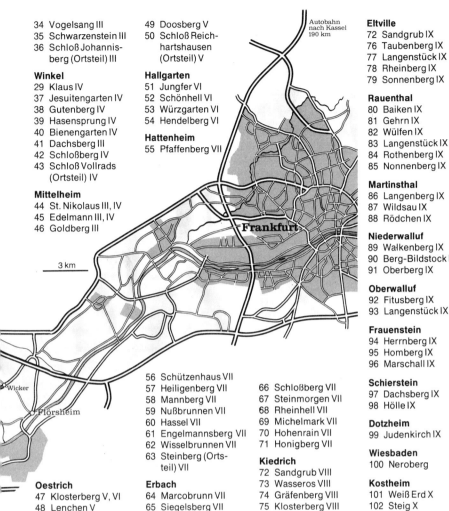
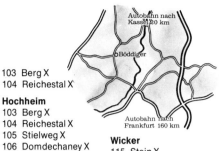
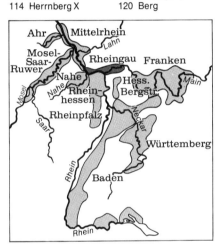

34 Vogelsang III
35 Schwarzenstein III
36 Schloß Johannisberg (Ortsteil) III

Winkel
29 Klaus IV
37 Jesuitengarten IV
38 Gutenberg IV
39 Hasensprung IV
40 Bienengarten IV
41 Dachsberg III
42 Schloßberg IV
43 Schloß Vollrads (Ortsteil) IV

Mittelheim
44 St. Nikolaus III, IV
45 Edelmann III, IV
46 Goldberg III

Oestrich
47 Klosterberg V, VI
48 Lenchen V

49 Doosberg V
50 Schloß Reichhartshausen (Ortsteil) V

Hallgarten
51 Jungfer VI
52 Schönhell VI
53 Würzgarten VI
54 Hendelberg VI

Hattenheim
55 Pfaffenberg VII

56 Schützenhaus VII
57 Heiligenberg VII
58 Mannberg VII
59 Nußbrunnen VII
60 Hassel VII
61 Engelmannsberg VII
62 Wisselbrunnen VII
63 Steinberg (Ortsteil) VII

Erbach
64 Marcobrunn VII
65 Siegelsberg VII

66 Schloßberg VII
67 Steinmorgen VII
68 Rheinhell VII
69 Michelmark VII
70 Hohenrain VII
71 Honigberg VII

Kiedrich
72 Sandgrub VIII
73 Wasseros VIII
74 Gräfenberg VIII
75 Klosterberg VIII

Eltville
72 Sandgrub IX
76 Taubenberg IX
77 Langenstück IX
78 Rheinberg IX
79 Sonnenberg IX

Rauenthal
80 Baiken IX
81 Gehrn IX
82 Wülfen IX
83 Langenstück IX
84 Rothenberg IX
85 Nonnenberg IX

Martinsthal
86 Langenberg IX
87 Wildsau IX
88 Rödchen IX

Niederwalluf
89 Walkenberg IX
90 Berg-Bildstock IX
91 Oberberg IX

Oberwalluf
92 Fitusberg IX
93 Langenstück IX

Frauenstein
94 Herrnberg IX
95 Homberg IX
96 Marschall IX

Schierstein
97 Dachsberg IX
98 Hölle IX

Dotzheim
99 Judenkirch IX

Wiesbaden
100 Neroberg

Kostheim
101 Weiß Erd X
102 Steig X

103 Berg X
104 Reichestal X

Hochheim
103 Berg X
104 Reichestal X
105 Stielweg X
106 Domdechaney X
107 Kirchenstück X
108 Sommerheil X
109 Hofmeister X
110 Königin Victoriaberg X
111 Stein X
112 Herrnberg X
113 Hölle X

Flörsheim
114 Herrnberg X

Wicker
115 Stein X
116 Mönchsgewann X
117 König-Wilhelmsberg X
118 Nonnberg X

Frankfurt
119 Lohrberger Hang

Böddiger (Landkreis Melsungen)
120 Berg

Ernst Eichhorn

Hessische Bergstraße

Landschaft

Das Weinbaugebiet Hessische Bergstraße untergliedert sich in die Bereiche Starkenburg und Groß-Umstadt. Der Bereich Starkenburg zieht sich entlang der Bundesstraße 3 von der badischen Landesgrenze bis nach Alsbach im Kreise Darmstadt. Die Rebflächen erstrecken sich am Westhang des in die Riedebene steil abfallenden Odenwaldes und reichen in den von Ost nach West ziehenden Seitentälern bis nach Gronau, Erbach, Zell und Hambach. Mittelpunkte des Bereiches sind die Städte Heppenheim, Bensheim und Zwingenberg. Das Gebiet ist von der Autobahnstrecke Bergstraße (Darmstadt – Weinheim) aus leicht zu erreichen.

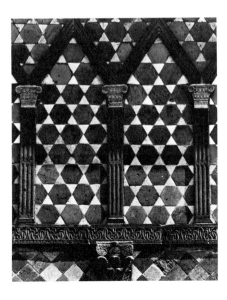

An den nördlichen Ausläufern des vorderen Odenwaldes liegt der Bereich Groß-Umstadt. 97% der gesamten Rebfläche dieser Odenwälder Weininsel liegen in den Gemarkungen Groß- und Klein-Umstadt. Dieses Weinbaugebiet bildet einen harmonischen Übergang von der intensiven Ackerbaukultur zu den Höhenlagen des Odenwaldes. Zwischen den Weinbergen liegen Flächen, die obstbaulich genutzt werden.

Geschichte

Die Römer haben möglicherweise den Weinbau an die Bergstraße gebracht. In Groß-Umstadt wurde bei der Ausgra-

Kloster Lorsch ist seit Jahrhunderten mit der Geschichte des Weinbaues verbunden.

Fachwerkhäuser in Heppenheim.

bung eines römischen Gutshofes ein Sandsteinrelief mit Traubendarstellung gefunden. Die erste urkundliche Erwähnung des Weinbaues (in Bensheim) findet sich im Lorscher Kodex zum Jahre 765. Über die Jahrhunderte hinweg war der Weinbau in beiden Bereichen eng mit den Geschicken der Klöster Lorsch und Fulda verbunden. Stark war auf ihn auch der Einfluß der kurmainzischen und der kurpfälzischen Herrschaft. Die Aufwärtsentwicklung des Weinbaues wurde durch den Dreißigjährigen Krieg unterbrochen, und auch die Eroberungsfeldzüge Ludwigs XIV. von Frankreich hinterließen beim Weinbau grausame Spuren. Die Rebkrankheiten und -schädlinge im 19. Jahrhundert brachten weitere starke Rückschläge. 1852 gab es noch 275 ha Weinberge. 1879/80 erfroren die meisten Weinstöcke, so daß sie gerodet werden mußten. Das Auftreten der Peronospora in den Jahren 1905 und 1906 führte zu einer Katastrophe, die viele Winzer veranlaßte, den Weinbau aufzugeben. Die Jahre vor dem Ersten Weltkrieg standen im Zeichen der Stagnation, die Rebfläche betrug nur noch etwa 200 ha. Zugleich wurden aber auch die Voraussetzungen für den Wiederaufstieg geschaffen. 1904 fand die Gründung des Staatsweingutes in Bensheim und der Vorläufer der heutigen Bergsträßer Gebietswinzergenossenschaft in Heppenheim statt. In den 20er Jahren erfolgte die systematische Bekämpfung der Peronospora und die Umstellung auf moderne Erziehungs- und Anbaumethoden. 1928 wurde der Rebmuttergarten in Heppenheim angelegt.

Standorte

Heute umfaßt das Weinbaugebiet 450 ha bestockte Fläche, davon enthält der Bereich Starkenburg 400 ha, der Bereich Groß-Umstadt 50 ha. In beiden Bereichen sind die Weinbauflächen überwiegend an Steilhängen gelegen. An der Bergstraße selbst ziehen sich etwas flachere Lagen bis zur Bundesstraße 3 hin. Westlich dieser Abgrenzung ist kein Weinbau anzutreffen, diese Flächen sind auch in Zukunft aus dem Weinbaukataster ausgeschlossen. Abgesehen von wenigen quer zum Hang gezeilten Terrassen laufen die Weinbergszeilen in der Hangrichtung.

Rathaus von Heppenheim.

Boden

Im Bereich Groß-Umstadt sind ausschließlich Verwitterungsböden aus Quarz-Porphyr anzutreffen, die stellenweise von einer mehr oder weniger starken Lößauflage bedeckt sind. An der Bergstraße selbst handelt es sich bei 65% der Weinbergslagen um tiefgründige, sand-lehmige, trockene bis frische und meist kalkhaltige Böden aus Sand-Löß oder Löß. 22% der Böden sind in die Gruppe der tonig-lehmigen, frischen bis feuchten, auch meist kalkhaltigen Böden aus Löß oder Hochflutlehmen einzureihen. Dazwischen finden sich reine Buntsandsteinböden (Heppenheimer Schloßberg, Steinkopf, Zwingenberger Steingeröll). Diese einzelnen Weinbergsböden geben je nach ihrer Zusammensetzung dem Wein die entsprechende Würze, den Duft und das Aroma und die an der Bergstraße so sehr geschätzte fruchtige und feine Säure.

Klima

Die durchschnittlichen Jahrestemperaturen liegen im Bereich Starkenburg bei 9,5°C und übersteigen auch im Bereich Groß-Umstadt die 9°-Grenze. Im gesamten Weinbaugebiet weist ein Fünftel der Lagen sehr gute bis ausgezeichnete Strahlungsbedingungen auf. Es sind die Lagen an den Südhängen der Seitentäler, die sich von der Bergstraße aus in den Odenwald hineinziehen. Für Bensheim ergeben sich folgende Daten:

Durchschnittstemperatur
    Jahr   10,2° C
    Vegetationszeit   15,1° C
Niederschlagsmenge
    Jahr   756 mm
    Vegetationszeit   511 mm

Rebsorten

Der Unterschied beider Bereiche spiegelt sich in der Auswahl der Rebsorten deutlich wider. Im Bereich Groß-Umstadt dominiert mit 40% die Traubensorte Müller-Thurgau, gefolgt vom Riesling mit 30%, dem Silvaner mit 25% und einem geringen Anteil Neuzüchtungen. In diesem Gebiet herrschte vor 15 Jahren noch der Silvaner mit 60% vor, gefolgt von Riesling und Müller-Thurgau.
Im Bereich Starkenburg hat sich seit den 50er Jahren der Sortenanteil ganz erheblich zugunsten des Rieslings verlagert, der heute mit 55% am stärksten vertreten ist und sich auch in Zukunft nicht nur behaupten, sondern noch weiter ausbreiten

Hessische Bergstraße

wird. Die Gründe dafür sind die vieljährig gleichbleibende Qualität und die Ertragstreue und damit Sicherheit für den Winzer. Die Traubensorte Müller-Thurgau wird mit 20 bis 25% ihren Anteil behaupten können, während der Silvaner, früher auch im Bereich Starkenburg die Hauptrebsorte, immer weiter zurückgeht. Ruländer und Gewürztraminer sind die Ergänzungssorten, zu denen in den letzten Jahren Neuzüchtungen gekommen sind.

Anbau

Die Umstellung auf Pfropfreben ist in beiden Bereichen erfolgt. Der Anbau geschieht grundsätzlich am Drahtrahmen bei einer Zeilenbreite von 1,5 m bis 1,8 m je nach Hanglage und Bearbeitungsmöglichkeit.

Art

So klein das Weinbaugebiet auch ist, so unterschiedlich sind doch die Weine der verschiedenen Einzellagen. Vom Maiberg kommen Weine, die sich durch frühe Reife und Fülle auszeichnen, der Heppenheimer Steinkopf liefert in vielen Jahren rassige und fruchtige Weine. Bensheimer Streichling, Kirchberg und Hemsberg zeichnen sich aus durch Frische und Harmonie, die Kalkgasse, eine der bevorzugten Bensheimer Lagen, liefert volle, fruchtige und würzige Weine, denen man nachsagt, daß sie längere Flaschenreife brauchen, um ihre ganze Eleganz zu entwickeln. Der Höllberg in Auerbach, der Herrnwingert in Schönberg erfreuen immer wieder durch ihre frische Art und den Anteil an feiner und fruchtiger Säure. Herzhaft, kernig und mit einem bestimmten Bodenton begegnet uns der Silvaner aus dem Bereich Groß-Umstadt. Blumig, fruchtig und voll ist der Müller-Thurgau aus Steingerück, Herrnberg und Stachelberg. Frucht und Rasse, begleitet von einer betonten Säure, zeichnen die Rieslingweine aus Groß- und Klein-Umstadt aus.

Erzeugung und Absatz

In beiden Bereichen überwiegt der Weinbau in Nebenerwerbsbetrieben. Etwa 80% der Winzer bewirtschaften Rebflächen von einer Größe bis zu 0,25 ha nach Feierabend oder am Wochenende. Nur wenige Betriebe gehören hauptberuflichen Winzern. So ist auch der Anteil der selbstvermarktenden Betriebe nur gering. Die überwiegende Menge der Trauben wird an die beiden Genossenschaften in Heppenheim und Groß-Umstadt abgeliefert und dort vermarktet. 150 bis 180 Weinbautreibende im Bereich Groß-Umstadt sind Mitglieder der dortigen Genossenschaft, über 550 Betriebe sind Mitglieder bei der Gebietswinzergenossenschaft Bergstraße in Heppenheim, die über eine Lagerkapazität von 3,7 Millionen l verfügt.

Die Weine werden zum überwiegenden Teil innerhalb des eigenen Gebietes getrunken. Darüber hinaus werden nur selten Bergsträßer Weine angeboten, weil der Absatz von Genossenschaften und selbstvermarktenden Betrieben häufig direkt zum Endverbraucher geht. Eine Ausnahme macht das Staatsweingut in Bensheim. Einmal im Jahr, im Oktober oder November, wird eine Kollektion der verschiedenen Jahrgänge bei einer Versteigerung angeboten. Diese Weine finden dann auch ihren Weg über die Grenzen des Gebietes hinaus, bleiben aber eine Rarität auf den deutschen Weinkarten.

Land an der Hessischen Bergstraße.

Weinreise

Es fällt nicht schwer, in kurzer Zeit die Weinbergslagen und Weinorte kennenzulernen. Die geringe Ausdehnung des Weinbaugebietes verlockt zum Spaziergang entlang den Höhen mit Blick auf die weite Fläche des hessischen Rieds.
Im Gasthaus wird der Wein im Glas als »Halber« (Schoppen) vorgesetzt. Wer Spätlese verkosten will, ist nicht gezwungen, gleich eine ganze Flasche zu bestellen; diese Qualitätsstufe wird auch aus der Literflasche ausgeschenkt.
Die Gebietswinzergenossenschaft und das Staatsweingut in Bensheim veranstalten Führungen durch den Betrieb, verbunden mit Weinkostproben. Größeren Gruppen wird empfohlen, sich vorher anzumelden. Weinproben finden auch in jedem Jahr anläßlich der Weinfeste statt: beim Bergsträßer Weinmarkt Ende Juni/Anfang Juli, beim Bergsträßer Winzerfest in Bensheim in der ersten Septemberwoche und beim Odenwälder Herbstmarkt mit Winzerfest in Groß-Umstadt am 3. Sonntag im September. In Groß-Umstadt findet die Weinprobe schon eine Woche zuvor, am 2. Samstag im September, statt. In Groß-Umstadt hat es die Stadt übernommen, im Rodensteiner Keller des Rathauses Weinproben vorzustellen. Probieren kann man aber auch im Versuchsgut des hessischen Landesamtes für Landwirtschaft und bei der Winzergenossenschaft Groß-Umstadt.

Die Lagen

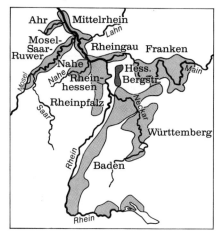

2 Bereiche
3 Großlagen
10 Gemarkungen
 (Orte, Ortsteile)
22 Einzellagen

Bereich Umstadt

Dietzenbach
1 Wingertsberg

Roßdorf
2 Roßberg

Klein-Umstadt
3 Stachelberg

Groß-Umstadt
4 Steingerück
5 Herrnberg

Bereich Starkenburg

Großlagenfrei

Seeheim
6 Mundklingen

I Großlage Rott

Zwingenberg
7 Steingeröll
8 Alte Burg

Bensheim-Auerbach
9 Höllberg
10 Fürstenlager

Bensheim-Schönberg
11 Herrnwingert

II Großlage Wolfsmagen

Bensheim
12 Kalkgasse

13 Kirchberg
14 Steichling
15 Hemsberg
16 Paulus

III Großlage Schloßberg

Heppenheim
(einschließlich Erbach und Hambach)
17 Stemmler
18 Centgericht
19 Steinkopf
20 Maiberg
21 Guldenzoll
22 Eckweg

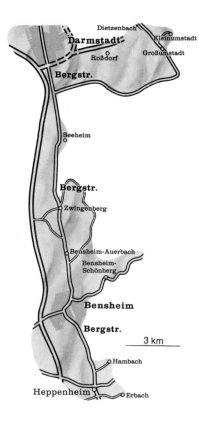

Erwin Kadisch
Rheinhessen

Landschaft

Das bestimmte Anbaugebiet Rheinhessen mit der Hauptstadt Mainz wird im Westen von der Nahe, im Norden und im Osten vom Rhein, im Süden von den südlichen Grenzen der Stadt Worms, des Landkreises Alzey-Worms und des Landkreises Bad Kreuznach begrenzt.
Auf der B 9 gelangt man rheinaufwärts von Bingen über Ingelheim, Mainz, Bodenheim, Nackenheim, Nierstein, Oppenheim und Guntersblum bis Worms, wobei stets auf gut ausgebauten Straßen ins rheinhessische Hügelland abgebogen werden kann. Eilige Fahrer benutzen die neue Autobahn 61 von Bingen über Alzey nach Worms zu einer Entdeckungsfahrt in das Herzstück des größten deutschen Weinbaugebietes.
Die Oberfläche ist durch den Wechsel von rebenbekränzten Hügeln und riesigen, offenen Ackerflächen gekennzeichnet. Die Hügel bestehen zum größten Teil aus Kalkablagerungen der Tertiärzeit, die sich gegenüber den abtragenden Kräften durch ihre Festigkeit behauptet haben. Undurchlässige Tone und Mergelschichten mit Schleichsand unter den Kalken geraten ständig in Bewegung, vor allem wenn sie stark durchnäßt werden, und bilden an den abgleitenden Hügeln Wülste und Falten so wie bei einem verrutschten Teppich. Die gesamte Landschaft ist hier mit Löß von großer Mächtigkeit überlagert.

Geschichte

»Rheinhessen« gibt es erst seit 1818. In gleicher Weise schuf man damals auch »Rheinpreußen« (später Rheinprovinz) und »Rheinbaiern« (später bayerische Rheinpfalz). Die Bewohner Rheinhessens gehören weder zum Volksstamm der Hessen, noch stand diese Gegend in räumlichem Zusammenhang mit dem Verbreitungsgebiet der Hessen. Die Kerngebiete des ehemaligen Großherzogtums Hessen mit der Hauptstadt Darmstadt lagen damals rechtsrheinisch in den Provinzen Starkenburg und Oberhessen.
Bis 1938 gliederte sich die Provinz Rheinhessen in die fünf Kreise Bingen,

Rheinhessen

Mainz, Alzey, Oppenheim und Worms. Seit 1969 gibt es nur noch die Kreise Bingen-Mainz und Alzey-Worms. Oppenheim ist Sitz der für das rheinhessische Weinbaugebiet zuständigen Landes-Lehr- und Versuchsanstalt für Wein- und Gartenbau. Nachweislich wurde im 2. Jahrhundert nach Christus unter der Römerherrschaft Wein in der Gegend von Mainz angebaut. Rebmesser italischer und griechischer Form fanden sich in Alzey, Armsheim und Ingelheim. Bei einer Weinbergsrodung fand man das gesamte Arbeitsgerät eines römischen Küfers aus der Zeit um 350. Glasfunde in Wolfsheim, Marienborn, Mainz-Weisenau, Hechtsheim, Niedersaulheim, Hohensülzen und die in den Museen Alzey, Bingen, Ingelheim, Mainz und Worms aufbewahrten römischen Weingläser des 3. und 4. Jahrhunderts zeugen von der alten Weinkultur dieses Raumes.

Mit dem Abzug der Römer geriet der Weinbau in Verfall. Der älteste schriftliche Nachweis des Weinbaues in Rheinhessen stammt aus dem Jahre 753. Karl auch für den hiesigen Raum Gültigkeit hatte.

Standorte

Die stattliche Höhe des im Westen gelegenen Donnersberges mit 687 m und des Soonwaldes mit 658 m bedeutet einen beachtlichen Windschutz für das wesentlich tiefer gelegene Rheinhessen, wo alle Erhebungen weit unter 300 m liegen. (Petersberg mit 246 m und Geisberg mit 285 m gehören zu den höchsten.) Der Weinbau erfolgt zum überwiegenden Teil an den mehr oder weniger stark geneigten Hügeln und ist daher fast vollständig im Direktzug befahrbar und zu kultivieren. Ausgesprochene Steillagen, die nur mit dem Seilzug bewirtschaftet werden können, gibt es lediglich in Nierstein, Nackenheim und Bingen. Fast alle Weinberge, auch die durch die Flurbereinigung neu angelegten, weisen ihre Rebzeilen in der erosionsfördernden Fallinie auf. Erst neuerdings versuchen sich einige Betriebe, darunter die Landes-Lehr- und Versuchsanstalt Oppenheim, in der wasseraufnehmenden Querterrassierung.

Boden

Den Boden bilden im wesentlichen die auf dem Untergrund des Rotliegenden im Tertiär abgelagerten Tone, Mergel und Kalksteine, welche von den Dinotheriensanden und zuletzt im Pleistozän vom Löß abgedeckt wurden.

In Rheinhessen kommt sehr häufig die Rendzina als Bodentyp vor, die (als Humus-Karbonat-Boden) Kalk oder Mergel als Ausgangsgestein aufweist. In den Flußniederungen finden wir Auenböden. Unter ehemaliger Waldvegetation kommen die Parabraunerden unterschiedlicher Entwicklungsstufen vor. Bei Undenheim und Sprendlingen sind Schwarzerden vorhanden, während bei Siefersheim und Neu-Bamberg auf kargen Eruptivgesteinen der Ranker auf Quarz-Porphyr vorherrscht.

Klima

Die Erhebungen im Westen bieten Schutz vor Winden, aber auch Regenschatten. Die vom Ozean kommenden milden Winde laden bereits auf den Grenzbergböden einen großen Teil der Niederschläge ab und erwärmen sich beim Absteigen nach Rheinhessen, so

Blick auf Worms, gezeichnet 1888 von I. Gruner. Rechts außen die Liebfrauenkirche inmitten der historischen Ursprungsgärten der »Liebfraumilch«.

der Große soll den Spätburgunder nach Ingelheim gebracht haben. Er erließ eine bis in Einzelheiten gehende Verordnung über Weinbau und Weinbereitung, die daß die Jahressumme der Niederschläge zwar gering, aber dem Bedarf der Vegetation gut angepaßt und günstig verteilt ist. Die Wolken lösen sich zumeist auf und lassen die Sonne aus heiterem Himmel einstrahlen, während über den Gebirgen Wolken stehen. In Alzey wurden gemessen:

Eingeschmiegt in seine Weinberge liegt der Winzerort Nackenheim.

Durchschnittstemperatur
  Jahr   9,3° C
  Vegetationszeit   14,3° C
Sonnenscheindauer
  Jahr   1672 Stunden
  Vegetationszeit   1358 Stunden
Niederschlagsmenge
  Jahr   481 mm
  Vegetationszeit   315 mm

Rebsorten

Vor 1945 war die Hauptrebsorte mit 65 bis 75% der Silvaner, welcher den seit alters vorherrschenden »gemischten Satz« ablöste.

Der Riesling folgte mit einer Ausdehnung von 15 bis 20% vorwiegend in den Steillagen der Rheinfrontgemeinden und in den bevorzugten, am stärksten geneigten Weinlagen des Hügellandes. Sein Anbau ging zurück, weil die Lageansprüche sehr hoch sind und die Blüte sehr leicht verrieselt, besonders auch, weil man die auf Weinheim bei Alzey zurückgehende Trautweinrieslingklone noch nicht genügend kannte und der ganz besonders die Sorte Riesling befallende, sehr gefürchte-

Das Geburtshaus von Carl Zuckmayer (1896–1977) in Nackenheim. Mit seinem derbvergnüglichen Volksstück »Der fröhliche Weinberg« (1926) hat der Dichter Land und Leuten seiner rheinhessischen Heimat ein unvergängliches Denkmal gesetzt.

te Heuwurm (Traubenwickler) noch nicht durchschlagend bekämpft werden konnte.

Der Spätburgunderanbau beschränkte sich von jeher auf den Ingelheimer Raum mit 5 bis 6% der Fläche.

Der Portugieser war mit 10% stärker verbreitet. Aufgrund der Befürchtung, die EG-Importe und das Fehlen des ausländischen Deckrotweines könnten dem Absatz schaden, ging der Rotweinanbau zurück. Er erfreut sich aber neuerdings wieder einer Zunahme, weil man erkennt, daß rheinhessischer Rotwein ohne Deckrotwein wegen seiner sortentypischen Art zu einer Spezialität geworden ist.

Den Rest der Fläche teilten sich die alten Sorten wie Traminer, Elbling (Kleinberger), Gutedel, Veltliner und die grüne Bukettrebe, die mit dem schweren Ton-Mergel-Boden am besten fertig wurde, aber wegen ihrer hohen Säurewerte und des sehr reichlichen Ertrages nicht mehr zu den zugelassenen Qualitätssorten Rheinhessens gehört.

Die Entwicklung der 50er Jahre verhalf dem Müller-Thurgau zum Durchbruch, der wegen seiner blumig-duftigen und zugleich milden Weine sich sehr rasch die Gunst der Weintrinker erwarb und sich

Rheinhessen

wegen seiner großen Anpassungsfähigkeit an unterschiedliche Lagen auf Kosten der Silvaner-Anbaufläche und auf den neu hinzugekommenen Rebflächen ausbreitete. Der Morio-Muskat profitierte von der gleichen Entwicklung, konnte aber wegen seiner markanten Würze nicht die Gaumen aller Weinschlürfer erobern.

Die Verschiebung des Rebensortimentes in Rheinhessen über die 60er Jahre bis heute war durch die Hinzunahme des Grauen und Weißen Burgunders sowie einer ganzen Reihe von Neuzüchtungen gekennzeichnet. Letztere sind deswegen beliebt, weil sie durch ihre kürzere Reifezeit häufiger für Spätlesen geeignet sind, als dies bei den alten Standardsorten möglich ist.

Die erfolgreichste Rebsorte der letzten Jahre für Rheinhessen war die Scheurebe, weil sie neben ihrer Eignung für verschiedene Standorte auch den Geschmack vieler Weinfreunde trifft.

Die bestockten Rebflächen in Rheinhessen tragen folgende Rebsorten:

Sorte	1964		1975	
	ha	%	ha	%
Müller-Thurgau	5 456	33,2	7 751	36,4
Silvaner	7 748	47,0	5 776	28,7
Scheurebe	158	1,0	1 432	6,0
Riesling	992	6,1	1 113	5,0
Morio-Muskat	330	2,0	1 126	5,0
Portugieser	1 332	8,1	940	4,0
Faber	•	•	833	2,9
Ruländer	101	0,6	481	2,1
Bacchus	•	•	663	1,8
Huxelrebe	37	0,2	416	1,6
Kerner	•	•	428	1,5
Perle	3	•	128	0,5
Sieger	36	0,2	117	0,5
Gewürztraminer	71	0,4	154	0,7
Ortega	•	•	139	3,3
Weißburgunder	13	0,1	81	3,3
Spätburgunder	42	0,3	79	3,3
Reichensteiner	•	•	43	3,3
Optima	•	•	60	3,3
sonstige	122	0,8	384	3,3
insgesamt	16 441	100	22 144	100

Anbau

Die klassische Rebenerziehung war und ist der »Oppenheimer Drahtrahmen«, der gegenüber der alten Pfahlerziehung einen gewaltigen Fortschritt bedeutet. Mit der Einführung der Maschine im Weinbau wurden weitere Zeilenabstände gewählt, weil man unter dem Druck der Lohnkosten schneller mit dem Schlepper durchfahren wollte. Die Lenz-Moser-Erziehung hat sich wegen zu geringer Erträge und unbefriedigender Qualität nicht durchsetzen können. Heute werden bei 1,8 m Zeilenbreite und Stockabständen von 0,9 bis 1,2 m Drahtrahmen gewählt, die dem Rebstock in der Form des »Pendelbogens« gute Voraussetzungen für Qualität und Ertrag bieten. Es werden 10 bis 12 Augen je m² angeschnitten, weil sich bei einer Verringerung der Anzahl das Mostgewicht nicht erhöht, die wirtschaftlich notwendige Erntemenge aber nicht mehr erreicht wird.

Art

Die frühere Hauptrebsorte in Rheinhessen, der Silvaner, liefert einen milden,

Rathausfassade von Nackenheim.

süffigen Wein von lieblich-guter Art. Die kräftigste Art, von kerniger, fruchtiger Säure und Blumigkeit, erreicht der Silvaner auf den feinerdereichen Mergelböden.

Wegen der auf solchen Standorten bei dieser Sorte sehr leicht auftretenden Gelbsucht (Chlorose) hat man den Silvaner dort größtenteils durch Scheurebe und Faber ersetzt, Rebsorten, die Georg Scheu in Alzey speziell für diese Böden gezüchtet hat. Die Scheurebe erzielt dort das typische Bukett, das an den Duft der schwarzen Johannisbeere erinnert. Diese feinerdereichen »schweren« Böden bringen vor allem in trockenen Jahren, wenn andernorts der Boden längst ausgedörrt ist, hervorragend ausgereifte Weine. Die Reben bleiben dort sehr lange grün.

Der Müller-Thurgau fühlt sich auf den mit Löß bedeckten Standorten am wohlsten. Der durch den Wind abgelagerte mehlfeine Staub ist reich an Kalium, Kalk und anderen Nährstoffen und befindet sich durch die günstige Zusammensetzung aus verschiedenen Korngrößen und den Besatz an Regenwürmern und anderen Boden-Lebewesen zumeist in einem günstigen Strukturzustand. Der Müller-Thurgau-Wein erreicht dort seine größte Fülle, die mit pikanter und milder Würze als für diesen Standort typisch und einmalig anzusehen ist.

Der Riesling bildet auf Löß das für Rheinhessen bei dieser Sorte typische, an reife Pfirsiche erinnernde Bukett. Auf schweren Mergelböden, die zumeist mit dem gefürchteten Schleichsand einhergehen, liefert der Riesling in guten Jahren und Lagen die kernigsten und rassigsten Weine, die bezüglich der Lebensdauer unschlagbar sein dürften. Es kommt dabei gar nicht so sehr auf das Mostgewicht an, weil diese Sorte auch schon bei relativ niedrigen Mostgewichten im Kabinett-Bereich um 80°Oe selbständigen und feinfruchtigen Wein liefert. Auf dem Rotliegenden bei Nierstein, Nackenheim und Schwabsburg gedeihen durch den Reichtum an Spurenelementen und Metalloxiden Rieslingweine von besonders feinwürzigem Duft und Geschmack mit großem Ausdruck und der vom Kenner so sehr geschätzten feinen, fruchtigen Säure. Sie sind – nicht nur am Stock, sondern auch beim Faßausbau und auf der Flasche – früher reif als die Rieslingweine aus schweren Mergelböden. Ähnliches trifft für die Erzeugnisse gleicher Sorte von Porphyr-Verwitterungsböden im Westen Rheinhessens und auf den Quarzit-Verwitterungsböden des Scharlachberges mit den vorgelagerten Terrassen des östlichen Nahe-Ufers zu.

An der Spitze der Neuzüchtungen liegt der Kerner, der in mittelguten bis guten Lagen fruchtige, reife und kernige Weine mit viel Ausdruck liefert, die auch in Jahren mit weniger Sonnenschein die geschätzte reife, fruchtige Säure aufweisen. Die Sorte Faber bringt immer einen reifen, körperreichen, frischen Wein, der sich wegen seines neutralen, aber edlen Geschmackes zunehmender Beliebtheit erfreut.

Der Bacchus hat sich sehr rasch ausgebreitet, weil er gerade in Jahren mit wenig Sonne und ausgiebigen Niederschlägen sichere Erträge bei relativ hoher Qualität liefert. Die Fruchtigkeit und der feine Duft dieses Weines sind besonders erwähnenswert, während es zu Fülle und Nachhaltigkeit nur auf tiefgründigen Standorten kommt.

Die Scheurebe, die fruchtige Weine liefert, ist eine von Georg Scheu in der Rebenzuchtanstalt Alzey besonders für die schweren, tonreichen und zur Dichtlagerung neigenden Böden Rheinhessens gezüchtete Rebsorte, bei der das Zuchtziel weitestgehend erreicht wurde: die Widerstandskraft gegen die rheinhessische Erbkrankheit, die Chlorose (Gelbsucht der Rebstöcke). Diese Chlorosefestigkeit wurde bisher noch von keiner anderen Rebsorte erreicht.

Erzeugung und Absatz

Rheinhessen ist das größte deutsche Weinbaugebiet. Auf 22 144 ha Rebfläche, wovon 32% flurbereinigt sind, erzeugt es rund 2 Millionen hl und mehr jährlich.

Die Erträge liegen zwischen 65 hl/ha an der Rheinfront und 90 hl/ha im Hügelland, wobei in günstigen Jahren und Lagen auch mehr als 100 hl/ha geerntet werden können. Nur ein geringer Teil der Erzeugung wird im Verbrauchergebiet selbst angeboten, der weitaus größte Teil in alle Welt verkauft.

Es gibt insgesamt 14 700 Winzerbetriebe, die jeweils zwischen 0,1 und 5 ha Rebfläche bewirtschaften. 5 800 Betriebe mit 3 300 ha bauen nicht selbst aus, sondern liefern die Trauben an Winzergenossenschaften oder Verbundkellereien ab. 8 800 Betriebe mit 18 000 ha bauen den Wein selbst aus. Davon füllen 700 bis 800 Betriebe ihre gesamte Ernte auf Flaschen, die übrigen füllen teils ab, teils verkaufen sie im Faß. Etwa 65% des rheinhessischen Weines werden vom Weinhandel zu schwankenden Preisen übernommen.

Die Winzergenossenschaften und wenige andere Erzeugergemeinschaften haben zur Stabilisierung des Preisgefüges beigetragen, doch noch immer gibt es in Rheinhessen den preiswertesten Wein!

Weinreise

Die Gastfreundlichkeit der rheinhessischen Familienbetriebe ist sprichwörtlich. Man kann beim Winzer, der selbst abfüllt, probieren, kaufen und gleich mitnehmen. Neben den Familienbetrieben gibt es auch Großbetriebe, wie Winzergenossenschaften oder Weinhandelsfirmen, bei denen man Erzeugnisse aus mehreren Großlagen probieren und kaufen kann. Die wichtigsten rheinhessischen Weinfeste sind:

30. Juli	bis	2. Aug.	Nierstein: Winzerfest
7.	bis	9. Aug.	Oppenheimer Weinbautage
28.	bis	30. Aug.	Mainzer Weinmarkt
4.	bis	6. Sept.	Mainzer Weinmarkt
28. Aug.	bis	5. Sept.	Worms: Backfischfest
4.	bis	13. Sept.	Bingen: Winzerfest
17.	bis	21. Sept.	Alzey: Winzerfest
25. Sept.	bis	3. Okt.	Ingelheim: Winzerfest

Die Mainzer Weinbörse findet um den 13. Mai, die Niersteiner Weinversteigerung Anfang Mai statt.

Weinseminare werden in Mainz und an der Oppenheimer Weinbau-Lehranstalt veranstaltet. Auskunft hierüber erteilt der Rheinhessen-Wein e. V., 117er Ehrenhof, 6500 Mainz.

Die Landeshauptstadt von Rheinland-Pfalz, Mainz, gehört als Weinbaugemeinde auch zum bestimmten Anbaugebiet Rheinhessen. Hier sind nicht nur die »Schoppenstecher«, denen man ein eigenes Denkmal gesetzt hat, sondern auch der Stabilisierungsfonds für Wein, die Deutsche Wein-Information und die Zeitschrift »Der Weinfreund« zu Hause. Ingelheim enthält die Kaiserpfalz Karls des Großen, der den heimischen Weinbau regelte und förderte. Bingen spielte als Umschlagplatz mit seinem Hafen im Weinhandel eine bedeutsame Rolle. Scharlach- und Rochusberg mit Rochuskapelle und -wallfahrt sind auf ihre Weise Weinspezialitäten. In Oppenheim ist die Landeslehr- und Versuchanstalt für Wein- und Gartenbau Mittelpunkt der Fortentwicklung des rheinhessischen Weinbaues; ihre Weinbau-Lehrschau ist Besuchern zugänglich. Nackenheim ist der Geburtsort Carl Zuckmayers, der den »Fröhlichen Weinberg« schrieb.

Den Rheinhessenwein trinkt man aus kleinen Bechergläsern zu 0,1 l, die man in die Tasche stecken kann, oder aus dem Römer zu 0,2 l.

Blick auf Oppenheim mit Katharinenkirche.

Rheinhessen

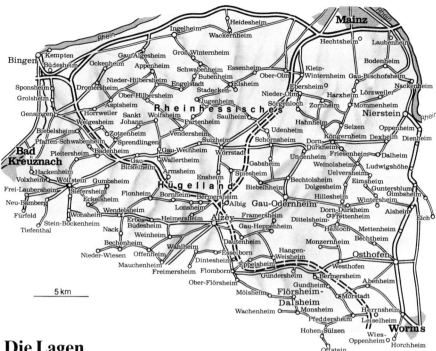

Die Lagen

In der Wahl der Ortsnamen wird von den rheinhessischen Betrieben kein einheitliches Schema angewandt. So kann entweder die Gemeinde oder der Ortsteil oder auch beides zusammen auf dem Etikett erscheinen, zum Beispiel: Binger Scharlachberg oder Bingen-Büdesheimer Scharlachberg oder Büdesheimer Scharlachberg. In Klammern stehen die Ortsteile, die auf dem Etikett erscheinen.

3 Bereiche
24 Großlagen
167 Gemarkungen
(Orte, Ortsteile)
446 Einzellagen

Bereich Bingen

I Großlage Sankt Rochuskapelle

Bingen
1 (Kempten) Schloßberg-Schwätzerchen
2 (Kempten) Kirchberg
3 (Kempten) Kapellenberg
4 (Gaulsheim, Kempten) Pfarrgarten
5 (Büdesheim) Bubenstück
6 (Büdesheim) Osterberg
7 (Büdesheim) Rosengarten
8 (Büdesheim) Scharlachberg
9 (Dietersheim) Schelmenstück
10 (Büdesheim) Schwarzenberg
11 (Dromersheim) Honigberg
12 (Dromersheim) Klosterweg
13 (Dromersheim) Mainzerweg

Sponsheim
14 Palmenstein

Grolsheim
15 Ölberg

Gensingen
16 Goldberg

Horrweiler
17 Goldberg
18 Gewürzgärtchen

Welgesheim
19 Kirchgärtchen

Biebelsheim
20 Honigberg
21 Kieselberg

Pfaffen-Schwabenheim
22 Hölle
23 Mandelbaum
24 Sonnenberg

Zotzenheim
25 Johannisberg
26 Klostergarten

Badenheim
27 Galgenberg
28 Römerberg

Aspisheim
29 Johannisberg
30 Sonnenberg

Ockenheim
31 Laberstall
32 Hockenmühle
33 St. Jakobsberg
34 Klosterweg
35 Kreuz
36 Schönhölle

II Großlage Abtey

Gau-Algesheim
37 Steinert
38 Johannisberg
39 Goldberg
40 Rothenberg
41 St. Laurenzikapelle

Appenheim
42 Daubhaus
43 Hundertgulden
44 Eselspfad
45 Drosselborn

Nieder-Hilbersheim
46 Honigberg
47 Steinacker
48 Mönchpforte

Ober-Hilbersheim
48 Mönchpforte T

Sprendlingen
49 Klostergarten
50 Honigberg
51 Hölle
52 Sonnenberg
53 Wißberg

Sankt Johann
54 Klostergarten
55 Steinberg
56 Geyersberg

Wolfsheim
57 Götzenborn
58 Osterberg
59 Sankt Kathrin

Partenheim
60 Sankt Georgen
61 Steinberg

III Großlage Rheingrafenstein

Pleitersheim
62 Sternberg

Volxheim
63 Mönchberg
64 Alte Römerstraße
65 Liebfrau

Hackenheim
66 Klostergarten
67 Sonnenberg
68 Galgenberg
69 Gewürzgarten
70 Kirchberg

Freilaubersheim
64 Alte Römerstraße
71 Kirchberg
72 Fels
73 Rheingrafenberg
74 Reichskeller

Tiefenthal
75 Graukatz

Fürfeld
76 Kapellenberg
77 Eichelberg
78 Steige

Stein-Bockenheim
79 Sonnenberg

Wonsheim
80 Sonnenberg
81 Hölle
82 Martinsberg

Neu-Bamberg
83 Eichelberg
84 Kletterberg
85 Kirschwingert
86 Heerkretz

Siefersheim
87 Heerkretz
88 Goldenes Horn
89 Höllberg
82 Martinsberg

Wöllstein
90 Haarberg-Katzensteg
91 Ölberg
92 Äffchen
93 Hölle

Eckelsheim
94 Kirchberg
95 Eselstreiber
96 Sonnenköpfchen

IV Großlage Adelberg

Nieder-Wiesen
97 Wingertsberg

Nack
98 Ahrenberg

Wendelsheim
99 Heiligenpfad
100 Steigerberg

Flonheim
101 (Uffhofen) Pfaffenberg
102 Bingerberg
103 (Uffhofen) La Roche
104 Rotenpfad
105 Klostergarten
106 (Uffhofen) Geisterberg

Erbes-Büdesheim
106 Geisterberg
107 Vogelsang

Bornheim
108 Hähnchen
109 Hütte-Terrassen
110 Kirchenstück
111 Schönberg

Lonsheim
112 Schönberg
113 Mandelberg

Bermersheim v. d. H.
114 Klostergarten
115 Hildegardisberg

Armsheim
116 (Schimsheim) Goldstückchen
117 (Schimsheim) Geiersberg
118 (Schimsheim) Leckerberg

Ensheim
119 Kachelberg

Wörrstadt
120 Kachelberg
121 Rheingrafenberg
120 (Rommersheim) Kachelberg

Sulzheim
122 Greifenberg
123 Honigberg
124 Schildberg

V Großlage Kurfürstenstück

Gumbsheim
125 Schloßhölle

Gau-Bickelheim
126 Bockshaut
127 Saukopf
128 Kapelle

Wallertheim
129 Vogelsang
130 Heil

Wöllstein
125 Schloßhölle
126 Bockshaut

Gau-Weinheim
131 Wißberg
132 Kaisergarten
133 Geyersberg

Vendersheim
134 Sonnenberg
135 Goldberg

VI Großlage Kaiserpfalz

Jugenheim
136 St. Georgenberg
137 Goldberg
138 Hasensprung
139 Heiligenhäuschen

Engelstadt
140 Adelpfad
141 Römerberg

Bubenheim
142 Kallenberg
143 Honigberg

Schwabenheim
144 Sonnenberg
145 Schloßberg
146 Klostergarten

Ingelheim
147 (Groß-Winternheim) Klosterbruder
148 (Groß-Winternheim) Bockstein
149 (Groß-Winternheim) Heilighäuschen
150 Schloßberg
151 Schloß Westerhaus
152 Sonnenhang
153 Rheinhöhe
154 Sonnenberg
155 Burgberg
156 Kirchenstück
157 Täuscherspfad
158 Horn
159 Pares
160 Steinacker
161 Höllenweg
162 Rotes Kreuz
163 Lottenstück
164 Rabenkopf

Wackernheim
165 Rabenkopf
166 Schwalben
167 Steinberg

Heidesheim
168 Geißberg
169 Steinacker
170 Höllenberg

Bereich Nierstein

VII Großlage Sankt Alban

Mainz
171 (Hechtsheim) Kirchenstück
172 (Laubenheim) Johannisberg
173 (Laubenheim) Edelmann
174 (Laubenheim) Klosterberg
175 (Ebersheim) Sand
176 (Ebersheim) Hüttberg
177 (Ebersheim) Weinkeller

Bodenheim
178 Mönchspfad
179 Burgweg
180 Ebersberg
181 Heitersbrünnchen
182 Reichsritterstift
183 Westrum
184 Hoch
185 Kapelle
186 Leidhecke

187 Silberberg
188 Kreuzberg

Gau-Bischofsheim
189 Glockenberg
190 Pfaffenweg
191 Kellersberg
192 Herrnberg

Harxheim
193 Börnchen
194 Schloßberg
195 Lieth

Lörzweiler
196 Ölgild
197 Hohberg

VIII Großlage Domherr

Klein-Winternheim
198 Geiershöll
199 Villenkeller
200 Herrgottshaus

Ober-Olm
201 Kapellenberg

Essenheim
202 Teufelspfad
203 Römerberg

Stadecken-Elsheim
204 (Elsheim) Bockstein
205 (Elsheim) Tempelchen
206 (Elsheim) Blume
207 (Elsheim) Lenchen
208 (Stadecken) Spitzberg

Saulheim
209 Probstey
210 Schloßberg
211 Hölle
212 Haubenberg
213 Pfaffengarten
214 Heiligenhaus

Udenheim
215 Goldberg
216 Sonnenberg
217 Kirchberg

Schornsheim
218 Mönchspfad
219 Ritterberg
220 Sonnenhang

Gabsheim
221 Dornpfad
222 Kirchberg
223 Rosengarten

Dazu kommen einzellagenfreie Rebflächen in den Gemarkungen Budenheim, Mainz-Finthen und Mainz-Drais.

IX Großlage Gutes Domtal

Nieder-Olm
224 Klosterberg
225 Sonnenberg
226 Goldberg

Lörzweiler
227 Königstuhl

»Nicodemus. Wenn ich Kaiser wäre, in Worms würde ich meinen Thron aufschlagen, warum? wegen der Liebfrauenmilch.« Nach einem alten Farbdruck.

Nackenheim
228 Schmittskapellchen

Nierstein (Ortsteil Schwabsburg)
229 Pfaffenkappe

Dexheim
230 Doktor

Dalheim
231 Steinberg
232 Kranzberg
233 Altdörr

Weinolsheim
234 Hohberg
235 Kehr

Friesenheim
236 Bergpfad
237 Knopf
238 Altdörr

Undenheim
239 Goldberg

Köngernheim
240 Goldgrube

Selzen
241 Rheinpforte
242 Gottesgarten
243 Osterberg

Hahnheim
244 Knopf
245 Moosberg

Sörgenloch
246 Moosberg

Zornheim
247 Vogelsang
248 Guldenmorgen
249 Mönchbäumchen
250 Dachgewann
251 Pilgerweg

Mommenheim
252 Osterberg
253 Silbergrube
254 Kloppenberg

X Großlage Spiegelberg

Nackenheim
255 Engelsberg
256 Rothenberg

Nierstein
257 Rosenberg
258 Klostergarten
259 Findling
260 Kirchplatte
261 Schloß Hohenrechen
262 Ebersberg
263 Bildstock
264 Brückchen
265 Paterberg
266 Hölle

XI Großlage Rehbach

Nierstein
267 Pettenthal
268 Brudersberg
269 Hipping
270 Goldene Luft

XII Großlage Auflangen

Nierstein
271 Kranzberg
272 Zehnmorgen
273 Bergkirche
274 Glöck
275 Ölberg
276 Heiligenbaum
277 Orbel
278 Schloß Schwabsburg

XIII Großlage Güldenmorgen

Oppenheim
279 Daubhaus
280 Zuckerberg

281 Herrenberg
282 Sackträger
283 Schützenhütte
284 Kreuz
285 Gutleuthaus

Dienheim
284 Kreuz
281 Herrenberg
286 Falkenberg
287 Siliusbrunnen
288 Höhlchen
289 Tafelstein

Uelversheim
289 Tafelstein

XIV Großlage Krötenbrunnen

Oppenheim
290 Schloßberg
291 Schloß
292 Paterhof
293 Herrengarten

Dienheim
291 Schloß
292 Paterhof
293 Herrengarten

Ludwigshöhe
294 Honigberg

Guntersblum
295 Steinberg
296 Sonnenhang
297 Sonnenberg
298 Eiserne Hand
299 Sankt Julianenbrunnen

Gimbsheim
300 Sonnenweg
301 Liebfrauenthal

Alsheim
302 Goldberg

Eich
303 Goldberg

Mettenheim
304 Goldberg

Hillesheim
305 Altenberg
306 Sonnenheil

Wintersheim
307 Frauengarten

Dolgesheim
308 Kreuzberg
309 Schützenhütte

Eimsheim
310 Hexelberg
311 Sonnenhang
312 Römerschanze

Uelversheim
313 Aulenberg
314 Schloß

XV Großlage Vogelsgärten

Ludwigshöhe
315 Teufelskopf

Guntersblum
316 Kreuzkapelle
317 Steig-Terrassen
318 Bornpfad
319 Authental
320 Himmelthal

XVI Großlage Petersberg

Bechtolsheim
321 Wingertstor
322 Sonnenberg
323 Homberg
324 Klosterberg

Gau-Odernheim
325 Herrgottspfad
326 Ölberg
327 Fuchsloch
328 Vogelsang
328 (Gau-Köngernheim) Vogelsang

Framersheim
329 Zechberg
330 Kreuzweg
331 Hornberg

Gau-Heppenheim
332 Schloßberg
333 Pfarrgarten

Albig
334 Schloß Hammerstein
335 Hundskopf
336 Homberg

Alzey
334 Schloß Hammerstein

Biebelnheim
337 Pilgerstein
338 Rosenberg

Spiesheim
339 Osterberg

XVII Großlage Rheinblick

Alsheim
340 Fischerpfad
341 Frühmesse
342 Römerberg
343 Sonnenberg

Dorn-Dürkheim
344 Hasensprung
345 Römerberg

Mettenheim
346 Michelsberg
347 Schloßberg

Bereich Wonnegau

XVIII Großlage Sybillenstein

Bechenheim
348 Fröhlich

Offenheim
349 Mandelberg

Mauchenheim
350 Sioner Klosterberg

Alzey
351 (Weinheim) Mandelberg
352 (Weinheim) Hölle
353 (Weinheim) Kirchenstück
354 (Weinheim) Kapellenberg

Weinlese in der Pfalz bei Diedesfeld. Im Hintergrund das Hambacher Schloß. ▷

355 (Weinheim) Heiliger Blutberg
356 (Heimersheim) Sonnenberg
357 (Heimersheim) Rotenfels
354 Kapellenberg
358 Römerberg
359 (Schafhausen) Pfaffenhalde
360 Wartberg
361 (Dautenheim) Himmelacker

Wahlheim
362 Schelmen

Freimersheim
363 Frankenstein

XIX Großlage Bergkloster

Esselborn
364 Goldberg

Flomborn
365 Feuerberg
366 Goldberg

Dintesheim
367 Felsen

Eppelsheim
367 Felsen

Hangen-Weisheim
368 Sommerwende

Gundersheim
369 Höllenbrand
370 Königstuhl

Gundheim
371 Sonnenberg
372 Mandelbrunnen
373 Hungerbiene

Bermersheim
374 Hasenlauf

Westhofen
375 Rotenstein
376 Steingrube
377 Benn
378 Morstein
379 Brunnenhäuschen
380 Kirchspiel
381 Aulerde

XX Großlage Pilgerpfad

Frettenheim
382 Heil

Dittelsheim-Heßloch
383 (Dittelsheim) Lekkerberg
384 (Dittelsheim) Pfaffenmütze

385 (Dittelsheim) Mönchhube
386 (Dittelsheim) Kloppberg
387 (Dittelsheim) Geiersberg
388 (Heßloch) Liebfrauenberg
389 (Heßloch) Edle Weingärten
390 (Heßloch) Mondschein

Monzernheim
391 Goldberg
392 Steinböhl

Bechtheim
393 Hasensprung
394 Heiligkreuz

Osthofen
395 Rheinberg
396 Klosterberg
397 Liebenberg
398 Kirchberg

XXI Großlage Gotteshilfe

Bechtheim
399 Rosengarten
400 Geyersberg
401 Stein

Osthofen
402 Hasenbiß
403 Neuberg
404 Leckzapfen
405 Goldberg

XXII Großlage Burg Rodenstein

Ober-Flörsheim
406 Blücherpfad
407 Deutschherrenberg

Bermersheim
408 Seilgarten

Flörsheim-Dalsheim
409 (Dalsheim) Hubacker
410 (Dalsheim) Sauloch
411 (Flörsheim) Steig
412 (Flörsheim) Bürgel
413 (Flörsheim) Goldberg
414 (Flörsheim) Frauenberg

Mörstadt
415 Nonnengarten
416 Katzenbuckel

XXIII Großlage Domblick

Mölsheim
417 Zellerweg am schwarzen Herrgott
418 Silberberg

Wachenheim
419 Rotenberg
420 Horn

Monsheim
421 Silberberg
422 (Kriegsheim) Rosengarten

Hohen-Sülzen
423 Sonnenberg
424 Kirchenstück

Offstein
425 Engelsberg
426 Schloßgarten

XXIV Großlage Liebfrauenmorgen

Worms
427 (Abenheim) Goldpfad
428 (Abenheim) Klausenberg
429 (Abenheim) Kapellenstück

430 (Abenheim) Bildstock
431 (Herrnsheim) Rheinberg
432 St. Cyriakusstift
433 Liebfrauenstift-Kirchenstück
434 Remeyerhof
435 (Herrnsheim) Lerchelsberg
436 (Herrnsheim) Sankt Annaberg
437 (Herrnsheim, Pfeddersheim) Hochberg
438 (Pfeddersheim) St. Georgenberg
439 (Pfeddersheim) Kreuzblick
440 (Herrnsheim) Römersteg
441 (Leiselheim) Nonnenwingert
442 (Horchheim) Goldberg
443 (Weinsheim) Burgweg
444 (Wies-Oppenheim) Am Heiligen Häuschen
445 (Heppenheim) Affenberg
446 (Heppenheim) Schneckenberg

Karl Adams

Rheinpfalz

Landschaft

Das Weinbaugebiet Rheinpfalz liegt im südlichsten Teil des Landes Rheinland-Pfalz, am Westrand des Oberrheingrabens. Im Süden wird das Gebiet durch die deutsch-französische Grenze, im Westen durch die Wasgauberge, das Haardtgebirge und das Donnersbergmassiv, im Norden durch das Flüßchen Pfrimm, das etwa in der Höhe von Worms in den Rhein mündet, begrenzt. Im Osten laufen die Weinberge in die Rheinebene aus, ohne bis an den Fluß zu reichen.
Durch den 80 km langen und 6 bis 10 km breiten Rebgürtel zieht sich die »Deutsche Weinstraße«. Am Ostrand des Weinbaugebietes verläuft ein Teil der linksrheinischen Autobahn, deren Abzweigung nach Saarbrücken durch die Weinlandschaft führt. Mit Bad Bergzabern, Landau, Neustadt an der Weinstraße, Bad Dürkheim und Grünstadt sind die größeren Städte genannt, die direkt im Weinbaugebiet liegen; Ludwigshafen, Speyer und Frankenthal sind Städte am Ostrand der Weinbauzone. Die Größe des in sich geschlossenen Weinbaugebietes, seine Monokultur und die wellige bis hügelige Lage der Rebflächen lassen den Eindruck eines Rebenmeeres entstehen.

Geschichte

Im 1. und 2. Jahrhundert nach Christus breitete sich der Weinbau in der Rheinpfalz im Zuge der Besiedlung durch die Römer aus. Dieser Zeit entstammen zahlreiche Funde von gallo-römischen und römischen Winzergeräten (Kärste, Winzermesser – Sesel –) sowie Trinkgefäßen, die im Landesmuseum in Speyer aufbewahrt werden.
Im 5. Jahrhundert übernehmen die Alemannen, anschließend die Franken den Weinbau in diesem Gebiet. 653 bestätigt König Sigebert III. der Kirche zu Speyer den Weinzehnten aus dem Speyergau. Die Schenkungsurkunden der Klöster Lorsch und Weißenburg belegen in der karolingischen Zeit den Weinbau in zahlreichen Orten der Rheinpfalz. Auch die Klöster Hördt, Klingenmünster, Heilsbruck, Eußerthal, Otterberg sowie die Fürstbischöfe von Speyer erhalten durch Schenkungen reichen Reblandbesitz.
Die größte Ausbreitung des Weinbaues in der Rheinpfalz, auch am Donnersberg und in den Tälern der Westpfalz, bringt das späte Mittelalter. Der Dreißigjährige und der orleanische Krieg werfen den Weinbau stark zurück. Im 18. Jahrhundert fördern die Landesherren, besonders Kurfürst Karl Theodor von der Pfalz und Fürstbischof Kardinal von Hutten, den pfälzischen Weinbau. Die Vereinigung mit Bayern 1777 erschließt neue (bayerische) Absatzgebiete für die Rheinpfälzer Weine. 1790 werden die ersten Qualitätsweine in Deidesheim zum etwa Fünffachen der üblichen Weinpreise verkauft. 1873 erfolgt die Gründung des Vereins Pfälzer Weinproduzenten, 1908 die Gründung des Vereins der Naturweinversteigerer.

◁ Malerisches Pfälzer Weinstädtchen. Deidesheim mit Rathaus und Stadtkirche.

Standorte

Der Weinbau in der Rheinpfalz wird vorwiegend in Hang- und Flachlagen betrieben; nur etwa 5% der Flächen sind Steillagen, die wiederum nur an wenigen Orten terrassiert sind.
Die Rebflächen liegen 100 bis 300 m, im Mittel bei 150 m über NN.

Boden

Die Millionen von Rebstöcken entlang der deutschen Weinstraße stehen auf den unterschiedlichsten Böden. Die Verwitterungsprodukte des Buntsandsteins, aus dem die Bergrücken des Pfälzer Waldes bestehen, bilden die sandigen Lehm- bis lehmigen Sandböden am Haardtrand, auf denen kräftige, vollmundige Riesling-, Traminer- und Scheurebeweine, aber auch feinfruchtige, warme, milde Portugieserweine wachsen. Gewaltige Staubstürme haben früher weite Teile des Gebietes mit Löß überdeckt. Auf den daraus entstandenen Löß-Lehm-Böden reifen duftige, blumige, ausdrucksvolle Müller-Thurgau-, Silvaner- und Ruländerweine ebenso wie sortentypische Weine der Neuzüchtungen Kerner und Morio-Muskat. Eingestreute Muschelkalk-, Granit-, Porphyr-, Zechstein- und Schiefer-Ton-Inseln haben Lehm-, lehmige Ton-, Ton- und Mergelböden entstehen lassen. Gerade diese oft ziemlich schweren Böden sind prädestiniert für wuchtige, nachhaltige Weine aus allen bereits genannten Rebsorten.

Klima

Im Windschatten der Wasgauberge und des Haardtgebirges herrscht ein sehr mildes und warmes Klima, das neben den Trauben auch Mandeln, Edelkastanien, Zitrusfrüchte und Feigen reifen läßt und der Landschaft einen südländischen Charakter verleiht. Die klimatischen Unterschiede zwischen den einzelnen Lagen sind nur gering und werden im wesentlichen durch Windoffenheit, Hangneigung und Hangorientierung bedingt.
Für Neustadt/Weinstraße ergeben sich folgende Mittelwerte:

Durchschnittstemperatur
    Jahr   10,1° C
    Vegetationszeit   15,0° C
Sonnenscheindauer
    Jahr   1712 Stunden
    Vegetationszeit   1248 Stunden
Niederschlagsmenge
    Jahr   614 mm
    Vegetationszeit   385 mm

Rebsorten

Der Silvaner, jahrzehntelang als Hauptrebsorte der Pfalz bekannt, hat diese Vormachtstellung in den letzten Jahren zugunsten des Müller-Thurgau geräumt. Mit beiden Sorten sind heute insgesamt fast 50% der Rebfläche bestockt. Im Anbau zurückgegangen ist auch die einzige im Anbau bedeutende Rotweinsorte, der Portugieser. Prozentual gleich geblieben, dabei aber flächenmäßig gestiegen, ist der Rieslinganbau. In Ausdruck und Bukett kräftige Rebsorten wie Morio-Muskat, Kerner und Scheurebe haben sich, der Nachfrage entsprechend, schon bedeu-

Der Slevogthof in Leinsweiler an der Deutschen Weinstraße.

tende Stammplätze im Rebsortiment erobert. Auch Traminer und Gewürztraminer, die bereits im 17. Jahrhundert zu den bekannten Rebsorten der Pfalz zählten, oder Ruländer, der als Konkurrenz zum Traminer im 18. Jahrhundert weite Teile der Pfalz bedeckte, nahmen im Anbau wieder zu.
Alle genannten Rebsorten werden über das ganze Gebiet gestreut angebaut, dabei gedeiht natürlich an dem einen Standort diese, am anderen jene Rebsorte besser.

Anbau

Durch die weitgehende Umstellung auf Pfropfreben und den Anbau hochselektionierter Klone wurden Ertrag und Qualität gesichert. Die Reben werden ausnahmslos am Drahtrahmen erzogen, wobei festzustellen ist, daß die Vollerwerbswinzer aus Rationalisierungsgründen von der Normalanlage mit Gassenweiten von 1,4 bis 1,6 m auf Spalieranlagen mit Gassenweiten von 1,8 bis 2,4 m umstellen. Neben der Streck- und Flachbogenerziehung werden in den Anlagen mit weiteren Gassen die Reben mit Pendelbogen erzogen. In allen Anlageformen werden 8 bis 12 Augen pro m² je nach Rebsorte angeschnitten.

Art

Pfalzwein ist sicher nicht schwer, wie irrtümlich manchmal behauptet wird. Pfalzwein kann, dank der vielen Sorten, die auf den verschiedensten Böden wachsen, und der unterschiedlichen Qualitäten, die hier reifen, sowohl ein flüchtiger Bekannter wie auch ein beständiger Freund sein, wenn man an Frische, Lagerdauer und Bekömmlichkeit denkt. Die Vielfalt der Sorten und Böden macht die Probe Pfäl-

Bestockte Rebfläche

Sorten	in % 1954	in % 1964	in % 1974	in ha 1975	in % 1976	in ha 1976
Müller-Thurgau	6,5	20,3	24,3	5 137	24,5	5 227
Silvaner	54,4	39,4	23,4	4 616	20,0	4 272
Riesling	13,0	13,6	13,9	2 877	13,7	2 919
Portugieser	20,4	17,7	11,6	2 336	10,3	2 195
Morio-Muskat	k. A.	3,9	7,3	1 569	7,6	1 619
Kerner	–	–	3,8	944	5,5	1 178
Scheurebe	k. A.	0,6	3,4	765	4,0	845
Ruländer	k. A.	0,6	2,9	613	2,9	619
Traminer, Gewürztraminer	k. A.	1,1	1,7	356	1,7	358
Weißburgunder	k. A.	1,0	1,3	282	1,3	281
sonstige	5,7	1,8	6,4	1 481	3,9	825
insgesamt in ha	14 734	17 670	20 748	20 976		21 338

k. A. = keine Angaben

zer Weine immer reizvoll. Der Müller-Thurgau-Wein kann als mild und blumig angesprochen werden, seine typische Art entwickelt er auf den Löß-Lehm-Böden. Der Silvanerwein dieser Landschaft ist

Rheinpfalz

Blick auf die Burg Neuleiningen bei Grünstadt.

dagegen eher neutral bei ebenfalls milder Säure. Auf kräftigen Böden gewachsen, bringt er Saft und Fülle mit. Feinfruchtige, warme, milde Weine liefert die Portugiesertraube. Ihre Farbausbeute läßt manchmal zu wünschen übrig, so daß sich die Weißherbstbereitung anbietet. Rieslingweine sind auch in der Pfalz feinduftig, von fruchtiger Säure und herzhafter Art. Als Pfälzer Spezialität ist die Morio-Muskat-Rebe anzusprechen, erfährt sie doch in diesem Gebiet ihre größte Verbreitung. Mit einem lebhaften, oft lauten Bukett ausgestattet, regt der Wein dennoch durch seine kräftige Art zum Trinken an. Der Wein der Kernerrebe, deren Anbau in der Rheinpfalz sich stürmisch ausweitet, überzeugt immer durch seine auch in geringen Jahren gute Reife und die sich auf den leichten bis mittelschweren Böden entwickelnde weinige Art bei zartem Bukett. Die Scheurebe, spät geerntet, bringt Weine mit kräftigem, aber feinartigem, fruchtigem Bukett, das eine frische, lebendige Art im Geschmack begleitet. Traminer- und Gewürztraminerweine glänzen durch ihre würzigen und aromatischen Bukette und Geschmacksnuancen bei milder Säure. Während der Ruländerwein auch in der Pfalz sich durch Fülle und Reife bei häufig durch Edelfäule betontem Bukett auszeichnet, präsentiert sich der Weißburgunder, im Mergelboden gewachsen, duftig mit einem kräftigen Säurerückgrat. Auslesen, Beeren- und Trockenbeerenauslesen werden dank des vorzüglichen Klimas in jedem Jahr geerntet.

Erzeugung und Absatz

Von der Gesamt-Rebfläche wurden 1972/73 die Erträge
• von 26,5% als Trauben den 32 Winzergenossenschaften,
• von 11,3% als Trauben den Weinhandelsbetrieben angeliefert,
• von 62,2% von den Erzeugerbetrieben selbst verarbeitet, und zwar von 42,5% als Faßwein und von 19,7% als Flaschenwein verkauft.
1972 wurden die Rebflächen der Pfalz von 15 239 (1964 von 20 713) Betrieben bewirtschaftet. Etwa zwei Drittel davon sind Nebenerwerbsbetriebe, rund 5 000 Vollerwerbsbetriebe vorwiegend familienbäuerlicher Struktur. Die Vollerwerbsbetriebe bewirtschaften etwa zwei Drittel der Gesamtrebfläche. Die Zahl der Nebenerwerbsbetriebe ist rückläufig, die der Vollerwerbsbetriebe nimmt zu. Die Vermarktung durch die Genossenschaften und die selbstmarktenden Erzeugerbetriebe nimmt ebenfalls zu. Die Betriebe werden durch zwei Maschinenringe unterstützt.
Die erzeugten Weine werden, abgesehen vom Export, vorwiegend im süddeutschen Raum, in Baden-Württemberg, in Bayern, in Hessen und in Rheinland-Pfalz getrunken. Steigende Umsatzanteile kann der Pfalzwein aber neuerdings auch in den Räumen nördlich der Mainlinie verbuchen.

Weinreise

Das Weinbaugebiet Rheinpfalz wird vor allem durch die »Deutsche Weinstraße«, gekennzeichnet mit der stilisierten Weintraube, erschlossen. Vom Deutschen Weintor nahe der deutsch-französischen

Der Winzerort Wachenheim an der Weinstraße.

Grenze bei Schweigen führt sie durch 46 Winzerorte bis nach Bockenheim an der nördlichen Grenze des Weinbaugebietes. Auch über den »Wanderweg Deutsche Weinstraße« kann man das Gebiet vortrefflich kennenlernen. Fast in allen 152 Weinbaugemeinden sind selbstmarktende Weinbaubetriebe, Genossenschaften oder Weinhandelsbetriebe beheimatet, die auch an den Wochenenden den Besuchern gern ihre Weine anbieten. In vielen Orten an der Deutschen Weinstraße werden von der Landjugend oder den örtlichen Weinbauvereinen Weinprobierstände bewirtschaftet.

Mit den ersten Frühjahrsblüten beginnen auch die Weinfeste, die dann allwöchentlich in mehreren Weinbaugemeinden gefeiert werden und letztlich dem Ziel dienen, den Gast mit dem Pfalzwein bekanntzumachen. So steht beim Gimmeldinger Mandelblütenfest, der Deidesheimer Geißbockversteigerung, dem Billigheimer Purzelmarkt, dem Weinfest »Südliche Weinstraße«, dem Dürkheimer Wurstmarkt oder dem Landauer Federweißenfest – um nur einige der bekanntesten Wein- und Volksfeste zu nennen – stets der Wein im Mittelpunkt. Die deutsche und die pfälzische Weinkönigin werden auf dem Deutschen Weinlesefest in Neustadt an der Weinstraße, dessen Winzerfestzug alljährlich viele Besucher anlockt, gekrönt. Auf allen Weinfesten haben die Gäste Gelegenheit, bei fachlich ausgerichteten Weinproben den gebietstypischen Wein zu kosten. Vor allem auch die erste deutsche Weinbruderschaft, die Weinbruderschaft der Pfalz mit ihrem Wahlspruch: »In vite vita«, bemüht sich mit ihrer großen »Pfälzer Weinprobe« und vielen weinbezogenen Veranstaltungen, den Wein der Rheinpfalz bekannt zu machen.

Pfälzer Weine werden besonders in grüne 1-l-Flaschen und braune 0,7-l-Flaschen abgefüllt, in letztere vorwiegend die hochwertigeren Weine. Die Getränkekarten der Gaststätten führen immer mehrere offene Weiß- und Rotweine, die meistens im Viertel (0,25 l) angeboten und im Pfalzweinrömer ausgeschenkt werden. Der geselligen Art des Pfälzers entspricht es, in der Tischrunde Wein in einem Schoppenglas (0,5 l) kreisen zu lassen. Gerne trinkt der Einheimische trockene, herbe Weine, die auch in jeder Gaststätte bestellt werden können und auf Weinfesten ausgeschenkt werden.

In den Gaststuben gibt es als Pfälzer Spezialitäten den Saumagen, Leberknödel, Dampfnudeln mit Weinsauce und zum Wein Hausmacher Leber-, Grieben- und Bratwurst oder Handkäse.

Die bedeutendste weinkulturelle Sehenswürdigkeit ist das Weinmuseum im Landesmuseum in Speyer. Es wurde schon 1910 gegründet, ist also das älteste deutsche Weinmuseum überhaupt. Sehenswert sind ferner in Schweigen das Deutsche Weintor und der 1. Weinlehrpfad, ferner der Weinlehrpfad in Edenkoben, das Dürkheimer Faß, die Weinkeller der großen Weingüter in den Orten der Mittelhaardt sowie schließlich die vielen romantischen Winzerhäuser mit ihren typischen Torbogen und den Hausrebstöcken.

Mit dem Auto kann man an einem Tag entlang der Weinstraße das Weinbaugebiet erkunden. Ein besonderes Erlebnis ist es, mit einer der Seilbahnen (Edenkoben, Bad Dürkheim) oder auf den gut ausgebauten Straßen einen der vielen Aussichtspunkte am Haardtrand anzufahren, um die Weinlandschaft aus der Vogelperspektive zu erfassen.

Bei mehrtägigem Aufenthalt sollte man mindestens eine Tageswanderung im Weinbaugebiet selbst oder im Pfälzer Wald, dem Naturpark mit der größten zusammenhängenden Waldfläche Deutschlands, einplanen. Eine ganz besondere, lehrreiche Attraktion für den Weinfreund aber ist es, einen von der Fremdenverkehrswerbung angebotenen Urlaub im Weingut zu verbringen.

Rheinpfalz

Die Lagen

2 Bereiche
26 Großlagen
170 Gemarkungen (Orte, Ortsteile)
335 Einzellagen

Bereich Mittelhaardt/ Deutsche Weinstraße

I Großlage Schnepfenflug vom Zellertal (Zell)

Morschheim
1 Im Heubuch

Kirchheimbolanden
2 Schloßgarten

Bolanden
3 Schloßberg

Herbstfuhrwerk auf dem Weinlehrpfad bei Edenkoben.

Rittersheim
4 Am hohen Stein

Gauersheim
5 Goldloch

Stetten
6 Heilighäuschen

Albisheim
7 Heiligenborn

Einselthum
8 Klosterstück
9 Kreuzberg

Zellertal
8 (Zell) Klosterstück
9 (Zell) Kreuzberg
10 (Zell) Königsweg
11 (Zell) Schwarzer Herrgott
9 (Niefernheim) Kreuzberg
10 (Niefernheim) Königsweg
12 (Harxheim) Herrgottsblick

Bubenheim
13 Hahnenkamm

Immesheim
14 Sonnenstück

Ottersheim/Zellertal
15 Bräunersberg

Rüssingen
16 Breinsberg

Kerzenheim
17 Esper

Weitere Rebflächen in Bischheim und Marnheim (keine Einzellagen).

II Großlage Grafenstück (Bockenheim)

Bockenheim an der Weinstraße
18 Schloßberg
19 Vogelsang
20 Haßmannsberg
21 Burggarten
22 Klosterschaffnerei
23 Sonnenberg
24 Goldgrube
25 Heiligenkirche

Kindenheim
19 Vogelsang
23 Sonnenberg
26 Katzenstein
27 Burgweg

Obrigheim
23 Sonnenberg
28 Benn
29 Hochgericht
30 Rosengarten
31 Mandelgarten
32 Schloß

Die Winzer von Albsheim, Mühlheim und Heidesheim verwenden noch die alten Ortsbezeichnungen zusammen mit den Einzellagennamen.

III Großlage Höllenpfad (Grünstadt)

Mertesheim
33 St. Martinskreuz

Grünstadt
34 (Asselheim) Goldberg
35 (Asselheim) St. Stephan
36 (Asselheim) Schloß
37 Bergel
38 Röth
39 (Sausenheim) Hütt
40 (Sausenheim) Honigsack
41 (Sausenheim) Klostergarten

Neuleiningen
42 Feuermännchen
43 Sonnenberg
44 Schloßberg

Kleinkarlbach
45 Herrgottsacker
46 Herrenberg
47 Senn
48 Frauenländchen
49 Kieselberg

Battenberg
50 Schloßberg

IV Großlage Schwarzerde (Kirchheim)

Kleinniedesheim
51 Schloßgarten
52 Vorderberg

Großniedesheim
53 Schafberg

Heuchelheim bei Frankenthal
54 Steinkopf

Dirmstein
55 Herrgottsacker

56 Jesuitenhofgarten
57 Mandelpfad

Obersülzen
58 Schnepp

Heßheim
59 Lange Els

Gerolsheim
60 Lerchenspiel
61 Klosterweg

Laumersheim
62 Kapellenberg
63 Mandelberg
64 Kirschgarten

Großkarlbach
65 Burgweg
66 Osterberg

Bissersheim
67 Held

Die Weinbaugebiete

68 Steig
69 Orlenberg
70 Goldberg

Kirchheim an der Weinstraße
71 Kreuz
72 Römerstraße
73 Steinacker
74 Geißkopf

V Großlage Rosenbühl (Freinsheim)

Lambsheim
75 Burgweg

Weisenheim am Sand
75 Burgweg
76 Hahnen
77 Halde
78 Hasenzeile
79 Altenberg
80 Goldberg

Freinsheim
80 Goldberg

Erpolzheim
81 Kieselberg
82 Goldberg

VI Großlage Kobnert (Kallstadt)

Dackenheim
83 Mandelröth
84 Kapellgarten
85 Liebesbrunnen

Weisenheim am Berg
86 Mandelgarten
87 Sonnenberg

Herxheim am Berg
88 Kirchenstück
89 Himmelreich
90 Honigsack

Freinsheim
91 Musikantenbuckel
92 Oschelskopf
93 Schwarzes Kreuz

Erpolzheim
94 Kirschgarten

Ungstein
95 Osterberg
96 Bettelhaus

Kallstadt
97 Kronenberg
98 Steinacker

Leistadt
99 Kalkofen
100 Kirchenstück
101 Herzfeld

VII Großlage Feuerberg (Bad Dürkheim)

Bobenheim am Berg
102 Ohligpfad
103 Kieselberg

Weisenheim am Berg
104 Vogelsang

Kallstadt
105 Annaberg

106 Kreidkeller

Bad Dürkheim
107 Herrenmorgen
108 Steinberg
109 Nonnengarten

Ellerstadt
110 Sonnenberg
111 Dickkopp
112 Bubeneck

Gönnheim
113 Martinshöhe

VIII Großlage Saumagen

Kallstadt
114 Nill
115 Kirchenstück
116 Horn

IX Großlage Honigsäckel

Ungstein
117 Weilberg
118 Herrenberg
119 Nußriegel

X Großlage Hochmeß (Bad Dürkheim)

Ungstein
120 Michelsberg

Bad Dürkheim
120 Michelsberg
121 Spielberg
122 Rittergarten
123 Hochbenn

XI Großlage Schenkenböhl (Wachenheim)

Bad Dürkheim
124 Abtsfronhof
125 Fronhof
126 Fuchsmantel

Wachenheim
126 Fuchsmantel
127 Königswingert
128 Mandelgarten
129 Odinstal
130 Schloßberg

XII Großlage Schnepfenflug an der Weinstraße (Forst)

Friedelsheim
131 Kreuz
132 Schloßgarten
133 Bischofsgarten

Wachenheim
133 Bischofsgarten
134 Luginsland

Forst an der Weinstraße
133 Bischofsgarten
135 Süßkopf
136 Stift

Deidesheim
137 Letten

XIII Großlage Mariengarten (Forst)

Wachenheim
138 Böhlig
139 Belz
140 Rechbächel
141 Goldbächel
142 Gerümpel
143 Altenburg

Forst
144 Musenhang
145 Pechstein
146 Jesuitengarten
147 Kirchenstück
148 Freundstück
149 Ungeheuer
150 Elster

Deidesheim
151 Herrgottsacker
152 Mäushöhle
153 Kieselberg
154 Kalkofen
155 Grainhübel
156 Hohenmorgen
157 Leinhöhle
158 Langenmorgen
159 Paradiesgarten

XIV Großlage Hofstück (Deidesheim)

Ellerstadt
160 Kirchenstück

Gönnheim
161 Sonnenberg
162 Mandelgarten
163 Klostergarten

Friedelsheim
164 Rosengarten
165 Gerümpel

Hochdorf-Assenheim
166 Fuchsloch

Rödersheim-Gronau
166 Fuchsloch

Niederkirchen
167 Osterbrunnen
168 Klostergarten
169 Schloßberg

Deidesheim
170 Nonnenstück

Ruppertsberg
171 Linsenbusch
172 Hoheburg
173 Gaisböhl
174 Reiterpfad
175 Spieß
176 Nußbien

Meckenheim
177 Wolsdarm
178 Spielberg
179 Neuberg

XV Großlage Meerspinne (Neustadt, Ortsteil Gimmeldingen)

Königsbach an der Weinstraße
180 Ölberg
181 Idig
182 Jesuitengarten
183 Reiterpfad

Gimmeldingen
184 Bienengarten
185 Kapellenberg
186 Mandelgarten
187 Schlössel

Mußbach an der Weinstraße
188 Eselshaut
189 Glockenzehnt
190 Kurfürst
191 Spiegel
192 Bischofsweg
193 Johannitergarten

Haardt an der Weinstraße
194 Mandelring
195 Herzog
196 Herrenletten
197 Bürgergarten

Neustadt an der Weinstraße
198 Mönchgarten

XVI Großlage Rebstöckel (Neustadt an der Weinstraße, Ortsteil Diedesfeld)

Neustadt an der Weinstraße
199 Grain
200 Erkenbrecht

Hambach an der Weinstraße
201 Kaiserstuhl
202 Kirchberg
203 Feuer
204 Schloßberg

Diedesfeld
205 Ölgässel
206 Johanniskirchel
207 Paradies

XVII Großlage Pfaffengrund (Neustadt, Ortsteil Diedesfeld)

Diedesfeld
208 Berg

Hambach an der Weinstraße
209 Römerbrunnen

Lachen/Speyerdorf
210 Langenstein
211 Lerchenböhl
212 Kroatenpfad

Duttweiler
213 Kreuzberg
214 Mandelberg
215 Kalkberg

Geinsheim
216 Gässel

Bereich südliche Weinstraße

XVIII Großlage Mandelhöhe

Maikammer
217 Alsterweiler Kapellenberg
218 Kirchenstück
219 Immengarten
220 Heiligenberg

Kirrweiler
221 Römerweg
222 Mandelberg
223 Oberschloß

XIX Großlage Schloß Ludwigshöhe (Edenkoben)

St. Martin
224 Kirchberg
225 Baron
226 Zitadelle

Edenkoben
227 Bergel
228 Heilig Kreuz
229 Klostergarten
230 Heidegarten
231 Kirchberg
232 Blücherhöhe
233 Mühlberg
234 Schwarzer Letten
235 Kastaniengarten

XX Großlage Ordensgut (Rhodt)

Rhodt
236 Klosterpfad
237 Schloßberg
238 Rosengarten

Weyher in der Pfalz
239 Michelsberg
240 Heide

Hainfeld
241 Letten
242 Kapelle
243 Kirchstück

Edesheim
244 Forst
245 Mandelhang
246 Schloß
247 Rosengarten

XXI Großlage Trappenberg (Hochstadt)

Böbingen
248 Ortelberg

Altdorf
249 Gottesacker
250 Hochgericht

Venningen
251 Doktor

Groß- und Kleinfischlingen
252 Kirchberg

Freimersheim
253 Bildberg

Essingen
254 Roßberg
255 Sonnenberg
256 Osterberg

Ottersheim
257 Kahlenberg

Knittelsheim
258 Gollenberg

Bellheim
258 Gollenberg

Bornheim
259 Neuberg

Hochstadt
260 Roter Berg

Zeiskam
261 Klostergarten

Lustadt
261 Klostergarten

Weingarten
262 Schloßberg

Schwegenheim
263 Bründelsberg

Römerberg
264 Schlittberg
265 Alter Berg
266 Narrenberg

Ohne Lagennamen Rebflächen in den Gemarkungen Gommersheim und Offenbach.

XXII Großlage Bischofskreuz (Walsheim)

Burrweiler
267 Altenforst
268 St. Annaberg
269 Schäwer
270 Schloßgarten

Gleisweiler
271 Hölle

Flemlingen
272 Herrenbuckel
273 Vogelsprung
274 Zechpeter

Böchingen
275 Rosenkranz

Nußdorf
276 Herrenberg
277 Kaiserberg
278 Kirchenstück

Walsheim
279 Forstweg
280 Silberberg

Roschbach
281 Simonsgarten
282 Rosenkränzel

Knöringen
283 Hohenrain

Dammheim
284 Höhe

Baden

XXIII Großlage Königsgarten (Godramstein)

Landau in der Pfalz
285 Altes Löhl

Godramstein
286 Klostergarten
287 Münzberg

Frankweiler
288 Kalkgrube
289 Biengarten

Albersweiler
290 (St. Johann) Latt
291 Kirchberg

Siebeldingen
292 Mönchspfad
293 Im Sonnenschein
294 Rosenberg

Birkweiler
294 Rosenberg
295 Kastanienbusch
296 Mandelberg

Ranschbach
297 Seligmacher

Arzheim
297 Seligmacher
294 Rosenberg

6 ha Rebfläche ohne Lagennamen in der Gemarkung Gräfenhausen.

XXIV Großlage Herrlich (Eschbach)

Leinsweiler
298 Sonnenberg

Eschbach
299 Hasen

Göcklingen
300 Kaiserberg

Ilbesheim
298 Sonnenberg
301 Rittersberg

Wollmesheim
302 Mütterle

Mörzheim
303 Pfaffenberg

Impflingen
304 Abtsberg

Insheim
305 Schäfergarten

Rohrbach
305 Schäfergarten

Herxheim bei Landau/Pfalz
306 Engelsberg

Herxheimweyher
307 Am Gaisberg

XXV Großlage Kloster Liebfrauenberg (Bad Bergzabern)

Klingenmünster
308 Maria Magdalena

Göcklingen
309 Herrenpfad

Heuchelheim-Klingen
309 Herrenpfad

Rohrbach
310 Mandelpfad

Billigheim-Ingenheim
310 (Billigheim-Rohrbach) Mandelpfad
311 (Billigheim) Venusbuckel

312 (Billigheim) Sauschwänzel
313 (Appenhofen) Steingebiß
314 (Ingenheim) Pfaffenberg
315 (Billigheim) Rosenberg

Es dürfen noch die alten Ortsnamen verwendet werden, wie Ingenheimer Kloster Liebfrauenberg (Großlage), Pfaffenberg (314), Appenhofener Kloster Liebfrauenberg (Großlage), Steingebiß (313), Mühlhofener Kloster Liebfrauenberg (Großlage), Rosenberg (315).

Steinweiler
315 Rosenberg

Winden
316 Narrenberg

Hergersweiler
316 Narrenberg

Barbelroth
317 Kirchberg

Oberhausen
318 Frohnwingert

Niederhorbach
319 Silberberg

Gleiszellen-Gleishorbach
320 Kirchberg
321 Frühmess

Pleisweiler-Oberhofen
322 Schloßberg

Bad Bergzabern
323 Altenberg

Kapellen-Druswiler
324 Rosengarten

XXVI Großlage Guttenberg (Schweigen)

Bad Bergzabern
325 Wonneberg

Dörrenbach
325 Wonneberg

Oberotterbach
326 Sonnenberg

Schweigen-Rechtenbach
326 Sonnenberg

Schweighofen
326 Sonnenberg
327 Wolfsberg

Kapsweyer
328 Lerchenberg

Steinfeld
329 Herrenwingert

Niederotterbach
330 Eselsbuckel

Dierbach
331 Kirchhöh

Vollmersweiler
332 Krapfenberg

Freckenfeld
333 Gräfenberg

Kandel
334 Galgenberg

Minfeld
335 Herrenberg

Bruno Götz

Baden

Landschaft

Von der Tauber im Norden reicht das badische Weinbaugebiet als mehr oder weniger breites Band mit einigen Unterbrechungen bis zur Schweizer Grenze. Nördlich von Heidelberg an den Hängen des Odenwaldes, östlich davon am Neckar entlang und südlich im Hügelland des Kraichgaues reichen die Weinberge bis unmittelbar an Karlsruhe heran. Nach Süden schließen sich die von Reben beherrschten Vorberge des Schwarzwaldes an, der die östliche Grenze des Weinbaugebietes bildet. Mitten aus der westlich davon gelegenen, nur landwirtschaftlich genutzten Rheinebene erhebt sich das vulkanisch entstandene Gebirge des Kaiserstuhls, dessen Landschaft vom Weinbau geprägt ist. Am Hochrhein wachsen Reben außerdem noch bei Erzingen und an den Südhängen des Hohentwiel bei Singen.

Schließlich werden auch noch am Ufer des Bodensees bei den Orten Konstanz, Überlingen, Meersburg und Hagnau Reben angebaut.

Geschichte

Schon in urgeschichtlicher Zeit wuchsen Wildreben in den Auwäldern des Oberrheins, wo auch heute noch einzelne Exemplare, beispielsweise bei Ketsch, vorkommen. Aber erst mit der Besetzung des Raumes durch die Römer begann der Weinbau, den die späteren alemannischen Siedler übernahmen. Eine Schenkungsurkunde des Klosters St. Gallen aus dem Jahre 670 bildet den ersten schriftlichen Beleg für Weinbau in den drei untergegangenen Weilern Laidikofen, Wahinkofen und Bodinchova zwischen Hal-

Aus der Bellinger Rebordnung des 12. Jahrhunderts:
In der Weinlese muß der Winzer die Leser selbst anstellen, ihnen alles Werkgerät liefern, sie in Trank, Speise und Lohn aushalten, auch das nötige Trottengeschirr an Kübel und Kufen zur Stelle schaffen. Ist nun gewinnet, sind die Trauben ausgetreten, so hat er den Most in den Keller unseres Meierhofes zu fahren und erhält dafür je den sechsten Eimer. Alle Eimer müssen nach gesetzlicher Vorschrift geeicht sein, und wie in Weinbergen, Weingärten und auf jedem Wächter hierüber aufgestellt sind, von denen die Traubenträger scharf beobachtet werden, so hat ein solcher auch hier im Keller genau achtzugeben. Ist nun der Winzer diesem allem pflichtgemäß nachgekommen, so liegt ihm ob, auch noch die Abgabe für den Hofmeier aus dem Seinigen herbeizubringen. 2 Brote und einen Viertel Krug Wein und 2 Immi Haber oder Gerste.

tingen und Weil. Um 900 sind bereits 84 Ortschaften mit Weinbau namentlich bekannt.

Zur Bewirtschaftung klösterlicher Weinberge entstand anfangs des 12. Jahrhunderts die älteste deutsche Rebordnung in (Bad) Bellingen. Die erste badische Weinordnung des Markgrafen Christoph I. von 1495 befaßt sich mit Fragen der Weinbehandlung. Eine Baden-Durlachsche Wirtsordnung von 1541 enthält Bestimmungen über die Führung von Gassen- oder Straußwirtschaften, die man in Baden kaum mehr kennt. Die Höhe des früheren Weinkonsums beweist die Überlinger Heilig-Geist-Spitalordnung von 1589, derzufolge jeder Insasse je Tag Anspruch auf 3 badische Maß Wein (etwa 4,5 l) hatte. Allein die Klöster um den Bodensee benötigten jährlich 25 000 hl Wein.

Aus dem hohen Verbrauch bei noch niedriger Bevölkerungsdichte läßt sich auf eine damals große Rebfläche schließen, die vorwiegend in der Ebene lag. Sie wurde im Dreißigjährigen Krieg stark verringert und erweiterte sich danach nur langsam wieder. 1823 umfaßten die Weinberge in Baden 26 640 ha. Davon waren nach dem Zweiten Weltkrieg lediglich 5862 ha übrig. Schuld an diesem Rückgang waren wirtschaftliche Schwierigkeiten, aber auch Krankheiten und Schädlinge wie die Reblaus, die 1913 hier erstmals festgestellt wurde. Der Wiederaufbau in unserem Jahrhundert war mit der Umstellung auf Pfropfreben und einer durchgreifenden Rebflurbereinigung verbunden, in deren Verlauf Massenträger wie Elbling oder Räuschling zugunsten von Qualitätssorten verschwanden. Nach dem Ersten Weltkrieg setzte sich die Flaschenfüllung durch.

Standorte

Im Verlauf des 18. Jahrhunderts wanderte der Weinbau aus der Ebene hangaufwärts, heute entfallen aber nur 14% auf Steillagen. Soweit dies bisher möglich und wünschenswert war, wurden Terrassen unterschiedlicher, oft sehr erheblicher Größe angelegt, um die Arbeit durch Mechanisierung zu erleichtern. Durch entsprechende Wegeführung können die Rebanlagen von zwei Seiten aus direkt betreten werden.

Boden

Der badische Weinbau zeichnet sich durch große Mannigfaltigkeit seiner Böden aus. Am Bodensee wachsen die Re-

Weinkrug des Johann Jakob Blum und seiner Ehefrau Sophia Salome Blumin von 1783 aus der Durlacher Fayencemanufaktur.

ben auf hitzigem Schotter eiszeitlicher Moränen und auf tertiärer Molasse, im Markgräflerland auf tertiärem Kalk, Ton oder Mergel. Löß bietet sich den Reben nicht nur am Kaiserstuhl-Tuniberg, sondern auch im Breisgau, wo daneben, wie

Reblandumlegung bei der Flurbereinigung am Tuniberg/Kaiserstuhl.

auch im Taubergrund und Kraichgau, Muschelkalk weinbaulich genutzt wird. Im Kraichgau steht an manchen Stellen auch Keuper an. Für den Weinbau vorzüglich geeignet sind Granitgestein in der Ortenau, Gneis im Glottertal und am Freiburger Schloßberg, Porphyr an der Bergstraße und vulkanische Tuffe am Kaiserstuhl sowie Basaltgestein am Hohentwiel.

Klima

Auch vom Klima wird der badische Weinbau begünstigt. Die Anzahl der jährlichen Sonnenscheinstunden reicht von 1663 im nördlichen Teil des Gebietes bis 1860 in den besten Kaiserstühler Lagen. Am Bodensee bringt die Reflexion der Sonnenstrahlen durch die Wasseroberfläche großen Nutzen. In den südlichen Bereichen haben sogar in witterungsmäßig ungünstigen Jahren Föhnwinde im Herbst noch zu guten Qualitäten geführt.

Von Norden nach Süden gesehen, betragen die durchschnittlichen Jahrestemperaturen und jährlichen Niederschlagsmengen für die folgenden badischen Weinbauorte:

Gerlachsheim	9,0°	628 mm
Heidelberg	10,3°	806 mm
Bühlertal	10,3°	1230 mm
Gengenbach	10,0°	1040 mm
Oberrotweil	10,3°	682 mm
Badenweiler	9,4°	981 mm
Meersburg	8,6°	855 mm

Baden

In Freiburg wurden gemessen:

Durchschnittstemperatur
    Jahr   10,3° C
    Vegetationszeit   15,2° C
Sonnenscheindauer
    Jahr   1802 Stunden
    Vegetationszeit   1411 Stunden
Niederschlagsmenge
    Jahr   944 mm
    Vegetationszeit   644 mm

Rebsorten

Charakteristisch für den badischen Weinbau ist seine Sortenvielfalt. Mit Ausnahme der Ortenau, wo der Riesling dominiert, und des Markgräflerlandes, dessen Hauptsorte der Gutedel ist, liegt in allen Bereichen der Müller-Thurgau an der Spitze. Am Kaiserstuhl spielen noch der Blaue Spätburgunder, der Ruländer und der auf beste Lagen beschränkte Silvaner eine größere Rolle.

Sorten-Übersicht und bestockte Rebfläche 1975

	Badisches Frankenland	Bad. Bergstraße Kraichgau	Ortenau	Breisgau	Kaiserstuhl-Tuniberg	Markgräflerland	Bodensee Hochrhein	insgesamt
Müller-Thurgau	394	728	347	672	1415	1039	160	4755
Ruländer	3	231	207	301	908	148	17	1815
Weißer Gutedel	15	•	•	2	•	1188	•	1203
Riesling	1	352	505	24	34	8	•	924
Silvaner	57	73	9	7	418	53	•	617
Weißer Burgunder	21	98	•	42	118	89	1	369
Roter Traminer und Gewürztraminer	•	8	80	38	73	72	1	272
Auxerrois	1	37	•	24	14	4	1	81
Nobling	•	•	•	3	•	77	•	80
Freisamer	•	1	7	14	11	16	•	49
Kerner	12	5	•	•	1	•	•	18
Muskat-Ottonel	•	•	•	•	5	6	•	11
Scheurebe	3	7	5	1	7	•	•	23
Muskateller	•	•	•	•	2	•	•	2
Blauer Spätburgunder	•	65	543	223	1027	410	124	2392
Portugieser	10	48	•	•	•	•	•	58
Schwarzriesling	•	53	•	9	•	•	•	62
Limberger	•	17	•	•	•	•	•	17
Trollinger	•	20	•	•	•	•	•	20

Anbau

98,6% der Rebfläche waren 1973 mit Pfropfreben bestockt. Zu ihrer Herstellung findet ausschließlich selektioniertes Material Verwendung. 53 eingetragene Klone von 11 Europäersorten stammen aus Baden selbst. Mehr als 300 befinden sich im Prüfungsstadium.
Bei Erstellung der Sortenanbaupläne werden in Baden die jeweiligen ökologischen Verhältnisse, aber auch marktwirtschaftliche Gesichtspunkte berücksichtigt. Die Einhaltung unterliegt der staatlichen Aufsicht. Beim planmäßigen Aufbau, der genossenschaftlich organisiert ist, erfolgt die Zuteilung im allgemeinen erst nach gemeinsam durchgeführter Pflanzung und Anfangspflege.
Die Pflanzabstände richten sich nach den jeweiligen Geländegegebenheiten. Auf Zeilenbreiten bis 1,4 m entfielen 1973 insgesamt 17,6% der Rebfläche; bei 78,7% lagen sie zwischen 1,4 und 2 m, und nur bei 3,7% darüber. Weitraumanlagen haben sich in Baden nicht durchsetzen können. 96,4 % der Gesamtfläche haben Drahterziehung. In der Regel schneiden die qualitätsbewußten badischen Winzer nicht mehr als 8 bis 12 Augen je m² an. Nach den Schätzungen der Weinbauverwaltung sind derzeit etwa 15% der Rebfläche begrünt. Am Bodensee trifft dies sogar für 70% zu, in der Ortenau für 40%. Die Schädlingsbekämpfung wird vom Boden aus betrieben, wobei dank des guten Wegenetzes und entsprechender Zeilenlänge Großsprühgeräte in gemeinschaftlichem Einsatz verwendet werden.

Art

Von den Weinen anderer deutscher Weinbaugebiete unterscheiden sich die badischen Herkünfte durch eine geringere Säure. Der über das gesamte badische Weinbaugebiet verbreitete Müller-Thurgau bringt frische und leichte Weine mit einem ausgeprägten Bukett, das in höheren Qualitäten an den Riesling heranreichen kann. Auch beim Gutedel, der zart duftet, liegen Säure und Alkohol relativ niedrig. Er ist süffig und bekömmlich und wird zu einem großen Teil im Land selbst getrunken. Was der Silvaner zu leisten vermag, beweisen die badischen Herkünfte. Sie sind mild und lieblich, haben eine feine Frucht und ein dezentes Bukett, aus Spitzenlagen und in guten Jahren sogar blumige Fülle und Körper. Beim badischen Ruländer handelt es sich gewöhnlich um einen schwereren, vollmundigen Wein, der meist mild ist, aber jahrgangs- und lagenweise, etwa in der Ortenau, auch eine gewisse Rasse und Eleganz haben kann. Diese beiden Eigenschaften besitzen in reichem Maß die badischen Rieslinge, wenn sie auch in der Regel weniger Säure bringen als Herkünfte vom Rhein und von der Mosel. Der Weiße Burgunder sowie der mit ihm verwandte Auxerrois zeigen weniger Wucht als der Ruländer, präsentieren sich bei meist etwas höherer Säure elegant und zeichnen sich durch ein feines Bukett aus. Der säurereichere Muskateller und der mildere Muskat-Ottonel werden in Baden sortenrein ausgebaut und bestechen durch ihr starkes Muskatbukett. Rosenähnlich duften die badischen Traminer und Gewürztraminer, die meist arm an Säure, aber reich an Alkohol und Körper sind.
Von den am Staatlichen Weinbau-Institut in Freiburg gezüchteten Sorten bringt der Freisamer (Silvaner x Ruländer, der Name stammt von Freiburg an der Dreisam) einen vollmundigen, gewichtigen Wein, der einen eigenartigen, in Vollendung an Mokka erinnernden Geschmackston besitzt. Die vom gleichen Institut stammende Kreuzung Nobling (Silvaner x Gutedel), die im langjährigen Durchschnitt 10° Oe mehr bringt als der an zweiter Stelle genannte Partner, zeichnet sich durch Fülle, fruchtige Art und ein besonderes Bukett aus, was ihm vor allem im Markgräflerland als Ergänzungssorte zum Gutedel Zukunft verspricht. Blauer Spätburgunder aus Baden als typisch rubinrot gefärbter Rotwein genießt einen besonderen Ruf durch sein feines Bukett, seine samtige, mollige, Wärme ausstrahlende Art. Die Gewinnung von Weißherbsten aus dieser Sorte hat in Baden eine lange Tradition. Ihre Farbe läßt sich mit Altgold vergleichen. Man sagt ihnen nach, daß sie den Geist wach, die Füße aber müde machen. Eine neue badische Spezialität ist der aus einem Trauben- oder Maischeverschnitt der Sorten Grauer Burgunder (Ruländer) und Blauer Spätburgunder gewonnene Wein »Badisch Rotgold« mit dem Zusatzhinweis »Grauburgunder–Spätburgunder«.

Erzeugung und Absatz

1973 bestanden in Baden 24 785 Betriebe mit Rebbesitz. Bei einer Gesamtrebfläche von damals 12 549 ha ergab sich eine durchschnittliche Betriebsgröße von rund 0,5 ha. 88,6% aller Betriebe vermarkteten ihren Wein nicht selbst. 85% waren genossenschaftlich organisiert, auf jeden Genossen entfielen durchschnittlich 0,53 ha Rebland, zusammen bewirtschafteten sie rund 84% der badischen Ertragsrebfläche. Bei 69% aller Betriebe mit Weinbau handelte es sich um Nebenerwerb, bei 13% um Zuerwerb und nur bei 18% um Haupterwerb.

Die älteste badische Winzergenossenschaft wurde 1881 in Hagnau am Bodensee durch den Pfarrer und Schriftsteller Heinrich Hansjakob gegründet. Heute bestehen in Baden 120 Winzergenossenschaften, deren Mitglieder sich zur Ablieferung der gesamten Ernte verpflichtet haben. 1935 entstand als älteste Bezirkskellerei in Deutschland der Verkaufsverein Kurpfälzer Genossenschaften in Wiesloch bei Heidelberg. Als Winzerkeller Südliche Bergstraße Kraichgau gehören ihm heute 18 örtliche Genossenschaften und Winzerdörfer an. 1952 wurde in Efringen-Kirchen die Bezirkskellerei Markgräfler Land gegründet, der sich 21 Weinbaugemeinden angeschlossen haben. Seit 1951 besteht die Zentralkellerei Badischer Winzergenossenschaften in Breisach, die sich mit einem Fassungsvermögen von 125 Millionen l zur größten europäischen Kellerei entwickelt hat. Ihr sind 93 badische Winzergenossenschaften angeschlossen, von denen 45 über eine eigene Kellerei verfügen und als sogenannte Teilablieferer einen nur nach unten festgelegten Mengenanteil abliefern, während die sogenannten Vollablieferer alles in die Zentralkellerei nach Breisach bringen.

Durch gütemäßig gestaffelte Auszahlungspreise an ihre Mitglieder fördern die Genossenschaften das Qualitätsstreben. Eine eigene Werbezentrale der Genossenschaften in Karlsruhe sucht die badischen Weine überall bekannt zu machen.

Waldulmer Rebland im Frühling.

An ihrem gutem Ruf haben aber auch die Weingüter und selbstmarktenden Winzer Anteil.

1948 wurde der Badische Weinbau-Verband mit Sitz in Freiburg gegründet. Durch Verleihung des Badischen Gütezeichens, das höhere Punktzahlen als bei der amtlichen Qualitätsweinprüfung und bei der Vergabe des Deutschen Weinsiegels voraussetzt, sowie durch die alljährlich stattfindenden Gebietsweinprämierungen fördert auch er das Qualitätsdenken. Die Vereinigung der Weinhändler Nordbaden vertritt die Interessen ihrer 23 Mitglieder, der Verband Badischer Weinkellereien jene seiner 91 Mitglieder in Südbaden. Zwischen allen Verbänden besteht enge Zusammenarbeit, zumal oft Doppelmitgliedschaft infolge eines sogenannten Produktionsweinhandels vorliegt.

Die amtliche Qualitätsweinprüfung wurde der 1920 gegründeten Staatlichen Versuchs- und Forschungsanstalt für Weinbau und Weinbehandlung (Staatliches Weinbauinstitut) in Freiburg übertragen. Die Weinbauverwaltung mit Beratung untersteht den beiden Regierungspräsidien in Karlsruhe und in Freiburg.

Weinreise

Wer das badische Rebland kennenlernen will, bewegt sich am besten auf der Badischen Weinstraße. Er muß sich dabei allerdings Zeit lassen, denn allein im südlichen Gebietsteil zieht sich diese Straße von Baden-Baden bis Basel mit einem Abstecher über den Kaiserstuhl und Tuniberg über eine Entfernung von 230 km hin.

Zahlreiche Gaststätten laden in ihrem Verlauf zu kürzerem oder längerem Halt ein, wobei man auch die Spezialitäten der von Frankreich und Österreich beeinflußten badischen Küche kennenlernen kann, wie Schäufele (geräucherter Vorderschinken), Wildgerichte mit Spätzle, Geflügel, Spargel mit Kratzete (zerrissenen Eierkuchen), Rindfleisch mit Beilagen, Forellen oder Blaufelchen, Leberle, Nierle oder Sulz mit Röstkartoffeln, Schwarzwälder Speck und Zwiebelkuchen.

Der offene Ausschank von Qualitätsweinen erleichtert das Studium der Sorteneigenheiten. Der Ausdruck »Schoppen« ist hier nicht bekannt. Den Wein kann man vom Viertel ab im Pokal, in der Karaffe oder im »Krügle« verlangen, auf dem manchmal die Mahnung zu lesen ist »Sürpfle muesch, nit suffe« (Schlürfe mußt', nicht saufen), oder aber auch die Aufforderung »Trinket Wi, bi Gott« (Trinket Wein, bei Gott).

Um das breite Angebot besser nutzen zu können, kann man statt des »Viertele« (0,25 l) ein »Achtele« verlangen, das aber nur 0,1 l enthält. Allzu viele Nachbestellungen sind hier allerdings nicht möglich, denn der badische Wein der meisten Sorten ist alkoholreicher, als es den Anschein hat.

Weinlehrpfade finden sich bei Gerlachsheim (Badisches Frankenland), Weingarten (Kraichgau), in Bühlertal, Rammersweier und Ortenberg (Ortenau), in Achkarren, Bischoffingen, Eichstätten, Munzingen (Kaiserstuhl-Tuniberg), in Auggen, Britzingen, Schliengen, Efringen-Kirchen und am Batzenberg (Markgräflerland) sowie in Meersburg am Bodensee.

Besichtigungen und Weinproben in Kellereien bedürfen im allgemeinen vorheriger Vereinbarung. Größere Weinproben im Verlauf von Tagungen organisiert der Badische Weinbau-Verband. Wer die ganze Palette badischer Weine probieren will, dem bieten die einmal jährlich in Müllheim und Offenburg stattfindenden Weinmärkte oder die Weintage in Freiburg sowie die dem Wein gewidmeten

Baden

Weinberge bei Rauenberg im Kraichgau. Rebschnitt im Winter.

Veranstaltungen der Bereiche und Gemeinden, deren Termine vom Badischen Weinbau-Verband oder von den Bürgermeisterämtern zu erfahren sind, die besten Gelegenheiten.

Zwischen März und Oktober findet anläßlich eines besonderen Weinfestes in verschiedenen Bereichen ein dreitägiges Weinkolleg mit Vorträgen, Weinproben und Besichtigungen statt. Veranstalter ist der Badische Weinbau-Verband, Merzhauserstraße 115, 7800 Freiburg, Telefon (0761) 4 09 47/48. Er führt in Freiburg auch zweitägige Weinkollegs an Wochenenden durch. Sie befassen sich mit dem Thema »Weinbeurteilung«.

Der Verein Oberbadische Weinreisen e.V., Wilhelmstraße 26, 7800 Freiburg, Telefon (0761) 3 13 77 (bei der Industrie- und Handelskammer) veranstaltet mehrmals jährlich in den Bereichen Kaiserstuhl-Tuniberg, Breisgau und Markgräflerland von einem festen Standort aus »Oberbadische Weinreisen« mit Vorträgen, Rundreisen und Besichtigungen jeweils von Sonntag bis Freitag. Zwei weitere Oberbadische Weinreisen sind ehe-

Alte Torkel in Bodmann am Bodensee.

maligen Teilnehmern vorbehalten und stehen unter einem besonderen Motto wie etwa »Wein und Kunst« oder »Wein und Gesundheit«.

Ein Weinmuseum entwickelt sich aus kleinen Anfängen in Müllheim, ein weiteres befindet sich in Meersburg. Da und dort stößt man auch noch auf sorgsam gehütete alte Keltern.

Ne Trunk in Ehre,
wer wills verwehre?
Trinkt's Blüemli nit si Morgenthau?
Trinkt nit der Vogt si Schöppli au?
Und wer am Werchtig schafft,
dem bringt der Rebesaft
am Suntig neui Chraft.
Das hat Johann Peter Hebel aus Baden geschrieben.

Die Lagen

7 Bereiche
16 Großlagen
315 Gemarkungen (Orte, Ortsteile)
306 Einzellagen

Bereich Badisches Frankenland

I Großlage Tauberklinge

Wertheim, Ortsteil Dertingen
1 Mandelberg
2 Sonnenberg

Wertheim, Ortsteil Kembach
2 Sonnenberg

Wertheim, Ortsteil Lindelbach
3 Ebenrain

Wertheim
4 Schloßberg

Wertheim, Ortsteil Reicholzheim
5 First
6 Satzenberg
7 Kemelrain

Höhefeld
7 Kemelrain

Külsheim, Ortsteil Uissigheim
8 Stahlberg

Külsheim
9 Hoher Herrgott

Werbach
10 Hirschberg
11 Beilberg

Großrinderfeld
11 Beilberg

Tauberbischofsheim
12 Edelberg

Tauberbischofsheim, Ortsteil Impfingen
13 Silberquell

Tauberbischofsheim, Ortsteil Distelhausen
14 Kreuzberg

Tauberbischofsheim, Ortsteil Dittigheim
15 Steinschmetzer

Tauberbischofsheim, Ortsteil Dittwar
16 wird noch festgelegt

Königheim
17 Kirchberg

Königheim, Ortsteil Gissigheim
18 Gützenberg

Lauda-Königshofen, Ortsteil Gerlachsheim
19 Herrenberg

Lauda-Königshofen, Ortsteil Oberlauda
20 Steinklinge
21 Altenberg

Lauda-Königshofen, Ortsteil Lauda
22 Frankenberg
23 Nonnenberg

Lauda-Königshofen, Ortsteil Marbach
22 Frankenberg

Lauda-Königshofen, Ortsteil Beckstein
23 Nonnenberg
24 Kirchberg

Lauda-Königshofen, Ortsteil Königshofen
24 Kirchberg
25 Walterstal
26 Turmberg

Lauda-Königshofen, Ortsteil Sachsenflur
27 Kailberg
25 Walterstal

Mühlberg, Ortsteil Unterschüpf
28 Mühlberg

Boxberg, Ortsteil Oberschüpf
29 Altenberg
30 Herrenberg

Krautheim
31 Heiligenberg

Krautheim, Ortsteil Klepsau
31 Heiligenberg

Bad Mergentheim, Ortsteil Dainbach
32 Alte Burg

Bereich Badische Bergstraße/Kraichgau

II Großlage Rittersberg

Laudenbach
33 Sonnberg

Hemsbach
34 Herrnwingert

Sulzbach
34 Herrnwingert

Weinheim
35 Hubberg
36 Wüstberg

Lützelsachsen
37 Stephansberg

Hohensachsen
37 Stephansberg

Großsachsen
38 Sandrocken

Leutershausen
39 Kahlberg
40 Staudenberg

Schriesheim
40 Staudenberg
41 Kuhberg
42 Madonnenberg
43 Schloßberg

Dossenheim
44 Ölberg

Heidelberg
45 Heiligenberg
46 Sonnenseite ob der Bruck

III Großlage Mannaberg

Heidelberg
47 Burg
48 Dachsbuckel
49 Herrenberg

Leimen
49 Herrenberg
50 Kreuzweg

Nußloch
51 Wilhelmsberg

Wiesloch
52 Bergwäldle
53 Spitzenberg
54 Hägenich

Rauenberg
55 Burggraf

Dielheim
56 Teufelskopf
57 Rosenberg

Tairnbach
57 Rosenberg

Horrenberg
58 Osterberg

Rotenberg
59 Schloßberg

Mühlhausen
60 Heiligenstein

Malschenberg
61 Ölbaum

Rettigheim
61 Ölbaum

Malsch
61 Ölbaum
62 Rotsteig

Bad Mingolsheim und Bad Langenbrücken
63 Goldberg

Östringen
64 Ulrichsberg
65 Hummelberg
66 Rosenkranzweg

Zeutern
67 Himmelreich

Stettfeld
67 Himmelreich

Ubstadt
68 Weinhecke

Baden

Schnitzwerk mit »Neidköpfen« und Rebornamenten an einem alten Rotenberger Fachwerkhaus.

Oberöwisheim, Unteröwisheim
69 Kirchberg

Bruchsal
68 Weinhecke
70 Klosterberg

Obergrombach
71 Burgwingert

Untergrombach
72 Michaelsberg

Heidelsheim
73 Altenberg

Helmsheim
71 Burgwingert

IV Großlage Stiftsberg

Eberbach
74 Schollerbuckel

Binau
75 Herzogsberg

Diedesheim
75 Herzogsberg

Neckarzimmern
76 Wallmauer
77 Götzhalde
78 Kirchweinberg

Haßmersheim
78 Kirchweinberg

Neckarmühlbach
79 Hohberg

Bad Rappenau, Ortsteil Heinsheim
80 Burg Ehrenberg

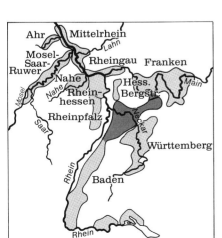

Neudenau, Ortsteil Herbolzheim
81 Berg

Neudenau
81 Berg

Eschelbach
82 Sonnenberg

Eichtersheim
82 Sonnenberg

Michelfeld
82 Sonnenberg
83 Himmelberg

Waldangelloch
82 Sonnenberg

Steinsfurt
84 Steinsberg

Weiler
84 Steinsberg
85 Goldberg

Hilsbach
86 Eichelberg

Eichelberg
87 Kapellenberg

Odenheim
88 Königsbecher

Tiefenbach
89 Schellenbrunnen
90 Spiegelberg

Eppingen, Ortsteil Elsenz
90 Spiegelberg

Kirchardt, Ortsteil Berwangen
91 Vogelsang

Gemmingen
92 Vogelsang

Landshausen und Menzingen
90 Spiegelberg

Menzingen, Münzesheim und Neuenbürg
93 Silberberg

Bahnbrücken, Gochsheim und Oberacker
94 Lerchenberg

Eppingen, Ortsteil Rohrbach a. G.
94 Lerchenberg

Zaisenhausen
94 Lerchenberg

Kürnbach
94 Lerchenberg

Flehingen
94 Lerchenberg

Sulzfeld
94 Lerchenberg
95 Burg Ravensburger Husarenkappe
96 Burg Ravensburger Löchle
97 Burg Ravensburger Dicker Franz

Eppingen, Ortsteil Mühlbach
98 Lerchenberg

Bauerbach
94 Lerchenberg

Eppingen
94 Lerchenberg

V Großlage Hohenberg

Weingarten
99 Katzenberg
100 Petersberg

Jöhlingen
101 Hasensprung

Grötzingen
102 Lichtenberg
103 Turmberg

Berghausen
104 Sonnenberg

Wöschbach
105 Steinwengert

Söllingen
106 Rotenbusch

Karlsruhe-Durlach
103 Turmberg

Hohen-Wettersbach
107 Rosengarten

Bilfingen
108 Klepberg

Ersingen
108 Klepberg

Eisingen
109 Steig
108 Klepberg

Dürn
110 Eichelberg

Ellmendingen
111 Keulebuckel

Dietlingen
111 Keulebuckel
108 Klepberg

Bereich Ortenau

VI Großlage Schloß Rodeck

Baden-Baden
112 Eckberg
113 Sätzler

Sinzheim
113 Sätzler
114 Frühmeßler
115 Sonnenberg
116 Klostergut Fremersberger Feigenwäldchen

Varnhalt
115 Sonnenberg
117 Klosterbergfelsen
118 Steingrübler

Steinbach
119 Stich den Buben
120 Yburgberg

Neuweier
121 Altenberg
122 Schloßberg
123 Mauerberg
124 Gänsberg
125 Heiligenstein

Eisental
126 Sommerhalde
127 Betschgräber

Altschweier
128 Sternenberg

Bühlertal
129 Engelsfelsen
130 Klotzberg

Neusatz
128 Sternenberg
131 Wolfhag
132 Burg Windeck Kastanienhalde

Ottersweier
131 Wolfhag
133 Althof

Lauf
134 Schloß Neu-Windeck
135 Gut Alsenhof
136 Alter Gott

Obersasbach
136 Alter Gott
137 Eichwäldle

Sasbachwalden
136 Alter Gott
138 Klostergut Schelzberg

Oberachern
136 Alter Gott
139 Bienenberg

Kappelrodeck
140 Hex vom Dasenstein

Waldulm
141 Pfarrberg
142 Kreuzberg

Renchen
142 Kreuzberg

Mösbach
142 Kreuzberg

Obertsrot
143 Grafensprung

Weisenbach
144 Kestelberg

VII Großlage Fürsteneck

Ulm
145 Renchtäler

Erlach
145 Renchtäler

Haslach
145 Renchtäler

Stadelhofen
145 Renchtäler

Tiergarten
145 Renchtäler

Ringelbach
145 Renchtäler

Oberkirch
145 Renchtäler

Lautenbach
145 Renchtäler

Ödsbach
145 Renchtäler

Bottenau
145 Renchtäler

Nußbach
145 Renchtäler

Nesselried
145 Renchtäler
146 Schloßberg

Durbach
147 Plauelrain
148 Ölberg
149 Josephsberg
150 Steinberg
151 Schloßberg
152 Kapellenberg
153 Bienengarten
154 Kasselberg
155 Schloß Grohl
156 Kochberg

Rammersweier
157 Kreuzberg

Die Weinbaugebiete

Zell-Weierbach
158 Abtsberg

Fessenbach
159 Bergle
160 Franzensberger

Ortenberg
160 Franzensberger
161 Freudental
162 Andreasberg
163 Schloßberg

Ohlsbach
164 Kinzigtäler

Reichenbach
164 Kinzigtäler
165 Amselberg

Gengenbach
166 Nollenköpfle
164 Kinzigtäler

Bermersbach
164 Kinzigtäler

Berghaupten
164 Kinzigtäler

Diersburg
164 Kinzigtäler
167 Schloßberg

Zunsweier
164 Kinzigtäler

Hofweier
164 Kinzigtäler

Niederschopfheim
164 Kinzigtäler

Bereich Breisgau

VIII Großlage Schutterlindenberg

Oberschopfheim
168 Kronenbühl

Oberweier
168 Kronenbühl

Friesenheim
168 Kronenbühl

Heiligenzell
168 Kronenbühl

Hugsweier
168 Kronenbühl

Lahr
168 Kronenbühl
169 Herrentisch

Mietersheim
168 Kronenbühl

Sulz
170 Haselstaude

Kippenheim
170 Haselstaude

Mahlberg
170 Haselstaude

Schmieheim
171 Kirchberg

Wallburg
171 Kirchberg

Münchweier
171 Kirchberg

IX Großlage Burg Lichteneck

Altdorf
172 Kaiserberg

Ettenheim
172 Kaiserberg

Ringsheim
172 Kaiserberg

Herbolzheim
172 Kaiserberg

Tutschfelden
172 Kaiserberg

Broggingen
172 Kaiserberg

Bleichheim
172 Kaiserberg

Wagenstadt
173 Hummelberg

Kenzingen
173 Hummelberg
174 Roter Berg

Nordweil
175 Herrenberg

Bombach
176 Sommerhalde

Hecklingen
177 Schloßberg

Malterdingen
178 Bienenberg

Heimbach
178 Bienenberg

Köndringen
179 Alte Burg

Mundingen
179 Alte Burg

X Großlage Burg Zähringen

Hochburg
180 Halde

Sexau
181 Sonnenhalde

Buchholz
181 Sonnenhalde

Denzlingen
181 Sonnenhalde
182 Eichberg

Glottertal
182 Eichberg
183 Roter Bur

Heuweiler
182 Eichberg

Wildtal
184 Sonnenberg

Freiburg
185 Schloßberg

Lehen
186 Bergle

Bereich Kaiserstuhl-Tuniberg

XI Großlage Vulkanfelsen

Nimburg
187 Steingrube

Neuershausen
187 Steingrube

Riegel
188 St. Michaelberg

Bahlingen
189 Silberberg

Eichstetten
190 Herrenbuck
191 Lerchenberg

Bötzingen
192 Lasenberg
193 Eckberg

Wasenweiler
194 Lotberg
195 Kreuzhalde

Ihringen
195 Kreuzhalde
196 Fohrenberg
197 Winklerberg
198 Schloßberg
199 Castellberg

Heuweiler
200 Steinfelsen
201 Doktorgarten

Achkarren
198 Schloßberg
199 Castellberg

Bickensohl
200 Steinfelsen
202 Herrenstück

Oberrotweil
198 Schloßberg
203 Käsleberg

204 Eichberg
205 Henkenberg
206 Kirchberg

Oberbergen
207 Pulverbuck
208 Baßgeige

Schelingen
209 Kirchberg

Bischoffingen
210 Enselberg
211 Rosenkranz
212 Steinbuck

Burkheim
213 Feuerberg
214 Schloßgarten

Jechtingen
215 Steingrube
210 Enselberg
216 Hochburg
217 Eichert
218 Gestühl

Sasbach
219 Scheibenbuck
220 Lützelberg
221 Rote Halde
222 Limburg

Leiselheim
223 Gestühl

Kiechlinsbergen
224 Teufelsburg
225 Ölberg

Königschaffhausen
226 Hasenberg
227 Steingrüble

Amoltern
228 Steinhalde

Endingen
229 Engelsberg
230 Steingrube
231 Tannacker

Breisach
232 Augustinerberg
233 Eckartsberg

XII Großlage Attilafelsen

Gottenheim
234 Kirchberg

Merdingen
235 Bühl

Waltershofen
236 Steinmauer

Opfingen
237 Sonnenberg

Niederrimsingen
238 Rotgrund

Tiengen
239 Rebtal

Oberrimsingen
240 Franziskaner

Munzingen
241 Kapellenberg

Bereich Markgräflerland

XIII Großlage Lorettoberg

Freiburg
242 Steinler
243 Jesuitenschloß

Merzhausen
243 Jesuitenschloß

Wittnau
244 Kapuzinerbuck

Mengen
245 Alemannenbuck

Biengen
246 Maltesergarten

Schlatt
246 Maltesergarten
247 Steingrüble

Bad Krozingen
247 Steingrüble

Tunsel
246 Maltesergarten

Schallstadt-Wolfenweiler
248 Batzenberg
249 Dürrenberg

Ebringen
250 Sommerberg

1 Königschaffhausen
2 Pfaffenweiler
3 Norsingen
4 Fischingen

10 km

Baden

Moderne Terrassierung bei Oberrotweil.

Scherzingen
248 Batzenberg

Norsingen
248 Batzenberg

Pfaffenweiler
248 Batzenberg
251 Oberdürrenberg

Kirchhofen
248 Batzenberg
252 Höllhagen
253 Kirchberg

Ehrenstetten
254 Oelberg
255 Rosenberg

Wettelbrunn
246 Maltesergarten

Grunern
257 Schloßberg
258 Altenberg

Eschbach
246 Maltesergarten

Heitersheim
246 Maltesergarten
259 Sonnhohle

Seefelden
246 Maltesergarten

Buggingen
246 Maltesergarten
260 Höllberg

XIV Großlage Burg Neuenfels

Ballrechten-Dottingen
261 Castellberg
262 Altenberg

Sulzburg
262 Altenberg

Laufen
262 Altenberg

Britzingen
262 Altenberg
263 Sonnhole
264 Rosenberg

Dattingen
262 Altenberg
263 Sonnhole
264 Rosenberg

Zunzingen
264 Rosenberg

Hügelheim
265 Höllberg
266 Gottesacker
267 Schloßgarten

Müllheim
268 Sonnhalde
269 Reggenhag
270 Pfaffenstück

Niederweiler
271 Römerberg

Badenweiler
271 Römerberg

Lipburg
272 Kirchberg

Feldberg
273 Paradies

Auggen
274 Letten
275 Schäf

Mauchen
276 Frauenberg
277 Sonnenstück

Schliengen
277 Sonnenstück

Steinenstadt
277 Sonnenstück
275 Schäf

Niedereggenen
277 Sonnenstück
278 Röthen

Obereggenen
278 Röthen

Liel
277 Sonnenstück

Bad Bellingen
277 Sonnenstück

XV Großlage Vogtei Rötteln

Feuerbach
279 Steingäßle

Hertingen
280 Sonnhohle

Tannenkirch
279 Steingäßle

Riedlingen
279 Steingäßle

Holzen
279 Steingäßle

Wollbach
279 Steingäßle

Bamlach
281 Kapellenberg

Rheinweiler
281 Kapellenberg

Blansingen
282 Wolfer

Kleinkems
282 Wolfer

Welmlingen
279 Steingäßle

Huttingen
283 Kirchberg

Istein
283 Kirchberg

Wintersweiler
279 Steingäßle

Efringen-Kirchen
279 Steingäßle

Bollschweil
256 Steinberg

Staufen
257 Schloßberg

283 Kirchberg 284 Oelberg 280 Sonnhohle **Egringen** 280 Sonnhohle **Schallbach** 280 Sonnhohle **Fischingen** 280 Sonnhohle **Rümmingen** 280 Sonnhohle **Eimeldingen** 280 Sonnhohle	**Binzen** 280 Sonnhohle **Ötlingen** 280 Sonnhohle 285 Stiege **Haltingen** 285 Stiege **Weil** 285 Stiege 286 Schlipf **Grenzach** 287 Hornfelsen	**Herten** 288 Steinacker **Bereich Bodensee** Großlagenfrei **Rechberg** 289 Kapellenberg **Erzingen** 289 Kapellenberg **Nack** 290 Steinler	XVI Großlage Sonnenufer **Singen** 291 Elisabethenberg 292 Olgaberg **Hilzingen** 291 Elisabethenberg **Reichenau** 293 Hochwart **Überlingen** 294 Felsengarten **Oberuhldingen** 295 Kirchhalde	**Meersburg** 296 Chorherrenhalde 297 Fohrenberg 298 Rieschen 299 Jungfernstieg 300 Bengel 301 Lerchenberg 302 Sängerhalde **Stetten** 297 Fohrenberg 301 Lerchenberg 302 Sängerhalde **Hagnau** 303 Burgstall	**Kirchberg** 304 Schloßberg **Kippenhausen** 303 Burgstall **Immenstaad** 303 Burgstall **Bermatingen** 305 Leopoldsberg **Markdorf** 302 Sängerhalde 303 Burgstall **Konstanz** 306 Sonnenhalde

Gerhard Götz

Württemberg

Landschaft

Das Anbaugebiet Württemberg erstreckt sich etwa von der Tauber im Norden bis zu den geschützten Talhängen der Schwäbischen Alb im Süden, im Osten reicht es bis zu den klimatisch begünstigten Süd- und Südwesthängen an den Ausläufern des Schwäbischen Waldes, und im Westen grenzen die Weinberge im Stromberg/Enztal sowie im Zabergäu an den Kraichgau. Waldbedeckte Mittelgebirgslandschaft umschließt das Gebiet und hält die der Fruchtbarkeit der Weinberge wenig zuträglichen kalten Winde im Winter und auch während der Vegetationszeit ab. Zentrum des Anbaues ist der Landkreis Heilbronn.

Bedeutende und bekannte Weinstädte sind unter anderem Heilbronn, Weinsberg, Lauffen, Vaihingen an der Enz, die Landeshauptstadt Stuttgart, Weinstadt und Esslingen. Die Reblandschaft wird von den Bundesstraßen 35 und 239 von West nach Ost, 14, 19 und 27 von Nord nach Süd sowie von den Bundesautobahnen 8, 45 und 81 durchschnitten.

Das Weinbaugebiet Württemberg stellt kein geschlossenes, zusammenhängendes Gebiet dar. Die Rebhänge ziehen sich auf wenigen hundert Metern Breite in den klimatisch begünstigten Bereichen an den Flanken der Flüsse hin. Die Hauptachse stellt unverkennbar der Neckar dar. Seine Nebenflüsse Rems, Murr, Enz, Kocher und Jagst bilden das Netzwerk der Rebkultur. Zwischen Acker, Wald und Wiese eingebettet, bestimmt das sattgrüne Rebgerank der Weinlagen den Charakter der lieblichen Landschaft. Überall sind die Weinberge überschaubar, und sie verleihen dieser Gegend eine heitere und liebenswerte Note.

Geschichte

Die Anfänge des schwäbischen Weinbaues liegen in römischer Zeit. Belege dafür sind die 1964 in Hausen an der Zaber und 1968 in Walheim am Neckar ausgegrabenen Jupitergigantensäulen. Weinmotive sind an dem Denkmal von Hausen zu entdecken, das der römische Gutsherr keltischer Abkunft Caius Vettius Connougus dem obersten Götterpaar für eine gut ausgefallene Ernte aus Dankbarkeit aufrichten ließ. Einmalig für Württemberg ist der Walheimer Fund. Der reich verzierte Säulenschaft stellt eine Weinlese sowie die Abwehr von Vierfüßlern und Vögeln durch Satyre und Mänaden dar. Auch zeigt der Fund eines bronzenen Weinsiebes am gleichen Ort, daß in der zweiten Hälfte des 2. Jahrhunderts auf dem Walheimer Römerhof Weinbau betrieben wurde.

Für Böckingen, 25 km neckarabwärts von Walheim gelegen, wird in einer Schenkungsurkunde an das Kloster Lorsch im Jahre 766 erstmals Weinbau urkundlich nachgewiesen. Seit dieser Zeit nehmen die schriftlichen Zeugnisse für den Weinbau im Neckargau rasch zu. Biberach, Frankenbach und Schluchtern (alle Kreis Heilbronn) finden kurz nach Böckingen urkundliche Erwähnung als Weinorte. 769 kommt Mühlacker bei Vaihingen, 778 Esslingen, 793 Cleebronn hinzu.

Die Klöster waren die Wegbereiter der Rebkultur im ganzen Gebiet. Der Ausbreitung des Christentums folgte die Ausbreitung des Weinbaues. Mönche waren die Lehrmeister der Weinbereitung. Lagennamen wie Klosterberg, Mönchberg, Mönchhalde, Kirchberg, Stiftsberg, Engelsberg oder Himmelreich weisen auf den kirchlich-klösterlichen Ursprung des Weinbaues hin.

Im 9. Jahrhundert gibt es Hinweise auf Weingärten im Siedlungsland nördlich des Bodensees sowie aus dem Göppinger Raum. Im 10. Jahrhundert mehren sich die urkundlichen Erwähnungen im Bottwar-, Lein-, Kocher-, Jagst- und Taubertal. Immer ist dabei von »Weingärten« die Rede. Sie sind also offensichtlich in den Talauen angelegt gewesen. Mit der Zunahme der Bevölkerung wurde der Nahrungsraum knapp. Um die Burgen und Aussiedlungen begann man deshalb, die Hänge mit Reben zu bepflanzen und die weitere Ausdehnung des Weinbaues voranzutreiben. Den Grundherren und den Städten war es ein Anliegen, Rebflächen auf den dazu geeigneten Standorten anzulegen. Ab Ende des 10. Jahrhunderts kam der Terrassenbau auf. Die dadurch an den steilen Hängen verhinderte Abschwemmung des fruchtbaren Bodens führte zur Anlage vieler neuer »Weinberge«. Stuttgarts Weinbau wird ab dem Jahre 1075, derjenige im benachbarten Remstal etwas später bezeugt.

Zwischen 1300 und 1600 dehnte sich der Weinbau am Neckar und an seinen Nebenflüssen außergewöhnlich stark aus. Zu Beginn des Dreißigjährigen Krieges war die Gesamtrebfläche auf 45 000 ha angewachsen. Ein Menschenalter später blieben ganze 10 000 ha übrig, die Bevölkerung war auf gut ein Viertel des vorherigen Bestandes zusammengeschrumpft. Von dem durch die Kriegswirren verur-

Frühling im Schwabenland. Weinberge unter der Burg Stocksberg, unweit von Heilbronn. ▷

Württemberg

sachten Rückschlag hat sich der Weinbau nicht mehr erholt. Aus vielen Gemarkungen und Lagen verschwand der Rebstock wieder ganz. Dies geschah vor allem in klimatisch weniger begünstigten Regionen. Anstelle der vordem gepflegten Qualitätssorten (wie Clevner, Affentaler, Traminer und Muskateller) wurden Ende des 17. Jahrhunderts Massenträger wie Elbling, Putzschere und Toggauer angepflanzt.

Die für den Südwesten folgenden kriegerischen Zeiten in den ersten Jahrzehnten des 18. Jahrhunderts waren einem Wiederaufleben des Qualitätsweinbaues wenig förderlich. Auch ließ der Weinverbrauch der Bevölkerung stark nach. Andere Getränke (Obstmost) wurden modern. Bittere Not herrschte in den Weingärtnerhäusern. Die Weinbaustatistik für das Jahr 1827 weist 19 500 ha Rebfläche aus. Im Jahre 1880 wurden 20 000 ha Weinberge gezählt. Rebschädlinge und die Industrialisierung des Landes verminderten Ende des letzten und während der ersten Hälfte dieses Jahrhunderts die Rebfläche weiter auf etwa 6500 ha (in den 50er Jahren). Dies entspricht einem knappen Fünftel des Bestandes vor 350 Jahren. Seit 1957 hat sich die Größe der Rebfläche leicht erholt, ohne jedoch den Stand von 1938 wieder erreicht zu haben.

Standorte

Heute stehen 7600 ha Rebfläche im Ertrag. 17% davon sind ebene bis flach geneigte Lagen, 60% sind Weinberge in Hang- und 23% in Steillagen.

Das Land Baden-Württemberg, die Weinbaugemeinden sowie die Weingärtner selber bemühen sich seit Jahren, über die Rebflurbereinigung die zersplitterten Weinberge zusammenzulegen, die Hänge durch Weinbergswege aufzuschließen und durch gewannweisen, sortenreinen Anbau von Pfropfreben die Produktion der Trauben zu rationalisieren. Unter erheblichen finanziellen Opfern aller Beteiligten ist diese wichtigste agrarpolitische Maßnahme zur Erhaltung des Weinbaues und zur Existenzsicherung der Betriebe in den Jahren bis 1975 zu gut 60% abgeschlossen worden. Jährlich werden nach einem langfristig zwischen den Beteiligten abgesprochenen Plan weitere Flächen in diesen Vorgang einbezogen.

Boden

Oberhalb von Tübingen scharen sich die Weinberge um die auf einer Keuperhöhe weithin ins Land grüßende Wurmlinger

Staatsweingut Burg Wildeck im unteren Neckartal.

Kapelle. Vulkangestein am Albtrauf bei Metzingen und der Juraboden im Neuffener Tal sind Weinbaustandorte in Höhenlagen bis zu 500 m. Die Rebhänge um Esslingen in den Talkesseln des Stuttgarter Raumes sowie im Remstal sind vom roten, grünlichen und bläulichen Keuper geprägt. In Cannstatt und am Unterlauf der Rems tritt Muschelkalk zutage. Diese geologische Formation wird im Weinbaugebiet des mittleren Neckars, an den Unterläufen von Enz, Zaber und Murr mit steil aufgetürmten Terrassen landschaftsbestimmend. Das Stromberggebiet, das im Sommer fast südländisch anmutende Zabergäu, das Leintal links des Neckars sowie das Bottwar- und das Weinsbergertal sind Ausstrahlungen des großen und geschlossenen Anbauraumes um Heilbronn, des ehedem und auch heute bedeutendsten Ortes des württembergischen Weinbaues. Die geologischen Verhältnisse wechseln hier mit der Höhenlage. Neben den Keuperschichten kommen vor allem Löß-, Lehm- und Schotterböden vor. Rechts des Neckars liegt das Burgenland Hohenlohe – eine Weinprovinz eigenen Schlages mit extrem schweren, stark tonhaltigen Lettenkeuper- oder Gipskeuperböden. An sanft geschwungenen Hügeln ziehen sich die Rebhänge bis zu den waldbedeckten Höhenzügen der Löwensteiner und Waldenburger Berge hoch. Im Kocher-, Jagst- und Taubertal sind flachgründige, nach Süden geneigte Muschelkalkhänge die Heimstätten geschätzter und weitbekannter Tropfen.

Klima

Das Klima in Württemberg ist sowohl von maritimem als auch von kontinentalem Einfluß geprägt. Je weiter östlich die Anbauflächen liegen, um so stärker ist der kontinentale Einfluß in Form von kalten Wintern und trockenen, heißen Sommern. Mit 9,5° C mittlerer Jahreswärme und gut über das Jahr verteiltem Niederschlag sind die Voraussetzungen für einen erfolgreichen Weinbau gegeben. Die klimatisch besonders begünstigten Gebiete mit frühem Vegetationsbeginn liegen im Stuttgarter Talkessel und in der Umgebung von Lauffen. Weinsberg weist folgende Daten auf:

Durchschnittstemperatur
    Jahr   9,5° C
    Vegetationszeit   14,3° C
Sonnenscheindauer
    Jahr   1533 Stunden
    Vegetationszeit   1227 Stunden
Niederschlagsmenge
    Jahr   737 mm
    Vegetationszeit   483 mm

Rebsorten

Die 1975 bestockte Fläche ergibt auf 4100 ha Rotwein und auf 3700 ha Weißwein. Der durchschnittliche Ertrag liegt in den letzten Jahren bei 75 hl/ha.
Angebaut werden die Rotweinsorten (in ha):

	1965	1975
Trollinger	1770	1843
Schwarzriesling	295	810
Portugieser und Heroldrebe	710	603
Lemberger	367	358
Blauer Spätburgunder	64	289
Samtrot und Clevner	49	63
Helfensteiner	34	80

◁ Blick über das sonnenverwöhnte Markgräflerland in Richtung Staufen.

Die Weißweinsorten verteilen sich wie folgt (in ha):

	1965	1975
Riesling	1512	1825
Silvaner	840	682
Kerner	30	362
Müller-Thurgau	380	673
Ruländer	37	114
Traminer	2	10

Andere Sorten beziehungsweise Neuzüchtungen spielen kaum eine Rolle. Ihr Anteil am Sortiment insgesamt liegt unter 100 ha.

Anbau

In älteren, jetzt überwiegend abgängigen Weinbergen sieht man noch die vor 30 Jahren allgemein übliche Dreischenkel-Pfahlerziehung. Moderne Anlagen haben einen mittelhohen Drahtrahmen mit 5 bis 7 Drähten als Unterstützungsvorrichtung. Die Weinberge sind vorwiegend einheitlich mit einer Gassenbreite von 1,4 bis 1,6 m gezeilt. Von Stock zu Stock variiert der Abstand je nach Wüchsigkeit der angebauten Rebsorte von 1,3 bis 1,7 m. Auf einem Stamm werden 1 bis 2 Tragruten angeschnitten und als Halb- oder Pendelbogen im Drahtrahmen befestigt. Ein Anschnitt von 6 bis 10 Augen je m² sichert guten Ertrag bei guter Qualität.

Art

Die gute Bekömmlichkeit ist das charakteristische Merkmal der württembergischen Weine. Das Gebiet bringt eine einmalige Fülle an Sorten.
Die Trollingerweine sind kernig, saftig und wegen ihrer fruchtigen Art und ziegelroten Farbe das Nationalgetränk der Schwaben. Im Anbau stellt der Trollinger hohe Ansprüche an die Lage; ihm sind daher die allerbesten Lagen vorbehalten. Er verlangt kalkhaltigen, schweren Boden. Ausreichende Niederschläge während Wachstum und Reife der Trauben sagen ihm besonders zu. Der Trollinger wird nur in Württemberg angebaut und ist die schwäbische Spezialität schlechthin. Bereits um das Jahr 1555 war er im Gebiet bekannt.
Schwarzrieslingweine sind dagegen zart, mild und fruchtig. Für die Leistungsfähigkeit und Lebensdauer der Anlagen sind tiefgründige, luftdurchlässige, leichtere Löß- und flachgrundige, lößüberdeckte Muschelkalkböden günstig. Zusammen mit dem Blauen Spätburgunder ist diese Rebsorte – aus Frankreich kommend – vor Jahrhunderten im Unterland heimisch geworden, und hier wird sie noch heute liebevoll gepflegt.
Der Lemberger ist bekannt als »Herrenwein«. Er liefert farbkräftige, feinherbe Weine; diese sind ausgesprochene Spätentwickler und darum auch lange lagerfähig. In großen Weinjahren liefert diese aus dem Donauraum stammende und in mehr als zwei Jahrhunderten bewährte

Schloß Weikersheim. Südfassade mit Kellermeisterstatue.

Sorte großartige Gewächse. Der Lemberger stellt hohe Ansprüche. Der Anbau in warmen, geschützten und guten Lagen, in den sogenannten »Schmelzpfannen«, bringt seine Vorzüge voll zur Geltung. Im Zabergäu, am Stromberg und im Weinsberger Tal ist er daheim. Auch diese Rebsorte wird außerhalb des Gebietes nicht kultiviert.
Der Blaue Spätburgunder liefert bei guten Erträgen zarte, warme, aromatische Rotweine. In großen Jahrgängen werden auch feurige, wuchtige Gewächse gewonnen. Für warme, tiefgründige Lagen ist diese Rebsorte dankbar. Das neuerdings verwendete Pflanzmaterial stellt keine hohen Bodenansprüche. Die Größe der Anbaufläche des Blauen Spätburgunders stagniert in letzter Zeit.
Dem zur Burgundergruppe zählenden Clevner (Frühburgunderart) wird in Heilbronn viel Aufmerksamkeit zuteil. Weine dieser Sorte sind besonders füllig und körperreich. Auch der Samtrot, eine eigenständige, durch Mutation aus dem Schwarzriesling hervorgegangene Spezialität, wird liebevoll gepflegt. Er kann seine enge Verwandtschaft zum Spätburgunder nicht verleugnen. Im Schnitt der Jahre ist er gegenüber diesem duftiger, gehaltvoller und feinwürziger. Ähnlich wie der Clevner bringt auch der Samtrot geringere Erträge als der Blaue Spätburgunder. Durch Selektion ist er in letzter Zeit in seiner Ertragsleistung verbessert worden. Auf leichteren Böden erfreut er

Trinkgefäß »Der goldene Löwe« im Rathaus von Vaihingen/Enz.

durch ordentlichen Ertrag und Güte.
Der Portugieser liefert milde, frühreife Trauben und entsprechende Rotweine. Seine Bedeutung nimmt mit fortschreitender Umstellung in der Flurbereinigung laufend ab. In den oberen Keuperlagen beschert der Portugieser abgerundete, harmonische Tropfen.

Württemberg

Der Riesling überrascht im Gebiet immer wieder. Er ist äußerst wandlungsfähig. Eine reife Fruchtsäure ist ihm eigen. Sein Körper und seine Würze verleihen ihm individuellen Charme. Rassig, stahlig, hochfein lauten die Prädikate in Abhängigkeit von Standort- und Jahrgangseinfluß. Er ist in besten Lagen verstärkt seit etwa 100 Jahren beheimatet und prägt weitgehend den Gebietscharakter der württembergischen Weißgewächse.

Der frühreifende Silvaner fühlt sich wohl auf Muschelkalk- und Sandstein-Verwitterungsböden. Sein Anbau ist in den letzten Jahren zurückgegangen, doch konnte er sich in den höheren Lagen behaupten. Im Vergleich zum Riesling sind die Silvanerweine Württembergs mild, liebreizend und fülliger.

Der Müller-Thurgau erfreut sich steigender Beliebtheit. Auf schweren Muschelkalk- und Keuperböden liefert er gute Erträge. Deshalb nimmt in letzter Zeit auch seine Anbaufläche leicht zu. Geschätzt werden seine Weine wegen der guten Qualität auch in geringeren Jahren. Die Weine sind frühreif, zart, blumig und haben leichten Muskatgeschmack. Dieser ist auf den Muschelkalkhängen des Kocher-, Jagst- und Taubertales besonders ausgeprägt.

Von allen Neuzüchtungen konnte der Kerner – eine Weinsberger, also »einheimische« Kreuzung aus Trollinger x Riesling – die größte Verbreitung erlangen. Seine Beliebtheit verdankt er mehreren Eigenschaften. Der Weingärtner schätzt an ihm seine ausgezeichnete Winterfrosthärte und die gute Holzreife. Der Kerner reift früher als der Riesling und bringt auch höhere Mostwerte und dazu noch gute und sichere Erträge. Weine aus dieser Rebsorte zeichnen sich durch leichten Muskatton aus. Sie sind dem rassigen, vom Riesling geprägten Weintyp zuzurechnen. In Grenzlagen des Rieslings, wo dieser nicht voll befriedigt, ist der Kerner eine ideale Ergänzungssorte.

Nur wenig angebaut wird der Ruländer. Auf kräftigen, warmen Böden gedeiht er hervorragend. Jahr für Jahr liefert er ausgezeichnete Weine mit viel Körper und Fülle. Auch kann ihm ein gewisser gebietstypischer, mehr rassebetonter und wohl von den schweren Böden ausgehender Gebietscharakter nicht abgesprochen werden. Doch wird er es trotz dieser positiven Eigenschaften schwer haben, einen größeren Flächenanteil zu erobern, da der Weintrinker heute nur selten die schweren, wuchtigen Weine sucht.

Die stark bukettbetonten Traminer- und Muskatellerweine finden sich in den Angebotslisten fast aller namhaften Weingüter und der Erzeugerzusammenschlüsse. Liebevoll wird diesen Spezialitäten auf vielen Gemarkungen eine kleine Anbaufläche reserviert.

Erzeugung und Absatz

Württemberg ist ein Weinland der Kleinbetriebe: 18 153 Erzeuger teilen sich in die Rebfläche. Die durchschnittliche Erzeugung je Betrieb liegt bei 3400 l. In über 16 000 Betrieben ist die Rebfläche kleiner als 1 ha. Der Weinbau ist hier Nebenerwerb. Knapp 1500 Betriebe bewirtschaften zwischen 1 und 2 ha (1919 ha insgesamt). Nur 285 größere Erzeuger bearbeiten 2 bis 3 ha. 130 Weingärtner leben von 3 bis 5 ha Rebfläche, und 42 Weingüter besitzen mehr als 5 ha Rebland. Das größte Weingut bewirtschaftet 40 ha.

Diese Zahlen erklären auch, warum Württembergs Weinbau sehr stark genos-

Von Weinbergen umgeben: Schloß Lichtenberg in Württemberg.

senschaftlich ausgerichtet ist. Über 16 500 Mitglieder liefern die Trauben an 31 Orts- und 4 Gebietswinzergenossenschaften oder an die Landeszentralgenossenschaft (WZG in Möglingen, Kreis Ludwigsburg) ab. 80% des württembergischen Weines werden so in Genossenschaften ausgebaut und vermarktet. Aufgrund von Lieferverträgen nimmt der jeweils ortsansässige Handel die Trauben nicht genossenschaftlich organisierter Erzeuger ab und vermarktet etwa 10% der Gebietsweine. Die restlichen 10% verbleiben der kleinen Zahl von selbstmarktenden Weingärtnern sowie dem der Zahl nach ebenfalls kleinen, an Tradition und Ansehen aber beachtlichen Kreis der Weingüter.

Die ältesten Genossenschaften (1854 Neckarsulm, 1867 Esslingen, 1868 Weinsberg, 1869 Fellbach) haben schon vor Jahren das Jubiläum des hundertjährigen Bestehens gefeiert. Die ersten Zusammenschlüsse entstanden in schweren Zeiten als Kinder der Not. Inzwischen sind die Genossenschaften zu Garanten eines geordneten und an der Qualität orientierten Marktes von Spezialitäten entwickelt worden. Württemberg kennt keine Herbstverkäufe und keine Preiszusammenbrüche. In den modern eingerichteten Genossenschaftskellereien ist bei 160 Millionen l Lagerkapazität Raum für 2 bis 3 normale Jahresernten. Spezialisten, die (bis auf wenige Ausnahmen) alle ihre Berufsausbildung an der 110 Jahre bestehenden Staatlichen Lehr- und Versuchsanstalt für Wein- und Obstbau in Weinsberg erhalten haben, bauen die Weine zu sorten- und jahrgangstypischen Gewächsen aus. Der Absatz erfolgt als Flaschenwein.

Weinreise

Güter, Genossenschaften und Weinhandelsbetriebe sind bereit, ernsthaften Interessenten Weinproben auszurichten. Jede größere Genossenschaft hat einen Weinprobierstand. Dieses oft als »Weinbrunnen« gestaltete Werbemittel wird aber nur bei örtlichen Weinfesten oder Ausstellungen (Intergastra Stuttgart, Ausstellung des Unterlandes in Heilbronn, Heilbronner Herbst) eingesetzt. Neuerdings nehmen die »Besenwirtschaften« – wie die Straußwirtschaften hierzulande heißen – stark zu. In ihnen wird der »Selbstgezogene« ausgeschenkt. Die Bekanntmachung der Öffnungszeiten (ein- bis zweimal im Jahr für je etwa 4 bis 6 Wochen) erfolgt über die Tageszeitungen. Schätzungsweise 150 bis 180 Betriebe vermarkten einen guten Teil ihrer Produktion auf diese Weise.

Weinmärkte und Versteigerungen gibt es nicht, dafür aber »Kundentage« und den »Tag der offenen Tür« bei allen maßge-

Jupitergigantensäule in Hausen im Zabergäu.

benden Genossenschaften. Privatkunden, Weinhändler und Gastronomen, die Geschäftsverbindungen zu den einzelnen Häusern pflegen, werden dazu eingeladen.

Der Wein wird offen als »Viertele« im Henkelglas (0,25 l Inhalt) ausgeschenkt. Flaschenweine kommen nur bei ganz besonderen Anlässen auf den Tisch.

Zu den Spezialitäten des Gebiets gehört der »Schillerwein«. Durch gemeinsame Vergärung von Maischen beziehungsweise Mosten gleichzeitig reifender und für solchen Verschnitt geeigneter Traubensorten wird ein schillernder, altgold- bis hellrotfarbiger Qualitätswein gewonnen. Diese Gewächse zeichnen sich durch pikante Würze sowie überraschende Variationsbreite in Geschmack und Charakter aus. Auch schätzt der »Viertelestrinker« seit langer Zeit andere Sortenverschnitte. Bei den Rotweinen ist es Trollinger mit Lemberger (oder umgekehrt), in weiß Riesling mit Silvaner (oder umgekehrt). Je nach Rebsortenanteil herrscht der Charakter der zuerst genannten Sorte mehr oder weniger vor, ergänzt, unterstützt, verstärkt oder abgemildert vom Partner.

Die württembergischen Weine werden zu über 90% im eigenen Lande getrunken. Nach wie vor spielt dabei der Absatz über die Gastronomie eine große Rolle. Die Gasthäuser und Hotels sind meist Familienbetriebe. Patriarchalische Züge sind unverkennbar. In den Gaststuben geht auch den Durchreisenden das Verständnis für den Volkscharakter der Einheimischen auf. Trotz aller Sparsamkeit wird auf gutes Essen und Trinken nicht verzichtet, und der Wein gehört vor, bei und nach dem Essen dazu.

Die Gerichte des Landes sind kräftig, gehaltvoll und »habhaft«. Eine schwäbische Mahlzeit beginnt meist mit einer Suppe. Die bekanntesten sind wohl die Flädles-, Klößles- oder Knödelsuppen, die manchmal noch nach alten, seit Generationen überlieferten Hausrezepten zubereitet werden. Zur Hauptmahlzeit gehören oft die »Spätzle«. Richtig handgeschabt sind sie die ideale Beigabe zu fast allen Gerichten. Spätzle werden kombiniert mit Linsen, Sauerkraut, grünen Bohnen, Salat, dann mit allerlei Fleischgerichten (Sauerbraten, Rostbraten, Gulasch, Kalbfleisch) und vor allem auch mit Wildspezialitäten. Auch sauer, geröstet, geschmälzt kommen Spätzle auf den Tisch. Eine Abart dieser Leibspeise der Schwaben sind die Leber-, Käse- oder Schinkenspätzle, oder gar der »Gaisburger Marsch«, ein Eintopfgericht, bestehend aus Salzkartoffeln mit Spätzle in der Brühe nebst Suppenfleisch- oder Wursteinlagen. Zu all dem schmeckt ein gutes Viertele Rot- oder Weißwein. Dies gilt auch für das »schwäbische Vesper« mit Wurst- und Ochsenmaulsalat, Ripple, Knöchle, Schwartenmagen, Kräuter- und Luckeleskäs, Preßkopf, Hausmacher Leber- oder Griebenwurst oder mit einer noch ofenfrischen Laugenbrezel, möglichst mit frischer Butter bestrichen.

Weinmuseen sind derzeit in Stuttgart-Uhlbach, in Besigheim (Kreis Ludwigsburg), Vaihingen (Enz) sowie in Heilbronn im Aufbau. Weinkulturelle Sehenswürdigkeiten sind die Nachbildung der Jupitergigantensäule in Hausen an der Zaber, die Kelter von Mettingen sowie das große Faß von Pfedelbach.

Weinfeste mit überregionaler Bedeutung sind der Fellbacher Herbst, der Heilbronner Herbst und der Uhlbacher Sängerherbst.

Württemberg

Die Lagen

3 Bereiche
16 Großlagen
230 Gemarkungen (Orte, Ortsteile)
205 Einzellagen

Bereich Kocher-Jagst-Tauber

I Großlage Tauberberg

Elpersheim
1 Mönchsberg
2 Probstberg

Haagen
3 Schafsteige

Laudenbach
3 Schafsteige

Markelsheim
1 Mönchsberg
2 Probstberg

Niederstetten
3 Schafsteige

Oberstetten
3 Schafsteige

Reinsbronn
4 Röde

Schäftersheim
5 Klosterberg

Vorbachzimmern
3 Schafsteige

Weikersheim
6 Hardt
7 Karlsberg
8 Schmecker

Wermutshausen
3 Schafsteige

II Großlage Kocherberg

Belsenberg
9 Heiligkreuz

Bieringen
10 Schlüsselberg

Criesbach
11 Burgstall
12 Hoher Berg
13 Sommerberg

Dörzbach
14 Altenberg

Ernsbach
15 Flatterberg

Forchtenberg
15 Flatterberg

Ingelfingen
12 Hoher Berg

Künzelsau
12 Hoher Berg

Möckmühl
16 Hofberg
17 Ammerlanden

Niedernhall
11 Burgstall

18 Engweg
12 Hoher Berg

Siglingen
16 Hofberg

Weißbach
14 Altenberg
18 Engweg

Widdern
16 Hofberg

Bereich Württembergisch Unterland

III Großlage Schalkstein

Affalterbach
19 Neckarhälde

Allmersbach a. W.
20 Alter Berg

Asperg
21 Berg

Beihingen
19 Neckarhälde

Benningen
19 Neckarhälde

Besigheim
21 Felsengarten
22 Wurmberg

Bietigheim
21 Felsengarten

Bissingen
21 Felsengarten

Erdmannshausen
19 Neckarhälde

Gemmrigheim
21 Felsengarten
22 Wurmberg

Großingersheim
23 Schloßberg

Hessigheim
21 Felsengarten
24 Käsberg
22 Wurmberg

Höpfigheim
25 Königsberg

Hoheneck
19 Neckarhälde

Kirchberg
26 Kelterberg

Kleinaspach
26 Kelterberg

Kleiningersheim
23 Schloßberg

Löchgau
21 Felsengarten

Marbach
19 Neckarhälde

Markgröningen
21 Berg
27 St. Johännser

Mundelsheim
24 Käsberg

28 Mühlbächer
29 Rozenberg

Murr
19 Neckarhälde

Neckarweihingen
19 Neckarhälde

Poppenweiler
19 Neckarhälde

Rielingshausen
26 Kelterberg

Rietenau
30 Güldenkern

Steinheim/Murr
31 Burgberg

Walheim
21 Felsengarten
22 Wurmberg

IV Großlage Stromberg

Bönnigheim
32 Sonnenberg

Diefenbach
33 König

Ensingen
34 Schanzreiter

Erligheim
35 Lerchenberg

Freudenstein
36 Reichshalde

Freudental
37 Kirchberg

Gündelbach
38 Steinbachhof
39 Wachtkopf

Häfnerhaslach
40 Heiligenberg

Hofen
35 Lerchenberg

Hohenhaslach
37 Kirchberg
41 Klosterberg

Hohenstein
37 Kirchberg

Horrheim
41 Klosterberg

Illingen
42 Forstgrube
43 Halde
44 Lichtenberg
34 Schanzreiter

Kirchheim
37 Kirchberg

Kleinsachsenheim
37 Kirchberg

Knittlingen
36 Reichshalde

Lienzingen
45 Eichelberg

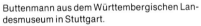

Buttenmann aus dem Württembergischen Landesmuseum in Stuttgart.

Maulbronn
46 Eilfingerberg
47 Eilfingerberg Klosterstück
36 Reichshalde

Mühlhausen
43 Halde

Oberderdingen
48 Kupferhalde

Ochsenbach
49 Liebenberg

Ötisheim
50 Sauberg

Riet
51 Kirchberg

Roßwag
42 Forstgrube
43 Halde
44 Lichtenberg

Schützingen
40 Heiligenberg

Spielberg
49 Liebenberg

Sternenfels
33 König

Vaihingen
52 Höllisch Feuer

V Großlage Heuchelberg

Brackenheim
53 Dachsberg
54 Mönchsberg
55 Schloßberg
56 Wolfsaugen
57 Zweifelberg

Botenheim
58 Ochsenberg

Burgbronn
59 Hahnenberg

Cleebronn
60 Michaelsberg

Dürrenzimmern
54 Mönchsberg

Eibensbach
60 Michaelsberg

Frauenzimmern
61 Kaiserberg
60 Michaelsberg

Güglingen
61 Kaiserberg
60 Michaelsberg

Haberschlacht
53 Dachsberg

Hausen/Z.
62 Jupiterberg
63 Staig
64 Vogelsang

Kleingartach
65 Grafenberg
64 Vogelsang

Klingenberg
66 Schloßberg
67 Sonntagsberg

Leingarten
65 Grafenberg
68 Leiersberg
64 Vogelsang

Massenbachhausen
69 Krähenberg

Meimsheim
70 Katzenöhrle

Neipperg
65 Grafenberg
71 Steingrube
66 Schloßberg
64 Vogelsang

Niederhofen
65 Grafenberg
64 Vogelsang

Nordhausen
67 Sonntagsberg

Nordheim
65 Grafenberg
75 Gräfenberg
71 Ruthe
67 Sonntagsberg

Pfaffenhofen
72 Hohenberg

Schwaigern
65 Grafenberg
71 Ruthe
73 Sonnenberg
64 Vogelsang

Stetten a. H.
73 Sonnenberg

Stockheim
74 Altenberg

Weiler/Z.
72 Hohenberg

Zaberfeld
72 Hohenberg

VI Großlage Wunnenstein

Beilstein
76 Schloßwengert
77 Steinberg
78 Wartberg

Gronau
79 Forstberg

Großbottwar
80 Harzberg
81 Lichtenberg

Hof und Lembach
80 Harzberg
81 Lichtenberg

Hoheneck
82 Oberer Berg

Ilsfeld
81 Lichtenberg

Kleinbottwar
83 Götzenberg
81 Lichtenberg
82 Oberer Berg
84 Süßmund

Oberstenfeld
79 Forstberg
80 Harzberg
81 Lichtenberg

Steinheim
81 Lichtenberg

Winzerhausen
80 Harzberg
81 Lichtenberg

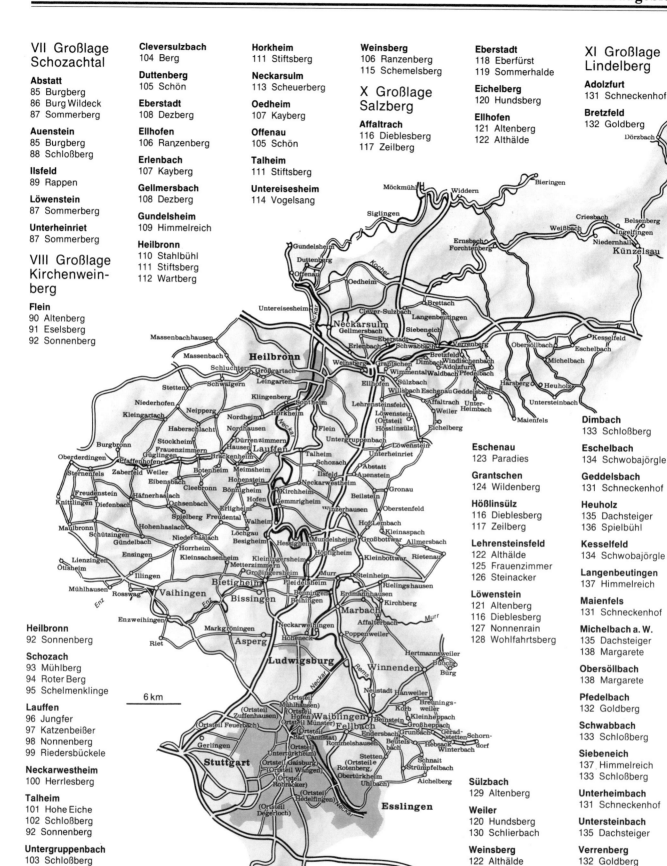

VII Großlage Schozachtal

Abstatt
85 Burgberg
86 Burg Wildeck
87 Sommerberg

Auenstein
85 Burgberg
88 Schloßberg

Ilsfeld
89 Rappen

Löwenstein
87 Sommerberg

Unterheinriet
87 Sommerberg

VIII Großlage Kirchenweinberg

Flein
90 Altenberg
91 Eselsberg
92 Sonnenberg

Heilbronn
92 Sonnenberg

Schozach
93 Mühlberg
94 Roter Berg
95 Schelmenklinge

Lauffen
96 Jungfer
97 Katzenbeißer
98 Nonnenberg
99 Riedersbückele

Neckarwestheim
100 Herrlesberg

Talheim
101 Hohe Eiche
102 Schloßberg
92 Sonnenberg

Untergruppenbach
103 Schloßberg

IX Großlage Staufenberg

Brettach
104 Berg

Cleversulzbach
104 Berg

Duttenberg
105 Schön

Eberstadt
108 Dezberg

Ellhofen
106 Ranzenberg

Erlenbach
107 Kayberg

Gellmersbach
108 Dezberg

Gundelsheim
109 Himmelreich

Heilbronn
110 Stahlbühl
111 Stiftsberg
112 Wartberg

Horkheim
111 Stiftsberg

Neckarsulm
113 Scheuerberg

Oedheim
107 Kayberg

Offenau
105 Schön

Talheim
111 Stiftsberg

Untereisesheim
114 Vogelsang

Weinsberg
106 Ranzenberg
115 Schemelsberg

X Großlage Salzberg

Affaltrach
116 Dieblesberg
117 Zeilberg

Eberstadt
118 Eberfürst
119 Sommerhalde

Eichelberg
120 Hundsberg

Ellhofen
121 Altenberg
122 Althälde

Eschenau
123 Paradies

Grantschen
124 Wildenberg

Hößlinsülz
116 Dieblesberg
117 Zeilberg

Lehrensteinsfeld
122 Althälde
125 Frauenzimmer
126 Steinacker

Löwenstein
121 Altenberg
116 Dieblesberg
127 Nonnenrain
128 Wohlfahrtsberg

Sülzbach
129 Altenberg

Weiler
120 Hundsberg
130 Schlierbach

Weinsberg
122 Althälde

Willsbach
116 Dieblesberg
117 Zeilberg

Wimmental
129 Altenberg

XI Großlage Lindelberg

Adolzfurt
131 Schneckenhof

Bretzfeld
132 Goldberg

Dimbach
133 Schloßberg

Eschelbach
134 Schwobajörgle

Geddelsbach
131 Schneckenhof

Heuholz
135 Dachsteiger
136 Spielbühl

Kesselfeld
134 Schwobajörgle

Langenbeutingen
137 Himmelreich

Maienfels
131 Schneckenhof

Michelbach a. W.
135 Dachsteiger
138 Margarete

Obersöllbach
138 Margarete

Pfedelbach
132 Goldberg

Schwabbach
133 Schloßberg

Siebeneich
137 Himmelreich
133 Schloßberg

Unterheimbach
131 Schneckenhof

Untersteinbach
135 Dachsteiger

Verrenberg
132 Goldberg
139 Verrenberg

Waldbach
133 Schloßberg

Windischenbach
132 Goldberg

Württemberg

Bereich Remstal-Stuttgart

XII Großlage Hohenneuffen

Beuren
140 Schloßsteige

Frickenhausen
140 Schloßsteige

Kappishäusern
140 Schloßsteige

Kohlberg
140 Schloßsteige

Linsenhofen
140 Schloßsteige

Metzingen
140 Schloßsteige
141 Hofsteige

Neuffen
140 Schloßsteige

Weilheim
140 Schloßsteige

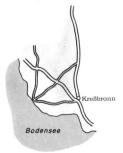

XIII Großlage Weinsteige

Bad Cannstatt (Stuttgart)
142 Berg
143 Halde
144 Herzogenberg
145 Mönchberg
146 Steinhalde
147 Zuckerle

Degerloch (Stuttgart)
148 Scharrenberg

Esslingen
149 Ailenberg
150 Kirchberg
151 Lerchenberg
152 Schenkenberg

Feuerbach (Stuttgart)
142 Berg

Fellbach
153 Gips
154 Goldberg

144 Herzogenberg
155 Hinterer Berg
156 Lämmler
145 Mönchberg
157 Wetzstein

Gaisburg (Stuttgart)
158 Abelsberg

Gerlingen
159 Bopser

Hedelfingen (Stuttgart)
160 Lenzenberg

Hofen (Stuttgart)
147 Zuckerle

Mühlhausen (Stuttgart)
146 Steinhalde
147 Zuckerle

Münster (Stuttgart)
142 Berg
146 Steinhalde
147 Zuckerle

Obertürkheim (Stuttgart)
149 Ailenberg
150 Kirchberg

Rohracker (Stuttgart)
160 Lenzenberg

Rotenberg (Stuttgart)
161 Schloßberg

Stuttgart
162 Kriegsberg
145 Mönchberg
163 Mönchhalde

Uhlbach (Stuttgart)
164 Götzenberg
161 Schloßberg
165 Steingrube

Untertürkheim (Stuttgart)
166 Altenberg
153 Gips
144 Herzogenberg
145 Mönchberg
161 Schloßberg
157 Wetzstein

Wangen (Stuttgart)
142 Berg

Zuffenhausen
142 Berg

XIV Großlage Sonnenbühl

Beutelsbach
167 Burghalde

Endersbach
168 Hintere Klinge

Rommelshausen
169 Mönchberg

Schnait
167 Burghalde

Stetten
169 Mönchberg

Strümpfelbach
170 Altenberg

XV Großlage Kopf

Beinstein
171 Großmulde

Breuningsweiler
172 Holzenberg

Bürg
173 Schloßberg

Großheppach
174 Wanne

Grunbach
175 Berghalde

Hanweiler
176 Berg

Kleinheppach
177 Greiner

Korb
176 Berg
178 Hörnle
179 Sommerhalde

Neustadt
180 Söhrenberg

Schorndorf
181 Grafenberg

Waiblingen
178 Hörnle

Winnenden
176 Berg
172 Holzenberg
182 Roßberg

Winterbach
183 Hungerberg

XVI Großlage Wartbühl

Aichelberg
184 Luginsland

Buoch
185 Himmelreich

Beutelsbach
186 Altenberg
187 Käppele
188 Sonnenberg

Breuningsweiler
189 Haselstein

Endersbach
190 Happenhalde
191 Wetzstein

Geradstetten
192 Lichtenberg
188 Sonnenberg

Großheppach
193 Steingrüble
194 Zügernberg

Grunbach
195 Klingle

Hanweiler
196 Maien

Hebsack
192 Lichtenberg

Hertmannsweiler
185 Himmelreich

Kleinheppach
188 Sonnenberg
193 Steingrüble

Korb
193 Steingrüble

Rommelshausen
197 Häder

Schnait
186 Altenberg
188 Sonnenberg

Stetten
198 Brotwasser
197 Häder
199 Lindhälder
200 Pulvermächer

Strümpfelbach
201 Gastenklinge
202 Nonnenberg

Waiblingen
193 Steingrüble

Winnenden
189 Haselstein

Großlagenfrei

Hirschau
203 Sonnenhalden

Kreßbronn am Bodensee
204 Berghalde

Rottenburg
205 Kapellenberg

Tübingen
203 Sonnenhalden

Unterjessingen
203 Sonnenhalden

Wendelsheim
205 Kapellenberg

Wurmlingen
205 Kapellenberg

Lese unterhalb des Hohenneuffen.

Georg Scheuerpflug
Franken

Landschaft

Der fränkische Weinbau wird an den klimatisch und lagemäßig günstigen Hängen in den Tälern des Mains und seiner Nebenflüsse sowie an den Ausläufern des westlichen Steigerwaldes betrieben. Das Weinbaugebiet erstreckt sich von Haßfurt im Osten den Main entlang über die Orte Schweinfurt, Volkach, Ochsenfurt, Würzburg, Karlstadt, Wertheim und Miltenberg bis nach Aschaffenburg. Es bildet jedoch kein geschlossenes Ganzes.

Geschichte

Daß der Weinbau früher das gesamte Maintal mit seinen Ausbuchtungen und Nebentälern umfaßte, lassen die zahlreichen, vielfach verfallenen Steinterrassen zwischen einem meist verwilderten Obstbau heute noch erkennen. Wann und wo jedoch die ersten Rebenanpflanzungen in Franken vorgenommen wurden, läßt sich nicht mit Bestimmtheit feststellen. Die älteste schriftliche Quelle ist eine Urkunde aus dem Jahre 777, durch die Karl der Große etwa 8 ha Rebfläche in Hammelburg der Abtei Fulda übereignete. Weitere Urkunden zeigen, daß der Weinbau zur damaligen Zeit nicht nur am Main, sondern auch bereits in der unterfränkischen Hügellandschaft (zum Beispiel bei Münnerstadt) Fuß gefaßt hatte. Die weitere Verbreitung des Weinbaues, insbesondere im 9. und 10. Jahrhundert, verdankt Franken vor allem den Klöstern und Stiften. Zu dieser Zeit wurde auch in Mittel- und Oberfranken Weinbau betrieben. Der Höhepunkt der flächenmäßigen Ausweitung des Weinanbaues in Franken scheint jedoch im 15. und 16. Jahrhundert gelegen zu haben.

Trotz der Beliebtheit des Frankenweins im 17. Jahrhundert setzt in dieser Zeit ein Verfall der Rebkultur in Franken ein. Erhöhte Belastung des Handels durch Zölle und Abgaben, ein starker Anstieg des Bierkonsums sowie die Auswirkungen des Dreißigjährigen Krieges dürften die Ursachen dieser Entwicklung gewesen sein. Eine weitere Periode der Verringerung folgte im 19. Jahrhundert. Sie war die Folge der Industrialisierung, der Säkularisation sowie des massenweisen Auftretens von Pflanzenkrankheiten und -schädlingen. Um die Wende zum 20. Jahrhundert bahnte sich für den fränkischen Weinbau eine neue Entwicklung an. Im Jahre 1875 konstituierte sich in Franken der erste regionale Berufsverband im deutschen Raum, 1902 wurde die Lehr- und Versuchsanstalt für Wein-, Obst- und Gartenbau in Veitshöchheim und 1912 die Bayerische Hauptstelle für Rebenzüchtung gegründet (beide sind in der Bayerischen Landesanstalt für Weinbau und Gartenbau zusammengefaßt). Die staatliche Weinbauberatung hat im Jahre 1905 mit der Bestellung eines Landesinspektors für Weinbau begonnen.

Standorte

Der weitaus überwiegende Teil der Rebfläche ist auf die nach Süden oder Westen abfallenden Talhänge konzentriert. Bedingt durch zahlreiche Talausbuchtungen ist jedoch auch ein häufiger Wechsel in der Himmelsrichtung der Rebhänge gegeben. Auch die Neigung des Geländes wechselt vielfach je nach geologischem Aufbau und Taltiefe. Während der Rebenanbau vorwiegend in Höhenbereichen von 150 bis 250 m über NN betrieben wird, steigt die Grenze des Anbaues im Steigerwald sogar auf 400 m an.

Würzburg mit Feste Marienberg und Lage »Innere Leiste«.

Franken

Boden

Wesentlich für den Standort ist vor allem der unterschiedliche geologische Aufbau. Die Weinbergsböden Frankens werden geprägt durch die Verwitterung des kristallinen Urgesteins, des Buntsandsteins, des Muschelkalks und des Keupers.

Die Böden aus kristallinen Gesteinen haben für den fränkischen Weinbau eine begrenzte Bedeutung. Nur im Kahlgrund, einem Gebiet nördlich von Aschaffenburg, prägen diese Urgesteine den Boden der Rebhänge; sie bilden meist humusarme, wenig steinige, lehmige Sand- oder sandige Lehmböden, die gelegentlich durch eine Lößauflage begünstigt sind. Auf den Urgesteinsböden kommt in erster Linie die Sorte Müller-Thurgau, in günstigen Lagen auch der Riesling zum Anbau. Unter den Frankenweinen stellen die Weine aus dem Urgesteinsbereich durch ihre rassige, kernige Art eine Spezialität dar.

Im Buntsandsteingebiet, das im wesentlichen den gesamten Spessartbereich von Aschaffenburg bis Kreuzwertheim umfaßt, hat der Weinbau in den letzten Jahrzehnten an Bedeutung verloren. Dies ist einerseits darauf zurückzuführen, daß dem Buntsandstein-Verwitterungsboden (überwiegend nährstoffarme, flachgründige und saure Sandböden) vielfach die Ertragskraft für einen rentablen Weinanbau fehlt, andererseits hat sich in diesem Gebiet, bedingt durch die Realteilung, eine so ungünstige Agrarstruktur entwickelt, daß im Zuge einer frühzeitigen Industrialisierung der Weinbau in weiten Bereichen zum Erliegen kam. Im Buntsandsteinbereich gedeihen vor allem die fränkischen Rotweine, meist kräftige, samtige, vollmundige Früh- oder Spätburgunderweine. An Weißweinen stehen in diesem Bereich vorwiegend die Sorten Müller-Thurgau und Silvaner. Sie bieten sich meist als leichte, spritzige Weine dar. Der größte Teil der fränkischen Rebfläche (rund 70%) liegt im Maindreieck Karlstadt-Marktbreit-Schweinfurt. Hier ist der Standort durch die Verwitterung des Muschelkalkes bestimmt. Im großen und ganzen findet hier die Rebe sehr gute Bedingungen vor, und zwar vor allem auf Lehm- beziehungsweise lehmigen Tonböden mit unterschiedlichem Kalk- und Steinanteil.

Die Rebsorte Silvaner gilt auch heute noch als Leitsorte im Muschelkalkgebiet, in zunehmendem Maße wird ihr allerdings auch der Müller-Thurgau zur Konkurrenz. In Spitzenlagen gedeihen Riesling und Rieslaner sowie die Scheurebe.

Bocksbeutelflasche aus dem vorigen Jahrhundert.

Weinlese in der Lage Würzburger Schloßberg mit Blick auf Würzburg.

Die Weine des Maindreiecks gelten als typische Frankenweine: kräftig, fruchtig, extraktreich, kernig und säurebetont mit ausgeprägtem Sortencharakter.

Ein Viertel der fränkischen Rebfläche liegt an den westlichen und südlichen Ausläufern des Steigerwaldes. Der Bereich Steigerwald reicht von den Haßbergen im Norden bis in den Uffenheimer Gau im Süden. Die Rebflächen liegen vorwiegend im Bereich des Mittleren Keupers. Dieser ist geologisch vielfältig, folglich treten je nach Ausgangsmaterial und Lage Unterschiede im Bodenaufbau zutage. Die Weine brillieren durch ihr kräftiges Bukett, durch ihren reichen Extraktgehalt und die erdige, würzige Art. Vor allem die Sorte Müller-Thurgau hat im Keuper einen günstigen Standort gefunden und den Silvaner auf den zweiten Platz verwiesen. Neue Sorten (Perle, Kerner, Bacchus) gewinnen zunehmend an Bedeutung.

Klima

Die klimatischen Verhältnisse sind von Standort zu Standort verschieden. Insbesondere bewirken die Höhenzüge des Spessarts und der Rhön eine deutliche klimatische Differenzierung. Westlich dieser Höhenzüge am Untermain findet sich ein sehr günstiges warmes, aber auch feuchtes Klima; östlich davon, im Zentralgebiet des fränkischen Weinanbaues, herrscht mäßig kontinentales Klima vor, das durch heiße und trockene Vegetationsperioden und starke Winterfröste gekennzeichnet ist. Innerhalb dieser Klimabereiche treten jedoch von Rebenstandort zu Rebenstandort nicht unbe-

Klimadaten

	langjähr. mittlere Niederschlagsmengen l/Jahr	mittlere Jahrestemp. Grad° C
Untermain	600–700	9,0–9,5
Maindreieck	550–600	9,0
vorderer Steigerwald	650–750	8,0

deutende kleinklimatische Unterschiede zutage, die von Hangneigung und Sonneneinstrahlung, aber auch von der Wärmeausstrahlung der Gewässer und der Kühle der Wälder beeinflußt werden.

Rebsorten

Während früher zur Ertragssicherung der gemischte Satz, das heißt der vermischte Anbau mehrerer Rebsorten auf der gleichen Fläche in Franken verbreitet war,

Alte Weinberge bei Klingenberg am Main.

herrscht heute der reine Sortenanbau. Ihm und dem sortentypischen Ausbau der Weine wird in Franken besondere Bedeutung beigemessen, da man erkannt hat, daß der Sortencharakter wie auch die Bodenart im Frankenwein sehr vorteilhaft zum Ausdruck kommen können. Zunehmend sind die Betriebe in Franken nicht nur um ein breites Angebot an verschiedenen neutralen oder bukettreichen Sorten bemüht, sondern sie treffen die Sortenauswahl auch nach Bodenverhältnissen, kleinklimatischen Bedingungen und Reifezeitpunkt.

Im Zuge dieser Entwicklung hat die Sorte Silvaner (1067 ha) zugunsten der Sorte Müller-Thurgau (1576 ha) wesentlich an Fläche eingebüßt, während andererseits neue Rebsorten, die bessere Standortanpassung und größere Frostfestigkeit zeigen, wie Perle, Bacchus, Kerner und Scheurebe, neu ins Sortiment aufgenommen wurden. Andere Sorten, die gewisse Schwierigkeiten im Ausbau erkennen lassen, wie die Sorten Ortega und Optima, oder Sorten mit hohen Ansprüchen, aber unsicheren Ertragserwartungen, erreichen dagegen nur einen begrenzten Umfang im Anbau.

Rebsorte	1954 %	1960 %	1964 %	1970 %	1976 %	ha
Silvaner	53,9	59,9	55,2	45,3	31,4	1067
Müller-Thurgau	14,8	25,5	31,6	40,7	46,3	1576
Riesling	5,7	5,9	3,9	3,6	3,2	108
Traminer	0,3	1,0	0,4	0,7	1,2	41
Perle	•	•	2,8	3,0	2,9	100
Rieslaner	•	•	1,2	1,2	1,0	35
Scheurebe	•	•	0,4	0,5	2,4	83
Bacchus	•	•	•	•	2,6	87
Kerner	•	•	•	0,1	2,1	70

Anbau

Die Anbautechnik hat sich in den letzten Jahrzehnten infolge Umstellung auf den Pfropfrebenanbau, Weinbergsflurbereinigung und intensiver Schulungs- und Beratungstätigkeit wesentlich gewandelt. Die früher übliche Pfahlerziehung wurde vollständig abgelöst von der Drahtrahmenerziehung, und die fränkische Kopferziehung ist der zweischenkligen Halbbogen- beziehungsweise Pendelbogenerziehung gewichen. Der Rationalisierung dienen größere Zeilenabstände in Direktzug- und Seilzuganlagen. Der Qualitätserzeugung wegen ist der Anschnitt von 8 bis 12 Augen pro m² die Regel.

Art

Der Frankenwein gilt – nicht nur wegen der Bocksbeutelflasche – als Spezialität. Man erwartet ihn durchgegoren und säurebetont mit einer feinen und herzhaften Frische. Der reiche Extraktgehalt mit seinem feinen Bukett läßt die Sorten-, Lage- und Jahrgangseigenschaften in immer neuen und vielfältigen Geschmacksnuancen besonders deutlich werden. Frankenweine sind meist sehr stark vom Boden geprägt.

Erzeugung

Die Agrarstruktur des Gebietes ist geprägt von einer Jahrhunderte währenden

Franken

Realteilung. Die Folge war eine ständig fortschreitende Zersplitterung des Besitzes. Ausgenommen hiervon sind einige Weingüter, die aus den Besitzungen geistlicher und weltlicher Herrschaft sowie aus Stiftungen hervorgegangen sind und heute noch zu den größten Deutschlands zählen.

Bestockte Rebfläche	Anzahl der Betriebe		Bewirtschaftete Rebfläche	
ha	absolut	%	absolut	%
bis 0,50	4 389	73,9	872	26,8
0,51 – 1,00	817	13,8	562	17,3
1,01 – 5,00	696	11,7	1 279	39,3
5,01 und mehr	34	0,6	540	16,6
insgesamt	5 936		3 253	

Es bewirtschaften demnach etwa drei Viertel aller Weinbaubetriebe in Franken eine Rebfläche von nur 872 ha, während der weit größere Teil der Fläche von verhältnismäßig wenigen (meist Vollerwerbs-Betrieben) bestellt wird.
Im Rahmen der Weinbergsflurbereinigung, die 1953 in größerem Umfang einsetzte, wurden rund 2000 ha Rebfläche umgelegt und neu aufgebaut.

Absatz

Während früher dem Weinhandel die Hauptrolle in der Vermarktung des Frankenweines zukam, hat sich im Laufe unseres Jahrhunderts durch die Gründung von 21 örtlichen Winzergenossenschaften ein bedeutender Wandel vollzogen; 45 bis 50% der Weinproduktion werden heute von den fränkischen Winzergenossenschaften vermarktet. Unter ihnen ragen die Gebietswinzergenossenschaft Repperndorf und die Genossenschaften Nordheim, Randersacker, Sommerach und Thüngersheim durch ihren hohen technischen Stand und ihre große Lagerkapazität heraus.
Der fränkische Weinhandel hatte in den zurückliegenden Jahrzehnten eine wechselhafte Entwicklung zu verzeichnen. Heute ist seine Position gefestigt, die Erfassungsgebiete sind klar abgegrenzt, und feste Abnahmebedingungen mit der Erzeugergemeinschaft Frankonia sichern die Erfassung.
Die Gruppe der Selbstmarkter (etwa 1100 flaschenweinausbauende Betriebe) zeigt in Franken eine differenzierte Struktur. Während die wenigen großen Weingüter schon von jeher Weinausbau und Flaschenvermarktung betrieben, haben die mittleren und kleinen weinausbauenden Betriebe meist erst in der Nachkriegszeit den Weg dieser Vermarktungsform beschritten.

Altes fränkisches Wirtszeichen.

Seit Jahrhunderten wird Frankenwein vorwiegend in Bocksbeutel gefüllt. Der Name dürfte, wegen der Ähnlichkeit, vom Beutel eines Bockes abgeleitet sein. Urkundlich ist bekannt, daß im Jahre 1728 der Stadtrat von Würzburg zur Feststellung der Garantie für »Echtheit und volles Gefäß« gewisse Weine in Bocksbeutel füllen und mit dem Stadtsiegel versehen ließ. Heute gilt der Bocksbeutel in Franken als Qualitätszeichen, denn in ihn dürfen nach den geltenden weinrechtlichen Bestimmungen nur Qualitätsweine aus Franken, Weiß- und Rotweine, abgefüllt werden.

Bildstock in Mainfranken.

Weinreise

Frankenwein kommt in Gaststätten, Weinstuben oder Straußwirtschaften vorwiegend als Schoppenwein (0,25 l) zum Ausschank und wird häufig im »Römer«, vereinzelt auch in Steinkrügen gereicht.
Der Tourist findet bei einem Streifzug reiche weinkundliche Abwechslung. In Hörstein weist die Madonna mit der Weintraube darauf hin, daß schon seit alters hier Weinbau betrieben wird. In Aschaffenburg stehen heute nur mehr am Pompejanum Reben. Gemessen an der Größe des Weinkellers im Renaissanceschloß Johannisburg muß hier in früherer Zeit Weinbau in großem Umfang betrieben worden sein. Die Weinstube des Staatlichen Hofkellers im Schloß gewährt einen Einblick in die Eigenart der Weine am Untermain.
Auf der Fahrt nach Miltenberg sieht man kurz nach Obernburg die wenig erschlossenen, kleinstrukturierten Rebflächen an den steilen Abhängen des Spessarts. Klingenberg ist bekannt durch seinen samtigen, fülligen Rotwein. Eine geräumige Weinprobierstube lädt im städtischen Weingut zum Verweilen ein. Alljährlich im August findet hier ein Rotweinfest statt. Das Rotweingebiet zieht sich bis Miltenberg und Bürgstadt hin. In Miltenberg bietet eines der ältesten Hotels in Deutschland, das »Haus zum Riesen«, zum Wild aus dem Spessart auserlesene Spät- und Frühburgunderweine aus den benachbarten Weinorten Bürgstadt und Großheubach an. In den Gaststätten entlang des Maines werden zu den verschiedenen Fischspeisen kräftige Rieslingweine gereicht.
Im Weinbaubetrieb der Stadt Hammelburg berichtet eine Urkunde, daß hier seit 1200 Jahren Weinbau betrieben wird. Neben dem städtischen und dem staatlichen Weinbaubetrieb ist vor allem die Winzergenossenschaft Stütze des Weinbaues in diesem nördlichsten Gebiet des Rebenanbaues. Auf Burg Saaleck lassen sich in einem Weinlokal die kräftigen, blumigen, oft etwas herben Müller-Thurgau-Weine dieser Gegend kosten.
Im Maintal zwischen Karlstadt und Würzburg stehen die Reben unter- und oberhalb der Kalkbänke des Muschelkalkes. Je mehr man sich der Mainmetropole nähert, um so umfangreicher werden die Rebflächen. Thüngersheim hat die Weinbergsflurbereinigung sehr großzügig durchgeführt. Im benachbarten Veitshöchheim erlaubt die Bayerische Landesanstalt für Weinbau und Gartenbau dem Fachkundigen einen Blick in den Ver-

suchsbereich des Weinbaues und der Rebenzüchtung. Eine neu erstelle Kellerei dient dem Studium technologischer und önologischer Fragen. Die Staatliche Technikerschule und die Staatliche Fachschule sorgen für die Ausbildung des weinbaulichen Nachwuchses.

In Würzburg finden sich die bekanntesten Weingüter Frankens, der Staatliche Hofkeller, das Julius- und das Bürgerspital. Auch der Fränkische Weinbauverband hat seinen Sitz in dieser Stadt. Das Mainfränkische Museum, ausgezeichnet mit dem Weinkulturpreis, gibt einen sehr instruktiven Überblick über Weinbau und Weinkultur in Franken. Die Weingüter stellen in zahlreichen Weinproben die Gewächse der bekannten Lagen Stein und Leiste vor. Interessant ist der historische Keller unter der Residenz. Stets gut frequentiert sind die zahlreichen Weinstuben, insbesondere die der Weingüter mit ihren erlesenen Kabinettweinen. »Meefischli« mit einem Silvaner vom Muschelkalk oder Schweinsknöchle mit Kraut und einem kräftigen Riesling gelten als besondere Spezialitäten dieser Gegend. Am Stein wird zur Zeit ein ausgedehnter Weinlehrpfad eingerichtet.

Weiter mainaufwärts kommt man durch die malerischen Weinorte Randersacker, Sommerhausen, Frickenhausen, Sulzfeld nach Kitzingen. Diese Stadt, Heimat des Weinkulturpreisträgers Richard Rother, gilt als die Metropole des fränkischen Weinhandels. Interessant ist vor allem der alte Weinkeller des Bocksbeutelwein-Vertriebs. Vor den Toren der Kreisstadt liegt die Gebietswinzergenossenschaft Repperndorf. Sie erfaßt heute ein Drittel der fränkischen Ernte. In einer Weinprobierstube stellt sie Weine aus dem gesamten fränkischen Raum vor.

Auf dem Weg nach Schweinfurt gelangt man in das Zentrum des fränkischen Weinbaues, die Mainschleife mit den Orten Volkach, Sommerach, Nordheim, Escherndorf und Eisenheim. In den Weinbergsfluren stehen alte und neue Bildstöcke. Im Frühjahr werden in allen Gaststätten Spargelgerichte serviert, und im Sommer laden die Weinorte zu Weinfesten ein. Volkach veranstaltet alljährlich Weinseminare.

Zentrum des Weinbaues am Steigerwald ist das Städtchen Iphofen. Im Zehntkeller werden dem Gast die erdigen Weine der Keuperlandschaft, meist Müller-Thurgau, zu fränkischen Bratwürsten mit Kraut gereicht. Auch Steigerwälder Karpfen mit einem kräftigen Riesling zählt in den Herbstmonaten zu den Gerichten dieser Gegend. Die Gebietswinzergenossenschaft unterhält hier eine Kelterstation mit einer Weinprobierstube. Das fürstliche Domänenamt in Castell, der größte Weinbaubetrieb im Steigerwald, steht heute im Verbund mit einer Gruppe von Winzern. Im »Weinstall« findet der Tourist ein reiches Angebot von Weinen der Domäne. Nur einige Kilometer entfernt liegt die Gemeinde Abtswind mit ihrem Gästehaus und einem Weinlehrpfad.

Die Lagen

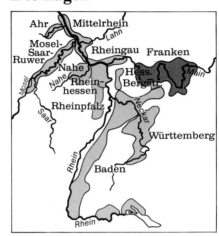

4 Bereiche
17 Großlagen
125 Gemarkungen
 (Orte, Ortsteile)
155 Einzellagen

Bereich Mainviereck

I Großlage Reuschberg

Alzenau, Ortsteil Hörstein
1 Abtsberg

Großlagenfrei

Alzenau, Ortsteil Wasserlos
2 Lurhännchen
3 Schloßberg

Alzenau, Ortsteil Michelbach
4 Steingarten
5 Apostelgarten

Aschaffenburg
6 Pompejaner

Obernau
7 Sanderberg

Rottenberg
8 Gräfenstein

II Großlage Heiligenthal

Großostheim
9 Reischklingeberg
10 Harstell

Dazu kommen Rebflächen in der Gemarkung Wenigumstadt.

Großlagenfrei

Großwallstadt
11 Lützeltalerberg

Elsenfeld, Ortsteil Rück
12 Johannisberg
13 Jesuitenberg

Erlenbach am Main
14 Hochberg

Klingenberg
15 Hochberg
16 Schloßberg

Großheubach
17 Bischofsberg

Großheubach, Ortsteil Engelsberg
18 Klostergarten

Miltenberg
19 Steingrübler

Bürgstadt
20 Mainhölle
21 Centgrafenberg

Dorfprozelten
22 Predigtstuhl

Kreuzwertheim
23 Kaffelstein

Festliche Stimmung im Staatlichen Hofkeller in Würzburg.

Franken

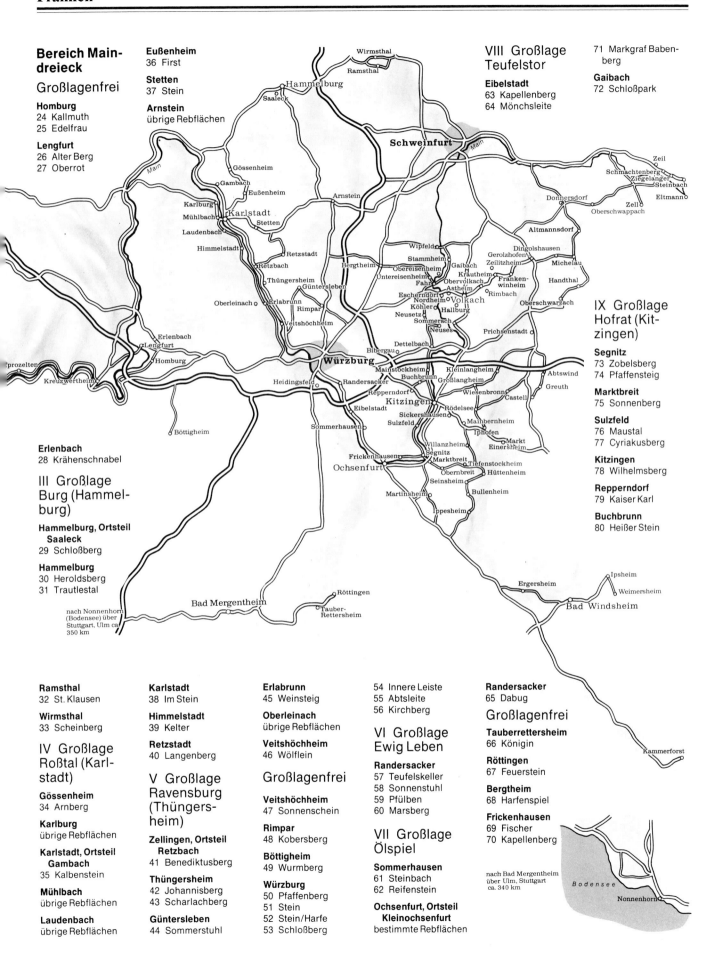

Bereich Maindreieck

Großlagenfrei

Homburg
24 Kallmuth
25 Edelfrau

Lengfurt
26 Alter Berg
27 Oberrot

Eußenheim
36 First

Stetten
37 Stein

Arnstein
übrige Rebflächen

VIII Großlage Teufelstor

Eibelstadt
63 Kapellenberg
64 Mönchsleite

71 Markgraf Babenberg

Gaibach
72 Schloßpark

Erlenbach
28 Krähenschnabel

III Großlage Burg (Hammelburg)

Hammelburg, Ortsteil Saaleck
29 Schloßberg

Hammelburg
30 Heroldsberg
31 Trautlestal

IX Großlage Hofrat (Kitzingen)

Segnitz
73 Zobelsberg
74 Pfaffensteig

Marktbreit
75 Sonnenberg

Sulzfeld
76 Maustal
77 Cyriakusberg

Kitzingen
78 Wilhelmsberg

Repperndorf
79 Kaiser Karl

Buchbrunn
80 Heißer Stein

nach Nonnenhorn (Bodensee) über Stuttgart, Ulm ca. 350 km

Ramsthal
32 St. Klausen

Wirmsthal
33 Scheinberg

IV Großlage Roßtal (Karlstadt)

Gössenheim
34 Arnberg

Karlburg
übrige Rebflächen

Karlstadt, Ortsteil Gambach
35 Kalbenstein

Mühlbach
übrige Rebflächen

Laudenbach
übrige Rebflächen

Karlstadt
38 Im Stein

Himmelstadt
39 Kelter

Retzstadt
40 Langenberg

V Großlage Ravensburg (Thüngersheim)

Zellingen, Ortsteil Retzbach
41 Benediktusberg

Thüngersheim
42 Johannisberg
43 Scharlachberg

Güntersleben
44 Sommerstuhl

Erlabrunn
45 Weinsteig

Oberleinach
übrige Rebflächen

Veitshöchheim
46 Wölflein

Großlagenfrei

Veitshöchheim
47 Sonnenschein

Rimpar
48 Kobersberg

Böttigheim
49 Wurmberg

Würzburg
50 Pfaffenberg
51 Stein
52 Stein/Harfe
53 Schloßberg

54 Innere Leiste
55 Abtsleite
56 Kirchberg

VI Großlage Ewig Leben

Randersacker
57 Teufelskeller
58 Sonnenstuhl
59 Pfülben
60 Marsberg

VII Großlage Ölspiel

Sommerhausen
61 Steinbach
62 Reifenstein

Ochsenfurt, Ortsteil Kleinochsenfurt
bestimmte Rebflächen

Randersacker
65 Dabug

Großlagenfrei

Tauberrettersheim
66 Königin

Röttingen
67 Feuerstein

Bergtheim
68 Harfenspiel

Frickenhausen
69 Fischer
70 Kapellenberg

nach Bad Mergentheim über Ulm, Stuttgart ca. 340 km

Mainstockheim 81 Hofstück	**Obervolkach** 94 Landsknecht	**Kitzingen** 106 Eherieder Berg	**Wiesenbronn** 119 Wachhügel 120 Geißberg	**Seinsheim** 130 Hohenbühl	**Altmannsdorf** 142 Sonnenwinkel	
X Großlage Honigberg	**Rimbach** übrige Rebflächen	**Zeilitzheim** 107 Heiligenberg	**Großlangheim** 121 Kiliansberg	**Bullenheim** 131 Paradies	**Michelau** 143 Vollburg	
Dettelbach 82 Berg-Rondell 83 Sonnenleite	**Gaibach** 95 Kapellenberg	**Willanzheim** übrige Rebflächen	**Rödelsee** 122 Schwanleite 123 Küchenmeister	**Ippesheim** 132 Herrschaftsberg	**Oberschwarzach** 144 Herrenberg	
Dettelbach, Ortsteil Bibergau übrige Rebflächen	**Volkach** 96 Ratsherr	**Bereich Steigerwald**	**Kitzingen, Ortsteil Sickershausen** 124 Storchenbrünnle	**Ergersheim** 133 Altenberg	**Handthal** 145 Stollberg	
	Untereisenheim 97 Sonnenberg	**XII Großlage Schild (Abtswind)**	Außerdem Rebflächen in den Gemarkungen Mainbernheim und Kitzingen, Ortsteil Hoheim.	**Ipsheim, Ortsteil Weimersheim** 134 Roter Berg	**Breitbach, Ortsteil Kammerforst** 146 Teufel	
XI Großlage Kirchberg (Volkach)	**Obereisenheim** 98 Höll	**Abtswind** 108 Altenberg		**XVII Großlage Kapellenberg**	**Prichsenstadt** 147 Krone	
Neuses a. Berg 84 Glatzen	**Stammheim** 99 Eselsberg	**Greuth** 109 Bastel	**XV Großlage Burgweg (Iphofen)**	**Zeil am Main, Ortsteil Schmachtenberg** 135 Eulengrund	**Martinsheim** 148 Langenstein	
Volkach, Ortsteil Escherndorf 85 Fürstenberg 86 Berg 87 Lump	**Wipfeld** 100 Zehntgraf	**XIII Großlage Herrenberg**	**Iphofen** 125 Julius-Echter-Berg 126 Kronsberg 127 Kalb	**Zeil am Main, Ortsteil Ziegelanger** 136 Ölschnabel	**Ipsheim** 149 Burg Hoheneck	
Sommerach 88 Katzenkopf 89 Rosenberg	Außerdem Rebflächen in den Gemarkungen Neusetz, Fahr und Volkach, Ortsteil Köhler.	**Castell** 110 Bausch 111 Hohnart 112 Kirchberg 113 Feuerbach 114 Kugelspiel 115 Reitsteig 116 Schloßberg 117 Trautberg		**Steinbach** 137 Nonnenberg	**Tiefenstockheim** 150 Stiefel	
Nordheim 90 Vögelein 91 Kreuzberg	**Großlagenfrei**		**Markt Einersheim** 128 Vogelsang	**Knetzgau, Ortsteil Zell** 138 Kronberg	**Gerolzhofen** 151 Arlesgarten	
Volkach, Ortsteil Astheim 92 Karthäuser	**Volkach, Ortsteil Hallburg** 101 Schloßberg			**Knetzgau, Ortsteil Oberschwappach** 139 Sommertal	**Dingolshausen** 152 Köhler	
Krautheim 93 Sonnenleite	**Frankenwinheim** 102 Rosenberg		**XVI Großlage Schloßstück (Frankenberg)**	**Großlagenfrei**	**Donnersdorf** 153 Falkenberg	
	Schweinfurt 103 Peterstirn 104 Mainleite	**XIV Großlage Schloßberg (Rödelsee)**	**Hüttenheim** 129 Tannenberg	**Zeil am Main** 140 Mönchshang	**Bereich Bayerischer Bodensee**	
	Obernbreit 105 Kanzel	**Kleinlangheim** 118 Wutschenberg		**Eltmann** 141 Schloßleite	**Nonnenhorn** 154 Seehalde 155 Sonnenbüchel	

Friedrich Gollmick

Weinbau in der DDR

Landschaft

Auf dem Gebiet der Deutschen Demokratischen Republik unterscheidet man heute zwei nach Landschaft, Struktur und Besonderheiten der Weine getrennte Weinbaugebiete:
das Saale-Unstrut-Gebiet, einschließlich Höhnstedt und Umgebung in der Nähe des Süßen Sees in den Bezirken Halle, Erfurt und Gera mit 320 ha,
das Gebiet Elbe oder Elbetal im Bezirk Dresden mit 180 ha Weinbaufläche.
Diese Weinbauflächen von 500 ha liegen zwischen 51° und 51°30′ nördlicher Breite und gehören damit zu den nördlichsten Weinbaugebieten Europas.
Noch einige Kilometer weiter nördlich liegt ein weiteres kleines, isoliertes Anbaugebiet bei Jessen an der Schwarzen Elster, dessen Umfang noch zu Anfang unseres Jahrhunderts 120 ha betrug, das heute aber lediglich 1,25 ha umfaßt.

Geschichte

Die Anfänge des ehemals sächsisch-thüringischen Weinbaues reichen über 1000 Jahre zurück und weisen auf die Herkunft von Mainfranken hin. Die erste urkundliche Nachricht über Weingärten im Elbegebiet stammt aus dem Jahre 1082 vom Kloster Pegau.
Die Entwicklung des Weinbaues ging zunächst nur langsam voran, bis vom 12. Jahrhundert an die Zisterzienser und andere Mönchsorden ihren Einzug in Thüringen hielten und an vielen Orten Weingärten anlegten und pflegten. Bevorzugt sind zu nennen die Hänge der Flüsse Saale, Unstrut und Ilm sowie ihrer Nebenflüsse, Hanglagen bei Erfurt, Arnstadt und Gotha sowie die Talhänge der Elbe zwischen Pirna und Meißen. Bis in die Mitte des 16. Jahrhunderts erlebte der Weinbau hier eine heute unvorstellbare Blütezeit. Nach den Mönchen waren es die Bürger der durch den Handel aufblühenden Städte, die an der Ausdehnung der Rebanlagen beteiligt waren. Alle halbwegs brauchbaren sonnigen Hügel waren damals mit Reben bepflanzt, so daß der Gesamtumfang des Reblandes wohl mit Recht auf 10 000 ha geschätzt wird. Neben den bereits genannten Orten ist damals Weinbau betrieben worden in der Lausitz, bei Belzig, Wittenberg, Jessen und Schweinitz, aber auch bei Brandenburg, Bautzen, an der Oder bei Görlitz und Guben und im Harzvorland bei

Weinbau in der DDR

Weinbaugebiet Saale-Unstrut. Neuenburg.

Sangerhausen und Bad Frankenhausen. Das Kloster Pforta bei Naumburg an der Saale zum Beispiel besaß im Jahre 1540 über 100 Eigenweinberge mit einem Jahresdurchschnittsertrag von 2000 hl Wein. Die Städte Erfurt, Jena, Naumburg, Meißen und Sangerhausen hatten damals einen bedeutenden Weinhandel. In Erfurt mit 30 000 Einwohnern im Jahre 1620 wurden mehr als 2000 ha Weingärten bewirtschaftet, von denen heute nichts mehr vorhanden ist. Der Weinhandel der Universitätsstadt Jena, deren Bürger in den Jahren 1406 bis 1542 mehr als 700 ha Rebfläche in Pflege hatten, erstreckte sich mehr als 100 km weit. Heute gibt es dort keine Ertragsrebenanlagen mehr. Das Stadtwappen aber und die auf der 1480 festgelegten Stadtgrenze stehenden Grenzsteine, die eine Traube zeigen, weisen noch auf die alte Weinbauernstadt hin. Nur bei Naumburg, in dessen Bischofssprengel der Weinbau bereits im Jahre 1066 urkundlich nachzuweisen ist, hat er sich bis heute erhalten.
Bereits zur Zeit der Bauernkriege, hauptsächlich aber in und nach dem Dreißigjährigen Krieg trat der Rückgang ein. Die Ursachen waren hier wie auch in anderen Weinbaulandschaften sehr vielfältiger Natur. 1878 registrierte man in der Provinz Sachsen nur noch 833 ha und im Königreich Sachsen 2115 ha Rebenanbaufläche, von der aber nur ein Teil wirklich im Ertrag stand.
Den letzten und schwersten Schlag erhielt dieser Restweinbau, als die aus Amerika eingeschleppten Schädlinge Peronospora, Oidium und Reblaus ihr zerstörendes Werk begannen. Die Reblaus wurde 1887 zum ersten Mal in Freyburg entdeckt, und damit schien der Weinbau in diesem Gebiet endgültig vernichtet zu sein. Zu Beginn des 20. Jahrhunderts verzeichnete man hier den niedrigsten Stand mit ganzen 75 ha Rebland.
Nach dem Ersten Weltkrieg begann der Wiederaufbau – ausschließlich mit Pfropfreben –, so daß 1939 wieder 153 ha vorhanden waren. Nach dem Zweiten Weltkrieg stieg die Anbaufläche bis 1953 auf 220 ha an. Auf Grund eines Ministerratsbeschlusses von 1963 begann dann eine Aufrebung nach modernen Methoden.

Grenzstein mit Traubensymbol bei Jena aus der Mitte des 15. Jahrhunderts.

Standorte

Auf Grund der klimatischen Bedingungen an der Nordgrenze des Weinbaues werden im wesentlichen Südsüdost- bis Südsüdwest-Hanglagen, die für den Anbau anderer landwirtschaftlicher Kulturen nicht geeignet oder rentabel sind, genutzt. Die terrassierten oder durch Mauerbau gekennzeichneten Weinbaulagen, in denen die bessere Traubenqualität erreicht wird, umfassen etwa 47% der Gesamtrebfläche. Dieser Terrassenweinbau, der sich erst seit dem 17. Jahrhundert vom Elbetal ausgehend verbreitet hat, bestimmt heute noch auf weite Strecken das Landschaftsbild. An vielen Stellen des Gebietes, wo früher Weinbau verbreitet war, erkennt man das heute noch gut an den verfallenen Weinbergsmauern. Der übrige Weinbau befindet sich auf schwächer geneigten Hanglagen, die als Direktzuganlagen, meist mit Weitraum-Hocherziehung nach dem System von Lenz Moser, angelegt sind.

Sehr charakteristisch für diese Weinlandschaft, vor allem dort, wo die Terrassen vorherrschen, sind die Weinbergshäuser. Sie dienen und dienten dem Winzer zur

Alte Weinstube in Meißen.

Aufbewahrung der Geräte und oft auch zum Keltern. Einige der älteren Winzerhäuser, die durch die Lage im Berg meist zweistöckig sind, stammen sicherlich noch aus der Zeit der »Halbberge«, die dem Winzer gegen die Hälfte des Ertrages überlassen waren. In aufgelassenen Weinbergen sind diese Häuser heute oft zu Wochenendhäusern umgebaut.

Boden

Geologisch gehören die Weinbergslagen des Saale-Unstrut-Gebietes verschiedenen Schichten an. Die Reben stehen auf Wellenkalk, der zum Unteren Muschelkalk der Triasformation gehört, oder auf Röt (Oberer Buntsandstein der Triasformation), oder auf mittlerem Buntsandstein, aber auch auf Löß oder Kies, sowie auf Mischböden der verschiedenen Gesteine. Wir finden die Reben aber auch auf Tonschieferhorizonten des unteren Buntsandsteins wie bei Höhnstedt und Burgwerben.

Im Elbegebiet wurzeln die Reben meist auf verwitterten, archaischen Gesteinen – Syenit, Granit und Granitporphyr –, die an manchen Stellen mit diluvialem Lehm oder Sand durchsetzt sind. Hier herrschen die kalkarmen Bodentypen vor.

Klima

Die mittlere Jahrestemperatur in diesem mit 500 mm Jahresniederschlag relativ trockenen Gebiet beträgt 9,1°C, die mittlere Julitemperatur 18,7°C. Das Jahresmittel der Sonnenscheindauer hat mit etwa 1600 Stunden ungefähr die gleiche Höhe wie in Franken. Die durchschnittliche Vegetationsdauer beträgt 186 Tage, sie schwankt aber zwischen 155 und 225 Tagen. Ausgesprochene Qualitätslagen, in denen Spätlesen oder Trockenbeerenauslesen möglich wären, sind hier nicht zu erwarten. Der Weinbau ist aber wegen der geringen Seehöhe in diesem Gebiet – 100 bis 200 m über NN – etwas weniger als der fränkische durch unliebsame Fröste gefährdet.

Rebsorten

Die Sorte Müller-Thurgau ist wegen ihrer Frühreife, ihrer hohen Erträge und ihrer Eignung für die Hocherziehung heute die wichtigste Sorte. An erster Stelle stand früher der Silvaner, der nun aber zurückgegangen ist. Bedeutungsvoll ist der Weißburgunder, der etwa 1907 hier eingeführt wurde und hervorragende Weine ergibt. Der Traminer hat sich in jüngerer Zeit wieder gut eingeführt und bringt vorzügliche Weine. Entsprechend den Klimabedingungen wird die Sorte Riesling im Saale-Unstrutgebiet nur zu 1,7% angebaut. Im Elbegebiet mit höherem Anteil an Terrassenlagen ist der Riesling dagegen mit fast 10% am Anbau beteiligt. Mit einigen Neuzüchtungen aus Ungarn und der Bundesrepublik laufen Anbauversuche, die aber noch kein abschließendes Urteil über die Anbauwürdigkeit zulassen.

An der Gesamtrebfläche von 500 ha sind beteiligt:

Müller-Thurgau	44,8%
Weißburgunder	15,6%
Silvaner	11,4%
Traminer	9,5%
Gutedel	6,2%
Riesling	4,6%
Portugieser	1,6%
Ruländer	1,2%
Elbling	0,7%
sonstige Sorten	4,4%

Anbau

Noch am Anfang unseres Jahrhunderts war die vorherrschende Erziehungsform der Bockschnitt, mit niedrigem Stamm und 3 bis 5 Schenkeln. Jeder Schenkel erhielt Zapfen von gewöhnlich 2 bis 3 Augen Länge. Die Triebe wurden dann an einem Pfahl angebunden (Pfahlerziehung). Nach dem Ersten Weltkrieg ist man zum Bogrebenschnitt, der sogenannten Rheingau-Erziehung, übergegangen, die höhere Erträge bringt und eine bessere Schädlingsbekämpfung ermöglicht. Gleichzeitig damit wurde die Drahtrahmenerziehung, bei der die Bogreben am »Biegedraht« angeheftet werden, eingeführt.

Die im letzten Jahrzehnt in den 21 landwirtschaftlichen Produktionsgenossen-

Weinbergskapelle bei Volkach an der großen Mainschleife. ▷

Weinbau in der DDR

schaften (LPG) neu gepflanzten Rebanlagen wurden je nach Hangneigung und Bodenstruktur in zwei Erziehungsarten angelegt: entweder als Weitraumanlage mit einer Gassenbreite von 3,0 bis 3,5 m, einem Stockabstand von 1,2 m und einer Drahtrahmenhöhe von 2,0 m, oder als Normalanlage mit einer Gassenbreite von 1,4 bis 1,5 m, einem Stockabstand von 1,2 m und einer Drahtrahmenhöhe von 1,6 bis 1,7 m.

Art

Die Weine beider Weinbaugebiete stellen durchaus einen eigenen Typ dar. Die Sortenweine, meist sehr trocken, sind reintönig, voll und mild. Bei der Kellerbehandlung der Jungweine muß auf die Erhaltung der Säure, die nicht übermäßig vorhanden ist, geachtet werden. Die meisten Sorten reifen schnell und werden frühzeitig auf Flaschen gefüllt.

Bei den Inlandweinen sind auch Verschnitte erlaubt. Weine gleicher Sorte dürfen miteinander verschnitten werden, wenn die Anteile den Festlegungen des Standards entsprechen. Der namengebende Verschnittanteil muß mindestens $66^{2}/_{3}\%$ betragen. Das Verschneiden von Weißweinen aus Inlandtrauben mit entsprechenden Importweinen ist nicht zulässig. Bei Inlandrotweinen dürfen bis zu 25% ausländische Deckrotweine zugesetzt werden. Jeweils verschnitten werden dürfen nur Weißwein mit Weißwein, Rotwein mit Rotwein und Schillerwein mit Schillerwein.

Um dem Publikumsgeschmack nach restsüßen, lieblichen Weinen entgegenzukommen, werden in den letzten Jahren in steigendem Umfang »Standardmarkenweine« hergestellt. Es sind Verschnittweine, die unter ausschließlicher Verwendung von Wein und Dosagewein (enthält 77,5 kg Zucker/hl = 60 Masse-%) oder Wein und unvergorenem Traubensaft oder Traubensaftkonzentrat (Traubendicksaft mit einer Dichte von 1,332 g/cm^3) hergestellt werden. Für die Herstellung und Kennzeichnung gelten die Bestimmungen der TGL 28 033 (Gütevorschrift für Standardmarkenwein). Derartige Standardmarkenweine werden durch Verschnitt sowohl aus Importweinen, wobei bis zu 20% Inlandwein enthalten sein darf, wie auch aus Inlandwein, wobei bis zu 20% Importwein enthalten sein darf, gewonnen. Die Rezepturen für Standardmarkenwein, bei deren Herstellung höchstens 30 g Zucker je l verwendet werden dürfen, sind verbindlich festgelegt und werden vom Amt für Standardisierung, Meßwesen und Warenprüfung (ASMW) überwacht.

Altes Winzerhaus an der Weinbergslage »Steinmeister« bei Roßbach/Saale.

Lagen

Zu den besten und bekanntesten Weinbergslagen im Saale-Unstrut-Gebiet zählen: Almricher Steinmeister, Freyburger Haineberg, Freyburger Schlüfterberg, Freyburger Schweigenberg, Gosecker Dechantenberg, Kaatschener Boxberg, Höhnstedter Kelterberg, Naumburger Blütengrund, Karsdorfer Hohe Gräte, Steigraer Osterberg, Saalhäuser Abtsberg, Saalhäuser Tyllichberg und Vitzenburger Schloßberg.

Beachtenswerte und bekannte Lagen im Elbegebiet sind: Coswiger Neulage, Hoflößnitzer Goldener Wagen, Meißner Domprobstberg, Meißner Fürstenberg, Meißner Ratsweinberg, Oberauer Gellertberg, Proschwitzer Katzensprung, Seußlitzer Schloßberg und Wackerbarths Ruh.

Erzeugung und Absatz

Die Landwirtschaftlichen Produktionsgenossenschaften (LPG) bewirtschaften 46% der Rebfläche. Den Rest bearbeiten die volkseigenen Weingüter (30%) in Naumburg und Radebeul und die zu Weinbaugemeinschaften vereinigten Kleinwinzer (24%), die vorwiegend Arbeiter und Feierabendwinzer sind.

Die Verarbeitung der Trauben erfolgt fast ausschließlich in den Betrieben der Winzergenossenschaften in Freyburg/Unstrut und Meißen/Elbe. Beide Winzergenossenschaften – als Organe der Vereinigung der gegenseitigen Bauernhilfe (VdgB) – erfassen, verarbeiten und vermarkten zusammen etwa 90% der Gesamttraubenernte. Der Rest wird im volkseigenen Gut (Weinbau) Naumburg verarbeitet. Alle drei Betriebe verfügen über moderne und leistungsfähige kellertechnische Einrichtungen. Die Kapazität der Kellereien reicht aus, um auch noch Importtrauben zu verarbeiten. Es werden aber auch noch größere Mengen importierter Rohweine kellerfertig gemacht und abgefüllt.

Zur Zeit beträgt der Anteil inländischer Flaschenweine am Weinverbrauch in der DDR nur etwa 2%. Trotz großer Anstrengungen bei der Aufrebung sinkt dieser Anteil ständig, weil der Weinkonsum der Bevölkerung von Jahr zu Jahr steigt. Der Wein- und Sektverbrauch pro Kopf und Jahr betrug (l):

1955	1960	1965	1970	1971	1972	1973	1974	1975
1,7	3,2	4,2	5,0	5,1	5,4	5,9	6,6	7,2

Das Flaschenetikett für Weine aus Trauben der DDR ist nach den Bestimmungen der Gütevorschrift für Inlandtraubenwein (TGL 28 032) zu gestalten. Es enthält folgende Angaben:
- Anbaugebiet (Saale-Unstrut oder Elbe)
- Jahrgang (oft nur auf der Halsschleife)
- Lage (Weil die Erntemengen der Lagen im allgemeinen relativ klein sind, ist die Lagebezeichnung heute in der DDR nicht mehr allgemein üblich. Eine Trennung der Weine nach Lagen ist auch unökonomisch und führt im sozialistischen Handel leicht zu Schwierigkeiten, weil innerhalb eines laufenden Jahres keine Nachlieferung möglich ist.)
- Rebsorte (Angabe ist erlaubt, wenn der Wein zu mindestens zwei Dritteln aus dieser Rebsorte hergestellt wurde und die Charakteristika dieser Rebsorte aufweist.

Altes Winzerhaus bei Freyburg/Unstrut.

◁ Der Rhein bei Kaub. Auf der Rheininsel die »Pfalz«, eine etwa 500 Jahre alte Zollburg.

Den aus inländischen Weintrauben gewonnenen Mosten oder Jungweinen darf Zucker/Saccharose zugesetzt werden, um einem natürlichen Mangel abzuhelfen. Der Zuckerzusatz darf höchstens 30°-Oe entsprechen und muß so bemessen werden, daß der Most der Beschaffenheit des Inlandtraubenweins gleicher Rebsorte aus dem gleichen Anbaugebiet in guten Jahrgängen ohne Zusatz entspricht. Der Zucker ist mit zu vergären und darf nur trocken, nicht in Wasser gelöst, zugesetzt werden. Als Mindestoechslegrade gelten für die Rebsorten Traminer, Ruländer, Spätburgunder 105° und für alle übrigen Sorten 95°.)
• Qualitätsbezeichnung »Spätlese«
(Wenn die zur Herstellung verwendeten Trauben in vollreifem Zustand nach Abschluß der allgemeinen Lese geerntet wurden. Solcher Spitzenwein kann nur in Ausnahmejahren gewonnen werden.)

Bei den »Saalhäusern« an der Saale.

• Name und Sitz des Herstellers
• Schlüsselnummer des Binnenhandels
• Menge (in l)
• Einzelhandelsverkaufspreis
• Woche und Jahr der Flaschenfüllung (entweder als Perforation oder auf der Rückseite des Etiketts)
Etiketten der Standardmarkenweine enthalten eine eingedruckte Siegelmarke mit der Aufschrift »Standardmarke«. Außerdem wird eine Phantasiebezeichnung (Freyburger Winzerkeller, Schloßkeller, Neuenburger Kastellan, Saalhäuser Sonnenwinkel, Meißner Domherr, Meißner Domkeller) verwendet, wobei die Schriftgröße festgelegt ist. Eine Traubensorte wird nicht angegeben. Zulässig sind auf diesen Etiketten Hinweise auf geschmackliche Eigenschaften, wie zum Beispiel lieblich, mild, süß, harmonisch, nicht aber auf heilende oder stärkende Wirkung des Erzeugnisses. Diese Weine müssen außer dem Hauptetikett noch ein Brustetikett (Halsschleife) tragen. Eine Jahrgangsangabe fehlt hier.

Hans Ambrosi
Die Lagennamen

Zur Kennzeichnung der Weinbaugebiete werden folgende Abkürzungen verwendet:
A = Ahr
B = Baden
F = Franken
HB = Hessische Bergstraße
M = Mittelrhein
MSR = Mosel-Saar-Ruwer
N = Nahe
RG = Rheingau
RH = Rheinhessen
RP = Rheinpfalz
W = Württemberg

Die Lagennamen dienen dazu, die Herkunft eines Weines, also den Weinberg, in dem er gewachsen ist, zu bezeichnen. Laut Gesetz ist die Lage eine bestimmte Rebfläche, aus deren Erträgen gleichwertige Weine gleichartiger Geschmacksrichtung hergestellt werden können. Die Lagennamen des neuen deutschen Weingesetzes von 1971 sind in der Weinbergsrolle wörtlich und kartographisch erfaßt und somit genau kontrollierbar.
Nach dem Inkrafttreten des Gesetzes im Jahr 1971 schlugen die Lagenausschüsse der Gemeinden dem überörtlichen Sachverständigenausschuß die zur Neufestsetzung der Lagen notwendigen Änderungen vor. Laut Gesetz soll die Abgrenzung der Lagen wirtschaftlich sinnvoll sein, die einzelne Lage nicht kleiner als 5 ha werden, und die obere Größenbegrenzung die standortgebundene Eigenart der erzeugten Weine gewährleisten. Die Grenzen der Lagen sollen einprägsam markiert sein durch Straßen, Wege, Wasserläufe, Raine, und die Eintragung in die Karten muß möglichst genau erfolgen.
Die Lagennamen, die in der allgemeinen Landwirtschaft Flurnamen genannt werden, sind wein- wie allgemein kulturgeschichtlich sehr interessant. Als Sprachdenkmäler haben sie einen besonderen Wert. Sie wurden nicht künstlich geschaffen, sondern sind lebendige Gebilde, die volksetymologisch vielartige Wandlungen erfuhren. Sie gehören mit ihren praxisnahen Aussagen zur engsten Lebenswelt des Winzers.
An der Mosel ist römischer Wein literarisch und durch Bodenfunde belegt. Manche der dort vorgefundenen Weinbergsnamen lateinischen Ursprungs könnten auch erst vom lateinisch schreibenden Mittelalter festgehalten worden sein, doch es spricht für ein weit höheres Alter, daß die anderen deutschen Weinbaugebiete im Vergleich zur Mosel sehr arm an ehemals lateinischen Lagennamen sind, die sie doch aus dem mittelalterlichen Latein hätten beziehen können.
Als Beispiel für lateinische oder latinisiertkeltische moselländische Lagennamen, die im Laufe der Jahrhunderte Veränderungen geringeren oder stärkeren Grades erfahren haben, seien genannt: Aurenkumpf – aurea cuppa – Goldbecher; Bottchen – podium – Anhöhe; Fontenell – fontanella – Quellchen; Kaderisch, Kadert – cataracta – Wasserfall, -rinne; Kunk – concha – Muschel; Mont, Munt – mons – Berg; Monteneubel – mons novellus – Neuberg; Plenter, Planert – plantarium – Neupflanzung; Plentsch – planitia – planities – Ebene; Pomerell – pomarellum – Obstgärtchen. Weinbergsnamen wie Römerberg, Römerkrug, Römergarten, Römerquelle, Römertisch, Römerpfad, Alte Römerstraße, Römerschanze, Römerweg, Römerbrunnen sind erst seit dem 16. Jahrhundert entstanden, beziehen sich aber auf die Anwesenheit der Römer.
Die Flurnamen entstanden ganz allmählich im lokalen Sprachgebrauch. Seit dem hohen Mittelalter finden sie zunehmend Eingang in die Urkunden. So stammen die ersten schriftlichen Erwähnungen der

Die Lagennamen

Rheingauer Weinbergsnamen aus dieser Zeit, und Bassermann-Jordan bringt ein Verzeichnis von 47 Lagennamen aus der Umgebung von Würzburg, die in Urkunden von 1089 bis 1407 erstmals erwähnt werden.

Seit dem 14. Jahrhundert findet man dann zur Bezeichnung der Weinbergsgrundstücke im Zusammenhang mit Veräußerungen, Erbgang, Tausch, Steuern und Hypotheken fast nur noch die Flurnamen, darunter schon manche in der noch heute gültigen Form.

Die amtliche Festlegung der Namen und Grenzen der Lagen erfolgte in der Mitte des vorigen Jahrhunderts. Für Preußen wurde 1861 ein einheitliches Kataster auf kartographischer Grundlage in Angriff genommen. In Nassau wurden die Weinbergslagen erstmals 1812 in einem Grundsteuerkataster verzeichnet und sogar bonitiert. In Bayern erfolgte die amtliche Festlegung der Lagennamen und -grenzen mit der Ausführung des bayerischen Grundsteuergesetzes von 1828.

Diese Katastererhebungen waren keine leichte Arbeit. Aus dem Durcheinander zahlloser, zum Teil ganz privater und willkürlicher Namen mußten diejenigen herausgefunden werden, die durch ältestes Herkommen und allgemeinsten Gebrauch die größte Berechtigung hatten. Weiterhin mußten die genauen Grenzen für jeden Namen in dem durch die Landesvermessung damals hergestellten Katasterplan festgelegt werden. Gemeindebehörden und staatliche Geometer entledigten sich dieser Aufgabe so gewissenhaft, daß kaum irgendwo von seiten eines Interessenten Widerspruch gegen die Festlegungen erfolgte und diese somit unverändert Rechtskraft erlangten. Der ganzen Arbeit kam zustatten, daß in jener Zeit ein besonderes Lagen-Renommee noch nicht entwickelt war, weil man damals die Weine nur selten mit den Lagennamen benannte. Die Arbeit wurde also nicht von Sonderinteressen beeinflußt, sie wurde nach bestem Wissen lediglich in dem Bestreben geleistet, der Überlieferung gerecht zu werden.

Seit der Mitte des 19. Jahrhunderts wird es zunehmend üblich, den Lagennamen auf dem Flaschenetikett anzugeben. Dieser Gebrauch der Lagennamen hängt natürlich zusammen mit der erst vom Qualitätsweinbau eingeführten Lese unter Berücksichtigung der Lage, mit der Entdeckung der Edelfäule, mit dem Beginn der Spät- und Auslesen, mit der zunehmenden Praxis, Weine in Flaschen – Bouteillen – zu füllen und diese Flaschen genau zu bezeichnen. Das alles betraf jedoch

Geschliffenes Netzglas (Diatretglas) als Zeugnis römischer Weinkultur an der Mosel. Diese Art spätrömischer Prunkgläser zeichnet sich durch ein kunstvolles, nur durch schmale Stege mit der Glaswand verbundenes Netzwerk aus.

damals nur die großen Adels- und Kirchengüter. Der durchschnittliche Winzerbetrieb bis in die allerjüngste Zeit den lagennamenlosen Faßweinverkauf. Das Weingesetz von 1971 wertet aber die Herkunftbezeichnung so stark auf, daß aus Wettbewerbsgründen in Zukunft Qualitätsweine sicher nur noch mit der Lagenbezeichnung auf dem Markt zu finden sein werden.

Viele kulturgeschichtliche Erinnerungen sind in den Lagennamen gespeichert. Der Mensch dachte ungern abstrakt. Er war bestrebt, die ihn umgebende Welt in eine anschauliche, persönliche Beziehung zu sich zu setzen. Die alten Maße nahm er von seinem Körper: Elle, Fuß oder Schuh, und die ihn umgebende Flur numerierte er nicht, wie es heute im Grundbuch geschieht, sondern er gab ihr Namen aus seiner unmittelbaren Vorstellungs- und Erlebniswelt.

Deshalb wirken alte Lagennamen heute so lebendig, manchmal scheinen sie auch eine Art Zauberwirkung auszustrahlen. Oft nämlich ist die ursprüngliche Bezeichnung nicht mehr zu erkennen, statt dessen wurde im Laufe der Zeit ein neuer, verständlicher Ausdruck geschaffen, der den alten Wortsinn nicht mehr wiedergibt. Zum Beispiel waren zum Zeitpunkt der Namengebung Bezugspunkte vorhanden, die später nicht mehr bestanden, oder Worte fremden Ursprungs wurden in die heimische Sprache aufgenommen und angepaßt, oder Worte wurden mundartlich umgeformt. Als dann die Landvermesser kamen und für das Kataster aufzeichneten, was sie zu hören glaubten, wurde mancher Name noch zusätzlich entstellt.

Die Lagenbezeichnung »Hölle« findet sich in fast allen Weinbaugebieten, teils sogar mehrmals. Entstanden ist sie aus Helde, Halde, sie hat also nichts mit des

Teufels Hölle zu tun. Creinbringh (Krähenhügel) wurde zum (Johannisberger) Erntebringer, Wasser-Rossel (Flutgraben) wurde zur (Kiedricher) Wasserrose, jetzt Wasseros. Das Mehrgespänne wurde zur (Gimmeldinger) Meerspinne, die Lehne zum (Östricher) Lenchen. Wortkombinationen mit Rot oder Rod sind nicht auf die Farbe zurückzuführen, sondern auf das Roden der Lage. Die (Eltviller) Kalbspflicht wird von Flechten abgeleitet und deutet auf eine Umzäunung hin, und der (Hattenheimer) Mannberg kommt vom manwerc, Mannwerk, dem von einem Mann in einer bestimmten Zeit bearbeiteten Stück. Der Cröver Nacktarsch gar soll sich von Cröver Nektar ableiten lassen.

Vor allem wurde immer wieder die Natur selbst mit allen ihren Gegebenheiten, die sich als Unterscheidungs- und Orientierungsmerkmale anboten, für die Benennung von Lagen herangezogen. So verdanken ihren Namen der Geländegestaltung: Landskrone, Eck (A), Spitzenberg, Kahlberg, Wüstberg, Ebenrain, Felsengarten (B), Krone, Hohenrain, Oberberg (RG), Hohenrechten (RH), Kahlenberg, Am hohen Stein (RP), Luginsland (W). Halde, früher stark verwendet, findet man fast nur noch in Baden als Kirch-, Kreuz-, Sonn-, Sommer-, Sänger-, Götz- und Kastanienhalde sowie Neckar- und Althälde. Hang wiederum, heute sonst so gebräuchlich, tritt nur äußerst selten auf in Mönchshang (F), Sonnen- (RH) und Musenhang (RP). Buckel kommt in Baden vor als Scholler-, Dachs- und Keulebuckel, Alemannen-, Kapuziner-, Stein-, Herren-, Pulver- und Scheibenbuck, in Württemberg nur als Riedersbückele und in Rheinland-Pfalz als Herren-, Esels- und Musikantenbuckel. Kupp wiederum kommt nur an der Mosel in Goldkupp und Auf der Kupp vor und Leiste als Innere Leiste nur in Franken.

Neben einigen wenigen Bodenbezeichnungen wie Kieselberg (RP) und Letten (B) gibt es eine Unmenge Wortkombinationen mit Lay und Stein, wobei ersteres die indogermanische Form (griechisch Laios) darstellt. Die meisten Lay-Lagen sind an der Mosel zu finden: Layenberg und Laykaul, Gold-, Rot-, Falk-, Buß-, Bienen-, Süd-, Hitz-, Sonnen-, Rosen-, Kurfürst-, Kirch-, Stefans-, Günters-, Hirsch-, Herz-, Würz-, Schützen-, Schäfer-, Kloster-, Königs- und Hubertuslay. Am Mittelrhein finden sich Garten-, Elfen-, Fässer-, Feuer-, Sonnen- und Rauschelay und, nicht zu vergessen, die Lage Loreley-Edel. An der Ahr gibt es eine Alte Lay, eine Dom- und eine Schäfers-

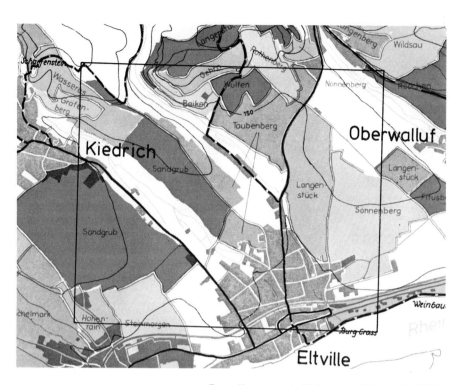

Kartenausschnitt des nebenstehenden Luftbildes mit den eingezeichneten und eingefärbten Einzellagen. Die Umgrenzungen sind auf den Meter genau in den Flurkarten eingetragen.

	Bereiche	Großlagen	Einzellagen	Gemarkungen Orte/Ortsteile
Ahr	1	1	43	11
Mittelrhein	3	11	112	59
Mosel-Saar-Ruwer	4	19	525	192
Nahe	2	7	321	80
Rheingau	1	10	120	28
Hess. Bergstraße	2	3	22	10
Rheinhessen	3	24	446	167
Rheinpfalz	2	26	335	170
Baden	7	16	306	315
Württemberg	3	16	205	230
Franken	4	17	155	125
zusammen	32	150	2590	1387

Vor 1971 gab es die verwirrende Vielzahl von über 20 000 Lagen-, Flur- und Gattungsnamen. Das neue Weingesetz hat die geographische Ursprungsbezeichnung, wie hier angegeben, neu geordnet.

ley, und im Rheingau findet sich eine Klosterlay.

Am häufigsten wird bei den deutschen Lagennamen aber wohl das Wort Stein verwendet. Entweder schlicht als Stein (F, RG) sowie Im Stein (F) oder in zahllosen Umwandlungen wie Steinert (RH), Steinchen (MSR, N) und Steinler (B). Die weltberühmte Lage Stein in Würzburg war bis zur Lagenneuordnung 1971 mit 95 ha die größte Einzellage Frankens. Die Wortkombinationen aber lassen der Phantasie freien Lauf. Einige Beispiele: Steingrube (B, RG, W), -grüble (B, W), -grübler (B, F), -kauf (N), -kaul (A), -rossel (N), -böhl (RH), -gerück (HB), -kopf (HB, N), -felsen (B), -klinge (B), -wingert (N), -wengert (B), -halde (B, W), -morgen (RG), -acker (B; RH) und Steinsberg (B).

Alle diese Lagenbezeichnungen müssen zusammen mit dem Gemarkungsnamen genannt werden – nicht so jedoch der Steinberg der Staatsweingüter im Rheingau. Diese seit 800 Jahren ununterbrochen zu Kloster Eberbach gehörende, mit einer riesigen Mauer umgebene Lage ist mit 32 ha der größte im Alleinbesitz befindliche Weinberg Deutschlands.

In Franken gibt es Heißer Stein, Reifen- und Langenstein, am Mittelrhein Roß-, Engel- und Mandelstein, an Mosel-Saar-Ruwer Hammer-, Bock-, Heppen-, Hunnen- und Bischofstein, an der Nahe Weißen-, Hinkel- und Beutelstein, eine Feuersteinrossel und ein Steinköpfchen und in Württemberg Hasel- und Wetzstein.

Die Farbe des Bodens kommt in Namen wie Schwarzen- und Brauneberg, Braune Kupp, Braunfels (MSR) und Schwarzer Letten (RP) vor. Rotenstein, -fels (RH), -busch und -steig (B), Roter Berg (W), Roten- (N) und Rothenberg (RG) gehen dagegen nicht auf die Farbe, sondern auf die Rodung zurück. Begrenzungen, Wege, Wasserläufe und Gruben haben Pate gestanden bei den Lagen Weinhekke, Steig, Stiege, Steingässle, Sonnenhole (B), Esels-, Roten-, Heiligen- und

Die Lagennamen

Luftbilder der Gemarkungen Eltville, Erbach, Kiedrich und Martinsthal im Rheingau. Die Weinbergslagen sind durch natürliche Begrenzungen wie Wege, Bäche, Hecken und Böschungen auch aus der Luft gut sichtbar. Am unteren Rand des Bildes der Rhein.

Adelpfad (RH) sowie Sandgrub (RG). Deutlich drückt sich die enge Beziehung zum Tier in der Vielzahl diesbezüglicher Lagennamen aus. Da gibt es Hasenlauf, -biß (RH) und -sprung (RH, B), Katzenberg (B) und Katzenöhrle (W), Graukatz (N), Hundskopf (RH), Fuchsloch (RH), Wildsau (RG), Wolfsaugen (W), Ebersberg (RH), Dachsbuckel (B) und -berg (W), Hirschberg (B), Geisberg (N), Schneckenberg (RH), Maushöhle (RP), und aus der Vogelwelt Hahnenberg (W), Krähenberg (W), Geiersberg (RH). Elster (RP), Hahn (N) und Schwalbennest (N), Bienengarten (RG, RP) und Vogelsang (RH, B) sollen nicht vergessen werden, doch wird letzterer Name auch von Vogelsand oder von »sengen« (Wald und Busch vor der Rodung verbrennen) abgeleitet.

Nicht minder häufig sind Pflanzen bei der Namengebung vertreten. Die Pfalz hat es vor allem mit der Mandel. Wir finden da Mandelberg (auch B), Mandelhang, Mandelhöhe, Mandelgarten, Mandelpfad und Mandelring. Wortbildungen mit Rose treten in Rosenthal (A, B), Rosenberg (B, RP) und Rosengarten (B, RG, RP) auf. Auch Kräuter- (A), Stauden- und Eichelberg (B) sowie Bergwäldle (B), Heidegarten (RP) und Blume (A) gehören hierher.

Diesen der Natur entnommenen und die Natur beschreibenden Namen stehen nun solche gegenüber, die die Kultur des Menschen betreffen.

Die Kirche war bis zur Säkularisierung im Jahre 1803 der größte Grundbesitzer und die bedeutendste Wirtschaftsmacht im deutschen Weinbau. Heute noch zeugen davon die Namen Pfarrwingert, Stiftsberg (A), Pfarrberg, Kirchberg, Kirchenweinberg (B), Kirchenstück (RH, RG), Domdechaney (RG), Domherrenberg, Pfarrgarten (MSR) und andere. Von (Grund-) Herrschaft zeugen Lagennamen wie Herrenberg, Burggraf, Burgwingert, Herzogsberg (B), Herrenwingert, Fürstenlager, Herrnberg, Centgericht (HB), Zehntgraf, Markgraf, Kronberg, Herrschaftsberg (F), Schloß Stahlberg, Schloß Hohneck, Burg Gutenfels, Burg Katz und Burg Maus (M), Frohnwingert (RP); Schloßberg findet man fast überall.

Der »Steinberg« ist eine der fünf Lagen Deutschlands, die auch nach 1971 ohne Ortsnamen auf dem Etikett erscheinen.

Der Qualitätsweinbau lag überwiegend in der Hand der Klöster. Das wohl größte Weinbauunternehmen des Mittelalters, Kloster Eberbach, besaß rund 200 Außenstationen. Zahlreiche klösterliche Begriffe sind in den Flurbezeichnungen enthalten. Es finden sich im Bereich Markgräflerland: Maltesergarten, Jesuitenschloß, Kapuzinerbuck und Franziskaner; im Rheingau: Mönchspfad, Pfaffenwies, Klosterberg, Nonnenberg; in Rheinhessen: Mönchhube, -pforte, -berg, -pfad, Mönchbäumchen, Pfaffenweg, -kappe und -mütze; an der Mosel: Klosterberg, -weg, -garten, -kammer, -stuben, Abteiberg, Dominikaner-, Benediktiner- und Karthäuserhofberg.

Allgemeinkirchliche Ausdrücke zeigen die enge Verbindung der Winzer mit dem christlichen Glauben: Heiligenberg, Osterberg, Kreuzweg, Heiligenstein, Rosenkranzweg, Madonnenberg (B), Heiligenberg (RG), Heiligenhäuschen (RH, MSR), Großer Herrgott, Altärchen, Herrgottsrock (MSR), Himmelchen (A), Himmelreich (B, MSR), Himmelberg, Hoher Herrgott, Teufelsberg, Teufelskopf (B) und Teufelsküche (N).

Auch Heiligennamen wurden gerne zur Bezeichnung der Flur verwendet. Führend ist hier die Mosel mit Antonius-, Andreas-, Nikolaus-, Laurentius-, Thomas- und Marienberg, Stefansberg und -lay, Hubertusberg und -lay, Martinsborn, St. Martiner Hofberg, St. Matheiser, St. Maximiner Kreuzberg, St. Petrusberg, St. Georgshof und St. Castorhöhle.

Gold und Sonne spielen als Wein-Qualitäts-Symbole eine beträchtliche Rolle: Goldkaul (A), Goldtröpfchen, -kupp, -lay, -grübchen (MSR), -grube (MSR, N, RH, RP), -atzel (RG), -stückchen, -pfad (RH) Goldloch (N, RP), Goldemund, Rheingoldberg (M), Goldenes Horn und Goldene Luft (RH); Sonnenberg (A, B, F, N, MSR, RG, RH, RP, W), Sonnberg (B), Sonnenhalde (B, W), -hohle, -brunnen (B), -stück (B, RP), -schein (B, F), -leite, -stuhl, -winkel, Sonnenbüchel (F), -lay (M, MSR), -stock (M), -uhr, -seite, -gold, -ring, -eck (MSR), -weg (N, RH), -plätzchen (N), -köpfchen, -heil (RH), Sonnengarten (RP), Im Sonnenschein (RP) und schlicht Sonne (M).

Der Bernkastler Doctor erhielt der Überlieferung nach seinen weltbekannt gewordenen Namen von einem in Bernkastel im Sommer residierenden Trierer Kurfürsten des 14. Jahrhunderts, der, von den Ärzten schon aufgegebenen, sich an diesem Gewächs gesund getrunken haben soll. Es gibt auch noch einen Dexheimer (RH) und einen Venninger Doktor (RP), einen Ihringer Doktorgarten (B) und einen Waldracher Doktorberg (MSR).

Abschließend seien noch ein paar Namen genannt, deren Entstehung und Sinn nicht enträtselt werden konnten: Schikanenbuckel (N), Onkelchen (N), Mütterle (RP), Schelmenstück (RH), Mondschein (RP), Wolfsdarm (RP), Gerümpel (RP), Feuermännchen (RP), Leckzapfen (RH). Wahrscheinlich von Personennamen abgeleitet sind Grain, Granich, Reis, Vogelsand und Boländer (RP). Das Forster Ungeheuer hat seinen Namen höchstwahrscheinlich von der Familie Ungeheuer, die noch 1850 in Deidesheim vertreten war. Bismarck soll von diesem Gewächs gesagt haben: »Dieses Ungeheuer schmeckt mir ungeheuer.«

Das Gesetz schreibt vor, daß der Name der Einzellage zusammen mit dem des Ortes, in dessen Gemarkung der Weinberg liegt, genannt wird. Ausgenommen von dieser Verordnung sind nur Schloß Johannisberg, Schloß Vollrads, Schloß Reichhartshausen und der Steinberger, alle im Rheingau, sowie vorläufig der Scharzhofberger an der Mosel. Hier werden die Ortsnamen, weil für die Deutung unerheblich, meist weggelassen. Die ganze Musikalität der Sprachschöpfung kommt jedoch erst in der vollständigen Bezeichnung, die auch auf dem Flaschenetikett steht, zum Ausdruck. Wie werden Phantasie und Stimmung angeregt – und das bezweckt ja der Umgang mit einer Flasche guten Weines –, wieviel Wohlklang und Rhythmus werden verbreitet von Namen wie Ürziger Würzgarten, Wehlener Sonnenuhr, Trittenheimer Altärchen, Pündericher Schatzgräber, Zeltinger Himmelreich, Mundelsheimer Katzenöhrle, Kleinbottwarer Süßmund, Stettener Brotwasser, Neuleininger Feuermännchen, Mußbacher Eselshaut, Gimmeldinger Bienengarten, Forster Musenhang, Wachenheimer Gerümpel, Oppenheimer Sackträger, Niersteiner Glöck, Hattenheimer Nußbrunnen, Rauenthaler Baiken, Schloßböckelheimer Kupfergrube, Kauber Pfalzgrafenstein, Escherndorfer Lump, Steinbacher Stich den Buben und Meersburger Bengel.

Abschließend noch ein Wort zur qualitativen Bewertung der einzelnen Lagen. Bereits Mitte des vorigen Jahrhunderts wurden die Weinbergslagen (hauptsächlich wegen ihrer Besteuerung) einer ersten amtlichen Bonitierung unterzogen. Später wurde diese mit wissenschaftlichen Methoden verfeinert, und sie ist heute noch im Grundbuch festgehalten. Die Güteklasse und Qualitätsbenennung der Weine wird aber nicht von dieser Klassifizierung abhängig gemacht, da der Gesetzgeber weiß, daß neben der Boden-Bonität auch noch andere Gegebenheiten die Qualität des deutschen Weines wesentlich beeinflussen.

Das Weinrecht

Der Reichstagsabgeordnete Dr. Bamberger erklärte bei der Diskussion um das erste deutsche Weingesetz am Ende des vergangenen Jahrhunderts: »Zwei Grundsätze brauchen für den Wein nur zu gelten: Erstens, daß der Wein der Gesundheit nicht schade – dafür muß das Weingesetz sorgen; und zweitens, daß er dem Weintrinker schmecke – dafür muß er selbst sorgen!«
Diese Worte, vor fast hundert Jahren ausgesprochen, sind heute, in der Zeit der Europäischen Gemeinschaft, gerade für den deutschen Wein mehr noch als damals von Bedeutung.
Bei der Betrachtung der Fülle weinrechtlicher Vorschriften der Europäischen Gemeinschaft möchte einem das Schaudern kommen. Glücklicherweise ist vom Gesetzgeber alles getan worden, um vom deutschen Wein das drohende Rechtschaos abzuwenden. Wer sich in der Welt umschaut, wird erkennen, daß Deutschland nach konfliktreichen Zeiten heute das fortschrittlichste, durchsichtigste Weinrecht und das perfektionierteste Kontrollsystem hat.
Dieses deutsche Weinrecht hat wesentlichen Anteil an der Qualität des deutschen Weines. Es wird daher nicht nur »typisch deutsch« aus Prinzip gehandhabt, sondern Winzer und Kellermeister, Ingenieure und Fachbeamte sind mit dem Herzen dabei. Die Freude am deutschen Wein hebt alle Beteiligten über die Ebene gedankenloser Gesetzeserfüller hinaus.

Werner Becker
Deutscher Wein in der EG

Mit einer Jahresernte von etwa 250 Millionen hl, die auf 72% der Weinbaufläche der Welt eingebracht wird, ist Europa der größte Weinproduzent der Welt. 60% der europäischen Produktion stammen von der Europäischen Wirtschaftsgemeinschaft, zu der sich im Jahre 1957 die sechs Länder Frankreich, Italien, Bundesrepublik Deutschland, Luxemburg, Belgien und die Niederlande zusammengeschlossen haben. Der spätere Beitritt von Großbritannien, Irland und Dänemark hat bezüglich der Weinerzeugung keine Änderung gebracht, da in diesen Ländern kein nennenswerter »Weinbau« betrieben wird. Nur in Großbritannien stehen etwa 170 ha Reben, die den 200 »Winzern« einen Jahresertrag von etwa 10 000 hl bringen. In Belgien und den Niederlanden spielt nur die Tafeltraubenkultur eine Rolle, die meist in Unterglasanlagen erfolgt.

Die deutschen Winzer haben es von Anfang an als eine schicksalhafte Fügung angesehen, daß der relativ kleine deutsche Weinbau aufgrund einer politischen Entscheidung ausgerechnet mit den beiden größten weinbautreibenden Ländern, Frankreich und Italien, in einer Wirtschaftsgemeinschaft vereinigt wurde. Nichts könnte diese Problematik deutlicher machen, als die Gegenüberstellung rechts unten.

Deutschland hat also gemeinsam mit Luxemburg bei der Rebfläche einen Anteil von knapp 4% und bei der Erntemenge von knapp 7% an der EG-Gesamtweinbilanz. Diese gewaltigen Unterschiede in den Größenordnungen und die dahinterstehenden wirtschaftlichen und politischen Potenzen sind es, die zu vielfältigen und andauernden Sorgen Anlaß geben. Zudem: Vor der Schaffung des Gemeinsamen Marktes war der deutsche Wein durch beachtliche Zölle gegenüber dem Auslandswein geschützt. Einfuhrkontingente bildeten einen bedeutenden zusätzlichen Schutz. Mit dem Beginn des Gemeinsamen Marktes wurden diese beiden Schutzwälle schrittweise abgebaut, so daß ein abrupter Übergang vermieden wurde. Nach Beendigung der sogenannten Übergangszeit, beim Eintritt in die Endphase des Zusammenschlusses, entfiel der bis dahin gewährte Schutzzoll völlig, und auch die Einfuhrkontingente wurden abgeschafft, so daß sich deutscher Wein seitdem ungeschützt dem harten Wettbewerb mit den Erzeugnissen der beiden größten Weinbauländer der Welt in einem freien Binnenmarkt stellen muß. Und, wie wir heute wissen, mit Erfolg! Als die Behörden der Gemeinschaft nach dem Inkrafttreten des Vertrages 1958 darangingen, für Wein eine gemeinsame Ordnung zu schaffen, sahen sie sich mit der Tatsache konfrontiert, daß die ökologischen Verhältnisse zwischen dem Siebengebirge (nördlichste Grenze des Weinbaues nahe dem 51. Breitengrad) und Sizilien, 1700 km südlich davon auf dem 37. Breitengrad, außerordentlich verschieden sind. Diese Unterschiedlich-

Die Gebietseinteilung nach dem Weingesetz von 1971

Das Weingesetz unterscheidet streng zwischen »bestimmten Anbaugebieten« und »Weinbaugebieten«

Für »Qualitätsweine« und »Qualitätsweine mit Prädikat« elf »bestimmte Anbaugebiete«	»Bereiche«*	Für »Tafelweine« vier »Weinbaugebiete« und deren »Untergebiete«	
		»Weinbaugebiete«	»Untergebiete«
Ahr	Walporzheim/Ahrtal	Rhein und Mosel	Rhein
Hessische Bergstraße	Starkenburg, Umstadt		
Mittelrhein	Bacharach, Rheinburgengau, Siebengebirge		
Nahe	Kreuznach, Schloß Böckelheim		
Rheingau	Johannisberg		
Rheinhessen	Bingen, Nierstein, Wonnegau		
Rheinpfalz	Südliche Weinstraße, Mittelhaardt – Deutsche Weinstraße		
Mosel – Saar – Ruwer	Zell/Untermosel, Bernkastel/Mittelmosel, Obermosel, Saar-Ruwer		Mosel
Franken	Steigerwald, Maindreieck, Mainviereck, Bayerischer Bodensee	Main	
Württemberg	Remstal-Stuttgart, Württ. Unterland, Kocher-Jagst-Tauber	Neckar	
Baden	Bodensee, Markgräflerland, Kaiserstuhl-Tuniberg, Breisgau, Ortenau	Oberrhein	Römertor
	Badische Bergstr./Kraichgau, Badisches Frankenland		Burgengau

* Ein wichtiger neuer Begriff des deutschen Weingesetzes von 1971 (§ 10 Abs. 4): »Bereich ist eine Zusammenfassung mehrerer Lagen, aus deren Erträgen Weine gleichartiger Geschmacksprägung hergestellt werden und die in nahe beieinanderliegenden Gemeinden desselben bestimmten Anbaugebietes gelegen sind; ... Bereichsnamen werden in der Weise gebildet, daß einem Namen, der die zugehörigen Rebflächen umschreibt, das Wort ›Bereich‹ vorangestellt wird ...«
Die Namen der »Bereiche« können sowohl für »Tafelwein« als auch für »Qualitätswein bA« verwendet werden.

Es hatten die beiden großen weinbautreibenden Länder (1975):

	Ertragsrebfläche (ha)	Mosternte (hl)	Weinbaubetriebe (Anzahl)
Frankreich	1 200 000	66 000 000	915 000
Italien	1 100 000	68 000 000	1 960 000
insgesamt	2 300 000	134 000 000	2 875 000
Demgegenüber nehmen sich die Bundesrepublik Deutschland und Luxemburg recht bescheiden aus:			
Bundesrepublik Deutschland	85 000	9 000 000	101 000
Luxemburg	1 300	150 000	1 700
insgesamt	86 300	9 150 000	102 700

Deutscher Wein in der EG

keit der naturgegebenen Verhältnisse hatte im Laufe der letzten hundert Jahre zu ebenso unterschiedlichen gesetzlichen Bestimmungen der einzelnen Länder bezüglich ihres Weines, der Behandlungsmethoden, der Anforderungen an seine Ausgangsstoffe und der Weinbezeichnungen geführt. Von vornherein war es also klar, daß jedwede Harmonisierung auf dem Weinsektor sehr große Schwierigkeiten bereiten würde!
Wein fällt als landwirtschaftliches Produkt unter die Sonderbestimmungen des EG-Vertrages für die Landwirtschaft. Mit diesem Vertrag haben die Mitgliedsländer, zumal im landwirtschaftlichen Bereich, einen Großteil ihrer Hoheitsrechte an die Gemeinschaftsorgane (EG-Kommission und EG-Ministerrat) übertragen und auf eigene Rechtsausübung insoweit verzichtet, als die Gemeinschaftsorgane diese Rechtsausübung an sich ziehen.
Artikel 40 des EG-Vertrages bietet drei verschiedene Organisationsformen für die Agrarpolitik an, nämlich:
• gemeinsame Wettbewerbsregeln,
• Koordinierung der verschiedenen einzelstaatlichen Marktordnungen,
• europäische Marktordnung.
Schon 1959 lagen die ersten Entwürfe der EG-Kommission für eine gemeinsame Weinbaupolitik vor. Während anfangs noch die Rede davon war, daß eine Koordinierung der einzelstaatlichen Marktordnungen die juristische Grundlage für die gemeinsame Weinmarktregelung sein sollte, entschied sich der EG-Ministerrat schon sehr für den dritten Fall, nämlich die europäische Marktordnung. Auch beim Wein gilt also, ebenso wie bei den meisten anderen landwirtschaftlichen Produkten, die umfassendste und unmittelbarste Regelungsform, in die, zum Leidwesen der deutschen Winzer, nicht nur die Preis- und Interventionsregelung, sondern auch das Weinrecht, also die Bestimmungen über die Weinbereitung und Weinbezeichnung, einbezogen wurden.
Als sich die Gemeinschaftsorgane an die Schaffung einer gemeinsamen Weinmarktregelung machten, ragten aus der Vielzahl der unterschiedlichen weingesetzlichen Regelungen der Mitgliedstaaten zwei Kardinalunterschiede, insbesondere zwischen dem deutschen und dem französischen Recht, heraus, nämlich:
• bezüglich der Frage, was man unter »Qualität« versteht und
• hier deutsches Herkunftsbezeichnungsrecht, dort französisches Ursprungsbezeichnungsrecht;
wobei das französische Ursprungsrecht die Regelung der Qualitätsfrage einschließt.
Das luxemburgische Weinrecht war dem alten deutschen Weinrecht sehr ähnlich, doch die luxemburgische »Marque nationale« trägt starke Züge des französischen Rechtes. Das italienische Weinrecht kann seit dem 12. 7. 1963, als man in Anlehnung an das französische Recht in Italien im Qualitätsweinsektor auf das Ursprungsbezeichnungsrecht überging, grundsätzlich dem französischen gleichgesetzt werden. Durch Dekret 930 des Präsidenten der Republik wurden die Ursprungsbezeichnungen »controllata« und »controllata e garantita« geschaffen.
Für das deutsche Recht genügt das Stichwort »Natur«, um aufzuzeigen, wo die Qualitätsweinidee ihre Wurzel hatte. Allerdings konnte nicht jeder naturbelassene Wein als Qualitätswein angesehen werden. Nach französischer Regelung stellen Herkunft und Qualität zwei untrennbar miteinander verbundene Begriffe dar, seit es 1935 zu einer Regelung gekommen war, durch welche die Weine mit »Appellation d'origine simple« in solche mit »Appellation d'origine contrôlée« (A.O.C.) überführt wurden.
Während nach altem deutschem Weinrecht jeder verkehrsfähige Wein, ob Qualitätswein oder nicht, jede zutreffende geographische Bezeichnung (im Rahmen der Bezeichnungswahrheit des Weinge-

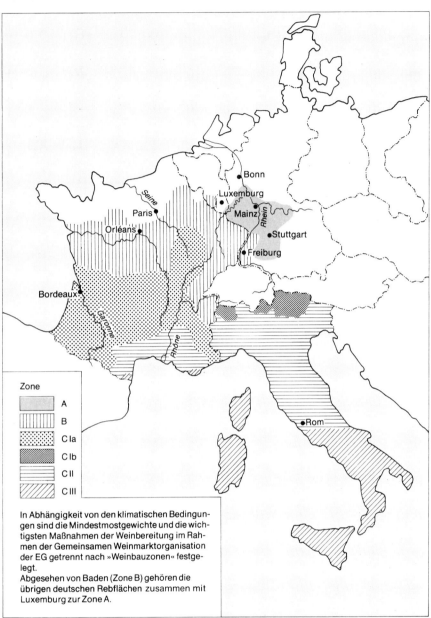

Die Weinbauzonen in der EG

Zone
- A
- B
- C Ia
- C Ib
- C II
- C III

In Abhängigkeit von den klimatischen Bedingungen sind die Mindestmostgewichte und die wichtigsten Maßnahmen der Weinbereitung im Rahmen der Gemeinsamen Weinmarktorganisation der EG getrennt nach »Weinbauzonen« festgelegt.
Abgesehen von Baden (Zone B) gehören die übrigen deutschen Rebflächen zusammen mit Luxemburg zur Zone A.

setzes) tragen durfte, sind im französischen Recht die geographischen Bezeichnungen (Appellations d'origine) den Qualitätsweinen vorbehalten, wobei diese gleichzeitig ganz bestimmten, gesetzlich fixierten Qualitätsnormen entsprechen müssen. Diese französische Regelung ist zwar von der Qualitätsweinidee, aber auch von stark dirigistischen Zügen geprägt. Denn es ist unter anderem der Sinn dieser Regelung, das Angebot der Qualitätsweine knapp zu halten! Seit 1949 wurde im Süden Frankreichs eine weitere Weinklasse geschaffen, der »Vin délimité de qualité supérieure« (V.D.Q.S.). Bei diesen Weinen handelt es sich um Qualitätsweine, denen man jedoch nicht sofort eine A.O.C. zuerkennen wollte. Daneben gibt es in Frankreich seit einigen Jahren die »Vins de pays« (Landweine). Das sind solche Weine, die aus der großen Masse der völlig anonymen Konsumweine herausragen, aber dennoch in der Klasse der Konsumweine, die neuerdings im EG-Recht »Tafelweine« heißen, bleiben. Diese französische Regelung ist soeben in das EG-Recht übernommen worden. Die Landweine tragen gesetzlich festgelegte geographische Bezeichnungen der Gegend, in der sie gewachsen sind. Es sind aber immer andere Namen als diejenigen der A.O.C. oder V.D.Q.S.

Für die französischen Verhältnisse bereitet die Bezeichnungsregelung keine Schwierigkeiten. Diejenigen Rebflächen, auf denen A.O.C.- oder V.D.Q.S.-Weine wachsen, sind kraft gesetzlicher Regelung immer andere Rebflächen als diejenigen, auf denen Tafelweine oder Landweine wachsen. Denn es gibt nach französischer Regelung immerwährende Qualitätsweinflächen (für die die Bestimmungen über Mindestmostgewicht, Hektarertrag, Rebsortiment und Anreicherung erfüllt sein müssen) und immerwährende Konsumwein(Tafelwein)-flächen. Knapp 30% der Rebfläche und, je nach Ernteausfall, zwischen 20% und 30% der Erntemenge fallen in Frankreich in die Gruppe der Qualitätsweine.

In Italien, wo der Prozeß der Bildung von Weinen mit Ursprungsbezeichnung erst langsam in Gang kommt, fallen etwa 12% der Rebfläche und knapp 8% der Ernte in die Klasse der Qualitätsweine.

Nach Verhandlungen, die sich bis Anfang 1962 hinzogen, kam es am 4. 4. 1962 zu der bedeutsamen EG-Verordnung Nr. 24/62, mit der der Anfang für die »schrittweise Errichtung einer gemeinsamen Weinmarktorganisation« gemacht wurde. Hierbei entschieden sich die EG-

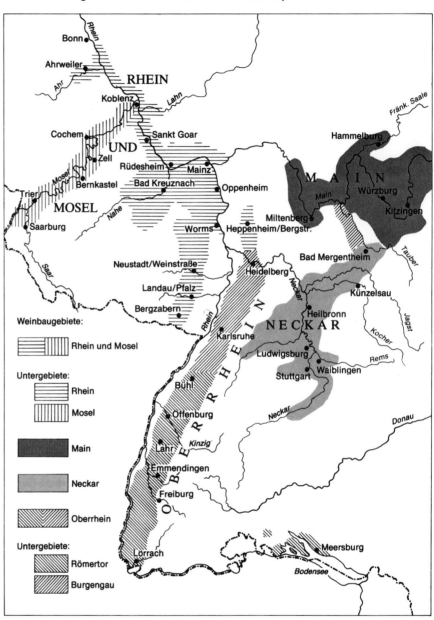

Die 4 »Weinbaugebiete« für Tafelweine in der Bundesrepublik

Instanzen im Grundsatz auf dem Qualitätsweinsektor weitgehend für die französische Ursprungsregelung. Artikel 4 dieser Verordnung legt fest, daß eine »Gemeinschaftsregelung für Qualitätsweine« geschaffen wird, die sich auf folgende Kriterien stützt:
• Abgrenzung der Anbaugebiete
• Rebsorten
• Anbaumethoden
• Methoden der Weinbereitung
• natürlicher Mindestalkoholgehalt
• Hektarertrag
• Untersuchung und Bewertung der organoleptischen Merkmale (auf deutschen Wunsch eingefügt).

Auf deutsche Intervention wurde kurz vor der Verabschiedung in diese Verordnung außerdem der Text aufgenommen, daß die Gemeinschaftsregelung »den herkömmlichen Produktionsbedingungen Rechnung zu tragen hat«. Diese grundsätzliche Bindung an die herkömmlichen Produktionsbedingungen, die den uniformierenden Tendenzen der Kommission für die Festlegung der Einzelkriterien einen generellen Riegel vorschiebt, kann, wie die Weinbaugeschichte inzwischen bewiesen hat, aus deutscher Sicht nicht hoch genug eingeschätzt werden. Zwar hat diese textliche Ergänzung den Erlaß der Gemeinschaftsregelung um mehrere Jahre verzögert. Durch diese Textergänzung ist es aber möglich gewe-

Deutscher Wein in der EG

Die 11 bestimmten Anbaugebiete für Qualitätsweine in der Bundesrepublik

men mit Luxemburg bei der Verabschiedung der QbA-Verordnung im Rat die Erklärung ab, daß nach ganzen Anbaugebieten abgegrenzt werden kann. Dies hat zur Folge, daß in Deutschland, vorbehaltlich der Einhaltung der jeweiligen Bedingungen, auf den gleichen Rebflächen Qualitätsweine und Tafelweine erzeugt werden können. Dies bereitet uns gewisse Schwierigkeiten im Bezeichnungsrecht, denn die Namen der »bestimmten Anbaugebiete« dürfen für »Tafelweine« und somit auch für »Landweine« wegen angeblicher Verwechslungsgefahr nicht verwendet werden.

Als Äquivalent für die Abgrenzung nach ganzen Anbaugebieten führte die Bundesrepublik mit dem neuen Weinrecht 1969 die obligatorische amtliche Qualitätsweinprüfung ein, und zwar für die Gesamtheit des deutschen Qualitätsweinangebotes. Neben Luxemburg (Marque nationale) ist die Bundesrepublik bis jetzt das einzige Land, welches eine derartige amtliche Qualitätsweinprüfung für jede einzelne Qualitätsweinpartie durchführt. In anderen Weinbauländern wird eine ähnliche Prüfung nur für einzelne Gruppen durchgeführt, etwa für V.D.Q.S. in Frankreich.

Dort gibt es aufgrund der Zweiteilung der Rebflächen »geborene« Qualitätsweine, während ein deutscher Wein erst in dem Augenblick zum Qualitätswein wird, in dem er die amtliche Prüfungsnummer erhält.

Mit dem Beginn der gemeinsamen Weinmarktorganisation (EG-Verordnung Nr. 816/70) war nach zehnjährigen Verhandlungen schließlich erreicht, daß sowohl für die Qualitätsweine als auch für die Tafelweine die regionalen ökologischen Besonderheiten berücksichtigt werden. Der den Mitgliedsländern verbliebene gesetzgeberische Spielraum ist bei Qualitätswein jedoch wesentlich größer als bei Tafelwein.

Das Gesamtangebot an Trinkwein wird in der Europäischen Gemeinschaft also in zwei große Gruppen eingeteilt: in »Tafelwein« und in »Qualitätswein bestimmter Anbaugebiete«. Die Tafelweine sind die einfachen Weine, die in der Regel entweder überhaupt keine oder nur eine ganz weitgefaßte geographische Bezeichnung tragen. Die Qualitätsweine bestimmter Anbaugebiete sind dagegen immer mit dem Namen des jeweiligen Anbaugebietes und außerdem ausdrücklich als Qualitätswein bA oder mit den speziellen Qualitätsbezeichnungen gemäß nationalem Weinrecht gekennzeichnet. Sämtliche in der Europäischen Gemeinschaft

sen, eine Regelung für Qualitätsweine zu erreichen, die sich zwar in der Grundtendenz sehr weit an das französische Ursprungsbezeichnungsrecht anlehnt, in der Festlegung der Einzelkriterien aber den ökologischen Gegebenheiten der jeweiligen Anbaugebiete Rechnung trägt.

Im Laufe der Diskussion über die Frage, wie diese neue europäische Qualitätsweingruppe heißen sollte, einigte man sich schließlich auf eine neue Fassung, nämlich auf »Qualitätsweine bestimmter Anbaugebiete« (QbA) beziehungsweise »Vins de qualité produits dans des régions déterminées« (V.Q.P.R.D.). Durch diese Begriffsschöpfung, die eine Kombination von »Qualität« mit »Anbaugebiet« enthält, wurde zwar dem Geiste der französischen Ursprungsregelung entsprochen, aber dennoch durch die Hervorkehrung des Wortes »Qualität« eine neue Variante in das Beziehungsrecht getragen. Unter der Voraussetzung, daß sämtliche Vorschriften für das Erzeugnis erfüllt sind, erscheint nunmehr die Angabe »Qualität« wörtlich auf dem Etikett.

Die nach den EG-Bestimmungen im Grundsatz erforderliche geographische Abgrenzung der »bestimmten Anbaugebiete« nach Parzellen läuft darauf hinaus, gewisse Flächen auszugrenzen, auf denen QbA-Weine nicht wachsen können. Im Hinblick auf unser sehr schwankendes Klima gab die Bundesregierung zusam-

Die Weinbauzonen in der EG

1. »Tafelweine«

Weinbau-zone[1] Verordnung (EG) Nr. 816/70 Anhang III	natürlicher Alkoholgehalt VO-Nr. 816/70 Art. 18(1)	Alkohol-Anreicherung VO-Nr. 816/70 Art. 18 (1 und 2) Regel / Ausnahme		Gesamt-Alkoholgeh. nach Anreicherung VO-Nr. 816/70 Art. 19 (6)	tatsächlicher Alkoholgehalt VO-Nr. 816/70 Anhang II, Ziffer 10
	mindestens Vol. % (°Oe)	höchstens Vol. % (Alkohol g/l)		höchstens Vol. % (Alkohol g/l)	mindestens Vol. % (Alkohol g/l)
A Weißwein	5 (44)	3,5 (28)	4,5 (36)	11,5 (91)	8,5 (67)
A Rotwein	5 (44)	4[2] (33)	5[2] (40)	12 (95)	8,5 (67)
B Weißwein	6 (50)	2,5 (20)	3,5 (28)	12 (95)	8,5 (67)
B Rotwein	6 (50)	2,5 (20)	3,5 (28)	12,5 (99)	8,5 (67)
C I a	7,5 (60)			12,5 (99)	9,0 (71)
C I b	8,0 (63)	>2 (15)	–	12,5 (99)	9,0 (71)
C II	8,5 (66)	>2 (15)	–	13 (103)	9,0 (71)
C III	9,0 (71)			13,5 (107)	9,0 (71)

[1] Die Rebflächen in den Regierungsbezirken Nordbaden und Südbaden gehören gemeinsam mit einigen französischen Rebflächen zur Weinbauzone B. Alle übrigen deutschen Rebflächen gehören (gemeinsam mit den Rebflächen in Luxemburg, Belgien, Niederlanden und Vereinigtem Königreich) zur Weinbauzone A.

[2] Diese Werte gelten bis zum 31. 1. 1980 bei Rotweinen der Sorte Portugieser in den Regierungsbezirken Darmstadt, Rheinhessen-Pfalz, Koblenz und Unterfranken. Ab 1. 2. 1980 gelten generell die gleichen Werte wie bei Weißwein.

2. »Qualitätsweine bestimmter Anbaugebiete«

Weinbau-zone Verordnung (EG) Nr. 816/70 Anhang III	natürlicher Alkoholgehalt		Alkohol-Anreicherung[2] Regel / Ausnahme		Gesamt-Alkoholgehalt nach Anreicherung	Gesamt-Alkoholgehalt VO-Nr. 817/70, Artikel 7
	VO-Nr. 817/70 Artikel 6 mindestens Vol. %	lt. nationaler Festsetzung endgültig (°Oe)	höchstens Vol.% (Alkohol g/l)		höchstens Vol.% (Alkohol g/l)	mindestens Vol.% (Alkohol g/l)
A	6,5 (53)	1	wie bei Tafelwein		Durch die EG-Verordnung nicht geregelt; es gelten die nationalen Bestimmungen[3]	9 (71)[4]
B	7,5 (60)	1				9 (71)[4]
C I a	8,5 (66)	?				9 (71)[4]
C I b	9 (71)	?				9 (71)[4]
C II	9,5 (73)	?				9 (71)[4]
C III	10 (76)	?				9 (71)[4]

[1] Im neuen deutschen Weingesetz hat der Gesetzgeber die Länder verpflichtet, differenziert nach Klima, Bodenbeschaffenheit und Rebsorte die endgültigen Werte festzusetzen.
Abgesehen von der Rebsorte Riesling in Baden liegen sämtliche Mindestwerte über der EG-Norm. Für »Qualitätsweine mit Prädikat« sind überall erheblich höhere Mindestwerte festgelegt.

[2] Für »Qualitätsweine mit Prädikat« verboten!
[3] Im neuen deutschen Weingesetz sind als Höchstwerte des Gesamtalkoholgehaltes bei Anreicherung festgelegt: In der Weinbauzone A bei Rotwein 12,5°, bei anderem Wein 12°, in der Weinbauzone B bei Rotwein 13°, bei anderem Wein 12,5°.
[4] Für bestimmte nicht angereicherte weiße Qualitätsweine bA 8,5 (66).

hergestellten Weine müssen, um in den Verkehr gebracht werden zu können, bestimmte Mindestanforderungen erfüllen, wobei die Anforderungen an die Qualitätsweine strenger sind als an die Tafelweine.

Diese Mindestanforderungen, die sich nicht nur auf die Weinbereitung beziehen, sondern schon im Weinberg beginnen, sind je nach der Region, in der die Reben wachsen, unterschiedlich. Die Gesetzgebung nimmt also Rücksicht auf den jeweiligen Standort. Hierdurch soll erreicht werden, daß nicht nur bei den Qualitätsweinen, sondern auch bei den einfachen Weinen der besondere Charakter der Weine der verschiedenen Produktionsgebiete erhalten bleibt. Dies war die deutsche Hauptforderung, die sich schließlich weitgehend durchgesetzt hat. Zur Berücksichtigung der regionalen Unterschiede ist das Gesamtgebiet der Gemeinschaft in »Weinbauzonen« eingeteilt. Luxemburg und die deutschen Weinbaugebiete, ohne Baden, bilden die Zone A. Baden gehört zur Zone B. Die wesentlichsten Anforderungen für Tafel- und QbA-Weine in den einzelnen Zonen sind in den obenstehenden Tabellen erfaßt.

Während es (in Zusammenhang mit der dargestellten Form der Abgrenzung) in Frankreich rechtsformal zur Zeit 390 und in Italien zur Zeit 180 »bestimmte Anbaugebiete« für Qualitätsweine gibt, sind in der BRD nur 11 »bestimmte Anbaugebiete« festgelegt.

Die 11 »bestimmten Anbaugebiete« für Qualitätsweine sind flächenmäßig deckungsgleich mit den 4 Weinbaugebieten (nebst deren Untergebieten) für Tafelweine. Diese Deckungsgleichheit hat zur Folge, daß die Namen der »Bereiche« sowohl für Qualitätswein als auch für Tafelwein verwendet werden können.

Das gleiche gilt auch für die Namen von Weinbauorten und Ortsteilen. Lagennamen sind nach deutschem Weinrecht nur für Qualitätsweine bestimmter Anbaugebiete erlaubt.

Den französischen Weinrechtsanschauungen entsprach es, daß die Konsumweine nicht gezuckert (angereichert) werden durften, wohl aber die Qualitätsweine (in manchen Gebieten generell, etwa im Elsaß; in anderen Gebieten durch Ausnahmeregelung, etwa Bordeaux). Die Konsumweine wurden, falls erforderlich, in der Regel mit alkoholstarken Weinen aus Nordafrika verschnitten. Die Stelle der Nordafrikaweine scheint in jüngster Zeit von italienischen Weinen eingenommen worden zu sein.

Im krassen Gegensatz zu dieser französischen Regelung stand die deutsche, nach der die Qualitätsweine der höheren Stufen nicht gezuckert werden durften.

Diese alte deutsche Weinrechtsphilosophie ist durch die neuen Brüsseler Bestimmungen nicht tangiert worden. Sie hat ihren gesetzlichen Niederschlag im Weingesetz von 1969 gefunden, in dem die »Qualitätsweine mit Prädikat« (Kabinett, Spätlese, Auslese, Beerenauslese und Trockenbeerenauslese) geschaffen wurden. Sie nehmen eine Sonderstellung im Gemeinsamen Markt ein und sind daher eine echte deutsche Spezialität!

Seit dem Jahre 1974 haben EG-Ministerrat und EG-Kommission in umfangreichen Verordnungen das Bezeichnungsrecht für Most und Wein einer Gemeinschaftsregelung unterworfen. Diese Gemeinschaftsregelung gilt sowohl für »Qualitätsweine bestimmter Anbaugebiete« als auch für »Tafelweine«. Sie bezieht sich nicht nur auf die Erzeugnisse, die in der Gemeinschaft hergestellt werden, sondern unterwirft auch die Drittlandserzeugnisse, die in die Gemeinschaft eingeführt werden, dem Gemeinschaftsrecht. Es gilt das Verbotsprinzip, denn es dürfen nur diejenigen Angaben verwendet werden, die im Gemeinschaftsrecht ausdrücklich aufgeführt sind. Dabei wird

zwischen obligatorischen und fakultativen Angaben unterschieden.
Das gemeinsame EG-Bezeichnungsrecht ist bereits seit dem 1. 9. 1976 in Anwendung. Bis zum 31. 8. 1977 konnten aber noch die bisherigen nationalen Bestimmungen angewandt werden. Nachdem der Deutsche Bundesrat mit der Verabschiedung der 3. Änderung der deutschen Weinverordnung am 15. 7. 1977 eine nationale Teilanpassung an das neue EG-Bezeichnungsrecht vollzogen hat, gilt lediglich auf dem Sektor der geographischen Bezeichnungen zunächst bis zum 31. 8. 1978 noch bisheriges deutsches Recht weiter.
Der Weinkäufer wird aber dennoch über längere Jahre hinweg auf Weinflaschen mit alten Etiketten stoßen. Denn Weine und Traubenmoste, die nicht dem neuen EG-Bezeichnungsrecht entsprechen, dürfen bis zur Erschöpfung der Lagervorräte in den Verkehr gebracht werden, unter der Voraussetzung, daß die entsprechenden Mengen bis zum 31. Dezember 1977 einer von den Mitgliedsstaaten bestimmten Stelle gemeldet wurden.
Mit einer erneuten Anpassung des deutschen Weingesetzes an das neueste EG-Recht ist im Laufe der Jahre 1978 und 1979 zu rechnen. Es ist anzunehmen, daß aufgrund einer entsprechenden Ermächtigung im EG-Recht dann auch in der Bundesrepublik Deutschland eine Kategorie »Landwein« (innerhalb des Tafelweinsektors) geschaffen wird. Im Anschluß hieran wird vermutlich auch eine genauere kartographische Abgrenzung der 11 »bestimmten Anbaugebiete« erfolgen; ein Prozeß, der sich aber des Arbeitsanfalls wegen sicherlich noch über mehrere Jahre erstrecken wird. Hierzu soll vor allem die Zeit des zunächst bis 30. 11. 1978 befristeten EG-Anbaustops für Neuanlagen von Reben genutzt werden. Im Zusammenhang mit der deutschen Anbauregelung für Weinreben (§ 1 Weinwirtschaftsgesetz) wird die normative, kartographische Abgrenzung der 11 »bestimmten Anbaugebiete« dazu beitragen, die Qualität des deutschen Weines langfristig zu sichern.
Zur Jahresmitte 1977 hat der EG-Ministerrat eine recht umfangreiche Gemeinschaftsverordnung über die »önologischen Verfahren« erlassen, die ab 1. September 1978 wirksam wird. Es fehlen noch Gemeinschaftsregelungen für das Bezeichnungsrecht für Schaumwein und Perlwein. Auch für Likörweine ist noch mit einer Brüsseler Regelung zu rechnen.
So wird der deutsche Wein, ebenso wie die Weine der anderen Partnerländer, in ein Korsett gemeinsamer EG-Verordnungen gepreßt, was zur Folge hat, daß das nationale Weinrecht mehr und mehr verdrängt wird.
Aber dennoch: Die deutsche Delegation hat auf der Grundlage der deutschen Anbauregelung aus dem Jahre 1961 und des neuen deutschen 1969er Weingesetzes, das infolge der EG-Weinmarktordnung aus dem Jahr 1970 im Jahre 1971 formal angepaßt werden mußte, die wesentlichen weinrechtlichen Anliegen in Brüssel durchsetzen und vor allem die tragenden Elemente unserer Qualitätspolitik erhalten können!
Das Ansehen des deutschen Weines ist im Laufe der letzten Jahre nicht unerheblich gestiegen. Deutscher Qualitätswein ist in aller Welt beliebt. Der steigende Weinverbrauch im Inland und die wachsenden Exportziffern sind ein deutliches Indiz hierfür.
Boden, Rebsorten und Klima sowie Können und Fleiß der deutschen Winzer und Kellerwirte sind die Voraussetzungen dafür, daß trotz der Übermacht der Weinbauriesen Frankreich und Italien der deutsche Qualitätswein seinen Platz im Gemeinsamen Markt behauptet und gefestigt hat.

Carl Michael Baumann

Weinrecht und Etikett

Weinrecht im Übergang

Verbraucherschutz und Qualitätsorientierung standen als Hauptziele über dem 1969/71 neu geschaffenen deutschen Weingesetz. Mehr Klarheit in der Aufmachung und Bezeichnung der Weine bedeutet zugleich mehr Wahrheit für den Verbraucher. So ergänzen und verpflichten sich Verbraucherschutz und Qualitätsschutzgedanke gegenseitig und fördern gleichzeitig Marktübersicht mit der Chance, Qualitätsunterschiede zu erkennen.
Die Forderung »Mehr Wahrheit und Klarheit« für 30 bis 40 Millionen Verbraucher in der Bundesrepublik bewegt sich allerdings zwischen Scylla und Charybdis: denn die Fülle von qualitätsbestimmenden Faktoren, die den Wert des einzelnen Weines unstreitig ausmachen, würden weder von dem sogenannten Durchschnittsverbraucher verstanden, noch könnten sie alle Bestandteile der Etikettaufmachung sein. Die Angabe von beispielsweise Mostgewicht, vorhan-

Die chemische Analyse des Weines beginnt mit der Bestimmung des Mostgewichtes.

denem Alkohol, potentiellem Alkohol, zuckerfreiem Extrakt, Weinsäure, Schwefel, Restsüße oder Kaloriengehalt würde zwar im Zusammenhang mit den übrigen Etikettangaben einem Weinfachmann etwas sagen, nicht aber dem Weinfreund, der Wein einfach in seiner genußfähigen und natürlichen Gesamtsubstanz und nicht in seinen chemischen Einzelteilen erleben möchte. Mit anderen Worten: Der Gesetzgeber hatte darauf zu achten, den Anspruch auf volle Aufklärung und Information des Verbrauchers zu erfüllen und nicht durch die Zulassung von zu vielen Angaben erneut Verwirrung und Täuschung zu riskieren. Diese schwierigen Ziele scheint die Weinrechtsreform durchaus erreicht zu haben.
Wenn von der Weinrechtsreform die Rede ist, so wird hierunter das Weingesetz vom 16. Juli 1969 in der Fortschreibung vom 14. Juli 1971 (mit der Weinver-

ordnung) verstanden. Dieses gültige deutsche Weingesetz wurde inzwischen durch eine Reihe von EG-Verordnungen ergänzt und »europäisiert«, zum Beispiel durch die Verordnungen 2133/74 vom 8. August 1974 und 1608/76 vom 4. Juni 1976. Beide Verordnungen regeln insbesondere die Bezeichnung und Aufmachung der Weine, wobei der Grundsatz gilt, daß das EG-Verordnungsrecht in den Mitgliedstaaten unmittelbar anwendbar und gegebenenfalls auch vorrangig ist. Selbst für Fachleute, die sich häufig mit Weinrechtsfragen befassen, ist es gelegentlich nicht sofort möglich, zu entscheiden, welche Regelungen sozusagen »deutsch-nationalen« Charakter besitzen, also von den deutschen Parlamenten (Bund oder Länder) »gesetzt«, und welche Normen von EG-Kommission oder Ministerrat »verordnet« wurden.

Hinsichtlich der Bedeutung und Wirksamkeit macht es zwar keinen Unterschied, welcher Rechtsquelle eine Norm entspringt. Entscheidend ist allein, daß die Norm als solche von den Rechtsunterworfenen er- und anerkannt wird. Allerdings ist die Kodifizierung einer sachlich zusammengehörigen Materie innerhalb eines systematisch geordneten Gesetzes im Interesse der Rechtsklarheit und Rechtssicherheit unabweisbar und vorteilhaft: einmal für die aus dem Gesetz unmittelbar Verpflichteten – hier die Weinerzeuger –, und ebenso für diejenigen, die aus dem Gesetz Ansprüche ableiten können. Die Fortentwicklung der Wirtschaftsgemeinschaft wird überall dort, wo legislative Rahmen- oder Regelungskompetenzen der Gemeinschaft gegeben sind, zu einem zeitweiligen Nebeneinander von Gemeinschafts- und Einzelstaatsrecht führen. Frühestens nach dem Inkrafttreten der EG-Verordnung 1608/76 zum 1. 9. 1977 kann eine geschlossene Darstellung des deutschen und des EG-Weinrechts erwartet werden.

Grundsätze des Weinrechts

Ein entscheidendes Element der Verständigung auf dem Gebiet des Weinrechts war die Einsicht und Anerkennung, daß Wein der verschiedenen EG-Klimazonen »nicht gleich Wein ist«. Der Einteilung des EG-Weinbaugebietes in Anbaugebiete der Zonen A, B, C mit Unterschieden in der Weinbereitung entspricht die Regionalisierung der deutschen Anbaugebiete. Die Weinwissenschaft hat überzeugend belegen können, daß zum Beispiel ein Müller-Thurgau von der Mosel mit 70° Oe einen wesentlich ausgeprägteren, reiferen Wein ergibt, als einer mit 70° Oe aus Baden. Diese unter dem Stichwort »Regionalisierung« erreichte Individualisierung erhält zugleich jene herkömmlichen Weinspezialitäten, auf die die Verbraucher auch in der Zeit des Massenkonsums großen Wert legen. Regionalisierung heißt zum Beispiel auch: Zusatz von Weinsäure oder von Traubensaftkonzentrat in südlichen Anbaugebieten der EG oder von Zucker zur Anreicherung vor der Gärung oder von Süßreserve zur geschmacklichen Abrundung in den nördlichen Anbaugebieten. Der zweite entscheidende europäische Weinrechtsgrundsatz besteht in der Anerkennung zweier Wege und Systeme der Qualitätsdefinition und -abgrenzung: Der französisch-rechtliche Qualitätsbegriff folgt im wesentlichen aus der flächenmäßigen Abgrenzung des Weinbergsgeländes in »Tafelweinflächen« und »Qualitätsweinflächen«. Weine, die auf den einen Flächen gewonnen werden, pflegen eben deswegen Qualitätsweine zu sein; die anderen können dieses »Geburtsprivileg« nicht erreichen. Anders in

Weingesetz aus dem Jahre 1892 unter Kaiser Wilhelm II.

Weinrecht und Etikett

der Bundesrepublik: Hier gilt die »geprüfte Qualität« oder die »Qualität im Glase«. Mit anderen Worten: Bei aller Bedeutung der jeweiligen Lage für die Eigenart des einzelnen Weines bleibt es der sachverständigen Prüfung des füllfertigen Weines vorbehalten, ob er Qualitätswein werden kann oder Tafelwein bleiben muß. Die Anerkennung des individuellen Leistungswillens und Leistungsvermögens verlangt es, jedem Erzeuger die gleiche Chance zu sichern. Die amtliche Qualitätsprüfung jedes deutschen Qualitätsweines oder Qualitätsweines mit Prädikat hat in den vergangenen 5 Jahren beweisen können, daß sich dieses Verfahren im Prinzip bestens bewährt hat und weiter fortentwickelt werden kann.

Der dritte wichtige Grundsatz ist offensichtlich, daß im Interesse der Bezeichnungsklarheit nur solche Angaben und Bezeichnungen für die Etikettaufmachung verwendet werden dürfen, die vom Gesetz oder aufgrund des Gesetzes (oder der einschlägigen EG-Verordnungen) erlaubt oder zugelassen sind. Mancher Weinfreund bedauerte in den vergangenen Jahren, daß bestimmte Angaben wie »Cabinet«, »Originalabfüllung«, »Naturwein« oder recht phantasievolle Siegel

1926. Nach der Inflation in Not geratene Winzer stürmen das Finanzamt in Bernkastel. Die Folge war die Aufhebung der Reichsweinsteuer und damit eine Belebung des Weinabsatzes.

Spätlese
Der Johannisberger Spätlesereiter. Auf diesem Denkmal vor dem Schloß des Fürsten von Metternich, dem ehemaligen Benediktinerkloster Johannisberg, steht eingraviert: »Der Kurier des Klosters Johannisberg bringt den verzweifelt wartenden Mönchen verspätet die Lesegenehmigung des Fürstabtes von Fulda. So entdeckte man um 1775 den Wert der Edelfäule und der Spätlese.« Nirgendwo, außer in Johannisberg, gibt es einen urkundlichen Nachweis für die Entstehungsgeschichte der Spätlese. Domänenrat Josef Staab gelang es, dieses Ereignis zu belegen. Im Hauptstaatsarchiv Wiesbaden befindet sich ein Gutachten des mainzischen Hofkammersekretärs Degenhard aus dem Jahre 1787, das wie folgt lautet: »Bis hieher hienge alle Jahre die Weinlaße meistens vom Geschreie des gemeinen Volkes ab, und noch herrscht das alte Vorurtheil, daß wenn der Gallustag einfällt, die Laße müsse vorgenommen werden, dagegen die Laße in dem Fürstlich Fuldischen Weinberge auf dem Johannisberg alle Jahre solang hinausgeschoben wird, bis alle Trauben im ganzen Lande in die Keller

schon eingekältert sind. Ein Ohngefähr wie bekannt hat denen Fulder Johannisberger diesen Vortheil entdeckt, wodurch sie einen wahren Auszug von Wein erhalten, und nun haben sie vor allzeit das spatläßen zum Gesetze gemacht ...« Ein Ohngefähr, ein Zufall also, änderte die Gepflogenheiten: Der alljährlich mit Trauben von Johannisberg nach Fulda gesandte Herbstkurier kehrte verspätet mit der Leseerlaubnis des Fürstabtes zurück und erzwang damit die erste – unfreiwillige – Spätlese überreifer, geschrumpfter und in Fäulnis übergegangener Trauben. Der Bericht ist historisch fundiert, denn die Rechnungen von Fulda verzeichnen ab 1718 den Botenlohn des Kuriers. Es brauchte seine Zeit, bis sich die neue Methode durchsetzte. Erst 1822 konnte der Herzogliche Domainen-Rath Lotichius zum erstenmal spät gelesene, edelfaule Trauben auf dem Steinberg ernten. Den Widerstand der Beamten gegen eine mehrmalige Zehnterhebung bei einer zeitlich gestaffelten Lese brach der Apotheker und Bürgermeister von Eltville, Johann Baptist Heckler, später Domäneninspektor auf Schloß Johannisberg. Er fuhr zu Beginn des Herbstes 1822 mit drei Körben, in denen jeweils faule, halbfaule und grüne Trauben aus ein und demselben Weinberg waren, zum Regierungspräsidenten und stellte ihm vor: Wolle man erst lesen, wenn alle Trauben faul sind, dann seien die früh gefaulten schon zugrunde gegangen, wollte man aber mit den früh gefaulten die gesamte Lese gleichzeitig durchführen, so gelangten die grünen nicht zur höchsten Reife. Daraufhin erhielten die Beamten Weisung, nach Verlangen eine Lese mit Unterbrechungen zuzustimmen. So wurde Heckler der Schöpfer der heute noch gültigen Dreiteilung in Vor-, Haupt- und Spätlese. Späte Lese ist sicher auch in anderen Teilen Deutschlands schon um diese Zeit betrieben worden. Schriftliche Belege dafür treten aber erst später auf. Soweit der geschichtliche Hintergrund. Seit 1971 müssen in der BRD Qualitätsweine mit Prädikat Spätlese gesetzlich festgelegte Herstellungs- und Qualitätsnormen erfüllen.

und Gütezeichen verschwunden sind. Diese »Flurbereinigung« und Beschränkung dient aber ebenso dem Ziel der Bezeichnungswahrheit für viele Millionen Verbraucher wie die Verpflichtung jedes Erzeugers, eine der 3 möglichen Güteklassen – Tafelwein, Qualitätswein (der Zusatz »bestimmter Anbaugebiete« wird durch die Nennung des jeweiligen Anbaugebietes entbehrlich) und Qualitätswein mit Prädikat – bei der Etikettierung zu verwenden.

Das deutsche Weingesetz und ebenso die EG-Verordnungen unterscheiden zwischen vorgeschriebenen und zulässigen Bezeichnungen oder Etikettangaben. Zu den Etikettangaben gehören hierbei alle Bezeichnungselemente, Begriffe und Zeichen, soweit sie sich auf den Inhalt der Flasche beziehen, gleichgültig, ob sie sich auf dem Hauptetikett, der Halsschleife, der Kapsel, dem Korken oder einem Rückenetikett befinden. Alle diese Angaben können nur verwendet werden, wenn sie ausdrücklich zugelassen sind. Ausnahmen gelten in begrenztem Umfang für Phantasiebezeichnungen und

Marken, soweit man diese nicht mit Herkunftsangaben verwechseln kann.

Die Qualitätsstufen

Die wichtigste der vorgeschriebenen Angaben ist die der Qualitätsstufe, also die Bezeichnung als Tafelwein, Qualitätswein oder Qualitätswein mit Prädikat. Diese deutliche Klassifizierung des deutschen Weinangebotes ist die für den Verbraucher wichtigste Neuerung der Weinrechtsreform. Die Qualitätsstufe ist deutlich sichtbar auf dem Hauptetikett anzubringen, und zwar in einer Schriftgröße, die jene des jeweiligen Anbaugebietes nicht übertrifft. Als Prädikate sind nur die Bezeichnungen Kabinett, Spätlese, Auslese, Beerenauslese, Trockenbeerenauslese und das Zusatzprädikat Eiswein zugelassen.

Die neuen EG-Vorschriften fordern, daß die Qualitätskontrollnummer auf dem Etikett so deutlich angegeben wird, daß jede Verwechslung mit anderen Nummern ausgeschlossen ist. Die nach dem deutschen Weingesetz vorgeschriebene »A.P.Nr.« ist damit auch optisch ein eindeutiges und sicheres Garantiezeichen für deutsche Qualitätsweine.

Der Tafelwein

Deutsche Tafelweine sind in den letzten Jahrgängen nicht in großer Menge eingebracht worden. Das kann sich ändern, zumal dann, wenn eine Untergruppe »deutscher Tafelwein-Landwein« beim Verbraucher Interesse finden wird. Deutscher Tafelwein muß ausschließlich aus im Inland geernteten, empfohlenen oder zugelassenen Rebsorten stammen. Die für die Herstellung von Tafelwein geeigneten Moste müssen in einer Zone A einen natürlichen Mindestalkoholgehalt von 5° (44° Oe) und in der Zone B von 6° (50° Oe) aufweisen. Nach erfolgter Anreicherung können Tafelweine einen Gesamtalkoholgehalt von 15° besitzen – für deutsche Tafelweine sind 11 bis 12° die Regel – und müssen einen vorhandenen Alkoholgehalt von 8,5° sowie einen Gesamtsäuregehalt von 4,5 g/l aufweisen. Einem vergleichbaren Qualitätsprüfungsverfahren wie der Qualitätswein unterliegt Tafelwein nicht.

Tafelweine aus verschiedenen EG-Anbaugebieten können nach EG-Recht im Interesse des Ausgleichs besonders hervortretender Eigenschaften miteinander verschnitten werden. Solche Tafelweine sind als »Wein aus mehreren Mitgliedstaaten der EG« zu bezeichnen. Sie werden häufig unter Phantasiebezeichnungen auf den Markt gebracht.

Der Qualitätswein (bA)

Die Hauptgruppe der deutschen Weine stellen im langjährigen Durchschnitt die Qualitätsweine, also jene Weine, die von den verantwortlichen Prüfstellen analytisch und sensorisch kontrolliert und bestätigt werden müssen. Für sie stellt der amtliche Prüfungsbescheid gewissermaßen die »Geburtsurkunde« dar. Diese Geburtsurkunde begleitet den weiteren Weg jedes Qualitätsweines. Sie enthält alle Daten, die für die Identifizierung und Bezeichnung erforderlich sind. Das Etikett kann nur aufgrund des Prüfungsbescheides ausgefertigt werden, es ist gewissermaßen die »Kennkarte«.

Qualitätsstufe und bestimmtes Anbaugebiet werden künftig überwiegend in gleichgroßen Schriftzeichen auf den Etiketten erscheinen. Nur die engere geographische Einheit, aus der der jeweilige Qualitätswein stammt, kann in größerer Schrift angegeben werden. Dieses Bezugsgrößensystem anerkennt die Verbraucherwünsche nach Information über die individuelle Herkunft deutscher Qualitätsweine. Schließlich werden deutsche Weine seit Generationen nicht nur mit dem Namen eines der 11 Anbaugebiete oder der Weinbaugemeinde, sondern meist mit dem Namen einer Groß- oder Einzellage in Verbindung mit dem jeweiligen Weinbauort versehen.

Doch warum all diese detaillierten Herkunftsbezeichnungen? Genügt nicht einfach nur die Angabe des Anbaugebietes? Für andere Weinländer vielleicht ja. Bei deutschen Weinen jedoch wird der Geschmack von individuellen Wachstumsbedingungen schon eines einzigen Weinberges geprägt, zum Beispiel von Hangneigung, Süd- oder Westlage, Intensität der Sonnenreflexion durch Flußspiegelung, Nähe eines schützenden Waldes oder einer Bergkuppe, Höhenlage, Bodenzusammensetzung, Bodenfeuchtigkeit und anderem mehr. Jeder dieser Faktoren hat seinen Einfluß, und so wachsen oft im Abstand von wenigen hundert Metern Weine von Weltruf oder nur Ginsterhecken.

Die abgebildeten Etiketten sind gezielt verfremdet. Sie enthalten die obligatorischen Angaben nach einem Schulungszwecken dienenden Raster.

Deutscher Tafelwein (Untergebiet »Rhein«).

EG-Tafelwein.

Qualitätswein: Güteklasse und Anbaugebiet dominieren.

Weinrecht und Etikett

```
┌─────────────────────────────────┐
│            1976                 │
│         Jahrgang/vintage        │
│            BADEN                │
│       Anbaugebiet/region        │
│      Vierweiler Paradiestor     │
│  Herkunft/origin (community & vineyard) │
│   Spätburgunder WEISSHERBST     │
│       Rebsorte/grape variety    │
│         QUALITÄTSWEIN           │
│       Güteklasse/classification │
│          0 16 31 21 77          │
│ Amtl. Prüfungsnr./official quality control no. │
│   Erzeuger Abfüllung/bottling e 0,7 l │
│   Winzergenossenschaft Vierweiler │
└─────────────────────────────────┘
```

Die Weinartenbezeichnung »Weißherbst« ist immer anzugeben.

```
┌─────────────────────────────────┐
│         Jahrgang/vintage        │
│           RHEINGAU              │
│       Anbaugebiet/region        │
│       Bereich Johannisberg      │
│  Herkunft/origin (community & vineyard) │
│   GOLDENES WINZERTRÖPFCHEN      │
│          Qualitätswein          │
│       Güteklasse/classification │
│         2 416 200 1 75          │
│ Amtl. Prüfungsnr./official quality control no. │
│       Abfüllung/bottling e 1 l  │
│  Weinkellerei Winzertröpfchen GmbH │
└─────────────────────────────────┘
```

Ein Qualitätsmarkenwein mit der Phantasiebezeichnung »Goldenes Winzertröpfchen«.

In den meisten ausländischen Weinbauregionen herrschen demgegenüber Jahr für Jahr nahezu dieselben Witterungsbedingungen. Größere Flächen und die Gleichartigkeit von Bodenstruktur und Anbaubedingungen führen zu wesentlich einheitlicherer Weinproduktion und damit zu einem erheblich geringeren Bedürfnis, unterschiedliche Herkünfte anzugeben.

Bei aller Bedeutung der Lagenunterschiede bleiben aber Hauptkriterien für die Qualität der deutschen Weine ihre gebietliche Arteigenheit, ihre Harmonie, Frische und Eleganz. Das Vorhandensein dieser Eigenschaften kann aber nur das amtliche Prüfungsverfahren bestätigen.

Für jeden Qualitätswein der verschiedenen Rebsorten und Anbaugebiete wurden untere Grenzwerte des natürlichen Alkoholgehaltes festgelegt, die erreicht sein müssen, wenn die Anstellung zur amtlichen Qualitätsprüfung erfolgreich sein soll. Diese Grenzwerte liegen gegenwärtig zwischen 57 und 69°Oe. Diese Zulassungsstufen entsprechen langjährigen Erfahrungen und wissenschaftlichen Untersuchungen. Sie gelten als Grundlage der Regionalisierung und des fairen Wettbewerbs zwischen den einzelnen Anbaugebieten. Qualitätsweine dürfen ebenso wie Tafelweine im europäischen Maßstab angereichert werden: Da es für die verschiedenen Rebsorten und Anbaugebiete abgestufte Anreicherungswerte gibt, um die der Alkoholgehalt durch Zusatz von Zucker erhöht werden kann (20 bis 28 g/l Wein), und eine absolute Obergrenze zwischen 91 und 100 g Gesamtalkohol je l Wein, existieren faktisch für jeden Qualitätswein unterschiedliche Höchstgrenzen. Diese Anreicherungsgrenzwerte stellen sicher, daß sich deutsche Weine gemäß ihrer natürlichen Eigenart durch mäßigen Alkoholgehalt auszeichnen. Qualitätsweine sind fast ebenso häufig wie Tafelweine angereichert.

Der Qualitätswein mit Prädikat

Die Mostgewichtszulassungsstufen der Prädikatsweine liegen für alle Rebsorten, Gebiete und Prädikate über denjenigen der Qualitätsweine. Im Rheingau sind zum Beispiel für Riesling folgende untere Grenzwerte festgelegt: Kabinett 73°, Spätlese 85°, Auslese 95°, Beerenauslese 125° und Trockenbeerenauslese 150° Oe. Im Gegensatz zu den Tafelweinen und Qualitätsweinen dürfen Qualitätsweine mit Prädikat nicht angereichert sein. Für sie gelten daher auch in der Qualitätsprüfung die höchsten Anforderungen hinsichtlich Sorteneigenart, Reife, Harmonie und Eleganz.

```
    ╱─────────────────────────╲
   ╱          75               ╲
  │       Jahrgang/vintage      │
  │         FRANKEN             │
  │      Anbaugebiet/region     │
  │    Tiefenthaler Bertesberg  │
  │ Herkunft/origin (community & vineyard) │
  │       Silvaner TROCKEN      │
  │     Rebsorte/grape variety  │
  │        Qualitätswein        │
  │   Güteklasse/classification │
  │         2 225 001 76        │
  │ Amtl. Prüfungsnr./official quality control no. │
  │  Erzeuger Abfüllung/bottling e 0,7 l │
  │  Winzer Felix Bacchus, Tiefenthal │
   ╲                           ╱
    ╲─────────────────────────╱
```

Die Geschmacksangaben »trocken« und »halbtrocken« finden zunehmende Beachtung.

```
    ╱─────────────────────────╲
   ╱          1974             ╲
  │       Jahrgang/vintage      │
  │        WÜRTTEMBERG          │
  │      Anbaugebiet/region     │
  │      Weltinger Tröpfchen    │
  │ Herkunft/origin (community & vineyard) │
  │         Schillerwein        │
  │     Rebsorte/grape variety  │
  │        QUALITÄTSWEIN        │
  │   Güteklasse/classification │
  │         2 28 067 75         │
  │ Amtl. Prüfungsnr./official quality control no. │
  │       Abfüllung/bottling    │
  │  Weinkellerei Felix Bacchus GmbH, │
  │       Weltingen   e 0,7 l   │
   ╲                           ╱
    ╲─────────────────────────╱
```

Die Weinartenbezeichnung »Schillerwein« ist immer anzugeben.

Anbaugebiet, Güteklasse und Prädikat treten einheitlich hervor.

```
┌─────────────────────────────────┐
│            1976                 │
│         Jahrgang/vintage        │
│       MOSEL-SAAR-RUWER          │
│       Anbaugebiet/region        │
│       Winzerdorfer Rebberg      │
│  Herkunft/origin (community & vineyard) │
│            Riesling             │
│       Rebsorte/grape variety    │
│         QUALITÄTSWEIN           │
│       mit Prädikat SPÄTLESE     │
│       Güteklasse/classification │
│          3 21 47 61 77          │
│ Amtl. Prüfungsnr./official quality control no. │
│   Erzeuger Abfüllung/bottling e 0,7 l │
│   Weingut Felix Bacchus, Winzerdorf │
└─────────────────────────────────┘
```

Qualitätsweine mit Prädikat dürfen nicht vor dem auf die Ernte folgenden 1. Januar abgefüllt und in den Verkehr gebracht werden. Dies bedeutet, schon mit Rücksicht auf die technische Prüfungskapazität der amtlichen Prüfstellen, daß Prädikatsweine erst im Laufe von Monaten nach dem 1. Januar in nennenswertem Umfang angeboten werden können. Dem Ausbau und der Reifeentwicklung der Prädikatsweine ist diese rechtliche und tatsächliche Bremse in aller Regel dienlich. Die gesetzlich fixierten Mindestforderungen der einzelnen Prädikate unterscheiden sich nach Anbaugebiet und Rebsorte nicht unerheblich (siehe untenstehende Tabelle).

Die Weinartbezeichnungen

Seit alters ist es in Deutschland verboten, Rotwein und Weißwein zu mischen. Als Weißwein darf daher nur ein aus Weißweintrauben, als Rotwein nur ein aus Rotweintrauben hergestellter Wein bezeichnet werden. Beide Weinartbezeichnungen sind anzugeben, sofern keine engere geographische Angabe als das Wort »deutsch« erfolgt.

Neben Rot- und Weißwein sind als Weinartbezeichnungen für inländische Weine ferner zugelassen: Roséwein, Weißherbst, Rotling, Schillerwein und Perlwein.

Roséwein gilt für einen nur aus hellgekeltertem Most von Rotweintrauben hergestellten Wein. Bei Qualitätswein darf statt Roséwein die Bezeichnung »Weißherbst« gewählt werden, wenn der Wein ausschließlich aus Trauben einer Rebsorte besteht und diese Trauben in einem der folgenden Anbaugebiete geerntet worden sind: Ahr, Baden, Franken, Rheingau, Rheinhessen, Rheinpfalz und Württemberg.

Rotling ist ein Wein von blaß- bis hellroter Farbe, der durch Vermischen von Weißweintrauben, auch gemaischt, mit Rotweintrauben, auch gemaischt, hergestellt ist. Für Qualitätsweine aus Württemberg darf anstelle der Bezeichnung Rotling die seit alters übliche Bezeichnung »Schillerwein« verwendet werden.

»Badisch Rotgold« ist eine neue Bezeichnung für einen badischen Qualitätswein der Rebsorten Grau- und Spätburgunder. Perlwein ist ein Tafelwein, der Kohlendioxid enthält, das ganz oder zum Teil zugesetzt wurde, und der in geschlossenen Behältnissen bei 20° C einen Überdruck von mindestens 1 und höchstens 2,5 Atmosphären aufweist.

Die Bezeichnungen Roséwein, Rotling und Perlwein sind immer anzugeben. Bei Qualitätswein kann die Bezeichnung »Roséwein« durch »Weißherbst« und bei Rotling durch »Schillerwein« unter den genannten Voraussetzungen ersetzt werden.

Die Herkunftsbezeichnungen

Infolge der selbst auf kleinstem Raum häufig unterschiedlichen Wachstumsbedingungen für deutsche Weine, ist die Kennzeichnung der Herkunft auf dem Weinetikett zugleich auch ein Hinweis

Neben dem Anbaugebiet darf die engere Lage hervorgehoben werden.

Die amtliche Prüfungsnummer garantiert bei allen Qualitätsweinen den Erfolg bei der amtlichen Prüfung.

Die Geschmacksangabe »halbtrocken« ist seit Jahrgang 77 zulässig.

Gesetzliche Mindestanforderungen für Prädikatsweine
(am Beispiel des Anbaugebietes Rheingau für die Sorte Riesling)

Prädikat	gesetzliche Mindestanforderung	geschmackliche Bewertung
Kabinett	behördliche Lesekontrolle, amtliche Prüfung von Analyse und Geschmack, keine Anreicherung mit Zucker und Konzentrat; mindestens 73° Oe	der Wein muß in Aussehen, Geruch und Geschmack frei von Fehlern und für die angegebene Herkunft und Rebsorte typisch sein; ausgereifte, leichte Weine der gehobenen Klasse;
Spätlese	wie vor, zusätzlich: späte Lese der Weintrauben in vollreifem Zustand; mindestens 85° Oe	wie vor, zusätzlich: reiche Geschmacksfülle, wie sie nur Weinen aus vollreifem Lesegut eigen ist
Auslese	wie vor, zusätzlich: es dürfen nur vollreife Weintrauben unter Aussonderung aller kranken und unreifen Beeren gekeltert werden; mindestens 95° Oe	wie vor, zusätzlich: edle Gewächse für besondere Gelegenheiten
Beerenauslese	wie vor, zusätzlich: es dürfen nur edelfaule oder wenigstens überreife Beeren verwendet werden; mindestens 125° Oe	hochedle Gewächse großer Jahrgänge von höchster Geschmackskonzentration
Trockenbeerenauslese	wie vor, zusätzlich: es dürfen nur eingeschrumpfte überreife und edelfaule Beeren verwendet werden; mindestens 150° Oe	
Eiswein	nur Zusatzprädikat; die Weintrauben müssen bei der Lese und Kelterung zu Eis gefroren sein	Besonderheit vorwiegend bei Spät- und Auslesen

Weinrecht und Etikett

auf unterschiedliche Geschmacksmerkmale. § 10 des Weingesetzes regelt daher genau, welche geographischen Bezeichnungen verwendet werden dürfen, nämlich
• bestimmte Anbaugebiete und Tafelweingebiete,
• die Namen der Weinbaugemeinden beziehungsweise von Ortsteilen,
• in die Weinbergsrolle eingetragene Namen von Lagen und Bereichen.
Die bestimmten Anbaugebiete für Qualitätsweine umfassen jeweils eine zusammenhängende Weinbaulandschaft mit verhältnismäßig gleichartigen Standortbedingungen. Die engeren Bereiche bilden Teilräume der Anbaugebiete, deren Wachstumsbedingungen auch weitgehend übereinstimmen, so daß dort Weine mit gemeinsamen Qualitätsmerkmalen wachsen. Qualitätsweine mit Prädikat müssen daher auch aus einem einzigen Bereich stammen.
Die kleinste geographische Einheit ist die Weinbergslage. Eine Lage ist eine bestimmte Fläche, die aufgrund gleichartiger Bodenverhältnisse und klimatischer Bedingungen gleichwertige Weine gleichartiger Geschmacksrichtung hervorzubringen pflegt. Alle Weinbergslagen sind nach dem Gesetz genau abgegrenzt, ihre Namen sind in die amtliche Weinbergsrolle eingetragen. Die Mindestgröße einer solchen Weinbergslage ist 5 ha; bei gleichen Wachsttumsvoraussetzungen können große Lagen auch 100 oder mehr ha umfassen. In der Praxis ergab sich aufgrund der natürlichen Gegebenheiten die Notwendigkeit, für mehrere Gemeinden, die beispielsweise an einem längeren Höhenzug oder eingebettet in einem Tal mit gleichen natürlichen Produktionsbedingungen liegen, auch eine gemeinsame, übergreifende Lagebezeichnung zu schaffen. Daraus ergibt sich die Unterscheidung zwischen »Einzellagen« und den »Großlagen« als Zusammenfassung nebeneinanderliegender, verhältnismäßig gleichartiger Einzellagen.
Das Bezeichnungsrecht regelt, welche der durch das Weingesetz geschützten Herkunftsbezeichnungen der jeweilige Wein tragen darf oder tragen muß. Deutsche Qualitätsweine tragen stets den Namen des bestimmten Anbaugebietes, aus dem sie auch zu 100% stammen müssen. Qualitätsweine mit Prädikat müssen zu 100% in dem jeweiligen Bereich geerntet sein. Die bezeichnungsunschädliche Verschnittmenge darf bis zu 15% betragen; sie muß aber dem namengebenden Anteil gleichwertig sein und aus demsel-

Cabinet
Der Kloster Eberbacher »Cabinetkeller«, ein zweischiffiger, langgestreckter gotischer Raum, dessen Gewölbe seit Jahrhunderten vom schwarzen Kellerschimmel überzogen ist. Die erste urkundlich belegte Erwähnung des Wortes »Cabinet« in Verbindung mit einem solchen Keller geht auf das Zisterzienserkloster Eberbach im Rheingau zurück. In einer Rechnung des Hattenheimer Zimmermeisters Ferdinand Ritter an den Abt von Eberbach aus dem Jahre 1736 heißt es: »Item Keller Lager beschlagen in dem Cabinet Keller . . .« Als das Kloster Eberbach zusammen mit den dazugehörigen Weinbergen dem Herzog von Nassau zufiel, erließ dieser 1812 folgendes Dekret: »Um die Bedürfnisse der Herzogl. Hofhaltung an Extrarheinwein von der besten Qualität zu erhalten, wird in dem Kloster Eberbach ein Weincabinet konstituiert und unterhalten . . .«
Auf Flaschenetiketten taucht das Wort »Cabinet« erstmals bei einer 1811er Steinberger Auslese Originalabfüllung »aus dem Herzoglich Nassauischen Cabinets-Keller« auf. Kaum ein anderer als dieser außergewöhnliche Jahrgang hätte sich besser dazu geeignet, bei der Geburt einer Qualitätsbezeichnung Pate zu stehen. Fürst Metternich hat dann, beginnend mit einem »1822er F. M. Schloß Johannisberger Cabinets-Wein«, diese Bezeichnung ebenfalls auf Etiketten verwendet. In Schloß Johannisberg führt man sie auf das fuldische Finanzsystem zurück. Die Einnahmen des Fürstentums Fulda flossen zum Teil in das »Geheime Cabinet«, 1716 beim Kauf des Johannisbergs durch Fulda das »Hochfürstliche Cabinet« genannt. Es war die Privatschatulle des Fürstabtes (nach 1752 des Bischofs) und unter anderem zuständig für die Domäne Johannisberg. Die besten Johannisberger Weine kamen in den Orangeriekeller von Fulda, der allein dem geheimen Cabinet unterstand. So gewöhnte man sich an, die Spitzen der dort lagernden Weine »Cabinets-Weine« zu nennen. Entsprechend dem neuen Weinrecht heißt die Bezeichnung jetzt »Kabinett«.

ben Anbaugebiet oder Bereich stammen. Voraussetzung ist weiter, daß der namengebende Anteil (jene mindestens 85% also) nach Rebsorte, Jahrgang und Herkunft die Art des Weines bestimmt. Nach dem Inkrafttreten der EG-Bezeichnungsverordnungen beträgt in der EG der Verschnittanteil einheitlich 15%.

Markenwein und Handelsmarken

Der Begriff der Marke entstammt dem Wettbewerbs- und Warenzeichenrecht. In der gewerblichen Wirtschaft sind Marken seit eh und je ein sehr bedeutendes Absatzinstrument. In der Landwirtschaft und insbesondere in der Weinwirtschaft ist das anders. Das Wesen der Marke ist Identität der Ware, ist Uniformität in Qualität und Menge, Preis und Aufmachung. Deutscher Wein hingegen ist von Natur auf Individualität und Vielfalt, auf Unterschiede nach Lagen, Rebsorten und Jahrgängen angelegt. Trotzdem gibt es erfolgreiche Anstrengungen, auch beim Wein die Marke für eine breite Verbraucheransprache zu nutzen. Unter Markenwein hat man hiernach einen Wein zu verstehen, der unter einheitlicher Bezeichnung und Aufmachung, mit einem möglichst gleichbleibenden Geschmack, zu gleicher Qualität und zu gleichen Preisen überregional angeboten und beworben wird.
Markenwein kann, je nach seiner ausschließlich nach dem Weinrecht zu beur-

teilenden Qualität, Tafelwein, Qualitätswein oder auch Qualitätswein mit Prädikat sein. Für das amtliche Prüfungsverfahren gilt für Markenweine die Besonderheit, daß die amtliche Prüfungsnummer für jeweils ein Jahr erteilt werden kann, sofern sich auch bei nachfolgenden Abfüllungen Qualität und Geschmack nicht wesentlich verändern.

Die Marke oder Phantasiebezeichnung (Wort- oder Bildzeichen), die anstelle der Herkunftsbezeichnung des Weines oder diese ergänzend für Werbung und Etikett benutzt wird, darf nicht fälschlich den Eindruck einer Herkunfts- oder einer Qualitätsangabe erwecken. Für den Eindruck auf den Verbraucher ist hierbei die Gesamtwirkung des Etiketts mit allen Bezeichnungsbestandteilen maßgebend. Mit Rücksicht auf den vollliberalisierten Weinmarkt mit der Verschnittfreizügigkeit bei Tafelwein dürfte der Beurteilungsmaßstab der Gerichte für zulässige Phantasiebezeichnungen und Markenzeichen zukünftig strenger werden. Gelegentlich wird sogar gefordert, daß Phantasiebezeichnungen und Marken zur Vermeidung von Verbrauchertäuschungen nur noch für Tafel- und Landweine zugelassen werden sollen.

Geschmacks- und Abfüllerangaben

Das neue Weingesetz gestattet erfreulicherweise endlich eine verständliche Geschmacksangabe für herbe Weine: »trokken«. So darf ein Wein bezeichnet werden, wenn er einen Restzuckergehalt von höchstens 4 g/l aufweist. Er darf ausnahmsweise bis 9 g/l betragen, wenn der Gesamtsäuregehalt um 2 g/l unter dem Restzuckergehalt liegt (Formel: Säure + 2). Das bedeutet in der Praxis, daß Weine mit durchschnittlichen Säuregehalten von 6 bis 7 g/l um 8 g/l Restzucker enthalten dürfen.

Die Angabe »für Diabetiker geeignet« unter Hinzufügung der Worte »nur nach Befragen des Arztes« darf verwendet werden, wenn der Wein je l höchstens
- 4 g unvergorenen Zucker,
- 25 mg freie,
- 200 mg gesamte schweflige Säure,
- 12° vorhandenen Alkohol

aufweist.

Die EG-Bezeichnungsverordnung hat den Katalog der zulässigen Geschmacksangaben erweitert: »halbtrocken«, »mild« und »süß« sind ab Herbst 1977 für alle in der EG erzeugten Weine zugelassen worden. Für die Bundesrepublik Deutschland wurde für die Angabe »halbtrocken« eine Obergrenze ähnlich wie für die Angabe »trocken« festgelegt. Gemäß den Erfahrungen mit den trockenen Weinen, wurde auch hier der Gehalt an Fruchtsäure in diesen Maßstab mit einbezogen. Der unvergorene Restzucker kann bis zu 18 g pro Liter betragen, jedoch nicht mehr als 10 g über der vorhandenen Säure (Merkformel: Säuregehalt plus 10).

Für die Angaben »mild« und »süß« hat der Gesetzgeber in Bonn zunächst eine Erprobungsphase vorgesehen, bevor eine Entscheidung über mögliche Grenzwerte getroffen werden soll. Ob diese Geschmacksangaben für deutsche Weine verwendet werden, muß zunächst abgewartet wereden.

Auf Getränkekarten und bei Preisangeboten aller Art können auch weitere Angaben über Aussehen, Geruch und Geschmack des Weines erfolgen.

Die Angabe des Namens oder der Firma des Abfüllers ist durch die Begriffe »Abfüller« oder »abgefüllt durch« zu ergänzen. Diese Verpflichtung entfällt nur, wenn die Angabe »Erzeugerabfüllung« erfolgt. Die Erzeugerabfüllung ist nur für Weine aus eigener Erzeugung und Abfüllung zulässig. Bei der Nennung des Namens oder der Firma ist der geschäftliche Stand durch Begriffe wie »Winzer«, »Weinhändler«, »Weinkellerei« zu kennzeichnen. Die Bezeichnungen »Weingut« oder »Weingutsbesitzer« dürfen nur verwendet werden, wenn »der Wein ausschließlich aus Trauben gewonnen wurde, die aus Weinbergen des betreffenden Weingutes stammen, und die Weinbereitung in diesem Betrieb erfolgt ist«.

Eine Neuerung für deutsche Weine wird die Angabe des Nennvolumens auf dem Etikett bedeuten. Es wird in Liter oder Zentiliter ausgedrückt und mit dem Zeichen »e« (das heißt Europa) verbunden. Für die Etikettgestaltung bedeutet das neue EG-Bezeichnungsrecht mittelfristig vermutlich den Verzicht auf manche überzeugende und über Jahrzehnte bewährte Lösung. Vielfach werden Weinfreunde die geschätzten grafischen und künstlerischen Etikettdarstellungen neben dem rein informatorischen Teil bekannter Lieferanten und Erzeuger vermissen. Neben die Befürchtung, daß der Wiedererkennungswert und damit ein gutes Stück »Firmenprofil« durch diese Europäisierung der Weinetiketten verlorengehen könnte, tritt allerdings die Hoffnung, daß manche Etikettenverwirrung, bedingt durch bisher unterschiedliche Rechtsvorschriften in den einzelnen Mitgliedsländern der EG, ihr Ende finden wird.

Horst-Ulrich Großer

Die amtliche Prüfung

Die Voraussetzungen

Vom Jahrgang 1971 ab muß jeder deutsche Wein, sofern er gemäß den Verordnungen der Europäischen Gemeinschaft und den Bestimmungen des deutschen Weingesetzes als Qualitätswein gelten will, amtlich auf die Zuerkennung der Bezeichnung »Qualität« geprüft werden. Diese Prüfung wird durch den Aufdruck einer amtlichen Prüfungsnummer (abgekürzt A.P.Nr. genannt) auf dem Etikett bestätigt. Sie wird damit für den Verbraucher zum Ausweis, daß der betreffende Wein zunächst einmal ganz bestimmte Anforderungen zu erfüllen hatte, bevor ihm von Staats wegen diese Prüfungsnummer erteilt wurde.

Hinweise auf Qualitätsprüfungen gibt es in Österreich und in Luxemburg. Auf die Einhaltung bestimmter staatlich festgesetzter Qualitätsnormen weisen Banderolen mit Registriernummern in bestimmten Anbaugebieten oder Regionen Italiens, Portugals, Spaniens und Ungarns hin. Eine amtliche Prüfung aller Qualitätsweine von ihrer Entstehung im Weinberg an gibt es nur in der Bundesrepublik.

Hat der Staat mit dieser obligatorischen Prüfung aller deutschen Qualitätsweine nur etwas nachvollzogen, was Ortega y Gasset mit dem Ausspruch gekenn-

Die amtliche Prüfung

zeichnet hat: »Bevor der Wein ein Verwaltungsobjekt wurde, war er ein Gott«? Sicher nicht, denn er ist damit einer Forderung vieler Verbraucher nachgekommen, die das Wort von »Wahrheit und Klarheit beim Wein« amtlich verbrieft haben wollten, und er hat aus dieser Forderung die Konsequenzen gezogen.

Diese sind zunächst die Vorschriften der EG-Weinmarkt- und Qualitätsweinverordnung, denen sich die deutschen Weinerzeuger ebenso zu unterwerfen haben wie ihre Kollegen in Frankreich, Italien und Luxemburg. Hier wird unter anderem bestimmt,

- daß Qualitätswein nur auf bestimmten, katastermäßig abgegrenzten Rebflächen aus bestimmten, für die 11 deutschen Anbaugebiete besonders ausgewiesenen Rebsorten gewonnen werden darf und
- daß bereits im Weinberg ein Mindestmaß an Qualität, ausgedrückt im Mostgewicht, das heißt im wesentlichen im Zuckergehalt der Traube beziehungsweise des Mostes, erreicht werden muß.

Das deutsche Weinrecht – der deutsche Wein nimmt bekanntlich eigene, das allgemeine Lebensmittelrecht überschreitende spezielle Normen für sich in Anspruch – verschärft die EG-Vorschriften dahingehend, daß

- zur Weinbereitung bestimmte Trauben nur während der behördlich festgelegten Erntezeit gelesen werden dürfen,
- ein bestimmtes, nach Rebsorte, Herkunft und Qualitätsstufe unterschiedliches, aber stets über der EG-Mindestnorm liegendes Mostgewicht erreicht werden muß,
- der Wein fehlerfrei und typisch für die angegebene Herkunft und Rebsorte zu sein hat,
- die Anwendung bestimmter Herstellungsverfahren, etwa das Konzentrieren des Mostes oder der Zusatz von Mostkonzentrat – beispielsweise in Italien erlaubt –, verboten ist und
- daß der Wein vor der Abgabe an den Verbraucher einem besonderen amtlichen Prüfungsverfahren unterworfen wird.

Die Anstellung

Erfüllt ein Wein die vorgenannten Anforderungen, dann kann der Erzeuger oder der Abfüller (Weinhändler) bei der »Prüfungsbehörde für Qualitätswein« einen Antrag auf Zuerkennung der Qualitätskennzeichnung für den abgefüllten Wein stellen, um ihn als Qualitätswein in Verkehr bringen zu dürfen.

Dazu hat der Antragsteller zunächst von diesem Wein eine Weinanalyse, ausgestellt durch ein amtlich anerkanntes Weinlabor, beizubringen. Die staatliche Anerkennung als Untersuchungslabor – es kann sich sowohl ein selbständiges als auch ein betriebliches Labor um die Anerkennung bewerben – verlangt vom Verantwortlichen bestimmte fachliche Fähigkeiten auf weinchemischem Gebiet und entsprechende Berufserfahrung. Die Analyse des Weines umfaßt die Bestimmung der Dichte, des gesamten und des vorhandenen Alkohols, des Extraktes, des Zuckers, der freien und der gesamten schwefligen Säure. Wesentliche Analysenwerte, wie beispielsweise die Grenzzahlen für den Alkohol- oder SO_2-Gehalt, sind gesetzlich fixiert. Die Analyse ist sozusagen die Kennkarte jedes Weines. Aus ihr kann die Prüfungsbehörde bereits wesentliche Aussagen über den Wein herauslesen.

Der Antrag zur Erteilung der Prüfungsnummer wird mit dem chemischen Untersuchungsbefund und 3 Flaschen des zu prüfenden Weines bei der für die Herkunft des Weines zuständigen Prüfstelle eingereicht. Diese erteilt beim ersten solchen Antrag eines Betriebes diesem eine Betriebsnummer, die später Teil der amtlichen Prüfungsnummer wird und zur Identifizierung des Antragstellers dient.

Die Prüfungsbehörden

Die Prüfungsbehörden für Qualitätswein haben die folgenden Zuständigkeitsbereiche:

Prüfungs-behörde	Zuständigkeits-bereich
Koblenz	Ahr, untere Mosel, Mittelrhein, Nahe
Bernkastel	Bereich Bernkastel
Trier	obere Mosel, Saar und Ruwer
Alzey	Rheinhessen und »Liebfrauenmilch«
Neustadt/Weinstraße	Rheinpfalz
Eltville	Rheingau und Bergstraße
Würzburg	Franken
Weinsberg	Württemberg
Freiburg/Breisgau	Baden

Grundsätzlich ist also jeder Wein in seinem Erzeugungsgebiet zu prüfen. Wird ein Wein im Faß an einen Weinhandelsbetrieb verkauft und will dieser ihn als Qualitätswein in Flaschen weiterverkaufen, so muß dieser Weinhandelsbetrieb den Wein bei jener Prüfstelle prüfen lassen, die für das Erzeugungsgebiet zuständig ist. Der Export von Qualitätswein im Faß ins Ausland ist grundsätzlich nicht statthaft. Um jedoch die herkömmliche Art des Handelsverkehrs nicht zu stören, gibt es besondere Abmachungen mit Finnland, Schweden, Norwegen und neuerdings auch Großbritannien, wohin unter Einschaltung staatlicher Stellen (Monopolverwaltung, Wine Standards Board) und unter Beachtung bestimmter Auflagen Wein im Faß exportiert werden kann. Hierbei ist zunächst der Faßwein vom Exporteur bei der Prüfstelle anzustellen, und nach der Abfüllung im Ausland ist der Wein unter Einschaltung der obengenannten staatlichen Stelle von der zuständigen Prüfstelle einer Identitätsprüfung zu unterziehen. Bei positivem Verlauf wird die Prüfungsnummer endgültig zugeteilt.

Die einzelnen Prüfstellen haben je nach der Größe ihres Einzugsgebietes ganz unterschiedliche Anstellmengen zu verarbeiten. Sie liegen zwischen 5000 (Würzburg) und 30 000 (Alzey) Weinen jährlich. Besondere Prüfstellen bestehen (zum Beispiel in Eltville und Bad Kreuznach) für die Prüfung von Qualitätsschaumwein und Qualitätsbranntwein aus Wein, weil auch diese Weinerzeugnisse einer amtlichen Prüfung unterliegen und als Prüfungsmerkmal eine A.P.Nr. tragen.

Theorie der Prüfung

Bei der Prüfstelle werden zunächst der eingereichte Antrag und die Analyse geprüft. Der Antrag muß Auskunft über Herkunft, Mostgewicht, Verschnittanteile, bei einfachen Qualitätsweinen über die Anreicherung, geben. Sind Antrag und Analyse nicht zu beanstanden, so kommt der Wein zur sensorischen Prüfung, es wird also die Qualität des fertigen Weines im Glase geprüft. Sachverständige stehen den Prüfungsbehörden zur Seite, um unter Beachtung gesetzlich festgelegter Kriterien ein Qualitätsurteil über den vorgestellten Wein zu fällen. Das Weingesetz von 1971 hat zur Sinnenprüfung ein 20-Punkte-Bewertungsschema festgelegt, das international erprobt ist und an das sich die Prüfer zu halten haben:

1. Farbe:

Weißwein	Rotwein	Rosee	Rotling	Punkte
blaß	hellrot	hell	hell	0
hochfarbig	braunrot	rot	braunrot	0
hell	rot	rötlich	dunkelrot	1
typisch	typisch	typisch	typisch	2

mögliche Punkte: 0–2; Mindestpunktzahl: 2

2. Klarheit: Punkte
blind 0
glanzhell 2

mögliche Punkte: 0–2; Mindestpunktzahl: 2

3. Geruch: Punkte
fehlerhaft 0
ausdruckslos 1
reintönig 2
feiner Geruch 3
Duft und Blume 4

mögliche Punkte: 0–4; Mindestpunktzahl: 2

4. Geschmack: Punkte
fehlerhaft 0
unselbständig 1–3
klein, aber selbständig 4–6
harmonisch 7–9
reif und edel 10–12

mögliche Punkte: 0–12; Mindestpunktzahl: 6

Aus der Summe der 4 Einzelkriterien ergibt sich die Mindestpunktzahl
für Qualitätsweine 11
für Qualitätsweine mit Prädikat Kabinett 13
für Qualitätsweine mit Prädikat Spätlese 14
für Qualitätsweine mit Prädikat Auslese 15
für Qualitätsweine mit Prädikat Beerenauslese 16
für Qualitätsweine mit Prädikat Trockenbeerenauslese 17

Zur Beurteilung der höheren Prädikate müssen von der Prüfungsbehörde weitere gesetzliche Bestimmungen beachtet werden, und zwar bei

- **Spätlese:** die Trauben müssen in einer späten Lese, also nach Beendigung der allgemeinen Lese, geerntet worden und vollreif gewesen sein;
- **Auslese:** es dürfen nur vollreife Weintrauben unter Aussonderung aller kranken und unreifen Beeren verwendet worden sein;
- **Beerenauslese:** es dürfen nur edelfaule oder zumindest überreif gewesene einzelne Traubenbeeren verwendet worden sein;
- **Trockenbeerenauslese:** es dürfen nur eingeschrumpfte, edelfaule einzelne Traubenbeeren verwendet worden sein.

Untersuchungsbefund eines weinchemischen Labors im Auftrag einer Prüfungsbehörde. Antrag und Untersuchungsbefund sind Voraussetzung für die amtliche Prüfung.

Analytische Werte

1. 1. ²)	Gesamtalkohol:	89,1 g/Ltr.	11,2 Grad
2. 1. 2. 3.	Vorhandener Alkohol:	77,1 g/Ltr.	9,6 Grad
3. 1. 2.	Gesamtextrakt (indirekt):	48,1 g/Ltr.	
	Extrakt zuckerfrei (indirekt)	22,5 g/Ltr.	
4. 1. 2. 3.	Gesamtzucker vor Inversion	26,6 g/Ltr.	
	nach Inversion	26,6 g/Ltr.	
	Restzucker : Alkoholverhältnis (Grenzfälle ausrechnen)	1 : 3,0	
5. 1.	Gesamtsäure, berechnet als Weinsäure:	4,1 g/Ltr.	
6. 1. 2.	Freie schweflige Säure:	7 mg/Ltr.	
7. 1. 2. 3. 4. 5.	Gesamte schweflige Säure:	216 mg/Ltr.	
8. 1.	Gewichtsverhältnis 20/20 Grad Celsius:	1,0055	

Die amtliche Prüfung

Die vorgelegte Analyse muß die für die einzelnen Prädikate vorgeschriebenen qualitativen Mindestanforderungen, insbesondere das Erreichen des gesetzlich vorgeschriebenen Mindestmostgewichtes, erkennen lassen. Das ursprüngliche Mostgewicht ist im Antrag anzugeben.
Um einer Verunsicherung des Verbrauchers vorzubeugen, hat der Gesetzgeber nur ganz bestimmte Bezeichnungen auf dem Weinetikett ausdrücklich zugelassen und die Prüfungsbehörden angewiesen, die Richtigkeit der Bezeichnungen im Rahmen des Qualitätsprüfungsverfahrens mit zu kontrollieren.
Einer dieser Hinweise ist die Kennzeichnung »trocken – für Diabetiker geeignet« für Weine, die nicht mehr als 4 g/l vergärbaren Zucker enthalten und besondere Anforderungen an den Alkohol- beziehungsweise Schwefelgehalt erfüllen und weitere für einen Diabetiker wichtige Angaben auf einem besonderen Etikett kenntlich machen.
Durch die Änderung der Weinverordnung im Sommer 1977 als Folge bezeichnungsrechtlicher Regelungen der EG sind auch die Kennzeichnungen »trocken« und »halbtrocken« analytisch abgegrenzt worden. So darf ein »trockener« Wein, abhängig vom jeweiligen Säuregehalt, maximal 9 g/l Zucker, ein als »halbtrocken« gekennzeichneter Wein maximal 18 g/l Zucker enthalten. Die Werte sind an den Säuregehalt gebunden, so daß bei geringer Säure von zum Beispiel 5 g/l der Höchstwert für einen »trockenen« Wein bei höchstens 7 g/l Zucker, bei einem »halbtrocken« Wein bei höchstens 15 g/l Zucker liegen darf.
Die Erhebungen der Prüfstellen zeigen, daß das Interesse an trockenen Weinen von Anbaugebiet zu Anbaugebiet verschieden ist: Franken weist den höchsten, Mosel-Saar-Ruwer den geringsten Wert auf.
Der Informationswert der Bezeichnung »trocken« für den Verbraucher ist von den Erzeugern noch nicht voll erfaßt worden, nur etwa die Hälfte aller analytisch trockenen Weine werden auch mit dem Hinweis »trocken« gekennzeichnet. Dadurch erscheint das Angebot dieser Weine am Markt noch geringer, als es in Wirklichkeit ist. Letzteres gilt vor allem für viele Rotweine der Rheinpfalz.

Praxis der Prüfung

Da der »Qualität im Glase« besondere Bedeutung zukommt, liegt der Schwerpunkt der Prüfungsentscheidung bei der

Anzahl und Menge der 1975 geprüften Weine mit 4 g/l und weniger Restzucker

Anbaugebiet	Partien gesamt	analytisch »trocken« %	Bezeichnung »trocken«* %	Menge (Mio l) gesamt	analytisch »trocken« %	Bezeichnung »trocken«* %
Baden	4 737	10	10	73,0	4	4
Württemberg	4 030	9	5	64,9	4	2
Franken	3 980	14	7	23,1	7	4
Rheingau und Hess. Bergstraße	6 138	6	3	18,9	4	2
Rheinpfalz	25 988	5	3	177,6	3	2
Rheinhessen	30 752	2	1	204,8	1	0
Nahe	5 349	3	2	26,7	2	1
Mittelrhein	1 131	4	1	1,6	3	1
Mosel-Saar-Ruwer	26 966	2	1	104,4	1	1
Ahr	1 025	6	2	3,2	4	2
insgesamt	110 096	4	2	698,0	2	2

* zum Teil geschätzt. Der Informationswert der Bezeichnung »trocken« für den Verbraucher ist von den Erzeugern noch nicht voll erfaßt worden: nur etwa die Hälfte aller analytisch als »trocken« zu kennzeichnenden Weine werden auch auf dem Etikett als solche bezeichnet. Damit erscheint das Angebot dieser Weine am Markt geringer als es in Wirklichkeit ist. Letzteres gilt zum Beispiel für Rotweine der Rheinpfalz.
Der Begriff »halbtrocken« ist noch ganz neu. Es ist aber zu erwarten, daß er infolge seines hohen Informationswertes bald an Bedeutung gewinnen wird.

Sinnenprüfung. Um diese nicht zu einer von wenigen Experten vertretenen Entscheidung werden zu lassen, berufen die Prüfungsbehörden zahlreiche (insgesamt mehrere hundert) Sachverständige aus allen Sparten der Weinwirtschaft, aus der Verwaltung und aus Verbraucherkreisen. Voraussetzung für die Berufung sind Weinverstand, unabhängiges Urteil, Fehler- und Mängelkenntnis und Qualitätsbewußtsein.
Die Sachverständigen werden in Prüfergruppen von mindestens 3, höchstens 5 Personen zusammengefaßt, die über jeden Wein eine Mehrheitsbegutachtung abgeben, die Grundlage der Prüfungsentscheidung der Behörde ist. Kommt kein eindeutiges Urteil zustande, wird der fragliche Wein einer weiteren Prüfergruppe zur Beurteilung vorgestellt. Geprüft werden am Vormittag und frühen Nachmittag zwischen 35 und 65 Weine in jeder Prüfergruppe, die Prüfung dauert etwa 1 bis 3 Stunden, je nach der Zahl der zu prüfenden Weine. Fachmännische Probe, also »spucken ohne schlucken« ist die Voraussetzung für eine ordnungsgemäße Prüfung, bei der die Weine ver-

Jeder Wein wird registriert. Die Registriernummer begleitet ihn von der Anstellung bis zur Bescheidung.

In verdeckter Probe, also »blind«, werden die Weine bei der amtlichen Prüfung, den Weinsiegelprüfungen und den Prämierungen verkostet.

deckt, das heißt ohne Bekanntgabe der speziellen Herkunft, verkostet werden.
Die Weine sind in der Probe geordnet nach Jahrgang, Sorte, beantragter Qualitätsstufe und Restzuckergehalt; probiert wird im Apfelkelchglas, das – zu einem Drittel gefüllt – eine optimale Beurteilung von Farbe, Klarheit, Geruch und Geschmack ermöglicht. Jeder Prüfer gibt sein eigenständiges Urteil ab, ausgedrückt in der Punktzahl des 20-Punkte-Schemas, und erläutert gegebenenfalls Qualitätsmängel durch schriftliche Bemerkungen. Die Eigenständigkeit des Urteils schließt, nach Offenlegung der Ergebnisse einer Gruppe, die Diskussion über unterschiedliche Bewertung einzelner Kriterien nicht aus. Sie soll Fehlurteile vermeiden helfen und dient der fachlichen Fortentwicklung der Prüfer.
Das Ergebnis der Prüfung wird dem Antragsteller als Prüfungsbescheid zugeteilt. Jetzt erst darf und muß er die Prüfungsnummer und das Prädikat verwenden. Eine Prüfungsnummer sieht beispielsweise folgendermaßen aus:

```
6  33  050  021  76
                  │ Jahr der Antragstellung;
                  │ muß nicht dem Wein-
                  │ Jahrgang entsprechen
              │ Jährlich fortlaufende Nummer
              │ des Antrags, für jeden
              │ Antragsteller eigens gezählt
          │ Betriebskennzahl des Antragstellers
      │ Ortskennzahl des Antragstellers
   │ Kennzahl der amtlichen Prüfstelle
```

Zur Blindprobe vorbereitete Weine.

Die Behörde hat das Recht, einen Antrag abzulehnen, wenn beispielsweise der Wein die gesetzlichen Anforderungen nicht erfüllt hat oder wenn er nicht fehlerfrei ist. Sie kann auch einen Wein von einem höheren auf ein niedrigeres Prädikat herabstufen, beispielsweise eine Spätlese zu Kabinett, wenn nach den Gutachten der Prüfer die im Gesetz geforderte Vollreife nicht sensorisch feststellbar ist. Natürlich steht dem Antragsteller dann der Widerspruch gegen den Prüfungsbescheid zu. Eine besonders qualififizierte Expertenkommission prüft dann den Wein noch einmal und hilft der Prüfungsbehörde bei der Widerspruchsentscheidung. Schließlich steht jedem Antragsteller der Weg zum Verwaltungsgericht offen, wenn er seinen Wein falsch beurteilt glaubt.

Um den mit dem Prüfungsverfahren gegebenen behördlichen Eingriff in einen Wirtschaftsablauf so wenig belastend wie möglich zu machen, ist der Behörde eine zeitliche Grenze für ihre Entscheidungsbekanntgabe aufgegeben. Sie muß innerhalb von 3 Wochen nach Antragstellung und spätestens 10 Tage nach der Prüfung ihr Urteil bekanntgeben.

Bei bestimmten Kategorien von Wein kann der Antragsteller mit Vereinfachungen und Hilfen rechnen. So kann einem Markenwein die Prüfungsnummer für die Dauer eines Jahres erteilt werden, weil sich bei einem Markenwein die Zahl der Abfüllungen nicht für ein Jahr im voraus festlegen läßt, denn sie wird von der Nachfrage bestimmt. Eine ähnliche Regelung besteht auch für die Abfüllung eines Weines über einen langen Zeitraum hinweg.

Natürlich unterliegen diese »auf Verdacht« erteilten Prüfungsbescheide einer besonderen Nachprüfung, wie überhaupt die Prüfungsbehörde selbst und die Staatliche Weinkontrolle überprüfen, daß mit der Qualitätsprüfung kein Mißbrauch getrieben wird. Um auch nach Abschluß des Prüfungsverfahrens noch kontrollieren zu können, werden 2 der 3 zur Prüfung angestellten Flaschen mindestens 2 Jahre nach der Prüfung aufbewahrt; sie stehen jederzeit, etwa im Vergleich mit einem Wein gleicher Prüfungsnummer, der bereits im Verkehr ist, zur Identitätsprüfung bereit.

Die Weinüberwachung

Der Staatlichen Weinüberwachung obliegt die Kontrolle der Einhaltung der gesetzlichen Bestimmungen durch die Weinwirtschaft. Gegenüber früherem Recht beginnt die »Weinkontrolle« bereits im Weinberg. So darf Wein nur aus Weintrauben staatlich genehmigter Rebanlagen gewonnen werden, und die Lese der Weintrauben obliegt besonderen Bestimmungen, die gewährleisten sollen, daß unter Berücksichtigung der Witterung, der Rebsorte und des Standortes die zu erntenden Trauben die in dem betreffenden Jahr erreichbare Reife bei der Lese erreicht haben. Weintrauben, die entgegen dieser Bestimmung ohne Sondergenehmigung gelesen werden, dürfen nicht zu Most oder Wein verarbeitet werden. Die Lese der Trauben, die zur Her-

Die amtliche Prüfung

stellung von Qualitätswein mit Prädikat bestimmt sind, ist nur nach vorhergehender Anzeige möglich. Zur Prüfung der Reife und des Zustandes des geernteten Leseguts sind besondere Kontrollen eingerichtet, die eine Überwachung der Weinbereitung bereits von der Kelter an ermöglichen.

Die Überprüfung der im Angebot oder Verkehr befindlichen Weine obliegt den Weinkontrolleuren der Staatlichen Weinkontrolle. 38 Kontrolleure, den Lebensmitteluntersuchungsämtern in allen Bundesländern zugeordnet, entnehmen Proben in Erzeuger-, Handels- und Lebensmittelbetrieben und kontrollieren die gesetzlich vorgeschriebenen Aufzeichnungen in den Betrieben. Die entnommenen Proben werden von den Untersuchungsämtern analysiert, die Weine werden verkostet und das Prüfungsergebnis wird an den weinrechtlichen Bestimmungen gemessen. Bei Beanstandungen des Weines wird der Vorgang den zuständigen Ermittlungsbehörden zur weiteren Bearbeitung zugeleitet. Um einen Mißbrauch der amtlichen Prüfung, also eine Täuschung des Verbrauchers durch die mißbräuchliche Verwendung einer Prüfungsnummer zu verhindern, ist das Zusammenwirken von Weinkontrolle und Prüfungsbehörden erforderlich. Bei nachgewiesener mißbräuchlicher Verwendung (etwa wenn der vorgestellte Wein nicht mit dem im Verkehr befindlichen identisch ist oder wenn der Wein sich so zu seinem Nachteil verändert hat, daß er die Prüfungsnummer nicht mehr bekommen würde) wird die amtliche Prüfungsnummer zurückgenommen. Der Wein ist damit nicht mehr verkehrsfähig und darf nicht mehr verkauft werden.

Jeder Verbraucher hat das Recht, Wein auf die Richtigkeit der Qualitätsaussagen überprüfen zu lassen, wenn er sich qualitativ getäuscht glaubt. Beschwerden dieser Art werden von der Weinkontrolle, den Lebensmittelüberwachungsämtern, aber auch von den zuständigen Prüfstellen entgegengenommen und auf ihre Stichhaltigkeit überprüft. Ein entsprechendes Zusammenwirken von Verbrauchern und Überwachungsstellen hilft Mißbräuche verhindern und das Vertrauen in die amtliche Prüfungsnummer erhalten.

Prüfungsstatistik

Die Anstellungszahlen spiegeln (bis zu einem gewissen Grade) die Menge und auch die Qualität eines Jahrganges wider.

Prüfung für das Weinsiegel »Trocken«. Auch für Weinsiegel ist die amtliche Prüfung Voraussetzung. Die Mindestanforderungen liegen 2 bis 3 Punkte über denen der Qualitätsweinprüfung.

Da ein Jahrgang nicht innerhalb eines Jahres abgefüllt wird, werden immer mehrere Jahrgänge nebeneinander geprüft, wobei der jeweils letzte Jahrgang stets den Hauptanteil ausmacht. In den ersten 4 Prüfungsjahren ergab sich folgendes Bild:

Jahr	Anstellungszahlen (Anzahl der geprüften Weinpartien)	Menge des geprüften Weines in hl
1972	89 459	3 560 000
1973	92 086	5 267 000
1974	124 945	7 151 000
1975	109 527	6 926 000

1972 stand nur der 71er zur Prüfung an, dadurch erkärt sich die relativ geringe Weinmenge. 1974 war die Prüfung vom mengenmäßig bisher größten Jahrgang 1973 geprägt.

Im Prüfungsjahr 1976 verteilten sich die Jahrgänge wie folgt:

Jahrgang	Anzahl der geprüften Weinpartien Anzahl	%	Menge des geprüften Weines hl	%
1971/73	6 088	4,1	427 575	5,2
1974	18 753	12,6	1 379 477	16,7
1975	121 709	82,1	6 158 400	74,5
1976	259	0,2	90 564	1,1
ohne Jahrgangsangabe	1 400	1,0	209 726	2,5
insgesamt	148 209		8 265 742	

Der besonders gute Jahrgang 1971 wurde selbst noch 4 Jahre nach seiner Lese in einer recht großen Menge zur Prüfung vorgestellt, weil die Betriebe mit Besonderheiten haushälterisch umgehen und solche Weine oft über mehrere Jahre die Spitze der Weinkarte bilden müssen. Nur ein sehr geringer Anteil der Qualitätsweine kommt ohne Jahrgangsangabe in den Verkehr.

Im Prüfungsjahr 1976 entfielen von den Anstellungen auf die Qualitätsstufe/n:

Qualitätswein	40,4%
Kabinett	22,8%
Spätlese	22,0%
Auslesen	14,8%

Das Verteilungsbild wird von der guten Qualität des Jahrgangs 1975 geprägt. Wenn auch der unproblematische Qualitätswein, wie in der Mehrzahl der Jahre, das Hauptkontingent des deutschen Weinangebotes stellt, so verschiebt sich nach besonderen Jahren (1971, 1975, 1976) das Bild zugunsten der Prädikatsweine, besonders der Spätlesen.

Von allen Anstellungen des Jahres 1976 wurden 2,8% abgelehnt und 1,6% zurückgestuft. Dieses Ergebnis entspricht nicht ganz dem Durchschnitt der Vorjahre, weil erfahrungsgemäß nach guten Jahrgängen die Ablehnungsquote sinkt und die Rückstufungen leicht ansteigen. Bei einer Aufschlüsselung nach Prüfstellen lassen sich keine beachtenswerten Unterschiede in den Prozentzahlen der Negativentscheidungen feststellen.

Weinprobe 1847 im Cabinetkeller zu Kloster Eberbach. Auch in früheren Zeiten wurde der Wein durch Fachleute sorgfältig geprüft und beurteilt.

Jede Prüfungsbehörde erhält durch die Vielzahl der ihr vorgestellten Weine einen Überblick über das Weinangebot eines Jahrganges wie sonst keine mit der Förderung des Weinbaues betraute Stelle. Dadurch können Fehler einzelner Weine, aber auch ganzer Betriebe erkannt und durch intensive Beratung der Weinerzeuger und -hersteller beseitigt werden. Das geschieht nicht nur zum Nutzen der Betroffenen, sondern vor allem auch zum Vorteil für den Verbraucher, weil so die Vermarktung mangelhafter Weine vermieden wird.

Angelika Wilcke

Prämierungen, Siegel, Gütezeichen

Die DLG

Am 11. Dezember 1885 wurde in Berlin die Deutsche Landwirtschafts-Gesellschaft (DLG) von Max Eyth gegründet, der mit ihr einen der englischen Royal Agricultural Society ähnlichen Verein ins Leben rufen wollte, vornehmlich mit dem Ziel, jährliche Wanderausstellungen für alle Zweige der Landwirtschaft zu veranstalten. Bereits 1887 fand in Frankfurt am Main die erste deutsche Wanderausstellung statt, die zu einem vollen Erfolg wurde. Ihr folgten Ausstellungen in Breslau, Magdeburg, Straßburg, Bremen, Königsberg, München, Köln und Stuttgart. Die DLG wuchs sehr bald über den Aufgabenbereich der Ausstellungen hinaus. Sie wurde zur wichtigsten Organisation für die Förderung des technischen Fortschritts in der Landwirtschaft: Maschinenwesen, Düngung, Saatgut-, Sorten- und Tierzuchtfragen und manches andere hat sie angepackt und so weit entwickelt, bis Rechtsprechung, Verwaltung oder andere öffentliche Institutionen die Aufgaben übernahmen, wenn sie über den Vereinsbereich hinausgewachsen waren.

Schon bei der ersten Wanderausstellung führte die DLG Gebrauchswertprüfun-

Prämierungen, Siegel, Gütezeichen

gen für Maschinen und Geräte ein, und gleichzeitig begann sie mit Qualitätsprüfungen landwirtschaftlicher Erzeugnisse, unter anderem auch Wein. So ist die DLG heute, nach neunzigjähriger Erfahrung, wohl das älteste Testinstitut der Welt (allerdings mit einer zeitlichen Unterbrechung, denn die DLG wurde 1934 aufgelöst und erst 1947 wieder gegründet).

Auf den Wanderausstellungen bildete die Weinausstellung in der »Kosthalle für Traubenweine« jedesmal einen besonderen Anziehungspunkt. Während der Ausstellung fand dort eine »fachmännische Weinprobe mit Prämierung« unter Ausschluß der Öffentlichkeit statt. Geprüft wurden Weine, die für ihr Anbaugebiet typisch und die Eigenbau waren oder aus einer Genossenschaft stammten. Die

Emblem der Deutschen Landwirtschafts-Gesellschaft, gezeichnet von Max Eyth (1836–1906), der die Gesellschaft 1885 gründete.

Preisrichter vergaben an Preisen die kleine bronzene, die große bronzene, die kleine silberne und für außergewöhnlichen Wein die große silberne Preismünze. Alle Besucher konnten in der Kosthalle Wein probieren und an den Prämierungsergebnissen Maß nehmen.

Aus der »fachmännischen Weinprobe« sind nach dem Zweiten Weltkrieg die DLG-Bundesweinprämierung und das Deutsche Weinsiegel geworden. Aus der »Weinausstellung« entstanden die Siegerehrung der Bundesweinprämierung sowie die Weinsiegel-Probierstände im Rahmen von DLG-Ausstellungen und auf der Intervitis. Die Bundesweinprämierung findet einmal jährlich statt, die Verleihung des Deutschen Weinsiegels erfolgt das ganze Jahr hindurch.

Das Deutsche Weinsiegel

Seit dem 1. 9. 1949 hatte die DLG versuchsweise im Rheingau und in Rheinhessen eine DLG-Weinmarke verliehen. Nach einer Namensänderung am 27. 2. 1950 trat das Deutsche Weinsiegel in die Öffentlichkeit. Es ist heute ein vom RAL (›ehemaliger Reichs-‹Ausschuß für Lieferbedingungen und Gütesicherung) anerkanntes Gütezeichen für deutschen Wein, das durch die Bundes-Weinverordnung von 1971 und durch die EG-Verordnung 1608/1976 rechtlich gesichert ist. Bis 1970 wurde nur das rote Weinsiegel vergeben. 1970 kam das gelbe Siegel, anfänglich Diabetiker-Siegel genannt, hinzu, das 1974 in gelbes Weinsiegel trocken umgetauft wurde. Die Vorschrift, das Rückenetikett mit Diabetiker-Informationen zu verwenden, wurde aufgehoben. Nur ausgesprochene Diabetiker-Weine tragen weiter dieses Etikett. Seit neuestem gibt es das grüne Siegel für halbtrockene Weine.

Das rote Deutsche Weinsiegel besteht seit 1950. Es ist ein sicherer Wegweiser zu Weinen mit gehobener Qualität.

Das gelbe Weinsiegel »Trocken« kennzeichnet trockene, durchgegorene Weine für Freunde des herbkräftigen Geschmacks.

Bis zum 31. 12. 1976 hatten 2885 Betriebe das Recht, das Gütezeichen Deutsches Weinsiegel zu verwenden. Das sind 17% aller 16 936 Betriebe, die unter ihrem Namen Wein verkaufen dürfen, also Inhaber einer amtlichen Betriebsnummer sind. 821 Betriebe, das sind 5%, verwendeten, bis zu diesem Zeitpunkt auch das gelbe Weinsiegel.

Das Weinsiegel galt zunächst eher als Anreiz für den Winzer, den eigenen Produktionsstand sichtbar und mit anderen vergleichbar zu machen. Der Verbraucherschutz war von Anfang an geplant. Deshalb erhielt das Siegel eine einheitliche Gestaltung, und es wurde an die Siegelbetriebe genau abgezählt, entsprechend der Zahl der gesiegelten Flaschen, abgegeben. Daher stieg das Vertrauen zum Weinsiegel beim Verbraucher. Er fand bei der Vielzahl von Anbaugebieten, Lagen, Rebsorten und Jahrgängen sowie bei den erheblichen Qualitätsunterschieden von Abfüller zu Abfüller und von Partie zu Partie in dem Siegel eine zuverlässige Orientierungshilfe. 1975 kannten 80% aller Bundesbürger das Deutsche Weinsiegel. Dem Weinverkäufer bringt das Weinsiegel einen Leistungsnachweis und Förderung des Absatzes. Weine mit dem Deutschen Weinsiegel brachten bei einem mehrmonatigen Markttest beim Einzelhandel einen Mehrabsatz von 19% gegenüber den gleichen ungesiegelten Flaschen, bei QbA-Weinen betrug dieser Mehrabsatz sogar 27%.

Grundlagen der Beziehungen zwischen dem Zeichenträger (der DLG) und den Zeichenbenutzern sind

- Gütezeichensatzung und Grundregel von 1950 in der Fassung vom 22. 4. 1974,
- DLG-Schiedsgerichtsordnung,
- zweiseitige Vereinbarungen.

Die organisatorische Zeichenbetreuung liegt bei:

Deutsche Weinsiegel-GmbH, Zimmerweg 16, 6000 Frankfurt, Tel. (0611) 72 08 61
Gesellschafter: Deutsche Landwirtschafts-Gesellschaft, Deutscher Raiffeisenverband, Deutscher Weinbauverband, Verband der Landwirtschaftskammern

Der Weinsiegel-GmbH unterstehen 15 Weinsiegelkommissionen, die personell von der DLG besetzt werden. 14 Weinsiegelkommissionen, die das rote und gelbe Weinsiegel betreuen, sind in den 11 Anbaugebieten ansässig, dort, wo der Wein wächst:

Kommission für das Deutsche Weinsiegel Ahr, Landeslehr- und Versuchsanstalt für Weinbau, Gartenbau und Landwirtschaft, 5482 Bad Neuenahr-Ahrweiler, Tel. (02641) 34 590
Kommission für das Deutsche Weinsiegel Franken, Postfach 5848, 8700 Würzburg, Tel. (0931) 12 093
Kommission für das Deutsche Weinsiegel Mittelrhein, Mainzer Straße 14, 6533 Bacharach, Tel. (06743) 12 96
Kommission für das Deutsche Weinsiegel Mosel-Saar-Ruwer I, Landwirtschafts- und Weinbau-

schule, Gestade 13, 5550 Bernkastel-Kues, Tel. (06531) 32 02
Kommission für das Deutsche Weinsiegel Mosel-Saar-Ruwer II, Weinbauschule, 5584 Bullay, Tel. (06542) 26 02
Kommission für das Deutsche Weinsiegel Mosel-Saar-Ruwer III, Gervasiusstraße 1, 5500 Trier/Mosel, Tel. (0651) 43 441
Kommission für das Deutsche Weinsiegel Nahe, Waldböckelheimerstraße 15a, 6551 Bockenau, Tel. (06758) 4 43
Kommission für das Deutsche Weinsiegel Rheingau und Hessische Bergstraße, Weinbauamt, Wallufer Straße 19, 6228 Eltville/Rhein, Tel. (06123) 41 17
Kommission für das Deutsche Weinsiegel Rheinhessen, Wöllsteiner Straße 3, 6551 Gau-Bickelheim, Tel. (06701) 70 91
Kommission für das Deutsche Weinsiegel Rheinpfalz I, Landwirtschaftsschule, Annweilerstraße 20, 6740 Landau, Tel. (06341) 8 71 93
Kommission für das Deutsche Weinsiegel Rheinpfalz II, Maximilianstraße 12, 6730 Neustadt/Weinstraße, Tel. (06321) 36 14
Kommission für das Deutsche Weinsiegel Rheinpfalz III, Mitteltor 3, 6711 Dirmstein/Pfalz
Kommission für das Deutsche Weinsiegel Baden, Merzhauserstraße 115, 7800 Freiburg, Tel. (0761) 40 947
Kommission für das Deutsche Weinsiegel Württemberg, Secklergasse 3, 7102 Weinsberg, Tel. (07134) 81 85.

Als 15. ist die Zentralkommission für das gelbe Siegel mit DLG-Rückenetikett (Angaben für Diabetiker) in Frankfurt am Main tätig:
Kommission für das Gelbe Weinsiegel in Frankfurt a. M., Zimmerweg 16, Tel. (0611) 72 08 61

Insgesamt sind 172 Mitglieder und Geschäftsführer ehrenamtliche Mitglieder in diesen Kommissionen. Ihre Tätigkeiten sind:
• die Zulassung neuer Betriebe und der Abschluß der Vereinbarungen mit der DLG;
• die sensorische Prüfung aller von den Zeichenbenutzern freiwillig angemeldeten Weinpartien (jährlich 10–14 000); in Hessen und in Baden-Württemberg erfolgt die sensorische Prüfung im Rahmen der amtlichen Prüfung;
• die Bestellung von abgezählten Siegel-Etiketten bei den Vertragsdruckereien der Weinsiegel GmbH (1976: 68,6 Millionen Stück, 1977: rund 75 Millionen Stück);
• das Inkasso der Siegelgebühr (2,3 Pfennig je Flasche);
• die Einlagerung von Kontrollproben für die Dauer von 2 Jahren;
• stichprobenweise Kontrolle der ordnungsgemäßen Verwendung verliehener Siegel zusammen mit der DLG-Weinberatungs- und Überwachungsstelle;
• Werbung für Weinsiegel bei Gastronomie, Handel und Verbraucher; die Kosten hierfür werden aus den Siegelgebühren gedeckt.

Um das Weinsiegel zu erlangen, muß sich ein Wein der sensorischen Prüfung unterziehen. Dazu sind nur Weine zugelassen, die die amtliche Prüfung erfolgreich passiert haben. Die Anforderungen liegen um mindestens 2 beziehungsweise 3 Bewertungspunkte über den Normen der amtlichen Prüfung. Diese Bedingungen sind in § 6 der Bundesweinverordnung geregelt.

Meßskala für die Weinsiegel-Prüfung bildet das 20-Punkte-Bewertungsschema der DLG, das auch bei der amtlichen Prüfung verwendet wird. Die Mindestpunktzahlen betragen seit 1972 (Tafelwein wird nicht geprüft und nicht gesiegelt)

für	bei der amtlichen Prüfung	bei der Weinsiegel-Prüfung
Qualitätswein bA	11	14
Qualitätswein m. Prädikat:		
Kabinett	13	15
Spätlese	14	16
Auslese	15	17
Beerenauslese	16	18
Trockenbeerenauslese	17	19

In beiden Prüfungen können höchstens 20 Punkte erreicht werden.

Für neue Produkte wie für neue Waren- oder Gütezeichen gilt: Mit ihnen will man sich Teilmärkte erobern. Beim Wein stellen die Diabetiker einen Teilmarkt dar, besonders in Zeiten, in denen der Normalverbraucher-Wein immer süßer wird. Zur freiwilligen »Marktordnung« wurde deshalb 1970 der Weinwirtschaft das Diabetiker-Weinsiegel angeboten. Es verband die Qualitätsgarantie eines Gütezeichens mit der Produktinformation (auf dem Rückenetikett), wie sie der Diabetiker und sein Arzt brauchen. Das gelbe Siegel wurde im ersten Jahr seines Bestehens gleich 700 000mal verliehen.

Einen weiteren Teilmarkt stellen die Liebhaber trockener Weine dar. Dieser Abnehmerkreis war ebenfalls seit den 50er Jahren, als die Weine zunehmend süßer wurden, vernachlässigt worden. Seit Beginn der 70er Jahre wächst aber der Interessentenkreis für trockene Weine wieder. Deshalb wurde das gelbe Weinsiegel 1974 umgetauft. Statt »für Diabetiker geeignet« heißt es jetzt »trocken«. Die Produktinformation für Diabetiker in Form eines besonderen Rückenetiketts kann auch jetzt noch auf Wunsch in Anspruch genommen werden, es besteht aber im Gegensatz zu früher keine Verwendungspflicht mehr. Trotzdem wurde 1976 bei jedem zweiten gelben Siegel dieses zusätzliche Rückenetikett angebracht.

Der Markt für trockene Weine ist klein, aber fest umrissen. 1975 kamen 2% aller amtlich geprüften Weine mit der Geschmacksangabe »trocken« beziehungsweise mit Diabetiker-Information auf den Markt. Davon sind 40% gelbgesiegelt. Selbstverständlich haben Weine mit dem gelben Siegel das gleiche hohe Qualitätsniveau wie jene mit dem roten Siegel. Auch sie haben den Punktevorsprung gegenüber amtlich geprüften Weinen. Gelbgesiegelte Weine kommen ebenfalls aus allen 11 Anbaugebieten. Sie sind deshalb in ihrem Geschmack gebietstypisch und haben in der Regel auch den Sorten- und Jahrgangscharakter. Voraussetzung zur Prüfung ist seit 1. 10. 1976 (aufgrund der EG-Verordnung 1608/1976), daß nicht mehr als 9 g/l Restzucker im Wein vorhanden sind und daß die Gesamtsäure nicht mehr als 2 g/l kleiner als der Restzuckerwert ist.

Auf dem (wahlweise angebrachten) Rückenetikett ist die Kalorienzahl des Weines angegeben. Kein gelbgesiegelter Wein hat mehr als 714 kcal (oder in Joule ausgedrückt 2987 kj) je Liter. Diabetiker erhalten durch das Rückenetikett noch Auskunft über den unvergorenen Zucker (höchstens 4 g/l), über den Alkoholgehalt (höchstens 12°) und den Alkohol-Brennwert. Alle Höchstgrenzen dieser Werte sind in § 15 der Bundesweinverordnung von 1971 festgelegt.

Das Deutsche Weinsiegel bot bei seinem Beginn 1950 lediglich eine Garantie dafür, daß der Wein fehlerfrei war. 10 von 20 Punkten auf der DLG-Skala mußten erreicht sein. Mit dem Fortschritt im Weinfach konnten die sensorischen Mindestansprüche jedoch erhöht werden. Der endgültige Wechsel vom Zeichen der

8 000	Oktober 1978
Für Diabetiker geeignet	
Nur nach Befragen des Arztes	
Laut Analysenbefund enthält 1 Liter dieses Weines	
unvergorenen Zucker als Invertzucker ber.	0,5 Gramm
Alkohol-Gehalt	11,05 Grad
Alkohol-Brennwert	610 kcal (Kalorien)
	2.552 kJ (Joule)
Gesamt-Brennwert	642 kcal (Kalorien)
	2.684 kJ (Joule)

Die Analyse dieses Weines erfolgte im Auftrage der Deutschen Landwirtschafts-Gesellschaft Frankfurt, Zimmerweg 16

Rückenetikett für Diabetiker. Die DLG steht mit ihrem Namen für die gesundheitsbezogenen Angaben ein.

Prämierungen, Siegel, Gütezeichen

Mindestgarantie zum Zeichen für bessere Qualität ist mit Beginn der amtlichen Qualitätsprüfung und dem Zwei- beziehungsweise Drei-Punkte-Vorsprung ihr gegenüber erfolgt. Die Mindestpunktzahl (von jeweils 20 möglichen Punkten) für die Verleihung des Deutschen Weinsiegels betrug

in den Jahren	bei QbA-Wein	Kabinett	Spätlese	Auslese
1950–1955	10	10	ohne Angabe	
1956–1959	12	12	keine starren Mindestpunkte – entsprechend charakteristischer Qualität	
1960–1971	13	13	15	16
seit 1972	14	15	16	17

Die Werte für QbA-Wein galten bis 1971 für verbesserten Wein, die Werte für Kabinett galten bis 1971 für Naturwein. Mindestpunktzahl für Beerenauslese ist 18, für Trockenbeerenauslese 19 Punkte. Nach kurzer Anlaufzeit fand das Deutsche Weinsiegel schnell Zuspruch unter Winzern, Genossenschaften und Weinkellereien. 1950 wurden nur 321 000 Siegel verliehen, 1951 waren es bereits über 2 Millionen. Dieser rasche Anstieg ist auch darauf zurückzuführen, daß von Anfang an alle bekannten Flaschengrößen zugelassen waren. Bis zur Einführung der amtlichen Qualitätsweinprüfung stiegen die jährlichen Verleihungszahlen auf über 70 Millionen Siegel an. Dies führte bei manchen zu der Auffassung, jeder fehlerfreie Wein könne auch das Siegel bekommen. Der Anteil der gesiegelten Weine überschritt jedoch in keinem Jahr die 10-Prozent-Marke. (Genaue Angaben darüber lassen sich erst seit Einführung der amtlichen Prüfung machen.) Unabhängig von Ernteschwankungen beträgt seit 1972 der Anteil gesiegelter Weine 7 bis 8% des amtlich geprüften Deutschweinangebots, und zwar sowohl nach Partien als auch nach der Menge. Im Jahre 1976 zum Beispiel ergab sich folgendes Bild:

Partien	
amtlich	zum Weinsiegel zugelassen
143 758 hl	10 985 hl
= 100 %	= 8 %

Mengen	
amtlich	für Weinsiegel geprüft
7 897 400 hl	592 100 hl
= 100 %	= 7 %

In einigen Anbaugebieten liegt der Anteil weit über dem Durchschnitt, so zum Beispiel in Franken, wo 25% der Weinmenge das Siegel tragen. Im Anbaugebiet Nahe sind es 12%, an der Ahr 11%. Ganz besonders stark ist das Deutsche Weinsiegel bei Weinen mit Trocken- beziehungsweise Diabetiker-Angabe vertreten. Im Bundesdurchschnitt hatte das gelbe Siegel 1975 einen Anteil von 37% an der amtlich geprüften »trockenen« Weinmenge. Dieser Anteil ist inzwischen noch gestiegen. So betrug er zum Beispiel 1976 in Rheinland-Pfalz 53%.

Insgesamt ergibt sich für das Deutsche Weinsiegel folgender Überblick:

Jahr	zugelassene Partien rot + gelb	davon gelbe Weinsiegel	verliehene Weinsiegel rot + gelb	
1950			320 949	davon
1955			5 009 770	gelbe
1960			13 915 209	Weinsiegel
1965	12 250		73 453 446	
1970	12 139	136	74 089 352	706 582
1975	8 454	622	58 038 713	4 557 859
1976	10 985	953	68 585 521	6 998 891

Die Bundesweinprämierung

Seit 1951 wird von der DLG alljährlich einmal die Bundesweinprämierung veranstaltet. Verliehen werden der Große Preis der DLG sowie der Silberne und der Bronzene Preis. Alle drei Preise gehören zu den wenigen Auszeichnungen, die nach der Weinverordnung vom 15. 6. 1971 (§ 6) und der EG-Verordnung 1608/76 (Artikel 14) noch zur Ausstattung von Wein mit überdurchschnittlicher Güte zugelassen sind.

Grundlage für die DLG-Bundesweinprämierung sind die Prüfbestimmungen, die gemeinsam vom DLG-Ausschuß für Weinabsatz und einem Unterausschuß ausgearbeitet wurden und ständig fortentwickelt werden. Da in diesen Ausschüssen die Gebietsbevollmächtigten der Regionalprämierungen aller Anbaugebiete und andere Fachleute aus Gebieten vertreten sind, ist eine Verbindung zwischen den Regionalprämierungen und der Bundesweinprämierung gegeben.

Für den höchsten nationalen Weinwettbewerb stellen die Prüfbestimmungen besonders hohe Anforderungen an die Zulassung. Wer seine Weine anmelden will, darf in den letzten 5 Jahren vor der Prämierung nicht wegen eines Verstoßes gegen einschlägige Vorschriften verurteilt worden sein. Er darf nur eine seiner Rebfläche entsprechende Anzahl von Weinen anmelden; damit wird jeder Teilnehmer veranlaßt, eine Auswahl der besten Weine seines Sortimentes zu treffen. Der Teilnehmer darf außerdem nicht nur Raritäten von der Auslese aufwärts zur Prämierung anmelden, sondern er muß mindestens zur Hälfte rote QbA-Weine und/oder Kabinettweine und/oder Spätlesen jeweils aller drei Weinarten (Rotwein, Weißherbst, Weißwein) mit anbieten. Damit soll erreicht werden, daß der Teilnehmer seine betriebliche Leistung mit jenen Qualitätsstufen unter Beweis stellt, die bei Produktion und Absatz die entscheidende Rolle spielen.

Für die Zulassung der einzelnen Weine gelten unter anderem folgende Bedingungen:

• Der Wein muß zuvor auf einer Gebietsweinprämierung einen Preis, oder er muß bereits das Deutsche Weinsiegel mit mindestens 17 Bewertungspunkten errungen haben.

• Er muß einer der Qualitätsstufen angehören, die in der amtlichen Prüfung zugelassen sind; QbA-Weißwein und -Weißherbst sind jedoch zur Bundesweinprämierung nicht zugelassen.

• Er muß die Bedingungen erfüllen, die für die Erzeugerabfüllung gelten, beziehungsweise er muß aus Trauben, Maische oder Most hergestellt sein, für deren oder dessen Zukauf es einen mehrjährigen Liefervertrag zwischen Erzeuger und Abfüller gibt.

• Er muß in 0,7-, 0,5- oder 0,35-l-Flaschen abgefüllt sein.

• Die Rebsortenangabe muß auf dem Etikett stehen; dabei dürfen höchstens 2 Rebsorten genannt sein (gültig ab Jahrgang 1974).

Der Große Preis der DLG wird auf der Bundesweinprämierung für Weine mit der optimalen Punktzahl verliehen.

• Zum Zeitpunkt der Anmeldung müssen Mindest-Flaschenbestände des angemeldeten Weines im Keller des Teilnehmers liegen, damit keine Restposten zur Prämierung gelangen. Diese Bestände werden bei der Entnahme der Proben für die Prüfung durch DLG-Beauftragte überprüft.

• Es sind zu jeder Prüfung nur 3 Jahrgänge zugelassen, wobei der jüngste Jahrgang mindestens 1 Jahr alt sein und zum Zeitpunkt der Prüfung in der Regel ³/₄

Urkunde über die Verleihung der großen silbernen Preismünze durch die DLG im Jahre 1890.

Jahr auf der Flasche gelegen haben muß. Erst nach dieser Zeit haben die Weine eine hohe Flaschenreife erreicht.

Die Prüfung erfolgt in der Prüfwoche unter der fachlichen Leitung des Bevollmächtigten. Er sorgt dafür, daß trotz der Vielzahl der Prüfer und Prüfgruppen die Weine einerseits nach gleichem Maßstab und andererseits elastisch genug bewertet werden, so daß jeder einzelne Wein eine sachgerechte Beurteilung erfährt. Wichtig ist die Auswahl der Weinprüfer. Sie werden unter Berücksichtigung der Anmeldungen aus den einzelnen Anbaugebieten von den Gebietsbevollmächtigten vorgeschlagen, von der DLG berufen und in Vierergruppen zusammengefaßt. Im Schnitt verkosten acht bis zehn Gruppen in der Prüfwoche. An die Prüfer werden Anforderungen gestellt, die höher sind als in den Regionalprüfungen. Die Prüfer müssen nämlich außer den Weinen ihres eigenen Gebietes auch die anderer Weinbaugebiete kennen und in der Lage sein, sie richtig zu beurteilen. In einer Prüfergruppe ist jeweils nur ein Vertreter des Anbaugebietes, dessen Weine gerade geprüft werden, die übrigen drei kommen aus anderen Weinbaugebieten. Jede Gruppe beurteilt täglich in einem Zeitraum von rund 6 Stunden nicht mehr als 80 Weine.

Die Proben werden unter anderem nach Anbaugebiet, Jahrgang, Klasse (Weinart und Qualitätsstufe), Rebsorte und Restzucker aufgestellt. Die Proben werden verdeckt verkostet, die Erzeuger sind den Prüfern also nicht bekannt. Die Beurteilung erfolgt nach dem DLG-Weinbewertungsschema von 0 bis 20 Punkten. Es können auch halbe Punkte vergeben werden. Das Beurteilungsergebnis einer Probe ist die durchschnittliche Punktzahl einer Prüfergruppe, beziehungsweise bei Ablehnung die Beschreibung der Eigenschaften des Weines.

Der Bevollmächtigte kann ein Ergebnis mit mindestens 3 DLG-berufenen Prüfern durch erneutes Verkosten nachkontrollieren und abändern. Dies gilt insbesondere, wenn 2 Prüfer einer Gruppe in ihrem Urteil um 1,5 Punkte und mehr auseinanderliegen. Ein Beweis für die strenge Beurteilung der angestellten Weine ist die Ablehnungsquote von jährlich knapp 10%. Diese Zahl ist hoch, wenn man bedenkt, daß alle diese Weine bereits erfolgreich die amtliche Prüfung und eine Regionalprämierung überstanden haben.

Prämiert werden also nur Weine, die nach Herkunft, Jahrgang und Rebsorte typisch sind. Bei der Angabe von 2 Rebsorten darf keine von beiden allein die Art des Weines bestimmen.

Der Teilnehmer erhält für jeden angemeldeten Wein einen Prüfbefund mit

Qualitäts-stufen	Erforderliche Punkte		
	17,5–18,4	18,5–19,4	19,5–20
trocken angereicherter Rotwein	Bronzener Preis der DLG	Silberner Preis der DLG	Großer Preis der DLG
Kabinett			
Spätlese			
Auslese	kein Preis	Silberner Preis der DLG	Großer Preis der DLG
Eiswein			
Beerenauslese			
Trockenbeerenauslese			

dem Beurteilungsergebnis und gegebenenfalls eine Urkunde, die ihn als Preisträger ausweist. Auf Wunsch erhält er zusätzlich eine DLG-Preismünze. Für die Vergabe der Preise gelten die Punktezahlen auf der Tabelle links.

Von 1952 bis 1960 gab es einen Bundesehrenpreis für einzelne beste Weine. Seit 1961 werden Betriebe, die bei der Bundesweinprämierung eine außergewöhnlich gute Gesamtleistung zeigten, nach einem bestimmten Auswahlverfahren mit dem Ehrenpreis des Bundesministers für Ernährung, Landwirtschaft und Forsten ausgezeichnet. Über die Zuerkennung entscheidet der Bundesminister, die DLG schlägt vor. Die Ehrenpreisvergabe erfolgt nach Anbaugebieten und setzt eine Gebietsbeteiligung von 75 zugelassenen Weinen voraus.

Wird die Mindestbeteiligung nicht erreicht, so werden mehrere Gebiete zu ei-

Prämierungen, Siegel, Gütezeichen

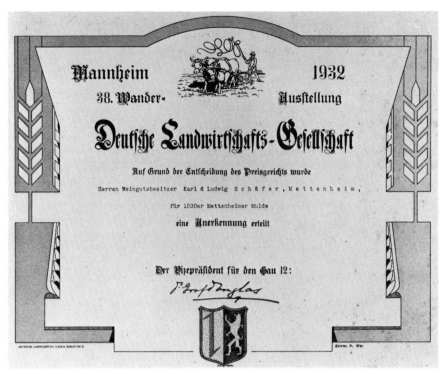

Anerkennungsurkunde der DLG aus dem Jahre 1932.

ner Gruppe zusammengefaßt. Es gilt folgende Vergabe-Staffel:

Beteiligung mit Weinen je Anbaugebiet oder Gebietsgruppe	Höchstzahl der Ehrenpreise
75 – 249	1
250 – 499	2
500 – 749	3
750 – 999	4
1000 und mehr	5

Zunächst erhält der so ausgewählte Betrieb den Ehrenpreis in Bronze. Hat er viermal diese Auszeichnung erlangt, so wird ihm der silberne Ehrenpreis zuteil, bei einer achtmaligen Auszeichnung im Laufe der Jahre erhält er den goldenen Ehrenpreis des Bundesministers. Insgesamt erhielten 149 Betriebe den bronzenen, 16 Betriebe den silbernen und 3 Betriebe den goldenen Bundesehrenpreis. Diese Preise dürfen nicht auf den Flaschen erscheinen, da sie ja nicht einen einzelnen Wein, sondern die betriebliche Gesamtleistung auszeichnen.

Die Siegerehrung bildet den festlichen Abschluß der Bundesweinprämierung. Auf dieser Veranstaltung werden die erfolgreichen Teilnehmer und die Preise in Form eines Preisträgerverzeichnisses bekanntgegeben. Im Rahmen der Siegerehrung überreicht der Bundesminister für Ernährung, Landwirtschaft und Forsten oder sein Vertreter die Bundesehrenpreise. Eingeladen werden die Betriebsleiter, deren Weine einen Großen Preis gewonnen haben. Die Gäste bekommen in einer Weinprobe einen Überblick über das Angebot jener Weine, die sich in der vorausgegangenen Prüfwoche präsentiert hatten.

Von 1952 bis 1967 fand die Siegerehrung jeweils in Mainz statt, danach in Bonn (1968), Heidelberg (1969, 1972), Mainz (1970, 1977), Kloster Eberbach (1971), Neustadt/Weinstraße (1973), Würzburg (1974), Koblenz (1975) und Heilbronn (1976).

Die erste DLG-Bundesweinprämierung fand im April 1951 statt. Zugelassen waren die Jahrgänge 1945 bis 1949. Es kamen 221 Weine aus 10 Anbaugebieten (die Hessische Bergstraße war noch nicht eigenständig) nach Mainz in die Weinbaudomäne. Prämiert wurden damals 61% der angemeldeten Weine. Schon bei dieser ersten Prüfung bestand die Bedingung der Vorauswahl durch eine gebietliche Prämierung. Diese regionalen Veranstaltungen gab es allerdings noch nicht in allen Anbaugebieten, so daß in vielen Fällen Sonderregelungen getroffen werden mußten.

Seitdem haben sich die Zahlen wie auf nebenstehender Tabelle entwickelt.

Die Erklärung für den Anstieg vor allem nach 1971 liegt darin, daß nach Einführung der amtlichen Prüfungsnummer bei Betrieben mit guten und besten Weinen der Wunsch nach einem weiteren sichtbaren Beweis ihrer Leistungen bestand. Die geeignetste Form fanden und finden sie in der überregionalen Bundesweinprämierung. Der starke Anstieg der Anmeldungs- und Prämierungszahlen gibt aber dennoch keinen Anlaß zur Besorgnis, denn auch 1975 klebte nur auf einer von hundert Flaschen amtlich geprüften Weines auch ein DLG-Preis (Prämierungsstreifen).

Die Regionalprämierungen

Die Regionalprämierungen basieren auf der EG-Verordnung 1608/1976 sowie auf § 6 der Bundesweinverordnung von 1971 und den entsprechenden Gesetzen beziehungsweise Verordnungen der einzelnen Bundesländer aus dem Jahre 1971. Zweck und Ziel sind die gleichen wie bei der DLG-Bundesweinprämierung, nämlich die Förderung der Erzeugung von qualitativ hochwertigem Wein und von dessen Absatz.

Jeder Veranstalter hat seine eigenen Prüfbestimmungen ausgearbeitet, die entweder Richtlinien (Hessen, Franken), Bestimmungen (Baden, Rheinland-Pfalz) oder Grundsätze (Württemberg) genannt werden. Obwohl diese Prüfbestimmungen im allgemeinen bei Zulassung, Prüfung und Vergabe der Preise übereinstimmen, weichen sie doch in vielen Einzelheiten voneinander ab. Dadurch können die Besonderheiten der einzelnen Anbaugebiete berücksichtigt werden.

Jahr	teilnehmende Betriebe	prämierte Partien
1951	*	135
1952	*	182
1953	*	149
1954	*	184
1955	*	326
1956	*	393
1957	*	289
1958	*	149
1959	*	225
1960	*	262
1961	*	1073
1962	*	1150
1963	*	1231
1964	*	884
1965	*	1116
1966	*	1993
1967	*	1203
1968	*	2084
1969	621	2611
1970	398	1429
1971	605	2423
1972	627	2839
1973	969	4280
1974	637	3146
1975	839	3780
1976	596	2614
1977	958	4717

* unbekannt

Die 5 Regionalprämierungen

Bundesland/Anbaugebiet	Bezeichnung	Veranstalter
Baden-Württemberg		
Baden	Gebietsprämierung	Badischer Weinbauverband, Freiburg
Württemberg	Gebietsprämierung	Weinbauverband Württemberg, Weinsberg
Bayern		
Franken	Gebietsprämierung	Fränkischer Weinbauverband, Würzburg
Hessen		
Rheingau		Hessisches Ministerium für Landwirtschaft und Umwelt/Weinbauamt Eltville
Hessische Bergstraße		
Rheinland-Pfalz		
Rheinhessen	Landesprämierungen (Kammerprämierungen)	Landwirtschaftskammer Rheinland-Pfalz, Bad Kreuznach
Rheinpfalz		Weinbauamt Alzey
Ahr		Weinbauamt Neustadt
Mittelrhein		
Mosel-Saar-Ruwer		Weinbauamt Koblenz
Nahe		

Übereinstimmung besteht in folgenden Punkten:
- Sitz: Die Teilnehmer müssen ihren Sitz in dem Anbaugebiet haben, aus dem die Weine kommen.
- Leumund: Die Teilnehmer dürfen während einer festgesetzten Zahl von Jahren nicht mit dem Weinrecht und anderen einschlägigen Rechtsvorschriften in Konflikt geraten sein.
- Zulassung: Zugelassen sind Weine mit einer amtlichen Prüfungsnummer und entsprechenden Mindestpunktzahlen bei der amtlichen Verkostung. In Baden müssen die Weine zusätzlich das badische Gütezeichen haben.
- Deklaration: Es dürfen nur Weine mit Jahrgangs- und Rebsortenbezeichnung angestellt werden.
- Bewertungsmaßstäbe: Bei allen Prämierungen gelten für die sensorische Beurteilung das 20-Punkte-Schema der DLG und als Ergebnis die Durchschnittswerte von mehreren Einzelprüfern.
- Preise: Als Auszeichnungen werden Preismünzen (Hessen, Rheinland-Pfalz, Württemberg) und Preismedaillen (Baden, Franken) sowie Urkunden (außer Hessen) vergeben.
- Prüfergebnis: Die teilnehmenden Betriebe erhalten bald nach der Prüfung zu jedem Wein das Ergebnis mitgeteilt. Die öffentlichen Bekanntgaben erfolgen regional einmal im Jahr auf feierlichen Veranstaltungen und in Preisträgerverzeichnissen.
- Ehrenpreise: Für besondere Leistungen werden außerdem einmal im Jahr bei den öffentlichen Veranstaltungen Ehrenpreise vergeben.

Abweichungen dagegen gibt es bei folgenden Bedingungen:
- Herstellung: Zugelassen werden in der Regel Weine, die als Erzeugerabfüllungen gelten können oder die mit Zukauftrauben, -maische oder -most bis zur Abfüllung in demselben Betrieb hergestellt worden sind. Hessen und Franken beschränken sich dagegen ganz auf »Erzeugerabfüllungen«. In Württemberg können sich alle Betriebe beteiligen, »soweit sie Trauben erzeugen oder Wein herstellen (und) Wein selbst vermarkten«.
- Zahl der Weine: In Franken und Württemberg bestehen keinerlei Begrenzungen. In Baden muß jeder Teilnehmer mindestens 2 Weine jährlich anmelden, ab 2 ha Betriebsgröße sind mindestens 3 Weine erforderlich, außerdem muß dann die Mehrzahl Kabinettwein, Spätlese oder Qualitätsrotwein sein. In Rheinland-Pfalz kann jeder Teilnehmer je nach Betriebsgröße höchstens 15, 30 oder 45 Weine anstellen. Werden mehr als 2 Weine angemeldet, so gilt zusätzlich eine Begrenzung für die Zahl der Qualitätsweine sowie für Auslesen und höhere Prädikate – im Verhältnis zu den angemeldeten Kabinettsweinen und Spätlesen.
- Klassen: Grundsätzlich sind Qualitätsweine aller drei Weinarten mit und ohne Prädikat zugelassen. Eine Ausnahme bildet Baden, das nur Prädikatsweine und lediglich bei Rotweinen die Sorte Blauer Spätburgunder als Qualitätswein ohne Prädikat zuläßt.
- Mindestbestandsmenge: Es müssen beim Teilnehmer von jeder angemeldeten Weinpartie an Flaschen mindestens vorhanden sein:

Die Zahlen meinen Flaschen mit 0,7 l oder auch kleinerem Volumen, in Rheinland-Pfalz können es bei QbA-Wein und Kabinett auch Literflaschen sein.
- Mindestpunktzahl: Für die einzelnen Auszeichnungen sind bei der sensorischen Prüfung die auf Seite 243 angegebenen Punktzahlen erforderlich. In Baden gibt es Bronze, Silber oder Gold, in Rheinland-Pfalz gibt es Gold bei QbA-Wein nur für Rotwein; in Bayern gibt es Bronze oder Silber bei QbA-Wein nur für Rotwein, Weißherbst oder Rotling.
- Prämierungsstreifen: Für die Gestaltung dieser Streifen bestehen bei der fränkischen und der württembergischen Prämierung in den Bestimmungen bereits Normen. Franken hat außerdem genormte Plaketten. Die Teilnehmer aus Baden verwenden aus Tradition einheitliche Streifen. Die Auslieferung der Prämierungsstreifen erfolgt unter der Aufsicht der Veranstalter derzeit in Bayern, Rheinland-Pfalz und Württemberg.
- Prüftermine: Alle Regionalprämierungen finden mindestens zweimal im Jahr statt, keine vor Ende März. In Baden werden je nach Bedarf bis zu fünf Termine jährlich festgesetzt, Voraussetzung ist, daß je Zusatzprüfung hinter den angemeldeten Weinpartien insgesamt mindestens 500 000 Flaschen stehen. In Württemberg können Weine außer bei den zwei festgesetzten Hauptprüfterminen auch im Rahmen der amtlichen Qualitätsprüfung angestellt werden.

Die Regionalprämierungen in Baden, Bayern, Rheinland-Pfalz und im Rheingau wurden in den Jahren 1949 bis 1953 ins Leben gerufen. Württemberg zog 1959, die Hessische Bergstraße 1965 nach.

Die wirtschaftliche Bedeutung der Regionalprämierungen drückt sich darin aus, daß die Zahl der prämierten Weine seit 1971 stark zugenommen hat. Von den amtlich geprüften Weinpartien erhalten heute bei den Regionalprämierungen rund 10 % eine der regionalen Auszeichnungen. Im Jahre 1976 beispielsweise passierten von 144 000 amtlich zugelassenen Weinpartien 14 895 Partien erfolgreich eine der fünf Regionalprämierungen.

	Baden	Württemberg	Bayern	Hessen	Rheinland-Pfalz je nach Betriebsgröße
Qualitätswein bA	400	400	600	800	800/1600/3200
Kabinett	400	400	600	800	800/1600/3200
Spätlese	400	400	400	800	600/1200/1800
Auslese	200	200	200	400	300/600/900
Beerenauslese	100	100	100	100	100/150/200
Trockenbeerenauslese	100	100	100	100	80/120/160

Der Rhein windet sich durch das Rheinische Schiefergebirge. Im Vordergrund die Burg Katz. ▷

Prämierungen, Siegel, Gütezeichen

Erforderliche Punktzahl bei Regionalprämierungen

	Baden	Württemberg	Bayern	Hessen	Rheinl.-Pfalz
Qualitätswein					
Lobende Anerkennung	•	•	16,0–16,9	•	•
Bronze	17,5–18,4	17,0–17,9	17,0–17,9	17,0–17,9	17,0–17,9
Silber	18,5–19,4	18,0–18,9	18,0–20,0	18,0–18,9	18,0–18,9
Gold	19,5–20,0	19,0–20,0	•	19,0–20,0	19,0–20,0
Kabinett					
Bronze	17,5–18,4	17,0–17,9	17,0–17,9	17,0–17,9	17,0–17,9
Silber	18,5–19,4	18,0–18,9	18,0–18,9	18,0–18,9	18,0–18,9
Gold	19,5–20,0	19,0–20,0	19,0–20,0	19,0–20,0	19,0–20,0
Spätlese					
Bronze	17,5–18,4	17,0–17,9	17,0–17,9	17,5–18,4	17,0–17,9
Silber	18,5–19,4	18,0–18,9	18,0–18,9	18,5–19,9	18,0–18,9
Gold	19,5–20,0	19,0–20,0	19,0–20,0	19,5–20,0	19,0–20,0
Auslese					
Bronze	18,0–18,4	17,0–17,9	17,0–17,9	•	•
Silber	18,5–19,4	18,0–18,9	18,0–18,9	19,0–19,9	18,0–18,9
Gold	19,5–20,0	19,0–20,0	19,0–20,9	20,0	19,0–20,0
Beerenauslese					
Bronze	•	•	17,0–17,9	•	•
Silber	19,0–19,4	18,0–18,9	18,0–18,9	19,5–19,9	18,5–18,9
Gold	19,5–20,0	19,0–20,0	19,0–20,0	20,0	19,0–20,0
Trockenbeerenauslese					
Bronze	•	•	17,0–17,9	•	•
Silber	19,0–19,4	18,0–18,9	18,0–18,9	•	18,5–18,9
Gold	19,5–20,0	19,0–20,0	19,0–20,0	20,0	19,0–20,0

Anzahl der prämierten Partien in den Bundesländern

Jahr	Baden	Württemberg	Bayern	Hessen	Rheinland-Pfalz, gegliedert in			allen Anbaugebieten
					Rhein-hessen	Rheinl.-Nassau	Rhein-Pfalz	
Beginn	1951	1959	1951	1953[2]	1949	1949	1950	
1949						40	420[3]	460
1950						167	688[3]	93	948
1951	63		[4]			150	730[3]	130	1073
1952	76		[4]			191	–	102	369
1953	110		[4]		44[3]	–	534[3]	–	688
1954	115		[4]		53[3]	285	503[3]	167	1123
1955	126		[4]		132[3]	166	675[3]	–	1099
1956	146		[4]		101[3]	94	450[3]	106	897
1957	219		[4]		59[3]	60	478[3]	–	816
1958	166		[4]		43[3]	90	262[3]	25	586
1959	192	13[3]	[4]		56[3]	161	430[3]	123	975
1960	355	43[3]	[4]		71[3]	241	1304[3]	–	2014
1961	522	114[3]	[4]		234[3]	506	1184[3]	305	2865
1962	421	110[3]	[4]		323[3]	275	1179[3]	360	2668
1963	630	421[3]	24		339[3]	304	1273[3]	262	3229
1964	721	460[3]	36		209[3]	386	1046[3]	390	3248
1965	716	505[3]	–		271[3]	600	1057[3]	555	3704
1966	1189	772[3]	72	417	971	2057[3]	842	6320
1967	643	487[3]	77	226	738	1257[3]	474	3902
1968	919	693[3]	154	439	1078	2018[3]	734	6035
1969	1295	867[3]	147	437	1379	1813[3]	751	6689
1970	670	714[3]	187	273	1299	3295[3,5]	589	7027
1971	2578	2059[3]	193	308	1493	2715[3,5]	2115	11461
1972	2506	1462[3]	304	1012[3]	2242	4183[3]	2054	13763
1973	1307	904	491	507[3]	2014	2131	1578	8932
1974	1662	982	179	663	2333	2115	1972	7806
1975	1125	970	379	608	1897	1607	1928	8514
1976	1346	1596	431	953	3257	4011	3265	14859
1977	3705	2118	1108	1293	4209	5147	4275	21855

[1] Ahr, Mittelrhein, Mosel-Saar-Ruwer, Nahe
[2] Beginn im Rheingau; Hessische Bergstraße erst ab 1965
[3] Geprüfte Partien
[4] Prämierung fand statt, Partienzahl unbekannt
[5] Vorziehen der Prüftermine und Änderung der statistischen Erfassung pro Kalenderjahr

Das badische Gütezeichen

Das Gütezeichen für badischen Wein wird ebenfalls vom RAL anerkannt. Es ist rechtlich in der EG-Verordnung 1608/1976, in der Bundesweinverordnung von 1971 und in der baden-württembergischen Landesverordnung vom 26.7.1971 verankert. Träger ist der badische Weinbauverband, der es 1949 gründete, mit dem Ziel, die Qualität und den Absatz badischer Weine zu fördern. Ebenso wie das Deutsche Weinsiegel garantiert auch das badische Gütezeichen zusätzliche Qualität. Dies drückt sich vor allem in der beträchtlich höheren Min-

Das badische Gütezeichen existiert seit 1949. Es ist das einzige staatlich anerkannte Gebietsgütezeichen.

destpunktzahl gegenüber der amtlichen Qualitätsweinprüfung aus. Die Zulassungsbestimmungen garantieren außerdem eine Auswahl der Betriebe und Weine. Teilnahmeberechtigt sind nur Winzer und Winzergenossenschaften mit Erzeugerabfüllungen sowie Weinhandelsbetriebe, sofern sie nachweislich den Wein von der Traube beziehungsweise vom Most bis zur Flaschenreife selber ausgebaut haben. Zur Prüfung werden Prädikatsweine aller drei Weinarten sowie QbA-Weine nur in 0,7-l-Flaschen zugelassen, sofern das Etikett eine Rebsortenangabe trägt und den Jahrgang nennt. Bei Trockenbeerenauslesen dürfen auch 2 Rebsorten angegeben sein. Rotweine dürfen als Qualitätswein, Kabinett und Spätlese nach der in der Bundesrepublik festgelegten Halbtrockenformel nicht mehr Restzucker haben als Gesamtsäure plus 10 g/l, maximal jedoch nur 18 g/l. Die sensorische Prüfung zum badischen Gütezeichen erfolgt im Rahmen der amtlichen Qualitätsweinprüfung durch Prüfungskommissionen beim badischen Weinbauverband. Diese Koordination hat für den Teilnehmer den Vorteil, daß er bereits bei der Anmeldung zur amtli-

◁ Die altehrwürdigen Mauern der Burg Wildeck am unteren Neckar beherbergen ein modernes Staatsweingut.

Die bei Gebietsweinprämierungen und der DLG-Bundesweinprämierung ausgezeichneten Weine werden durch verschiedene Halsschleifen gekennzeichnet.

Anfang 1974 hat der badische Weinbauverband auch ein spezielles »gelbes« Gütezeichen für trockene Weine geschaffen. Dieses Zeichen erhalten nur Weine, die entsprechend der Bundesweinverordnung 1971 beziehungsweise der EG-Verordnung 1608/1976 entweder höchstens 4 g/l Restzucker oder bis höchstens 9 g/l Restzucker und eine Gesamtsäure enthalten, die nicht mehr als 2 g/l darunterliegt.

Das badische Gütezeichen konnte von Anfang an gute Anmeldezahlen vorweisen. Im Laufe der Jahre ist es für jeden Weinbaubetrieb und jede Winzergenossenschaft Ehrensache geworden, das Gütezeichen auf den Flaschen zu haben. Die Entwicklung verlief wie folgt:

Jahr	Zugel. Partien insg.	davon gelb	verl. Gütezeichen insg.	davon gelb
1949			358 723	
1950			428 463	
1951			399 517	
1952			605 571	
1953			731 594	
1954			913 069	
1955			793 212	
1956			1 122 427	
1957			466 160	
1958			961 837	
1959			1 562 896	
1960			2 576 105	
1961			2 490 768	
1962			3 058 765	
1963			3 603 180	
1964			2 503 121	
1965			6 141 151	
1966			4 568 868	
1967			4 411 546	
1968			6 936 523	
1969			3 260 214	
1970			6 019 266	
insg.	17 720			
1971	2098		13 907 100	
1972	3619		36 945 800	
1973	1922		14 842 500	
1974	2813	184	26 170 400	845 600
1975	1794	162	16 520 800	1 030 300
1976	2977	284	23 418 000	1 377 700

Der Anteil der Weine mit badischem Gütezeichen an der Menge der amtlich geprüften badischen Weine lag 1976 den Partien nach bei 46% (1975: 39%), der Menge nach bei 18% (1975: 16%). Dieser Anteil ist um so erstaunlicher, wenn man bedenkt, daß das Gütezeichen nur an Weine in Flaschen von 0,7 l Inhalt und kleiner vergeben wird und daß überhaupt nur 20% der badischen Weine in diesen Flaschengrößen auf den Markt kommen.

chen Prüfung seinen Antrag auf Verleihung des Gütezeichens stellen kann. Das Gütezeichen bekommen nur Weine, die die amtliche Prüfungsnummer erhalten und in der sensorischen Prüfung nach dem 20-Punkte-Bewertungsschema der DLG folgende Mindestpunktzahlen erreicht haben:

QbA-Wein	16
Kabinett	17
Spätlese	17
Auslese	18
Beerenauslese	19
Trockenbeerenauslese	20

Weine, die nicht gleich beim ersten Mal das Gütezeichen erhalten haben, können noch ein zweites Mal angestellt werden. Für diese zweite Prüfung ist der badische Weinbauverband allein zuständig. Er bedient sich dabei der Prüfer der amtlichen Qualitätsweinprüfung.

Die Verwendung des Gütezeichens wird vom badischen Weinbauverband kontrolliert. Er gibt die Gütezeichen entsprechend der Flaschenzahl an den Betrieb. Dieser muß die Flaschen mit dem Gütezeichen ausstatten.

Die Weinwirtschaft

1892 schloß das Deutsche Reich mit Italien einen Handelsvertrag ab. Er war Ausdruck des neuen handelspolitischen Kurses des Bismarck-Nachfolgers Caprivi: »Wir wollen dem italienischen Wein auf unserem Boden ein Schlachtfeld gegen den französischen Wein eröffnen.« Die deutschen Winzer fühlten sich von der Reichsregierung im Stich gelassen. 1930 stand der Weinbaukongreß in Trier im Zeichen bitterster Winzernot, und Reichskanzler Brüning eilte nach Trier, um die Winzer zu beschwichtigen. Graf Matuschka-Greiffenclau, damals Regierungsrat und Weinbaureferent bei der preußischen Verwaltung in Koblenz, nach 1945 Gründer, Präsident und Ehrenpräsident des Deutschen Weinbauverbandes, stellte 1932 fest: »Zweifellos werden deutsche Spitzenweine ihre Weltgeltung behalten. Die Krise des Weinbaues ist kein Problem des Spitzenweines, sondern des Konsumweines.« Dies galt damals, wie es heute gilt. Mehr als ihre Berufskollegen im Ausland streben unsere Winzer nach Qualität.

Der EWG-Vertrag, der am 1. Januar 1958 in Kraft trat, erschien vielen als Vorbereitung auf das Ende des deutschen Weinbaues. Keiner der Schwarzseher hat recht behalten: Der deutsche Weinbau erfuhr nach dem Vertrag von Rom eine beispiellose Entwicklung nach oben. Die Zeichen der Zeit hießen Qualität, Wettbewerb, Werbung und Absatzförderung. Die Vitalität der Winzer war immer unterschätzt worden. Am 22. März 1968 attackierten sie in Kröv sogar den sich stets für sie einsetzenden Präsidenten des Deutschen Weinbauverbandes Werner Tyrell körperlich und verletzten ihn. Das hinderte den Präsidenten nicht, weiterhin mit Schwung für den deutschen Wein zu wirken.

Zum hundertjährigen Jubiläum des Deutschen Weinbauverbandes im Jahre 1974 sagte Präsident Tyrell in einer Festrede: »Nur ein im Geiste der Solidarität, der Brüderlichkeit wurzelnder Berufsstand, der Winzertraditionen bewahrt und seine Aufgaben mutig anpackt – ich gebe das Stichwort Genossenschaften –, der auch auf die schützende Hand des Staates bauen kann, ohne Sonderrecht zu fordern, wird die Zukunft meistern. Mögen die guten Kräfte des deutschen Weines uns dabei helfen!«

Albert Paul
Weinstatistik

Statistik der Weinmosternte

Die erste feststellbare amtliche Nachweisung für das Deutsche Reich stammt aus dem Jahre 1878. Damals wurden im Rahmen der allgemeinen Erntestatistik die im Ertrag stehende Rebfläche und die Gesamternte an Most erhoben. Von 1893 bis 1898 kam zu diesen Angaben noch der durchschnittliche Geldwert je hl hinzu. Durch Bundesratsbeschluß vom 19.1.1899 wurde angeordnet, daß die gesamte mit Reben bebaute Fläche im Juni jeden Jahres unter gleichzeitigem Verzicht auf Ertragsermittlung festzustellen sei. Die meisten der damals zum Weinbau zählenden Bundesstaaten setzten aber die Weinbaustatistik im bisherigen Umfang fort, da es sich erwiesen hatte, daß die Angaben des Deutschen Weinbauvereins hinsichtlich der Erträge nicht alle amtlichen Wünsche befriedigten.

Aufgrund dieser Erfahrungen beschloß die Konferenz der amtlichen Statistiker im Juni 1901 in Schandau, in allseitiger Anerkennung des Bedürfnisses für eine einheitliche Statistik auf diesem Gebiet, die Einrichtung einer gesonderten Berichterstattung durch Sachverständige der Weinbaugemeinden zur Ermittlung der Menge und des Wertes der Weinmosternte. Als Untergrenze für die Einstufung zur Weinbau-Berichtsgemeinde wurden 20 bis 30 ha Rebfläche empfohlen. Das Ergebnis aus diesen Berichtsge-

Weinberg bei Meersburg am Bodensee im Winter.

Weinstatistik

meinden diente zur Schätzung der Restrebflächen in Weinbaugemeinden, die unter der Untergrenze lagen und also nicht zur Berichterstattung verpflichtet waren. (Im Jahre 1919 wurde die Untergrenze für die Einstufung als Weinbaugemeinde auf 10 ha heruntergesetzt.) Die Festlegung der Ausführungsbestimmungen war den einzelnen Bundesstaaten überlassen. Durch Erlaß des Reichskanzlers vom 10. 6. 1902 wurden diese Vorschläge allgemein verbindlich.

In den einzelnen Staaten wurde die Ermittlung recht unterschiedlich gehandhabt. In Preußen war es die Aufgabe des Gemeindevorstehers, im Dezember die Erhebung durchzuführen. In Bayern waren die Gemeindebehörden gehalten, im Benehmen mit Sachverständigen die Ernte festzustellen. In Württemberg sammelten die Ortsvorsteher die Ergebnisse während des Herbstgeschäftes. In Baden erfolgte die Berichterstattung durch besondere, von den landwirtschaftlichen Bezirksvereinen ausgewählte Vertrauensmänner. In Hessen waren die Bürgermeistereien zuständig. In Elsaß-Lothringen wurde in jeder Gemeinde eine Kommission gegründet, die aus dem Bürgermeister und 2 Weinbau-Sachverständigen bestand.

Trotz dieser Verschiedenheiten war aber die Erfassung der für das Reich wichtigsten Angaben (Zahl der Gemeinden, Ertragsrebfläche, durchschnittlicher Ertrag je ha, Gesamtertrag, Gesamterlös und Preis je hl) gewährleistet.

Über diesen Rahmen hinaus wurden in Bayern zusätzlich die Güte des Mostes in Qualitätsnoten, in Württemberg die unter der Kelter verkaufte Menge nach Preisen, die Verkäufe der Genossenschaften, die Farbe des Weines (Rot-, Weiß- oder Schillerwein) und der Ertrag an Tafeltrauben festgestellt. In Baden erstreckten sich die Ermittlungen damals schon auf das Mostgewicht, die Einstufung des Weines nach Qualität (vorzüglich, gut, mittelmäßig, gering und sehr gering), den Beginn der Lese, das Vorkommen und den Preis von Edelweinen und auf den Verkaufsgang der Mosternte. In Hessen wurde zusätzlich der Ertrag von Tafeltrauben nach Menge und Erlös festgestellt. Preußen baute mit dem Jahr 1920 die Weinmosterntestatistik aufgrund eines Erlasses des Landwirtschafts- und Wohlfahrtsministeriums erheblich aus. Zu Anfang der Monate Juni bis Oktober hatten die Vorsteher der Weinbaugemeinden auf besonderen Berichtskarten über den Stand der Reben, im September und Oktober zusätzlich über die

Ertragfähige Rebflächen und Weinmosternten[1]

Jahr	Weißmost			Rotmost			Weinmost insgesamt		
	Rebfläche im Ertrag	Ertrag je ha	Erntemenge	Rebfläche im Ertrag	Ertrag je ha	Erntemenge	Rebfläche im Ertrag	Ertrag je ha	Erntemenge
	ha	hl	1 000 hl	ha	hl	1 000 hl	ha	hl	1 000 hl
1878	.	.	.	.	.	.	84 590	.	.
1879	.	.	.	.	.	.	84 855	8,4	715
1880	.	.	.	.	.	.	87 263	4,2	365
1881	.	.	.	.	.	.	84 216	21,0	1 772
1882	.	.	.	.	.	.	84 225	11,5	972
1883	.	.	.	.	.	.	85 255	20,8	1 777
1884	.	.	.	.	.	.	85 453	24,0	2 053
1885	.	.	.	.	.	.	85 841	26,1	2 242
1886	.	.	.	.	.	.	85 694	11,3	970
1887	.	.	.	.	.	.	85 715	19,5	1 676
1888	.	.	.	.	.	.	86 281	20,7	1 784
1889	.	.	.	.	.	.	86 599	15,9	1 380
1890	.	.	.	.	.	.	86 077	25,3	2 181
1891	.	.	.	.	.	.	85 272	5,2	441
1892	.	.	.	.	.	.	84 280	11,0	929
1893	.	.	.	.	.	.	81 645	28,9	2 363
1894	.	.	.	.	.	.	82 332	25,0	2 062
1895	.	.	.	.	.	.	82 267	19,3	1 584
1896	.	.	.	.	.	.	82 526	42,5	3 508
1897	.	.	.	.	.	.	83 173	22,5	1 873
1898	.	.	.	.	.	.	83 423	10,5	878
1899	.	.	.	.	.	.	83 150	.	.
1900	.	.	.	.	.	.	85 051	.	.
1901	.	.	.	.	.	.	85 375	.	.
1902	.	.	.	.	.	.	85 737	20,4	1 748
1903	.	.	.	.	.	.	86 261	34,2	2 948
1904	.	.	.	.	.	.	86 658	35,7	3 095
1905	.	.	.	.	.	.	87 092	31,2	2 714
1906	.	.	.	.	.	.	87 346	11,0	960
1907	.	.	.	.	.	.	86 047	19,6	1 684
1908	62 452	25,5	1 595	11 985	22,4	268	84 728	23,6	2 001
1909	61 756	19,5	1 205	11 213	19,5	219	83 034	19,0	1 579
1910	60 864	9,7	593	10 072	7,2	73	81 305	8,4	687
1911	58 903	29,9	1 762	10 746	27,3	293	79 631	27,1	2 158
1912	59 310	24,3	1 436	9 949	13,8	137	79 087	20,8	1 645
1913	59 011	12,3	728	9 393	9,4	88	77 449	10,6	923
1914	57 804	11,1	640	9 354	10,6	99	75 204	10,2	766
1915	55 226	33,8	1 868	9 591	32,9	316	71 966	31,9	2 294
1916	52 160	14,6	761	8 399	14,6	123	67 164	13,7	923
1917	52 073	27,5	1 433	8 762	28,1	246	67 921	27,0	1 831
1918	52 948	35,0	1 852	8 897	30,6	272	68 059	33,0	2 247
1919	53 325	26,7	1 424	8 713	24,9	217	68 380	25,4	1 739
1920	55 578	36,5	2 027	9 487	31,7	301	71 718	34,0	2 437
1921	56 223	25,6	1 439	9 741	18,6	181	72 927	24,0	1 751
1922	57 769	47,2	2 728	9 127	46,2	422	73 815	46,1	3 401
1923	58 096	10,2	595	9 008	12,8	115	74 165	10,7	790
1924	57 622	27,2	1 565	8 964	18,5	166	73 684	24,4	1 800
1925	56 972	22,5	1 284	8 836	20,0	177	72 592	25,9	1 882
1926	56 478	14,5	818	8 766	14,9	131	72 280	13,6	985
1927	56 718	20,0	1 136	8 826	25,7	227	72 081	19,8	1 425
1928	56 398	28,7	1 618	8 863	30,5	270	71 984	28,5	2 048
1929	55 428	28,6	1 586	8 942	29,6	265	71 384	28,2	2 012
1930	54 994	37,9	2 082	9 207	52,6	484	70 826	39,6	2 804
1931	54 774	41,2	2 255	9 382	41,7	391	70 740	40,0	2 828
1932	54 905	24,1	1 324	10 076	27,0	272	71 085	24,1	1 710
1933	55 299	25,5	1 410	10 575	27,7	293	71 549	25,0	1 791
1934	55 048	63,8	3 510	10 961	67,7	742	72 607	62,2	4 518
1935	53 696	60,1	3 226	11 609	56,5	656	71 300	58,4	4 162
1936	54 441	44,9	2 445	11 680	55,0	642	72 144	45,8	3 305
1937	55 771	33,8	1 887	12 132	37,5	455	73 373	34,3	2 514
1938	54 958	35,3	1 940	12 509	30,1	377	72 955	33,4	2 438
1939	54 359	40,3	2 190	12 046	54,3	654	71 915	41,6	2 989
1940	.	.	.	.	.	.	67 281	15,9	1 069
1941	.	.	.	.	.	.	67 281	36,1	2 432
1942	.	.	.	.	.	.	67 281	14,9	1 001
1943	.	.	.	.	.	.	62 214	25,5	1 591
1944	.	.	.	.	.	.	62 214	26,3	1 638
1945	.	.	.	.	.	.	.	.	.
1946	.	.	.	.	.	.	.	.	.
1947	40 656	20,1	817	6 583	20,9	138	53 605	21,5	1 150
1948	38 290	43,1	1 650	6 163	41,7	257	51 188	42,7	2 186
1949	38 407	28,4	1 091	6 116	33,4	204	51 514	26,5	1 363
1950	37 400	66,4	2 485	6 232	74,8	466	49 513	65,6	3 247
1951	39 759	60,4	2 400	6 685	70,5	471	52 554	59,3	3 114
1952	40 642	53,2	2 162	6 750	54,1	365	53 391	50,9	2 715
1953	42 045	48,2	2 025	6 915	48,9	338	54 520	45,1	2 457
1954	46 097	54,0	2 488	7 563	58,8	445	58 976	52,6	3 100
1955	47 118	40,7	1 919	7 741	46,5	360	59 996	40,1	2 408
1956	47 156	17,9	842	7 660	6,1	47	59 729	15,6	930
1957	47 058	39,3	1 850	7 117	41,0	292	58 784	38,5	2 265
1958	47 702	81,4	3 882	7 216	88,8	641	59 177	81,1	4 803
1959	49 478	72,0	3 563	7 500	73,3	550	60 995	70,5	4 303
1960	52 786	116,0	6 121	8 218	127,1	1 044	64 180	115,8	7 433
1961	54 574	54,2	2 958	8 648	58,0	501	66 265	53,9	3 574
1962	55 466	58,7	3 254	8 653	63,8	552	67 137	58,5	3 928
1963	56 763	89,3	5 070	8 580	86,6	743	68 354	88,3	6 034
1964	57 062	105,3	6 006	8 601	110,0	946	68 263	104,7	7 185
1965	57 576	72,3	4 161	8 783	84,2	739	68 816	73,2	5 035
1966	57 918	70,1	4 061	9 017	67,5	609	69 166	69,5	4 809
1967	58 335	87,8	5 121	11 125	85,3	949	69 460	87,4	6 069
1968	59 147	83,8	4 955	11 067	98,7	1 093	70 214	86,1	6 048
1969	60 786	84,7	5 149	10 550	75,7	798	71 336	83,4	5 947
1970	63 024	130,8	8 246	10 676	153,9	1 643	73 700	134,2	9 889
1971	64 711	79,5	5 142	10 803	81,9	885	75 514	79,8	6 027
1972	66 791	96,4	6 440	10 760	94,4	1 016	77 551	96,1	7 456
1973	69 628	132,0	9 187	10 994	137,3	1 509	80 622	132,7	10 697
1974	72 173	83,2	6 007	10 855	73,5	798	83 028	82,0	6 805
1975	74 142	109,2	8 097	10 828	105,7	1 144	84 970	108,8	9 241
1976	75 772	99,4	7 532	10 524	107,1	1 127	86 296	100,3	8 659
1977	77 162	115,5	8 911	10 568	139,9	1 478	87 730	118,4	10 389

[1] Bundesgebiet bis 1947 ohne Saarland in seinen damaligen Grenzen, ab 1948 einschließlich Saarland.

Blühender Rebstock.

voraussichtliche Güte der Trauben, an das Preußische Statistische Landesamt zu berichten. Das Urteil mußte in Noten von 1 bis 5 ausgedrückt sein. Hierbei war eine Unterscheidung nach Weiß- und Rotwein nicht vorgesehen. Zur besseren Beurteilung der Gesamtlage im Weinbau waren die Berichterstatter jedoch gehalten, Wetterschäden, Auftreten von Schädlingen und andere besondere Vorkommnisse auf den Berichtskarten zu vermerken. Durch die preußische Maßnahme war das Statistische Reichsamt in die Lage versetzt worden, die jeweilige Weinmosternte sowohl nach der Menge als auch nach der Güte aufzubereiten. Diese Praxis wurde im wesentlichen auch von den Nachfolgeorganisationen des Statistischen Reichsamtes, dem Statistischen Amt des Vereinigten Wirtschaftsgebietes und dem Statistischen Bundesamt, weitergeführt. Vom Statistischen Bundesamt wurde diese Statistik im Laufe der Zeit den Anforderungen der Verwaltung und der Weinwirtschaft angepaßt. Im Jahre 1953 wurden erstmals die durchschnittlichen Mostgewichte und Säuregehalte für Weiß- und Rotmost veröffentlicht. Im Jahre 1955 wurden Nachweisungen über Beginn und Ende der Lese der wichtigsten Rebsorten aufgenommen und im Jahre 1957 die Veröffentlichungen um allgemeine Angaben über Witterungsdaten zur Abrundung des Gesamtbildes erweitert. Im gleichen Jahr verschwand die alte und mit Recht umstrittene Angabe des Geldwertes der Weinmosternte. Diese Nachweisung wurde durch die Meldungen über Mostverkäufe während der Lese und die dabei erzielten Erlöse zutreffender ersetzt. Eine erhebliche Erweiterung des Informationsangebotes wurde durch die Veröffentlichung der Erträge und der Mostausbeute wichtiger Rebsorten erreicht.

Eine deutliche Verbesserung der Statistik erfolgte 1968. In diesem Jahr wurden erstmalig auf repräsentativen Ertragsfeststellungen begründete amtliche Ergebnisse veröffentlicht. Zur Sicherung und laufenden Verbesserung der Angaben über die Weinmosternte waren durch das Gesetz über Bodennutzungs- und Ernteerhebung vom 23.6.1964 (BGBl I 405) die »Ergänzenden Ernteermittlungen« angeordnet worden. In einigen Ländern wurden daraufhin verschiedene Stichprobenverfahren erprobt. Heute werden auf zufällig ausgewählten Parzellen und Parzellenteilstücken und an einzelnen Rebstöcken die Trauben geson-

Weinstatistik

dert gelesen und gewogen. Diese Ergebnisse werden den Statistischen Landesämtern gemeldet und dort zum Landesergebnis hochgerechnet. Vom Statistischen Bundesamt werden diese dann zum Bundesergebnis konzentriert. Aufgrund dieses Verfahrens können sicherere, nicht beeinflußbare Ergebnisse über die Erntemenge veröffentlicht werden. Die Ergebnisse der Ernteberichterstattung werden heute nur noch als Maß für die regionale und qualitative Gliederung der endgültigen Weinmosternte verwendet.

Das neue deutsche Weingesetz von 1971 (BGBl vom 16.7.1971 I, Nr. 63) verursachte auch eine Veränderung der Weinmosterntestatistik. An die Stelle der in früheren Veröffentlichungen im Zehner-Abstand nachgewiesenen Oechslegrade und der Benotung der Güte des Mostes traten jetzt die Nachweisungen der für die 3 Qualitätsstufen (Tafelwein, Qualitätswein und Qualitätswein mit Prädikat) geeigneten Mostmengen nach Weinmosten insgesamt, nach Weiß- und Rotmost sowie nach den wichtigsten Rebsorten.

Statistik der Weinbestände, der Weinerzeugung, des Weinverbrauchs und der Lagerbehälter

Nachdem am 25. März 1957 Belgien, die Niederlande, Luxemburg, Italien, Frankreich und die Bundesrepublik Deutschland in Rom den Vertrag zur Gründung der Europäischen Wirtschaftsgemeinschaft unterzeichnet hatten, waren auch für die Weinwirtschaft die Weichen für die Errichtung einer Marktordnung gestellt. Mit der nun auf einen gemeinsamen Markt hin in Gang gesetzten Entwicklung mußten auch Maßnahmen getroffen werden, die auf der Kenntnis der Produktionsmöglichkeiten und auf der jährlichen Ermittlung des Umfanges der verfügbaren Traubenmost- und Weinmengen beruhten. Diese Kenntnisse wurden durch die Einrichtung von Statistiken über Ernteerträge, Weinerzeugung und Weinbestände erbracht. Mit der Veröffentlichung der Rechtsverordnungen 24/62, 134/62 und 1136/70 wurden die rechtlichen Grundlagen dafür geschaffen. Die Vorschriften fanden auch Eingang in das deutsche Weinwirtschafts-Gesetz und seine Durchführungsverordnungen; sie wurden noch ergänzt durch Anordnungen zur Ermittlung des jährlich zur Verfügung stehenden Lagerraums.

Die Statistik der Weinbestände hat sich dabei zu einem grundlegenden Mittel zur Beurteilung der Wettbewerbslage und zu einem wichtigen Werkzeug zur Erstellung der Weinbilanz entwickelt. In dieser Statistik werden die Weinbestände nicht nur nach sachlichen Kriterien unterschieden, sondern es wird auch eine Aufteilung nach Betriebsarten vorgenommen, in denen die jeweiligen Vorräte lagern. Als die wichtigsten Betriebsarten haben sich dabei der Weinbau, die Winzergenossenschaften und der Großhandel mit Wein erwiesen. In diesen Branchen lagern über 80% der Vorräte. Die Meldepflicht für diese Erhebung erstreckt sich auch auf Betriebe mit gewerblicher Lagerung, auf Sektkellereien, auf Betriebe mit Wermut- und Weinessigproduktion sowie auf Gaststätten und den Einzelhandel. Die beiden letzteren sind jedoch nur zur Abgabe von Meldungen verpflichtet, sofern sie Einrichtungen zur Behandlung und Lagerung von Wein in erheblichem Umfang besitzen oder verwenden. Durch diese Begrenzung der Meldepflicht und den Verzicht auf die Erfassung von Konsumenten werden Doppelmeldungen vermieden, der Nachlieferungsbedarf festgestellt und der Umfang dieser Statistik ohne Informationsverluste erfreulich gering gehalten.

Seit 1965 wurde vor allem auf Veranlassung der Kommission der EG auch die Erfassung der Weinerzeugung in das Statistikprogramm aufgenommen. Vor dem Jahre 1965 wurde allgemein von der Annahme ausgegangen, die Mostmenge entspreche der erzeugten Weinmenge. In Deutschland traf diese Annahme auch einigermaßen zu. Bei den hier angewandten kellertechnischen Verfahren wurden in normalen Jahren die Gär- und Abstichverluste durch die notwendige Anreicherung und den erlaubten Verschnitt ausgeglichen. In den EG-Partnerländern mit bedeutendem Weinbau haben diese Kellereivorgänge jedoch einen erheblichen Einfluß auf die Höhe der jährlichen Weinerzeugung, so daß die Statistik der Weinerzeugung aus dieser Sicht notwendig und gerechtfertigt ist.

Einen der wichtigsten Beiträge zur Kenntnis des Weinmarktes liefert die Außenhandelsstatistik. Neben den Informationen, die diese Statistik im Hinblick auf die ein- und ausgeführten Qualitäten bringt, ist sie eine entscheidend notwendige Komponente für die Berechnung von Weinmarktbilanzen auf nationaler und internationaler Ebene. Die Weinbilanz wurde bis einschließlich 1970 im Bereich der Bundesrepublik Deutschland jeweils für das Kalenderjahr erstellt. Seit

Statistik der Weinbestände, der Weinerzeugung und der Lagerbehälter

Jahr[1]	Weinbestände (hl)						Verarbeitungswein zusammen
	insgesamt	Trinkwein					
		zusammen	inländischer	darunter neuester Jahrgang	ausländischer	darunter aus EG-Ländern	
1962	9 569 740	9 156 389	8 280 198	4 520 219	876 191	536 630	413 351
1963	11 369 033	10 938 487	10 022 542	6 302 929	915 945	596 263	430 546
1964	13 228 412	12 696 681	11 864 193	7 411 717	832 488	529 593	531 731
1965	11 436 249	11 000 717	9 987 937	5 258 259	1 012 780	608 126	435 532
1966	11 128 124	10 713 467	9 589 060	5 100 710	1 124 407	621 324	414 657
1967	11 353 082	10 948 101	9 895 260	6 028 525	1 052 841	581 114	404 981
1968	11 616 601	11 195 457	10 071 118	6 014 464	1 124 339	560 136	421 144
1969	12 008 613	11 419 042	10 192 303	5 894 944	1 226 739	598 793	589 571
1970	15 692 288	15 051 976	13 928 409	9 642 253	1 123 567	602 436	639 312
1972	10 260 240	9 709 047	8 337 438	4 415 692	1 371 609	1 034 703	551 193
1973	11 244 412	10 623 330	8 972 165	5 124 337	1 651 165	1 250 043	621 082
1974	13 728 439	13 242 595	11 897 971	7 674 491	1 344 624	923 732	485 844
1975	11 469 020	11 144 174	9 960 901	5 182 127	1 183 273	808 675	324 846
1976	12 030 557	11 495 926	10 126 159	6 356 667	1 369 767	876 222	534 631
1977	12 283 471	11 759 444	10 433 938	6 240 400	1 325 506	865 484	524 027

Weinerzeugung (hl)				Lagerbehälter für Weinmost und Wein (hl)			
Jahr	insgesamt	Weißwein	Rotwein	Jahr[1]	insgesamt	Holzfässer	Tank- u. sonstige Behälter
1965	5 085 668	4 201 769	883 899	1968	14 343 663	5 491 993	8 851 670
1966	5 121 521	4 354 382	767 139	1969	15 114 726	5 377 357	9 737 369
1967	6 237 861	5 314 552	923 309	1970	16 250 285	5 335 592	10 914 693
1968	6 226 458	5 103 947	1 122 511	1972	18 557 970	5 116 229	13 441 741
1969	6 084 848	5 264 808	820 040	1973	20 756 673	4 987 073	15 769 600
1970	10 010 624	8 347 076	1 663 548	1974	21 193 756	4 863 252	16 330 504
1971	6 292 842	5 348 959	943 883	1975	22 171 691	4 470 032	17 701 659
1972	7 853 964	6 762 170	1 091 794	1976	22 103 025	4 219 433	17 883 592
1973	10 644 766	9 137 017	1 507 749	1977	22 995 473	4 026 342	18 969 131
1974	6 895 066	6 087 510	807 556				
1975	9 014 505	7 970 876	1 043 629				
1976	8 837 155	7 717 623	1 119 532				

[1] 1971 wegen verschiedener Erhebungstermine in den Ländern keine Aufbereitung des Bundesergebnisses. – Bis 1970 Erhebungstermine: 31. 12., ab 1972: 31. 8.

Bestockte Rebfläche der Keltertrauben nach Rebsorten (WBK) im Bundesgebiet in ha

Rebsorte	1964	1968	1969	1970	1971	1972	1973	1974	1975	1976
Weiße Rebsorten:										
Albalonga (Wü B 51-2-1)	.	.	.	0	1	3	10	18	24	32
Auxerrois	114	117	120	118	115	115	113	112	109	108
Bacchus (Gf 33-29-133)	2	34	66	103	169	257	460	760	1 157	1 447
Burgunder, Weißer	465	597	615	659	711	748	775	794	802	809
Ehrenfelser (Gm 9-93)	.	.	.	3	19	44	90	137	171	251
Elbling, Weißer	1 234	1 275	1 293	1 288	1 279	1 265	1 243	1 215	1 196	1 183
Faber (Az 10375)	.	20	47	93	186	342	644	907	1 157	1 360
Findling	.	.	.	.	.	.	8	8	15	31
Freisamer (Fr 21-5)	46	66	70	73	78	80	82	84	85	84
Gutedel, Weißer	1 192	1 162	1 165	1 169	1 189	1 210	1 198	1 213	1 221	1 276
Huxelrebe (Az 3962)	56	86	99	166	299	393	513	635	746	900
Kanzler (Az 3983)	.	9	12	14	18	22	29	35	45	57
Kerner (We S 25-30)	8	21	29	60	375	780	1 274	1 706	2 116	2 708
Malingre, Früher	53	34	28	26	24	23	22	21	20	20
Malvasier (Fr. Roter)	11	12	12	12	14	15	16	17	18	18
Marienstein er (Wü B 51-7-3)	.	.	.	2	4	9	17	32	34	37
Morio-Muskat (Gf I 28-30)	1 052	1 455	1 570	1 825	2 211	2 381	2 560	2 697	2 777	2 827
Müller-Thurgau	14 115	17 571	18 276	19 416	20 930	21 808	22 641	23 506	24 116	24 419
Muskateller, Gelber	10	11	12	12	13	16	17	18	19	20
Muskateller, Roter	2	2	3	3	3	3	4	5	5	6
Muskat-Ottonel	20	22	23	24	27	25	26	26	25	25
Neuburger	1	1	1	1	1	1	2	1	1	1
Nobling (Fr 128-40)	.	.	.	2	26	61	79	94	105	116
Optima (Gf 33-13-113)	.	5	13	21	35	61	105	154	216	327
Ortega (Wü B 48-21-4)	.	.	0	12	30	74	148	228	350	518
Ortlieber, Gelber	4	4	4	4	4	4	5	4	5	6
Perle (Az 3951)	82	109	112	119	129	151	215	255	276	294
Räuschling, Weißer	19	9	12	10	9	8	7	7	6	6
Rieslaner (N I 11-17)	45	53	53	54	55	53	55	58	59	57
Riesling, Weißer	17 083	17 931	18 055	18 292	18 627	18 841	18 740	18 521	18 351	18 327
Ruländer (Burg. Grauer)	1 283	2 067	2 218	2 406	2 702	2 929	3 067	3 161	3 221	3 263
Scheurebe (Az S 88)	342	813	990	1 165	1 392	1 722	2 092	2 346	2 529	2 714
Septimer (Az 3952)	2	4	4	6	8	12	16	18	19	21
Siegerrebe (Az 7957)	71	127	139	142	149	162	174	187	195	210
Silvaner, Grüner	18 781	18 161	17 846	17 623	17 223	16 739	15 879	14 843	14 111	13 404
Traminer, Roter (Gewürztram.)	435	630	654	688	744	770	807	856	881	889
Veltliner, Grüner	10	10	10	10	10	9	8	8	7	7
Wannerrebe	19	19	19	21	21	21	21	20	21	21
Sonstige W. Rebsorten	23	34	45	52	56	66	42	75	66	63
Versuchsanbau:										
Aris (Sbl 2-19-58)	3	10	11	11	11	11	11	10	9	8
Comtessa (Gf 35-26-139)	.	.	.	.	.	.	.	1	2	2
Fontanara (Wü B 51-4-10)	.	.	.	.	.	1	3	5	5	5
Forta (Gf 31-15-100)	.	.	.	0	1	3	5	8	10	11
Gloria (Gf 30n-9-130)	.	.	1	1	2	2	3	3	3	3
Gutenborner (Gm 17-52)	.	.	.	.	.	1	2	3	5	6
Jubiläumsrebe (24-125)	.	.	.	.	.	0	0	0	0	0
Multaner (Gm 10-54)	.	.	.	.	.	0	0	0	0	0
Noblessa (Gf I 32-16-74)	.	.	.	0	0	0	0	0	0	0
Osiris (Wü B 51-8-28)	.	.	.	.	0	1	1	1	1	1
Rabaner (Gm 22-73)	.	.	.	.	.	1	3	4	5	5
Regner (Az 10378)	.	.	.	1	4	11	20	27	30	33
Reichensteiner (Gm 18-92)	.	.	.	5	29	68	115	138	152	168
Schönburger (Gm 15-114)	.	.	.	.	.	12	22	25	28	32
Siegfriedrebe	6	6	6	5	4	3	6	5	5	4
Thurling (Az 4612)	.	.	.	.	.	.	.	.	1	1
Würzer (Az 10487)	.	.	.	0	1	7	13	20	25	31
Sonstige Neuzüchtungen	204	271	285	299	328	350	399	387	409	414
Zusammen	56 793	62 758	63 918	66 016	69 266	71 694	73 807	75 419	76 968	78 588
Rote Rebsorten:										
Burgunder, Blauer Früh-	12	15	14	14	14	45	50	49	50	47
Burgunder, Blauer Spät-	1 839	2 639	2 727	2 770	2 879	2 944	2 968	3 013	3 086	3 161
Carmina (Gf IV 26-4 N)	.	.	.	.	0	0	0	0	0	0
Deckrot (Fr 119-39)	.	.	.	.	0	0	2	7	10	14
Domina (Gf IV 25-7 N)	.	.	.	0	0	2	2	2	3	3
Färbertraube	1	2	2	4	12	13	17	18	20	20
Hängling, Bl. (Tauberschwarz)	7	3	4	4	3	3	2	2	2	2
Helfensteiner (We S 53-32)	33	62	73	79	82	86	85	85	81	78
Heroldrebe (We S 130)	53	112	120	202	164	150	154	162	165	171
Kolor (Fr 71-39)	.	.	.	0	0	0	0	0	0	0
Limberger, Blauer	365	401	394	384	399	406	399	395	376	377
Müllerrebe (Schwarzriesling)	323	473	588	693	765	827	878	893	903	929
Portugieser, Blauer	5 323	5 450	5 321	5 178	4 939	4 738	4 478	4 252	4 062	3 841
Rotberger (Gm 3-37)	5	6	6	7	7	5	9	11	12	12
Saint-Laurent	42	40	39	39	37	33	32	30	28	27
Silvaner, Bl. (Bodenseeburg.)	3	3	4	4	4	4	4	3	3	3
Trollinger, Blauer	1 662	1 771	1 760	1 768	1 812	1 881	1 884	1 901	1 866	1 891
Mischsatz	114	96	95	93	93	96	95	84	89	86
Sonstige Rebsorten	54	43	42	41	39	43	41	40	36	33
Versuchsanbau:										
Dornfelder (We S 341)	.	.	.	.	.	.	.	.	.	12
Dunkelfelder (Fr V 4-4)	.	.	.	.	.	.	.	.	.	1
Samtrot	51	55	53	50	47	46	45	43	41	39
Sonstige Neuzüchtungen	5	5	6	7	9	11	14	26	40	63
Zusammen	9 892	11 176	11 248	11 337	11 305	11 333	11 159	11 017	10 873	10 810
Keltertrauben insgesamt	66 685	73 934	75 166	77 353	80 571	83 027	84 966	86 436	87 841	89 398

1971 wird sie für das im EG-Raum gebräuchliche Weinwirtschaftsjahr (1. September bis 31. August) festgestellt. Eines der bedeutsamsten Resultate der Bilanz ist der jährliche Pro-Kopf-Verbrauch, der nicht nur Aufschluß über die Absatzmöglichkeiten, sondern auch Rechenschaft über Marktpflege und Erfolg der Produktförderung gibt. Speziell auf diesem Gebiet haben sich die Kommission und das Statistische Amt der Europäischen Gemeinschaft besonders um eine einheitliche Berechnungsweise bemüht, um die in diesem Bereich bestehenden unterschiedlichen Gepflogenheiten hinsichtlich der Einbeziehung von Weinarten, Verlusten und Verbrauchsstufen von vornherein auszuschalten.

Eine weitere für den Weinmarkt sehr bedeutsame, wenn auch vom Umfang her nicht besonders große Statistik ist die der Lager- und Gärbehälter. Mit ihr wird jährlich in Verbindung mit der Ermittlung der Weinbestände die verfügbare Lagerkapazität festgestellt. Das Ergebnis vermittelt im Zusammenhang mit den Vorräten und der zu erwartenden Erntemenge den interessierten Branchen einen wichtigen Hinweis auf den Verlauf des bevorstehenden Herbstmarktes. Aus den jetzt vorliegenden Ergebnissen, denen zufolge im Jahr 1976 rund 22 Millionen hl Lagerkapazität zur Verfügung standen, wird deutlich, daß Schwierigkeiten bei der Einlagerung mengenmäßig großer Ernten bei einigermaßen konstanten Anbauflächen in absehbarer Zukunft nicht zu befürchten sind.

Weinbaukataster

In der Bundesrepublik Deutschland wurde das Weinbaukataster aufgrund der EG-Verordnungen 24/62, 143/62 und 26/64 erstmalig für den Stand vom 31.12.1964 eingerichtet. Unter der Bezeichnung »Weinbaukataster« ist keine katasteramtliche Nachweisung der jeweiligen Parzellen zu verstehen; die Bezeichnung ist von der französischen Einrichtung, dem Cadastre viticole, abgeleitet. Es handelt sich um eine einheitliche Bestandsaufnahme des Weinbaues in den ursprünglich 6 Mitgliedstaaten der EG. Das Weinbaukataster soll der EG-Kommission gestatten, »eine ausreichende Kenntnis des am Markt teilhabenden Weinbaupotentials zu erhalten, um gegebenenfalls die durch die Marktverhältnis-

Weinstatistik

se erforderlich werdenden Maßnahmen einhalten zu können«.
Am 12. 1. 1968 wurde im Amtsblatt der Europäischen Gemeinschaften die Verordnung 39/68 verkündet. In ihr sind die Merkmale festgelegt, die in einer jährlichen Fortschreibung erfaßt werden müssen. Die Kommission der EG beabsichtigt damit, »zur Beurteilung der Lage und der Entwicklung des Weinmarktes in der Gemeinschaft ständig und genau die Veränderungen der Rebfläche und des Rebsortenbestandes in den verschiedenen Verwaltungsbezirken der Mitgliedstaaten – für die Bundesrepublik Deutschland: Regierungsbezirke – unter jeweiliger Berücksichtigung der Art der Erzeugung (Keltertrauben, Rebschulen, Unterlagenschnittgärten) und der Lage der Rebgrundstücke (Geländegestaltung) zu verfolgen«.
Nach der Grunderhebung im Jahre 1964 bezog sich die erste Fortführung im Jahre 1968 auf einen Zeitraum von 3 Jahren. Zugleich wurde der Erhebungsstichtag vom 31. Dezember auf den 31. Mai – an diesem Termin ist der größte Teil der jährlichen Neuanpflanzungen bewältigt – verlegt. Alle natürlichen und juristischen Personen müssen nun jährlich Meldungen über Rodung und Neuanpflanzungen abgeben, sofern sie Betriebe bewirtschaften mit 10 und mehr a Rebfläche oder unter 10 a Rebfläche, wenn ein Teil ihrer Erzeugung an Trauben, Maische, Most oder Wein auf den Markt gelangt.
In der Bundesrepublik Deutschland oblag die Erhebungsarbeit den Statistischen Landesämtern. Ihnen war aber das Erhebungsverfahren weitgehend freigestellt, indem sie alle geeigneten Informationen, auch von den Reblauskommissaren, Anerkennungsstellen der Landwirtschaftskammern und ähnlichen Institutionen, auswerten konnten.
Die Ergebnisse des Weinbaukatasters beziehen sich auf die bestockte Rebfläche und gestatten damit auch eine Abschätzung des jeweils zur Verfügung stehenden Rebpotentials. Sie zeigen aber vor allem, wie sich in einem relativ kurzen Zeitraum eine grundlegende Umschichtung des Anteils der einzelnen Rebsorten am Rebsortenspiegel vollzogen hat.
Die Rebsorte Müller-Thurgau stand während der Grunderhebung des Weinbaukatasters 1964 mit 14 115 ha an 3. Stelle der Rebsorten hinter Silvaner mit 18 781 ha und Riesling mit 17 083 ha. Bis 1969 setzte sich der Müller-Thurgau mit einer Anbaufläche von 18 276 ha an die 1. Stelle vor den Riesling mit 18 055 ha. Mittlerweile hat Müller-Thurgau die Spitzenstellung auf 24 419 ha im Jahre 1976 weiter ausgebaut und nimmt damit 27% des gesamten bestockten Reblandes ein. Die ehemals stürmische Zunahme hat sich in den letzten Jahren allerdings erheblich verringert.
Der Weiße Riesling steht mit einer bestockten Rebfläche von 18 327 ha im Jahre 1976 an 2. Stelle der Rebsorten und nimmt 21% der gesamten bestockten Rebfläche ein.
Die bei der Grunderhebung mit 18 781 ha an der Spitze stehende Rebsorte Grüner Silvaner ist seitdem ständig zurückgegangen. Ihre für 1976 nachgewiesene bestockte Fläche von 13 404 ha nimmt nur noch 15% des Rebareals ein.
Ähnliche Entwicklungen sind bei den ehemals weitverbreiteten, älteren Rebsorten Weißer Elbling und Weißer Gutedel zu beobachten. Hier werden die Rodungen nicht mehr oder nur noch begrenzt durch Neuanpflanzungen gleicher Sorte ersetzt.
Mit dieser Entwicklung werden die oft geäußerten Meinungen bestätigt, daß Ertragssicherheit und Eignung für harmonische Weinqualität den Anbauwert des Silvaners nicht für alle Zeit gewährleisten; daß der Gutedel aufgrund seiner besonderen Art und seines sortentypischen Buketts kaum eine größere Bedeutung außerhalb des südbadischen Raums gewinnen kann; und daß der Elbling trotz seiner unbestrittenen, hervorragenden Qualifikation zur Schaumweinherstellung wegen der im neuen Weingesetz geforderten Mindestmostgewichte seine Stellung im Rebsortenspiegel wohl nicht wird behaupten können.
Völlig entgegengesetzt verläuft die Entwicklung bei einigen Neuzüchtungen. Infolge zunehmender Bevorzugung frischer und besonders bukettreicher Weine durch die Verbraucher, und weil immer mehr Winzer wegen der besseren Gewinnaussichten Selbstmarkter werden, haben die im Jahre 1964 noch unbedeutenden Neuzüchtungen Kerner (1976: 2708 ha), Bacchus (1976: 1447 ha) und Faber (1976: 1360 ha) eine ungeahnt rasche Verbreitung erfahren. Aufgrund des im Weinbaukataster ebenfalls nachgewiesenen eingeschulten Vermehrungsguts behält die Tendenz: »Vordringen der Neuzüchtungen und Rückgang der bewährten älteren Sorten« für den Weinbau der nächsten Jahre ihre Gültigkeit.
Die Veränderung der Anbaufläche bei den roten Rebsorten ist von einer ähnlichen Entwicklung gekennzeichnet. Der vor einigen Jahren vor allem wegen seiner reichen Erträge und Frühreife sehr stark vorangetriebene Anbau des Blauen Portugiesers zeigt sich nunmehr wegen der geforderten Mindestmostgewichte und der in Zukunft sehr stark eingeschränkten Verwendung von Deckrotwein ebenfalls stark rückläufig. Ständige Zunahmen sind dagegen bei den Edelrebsorten Blauer Spätburgunder und Müllerrebe sowie bei einigen Neuzüchtungen festzustellen.

Weinbauerhebung

Im Rahmen der Landwirtschaftszählung 1971, der allgemeinen Bestandsaufnahme der Landwirtschaft, konnten die vielfältigen Erscheinungsformen des Weinbaues nicht im erforderlichen Maße erfaßt und dargestellt werden, so daß nach der ersten eigentlichen Weinbauerhebung von 1958 und der Grunderhebung des Weinbaukatasters 1964 im Jahre 1973 eine neue derartige Erhebung notwendig wurde.
Mit dieser Erhebung liefert die amtliche Statistik eine Reihe von Informationen für die Durchführung öffentlicher Maßnahmen auf unterschiedlicher Ebene (Bundesländer, Bund, EG). Seit der Einführung der EG-Weinmarktordnung im Jahre 1970 ist der Umfang der administrativen Einflußnahmen auf diesen Sektor – besonders bei der Vermarktung – stark angewachsen. Auf diesem Gebiet treten derzeit erhebliche Probleme zutage, da die Rebflächen ständig zugenommen haben, die Hektarerträge erheblich gestiegen sind, der Weinverbrauch aber nur noch langsam steigt oder zeitweise stagniert. Diese Situation führt zu beträchtlichen Weinüberschüssen im gesamten EG-Raum.
Diese Überschüsse können direkt durch Interventionen mit Lagerbeihilfen und durch Destillation beseitigt oder aber langfristig durch Maßnahmen zur Anpassung des Weinbaupotentials und der Struktur der Weinbaubetriebe an die Marktbedürfnisse (Verbot von Neupflanzungen, Einschränkung der Wiederbepflanzung, Durchführung von Flurbereinigungsverfahren, Beihilfen zur Verbesserung der Betriebsstruktur, Werbemaßnahmen) reguliert werden.
Nach dem Gesetz über eine Zählung in der Land- und Forstwirtschaft vom 23. 12. 1970 (BGBl I 1852) wurde der Befragtenkreis, der auch zur Abgabe von Meldungen über Weinbestände, Weinerzeugung und zum Weinbaukataster verpflichtet ist, zur Ermittlung vergleichbarer Ergebnisse herangezogen. Die Vergleichbarkeit der in diesem Rahmen fest-

Die Weinwirtschaft

gestellten Daten mit denen der Weinbaubetriebserhebung 1958 ist wegen der unterschiedlichen Erfassungsgrenze und der damals als Gliederungsmerkmal zugrunde gelegten »gesamten Betriebsfläche« deutlich eingeschränkt. Ein Vergleich mit noch früheren Erhebungen in diesem Bereich – landwirtschaftliche Betriebszählungen 1949 und 1939 – ist nicht möglich. Die ermittelten Ergebnisse lassen sich dagegen fast uneingeschränkt mit den Nachweisungen des im Jahre 1964 aufgrund von EG-Rechtsvorschriften erhobenen Weinbaukatasters in Beziehung setzen. Bei den Tabellen auf dieser Seite unten wurde aus diesem Grunde auch fast ganz auf diesbezügliche Vergleichsangaben verzichtet.

Aufgrund der gesetzlichen Vorschriften hatte sich das Frageprogramm der Weinbauerhebung für Weinbaubetriebe auf Merkmale zur Kennzeichnung der Betriebe, Besitzverhältnisse, Erwerbs- und Unterhaltsquellen, Betriebsflächen, fachlichen Vorbildung, Arbeitskräfte, technischen und baulichen Einrichtungen, Verwertung des Erntegutes und Absatzwege zu erstrecken. Bei den Winzergenossenschaften, Erzeugergemeinschaften und Verbundbetrieben mit eigener Kellerei waren folgende Nachweisungen zu erfassen: Kennzeichen der Betriebe, Anlieferung von Weinmost, Absatzwege von Wein und Einrichtungen der Kellerwirtschaft.

In der Weinbauerhebung wurden insgesamt 101 225 Betriebe mit Rebland ermittelt. Von diesen Betrieben hatten 1210 keine bestockte Rebfläche; sie be-

Betriebe mit Weinbau nach der Rebfläche

Bestockte Rebfläche von...bis unter...ha	Betriebe		Rebfläche									
			insgesamt		bestockte				Rebbrache		Landwirtschaftlich genutzte Fläche	
					zusammen		zu Keltertrauben					
	1964[1]	1972/73	1964[1]	1972/73	1964[1]	1972/73	1964[1]	1972/73	1964[1]	1972/73	1964[1]	1972/73
	Anzahl						ha					
unter – 0,10	10 255	6 790	1 410	719	662	455	660	455	747	264	13 410	8 551
0,10 – 0,25	43 233	31 255	8 221	5 513	6 801	4 939	6 799	4 938	1 419	574	90 656	59 701
0,25 – 0,50	28 044	21 643	11 305	8 105	9 787	7 458	9 776	7 452	1 517	647	76 567	55 701
0,50 – 1	20 396	17 224	15 983	12 777	14 183	11 932	14 163	11 914	1 799	845	80 086	70 656
1 – 2	11 080	12 682	16 882	18 548	15 135	17 533	15 098	17 483	1 747	1 015	63 010	77 380
2 – 5	4 649	8 485	14 591	26 609	13 247	25 317	13 166	25 175	1 346	1 291	38 450	77 394
5 – 10	572	1 611	4 195	10 858	3 807	10 385	3 763	10 291	389	473	8 844	21 698
10 und mehr	183	325	3 920	6 856	3 359	6 305	3 296	6 225	561	551	6 553	10 248
Zusammen	118 412	100 015	76 507	89 985	66 981	84 325	66 723	83 934	9 527	5 661	377 576	381 328
Ohne bestockte Rebfläche	3 372	1 210	1 215	329	–	–	–	–	1 215	329	8 351	2 645
Insgesamt	121 784	101 252	77 722	90 314	66 981	84 325	66 723	83 934	10 742	5 989	385 928	383 974

[1] Weinbaukataster

Nichtausbauende Betriebe

Größenklasse nach der bestockten Rebfläche von...bis unter...ha	Insgesamt				Mit Lieferung bzw. Verkauf des Lesegutes an							
					Erzeugergemeinschaften, Winzergenossenschaften oder Verbundbetriebe				Weinhandel und Kellereien			
					zusammen		zu 100%		zusammen		zu 100%	
	Betriebe		gesamte Rebfläche		Betriebe	gesamte Rebfläche	Betriebe	gesamte Rebfläche	Betriebe	gesamte Rebfläche	Betriebe	gesamte Rebfläche
	Anzahl	%	ha	%	Anzahl	ha	Anzahl	ha	Anzahl	ha	Anzahl	ha
unter 0,10	6 135	9,5	817	2,3	3 711	475	3 711	475	2 163	223	2 163	223
0,10 – 0,25	23 685	36,4	4 209	11,9	16 274	2 941	16 212	2 929	7 442	1 274	7 380	1 263
0,25 – 0,50	16 227	24,9	6 067	17,1	12 140	4 581	12 005	4 530	4 204	1 528	4 069	1 477
0,50 – 1	10 948	16,8	8 056	22,7	8 865	6 572	8 639	6 392	2 300	1 657	2 074	1 477
1 – 2	5 764	8,8	8 279	23,3	4 964	7 160	4 733	6 833	1 017	1 428	786	1 100
2 – 5	2 182	3,3	6 396	18,0	1 905	5 581	1 743	5 074	434	1 304	272	797
5 – 10	185	0,3	1 203	3,4	162	1 036	141	902	44	301	23	166
10 – 20	17	0,0	228	0,6	14	183	12	159	5	69	3	45
20 und mehr	8	0,0	244	0,7	6	196	6	196	2	48	2	48
Insgesamt	65 151	100	35 499	100	48 041	23 727	47 202	27 491	17 611	7 833	16 772	6 596

Absatzarten der Betriebe mit eigener Kellerwirtschaft

Land	Ausbauende Betriebe						Mit Absatz von			
	insgesamt				mit Ausbau der gesamten Ernte		Flaschenwein		Faßwein	
							insgesamt	zu 100%	insgesamt	zu 100%
	Betriebe		gesamte Rebfläche		Betriebe	gesamte Rebfläche	Betriebe			
	Anzahl	%	ha	%			Anzahl			
Hessen	1 507	4,2	2 743	5,0	1 374	2 456	1 224	695	729	257
Rheinland-Pfalz[1]	26 525	73,5	46 977	85,7	19 860	33 475	9 562	3 148	23 019	16 695
Baden-Württemberg	5 447	15,1	3 016	5,5	4 180	2 213	1 058	698	1 353	1 001
Bayern	2 578	7,1	2 046	3,7	2 007	1 603	1 105	773	1 234	935
Saarland	17	0,1	33	0,1	2	6	15	5	10	1
Bundesgebiet	36 074	100	54 814	100	27 423	39 753	12 964	5 319	26 345	18 890

[1] Einschl. Nordrhein-Westfalen.

fanden sich zur Zeit in einem Flurbereinigungsverfahren. Beim Vergleich mit den in die Tabelle übernommenen Ergebnissen der Grunderhebung des Weinbaukatasters 1964 wird deutlich, daß die in der allgemeinen Landwirtschaft erkennbare Konzentration zu größeren Betriebseinheiten auch den Weinbau erfaßt hat. In den Größenklassen bis zu 1 ha waren kräftige Rückgänge in der Zahl der Betriebe zu verzeichnen. In den Größenklassen über 1 ha nahm die Anzahl der Betriebe generell zu. Diese Zugänge konnten jedoch die Rückgänge in den niedrigeren Bereichen nicht wettmachen, so daß gegenüber 1964 eine Verminderung der Betriebe mit Weinbau um 20 559 Einheiten festzustellen ist. Deutliche Zunahmen waren jedoch bei der gesamten Rebfläche von 77 722 auf 90 314 ha und bei den bestockten Rebflächen von 66 981 auf 84 325 ha zu registrieren. Gegenüber der allgemeinen Landwirtschaft war die Flächenausstattung der Betriebe mit durchschnittlich 0,84 ha bestocktem Rebland zwar klein, doch darf hier nicht übersehen werden, daß die pro Flächeneinheit erzielbaren Erträge die meisten Zweige der übrigen Landwirtschaft erheblich übertreffen. Die durchschnittliche Ausstattung der Betriebe mit bestocktem Rebland zeigte für die einzelnen Bundesländer bemerkenswerte Unterschiede. In Hessen und Rheinland-Pfalz betrug sie 1,15 ha, während sie in Baden-Württemberg mit 0,46 ha und in Bayern mit 0,55 ha erheblich unter dem Bundesdurchschnitt lag.

Die Organisation eines jeden Weinbaubetriebes ist grundsätzlich davon abhängig, welche Verwertung des Lesegutes beabsichtigt ist. Es gibt Betriebe, die einen Ausbau des Lesegutes zu Wein nicht betreiben, und solche, die das Lesegut total oder auch nur teilweise im eigenen Betrieb zum Endprodukt Wein ausbauen. Im Bundesgebiet erzeugten von den 101 225 Betrieben insgesamt 65 151 oder 64% selbst keinen Wein. Diese nichtausbauenden Betriebe sind in erster Linie in den unteren Betriebsgrößen angesiedelt. Sie repräsentieren daher auch nur 39% der gesamten Rebfläche. Wegen des relativ geringen Flächenanteils lohnt sich hier die Anschaffung einer teuren Kellereinrichtung mit Filtern, Separatoren, Drucktanks und anderem Gerät nur in den seltensten Fällen. Diese Betriebe sind daher gezwungen, ihre Ernte sogleich im Herbst an Winzergenossenschaften, Erzeugergemeinschaften oder Verbundbetriebe oder aber an den Weinhandel oder Sektkellereien abzugeben.

In der Erhebung wurden 36 074 ganz oder teilweise ausbauende Betriebe ermittelt; das sind 36% aller Betriebe mit Weinbau. Hierbei ist darauf hinzuweisen, daß von den ausbauenden Betrieben 61% der gesamten Rebfläche bewirtschaftet werden, das heißt, daß hauptsächlich die flächenmäßig größeren Betriebe die Weine im eigenen Keller ausbauen. Von den ausbauenden Betrieben unterzogen 27 423 oder 76% ihre gesamte Ernte einer kellerwirtschaftlichen Behandlung und vermarkteten diese auch selbst.

Diese Betriebe mit eigener Kellerwirtschaft brachten ihren Wein entweder im größeren Gebinde als Faßwein oder aber als Flaschenwein in größeren oder kleineren Partien auf den Markt. Die besondere Form des Direktverkaufs der eigenen Weine im Gutsausschank oder in Straußwirtschaften ist, gemessen am gesamten Weinabsatz, unbedeutend und wird deshalb nicht besonders behandelt.

Im Bundesgebiet gab es 12 964 Betriebe, die den eingelagerten und ausgebauten Most als Flaschenwein, also mit höheren Gewinnchancen, vertrieben. Von den Flaschenwein vermarktenden Betrieben verkauften nur 5319 die gesamte Produktion über die Flasche. Diese Gruppe stellte also noch nicht die Hälfte der Flaschenweinanbieter.

Entgegengesetzte Verhältnisse herrschen bei den Faßweinerzeugern. Von etwa 70% der Faßweinbetriebe wurde die gesamte Produktion auch in diesem Behältnis verkauft. Die regionale Aufgliederung läßt hier einen deutlichen Schwerpunkt von 88% der Betriebe in Rheinland-Pfalz erkennen. Diese Konzentration erklärt auch, warum es dort besonders in Jahren mit sehr hohen Ernten und schleppendem Absatz zu Stockungen im Verkauf und damit auch zu rückläufigen Preisen kommen kann.

Carl Michael Baumann

Weinwerbung

Die Grundlagen

Warum Weinwerbung? Spricht guter Wein nicht für sich selbst? Und erzeugen wir in der Bundesrepublik nicht weit weniger Wein, als wir trinken?

Wenn es so einfach wäre, dann könnte tatsächlich auf vielerlei Anstrengungen der Winzer und der gesamten übrigen Weinwirtschaft verzichtet werden. Es ist aber so, daß sich auf dem deutschen Markt aufgrund eines zunehmend offeneren Weltweinhandels praktisch alle Weinerzeugerländer um Marktanteile bemühen und daß der deutsche Verbraucher zwar in den letzten Jahren ständig mehr Wein konsumierte, bei ihm der Wein aber immer noch zu den »Gelegenheits-Genußmitteln« gehört.

Daraus folgt, daß bei uns Weinkennerschaft eine »Minderheitenliebe« geblieben ist. Meinungsbefragungen und Marktforschungsergebnisse bestätigen, daß trotz des erstaunlichen Verbrauchszuwachses in den letzten 15 Jahren von etwa 10 auf über 23 l pro Kopf der Bevölkerung nur 10 bis 15% aller Weintrinker regelmäßige Weinkonsumenten sind. Das heißt, die überwiegende Mehrheit schätzt Wein zwar als hochwertiges, natürliches, anregendes und gesundes Getränk, entschließt sich aber nur zu besonderen Anlässen oder infolge gezielter Anregungen und Anstöße zum Weingenuß. Nur in den Anbaugebieten und den benachbarten Verbrauchergebieten hat Wein in gewissem Umfang »Lebensmittelcharakter« erreicht, wird Wein oft täglich, das heißt auch zum Essen getrunken. Baden-Württemberg etwa weist mit über 40 l pro Kopf der Bevölkerung etwa denselben Weinverbrauch auf wie die Schweiz und Österreich.

Wesentliches Hindernis für stärkeren Weinverbrauch sind nicht etwa hohe Weinpreise oder unzureichendes Angebot, sondern Unkenntnis bei der Beurteilung von Wein und daraus resultierende Unsicherheit bei der Auswahl, beim Einkauf und beim Umgang mit Wein.

»Welchen Wein soll man anbieten?

Weißwein, Rotwein, Riesling, Silvaner, Pfalz oder Baden, 1971er oder 1974er, Spätlese oder Kabinett?« Fragen über Fragen, die dem Weinkenner Vergnügen bereiten, bedeuten vielen gelegentlichen Weintrinkern Angst vor Blamage und Peinlichkeit. Auch hervorragende Weinsortimente, systematisch geordnet nach Anbaugebieten, Qualitätsstufen und Preisen, können den unkundigen Verbraucher abschrecken und unter Umständen vom Einkauf abhalten, wenn er keine verständnisvolle Beratung erfährt. Auch hier gilt: Was für den einen eine reizvolle Suche, ja ein außergewöhnliches Vergnügen ist, kann dem anderen pein- und qualvoll sein.

Die Verbraucheraufklärung

»Erfahrung« durch Weinproben, Erfahrungen durch Weinprobieren gehören sicher zu den bewährtesten Werbemöglichkeiten. Man kann aber auch über reine Sachinformation, über Hinweise auf die typisch deutschen Weineigenschaften wie den fruchtigen Duft, die anregende Säure, die bekömmliche, leichte Art und die ausgewogene Harmonie von mäßigem Alkohol und »dienender Süße«, den Weg zum Wein finden.

Die Gemeinschaftswerbung Deutscher Wein, vom Stabilisierungsfonds für Wein und dem Deutschen Weininstitut verantwortet, setzt seit Jahren auf sachliche, konsequente und glaubwürdige Verbraucheraufklärung. Ausführliche Information über die Vielfalt und Besonderheit des deutschen Weines schafft Aufmerksamkeit für die Angebote der Weinwirtschaft.

Diese Gemeinschaftswerbung bereitet gewissermaßen das »Großklima« zur Marktpflege und Verbrauchernachfrage; das »Kleinklima«, sozusagen des einzelnen Weinbergs, wird von dem jeweiligen Eigentümer mitbestimmt. Mit anderen Worten: Die Gemeinschaftswerbung schafft für die Gesamtheit der deutschen Weine ein günstiges Nachfrageklima, während die Einzelanbieter auf sich und ihre eigenen Erzeugnisse zusätzlich aufmerksam machen müssen. Wenn eine bundesweite Aktion mit Anzeigenwerbung, Rundfunkdurchsagen, Fernsehfilmen, Plakatanschlag und Prospektstreuung abläuft, dann sollten sich rechtzeitig möglichst viele Einzelunternehmen darauf eingestellt haben. Die günstige Wirkung der Gemeinschaftswerbung würde verpuffen, wenn die individuellen Angebote der Unternehmen unterblieben. Umgekehrt würden Unternehmensaktionen ein wesentlich geringeres Echo finden, wenn sie auf sich allein gestellt wären. Dies gilt jedenfalls für die mittelständischen und damit für die meisten weinwirtschaftlichen Betriebe. Das Erfolgsrezept in der Weinwerbung – neben der unerläßlichen überzeugenden Werbelinie und Kreativität – heißt daher Koordination oder »konzertierte Aktion« zwischen Gemeinschaftsaktionen und Unternehmenswerbung. Unzählige Beispiele belegen den Erfolg dieser Wechselwirkung abgestimmter Verbraucheransprache.

Blickfangplakat für den Handel.

Schulung, Fortbildung

Je besser der Verbraucher Wein, seine Qualität und seine Besonderheiten beurteilen kann, desto eher ist er auch bereit, höhere Qualitäten nachzufragen. Mehr Verständnis für Wein durch Schulung bedeutet daher von seiten der Verbraucher und des Handels auch Anregung für den Weinbau, höhere Qualitäten zu erzeugen. Gute Weinwerbung ist daher zugleich auch Qualitätsförderung. Stabilisierungsfonds und Deutsches Weininstitut bieten daher seit Jahren ein umfassendes Programm von Broschüren, Dia-Serien, programmierten Instruktionen und Prospekten sowie eine Zeitschrift für den Weinfreund an.

Die Beratungstätigkeit im Einzelhandel und in der Gastronomie ist ein wichtiger Katalysator täglicher Verbraucherentscheidungen und Impulskäufe. Gute Anregungen und Empfehlungen setzen aber entsprechende Sachkunde des Bedienungspersonals voraus. Das Deutsche Weininstitut bietet ein Schulungsprogramm mit warenkundlichen und weinrechtlichen Vorträgen, Fachweinproben und Fortgeschrittenenseminar mit Prüfung zum »Anerkannten Berater für deutschen Wein« an. Jährlich nehmen 14 000 bis 16 000 Bedienungskräfte und Geschäftsinhaber aus Weinhandel, Gastronomie und Lebensmittelhandel an diesen Schulungsveranstaltungen teil.

Eine außergewöhnlich erfolgreiche Entwicklung nahmen in den letzten Jahren die Weinkollegs an den Volkshochschulen. Seit sie vom Deutschen Weininstitut koordiniert und gefördert werden, konnten über 240 Volkshochschulkollegs eingerichtet werden.

Werbung für deutschen Wein stellt sich also eher als Erwachsenenbildung und Verbraucheraufklärung denn als typische Produktwerbung dar. Die Weinwerbung kann und muß eigene Wege gehen. Wein ist ein unvergleichliches Erzeugnis, und dies muß sich auch in der Werbung widerspiegeln. Trotzdem muß Weinwerbung im Wettbewerb mit der Werbung für den Auslandswein und für viele andere Getränke die Instrumente der klassischen Werbung einsetzen, also Fernsehen, Rundfunk, Zeitschriften und Tageszeitungen. Entsprechende Stetigkeit und Häufigkeit der Verbraucheransprache sind unerläßliche Erfolgsvoraussetzungen. Daher sind große Ausgaben für die Gemeinschaftswerbung unerläßlich, wenn der deutsche Wein seine günstige Marktstellung halten will. Die Chancen dieser Werbung werden von allen Marktpartnern zunehmend erkannt und wahrgenommen.

Die Öffentlichkeitsarbeit

Die Öffentlichkeitsarbeit für deutschen Wein stellt eine ebenso wichtige Verbindung zum Verbraucher dar wie die Verbraucheraufklärung. Während sich letztere an einzelne Gruppen der Bevölkerung – beispielsweise Erwachsene in Nordrhein-Westfalen – wendet, richtet sich Öffentlichkeitsarbeit grundsätzlich an die gesamte Öffentlichkeit. Ziel und Zweck der Öffentlichkeitsarbeit ist es, über alle geeigneten Medien durch Informationen die Öffentlichkeit über alle Vorgänge, die das Interesse der Öffentlichkeit finden und finden sollten, objektiv und umfassend zu unterrichten. Der Nachrichtenhunger der Medien – Fernse-

Weinwerbung

hen, Funk, Presse – kommt dem entgegen, hat aber auch zwei Seiten: Er ist mehr auf sensationelle und bedenkliche Ereignisse (etwa einen Weinprozeß) gerichtet, als auf im Jahresablauf sich natürlicherweise einstellende Ereignisse, zum Beispiel Blüte und Weinlese. Selbstverständlich verfolgt Öffentlichkeitsarbeit das Ziel, die öffentliche Meinung zu bestimmten Themen durch Information zu entwickeln.

Die öffentliche Meinung gegenüber deutschem Wein ist durchgängig positiv: Die Qualität wird höher bewertet als bei Auslandswein; Sauberkeit und Reinheit in der Kellerwirtschaft wie Beachtung der Gesetze werden bei Meinungsumfragen hervorgehoben, ebenso die bessere Kontrolle und die konsequentere Verwaltung. Untersuchungen erwiesen den Bekanntheitsgrad einzelner Anbaugebiete sowie die freundliche Einstellung gegenüber deutschem Wein in seiner Gesamtheit. Ungeachtet solch erfreulicher Feststellungen verbleibt aber der Gesamtheit der deutschen Anbaugebiete und der Weinwirtschaft die Notwendigkeit weiterer, ständiger Unterrichtung der Öffentlichkeit.

Ziel dieser unablässigen Arbeit ist es vor allem, die Zahl der Weinkenner zu erhöhen, um über breiteres, besseres Weinwissen einen größeren Bevölkerungsanteil zu sichererer und differenzierterer Etiketten- und Weinbeurteilung zu befähigen. Je größer der Anteil sachverständiger Weinfreunde ist, desto eher wird es gelingen, über bessere Weinbeurteilung zu erhöhtem Verständnis für unterschiedliche Sorten und Gebietsspezialitäten und damit für eine der Qualität verpflichtete und angemessene Preisbildung bei deutschem Wein zu gelangen. Trotz weingesetzlicher Neuordnung und entsprechender Aufklärung ist die Bereitschaft des Handels und vieler Verbraucher noch nicht groß genug, für erkennbare bessere Qualität auch einen höheren Preis zu zahlen.

Die Öffentlichkeitsarbeit hat insbesondere auch die Qualitätskonzeption des neuen deutschen Weingesetzes bekanntzumachen. Ein Gesetz wird nicht bereits dadurch Allgemeingut, daß es verkündet wird, sondern erst dann, wenn es sich in der Praxis bei allen Betroffenen, also bei Hunderttausenden von Winzern, Händlern und Konsumenten sowie in der Verwaltung und Rechtsprechung über längere Zeit bewährt. Die seit der Verabschiedung des neuen Weingesetzes geleistete Öffentlichkeitsarbeit hat einen beachtlichen Bekanntheitsgrad der amtlichen

Werbemittelkatalog des Stabilisierungsfonds für Wein 1978.

Prüfung und der A.P.-Nummer zuwege gebracht.

Öffentlichkeitsarbeit für deutschen Wein wird außer vom Stabilisierungsfonds mit unterschiedlichen Zielsetzungen und Gewichtungen auch von den Bundesverbänden des Weinbaues und des Weinhandels, von der Deutschen Landwirtschaftsgesellschaft und von den Gebietsweinwerbungen betrieben. Sie wird sich in naher Zukunft insbesondere auch mit folgen-

Blickfangplakat der Aktion »Großer Weinmarkt« 1978, mit der die Deutsche Weinwoche eröffnet wird.

den Problemen auseinanderzusetzen haben: Umweltschutz, künstliche Düngung, Schädlingsbekämpfungsmittel, Kellertechnik und Weinchemie, Antialkoholbewegung. EG-Weinüberschüsse und »Weinkrieg«, Verstärkung von Herbstkontrollen zur Vermeidung von Täuschungen und Betrug im internationalen Weinverkehr.

Maßnahmen zur Sicherung des Qualitätsanspruchs deutscher Weine, Verwendung von Traubenmostkonzentrat und Süßreserve, Schwefelgrenze und manches andere Thema zeigen, wie schwierig es ist, notwendige Diskussionen der Fachleute in die allgemeine Publizität zu überführen, ohne daß Mißverständnisse entstehen. Die Auseinandersetzung über die Entwicklung des Weingeschmacks in der Bundesrepublik, über liebliche und trockene Weine und die Marktchance der letzteren, ist ein Beispiel dafür, wie eine echte Fachfrage zum Gegenstand der öffentlichen Diskussion und damit zu einem wichtigen Thema der Öffentlichkeitsarbeit werden konnte und wie nötig eine überzeugende Öffentlichkeitsarbeit ist.

Die Öffentlichkeitsarbeit für deutschen Wein muß den unterschiedlichen Ansprüchen der Medien Rechnung tragen: Sachbezogene Pressedienste für Wirtschaftspresse, Provinzzeitungen und überregionale Zeitungen, aktionsbezogene Pressemeldungen für Wochenzeitungen, Magazine, Illustrierte, Frauenzeitschriften, Soraya-Presse, Koch- und Feinschmeckerjournale, Fachzeitschriften, Kundenzeitungen, Betriebszeitungen, Hörfunk und Fernsehen. Deutsche

Blickfangplakat für die Herbstaktion 1978.

Weinwoche, Weinkulturausstellungen, Fachweinproben, weinrechtliche Vorträge, die Errichtung von Weindörfern und Pressefahrten in die Anbaugebiete sind spezielle und ganz besonders erfolgreiche Maßnahmen der Öffentlichkeitsarbeit. Alle Informationen müssen einen aktuellen Bezug besitzen, gezielt gestreut werden und sachliche Nachrichten liefern.

Die Deutsche Weinkönigin

Seit alters wird in den deutschen Anbaugebieten der »Herbstschluß« gefeiert, das Ende der Lese und damit eines von Hoffen und Bangen geprägten Weinjahres. Auch wenn der neue Jahrgang damit erst im Keller ist und noch viel Geduld und Mühe für seinen weiteren Ausbau erforderlich sind, so ist damit doch seine wichtigste und risikoreichste Entwicklungsphase abgeschlossen. Mit diesem Herbstschluß verband sich seit langem der Brauch der jungen Leserinnen, sich mit einem Rebkranz zu schmücken. Niemand kann sagen, wann erstmals aus dem Kreis dieser Winzerinnen eine »Weinkönigin« hervorging. Bekannt sind solche Ortsweinköniginnen jedoch schon am Anfang unseres Jahrhunderts. In den 20er Jahren wurde dann in der Pfalz dank der unermüdlichen Initiative von Daniel Meininger die »Pfälzische Weinkönigin« aus dem Kreis der Ortsköniginnen ausgewählt. Die übrigen Gebiete folgten bald nach, so daß es bis zur ersten Inthronisation einer Deutschen Weinkönigin nicht mehr weit war.

Seit 1949 haben in ununterbrochener Reihenfolge 28 junge Winzerinnen jeweils im Herbst und meist anläßlich des Deutschen Weinlesefestes in Neustadt an der Weinstraße das Amt der »Deutschen Weinkönigin« übernommen.

In den Richtlinien zur Wahl der Deutschen Weinkönigin – die Statuten zur Wahl der Gebietsweinköniginnen unterscheiden sich kaum davon – heißt es:

• Als Gemeinschaftseinrichtung der deutschen Weinwirtschaft überträgt das Deutsche Weininstitut jedes Jahr an eine aus dem Kreis der Gebietsweinköniginnen zu wählende Bewerberin den Titel einer Deutschen Weinkönigin. Jedes Weinbaugebiet ist zur Nennung einer Bewerberin berechtigt.

• Die Bewerberinnen müssen aus einer Winzerfamilie stammen und praktische Kenntnisse im Weinbau und in der Kellerwirtschaft besitzen. Eine Bestätigung des zuständigen Bürgermeisters hierüber ist beizufügen. Die Bewerberinnen müssen am Tage der Wahl mindestens 18 Jahre alt und unverheiratet sein und über einen guten Leumund verfügen.

• Die Zulassung zur Wahl wird davon abhängig gemacht, daß sowohl die Bewerberin als auch ihre Eltern schriftlich bestätigen, mit der Beteiligung an der Wahl und der Übernahme der mit dem Amt verbundenen Verpflichtungen einverstanden zu sein.

• Die Erfüllung der Aufgaben einer Deutschen Weinkönigin setzt Verbundenheit mit dem deutschen Wein sowie Natürlichkeit in Erscheinen und Auftreten voraus. Die Fähigkeit des Dialogs mit dem Verbraucher ebenso wie Schlagfertigkeit neben einer allgemeinen sympathischen Selbstdarstellung sind erwünscht. Das Wahlkomitee prüft jede Kandidatin in der Reihenfolge, die von der amtierenden Deutschen Weinkönigin ausgelost wird. Wird eine Gebietsweinkönigin zur Deutschen Weinkönigin gewählt, geht ihr bisheriges Amt unverzüglich auf ihre Stellvertreterin über. Die Deutsche Weinkönigin kann nicht gleichzeitig Gebietsweinkönigin sein.

Die Weinköniginnen sind zu Botschafterinnen ihrer Anbaugebiete und des deutschen Weins in seiner Gesamtheit geworden. Sie nehmen in der Werbung für den deutschen Wein einen hervorragenden Platz ein. Meinungsumfragen haben ergeben, daß die Deutsche Weinkönigin hohes Ansehen genießt. Die Mehrzahl der Befragten ist der Ansicht, daß die Wahl auf altes und gutes Brauchtum zurückgeht, daß hohe fachliche Voraussetzungen zu erfüllen sind und daß nur intelligente und gewandte Winzerinnen das Amt ausüben können. Gegenüber anderen weiblichen »Amtsträgern« (Verbraucherin oder Hausfrau des Jahres, jüngste Lufthansa-Stewardeß, Landtagsabgeordnete) wird die Deutsche Weinkönigin hinsichtlich Bekanntheitsgrad und Ansehen an die erste Stelle gerückt.

Volksfeste und Bankette, Messen und Tagungen, Pressekonferenzen, Weinproben und Ausstellungen im In- und Ausland bieten den Weinköniginnen Anlaß, das unerschöpfliche Thema Wein aufzunehmen. Die meisten Deutschen Weinköniginnen haben innerhalb ihres Amtsjahres 200 bis 250 Reisetage im Dienste des deutschen Weines zu bewältigen.

Franz Werner Michel

Weinverkauf und Weinverbrauch

Das System

Agrarmärkte sind in den meisten Ländern nicht der Selbstregulierung durch den Wettbewerb überlassen, sondern unterliegen vielfältigen staatlichen Eingriffen. Interventionen und Reglementierungen jeder Art sind besonders auf den Märkten alkoholischer Getränke üblich. Staatseingriffe sind besonders beliebt, um aus dem Wein- und Alkoholverzehr Steuererträge zu schöpfen; gleichzeitig werden staatliche Reglementierungen in Erzeugerländern mit dem Ziel des Produktionsprotektionismus, in vielen Verbraucherländern mit der sozialpolitischen Zielsetzung der Abwehr von Alkoholmißbrauch motiviert. Aus welchen Gründen auch immer, Weinmärkte sind vielerorts eine Spielwiese für staatliche Eingriffe mit Lizenzen, Steuern und Abgaben, Herstellungs- und Preisregelungen, Verkaufsbeschränkungen, Monopolvorschriften oder staatlichen Verteilerorganisationen. Als zwangsläufige Folge derartiger Staatsinterventionen ist die Struktur vieler Weinmärkte in aller Welt derart verzerrt, daß nur bestimmte Unternehmungen unter bestimmten Voraussetzungen Weine herstellen oder vermarkten dürfen.

In direktem Kontrast zu solchen verbogenen und verfälschten Weinmarktsystemen steht seit jeher der Weinmarkt in Deutschland: Seit dem Beginn einer arbeitsteiligen, modernen Volkswirtschaft vor mehr als einem Jahrhundert ist das Ordnungssystem des deutschen Weinmarktes von Gesetzmäßigkeiten des

Weinverkauf und Weinverbrauch

freien Wettbewerbes bestimmt. Jedermann konnte – im Rahmen der Gesetzesvorschriften zum Gesundheitsschutz – ungehindert Wein erzeugen, Wein vermarkten und Wein verbrauchen. Es gab und gibt weder Genehmigungen zur Produktion noch Lizenzen für den Groß- oder Einzelhandel, noch Verkaufsbeschränkungen oder staatliche Monopolregelungen. Wein ist ebenso wie Milch oder jedes andere Nahrungsmittel frei verfügbar.

Dieser grundsätzlich freie Markt war bis Mitte der 60er Jahre ein offener Binnenmarkt, der nur nach außen gegen Importe durch Grenzschleusen mit Zöllen und Kontingenten abgeschlossen war. Diese Außenschleuse behinderte in keiner Weise den Wettbewerb innerhalb des Binnenmarktes, sondern sollte lediglich durch Steuerung der Einfuhrmengen den Gleichgewichtspreis auf dem Binnenmarkt zum Schutz der Erzeuger sichern. Unmittelbar administrative Preisregelungen auf dem Binnenmarkt gab es nicht.

Mit zunehmender Verwirklichung des Gemeinsamen Marktes der EG sind gegenüber den benachbarten großen Weinbauländern Frankreich und Italien auch die Grenzschleusen gefallen, so daß im freien europäischen Warenverkehr nunmehr der deutsche Binnenmarkt für Importe jeder Art geöffnet ist. Damit steht das deutsche Weinangebot in unmittelbarem Wettbewerb zu den mit geringeren Herstellungskosten erzeugten Importweinen aus Frankreich und Italien, ohne daß die Marktordnungsmaßnahmen der EG-Kommission in Brüssel unmittelbar oder wirksam das Preisniveau auf dem deutschen Verbrauchermarkt beeinflussen. Somit ist praktisch das Modell des nach innen und gegenüber dem Ausland völlig offenen Wettbewerbsmarktes in Deutschland realisiert.

Wirksam wird der Wettbewerb lediglich durch die weingesetzlichen Vorschriften zum Verbraucherschutz in Verbindung mit der Anbauregelung nach dem Weinwirtschaftsgesetz tangiert. Hier handelt es sich jedoch nicht um gezielte Wettbewerbseingriffe, sondern um den Schutz des Verbrauchers gegen gesundheitsschädigende Gefahren und gegen Fälschungen oder Falschbezeichnungen. Diesem Ziel dienen die Einteilung der deutschen Weinernte nach Güteklassen, das System der amtlichen Qualitätsprüfung sowie das eindeutige Bezeichnungsrecht für Herkunft, Rebsorte, Jahrgang und Abfüller. Die nationalen Vorschriften zur Anbauregelung dienen ebenfalls der Qualitätssicherung, um Weinanbau

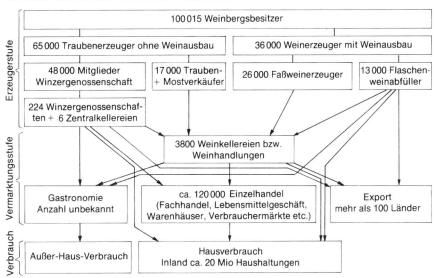

Struktur-Schema des deutschen Weinmarktes

auf ungeeigneten Standorten zu verhindern. Unter Beachtung dieser Rechtsvorschriften bestehen sonst jedoch keinerlei staatliche Reglementierungen für Weinerzeugung, Weinvermarktung oder Weinverbrauch.

Die unterschiedlichen ordnungspolitischen Systeme von vielfach staatlich reglementierten Weinmärkten in vielen Erzeuger- und Verbraucherländern der Welt einerseits und von marktwirtschaftlichem Wettbewerb in der Bundesrepublik auf der anderen Seite haben grundsätzlich unterschiedliche Auswirkungen auf die Marktstruktur hinsichtlich des Angebotes, der Absatzwege und des Verbrauchs. Die Folge der Reglementierung ist im allgemeinen die Unternehmungskonzentration in der Weinwirtschaft, sei es als Kolchose in östlichen Systemen oder in mächtigen Konzernen der Erzeugung und Vermarktung in vielen westlichen Ländern. Die Konsequenz der ordnungspolitischen Liberalität des Weinmarktsystems in der Bundesrepublik ist die unendliche Vielfalt und Individualität des Weinmarktes hinsichtlich der Struktur von Erzeugung, Vermarktung und Verbrauch. Wo der Staat nicht reglementiert und dirigiert, kann die unternehmerische Dynamik von hunderttausenden Erzeugern und Vermarktern ihre schöpferischen Ideen und Leistungen entfalten, so daß der Markt für deutsche Weine nicht in vorgeschriebenen eisernen Schienen verläuft, sondern in unübersichtlicher, dafür aber auch jeden entferntesten Winkel erfassender Vielfalt individueller Unternehmungen, Methoden und Personen. Liberalität und Individualität als Strukturmerkmale des deutschen Weinmarktes sind zweifellos ein entscheidender Schlüssel für die beachtliche Marktentwicklung der letzten drei Jahrzehnte.

Die Angebotsstruktur

Im Unterschied zu anderen weinbautreibenden Ländern befinden sich die Weinberge als Erzeugungsgrundlage nicht im Eigentum von wenigen großen Firmen und die Weinherstellung und damit das Primärangebot sind nicht auf wenige Großkellereien konzentriert, sondern mehr als 100 000 Einzelpersonen sind Eigentümer der deutschen Anbaufläche von 90 000 ha. Laut Weinbauerhebung 1972/73 besaßen mehr als 75 000 Winzer eine Rebfläche unter 1 ha, etwa 19 000 Eigentümer eine Rebfläche von 1 bis unter 5 ha, und nicht ganz 2000 Betriebe eine Fläche von 5 und mehr ha. Zusammen bewirtschafteten die Betriebe unter 1 ha nur etwas über 27 000 ha Rebfläche, die Mittelbetriebe bis 5 ha etwa 45 000 ha und die größeren Betriebe über 5 ha knapp 18 000 ha.

Wenn man in grober Vereinfachung davon ausgeht, daß Betriebe mit weniger als 1 ha Rebfläche bestenfalls im Nebenerwerb, bis zu 5 ha Rebfläche fast ausschließlich von der eigenen Familie bewirtschaftet werden und daß bei über 5 ha Fläche Lohnarbeitskräfte zum Einsatz kommen, dann zeigt schon dieser erste statistische Überblick: Die Erzeugungsstruktur und damit die primäre Angebotsstruktur sind durch überwiegend bäuerliche Familienbetriebe gekennzeichnet, wobei der Weinbau teilweise in Verbindung mit landwirtschaftlichem oder außerlandwirtschaftlichem Erwerb nur Zuerwerb, teilweise auch Haupterwerb darstellt. Großbetriebe sind bis auf

Die Weinwirtschaft

wenige Einzelfälle fast unbekannt. Besonders in Süddeutschland in den Weinbaugebieten Baden und Württemberg ist mit über 42 000 Kleinstbetrieben der Nebenerwerb typisch, während in den Weinbaugebieten am mittleren Rhein auch größere Familienbetriebe zu finden sind. Die rund 100 000 Familienbetriebe treten jedoch nicht alle unmittelbar als Anbieter auf den Markt, sondern fast die Hälfte von ihnen (48 000) ist in Winzergenossenschaften oder ähnlichen Vereinigungen zusammengeschlossen. Die Winzergenossenschaften erfassen mit knapp 34 500 ha rund ein Drittel der deutschen Rebfläche; die meist kleineren Mitglieder der Genossenschaften bewirtschaften ihre Weinberge unabhängig und eigenverantwortlich, liefern jedoch die Ernte an ihre Genossenschaft ab, die auf gemeinsame Rechnung aller Mitglieder den Wein herstellt und vermarktet. Mit etwa 32 000 Mitgliedern sind die Winzergenossenschaften am stärksten in Baden-Württemberg konzentriert, wo der erfaßte Flächenanteil bei nahezu 80 % liegt; am geringsten ist die genossenschaftliche Erfassung im Weinbaugebiet Mosel-Saar-Ruwer mit rund etwa 9 % der Fläche. Die

Das erste »Heidelberger Faß«, Kupferstich 1608. Ansicht des 1589–91 gebauten Fasses im Heidelberger Schloß.

in den deutschen Weinbaugebieten bestehenden 224 Winzergenossenschaften mit 6 Zentralkellereien hatten 1973 eine Menge von 3,3 Millionen hl Weinmost eingelagert. Damit bilden die Winzergenossenschaften hinsichtlich Menge und auch Qualitätsleistung die stärkste Angebotskonzentration auf der Erzeugerstufe. Von den verbleibenden etwa 52 000 Betrieben, die keiner Winzergenossenschaft angehören, hatten im Jahre 1972 etwa 17 000 kleinere Betriebe keinen eigenen Weinausbau, sondern sie verkauften ihre Trauben meist im Herbst unmittelbar an den Weinhandel, der das Lesegut keltert und den Wein bereitet. Diese Betriebe bewirtschaften zwar mit etwa 6 700 ha nur 7,5 % der Rebfläche, sie sind jedoch im sogenannten »Herbstgeschäft« die wichtigsten Lieferanten von frischem Lesegut. Es handelt sich dabei meist um die kleinsten Nebenerwerbsbetriebe, die über gar keine eigenen Kellereieinrichtungen verfügen und daher nicht unmittelbar Wein herstellen können. Das zersplitterte und bei frischem Lesegut auf wenige Stunden zeitgebundene Angebot solcher Betriebe ist ein entscheidender Faktor für die Preisbildung des jeweiligen Jahrganges, denn die je nach Überfluß oder Mangel sich bildenden niedrigeren oder höheren Herbstpreise sind richtungweisend für die Faßweinpreise auf dem Erzeugermarkt in der nächsten Verkaufssaison.

In Süddeutschland ist wegen der weitgehend genossenschaftlichen Erfassung das Herbstgeschäft mit frischem Lesegut nahezu bedeutungslos. So wurde hier dieser Störfaktor des Marktgleichgewichtes ausgeschaltet, und die Marktpreise bilden sich auf der Erzeugerstufe mit größerer Stetigkeit anhand der mittelfristigen Angebots- und Nachfragerelationen.

Da von der Gesamtzahl von 100 000 Betrieben etwa 65 000 mit einer Fläche von 35 000 ha – das heißt zwei Drittel der Betriebe mit mehr als einem Drittel der Rebfläche – entweder Winzergenossenschaften angeschlossen sind oder ihre Trauben als frisches Lesegut verkaufen, verbleiben nur etwa 36 000 Weinbaubetriebe (mit etwa 55 000 ha Rebfläche), die ihren Wein im eigenen Keller ausbauen. Davon füllen jedoch nur etwa 13 000 Betriebe ihre eigene Ernte unmittelbar (auch) auf Flaschen ab, während 26 000 Betriebe den fertigen Wein ganz oder teilweise als Faßwein über den Weinhandel vermarkten. Daraus ergibt sich eine Spaltung des Weinangebotes auf der Erzeugerstufe einerseits in das Faßweinangebot für Weinkellereien und andererseits in das Flaschenweinangebot für

Fluß, Geschichte und Wein. Die Feste Marienberg und die Klosterkirche Sankt Burkard in Würzburg. ▷

Weinverkauf und Weinverbrauch

Handel, Gastronomie und Endverbraucher. Die stattliche Anzahl von etwa 13 000 flaschenfüllenden Betrieben, die ihre Weine unter eigenem Namen verkaufen, ist ein typisches Kennzeichen für die Vielfalt und Individualität des deutschen Weinangebotes; sie signalisiert die Besonderheit des deutschen Weinmarktes, die aus der Sicht anderer Länder zuweilen nur schwer zu verstehen ist.

Zusammenfassend zeigt die Analyse der Angebotsstruktur, daß auf dem Markt verschiedene, teilweise voneinander unabhängige Sektoren zu unterscheiden sind:
• der Herbstmarkt mit frischem Lesegut, beschickt insbesondere von Nebenerwerbsbetrieben ohne eigene Kellerwirtschaft;
• das Faßweinangebot insbesondere von kleineren und mittleren Familienbetrieben ohne eigene Abfüllanlage sowie in geringerem Umfang von faßweinvermarktenden Genossenschaften;
• das Flaschenweinangebot sowohl in Großpartien von modernen Winzergenossenschaften als auch in mittleren und kleineren Partien von modernen Familienbetrieben und den zahlenmäßig selteneren Lohnarbeitsbetrieben (Gutsbetrieben).

Wenn man die Definition von »Angebot« nicht nur auf die Produktion von Trauben und Most beschränkt, sondern auch die unmittelbar anschließende Verarbeitung des Lesegutes zu Wein sowie den Weinausbau einschließlich der Flaschenfüllung einbezieht, sind als zusätzliche bedeutsame Angebotsgruppe die verarbeitenden und abfüllenden Kellereien insbesondere in den Erzeugergebieten zu nennen. Diese Betriebe stehen mit ihrem Flaschenweinangebot an Wiederverkäufer in Einzelhandel und Gastronomie sowie an Letztverbraucher in unmittelbarem Wettbewerb einerseits mit Winzergenossenschaften und andererseits mit dem Flaschenweinangebot der Winzer und Weingüter. Bei der statistischen Erfassung der Lagerbestände zum Herbst 1975 wurden etwa 3500 Betriebe mit dem Schwerpunkt Weingroßhandel gezählt. Infolge der Unternehmenskonzentration kann jedoch überschlägig davon ausgegangen werden, daß 200 dieser Betriebe etwa 80% des Weinumsatzes tätigen. Es handelt sich hierbei überwiegend um mittlere und größere Kellereien mit modernsten Einrichtungen, die zumeist schwerpunktmäßig Weine der unteren und mittleren Preisstufe an Einzelhandel und Gastronomie vertreiben. Als Sondergruppe innerhalb der Weinkellereien sind die Versandkellereien im Erzeugergebiet aufzuführen, die in beachtlichen Mengen ihr Angebot unmittelbar an Endverbraucher richten.

Die alte »Bibliotheca subterranea« von Schloß Johannisberg im Rheingau.

Die Absatzwege

Auf die mehrschichtige und vielfältige Angebotsstruktur baut eine ebenso vielgliedrige und zunächst unübersichtlich erscheinende Struktur der Absatzwege auf. Weinbaubetriebe, Winzergenossenschaften, Weinkellereien und Versandhandel liefern je nach Betriebsschwerpunkt ihre Weine sowohl an Wiederverkäufer als auch unmittelbar an Verbraucher, und zwar in Inland und Ausland.

Nach guter Tradition lief früher der klassische Absatzweg von der Großhandelskellerei im Erzeugergebiet über den Weingroßhandel im Verbrauchergebiet zum Wein-Fach-Einzelhändler oder zur Gastronomie im Verbrauchergebiet.

◁ Die berühmten Weinberge bei Trittenheim an der Mosel werden von der Laurentiuskapelle gekrönt.

Nach dem letzten Krieg sind manche Glieder dieser klassischen Absatzkette ausgefallen oder wurden durch neue Unternehmensformen ersetzt. Marktanteile, Absatzfunktionen und Absatzformen unterliegen einem ständigen Wandel, so daß die Konturen nur in großen Strichen gezeichnet werden können.

Zunächst ist überschlägig davon auszugehen, daß etwa ein Viertel des Weines über die Gastronomie an den Verbraucher gelangt. Es handelt sich um Hotels, Speiserestaurants, Weinstuben und sonstige gastronomische Betriebe. Der Weg vom Erzeuger zum gastronomischen Betrieb führt teilweise über den Getränkefachhandel, zu einem wachsenden Teil auch über den Cash-and-Carry-Großhandel. Ein nicht unbedeutender Anteil des Weineinkaufs der Gastronomie erfolgt unmittelbar bei Winzern, Winzergenossenschaften oder Weinkellereien im Erzeugergebiet.

Mengenmäßig bedeutsamer ist der Weinverbrauch außerhalb der Gastronomie geworden, das heißt der Hausverbrauch in der Familie mit Weineinkauf bei Einzelhandel oder Erzeuger. Diese Absatzwege lassen sich hinsichtlich ihrer Funktion aufgliedern nach

• Weinvermarktung mit Beratung
• Weinangebot ohne Beratung.

Während die meisten täglichen Konsumgüter im Massenabsatz vom Einzelhandel ohne Beratung angeboten werden, hat die Marketing-Erfahrung für Wein gezeigt, daß weite Verbraucherkreise beim Weineinkauf auf individuelle Beratung Wert legen. Aus diesem Grunde sind die Bereiche 1. der Direktvermarktung vom Winzer an den Verbraucher, 2. des Beratungsverkaufs des Fachhandels und 3. (als moderner Absatzweg) des Versandhandels aufgrund der Weinprobe im Privathaushalt stetig gewachsen. Diese drei Bereiche erfaßten 1975 einen Anteil von knapp 50% des Hausverbrauches. Viele Verbraucher verbinden mit dem Wein starke emotionale Bezüge, so daß sie sich entweder unmittelbar vom Erzeuger oder von einem Fachmann am Wohnort oder beim Erzeuger beraten lassen wollen.

Im Wettbewerb hiermit stehen die vielfältigen Absatzwege über den Lebensmittel-Einzelhandel einschließlich der Warenhäuser, Supermärkte, Verbrauchergenossenschaften, Handelsketten oder Filialbetriebe mit mehr oder weniger großem deutschem Weinsortiment. Anstelle der individuellen Beratung steht hier meist der Preiswettbewerb im Vordergrund. Wein wird in diesen vielfältigen Einzelhandelsformen meist in Verbindung mit Lebensmitteln angeboten, so daß der Verbraucher bei seinen täglichen Einkäufen von Nahrungsmitteln als Selbstverständlichkeit auch den Wein mit nach Hause tragen kann. Nach überschlägigen Schätzungen werden in 120 000 Verkaufsstellen der verschiedenen Einzelhandelsformen Weinsortimente angeboten. Dieser Absatzweg über die verschiedenen Einzelhandelsformen erfaßt ebenfalls etwa 50% des gesamten Weineinkaufs von Haushaltungen, wobei zwischen den verschiedenen Erscheinungsformen des Einzelhandels im harten Verdrängungswettbewerb ständig Umschichtungen stattfinden.

Für die Struktur der Absatzwege deutscher Weine kann zusammenfassend festgestellt werden, daß dank des liberalen Ordnungsrahmens Wein praktisch überall distribuiert ist und Wein auf jedem nur denkbaren Einkaufsweg gekauft werden kann. Diese »Allgegenwärtigkeit« des Weines ist zweifellos einer der wichtigsten Gründe für den starken und stetigen Anstieg des Weinkonsums seit dem Ende des letzten Krieges.

Der Weinverbrauch

Wein war noch der vorigen Generation außerhalb der Weinanbaugebiete in West- und Südwestdeutschland kein Volksgetränk, sondern Festtagsgetränk oder Privileg höherer Gesellschaftsschichten. Demzufolge lag der Weinver-

Weinmarktbilanz in der BRD (in 1 000 hl)

Zur Verfügung stehende und vermarktete Weinmengen in der Bundesrepublik Deutschland (in 1 000 hl) und Entwicklung des Pro-Kopf-Verbrauchs (zusammengestellt vom DWV nach Veröffentlichung des Statistischen Bundesamtes)

		1962	1964	1966	1967	1968	1969	1970	1971	71/72[3]	72/73	73/74	74/75	75/76	76/77
1.	Anfangsbestand an in- und ausländischen Trinkweinen aller Art einschließlich Schaumwein, Sekt und Wermutgrundwein per 1. 1. bzw. 1. 9. bei Produzenten und Händlern (meldepflichtige Betriebe)	8 500	11 258	11 355	11 069	11 287	11 515	11 849	15 491	10 900[1]	10 080	11 104	13 650	11 417	11 970
2.	+ Trinkweineinfuhr insgesamt einschließlich Schaumwein, Sektgrundwein, Wermutgrundwein	2 474	2 501	3 782	3 281	3 604	4 032	4 409	5 052	5 964	7 150	5 152	6 078	6 971	7 004
3.	+ Weinerzeugung	3 928	7 185	5 122	6 238	6 226	6 085	10 011	6 293	6 293	7 854	10 645	6 895	9 110	8 926
4.	= Summe	14 902	20 944	20 259	20 588	21 117	21 632	26 269	26 836	23 157	25 084	26 901	26 623	27 498	27 100
5.	./. Weinausfuhr (einschließlich Schaumwein)	133	176	176	220	246	288	345	452	461	674	667	725	1 002	1 288
6.	Zur Verfügung stehende Menge	14 769	20 768	20 083	20 368	20 871	21 344	25 924	26 384	22 696	24 410	26 234	25 898	26 496	26 612
7.	./. Endbestand (wie zu 1.) per 31. 12. bzw. 31. 8.	9 433	13 106	11 069	11 287	11 515	11 849	15 491	14 100[1]	10 080	11 104	13 650	11 517	11 970	12 230
8.	= vermarktete Menge an Trink- und Schaumweinen	5 336	7 662	9 014	9 081	9 356	9 495	10 433	12 284	12 616	13 306	12 584	14 381	14 426	14 382
9.	Bevölkerungszahl in der Bundesrepublik in Mio	56,9	58,3	59,6	59,8	60,2	60,4	60,7	61,3	61,5	61,8	62,1	62,0	61,6	61,4
10.	theoretischer Verbrauch pro Kopf in Litern insgesamt	9,8	13,1	15,1	15,2	15,5	15,7	17,2	20,0	20,5	21,5	20,3	23,3[2]	23,6	23,4
	davon inländischer Trinkwein	5,9[1]	9,0	9,3	9,5	9,7	9,4	10,2	12,1	10,5	10,6	11,3	12,8[2]	12,6	12,3
	ausländischer Trinkwein	3,3[1]	3,5	4,9	4,7	4,6	5,1	6,0	6,2	7,8	8,7	6,9	7,8[2]	8,4	8,2
	Schaum- und Sektwein	0,6[1]	0,6	0,9	1,0	1,2	1,2	1,0	1,7	2,2	2,2	2,1[2]	2,7	2,6	2,9
11.	Ertragsfläche in ha	67 137	68 623	69 166	69 460	70 214	71 336	73 700	75 514	75 514	77 551	80 622	83 028	84 870	86 296
12.	Hektarertrag in hl/ha	58,5	104,7	69,5	87,4	86,1	83,4	134,2	79,8	79,8	96,1	132,7	82,0	108,8	100,3

[1] geschätzt [2] vorläufig [3] ab 1971/72 Weinwirtschaftsjahr 1. 9. bis 31. 8.

Weinverkauf und Weinverbrauch

brauch vor dem Ersten Weltkrieg unter 5 l pro Kopf, zwischen den Kriegen unter 7 l pro Kopf. Von 6 l pro Kopf nach dem Krieg ist der Verbrauch auf über 23 l im Jahre 1975 angestiegen; im Jahrzehnt von 1964 bis 1974/1975 hat der Weinverbrauch von 13,1 l auf 23,2 l um etwa 75% zugenommen.

Im Vergleich zu anderen Ländern ist der Weinverbrauch in Deutschland noch nicht hoch. Der Durchschnittsverbrauch liegt in den großen Weinbauländern Frankreich und Italien bei über 100 l pro Kopf, in den benachbarten weinbautreibenden Ländern Österreich, Schweiz und Luxemburg über 40 l, ist also fast doppelt so hoch wie in Deutschland. Die Nicht-Weinbauländer England und die Niederlande, Skandinavien und auch die USA verbrauchen zwischen 5 und 10 l Wein pro Kopf jährlich. Deutschland steht also in der Mitte zwischen den großen Erzeugerländern und den Nur-Verbraucherländern. Diese Mittelstellung wird auch an der regionalen Verteilung des Weinverbrauches in Deutschland deutlich: Der Weinverbrauch je Haushalt ist in den anbaunahen südwestdeutschen Bundesländern durchschnittlich etwa doppelt so hoch wie in den norddeutschen Verbrauchergebieten; auf die Bundesländer südlich der Mainlinie, wo etwa ein Drittel der Bevölkerung lebt, entfallen zwei Drittel des gesamten Weinverbrauches. Allerdings ist im Verlaufe des letzten Jahrzehnts eine deutliche Nivellierung der regionalen Unterschiede in der Weise zu beobachten, daß auch breite Bevölkerungsschichten der norddeutschen Verbrauchergebiete zunehmend Wein trinken.

Für den Gesamtverbrauch von Wein in der Bundesrepublik Deutschland läßt sich aus den statistischen Daten für Ernte, Importe, Exporte und Bestandsveränderungen eine Weinmarkt-Gesamtbilanz erstellen. Daraus ergibt sich, daß der Inlandsverbrauch von Trinkweinen aller Art einschließlich Schaumwein und Wermutgrundwein (ohne Verarbeitungswein für Destillationszwecke) mit 12 bis 14 Millionen hl während der letzten Jahre weitaus größer war als die jeweilige Inlandsernte von 6 bis 11 Millionen hl. Daher gehört die Bundesrepublik Deutschland zu den großen Netto-Importländern der Welt: Parallel zu den Verbrauchssteigerungen und zu den wachsenden Inlandsernten sind die Trinkweineinfuhren von etwa 2,5 Millionen hl Anfang der 60er Jahre auf mehr als 7 Millionen hl Anfang der 70er Jahre angewachsen. Die Weinausfuhren betrugen in diesem Zeitraum anfangs weniger als 10% der Trinkweineinfuhren, sie sind erst in den letzten Jahren kräftig angestiegen, so daß auch der Export nunmehr ein bedeutender Faktor in der deutschen Weinmarktbilanz geworden ist.

Bemerkenswert für die Entwicklung des deutschen Weinexportes ist die Tatsache, daß sich deutscher Weißwein als Klassiker der Weißweine der Welt bei Weinkennern aller Länder eines unbestrittenen Ansehens erfreut und daß die typischen Eigenarten des rassigen, leichten, säurebetonten und zugleich fruchtigen deutschen Weißweines in keinem anderen Land imitiert werden können. Dieser anregende, bekömmliche und wohlschmeckende Weißweintyp entspricht dem Nachfragetrend des modernen Lebensstiles hochentwickelter Länder. Daher zeigt der Export gerade in den 70er Jahren erhebliche Zuwachsraten. An der Spitze der Einfuhrländer stehen die USA, gefolgt von Großbritannien, Kanada, den Niederlanden, Dänemark, Schweden, Belgien und Japan. Es kann von der Erwartung ausgegangen werden, daß die Bedeutung des Weinexportes für die Weinmarktbilanz noch zunehmen wird; dabei ist nachzutragen, daß neben dem Export der traditionellen Handelsunternehmungen auch die Importeure anderer Länder unmittelbar auf der Erzeugerstufe einkaufen, so daß auch dort die Vielfalt der Bezugs- und Lieferbeziehungen zunimmt.

Die Preisbildung

Die Preisbildung auf dem deutschen Weinmarkt ist ebenfalls durch die Merkmale des liberalen Ordnungsrahmens und durch die Individualität der Marktbeziehungen bestimmt. Daher gibt es im Gegensatz zu anderen Weinbauländern keinen Einheitspreis für deutsche Weine und keine zentrale Marktpreisnotierung auf einem zentralen Marktplatz, sondern eine Vielfalt von Preisbildungsvorgängen auf den verschiedensten Absatzwegen mit dem Ergebnis einer breiten Streuung

Sonderaktion anläßlich der Deutschen Weinwoche 1975. Kaufhäuser, Supermärkte und Großmärkte führen heute ein reichhaltiges qualifiziertes Angebot. Sie sind zu einer wichtigen Weineinkaufsquelle geworden.

unterschiedlicher Preise. Dabei ist preisbestimmendes Merkmal im Gegensatz zu anderen Weinbauländern nicht etwa der Alkoholgehalt für die handelsübliche Standardmenge (Hektograd), sondern der individuelle Geschmackswert eines jeden Weines unter Berücksichtigung der Qualitätsstufe, ohne einen unmittelbaren Bezug zu seinem Alkoholgehalt.

Die Preisbildung deutscher Weine wird in einem nach dem Ausland offenen Markt wesentlich vom Wettbewerb mit Auslandsweinen bestimmt. Die deutsche Weinwirtschaft ist bemüht, die Besonderheiten deutscher Weine herauszustellen und somit eine gegenüber dem Auslandswettbewerb autonome Preisbildung durchzusetzen. In den Grenzbereichen der billigeren Konsumweine in den unteren Qualitätsstufen finden jedoch bei Einzelhändlern und Verbrauchern weitgehende Substitutionsvorgänge statt, so daß dort infolge dieser Austauschbarkeit die preislichen Beziehungen im Wettbewerb mit Auslandsweinen verhältnismäßig eng sind. Preisbildung und Preisniveau für deutschen Wein vollziehen sich auf unterschiedlichen Ebenen, wie auf untenstehender Tabelle dargestellt.

Der Herbstmarkt für frisches Lesegut (Trauben, Maische und Most) ist bestimmt von dem kurzfristigen und zwangsweisen Angebot schnell verderblicher Ware einerseits und dem unmittelbaren zwangsweisen Bedarf insbesondere süßer Ware für Süßreserven andererseits. Die Zufälligkeiten des Augenblicksangebotes je nach Erntemenge, Wetter und Nachfrage führen oft zu »Zufallspreisen«, weil beide Marktpartner unter Entscheidungsdruck stehen und der zeitliche Ausgleich durch Lagerung nicht möglich ist. Die Herbstpreise für frisches Lesegut zeigen daher von einem Jahr zum anderen oft extreme Schwankungen, und sie wirken als »Einführungspreis« eines Jahrganges nicht unwesentlich auf die weitere Preisbildung für Faßweine fort.

Die Preisbildung auf dem Faßweinmarkt richtet sich auf noch nicht abfüllfertige »Rohware« überwiegend im Bereich der unteren und mittleren Qualitätsstufen. Verkäufer sind Winzerbetriebe, Käufer meistens mittlere und große Kellereibetriebe, die ihrerseits überwiegend den Lebensmittelhandel beliefern. Die Preisbildung orientiert sich weitgehend an der mittelfristigen Bestandssituation auf der Erzeugerstufe, an den Ernteerwartungen und an der Nachfrageerwartung des Verbrauchermarktes. Auf den untersten Preis- und Qualitätsstufen besteht eine deutliche Verbindung zu den Preisen entsprechender Importweine.

Die Preisbildung auf dem Flaschenweinmarkt vollzieht sich vielschichtig in autonomen Teilmärkten mit einzelnen Anbietern und Nachfragern. Die Unterschiedlichkeit von Herkunft, Qualität und begleitender Leistung reduziert die Preisvergleichbarkeit und weitet damit den individuellen Preisspielraum aus. Belieferung von Einzelhandel, Gastronomie oder Verbraucher, Abholung vom Erzeugerbetrieb oder Lieferung frei Haus, Einkauf in Großpartien oder Privateinkauf im Kofferraum des eigenen Autos, Vertreterbesuch mit »Weinprobe zu Hause« oder Wochenendausflug mit Bewirtung in der Wohnstube des selbstmarktenden Winzers, gängige Qualitätsweine einer bekannten Großlage oder Auslese-Spezialitäten individueller Einzellagen, alle diese äußerst gegensätzlichen Konditionen wirken sich als preisbestimmende Faktoren auf den Marktpreis aus, so daß hier jede verallgemeinernde Aussage sowohl über das Preisniveau als auch über die Preisbildung widersinnig wäre.

Im langfristigen Überblick kann jedoch festgestellt werden, daß, gemessen an der Kaufkraft, deutsche Weine in den letzten hundert Jahren stets billiger geworden sind. Preislisten alter Erzeuger- und Handelsbetriebe oder Versteigerungskataloge zeigen, daß zumindest in den gehobenen Qualitätsstufen schon vor der Jahrhundertwende der Faßweinpreis und auch die Flaschenweinpreise in damaliger (Gold-)Mark ebenso hoch waren wie vor dem Zweiten Weltkrieg in Reichsmark, nach der Währungsreform und in den 70er Jahren in Deutscher Mark. Früher war jedoch die Kaufkraft der Währung entschieden höher, beziehungsweise das Lohnniveau unvergleichlich geringer. Daher mußten zum Erwerb einer Flasche Wein vor dem Ersten Weltkrieg mehrere Lohnstunden aufgewendet werden, in den 50er und 60er Jahren mußte man 2 bis 3 Stunden für den Gegenwert einer Weinflasche arbeiten, und derzeit kann man mit 1 Lohnstunde 2 bis 3 Flaschen Wein erwerben.

Das Geheimnis dieser erstaunlichen Verbilligung deutscher Weine liegt darin, daß dank technischem Fortschritt und harter Rationalisierung die Produktivität im Erzeugungs- und Vermarktungsbereich auf das Vielfache gesteigert werden konnte, so daß unter dem Wettbewerbsdruck aus dem In- und Ausland trotz steigender Kosten Weine über Jahrzehnte zum selben Nominal-Preis beziehungsweise unter Berücksichtigung des Kaufkraftschwundes in realen Preisen immer billiger vermarktet werden. Daher hat sich zu realen Preisen der Erlös je ha beispielsweise in den letzten 15 Jahren – abgesehen von jahrgangsbedingten Schwankungen – kaum verändert, wie die Übersicht zeigt.

Auch diese überraschende Preisentwicklung über Generationen hinweg bestätigt den Satz von der Überlegenheit eines ordnungspolitisch offenen Weinmarktsystems mit Liberalität und Individualität als ihren deutlich hervortretenden Kennzeichen.

Erträge, Preise und Erlöse für Weinmoste je ha
(nach Angaben des Statistischen Bundesamtes)

Jahr	Erträge	Preisindex[1]	Preise DM/hl nominal	Preise DM/hl bereinigt	Erlös DM/ha nominal	Erlös DM/ha bereinigt
1958	81,1	76	82,–	108,–	6 650,–	8 750,–
1959	70,5	77	127,–	165,–	8 953,–	11 630,–
1960	115,8	78	53,–	68,–	6 137,–	7 868,–
1961	53,9	81	105,–	130,–	5 660,–	6 987,–
1962	58,5	83	121,–	146,–	7 078,–	8 528,–
1963	88,3	86	87,–	101,–	7 682,–	8 933,–
1964	104,7	87	67,–	77,–	7 015,–	8 063,–
1965	73,2	90	105,–	117,–	7 686,–	8 540,–
1966	69,5	92	134,–	146,–	9 313,–	10 123,–
1967	87,4	92	102,–	146,–	8 915,–	9 690,–
1968	86,0	94	99,–	105,–	8 510,–	9 057,–
1969	83,4	96	121,–	126,–	10 091,–	10 512,–
1970	134,2	100	78,–	78,–	10 468,–	10 486,–
1971	79,8	106	147,–	139,–	11 730,–	11 067,–
1972	96,0	115	124,–	108,–	11 904,–	10 351,–
1973	132,7	127	96,–	76,–	12 739,–	10 030,–
1974	82,0	136	89,–	65,–	7 298,–	5 366,–
1975	108,8	143	125,–	87,–	13 600,–	9 510,–[2]
1976	100,3	150	175,–	117,–	17 552,–	11 702,–[2]

[1] Index der Einkaufspreise landwirtschaftlicher Betriebsmittel 1970 = 100, entnommen aus Bericht der Bundesregierung über Lage der Landwirtschaft (Grüner Bericht), 1976, Materialband Tab. 29, bezogen auf das Kalenderjahr der 1. Hälfte des Wirtschaftsjahres, ab 1968 inkl. MWSt.; frühere Jahre umbasiert von Preisindex 1962/63.
[2] für 1975 und 1976 geschätzt.

Bernhard Breuer und Hanns Joachim Guntrum

Weinexport

Liebfraumilch und Markenwein

Über 10% der deutschen Weinernte werden heute in mehr als 120 Länder exportiert. Auf der Hälfte aller exportierten Weine steht die Bezeichnung »Liebfraumilch«. Dieser Name ist als Herkunftsbezeichnung Jahrhunderte alt. Er meinte zunächst nur die Weingärten um die Liebfrauenkirche in Worms, dann Wein von besonderer Qualität aus Worms und Umgebung. 1910 erklärte die Handelskammer Worms, die Bezeichnung sei »auf rheinhessische Weine von einer gewissen Qualität zu beschränken«. In der 1. Verordnung (vom 12. 8. 1971) des Landes Rheinland-Pfalz zur Durchführung des deutschen Weingesetzes heißt es in § 4: »Ein Qualitätswein aus Weißweintrauben darf als Liebfrauenmilch (Liebfraumilch) bezeichnet werden, wenn die zu seiner Herstellung verwendeten Weintrauben ausschließlich aus den Anbaugebieten Nahe, Rheingau, Rheinhessen oder Rheinpfalz stammen, ein Ausgangsmostgewicht von mindestens 60° Oe aufgewiesen haben und der Wein nicht mit einer Rebsortenangabe versehen wird.« »Liebfraumilch« kann nicht Prädikatswein (zum Beispiel Kabinett) sein.
Die »Liebfraumilch« wurde von wenigen Exporthäusern über Jahrzehnte hinweg zum Synonym für deutschen Wein entwickelt, und sie hat schießlich dem deutschen Weinexport seinen Welterfolg ermöglicht, vergleichbar nur mit dem von Herkunftsbezeichnungen wie Porto, Beaujolais, Bordeaux oder Chianti.
Heute bietet das große Einzugsgebiet die Voraussetzung dafür, daß gleichbleibende Qualität erzeugt wird, die – weingesetzlich kontrolliert – als Qualitätswein bestimmter Anbaugebiete mit amtlicher Prüfungsnummer in den Verkehr kommt. Die »Liebfraumilch« ist ein Alltagswein, gleichbleibend, unproblematisch, preiswert, liebenswert, passend zu jeder Gelegenheit. Sie hat zwischen 20 und 24 g/l Restsüße und stammt meist von den Standardsorten Müller-Thurgau oder Silvaner aus Rheinhessen oder der Rheinpfalz. Entgleisungen, wie die Abfüllung jugoslawischer Weißweine im Freihafen von Rotterdam und ihre Ausstattung und Lieferung als deutsche »Liebfraumilch« in die USA und andere Länder oder (in jüngster Zeit) die Herstellung »deutsch« aufgemachter EG-Tafelweinverschnitte in Deutschland und ihre Etikettierung als »Liebfraumilch« zum Zwecke des Exports, verwirren zwar die Geschmackserwartungen der für anständige »Liebfraumilch« mühsam gefundenen Weintrinker, doch können sie die Bedeutung der echten »Liebfraumilch« als angenehmer deutscher Export-Qualitätswein nicht erschüttern. Imitationen bestätigen nur den Wert des Originals.

Madonnenstatue aus der Mitte des 15. Jahrhunderts. Sie gilt als die Namengeberin für die »Liebfraumilch«.

Kernstück des Original-Rebareals der »Liebfraumilch« mit Liebfrauenkirche und links davon dem Restflügel des Kapuzinerklosters. Vorn, am Ende des Mittelweges, steht die Statue der Namengeberin dieses berühmten Weines.

Neben der Herkunftsbezeichnung »Liebfraumilch« spielen die Markenweine im deutschen Export eine große Rolle. Die Markenbezeichnungen lesen sich wie ein Potpourri aus Natur, Kirche, Geschichte und Romantik: Hans Christoph, Wedding Veil, Lili Marleen, Green Label, Seagull, Blackfriars, Gold Label, Blue Max, St. Catherines, Glockenspiel, Black Tower, Crown of Crowns, Madrigal, Father Rhine, Gloria, Franz Weber, Konzert, Blue Nun, Rheinsonne, Goldener Oktober, Madonna und Little Rhine Bear.

Entwicklung des Exportes

Der Export hat sich in den letzten 20 Jahren mehr als verzehnfacht. Der Durchschnittserlös pro Liter hat sich in der gleichen Zeit jedoch nicht nur nicht erhöht, sondern er ist in den letzten Jahren sogar gesunken. Infolge der starken Steigerung des Exportes konnte dieser seinen prozentualen Anteil an der Gesamterntemenge steigern, obwohl auch letztere stetig anstieg. Da der Weinexport also einen immer größeren Anteil des deutschen Weinangebotes übernimmt und dieses daher entsprechend verknappt, kommt ihm auch für den deutschen Binnenmarkt eine preisstabilisierende Rolle zu.

Die Weinwirtschaft

Riesling-Etiketten aus den USA.

Die Weinexportstatistik wirkt noch erstaunlicher, wenn man bedenkt, daß aufgrund der Währungskurse die Deutsche Mark in den letzten Jahren immer stärker geworden ist und damit die Angebotspreise verteuert wurden. Es ist aber durch die stagnierende Preisentwicklung eine Situation entstanden, in der die Inflation der Abnehmerländer meistens größer war als die Teuerung der Deutschen Mark. Dies hat zum anhaltenden Erfolg beigetragen, dessen Ende bei gleich maßvoller Preisentwicklung wie in der Vergangenheit noch nicht abzusehen ist.

Zwar werden deutsche Weine in über 120 Länder exportiert, aber in nur 11 Abnehmerländer werden 94% des gesamten deutschen Weinexportes geliefert. Die Zusammenstellung dieser Länder hat sich seit 1965 nicht geändert, außer in der Reihenfolge, das heißt, daß in einigen dieser Länder die Nachfrage nach deutschen Weinen schneller als in den anderen gestiegen ist. Der Export (in hl) in diese 11 Hauptabnehmerländer entwickelte sich wie auf der Karte und der Tabelle unten angegeben.

Man darf aber nicht annehmen, daß die US-Amerikaner die stärksten Trinker deutscher Weine seien, die Engländer die zweitstärksten und so fort. Denn legt man die Menge deutscher Importweine auf die jeweilige Bevölkerungszahl um, so ergibt

Entwicklung des deutschen Weinexports seit 1913

Jahr	Weinexport in hl	Durchschnittspreis DM/l	Anteil an der deutschen Weinernte in %
1913	136 694		
1925	33 806		
1931	40 400		
1938	39 664		
1950	23 072		0,7
1955	74 112	3,32	3,0
1960	127 645	3,45	1,7
1963	143 902	3,22	2,4
1965	183 998	2,86	3,6
1968	220 944	3,14	3,6
1970	319 354	3,11	3,2
1971	420 197	2,84	7,0
1972	474 336	3,40	6,3
1973	620 401	3,71	5,8
1974	616 224	3,26	8,9
1975	715 249	3,04	8,3
1976	1 008 035	3,11	12,0
1977	1 137 397	3,40	10,9

Pro-Kopf-Verbrauch deutscher Weine und Reihenfolge der Länder (1975)

Land	Liter	Platz
USA	0,118	8
Großbritannien	0,330	4
Niederlande	0,488	2
Dänemark	1,082	1
Kanada	0,243	6
Schweden	0,471	3
Belgien/Luxemburg	0,274	5
Japan	0,011	10
Australien	0,083	9
Schweiz	0,130	7
Zum Vergleich		
BRD	13,319	

Deutscher Weinexport 1950–1977

Land	1950	1955	1960	1965	1970	1977	Reihenfolge 1950	1977
USA	3 900	16 700	32 400	53 100	109 500	430 599	2	1
Großbritannien	7 600	19 900	43 300	54 700	72 200	238 731	1	2
Niederlande	2 400	4 600	8 800	12 100	16 900	90 109	4	4
Dänemark	300	1 600	6 800	11 800	13 600	69 120	7	5
Kanada	70	900	2 800	4 500	15 700	120 127	8	3
Schweden	2 600	4 900	6 500	11 600	18 800	51 908	3	6
Belgien/Luxemburg	900	3 800	5 900	10 300	15 300	26 228	5	7
Japan	–	50	200	200	140	28 121	10	8
Australien	60	100	300	600	250	20 035	9	9
Schweiz	700	2 100	3 300	5 500	9 300	6 746	6	11
Irland	–	–	–	1 612	2 405	10 224	–	10

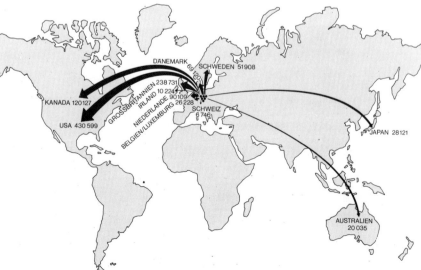

Weinexport

Riesling und Pseudorieslinge

Die Sortenbezeichnung »Riesling« wird in Übersee für Weine von Sorten mißbraucht, die nichts mit unserem Weißen Riesling zu tun haben.

Falsche Sortenbezeichnung	Land	Richtige Sortenbezeichnung
Grey Riesling	USA	Chauché gris
Emerald Riesling	USA	Riesling x Muscadel
Missouri Riesling	USA	amerikanische Hybride
Riesling	USA	Grüner Silvaner
Franken Riesling	USA	Grüner Silvaner
Okanagan Riesling	Kanada	amerikanische Hybride
Hunter Valley Riesling	Australien	Semillon
Clare Riesling	Australien	Crouchen
South African Riesling SA Riesling	Südafrika	vermutlich Crouchen

Die echte Sorte Weißer Riesling hat folgende Synonyme: Rheinriesling, Johannisberger, Hochheimer, Klingelberger und andere.
In Österreich und anderen Weinbauländern wird die Sorte Welschriesling angebaut, die nichts mit unserem Weißen Riesling zu tun hat. Viele Weine aus Südosteuropa werden einfach als Riesling bezeichnet, ohne daß erkennbar ist, ob es sich wirklich um den echten Weißen Riesling handelt. Der Welschriesling hat folgende Synonyme:

Land	Synonym
Italien	Riesling italico
Österreich	Welschriesling
Ungarn	Olasz Rizling, Welschriesling
Rumänien	Riesling italien, Riesling de Italie, Welschriesling
Bulgarien	Italiansky Rizling
Jugoslawien	Lasky Rizling, Grassevina, Grasica, Italianski Rizling, Taljanska grasevina, Biela sladka grasica
CSSR	Riesling italianski, Rizling valsky
UdSSR	Risling italianski

sich, daß die Dänen die stärksten Konsumenten deutscher Weine sind, mit weitem Abstand vor den Niederländern. Scheint es auch enttäuschend zu sein, daß jeder Amerikaner im Jahr gerade ein Probiergläschen deutschen Wein trinkt und der Japaner nicht einmal ein Schnapsglas voll, so zeigen diese Zahlen doch auch, welches Potential an Weintrinkern in diesen Ländern noch besteht. Die Chancen für weiter steigenden Weinexport sind daher bei konstant verlaufender Weltwirtschaft sicherlich gut. Dies ergibt sich auch aus einem Vergleich der Mengen aller Importweine (aus den verschiedenen Weinproduktionsländern) in den 11 Hauptabnehmerländern: Nicht die Länder mit der höchsten Weinproduktion exportieren davon immer auch den höchsten Prozentsatz in diese 11 Staaten, sondern in fast allen von diesen elf wird, gemessen an der Produktion, ein größerer Anteil des deutschen Weines getrunken.

Neben der preislichen Konkurrenzfähigkeit deutscher Weine und dem stabilen Preisverhalten ist es offensichtlich auch die Qualität, die den ausländischen Verbraucher veranlaßt, deutschen Wein zu bevorzugen. Dies liegt auch im heutigen Trend nach leichten, nicht allzu alkoholreichen Getränken. Selbst an der Bar wird heute statt harter alkoholischer Getränke und der klassischen Bar»hits« mehr und mehr Wein serviert.

Preisliste für »Hock« (Rheingauer) und Moselwein für England aus dem Jahre 1827.

Schwierigkeiten

Verständlicherweise verleitet der große Erfolg deutscher Weine im Ausland und insbesondere in den jungen Produktionsländern die dortigen Hersteller, deutsche Namen zu imitieren, was man als Kompliment für unsere Weine auffassen könnte, würde der unerfahrene Verbraucher nicht allzuleicht dadurch getäuscht. Leider unterließ man deutscherseits allzulange, das zu tun, was die Franzosen offiziell schon vor 1914 taten, nämlich die bekanntesten Herkunftsbezeichnungen in den meisten Abnehmer- und Produktionsländern schützen zu lassen.

In Kanada entschlossen sich daher maßgebende deutsche Weinexporteure zu einer Klage gegen einen kanadischen Weinproduzenten, der seinen Weißwein »Liebfraumilch« nannte und ohne jeden Hinweis auf Kanada als Ursprungsland vermarktete. Er verlor, und die für den deutschen Weinexport wichtigste Herkunftsbezeichnung erlangte durch die Privatinitiative und auf Kosten einiger weniger Qualitätsweinhäuser dort den nötigen Schutz. Durch diesen ersten Sieg bestärkt, hat sich vor allem der Stabilisierungsfonds für Wein in Mainz des Schutzes deutscher Herkunftsbezeichnungen im Ausland angenommen. Er hat »Certification Marks« aller wichtigen Weinnamen beantragt und registriert. In den USA hat er die Benutzung des Namens »Liebchenwein« unterbunden.

Aber noch liefert jede kalifornische »Winery« Johannisberg Riesling. Einige von ihnen begannen sogar damit, Spätlese- und Auslese-Bezeichnungen in deutscher Sprache auf kalifornischen Weinen anzubringen.

In Australien wächst der Umsatz in »Bernkaizler« und »Nierstiner« dortiger Herkunft. In Südafrika bedient man sich fleißig deutscher Namen und Aufmachungen für dortige Weißweine und hemmt darüber hinaus deutsche Importe durch Restsüßebeschränkungen auf 20 g/l sowie durch SO_2-Begrenzungen unter den in Deutschland zugelassenen Werten.

In vielen Staaten sind ja Handelshemmnisse zu finden, die einerseits den Import erschweren und andererseits den Verkauf

Die Marktstruktur in 10 Hauptabnehmerländern

Land	Importzoll	Weinsteuer	Handelsformen	Besondere Qualitätsauflagen beim Import	Etikettiervorschriften abweichend vom Deutschen Weingesetz	übliche Importformen	Sonstiges
USA	US$ 0,375 per US Gallone = $ 0,099/l	$ 0,17 per US Gallone (State Tax) = $ 0,045/l (ist z. T. unterschiedlich)	freier Handel bis auf wenige Monopolstaaten	entsprechend deutschem Weingesetz	% Alkohol, Volumen, Name des Importeurs	über Importeure oder Großhändler mit entsprechender Lizenz	•
Großbritannien	£ 3,115 per britische Gallone = £ 0,6852/l	•	freier Markt mit Lizenzzwang, Lizenz leicht zu bekommen	entsprechend deutschem Weingesetz	% Alkohol, Volumen	Importeure, Supermärkte, Groß- und Einzelhandel	•
Niederlande	•	0,8276 hfl/l	freier Markt	entsprechend deutschem Weingesetz	% Alkohol, Volumen, HPA Nr.	Importeure, Lebensmittelgroßhandel, Gastronomie	•
Dänemark	•	Flasche: 3,605 Dkr/l Faß: 3,500 Dkr/l	freier Markt	entsprechend deutschem Weingesetz	•	Importeure, Lebensmittelgroßhandel, Gastronomie	•
Kanada	C$ 0,257/l	verschiedene provincial taxes	staatlicher Monopolhandel in allen Provinzen	entsprechend deutschem Weingesetz	% Alkohol, Volumen in englisch und französisch	nur über staatliche Monopolverwaltung	es existiert nationale Produktion, die sich deutscher Weinnamen bedient
Schweden	1,60 Skr/l	36% vom Einzelhandelspreis ausschließlich Umsatzsteuer	staatlicher Monopolhandel	entsprechend deutschem Weingesetz	% Alkohol, Volumen	nur über staatliche Monopolverwaltung	•
Belgien/ Luxemburg	•	12 bfr/l	freier Markt	entsprechend deutschem Weingesetz	% Alkohol, Volumen	Importeure, Lebensmittelgroßhandel, Gastronomie	•
Japan	320 yen/l	•	freier Markt	entsprechend deutschem Weingesetz	•	Importeure, Kaufhäuser, Großhandel	•
Australien	16% ad valorem	•	freier Markt	entsprechend deutschem Weingesetz	•	Importeure	es existiert nationale Produktion, die sich deutscher Weinnamen bedient
Schweiz	Flaschen: 50 sfr per 100 kg brutto Faß: 34 sfr per 100 kg brutto	•	freier Markt	SO_2: 200 mg/l Gesamt 35 mg/l frei keine Naßverbesserung	»leicht süß« für alle Weine über 4 g/l unvergorener Zuckerrest	nur über Importlizenzinhaber mit zugeteilten Mengen	•

Weinexport

und Verbrauch streng regulieren. So dürfen in England Alkoholika nur werktags zwischen 10.30 und 14.30 Uhr sowie zwischen 18.00 und 22.30 Uhr ausgeschenkt werden, sonntags gar nicht. Folglich ruft der Barkeeper 30 Minuten vor Schluß: »It's time, gentlemen!« Dann wird es mäuschenstill, es wird nur noch gezapft und getrunken, um möglichst viel zu »pumpen«, und 20 Minuten vor 11 Uhr wird diszipliniert das »Pub« verlassen.

In Holland erhalten Lebensmittel-Supermärkte keine Lizenz zum Verkauf von Weinen und Spirituosen, wenn sie weniger als 2 km von einer Schule oder Kirche entfernt liegen. Im US-Bundesstaat Pennsylvania gibt es ein Staatsmonopol, den »Pennsylvania Liquor Control Board«. Dort werden die Weine und Spirituosen nur vom staatlichen »Liquor Store« abgegeben. Dies hat zur Folge, daß der über 1 000 Mitglieder starke deutsche Club »Cannstadter Volksfestverein« den Weinbedarf für sein großes Sommerfest mit über 3 000 Gästen in Flaschen im »Liquor Store« abholen muß, der sich eigentlich mit dem Verkauf ausschließlich an den Endverbraucher befassen sollte.

In einer Reihe von Ländern übernimmt bei Weinen und Spirituosen der Staat selbst die Funktionen von Importeur, Großhändler und Einzelhändler: so in allen 11 Provinzen Kanadas, in 16 Bundesstaaten der USA, in Island, Norwegen, Schweden und Finnland sowie im Ostblock. In Schweden war es offizielle Politik, den Alkoholismus zu bekämpfen, die Schnapspreise durch Zölle und Steuern drastisch zu erhöhen und den Weinverbrauch von Staats wegen durch Werbung zu fördern. Anschließend schmälerte man das Weinangebot, ging vermehrt auf Faßimporte zur Abfüllung in Schweden über, um staatliche Abfüllkapazitäten besser zu nutzen und beim Monopolamt mehr zu verdienen, und schließlich verkleinerte man das Angebot an Flaschenweinen, statt dem Konsumenten ein breiteres Sortiment zu bieten. Endlich erhöhte man zum Nachteil aller die Steuern auch auf Wein. So kostet heute eine Flasche deutscher Wein in Schweden das Doppelte wie in der Bundesrepublik Deutschland.

Behindert wird der Weinexport auch durch die schwierige Aussprache unserer deutschen Weinnamen (Beispiel: Ist »Bereich« eine Herkunfts- oder Traubensortenbezeichnung?). Auch dies ist ein Grund für die Produktion von Markenwein. Die weitere Entwicklung des Exportes ist von der innerwirtschaftlichen Entwicklung der Abnehmerländer und der politischen Weiterentwicklung abhängig.

Zertifikat der German Wine Academy.

Helfer und Hilfen

Übergeordnete Organisationen versuchen, den Exporteuren beizustehen. Der Verband deutscher Weinexporteure e. V., Dorotheenstraße 241, 5300 Bonn, Telefon (02 221) 65 56 46, Geschäftsführer: Walter König, müht sich, den Exporteur sicher durch das Paragraphengestrüpp bei Produktion und Ausfuhr zu führen und die Verbindung zu den Behörden zu pflegen. Ebenso steht die Centrale Marketing Gesellschaft dem Weinexport bei, auch das Exportweinsiegel, das die Landwirtschaftsgesellschaft (DLG) verleiht, hilft. Aber es fehlt auch oft genug an Mitteln und an Koordinierung der Bemühungen: Da werden die falschen Leute zu Probeveranstaltungen eingeladen, auf denen man Weine anbietet, die in den entsprechenden Ländern gar nicht zu erhalten sind, oder aus deutscher Angst, einzelne zu bevorteilen, übertreibt man die Rücksichtnahme, indem man durch neutrale Aufmachung der Flaschen den Interessenten langweilt, statt sein ernsthaftes Interesse zu befriedigen. Drittens schließlich unterstützt der Stabilisierungsfonds für Wein den Export. Er hat zur Förderung von Information und Aufklärung über deutschen Wein Außenstellen in wichtigen Abnehmerländern eingerichtet: in den USA, Kanada, Großbritannien, Japan, Australien, Dänemark und Schweden. Auch er veranstaltet Proben, arrangiert Vorträge und unterstützt Schulungen über deutschen Wein.

Dem deutschen Weinexport werden bei weitem nicht ähnliche Subventionen zuteil wie den übrigen landwirtschaftlichen Produkten oder den Exporteuren anderer weinbautreibender Länder. Dem Verband deutscher Weinexporteure standen für das ganze Jahr 1975 weniger als DM 15 000,– zur direkten Werbung im Ausland zur Verfügung. Die Centrale Marketing Gesellschaft führt nur Gemeinschaftsaktionen für deutsche Lebensmittel durch, eine Abgrenzung ihrer Mittel für Wein ist daher nicht möglich. Für die Unterstützung des Exportes in die 5 wichtigsten Abnehmerländer durch den Stabilisierungsfonds ergibt sich für 1975 folgendes Bild:

	Ausfuhrwert in DM	in % des deutschen Gesamtweinexportes	Aufwendungen des Stabilisierungsfonds in DM	in % des DM-Ausfuhrwertes
USA	82 211 000	37,6	222 100	0,27
Großbritannien	52 420 000	27,5	117 400	0,2
Niederlande	16 006 000	8,8	33 200	0,2
Dänemark	10 166 000	4,3	26 200	0,26
Kanada	20 141 000	6,1	16 000	0,09
zusammen	180 944 000	84,3	414 900	1,02

NEW YORKER STAATS-ZEITUNG und HEROLD, 19./20. NOVEMBER 1977

PREISSTURZ
Für den Danksagungstag
DIESES ANGEBOT ENDET AM 30. NOVEMBER 1977
Nirgends grössere Auswahl an deutschen Weinen und Likören!
DAS EINZIGE GESCHÄFT FÜR WEINE UND SPIRITUOSEN an 86th STREET

YORKSHIRE WINE and SPIRITS CO.
New York's Wine Center — 324 E. 86th St., New York City — Tel.: 249-2300
ZWISCHEN DER 1. UND 2. AVENUE, NEBEN DER MOZART-HALLE — DEUTSCHE BEDIENUNG

Importeur europäischer Weine für den Groß- und Einzelhandel!   10 Prozent Rabatt an der Kiste!

Rhein-Weine
1975, 1976 Liebfraumilch	$1.69
1975 Liebfraumilch (Yorkshire Selection)	$1.99
1971 Johannisberger Hansenberg, Auslese (E. A.)	$8.99
1974 Portugieser Weissherbst (Rosé)	$2.79
1973 Hochheimer Kirschenstück, Kabinett (E. A.)	$3.49
1975 Rüdesheimer, Riesling, Kabinett (E. A.)	$2.99
1975 Erbacher Schloßberg, Kabinett (E. A.)	$4.49
1975 Winkeler Jesuitengarten, Kabinett (E. A.)	$4.49
1975 Schloß Eltz (Rauenthaler Steinmacher) (E. A.)	$4.49
1975 Niersteiner Orbel, Spätlese (E. A.)	$6.75
1973 Niederhauser Steinberg (Nahe) (E. A.)	$3.49
1973 Deidesheimer Langenmorgen, Spätlese (E. A.)	$6.99
1972 Rüdesheimer Berg Rottland, Kabinett (E. A.)	$3.49
1973 Johannisberger Ertenbringer (E. A.)	$3.49
1972 Kiedricher Gräfenberg, Kabinett (E. A.)	$2.99
1975 Schloß Vollrads, Blau (E. A.)	$5.99

* Württemberger Weine
(E. A.) ist Erzeuger-Abfüllung

Franken- und Baden-Weine
1975 Becksteiner Taubklinge, Kabinett (E. A.)	$4.95
1973 Würzburger Stein (E. A.)	$5.50
1971 Eschendorfer Lump, Spätlese (E.A.)	$9.95
1975 Kaiserstuhl Tuniberg (E. A.)	$3.29
1975 Cannstatter Zuckerle (Trollinger)* (E. A.)	$4.99
1975 Stettener Heuchelberg, Riesling* (E. A.)	$4.95
1975 Affenthaler Spätburgunder (Affenflasche)(E. A.)	$4.98

Mosel, Saar, Ruwer
1975, 1976 Moselblümchen	$2.49
1975, 1976 Zeller Schwarze Katz	$2.49
1973 Piesporter Michelsberg (E. A.)	$2.99
1975 Avelsbacher Hammerstein, Kabinett (E. A.)	$3.99
1975 Wiltinger Marienholz (E. A.)	$3.99
1975 Ockfener Bockstein, Auslese (E. A.)	$7.99
1975 Bernkastler Kurfürstlay, Auslese (E. A.)	$5.99
1975 Zeltinger Himmelreich (E. A.)	$2.99
1975 Wiltinger Klosterberg (E. A.)	$3.49
1975 Erdner Treppchen, Spätlese (E. A.)	$4.49
1975 Longuicher Probstberg, Auslese (E. A.)	$4.99
1975 Wehlener Sonnenuhr, Spätlese (E. A.)	$6.25
1975 Ockfener Bockstein, Kabinett (E. A.)	$4.29
1975 Kröver Nacktarsch	$2.49
1975 Trittenheimer Apotheke, Auslese (E. A.)	$4.99
1976 Piesporter Michelsberg, Spätlese (E. A.)	$3.99
1976 Zeller Schwarze Katz, Spätlese (E. A.)	$3.49
1975 Eitelsbacher Marienholtz (E.A.)	$4.39

SCHARLACHBERG (WEINBRAND)	$7.95
ASBACH URALT (WEINBRAND)	$9.64
DUJARDIN (WEINBRAND)	$7.97

Deutscher Sekt (Schloß Johannisberger)	$7.99
Von der Sektkellerei Fürst von Metternich	
M-M Extra trocken	$5.99
Henkell trocken	$6.99
Söhnlein Rheingold Brillant	$4.99

Grösste Auswahl und niedrigste Preise an allen WEINEN und SPIRITUOSEN

Verkaufsanzeige für deutschen Wein in einer deutschsprachigen amerikanischen Zeitung.

Export 1975
(= 75,2% der Gesamtausfuhr von 751 227 hl)

1975	hl	%
Rheinhessen	201 948	35,7
Mosel-Saar-Ruwer	145 711	25,8
Rheinpfalz	76 069	13,4
Rheingau	45 832	8,1
Nahe	24 246	4,3
Baden und Württemberg	2 937	0,5
Franken	1 044	0,2
ohne Angaben	43 439	7,7
sonstige Herkünfte auch aus Importen	24 040	4,3
	565 266	100,0

1975	hl	%
Tafelwein	55 810	9,9
Qualitätswein bA	394 775	69,8
(davon Liebfraumilch	193 793	49,1)
Prädikatswein	71 155	12,6
ohne Angaben	43 526	7,7
	565 266	100,0

Wo trinkt der Ausländer nun diese Tropfen verschiedenster deutscher Herkunft? Im Ausland gibt es keine Straußwirtschaften, keine Weinstuben wie in Rüdesheims Drosselgasse, kein Niersteiner Winzerfest, keinen Dürkheimer Wurstmarkt und keinen Bremer Ratskeller. Man wählt auch erst seit kurzem und noch sehr zögernd Wein als Aperitif, als Entspannung zu Beginn des Feierabends, und man wählt ihn nur sehr selten als »Longdrink« für eine fröhliche abendliche Freundesrunde nach dem Essen. Deutscher Wein wird im Ausland, wo man sich in Fragen der Weinkultur vor allem an Frankreich orientiert, in der Regel nur zum Essen getrunken. Für deutschen Wein ist es schwer, dabei die weitere Einschränkung »to be served with fish and fowl or white meat« zu überwinden. Der Ausländer findet deutsche Weine, besonders Spätlesen oder Auslesen, zum Essen weniger passend, und er wählt statt dessen trockene Weißweine wie Soave, Chianti, weißen Burgunder, weißen Macon, die Loire-Weine und Chablis, oft zu viel höheren Preisen.
Damit soll keineswegs gesagt sein, daß sich nur der trockene deutsche Wein für das Ausland eignet. Vielmehr hat der fruchtige, in Säure und mäßiger Süße harmonische deutsche Wein im Ausland eine große Zukunft, und zwar so wie er in Deutschland Millionen Menschen täglich erfreut, zu allen Gelegenheiten, auch außerhalb des Essens.

Der Unterstützung des Weinexportes dient seit ihrer Gründung 1973 die German Wine Academy in Kloster Eberbach im Rheingau mit ihren englischsprachigen Seminaren. Fast 400 Teilnehmer, meist Fachleute aus 20 verschiedenen Ländern, haben in den ersten drei Jahren diese Lehrgänge absolviert. In jedem Sommer werden 5 Seminare durchgeführt, seit Oktober 1976 wird auch ein Fortgeschrittenenkurs abgehalten. Alle Teilnehmer sind Botschafter für deutschen Qualitätswein geworden.

Herkunft, Qualität und Verbrauch

Über die geographische Herkunft und die Qualitätsstufen der aus Deutschland exportierten Weine existiert keine Statistik. Für den vorliegenden Beitrag wurde daher durch eine Rundfrage bei den Mitgliedern des Verbandes Deutscher Weinexporteure versucht, die Herkünfte und Qualitäten festzustellen. Die folgenden Zahlen betreffen daher nicht die Gesamtheit des deutschen Weinexportes, sondern nur die bei dieser Rundfrage erfaßten 75,2% der Gesamtmenge von 1975. (Interessant ist, daß diese 75,2% des Gesamtexportes von nur 62 Exporthäusern getätigt wurden.)
Neben der Erkenntnis, daß die Hälfte aller Exporte Liebfraumilch-Wein ist, fällt auf, daß sich nur 5 der 11 deutschen Anbaugebiete mit größeren Mengen an der Ausfuhr beteiligen. Der Rheingau mit seiner nur 3 000 ha großen Rebfläche ist ganz überproportional beteiligt, gemessen an seiner Rebfläche nimmt er sogar den ersten Platz ein.

Der Deutsche Weinbauverband

Werner Becker

Der Zusammenschluß eines Berufsstandes in einem starken Berufsverband ist eine Notwendigkeit. Dies gilt insbesondere für die Winzerschaft, die sich in ihrer ganz überwiegenden Mehrheit aus Inhabern von Klein- und Kleinstbetrieben zusammensetzt.

Schon 1834 konstituierte sich als erster Zusammenschluß der Winzer eines ganzen deutschen Weinbaugebietes der Württembergische Weinbauverein. In den übrigen Weinbaugebieten wurden die Belange des Weinbaues damals noch durch allgemein-landwirtschaftliche Vereine oder durch Vereine, die sich der Obst- und Weinkultur gemeinsam widmeten, wahrgenommen. Das Betätigungsfeld dieser Vereine lag anfangs mehr auf weinbaufachlichem als auf wirtschaftspolitischem Gebiet. Erst aufgrund steigender technischer und wirtschaftlicher Schwierigkeiten gewannen die verbandspolitischen Aufgaben an Bedeutung.

Bedingt durch diese Wandlung wurde am 30. 9. 1874 in Trier, anläßlich des Kongresses deutscher Wein- und Obst-Produzenten, die Gründung eines »alle Weinbaugebiete des Deutschen Reiches umfassenden Deutschen Weinbauvereins« beschlossen. 47 Personen erklärten spontan ihren Beitritt. Am 29. 12. 1874 wurden in Neustadt an der Weinstraße Dr. Adolf Blankenhorn, Karlsruhe, zum Präsidenten, Dr. Armand Buhl, Deidesheim, und der Appellationsgerichtsrat Schlumberger, Colmar, zu Vizepräsidenten gewählt. Gleichzeitig wurde ein »Garantiefonds« von 1 390 Mark gezeichnet, damit die praktische Vereinsarbeit beginnen konnte. Beim Weinbaukongreß in Colmar wurden am 26. 9. 1875 die Statuten des Deutschen Weinbauvereins beschlossen, der vor allem Einzelpersonen als Mitglieder zählte; 1876 waren es bereits 916. Fast 40 Jahre wirkte der Verein in dieser Form.

Währenddessen erstarkten auch die in Preußen, Bayern, Sachsen, Württemberg, Baden, Hessen und im Elsaß entstandenen 7 Landesweinbauvereine, so daß eine Neuorganisation notwendig wurde. Am 27. 4. 1913 wurde in Mainz der Deutsche Weinbauverein aufgelöst und als sein Rechtsnachfolger der »Deutsche Weinbauverband« gegründet, der keine Einzelmitgliedschaft mehr kannte; seine Mitglieder waren die einzelnen Landesweinbauvereine. Im Frühjahr 1934, als der Reichsbauernführer den Deutschen Weinbauverband auflöste, gehörten diesem als Mitglieder an: 6 Weinbauverbände, der Verband Deutscher Naturweinversteigerer, 2 zentrale Genossenschaftsverbände sowie 7 Landwirtschaftskammern.

Gründungsstatuten des Deutschen Weinbauvereins, beschlossen 1875 in Colmar. In dieser Form wirkte der Verein fast 40 Jahre.

Emblem des Deutschen Weinbauverbandes.

Nach dem Zweiten Weltkrieg galt es, den Berufsstand neu zu organisieren. Auf Betreiben von Graf Matuschka-Greiffenclau gründeten die seit 1946 wiedererstandenen Gebietsvereine am 21. 9. 1948 in Johannisberg im Rheingau die »Arbeitsgemeinschaft der deutschen Weinbauverbände«. Am 31. 5. 1950 wurde dann in Mainz von 7 Regionalvereinen der »Deutsche Weinbauverband« mit Sitz in Bonn neu gegründet.

Diesem Spitzenverband des deutschen Weinbaues gehören derzeit an:

A) Weinbauverbände

1. Weinbauverband Rheinpfalz e. V., Robert-Stolz-Straße 18, Postfach 53, 6730 Neustadt/Weinstraße, Tel. (06 321) 36 36
2. Weinbauverband im Bauernverband Rheinhessen e. V., 117er Ehrenhof 5, Postfach 1340, 6500 Mainz, Tel. (06 131) 67 40 04
3. Bauern- und Winzerverband Rheinland-Nassau e. V., Mainzer Straße 60 a, Postfach 204, 5400 Koblenz, Tel. (02 61) 33 037/38
mit:
a) Weinbauverband Mosel-Saar-Ruwer, Ostallee 47, 5500 Trier, Tel. (06 51) 74 360
b) Bauern- und Winzerverband an Nahe und Gla Mannheimer Staße 82, Postfach 125, 6550 Bad Kreuznach, Tel. (06 71) 33 717
c) Weinbauverband Mittelrhein im Bauern- und Winzerverband Rheinland-Nassau e. V., Mainzer Straße 60 a, Postfach 204, 5400 Koblenz, Tel. (02 61) 33 037
d) Kreisbauern- und Winzerverband, Wilhelmstraße 16, 5483 Bad Neuenahr-Ahrweiler 2, Tel. (02 641) 34 755
4. Badischer Weinbauverband e. V., Merzhauser Straße 115, Postfach 275, 7800 Freiburg im Breisgau, Tel. (07 61) 40 947/48
5. Weinbauverband Württemberg e. V., Secklergasse 3, Postfach 1148, 7102 Weinsberg, Tel. (07 134) 81 85
6. Rheingauer Weinbauverband e. V., Im Rathaus, 6225 Johannisberg, Tel. (06 722) 81 17
7. Fränkischer Weinbauverband e. V., Juliusspital, Postfach 5848, 8700 Würzburg 1, Tel. (09 31) 12 093
8. Saarländischer Winzerverband e. V., 6643 Perl/Saar, Tel. (06 867) 888
9. Weinbauverband Siebengebirge e. V., Heisterbacher Straße 88, 5330 Königswinter 1/Oberdollendorf, Tel. (02 223) 22 863
10. Weinbauverband Hessische Bergstraße e. V., Königsberger Straße 4, 6148 Heppenheim/Bergstraße, Tel. (06 252) 71 247

B) Raiffeisenverbände

11. Deutscher Raiffeisenverband e. V., Adenauerallee 127, 5300 Bonn 1, Tel. (02 221) 10 61
12. Raiffeisenverband Rhein-Main e. V., Raiffeisenhaus, Postfach 4013, 6078 Neu-Isenburg, Tel. (06 11) 69 30 81
13. Raiffeisenverband Rhein-Main e. V. – Geschäftsstelle Ludwigshafen –, Kaiser-Wilhelm-

Straße 5, Postfach 211 123, 6700 Ludwigshafen/Rhein, Tel. (06 21) 51 91 16
14. Genossenschaftsverband Rheinland e. V. – Geschäftsstelle Koblenz –, Südallee 31–35, Postfach 1720, 5400 Koblenz, Tel. (02 61) 12 236
15. Badischer Genossenschaftsverband Raiffeisen-Schulze-Delitzsch e. V., Lauterbergstraße 1, Postfach 5280, 7500 Karlsruhe 1, Tel. (07 21) 35 21
16. Württembergischer Genossenschaftsverband Raiffeisen-Schulze-Delitzsch e. V., Heilbronner Straße 41, Postfach 94, 7000 Stuttgart 1, Tel. (07 11) 20 401
17. Bayerischer Raiffeisenverband e. V., Türkenstraße 16, 8000 München 2, Tel. (089) 21 341

C) Sonstige Verbände

18. Deutsche Weinsiegel-Gesellschaft mbH., Zimmerweg 16, 6000 Frankfurt/Main 1, Tel. (06 11) 72 08 61
19. Verband Deutscher Prädikatsweingüter e. V., Langgasse 3, 6505 Nierstein, Tel. (06 133) 51 29
20. Bund der Ingenieure des Weinbaues e. V., Weinstraße 65, 6706 Wachenheim, Tel. (06 322) 89 56
21. Verband Deutscher Rebenpflanzguterzeuger e. V., Oberflecken 14, 6223 Lorch 2, Tel. (06 726) 758

Fördernde Mitglieder:
22. Deutsche Hagel-Versicherungsgesellschaft a. G., Von-Frerichs-Straße 8, 6200 Wiesbaden, Tel. (06 121) 56 10 41
23. Raiffeisen- und Volksbanken-Versicherungsgruppe, Taunusstraße 1, 6200 Wiebaden, Tel. (06 121) 53 31

Die Präsidenten des »Deutschen Weinbauvereins« und des »Deutschen Weinbauverbandes« waren:

1874 bis 1882 Dr. Adolf Blankenhorn, Müllheim/Baden
1883 bis 1892 Dr. Armand Buhl, Deidesheim/Pfalz
1893 bis 1904 Geheimer Kommerzienrat Julius Wegeler, Koblenz
1905 bis 1920 Reichsrat Freiherr von Buhl, Deidesheim
1921 bis 1929 Dr. h. c. Karl Müller, Karlsruhe
1929 bis 1934 Freiherr von Schorlemer, Lieser/Mosel
1950 bis 1964 Richard Graf Matuschka-Greiffenclau, Schoß Vollrads, Rheingau

Seit 1964 steht Werner Tyrell, Trier-Eitelsbach, Karthäuserhof, dem Verband vor.

Der Deutsche Weinbauverband e. V. verfolgt die in seiner Satzung verankerten Verbandszwecke:
• die Gesamtinteressen seiner Mitglieder im In- und Ausland gegenüber Bundestag, Bundesrat, Bundesregierung und allen Behörden sowie gegenüber anderen Verbänden und Organisationen und gegenüber den europäischen Institutionen in enger Zusammenarbeit mit dem Deutschen Bauernverband und dem Deutschen Raiffeisenverband zu vertreten und die beruflichen Belange der deutschen Winzerschaft zu wahren und zu fördern;
• die Mitgliedsverbände in allen Fach-, Rechts- und Steuerfragen zu beraten und zu unterstützen und ihnen durch ständige Fühlungnahme mit Wissenschaft und Technik die den Weinbau berührenden neuesten wissenschaftlichen Erkenntnisse zu vermitteln;
• den Absatz des deutschen Weines nach Kräften zu fördern.

Die Satzung des Verbandes, die er sich durch Beschluß seiner Mitgliederversammlung selbst gegeben hat, ist das »Grundgesetz« des Deutschen Weinbauverbandes. Die Beschlußfassung über alle wesentlichen Maßnahmen kommt nach demokratischen Regeln in den zuständigen Gremien des Verbandes zustande. Die Organe des Verbandes sowie die Geschäftsführung sind satzungsgemäß an diese Beschlüsse gebunden.

Die Organe des Verbandes sind:
• der Präsident und das Präsidium
• der Vorstand
• die Mitgliederversammlung.

Zur Unterstützung dieser Organe sind Arbeitskreise eingesetzt. Die laufenden Geschäfte werden vom Generalsekretär geführt.

Nach der Satzung des Deutschen Weinbauverbandes findet alle 3 beziehungsweise 4 Jahre ein Weinbaukongreß statt, der mit einer Ausstellung für Weinbau und Kellerwirtschaft (Intervitis) verbunden ist. Kongreß und Ausstellung haben das Ziel, durch ihre Veranstaltungen, Lehrschauen und Vorführungen das Wissen des Winzers zu bereichern und ihm die neuesten Erkenntnisse in Keller- und Außenwirtschaft zu vermitteln. Hierzu tragen in starkem Maße die ausstellenden

Ehrenurkunde des Deutschen Weinbauvereins aus dem Jahre 1890, verliehen an Professor Dr. Müller-Thurgau.

Unternehmen der Wirtschaft bei. Darüber hinaus sollen die Kongresse das Verständnis der Öffentlichkeit für die Weinbaubelange wecken und gleichzeitig allen Behörden die Bedeutung, aber auch die Probleme des deutschen Weinbaues vor Augen führen.

Weinbaukongresse fanden statt:

1. 1874 in Trier
2. 1875 in Kolmar
3. 1876 in Kreuznach
4. 1877 in Freiburg i. Br.
5. 1878 in Würzburg
6. 1879 in Koblenz
7. 1882 in Bad Dürkheim
8. 1885 in Kolmar
9. 1886 in Rüdesheim
10. 1887 in Freiburg i. Br.
11. 1889 in Trier
12. 1890 in Worms
13. 1894 in Mainz
14. 1895 in Neustadt a. H.
15. 1896 in Heilbronn
16. 1897 in Freiburg i. Br.
17. 1898 in Trier
18. 1899 in Würzburg
19. 1900 in Colmar
20. 1901 in Kreuznach
21. 1903 in Mainz
22. 1905 in Neustadt a. H.
23. 1907 in Mannheim
24. 1908 in Eltville
25. 1910 in Colmar
26. 1911 in Würzburg
27. 1913 in Mainz
28. 1920 in Würzburg
29. 1921 in Mainz
30. 1922 in Freiburg i. Br.
31. 1924 in Heilbronn
32. 1925 in Koblenz
33. 1926 in Wiesbaden
34. 1927 in Bad Dürkheim
35. 1929 in Offenburg
36. 1931 in Trier
37. 1932 in Neustadt
38. 1934 in Heilbronn
(39. 1939 in Bad Kreuznach)
40. 1950 in Bad Kreuznach
41. 1952 in Freiburg i. Br.
42. 1954 in Heilbronn
43. 1957 in Würzburg
44. 1960 in Bad Dürkheim
45. 1963 in Mainz
46. 1966 in Stuttgart
47. 1969 in Offenburg
48. 1972 in Stuttgart
49. 1975 in Stuttgart
50. 1979 in Stuttgart

Der 39. Kongreß, für August 1939 vorbereitet, wurde wegen des drohenden Kriegsausbruches nicht abgehalten.

Der 50. Kongreß, verbunden mit der Intervitis 79, wird vom 23. bis 29. 5. 1979 in Stuttgart durchgeführt.
Der Deutsche Weinbauverband wird zu allen einschlägigen Gesetzentwürfen von den zuständigen Bundesministerien und dem Parlament gutachtlich gehört.
Verbandszeitschrift ist »Der Deutsche Weinbau«, Abeggstraße 2, 6200 Wiesbaden, Tel. (06121) 52 40 28.

Karl Ludwig Bieser

Die Winzergenossenschaften

Geschichte

Mit der Einführung des Weinbaues, der urkundlich im 8. Jahrhundert schon erwähnt ist, kam es in Süddeutschland zu ersten Zusammenschlüssen der Winzer. Diese von den mittelalterlichen Klöstern ausgehenden Organisationsformen wurden bald auf die grundherrschaftlichen Hauswirtschaften übertragen, aus denen die Weingärtner frühzeitig in einem besonderen Verband zusammengeschlossen wurden. Dieser war unmittelbar dem Lehnsherrn unterstellt. Die Klöster und der Adel besaßen das Rebland fast ausschließlich. Die Weinberge wurden den Weinbauern gegen einen erheblichen Teil der Ernte (bis zu fünf Sechsteln) verliehen. Die Trauben mußten bei einer bestimmten Kelter abgeliefert werden. Die Winzer waren also »kelterhörig«. Der »Hörigkeitsverband«, auch »Hubenverbund«, kann als erster Zusammenschluß der Winzer angesehen werden. Während es in den Dörfern fast keine freien Winzer gab, gelang es den Weingärtnern in den freien württembergischen Städten, sich zu Zünften, den sogenannten »Rebleute-Zünften« zusammenzuschließen. Sie verfügten auch über eigene Keltern. Diese sozialen und wirtschaftlichen Verhältnisse blieben nirgends so lange wie in Württemberg bestehen. Die Zunftvereinigungen wurden im Jahre 1828 aufgelöst, aber erst das Grundlasten-Ablösungsgesetz von 1848 hob die »Lehens- und Grundherrlichkeitsverbände« auf. Das Zehnt-Ablösungsgesetz von 1849 befreite die württembergischen Weingärtner von Naturallieferung und Kelterhörigkeit. Allerdings mußten sie noch zwanzig bis fünfundzwanzig Jahre lang eine Entschädigung an die staatliche Ablösungskasse zahlen.

Auch in Baden wurden die Weinberge von der Grundherrschaft in Erbpacht vergeben. Als man Mitte des 15. Jahrhunderts die Pachten ständig erhöhte und von der Erbpacht zur Zeitpacht überging, wurden die Weinberge immer mehr vernachlässigt und die Qualität der Weine sank. Den stadtfernen Winzern waren eigene Keller untersagt, Zehnt- und Teilbauern lieferten ihre Trauben an die herrschaftliche Kelter ab. Da die Winzer auch noch in anderer Weise vom Grundherrn wirtschaftlich abhängig waren, behielt dieser auch den Anteil des Winzers, den »Weinschlag« ein. So war der Absatz zwar garantiert, der Preis jedoch meist zu niedrig. Viele Winzer mußten deshalb nach Aufhebung der Feudallasten zu Anfang des 19. Jahrhunderts aus Not auswandern.

Die Winzer an Mosel, Saar und Ruwer hatten es im Verlauf der mittelalterlichen Geschichte verstanden, ihre wirtschaftlich und sozial höhere Stellung im Vergleich zu den übrigen Bauern weitgehend zu halten. Zwar hatten auch sie ihren »Weinzins« oder die »Beeth« oder »Beede« zu zahlen, doch sie kelterten ihren Wein fast ausschließlich auf ihrer eigenen Kelter selbst. Die Abgaben bestanden auch nicht in Trauben oder Most, sondern in Wein. Zu Beginn des 18. Jahrhunderts befanden sich bereits zwei Drittel der Weinbergsfläche in ihrem Besitz. Die Lehens- und Pachtabgaben waren erheblich geringer als in Süddeutschland, und eine Kelterhörigkeit scheint nicht bestanden zu haben. Wie aus dem »Osanner Herbst-Rebregister« der Jahre 1770 bis 1797 hervorgeht, hatte die Herrschaft das Recht, ein Fünftel bis ein Drittel des Weines aus dem Jahrgang auszusuchen. Dem Winzer blieb also Anreiz genug, Qualität zu erzeugen. 1797 kam das Gebiet des linken Rheinufers, das entspricht den heutigen Weinbaugebieten Mosel-Saar-Ruwer, Rheinhessen und Rheinpfalz, zu Frankreich. Damit verloren Adel und Klerus ihre gutsherrlichen Privilegien. Die Klostergüter wurden 1805 verkauft, und die bisherigen Lehen gingen in das Eigentum der Winzer über. So konnten sich die nunmehr freien Winzer von Mosel, Saar und Ruwer im aufstrebenden Preußen des beginnenden 19. Jahrhun-

Eines der ältesten Raiffeisen-Warenlager in Heddesdorf.

derts einen Markt aufbauen. Doch stürzte sie der 1833 gegründete Deutsche Zollverein schon bald darauf durch Einfuhren billiger erzeugter Weine aus Rheinhessen und der Rheinpfalz in tiefe Not. Die Weinbauern erkannten erstmals die Grenzen ihrer wirtschaftlichen Möglichkeiten und griffen zu neuen Ideen, die ihnen mehr Sicherheit verhießen. Die ersten genossenschaftlichen Gründungen, deren Ziele und Aufgaben denen der heutigen Winzergenossenschaften schon ziemlich nahe kamen, erfolgten Mitte des 19. Jahrhunderts in diesem Gebiet.

In den heutigen Weinbaugebieten Rheinpfalz, Rheinhessen, Rheingau, Nahe und Mittelrhein verlief die sozioökonomische Entwicklung ähnlich wie an der Mosel. Schon früh gehörten den Winzern große Teile des Rebgeländes. Der Adel war an einer Naturalpacht in Wein mehr interessiert als an der eigenen Bewirtschaftung des Bodens. In den protestantischen Gebieten wurden schon früh, in der Mitte des 16. Jahrhunderts, die Klostergüter aufgehoben und Bürgern und Winzern zugeführt. Eine wirtschaftliche Blüte war zwar durch Zölle, Abgaben, Stapelrechte und Zwänge nicht möglich, doch ging es erst im Dreißigjährigen Krieg und danach während des pfälzischen Erbfolgekrieges wirklich bergab. Erst hundert Jahre später konnte sich das Gebiet allmählich erholen. Der Aufschwung zu Beginn des 19. Jahrhunderts wurde von den mittleren und großen Weingütern vorangetrieben, die traditionell auch die Trauben ihrer Arbeiter als »Kaufweine« mitvermarkteten. Zur Krise kam es hier erst, als gegen Ende des vorigen Jahrhunderts große Mengen billiger Import- und Kunstweine die Rentabilität gefährdeten und den Winzer zwangen, seine wirtschaftliche Zukunft in eigene Hände zu nehmen.

Auf dem Weg zur modernen Winzergenossenschaft

So verschieden auch die wirtschaftliche und soziale Stellung der Winzer in den deutschen Weinbaugebieten war, die tiefgreifenden politischen und wirtschaftlichen Änderungen des beginnenden Industriezeitalters brachten unzähligen von ihnen im 19. Jahrhundert bitterste Not. Die liberale Wirtschaftspolitik traf auf einen nicht organisierten, in vielen Gebieten auch fachlich mangelhaft ausgebildeten Winzerstand. Billige Auslandsweine, zunehmende Weinfälschungen, die bis zu den Kunstweinen führten, eine Schädlingsinvasion von nie gekanntem Ausmaß, die Einschleppung von Reblaus, Plasmopora viticola und Oidium aus Amerika verminderten und vernichteten die Rentabilität und zwangen Tausende von Winzern – von der Mosel bis Baden – zur Auswanderung.

Gegen die extrem individualistische Wirtschaftsordnung setzte bald eine Reaktion ein. Man suchte durch Zusammenschlüsse die wirtschaftlich schwache Stellung des einzelnen Winzers zu bessern. In den verschiedensten Gegenden Deutschlands wurde auf karitativer Grundlage durch Wohltätigkeitsvereine Hilfe gesucht. Friedrich Wilhelm Raiffeisen glaubte, als er 1846 in seiner Gemeinde in Weyerbusch/Westerwald die Hungersnot linderte, auf der Grundlage der christlich fundierten gegenseitigen Verantwortung weiterbauen zu können. Er mußte aber feststellen, daß nicht Mitleid, sondern nur die Mobilisierung der eigenen Kräfte, verbunden mit einer besseren Bildung der Landbevölkerung im weitesten Sinne und dem Willen zur Selbsthilfe, einen nachhaltigen Wandel zur Besserung der wirtschaftlichen Lage herbeizuführen vermochte. Diese Ideen wurden damals nicht nur von ihm vertreten. Mit keinem anderen Namen aber ist heute die ländliche Genossenschaftsorganisation enger verbunden.

Bereits 1821 hat es in Baden landwirtschaftliche Vorschußvereine gegeben. 1824 wurde in Heilbronn die »Gesellschaft für die Weinverbesserung« gegründet, die auf die Gründung von Winzergenossenschaften aber keinen großen Einfluß ausgeübt hat. 1852 kam es unter Führung des »Landwirtschaftsvereins für Rheinpreußen« zur Gründung von 4 Winzervereinen an der Mosel in Reil, Kinheim, Kröv und Ürzig, die schon den Namen »Winzergenossenschaft« annahmen. In ihren Statuten waren bereits entscheidende Grundsätze der späteren Raiffeisen'schen Genossenschaften enthalten. Es sollten bessere Anbaumethoden eingeführt, die Qualität der Weine durch gemeinschaftlichen Ausbau und der Verdienst durch gemeinschaftliche Vermarktung erhöht werden. Ein Grundsatz der heutigen Winzergenossenschaften – die nicht geschlossene Mitgliederzahl – war ebenso im Statut verankert wie der gemeinschaftliche Geschäftsbetrieb, den ein Vorstand verantwortlich leitete. Der Vorstand wurde von einer Generalversammlung beauftragt, und Streitfälle wurden durch ein Schiedsgericht geschlichtet. Im Herbst zahlten die Vereine mit aufgenommenen Darlehen Vorschüsse auf die eingelagerten Moste und Weine, um Notverkäufe zu verhindern. Die Winzer hafteten solidarisch bei Verlusten. Die Überschüsse sollten einem Reservefonds zugeführt werden. Die Ämter in der Winzergenossenschaft wurden ehrenamtlich bekleidet.

Dies waren viele gute und praktische Ansätze, aber es fehlte noch der Grundsatz »Einer für Alle – Alle für Einen«, so daß diese Zusammenschlüsse sich schon bei den ersten Schwierigkeiten nach wenigen Jahren wieder auflösten.

Die Winzergenossenschaften

Tragfähiger erwiesen sich in diesen Jahren die Gedanken des Zusammenschlusses in Württemberg. Aus Neckarsulm ist bekannt, daß bereits 1834 ein Weinbauverein gemeinschaftlich kelterte, Most und teilweise auch Wein verkaufte. Er schloß sich dann später mit der 1855 gegründeten Weingärtnergesellschaft, der heutigen Weingärtnergenossenschaft Neckarsulm, zusammen. Die Weingärtner von Asperg gründeten 1854 eine genossenschaftsähnliche Vereinigung, die »Assoziation für Bereitung und Verwertung des Weinmostes«. Ähnliche Vereinigungen gab es in jenen Jahren auch in Tübingen, Beilstein und Fellbach. Ihre Aufgabe war, die angelieferten Trauben nach Herkunft und Güte zu keltern und sie »unter der Kelter« an Kommissionäre, Weinhandel und Gastwirte zu verkaufen. An eine eigene Weineinlagerung dachten diese Vereinigungen noch nicht.

Friedrich Wilhelm Raiffeisen (1818–1888), der Genossenschaftsgründer.

legte darin die Summe seiner Erfahrungen mit der Wandlung vom Konsumverein von 1846/47 zur Genossenschaft nieder. Ein ausführliches Kapitel war den Winzergenossenschaften und den Problemen des Weinbaues gewidmet. Indem Raiffeisen scharf die Mängel der landwirtschaftlichen und weinbaulichen Erzeugung und den durch die mangelnde Bildung der ländlichen Bevölkerung noch unterstützten gewissenlosen Geldwucher geißelte, zeigte er auch den Weg auf, diese brennende soziale Frage durch Hilfe zur Selbsthilfe und nicht durch Mitleid zu lösen.

Wesentliche Impulse gaben auch Wilhelm Haas und Hermann Schulze-Delitzsch, die mit der genossenschaftlichen Bewegung der folgenden Jahrzehnte aufs engste verbunden waren.

Den gesetzlichen Rahmen der neuen Organisationen gab das am 27. 3. 1867 in

Entwurf der Statuten des Heddesdorfer Darlehnskassen-Vereins von 1864, der ersten Raiffeisengenossenschaft. Der Entwurf stammt mit größter Sicherheit von Raiffeisens eigener Hand. § 2 der Satzung offenbart den grundlegenden Unterschied zwischen der bisherigen Fremdhilfe und der genossenschaftlichen Selbsthilfe.

Titelblatt der 1. Auflage des Raiffeisen'schen Buches von 1866. In der 3. Auflage von 1881 werden im Titel ausdrücklich auch die Winzergenossenschaften erwähnt.

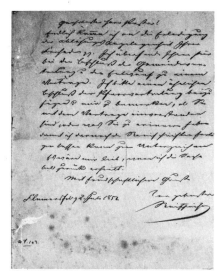

Eigenhändiger Brief des Bürgermeisters Raiffeisen an Pfarrer Müller. Er beweist, daß die Ablösung der Frohnde in der Mitte des 19. Jahrhundert noch nicht abgeschlossen war.

Erst in den 80er Jahren zwang die Spekulation, die im Herbst zu ruinösen Preisen führte, die Weingärtner zur Einlagerung der Moste, wollte man nicht seine Ernte, die Mühe eines Jahres, verschleudern.

In dieser Zeit der sozialen Gärung, und der wirtschaftlichen Neuorientierung veröffentlichte Friedrich Wilhelm Raiffeisen 1866 sein richtungweisendes Buch »Die Darlehnskassen-Vereine als Mittel zur Abhilfe der Noth der ländlichen Bevölkerung«. »Raiffeisen, ein ganz undogmatischer Mann, kein ungeduldiger Neuerer, der nur verwarf, sondern ein Erhalter, der Gefährdetes zurechtrückte und schlummernde Kräfte wachrief«,

Preußen erlassene erste Genossenschaftsgesetz, das am 4. 7. 1868 auf den Norddeutschen Bund ausgedehnt wurde. Auf der Grundlage dieses Genossenschaftsgesetzes erfolgte am 23. 8. 1868 die Gründung des Winzervereines Mayschoß an der Ahr, der am 12. 9. 1869 in das Handelsregister in Koblenz eingetragen wurde. In rascher Folge wurden nun Winzervereine an Ahr und Rhein gegründet. In Baden war es der Pfarrer Hansjakob, der 1881 in Hagnau am Bodensee die erste badische Winzergenossenschaft schuf. In der Rheinpfalz bildete sich 1898 der Deidesheimer Winzerverein, dem die Winzergenossenschaften in Wachenheim und Bad Dürkheim folgten. 1904 gründeten die Winzer der Bergstraße die heutige Bergsträßer Winzergenossenschaft. In Rheinhessen schlossen sich 1897 die ersten Winzer im Bezirkswinzerverein Gau-Bickelheim zusammen. In Franken entstand 1901 in Sommerach die erste Winzergenossenschaft.

Der Aufbau der Genossenschaftsorganisation teils nach dem System Schulze-Delitzsch, teils nach dem System Raiffeisen führte in den Jahren 1873 bis 1875 zum genossenschaftlichen Systemstreit um die theoretischen und praktischen Grundsätze genossenschaftlicher Arbeit. Diese und andere spätere Auseinandersetzungen, auch mit Haas, die in der Form hart waren, dienten der Klärung ideeller und sachlicher Gegensätze auf dem Weg zur modernen Genossenschaft.

Am 26. 6. 1877 erfolgte die Gründung des »Anwaltschaftsverbandes ländlicher Genossenschaften«, des späteren »Generalverbandes der deutschen Raiffeisengenossenschaften e. V.«, der die Genossenschaften nach dem System Raiffeisen zusammenfaßte.

Wilhelm Haas, eine der führenden Persönlichkeiten insbesondere der warengenossenschaftlichen Bewegung im süddeutschen Raum, gründete nach umsichtigen organisatorischen Vorbereitungen am 6. 7. 1883 die »Vereinigung deutscher landwirtschaftlicher Genossenschaften«. Diese beschränkte sich zunächst auf die Warengenossenschaften für den landwirtschaftlichen Bereich. Kreditgenossenschaften blieben einstweilen ausgeschlossen, um Rücksicht auf die von Schulze-Delitzsch und Raiffeisen gegründeten Verbände zu nehmen. 1903 wurde diese Vereinigung in »Reichsverband der deutschen landwirtschaftlichen Genossenschaften« umbenannt. Im Jahre 1900 arbeiteten in beiden Organisationen (dem »Generalverband« und der »Vereinigung«) bereits 113 Winzergenossenschaften.

Der Zusammenschluß der Landwirte und Winzer zu Erwerbs- und Wirtschaftsgenossenschaften erfolgte nunmehr auf der Grundlage des Reichsgesetzes vom 1. 5. 1889.

1930 verschmolzen die beiden Genossenschaftsorganisationen unter dem Namen »Reichsverband der deutschen landwirtschaftlichen Genossenschaften – Raiffeisen – e. V.«.

In den 30er Jahren wurden die Weinabsatzzentrale Deutscher Winzergenossenschaften eGmbH und die Hauptkellereien in Koblenz der heutigen Zentralkellerei Mosel-Saar-Ruwer eG, Bernkastel, und an der Nahe die Zentralkellerei der

Wilhelm Haas (1839–1913), einer der bedeutenden Genossenschaftsorganisatoren.

Nahe-Winzer eG, Bad Kreuznach, gegründet. 1938 wurden 490 Winzergenossenschaften mit 28 748 Mitgliedern gezählt.

Nach dem Zweiten Weltkrieg fanden sich bereits am 3. 9. 1945 führende Genossenschafter aus dem Gebiet der heutigen Bundesrepublik Deutschland zu einem ersten Gespräch über organisatorische Fragen des Neubeginns zusammen. Unter der Leitung von Dr. Dr. Andreas Hermes kam es zunächst (20. 5. 1947) zur »Arbeitsgemeinschaft der ländlichen Genossenschaften« und am 18. 11. 1948 in Wiesbaden zur Gründung des »Deutschen Raiffeisenverbandes E. V.«.

Der Zweite Weltkrieg zog schwere Rückschläge bei den Winzergenossenschaften nach sich. Der organisatorische Wiederaufbau wurde durch die Gründung der Hauptkellerei Rheinhessischer Winzergenossenschaften 1946 in Mainz und im gleichen Jahr durch die Gründung der Landeszentralgenossenschaft Württembergischer Weingärtnergenossenschaften in Stuttgart richtungweisend beeinflußt. Schließlich entstanden 1952 die heutige Zentralkellerei Badischer Winzergenossenschaften eGmbH in Breisach und 1959 die Gebietswinzergenossenschaften Franken eGmbH in Repperndorf. In den 50er Jahren wurde die Genossenschaftsorganisation durch die Gründung von Gebiets- und Bezirkswinzergenossenschaften und die Gründung und Entwicklung der Zentralkellereien in allen deutschen Weinbaugebieten ausgebaut.

Gegenwart

Seit der Währungsreform 1948 wandelten sich die Winzergenossenschaften in Anpassung an die veränderten Vermarktungsstrukturen des Wein- und Lebensmittelhandels von Faßweinerzeugern zu flaschenweinverkaufenden modernen Betrieben.

Die Zahl der Winzergenossenschaften ging in den letzten Jahren stark zurück. Es gab:

Jahr	Anzahl	Jahr	Anzahl
1900	113	1972	466
1930	334	1973	406
1938	490	1974	394
1971	504	1975	388

darunter 6 Zentralkellereien und insgesamt 215 Orts- und Gebietswinzergenossenschaften mit eigener Kellerwirtschaft. Die 174 übrigen sind sogenannte »trokkene« Genossenschaften, das heißt Genossenschaften, die die Trauben ihrer Mitglieder annehmen, sie sortieren und an die Zentralkellereien oder Gebietswinzergenossenschaften liefern, denen sie angeschlossen sind.

Die Mitgliederzahl nahm ständig zu. Die Winzergenossenschaften hatten:

Jahr	Mitglieder	Jahr	Mitglieder
1938	28 748	1960	55 233
1950	36 450	1966	61 204
1953	44 920	1975	ca. 62 886
1959	49 398		

Auch die von den Genossenschaften erfaßte Rebfläche nahm ständig zu. Sie betrug:

Jahr	Rebfläche in ha	Jahr	Rebfläche in ha
1961	19 109	1967	23 917
1962	20 024	1971	ca. 25 000
1964	21 598	1973	ca. 29 000
1966	21 675	1975	ca. 34 500

Pfarrer Heinrich Hansjakob gründete in Hagnau am Bodensee 1881 die erste badische Winzergenossenschaft.

Über dem Bodensee und seinen Weinbergen thront das barocke Kloster Birnau. ▷

Die Winzergenossenschaften

Das entspricht heute rund einem Drittel der deutschen Rebfläche.
Die Lagerkapazität wurde ständig erweitert. Sie betrug:

Jahr	Kapazität in hl	Jahr	Kapazität in hl
1952	941 636	1966	3 870 183
1958	1 800 000	1967	3 984 668
1960	1 817 060	1969	4 251 039
1961	2 242 526	1971	4 604 119
1962	2 427 255	1972	5 322 000
1963	2 483 214	1973	5 601 000
1964	2 795 064	1974	6 602 406
1965	3 706 305	1975	7 274 371

Fast die Hälfte der 215 weinerzeugenden Winzergenossenschaften lagert nicht mehr als 10 000 hl ein. Diese Winzergenossenschaften haben in der Regel ein Einzugsgebiet, das über das eines Dorfes nicht hinausgeht. In den letzten zwanzig Jahren hat sich aber gezeigt, daß eine Genossenschaft leistungsfähiger ist, wenn sich ihr Einzugsgebiet über mehrere Gemeinden erstreckt. So hat die Zahl der Winzergenossenschaften mit Kellerkapazitäten zwischen 10 000 hl und 100 000 hl stark zugenommen. Die Aufgaben der regionalen Koordinierung werden von den Gebietswinzergenossenschaften und Zentralkellereien übernommen, deren Lagerkapazität noch darüber hinausgeht. Umfangreiche Lagerkapazität ist eine Voraussetzung zur Überwindung von Krisen im deutschen Weinbau, weil auf diese Weise die Winzergenossenschaften die jährlich sehr unterschiedlichen Erntemengen einlagern und damit allzu große Preisschwankungen verhindern können.
1974 verteilten sich die weinerzeugenden Genossenschaften nach ihrer tatsächlichen und möglichen Lagerung wie folgt:

Weinmenge in hl	Zahl der Winzergenossenschaften mit eingelagerten Mengen	Keller-Kapazität
bis 1 000	37	18
über 1 000 bis 2 000	32	13
über 2 000 bis 3 000	26	17
über 3 000 bis 5 000	30	20
über 5 000 bis 10 000	41	31
über 10 000 bis 20 000	26	35
über 20 000 bis 100 000	19	69
über 100 000	4	12
zusammen	215	215

Die kleineren Winzergenossenschaften, die in einem Jahr die Ernte ihrer Mitglieder nicht einlagern können, geben die darüber hinausgehenden Mengen an die Gebiets- und Zentralkellereien ab.
Neben der Bezeichnung »Winzergenossenschaft« finden sich die traditionellen Namen »Winzerverein«, »Genossenschaftskellerei« oder in Württemberg »Weingärtnergenossenschaft«.
Organisiert sind die Winzergenossenschaften in fünf regionalen Genossenschaftsverbänden:
• Genossenschaftsverband Rheinland e. V., Koblenz
mit 49 (darunter 2 trockenen) Winzergenossenschaften der Weinbaugebiete Ahr, Mittelrhein, Mosel-Saar-Ruwer und Nahe
• Raiffeisenverband Rhein-Main e. V., Frankfurt
mit 93 (darunter 21 trockenen) Winzergenossenschaften der Weinbaugebiete Rheingau, Hessische Bergstraße, Rheinhessen und Rheinpfalz
• Badischer Genossenschaftsverband Raiffeisen-Schulze-Delitzsch e.V., Karlsruhe
mit 121 (darunter 68 trockenen) Winzergenossenschaften des Weinbaugebietes Baden
• Württembergischer Genossenschaftsverband Raiffeisen-Schulze-Delitzsch e. V., Stuttgart
mit 118 (darunter 83 trockenen) Winzergenossenschaften des Weinbaugebietes Württemberg
• Bayerischer Raiffeisenverband e. V., München mit 8 (darunter keinen trockenen) Winzergenossenschaften des Anbaugebietes Franken
Noch heute spiegelt sich in der Dichte der genossenschaftlichen Erfassung die Geschichte wieder. So haben sich die Winzer von Baden-Württemberg zu über 80% und die in Franken zu über 50% genossenschaftlich organisiert, während an Rhein und Mosel zwischen 20 und 30% der Winzer den Weg in eine Genossenschaft gefunden haben.

Ziele und Leistungen der modernen Winzergenossenschaft

Unsere soziale Marktwirtschaft verlangt ein qualitativ hochstehendes und marktgerechtes Weinangebot, das durch den Zusammenschluß in modernen Winzergenossenschaften gewährleistet werden kann. Am Anfang war es die Not, heute ist die bessere Einsicht Leitmotiv der Genossenschaften.
Friedrich Wilhelm Raiffeisen gründete sie, gestützt auf die Idee der Selbstverwaltung mit dem Grundsatz 1 Kopf = 1 Stimme. Die verantwortliche Mitbestimmung eines jeden Mitglieds in den Organen der Genossenschaft wird durch den frei gewählten Vorstand und Verwaltungsrat gesichert.
Die wirtschaftlichen Entscheidungen einer Genossenschaft werden vom Vorstand getroffen und von Aufsichtsrat und Generalversammlung kontrolliert. An diesen Grundsätzen hat auch die Novelle zum Genossenschaftsgesetz von 1973 nur wenig geändert. Sie bestimmt in § 1 eine Genossenschaft als »eine Gesellschaft von nicht geschlossener Mitgliederzahl, welche die Förderung des Erwerbs oder der Wirtschaft ihrer Mitglieder mittels gemeinschaftlichen Geschäftsbetriebes bezwecken«. Es müssen aber mindestens 7 Personen sein.
Die Winzer einer Genossenschaft geben sich nach eingehender Beratung ihre Satzung selbst. Sie bestimmen darin ihre und ihrer Genossenschaft Rechte und Pflichten. Der Winzer pflegt grundsätzlich sein Rebland selbst und überläßt die Weinbereitung seiner Genossenschaft. Dadurch kann er, fachlich beraten durch die Genossenschaft, sich intensiver der Traubenerzeugung widmen. Er erntet die Trauben, die er dann an seine Winzergenossenschaft abliefert. Die gemeinsame Kelterung des Lesegutes unter sorgfältiger Beachtung der Lage, der Qualität und der Rebsorte ist durch eine Reihe von Vereinbarungen mit dem Ziel der Qualität geregelt. Die Traubenanlieferungsbedingungen sagen dem Genossen, was er bei der Auswahl der Traubensorten, der Pflege des Reblandes und der Lese zu beachten hat. Darin liegen die wichtigsten Voraussetzungen zur Qualitätsweinerzeugung. Die Arbeitsteilung zwischen Winzer und Winzergenossenschaft ermöglicht ersterem auch eine angemessene Freizeit.
Die Leistung des Mitglieds im Weinberg wird honoriert nach dem Grundsatz, daß entsprechend der Traubenqualität, der Sorte und der Lage bewertet wird. Qualität geht vor Menge. Das genossenschaftliche Qualitätsabrechnungssystem, die »Grundsätze für die Traubengeldauszahlung«, legt im einzelnen die Kriterien zur Qualitätsbezahlung fest. Das Mostgewicht ist hierbei ein wichtiger Faktor. Mit dieser Qualitätsbezahlung sind die Winzergenossenschaften zu einem Vorreiter des deutschen Qualitätsweinbaues geworden.
Die Winzergenossenschaften bieten heute vom Tafelwein bis zur Trockenbeerenauslese alle Qualitäten an. Gerade hier sind die Winzergenossenschaften führend, da es die Leistungsbereitschaft einiger hundert Winzer in einer Winzer-

◁ Weinbergsterrassen oberhalb von Bremm an einer der zahlreichen Moselschleifen.

	\multicolumn{8}{c}{Erntejahre}
	1971	1972	1973	1974	1971	1972	1973	1974
Abnehmer	\multicolumn{4}{c}{hl-Anteil in %}	\multicolumn{4}{c}{DM-Anteil in %}
Weinfachhandel	43,4	34,3	32,5	35,3	35,5	29,6	28,1	29,6
Lebensmittelgroß- und -einzelhandel	21,4	29,0	27,6	25,7	21,5	27,0	25,2	24,5
Gaststätten	14,2	13,6	12,7	12,0	16,8	15,4	14,3	13,7
Sektkellereien	0,6	1,0	1,2	1,0	0,3	0,4	0,5	0,3
Traubensafthersteller	0,1	0,1	0,0	0,0	0,0	0,0	0,0	0,0
Sonstige Wiederverkäufer	4,9	5,4	8,2	8,2	5,3	6,0	9,1	8,8
Verbraucher	15,4	16,6	17,8	17,8	20,6	21,6	22,8	23,1
insgesamt	100,0	100,0	100,0	100,0	100,0	100,0	100,0	100,0

genossenschaft ermöglicht, diese Spitzenweine überhaupt erst zu gewinnen.
Die Weine der Winzergenossenschaften gehen an einen breiten Abnehmerkreis. Traditionell werden in erster Linie der Weinfachhandel und der Lebensmittelhandel beliefert, da diese auf große Partien guter Qualitäten viel Wert legen. Daneben findet aber auch der Letztverbraucher seinen Wein in den Winzergenossenschaften; über 20 % des Wertumsatzes gehen diesen Weg. Die Absatzwege der Winzergenossenschaften haben sich im Lauf der Jahre nicht wesentlich verändert (siehe obige Tabelle).
Insgesamt betrugen die Umsätze aller Winzergenossenschaften:

Jahr	hl	Tausend DM
1949/50	318 469	66 238
1951/52	631 689	81 589
1953/54	615 234	109 412
1955/56	670 359	127 838
1958/59	823 822	151 440
1959/60	1 099 463	197 853
1960/61	1 417 794	239 296
1962/63	1 439 789	293 365
1963/64	1 570 820	317 621
1964/65	1 908 402	352 392
1965/66	1 973 204	446 374
1966/67	1 617 366	401 500
1967/68	1 699 806	417 916
1968/69	1 801 875	444 134
1969/70	1 751 243	487 600
1970/71	2 162 490	517 287
1971/72	2 394 872	664 592
1972/73	2 171 951	722 859
1973/74	2 185 560	702 459
1974/75	2 558 967	826 971
1975/76	2 768 883	905 216

Die regionalen Weinprämierungen und die großen Erfolge bei den alljährlichen Bundesweinprämierungen der DLG künden von dem hohen Qualitätsstandard der von den Winzergenossenschaften erzeugten Weine.
Die Winzergenossenschaften sind in allen deutschen Weinbaugebieten – heute meist auch als Erzeugergemeinschaften anerkannt – ein lebendiges und erfolgreiches Beispiel des Selbstbehauptungswillens der Winzer.
Mit der Tradition alter Weinkultur verbunden, der Qualität verpflichtet, sind sie Träger des Fortschritts für einen modernen Weinbau.

B = Besichtigung und Weinprobe nach Anmeldung möglich
R = Weinstube mit Restauration

Ahr
Vereinigte Ahr-Winzergenossenschaften eG, 5481 Dernau,
Tel. (02 643) 12 66, B, R
WV Altenahr eG, 5481 Altenahr,
Tel. (02 643) 213, R
WV Mayschoß eG, 5481 Mayschoß,
Tel. (02 643) 326, B, R
WV Marienthal eG, 5481 Marienthal,
Tel. (02 641) 34 815, R
WV Walporzheim eG, 5483 Walporzheim,
Tel. (02 641) 34 763, B, R
WV Ahrweiler eG, 5483 Ahrweiler,
Tel. (02 641) 34 376, B, R

Mittelrhein
WG Loreley-Bornich, 5421 Bornich,
Tel. (06 771) 234, B
WV Braubach, 5423 Braubach,
Tel. (02 627) 227, B

Mosel-Saar-Ruwer
Zentralkellerei Mosel-Saar-Ruwer eG mit ihren Kellereien:
5550 Bernkastel-Kues, Tel. (06 531) 60 63, B
WV Wiltingen, 5511 Wiltingen,
Tel. (06 501) 20 61/62, B, R
WG Mittelmosel, 5550 Bernkastel-Kues-Wehlen,
Tel. (06 531) 60 65, B
GWG des Kreises Cochem, 5591 Ernst,
Tel. (02 671) 75 61, B
Ehemalig Kurfürstliche Weinkellerei,
5550 Bernkastel-Kues, Tel. (06 531) 60 64, B

Nahe
Zentralkellerei der Nahe-Winzer eG,
6550 Bad Kreuznach, Tel. (06 71) 23 61, B
Winzergenossenschaft und Weinkellerei Rheingrafenberg, 6553 Meddersheim, Tel. (06 751) 26 67, B

Rheingau
GWG Rheingau, 6228 Eltville,
Tel. (06 123) 33 09, B
WG Erbach, 6229 Erbach,
Tel. (06 123) 34 34, B
WG Hallgarten, 6229 Hallgarten,
Tel. (06 723) 33 69, B, R
Vereinigte Weingutsbesitzer Hallgarten,
6229 Hallgarten, Tel. (06 723) 20 27, B
WG Hattenheim, 6229 Eltville-Hattenheim,
Tel. (06 723) 28 22, B
WG Hochheim, 6203 Hochheim,
Tel. (06 146) 24 75
WV Hochheim, 6203 Hochheim,
Tel. (06 146) 854
WG Johannisberg, 6225 Geisenheim-Johannisberg, Tel. (06 722) 67 32, B, R
WG Kiedrich, 6229 Kiedrich,
Tel. (06 123) 24 36, B, R
WG Lorch, 6223 Lorch,
Tel. (06 726) 94 33
WV Martinsthal, 6229 Martinsthal,
Tel. (06 123) 71 550, B, R
WV Rauenthal, 6229 Rauenthal,
Tel. (06 123) 72 252, B, R
WG Wiesbaden-Frauenstein, 6200 Wiesbaden,
Tel. (06 121) 42 44 66, B, R

Hessische Bergstraße
Bergsträßer Gebietswinzergenossenschaft eG, 6148 Heppenheim.
Tel. (06 252) 60 11, B R
WG Groß Umstadt, 6114 Groß-Umstadt,
Tel. (06 078) 23 49, B

Rheinhessen
WG Albig, 6509 Albig,
Tel. (06 731) 81 26
BWG Bechtheim, 6521 Bechtheim,
Tel. (06 242) 14 57, B
WG Biebelsheim, 6551 Biebelsheim,
WG Dexheim, 6501 Dexheim,
WG Dolgesheim, 6501 Dolgesheim,
Tel. (06 733) 666
WG Ebersheim, 65 Mainz 41,
WG Frei-Laubersheim, 6551 Frei-Laubersheim,
Tel. (06 709) 209
WG Verein. Weinbergbesitzer,
6551 Gau-Bickelheim, Tel., (06 701) 70 12
ZK Rheinischer WG, 6551 Gau-Bickelheim,
Tel. (06 701) 15 15, B
WG Guntersblum, 6524 Guntersblum,
Tel. (06 249) 333
WG Hackenheim, 6551 Hackenheim,
Tel. (06 71) 67 410
BWG Wonnegau, 6521 Monsheim,
Tel. (06 243) 70 77, B
WG Monzernheim, 6509 Monzernheim,
Tel. (06 244) 239
WG Nackenheim, 6506 Nackenheim,
Tel. (06 135) 30 25, R
BWG Rheinfront, 6505 Nierstein,
Tel. (06 133) 51 15, B, R
WG Oppenheim, 6504 Oppenheim,
Tel. (06 133) 22 76
WG Bingen, 6530 Bingen-Sponsheim,
Tel. (06 721) 55 24
WG Stein-Bockenheim, 6551 Stein-Bockenheim,
Tel. (06 703) 244
WG Vendersheim, 6551 Vendersheim,
Tel. (06 732) 409
BWG Westhofen, 6525 Westhofen,
Tel. (06 244) 825, B
BWG Wöllstein, 6556 Wöllstein,
Tel. (06 703) 13 56, B
WG Wolfsheim, 6551 Wolfsheim

Rheinpfalz
WG Vier Jahreszeiten-Kloster Limburg,
6702 Bad Dürkheim, Tel. (06 322) 22 20, B, R
WG Bockenheim, 6719 Bockenheim,
Tel. (06 359) 42 28, B
WV Deidesheim, 6705 Deidesheim,
Tel. (06 326) 230, B, R
WG Edenkoben, 6732 Edenkoben,
Tel. (06 323) 845, B
WG Erpolzheim, 6701 Erpolzheim,
Tel. (06 353) 379, B, R
WV Forst, 6701 Forst,
Tel. (06 326) 306, B, R
WV Liebfrauenberg, 6713 Freinsheim,
Tel. (06 353) 359, B
WG Friedelsheim, 6701 Friedelsheim,
Tel. (06 322) 20 29, B

Die Winzergenossenschaften

Kelterhaus des Winzervereins von Niederhausen an der Nahe.

WK Leiningerland, 6718 Grünstadt,
Tel. (06 359) 21 94, B
WG Haardt, 6730 Neustadt-Haardt,
Tel. (06 321) 32 96, B, R
WG Hambacher Schloß, 6730 Neustadt-Hambach, Tel. (06 321) 23 43, B, R
WG Herxheim, 6719 Herxheim,
Tel. (06 353) 348, B
GWG Deutsches Weintor, 6741 Ilbesheim,
Tel. (06 341) 84 051, B
WG Kallstadt, 6701 Kallstadt,
Tel. (06 322) 53 06, B, R
WV Königsbach, 6730 Neustadt,
Tel. (06 321) 60 79, B, R
GWG Palmberg, 6711 Laumersheim,
Tel. (06 238) 740, B
WV Leistadt, 6702 Bad Dürkheim,
Tel. (06 322) 22 12, B, R
WV Meckenheim, 6730 Neustadt,
Tel. (06 321) 60 35), B
WG Mußbach-Gimmeldingen, 6730 Neustadt,
Tel. (06 321) 60 46, B, R
WG Neustadt, 6730 Neustadt,
Tel. (06 321) 24 14, B, R
WV Niederkirchen, 6701 Niederkirchen,
Tel. (06 326) 389, B, R
GWG Rietburg, 6741 Rhodt,
Tel. (06 223) 20 61, B
WV Ruppertsberg, 6701 Ruppertsberg,
Tel. (06 326) 384, B, R
WV St. Martin, 6731 St. Martin,
Tel. (06 323) 608, B, R
WG Herrenberg-Honigsäckel, 6702 Bad Dürkheim, Tel. (06 322) 86 71, B, R
WG Wachtenberger Luginsland, 6706 Wachenheim, Tel. (06 322) 21 48, B, R
WG Sonnenberg, 6719 Weisenheim a. B.,
Tel. (06 353) 416, B
WG Weisenheim a. S., 6714 Weisenheim a. S.
Tel. (06 353) 488, B

Baden

WG Achkarren, 7801 Achkarren,
Tel. (07 662) 703, B
WG Auggen, 7841 Auggen,
Tel. (07 631) 21 02, B
WG Neuweier-Bühlertal, 7570 Baden-Baden-Neuweier, Tel. (07 223) 57 247, B
WG Steinbach, 7570 Baden-Baden-Steinbach,
Tel. (07 223) 53 54, B
WG Umweg, 7570 Baden-Baden-Umweg,
Tel. (07 223) 53 75, B
WG Varnhalt, 75 70 Baden-Baden-Varnhalt,
Tel. (07 223) 53 59, B
WG Ballrechten-Dottingen, Markgräflerland, 7801 Ballrechten, Tel. (07 634) 82 33, B
WG Bickensohl, 7801 Bickensohl,
Tel. (07 662) 213, B
WG Bischoffingen, 7801 Bischoffingen,
Tel. (07 662) 756, B
WG Bötzingen, 7805 Bötzingen,
Tel. (07 663) 12 52, B
ZK bad. Winzergenossenschaft, 7814 Breisach,
Tel. (07 667) 511, B
WG Burkheim, 7801 Burkheim,
Tel. (07 662) 725, B
Affentaler WG, 7580 Bühl-Eisental,
Tel. (07 223) 24 376, B
WG Durbach, 7601 Durbach,
Tel. (07 81) 70 044, B
WG Ebringen, 7801 Ebringen,.
Tel. (07 664) 350, B
Bezirkskellerei Markgräflerland, 7859 Efringen-Kirchen, Tel. (07 628) 373, B
WG Kirchhofen, 7801 Ehrenkirchen-Kirchhofen,
Tel. (07 633) 70 27, B
WG Ehrenstetten, 7801 Ehrenkirchen-Ehrenstetten, Tel. (07 633) 54 28, B
WG Kiechlinsbergen, 7833 Endingen-Kiechlinsbergen, Tel. (07 642) 10 80, B
WG Fessenbach, 7600 Offenburg-Fessenbach,
Tel. (07 81) 49 06, B
WG »Vorderes Kinzigtal«, 7614 Gengenbach,
Tel. (07 803) 33 20, B
WG Glottertal, 7804 Glottertal-Ohrensbach,
Tel. (7 684) 339, B
WV Hagnau, 7759 Hagnau,
Tel. (07 532) 62 17, B
WG Haltingen, 78 59 Haltingen,
Tel. (07 621) 62 449, B
Kaiserstühler WG, 7811 Ihringen,
Tel. (07 668) 622, B
WG Jechtingen, 7801 Jechtingen,
Tel. (07 662) 269, B
WG Kappelrodeck, 7594 Kappelrodeck,
Tel. (07 842) 24 35, B
WG Waldulm, 7594 Kappelrodeck-Waldulm,
Tel. (07 842) 466, B
Weinwerbezentrale bad. Winzergenossenschaften, 7500 Karlsruhe, Tel. (07 21) 31 308, B
WG Königschaffhausen, 7833 Endingen-Königschaffhausen, Tel. (07 62) 219, B
WG Beckstein, 6970 Lauda-Beckstein
Tel. (09 343) 611, B
WG Meersburg, 7758 Meersburg,
Tel. (07 532) 60 08, B
Markgräfler WG Müllheim, 7840 Müllheim,
Tel. (07 631) 20 45, B
WG Britzingen, 7840 Müllheim-Britzingen,
Tel. (07 631) 40 11, B
WG Hügelheim, 7840 Müllheim-Hügelheim,
Tel. (07 631) 40 20, B
Renchtäler WG Oberkirch, 7602 Oberkirch,
Tel. (07 802) 31 70, B
Kaiserstühler WV, 7801 Oberrotweil,
Tel. (07 662) 706, B
WG Oberberger, 7801 Oberrotweil-Oberbergen,
Tel. (07 662) 267, B
WG Zell-Weierbach, 7600 Offenburg-Zell-Weierbach, Tel. (07 81) 47 73, B
WG Ortenberg, 7601 Ortenberg,
Tel. (07 81) 62 82, B
WG Pfaffenweiler, 7801 Pfaffenweiler,
Tel. (07 664) 341, B
WG Rammersweier, 7601 Rammersweier,
Tel. (07 81) 72 024, B
WV Reichenau, 7752 Reichenau,
Tel. (07 534) 239, B
WG Bad. Frankenland, 6984 Reicholzheim,
Tel. (09 342) 10 26, B
WG Sasbach, 7831 Sasbach,
Tel. 07 642) 72 82, B
WG Sasbachwalden, 7595 Sasbachwalden,
Tel. (07 841) 40 33, B
WG Laufen, 7811 Sulzburg-Laufen,
Tel. (07 634) 82 62, B
WG Wolfenweiler, 7801 Schallstadt-Wolfenweiler, Tel. (07 664) 541, B
Erste Markgräfler WG, 7846 Schliengen,
Tel. (07 635) 10 94, B
WG Staufen, 7813 Staufen,
Tel. (07 633) 55 10, B
WG Wettelbrunn, 7813 Staufen-Wettelbrunn,
Tel. (07 633) 52 21, B
WG Wasenweiler, 7801 Wasenweiler,
Tel. (07 668) 50 76, B
WG Weingarten, 7504 Weingarten,
Tel. (07 244) 24 68, B
Winzerkeller Südl. Bergstraße/Kraichgau,
6908 Wiesloch, Tel. (06 222) 80 27, B

Württemberg

Felsengartenkellerei Besigheim-Hessigheim,
7122 Besigheim, Tel. (07 143) 42 48, B
Remstalkellerei, 7056 Beutelsbach,
Tel. (07151) 68 016, B
Strombergkellerei, 7124 Bönnigheim,
Tel. (07 143) 52 65, B
WG Brackenheim-Neippberg-Haberschlacht,
7129 Brackenheim, Tel. (07 135) 219 (52 19), B
WG Dürrenzimmern-Stockheim, 7129 Brackenheim-Dürrenzimmern, Tel. (07 135) 422, B
WG Eberstadt, 7101 Eberstadt,
Tel. (07 134) 36 32, B

WG Fellbach, 7012 Fellbach,
Tel. (0711) 58 90 31, B
WG Flein-Talheim, 7101 Flein,
Tel. (07 131) 52 033, B
Bottwartalkellerei, 7141 Großbottwar,
Tel. (07 148) 381, B
Genossenschaftskellerei Heilbronn-Erlenbach-Weinsberg eG, 7100 Heilbronn,
Tel. (07 131) 10 027, B
WG Heuholz-Harsberg, 7111 Pfedelbach-Harsberg, Tel. (07 949) 571, B
Kochertalkellerei, 7119 Ingelfingen,
Tel. (07 940) 82 37, B
WG Lauffen, 7128 Lauffen,
Tel. (07 133) 78 33, B
WG Lehrensteinsfeld, 7101 Lehrensteinsfeld,
Tel. (07 134) 62 97, B
WG Löwenstein, 7101 Löwenstein,
Tel. (07 130) 341, B
WG Markelsheim, 6996 Bad Mergentheim-Markelsheim,
Tel. (07 931) 26 44, B
WG Mundelsheim, 7121 Mundelsheim,
Tel. (07 143) 33 496, B

WG Nordheim, 7107 Nordheim,
Tel. (07 133) 551, B
Weinkellerei Hohenlohe, 7114 Pfedelbach,
Tel. (07 941) 82 23, B
Heuchelbergkellerei, 7103 Schwaigern,
Tel. (07 138) 73 13, B
WG Mittleres Weinsberger Tal, 7104 Obersulm 2 – Willsbach, Tel. (07 134) 33 09, B
Württ. Weingärtner-Zentralgenossenschaft, 7141 Möglingen, Tel. (07 141) 41 067, B

Franken

Gebietswinzergenossenschaft Franken,
8711 Repperndorf, Tel. (09 321) 51 63, B
mit ihren Kelterstationen in:
8711 Abtswind, Tel. (09 383) 10 67, B, R
8701 Eibelstadt, Tel. (09 303) 226, B
8771 Erlenbach, Tel. (09 391) 21 30, B
8711 Escherndorf, Tel. (09 381) 495, B, R
8701 Frickenhausen, Tel. (09 331) 33 20
8771 Homburg, Tel. (09 395) 10 92, B
8715 Iphofen, Tel. (09 323) 33 17, B
8713 Marktbreit, Tel. (09 332) 832, B
8752 Michelbach, Tel. (06 023) 13 85, B
8711 Obereisenheim, Tel. (09 386) 320, B
8702 Retzstadt, Tel. (09 364) 382
8711 Rödelsee, Tel. (09 323) 34 16, B
8781 Stetten, Tel. (09 360) 291, B
8711 Sulzfeld, Tel. (09 321) 52 01, B
8701 Tauberrettersheim, Tel. (09 338) 509, B
8712 Volkach, Tel. (09 381) 400, B
8722 Wipfeld, Tel. (09 384) 364

WG Großostheim, 8754 Großostheim,
Tel. (06 026) 41 01
WG Hammelburg, 8783 Hammelburg,
Tel. (09 732) 24 12, B
WG Hörstein, 8752 Hörstein,
Tel. (06 023) 52 71
WG Nordheim, 8711 Nordheim,
Tel. (09 381) 345, B
WG Randersacker, 8701 Randersacker,
Tel. (09 31) 70 92 28, B
WG Sommerach, 8711 Sommerach,
Tel. (09 381) 836, B
WG Thüngersheim, 8702 Thüngersheim,
Tel. (09 364) 96 20, B

Georg Anders

Weinhandel

Im Jahre 1886 schlossen sich in Wiesbaden die deutschen Weinhändler zum Deutschen Weinhändlerverein zusammen. Diese ständische Organisation wurde bereits nach 1933 durch die »Gleichschaltung« ausgehöhlt, und sie löste sich mit dem Ende des Zweiten Weltkrieges 1945 völlig auf.
Zahlreiche Weinhandelsbetriebe waren damals beschädigt, zerstört oder untergegangen, und die, die außerhalb der Weinbaugebiete überlebt hatten, befanden sich nun in einer hoffnungslosen Lage, denn ihnen fehlte jegliche Einkaufsmöglichkeit, und ihre Substanz war zu kläglichen Resten zusammengeschmolzen.
Nach der Währungsreform hob man am 1. 7. 1948 in der Bizone und bald darauf auch in der französisch besetzten Zone die Weinbewirtschaftung und etwas später die Preisvorschriften für deutsche Weine auf. Damit verschwanden sämtliche Zwangsregelungen der Kriegs- und Nachkriegszeit. Der Weinhändler konnte nun wieder selbständig und selbstverantwortlich seinen Betrieb leiten und Dispositionen treffen. Er war wieder in der Lage, frei und unbeeinflußt durch Behördenvorschriften seine Lieferanten zu wählen; er war vom Weinverteiler wieder zum Weinkaufmann geworden. Durch die Teilung Deutschlands waren ihm jedoch große Absatzgebiete verlorengegangen.
Nun wurden die Betriebe wiederaufgebaut. Anfang der 60er Jahre verfügte der Weinhandel bereits über eine Gesamtlagerkapazität von mehr als 8 Millionen hl. Die Stellung und Bedeutung des Weinfachhandels im Markt von heute sind unangefochten. Die großen Veränderungen auf dem Gebiet des Warenvertriebs haben sich auch im Weinfach ausgewirkt. Supermärkte, Handelsketten und Kaufhäuser benötigen für ihren erheblichen Bedarf große Weinpartien. Eine Reihe von Handels-Weinkellereien in den Weinbaugebieten hat sich inzwischen auf diese Großabnehmer eingestellt.

Eichen von Weinfässern. Miniatur von Hans Weiditz, 1530.

Weinhandel

Die »Handels-Weinkellerei« ist das Gegenstück im privatwirtschaftlichen Bereich zur »Genossenschaftskellerei«. Beide erfüllen die an eine Kellerei zu stellenden Anforderungen:
• Es müssen (eigene oder gemietete) Keller mit entsprechendem Faßraum und den für die Behandlung und Abfüllung der Weine erforderlichen Maschinen und Einrichtungen vorhanden sein.
• Der Inhaber der Firma soll Weinfachmann sein, mindestens muß er fachkundiges Kellerpersonal beschäftigen.
• Der Betrieb soll eine Kelteranlage besitzen, Trauben und Maische verarbeiten und auch Jungweine einlagern.

Die Weinkellerei unterscheidet sich von der Weinhandlung dadurch, daß letztere in der Regel bereits ausgebaute, also zur Abfüllung fertige Weine im Faß oder schon auf Flaschen gefüllte Weine ankauft und als Flaschenware wieder verkauft.

Der Weinfachhandel insgesamt erhält seine Ware – Trauben, Maische (gemahlene Trauben), Traubenmost, Jungwein, Faßwein oder Flaschenwein – auf verschiedenste Weise.

Die Handels-Weinkellereien verfügen oft über beachtlichen eigenen Weinbergsbesitz, sind also selbst Weinproduzenten. Einzelne Handels-Weinkellereien unterhalten mit einer Erzeugergemeinschaft ein Vertragsverhältnis. Die Kellerei übernimmt die von den Winzern geernteten Trauben und verarbeitet sie zu Wein. Hier handelt es sich insbesondere um solche Kellereien, die auf große Weinmengen zur Belieferung von Großabnehmern angewiesen sind. Andere Handels-Weinkellereien wiederum kaufen während der Lese von Weinbaubetrieben Trauben oder Traubenmost zur Weinherstellung entweder aufgrund eines Verbundvertrages oder von Fall zu Fall auf dem freien Markt. Man schätzt, daß in jedem Weinherbst etwa 15% der Traubenernte in der Bundesrepublik von Handels-Weinkellereien zur Weinbearbeitung übernommen werden. Schließlich können in fast allen Weinbaugebieten das ganze Jahr hindurch die Kellereien und Weinhandelsbetriebe bei Winzern, Weingütern und Genossenschaften sowie bei den Handelskellereien im Produktionsgebiet Wein einkaufen. Außerdem bieten zu bestimmten Terminen die Weinversteigerungen und -messen Einkaufsmöglichkeiten; bei ihnen spielt die Vermittlung durch einen Weinkommissionär eine erhebliche Rolle.

Sofern der Kauf ausländischer Weine nicht bei Importkellereien im Inland erfolgt, sind die Beschaffungswege im Ausland die gleichen.

So vielfältig wie der Wein ist auch die Betriebs- und Absatzstruktur des Weinhandels. Im Bundesverband des deutschen Wein- und Spirituosenhandels sind 22 Regional- und Fachverbände mit insgesamt 1 150 Firmen des Wein- und Spirituosenhandels, des Weinimports und des Weinexports zusammengeschlossen. Während sich die in den Weinbaugebieten ansässigen Betriebe in der Regel der Herstellung und dem Vertrieb von deutschem Wein widmen, daneben zum Teil aber auch Weinimport und -export betreiben, handelt es sich bei den außerhalb der Weinbaugebiete ansässigen Firmen meist um Betriebe, die neben deutschem und ausländischem Wein auch Spirituosen, Schaumweine und alkoholfreie Getränke führen.

90% der Betriebe bestehen in der Rechtsform der Einzelfirma oder der Personengesellschaft, was diesen Gewerbezweig als mittelständisch charakterisiert.

Der Weinhandel ist außerordentlich traditionsreich: 5% seiner Firmen wurden vor 1800, 39% zwischen 1800 und 1900, 43% zwischen 1900 und 1945 und nur 13% nach 1945 gegründet.

Der Weinfachhandel beliefert den Lebensmittelgroßhandel, die Verbrauchermärkte, die Lebensmittelfilialbetriebe, die Kaufhäuser, den Lebensmitteleinzel-

Weintransport, Weinhandel und Weinprobe. Illustration aus dem Fragment eines flämischen Gebetbuches von Simon Bening (1483–1561).

Lagerraum für Flaschenweine. Hier wird der Wein in Kartons verpackt und versandfertig gemacht.

handel, die Gastronomie, Kasinos, Kantinen und andere Verbrauchsstellen außerhalb der Haushaltungen sowie die Weinfachgeschäfte, von denen er 2 000 Geschäfte selbst unterhält. Der Weinfachhandel betreibt durch seine Versandkellereien nicht zuletzt auch das Geschäft unmittelbar mit dem Endverbraucher. Die vielfältigen Wünsche der Kunden verlangen vom Weinhandel meist eine umfangreiche Lagerhaltung, die vom einfachsten Tafelwein bis zu den Edelgewächsen deutscher und ausländischer Herkunft reicht.

Von niemandem können die Ansprüche einer breiten Konsumentenschicht besser beurteilt werden als vom Weinhandel. Jeder möchte gern qualitativ hochstehende Weine trinken. Deshalb benötigt der Wein im Stadium seiner Bereitung mit der damit verbundenen Behandlung und Pflege bis zur Flaschenreife – die Güte und Haltbarkeit garantieren muß, wenn die Erwartungen des Verbrauchers nicht enttäuscht werden sollen – das Wissen und die Erfahrung des geschulten Kellermeisters, der aus den Trauben das beste und edelste Getränk herstellt, an dem so viele Weinliebhaber in der ganzen Welt ihre Freude haben.

Weinhandels-Adressen

Bundesverband des deutschen Wein- und Spirituosenhandels e. V., Rheinallee 15 c, 5300 Bonn-Bad Godesberg, Tel. (02 221) 36 54 28

Präsidium

Dr. Reinhold Baumann, Schloßkellerei Affaltrach, 7104 Obersulm 1, Tel. (07 130) 5 57
Dr. Werner Motzel, Erich-Klausner-Straße 4, 6535 Gau-Algesheim, Tel. (06 725) 24 30
Heinz Georg Hoberg, Johannisstraße 93, Postfach 2440, 4500 Osnabrück, Tel. (05 41) 27 404
Josef Schamari, Frankhof-Kellerei, Burgeffstraße 14, 6203 Hochheim/Main, Tel. (06 146) 40 57
Erdmann Schott, Klobensteinerstraße 14, 8000 München 90, Tel. (089) 64 65 87
Peter B. Rall, i. Fa. Langenbach & Co., Goethestraße 16, 6520 Worms, Tel. (06 241) 62 54

Geschäftsführung

Dr. jur. Georg Anders, Rheinallee 15 c, 5300 Bonn-Bad Godesberg, Tel. (02 221) 36 54 28

Angeschlossene Verbände

Weinhändlerverband der Ahr e. V., Oberhutstraße 16, 5483 Bad Neuenahr-Ahrweiler, Tel. (02641) 34 660
Bundesvereinigung Wein- und Spirituosenimport, Bertha-von-Suttner-Platz 1–7, Postfach 1326, 5300 Bonn, Tel. (02 221) 63 83 75 und 63 27 84
Bremer Verband der Weingroßhändler und Spirituosenhersteller e. V., Am Markt 13, 2800 Bremen, Tel. (04 21) 36 371
Fachverband des Wein- und Spirituosengroßhandels von Westfalen und Lippe, Postfach 45, 5942 Kirchhundem-Flape, Tel. (02 723) 23 07
Verband des Wein- und Spirituosenhandels Hessen e. V., Industriestraße 1–3, 6365 Rosbach v. d. H. 3-Rodheim, Tel. (06 007) 14 64
Verband Badischer Weinkellereien e. V., Hoffeldstraße 255, 7000 Stuttgart 70, Tel. (07 11) 72 10 21
Verband Deutscher Weinexporteure, Dorotheenstraße 241, 5300 Bonn, Tel. (02 221) 65 56 46
Verband des Wein- und Spirituosen-Einfuhr- und Großhandels, Hamburg, Lübeck, Schleswig-Holstein e. V., Lessingstraße 19, 2000 Hamburg 76, Tel. (040) 25 55 45 und 25 54 46
Fachverband des Niedersächsischen Wein- und Spirituosenhandels e. V., Königstraße 50, Postfach 2367, 3000 Hannover, Tel. (05 11) 32 62 76
Verband der Weinkellereien an der Nahe, Planigerstraße 154, Postfach 573, 6550 Bad Kreuznach, Tel. (06 71) 66 051
Verband der Weinkellereien »Mittelrhein«, Fischelstraße 38, Postfach 1160, 5400 Koblenz, Tel. (02 61) 31 420 und 12 149
Verband der Wein- und Spirituosenhändler Nordrhein e. V., Klarenbachstraße 196, 5000 Köln (Lindenthal), Tel. (02 21) 40 32 34
Verband Rheinhessischer Weinkellereien e. V., Bahnhofstraße 2 c, Postfach 4106, 6500 Mainz, Tel. (06 131) 22 663
Landesverein des Bayerischen Weinhandels e. V., Siegfriedstraße 6, 8000 München 40, für Postfach: Postfach 89, 8000 München 44, Tel. (089) 34 81 24
Verband Rheinpfälzer Weinkellereien e. V., Robert-Stolz-Straße 18, Postfach 155, 6730 Neustadt/Weinstraße, Tel. (06 321) 29 30
Nordwestdeutscher Wein- und Spirituosengroßhändlerverband, Johannisstraße 93, Postfach 2440, 4500 Osnabrück, Tel. (05 41) 27 404
Verband der Wein- und Spirituosengroßhändler und Branntwein- und Likörfabrikanten im Saarland, Präsident-Baltz-Straße 1 (Büro RA Berger), 6600 Saarbrücken, Tel. (06 81) 51 172
Verband Württembergischer Weinkellereien e. V., Alexanderstraße 141, 7000 Stuttgart 1, Tel. (07 11) 60 21 26 und 60 29 66
Verband der Weinkellereien Mosel-Saar-Ruwer e. V., Neustraße 86, 5500 Trier, Tel. (06 51) 41 050
Landesverein des Bayerischen Weinhandels, Bezirk Gr. Franken, Ottostraße 4 (IHK), 8700 Würzburg, Tel. (09 31) 50 137
Rheingauer Weinhändlervereinigung e. V., Wilhelmstraße 24–26, Postfach 4968, 6200 Wiesbaden, Tel. (06 121) 39 426

Reinhold Schwalbach
Die Weinkommissionäre

Im Handelsgesetzbuch § 383 heißt es: »Kommissionär ist, wer es gewerbsmäßig übernimmt, Waren oder Wertpapiere für Rechnung eines anderen in eigenem Namen zu kaufen oder zu verkaufen«, und weiter im § 384: »Der Kommissionär ist verpflichtet, das übernommene Geschäft mit der Sorgfalt eines ordentlichen Kaufmanns auszuführen.« Damit ist der Unterschied zwischen einem Kommissionär und einem Händler klar definiert, denn der Händler handelt in eigenem Namen und auf eigene Rechnung. Der Kommissionär wird in der Regel vom Händler (Käufer) beauftragt, eine bestimmte Ware auf dem Markt für ihn einzukaufen. Je nach der Brancheneigenart ist es auch üblich, daß der Kommissionär vom Verkäufer beauftragt wird, die Ware zu begutachten, in seinem Auftrag dem Händler anzubieten und zu verkaufen.

Der Berufsstand der Kommissionäre hat große Bedeutung in vielen Zweigen der deutschen Wirtschaft. Hier seien nur die wichtigsten genannt, nämlich die Hopfen-Kommissionäre, die Kommissionäre in der Fisch- und pelzverarbeitenden Industrie und nicht zuletzt die Weinkommissionäre, um die es im folgenden geht: Die Weinkommissionäre haben eine jahrhundertealte Geschichte. Im Stadtarchiv von Straßburg wird eine Urkunde über die Weinsticherzunft aus dem Jahre 1322 aufbewahrt. Diese Weinsticher kann man als die Vorgänger der heutigen Weinkommissionäre bezeichnen. Der Name rührt daher, daß die Weinsticher von dem zum Verkauf anzubietenden Wein eine Probe zu entnehmen hatten und dies mittels eines Stechhebers taten. Die Weinordnung von 1568 regelte in Straßburg schon das Weinsticherwesen. Die Weinsticher, Weinmakler, Weineinschreiber oder Unterkäufer, wie sie, je nach Gebiet verschieden, im Mittelalter genannt wurden, waren bereits im 14. Jahrhundert zunftmäßig vereinigt. In dieser Zeit waren sie zunächst Hilfspersonen der Zünfte, nach dem Niedergang der Zünfte jedoch Angestellte der lokalen Obrigkeit, um dann später selbständige Gewerbetreibende zu werden. Sie behielten ihre amtliche Eigenschaft bis ins 16./17. Jahrhundert, ja im Elsaß sträubte man sich noch 1811 dagegen, die amtliche Weinsticherei aufzuheben und den Weinsticher als freien Gewerbetreibenden zu behandeln, was er heute überall ist. In Straßburg heißen noch heute die Weinkommissionäre »Weinsticher«. Die Zahl der Weinsticher war an den einzelnen Orten beschränkt. Im Augsburger Stadtrecht zum Beispiel heißt es, es solle nicht mehr als 12 »Unterkäufer« in der Stadt geben. In der Pfalz gab es für kleine Ortschaften nur einen Gemeindebeamten als Weinsticher. Dieser wurde, wenn ein Käufer in die Weinbaugemeinde kam, mit der »Weinsticherglocke« herbeigeholt, damit er dem ankommenden Händler den Wein anbieten und die Verkaufsverhandlungen führen konnte. In Utrecht wurde das Weinmaklerwesen 1450 geregelt; den Maklern wurde ein bestimmter Lohn festgesetzt. Hieraus ergab sich dann sicherlich der Übergang aus einem städtischen Ehrenamt zu einem richtigen Gewerbe.

Wenn heute der Weinkommissionär als der ehrliche Mittler zwischen Weinbau und Weinhandel bezeichnet wird, so ist dieser Ruf bereits in den mittelalterlichen Gesetzen und Zunftordnungen begründet, denn es heißt bereits 1459 in einer Verordnung, in der als besonderer Pflicht für den Weinsticher die Reellität beim Kauf nach Probe verlangt wurde: »Und wann der wein also gekosten und verkaufft wurd, so soll man denselben wein der gekosten wurde und keinen andern wein geben...« Vom 15. Jahrhundert ab hat das Weinmaklerwesen dann eine wesentliche Bedeutung erlangt. Dies geht bereits aus dem Reichstagsabschied Maximilians I. hervor, der von den Unterkäufern als einem selbstverständlichen Berufe spricht. Die Weinsticher waren maßgebend für die Preisbildung. Sie hatten gewöhnlich einen Amtseid zu leisten, und immer wieder wird davon berichtet, daß sie eine solch vertrauensvolle Position innehatten, daß sie deswegen (auch durch strenge Strafen) zur besonderen Redlichkeit angehalten und verpflichtet wurden. So heißt es in einem Erlaß des Markgrafen Karl Friedrich von Baden, daß »diejenigen, ... so Weine in Commission versenden, hierbey mit aller nur ersinnlichen Redlich- und Aufrichtigkeit zu Werke gehen sollen«.

Im 17. und 18. Jahrhundert verloren die Weinmakler mehr und mehr ihre amtliche Funktion, sie wurden private Gewerbetreibende. Damals durften die Weinkommissionäre sich nicht an Handelsgesellschaften beteiligen und keinen eigenen Weinhandel betreiben, auch unterlagen sie der besonderen Verpflichtung zur Buchführung. Im 18. Jahrhundert begannen sie damit, auch die Zahlungen zu vermitteln und bei der Abrechnung mit dem Winzer ihre Kommissionsgebühren abzuziehen und bei der Rechnung an den Auftraggeber diese Gebühren hinzuzufügen. Dieses Recht der Abrechnung wurde seit damals anerkannt, und da bis in die zweite Hälfte des 19. Jahrhunderts hinein im Weingeschäft die Barzahlung herrschte, hatten die Weinkommissionäre die Pflicht, das von den Käufern erhaltene Geld »noch vor der Nacht« den Verkäufern abzuliefern.

Am Ende des 19. Jahrhunderts begann die Blütezeit des Berufsstandes, vor allem wurden die Weinversteigerungen eingeführt. Anfangs war es nicht üblich, daß sich der Handel durch Weinkommissionäre vertreten ließ, vielmehr steigerte er selbst in eigenem Namen. Zu Anfang des 20. Jahrhunderts gab der Weinhandel dies jedoch aus eigenem Antrieb auf, und seitdem hat der Weinkommissionär bei den Versteigerungen allein das Recht, im Auftrage des Weinhandels zu steigern.

Im 20. Jahrhundert begannen weniger gute Zeiten für Weinbau und Weinhandel. Der Ruf nach einer Organisation der Weinkommissionäre wurde laut. Vor allem das Bestreben, in den eigenen Reihen Ordnung zu halten, verstärkte den Wunsch nach Einrichtung eines eigenen Verbandes. 1906 bis 1909 fanden Besprechungen über die Bildung einer Weinkommissionärs-Vereinigung statt. Am 4. 9. 1909 kam es zum ersten Zusammenschluß von Weinkommissionären in der Vereinigung der Weinkommissionäre Mosel-Saar-Ruwer. Am 23. 1. 1911 wurde die Vereinigung Rheinischer Weinkommissionäre für die Weinkommissionäre der Weinbaugebiete Rheinhessen und Rheingau gegründet. 1913 schlossen sich die rheinpfälzischen Weinkommissionäre zusammen.

In diesen Verbänden konnten von vorne-

Die Weinwirtschaft

Weinkommissionär bei einer Versteigerung in Kloster Eberbach. Das gezielte Ausspucken der Proben (oft sind es 100 und mehr am Tag) gehört zu den Usancen dieses Berufes.

herein nur seriöse und reelle Weinkommissionäre Mitglied werden. Über jeden Aufnahmeantrag entschied und entscheidet damals wie heute der aus den Mitgliedern gewählte Vorstand. Die satzungsgemäße Voraussetzung für eine Aufnahme war und ist, »daß der Weinkommissionär die für seinen Beruf notwendigen Kenntnisse besitzt und seine Tätigkeit als Hauptberuf ausübt. Kommissionäre, die sich eines schweren Verstoßes gegen die Standesehre oder das Weingesetz schuldig gemacht haben, werden aus dem Verband ausgeschlossen beziehungsweise gar nicht erst aufgenommen«.

Die Verbände der Weinkommissionäre wirkten bis 1933 zum Wohle des eigenen Berufsstandes wie auch im Interesse der gesamten Weinwirtschaft. Es gab wohl keine Tagung und keinen Weinbaukongreß, bei dem die Weinkommissionäre nicht vertreten waren, denn ihr praxisbezogener Rat wurde von allen Beteiligten gerne angenommen. Die noch heute gültigen Winzerbedingungen und Versteigerungsbedingungen wurden zusammen mit den Weinkommissionären verfaßt.

1933 wurden – wie alle Verbände – auch die der Weinkommissionäre »gleichgeschaltet«; sie gingen in einer Fachschaft

Verbandszeichen des Bundesverbandes der Deutschen Weinkommissionäre. Das Emblem zeigt St. Urban, den Schutzpatron der Winzer.

des Reichsnährstandes auf. Mit dem totalen Zusammenbruch, der am 8. 8. 1945 den Krieg beendete, erlosch jegliche Berufstätigkeit überhaupt.

Doch schon 1945/1946 erstanden die Vereinigung der Weinkommissionäre Mosel-Saar-Ruwer und die Vereinigung Rheinpfälzischer Weinkommissionäre neu. Beim Wiederaufleben der Vereinigung Rheinischer Weinkommissionäre wollte man natürlich wie früher auch die Weinkommissionäre aus dem Rheingau aufnehmen. Aber dies ließ die französische Besatzungsmacht nicht zu; den Verbänden war es nicht erlaubt, Mitglieder aus anderen Besatzungszonen zu haben. Infolgedessen mußten sich die Rheingauer Weinkommissionäre, die der amerikanischen Besatzungszone angehörten, in einem besonderen Verband, der Vereinigung Rheingauer Weinkommissionäre, zusammenschließen. Die Gründung erfolgte am 4. 12. 1946 in Eltville.

Damit gab es die 4 noch heute bestehenden Verbände:

Verband der Rheinpfälzischen Weinkommissionäre e. V., 6730 Neustadt an der Weinstraße, 118 Mitglieder
Vereinigung der Weinkommissionäre Mosel-Saar-Ruwer e. V., 5500 Trier, 116 Mitglieder
Vereinigung Rheinischer Weinkommissionäre e. V., 6500 Mainz, 102 Mitglieder
Vereinigung Rheingauer Weinkommissionäre e. V., 6500 Mainz, 29 Mitglieder

Die insgesamt 365 anerkannten Weinkommissionäre sind über ihre Gebietsvereinigungen zusammengeschlossen im Bundesverband der Deutschen Weinkommissionäre e. V., Große Bleiche 29, 6500 Mainz.

Im Jahre 1947 wurde beim Deutschen Patentamt ein Verbandszeichen für die anerkannten, im Verband zusammengeschlossenen Weinkommissionäre beantragt. Seit der Eintragung im Jahre 1954 steht dieses Verbandszeichen, das einen Heiligen der katholischen Kirche im Bischofsornat darstellt und von der Bezeichnung »Bund Deutscher Weinkommissionäre« umrahmt ist, allen Weinkommissionären zur Verfügung, die über eine gebietliche Vereinigung dem Bund Deutscher Weinkommissionäre angehören.

1962 erfolgte der Zusammenschluß der deutschen, französischen und italienischen Weinkommissionäre zur C.E.C.A.-V.I. (Confédération Européenne des Catégories Auxiliaires des Activitées Viti-Vinicoles). Durch dieses Gremium haben die Weinkommissionäre über ihren (derzeit französischen) Präsidenten Sitz und Stimme im Weinhandelsausschuß der EG in Brüssel.

Weinkommissionäre bei der Probe. Kupferstich von Johann Peter Hasenclever (1810–1853).

Der Weinkommissionär kauft und verkauft Wein im Freihandgeschäft oder auf Messen und Versteigerungen. Er arbeitet mit in den Qualitätswein-Prüfungskommissionen und den Lagenausschüssen zur Durchführung des neuen Weingesetzes. Die Verhältnisse im Weinbau sind dem Weinkommissionär bestens bekannt. Er weiß über die Tätigkeit in Weinberg und Keller gleichermaßen Bescheid wie über die Preisentwicklung auf dem Weinmarkt. Der Weinkommissionär ist in der Lage, sich ein Urteil über Geschmack und Entwicklungsmöglichkeiten des Weines zu bilden. Er kann darüber hinaus Ratschläge für die richtige Kellerbehandlung geben.

Die gute Kenntnis der weingesetzlichen Vorschriften, und zwar die des Weingesetzes ebenso wie die der Buchführungs- und Steuervorschriften, lassen den Weinkommissionär zu einem fachmännischen Berater seiner Auftraggeber werden. Die aus dem Kommissionsvertrag resultierenden Pflichten wie die Sorgfaltspflicht, die Nachrichtspflicht, die Rechenschaftspflicht und die Herausgabepflicht sind für den Auftraggeber Garantie für eine rechtlich und kaufmännisch einwandfreie Durchführung seiner Aufträge.

Karl Kriegeskorte
Die Weinhandelsvertreter

Der Handelsvertreter, auch in der Wein- und Spirituosenbranche, ist ein Warenvermittler, der Produktion und Absatz verbindet. Das Handelsgesetzbuch definiert ihn so: »Handelsvertreter ist, wer als selbständiger Gewerbetreibender ständig damit betraut ist, für einen anderen Unternehmer gegen Provision Geschäfte zu vermitteln oder in dessen Namen abzuschließen.« Es gibt heute in der Bundesrepublik 1100 Weinhandelsvertreter.

Um die Jahrhundertwende wurde der Weinverkäufer oft karikiert als der Mann mit Cut und weißen Gamaschen, gestreifter Weste, hohem Stehkragen und Monokel. Tatsächlich sind in der wilhelminischen Zeit bevorzugt pensionierte Offiziere als Weinverkäufer verpflichtet worden.

Das Wirtschaftssystem und der Markt haben sich seit jenen Tagen grundlegend gewandelt. Verändert hat sich dadurch natürlich auch die Funktion des Weinhandelsvertreters. Aus dem Nur-Verkäufer wurde ein Unternehmer, der der Nachfrage nach flüssigen Produkten nicht nur mit Ware aus der Bundesrepublik und aus dem EG-Bereich nachkommt, sondern der genauso Weine aus Südafrika, den USA oder der UdSSR vermarktet. Handelsvertreter machen Märkte. Sie sind Unternehmer, die den vertretenen Firmen ihre Dienstleistungen verkaufen. Da der gesamte Dienstleistungsbereich an der Schwelle einer großen Entwicklung steht, müssen sich die Handelsvertreter den Erfordernissen des sich ständig wandelnden Marktes anpassen.

Noch vor Jahren gründete sich die Stärke des Handelsvertreters vor allem auf die Sortimentsbündelung, also auf die Zusammenfassung der Produkte einer Firma oder weniger Firmen, was einen rationellen Vertrieb bedeutete. Dieser Vorteil der Herstellerbündelung wird auch künftig seine große Bedeutung behalten. Aus der Sicht der Kunden wird künftig aber die Bündelung der Alternativen oder Ergänzungen durch den Handelsvertreter entscheidend sein. Der Kunde will das Angebot mehrerer, ja vieler Produzenten beim Besuch eines Handelsvertreters unterbreitet bekommen, um nicht für das gleiche Angebot mit vielen Reisenden verhandeln zu müssen.

Jedes Unternehmen steht und fällt mit seinem Absatzerfolg. Das bedeutet, daß die Absatzorganisation leistungsfähig sein muß. Eine Untersuchung des Ifo-Instituts bestätigt, daß der Handelsvertreter das wichtigste Absatzorgan der Produktion ist. 67% der deutschen Produzenten arbeiten im Absatz mit Handelsvertretern zusammen. Für die vertretenen Firmen bedeutet das leistungsbezogene Provisionssystem des Handelsvertreters einen Risikoabbau im Vertriebsbereich und zugleich die Ausschöpfung aller Marktchancen. Der Handelsvertreter garantiert dem Produzenten einen rationellen und kostengünstigen Vertriebsweg und durch seine Beratung eine optimale Problemlösung. Er beläßt es nicht beim Verkaufsgespräch und Anliefern der Ware, sondern erweitert seine Tätigkeit durch Beratung und Service. Dem Handelsvertreter als Unternehmer sichert nur die stetig erbrachte Leistung seine Existenz. Sie ist zugleich auch das Maß seines Erfolges.

In Zeiten einer raschen Bedarfsänderung wird eine schnelle und systematische Erfassung aller Faktoren, die das Marktgeschehen beeinflussen, immer wichtiger. Deshalb muß ein Unternehmen Marktforschung betreiben. Die Frage nach dem Marktpotential und den Marktmöglichkeiten kann durch statistisches Material, durch Verbraucherbefragungen und dergleichen aber nur zum Teil beantwortet werden. Diese Daten müssen durch interne Informationen aus dem Markt über die Verkausorganisation ergänzt werden. Der Handelsvertreter kann durch seine Fachkenntnisse wesentlich zur Lösung dieser Aufgabe beitragen.

Geht es den Unternehmen bei ihrer Zielsetzung darum, Bedarf zu decken, neuen Bedarf zu wecken und neue Absatzmöglichkeiten zu produzieren, dann wird verständlich, daß es nicht nur Aufgabe der Produzenten und des Handels sein kann, Marketing zu betreiben. Alle diese Bemühungen reichen auch tief hinein in das Tätigkeitsfeld des Handelsvertreters.

Die klassischen Dienstleistungen des Handelsvertreters beziehen sich hauptsächlich auf den Verkauf. Es sind allgemeine Kundenbetreuung, Kundenbesuche, Werbung neuer Kunden, Abgabe von Offerten, Bemusterungen, Beratung der Kunden, Beratung von vertretenen Firmen, ständige Bürobereitschaft, Korrespondenz, Auftragsabwicklung, Terminverfolgung, Prüfung der Lieferantenrechnungen, Marktbeobachtung, Marktberichte, Bearbeitung von Reklamationen, Mitarbeit auf überregionalen Messen und Ausstellungen der Kundschaft, Planung und Statistik.

Daneben sind die sogenannten zusätzlichen Dienstleistungen in den letzten Jahren wie eine Lawine auf die Handelsvertreter zugerollt. Das sind zunächst diejenigen Dienstleistungen, die der schnellen und bedarfsgerechten Warenverteilung dienen, wie die Führung eines Warenlagers, die Warenzustellung an die Kundschaft, die Regie und Überwachung firmeneigener Speditionsläger und die damit zusammenhängenden Warendispositionen. Dann ist die große Gruppe von Dienstleistungen zu nennen, die der Verkaufsförderung dienen, wie der Einsatz von Regalpflegern und Werbedamen, die Durchführung und Verkaufsaktionen mit Einzelhandels-Reisenden und die Veranstaltung eigener Musterschauen. Ferner gehören dazu Dienstleistungen zur Unterstützung der Werbung, wie die Disposition und der Einsatz von Werbematerial und dessen Plazierung, aber auch die Kontrolle von Werbemaßnahmen und deren Erfolge. Schließlich werden allgemeine technische Dienstleistungen vom Handelsvertreter verlangt, insbesondere Fakturierung und Inkasso.

Die Weinhandelsvertreter haben sich zusammengeschlossen im Fachverband Deutscher Handelsvertreter für Weine und Spirituosen der Centralvereinigung Deutscher Handelsvertreter- und Handelsmakler-Verbände (CDH), Geleniusstraße 1, 5000 Köln 41. Entsprechend den 15 CDH-Landesverbänden bestehen auf regionaler Ebene CDH-Landesfachgemeinschaften Weine und Spirituosen. Zu ihrer ersten Tagung trafen sich die deutschen Wein-Handelsvertreter am 20. Januar 1919 in Berlin. Wein-Handelsvertretertage finden seitdem in regelmäßigen Abständen statt.

Brief von Johann Wolfgang von Goethe aus dem Jahre 1820, in dem er Wein für seinen Kuraufenthalt in Karlsbad bestellt.

Peter Wilhelm von Weymarn
Die Prädikatsweingüter

Der Verband ist der Zusammenschluß von Weingütern aus fast allen deutschen Weinbaugebieten mit dem Ziel, der Qualität der deutschen Weine zu dienen. Der Verband will dazu beitragen, daß der mit Sorgfalt erzeugte und individuell ausgebaute, sorten- und herkunftsgeprägte Gutswein sich neben der wachsenden Zahl und Menge von Konsum- und Verschnittweinen auch in Zukunft behaupten kann. Die Verteidigung der Individualität bei der Weinbereitung gegen die Normung und Uniformierung soll den weltweiten Ruf deutscher Weine erhalten helfen.

Dem Verband gehören derzeit 158 Weingüter mit einer Gesamtrebfläche von rund 2 500 ha an, die in folgenden 7 Regionalvereinen zusammengefaßt sind: Mosel-Saar-Ruwer, Nahe, Rheinpfalz, Rheinhessen, Rheingau, Franken, Württemberg/Baden. Die Mitglieder sind Vollerwerbsbetriebe mit mindestens 2 ha Rebfläche (im einzelnen richtet sich das Flächenmaß nach den regionalen Gegebenheiten), mit eigener Hofstelle und eigenem Weinkeller. Die Mitglieder betreiben keinen Weinhandel mit zugekauften Weinen. Sie müssen selber über gute und beste Lagen verfügen, denn die Satzung fordert den Nachweis, daß im Durchschnitt der Jahre überwiegend Prädikatsweine erzeugt werden. Die Verbandsregeln dienen der Unterscheidung. Weingüter sind Most- und Weinerzeuger zugleich. Sie tragen das volle Risiko der Ernteerfassung. Wer zugekaufte Weine (oder Moste) neben seinen eigenen Erzeugnissen anbietet, muß seinen Betrieb nach deutscher Rechtsauffassung »Weingut und Weinkellerei« (auch »Weinbau und Weinkellerei«) nennen. Die Grenzen sind fließend, doch hat ein Urteil des Bayerischen Obersten Landesgerichts vom 25. 11. 1971 zum erstenmal versucht, die Begriffe voneinander abzugrenzen. Auch das neue europäische Bezeichnungsrecht (EG-Verordnungen 2133/74, 1890/75 und 1168/76) unterstützt das Bestreben nach klaren Herkunftsangaben und verbietet die Nennung des Wortes »Weingut« auf den Etiketten von Weinen, die nicht aus eigener Erzeugung des Weingutes sind. Zusammen mit dem Begriff »Erzeugerabfüllung«, den das deutsche Weingesetz in ähnlich strenger Weise nur vollständig selbsterzeugten Weinen eines Betriebes zuerkennt, bietet künftig die Angabe »Weingut« (oder »Weinbaudomäne« für Weingüter in Staatsbesitz und alte Güter adeliger Familien oder »Schloß« oder »Burg«) dem Käufer die Gewähr für eine echte Herkunftsbezeichnung.

Das Verbandszeichen ist ein »Traubenadler«, umgeben von den Initialen des Verbandes. Es ist als Warenzeichen geschützt.

Eine Zeichensatzung schreibt vor, daß dieses Zeichen auf Etiketten nur für Prä-

Der »Traubenadler«, das Emblem des Verbandes Deutscher Prädikatsweingüter.

dikatsweine verwendet werden darf, nicht jedoch für die einfachen Qualitätsweine ohne Prädikat. Die Art der Verwendung des Zeichens ist den Mitgliedern freigestellt, traditionsgemäß wird es vielfach in Form eines Seitenstreifens am Etikett verwandt.

Der Verband sieht die Vertretung der Interessen der selbsterzeugenden und -vermarktenden Weingüter in der Öffentlichkeit ebenfalls als seine Aufgabe an. Sie umfaßt Gemeinschaftswerbung und Aufklärung. Der Verband koordiniert die Arbeit seiner Regionalvereine und führt alle 4 bis 5 Jahre die deutsche »Spitzenwein-Versteigerung« im Kurhaus zu Wiesbaden durch. Neuerdings tritt er auch als Veranstalter der ersten übergebietlichen Weinmesse neuen Stils auf, der »Mainzer Weinbörse«, einer jährlichen Fachmesse für Wiederverkäufer.

Wer Etiketten alter Weine kennt, wird wissen, daß bis in die zweite Hälfte des vorigen Jahrhunderts hinein nur Ortsnamen den Wein kennzeichneten (etwa »Niersteiner«). Genauere Angaben, vor allem einzelne Lagenbezeichnungen und Rebsortennennungen, wurden erst die Regel, als aufgrund von Qualitätsverbesserungen das Bedürfnis nach feinerer Unterscheidung wuchs.

Hier setzt auch die Geschichte der Weinversteigerungen ein. Die Weingüter wählten für ihre seltenen, in begrenzter Menge vorhandenen Qualitäten die Versteigerung als Mittel des Absatzes und der Preisbildung. Frühe Weinversteigerungen gab es Ende des 18. Jahrhunderts im Rheingau, an der Mosel und in der Rheinpfalz. Regelmäßig fanden Versteigerungen dann seit der Mitte des vorigen Jahrhunderts statt. Es waren ausnahmslos »Naturweine«, die verauktioniert wurden und oft Liebhaberpreise brachten. Diese Erfolge ermunterten weitere Weinbaubetriebe, sich auf die Erzeugung von Naturweinen umzustellen. Sie förderten aber auch erheblich den Ruf der deutschen Weine in In- und Ausland.

Zunächst versteigerten einzelne Weingüter, allenfalls Ortschaften gemeinsam, nach individuellen Regeln und Konditionen. Bald jedoch trat der Wunsch nach gemeinschaftlichen Veranstaltungen mit allgemeinverbindlichen Versteigerungsregeln auf. 1897 vereinigten sich als erste die versteigerungswilligen Weingüter des Rheingaues zur Vereinigung Rheingauer Weingutsbesitzer, um Versteigerungen nach »zweckmäßigen, gemeinschaftlichen Regeln« abzuhalten. Mitglieder durften nur Weingüter und Winzergenossenschaften sein, die in der Lage waren, regelmäßig Naturweine zu erzeugen und die sich verpflichteten, diese Versteigerungen abzusetzen. 1897 zählte der Verein 34 Mitglieder, die 21% der Rheingauer Weinbergsfläche besaßen.

In den folgenden zweieinhalb Jahrzehnten entstanden auch in anderen Weinbaugebieten entsprechende Vereinigungen: 1908 in der Pfalz der Verein der Naturwein-Versteigerer der Rheinpfalz, 1910 der Trierer Verein von Weingutsbesitzern der Mosel, Saar und Ruwer – Großer Ring und der Verein der Naturwein-Versteigerer in Rheinhessen, 1923 der Verein badischer Naturwein-Versteigerer.

Im Jahre 1910 schlossen sich die Vereine zum Verband Deutscher Naturwein-Versteigerer e. V. zusammen. Sein erster Vorsitzender war Oberbürgermeister von Bruchhausen zu Trier. Dem Verband gehörten damals 155 Weingüter und 32 Winzergenossenschaften an, die zusammen über 4 000 ha Weinbergsfläche verfügten. Der Verband vereinigte Betriebe sehr unterschiedlicher Größe und Rechtsform, darunter staatliche Domänen und die Güter der staatlichen Weinbauschulen, Lehr- und Versuchsgüter und kirchliche Besitzungen. Die Mitglieder waren verpflichtet, unter ihrem Namen ausschließlich naturreine Weine zu führen und verbesserungsbedürftige Weine oder Moste als Faßware an Dritte zu veräußern. Zunächst bestand Versteigerungszwang, später war daneben der Freihandverkauf gestattet.

Die Jahre vor dem Ersten Weltkrieg und danach von 1923 bis 1935 waren die Blütezeit der Weinversteigerungen des Verbandes. Damals wurde auf den Frühjahrsversteigerungen der Regionalvereine ein Gesamterlös von durchschnittlich 8,3 Millionen Mark erzielt. In einigen Gebieten entwickelten sich die Versteigerungen zu einem wichtigen Faktor der allgemeinen Preisbildung. Darüber hinaus trugen die öffentliche Form des Angebotes und die Berichterstattung in der Presse zu einem ständigen Qualitätswettbewerb unter den Anbietern bei und wirkten als Weinwerbung nach außen. Die beherrschende Stellung, die der »Naturwein« bis zur Abschaffung dieses Begriffs im 5. deutschen Weingesetz von 1971 einnahm, ist ganz wesentlich darauf zurückzuführen, daß die Mehrzahl der damals maßgebenden Weingüter in allen Weinbaugebieten und zahlreiche Winzergenossenschaften, vor allem der Rheinpfalz und Badens, sich zu den Prinzipien vom naturreinen Wein bekannten. (Erst im 3. deutschen Weingesetz von 1909 waren Kunstweine verboten und durch Einführung einer hauptamtlichen Weinkontrolle die Möglichkeit geboten, Weinfälschungen zu begegnen.)

Nach dem 2. Weltkrieg lebten 1949/1950 die Versteigerungen wieder auf. Wesentlichen Anteil daran hatte der von 1947 bis 1966 amtierende Verbandsvorsitzende Dr. Albert Bürklin, Wachenheim.

Dann allerdings setzte, verstärkt seit Anfang der 60er Jahre, eine neue Entwicklung ein. Der Qualitätsweinbau in Deutschland erntete nun die Früchte jahrzehntelanger Forschungsarbeit. Reicher tragende Sorten und ertragsstarke Selektionen bewährter Rebsorten brachten, zusammen mit neuen Arbeitsmethoden im Weinberg, beachtlich gestiegene Erntemengen. Die Durchschnittsernten in Deutschland betrugen:

von 1900 bis 1939	je 2,1 Mio hl
von 1950 bis 1959	je 2,9 Mio hl
von 1960 bis 1969	je 5,6 Mio hl
von 1970 bis 1975	je 8,1 Mio hl

Dazu sicherten kellertechnische Verbesserungen auch in kritischen Jahren die Herstellung gut trinkbarer Weine. Qualität war keine Rarität mehr. Die Versteigerungen verloren hierdurch weitgehend ihre Funktion als wichtige Absatzmärkte und konnten sich nur als Forum für überdurchschnittliche Qualitäten geringer Menge bis heute im Rheingau, an der Nahe und in den Versteigerungen des »Großen Rings« in Trier halten.

Der Begriff des »Naturweines« wurde mit dem Weingesetz von 1971 abgeschafft und verboten, der »Qualitätswein« europäischen Zuschnitts wurde die neue Basis. Dem Verband Deutscher Naturwein-Versteigerer war damit die Grundlage seiner Existenz entzogen. Im deutschen Weinrecht konnte allerdings die deutsche Sonderform des »Qualitätsweines mit Prädikat«, kurz »Prädikatswein« genannt, gesichert werden, der den alten Prinzipien des Verbandes vom »Naturwein« entspricht und ein Wein ohne Zusatz von Fremdstoffen, sei es Zucker, sei es Säure, ist. Für den Verband folgte eine Periode des Ringens um ein neues Selbstverständnis. Doch noch unter dem 1966 bis 1972 amtierenden Vorsitzenden Wolfgang Michel, Hochheim, fand man einen neuen Weg, um die Tradition des Verbandes fortzusetzen. 1972 trat der Verband Deutscher Prädikatsweingüter e. V., seither unter der Leitung von Peter W. von Weymarn, Nierstein, mit neuer Satzung die Rechtsnachfolge der »Naturweinversteigerer« an.

Dem Verband, dessen Geschäftsstelle sich in der Langgasse 3, 6505 Nierstein, Tel. (06133) 5120 befindet, gehören an:

- Großer Ring der Prädikatsweinversteigerer von Mosel, Saar und Ruwer e. V., Zum Schloßpark 63, 5500 Trier, Tel. (0651) 78 955, 36 Mitglieder mit durchschnittlich 7,1 ha Rebfläche pro Mitglied oder pro Betrieb;
- Erster Versteigerungsring der Naheweingüter e. V., Brückes 53, 6550 Bad Kreuznach, Tel. (0671) 33109, 5 Mitglieder mit durchschnittlich 48 ha Rebfläche;
- Vereinigung Rheingauer Weingüter e. V., Adolfstraße 15, 6228 Eltville, Tel. (06123) 2568, 34 Mitglieder mit durchschnittlich 22,7 ha Rebfläche;
- Vereinigung rheinhessischer Rieslinggüter e. V., Wörrstädter Straße 20, 6505 Nierstein, Tel. (06133) 58412, 13 Mitglieder mit durchschnittlich 12,8 ha Rebfläche;
- Verein der Prädikatsweingüter der Rheinpfalz e. V., Weingut Siben, 6705 Deidesheim, Tel. (06326) 214, 18 Mitglieder mit durchschnittlich 21,1 ha Rebfläche;
- Arbeitsgemeinschaft Württembergischer Weingüter, Burg Schaubeck, 7141 Steinheim-Kleinbottwar, Tel. (07148) 331, 8 Mitglieder (in Württemberg und Baden) mit durchschnittlich 22,7 ha Rebfläche;
- Fränkische Weingüter und Selbstmarkter e. V., Residenzplatz 3, 8700 Würzburg, Tel. (0931) 50 701, 44 Mitglieder mit durchschnittlich 13,6 ha Rebfläche.

Hans Ambrosi

Versteigerungen, Märkte, Messen

Überblick

Es gibt zur Zeit entlang dem Rhein, der Mosel und der Nahe noch 16 Weinversteigerungs-Gemeinschaften, 2 Weinmärkte und 2 Weinmessen mit reinem Verkaufscharakter. Das Weinvolumen, das auf diesen Veranstaltungen zum Angebot kommt, dürfte bei rund 6 Millionen l liegen. Das ist zwar weniger als 1% einer deutschen Durchschnittsernte von rund 700 Millionen l, die Bedeutung liegt aber nicht so sehr in der Angebotsmenge, als vielmehr in der Vielfältigkeit und im Qualitätsniveau des Sortimentes. In die Verkaufskataloge werden nur von einer Fachkommission geprüfte und zugelassene Qualitätsweine aufgenommen. Sie sind stets gebietstypisch, da sie aus den eigenen Kellern der Anbieter stammen. Der Interessent hat die seltene Gelegen-

Versteigerungen, Märkte, Messen

Versteigerung in Kloster Eberbach. Hier werden neben dem neuen Jahrgang hauptsächlich Raritäten und ältere Jahrgänge aus den Schatzkammern angeboten.

heit, eine Vielzahl von Weinen (Offenburger Weinmarkt beispielsweise bis zu 600) gebündelt vorgesetzt zu bekommen.

Weinversteigerungen

Weinversteigerungen gibt es in Deutschland bereits seit Jahrhunderten. Der Käufer (Händler) kaufte im Faß. Seit dem 19. Jahrhundert schlossen sich Produzentenbetriebe, die zuvor oft selbständig in der Kelterhalle des Gutes versteigert hatten, in Versteigerungs- und Winzervereinen zusammen, wobei immer noch faßweise, aber auch schon abgefüllt in Flaschen, angeboten wurde.
Heute werden nur noch Flaschenweine ausgerufen. Den Zuschlag erhält der Weinkommissionär, der im eigenen Namen auf Rechnung seines Kunden steigert. Zum Ausgebot kommen je Versteigerung durchschnittlich 30- bis 60 000 Flaschen. Die Losgrößen liegen zwischen 50 und 800 Flaschen. Eine Beteiligung mit einer kleineren Flaschenzahl an einem Los ist meist möglich. Zugang zu den Versteigerungen hat jeder Kaufinteressent. Er wählt sich einen Kommissionär aus, setzt sich an dessen Tisch und gibt ihm, nachdem er den Wein probiert hat, wenn das Los ausgerufen wird, den Auftrag zu steigern. Beim Bieten tritt also nur der Kommissionär in Erscheinung, der

Weine der Staatsweingüter, die in Kloster Eberbach ersteigert wurden, tragen diesen Rundeindruck im Etikett.

Auftraggeber ist dem Auktionator und dem Versteigerer nicht bekannt.
Die deutschen Weinversteigerungen sind »naß«, die französischen »trocken«; bei ersteren nämlich wird eine Probe jedes ausgerufenen Loses eingeschenkt, bei letzteren wird am Vortage im Keller probiert und nicht mehr bei der Versteigerung selbst. Bei den deutschen Versteigerungen kann man aber auch vorher probieren, und zwar wird das ganze Ausgebot-Sortiment bei der Versteigerung vorausgehenden »Allgemeinen Vorprobe« (Datum, Zeitpunkt und Ort sind im Katalog bekanntgegeben) zum Verkosten aufgestellt.
Die Versteigerungen werden im Frühjahr und/oder Herbst abgehalten. Ihre Veranstalter lassen sich wie folgt aufzählen:
Mosel: Großer Ring der Prädikatswein-Versteigerer von Mosel, Saar und Ruwer e.V.; Prädikatswein-Versteigerungsgesellschaft e.V., Trier; Vereinigung von Weingutsbesitzern der Mittelmosel e.V., Bernkastel-Kues.
Nahe: Erster Versteigerungsring der Naheweingüter, Bad Kreuznach.
Rheingau: Kloster Eberbacher Messe und Versteigerungsring; Verwaltung der Staatsweingüter im Rheingau; Vereinigung Rheingauer Weingüter; Vereinigte Rüdesheimer Weingutsbesitzer; Winzergenossenschaft Johannisberg; Vereinigte Weingutsbesitzer Hallgarten.
Hessische Bergstraße: Staatsweingut Bergstraße, Bensheim.
Rheinhessen: Vereinigte Weingutsbesitzer Mettenheim; Vereinigte Weinguts-

besitzer Alsheim; Vereinigung Dienheimer Weingutsbesitzer; 1. Versteigerungsring Rheinhessischer Weingutsbesitzer, Alzey.

Die übergebietliche Spitzenweinversteigerung des Verbandes Deutscher Prädikatsweingüter e.V. findet alle 3 Jahre im Kurhaussaal zu Wiesbaden statt.

Der Terminkalender für alle Versteigerungen ist beim Bundesverband Deutscher Weinkommissionäre e.V., Große Bleiche 29, 6500 Mainz, erhältlich.

Eine starke Belebung haben die Weinversteigerungen im Kloster Eberbach in den letzten Jahren dadurch erfahren, daß sie zusätzlich Raritäten, Spezialitäten und Spitzenweine sowie ältere Jahrgänge aus den Schatzkammern anbieten.

Weinmärkte

Weinmärkte hatten im Mittelalter in Deutschland eine große Bedeutung. Sie waren strengen Weinmarktordnungen unterworfen und an bestimmte Städte, entweder innerhalb des Produktionsgebietes (wie zum Beispiel Köln, Mainz, Worms, Koblenz, Bacharach, Frankfurt) oder außerhalb des Weinbaugebietes (wie zum Beispiel München, Augsburg) gebunden. Der Ulmer Weinmarkt wurde zeitweise sogar allwöchentlich abgehalten. Seit dem Dreißigjährigen Krieg verloren die Weinmärkte an Bedeutung. Sie werden heute nur noch an zwei Orten und in veränderter Form veranstaltet, wobei ab einer bestimmten Uhrzeit auch Nichthändler, also Liebhaber und Letztverbraucher, Zugang haben.

Der Offenburger Weinmarkt, ein gesamtbadischer Markt, auf dem alle badischen Bereiche vom Bodensee bis zum Taubergrund mit ihren Weinen vertreten sind, findet jeweils am 1. Dienstag nach dem 15. Mai eines jeden Jahres statt. Beim 90. Offenburger Weinmarkt im Frühjahr 1977 stellten 44 Winzergenossenschaften und 40 Weingüter insgesamt 553 Weine in der Oberrheinhalle in Offenburg zum Verkauf an; das Gesamtvolumen betrug 1,6 Millionen Liter- und rund 700 000 0,7-l-Flaschen. Die einzelnen Lose haben einen Umfang von 250 bis 20 000 Flaschen. Meist kommen die 3 oder 4 letzten Jahrgänge ins Angebot. Man kann 20 und mehr verschiedene Rebsorten hier finden. Händlern und Letztverbrauchern ist hier die Gelegenheit gegeben, sich an einem so großen und vielfältigen Sortiment informieren zu können, wie es sonst in Deutschland nicht mehr geboten wird. Die Geschäftsstelle befindet sich beim Kultur- und Verkehrsamt der Stadt Offenburg, Postfach 2450, 7600 Offenburg.

Der Müllheimer Weinmarkt ist, wie der Offenburger Weinmarkt, im Jahre 1872 zum ersten Mal durchgeführt worden. Er ist aber ein Regionalmarkt für den Bereich Markgräflerland, also für den Weinbau zwischen Freiburg und Basel. Er ist 1977 zum 95. Mal abgehalten worden. Veranstalter ist die Stadtverwaltung. (Die Stadt Müllheim ist mit 430 ha Rebfläche eine bedeutende Weinstadt.) Als Ort dient die Aula des Gymnasiums. 1977 wurden 420 000 Liter- und 250 000 0,7-l-Flaschen angeboten. Der Sorten- und Jahrgangsspiegel ist wie in Offenburg mannigfaltig. Das Hauptkontingent bildet Gutedel, gefolgt von Müller-Thurgau, Ruländer, Gewürztraminer und den anderen angebauten Sorten. Geschäftsstelle: Bürgermeisteramt, Bismarckstraße 3, 7840 Müllheim.

Bis 1973 bestand noch ein Freiburger Weinmarkt, der gewöhnlich im September abgehalten wurde und als gesamtbadischer Markt in Konkurrenz zum Offenburger Markt stand. Er wurde in die »Freiburger Weintage« umgewandelt, die auf dem Münsterplatz in Freiburg am letzten Wochenende im Juni stattfinden und folkloristischen Charakter haben.

Weinmessen

Mit der Kloster Eberbacher Weinverkaufsmesse, die in den ehrwürdigen Räumen des ehemaligen Laiendormitoriums im April jedes Jahres abgehalten wird, wurde 1971 etwas Neues ins Leben gerufen, das sich von anderen Weinverkaufsveranstaltungen unter anderem durch Folgendes unterscheidet:

• Anstellung des gesamten in dem betreffenden Jahr zum Verkauf vorgesehenen Sortimentes der beteiligten Güter (ausgenommen nur die Versteigerungsweine) auf der Messe;
• feststehende und im Katalog ausgedruckte Preise;
• Mengenrabatte für den Handel.

Die 6 in der Kloster Eberbacher Weinverkaufsmesse zusammengeschlossenen Rheingauer Weingüter repräsentieren eine Rebfläche von rund 350 ha, was ungefähr 12% des Rheingauer Weinbaues entspricht, mit einer Produktion von durchschnittlich 3 Millionen Flaschen Wein. Zielgruppe ist der Handel, aber der Weinfreund erhält am zweiten Messetag ebenfalls Zugang. Angestrebt wird hier, neben absoluter Preisklarheit und Angebotstransparenz, die konjunkturellen Fluktuationen, die sowohl den Produzenten als auch den Verbraucher verunsichern, durch eine konstante und stabile Preishaltung zu ersetzen. Geschäftsstelle: Postfach 169, 6228 Eltville.

Die Mainzer Weinbörse wurde erstmals im Mai 1974 im Kurfürstlichen Schloß zu Mainz abgehalten. Veranstalter ist der Verband Deutscher Prädikatsweingüter e.V. Sie wendet sich nur an den Wiederverkäufer (Nachweispflicht) und entstand als Ersatz und zur Neubelebung der rheinhessischen Weinversteigerungen. Die Konditionen sind ähnlich wie bei der Kloster Eberbacher Weinverkaufsmesse. Das Angebot belief sich 1977 auf 320 Weine mit insgesamt rund 1 Million Flaschen. Zur Zeit beteiligen sich 13 rheinhessische, 5 rheinpfälzische Weingüter, 4 von der Nahe und 11 aus dem Rheingau, insgesamt 32 Weingüter an dieser Börse. Die Geschäftsstelle befindet sich Wörrstädter Straße 20, 6505 Nierstein.

Neben diesen Weinmessen und Weinmärkten mit betontem Verkaufscharakter gibt es in allen deutschen Weinbaugebieten noch sogenannte Weinprobiertage. Diese werden von einzelnen Weingütern, Genossenschaften oder Vereinigungen abgehalten. Sie finden meistens im Mai jeden Jahres statt und dienen dazu, den neuen Jahrgang vorzustellen. Da sie nicht einheitlich organisiert sind, ist es nicht möglich, über eine gemeinsame Geschäftsstelle Informationen darüber zu erhalten. Am besten wendet man sich an die Gebiets-Weinwerbungen.

Vom Umgang mit Wein

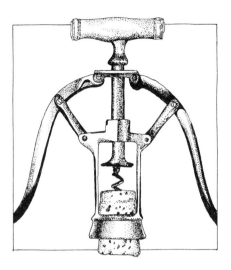

Geschmacksempfindungen lassen sich schulen und verbessern. Alles, was mit Lernen zu tun hat, erfordert Übung. Erfahrene Weintrinker wollen daher immer mehr verkosten, immer weiter vordringen in die Welt des Weines. Wer stets nur den gleichen Wein trinkt, verliert das Verständnis für andere Weine. Die Fähigkeit zum Genuß neuer Geschmacksnuancen geht ihm verloren.
Freude am Wein zu haben, ist nicht ungewöhnlich. Es muß damit aber auch ein Verstehen der Zusammenhänge verbunden sein. Allzu leicht wird von Enthusiasten der Boden der Realität verlassen. Mit der Form des Glases fängt es an, und mit dem, was einer (nicht) vertragen kann, hört es auf.

Graf Matuschka-Greiffenclau berichtete in seinem Vortrag zum hundertjährigen Jubiläum des Deutschen Weinbauverbandes im Jahre 1974 aus seiner langen Erfahrung über die Zeit um 1900: »Der Geschmack der damaligen Weinfreunde kam der damaligen Kellerwirtschaft sehr entgegen. Leichte Firne eines Weines wurde als Vorzug angesehen. . . . Da es vor 1900 vielfach nicht gelang, den Wein absolut blank auf die Flasche zu füllen oder auf der Flasche zu halten, wurde er in Gläsern serviert, die bei Weißwein oberhalb des Fußes grün und bei Rotwein von roter Farbe waren.«
Heute wird kein trüber Wein mehr angeboten und getrunken.
Unsere Zeit hat im Umgang mit Wein viel gelernt, aber auch – so meinen wir – degenerierte Züge entwickelt. Große öffentliche Proben werden oft nur noch angenommen, wenn sie mit süßromantischen Sprüchen, mit Musik, sogar mit Fanfarenzügen als Show aufgezogen werden. Die Art der deutschen Weine kann man so nicht verstehen lernen. Dazu gehört weniger – und mehr. Finden wir doch wieder zurück zur Freude am Weingenießen und am Studium der Weine selbst.
Vielleicht gelingt es auch, den Deutschen mehr von jenen Tafelfreuden beizubringen, die mit Wein verbunden sind. Deutsche Weine passen recht gut zu unseren Gerichten. Mit deutschen Weinen wird auch deftige Kost besser verdaut, sie wird mit Wein gesünder.

Theo Becker

Weinflasche und Weinglas

Die Flasche

Die Weinflasche ist geradezu ein Symbol für den Wein geworden, je nach ihrer Form auch für bestimmte Weine oder Weine besonderer Herkünfte. Zunächst und vor allem aber ist sie die gläserne Verpackung des Weines. Sie kann mit schmückender Ausstattung versehen werden oder sich selbst mit Form und Farbe schmücken.

Schon zur Zeit der Pharaonen gab es Flaschen und Fläschchen, die allein der Zierde dienten oder als Schmuckgefäße zur Schau gestellt wurden. Als Behältnisse für wertvolle Parfüms, kosmetische oder medizinische Öle sind sie bereits aus dem Altertum bekannt. Zur Römerzeit waren sie dank der damals hoch entwickelten Kunst der Glasbläserei als Serviergefäße hoffähig. Daher hatten sie ursprünglich eher die Form von Karaffen, die sich zum Ein- und Ausgießen besonders gut eignete.

Allgemein ist heute für deutschen Wein die Schlegelflasche üblich. Der Bocksbeutel ist weniger gut zu handhaben und bringt Probleme bei der Lagerung, Verpackung und Reinigung. In ihm dürfen nur Qualitätsweine aus Franken, dem badischen Täubertal und dem Schüpfergrund sowie aus den badischen Gemeinden Neuweier, Steinbach, Umweg und Varnhalt in den Verkehr gebracht werden. Dieses Privileg wurde von alters her durch verwandtschaftliche Beziehungen adeliger Familien von Würzburg nach Baden »vererbt«.

Die grüne Farbe der Weinflasche ist auf geringe Chrombeimengungen bei der Glasfabrikation zurückzuführen, während die braune Flasche ihre Farbe durch SO_2-Verbindungen erhält. Grüne (früher auch blaue) Flaschen werden üblicherweise dem Moselwein zugeordnet. Dies gilt aber nicht unbedingt, denn auch in anderen Weinbaugebieten (Württemberg, Franken) werden grüne Flaschen verwendet. Bei den Literflaschen herrscht die grüne Farbe vor. In der Pfalz und im Rheingau werden nach alter Tradition in der Regel braune Weinflaschen verwendet.

Der Weinflaschenbedarf ist in den letzten Jahrzehnten stark angestiegen. Während früher der »offene Wein« innerhalb und außerhalb des Erzeugergebietes in der Gaststätte aus dem Faß gezapft wurde, kommt er heute aus der Literflasche. Das ist hygienischer und praktischer. Doch werden insgesamt nur etwa 30% des Flaschenweines in Literflaschen gefüllt. 65% dagegen in 0,7-l-Flaschen. Der Rest kommt in Flaschen mit 0,25, 0,35 oder neuerdings 0,5 l Inhalt. Während die ganz kleinen Flaschen vorwiegend für teure Weine verwendet werden, wird die neue Halbliterflasche als »Portionsflasche« bezeichnet. Doch kann eine »Portion« für den einen Weintrinker etwas ganz anderes sein als für den anderen. Für die 0,7-l-Flasche gilt die Bezeichnung »Normalflasche« oder $^1/_1$-Flasche; mancher hat darunter schon eine Flasche mit 1 l Inhalt vermutet. Landläufig wird diese Flasche als »$^3/_4$-l-Flasche« bezeichnet, was sie ebensowenig ist. Über 60% der Literflaschen gehen wieder in die Füllbetriebe zurück, dagegen nur etwa 25% der 0,7-l-Flaschen.

Das Flaschengewicht ist aus betriebswirtschaftlichen Gründen immer geringer geworden. Eine (leere) 0,7-l-Flasche wog vor einem halben Jahrhundert 850 g, heute ist sie noch halb so schwer. Um ihre Stabilität zu erhalten, ist aus der schönen, schlanken, bis zu 38 cm hohen Form eine nur noch 29 cm messende gedrungene geworden.

Der Flaschenverschluß besteht heute vorwiegend noch aus dem Korken, doch sind ihm in Kronkorken und Schraubverschluß ernsthafte Konkurrenten entstanden.

Das Glas

Das Weinglas soll klar, möglichst nicht geschliffen, auf keinen Fall bunt oder dunkel gefärbt sein. Der Wein soll ja in seiner Farbe und Klarheit zu beurteilen sein.

Das Weinglas soll nie scharfkantig sein, weil dadurch der Geschmack beeinflußt wird. Die Tastnerven in den Lippen registrieren jede scharfe Kante und signalisieren eine solche gefährliche Berührung an das Zentralnervensystem. Eine Konzentrierung nur auf das Geschmackserlebnis ist damit nicht mehr möglich, die Geschmackswahrnehmung wird beeinträchtigt, das Getränk wirkt flach und fad,

Glasflaschen-Maschine. Die modernen Maschinen arbeiten nach dem Prinzip des Mundblasens. Links sieht man, wie die vorgeblasene Form der künftigen Flasche hinübergeschwenkt wird, rechts die fertig ausgeblasenen Flaschen, die paarweise die Maschine verlassen. Der Weg führt anschließend durch den Kühlturm zur Packerei.

Historische Sehenswürdigkeiten und einen frischen Wein bietet das Winzerstädtchen Saarburg. ▷

Weinflasche und Weinglas

es verliert von seiner Feinheit. Ein scharfkantiges Glas wird zudem leicht beim Spülen schartig und kann dann die Lippen verletzen.

Das Weinglas soll sich nach oben verjüngen. Dadurch kann der Wein besser geschwenkt werden und seine Bukettstoffe freigeben, die dann, zusammengedrängt an der Glasöffnung, auch besser wahrgenommen werden können.

Das Rotweinglas darf größer sein und soll eine große Oberfläche des Weines anbieten. Aus ihr kommt der schwere Duft. Leicht flüchtige Aromastoffe hat der Rotwein weniger. Das Glas darf daher nach oben senkrecht verlaufen, aber auf keinen Fall auseinandergehen.

Die Glasdicke soll zum Wein passen. Nur bei sehr schweren, süßen Weinen schätzt man dünnwandige Gläser. Das feine Glas vibriert stärker als ein dickwandiges, was von den Tastnerven der Lippen registriert wird. Auf diese Weise erfolgt eine leicht verminderte Geschmackswahrnehmung.

Schlegelflaschen in verschiedenen Größen. Von links, untere Reihe: 0,2 l, 0,7 l/290 mm hoch und die drei gängigsten Flaschentypen: 0,7 l/310 mm hoch in Braun, Grün und Weiß, mit Mündungen für Naturkorken, Kronkorken und Drehverschluß, rechts 1,5-l-Flasche; mittlere Reihe: 0,25 l, 0,35 l, 2 l braun; obere Reihe: 0,5 l, 1 l/290 mm hoch, 1 l/310 mm hoch, 2 l grün.

Römer mit Deckel aus hellem, fast entfärbtem Glas. Deutschland, um 1700.

Daher schmecken schwere Weine in dünnen Gläsern leichter und eleganter. Eine Auslese aus einem dicken Glas getrunken, wirkt leicht zu körperreich und plump. Ein einfacher Tischwein aus einem dünnen Glas kann dünn und flach wirken.

Die Glasöffnung soll weit genug sein, damit richtig getrunken werden kann und nicht geschüttet werden muß. Ein zu enges Glas, in das die Nase nicht hineinpaßt, kann das Trinken zur Strapaze machen. Ein Wein, der dadurch gekippt werden muß, kann mit der Zungenspitze nicht mehr in Berührung kommen. Hier sind aber die Geschmacksnerven konzentriert, die die Süße registrieren. Auf der Zungenspitze wird »süß« wahrgenommen, am Zungengrund werden die Extrakt- und Bitterstoffe registriert. Ein Wein soll von der Zungenspitze bis zum Gaumen verkostet werden können, denn erst alle Geschmackszonen zusammen lassen seine Harmonie erkennen.

Das Weinglas soll einen Stiel haben, der möglichst am unteren Ende anzufassen ist. Das Glas soll nicht direkt an der Schale (Kuppa) in die Hand genommen werden. Der richtig temperierte Wein benötigt keine Erwärmung durch die Hand. Gern stößt man in fröhlicher Runde mit dem Weinglas an. Dieses kann aber nur

◁ Am Fuß des Schwarzwaldes liegt Schloß Ortenberg bei Offenburg.

klingen, wenn es am unteren Stielende angefaßt wird. Der schöne Klang beweist, daß das Glas vibriert, wodurch noch im Wein gebundene Bukettstoffe frei werden und Geschmack und Blume verbessern. Also wirkt auch das Gehör bei der Weinprobe mit, und das Gläserklingen hat einen tieferen Sinn, als nur die Stimmung einer Runde zu dokumentieren. Ein gefülltes Sektglas dagegen kann nicht klingen, weil die aufperlende Kohlensäure die vom Glas ausgehenden Schwingungen schluckt. Trinkgefäße ohne Stiel, die direkt in die Hand genommen werden müssen, werden zu schnell in der Hand warm, man kann den Wein darin nicht gut schwenken, und beim Anstoßen können sie nicht klingen, weil die Vibration des Glases durch das Anfassen blockiert wird. Die in Württemberg üblichen Henkelgläser stellen einen Kompromiß dar. Henkel oder Fuß sollen allerdings nicht farbig sein, wobei die oft grünliche Färbung des Fußes noch mehr abzulehnen ist als ein brauner Farbton, da Grün die Weine leicht blaß erscheinen läßt.

Ein Weinprobierglas muß natürlich im höchsten Maße weingerecht sein und alle positiven Merkmale in sich vereinen.

Alle Gläser müssen absolut sauber sein. Die geringsten angetrockneten Spülmittelreste können den Weingeschmack total verfälschen. Auch die Temperatur des Weinglases soll der des Weines entsprechen. Ein zu kaltes Glas würde zuerst anlaufen und die Weinfarbe verdecken, es würde auch die Tastnerven der Lippen erschrecken und die Geschmackswahrnehmung blockieren. Umgekehrt würde ein Glas aus dem Wärmeschrank den Wein aufheizen und ihn fad und schal erscheinen lassen.

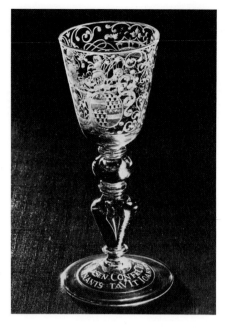

Pokal aus entfärbtem Glas. Deutschland 1720.

Heinz-Gert Woschek
Die Flaschenausstattung

Etikett, Halsschleife, Querstreifen, Siegel, Rückenetikett und Kapsel sind die Ausstattungsteile, die das Gesicht der Weinflasche bestimmen. Etikett kommt aus der französischen Sprache; »étiquette« bedeutet zunächst »Aufschrift«, dann das, worauf sie erfolgt: »Zettel«. Aufgabe der Flaschenausstattung war und ist es, in rechtlich zulässiger Weise den Inhalt einer Weinflasche zu beschreiben und ihrem Käufer die gewünschte Aufklärung zu geben. Die Gestaltung der Flaschenausstattung richtet sich nach dem Käuferkreis und nach der Qualitätsgruppe des zu verkaufenden Weines. Die Hausfrau, die einen preiswerten Tafelwein im Selbstbedienungsladen sucht, wählt gerne ein buntes Bildetikett. Der Weinkenner, der seinen Bedarf in »seinem« Weingut persönlich bestellt, wünscht sich eine Ausstattung, die dem Stil des Weingutinhabers entspricht. Das Etikett vermittelt hier die Atmosphäre des Weingutes.

Als sich die Glasflasche als ideales Aufbewahrungsgefäß für Wein herausstellte und durchsetzte, klebte man die ersten »étiquettes« an. Der schon im 15. Jahrhundert erfundene Buchdruck war für den Etikettendruck zu aufwendig, zumal die anfallenden Mengen zu gering waren und die zeitraubenden Vorbereitungen zum Druck nicht lohnten. Entscheidend für das Flaschenetikett wurde die 1796 von Alois Senefelder erfundene Lithographie, der Abdruck von (entsprechend vorbereiteten) Solnhofener Kalksteinplatten. Durch diese Technik wurde es möglich, Etiketten in mehreren Farben und in kleinerer oder größerer Anzahl preisgünstig zu fertigen.

Die ersten gedruckten Etiketten waren in der Art der Ausführung wie auch im Text einfach. Oft findet man nur den Namen des Weines. Später wurde dann meistens noch die Angabe des Abfüllers hinzugefügt. Die deutschen Weingesetze, besonders das Weingesetz von 1971 sowie die EG-Weinbezeichnungsvorschriften von 1976 beeinflußten die Gestaltung der Weinflaschen-Ausstattung. Die früher beliebten Bezeichnungen »naturrein« und »Originalabfüllung« sowie Siegelabbildungen sind seit 1971 auf Ausstattungen nicht mehr erlaubt. Neue Angaben wurden andererseits vorgeschrieben, wie die amtliche Prüfungsnummer, die Angaben eines der 11 deutschen Weinbaugebiete, die Bezeichnungen »Qualitätswein bA« beziehungsweise »Qualitätswein mit Prädikat«.

Zu allen Zeiten entsprach die Flaschenausstattung dem Zeitgeschmack. In der zweiten Hälfte des 19. Jahrhunderts waren »Altdeutsches« und Engelchen beliebt, sogar der Sieg von 1871 wurde auf dem Etikett gefeiert. Auch Jugendstil und Expressionismus drückten sich im Flaschenetikett aus. Im Zweiten Weltkrieg kam es zu den winzigen Kriegsetiketten mit einfachster Gestaltung, und bis zur Währungsreform 1948 blieb die Flaschenausstattung sehr bescheiden.

In den 50er und 60er Jahren änderten sich weitgehend die Vermarktungsformen. 13 000 Winzerbetriebe vermarkten heute ihre Weine selbst und verwenden dafür eigene Etiketten. Nur wenigen Betrieben gelingt es, für ihre Flaschenausstattung einen eigenen Stil zu finden. Doch ist auch manches eigenwillige Etikett seit Jahren untrennbar und werbewirksam mit dem Namen eines Weingutes verbunden.

Die Flaschenausstattung soll sich sinnvoll in die gesamten Werbebemühungen eines Betriebes einordnen. Bestimmte Stilelemente des Hauses (Wappen, Firmenzeichen, besondere Schriftzüge, Hausabbildungen, Porträts) sollten sich in allen seinen Werbeaussagen wiederholen. Der Name des Herstellers soll deutlich und leicht lesbar sein. Er prägt sich auf diese

Die Flaschenausstattung

Alte Weinetiketten sind begehrte Sammelobjekte. Ihre Ausstattung spiegelt nicht nur den Geschmack, sondern auch die weingesetzlichen Vorschriften der Zeit wider. Ältere Weinetiketten tragen wesentlich sparsamere Aufschriften als die heute nach Gesetzen genormten.

Weise leicht ein, und Wiederholungskäufe sind die Folge. Die Art der Aufmachung soll der Größe und Bedeutung des Abfüllers entsprechen.

Die Angabe der Herkunft ist vorgeschrieben, der Kenner will und muß auch über die Lage informiert werden. Sie ist meist sehr markant auf dem Etikett eingedruckt, weil der Konsument oft nach ihr fragt und kauft. Bei deutschen Weinen wird überwiegend auch die Rebsorte angegeben. Im Kreis der Weintrinker weiß man heute schon viel über verschiedene Rebsorten und kennt auch neue Sorten. Die vorgeschriebene amtliche Prüfungsnummer wird bei dem Konsumenten stark beachtet. Die Qualitätsstufe bei den Prädikatsweinen ist mitbestimmend für den Preis. Daher erscheinen die Prädikate auf der Ausstattung an exponierter Stelle. Die Angabe des Jahrgangs erfolgt meist auf der Halsschleife.

Wappenabbildungen sind ein beliebtes Motiv der Etiketten. Alte Weingüter führen mit Stolz schon seit Generationen ihr Wappen und zeigen es auf ihren Flaschenausstattungen. Grafiker oder Heraldiker entwerfen auch heute noch Wappen für jeden Interessenten. Bei leicht zu deutenden Namen bringt man im Wappenschild gerne die bildliche Darstellung des Familiennamens.

Statt eines Wappens können auch andere firmentypische Motive herausgestellt werden. Abbildungen des Weingutes vermitteln einen Eindruck von der Herkunft des Weines. Ein charakteristisches, traditionsreiches Gebäude oder eine geschmackvoll eingerichtete Kellerpartie sind Motive, die das Interesse des Weintrinkers an dem Weingut wecken. Zu bunte »Bildchen« von zweckmäßigen Neubauten sind dagegen nicht geeignet, beim Weintrinker die nötige Kaufstimmung auszulösen. Gemalte Landschaftsbilder sind meistens preiswerten Qualitäten vorbehalten. Fein ausgearbeitete Stiche, farblich dezent unterstrichen, vermitteln dagegen den Eindruck von Seriosität und guter Qualität.

Schließlich gibt es aber auch reine Schriftetiketten, die ganz oder fast ohne Ornament auskommen. Sie sind für einen Grafiker eine schwierige Aufgabe, muß er doch ohne Weinlaub, ohne Romantik, ohne bunte Farben die Atmosphäre für den Weingenuß schaffen. Das Ergebnis ist aber nicht selten eine unverwechselbare Ausstattung, die über lange Zeit ihre Aktualität behält.

Den Gesamteindruck der Flasche steigert eine Halsschleife. Aus Kostengründen fehlt bei den preiswerten Weinen dieser zusätzliche Schmuck. Renommierte Weingüter verzichten zum Teil aus Tradition bewußt auf eine Halsschleife. Auf ihr findet der Käufer in der Regel den Jahrgangseindruck, manchmal auch die Prädikatsangabe. Halsschleife und Etikett sind farblich aufeinander abgestimmt.

Ein zusätzlicher Streifen, schräg zwischen Etikett und Halsschleife geklebt, deutet oft auf besondere Qualität hin. Es ist üblich, Prämierungsergebnisse auf einem speziellen schmalen Streifen mitzuteilen, und zwar je nach der Stufe der Prämierung auf einem bronzefarbenen, einem silbernen oder einem goldenen. Allerdings verwenden manche Betriebe auch bei nicht prämierten Weinen solche Streifen, indem sie allgemeine Hinweise, wie etwa »Qualitätswein«, oder die amtliche Prüfungsnummer darauf anbringen. Das Deutsche Weinsiegel, das gelbe Weinsiegel für trockene Weine oder das badische Gütezeichen weisen bei geprüften Weinen auf besondere Qualität hin.

Dem Informationsbedürfnis des Weinkonsumenten kommt das Rückenetikett entgegen. Häufig wird es bei Markenweinen angebracht. Auch die Analysedaten von Diabetikerweinen werden hier aufgedruckt.

Eisweine, Beerenauslesen und Trockenbeerenauslesen sind Raritäten, die der Winzer nicht jedes Jahr erntet. Spitzenqualitäten dieser Art erweist man eine besondere Reverenz, wenn man ihnen ein kleines Büchlein mit Erläuterungen um den Flaschenhals hängt (Flaschenhalsanhänger). Die Genießer eines solchen Weines interessieren sich in jedem Fall für die besonderen Eigenarten, die Rebsorte, das Lesedatum, das Mostgewicht. Eine solch aufwendige Ausstattung stellt die Besonderheit dieses Weines noch mehr heraus.

Ebenfalls zur Ausstattung gehört eine Kapsel. Es gibt sie in vielen Farben, mit Firmenaufdruck, mit Wappen oder einem neutralen Weinornament. Sie bildet den Kopf der Flasche und ist Schutz und Zierde zugleich. Bei billigen Weinen sind Kapseln aus Aluminium oder thermoplastischen Kunststoffen angebracht. Die traditionelle Stanniolkapsel ist die optimale Ausstattung für Qualitäts-und Prädikatsweine. Die Kapsel umschließt den Flaschenhals möglichst faltenfrei. Je länger sie ist, desto schlanker und eleganter wirkt die Flasche. Eine Erleichterung beim Öffnen der Flasche, also beim Entfernen des Kapseloberteils, bietet die Aufreißvorrichtung mit einer Lasche. In einigen bekannten Weingütern wird aus alter Tradition der Kapselfarbe eine besondere Bedeutung beigemessen. Jeder Qualitätsstufe ist schon seit vielen Jahren eine gleichbleibende Farbe vorbehalten. Bezeichnungen wie »Grünlack« oder »Goldlack« sind von der Kapselfarbe abgeleitet.

Die Farbgebung einer Flaschenausstattung ist keineswegs von untergeordneter Bedeutung. Der Mensch spricht auf Farben emotional an. Gewisse Farben werden abgelehnt, andere wirken sympathisch. Diese Erkenntnis macht sich der Grafiker bei der Etikettgestaltung zunutze. Er liebt die »warmen« Farben, die mehr Atmosphäre für den Wein bringen. Die optischen Reize, die von diesen »warmen« Farben ausgehen, werden unterbewußt in Stimmungswerte umgewandelt. Pergamenttöne, melierte Fonds, »vergilbte« Hintergründe, Farbkombinationen in chamois-rot-schwarz-gold erfreuen sich daher bei der Flaschenausstattung großer Beliebtheit.

Die Texte auf allen Teilen der Ausstat-

Beispiele für verschiedene Stilarten in der Etikettgestaltung. Von oben nach unten: Etikett aus der Kaiserzeit, Jugendstil, reines Schrifteikett der Kriegszeit, typisches »Kriegs-Etikett« der vierziger Jahre mit Abbildungen.

tung sollen leicht lesbar sein und sich harmonisch in den Gesamtaufbau des Etiketts einfügen.

Aus Kostengründen werden die Teile einer Ausstattung in den meisten Fällen in größerer Auflage als Blanketten vorgedruckt. Die wechselnden, vom einzelnen Besteller gewünschten Angaben werden von Fall zu Fall in die bestellte Menge eingedruckt. Der gute Gesamteindruck darf aber dadurch nicht zerstört werden. Als noch alle Etiketten mit der Hand aufgeklebt wurden, konnte man die eigenwilligsten Formen verwenden und tat es auch. Die heute üblichen Etikettiermaschinen sind bei weitem nicht so variabel. Das Etikettenformat hat sich eingependelt auf eine Größe von 9 bis 10×13 cm beim Quer- und 11×8 cm beim Hochformat. Abgerundete Ecken oder nach oben gezogene Bogen sind oft die einzigen Variationsmöglichkeiten. Bei den Halsschleifen haben sich ebenfalls Formen durchgesetzt, die sich gut verarbeiten lassen.

Der Auswahl des Papiers sind ebenfalls Grenzen gesetzt. Gerne verwendet man ein preiswertes weißes Papier, das auf der Druckseite durch ein besonderes Verfahren veredelt wurde. Nur so entsteht eine einigermaßen glatte Oberfläche, die sich gut bedrucken läßt. Dieses Chromopapier hat ein Gewicht von etwa 80 g/qm. Wünscht man bei der Ausstattung einen besonders hohen Glanz, um dadurch die grafische Wirkung zu steigern, dann ist ein hochglänzendes Papier nötig, das eine besonders glatte, spezialbehandelte Oberfläche aufweist. Auf einem solchen hochwertigen Papier erzielt man brillante Farbdrucke. Einfallende Lichtreflexe in Verbindung mit geschickt angebrachten Goldpartien bringen eine reizvolle Schattierung. Büttenähnliche Papiere oder Papiere mit einer geprägten Oberfläche sind solchen Ausstattungen vorbehalten, bei denen durch die Motivauswahl oder durch bestimmte stumpfe und matte Farbkombinationen ein traditionsverbundenes Aussehen erreicht werden soll. Ein auf die verschiedenen Papiersorten und Etikettiermaschinen abgestimmter, nicht zu wasserreicher Klebstoff bietet die Gewähr dafür, daß die Ausstattung einwandfrei und faltenlos auf die Weinflaschen kommt. Die richtige Lagerung der Etiketten vor der Verarbeitung – bei etwa 50% Luftfeuchte und etwa 20° C – erleichtert den Etikettiervorgang und ist die Voraussetzung für einwandfreie Verarbeitung.

Die »Visitenkarten des Weines«, wie die Etiketten auch genannt werden, halten mancherlei schöne Erinnerungen wach, wenn sie gesammelt werden. Man weicht die Flasche in Wasser ein, bis man das Etikett abnehmen kann, und trocknet dieses dann zwischen Löschpapier.

Wer den Reiz historischer, origineller oder besonders stilvoll gestalteter Etiketten zu schätzen weiß, wird als Sammler an diesem Hobby viel Freude finden.

Karl-Heinz Zerbe
Der Flaschenkeller

Der Flaschenkeller soll weitgehend trocken sein, die Luftfeuchtigkeit zwischen 60 und 70 % liegen. Die Temperatur kann zwischen 8° und 12° C schwanken; Rotweine vertragen auch Temperaturen bis zu 15° C. Da die wärmere Luft nach oben steigt, empfiehlt es sich, Weißweine im kühleren unteren Teil des Raumes zu lagern und die wärmere Deckenzone für Rotweine zu verwenden. Kühlere Keller fördern die Ausscheidung von Weinstein. Zu warme Keller – etwa ab 20° C – bewirken, daß der Korken aus der Flasche gedrückt wird. Auch bei höheren Temperaturen ist der Wein haltbar; er entwickelt sich schneller bis zum Qualitätsoptimum, er baut aber auch viel rascher ab. Zu warm gelagerter Wein muß deshalb viel schneller verbraucht werden – in der Regel innerhalb eines halben Jahres. Demgegenüber sind bei richtiger Lagerung unter Temperaturen von 8° bis 12° C mittlere Weinqualitäten etwa 5 Jahre, gute Qualitäten 5 bis 10 Jahre und Spitzengewächse 20 Jahre und länger haltbar. Es empfiehlt sich, zur Kontrolle ein Thermometer – möglichst auch ein Hygrometer – im Flaschenkeller anzubringen.

Der Wein reagiert nicht nur auf Temperatureinflüsse, er ist auch empfindlich gegenüber Lichteinwirkung. Ein guter Weinkeller ist deshalb möglichst dunkel. Es sollten nur kleine Fenster vorhanden sein, durch die keine Sonnenstrahlen direkt auf die Flaschen auftreffen.

Wein ist auch empfindlich gegenüber Fremdgerüchen. Es ist deshalb darauf zu achten, daß im Weinkeller keine Erzeugnisse mit starkem Eigengeruch (Kartoffeln, Gemüse oder gar Mottenpulver) gelagert werden. Gleichzeitig ist für gute Durchlüftungsmöglichkeit zu sorgen. Es sollte in regelmäßigen Abständen immer wieder eine Lufterneuerung erfolgen, wozu gegebenenfalls entsprechende Luftschächte vorzusehen sind. In den Sommermonaten wird nachts gelüftet, um damit gleichzeitig einen Kühleffekt zu erreichen.

Schließlich wird die Reifeentwicklung des Weines auch durch Erschütterung gestört. Der Lagerraum sollte deshalb abseits vom Straßenverkehr angelegt werden, und die Flaschen dürfen keinesfalls neben der Waschmaschine oder anderen vibrierenden Haushaltsgeräten liegen. Kellerwände und -decken sollten gut isoliert sein, denn reine Betonräume begünstigen die Kondenswasserbildung und damit die Entstehung von Schimmel auf Flaschen und Etiketten. Eine Raumhöhe von 2,0 bis 2,3 m ist ausreichend, so daß man die Flaschen noch mit der Hand entnehmen kann, ohne auf Stuhl oder Leiter klettern zu müssen.

Die Einrichtung des Flaschenkellers soll zweckmäßig, übersichtlich und bedarfsgerecht sein. Grundsätzlich müssen alle Flaschen mit Naturkorkverschluß liegend aufbewahrt werden, damit der Korken von der Flüssigkeit benetzt bleibt und nicht austrocknet. Anderenfalls führt der Luftzutritt zur Oxidation und damit zum schnellen Abbau der Qualität. Solche Weine sind durch Hochfarbigkeit und Luftton gekennzeichnet.

Im allgemeinen werden die Flaschen im Privatkeller in Regalen oder Schränken gelagert. Hierfür gibt es verschiedene Modelle und Werkstoffe. Früher verwendete man vorwiegend Holzfächer, die aber in feuchten Räumen verstocken und dann schon bald brüchig werden. Solche Gestelle müssen, falls sie noch verwendet werden, mit einem Holzschutzmittel imprägniert werden. Im Flaschenkeller sollte aber nach Möglichkeit überhaupt kein Holz gelagert oder verwendet werden, denn bei diesem Werkstoff besteht immer die Gefahr, daß Korkmotten auftreten, die ihre Eier nicht nur in Ritzen und Spalten des Holzes, sondern auch an den Korken ablegen. Aus diesen Eiern entwickeln sich Räupchen, die sich in den Korken hineinfressen, so daß nach einiger Zeit durch diese Fraßgänge Wein ausfließen und Luft in die Flasche eintreten kann. Man erkennt dieses zerstörerische Werk an den Ablagerungen von feinem Korkstaub und an zentimeterlangen »Bärten«, die von der Flaschenmündung herabhängen. Die Kork- oder Kellermotte bevorzugt in erster Linie dunkle und feuchtwarme Keller, die mit Holzverkleidung oder Holzregalen versehen sind oder in denen Holz gelagert wird. In den letzten Jahren häuften sich die Reklamationen und Schadensmeldungen, die durch das Auftreten der Korkmotte hervorgerufen wurden.

Die Bekämpfung der Schädlinge erfolgt durch Vernichtung der Motten und durch Vernichtung der Eier oder Raupen. Die günstigste Bekämpfungszeit liegt in den Monaten Juli und August, da der Korkmottenflug in diese Zeit fällt. Zur Bekämpfung verwendet man Räuchertabletten (Jakutin, Lindan), die angezündet werden. Sie schwelen flammenlos unter leichter Rauchbildung und vernichten Raupen und Motten auch in den Ritzen des Holzes. Bei starkem Befall sollte man nach 14 Tagen die Behandlung wiederholen. Einfacher ist das Aufhängen von Strips (Nexa, Vapona, Mafu). Diese Strips sind geruchlos und werden auch gegen Fliegen und andere Insekten eingesetzt. Der Wirkstoff verdampft über eine Zeitspanne von etwa 4 Monaten und erreicht damit eine entsprechende Dauerwirkung. Diese Bekämpfungsmittel sind in allen Drogerien erhältlich.

Für die Flaschenlagerung werden vielfach noch Eisengestelle verwandt, die neben- und übereinander zu unterschiedlich großen Einheiten zusammengestellt werden. Meist können in einem Einzelgefach 25 oder 50 Flaschen gelagert werden. Die Eisengestelle sollten mit einer Rostschutzfarbe versehen und keinesfalls in feuchten Kellern aufgestellt werden.

Aus modernem Werkstoff sind die Bimsbetonfächer, die nach dem Dezimalsystem aufgebaut sind und meist mehrere Lagen zu je 20 Flaschen enthalten. Sie werden aber auch in verschiedenen anderen Größen hergestellt. Der poröse Werkstoff eignet sich auch für Keller mit hoher Luftfeuchtigkeit.

In den letzten Jahren hat sich mehr und mehr das Kunststoffregal durchgesetzt. Bei ihm können verschiedene Elemente, die ebenfalls meist 20, 25 oder 30 Flaschen enthalten, nach dem Baukastenprinzip neben- und übereinander geschichtet werden. Die Einzelbehälter sind manchmal auch so unterteilt, daß einzelne Flaschen aus dem jeweiligen Stapel entnommen werden können.

Häufig findet man in Weinkellern auch Drainagerohre aus Ton zur Aufnahme von Weinflaschen übereinander gestapelt oder in die Wand eingelassen. Nach Möglichkeit sollten beide Enden der Röhren offen bleiben, damit von beiden Seiten eine Belüftung erfolgen kann. Es ist darauf zu achten, daß der Durchmesser der Röhren etwa 2 cm größer ist als der Durchmesser der Flaschen, damit die Luft zirkulieren kann und keine Schimmelbildung die Ausstattung beeinträchtigt. Das sehr voluminöse Röhrenlager benötigt viel Platz und ist auch wenig übersichtlich.

Eine sehr einfache Möglichkeit für die Lagerung bieten Styropor-Lagerelemente, die beliebig auf- und nebeneinander gebaut werden können. Sie sind sehr preiswert, halten das Licht ab und gleichen in begrenztem Umfang auch Temperaturschwankungen aus. Sie eignen sich vor allem für einen kleinen Weinvorrat, der in weniger geeigneten Räumlichkeiten gelagert wird.

Ist ein zu warmer oder gar kein Keller vorhanden, so empfiehlt es sich, einen Flaschenkühlschrank anzuschaffen, der eine konstante Temperatur von 10° bis 12° C hält. Solche Flaschenkühlschränke nehmen bis zu 400 Flaschen auf. Ist ein isolierter oder isolierbarer Raum vorhanden, sollte man auch überlegen, ob man hier ein Kühlaggregat installiert, um die Temperatur entsprechend einzustellen. Ist kein geeigneter Kellerraum vorhanden, so kann der Wein auch in anderen Räumen gelagert werden; man sollte aber darauf achten, daß diese nach Norden gelegen sind, damit sie sich im Sommer nicht zu stark erwärmen, und sie sollten auch im Winter nicht ständig beheizt werden. Lassen sich größere Temperaturschwankungen nicht vermeiden, muß man die Weine schneller verbrauchen, das heißt, man darf sie nicht länger als ein halbes Jahr lagern. In diesen Fällen wird man die Bevorratung seinem Lieferanten (also etwa dem Weingut) überlassen, der meist auch ein Sortiment verschiedener Weinernten führt. Man braucht deshalb auf ältere Jahrgänge nicht zu verzichten. In jedem Flaschenregal muß man für Ordnung sorgen und den Überblick behalten. Es empfiehlt sich deshalb, jeder Weinsorte ihren festen Platz zuzuweisen und (um das Auffinden zu erleichtern) die einzelnen Weinsorten durch ein Etikett kenntlich zu machen, das man zur besseren Haltbarkeit mit Wasserglas überzieht und an dem jeweiligen Regalplatz anbringt. Zur Bestandskontrolle kann man ein Kellerbuch anlegen, in dem man die jeweilige Entnahme einträgt, aber auch eine Beurteilung des Weines vermerkt.

Denn als Besitzer eines eigenen Weinkellers sollte man sich der angenehmen Übung unterziehen, gelegentlich eine Qualitätskontrolle der Weine vorzunehmen, um sich über ihre weitere Entwicklung zu orientieren.

Für die Unterbringung der Flaschen im Weinkeller bieten sich Dränagerohre als raumsparende und preiswerte Lösung an.

Hans Joachim Arndt

Riechen und Schmecken

Riechschleimhaut und Riechnerven

Die Riechschleimhaut (olfaktorisches Epithel) liegt beim Menschen im höchstgelegenen Teil der Nase beiderseits an der Nasenscheidewand und zur Seite übergehend auf den hinteren Teil der oberen Nasenmuschel direkt unter der Siebplatte des Siebbeines. Makroskopisch ist die Riechschleimhaut bisweilen durch eine etwas gelbliche Verfärbung von der übrigen Nasenschleimhaut zu unterscheiden. Es handelt sich um ein mehrreihiges Sinnesepithel, bei dem die langgestreckten, spindelförmigen Sinneszellen dicht eingebettet sind zwischen Stützzellen und Basalzellen.

Die langgestreckten Riechzellen haben eine Verdickung in der Gegend ihres Zellkernes und eine kolbige Auftreibung (Riechkolben) an der Oberfläche der Schleimhaut. Aus dem Riechkolben entspringt eine Anzahl von Riechgeißeln, die sich parallel zur Oberfläche in der bedeckenden Schleimschicht des Riechepithels bewegen. Durch die Riechgeißeln wird die reizaufnehmende Oberfläche des Sinnesepithels auf das 10- bis 100-fache vergrößert. Das hirnwärts gerichtete Ende der Riechzelle hat einen Nervenfortsatz, der mit einer größeren Zahl benachbarter zentraler Riechzellenfortsätze sich zu einem dünnen Riechnerven vereinigt und mit den anderen Riechnerven (Fila olfactoria) durch die feinen knöchernen Öffnungen der Siebplatte zum Riechhirn (Bulbus olfactorius) zieht. In den Nervenzellenanhäufungen (Glomerula) des Riechhirns werden die von den Riechzellen gelieferten Informationen rechnerisch verarbeitet und zum Teil an höher gelegene Zentren weitergegeben.

Die Stützzellen, die die Sinneszellen im Riechepithel fest umlagern, zeigen an der Oberfläche des Epithels zottenförmige Ausziehungen, die in den bedeckenden Riechschleim eintauchen. Damit ist nicht

Riechen und Schmecken

nur die Oberfläche der Sinneszellen, sondern auch die der umgebenden Stützzellen außerordentlich vergrößert. Es ist nicht auszuschließen, daß die Stützzellen nicht nur stützende Funktion im mechanischen Sinne für die Sinneszellen ausüben, sondern daß sie auch am Gesamtstoffwechsel wesentlich beteiligt sind. Die Basalzellen umschließen die Nervenfortsätze der Sinneszellen und stehen in Verbindung mit den Umhüllungen der Riechnervenbündel, die hirnwärts ziehen. Die Gesamtzahl der Riechzellen beim Menschen soll zwischen 10 und 20 Millionen liegen, die Fläche der Riechschleimhaut beträgt 5 cm² (beim Dackel sind es 75 cm²).

Das Riechhirn

Das Riechhirn (Bulbus olfactorius) ist die Endstation der Riechnerven (Fila olfactoria), die dort im Bereich der Nervenzellenanhäufungen (Glomerula olfactoria) mit den Zellausläufern der Mitralzellen Verbindungen eingehen. Die Mitralzellen ihrerseits haben zahlreiche Schaltverbindungen zu den in den tiefer gelegenen Schichten des Riechhirns befindlichen Körperzellen, die offenbar eine wichtige Funktion in der zentralen Verarbeitung der Geruchseindrücke besitzen. Die Verbindung des Riechhirns mit den höher gelegenen Riechzentren, besonders dem vorderen Riechkern, dem Riechhügel und der Hirnrinde, erfolgt über die seitliche Riechbahn. Es gibt darüber hinaus tertiäre Verbindungen der Geruchsbahn zu anderen Hirnteilen, deren Bedeutung und Arbeitsweise beim Riechvorgang nicht im einzelnen bekannt sind.

Die Physiologie des Riechens

Die in den oberen Nasenpartien versteckt und geschützt liegende Riechschleimhaut wird von den Molekülen duftender Stoffe mit dem Atemstrom erreicht. Der Hauptteil der durch die Nase ein- und ausströmenden Luft geht durch die unteren und mittleren Anteile der Nasenhöhle, berührt also die Riechschleimhaut nicht. Es entstehen aber durch das Aufprallen auf die unregelmäßig gestalteten inneren Seitenwände der Nase, besonders am Übergang vom Nasenvorhof zum Naseninneren, Wirbelbildungen, die die Geruchsmoleküle in den oberen Nasengang tragen und mit dem Riechepithel in Kontakt bringen. Die Heranführung der Duftmoleküle an die Riechschleimhaut wird durch Schnüffeln oder Schnuppern begünstigt, weil hierbei verstärkt Wirbelbildungen in der Nase für einen raschen Wechsel der Duftstoffe sorgen. Die Berührung der Riechstoffe mit dem olfaktorischen Epithel kann sowohl bei der Einatmung wie bei der Ausatmung erfolgen. Da das Riechepithel mit Schleim bedeckt ist, müssen die riechbaren Moleküle wasserlöslich und vielleicht auch fettlöslich sein, um an die Ausläufer der Riechzellen zu gelangen.

Die Zahl der vom Menschen unterscheidbaren Gerüche läßt sich nur grob schätzen und dürfte bei etwa 2 bis 4000 liegen. Wenn man allerdings nicht nur die Zahl der unterscheidbaren Gerüche, sondern auch die Zahl der unterscheidbaren Geruchsstärken betrachtet, so kommt man auf Millionen von Geruchsempfindungen, die sich mit Hilfe des Geruchssinnes voneinander unterscheiden lassen. Unter der großen Zahl verschiedener Gerüche gibt es aber ähnliche Gerüche, so daß man versucht hat, eine Reihe von 6 bis 9 Grundgerüchen herauszuarbeiten, in die sich alle Gerüche einordnen lassen. So werden als Grundgerüche vorgeschlagen: würzig, blumig, fruchtig, harzig, faulig und brenzlig, oder auch die Reihe: kampferartig, blumig, minzig, ätherisch, stechend, faulig und moschusartig. Zwaardemaker unterscheidet 9 grundsätzlich verschiedene Gerüche: 1. ätherische, 2. aromatische, 3. balsamische, 4. Amber-Moschus-Gerüche, 5. Allyl-Kakodyl-Gerüche, 6. brenzlige Gerüche, 7. Capryl-Gerüche, 8. die widerlichen und 9. die ekelhaften Gerüche.

Betrachtet man die emotionalen Empfindungen, welche die verschiedenen Gerüche bei uns hervorrufen, so können wir angenehme, indifferente und unangenehme Gerüche unterscheiden. So sind von den 9 Grundgerüchen Zwaardemakers die Nummern 1 bis 3 als angenehm, 4 bis 6 als indifferent und 7 bis 9 als unangenehm zu bezeichnen.

Aus der Verschiedenheit der Vorschläge für Grundgerüche geht schon hervor, daß die subjektive Verarbeitung des Geruches eine zu große Rolle spielt, als daß es leicht wäre, zu einer allgemein anerkannten Klassifizierung zu kommen.

Die Riechschwelle des Menschen ist für verschiedene Gerüche unterschiedlich,

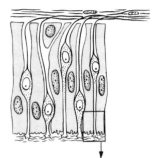

Riechepithel.

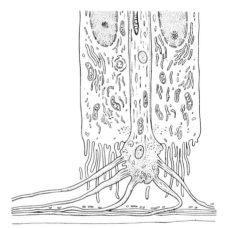

Riechzelle, mit dem Elektronenmikroskop vergrößert.

für bestimmte Gerüche allerdings außerordentlich niedrig. Bei dem ekelhaft nach Fäkalien stinkenden Scatol genügen bereits 10^7 Moleküle in der Atemluft (das sind weniger als 8 Moleküle je Riechzelle), um zur Geruchswahrnehmung zu führen, während beim Methylalkohol 10^{16} Moleküle in der Reizluft vorhanden sein müssen, bis die Wahrnehmungsschwelle überschritten wird. Zwischen Nichtriechen und Riechen gibt es einen fließenden Übergang, und es kommt als erstes zu einer unbestimmten Geruchsempfindung, der Wahrnehmungsschwelle, der erst bei einer 2- bis 3mal höheren Konzentration des Riechstoffes die spezifische Geruchswahrnehmung, nämlich die Erkennung des Geruches (Erkennungsschwelle) folgt.

Die im Schleim des Riechepithels gelösten Moleküle reagieren wahrscheinlich in der Zellmembrane der Riechzellaus-

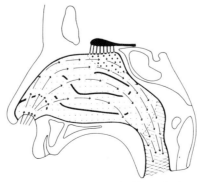

Schematische Darstellung des Nasen-Rachen-Raumes. Die Pfeile zeigen den Verlauf des Luftstromes.

läufer mit diesen. Die Erregung der Sinneszellen im Riechepithel durch Moleküle von Riechsubstanzen führt zu elektrischen Entladungen in den Sinneszellen, die über die Riechnerven zum Riechhirn geleitet werden. Da die beim Menschen etwa 50 Millionen Nervenzellenausläufer des Riechepithels unterschiedlich dick sind, wird die Erregung unterschiedlich schnell zum Gehirn geleitet, weil die dikkeren Nerven die Erregung schneller leiten als die dünneren. So kommt es, daß die Impulse mit zeitlicher Verzögerung im Gehirn eintreffen. Auch kann eine gegenseitige Beeinflussung auf dem Weg zum Hirn nicht ausgeschlossen werden, da die einzelnen Zellausläufer nicht gegeneinander isoliert sind und dicht zusammenliegen. Die Ausläufer von etwa 26 000 Sinneszellen enden in einem Nervenzellhaufen (Glomerulum olfactorium) im Riechhirn. Möglicherweise wird an dieser Stelle die räumliche Codierung der Riechinformation in eine zeitliche Verschlüsselung umgesetzt, die mit viel weniger Bahnen auskommt. Es ist aber im einzelnen nicht bekannt, ob die Verrechnung und gegebenenfalls Speicherung von Riecheindrücken (Gedächtnis) für kurze oder längere Zeit im eigentlichen Riechhirn (Bulbus olfactorius) erfolgt oder in höher gelagerten Hirnzentren.

Die Bestimmung der Wahrnehmungsschwelle für Gerüche für physiologische Zwecke oder in der Medizin zur Diagnostik erfolgt durch die Einatmung definierter Mengen (Konzentration) der zu prüfenden Riechsubstanz, wobei zur Erzielung reproduzierbarer Ergebnisse zum Teil äußerst aufwendige Apparaturen verwendet werden (quantitative Olfaktometrie). Das Erkennen oder Nichterkennen von Gerüchen, das ja bei der Weinprobe eine sehr wichtige Rolle spielt, dürfte, in noch stärkerem Maße als die einfache Wahrnehmung, zentralen Einflüssen unterliegen, so daß die Riechschärfe, also die Fähigkeit, bestimmte Gerüche zu erkennen und zuzuordnen, durch Training verbessert werden kann. Die Riechschwelle ist bei verschiedenen Menschen unterschiedlich hoch, mit zunehmendem Alter scheint eine Schwellenerhöhung einzutreten.

Die Wahrnehmungsschwelle für Duftgemische ist davon abhängig, ob und wie ähnlich die einzelnen Duftkomponenten sind. Bei ähnlichen Gerüchen genügt für jeden Geruch die halbe Schwellenkonzentration, um im Gemisch zu einer Schwellenüberschreitung und damit zu einer Duftwahrnehmung zu führen. Bei

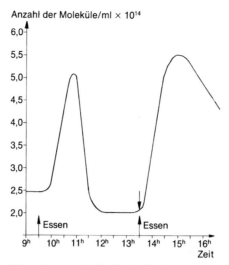

Schwankungen der Riechschwellen im Verlauf eines Tages bei normaler Nahrungsaufnahme.

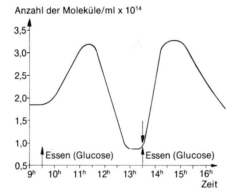

Schwankungen der Riechschwellen im Verlauf eines Tages bei Aufnahme von Glucose.

weniger ähnlichen Gerüchen muß die Konzentration der Einzelkomponente bereits höher sein, während bei unähnlichen Gerüchen, etwa bei zwei verschiedenen Grundgerüchen, für jede Komponente des Geruches die Schwellenkonzentration überschritten sein muß, ehe es zur Duftwahrnehmung kommt.

In der Empfindungslinie, die bei gleichzeitigem Riechen von mehreren Grundgerüchen entsteht, gibt es »Sprünge«. Sie entstehen durch zwei Unterdrückungsbereiche, in denen der schwach vertretene Reiz in Gegenwart des stark vertretenen nicht zum Durchbruch kommt, also nicht als solcher erkannt wird, obgleich er in der betreffenden Intensität für sich allein verwendet, bereits eine Empfindung veranlaßt. An diesen Unterdrückungsbereich schließt sich derjenige Bereich an, den man als den der Geruchsfolge bezeichnen kann. Es kommt nämlich sinnlich zuerst der stärker vertretene Grundreiz zur Geltung und im Anschluß daran der schwächer vertretene. Es handelt sich hier um eine sehr eigenartige sinnliche Erscheinung, indem gewissermaßen die durch objektive Mischung von zwei Grundreizen erzeugte Empfindung zeitlich eine Unstetigkeit aufweist. Sie ist durch feinen Zerfall gekennzeichnet. Wenn die Wirkung der beiden Grundreize sinnlich gleich stark ist, stellen die auf diese Weise erzeugten Empfindungen etwas eng »Verwobenes« dar. Dadurch kommen ganz neuartige Empfindungen auf, die man durch einen einzelnen Grundreiz niemals zu erzeugen vermag. Diese Erfahrungen lassen sich zwanglos auf die Bedingungen bei der Weinprobe übertragen, bei der ja gleichzeitig mehrere Geschmacks- und Geruchsempfindungen miteinander konkurrieren und bei der die feine Harmonie der Einzelkomponenten bei der Beurteilung des Weines eine wichtige Rolle spielt.

Hunger- und Sättigungsgefühl haben Einfluß auf die Wahrnehmungsschwelle. Letztere scheint morgens nach zwölfstündiger Nüchternheit niedrig zu sein. Sie steigt nach dem Frühstück für etwa 1 bis 1½ Stunden stark an, um dann ebenso rasch wieder abzufallen zu noch niedrigeren Werten als vor dem Frühstück. Nach dem Mittagessen kommt es wieder zu einem steilen Schwellenanstieg, der nur langsam wieder zurückgeht, wobei Höhe und Dauer des Schwellenanstieges von der Menge der eingenommenen Mahlzeit abhängen. Die Uhrzeit einer Weinprobe ist also nicht einfach belanglos.

Riechempfindungen werden nicht nur über die Nervenzellen der Riechschleimhaut geleitet, sondern in gewissem Maße auch von freien Nervenendigungen des für Berührung, Schmerz, Wärme und Kälteempfindung zuständigen Gesichtsnerven aufgenommen, vom Nervus trigeminus. Diese Nervenendigungen liegen zwischen den Schleimhautzellen über die ganze Nasenschleimhaut verteilt. Während man früher nur die stechenden Gerüche von Säuren und Laugen und die Kältempfindung etwa beim Inhalieren bestimmter ätherischer Öle (Pfefferminz, Eukalyptus) auf die Trigeminussensibilität bezog, weiß man heute, daß es praktisch keinen Geruch gibt, bei dem nicht auch die Trigeminussensibilität an der Empfindung beteiligt ist. Wir wissen dies unter anderem aus qualitativen Geruchsverschiebungen nach Ausfall entweder des sensiblen Gesichtsnerven oder des eigentlichen Riechorganes.

Das Geschmacksorgan

Das Geschmacksorgan beim Menschen wird gebildet durch etwa 2000 Ge-

Riechen und Schmecken

Empfindlichkeit der Geschmackszonen auf der Zunge

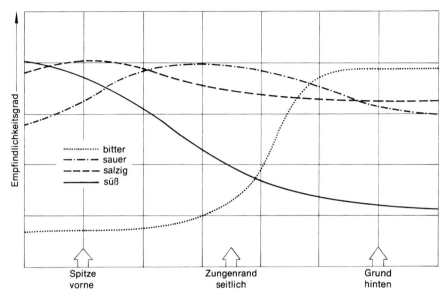

schmacksknospen, die an den Seitenwänden vor allem der Wallpapillen, weniger häufig an den blatt- und pilzförmigen Papillen der Zunge sowie des Mund-Rachen-Raumes sitzen. Die Zahl der Geschmacksknospen ist beim Neugeborenen am größten und nimmt dann stetig ab. So zeigt der hintere Teil des weichen Gaumens ebenso wie der Zungenrücken bei Jugendlichen noch einen gut ausgeprägten Geschmackssinn, während schon jenseits des 30. Lebensjahres in diesem Bereich die Geschmacksknospen einer Altersrückbildung verfallen sind. Die eiförmigen Geschmacksknospen sind in das Schleimhautepithel eingelagert und bestehen aus je etwa 20 hellen spindelförmigen Sinnesepithelzellen, die die ganze Höhe der Geschmacksknospe durchziehen. Die Berührung zwischen den schmeckenden Stoffen und der Sinneszelle erfolgt in der Spitze der Geschmacksknospe, die eine kleine Einsenkung, den Geschmacksporus, aufweist. In diese Einsenkung münden stiftartige feine Ausläufer der Sinneszellen, die an ihrem Ende zur Vergrößerung der Oberfläche noch aufgefaltet sind. Außer den Sinneszellen sind in der Geschmacksknospe auch Zellen mit dunkleren Kernen enthalten, die als Stützzellen angesprochen werden. Die Regeneration der Sinneszellen in den Geschmacksknospen erfolgt durch benachbarte Schleimhautzellen, die sich entsprechend umwandeln. Die Geschmacksknospen können sich aber auch als Organ ein- oder mehrfach längs teilen, wobei es durch unvollkommene Teilung zu Mehrfachbildungen kommen kann. Ebenfalls in die Wände der Papillen eingelagert sind seröse Spüldrüsen, die dafür sorgen, daß die Geschmacksstoffe weggeschwemmt werden, damit für neue Geschmacksstoffe Platz wird.

Die 4 Geschmacksqualitäten süß, sauer, salzig und bitter werden offenbar nicht von allen Geschmacksknospen vermittelt, sondern es scheint Knospen zu geben, die nur auf eine oder zwei dieser Qualitäten ansprechen, ohne daß morphologische Unterschiede im Zell- oder Knospenaufbau erkennbar wären.

Die Physiologie des Schmeckens

Während schon wenige Moleküle bestimmter Riechsubstanzen ausreichen, um einen Geruchseindruck zu vermitteln, liegen die Geschmacksschwellen wesentlich höher. Es müssen zwischen 10^{15} und 10^{20} Moleküle je 10 ml Schmecklösung vorhanden sein, bevor überhaupt ein Geschmackseindruck entsteht. Auch beim Geschmack müssen wir zwischen diesem ersten noch unbestimmten Geschmackseindruck und der Erkennungsschwelle unterscheiden, bei der die Identifizierung der Geschmackssubstanz möglich wird. Die zur Identifizierung notwendige Konzentration liegt wesentlich über der absoluten Schwelle, an der überhaupt eine Geschmacksempfindung auftritt.

Wir unterscheiden als Grundgeschmacksqualität süß, sauer, salzig und bitter, wobei im täglichen Leben sehr häufig Mischungen dieser Geschmackskomponenten vorkommen. Darüber hinaus schmecken Metalle und Metallsalze metallisch und bestimmte Stoffe, wie zum Beispiel Pottasche, alkalisch. Scharfe Gewürze, wie etwa Pfeffer, verursachen ein brennendes Gefühl, während Menthol den Eindruck von Kühle vermittelt. Diese Reize werden nicht über die Geschmacksknospen und die Geschmacksnerven empfunden, sondern wahrscheinlich über unspezifische Thermorezeptoren in Mund und Rachen.

Es ist nun nicht so, daß die Geschmacksqualitäten süß, sauer, salzig und bitter gleichmäßig an allen Stellen der Zunge wahrgenommen werden, sondern bestimmte Bereiche der Zunge vermitteln vorwiegend die eine oder die andere Geschmacksqualität. So wissen wir, daß die Zungenspitze und der vordere seitliche Zungenrand süß und salzig vermitteln,

Schematische Darstellung der Zunge mit den Geschmackszonen.

Sicht auf die Geschmackspapillen.

Zunge mit Papillen.

die Zungenseite die saure Geschmacksqualität und der Zungengrund den bitteren Geschmack.

Schmeckstoffe mit unbekanntem Geschmack müssen also möglichst gleichmäßig über die Zunge verteilt werden, um alle in ihnen enthaltenen Geschmacksqualitäten erfassen zu können. Wichtig ist auch, daß die Dauer der Einwirkung mindestens $^1/_2$ Sekunde beträgt, weil es sonst nicht zu einer Geschmackswahrnehmung kommt. Die Temperatur der Schmeckstoffe spielt für die Geschmackswahrnehmung eine wesentliche Rolle. Schmeckstoffe, die etwa Körpertemperatur haben, brauchen zur Wirkung die geringste Konzentration. Andererseits nimmt mit abnehmender Temperatur auch die erforderliche Schwellenkonzentration zu.

Wenn ein Geschmacksreiz mehrere Sekunden eingewirkt hat, läßt er nach, und die Reizschwelle erhöht sich. Man nennt dieses physiologische Phänomen »Adaptation«. Es bedarf dann der Entfernung des Schmeckstoffes und einiger Sekunden Erholungszeit, bis die ursprüngliche Geschmacksempfindlichkeit wieder hergestellt ist. Je schwächer der ursprüngliche Geschmacksreiz war, desto rascher läuft die Erholung nach der Adaptation ab, um so rascher also ist die Zunge für erneute Geschmacksreize wieder aufnahmefähig.

Hans Ambrosi
Weinbeurteilung und Weingenuß

Weinqualität

Der Qualität kommt in der heutigen Lebensmittelwirtschaft wesentliche Bedeutung zu. Weinqualität kann letztlich aber nicht chemisch oder physikalisch gemessen, sondern nur mit Hilfe der Sinne bestimmt werden. So ist die Weinprüfung mit den Sinnen, die Sinnesprüfung, Verkostung oder fachmännische Weinprobe, zu einer Art wissenschaftlicher Disziplin geworden, die von Fachleuten mit größtmöglicher Exaktheit betrieben und ständig weiter verfeinert wird. Dies geht so weit, daß man die durch Verschmecken erhaltenen Sinneseindrücke so systematisiert, daß die Qualität in einem einfachen Zahlenwert ausgedrückt werden kann.

Bereits in römischer Zeit wurde die durch Horaz überlieferte und auch heute noch gültige Formel cos (color = Farbe, odor = Geruch, sapor = Geschmack) für den Ablauf einer Sinnenprobe verbindlich. Das Probieren eines Weines gliedert sich also in das Besehen, Beriechen und Abschmecken mit anschließender gedanklicher, und das heißt sprachlicher Auswertung der Sinneseindrücke.

Weinansprache

Damit die verschiedenen Sinneswahrnehmungen und die dadurch entstandenen Einzelurteile in einem treffenden und auch für andere verständlichen Urteil zusammengefaßt werden können, war es erforderlich, eine Terminologie zu schaffen, die mit befriedigender Genauigkeit jeden Sinneseindruck wiedergibt. Diese Weinansprache dient zur Mitteilung der bei der Probe gewonnenen eigenen Empfindungen und Bewertungen an andere

Einladendes Schild einer Straußwirtschaft in einem deutschen Winzerort.

Personen und damit zur (gegebenenfalls schriftlichen und nur dadurch zuverlässig überlieferungsfähigen) Festlegung des Probeergebnisses. Die Wahl eines Ausdrucks für das genossene Geschmackserlebnis muß aber zu Mißverständnissen führen, wenn der Sinn eines Ausdrucks nicht allgemein bekannt ist. Wie alle Spezialausdrücke bedürfen daher auch die der Weinansprache einer verbindlichen Definition, um richtig angewendet werden zu können. Die gängigsten Ausdrücke der Weinansprache sind:

abgebaut: Qualitätseinbuße durch Alterung
alkoholreich: meist schwere Weine; bei negativer, unharmonischer Geschmacksbeeinflussung spricht man von brandig, schnapsig, spritig
arm: kleiner, dünner, magerer Wein
Aroma: Stoffe, die jedem Wein sein arteigenes Duft- und Geschmacksbild verleihen
Art hat der Wein, wenn Geschmackseindrücke charakteristisch und ausgeprägt, aber nicht aufdringlich hervortreten
Ausdruck: wie Charakter; negativ gebraucht: ausdruckslos
ausgebaut: entwickelt, trinkreif
blank: Gegenteil von »trüb«, als Steigerung wird »glanzhell« gebraucht
blaß: zu helle Farbe, dünner, kleiner Wein; Blässe tritt oft auch als Folge der Überschwefelung auf
blind: leicht trüber Wein
Blume: positiver Geruchseindruck des Weines: edle, feine, zarte Blume; Steigerung: Bukett
breit: fülliger Wein ohne Feinheiten mit meist zu wenig Säure
Bukett: besonders reiche Blume: Sorten-, Gär-, Alters-, Firne-, Botrytisbukett
Charakter: Summe aller positiven Geruchs- und Geschmackseigenschaften; Steigerung von »Art«
dick: körperreicher, voller Wein, meist etwas plump mit zuviel Restsüße
Duft, duftig: wie Blume, nur zarter und feiner
eckig: unharmonischer, kantiger Wein, bei dem einzelne Geschmacksstoffe (Säure, Gerbstoff) zu sehr hervortreten
edel: hochwertiges Prädikat für Spitzenprodukte, auch in Wortverbindungen: Edelfirne, Edelreife, Edelsüße, Edelwein
elegant: harmonische, optimal ausgewogene und abgestimmte Weine mit feiner Art
fad: ausdrucksloser, kleiner, immer säurearmer Wein
Faßgeschmack: wird meist negativ gebraucht für Weine mit muffig-dumpfem Holzgeschmack
fein: delikat, Steigerung: hochfein

Weinbeurteilung und Weingenuß

fest: ein Wein mit einer kräftigen, aber nicht unangenehmen Säure; Steigerung: hart

feurig: alkoholreiche, kräftige Rotweine oder besonders leuchtende Farbe

Finesse: Bezeichnung für raffinierten Nuancenreichtum im Geruchs- und Geschmacksausdruck edler Weine

Firne: alter Wein, der nicht mehr jugendlich und spritzig ist und ein etwas hart anmutendes Lagerbukett (Oxidationsbukett) angenommen hat; positive Steigerung bei Spitzenweinen: Edelfirne, extrem: Sherryton

flach: kleiner Wein ohne Charakter und ohne besonders hervortretende Eigenschaften

fruchtig, Frucht: guter Wein, bei dem die Traubensorte auf angenehme, erfrischende Art geruchlich und geschmacklich auffällt.

Fuchsgeschmack (Foxton): eigentümlicher, fremdartiger Geschmack bei Weinen von amerikanischen Wildreben und deren Kreuzungen, extrem als »Wanzengeschmack« bezeichnet

Fülle: vollmundig, körperreich

füllreif oder **flaschenreif** ist ein Wein, wenn er im Gebinde so weit ausgebaut wurde, daß er auf Flaschen abgefüllt werden kann

gerbstoffreich: herb schmeckender, tanninreicher Wein

geschmeidig: angenehm glatter, harmonischer Wein mit einer ausgeglichenen Säure

gestoppt: negativer Geschmackseindruck bei unharmonisch süßen, nicht entwickelten Weinen, denen durch gelenkte Gärführung ein Teil des Zuckers erhalten wurde

glatt: harmonischer, eleganter, etwas fülliger Wein mit einer milden Säure

grasig: unreifer Geschmack nach Stengeln oder Traubenhülsen, durch zu starkes Abpressen des Lesegutes entstanden; auch die Säure unreifer Jahre kann als »grasig« bezeichnet werden

grün: Farbe des Weines oder auch Bezeichnung für unreife Säure

harmonisch: alle Geschmacksanteile des Weines sind optimal aufeinander abgestimmt; sowohl kleine als auch große Weine sollen harmonisch sein

herb: Weine, die reich an Tannin sind; ihr Geschmackseindruck ist eher zusammenziehend, nicht »hart« oder »sauer«; als »herb« werden im allgemeinen Gastronomenjargon auch säurebetonte Weine mit wenig Restsüße bezeichnet

herzhaft: Geruchs- und Geschmacksstoffe, besonders die Säuren, treten kräftig, aber nicht unangenehm hervor

hochfarbig: Weine, die zuwenig Schwefel und zuviel Luft bekamen, werden gelb oder gelbbraun, meist verlieren sie dabei auch an Frische

holzig: Weine, die in ungenügend vorbereiteten neuen Fässern lagerten, können einen Geschmack nach Eichenholz annehmen

kahmig: muffig, nach Kahmhefe schmeckender Wein

kernig: kräftiger, nerviger, körperreicher Wein

knochig: trockener Wein mit hoher Säure, auch als »harter Knochen« bezeichnet

Korkgeschmack: tritt bei Flaschenweinen auf, die mit einem kranken Korken in Berührung kamen; läßt sich nicht wieder aus dem Wein entfernen; kann mit »Alterston« verwechselt werden

Körper hat ein Wein, wenn er extraktreich, kernig und vollmundig ist

körperarm: leicht, dünn

kratzig: ein Wein, der über ein bestimmtes Maß hinaus Essigsäure enthält, kratzt im Halse

kurz: ein Wein ohne »Schwanz«, ohne »Abgang« und ohne nachhaltigen Geschmackseindruck

lebendig: meist jugendliche Weine mit fruchtiger Säure und etwas Kohlensäure

leer: dünn, gehaltlos

leicht: kleiner Wein mit geringem Alkohol- und Extraktgehalt

lieblich: Bezeichnung für milde, angenehme Weine mit einem ausgewogenen Anteil von Bukett- und Geschmacksstoffen und einer harmonischen Süße

Luftgeschmack: Oxidationserscheinung, entsteht bei einem länger im Anbruch liegenden Zapfwein oder bei längerer Lagerung nicht voller Fässer; Extrem: Sherry

mager: ausdrucksloser, dünner Wein

markant: kräftiger Wein von bestimmtem, typischem Charakter

matt: müde und schal schmeckender Wein, der keine Frische mehr besitzt

mäuseln: das Auftreten eines widerlichen Geschmacks- und Geruchsfehlers aufgrund unsachgemäßer Kellerbehandlung; bei Apfelwein häufiger als bei Traubenwein

mollig: wird hauptsächlich für vollmundige, runde Rotweine verwendet

Nase: Umschreibung von Blume, Duft, allgemeinem Geruchseindruck

Nerv, nervig: besonders säurebetont, kräftig

nett: kleiner, sauberer Wein ohne weitere Besonderheiten

pikant: ein eleganter Wein, der eine besonders feine und fruchtige Säure aufweist

plump: unharmonischer Wein ohne Charakter, der aufgrund seines hohen Extraktgehaltes zu dick wirkt

Rasse, rassig: herzhafter, lebendiger Wein, bei dem die Säure zwar kräftig, aber nicht unangenehm hervortritt

rauh: Ursache dieses Geschmackseindruckes ist meist zu hoher Gerbstoffgehalt oder Überschwefelung; Steigerung: kratzig

reif: optimales Entwicklungsstadium des Weines; auch ein Jungwein kann reif sein, wenn er aus gut ausgereiften Trauben kommt; Wortverbindung: abstichreif, schönungsreif, abfüllreif, flaschenreif

rein, reintönig: absolut sauberer Wein ohne Nebengeschmack oder -geruch

Rückgrat hat ein Wein von kerniger, stoffiger Art mit einer kräftigen Säure

saftig: ein vollmundiger, fruchtiger Wein, der »den ganzen Mund ausfüllt« und kein trockenes Gefühl auf der Zunge zurückläßt; oft hat er noch etwas Zucker, der aber dank einer fruchtigen Säure als Gegengewicht nicht direkt schmeckbar ist

samtig: harmonische, elegante Rotweine, deren Herbe durch Extrakt und Alkohol soweit überdeckt wird, daß auf der Zunge ein »samtartiger«, aber kein ausgesprochen herber Eindruck entsteht (Assmannshäuser Rotwein)

sauber: der Wein ist geruchlich und geschmacklich einwandfrei; oft alleiniges Lob für kleine Weine, an denen nichts zu beanstanden, aber auch nichts zu loben ist

schal: Wein ohne Frische, der abgebaut, leer und matt schmeckt

Schimmelgeschmack: meist durch ungepflegte, schimmelige Fässer hervorgerufener, dumpfer oder muffiger Weingeschmack

schnapsig: zu hoher, geschmacklich stark hervortretender Alkoholgehalt

Schwanz, Schweif: Bezeichnung für Nachhaltigkeit eines Weines; der Geschmack hält nach dem Hinunterschlukken noch an; Gegenteil: kurz

schwer: alkoholreiche Weine mit viel Extrakt, wird meist für Südweine gebraucht

Sortenbukett: rebsortentypisches Bukett (Riesling-, Traminer-Bukett)

Spiel: nuancenreicher Geschmackseindruck bei Weinen höherer Qualitätsstufen; würzige Weine mit pikanter Säure haben meist viel Spiel

spritzig: frische, meist junge Weine mit einer angenehm lebendigen Säure; meist besitzen sie im Wein gelöste Kohlensäure, die aber nicht sichtbar sein muß

stahlig: Steigerungsform für »nervig«, »rassig« bei säurereichen Weinen

stumpf: abgelagerter, meist rasch und unvorteilhaft gealterter Wein; man sagt auch, überschwefelter Wein mache einem »die Zähne stumpf«

süffig: frischer, meist kleiner, etwas süß gehaltener Kneipwein, der einem leicht über die Zunge läuft und zum Weitertrinken animiert

trocken: 1) wie stumpf, schal, matt, Wein ohne Frische; dieser Geschmackseindruck entsteht oft durch zu langes Lagern im Faß; der Gaumen bleibt trocken und wird nicht belebt; 2) Ausdruck für das Fehlen der Süße (hauptsächlich bei Schaumwein und bei Sherry dry)

überschwefelt: überschwefelte Weine sind an einem stechenden Geruch zu erkennen

umschlagen: Trübwerden des Weines durch Nachgärung oder durch das Ausscheiden löslicher chemischer Verbindungen

unentwickelt: unreifer, noch nicht fertig ausgebauter Jungwein

unharmonisch: Säure, Alkohol und Süße sind nicht optimal aufeinander abgestimmt

unterschwefelt: Weine mit zuwenig schwefliger Säure schmecken oxidiert, sind nicht haltbar und altern rasch

verschlossen: ein Wein gibt seine Geschmacksnuancen noch nicht voll her; dies kann bei unentwickelten Weinen auftreten oder bei Weinen, die kurz vor dem Probieren auf Flaschen gefüllt wurden oder einen längeren Transport unmittelbar hinter sich haben

voll: körperreich

warm: gute Rotweine mit optimalem Alkoholgehalt

weich: mild, säurearm

weinig: Bezeichnung für vollmundige, fruchtige Weine; man spricht auch von »viel Wein«; Steigerung ist »saftig«

wuchtig: schwerer, voller Wein

würzig: Steigerung von fruchtig, um das edle Aroma großer Weine zu charakterisieren

zart: feiner, delikater Wein

Nach Oberbegriffen lassen sich die Sinneseindrücke jeweils in Reihen ordnen. Jede Reihe beginnt mit dem Minimum, außer bei der Süße immer einem negativen Ausdruck, steigt dann bis zum Optimum an, um schließlich beim Maximum, das außer bei der Klarheit immer negativ ist, zu enden (Tabelle oben). Wichtig ist es, um diese Sprache verstehen und sprechen zu lernen, mit Kennern zusammen zu trinken und ihnen zuzuhören, wenn sie über das Probierte reden. Jedenfalls sollte kein Ausdruck verwendet werden, der von dem Sprechenden nicht vorher selbst praktisch erfahren wurde.

Farbe Weißweine
- farblos
  wäßrig
+ hellfarbig
  grünlichgelb
  gelb
  goldgelb
  bernsteinfarbig
- hochfarbig
  braun

Farbe Rotweine
- rosee
  hellrot
+ rubin
  granatrot
- braunrot

Klarheit
- blind
  matt
+ hell
  blank
  glanzhell

Geruch
- duftlos
  flüchtig
+ zart
  duftig
  blumig
  fruchtig
  aromatisch
- aufdringlich

Süße
+ durchgegoren
  trocken
  leichte Restsüße
  harmonisch
  reife, edle Süße
- süß
  pappig

Säure
- weich
+ mild
  harmonisch
  rassig
  herb
  stahlig
- spitz
  unreife Säure
  ziehend
  sauer

Alkoholgehalt
- arm
+ leicht
  schwer
- spritig

Reife
- mostig
  gärig
  unentwickelt
+ jung
  frisch
  lebendig
  reif
  auf der Höhe
  abgelagert
  edelfirn
- firn
  gealtert
  müde
  passé
  tot

Körper
- dünn
  kurz
+ leicht
  zart
  kräftig
  vollmundig
  ölig, edle Fülle
- dick
  plump

Weinprüfung

Grundsätzlich ist zu unterscheiden zwischen Beliebtheitsprüfung und Qualitätsprüfung. In der Beliebtheitsprüfung soll das Urteil nicht aufgrund fachlicher Überlegungen, sondern spontan nach Empfindungen getroffen werden. Hierfür sind Laien die anerkannt besseren Koster, da sie durch keinerlei Vorurteil in ihren Entscheidungen beeinflußt werden, sondern das bevorzugen, was ihnen schlichtweg besser zusagt.

Eine Qualitätsprüfung dagegen ist nur von qualifizierten Kostern vorzunehmen, die aufgrund ihrer Fachkenntnisse mit den erwünschten geschmacklichen Eigenschaften des Prüfgutes vertraut sind. Sie haben eine konkrete Vorstellung von der möglichen Qualität, zu der sie die tatsächliche des Prüfgutes in Beziehung setzen. Sie fällen ihr Urteil, ohne sich davon beeinflussen zu lassen, ob sie persönlich den zu prüfenden Wein mögen oder nicht. Darüber hinaus müssen sie selbstverständlich über ein besonderes Kostvermögen verfügen, das durch ständige Schulung vervollkommnet sein muß.

Uneingeweihte sind schockiert, wenn sie zum erstenmal einer Qualitätsprüfung beiwohnen. Da werden die Gläser gehoben, gesenkt und geschwenkt, da wird geschnüffelt und geschlurft, mit offenem Munde »gekaut« und gespuckt, und von all dem Zeremoniell, das den Weingenuß sonst umgibt, weil er ja in der Regel mit gehobener Stimmung verbunden ist, bleibt nichts übrig.

Grundvoraussetzung für die Weinbeurteilung ist die Beachtung der anatomischen Gegebenheiten. Die Riechzone liegt nicht im unmittelbaren Atemstrom. Die Luft muß daher stoßweise eingeschnüffelt werden, damit durch die dadurch entstehenden Luftwirbel möglichst viele Duftpartikel bis zu den Riechzellen getragen werden. Auf der Zunge sind die Geschmacksempfindungen nicht gleichmäßig verteilt, und Geschmackseindrücke haften hinten länger und damit besser als vorne, wo sie früher und intensiver, aber nicht nachhaltig wahrgenommen werden. Damit ein möglichst intensiver Geschmackseindruck entsteht, muß der Probeschluck also durch mehrfaches Schlürfen und Rollen über die Zunge bei gleichzeitigem Einsaugen von etwas Luft möglichst gleichmäßig auf die Schmeckorte verteilt werden, wobei auch die Duftstoffe in viel stärkerem Maße frei werden, als wenn der Wein gleich geschluckt wird.

Es ist auch notwendig, daß man den Schluck stets gleichmäßig groß wählt und ihn möglichst auch gleich lange im Munde behält. Beim Schlürfen hat man Zeit, die einzelnen Geschmackseindrücke gedanklich zu registrieren, sich das Charakteristische zu merken und den Nachgeschmack zu beobachten. Durch Kaubewegungen (Schmatzen) erleichtert man sich diese Feststellungen. Erst wenn man sich die richtige Praxis des Schmeckens angeeignet hat, hat man die Gewähr, daß man ein und denselben Wein nicht einmal so und einmal anders anspricht. Solange man Wein im Mund einmal vorne, einmal hinten, einmal mit kleinen Schlucken und ein andermal mit größeren Mengen versucht, einmal konzentriert kostet, das nächste Mal trinkt und nur oberflächlich und zerstreut probt, wird man nicht objektiv proben können, weil man dauernd zu einem anderen Geschmackseindruck, einem anderen Urteil kommt.

Die Kunst, Wein aufgrund der Sinnesprüfung zu beurteilen, kann also durch dauernden bewußten und kontrollierten Vergleich verfeinert werden. Doch ist und

Weinbeurteilung und Weingenuß

bleibt die Kostprobe auch eine Gefühlssache. Gefühle aber werden immer von Lust oder Unlust beherrscht. Damit ist die Subjektivität der Gefühlswahrnehmung gegeben. Troost sagt daher zum Thema Weinprobe: »Jeder Mensch wird in seiner Wahrnehmung und Beurteilung sehr wesentlich vom jeweiligen eigenen Standpunkt bestimmt, von der Gewohnheit und dem, was er sich unter ›typisch‹ vorstellt. Kommen dazu ein gesteigertes Selbstgefühl, der Glaube an die eigene fachliche Unfehlbarkeit oder eine überhebliche Einschätzung des gewohnten und geliebten Wein- oder Gebietscharakters, dann ist eine objektive Beurteilung von vornherein unmöglich.«

Auch Unwohlsein, Schnupfen, ein verdorbener Magen und dergleichen schließen eine objektive Probe aus. Abgelenktsein durch Kälte oder Hitze, durch Geschwätz, Lärm, Bewegung oder anderes wird die Güte der Probe ungünstig beeinflussen. Eine zu große Zahl von Proben (mehr als 40 bis 60) zwingt zu Pausen. Der Geschmack muß immer wieder durch einen Schluck Wasser, ein Brötchen, eine Pause neutralisiert werden. Vorher genossene stark gewürzte Speisen, Käse, Nüsse, Bier, Spirituosen und Süßigkeiten aller Art, auch jegliches Rauchen und Parfüm sowie Seife, Hautcreme und Rasierwasser von nachhaltigem Duft beeinträchtigen eine Fachprobe. Selbst die Umwelt setzt der Objektivität bei der Kostprobe oft eine Grenze. Daher ist empfohlen worden, Sinnesprüfungen grundsätzlich in einem speziellen Prüfraum durchzuführen und jeden Prüfer in einer eigenen Nische vom Nachbarn abzuschirmen, das gemeinsame Proben am Tisch aber, wie es meist geschieht, wegen der gegenseitigen Beeinflussung und Störung zu unterlassen. Kellerproben sind nur unter bestimmten Verhältnissen und immer nur begrenzt brauchbar. Für zuverlässige Proben sind diese Räume fast immer zu dunkel, zu naß, zu kalt und mit stark ablenkenden Gerüchen behaftet. Bei einer Fachprobe muß sich jeder Prüfer unabgelenkt in völliger Ruhe auf den jeweiligen Probeschluck konzentrieren können.

Bei einer Weinprobe im Rahmen einer Betriebskontrolle kommt es zusätzlich darauf an, zu ermitteln, welche Stoffe im Wein dessen Typ oder Gesundheitszustand, seine Reinheit oder seine Fehler bedingen. Der Prüfer muß also sein Geschmacksempfinden auch in dieser Richtung schulen, um die Fragen beantworten zu können: Warum und wodurch schmeckt dieser Wein gerade so? Welche

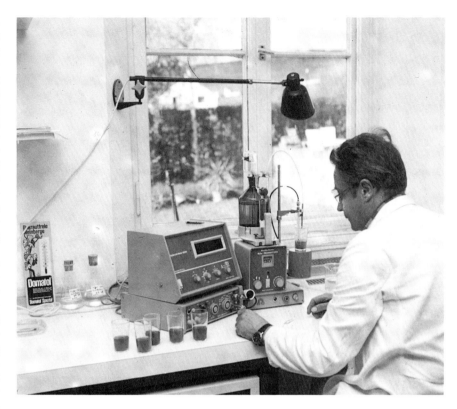

Wein im Labor. Die chemische Analyse kann die Sinnesprüfung noch nicht ersetzen.

Geschmacksstoffe sind dafür verantwortlich, und wie ist es dazu gekommen? Ist es etwa der Alkohol (brandige Weine), oder ist es die Säure (harte und stahlige oder weiche Weine); ist zuviel oder zuwenig Körper (Extrakt) da, oder fehlt es am Glyceringehalt; ist zuviel Kohlensäure vorhanden oder zuwenig (scharfe, spritzige, müde Weine)? Warum schmeckt der Wein rauh oder metallisch oder stumpf und trocken? Ist der Zuckerrest harmonisch, hat der Wein eine Edelsüße, oder ist er nur süß, einseitig süß? Ist es eine reife Spätlese oder nicht? Was fehlt dem Wein zu seiner Harmonie? Zu beantworten ist nicht zuletzt auch die Frage: Wie kann ich diesen oder jenen Geschmack kellertechnisch positiv beeinflussen?

Während man den fertigen Wein in fast jeder Entwicklungsstufe proben und beschreiben kann, lassen sich Moste geschmacklich kaum bewerten. Auch gärende oder noch nicht durchgegorene Jungweine lassen sich kaum fachlich probieren. Ebenso sind Weine, die unruhig geworden sind, ferner verschlossene Weine, also durch Transport, Filterung, Flaschenfüllung gestörte Weine, in diesem Zustand nie richtig zu bewerten. Es kann hier lediglich der jeweilige Zustand festgestellt werden, weil der Wein noch »durcheinander« und in seinem Gleichgewicht gestört ist. Das gilt ebenfalls für zu kalte und zu warme Weine. Trübe, kranke oder fehlerhafte Weine können in jedem Fall beurteilt und beschrieben, aber nicht in jedem Fall endgültig bewertet werden.

Weinuntersuchung

Laboranalysen, auch wenn sie das Maß der Standardanalyse (Alkohol, Extrakt, Restsüße, Schwefelgehalt, Gesamtsäure) überschreiten, können nur als Ergänzung zur sinnlichen Weinbeurteilung herangezogen werden. Sie können nicht alleinige Beurteilungsgrundlage sein, da die Vielzahl der Inhaltsstoffe und ihre schier ins Unendliche gehenden Variationsmöglichkeiten nicht überschaubar und statistisch nicht erfaßbar sind. Die Zahlen der Standardanalyse allein besagen vor allem dem Laien über die Qualität des Weines gar nichts; sie dienen nur dem Kellerwirt und dem Weinkontrolleur als Anhaltspunkte für kellertechnische Maßnahmen oder zur Überwachung gesetzlicher Vorschriften. Ohne Interpretation durch den Fachmann verleiten chemische Zahlen den Laien eher dazu, sich nicht auf die eigene Zunge zu verlassen. Sie beeinflussen das unvoreingenommene, gesunde Geschmackserlebnis des Probierenden störend.

Die Eigenart der deutschen Weine erlaubt es nicht, wie zum Beispiel in Frankreich und Italien, den Alkoholgehalt als wichtigstes Qualitätskriterium zu benutzen. Auch der zuckerfreie Extrakt als Qualitätsmerkmal (in der Weingesetzgebung der Schweiz und Österreichs aufgeführt) wird in der BRD überwiegend abgelehnt, weil er von Klima und Boden abhängig ist.

Versuche, mit möglichst umfassenden Analysendaten und deren Verhältnissen zueinander auf dem Wege der Statistik Qualitätsnormen für Wein aufzustellen, sind bis jetzt gescheitert. Wie kompliziert und komplex dieses Forschungsgebiet ist, zeigt folgender Abschnitt aus einem Ergebnisbericht von Frau Dr. Charlotte Jung vom Max-von-Pettenkofer-Institut des Bundesgesundheitsamtes, Berlin, zur »Erarbeitung von Qualitätsmerkmalen deutscher Weine«: »Die statistische Auswertung des gesamten dem Bundesgesundheitsamt vorliegenden Zahlenmaterials deutscher Weine (etwa 1 500) aus den verschiedenen deutschen Weinbaugebieten der Jahrgänge 1959 bis 1971 ergab, daß der von Rebelein vorgeschlagene Reifewert (totaler Alkoholgehalt × Restextrakt : 10 × totale Äpfelsäure) sich nicht zur Qualitätsbeschreibung eignet, da hierbei die Äpfelsäure (totale Äpfelsäure = Milchsäure × 1,5 + vorhandene Äpfelsäure) maßgeblich in die Berechnung eingeht. Die von Patschky und Schöne zur Qualitätsbeurteilung vorgeschlagenen S-Werte und P-Werte (S-Wert = Quotient aus zuckerfreiem Extrakt und Gesamtsäure; P-Wert = 1 000 × $\sqrt{2,3}$ Butandiol : Alkohol g/l) wurden ebenfalls in die Auswertung mit einbezogen. Nach dem Ergebnis der Untersuchungen ist eine differenzierte Einstufung in die verschiedenen Prädikatsstufen mit Hilfe dieser Kriterien nicht möglich. Die von Rebelein vorgeschlagene Berechnung des Verhältnisses Gesamtalkohol : Restextrakt als weitere Möglichkeit der Qualitätseinstufung bei Prädikatsweinen kann nach den bisher vorliegenden Ergebnissen der statistischen Auswertung von 116 Weinen aus den verschiedenen deutschen Weinanbaugebieten nicht zur Unterstützung der Qualitätsbeurteilung herangezogen werden. Die Differenzen zwischen den einzelnen Qualitätsstufen sind zu gering und die Streuungen um den Mittelwert zu groß, um aus dieser Verhältniszahl eine Beurteilung ableiten zu können.«

Möglicherweise wird die Chromatographie es künftig ermöglichen, genauere und brauchbare Aussagen über die Weinqualität auch auf naturwissenschaftlichem Wege abzugeben.

Weinbewertung

Bei der Bewertung der Weinqualität spielt neben der beschreibenden Methode durch die Weinansprache die Bewertung durch Punktsysteme eine wesentliche Rolle. Methoden wie Rangordnungsprüfung oder Unterschiedsprüfung, konnten sich nicht durchsetzen.

Es kann nicht gelingen, ein Verfahren zur sensorischen Beurteilung für Wein zu entwickeln, das – wie die Laboranalyse – absolute Objektivität garantiert. Die Punktsysteme kommen aber den Ansprüchen der Praxis nach einer einfachen und damit rationellen Handhabung der Bewertung sehr weit entgegen.

Das deutsche 20-Punkte-System griff von Anfang an auf die Weinansprache zurück, wobei man sich um eine präzise, klare Begriffsfindung bemühte. In den fast 25 Jahren seines Bestehens konnte es nicht ausbleiben, daß der verbale Teil des Weinbewertungs-Schemas mehrfach geändert wurde. Auch hat es nicht an Vorschlägen gemangelt, das System auszubauen und zu verfeinern.

Das 20-Punkte-Schema hat W. Buxbau, Mitglied der Weinsiegel-Kommission und des DLG-Ausschusses für Weinabsatz, im Weinbauamt Eltville entwickelt und 1950 im DLG-Ausschuß für Weinabsatz anwendungsreif gemacht. Die Entwicklung fand zunächst 1951 ihren Abschluß in der Festsetzung der möglichen Punkte für die Vergabe von DLG-Preisen und für das Weinsiegel. Im Laufe der Jahre ist dann die Mindestpunktzahl für die Prämierung sowie für das Weinsiegel ständig heraufgesetzt worden. Für die nach dem neuen deutschen Weingesetz vorgeschriebene Prüfung von Qualitätsweinen hat der Staat das 20-Punkte-Schema der DLG 1971 unverändert übernommen. Es hat damit ganz erheblich an Bedeutung gewonnen.

1973 wurden den zuständigen Bundes- und Länderministerien folgende Änderungsvorschläge (über die noch nicht entschieden, mit deren Annahme aber zu rechnen ist) unterbreitet:

• Die Anteile der vier Einzelkriterien an der Gesamtpunktzahl haben sich verschoben, und zwar einerseits zugunsten des Geruchs (Vorschlag: 5 Punkte), um der stärkeren Verbreitung von Bukettsorten gerecht zu werden, und andererseits zu Lasten der Klarheit (Vorschlag: nur 1 Punkt), weil bei der heutigen Kellertechnik glanzhelle Weine zu einer Selbstverständlichkeit geworden sind.

• Die Mindestpunktzahl bei der Farbe wird reduziert (Vorschlag: nur 1 Punkt), nachdem diese Zahl begrifflich neu gefaßt ist (Vorschlag: 1 Punkt = ausreichend).

• Daraus resultiert eine kleinere Summe der Mindestpunkte aller vier Einzelkriterien (Vorschlag: 1 + 1 + 2 + 6 = 10 Punkte). Für Qualitätswein (Mindestzahl: 11 Punkte) entsteht so der Bewertungsspielraum von 1 (einem) Freipunkt. Dieser Freipunkt kann bei vorhandener Qualität wahlweise an eines der Einzelkriterien Farbe, Geruch oder Geschmack vergeben werden. Auf diese Weise läßt sich dann Qualitätswein genauso flexibel beurteilen, wie es für die Prädikatsweine von Anfang an der Fall ist.

• Die verbale Beschreibung der Einzelpunkte ist jetzt so gefaßt, daß die Bewertungsergebnisse nicht nur nach Punkten, sondern auch in Worten leicht und verständlich reproduzierbar sind. Diese Änderungen erfolgen besonders im Hinblick auf die mögliche gerichtliche Nachprüfbarkeit der amtlichen Bewertungen. Aus diesem Grunde hat jetzt auch die Mindestpunktzahl für das Einzelkriterium Geschmack einen für diese Zahl exklusiven Begriff zugeordnet bekommen. Zum leichteren Verständnis ist schließlich bei der Farbe die Punkte-Beschreibung für alle vier Weinarten vereinheitlicht worden.

Nebeneinander sehen die beiden Schemata so aus, wie auf der oberen Tabelle auf Seite 311 dargestellt.

Außer dem DLG-Schema wurden in Deutschland zunächst noch Weinbewertungs-Systeme von E. Klenk und K. Hennig ausgearbeitet. Beide sprechen sich für die verstärkte Aufnahme von Fachausdrücken bei erweiterter Punktzahl aus. Klenk macht mit seinem 40-Punkte-System bei einer ausgiebigen Begriffsvorgabe für die einzelnen Merkmale eine sehr differenzierte Weinbewertung möglich, vor allem, was den Unterschied in der Bewertung von Rot- und Weißweinen anbetrifft. Das 1950 vorgestellte 50-Punkte-System von K. Hennig unterscheidet sich von allen anderen Punktbewertungen durch die Berücksichtigung der wichtigsten artgebenden Stoffe des Weines wie Zucker, Säure, Kohlensäure, Extrakt und Alkohol sowie (beim Rotwein) Gerbstoff. Mit ihrer reichhaltigen Punktskala und verbalen Aufgliederung ermöglichen beide Systeme auch relativ ungeübten Weinverkostern eine – allerdings etwas zeitraubende – Weinbewertung. Wegen ihrer umfangreichen Analyse konnten sich beide Systeme in der Praxis täglicher Weinbewertungen aber nicht durchsetzen.

Weinbeurteilung und Weingenuß

Das derzeit gültige 20-Punkte-Schema

Farbe				Punkte
Weißwein	Rotwein	Rosee Weißherbst	Rotling Schillerwein	
a) blaß hochfarbig	hellrot braunrot	hell braunrot	hell braunrot	0
b) hell	rot	rötlich	dunkelrot	1
c) typisch	typisch	typisch	typisch	2
Mindestpunktzahl				2
Klarheit – alle Weinarten				
a) blind				0
b) blank				1
c) glanzhell (blitzblank)				2
Mindestpunktzahl				1
Geruch – alle Weinarten				
a) fehlerhaft				0
b) ausdruckslos				1
c) reintönig				2
d) feiner Geruch				3
e) Duft und Blume				4
Mindestpunktzahl				2
Geschmack – alle Weinarten				
a) fehlerhaft				0
b) unselbständig (fehlerfrei)				1–3
c) klein aber selbständig (klein-dünn, aber sauber)				4–6
d) gut-harmonisch				7–9
e) reif und edel				10–12
Mindestpunktzahl				6

DLG-Änderungsvorschlag 1973

Farbe	Punkte
Weißwein, Rotwein, Rosee (Weißherbst), Rotling (Schillerwein)	
mißfarbig	0
ausreichend	1
typisch	2
Mindestpunktzahl	1
Klarheit	
blind	0
glanzhell	1
Mindestpunktzahl	1
Geruch	
fehlerhaft	0
nicht reintönig	1
reintönig	2
ansprechend	3
typisch, harmonisch	4
fein, edel	5
Mindestpunktzahl	2
Geschmack	
stark fehlerhaft	0
fehlerhaft	1–3
mangelhaft, zu wenig Ausdruck	4–5
reintönig	6
ansprechend	7–8
typisch, harmonisch	9–10
fein, edel	11–12
Mindestpunktzahl	6

Das OIV-Schema

		Punkte	Summe
Farbe:	nicht entsprechend	0	
	kaum entsprechend	1	
	vorzüglich	2	2
Reinheit:	staubig	0	
	rein	1–2	
	kristallklar	2	2
Geruch:	kein Weingeruch oder verdorben	0	
	Weingeruch	1	
	der Weinbezeichnung gut entsprechend	2	
	der Weinbezeichnung sehr gut entsprechend	3	
	der Weinbezeichnung vorzüglich entsprechend	4	4
Geschmack:	kein Weingeschmack, verdorben	0	
	leer	1–2	
	normaler Weingeschmack	3–4	
	normaler Weingeschmack mit gutem, der Weinbezeichnung entsprechendem Aroma	5–6	
	sehr gut, mit feinem, der Weinbezeichnung entsprechendem Aroma	7–8	
	aromatisch, mit typischem, der Weinbezeichnung entsprechendem Aroma	9–11	
	Geschmack und Aroma ausgezeichnet, harmonisch und vorzüglich der Weinbezeichnung entsprechend	12	12
			20

Vom Internationalen Weinamt (OIV) in Paris wurde für die Weinbewertung bei internationalen Proben, und damit also auch für deutsche Weine, das obenstehende 20-Punkte-Schema entwickelt.

Gewisse nationale oder regionale »Wein-Ideologien«, die sich gerade bei internationalen Weinbewertungen nicht gänzlich vermeiden lassen (zum Beispiel in der Kontroverse trockene kontra restsüße Rotweine), sowie die oft allzu routinierte Abwicklung von Weinprüfungen bergen wohl die größten Gefahren für ein objektives Ergebnis. Die Einsicht in Produktions- und Verbrauchsverhältnisse in den verschiedenen Weinbauländern oder -gebieten, verbunden mit optimaler fachlicher Erfahrung, können allein sicherstellen, daß bei Weinbewertungen gebietliche Eigeninteressen möglichst unberücksichtigt bleiben.

Wie gefährlich es ist, Weine unterschiedlichster Herkunft ohne Berücksichtigung ihrer heimischen Verhältnisse rein nach Schema zu bewerten, zeigt das von Woschek 1975 vorgestellte System. Die reichliche verbale Vorgabe für jeden seiner 31 Punkte soll es dem naturgemäß voreingenommenen nationalen Prüfer möglich machen, auf internationaler Ebene Weine zu bewerten. Die nach diesem System beurteilten Weine zeigten aber die Problematik dieses Systems auf: Ausländische Massenprodukte (Markenweine), denen jegliche Delikatesse, Feingliedrigkeit und Eleganz fehlte, Merkmale also, die der Liebhaber deutscher Weine als Qualitätskriterien voraussetzt, erhielten überraschend hohe Punktzahlen, weil sie sich im Geruch »intensiv«, im Geschmack »stark ausgeprägt«, in der Frische (hier = Kohlensäure) »lebendig« und im Körper »füllig, schwer« präsentierten, alles Attribute, die der Liebhaber deutscher Weine als negativ empfinden muß.

Woschek wollte mit diesem System vor allem auch dem Nichtfachmann eine Handhabe geben, einen unbekannten Wein objektiv zu beurteilen. Meine Meinung aber ist: Der Laie möge den Wein so beurteilen, wie er ihm schmeckt, völlig subjektiv und unakademisch, als reine Sinnenfreude. Man überfordert den nichtberuflichen Weintrinker, wenn man ihm abverlangt, objektiv zu urteilen. Das ist ohne spezielle Erfahrungen und Kenntnisse unmöglich.

Es ist weniger wichtig, wie viele Punkte für eine Qualitätseinstufung zur Verfügung stehen, als vielmehr, daß sich der Koster bewußt ist, welches Maß an Qualität oder, wenn man so sagen darf, welches Qualitätsquantum einem zu vergebenden Punkt entspricht.

Und diesbezüglich ist man heute mit dem 20-Punkte-Schema in allen Ländern am besten vertraut, so daß es nachteilig wäre, von ihm abzugehen. Wer eine höhere Punktzahl für erforderlich hält, kann jeden Punkt in Zehntel unterteilen und damit jede gewünschte Differenzierung erreichen.

Die sensorische Prüfung des Weines erfolgte schon zu den Zeiten der Römer nach den drei Hauptkriterien color – odor – sapor.

Weingenuß

Eine Weinprobe daheim kann Freunde und Gäste auf amüsante Art unterhalten. Sie kann auf spielerische Art die Geselligkeit fördern und Entspannung bringen. Das Kosten und vergleichende Probieren von Weinen ist längst nicht mehr ein exklusives Vergnügen erfahrener Kenner. Man muß nicht einmal einen Weinkeller besitzen, um seine Gäste mit einer Weinprobe überraschen zu können: Der Handel ist heute so gut bestückt, daß ein interessantes Sortiment rasch und einfach zusammengestellt und nach Hause getragen werden kann.

Folgende Regeln gelten nicht nur für die private Weinprobe, sondern ganz allgemein beim Essen oder zum gemütlichen Abend: Leichten Wein gibt's vor dem schweren; trockenen, herben Wein vor dem süßen, milden; trockenen Weißwein vor dem Rotwein, doch Rotwein wieder vor süßem Weißwein. Weine aus den nördlichen deutschen Weinlandschaften kommen vor Weinen aus den südlichen Gebieten, jüngere Weinjahrgänge kommen vor den älteren. Bei Weißweinen machen die Rebsorten Gutedel und Silvaner den Anfang, gefolgt von Müller-Thurgau, Riesling, Ruländer und den Bukettsorten Traminer, Morio-Muskat, Scheurebe.

Am Anfang stehen die leichten Tisch- und Schoppenweine, gefolgt von den fülligeren, fruchtigeren Qualitäten. Dann kommen Spätlese und Auslese, den Hö-

Einen ersten Aufschluß über die Qualität des Weines gibt die Farbe (color). Dafür hält man das selbstverständlich farblose Glas vor einen weißen

Hintergrund. Der Geruch (odor) wird beurteilt, nachdem man das Glas leicht geschwenkt hat, so daß die Bukettstoffe frei werden. Zur Beurteilung des Geschmacks (sapor) schließlich nimmt man einen Schluck möglichst mit etwas Luft in den Mund und läßt ihn über die verschieden empfindlichen Partien der Zunge gleiten.

Links: Das weingerechte Probeglas für Weißwein.

Unten: Enghalskrug, Fayence mit Zinndeckel. Künersberg 1745–1760.

Weinbeurteilung und Weingenuß

Wertvolle alte Korkenzieher mit üppiger Verzierung. Die Pinsel dienen dazu, den Staub von alten Flaschen zu entfernen.

hepunkt bilden Beeren- und Trockenbeerenauslese. Nach der Spitzenqualität kehrt man am besten zu einem leichten, herben »Abtrunk« zurück. Zwischen den Weinen werden Wasserbrötchen, Brot, Käsehappen und ein Schluck frisches Wasser gereicht. Verpönt seien scharfe, gewürzte Speisen und das Rauchen.

Die Gläser sollen höchstens zu einem Drittel gefüllt werden (so reicht eine 0,7-l-Flasche für etwa 14 Gläser), damit sich ein Duftraum bilden kann. Im Probierglas steht nur eine beschränkte Zahl von Duftpartikeln zur Verfügung. Wenn diese abgerochen sind, ohne an die Riechnerven gelangt zu sein, muß man warten, bis wieder neue Duftmoleküle freigeworden sind. Durch Schwenken des Glases läßt sich das Freiwerden der Duftstoffe beschleunigen.

Man empfindet Temperaturen unter 6 bis 7,5° C als schmerzend kalt, um 8° C als kalt und von 10 bis 12° C als angenehm kühl, während Getränke um oder über 20° abgestanden schmecken. Die Spanne der Weißwein-Kosttemperatur reicht also von 8 bis 16° C. Zu kalte Weine sprechen nicht an. Sehr flüchtige Bukettstoffe nimmt man noch am ehesten wahr, aber Aroma und Extrakt können kaum empfunden werden. Zuckerhaltige Weine wirken bei niedrigen Temperaturen süßer, als sie sind. Bei zu hoher Temperatur kommen die Weine zu schnell, weil die flüchtigen Stoffe sehr rasch verdunsten, und Alkohol, Säuren und Krankheiten treten stärker in Erscheinung. Die günstigsten Kosttemperaturen sind bei

kleinen und mittleren Weißweinen	10–11° C
edlem Weißwein	12–13° C
Auslese, Dessertwein	13–15° C
Rotwein	16–18° C
Schaumwein und Perlwein	8–10° C

Das Temperieren darf nicht gewaltsam erfolgen. Zum Kühlen und zum Erwärmen muß man dem Wein Zeit lassen. Also Rotwein nicht in heißes Wasser oder neben die Heizung stellen. Weißwein darf im Kühlschrank höchstens eine Stunde bleiben, denn Eiseskälte tötet den Geschmack. Zur Ermittlung der richtigen Kosttemperatur kann man ein Probethermometer benutzen.

Zum Öffnen der Flasche wird die Kapsel direkt über dem gläsernen Verstärkungsring am Flaschenhals sauber abgeschnitten oder (wenn sie eine Lasche besitzt) aufgerissen. Der Wein darf nicht über das Kapselstanniol laufen, weil er sonst leicht metallisch schmeckt. Jetzt (und nicht erst, wenn der Korken schon draußen ist und aller Schmutz in die offene Flasche hineingeputzt werden kann) wird die Flaschenmündung mit einem sauberen (Stoff- oder Papier-)Tuch völlig sauber gewischt, damit der Wein beim Ausgießen keinen Schmutz von der Flaschenmündung mitnimmt.

Nun wird der Korken herausgezogen. Bricht er dabei ab, so liegt das im allgemeinen am Korkenzieher und nicht am Korken. Der Korkenzieher soll nicht einem Bohrer ähneln, sondern die Gestalt einer innen hohlen Spirale und außerdem eine scharfe Spitze haben, die dem Lauf der Spirale folgt und nicht zentriert ist. Der Korkenzieher soll sich mit einer Hand betätigen lassen, so daß die andere Hand die Flasche festhalten kann. Korkenzieher, die mit Luftdruck oder Kohlensäuregas betrieben werden, haben sich nicht durchsetzen können.

Hans Ambrosi und Helmut Becker

Die Art der deutschen Weine

Artbestimmende Faktoren

Die Art der deutschen Weine wird ganzheitlich von verschiedenen Faktoren bestimmt, zunächst von der Sorte. Der Sortencharakter zeigt ein Gefälle von Norden nach Süden. Je weiter im Norden die Weine gewachsen sind, um so eleganter und fruchtiger sind sie in der Regel. Für den Sortencharakter ist zwar eine genetische Fixierung gegeben, die aber einen Spielraum in bestimmten Grenzen gestattet. Es ist kein Zufall, daß Sortenbezeichnungen auf Etiketten in Deutschland mehr gefragt sind als im Mittelmeerraum.

Die Lage des Weinberges mit seinem spezifischen Boden ist als Standortfaktor bestimmend für die Ausprägung des Sortencharakters. Auch die Unterlagenreben, die Zeilen- und Stockabstände sind unveränderliche Größen mit einem nachhaltigen grundsätzlichen Einfluß auf die Art des Weines.

Ein erhebliches Gewicht gerade im deutschen, nördlichen Weinbau hat der Jahrgang, der den Reifegrad und damit die Qualitätsstufe bestimmt.

Es wird häufig von der Kunst des Kellermeisters gesprochen, wenn große Weine anstehen. Dabei ist allzuschnell vergessen, daß die Entscheidung im Weinberg, wann und wie zu lesen ist, tatsächlich über den Wein entscheiden kann. Mancher kleine Wein wäre zu einer feinen Spätlese herangereift, hätte der Winzer später gelesen, und manch eine kräftige Spätlese wäre ein süffiger Kabinettwein geworden, hätte die Lese früher stattgefunden. Auch der Einfluß der Kellerwirtschaft auf die Art des Weines ist groß. Die deutsche Weißweinbereitung ist wohl die am besten entwickelte der Welt. Frische und vor allem Sauberkeit sind art-mitbestimmende Merkmale der deutschen Weine. Auch das Alter der Weine trägt zur Art wesentlich bei. Das Lagern auf der Flasche kann zum Beispiel Rieslingweine stark verbessern.

Deutsche Weine sind also nur bei ganzheitlicher Betrachtung vollkommen zu charakterisieren.

Die Vielfalt deutscher Weine

Die Variationsbreite der deutschen Weißweine reicht vom kleinen, trockenen, bescheidenen Kneipwein bis zur großen, reifen, wuchtigen, von schwerer Süße geprägten Trockenbeerenauslese. Die Vielfalt deutscher Weißweine ist außerordentlich groß. Die deutschen Rotweine stehen von der Zahl her hinter dem Weißwein. Sie haben eine andere Art als das Ideal der französischen Rotweine, an denen man sich in aller Welt orientieren möchte. Sorte, Standort und Jahrgang prägen den deutschen Wein. In der Hand des Kellermeisters wird er nach seiner Sortenart und Jahrgangsqualität standortgerecht geformt.

Die Weinanalyse vermag nur wenig über die Art eines Weines auszusagen. Zwar sind Qualitätsstufen nach weinrechtlichen Festlegungen analytisch belegbar; aber hier geht es ja um mehr, nämlich um die Geschmacksvielfalt, die sich innerhalb der Qualitätsgruppen darbietet. Hier bleiben nur die Sinnenprobe und die Geschmackserfahrung des Kenners zur Differenzierung. Eine Objektivierung im streng wissenschaftlichen Sinn ist auf dieser Ebene schwer, die Grenzen sind fließend.

Demnach liegt dieser Bereich qualitativ über der rein naturwissenschaftlichen Erkenntnis. Verstehen des Weines ist mehr als das Zahlenspiel der Analysen. Physiologen können erklären, wie der Geschmack wahrgenommen und der Sinneseindruck weitergeleitet wird. Aber sie versagen ebenso wie der Chemiker mit seinen Analysen, wenn das Gefühl des Weinfreundes beim Schmecken oder die unterschiedliche Bewertung von Weinen durch Kenner erfaßt und gedeutet werden sollen. Nur von dieser höheren Stufe aus kann über die Art der Weine gesprochen werden. Dabei ist durchaus eine weitgehende Versachlichung ohne nichtssagende Schwärmerei oder Romantik möglich.

Weißer Riesling

»Der Riesling ist zur feinen Weinbereitung der König aller Trauben. Kein Wein von anderen Trauben hat das feine Aroma und die Dauer auf dem Lager wie derselbe, allein man erreicht diese Güte nur durch Anpflanzung in geeigneter Lage ... und hauptsächlich durch die gehörige Überreife der Trauben.« So schrieb Kölges 1837, und er hat heute noch recht.

Deutsche Rieslingweine sind geprägt von frischer, eleganter, fruchtiger Säure, die in guter Harmonie zu Alkohol und Süße steht. Dieses Rückgrat haben alle Weine der Sorte gemeinsam, wo immer sie wachsen mögen. Zugleich sind die Rieslingweine aber vielschichtig. Jene des Rheintales sind von denen der Mosel, oder gar Frankens und Badens verschieden.

Der unverkennbare Geschmack der Sorte gilt weltweit als Vorbild für fruchtige Weißweine. Auch Franzosen sprechen begeistert vom säurebetonten deutschen Rieslingwein.

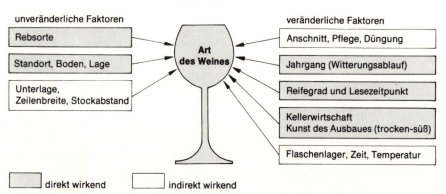

Die artbestimmenden Faktoren des Weines

Die Art der deutschen Weine

Entsprechend dem unterschiedlichen Reifegrad und Botrytisbefall ergibt der Riesling von Jahr zu Jahr ganz individuelle Weine von einer Vielfalt, die keine andere Sorte erreicht. Daß diese spätreifende Sorte ausgerechnet im nördlichsten, deutschen Weinbau so bevorzugt angebaut wird, erweist sich durch eben die deutschen Weine dieser Sorte immer wieder als richtig.

Es gibt zwar manchmal unselbständige, grüne Rieslingweine, die hart, grob und knochig sein können; sie bedürfen eines gewissen Alters – manchmal 5 Jahre – um dann doch noch zum gesunden, rechten Kneipwein zu werden. Diese harten Burschen aus kleinem Jahrgang können nicht nur den Geschmack passionierter Weinbeißer treffen, sondern sich auch, wenn sie trocken schmecken, auf jeder Tafel sehen lassen. Die stahligen, kernigen und blumigen Rieslinge sind als rassige Kabinettweine bekömmlich, und diese leiten zur eleganten, reifen, saftigen, meist sehr fruchtigen Spätlese über. Riesling-Beeren- und -Trockenbeeren-Auslesen sind die feinsten Weine Deutschlands. Sie gelten mit ihrer Fülle und Würze in der Welt als die höchsten Weingenüsse überhaupt. Selten sind Rieslingweine plump, mastig, brandig oder aufdringlich im Bukett. Die Mostgewichte liegen beim Riesling in der unerhört weiten Spanne zwischen 50° und 300° Oe. Der angereicherte Riesling kann als trockener Wein durchaus akzeptabel sein, wie beim Elsässer Riesling. Feiner ist Rieslingwein jedenfalls, wenn die Restsüße in Harmonie zur Säure steht, wie es die deutschen Rieslingweine zeigen. Wären alle Rieslingweine, auch die Auslesen, durchgegoren, müßte ein sehr hoher Alkoholgehalt verzeichnet werden. Dies ergäbe aber unharmonische, brandige Rieslingweine.

Die fruchtigsten, schlanksten und würzigsten Rieslingweine kommen von der Saar, wenn der Jahrgang vollreife Trauben sichert. Auch an der Mosel sind die Rieslingweine von den Schieferböden feinfruchtig und elegant. Auf den Grauwackeböden der Untermosel und des Mittelrheines werden die Weine etwas kerniger. Das Spiel der Rieslingweine von den devonischen Böden ist vielfältig, hält sich aber auch im Rheingau in den Grenzen der blumigen, fruchtigen Art. Auf bindigen, schweren Böden wird der Riesling – auch im Rheingau – körperreicher, fülliger. Die Weine brauchen dann eine längere Entwicklungszeit.

Die Niederschläge spielen eine wichtige Rolle. In feuchten Jahren sind die Rieslingweine von den devonischen, durchlässigen Quarziten und Schieferböden nachhaltig in ihrer fruchtigen Säure und Eleganz. Sie bleiben viele Jahre frisch. In trockenen Jahren neigen die Weine dieser Standorte zu breiter, manchmal sogar brandiger Art. Bindige, wasserhaltige Böden bringen in trockenen Jahren körperreiche, vollmundige Rieslinge. Die Nachhaltigkeit der Säure hängt sehr von der Wasserversorgung der Reben ab.

Rieslingweine sind vor allem hinsichtlich ihrer Blume luftempfindlich. In modernen Tanks wird die Forderung nach Luftabschluß konsequent erfüllt. Dies kommt in allen Weinbaugebieten dem Sortencharakter entgegen und erlaubt es, frische, saftige, manchmal springlebendige Rieslingweine vorzustellen.

Müller-Thurgau

Professor Dr. Dr. h. c. Hermann Müller-Thurgau (1850–1927).

Als Professor Dr. Müller-Thurgau in Geisenheim 1882 die nach ihm benannte Sorte schuf, konnte er nicht ahnen, daß diese Rebe als sein lebendes Denkmal fast hundert Jahre später die flächenmäßig erste Sorte im deutschen Weinbau sein würde. Lange währte die Diskussion um den Weincharakter dieser Sorte. Ihren Gegnern – und das waren damals viele – rief Dr. Schuster 1938 zu: »Es wachse, blühe und gedeihe zum Vorteil der gesamten Winzerschaft die Müller-Thurgau-Rebe.« Erst nach dem Zweiten Weltkrieg wurde sein Wunsch erfüllt, als die Weine dieser Sorte den deutschen Markt eroberten.

Der Müller-Thurgau ergibt in aller Regel süffige, harmonische, sehr blumige, meist milde Weine. Ein typisches, muskatartiges Aroma prägt viele Weine der Sorte. Diese sortentypische Art tritt in den nördlichen Weinbaugebieten an Rhein, Nahe und Mosel auf neutralen oder sauren Böden zurück. Hier ergibt sich meist mehr Säure als im Süden. Diese Weine nähern sich sogar dem Riesling. In Franken dagegen tritt auf den Muschelkalk- und Keuperböden das Mukataroma der Sorte stärker hervor. Auf Lößböden, wie am Kaiserstuhl und im Breisgau, kann Müller-Thurgau-Wein recht stoffig sein. Müller-Thurgau-Weine sind sehr bekömmlich, weil sie keine aggressive Säure aufweisen. Das typische Sortenbukett tritt mit zunehmender Reife weniger hervor. Die Weine werden mit höherem Mostgewicht neutraler. Die Säureharmonie der Sorte erlaubt es, trockene und halbtrockene Weine anzubieten. Milde Spätlesen sind beachtlich fein und überhaupt nicht kurz. Edelfäule ist durchaus möglich. Bei allen Stufen der Auslese entwickelt sich ein beachtliches Botrytisbukett. Die Spitzenweine erregen Bewunderung. Langlebigkeit der Weine ist bei der Sorte Müller-Thurgau allerdings nicht die Regel.

Silvaner

Der Silvaner ist ganz zu Unrecht eine Sorte, die rückläufige Anbautendenzen zeigt. Der Müller-Thurgau und andere Weinsorten verdrängen ihn in den letzten Jahren aus seiner ursprünglich dominierenden Stellung. Im Vergleich zum Riesling ist der Silvanerwein weniger elegant und geschmacksneutral. Von schweren Böden gibt es Silvanerweine, die stoffig und kräftig wirken. Dies ist um so mehr der Fall, je höher das Mostgewicht ist. Man unterschätzt häufig, daß Silvanerweine aus guten Lagen wertvolle Qualitätsweine, zwar neutral, aber doch von beachtlicher Harmonie sind. Reife Weine von steilen Lagen des Rotliegenden wie zum Beispiel von der Rheinfront oder von gut versorgten Kies- und Sandböden, zeigen überraschende Frucht und ein feines Säurespiel. Silvanerweine sind als Spätlesen nicht sehr bestechend, aber der Kenner schätzt sie ihrer Ausgewogenheit und Nachhaltigkeit wegen. Bei Silvanerweinen dieser Art bleibt man gerne sitzen. Leider sind sie nicht sehr häufig zu finden. Der Silvaner liefert bei entsprechendem Mostgewicht auch beachtliche trockene oder halbtrockene Weine. Fränkische Silvaner sind »erdig«, weil die dortigen Böden eine typische Silvanerart hervorbringen, die allerdings auch kellerwirtschaftlich zu beeinflussen ist. Zu den großen Spitzen unserer deutschen Weine gehören Silvaner-Auslesen und -Beerenauslesen aus ersten Lagen Frankens, Rheinhessens und der Pfalz. Auch badische Silvanerweine erreichen Qualität mit Wucht, Feuer und gebietstypischer Säureharmonie. Weil die Edelfäule nur in besten Lagen eintritt, sind große Silvanerweine mit Botrytiston nicht häufig.

Traminer und Gewürztraminer

»Desgleichen sprechen die versoffenen Weiber: die starcke Wein und sonderlich der Traminer wärmet den Leib, aber solche Närrinnen sollen wissen, daß der Traminer ihnen nicht den Leib, sondern ihre Köpff wärmet und dermaßen erhitzt, daß si nieder zu Boden fallen und ihr Ehr verzetten.« So schrieb Aegidius Albertinus vor fast vierhundert Jahren. Es läßt sich in der Tat feststellen, daß diese Weine sich besonderer Beliebtheit beim weiblichen Geschlecht erfreuen.

Das besondere Charakteristikum des Gewürztraminers ist sein feines Bukett, das an Rosenduft erinnert. Die badischen Gewürztraminer haben mit Recht große Anerkennung gefunden, weil sie unerhört duftig und zugleich nachhaltig sind. Aber auch in den nördlichen Anbaugebieten gibt es beachtliche Gewürztraminer mit kräftigem Bukett: Die Pfalz, Rheinhessen und die Nahe wetteifern mit Gewürztraminerweinen unterschiedlichster Art hinsichtlich feiner Säure und Bukett. Im Rheingau gibt es gebietstypische, säurebetonte Gewürztraminer, die durch ein sehr feines Bukett bestechen können. Es gibt vom Gewürztraminer auch hochfeine Trockenbeerenauslesen, die weniger bukettbetont sind und ganz große Besonderheiten darstellen.

Sehr häufig wird über den Unterschied zwischen den Weinen von Traminer und Gewürztraminer gesprochen. Sind es zwei Sorten? Ampelographisch besteht kein faßbarer Unterschied, wohl aber im Geschmack der Beeren. Verschiedene Klone schmecken unterschiedlich würzig. Heute werden fast nur noch jene Typen vermehrt, die den Namen Gewürztraminer verdienen. Dem entsprechen auch die Weine. Früher hat man die weniger duftigen Weine als Traminer bezeichnet.

Ruländer

Zur Burgundergruppe gehört neben dem Blauen Spätburgunder und dem Weißen Burgunder auch der Ruländer. Reife Weine dieser Sorte sind extraktreich und kräftig. Die typische Ruländerart wird in Baden vorgestellt. Volles Bukett, kräftige Fülle, ausgewogene, aber geringe Säure sind die Merkmale der Ruländerweine. Interessant sind von dieser Ruländerart abweichende Weine der nördlicheren Gebiete. In der Pfalz, in Rheinhessen, an der Nahe und im Rheingau werden fruchtigere Ruländerweine vorgestellt. Manchmal sind sie als Besonderheit sogar recht fein und kombinieren das sortentypische Bukett mit einer harmonischen Säure. Auslesen, Beerenauslesen und Trockenbeerenauslesen lassen den Sortencharakter zurücktreten, imponieren dafür aber durch enorme Fülle.

Weißer Burgunder

Weißburgunderwein ist relativ neutral. Erst von einem hohen Mostgewicht an aufwärts zeigen die Weine Eigenart und Charakter. Die Fülle, die von Weißburgunderweinen erwartet wird, kann daher nur in guten Lagen erreicht werden. Häufig gehen Kenner der Sorte Chardonnay davon aus, daß deutsche Weißburgunder sich ähnlich zu präsentieren hätten. Dies ist aber nicht der Fall, weil der Weißburgunder sortenkundlich ganz anders geartet ist. Unsere deutschen Weißburgunder sind frischer und zeigen in den Kategorien Spätlese und Auslese eine beachtliche Harmonie. Gelegentlich finden sich große Beerenauslesen.

Auxerrois

Auxerrois ist kein Weißburgunder. Die Weine sind demnach auch anders geartet. Sie sind zwar recht neutral, jedoch im allgemeinen reifer als die des Weißen Burgunders. Auxerroisweine haben ein feines, dezentes Bukett und sind in ihrer Säureharmonie abgeschliffen. Kein Wunder, daß sie zum Beispiel an der Obermosel gut neben dem Riesling stehen können. Trockene Auxerroisweine sind harmonisch und nicht säurebetont. In Baden gibt es volle, aber feine Auxerroisweine von beachtlicher Fülle.

Gutedel

Die deutsche Weinpalette wäre unvollständig ohne den Markgräfler Gutedel. Diese Sorte, in der Schweiz als Fendant weltbekannt, bringt in Deutschland eine echte Spezialität in der Art milder, süffiger, spritziger Weine hervor. Sie werden meist im Südwesten im Weinbaugebiet selbst getrunken. Die Gutedelweine schmecken leicht und sind bekömmlich, weil die Säure wenig betont ist. Daher wird unterschätzt, wieviel Alkohol diese Weine enthalten. Mancher Zecher, der diese Weine für leicht hält, wird durch einen kräftigen Rausch eines besseren belehrt.

Scheurebe

Die Scheurebe bringt Weine von besonderer Art, die der Züchter Georg Scheu recht bescheiden so beschreibt: »Wein hochedel, etwas stahlig, harmonisch, duftig, dabei körperreich.« Die Weine zeigen als Spätlesen und Auslesen ein eigenartiges, aber feines, kräftiges Bukett. Manchmal, vor allem bei wenig reifen Weinen tritt das Bukett zu laut hervor. Heute wissen die Winzer, daß die besten Weine der Scheurebe von warmen Lagen mit tiefgründigen, kräftigen Böden kommen. Der Anteil an feinen Spätlesen ist daher hoch. Auslesen und Trockenbeerenauslesen haben bei feiner Säure und Fülle ein dezenteres »Scheubukett«.

Kerner

In der Pfalz, in Rheinhessen und nicht zuletzt in Württemberg, wo die Sorte ihren Ursprung hat, präsentieren sich die Weine der Sorte stoffig, säurebetont und harmonisch. Es sind echte Pfalzweine von kräftiger Art, wobei ein dezentes Muskatbukett die Weine prägt. Auch in Rheinhessen und an der Nahe gibt es sehr bekömmliche, harmonische Kernerweine. In den reinen Rieslinggebieten muß das Mostgewicht eine gute Reife versprechen, wenn die Weine des Kerner mit den fruchtigen Rieslingweinen konkurrieren wollen. Die Kernerweine gehören ihrer Harmonie wegen zu den besten aus neuen Sorten. Auslesen und Beerenauslesen zeigen feine Harmonie.

Ehrenfelser

Die Sorte Ehrenfelser entstand in Geisenheim. Der Riesling stand Pate bei der Züchtung. So wundert es nicht, daß von allen neuen Sorten der Ehrenfelser dem Riesling am nächsten steht. Fruchtige, feine Säure mit Körper gepaart zeigen die Weine dieser Sorte. Spätlesen sind häufig und finden bei den Rieslingfreunden viel Beachtung. Weil die Traube stielfest ist, gibt es Auslesen und Trockenbeerenauslesen, die durch Fülle, Bukett und dezente Frucht bestechen.

Die Art der deutschen Weine

Morio-Muskat

Wenn die Trauben der Sorte vollreif sind, können die Weine des Morio-Muskat großartigen Muskatwein darstellen, der sich durch ein kräftiges Bukett und harmonisch dezente Säure auszeichnet. Solche Weine sind allerdings selten, weil die Sorte meist für Verschnittweine verwendet wird.

Faber

Weine dieser Sorte sind von althergebrachter Art, können rassig und fruchtig sein und zeigen oft ein leicht muskatbetontes Bukett. Die Säure ist meist ausgeprägter als bei der Sorte Müller-Thurgau.

Huxelrebe

Die Weine der Huxelrebe sind in aller Regel kräftig und muskatbetont mit besonderer Eigenart. Auslesen und noch höhere Kategorien haben neben diesen Geschmacksmerkmalen noch eine betonte Säure.

Bacchus

Die Sorte Bacchus bringt fruchtige, süffige Weine hervor. Spätlesen zeigen mit ihrem Muskatcharakter bei reifer Säure eine gute Harmonie.

Deutsche Muskatweine

Die Beeren der Muskatsorten schmecken intensiv nach Muskat. Während der Gärung geht der feine Muskatton zurück. Durchgegorene Weine beispielsweise der Sorte Schönburger zeigen manchmal wenig Muskatgeschmack und -bukett. Hochgrädige Weine mit unvergorenem Rest sind dagegen immer sehr blumig, rosenhaft fein in der Nase und muskatig. Das Muskatbukett ist um so stärker vorhanden, je mehr unvergorener Most im Wein enthalten ist. Dies nutzen die Kellermeister, indem sie eine sorteneigene Süßreserve verwenden.

Die Art neuer Weißweinsorten

Die deutsche Rebenzüchtung hat in den letzten Jahren neue Rebsorten mit früherer Reife, höheren Mostgewichten und Bukettreichtum hervorgebracht. Die Frage des Konsumenten nach der Art des Weines einer Neuzüchtung läßt sich wie folgt zusammenfassend beantworten:

fruchtige, rassige Weine
Albalonga
Ehrenfelser
Forta
Kerner
Mariensteiner
Osiris
Osteiner
Rieslaner

neutrale Qualitätsweine
Faber
Freisamer
Gloria
Gutenborner
Nobling
Rabaner
Reichensteiner

Qualitätsweine mit betontem Bukett
Bacchus
Huxelrebe
Morio-Muskat
Ortega
Perle
Regner
Scheurebe
Schönburger
Septimer
Siegerrebe
Würzer

edle Spätlese- oder Auseleseweine
Kanzler
Noblessa
Optima
Oraniensteiner

(Die unvollständige Liste ist gruppenweise alphabetisch geordnet und nicht nach einer Rangfolge.)

Deutsche Rotweine

Deutsche Rotweine sind, verglichen mit jenen südlicher Herkünfte, milder, leichter, delikater, feinnerviger. Oft zeigen sie mehr Duft, wirken frischer, lebendiger. Da sie weniger Alkohol enthalten als die ausländischen, sind sie zarter und leichter. Auch sind die deutschen Rotweinsorten weniger tanninreich als die südländischen.
Bei aller Frische und Eleganz, die guten Rotweinen eigen sein sollen, müssen diese aber auch ein Gefühl von Wärme vermitteln. Deshalb ist es in vielen Jahren (mehr als bei Weißweinen und nicht nur in der Bundesrepublik) erforderlich, die Rotweine zu verbessern und damit im Alkoholgehalt auf die erforderlichen 11,5 bis 13 Vol.-% einzustellen. Kabinettweine und Spätlesen sind deshalb bei Rotweinen seltener als bei Weißweinen, und neben einem fülligen Qualitätsrotwein hat es ein roter Kabinettwein, ja oft sogar eine rote Spätlese schwer, zu bestehen.
Ein weiterer wichtiger, herkunftgegebener Unterschied zu südlichen Rotweinen ist die in der Regel lichtere Farbe der deutschen Rotweine. Die sorteneigene Rotweinfarbe ist bei den in der Bundesrepublik angebauten Sorten allein in den Beerenhäuten zu finden. Bei sofortiger Kelterung würde darum Weißmost auch von Rotweinsorten gewonnen werden. Erst durch mechanischen Aufschluß der Beerenhülsen während des Mahlens, Bewegens und Pressens der Maische, vor allem aber durch die Umwandlung des Traubenzuckers bei der mehrtägigen »Maischegärung« in Alkohol werden die eingeschlossenen Farbstoffe frei. Mit zunehmendem Alkoholgehalt steigen auch der Farb- und der Gerbstoffgehalt an. Mit geringfügigen Abweichungen nach oben oder unten ist es darum üblich, deutsche Rotweine abzulassen und abzupressen, wenn zwei Drittel des ursprünglich vorhandenen Zuckers durch die Hefen in Alkohol umgewandelt worden sind. Erwärmt man, besonders in einem kalten Herbst, die Maische vor der Vergärung, so fördert das die Farbausbeute unter kaum festzustellender Zunahme des Tanningehaltes des Weines. Damit wird erreicht, was man beim deutschen Rotwein anstrebt: rubin- bis sattrote Farbe, wenig Gerbstoff (Bitterkeit), fruchtige Säure, angenehm delikate Art.
Neuerdings strebt man in Deutschland, vor allem in der Pfalz und in Rheinhessen, nach Deckrotweinsorten, die auch im Beerenfleisch Rotweinfarbstoffe aufweisen, um mit ihnen zu lichte Rotweine zu decken. Ab 1979 dürfen für deutsche Rotweine keine ausländischen Deckrotweine mehr verwendet werden.

Portugieser

Der Portugieser bringt frühreifende, farbstoffkräftige Rotweine von milder und neutraler Art hervor. Portugieserweine werden jung getrunken. Oft kommen sie als »Rotwein« oder unter einer Phantasiebezeichnung entweder sortenrein oder im Verschnitt mit anderen Sorten schon bald nach dem Herbst in den Verkauf.

Blaue Burgunder

Bedeutenden Rotweinanbau, konsequent beschränkt auf die Rotweinsorte Blauer Spätburgunder, hat Baden. Feurig und schwer sind die dortigen Herkünfte von Kaiserstuhl und Tuniberg. Samtweich und lieblich geben sich die Spätburgunderweine aus den Urgesteins-Verwitterungsböden der Ortenau. An der badischen Bergstraße zeigen die Gewächse eine beschwingte, fruchtige Art. In Rheinhessen werden die Ingelheimer Spätburgunder durch ausgeglichenes, mildes Klima und sandig-lehmigen Boden mit Untergrund aus Kalksandstein geprägt; sie sind von süffiger und ansprechender Art. Dem Assmannshäuser Spätburgunder geben flachgründige Schieferböden etwas weniger an Farbe, dafür aber viel Spiel von Blume und rassiger, fruchtiger Säure mit. Im Ahrtal speichern dunkle Tonschiefer-Verwitterungsböden die Sonnenwärme und verleihen in guten Jahren den Spätburgunderweinen Samt und Rundung.

Weniger bekannt sind die Frühburgunder aus dem Maintal und dem unteren Nekkartal (hier Clevner genannt). Auch in Ingelheim wird seit alters Frühburgunder angebaut, der von den Sand- und Tertiärböden die reifsten und feinsten Weine Ingelheims ergibt. Oft werden Spätlesen mit beachtlicher Fülle vorgestellt.

Blauer Trollinger

Die typisch württembergische Rotweinsorte ist der Trollinger. Er ist rassig, frisch und meist hellrot. Franzosen würden ihn als »Roséwein« einstufen. Die helle Farbe gilt nicht als Nachteil. Die süffigen Trollinger sind rechte Kneipweine. Wo schwere Gipskeuper- und Muschelkalkböden vorherrschen, erreichen die Weine erst nach 1½ bis 2 Jahren Flaschenlager ihre volle Reife. Da die Nachfrage im Anbaugebiet selbst jedoch sehr groß ist, werden die Trollinger oft zu einem Zeitpunkt getrunken, zu dem sie ihre optimale Entwicklung noch nicht erreicht haben.

Schwarzriesling

Ein Mitglied der Burgunderfamilie ist der Schwarzriesling. Selbst in geringen Jahren reift diese Sorte aus. Sie besticht in besseren Jahren als feiner, duftiger, milder Rotwein mit voller Farbe. Zentrum des Anbaues ist Lauffen am Neckar.
Der Samtrot, eine Mutante des Schwarzrieslings, weist samtige Fülle und feines, dezentes Bukett auf.

Lemberger

Typisch württembergisch ist auch der Lemberger. Vorzüglich sind die Gewächse großer Jahrgänge aus dem Zabergäu und aus dem Weinsbergertal. Eine besondere Variante der schwäbischen Weinkarte sind Sortenverschnitte aus Trollinger und Lemberger. Diese haben ihren Ausgangspunkt in dem aus Risikogründen früher weit verbreiteten gemischten Satz mehrerer Sorten auf einer Parzelle. Der hellfarbige Trollinger erhält durch den farbstoffkräftigen Lemberger mehr Kraft und Fülle. Andererseits werden die Lembergerweine durch den Trollingeranteil feiner, eleganter, saftiger.

Blauer Saint-Laurent

Die Weine des Saint-Laurent sind tiefrot. Sie ähneln dem Bordeaux vornehmlich im Bukett. Der Wein ist dem Portugieser überlegen und stellt einen Rotwein gehobener Qualität dar, mit Frucht und imponierender Nachhaltigkeit.

Rotberger

Die Geisenheimer Neuzucht Rotberger (Trollinger × Riesling) liefert Weine, die fruchtig, hellrubinrot und trollingerartig sind. Roseeweine des Rotbergers sind feinfruchtig und kräftig. Reife, maischevergorene Rotbergerweine sind stoffiger als Trollingerweine und eignen sich sehr gut als Tisch- und Kneipweine. Auslesen des Rotbergers zeigen Fülle und Frucht.

Weißer Ausbau roter Trauben

Was ehemals Notbehelf in farbschwachen Jahren war, wird heute immer beliebter: der weiße Ausbau von Rotweintrauben zu Roseewein oder Weißherbst und die Herstellung von Schillerwein. Beim württembergischen »Schiller« werden rote und weiße gleichzeitig reifende Traubensorten miteinander vermaischt und vergoren. Derartige Gewächse sind von jugendlicher Frische, feinduftig und lebendig. Die Weißherbste haben eine den Schillerweinen ähnliche Farbe. Eine badische Spezialität ist der Spätburgunder-Weißherbst. Der rötliche Altgoldton des Weißherbstes kommt daher, daß die Maische nach kurzer Standzeit, spätestens jedoch mit dem Einsetzen der Gärung, abgepreßt wird.

Weißherbste werden heute in allen Rotweinanbaugebieten gewonnen. Am bekanntesten sind neben den traditionellen Bodensee- und Ortenau-Weißherbsten aus Baden Weißherbste aus Assmannshausen im Rheingau.

So gesucht die Edelfäule für Riesling-Auslesen ist, so gefürchtet war sie ehedem beim Spätburgunder; greift sie doch besonders den roten Farbstoff an und zerstört ihn. Die aus blauen Trauben gekelterten Beerenauslesen sind daher oft hellfarbig, früher wurden sie »Rot-Weiß-Auslesen« genannt, ab 1971 heißen sie »Weißherbst« oder »Rosee«. Rotwein-Auslesen und -Beerenauslesen sind problematisch, wenn sie nicht die erforderliche Säure mitbringen. Sie wirken dann pappig und plump. Eine neue badische Spezialität ist der Trauben- oder Maischeverschnitt der Sorten Ruländer und

Mostgewichte der deutschen Weinernten 1954–1977 (Statistisches Bundesamt Wiesbaden)

Jahr	Mostgewicht Grad Oechsle				
	unter 60°	60°–69,9°	70°–79,9°	80°–89,9°	90°
	Anteil des Mostertrages in %				
1954	29	48	18	4	1
1955	14	49	31	6	0
1956	38	46	15	1	0
1957	11	48	32	8	1
1958	13	43	33	9	2
1959	0	3	10	33	54
1960	14	48	29	8	1
1961	5	27	46	19	3
1962	10	21	37	27	5
1963	12	35	37	14	2
1964	2	18	43	28	9
1965	45	42	12	1	0
1966	2	18	45	30	5
1967	6	28	39	21	6
1968	45	41	12	2	0
1969	11	39	38	11	1
1970	25	43	24	6	2
1971	0	9	26	43	22

	Tafelwein		Qualitätswein		Prädikatswein	
	%	⌀ ° Oe	%	⌀ ° Oe	%	⌀ ° Oe
1972	16	53	72	64	12	79
1973	5	56	61	67	34	79
1974	8	56	68	67	24	78
1975	2	61	47	69	51	81
1976	1	61	17	70	82	87
1977	10	57	76	67	14	79

Die Art der deutschen Weine

Blauer Spätburgunder mit der Bezeichnung »Badisch Rotgold«.
Rotweintrauben eignen sich besonders gut zur Bereitung von Eiswein. Sie sind stielfester als die Weißweinsorten, und die durch das Ausfrieren herbeigeführte Konzentration der Süße und der Säure wirkt sich auf die harmonische Ausgewogenheit von Süße und Säure im späteren Produkt sehr vorteilhaft aus.

Der Jahrgang

Man kann das Typische jedes Jahrgangs verhältnismäßig rasch erlernen, weil im nördlichen Weinbau die Jahrgangsart, der Jahrgangston deutlich hervortritt. Wie abwechslungsreich und jeweils typisch waren beispielsweise die 70er Jahrgänge: der würzig reife 71er, der rassige, stoffige 72er, der fruchtig-zarte 73er, der herzhaft-kernige, fast stahlige 74er, der feinnervige, reife und fruchtige 75er und nicht zuletzt der große 76er.
Ein Spiegel der Jahrgangsqualität ist das Mostgewicht der jeweiligen Ernte (siehe Tabelle auf der linken Seite).
In vielen Kellern liegt noch Wein der letzten 25 Jahre, einschließlich dem 1953er. Einige Kellereien haben die letzten 10 Jahre in der Angebotsliste, die letzten 5 Jahre sind in fast allen größeren Gutskellereien und auf den Weinkarten der gehobenen Gastronomie vertreten.

Die Reifung

Das Lagern oder Reifen der Weine wird unterschiedlich nach Sorte und Art des Weines bewertet. Rotweine erfahren innerhalb Deutschlands ein längeres Faßlager, während Weißweine ein längeres Flaschenlager benötigen, weil sie durch längeres Faßlager an Frucht und Frische verlieren würden. Es gibt natürlich auch die Kombination beider Methoden. Längeres Faß- und langes Flaschenlager in Kombination ist bei Rotwein üblich.
Wie auch immer das Lagern der Weine je nach Weintyp, Gebiet und Geschmacksrichtung gehandhabt wird, die Reifung ist für den Wein unentbehrlich, weil sie in der Regel qualitätsfördernd. Chemisch ist der Reifungsprozeß ein sehr komplexer Vorgang. Die Reifung wird vom Kellerwirt so gesteuert, daß die wünschenswerten Sorteneigenschaften hervortreten. Bei dem Ausbau des Weines gehen Hefegeschmack und Gärungstöne verloren. Der kantige Jungwein rundet sich ab, wird harmonisch, und es treten Geschmacksnuancen hervor, die vorher nicht erwartet werden konnten.

Mittels eines Schlauches entnimmt der Kellermeister eine Probe des werdenden Weines.

Seit alters wird die Reifung im Faß als unumgänglich angesehen. Temperatur und Gebindegröße beeinflussen das Faßlager. Dabei finden eine Extraktion von Stoffen aus dem Holz und eine Oxidation statt. 3 Jahre Lager in einem 200-l-Faß haben theoretisch den gleichen Effekt wie 30 Jahre Lagerzeit in einem 200-hl-Tank. Wein altert schneller in kleinen Behältern als in größeren. In Deutschland sind Halbstück (600 l) und Fuderfaß (1 000 l) traditionelle Gebinde, die eine wesentlich geringere Alterungsgeschwindigkeit als die französischen 200-l-Fässer bringen. Deutsche Keller sind kühler als im Süden, so daß die deutschen Weißweine sich wesentlich frischer präsentieren. Auch der Tannin- und Holzgeschmack französischer Rotweine fehlt in deutschen Weiß- und Rotweinen, weil deutsche Fässer »weingrün« sind. Demgegenüber verwenden die Franzosen frisches Holz für das lange Faßlager. Eichengeschmack und Bukett werden in solchen Fällen wesentlich bestimmt von der Holzart, der europäischen Weißen Eiche.
Die von Holz und Oxidation geprägte Geschmacksrichtung der Franzosen ist nicht vereinbar mit der feinen Frucht eines Weißweines vom Typ Riesling. Daher ist im deutschen Weinbau schon immer das größere Gebinde bevorzugt worden. Das Faßlager dauert im deutschen Weinbau relativ kurz, um die feine, frische Art der Weine zu halten. Der nächste Schritt, ganz auf das Holzfaß zu verzichten und

den Tank zu verwenden, war nur folgerichtig. Kleine Gebinde sind ihrer relativ großen Oberfläche wegen besonders dem Lufteinfluß ausgesetzt. In kleinen Fässern werden nur die edelsten deutschen Weine (von der Auslese aufwärts) ausgebaut, denn diese vollreifen Weine sind weniger oxidationsgefährdet.

Das Reifen auf der Flasche findet, im Gegensatz zu dem Prozeß im Faß, unter Luftabschluß statt. Manche Fachleute bezeichnen daher das Faßlager als Reifung und die Flaschenphase als Altern. »Altern« hat jedoch einen negativen Unterton, denn es schließt auch den Zerfall der Kräfte ein. In der Flasche aber entwickelt sich die Reife des Weines zur Vollendung. Dies geschieht je nach der Vorgeschichte in Faß oder Tank recht unterschiedlich. Auch der Sortencharakter wirkt hier stark mit. Wein mit Muskatcharakter entwickelt sich mit zunehmendem Alter auf der Flasche nicht weiter nach oben. Demgegenüber erringen Rieslingweine ein eigenes Flaschenbukett, das sich, wenn das Rückgrat der Säure vorhanden ist, mit den Jahren steigern und abrunden kann. Bei manchen Weinen wird durch kühle Flaschenlagerung die Entwicklung des Weines verzögert. Zu warme Lagerung kann den Prozeß jedoch zu schnell ablaufen lassen, so daß ein wirkliches »Altern«, das heißt ein Kräftezerfall, eintritt.

Wein ist ein biochemisches System, das sich wie alles Lebende im Laufe der Zeit verwandelt. In der Weinansprache werden die Lebensabschnitte des Weines in chronologischer Reihenfolge bezeichnet als: mostig – gärig – unfertig – unentwickelt – verschlossen – jung – frisch – entwickelt – ausgebaut – ausdrucksvoll – auf der Höhe – reif – abgelagert – gealtert – alt – edelfirn – firn – stumpf – schal – müde – matt – passé – tot.

Auch der Wein hat seine Lebensalter:
• Kindheit. Der junge Wein verkostet sich im ersten halben Jahr seines Lebens frisch, spritzig und lebendig, in der negativen Variante noch etwas hart und unharmonisch. Entwicklungsfähige Weine, also solche höherer Qualitätsklassen, sind für den Verbrauch schon in diesem Lebensabschnitt zu schade.
• Jugend. Hierunter fallen Weine im Alter von ½–1 Jahr. Sie haben ihren kindlichen Übermut verloren, sind bekömmlicher, weiniger und ansprechender geworden.
• Das beste Alter. In diesem Abschnitt – je nach Rebsorte, Qualitätsstufe, Jahrgang und Herkunft bis etwa zum 20. Jahr – erreichen die Weine ihr optimales Geschmacksbild. Sie nähern sich dem Höhepunkt ihrer Ausbildung und Bekömmlichkeit, ihrer höchsten Ausdruckskraft.
• Alter. Noch immer auf der Höhe ihrer Entwicklung, aber doch schon recht ehrwürdig an Jahren (10 bis 50 Jahre), zeigen diese Weine bereits eine kräftige Farbe und ein Bukett, das insgesamt zwar intensiver erscheint, aber doch nicht mehr so nuancenreich ist wie zu Beginn der Reifezeit. Diese Weine sind besonders beliebt bei Weintrinkern der alten Schule.
• Greisenalter. In diesem Lebensabschnitt zeigen die Weine ein stark ausgeprägtes, aber nicht unangenehmes »Firnebukett«. Sie verkosten sich härter, oft holzig, und sind im Körper etwas abgezehrter geworden. Ihr Duft ist sherryähnlich. Noch positiv ist der Geschmackseindruck der »Edelfirne«, negativ jener der gewöhnlichen »Firne«.

Heute bevorzugt die weitaus größere Mehrheit der Weintrinker den jungen, frischen, spritzigen Wein. Jeder Weinverkäufer kann bestätigen, daß der Interessentenkreis um so kleiner wird, je älter der angebotene Wein ist. Das gilt nicht nur nach einer vorausgegangenen Probe, sondern auch bei »trockenen« Bestellungen. Nicht die Verkostung also entscheidet, sondern die Erwartung, daß ältere Weine Mängel mit sich bringen.

Die Restsüße

Bestellt man heute außerhalb des Produktionsgebietes in einem Lokal einen offenen Wein, so muß man sich meist entscheiden zwischen einem »Mosel« und einem »Rheinwein«. Als »Mosel« wird dann ein mehr spritziger, säurereicher Wein, als »Rheinwein« eine milde, kräftigere Weinart gebracht. In den Weinbaugebieten selbst wird der Kellner in den meisten Fällen fragen, ob man einen »herben« oder einen »milden« Wein haben möchte. Der »herbe« Wein hat dann meist mehr Säure und weniger Restsüße, während der »milde« säureärmer und weicher ist.

Früher verstand man in der Weinfachsprache unter »trocken« einen Wein, der durch zu lange und unsachgemäße Faßlagerung ausgezehrt, hart und stumpf geworden war. Heute bezeichnet man – aus der Sektsprache übernommen – als »trocken« einen durchgegorenen Wein ohne schmeckbare Restsüße. Die als »trocken« bezeichneten Sekte aber haben inzwischen bis 37 g/l Restzucker. Es ist jedoch ein Irrtum, zu glauben, daß nur ein durchgegorener Wein ehrlich und echt die Eigenart des Getränkes, so wie Gott es hat wachsen lassen, wiedergibt. Eine harmonische Restsüße bringt Frucht, Würze und Aroma erst richtig zum Vorschein.

In einer vom Stabilisierungsfonds für Wein angeregten Gesprächsrunde über die »süße Welle« sagte der Leiter der amtlichen Prüfstellen von Rheinland-Pfalz, Landwirtschaftsdirektor Großer: »Als erfahrener Weinprüfer weiß ich, der qualitätsbewußte Zusatz von Süßreserve stellt eine naturgemäße Veredelung dar. Das Geheimnis der erfolgreichsten Betriebe ist, daß sie nur die reifsten und gesündesten Trauben als Süßreserve einlagern. Und mit dieser Süßreserve von 95 bis 100° Oe geben sie einem Kabinettwein von vielleicht 80° Oe genau die Abrundung, die ihm infolge völliger Vergärung verlorengegangen ist. Denn schließlich gehören zu einem harmonischen Wein nicht nur Frucht und Säure, sondern auch ein dieser Frucht und Säure angemessener Gehalt an Süße.«

Im Jahre 1975 erteilte die Deutsche Landwirtschafts-Gesellschaft 622 deutschen Weinen das gelbe Weinsiegel »trocken« und etwa der Hälfte davon das Rückenetikett »für Diabetiker geeignet«. Die durchschnittliche Menge einer angemeldeten Partie bewegte sich bei 7 000 Flaschen, insgesamt standen 4,5 Millionen Flaschen trockenen Weines aufgrund der Prüfungen eines einzigen Jahres zur Verfügung. Die DLG schickt auf Anfrage Interessenten sogar ein Verzeichnis jener Betriebe zu, bei denen Weine mit dem Weinsiegel »trocken« gekauft werden können.

Das deutsche Weininstitut Mainz erforschte an der Theke eines Weinausschankes bei 2 569 Weintrinkern deren Meinungen und Erwartungen gegenüber trockenen Weinen. Bei der Frage: »Welcher Wein schmeckt Ihnen am besten?« wurde der Wein mit der höchsten Restsüße von den Konsumenten eindeutig auf Platz 1 gesetzt. Bei der zweiten Frage des Testes (»Welchen Wein würden Sie als ›trocken‹ bezeichnen?«) wurde der jeweils trockene Wein (4 g/l Restsüße) von (je nach Rebsorte) 63 bis 72% der Teilnehmer erkannt. Der Wein mit 8 g/l Restsüße wurde aber ebenfalls noch von 25 bis 36% der Teilnehmer als »trocken« eingestuft. Hier zeigen sich deutlich die von den Rebsorten geprägten Säure-Unterschiede.

Die trockenen Weine wurden also richtig erkannt, aber die nichttrockenen infolge ihrer geschmacklichen Abrundung und

Harmonie bevorzugt. 66% von 2 100 Befragten (469 äußerten sich hierzu nicht) sprachen sich für eine Zweit-Deklaration »halbtrocken« aus, die seit dem 1. 9. 1977 in Kraft ist.

Die Sorgenkinder der Weinwirtschaft sind demnach nicht die bedingungslosen Anhänger trockener Weine, sondern die Angehörigen der »Mittelgruppe«, die Weine mit 10 bis 25 g/l Restzucker kaum als süß, sondern eher als angenehm harmonisch empfinden. Aber gerade diese Mittelgruppe, die Weine sucht, die weder zu süß noch zu trocken sind, hat kaum die Möglichkeit, solche Weine aus dem Angebot herauszufinden, denn diese Weine werden nicht als solche gekennzeichnet. Es besteht also ein starkes Bedürfnis, auch die halbtrockenen Weine äußerlich erkennen zu können. Daher ist am 1. 9. 1977 laut EG-Bezeichnungsrecht die Deklaration »halbtrocken« (bis 18 g/l Restsüße) auch in der Bundesrepublik eingeführt worden. Eine verbale Kennzeichnung hat jedoch ihre Probleme. Erstens haben geschmackliche Begriffe, wie etwa süß, in den Weinbaugebieten einen ganz anderen Stellenwert als in den übrigen Landesteilen, und zweitens sind die geschmacklichen Übergänge fließender als die begrifflichen. Es kann sowohl in der einen wie in der anderen Richtung leicht zu einer Täuschung des Verbrauchers kommen, zumal der Gesetzgeber diese Begriffe nur äußerst vage fassen kann.

Die Restsüße mit nackten Zahlen anzugeben, ist nicht minder problematisch, einmal, weil die Mehrheit der Verbraucher mit einer solchen Zahl nichts anfangen kann, und zum anderen, weil eine Angabe von analytischen Zahlen vielleicht mit dem negativen Eindruck verbunden wäre, daß der Wein nur eine Mischung aus Alkohol, Säure und Zucker sei. Außerdem müßte jeder einzelne noch seine ganz persönlichen Geschmackserfahrungen sammeln, denn je nach Säuregehalt werden ihm beispielsweise 20 g/l Restzucker bei einem Wein schon zuviel und beim anderen noch zuwenig sein.

Daß die überwiegende Mehrheit der Verbraucher aber Weine unter 10 bis 15 g/l Restsüße nicht mit Genuß trinken kann, hängt auch mit den deutschen Trinkgewohnheiten zusammen. Wein wird in Deutschland fast ausschließlich nach dem Essen getrunken. Trockene Weine aber schmecken am besten zum Essen. Mit einem Glas herben Weines können Speisen auch bekömmlicher sein, denn ein Wein mit höherem Säuregehalt hilft, schwere Speisen verdaulich zu machen. Außerdem haben trockene Weine in der Regel weniger Kalorien als die gehaltvolleren. Ein herber Wein ist auch angebracht, wenn man etwas mehr trinken will, und bei warmem Sommerwetter ist ein herber Schoppen oder eine herbe Schorle angenehm erfrischend.

Arne Krüger
Wein und Speise

In Frankreich und Italien wird der weitaus größte Teil der Weine zum Essen getrunken. In Deutschland dient Wein überwiegend dazu, Geselligkeit zu fördern. Er wird weniger während der Mahlzeit genossen. Deutschen Wein gibt es aber in solcher Vielfalt, seine Süße, seine Säure, seine Fruchtigkeit sind so reich abgestuft, daß man ihn zu allen Arten von Speisen trinken kann.

Wein soll das Essen harmonisch begleiten, also dem Eigengeschmack der verschiedenen Speisen innerhalb eines Menüs angepaßt sein. Der Wein hat den Geschmack der Speise zumindest zu ergänzen, möglichst aber sogar an- oder hervorzuheben.

Wein hat bei Tisch Feinde, die ihn angreifen. Sein erster Feind ist Essig. Ein mit Essig angemachter Salat stört den Weingeschmack. Aber: mit Essig zubereiteten »Handkäs' mit Musik« essen die Rheingauer und Mainzer gern zum Wein. Der zweite Feind ist die spitze Säure von Zitrusfrüchten, wie etwa Grapefruit. Es gibt noch einen dritten Feind, aber er läßt sich schwer definieren. Er kommt bei öligen Fischarten vor und verleiht dem Wein, insbesondere dem Rotwein, einen Geschmack nach Metall, nach Blech.

Das typische gemischte Horsd'oeuvre basiert vor allem auf Essig und wird so zum Feind des Weines. Daher wird eine gesunde Vorspeise mit rohem Schinken oder Salami und Rohkost (Tomaten, Karotten, Gurken) mit trockenem Riesling oder Sekt gut munden. Eine Ausnahme bilden Schalentiere, die mit einem sehr trockenen Riesling, Silvaner oder Müller-Thurgau am besten schmecken. Die Verbindung von Austern und einem säurebetonten trockenen deutschen Riesling begeistert selbst Franzosen. Solche Weine wirken auf die Auster wie ein Spritzer Zitrone.

Manche Leute finden, daß sich stark ölhaltiger Räucherlachs und Räucheraal nicht mit einem säurebetonten Weißwein vertragen. In diesem Fall ist ein breiter, trockener Silvaner oder Weißburgunder besser am Platze. Alle pikanten Horsd'oeuvres und alle Fleischvorspeisen schmecken gut mit einem Weißherbst oder Roséwein, wenn er trocken genug ist.

Natürlich können auch verschiedene Weine zum Horsd'oeuvre und zum Hauptgang das Mahl beleben. Hier kann der Gastgeber sein Talent und seine Erfahrung unter Beweis stellen.

Zur Suppe serviert man im allgemeinen keinen Wein. Viele Suppen werden aber mit Wein verbessert, ein Schluck des gleichen Weines verträgt sich dann meist recht gut damit. Nur wenn die Suppe den Hauptgang bildet, wie zum Beispiel bei einem Imbiß, der aus Suppe, Brot und Käse besteht, kann man einen nicht sonderlich feinen Wein wählen, auch einen leichten Portugieser.

Falls ein Nudelgericht oder eine Pizza einmal als Hauptgericht oder als Imbiß gegeben werden sollen, paßt am besten Rotwein dazu. Zum gemischten Reisgericht Pilaff oder der spanischen Paëlla schmecken kernige, herbe Rotweine überraschend gut. Das gleiche gilt für die Pizza in ihren verschiedenen Formen und für salzige – nicht für süße – Reisgerichte, für belegte Brote und Käse. Den württembergisch-badischen Zwiebelkuchen wird man mit einem Traminer oder Ruländer und das französische Pendant, die Lothringer Quiche, mit einem Gewürztraminer trinken. Hier sollte man möglichst trockene Weine wählen. Für Spätzlegerichte empfehlen sich Weine vom Typ Trollinger oder Rotberger, für Schinkenspätzle vielleicht ein noch gehaltvollerer Spätburgunder oder Limberger.

Eiergerichte sind zwar angenehm und wohltuend für den Magen, aber sie passen nur in den seltensten Fällen zu edlen Weinen. Ein kleines Eiergericht zu Beginn des Essens – gebackene Eier in Förmchen, Rührei mit Räucherlachs oder Ei in Aspik – hat keinen Einfluß auf den Wein, der danach gereicht wird. Ein blumiger Wein vom Typ Müller-Thurgau ist hier am Platze. Bei der Wahl der Weine sollten nur die Hauptgerichte berücksichtigt werden. Zu einem einfachen Omelett mit Salat schmeckt ein einfacher Portugieser ausgezeichnet.

Der Reiz eines Picknicks liegt darin, Freude und Erholung in der freien Natur zu finden. Dazu braucht man keinen Spitzenwein, sondern einen süffigen, feinsäuerlichen Wein, der den Durst löschen kann und sich dennoch mit den meist derberen Picknickspeisen verträgt. In einem Bach oder Fluß kühlt man hierfür einen leichten Müller-Thurgau, Riesling, Rosé oder Portugieser.

Zu den meisten Fischen schmeckt Weißwein besser als Rotwein, weil seine Frische den Fischgeschmack weitgehend dämpft, während Rotwein ihn eher hervorhebt. Fisch bekommt durch Rotwein oft einen eigenartig metallischen Geschmack, der jeden anderen Eindruck verwischt. Fische, die einen starken Eigengeschmack haben oder von einer aromatisch dominierenden Sauce begleitet sind, werden am besten durch Weine mit hervortretendem Aroma ergänzt, zum Beispiel durch teure Weine vom Typ des Rieslings. Aber auch Gutedel und Müller-Thurgau passen zu Fisch. Sehr weiße und zarte Fische ohne Sauce werden leicht durch Wein erdrückt. Ein frischer, spritziger Wein mit einer feinen Säure ist das beste für zartblättrigen Flußfisch und feine Meerestiere. Die Wahl des Weines richtet sich im Grunde mehr nach der Zubereitung des Fisches als nach dem Fisch selbst. Eine gegrillte Seezunge ist ja im Geschmack viel feiner als eine »Seezunge Deauvillaise«, die unter Zwiebeln und Sahne verschwindet. Eine Forelle blau ist delikater als eine mit brauner Butter übergossene Forelle aus einer heißen Pfanne. Im Hinblick darauf würde man also einen jüngeren, frischeren Riesling aus einem der nördlichen deutschen Weinbaugebiete für die gegrillte Seezunge oder die Forelle blau wählen, einen ausgeprägteren Wein mit wärmerem Charakter für den »à la Deauvillaise« oder »Meunière« zubereiteten Fisch. Die mit Knoblauch gekochten Mittelmeerfische gehören zu einer anderen Kategorie; sie schmecken besser mit den ziemlich herben, schweren Weinen von reifen Jahrgängen (Spätburgunder, Limberger, Schwarzriesling).

Fassen wir kurz zusammen: Fisch innerhalb eines größeren Menüs ist meistens gekocht und wird mit Holländischer Buttersauce, Zitronenbutter oder Sahnemeerrettich versetzt. Diese Gerichte schmecken mit leichten, fruchtigen Rieslingweinen, die jedoch ziemlich trocken oder herb sein müssen. Zu gebratenen Fischen, wie nach Müllerin-Art, oder Fischragout (Matelote), die man als Hauptgericht ißt, passen besser kräftige und schwere Rieslingweine oder verwandte Sorten. Nicht zuletzt kommen auch Weißburgunder, neutrale Sorten und sogar trockene Bukettsorten in Betracht. Lachs ist ein Kapitel für sich. Manche Leute trinken gern Rotwein zu warmem Lachs. Zu bevorzugen ist jedoch der beste Weißherbst, den man sich dazu leisten kann.

Bei Fleisch gibt es eine Faustregel: Weißwein zu weißem Fleisch, Rotwein zu dunklem Fleisch. Schwein, Kalb und Huhn sind die häufigsten weißen Fleischarten. Schwein und Kalb vertragen sich normalerweise – es kommt auch auf die Sauce an – ausgezeichnet mit einem nicht zu trockenen Weißwein. Riesling, Silvaner, Ruländer, Weißburgunder, Kerner und Bukettweine (Morio-Muskat) sind zu Gerichten aus Schweinefleisch und Kalbfleisch, wenn diese mit nicht zu stark gewürzten Saucen versehen sind, durchaus passend. Zum beliebten Paprikaschnitzel oder »Burgunderkotelett« aus Kasseler Rippe passen Rotweine mit Körper wie etwa Spätburgunder. Zu Rind und Lamm ist Rotwein bei weitem vorzuziehen.

Brot, Käse und Wein – ein harmonischer Dreiklang.

Zarte, teure Stücke dieser Fleischarten sind eine ideale Begleitung zu den besten deutschen Rotweinen.

Die billigeren Stücke, etwa Schmorgerichte, die eine längere Garzeit benötigen und die in den meisten Fällen auch stärker mit Gewürzen aromatisiert sind, schmecken am besten mit nicht zu säurearmen Weinen. Wird eine besonders gute Flasche kredenzt, sollte man scharfe Fleischgewürze vermeiden, ob das nun Knoblauch, Paprika, Rosmarin oder Zwiebel ist. Wenn das Weinaroma überdeckt wird, lohnt es sich nicht, Geld für einen edlen Tropfen auszugeben. Es ist also auch die Speise an den Wein anzupassen. Zu Schmorbraten, Sauerbraten, gebratener Rindslende, Rindsragout und dergleichen sollte man Rotwein probieren. Er paßt sich all diesen Speisen gut an. Ein Lamm-Curry-Gericht und ungarisches Gulasch machen Schwierigkeiten bei der Wahl des Weines. Hier kann man alte, firne Weine gut anbringen. Zu Schinken sollte man nicht den allerbesten Wein trinken. Zu westfälischem Rohschinken oder Schwarzwälder Geräuchertem auf oder zu Brot trinkt man robuste Weißweine oder Weißherbste. Ist das gleiche Fleisch aber Beilage zum ersten Stangenspargel der Saison, dann ist ein zarter Riesling oder ein Müller-Thurgau zu bevorzugen. Zu gekochtem Schinken als Beilage empfehlen sich Weine vom Typ Müller-Thurgau, die gerade hier ihre Schmiegsamkeit entwickeln.

Fleisch mit Wildgeschmack, auch wenn es ganz dunkel ist, kann mit einem reifen Weißwein mit Restsüße genauso gut schmecken, wie mit einem dunklen, schweren Rotwein. Vor allem zu Wildbret passen Weißwein-Spätlesen mit üppigem Bukett ausgezeichnet.

Innereien (Nieren, Kalbsmilch, Leber, Kaldaunen, Hirn und Zunge) sowie alle Arten von Würsten verlangen saubere, ansprechende, keine allzu edlen Weine. Hier sollte man auf die preiswerten Schoppenqualitäten zurückgreifen.

Das Huhn ist und bleibt für den Küchenchef die Grundlage für die elegantesten Arabesken. Bei der Wahl des Weines kommt alles auf die Zubereitung dieses Geflügels an. Ein »Coq au Riesling« schreibt seinen eigenen Begleitwein vor. Man kann Huhn aber so bereiten, daß es zu fast jedem nur erdenklichen Wein paßt. Zu einem wirklich guten Wein ist nichts so angebracht wie eine junge, einfach in Butter gebratene Poularde. Ob dieser Wein dann ein Weißherbst oder ein Schillerwein, ein Rotwein aus Baden oder ein Weißwein aus der Pfalz ist, hängt von der Laune ab.

Perlhuhn, Truthahn und Kapaun, auch das nicht abgehangene Wildgeflügel, wie Rebhuhn, Birkhuhn, Schnepfe und Wachtel, sind alle ausgesprochene Rotweingerichte. Als einfache Regeln gelten: leichtere Rotweine zu nicht abgehangenem Wildgeflügel; schwerere zu Wildgeflügel, Pastete oder Galantine; gehaltvolle, fruchtige Weine zu Ente und Gans, zu Geflügel also, dessen Fettgehalt ein Gegengewicht braucht. Die Säure des Weines muß nachhaltig derb und durchdringend sein.

Weinliebhaber sind oft fest in dem Glauben verwurzelt, daß Käse ein vollendeter Begleiter eines jeden Weines sei. Ich teile diese Meinung nicht, muß sie aber hier erwähnen. Käse wird in Frankreich immer nach dem Fleisch gereicht, damit man Gelegenheit hat, seinen Rotwein zu Ende zu trinken und in die Versuchung gerät, eine zweite Flasche zu öffnen. In Deutschland wird der Käse aber hauptsächlich zum Abendbrot gegessen, wobei es gute Sitte geworden ist, neben Wurst und Schinken, Salaten und Braten auch ein Brett mit unzerschnittenen Käsestücken anzubieten. So kann jeder ein Stück Käse seiner Wahl anschneiden und sich durch die Sorten durchprobieren. Mit den Weinen dazu ist es nun schwerer. Man kann als Gastgeber verschiedene Sorten anbieten, aber irgendwann hat diese Auswahl ein Ende. Gerade bei deutschen Rotweinen zu Käse tut sich der Feinschmecker nicht leicht. Dominiert der Käse, verliert der Wein jeden Mut zur Eigenständigkeit. Ist es umgekehrt, so kann man eigentlich nur Camembert und andere milde, neutrale Käsesorten anbieten. Aber es ist eine leidige Klischeevorstellung, daß man zu Käse nur Rotwein trinken sollte. Es ist viel besser, hier auf schwerere, süßere Weißweine auszuweichen. Was heißt »ausweichen«! Sie sind besser geeignet, auch wenn es auf den ersten Schluck seltsam erscheinen sollte. Aber die Süße der Weine ist ein besserer geschmacklicher Widerpart als der beste Rotwein. Man kann jedoch auch, ganz im Gegensatz dazu, firne Weißweine zum Käse probieren.

Süßweine und Süßspeisen passen nicht so gut zusammen wie pikante Speisen und herbe Weine. Zweierlei Süßigkeit auf einmal ist für den Gaumen wohl zuviel des Guten. Eine Auslese zum Beispiel kann man nicht würdigen, wenn man sie zu Eis oder Fruchtsalat trinkt. Aber Nachspeisen auf Kuchenbasis und die köstlichen Abwandlungen, die man mit Erdbeeren, Himbeeren, Pfirsichen oder Aprikosen, Pasteten und Sahne zaubern kann, schmecken ausgezeichnet mit Auslesen von Rot- oder Weißwein. Jeder zu Obst gereichte Wein muß sehr hohe Qualität und Stoff haben. Obst offenbart die Mängel eines Weines deutlicher als jede andere Speise.

Winfried Rathke

Wein und Gesundheit

Alte Erfahrung

Seit ältesten Zeiten werden die guten Eigenschaften des Weines gelobt. Für Plutarch war der Wein »unter den Getränken das nützlichste, unter den Arzneien die süßeste und unter den Speisen die angenehmste«. Der deutsche Arzt Friedrich Hoffmann schrieb 1718 über den Wein: »Die Erfahrung lehrt, daß man auf den Gebrauch dieses edlen Getraenckes warm werde, der Puls hurtiger schlage, das Blut an die aeusseren Theile dringe, die Adern anlaufen, das Gesicht roth und frisch werde, die Transpiration zunehme, der Urin wohl fliesse, und endlich der gantze Leib mit samth dem Gemüthe munter und frisch werde.«

Sind diese Beobachtungen richtig? Reizt es nicht den Weinfreund von heute, zu prüfen, ob der alte Erfahrungsschatz auch mit den modernen Forschungsergebnissen übereinstimmt?

Der Wein als Nahrungsmittel

Wein enthält pro Liter etwa 700 Kalorien. Das entspricht dem Brennwert von 6 Eiern oder 100 g Butter oder 380 g Fleisch. 1 l Wein enthält fast so viele Kalorien wie 1 l Milch und beinahe doppelt so viele wie 1 l Bier. Der Wein kann also als hochwertige Nährstoffquelle angesehen werden. Von seiner Energiemenge entfallen 85% auf den Äthylalkohol. Wir können also bei seiner biologisch-medizinischen Beurteilung überwiegend vom Alkoholgehalt ausgehen.

Ein durchschnittlicher deutscher Wein enthält etwa 80 bis 90 g/l Alkohol, ein besonders guter 120 g/l und mehr. Dieser Alkohol kann ernährungsphysiologisch problematisch sein, da er nur »leere Kalorien« liefert und andere wichtige Nah-

Es enthalten:	Grapefruit-saft	deutscher Weißwein	deutscher Rotwein	Bier	Weinbrand
Kalorien /l	740	700	660	470	2430
Alkohol g/l	–	85	80	35	350
Vitamine B$_1$ mg/l	0,5	0,1		0,04	
Vitamine B$_2$ mg/l	0,2	+	+	0,3	–
Vitamine C mg/l	20	–	18	–	–
Mineralien mg/l:					
Kalium	1217	1014	1020	380	16
Natrium	45	20	30	50	24
Calcium	130	90	70	40	–
Magnesium	110	100	83	–	–
Eisen	17	6	9	–	–

rungsstoffe aus der Kost verdrängt. Dies wird in Extremfällen bei chronischen Alkoholikern beobachtet, die bis zu 2000 Kalorien täglich in Form von Alkohol aufnehmen und darüber lebensnotwendige Eiweiße, Vitamine und Mineralien vernachlässigen. Andererseits können die Alkoholkalorien des Gewohnheitstrinkers bei gleichzeitig guter Ernährung zu Fettansatz und damit verbundenen Risiken führen. Der Alkoholkonsum sollte daher fetthaltige Speisen zugunsten von eiweißreicher Kost, Obst und frischen Gemüsen einsparen.

Den eigentlichen Reiz für den echten Weingenießer bilden, vom Äthylalkohol abgesehen, dessen Begleitstoffe und deren Qualität, die vielen fein aufeinander abgestimmten Komponenten des Weines. Von ihnen hängt auch weitgehend seine Bekömmlichkeit ab. Seine Schwere erhält der Wein beispielsweise durch den Gehalt an höheren Alkoholen. Diese hocharomatischen, würzigen Stoffe, auch Fuselöle genannt, sind Ursache vieler Unverträglichkeitserscheinungen. Sauber ausgebaute Weine sind bekömmlich, da sie kaum Fuselöle enthalten. Bei der Gärung entstehen auch Aldehyde und Ketone, die gleichfalls unangenehme Nebenwirkungen hervorrufen können. Zudem enthält der Wein lebenswichtige Aminosäuren (Prolin, Histidin, Arginin), die für die Ernährung der Hefen im Most eine Rolle spielen. Das Histidin kann in seltenen Fällen zu gesundheitlichen Beeinträchtigungen führen, wenn es nämlich mit Hilfe von Bakterien zu Histamin umgebaut wird. Dieses Histamin ist gelegentlich für Kopfschmerzen, Allergien und Leberaffektionen verantwortlich.

Äußerst wertvolle Bestandteile des Weines sind die Stoffe der Vitamin-B-Gruppe. Den höchsten Gehalt davon hat der Most, auch als Federweißer bekannt. Die B-Vitamine mit ihren vielseitigen Stoffwechselfunktionen verhüten beispielsweise Wachstumsstörungen sowie Haut- und Nervenkrankheiten. Günstigen Einfluß auf Anämien (Blutmangel) soll das im Rotwein enthaltene Vitamin B_{12} ausüben. Auch Spuren der Vitamine C, A, D und H sind im Wein nachweisbar.

Andere wichtige Bioelemente des Weines sind die Mineralstoffe. Das in ihm besonders reichlich vorkommende Kalium unterstützt den Herzmuskel. Phosphor wird benötigt für Muskelbewegung und Enzymfunktionen. Magnesium ist ein wesentlicher Fermentaktivator und verhütet Verkalkungsvorgänge an den Wänden der Blutgefäße. Calcium wirkt entzündungshemmend, fördert Knochenfestigkeit und Gerinnungsvorgänge. Andere bedeutsame Spurenelemente im Wein sind Jod, Kobalt, Kupfer, Zink, Mangan und Molybdän.

Die im Wein enthaltenen organischen Säuren sprechen die Geschmacksnerven von Mundschleimhaut und prüfender Zunge an. Schließlich müssen auch noch die sehr variablen Zuckerbestandteile erwähnt werden.

Dank eines besonders glücklichen Mischungsverhältnisses aller seiner Inhaltsstoffe ist der Wein also weit mehr als ein Mineralwasser. Je nach seiner Zusammensetzung und nach der genossenen Menge kann er Nährstoff oder Genußmittel sein, zuweilen sogar ein Gift.

Die Bekömmlichkeit des Weines

Weder Mensch noch Wein sind Konstanten. Die Bekömmlichkeit ist deshalb individuell äußerst verschieden. Gesunde vertragen mehr als Kranke, Jugendliche reagieren anders als Alte. Genauso hat auch jeder Wein seine speziellen Eigenschaften. Junger Wein und besonders der Federweiße (Rauscher, Sauser) verblüffen durch ihren frischen, spritzigen Geschmack. Aber man sollte sie mit Vorsicht genießen. Ihr hoher Kohlensäureanteil bewirkt einen schnellen Rausch, und vielerlei Gärungsprodukte (Ester, Aldehyde, flüchtige Säuren) sowie Reste von Bodenbestandteilen verursachen bei manchem Zecher Schlafstörungen, Herzbeschwerden, Durchfall oder allergische Hautreaktionen. Andererseits muß aber auch der besonders hohe Gehalt an Bioelementen und Vitaminen im Federweißen hervorgehoben werden. Doch sollten von ihm nicht mehr als 2 bis 3 Glas getrunken werden.

Ältere Weine bestechen durch besonders harmonische Zusammensetzung. Sie sind auch für den älteren Weintrinker meist bekömmlicher. Nicht von ungefähr sagt ein Sprichwort: Iß kein Brot, das nicht 3 Tage alt, trinke keinen Wein, der nicht 3 Jahre alt ist. Eine allgemein gültige Empfehlung aber, welcher Wein und welche Menge davon am verträglichsten sind, kann nicht gegeben werden. Jeder muß das für sich herausfinden.

Der Wein in den Verdauungsorganen

Sobald der Wein in die Mundhöhle gelangt, kommt es reflektorisch zu Speichelabsonderung und vermehrter Sekretion von Magen- und Darmsaft. Mit seinem natürlichen Säuregehalt (2,8 bis 4 pH) steht deutscher Wein dem Magensaft sehr nahe. Mäßiger Weingenuß führt daher in dieser Hinsicht zu keinen Störungen. Da höhere Alkoholkonzentrationen im Magen dessen Fermentproduktion hemmen, sollte zur Appetitanregung vor Tisch nicht mehr als ein Glas getrunken werden. Während der Mahlzeit beschleunigen 1 bis 2 Glas Wein die Fett- und Eiweißaufspaltung, fördern also die Verdauung. Das ist besonders für alte Menschen wichtig, bei denen die Funktion der Verdauungsdrüsen oft nachläßt. Ein saurer Wein gleicht hier das Fehlen der Magensäure aus. Dagegen sollte bei vermehrter Magensekretion (Hyperacidität) nur ein säurearmer Wein (Rotwein) ausgewählt werden. Schon Cäsar wußte, daß durch Weingenuß einigen Darmleiden vorgebeugt werden kann. Daher ließ er seine Legionäre täglich ein kleines Quantum Wein trinken. Auch dem Reisenden unserer Tage bliebe manche Urlaubsdiarrhöe erspart, wenn er sich in südlichen Ländern an dieses Rezept hielte. Denn Wein in vernünftiger Menge entfaltet im Darm eine bakterientötende und desinfizierende Wirkung. Bei Magenschleimhautentzündung und Geschwürneigung sollte jedoch auf Alkohol verzichtet werden.

Der Übergang des Alkohols vom Magen-Darm-Trakt in das Blut vollzieht sich durch Diffusion. Hochprozentige Alkoholika werden bei diesem Konzentra-

Wein und Gesundheit

tionsausgleich schnell aufgesogen. Der schwächer wirksame Wein (7 bis 9% Alkohol) wird langsamer aufgenommen. Nach 1 Glas Wein ist der Diffusionsausgleich bei leerem Magen schon nach 40 Minuten abgeschlossen. Durch fett- und eiweißreiche Speisen wird der Akohol zurückgehalten und langsamer abgegeben. Hier ist der höchste Blutalkoholspiegel erst nach 1 bis 2 Stunden zu erwarten. Auch scharf gewürzte Speisen (Sardellen, Rollmops) wirken bremsend. Dagegen steigt der Blutalkoholspiegel schneller nach kohlensäurehaltigen Getränken (Sekt), welche die Blutgefäße erweitern und dem Alkohol eine vergrößerte Durchtrittsfläche verschaffen. Aus dem gleichen Grund werden heiße Getränke (Glühwein) rascher aufgenommen als kalte (Tischwein, Bowle).

Der Wein in Blut und Leber

Die Blutflüssigkeit selbst erleidet durch geringe Weinmengen keinen Schaden. Bei chronischen Alkoholikern trifft man mitunter auf Anämien und gestörte Blutbildungsmechanismen. Über das Blut gelangt der Alkohol zum Abbau in die Leber. Die Leber eines gesunden Erwachsenen, der sich normal ernährt, wird durch mäßigen Weingenuß nicht geschädigt. Selbst gelegentliches Überschreiten der verträglichen Weinmenge bleibt ohne ernsthafte Folgen. Beim »harten Trinker« bleibt der Leber aber keine Zeit, sich von ihrer Entgiftungsarbeit zu erholen. Dauerndes Überangebot an Alkohol bei gleichzeitiger Fehlernährung schädigt die Leberzellen. Entzündungen (alkoholische Hepatitis) und Fettleber sind dann die Folgen. Schließlich gehen bei extremem Alkoholmißbrauch die hochkomplizierten »Laboratorien« der Leberläppchen zugrunde und die berüchtigte Zirrhose (Gewebszerstörung) tritt ein. Nicht immer jedoch ist der Alkohol für Leberschäden verantwortlich zu machen. Bei langdauernder Zufuhr hoher Alkoholmengen konnten im Experiment bei ausreichender Ernährung Leberschäden sogar verhütet werden.

Wieviel wird vertragen?

Als Faustregel darf gelten, daß gesunde, vollwertig ernährte Personen bis zu 80 g Alkohol (entsprechend 1,2 l Weißwein oder 1 l Sekt oder 2 l Bier) täglich trinken können, ohne sich zu gefährden. Bei Frauen soll dieser Wert etwas niedriger liegen. In Bezug auf Jugendliche und Kinder ist größte Zurückhaltung geboten, da Alkohol auf die noch nicht voll ausgereiften Zellen des Zentralnervensystems eine Giftwirkung ausübt. Beim gesunden Erwachsenen beginnt die Gefährdung bei 80 bis 160 g Alkohol pro Tag (= 2 Flaschen Wein). Größere Mengen steigern das Risiko einer Leberzirrhose. Als unbedenkliches Tagesquantum könnte gelten: 1 Flasche einfacher Wein, ½ Flasche gehobener Wein oder ¼ Flasche Auslese. Im Zweifel ist der Rat des Arztes einzuholen.

Die Wirkung auf Kreislauf, Nerven und Stoffwechsel

An Herz und Kreislauf bewirkt mäßiger Weingenuß eine vom Arzt oft angestrebte Erweiterung der Gefäße und somit bessere Durchblutungsverhältnisse. In vorsichtiger Dosierung werden daher Wein und Sekt sogar bei der Infarktbehandlung eingesetzt. Über eine leichte Blutdruckerhöhung nebst Pulsbeschleunigung können durch Alkohol selbst Schockzustände günstig beeinflußt werden, und bei Verkrampfung der Herzkranzgefäße (Angina pectoris) tritt sogar eine ausgesprochene Schmerzlinderung ein. Menschen mit niedrigem Blutdruck fühlen sich nach einem Glas Wein deutlich wohler. Auch bei Blutdruckerhöhung ist ein kleines Quantum leichten Weines meist ungefährlich. Die Beschwerden von vegetativ labilen und wetterfühligen Patienten werden häufig durch ein wenig Wein gründlicher weggezaubert als durch irgendein Medikament.

Erstaunliche Ergebnisse lieferte uns die Untersuchung der Blutgefäßwände von Weintrinkern im Vergleich zu Abstinenzlern. Die Weintrinker waren eindeutig weniger von Verkalkungserscheinungen betroffen. Offenbar sind gewisse Stoffe im Wein in der Lage, den Blutcholesterin-Spiegel zu senken.

Bei der heutigen Verbreitung der Sauna ist zu erwähnen, daß Alkoholgenuß vor und während der Sauna nicht ganz unge-

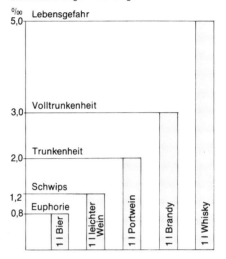

Wirkung verschiedener Alkoholika
innerhalb weniger Minuten getrunken

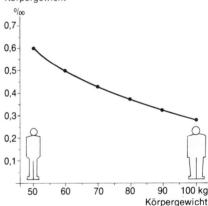

Promillewerte im Blut
nach Genuß von ¼ l Wein in Abhängigkeit vom Körpergewicht

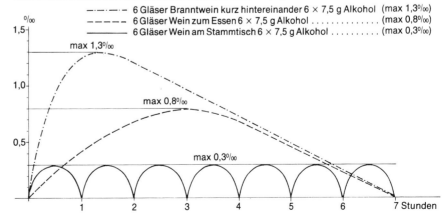

Alkoholkonzentration im Blut nach Aufnahme von 6 × 7,5 g Alkohol

fährlich ist. Denn leicht überschätzt man seine Hitzeverträglichkeit und belastet so den Kreislauf. Gegen einen kühlen Trunk nach der Sauna ist nichts einzuwenden. Sehr beliebt ist Glühwein als Vorbeugungsmittel gegen Bronchitis und grippale Infekte, denn Wein vertieft und beschleunigt die Atmung. Man sollte sich jedoch bei der Behandlung einer Erkältung nicht gleich einen Rausch antrinken. Bei Überdosierung treten nämlich lähmende Wirkungen des Alkohols in den Vordergrund, Atmung und Kreislauf werden überlastet, und die Abwehrkraft des Körpers wird eher geschwächt.

An der Haut und an den Schleimhäuten (Triefauge) kommt es durch den Alkohol zu einer Erweiterung der Blutgefäße und damit zu stärkerer Wärmeabgabe nach außen. Das hat im Winter schon mancher Spätheimkehrer zu spüren bekommen. Gestörte Wärmeregulation und dadurch bedingte Erfrierungen können die Folge sein. Gerötete Gesichtshaut, Gefäßspinnen und Säufernase sollen zwar typisch für den passionierten Weintrinker sein, doch ist die Ursache dieser Veränderungen letztlich noch ganz unklar.

Die Nieren reagieren auf Weingenuß ebenfalls mit stärkerer Durchblutung und vermehrter Harnausscheidung. Durch Weintrinken werden daher auf diesem Wege überflüssige Stoffwechselschlacken schneller ausgeschieden. Bei allen Nierenerkrankungen ist mit Alkohol jedoch Vorsicht geboten. Männer mit Prostataleiden sollten Wein nur in geringen Mengen und möglichst langsam trinken. Auf diese Weise können Blasenkrämpfe mit Harnverhaltung vermieden werden.

Solange es noch nicht hinreichend erwiesen ist, daß Alkohol die Keimzellen nicht schädigt, sollten sich werdende Mütter, besonders in den ersten Schwangerschaftsmonaten, mit dem Weingenuß zurückhalten. Hier muß an eine mögliche Giftwirkung auf das Kind gedacht werden. Auch stillenden Müttern empfiehlt sich alkoholische Abstinenz, denn ein Teil des Alkohols kann in die Milch übergehen. Was den Sex betrifft, so ist bekannt, daß beim Trinker die Libido gesteigert, die Potenz jedoch gedämpft ist. Wie verhält es sich mit der Wirkung des Weines auf die Drüsen der inneren Sekretion? Die Schilddrüse wird durch kleine Weinmengen angeregt, durch ein Zuviel wird ihre Hormonproduktion gedrosselt. Bei Vorliegen einer Überfunktion (Basedow) muß der Wein äußerst reduziert werden. Auch die beiden wichtigen Hormonzentren Hirnanhangdrüse (Hypophyse) und Nebenniere werden durch Weingenuß durchaus stimuliert. Doch bei Menschen, die ständig über den Durst trinken, werden diese feinen Regulationsorgane gestört. Herabgesetzte Widerstandskraft, verstärkte Gefahr von Ansteckung und Krankheit sind drohende Folgen. Mäßige Weinmengen regen auch die Bauchspeicheldrüse zur verdauungsfördernden Fermentproduktion an. Dagegen soll der Gallensteinträger nur am Weinglas nippen, damit bei ihm keine Koliken in Gang kommen.

Dieses Ebullioskop wurde früher in romanischen Ländern vornehmlich zu Kontrollzwecken (Zollbehörden) benutzt. Durch die Bestimmung des Siedepunktes konnte der Alkoholgehalt direkt abgelesen werden. Dabei mußte man allerdings den Barometerstand berücksichtigen. Die Extraktwerte des Weines beeinträchtigen außerdem die Genauigkeit. Das Gerät erlaubt nur die Bestimmung von Annäherungswerten und wird daher heute nicht mehr benutzt.

Bei Fastenkuren werden die damit verbundenen seelischen Belastungen erträglicher, wenn man ein Gläschen Wein (trockener Sorte) in den strapazierenden Diätplan mit einbezieht. Patienten mit erhöhten Harnsäurewerten konsultieren vor dem Weingenuß zweckmäßigerweise ihren Hausarzt. Gleiches gilt in noch stärkerem Maße für den Diabetiker, dessen Stoffwechsel peinlich genau eingestellt werden muß.

Vielfältig sind die Auswirkungen des Weines auf das Zentralnervensystem. Schon 1 Glas Wein verbessert die Hirndurchblutung und erzeugt ein Gefühl körperlichen und geistigen Wohlbefindens. Intellektuelle und schöpferische Fähigkeiten können durchaus gesteigert werden. Bei Zufuhr größerer Alkoholmengen treten aber eher negative Merkmale hervor. Im Rauschzustand fallen Hemmungen, die Koordination der Muskelbewegung leidet (Torkeln), psychische Abläufe geraten außer Kontrolle. Von harmlosen Verhaltensstörungen wie Rededrang (in vino veritas), lautem Singen und Selbstüberschätzung gibt es fließende Übergänge zu gefährlichen Kurzschlußhandlungen und Neigung zu Straftaten. Bei echten Alkoholikern stellen sich erhebliche seelische Störungen ein, Sinnestäuschungen, Wahnvorstellungen (»weiße Mäuse« im Delirium tremens), Persönlichkeitsverfall. Diese Veränderungen gibt es niemals beim Typus des gemütlichen, kultivierten Weintrinkers. Erst dauernd übermäßiger Genuß von Wein, meist in Kombination mit anderen, hochprozentigen Getränken, führt dahin. Personen mit seelischen und geistigen Krankheiten (Hirnschädigung nach Unfall oder Infekt, Epilepsie, Psychosen) ist jeglicher Weingenuß verboten. Schon geringe Alkoholmengen können bei ihnen schwerste pathologische Rauschzustände verursachen. Auch an den peripheren Nerven treten nach alkoholischen Exzessen Veränderungen auf, Entzündungen, Zittern und Lähmungen.

Wein sollte in der Regel nicht morgens getrunken werden (Frühschoppen), da Leistungsabfall und Ermüdung die Folgen sind. Mittags ist eine kleine Menge der Verdauung förderlich. Gegen Abend wird der Wein zum idealen Erholungs- und Genußmittel.

Der Kater

Eine äußerst komplexe Gesundheitsstörung ist der nach übermäßigem Alkoholgenuß auftretende Kater. Nach einer durchzechten Nacht erwacht man mit Kopfschmerzen, Benommenheit, Schwindel, Magenverstimmung und Kreislaufstörung. Ursache hierfür ist in erster Linie das Durcheinandertrinken verschiedenartiger Alkoholika. Bleibt man bei einem guten Wein, wird man diese Beschwerden erst gar nicht kennenlernen. Anders liegen die Dinge bei stark gezuckerten und schlecht verbesserten Weinen. Auch Fuselöle, Aldehyde und Ketone, ätherische Öle und Fruchtsäurereste sowie hoher Kohlensäuregehalt im Wein werden meist nicht gut vertragen. Die unangenehmen Wirkungen der genannten Stoffe äußern sich in Blutgefäßen und Nervenzellen direkt. Hinzu kommen an Hypophyse und Nebenniere hormonelle Störungen, die Wasser- und Salzhaushalt, Eiweiß- und Kohlehydratstoffwechsel durcheinanderbringen. Das typische Durstgefühl kann demzufolge nicht durch Wassertrinken allein beseitigt

Wein und Gesundheit

werden. Gute Abhilfe bringen osmotisch wirksame Substanzen (Salzheringe gegen Kochsalzverlust). Auch Traubenzucker hebt das Allgemeinbefinden und den oft abgesunkenen Blutzuckerspiegel. Auf dem Höhepunkt des »Katzenjammers« wird, so paradox das auch klingt, ein Schluck Alkohol manchmal als sehr wohltuend empfunden.

Wein im Alter

Für den alternden Menschen ist der Wein ein echtes Elixier. Der Mainzer Hygieniker Professor Dr. Kliewe nannte ihn ein Mittel zur »Verzögerung des körperlichen Altwerdens und des geistig sich Altfühlens«. Erinnert sei an dieser Stelle an die hübsche Geschichte vom Assmannshäuser »Weindoktor« Oellers, dem sein Landesfürst gesagt haben soll: »Doktor, Sie werden nicht alt, wenn Sie so weiter saufen!« Darauf der Medikus: »Ich weiß, Durchlaucht, Wein hält jung!«

Der therapeutische Wert des Weines in der Altersmedizin liegt auf der Hand. Beim alternden Menschen ist die Gefahr einer unzureichenden Ernährung gegeben. Er kann nicht mehr gut kauen und die Nahrung genügend zerkleinern. Auch in Magen und Darm werden die Speisen nur unvollkommen verdaut und verwertet, denn Stoffwechsel und Fermentproduktion sind auf ein Minimum gesunken. Deshalb müssen in einem kleinen und konzentrierten Nahrungsangebot alle lebensnotwendigen Vitamin- und Mineralstoffe zugeführt werden. Hierbei stellt der Wein einen ganz wichtigen Ergänzungsnährstoff dar. Ein Schoppen Wein enthält nämlich die gleiche Menge von Bioelementen wie eine Multivitamintablette. Hinzu kommt die belebende Wirkung durch Kapillarerweiterung und Kreislaufstimulation. Ältere Weinfreunde bevorzugen oft einen leichten Rotwein (niedrige Säurewerte), da dieser von empfindlichen Mägen besser vertragen wird als ein Weißwein. Rotwein verquirlt mit Ei ist auch ein ausgesprochener Krankenwein für Genesende und chronisch Leidende.

Alkohol am Steuer

Alkohol ist eine sehr häufige Ursache von Verkehrsunfällen. Deshalb wird immer wieder die Frage diskutiert, wieviel man trinken darf, um noch fahrtüchtig zu bleiben. Verschiedene Faktoren fallen dabei ins Gewicht. Große individuelle Schwankungen in bezug auf Alkoholverträglichkeit, Körpergewicht, Konstitution (Fettpolster), Alter, Gewohnheit und Gesundheitszustand (Kreislaufstörungen, Fieber, Infekte) des Kraftfahrers sind zu berücksichtigen. Alkoholgewöhnte Personen zeigen weniger Wirkung als Gelegenheitstrinker. Die älteren Fahrer bleiben selbstkritischer als junge. Kranke Menschen und Jugendliche sollten Alkohol völlig meiden, wenn sie ein Kraftfahrzeug führen wollen. Was den Füllungszustand des Magens betrifft, so steigt der Alkoholspiegel im Blut deutlich langsamer, wenn vor oder während des Trinkens besonders fett- und eiweißhaltige Nahrung aufgenommen wird (Ölsardinen als »Grundlage«). In unsere Betrachtungen müssen heute auch zahlreiche Arzneien miteinbezogen werden, hauptsächlich Schlaf- und Beruhigungsmittel, Antihistaminika (gegen Allergien, Juckreiz und Reisekrankheit), Antiepileptika und Weckmittel sowie lokale Betäubungsmittel (fürs Zahnziehen), welche im Körper Zustände hervorrufen, die verkehrsgefährdend sein können. Ihre Wirkung wird durch Alkohol ins Unkontrollierbare gesteigert. Solange solche Medikamente noch im Körper kreisen, führen selbst kleine Alkoholmengen zu regelrechter Trunkenheit.

Objektive Anhaltspunkte für die Fahruntüchtigkeit liefert die Blutalkoholbestimmung. Bei Kraftfahrern gefürchtet ist das »Tüte-Pusten«, ein unblutiger Test, der mittels Atemröhrchen vorläufige Abschätzungen des Alkoholspiegels ermöglicht. Gesunde Menschen mit durchschnittlicher Alkoholtoleranz sind in ihrer Verkehrstüchtigkeit bei Blutalkoholwerten unter 0,5‰ nicht beeinträchtigt. Schon ab 0,5 bis 1,0‰ jedoch sind die Auffassungsfähigkeit herabgesetzt und die Reaktionszeit verlängert. In diesem Bereich ist die Verkehrssicherheit jugendlicher Fahrer häufig gestört. Zwischen 1,0 und 1,5‰ sind Reaktionen, Konzentrationsfähigkeit, manuelles Geschick und Selbstkritik bereits erheblich gemindert (Angeheitertsein, Schwips). Ab 1,5‰ besteht eindeutiger Rauschzustand mit Fahruntüchtigkeit und Verkehrsgefährdung. Ab 2‰ liegt Trunkenheit, ab 3‰ Volltrunkenheit vor.

Nach einem Glas Wein auf leeren Magen wird der Promille-Gipfel nach etwa 45 Minuten erreicht. Nach weiteren 30 bis 40 Minuten ist der Alkohol vollends resorbiert. Ein kleiner Teil (5 bis 10 %) wird durch Nieren, Schweiß und Atmung (Fahne) unverändert ausgeschieden,

Die Wirkung des Weines auf die vier Temperamente. Kupferstich, um 1600.

doch die Hauptmenge des aufgenommenen Alkohols (90%) baut allein die Leber ab. Ihr spezifisches Ferment Alkoholdehydrogenase spaltet den Alkohol zunächst zu Acetaldehyd und Essigsäure. Diese werden hernach zu Kohlensäure und Wasser oxidiert. Vorher können allerdings die Acetat-Bausteine auch zur Fettsäuresynthese (Speckbauch) verwendet werden. Eine gesunde Durchschnittsperson kann pro Tag 170 bis 180 g Alkohol »verkraften«. Der menschliche Körper eliminiert also stündlich etwa 7 bis 8 g Alkohol. Eine normal gebaute Leber senkt durch ihre Tätigkeit den Blutalkoholspiegel pro Stunde um 0,12 bis 0,15%.

Abbauzeit pro Glas

Getränk 1 Glas	Menge l	Alkohol g/l	Zeit
Bier	0,2	35	1 h
leichter Wein	0,2	60	1 h 42'
mittlerer Wein	0,2	90	2 h 34'
schwerer Wein	0,2	110	3 h 8'
Portwein	0,1	160	2 h 17'
Whisky	0,02	450	1 h 17'
Cognac	0,02	480	1 h 22'

1 gewöhnliches Glas Wein (0,2 l) wird demnach innerhalb von 2 Stunden durch die Stoffwechselmechanismen »entschärft«. Trinkt man den guten Tropfen entsprechend langsam, so hält die Leber mit dem Alkoholabbau Schritt, und der Blutalkoholpegel bleibt unter der gefährlichen Grenze von 0,8‰. Bei schnellerem Trinken durchläuft der größte Teil des Alkohols die Leber unverändert, gelangt in den Kreislauf und damit ins Gehirn. Hastiges Trinken führt also zum Rausch mit erhöhter Gefährdung im Straßenverkehr. Bei ausgiebigem Alkoholgenuß kann zudem noch restlicher Alkohol vom Vortage im Blut zirkulieren. Hiermit muß der Kraftfahrer bei erneutem Trinken rechnen. Mittel, die den Alkohol im Körper schneller abbauen, sind bisher nicht bekannt.

Es ergeben, wenn innerhalb einiger Minuten getrunken:

Getränk (1 l)	Alkoholgehalt (g/l)	Blutalkohol ‰	Wirkung
Bier	35	0,5–1,0	Euphorie
leichter Wein	60	1,2	Schwips
Portwein	160	2,0	Trunkenheit
Brandy	260	3,0	Volltrunkenheit
Whisky	450	5,0	Lebensgefahr

Lob des Weines

Der Wein übt auf alle Organe des menschlichen Körpers einen wohltuenden Einfluß aus, solange man beim Trinken das richtige Maß einhält. Er baut psychische Spannungen ab, er lädt ein zum Abschalten und zur Besinnung, er bringt Ruhe, Erholung und Vergessen. Er fördert auch die Gemütlichkeit und den menschlichen Kontakt.

Der Arzt Friedrich Hoffmann schrieb zu Beginn des 18. Jahrhunderts, »daß der Wein eine gewaltige Krafft habe, die Grillen, Sorge, Furcht und Traurigkeit zu verjagen, und hingegen beherzt, kuehne, froehlich und lustig zu machen«. Und weiter urteilt er über die »gesegnete Artzney«, den Wein: »Diejenigen so ihn recht gebrauchet haben, in kurtzer Zeit munther, frisch und wohl bey Leibe worden sind, da sie vorher hager, hesslich und gantz vertrocknet aussahen.«

Dem ist nichts Wesentliches mehr hinzuzufügen. Die Erfahrungen der frühen Medizin decken sich genau mit unseren heutigen Analysen. Und geradezu hochaktuell erscheint der Kommentar des Arztes Hufeland, der 1795 in seinem Werk »Das Organische Leben« über den Wein vermerkte: »Wenn er daher nicht schaden und ein Freund des Lebens werden soll, so muß man ihn nicht täglich und nie im Übermaß trinken. Je jünger man ist, desto weniger, je älter desto mehr. Am besten ist es, wenn man den Wein als Würze des Lebens betrachtet und benutzt, und ihn nur auf Tage der Freude und Erholung, auf die Belebung eines freundschaftlichen Zirkels versparet.«

Theo Becker

Weinkulturelle Vereinigungen

Die Weinbruderschaften sind relativ junge Vereinigungen, die erst anfangs der 50er Jahre feste Formen annahmen. Die »Landsknechte der Deutschen Weinstraße« und der »Stammtisch der Journalisten« schlossen sich 1954 zur »Weinbruderschaft der Pfalz« zusammen. Der Heimatdichter und Lehrer Leopold Reitz war der erste Ordensmeister; er hat Sinn und Zweck der Vereinigung formuliert. Aus 26 Gründungsmitgliedern wurden über 800 Weinbrüder, die in der Bundesrepublik oder im Ausland wohnen. Außerhalb der Pfalz wurden »Komtureien« gegründet: 1956 die Großkomturei in München, dann die Komtureien in Nürnberg und neuerdings in Berlin. Bereits in der 1. Fassung ihrer Ordensregel hat die Weinbruderschaft der Pfalz sich verpflichtet, die Gründung gleichgesinnter Gemeinschaften in allen Gebieten des In- und Auslandes zu unterstützen. Es ist nie daran gedacht worden, eine zentralistische Dachorganisation zu erfinden, sondern jede Weinbruderschaft sollte nach den gegebenen örtlichen Verhältnissen geschaffen und gestaltet werden. Wie ein Rebstock entsprechend seinem Standort und seiner natürlichen Umgebung sich entwickelt, so sollten auch die Weinbruderschaften von unten und von innen her organisch wachsen. Bei einer großen Zahl von Weinbruderschaften oder ähnlich benannten Gemeinschaften (Weinkonvent, Weinorden) hat die Weinbruderschaft der Pfalz direkt durch gezielte Initiative oder indirekt mit ihren Ideen Pate gestanden.

Pseudo-Weinbruderschaften, die kommerzielle Ziele oder gar Kundenfang im Sinne haben, werden streng abgelehnt. Einem Weinbruder ist es nicht erlaubt, seine Mitgliedschaft zur Wahrnehmung geschäftlicher Interessen zu verwenden. Wer Mitglied werden will, braucht heute Bürgen, die seine Unbescholtenheit und ehrliche Absicht bezeugen. Selbst die Weinbruderschaften in den Weinbaugebieten haben nur eine bescheidene Zahl von Winzern in ihren Reihen. Sie schließen vielmehr alle Berufsgruppen ein und sind dadurch frei von dem Vorwurf, Ableger eines Verbandes, einer Fachorganisation oder der Weinwerbung zu sein. Hierin unterscheiden sie sich freilich ganz wesentlich von vielen alten und nicht selten sehr wohlhabenden Weinbruder-

Weinkulturelle Vereinigungen

Von links nach rechts: Rheingauer Weinkonvent. »Freunde des Walnussbaumes«, Weinkapitel zu Holzminden im Weserbergland. Die Weinbruderschaft Heidelberg. Weinorden an der Nahe, Bad Kreuznach. Weinbruderschaft Mosel-Saar-Ruwer, Bernkastel-Kues. Die Weinbruderschaft der Pfalz, Neustadt an der Weinstraße. Gesellschaft für Geschichte des Weines. Weinbruderschaft Rheinhessen, Oppenheim. Weinbruderschaft zu Hamburg. Die Weinbruderschaft Baden-Württemberg, Hochdorf. Badische Weinbruderschaft zu Meersburg am Bodensee. Weinbruderschaft zu Hannover, Langenhagen. Die Weinbruderschaft zu Berlin.

schaften in Frankreich, ja im gesamten romanischen Sprachraum.

Die deutschen Weinbruderschaften und die mit ihnen befreundeten gleichartigen Gemeinschaften in Österreich und der Schweiz halten zweijährlich Routinetreffen ab. Der Anfang wurde 1972 im Rheingau gemacht. Beim zweiten Treffen von Vorstandsmitgliedern aller Weinbruderschaften des deutschsprachigen Raumes 1974 in der Pfalz wurde die »Deidesheimer Resolution« einstimmig verabschiedet, die folgendermaßen lautet:

»Die in Deidesheim an der Weinstraße am 31. August 1974 versammelten Delegationen der Weinbruderschaften des deutschsprachigen Raumes verpflichten sich, dem Kulturgut Wein zu dienen, indem sie es hüten, pflegen und nach besten Kräften zu vermehren suchen.

Die Weinbruderschaften sind bestrebt, alle Personen und Personengruppen, die auf künstlerischem oder schriftstellerischem Gebiet für den Wein und seine kulturellen Werte tätig sind, zu unterstützen.

Die Weinbruderschaften treten ein für den ehrlichen, sauberen Wein, der herkunfts-, sorten- und jahrgangstypisch ist, und verurteilen jede durch kellertechnische Maßnahmen bewerkstelligte Uniformierung des Weines sowie dessen übertrieben unnatürliche Süßhaltung. Sie sehen ein, daß gewissen Toleranzen des Weinmarktes Rechnung zu tragen ist. Diese dürfen aber nicht so weit gehen, daß der Charakter des Weines eines Gebietes und seine Spezialität darunter leiden.

Die Weinbruderschaften bemühen sich, die Beurteilung und das Verstehen des Weines in den eigenen Reihen zu vertiefen und durch ihr Wirken nach außen auf möglichst breiter Basis zu fördern.

Die Weinbruderschaften stellen sich ganz entschieden gegen Zusammenschlüsse von Kundengruppen, die auf Initiative von Erzeuger- oder Vermarktungsunternehmen veranlaßt wurden und unter dem Namen Weinbruderschaft (oder ähnlich) firmieren. Gleichermaßen wird energisch dagegen protestiert, daß Personengruppen, die sich zum Zweck des gemeinsamen Weineinkaufs oder unterhaltender Weinverkostung zusammenschließen, die Bezeichnung Weinbruderschaft führen. In allen Fällen dienen diese Interessengemeinschaften rein kommerziellen Zwekken, was mit der idealistischen Zielsetzung unserer Weinbruderschaften nicht zu vereinbaren ist.

Die anwesenden Delegierten der Weinbruderschaften des deutschsprachigen Raumes verpflichten sich, auch in Zukunft engsten Kontakt zu halten und sich nach bestem Wissen und Können gegenseitig zu helfen.«

Beim internationalen Weinbruderschaftstreffen 1976 an der Mosel wurde diese »Deidesheimer Resolution« bestätigt. Damit sind die Ziele der deutschen Weinbruderschaften klar umrissen. Sie wollen keine snobistische »Wein-Society« sein, die sich nach außen abriegelt und den Wein nur als Stimmungsmacher benutzt. Vielmehr ist es ihr Bestreben, sich selbst im Verstehen des Weines zu schulen und dann ihr Wissen anderen weiterzugeben, somit eine pädagogische Aufgabe wahrzunehmen.

Viele Mitglieder sind als echte Aktivisten tätig: beim Zusammenstellen und Abhalten von Weinproben oder Weinseminaren, mit Fachvorträgen und der Gestaltung von Weinfestlichkeiten. Nicht zuletzt werden die Weinbruderschaften auch als »Weingewissen« ihres Gebietes bezeichnet, weil sie sich nicht scheuen, Mißstände um den Wein anzuprangern. In Rundbriefen geben die Weinbruderschaften Rechenschaft über ihre Tätigkeit und zusätzliche Weininformationen. Die innere Organisation entspricht dem Vereinsrecht. Der Vorsitzende heißt »Ordens- oder Bruderschaftsmeister«, der Vorstand »Ordenskapitel«, »Bruderrat« oder ähnlich.

Dem Gemeinschaftsleben der Weinbruderschaften liegt ein mehr oder weniger festes Programm zugrunde. Man trifft sich jährlich im Oktober/November beim Ordenstag, der als Erntedankfest, Generalversammlung und gesellschaftlicher Höhepunkt gilt, an dem neue Mitglieder aufgenommen werden. Eine musische Weinstunde im Sommer unterstreicht die kulturelle Zielsetzung. Andere Veranstaltungen seien am Beispiel der Weinbruderschaft der Pfalz, die allerdings wohl die aktivste sein dürfte, aufgeführt: Das Ordensfest im März ist ein Tanzabend mit Tombola zugunsten der Aktion Sorgenkind. Beim »Deutschen Weinlesefest« zeichnet die Weinbruderschaft für die große Pfalzweinprobe verantwortlich, an der meist etwa 1200 Personen teilnehmen. Als »reine Männersache« ist das Treffen zu »Neie Woi un Keeschte« (neuer Wein und Kastanien) beliebt, während die »Weinrunde im Advent« ein Familienabend ist mit musikalischen und literarischen Vorträgen, meist auch mit einer Sammlung für einen wohltätigen Zweck. So konnte 1976 ein stattlicher Betrag für die Erdbebenopfer von Friaul zur Verfügung gestellt werden. Das Jahresprogramm klingt aus mit der »Pfälzer Metzelsupp« und einer deftigen Schlachtplatte, wobei die große Weinbruderschaftsfamilie meist mit über 400 Personen vertreten ist und sich selbst einen Unterhaltungsabend mit Kräften aus den eigenen Reihen gestaltet. Daneben trifft man sich bei den regelmäßigen »Montagsweinrunden« zur Unterhaltung, Information, zu Gedicht- und Liedvorträgen, Weinproben oder auch Fachreferaten aus den verschiedensten Gebieten. Entlang der ganzen Deutschen Weinstraße wird der Treffpunkt für die Montagsrunde gewechselt. Die Weinbruderschaft der Pfalz besitzt seit 2 Jahren ein eigenes »Ordenshaus« in ihrer Gründungsstadt Neustadt an der Weinstraße. Ein sehr schön ausgestatteter großer Raum darin faßt 150 Personen. Nicht selten ist er gerade bei Montagsweinrunden mit aktuellen Themen bis zum letzten Platz besetzt. Das »Ordenshaus« ist in der kurzen Zeit seines Bestehens schon zu einer echten Stätte der Begegnung geworden. Dies wird noch gefördert dadurch, daß an jedem Samstag während der Einkaufszeit von 11 bis 13 Uhr Weinbrüder und ihre Familienangehörigen sich hier bei einem Glase Wein treffen. Die Bedienung wird dabei von Mitgliedern der Bruderschaft und ihren Ehefrauen übernommen, letzteres, obwohl die Pfälzer Weinbruderschaft im Gegensatz zu mancher anderen keine »Weinschwestern« kennt. Viele Veranstaltungen sind »reine Männersache«, aber durchschnittlich einmal monatlich sind die Frauen mit eingeladen.

Die wichtigsten weinkulturellen Vereinigungen sind:
- Weinbruderschaft der Pfalz, Postfach 115, 6730 Neustadt/Weinstraße
- Weinbruderschaft Rheinhessen zu Sankt Katharinen, Rotentalerstraße 5, 6508 Alzey
- Die Ehrbare Mainzer Weinzunft von 1443, Am Rodelberg 4, 6500 Mainz/Rhein
- Weinbruderschaft Mosel-Saar-Ruwer, Postfach 1410, 5550 Bernkastel-Kues
- Erste Badische Weinbruderschaft zu Meersburg am Bodensee, Steigstraße 10, 7758 Meersburg
- Weinbruderschaft Baden-Württemberg, Im Steig 337, 7241 Hochdorf
- Rheingauer Weinkonvent, Postfach 4967, 6200 Wiesbaden
- Weinorden an der Nahe, Postfach 125, 6550 Bad Kreuznach
- Die Weinbruderschaft Heidelberg, Mönchshofstraße 23, 6900 Heidelberg
- Die Weinbruderschaft zu Berlin, Königin-Luise-Straße 36, 1000 Berlin 33
- Weinbruderschaft zu Hamburg, Eppendorfer Landstraße 60, 2000 Hamburg 20
- Weinzunft Bacchus/Zechgesellschaft Bacharach-Steeg, Postfach 70, 6533 Bacharach
- Weinbruderschaft zu Hannover, Spreeweg 29, 3012 Langenhagen
- Weinbruderschaft St. Martin zu Mülheim an der Ruhr, Bachstraße 8, 4330 Mülheim
- »Freunde des Walnussbaumes« Weinkapitel zu Holzminden im Weserbergland, Postfach 1227, 3456 Eschershausen
- Gesellschaft für Geschichte des Weines, Amselberg 20, 6200 Wiesbaden
- Collegium Vini/Gesellschaft zur Pflege Deutscher Weinkultur, Holzhausenstraße 15, 6000 Frankfurt
- Münchener Großkomturei der Weinbruderschaft der Pfalz, Wagmüllerstraße 20, 8000 München 2
- Weinbruderschaft Nürnberg, Komturei der Weinbruderschaft der Pfalz, Pilotystraße 26, 8500 Nürnberg
- Weinbruderschaft der Pfalz, Komturei Berlin, Klingsorstraße 59, 1000 Berlin 41

Weinbrand und Schaumwein

Wenn vom deutschen Wein die Rede ist, denkt zunächst niemand an Getränke, die aus seiner weiteren Verarbeitung entstehen. Für Winzer und Weinfreunde ist in erster Linie der Wein selbst das höchste und erstrebenswerteste Erzeugnis. Auch wird oft allzu leichtfertig über deutschen Schaumwein und deutschen Weinbrand geurteilt.

Wer einmal an einer Probe deutscher Sekte aus fruchtigen, feinen Rieslingweinen teilnehmen konnte, wird anders denken. Solche deutsche Sekte sind eine echte Veredelung des Weines. Sie sind »Balletteusen auf der Zunge« mit ihrer Eleganz und ihrer erfrischenden, belebenden Spritzigkeit. Deutsche Schaumweine haben Freunde in aller Welt gefunden, weil sie kellertechnisch perfekt und unübertroffen bereitet werden. Am meisten werden die feinsten und größten deutschen Sekte von den Kennern deutscher Weine geschätzt, weil sie in ihnen Sorte, Jahrgang und Boden wie im Wein selbst erkennen. Deutsche Schaumweine aus importierten Grundweinen sind preiswert und vermitteln vielen Genießern neue Geschmackserlebnisse.

Die deutschen Weinbrände sind Spiegelbild des Könnens der deutschen Brennmeister. Verdeckte Proben führen zu Überraschungen bei internationalen Vergleichen. So wird es verständlich, daß die deutschen Weinbrände ihren festen Platz auf dem Markt erobert haben und weiter ausbauen.

Hans Helmut Asbach
Weinbrand

Geschichte

Ob Marcus Graecus, von dem berichtet wird, er habe im 8. nachchristlichen Jahrhundert ein »aqua ardens«, also ein brennendes Wasser, zu gewinnen verstanden, als Vater des Weinbrennens gelten kann, ist ungewiß. Sicher dagegen ist, daß schon um 1050 in der medizinischen Schule der italienischen Stadt Salerno gebrannter Wein als Heilmittel benutzt und empfohlen wurde.

Seine Herstellungsstätten waren in erster Linie Klöster, von denen zugleich die Impulse für die Entwicklung des Weinbaues ausgingen. »Aqua vitae«, Wasser des Lebens, nannten die Ärzte das Erzeugnis, das bei vielen Krankheiten verordnet wurde. Als »Herrin und Königin aller Arzneien« pries ein Lehrer der Universität Bologna den gebrannten Wein in einer 1250 erschienenen Schrift. Albertus Magnus (um 1200 bis 1280) schrieb eine Abhandlung über das Weinbrennen.

Gebrannter Wein war im Anbeginn Arznei. Sein Weg zum Genußmittel war blockiert durch die privilegierten Hof- und Ratsapotheken, die allein Branntwein verkauften und dieses Monopol eifersüchtig hüteten. Doch sie konnten das inoffizinale Weinbrennen auf die Dauer nicht verhindern. So wandelte sich das »Lebenswasser« vom Medikament zum Getränk.

Die zweite Wurzel des Weinbrandes liegt in den großen Weinbaugebieten Charente und Armagnac. Insbesondere die Charente als damals schon bedeutendes Weinexportgebiet war bereits zu Beginn des 17. Jahrhunderts durch Überproduktion und Kriegseinwirkungen gezwungen, Wein durch Destillation haltbar zu machen. Der Wein wurde konzentriert, war damit in kleineren Behältnissen unterzubringen, frachtgünstiger und auch für längeren Seetransport haltbar. Aus diesen Anfängen entwickelte sich allmählich ein beträchtlicher Markt für die gebrannten Weine mit den berühmten Namen Cognac und Armagnac. Zwei Jahrhunderte später nahmen deutsche Weinbrenner den Wettbewerb mit Cognac auf.

1896 schloß sich eine Gruppe von Weinbrennern zum »Verband der Deutschen Cognacbrennereien« zusammen. Etwa zur gleichen Zeit trat der Begriff »Weinbrand« für einen in Deutschland gebrannten Wein auf. Bereits 1901 erreichten die Weinbrenner Hugo Asbach, Johannes Gothmann, Albert Hünlich, Sigmund Metzger, Carl Scherer und Max Winkelhausen in einer großen »Cognac-Commission« in Berlin, daß das in Deutschland aus Wein destillierte Erzeugnis nicht mehr nur »Cognac« (oder »Kognak«), sondern »Cognac-Weinbrand« genannt werden konnte. Seit dem Verbot der Bezeichnung »Cognac« für deutsche Erzeugnisse durch den Versailler Vertrag im Jahre 1919 war »Weinbrand« die alleinige gesetzliche Bezeichnung.

Zeitweilig gab es in Deutschland über 150 Weinbrennereien. Seit etwa 1960 geht die Zahl der Weinbrennereien stark zurück. Während damals noch 144 Betriebe Wein destillierten, waren es 1975 nur noch 61. Heute entfallen auf die 5 größten Weinbrennereien fast 60% der Weinbrandproduktion.

Herstellung

Schon früher wurde erkannt, daß sich deutsche Weine wegen ihrer Eigenschaften nur schlecht zum Destillieren von hochwertigem Weinbrand eignen. Sie verlieren beim Brennen weitgehend ihr Bukett und ihre Geschmacksfülle. Zudem sind die deutschen Anbaugebiete vergleichsweise klein und hauptsächlich auf die Erzeugung wertvoller Trinkweine ausgerichtet. Es betrugen:

	der Bedarf der deutschen Brennereien (hl)	die deutsche Weinernte (hl)
1960	3 174 012	7 433 000
1965	3 903 708	5 035 000
1970	4 502 198	9 989 000
1975	3 729 660	9 241 000
1976	4 234 693	8 659 000

Aus diesen Gründen wurde bereits frühzeitig damit begonnen, die zum Brennen geeigneten Weine aus Frankreich und Italien, aber auch aus Griechenland, Spanien und Jugoslawien, einzuführen.

Die deutschen Weinbrenner destillieren in ihren industriellen Betrieben das ganze Jahr über. Das erfordert die Bereitstellung des Rohstoffes Wein ebenfalls während des ganzen Jahres, sei es am Ort der Weingewinnung oder in der deutschen Brennerei. Auch dürfen der jahreszeitliche Wechsel, Kälte und Wärme und die oft langen Transportwege dem Wein nichts anhaben. Deshalb wird dem Wein im Ursprungsgebiet ein dort gewonnenes Weindestillat zugefügt, er wird damit auf 18 bis 24 Volumenprozent Alkohol »aufgestärkt«. Dieser so gewonnene »Brennwein« ist stabil, er verdirbt nicht und senkt zudem durch geringeres Volumen die Frachtkosten.

Brennwein wurde zum typischen Rohstoff für die deutschen Weinbrennereien. Dieser Entwicklung wurde in der für die gesamte Weinwirtschaft grundlegenden EG-Verordnung 816/70 vom 28. 4. 1970 Rechnung getragen. Im Anhang II dieser Verordnung wird neben anderen Erzeugnissen der Weinwirtschaft auch der Brennwein definiert und damit gesetzlich verankert als ein Erzeugnis, das

- ausschließlich dadurch gewonnen wird, daß einem Wein ohne Restzucker ein nicht rektifiziertes, aus der Destillation von Wein hervorgegangenes Erzeugnis mit einem Alkoholgehalt von höchstens 86° zugesetzt wird,
- einen vorhandenen Alkoholgehalt von mindestens 18 und höchstens 24° aufweist,
- einen Gehalt an flüchtiger Säure von höchstens 2,4 g/l, in Essigsäure ausgedrückt, aufweist.

Außer aus Wein und Brennwein kann der deutsche Weinbrenner auch aus Rohbrand, also einem schon einmal gebrannten Wein, Weinbrand herstellen. Der Rohbrand muß aber im deutschen Brennereibetrieb nochmals destilliert werden. Sowohl durch die EG-Bestimmungen als auch durch das deutsche Weinrecht werden die Rohstoffe der deutschen Weinbrennereien, namentlich der Brennwein, von der Rebe im Ursprungsland über die Destillation bis zur Abfüllung lückenlos kontrolliert. Jede deutsche Weinbrennerei steht unter Zollaufsicht.

Die Grundlage der Weinbrandherstellung ist das »Brennen« oder Destillieren. Hierbei macht man sich die unterschiedlichen Siedepunkte der im Wein enthaltenen Stoffe Alkohol (78° C) und Wasser (100° C) zunutze.

Erhitzt man den Wein langsam, so verdampfen zunächst die leicht flüchtigen Aromastoffe und der Alkohol. Diese

Weinbrand

Dämpfe werden in einem Kühler zu einem Destillat verflüssigt.

In deutschen Weinbrennereien wird im allgemeinen in Kupfer-Brennblasen in zweimaliger Destillation gebrannt. Dieses Brennverfahren hat gegenüber dem sogenannten Kolonnenverfahren den Vorteil, daß der Brennvorgang besser gesteuert werden kann und auf diese Weise die qualitativ hochwertigen Eigenschaften des Rohstoffes für den späteren Weinbrand erhalten werden können.

Bei der ersten Destillation entsteht der Rauhbrand oder Rohbrand. Er ist ein noch unreines Destillat von etwa 40 Volumenprozent Alkohol und enthält neben den erwünschten Weinaromastoffen noch unharmonische und deshalb unerwünschte Nebenstoffe. Diese werden im zweiten Brennvorgang, der sich in Vorlauf, Mittellauf und Nachlauf gliedert, abgeschieden. Der Mittellauf stellt das »Herzstück« dar und ist die Grundlage für den späteren Weinbrand. Das Ergebnis dieses zweiten Brennvorgangs ist der Feinbrand, eine wasserklare Flüssigkeit mit einem Alkoholgehalt von etwa 70 Volumenprozent.

Dieser Feinbrand, auch Weindestillat genannt, wird in kleinen Fässern aus Eichenholz bis zur Reife gelagert. Das Weindestillat entzieht dem extraktstoffreichen Eichenholz feine Bukettstoffe, und es erhält aus diesem Holz seinen goldgelben Farbton. Durch den Luftaustausch über die vielen feinen Poren des Faßholzes entstehen Oxidationsprozesse, die dem Weindestillat die ursprüngliche Schärfe nehmen. Andere Vorgänge, die selbst für den Fachmann noch Geheimnisse bergen, sorgen während dieser Ruhe- und Reifezeit dafür, daß das Weindestillat eine Fülle von Eigenschaften erhält, unter denen die volle »Blume« und der milde, weinige Ton besonders herausragen. Größe und Alter der Lagerfässer, Temperatur und Luftfeuchtigkeit in den Lagerräumen und vieles andere mehr wirken sich ebenfalls auf die Qualität des Produktes aus.

Der Reifeprozeß der einzelnen Destillate dauert unterschiedlich lang, je nach Herkunft und Jahrgang des Weines, aus dem das Destillat gebrannt wurde. Nach der Lagerung – das Weingesetz schreibt mindestens 6 Monate und für Produkte mit besonderen Alters- und Qualitätsansprüchen mindestens 12 Monate vor – werden die verschiedenen Weindestillate zu einer harmonischen Mischung komponiert. Um das gewünschte Endprodukt – den Weinbrand – zu erhalten, müssen zahlreiche Destillate zu dem vorgegebenen Qualitätsstandard zusammengeführt werden. Zum Schluß wird der Alkoholgehalt auf die gesetzlich vorgeschriebene Stärke von mindestens 38° herabgesetzt, dann der fertige Weinbrand in Flaschen abgefüllt.

Das Qualitätsstreben der deutschen Weinbrenner fand seinen konsequenten Niederschlag im Weingesetz von 1971, das die Bezeichnung »Weinbrand« ausschließlich für deutsche Qualitätsbranntweine aus Wein reservierte. Damit verbunden waren besondere gesetzliche Anforderungen an Rohstoffe und Herstellung. Erstmalig und einmalig unter den deutschen Spirituosen wird dem Weinbrand durch die Erteilung einer Prüfungsnummer ein amtliches Qualitätszeugnis verliehen. Die gesetzliche Sonderstellung der Bezeichnung »Weinbrand« dauerte allerdings nur 4 Jahre, bis zum 20. Februar 1975, als der Europäische Gerichtshof die Bezeichnungen »Weinbrand« und »Sekt« durch Urteil auch wieder den europäischen Nachbarn zugänglich machte.

Absatz

Auf dem deutschen Markt nimmt der Weinbrand seit langem eine Spitzenposition ein, sowohl gegenüber allen anderen Spirituosen als auch ganz besonders gegenüber seinem französischen Verwandten Cognac.

Weinbrennerei. In diesen großen Kupferkesseln, den Brennblasen, werden die Weine zu Weindestillat gebrannt.

In der Bundesrepublik wurden (in Millionen 0,7-l-Flaschen) verkauft:

	1965	1970	1975	1976
deutscher Weinbrand	127,2	119,1	137,9	158,2
französischer Cognac	7,2	12,1	8,6	10,7

Während die Franzosen nur etwa ein Fünftel der Cognac-Produktion abnehmen und vier Fünftel exportiert werden, bleiben von der deutschen Weinbrand-Produktion 95% im eigenen Land.

An Spirituosen wurden in der Bundesrepublik 1976 (in Millionen 0,7-l-Flaschen) hergestellt:

Weinbrand	158,2
Kornbrannt	153,8
Liköre	125,6
Rum/Arrak	63,9
sonstige Wacholder	19,6
Steinhäger	15,0
Obstbrännte	8,9
Wodka	6,5
Gin, Genever	3,4
Whisky	4,4
sonstige Spirituosen	61,9
insgesamt	621,2

Wegen der Bevorzugung des Weinbrandes durch den deutschen Verbraucher suchen außer den Cognac-Herstellern auch viele andere ausländische Weinbrenner einen Absatz auf dem deutschen Markt, Italiener ebenso wie Spanier oder Griechen. Die gebrannten Weine aus den verschiedensten Herkunftsländern stammen zwar alle aus dem Wein, sie sind aber in Geschmack, Geruch und Qualität recht verschieden.

Helmut Arntz
Schaumwein und Sekt

Die Geschichte

In Baden und Mainz wurde vielleicht noch im 18. Jahrhundert Sektherstellung aus deutschen Weinen versucht. Seit 1824 betrieb Georg Christian Keßler (nach sechzehnjähriger Tätigkeit bei der Champagnerkellerei Cliquot-Ponsardin in Reims) die Vorbereitung der 1826 in Esslingen gegründeten Sektkellerei. In Fortführung der Produktion moussierender Obstweine fing gleichzeitig in Hirschberg und Grünberg (Schlesien) Samuel Häusler an, deutsche Weine zu versekten. 1833 nahm Ignatz Schweickardt in Hochheim am Main die Sektproduktion auf; 1836 verband er sich mit Carl Burgeff. Dessen Freund Ph. A. Müller gründete 1838 die später als »MM« bekannte Kellerei in Eltville. Die Sektproduktion begannen
1842 Oppmann in Würzburg,
1843 die Weinhandlung Deinhard in Koblenz,
1846 die Rotkäppchen-Kellerei Kloss und Foerster in Freyburg an der Unstrut,
1847 Christian Adalbert Kupferberg in Neustadt an der Weinstraße (seit 1850 in Mainz),
1859 Feist-Belmont in Frankfurt,
1864 die »Rheingauer Schaumweinfabrik« (später Söhnlein Rheingold KG) in Wiesbaden-Schierstein.

Dokumente über die Anfangszeit fehlen bei Fitz (jetzt Fitz & Göhr) in Bad Dürkheim und bei Henkell, wo die Sektproduktion erst 1856 belegt ist.

Auf einer Weinkarte des United States Hotel in Philadelphia spätestens von 1832 wird »schäumender Rheinwein« (um die Hälfte teurer als Champagner) angeboten. Zwischen 1845 und 1855 wurde die britische Insel dem deutschen Sekt gewonnen. Absatzgebiete in Polen, Rußland, den USA, Australien und später in Skandinavien wurden ausgebaut. Der Export verwendete zunächst Gebietsnamen: Sparkling Hock, Sparkling Moselle, Schäumender Neckarwein, Sparkling Moselle muscatelle, dann wurde die bekannteste Sorte der Cuvée jeweils Namengeber (zum Beispiel Sparkling Johannisberger). In der zweiten Hälfte des 19. Jahrhunderts begann die Herstellung von Jahrgangssekten und Marken, immer noch aus vorherrschend deutschen Grundweinen. Die erste »Riesling«-Sektmarke entstand 1904.

1894 wurde der Verband Deutscher Schaumweinkellereien gegründet, der 1908 seinen heutigen Namen »Verband Deutscher Sektkellereien e. V.« annahm. Sein Sitz ist Wiesbaden.

Sektanzeige von Hans Meid, 1908.

Von besonderer Bedeutung, auch für die Ausbildung bestimmter Geschmacksrichtungen, wurde die Zugehörigkeit Elsaß-Lothringens zum Deutschen Reich von 1871 bis 1918 (sekttechnisch wegen der Lieferverträge sogar bis 1923) bei steilem Anstieg der Sektproduktion (um 1870 rund 4, 1911 rund 14 Millionen Flaschen – Flaschen gleich Normalflaschen von 0,75 l). Ohne den Lothringer Klarett (von blauen Burgunder- und Gamaytrauben weißgekelterte Weine) wäre weder genügend zur Sektbereitung geeigneter noch dem Publikumsgeschmack entsprechender Wein in Deutschland vorhanden gewesen. Andererseits bedeutete der Klarettbezug auch dort Abkehr der Sektkellereien von deutschen Grundweinen, wo sie im 19. Jahrhundert (im heutigen Deutschland) noch verfügbar waren. Bis 1908 gab es eine im wesentlichen einheitliche Entwicklung der Schaumweinerzeugung in ganz Europa. Am 17. 12. 1908 wurde in Teilen der alten Provinz Champagne eine eng begrenzte Zone (la Champagne viticole) geschaffen und den dortigen Erzeugern Weinimport zur Versektung untersagt. Das Wort »Champagner«, das ein Gattungsbegriff für durch eine zweite Gärung auf der Flasche versektete Weine geworden war, wurde zunächst nur in Frankreich geschützt, 1919 aber infolge der Artikel 274 und 275 des Versailler Vertrages den Deutschen untersagt (was 1925 durch den Beitritt des Deutschen Reiches zum Madrider Abkommen bestätigt wurde).

Die Sonderstellung der Champagne gewann erst Bedeutung, als neue Gärmethoden (Filterenthefung und Großraumvergärung) aufkamen, die in der méthode champenoise nicht vorgesehen sind. Einerseits operieren die Champenoisen mit ihrem begrenzten Weineinzugsgebiet und ihrer »reinen Flaschengärung« (der Rüttelmethode) vor allem bei der erfolgreichen Exportwerbung; andererseits haben sie der technischen Weiterentwicklung damit Fesseln angelegt. Die beiden Freiheiten der deutschen Sekthersteller: geographisch nicht begrenzter Einkauf der für Cuvées am besten geeigneten Weine (jetzt innerhalb der Europäischen Gemeinschaft) und Anwendung neuer, der Rüttelmethode gleichwertiger Gärverfahren sind Vorteile, der vor allem den starken Preisunterschied von Sekt und Champagner begründen.

Die Differenz wäre noch augenfälliger, wenn nicht Sekt seit 1902 (mit zwei kurzen Unterbrechungen) durch eine Schaumweinsteuer (derzeit DM 1,50 je Flasche) belastet wäre. Ihre Abschaffung 1934 ließ den Sektverbrauch sprunghaft – bis auf 27 Millionen Flaschen 1939 – ansteigen.

Das Ausbleiben des deutschen Sektes während des Ersten Weltkrieges zwang die Verbraucher im Ausland, sich nichtdeutschen Fabrikaten, präzise: dem Champagner zuzuwenden. An seinen Geschmack gewöhnt, ließen sie von ihm nicht mehr ab, als Sekt aus Deutschland wieder zur Verfügung stand. In Deutsch-

Schaumwein und Sekt

land aber versäumte es der Staat (gleich welcher Regierungsform), dem Sekt günstige Positionen in Handelsverträgen durchzusetzen.

Diese Ursachen haben dazu geführt, daß Frankreich heute von 153 Millionen Flaschen Jahresproduktion Champagner 38 Millionen exportiert, Deutschland von über 200 Millionen Flaschen Sekt und Schaumwein knapp über 6 Millionen. In der Qualität, die deutscher Sekt erreichen kann, ist solch krasses Mißverhältnis nicht begründet.

Der Nachkriegsmarkt

Der Zweite Weltkrieg brachte neben erneutem Exportverlust zusätzlich den Verlust der mittel- und ostdeutschen Absatzmärkte und weitgehend auch von Berlin. Das ist die Hälfte des früheren Inlandsmarktes.

Gleichwohl hätte das Jahr 1948, mit stabiler Währung und einer Produktion von 6 Millionen Flaschen, den Neubeginn einleiten können, wäre nicht der während der Reichsmarkschwemme bedeutungslose Kriegszuschlag auf Schaumwein von RM 3,– voll auf DM 3,– aufgewertet worden. Diese Benachteiligung des Sektes gegenüber dem unbesteuerten Wein in einer Zeit knappsten Geldes, drohte die Schaumweinindustrie auszulöschen. Von 25 Kellereien mit einem Marktanteil von 94 Prozent schlossen 1950 7 mit Gewinn, 18 mit Verlust ab. Die Aufwertung des Kriegszuschlags verzerrt bis heute das Absatzbild; denn Millionen Menschen, die nach 1948 ihren Verbrauch normalisierten, konnten zunächst Sekt aus Preisgründen nicht erwerben und fanden auch später nicht mehr den Weg zu ihm, weil sie inzwischen auf andere, in den entscheidenden Jahren 1948 bis 1952 preiswertere Genußgüter festgelegt waren.

Mit dem Ersatz des Kriegszuschlags durch eine Schaumweinsteuer von DM 1,– (1. 11. 1952) begann ein solcher Aufstieg, daß der Umsatz bereits 1953 fast 18 Millionen Flaschen erreichte. 1959 überstieg er 50 und 1964 100 Millionen Flaschen. Der Gesetzgeber erhöhte jedoch zum 1. 1. 1966, und somit genau in die erste Nachkriegsrezession hinein, die Schaumweinsteuer um 50% (auf DM 1,50 je Normalflasche). Damit begünstigt er einseitig die dem Schaumwein ähnlichen Getränke (Obst-, Frucht- und Beerenschaumweine), die nur mit einem Fünftel der Schaumweinsteuer belegt sind (Absatz 1976: 12,1 Millionen Flaschen). Beim Sekt wurden nach Rückgang und Stagnation erst 1971 die Umsatzzahlen von 1965 wieder erreicht. In diesen 5 Jahren fehlten den Sektkellereien die Mittel für Investitionen, die sie dringend benötigt hätten, um dem massiven Importdruck der Partnerländer in der Europäischen Gemeinschaft nach dem Wegfall der Zölle begegnen und den eigenen Export ausbauen zu können.

Bildanzeige von Gino von Finetti, 1906.

Im Gemeinsamen Markt ist der Champagner kein Element der Beunruhigung; er ist eher ein Stimulans. Beunruhigt sind die deutschen Erzeuger über die Schwemme billigster Schaumweine aus anderen EG-Ländern. Dabei bedrückt sie nicht so sehr der preisliche Wettbewerb, in dem die Verarbeitung deutscher

Sektetikett aus dem vorigen Jahrhundert.

Weine eine wesentliche Rolle spielt, sondern die Gefahr der Zerstörung der in Jahrzehnten aufgebauten Qualitätserwartung.

Sekt ist ein Veredelungsprodukt aus variablen Rohstoffen, deren Qualität und Eigenschaften Jahr für Jahr von der Natur neu festgesetzt werden. Das unter-

Werbegraphik von Emil Preetorius, 1908.

scheidet die Sektherstellung ungeachtet der industriellen Dimensionen, die sie gewonnen hat, grundsätzlich von jeder anderen Produktion. Damit sind auch Grenzen der Automatisierung sichtbar. Die entscheidende Aufgabe, aus Jahr um Jahr wechselnden Weinen einer breiten Rohstoffbasis jeweils die im Ergebnis der früheren genau entsprechende Cuvée anzusetzen, wird dem Menschen vorbehalten bleiben.

Die im Rahmen des Gemeinsamen Marktes unverhältnismäßig hohe Besteuerung wirkt weiterhin prohibitiv. Trotzdem wurden 1976 rund 220 Millionen Normalflaschen erreicht. Der Verbrauch hat sich mehr als verzehnfacht: 1953 betrug er 0,25, 1976 aber 3,38 l je Einwohner der Bundesrepublik.

Der Anteil des rheinischen Raumes an der Sekt-Erzeugung betrug

1903	1918	1952	1976
37,3%	60,9%	71,0%	93,4%

Im Jahre 1976 wurden 49,3% von Sektkellereien in Hessen und 44,5% von Kellereien in Rheinland-Pfalz hergestellt. Die Sekterzeugung hat sich also zum Wein hin entwickelt.

Die von der Schaumweinsteuer nicht betroffene Ausfuhr stieg kontinuierlich an: Von 209 000 Flaschen 1953 auf 1 Million 1962 und 6,1 Millionen 1976 (davon 3,3 Millionen in Staaten der EG). An der Spitze der Abnehmer stehen Großbritannien (1976: 876 000 Flaschen), die Niederlande (1 320 000), Belgien/Luxemburg (40 000) und die Schweiz (486 000). Die USA, Schweden, Kanada und Italien sind weitere wichtige Einfuhrländer. Insgesamt geht Sekt aus Deutschland in 124 Staaten.

Diese positive Bilanz wird durch die der Einfuhr weit in den Schatten gestellt: 1976 wurden 54 906 000 Flaschen Schaumwein importiert, davon aus Frankreich 35 200 000, aus Italien 17 325 000 und aus der Sowjetunion 2 203 000. Diese drei Länder bestreiten also (im Gegensatz zur viel differenzierteren Ausfuhr) praktisch die gesamte Schaumweineinfuhr. Einem Ausfuhrwert von 19,4 Millionen DM stand 1976 ein Einfuhrwert von 71,3 Millionen DM gegenüber. Die Einfuhr wird zwar dem Umfang nach von Schaumwein billiger Preisklassen (zum Beispiel 1976 aus Frankreich 32,4 Millionen Flaschen) bestimmt. Jedoch wurden 1976 auch 2,8 Millionen Flaschen Champagner in die Bundesrepublik Deutschland eingeführt, und diese ist der bei weitem größte Abnehmer von russischem Schaumwein, der gleichfalls nicht zu den Billigprodukten rechnet.

Absatz im Inland, Export und Import ergaben 1976 zusammen 281,4 Millionen Flaschen, aus denen der Staat über 415 Millionen DM Schaumweinsteuer einnahm. Die Bundesrepublik Deutschland hält mit 275 Millionen Flaschen im Jahr den 1. Platz im Schaumweinverbrauch der Welt, während Frankreich in der Erzeugung führt, die auf 262 Millionen Flaschen geschätzt wird.

Auf die Mitglieder des Verbandes Deutscher Sektkellereien entfallen 96% des Gesamtabsatzes (219,4 Millionen Flaschen Sekt 1976, darunter 5,3 Millionen roter und 1,1 Millionen rosee). Die Absatzentwicklung verläuft unterschiedlich: 48 Mitglieder verzeichneten 1976 eine Steigerung (davon 32 von über 10%), 14 einen Rückgang (davon 9 von über 10%, darunter 2 sogar von über 30%). Laut Statistischem Bundesamt erzeugten 1976 27 Kellereien mit mehr als je 1 Million Flaschen Jahresproduktion 95% des deutschen Schaumweines, 9 Kellereien mit mehr als je 5 Millionen Flaschen sogar 78,9%. Die 66 Hersteller mit weniger als 1 Million Flaschen im Jahr hatten nur 4,6% Marktanteil. Bei ihnen handelt es sich zum großen Teil um Weinfirmen, die Sekt im Nebenerwerb erzeugen.

Die Normalflasche zu 0,75 l führt, auf den Inhalt bezogen, immer noch mit 82,7%; ihr folgt die Viertelflasche mit 16,1%. In Flaschen ausgedrückt ist der Unterschied weit geringer: 189,5 Millionen Normalflaschen gegenüber 138,6 Millionen Viertelflaschen.

Nach Erlaß des Weingesetzes 1971 lag der Akzent eindeutig auf Qualitätsschaumwein. Etwa 91% der Herstellung entfielen auf Sekt und Prädikatssekt und nur 9% auf Schaumwein – ein eindrucksvolles Zeichen der Unterstützung der mit dem Gesetz verfolgten Ziele durch die Sektkellereien.

Der Durchschnittspreis je Flasche läuft der allgemeinen Preisentwicklung gerade entgegen; denn er ist von DM 4,43 (DM 5,43 einschließlich DM 1,– Schaumweinsteuer) je Flasche 1952 bis 1976 auf DM 2,89 gesunken (DM 4,39 einschließlich DM 1,50 Schaumweinsteuer). Von 1952 bis Ende 1976 sank der Abgabepreis der Kellereien im Schnitt um eine volle Mark. Darin spiegelt sich nicht nur das Vordringen von Konsumsekten. Die Verzehnfachung des Verbrauchs und technischer Fortschritt (besonders bei den Gärverfahren) ließen die Preise sinken.

Der Name Sekt

Sekt geht auf den spanischen vino seco »trockener Wein« zurück, der nach England exportiert und dort durch Weglassen des ersten Bestandteils zu seck wurde (unter dem Einfluß von sack [= Sack] so geschrieben), vor allem als sherris sack = »Sherry«. Durch Zusatz von Zucker und Honig wurde sack allmählich ein süßer Wein. Das englische Wort kam im Dreißigjährigen Krieg nach Deutschland, wo es 1647, wie sein Vorbild, als Bezeichnung eines süßen Likörweines und 1682 als Canarisec (Hinweis auf die Kanarischen Inseln) belegt ist. Schon 1663 findet sich Sect mit sprachlich unberechtigtem -t (wie in Habicht, Papst, Saft, Palast), angefügt in Mundarten, die auslautendes echtes -t nicht sprachen.

Noch bis in die zweite Hälfte des 19. Jahrhunderts nennt man gewisse süße kanarisch-spanische Weine in Deutschland Sect. Die Umdeutung zu »Schaumwein« geht nach der Überlieferung auf den Schauspieler Ludwig Devrient zurück, der allabendlich Champagner trank. Als er 1825 seine Bestellung einmal in die Worte »Bring mir Sekt (= Sherry), Bube!« (aus Shakespeares »Heinrich IV.«) kleidete, brachte ihm der Piccolo wie immer Champagner. Die Bedeutung blieb zunächst auf Berlin beschränkt und wurde erst in der zweiten Hälfte des 19. Jahrhunderts in ganz Deutschland heimisch. Die erste Erwähnung in einem Lexikon findet sich 1862.

Das Wort Schaumwein war zwar von Johann Gottfried Herder bereits 1779 als Lehnübersetzung des französischen »vin mousseux« gebildet worden, aber erst 1827 verwendete es Wilhelm Hauff in seinem Märchen vom Mann im Mond, und erst 1876 hält ein Wörterbuch es fest. Das in Österreich heimische Wort Schampus ist eine studentische Scherzbildung aus Champagner.

Daß das Wort Schaumwein nie volkstümlich geworden ist, mag zu einem guten Teil daran liegen, daß es auch für schäumende Erzeugnisse aus anderen Früchten gebraucht wird. Erst 1901 wurde ins Gesetz aufgenommen, daß »Schaumwein, der aus Frucht-, Obst- oder Beerenwein hergestellt ist, eine Bezeichnung tragen muß, welche die Verwendung von Fruchtwein etc. erkennen läßt«. Seitdem ist zwar für Verwechslungen kein Raum mehr, aber die zulässigen Bezeichnungen (wie »Obstschaumwein«) bringen das Wort Schaumwein in eine Nachbarschaft, die es vom Wein entfernt. Dem verdankt zweifellos das Wort Sekt den uneingeschränkten Erfolg, den es bereits lange vor dem Versailler Vertrag über die alte Gattungsbezeichnung Champagner erzielt hatte.

Wo nicht die Darstellung gesetzlicher Vorschriften dazu zwang, zwischen »Schaumwein« und »Sekt« zu unterscheiden, wird hier das eingebürgerte Wort »Sekt« für den schäumenden Wein generell verwendet.

Die Sektherstellung

Oberbegriff für verschiedene Erzeugnisse aus Wein, die einen bestimmten durch Gärung erzeugten Kohlensäuredruck aufweisen, ist Schaumwein. Nach der in allen Staaten der Europäischen Gemeinschaft gültigen Definition ist Schaumwein »das Erzeugnis, das beim Öffnen des Behältnisses durch Entweichen von ausschließlich aus der Gärung stammendem Kohlendioxid gekennzeichnet ist und in geschlossenen Behältnissen bei 20° C einen Überdruck von mindestens 3 Atmosphären aufweist«. Auch hervorragende und durch besondere gesetzliche Vorschriften geschützte Arten, wie Sekt oder Champagner, sind nach dem Gesetz Schaumwein.

Die Hefe setzt sich im Flaschenbauch ab. Die entstandene Kohlensäure ist durch Flaschenwandung und Verschluß gebändigt.

Durch diese EG-Definition sind die »Schaumweine mit Zusatz künstlicher Kohlensäure« (Imprägnierschaumweine) kein Schaumwein mehr. Obst-, Frucht- und Beerenschaumweine tragen diese oder eine genauere Bezeichnung (Apfelschaumwein, Erdbeerschaumwein). Sie sind aber keine Schaumweine, sondern »dem Schaumwein ähnliche Getränke«. Es ist möglich, durch wiederholtes Filtrieren und Dekantieren Schaumwein in erster Gärung aus Most zu erzeugen. Dieses in Frankreich »méthode rurale« genannte, in Deutschland auch als Asti-Methode bekannte Verfahren ist in Frankreich und Italien von großer Bedeutung, während in Deutschland Schaumweinherstellung nur über eine zweite Gärung von Wein erfolgt.

Dieser Grundwein kann aus einer einzigen Lage stammen oder eine Cuvée, eine Mischung von Weinen verschiedener Herkünfte (und Jahrgänge) sein. Während

Schaumwein und Sekt

die erste Gärung spontan durch Mikroorganismen im Traubenmost ausgelöst wird, müssen dem fertigen Wein (der Cuvée nach gründlicher Vermischung ihrer Bestandteile) Zucker und Reinzuchthefe (die »Fülldosage«) zugesetzt werden. Die dadurch ausgelöste zweite Gärung, die in dickwandigen Flaschen oder druckfesten Großraumbehältern erfolgt, beruht wie die erste auf der Aufspaltung des Zuckers durch die Hefe in Alkohol und Kohlendioxid, das – im Gegensatz zur ersten Gärung – in der Flüssigkeit bleibt. Außerdem entstehen Säuren und vielfältig zusammengesetzte Nebenprodukte, so daß Schaumwein etwa 60 natürliche Stoffe enthält. Etwa 75 bis 85% macht Wasser aus; freilich ist es immer nur das, welches einmal im Saft der frischen Weintrauben enthalten war. Jeder Wasserzusatz ist verboten.

Die Reinzuchthefen sind Hefestämme, die aus besonders guten Weinen sorgfältig isoliert und selektiert werden und sich durch hohe Alkohol- und Glyzerinbildung auszeichnen, aber nur geringe Mengen flüchtiger Säuren bilden. Schaumweinhefen sind an höhere Alkoholgrade und Kälte angepaßt, müssen noch unter erheblichem Kohlensäuredruck gärfähig bleiben und ein sandiges Depot ergeben.

Nach Beendigung der zweiten Gärung wirkt die Hefe weiter. Besonders wertvoll ist die Abgabe von Stoffen, die das Bukett der Grundweine zur vollen Entfaltung bringen, und ihre reduktive Wirkung, die Frische und Spritzigkeit fördert. Hefe gibt Vitamine ab, die dem Sekt belebende Wirkung verleihen, und hat eine oxidationshemmende Wirkung, die es ihm erlaubt, zu reifen und doch jung zu bleiben. Die volle Nutzung ihrer Wirkstoffe kann sowohl durch langes Flaschenlager auf der Hefe wie durch deren feines Verteilen im entstehenden Schaumwein (Rohsekt, Brutsekt) erreicht werden.

Auf dieser Erkenntnis von der Bedeutung des Hefelagers, der Zeit vom Beginn der zweiten Gärung bis zur Enthefung, beruhen die drei Gärverfahren, die in Deutschland in gleicher Weise zugelassen sind: das Rüttelverfahren, die Filtrationsenthefung und das Großraumgärverfahren. Für keines der drei Verfahren ist eine Deklaration vorgeschrieben, da wissenschaftliche und technische Untersuchungen nicht dazu geführt haben, ein Gärverfahren als überlegen herauszustellen oder überhaupt einen Einfluß eines bestimmten Gärverfahrens auf die Qualität des Schaumweins nachzuweisen.

Die Rüttelmethode war bis etwa 1950 das einzige zuverlässige Verfahren der Schaumweinbereitung. Die Cuvée wird mit der Fülldosage auf die Flasche gefüllt, auf der sich die zweite Gärung vollzieht. Nach dem Reifelager werden die Flaschen leicht geneigt in Rüttelpulte eingesteckt. Beim täglichen Rütteln und Drehen über mehrere Wochen werden die Rohsektflaschen jeweils etwas steiler gestellt, bis die Hefe auf einem spiralförmigen Weg auf den Korken der nun steil stehenden Flaschen gerüttelt ist. Ein sehr guter Rüttler bewegt beidhändig nach den am Flaschenboden markierten Rüttelzeichen bis zu 40 000 Flaschen je Tag.

Nach dem Rütteln werden die hellgerüttelten Flaschen, ohne ihre Steillage zu verändern, auf spitze Stöße gestellt, wobei jeweils der Flaschenhals in den zu diesem Zweck entwickelten Einzug am Boden der darunter stehenden Flasche eingreift. Zur Enthefung, die nun zu irgendeinem Zeitpunkt stattfinden kann, wird das Hefedepot über dem Korken der kopfstehenden Flasche bei −16° bis −18° C eingefroren. Nach dem Abnehmen des Kronkorkens schießt die Kohlensäure den so gebildeten Eispfropfen, der die Hefe völlig umschließt, hinaus. Der dadurch entstandene freie Raum von 5 bis 6 ml wird durch die Versanddosage (auch Abstimmung), eine Mischung von Zucker in Wein aufgefüllt. Sie wird dem Rohsekt, dessen Zucker durch die zweite Gärung verbraucht ist, zugefügt, um ihm den gewünschten Süßegrad (herb, trokken) zu verleihen. Im Ausland setzen einige Hersteller der Versanddosage Brannt aus Wein zu; das ist in Deutschland nicht erlaubt.

Liegende Tanks für die 2. Gärung in einer modernen Sektkellerei.

Bei der Filter- oder Filtrationsenthefung (Transvasionsenthefung) vollziehen sich die zweite Gärung und das anschließende Reifelager genau wie bei der Rüttelmethode auf der Flasche. Statt des Rüttelns wird der Flascheninhalt unter Gegendruck in einen Großbehälter entleert. Nach Zusatz der Versanddosage und Vermischen über Rührwerk, wobei die Hefe noch einmal aufgewirbelt und letztmalig ausgenutzt wird, läuft der Inhalt über eine Filteranlage zur Füllmaschine. Diese füllt den klaren, trinkfertigen Schaumwein auf Flaschen. Die Filterenthefung muß unter Gegendruck erfolgen, der durch Stickstoff erzeugt wird, damit die gärungseigene Kohlensäure nicht entweichen kann.

Beim Großraumgärverfahren wird die Cuvée mit der Fülldosage bereits zur Einleitung der zweiten Gärung im Großbehälter angesetzt. Ein Rührwerk ermöglicht raschere Ausnutzung der Hefe als bei Flaschengärung. Nach Gärung und Reifelager wird, genau wie bei Filterenthefung, unter Gegendruck über Filter entheft und auf Flaschen gefüllt.

Da Flaschen heute nicht mehr einzeln in Flaschenseide eingeschlagen, sondern in Kartons eingelegt werden, wird die Ausstattung erst kurz vor der Auslieferung vorgenommen. Dem Schaumwein (und einstweilen noch dem Obstschaumwein) ist die Schaumweinflasche vorbehalten und – einschließlich der Umkleidung von Stopfen und Flaschenhals – vorgeschrieben. Dieses »Stanniol« hat sich aus einem Schutz entwickelt, der das Rosten der Drahtstränge, die den Korken hielten, im feuchten Keller verhindern sollte. Zur vorgeschriebenen Ausstattung gehört auch der Pilzkorken, der mit der halben Länge in den Flaschenhals getrieben wird und dadurch seine Form erhält. Kleinflaschen (meist 0,2 l) haben einen selbsthaltenden Verschluß mit Abreißlasche aus Aluminium oder Kunststoff (Abreißverschluß), teilweise auch einen Schraubverschluß. Sie sind wegen ihres niedrigen CO_2-Gehaltes zum raschen Verbrauch bestimmt. Da bei etwa 1% der Naturkorken Korkgeschmack unvermeidbar auftritt, sind seit 1960 die deutschen Sektkellereien immer stärker zur Verwendung von geschmacksneutralen Kunststoff(Polyäthylen)-Stopfen übergegangen.

Die gesetzlichen Vorschriften

Der deutsche Gesetzgeber verwendete ursprünglich nur die Bezeichnung

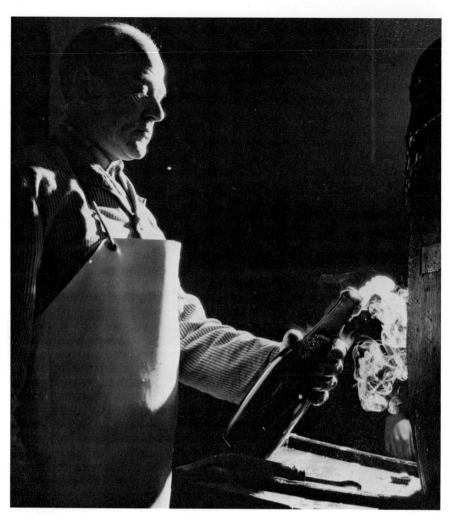

Der Kohlensäuredruck treibt die im Eispfropfen eingeschlossene Hefe aus der Flasche.

»Schaumwein«; das Wort Sekt wurde von ihm bis 1925 gemieden.

Das Weingesetz von 1930 verwendete Schaumwein und Sekt bedeutungsgleich, auch in bezug auf ausländische importierte Erzeugnisse, und gab damit dem Europäischen Gerichtshof 1975 die Möglichkeit, in der im Weingesetz 1971 erfolgten geographischen Begrenzung von Sekt eine Diskriminierung zu sehen. Das Luxemburger Urteil hat aber das Weingesetz von 1971 nicht aufgehoben. Es hat nur festgestellt, daß es unzulässig ist, die Bezeichnung Sekt (und damit auch den 1971 erstmals geschaffenen »Prädikatssekt«) auf Länder mit deutscher Staatssprache zu beschränken.

Die neue Ordnung des Weingesetzes von 1971, die »Schaumwein« zum Oberbegriff der Warengruppe macht und »Sekt« als Qualitätsschaumwein davon abhebt, gilt uneingeschränkt weiter. Die Einzelheiten sind in der Verordnung über Schaumwein und Branntwein aus Wein (Schaumwein-Branntwein-Verordnung) vom 15. 7. 1971 enthalten, allerdings mit der Einschränkung der EG-Verordnung 2893/74, die jeden Mitgliedstaat zur Prüfung verpflichtet, ob die dort hergestellten Schaumweine die Bezeichnung Sekt (oder die ihr gleichrangige Bezeichnung Qualitätsschaumwein) führen dürfen. Ebenso gehen die EG-Verordnungen 2894/74 und 2152/75 dem nationalen Recht vor. Die diesem Sachverhalt entsprechende Neufassung der Schaumwein-Branntwein-Verordnung ist am 14. 1. 1977 in Kraft getreten; sie erlaubt die Bezeichnung »Deutscher Sekt« ohne Bindung an bestimmte Ausgangsstoffe.

Von den in den EG-Ländern gegebenen Möglichkeiten, Schaumwein herzustellen, spielt in Deutschland nur die zweite alkoholische Gärung von zur Gewinnung von Tafelwein geeignetem Wein oder Tafelwein, teilweise von Qualitätswein bestimmter Anbaugebiete (QbA-Wein), eine Rolle.

Die zur Herstellung von Schaumwein bestimmte Cuvée muß einen Gesamtalkoholgehalt von mindestens 8,5°, der fertige

Schaumwein und Sekt

Schaumwein (einschließlich des Alkohols, den die Versanddosage hinzugefügt hat) einen vorhandenen Alkoholgehalt von mindestens 9,5° aufweisen. Die Vergärung der Fülldosage darf den Gesamtalkoholgehalt der Cuvée um höchstens 1,5° erhöhen, der Zusatz der Versanddosage den des Schaumweins um höchstens 0,5°. Der Gehalt an Schwefeldioxid darf nach dem 28. 2. 1978 250 mg/l nicht überschreiten; die Mitgliedstaaten können ihn noch niedriger ansetzen.

Schaumwein darf nur in der Schaumweinflasche herkömmlicher Art in den Verkehr gebracht werden, wobei Flaschenhals und Pilzstopfen umkleidet und die Stopfen bei Flaschen mit mehr als 250 ml Inhalt durch Schnur, Draht, Bügel oder ähnlich gesichert sein müssen. Der Hersteller ist anzugeben; dies gilt nicht, wenn das Erzeugnis unter dem Namen (Firma) eines im Inland ansässigen anderen in den Verkehr gebracht oder aus dem Inland verbracht wird und dieser andere zuverlässige schriftliche Unterlagen über den Hersteller besitzt. Der ausländische Schaumwein ist in deutscher Sprache als Schaumwein mit dem Namen des Herstellungslandes oder dem daraus abgeleiteten Adjektiv zu bezeichnen (Französischer Schaumwein oder Schaumwein – Frankreich); so das Weingesetz 1971.

Unter dem Generalbegriff »Schaumwein« hat der deutsche Gesetzgeber 1971 als Spezialbegriff »Qualitätsschaumwein«, auch als »Sekt« zu bezeichnen, festgelegt. Die Reservierung der Bezeichnung »Sekt« für Länder mit deutscher Staatssprache konnte nicht durchgesetzt werden. Ebenso wurde die Vorschrift, daß ein Qualitätsschaumwein nur als »Prädikatssekt« bezeichnet werden darf, wenn er zu 60% aus deutschen Weinen besteht, vom Gerichtshof der EG als unvereinbar mit dem Gleichheitsgrundsatz der Gemeinschaft aufgehoben. Der gegen die Vorstellungen der Sekthersteller gewählte Name »Prädikatssekt« (»Prädikat« ist in der Weinwirtschaft höheren Qualitäten vorbehalten) hat dem Europäischen Gerichtshof sein Urteil erleichtert; er ist inzwischen aufgegeben worden.

Im übrigen sind die Bestimmungen der EG-Verordnung 2893/74 über Qualitätsschaumweine identisch mit den Vorstellungen des deutschen Gesetzgebers. Die zur Herstellung bestimmte Cuvée muß – einschließlich von höchstens 1,5° Alkohol aus der Vergärung der Fülldosage – einen Gesamtalkoholgehalt von mindestens 9°, der fertige Qualitätsschaumwein (einschließlich von höchstens 0,5° Alkohol aus der Versanddosage) einen vorhandenen Alkoholgehalt von mindestens 10° haben. Der Überdruck muß im geschlossenen Behältnis bei 20° C mindestens 3,5 (Viertelflaschen 3) Atmosphären ausmachen. Der SO_2-Gehalt darf 200 mg/l nicht übersteigen, wiederum stehen den Mitgliedstaaten strengere Bestimmungen frei.

Herstellung und Alterung im Herstellungsbetrieb müssen bei Qualitätsschaumwein (Sekt) vom Beginn der zweiten Gärung an mindestens 9 Monate unter einem Überdruck von mindestens 3,5 Atmosphären (gemessen bei 20° C) betragen, Gärdauer und Lagerung auf der Hefe mindestens 60 Tage. Wenn die Gärung in Behältnissen mit Rührwerk stattfindet, verkürzt sich diese Zeit auf mindestens 21 Tage. Die Dauer der Lagerung auf der Hefe wird auf die 9 Monate angerechnet. Die Mindestlagerzeit wird in der Praxis häufig überschritten, um die Lieferfähigkeit zu sichern und bei einem Anstieg der Nachfrage auf genügend abgelagerte Vorräte zurückgreifen zu können.

Auch »Sekt« kann nunmehr aus dem Ausland eingeführt werden, wenn er diesen Vorschriften entspricht; deshalb werden die deutschen Hersteller zukünftig überwiegend auf »Deutschen Sekt« übergehen. Sekt muß also aus zweiter Gärung stammen; das Asti-Verfahren führt nicht zu Sekt. Daß Sekt in Aussehen, Geruch und Geschmack fehlerfrei sein muß, ist selbstverständlich.

Logisch wäre, um eine Diskriminierung deutscher Hersteller durch erschwerte Bedingungen auszuschließen, daß auch die beiden weiteren Bestimmungen für »Sekt« auf Ausländer angewandt würden, daß Sekt nämlich auf Antrag eine Prüfungsnummer bekommen und dazu bei der Sinnenprüfung die für die Bezeichnung »Sekt« festgelegte Mindestpunktzahl erhalten hat.

Für die deutsche amtliche Sinnenprüfung für Qualitätsschaumwein gilt das untenstehende Schema.

Für Diätschaumweine sollen besondere Bestimmungen erlassen werden. Die in der EG-Verordnung geregelten »aromatischen Qualitätsschaumweine« betreffen Deutschland nicht.

Der Gesetzgeber hat auch alle geographischen und Jahrgangsangaben dem Qualitätsschaumwein (Sekt) vorbehalten (zur Bezeichnung »Deutscher Sekt« ohne Bindung an Ausgangsstoffe siehe oben). Die EG-Verordnung 2894/74 vom 18. 11. 1974 hat durch besondere Vorschriften für »Qualitätsschaumweine bestimm-

20-Punkte-Schema für Sekt

	Punkte	Mindestpunktzahl Qualitätsschaumwein	Qualitätsschaumwein mit geographischer Bezeichnung und Qualitätsschaumwein bA
1. Mousseux:			
grobperlig – ohne Perlung – kurz	0		
feinperlig – lang anhaltend	1	1	1
2. Farbe:			
mißfarbig	0		
normal – typisch	1	1	1
3. Klarheit:			
trüb	0		
glanzhell	1	1	1
4. Geruch:			
fehlerhaft	0		
nicht reintönig	1		
reintönig	2	2	3
arttypisch	3–4		
reif	5		
5. Geschmack:			
stark fehlerhaft	0		
fehlerhaft	1–2		
unreif – ausdruckslos	3–5		
reintönig	6	6	8
arttypisch	7–8		
reif	9		
6. Abstimmung von Säure-Süße-Alkohol:			
unharmonisch	0		
harmonisch	1	1	1
fein abgestimmt	2		
vorzüglich	3		
	20	12	15

ter Anbaugebiete« (Qualitätsschaumweine bA) Einfluß auf den Sekt mit Lage- und Bereichsangaben. Bisher genügte es, daß (ebenso wie bei Nennung eines Jahrganges mindestens 75% des Inhalts aus Trauben des betreffenden Jahres stammen müssen) bei Angabe einer geographischen Bezeichnung 75% der Trauben diesem geographischen Gebiet entstammten.

Bei Qualitätsschaumwein bA müssen die verwendeten Trauben vollständig (also zu 100%) innerhalb des bestimmten Anbaugebietes geerntet sein. Die Rebsorten müssen ausdrücklich zugelassen sein. Bei Nennung einer Rebsorte müssen mindestens 75% der Weine aus ihr stammen, und die Rebsorte muß die Art des Sektes bestimmen. Das ist in Deutschland bei weißem Sekt für den Riesling, bei rotem für den Spätburgunder bedeutsam. Zur Gewinnung von Qualitätsschaumwein bA muß also zumindest ein zur Gewinnung von Qualitätswein geeigneter Wein verwendet werden. In diesem Fall wird auch die Bezeichnung Sekt bA oder Qualitätsschaumwein bA obligatorisch.

Die Angabe eines Gärverfahrens ist nur bei Qualitätsschaumwein (Sekt) erlaubt. »Ein Hinweis auf eine Vergärung in Flaschen setzt ferner voraus, daß der Schaumwein (Qualitätsschaumwein, Sekt) mindestens sechs Monate auf der Hefe in Flaschen gelagert hat.« Diese Bestimmung ist ein Kompromiß, immer noch stark unter dem Blickwinkel des Code du Vin, der bis in die jüngste Zeit die Vergärung im Großraumbehälter deklarationspflichtig und, da sie für französischen Qualitätsschaumwein (Champagner und Schaumweine nach der méthode champenoise) verboten ist, zweitklassig machte. Die ausschlaggebende Bedeutung, die früher dem Gärverfahren – fast mehr als dem Wein – zugemessen wurde, beruht nicht auf wissenschaftlichen Kriterien, sondern wird der Champagne verdankt; denn für diese ist ihre traditionelle méthode champenoise ein Teil planvoller Werbung und eine wesentliche Begründung für den hohen Champagnerpreis.

In Deutschland hingegen haben sich bei verdeckter Probe von Sekt, der aus zweiter Gärung in den drei verschiedenen Verfahren hergestellt wurde, bei gleichwertigen Weinen – das ist die Voraussetzung – Unterschiede weder im Bukett noch in Geschmack, Perlfähigkeit oder Haltbarkeit mit solcher Sicherheit feststellen lassen, daß Sekt nach dem Gärverfahren, durch das er entstanden ist, qualifiziert werden könnte.

Angaben über Aussehen, Geruch und Geschmack sind auch dem Schaumwein erlaubt. Alle Hinweise auf eine gehobene Qualität stehen – auch auf Getränkekarten und Preislisten – nur dem Qualitätsschaumwein (Sekt) zu.

Die von der EG-Verordnung 2893/74 festgelegten Abstimmungen entsprechen folgendem Restzuckergehalt:

herb (brut)	0–15 g/l
sehr trocken (extra dry, extra sec)	12–20 g/l
trocken (sec, dry)	17–35 g/l
halbtrocken (demi-sec, medium dry)	33–50 g/l
mild (süß, doux)	über 50 g/l

Schaumwein jeder Art darf nur in Flaschen üblicher Art bis zu einem Inhalt von 3 l in den Verkehr gebracht werden; außer der ganzen (750 ml) und der halben Flasche (375 ml) sowie der Viertelflasche (200 ml) sind also die Magnum (1,5 l) und die Doppelmagnum (3 l) erlaubt.

Perlwein ist nach dem deutschen Weingesetz ein Wein mit einem Kohlensäuredruck von mindestens 1,5 und nicht über 2,5 atü bei 20° C. Die Bezeichnung Perlwein muß angegeben werden. In Deutschland wird Perlwein meist durch Imprägnieren von Weinen mit Kohlensäure gewonnen; erst 1976 hat dafür der europäische Gesetzgeber eine Deklarationspflicht angeordnet. Perlwein darf in der äußeren Aufmachung nicht mit Schaumwein verwechselbar, also nicht wie dieser ausgestattet sein und nicht in Schaumweinflaschen in den Verkehr gebracht werden.

Perlwein müßte korrekterweise als »halbschäumender Wein« bezeichnet werden; denn er perlt nicht, sondern er steht mit seinem Kohlensäuredruck genau unterhalb der Grenze des Schaumweins. Es ist nicht erkennbar, warum der Gesetzgeber Perlwein mit 2,5 atü unbesteuert läßt, Schaumwein mit 3 atü hingegen der Steuer von DM 1,50 je Flasche unterwirft. Im Rahmen der Harmonisierung in der EG ist die Perlweinbesteuerung vorgesehen.

Bei ausländischem Schaumwein sind Angaben, die auf eine gehobene Qualität hinweisen, nur zulässig, wenn sie durch Rechtsvorschriften des Herstellungslandes ausdrücklich gedeckt sind und durch ein amtliches Zeugnis bestätigt ist, daß ihr Gebrauch von der Erfüllung bestimmter Qualitätsvoraussetzungen abhängt. Bei Importschaumwein müssen auch diese Angaben in deutscher Sprache angebracht sein.

Die Qualität des Erzeugnisses »Sekt« ist durch die Herstellungsvorschriften gesichert, deren Einhaltung von der Weinkontrolle überwacht wird. Eine zusätzliche Sicherheit bietet die Erteilung der amtlichen Prüfungsnummer (A.P.Nr.) durch eine unabhängige sachverständige Prüfungskommission. Sie kann nur nach Prüfung der Analysewerte und Durchführung eines Geschmackstests, der »sensorischen Prüfung«, ausgegeben werden und gilt für ein Jahr, sofern das vorgestellte Erzeugnis während dieser Zeit keine Änderung seiner Qualität oder Geschmacksrichtung erfährt; andernfalls ist eine neue A.P.Nr. zu beantragen. Die Bezeichnung »Sektkellerei« auf dem traditionellen Etikett sagt nichts darüber aus, ob und zu welchem Prozentsatz der Betrieb Schaumwein herstellt; aber die nur dem Qualitätsschaumwein (Sekt, Deutscher Sekt) zustehende A.P.Nr. gibt auf jeder Flasche Gewißheit. Für Sekt aus deutscher Erzeugung gelten die schwersten und sichersten Bestimmungen für Güte und Reinheit unter allen Schaumweinen der Welt.

Deutscher Sekt und deutscher Wein

Der Europäische Gerichtshof hat dem »Sekt« aus Deutschland grundsätzlich kein spezielles »deutsches Flair« zugestehen wollen. Dem ist aus sachlichen Erwägungen zuzustimmen, weil der Gesetzgeber »Sekt« im Weingesetz nicht an eine bestimmte geographische Herkunft der Grundweine, eine einheitliche Rebsorte oder Besonderheiten eines bestimmten Bodens oder Klimas gebunden hat. Es gibt aber Sekt, mit dem sich sehr wohl eine bestimmte Art und Bukett- und Geschmacksrichtung verbindet.

Die Qualitätsvorschriften für Sekt schließen ein, daß er aus Weinen hergestellt wird, die auch in anderen Ländern einen Qualitätsschaumwein ergeben können, auf den die gleichen Gütevorschriften zutreffen. Deutsche Hersteller bieten aber auch aus deutschen Weinen ein besonders hochwertiges Erzeugnis an. Ein wesentliches Kennzeichen ist die frische und markante Art, die sich in Rieslingweinen im allgemeinen stärker ausprägt als in denen aus anderen Traubensorten und die dem Sekt daraus besondere Frucht, Rasse und Eleganz verleiht, die durch das blumige Rieslingbukett eindrucksvoll unterstrichen wird. Seit alters gibt es bestimmte Kategorien, wie die rund 90 Lagensekte, die nur aus deutschen Weinen hergestellt werden. Ungeachtet ihrer größtenteils hohen Qualität, die sich freilich auch im Preis niederschlägt, liegt ihr Anteil jedoch nur bei 3% der Produktion. Der »typisch deutsche« Sekt findet also

Schaumwein und Sekt

nur einen sehr begrenzten Käuferkreis. Dieser Kreis, der durch den Kauf von Lagensekten wie Serriger, Eilfinger, Johannisberger, Assmannshäuser zum Ausdruck bringt, daß er die Charakteristika der Weine gleicher Lagen (oder der auf dem Etikett verzeichneten Rebsorte) im Sekt wiederzufinden hofft, mag sich verdoppeln, weil nach der Erfahrung der Weg zum Sekt über den Kauf billiger zu teureren Marken und zu immer differenzierteren Anforderungen führt. Trotz diesen dann 6% der Verbraucher könnten die Sektkellereien sich aber nicht generell auf diesen Weg begeben.

Daß Sekt sich nicht allein auf deutsche Weine gründen kann, ergibt sich schon daraus, daß in der Bundesrepublik Deutschland, die das umsatzstärkste Sektverbraucherland der Welt ist, nur 6% der in der Europäischen Gemeinschaft erzeugten Weine wachsen. Außerdem hat sich gezeigt, daß für Schaumwein und Sekt großenteils ganz andere Verbrauchererwartungen bestehen, als die heimischen Weine, wenn sie versektet werden, befriedigen können. Das stellen besonders die importierten billigen Schaumweine mit ihren über 50 Millionen Flaschen jährlich unter Beweis. Sie haben im Liter bis zu 60 g unvergorenen Restzucker, der Schwächen aller Art überdeckt; aber eine ausgesprochene Vorliebe jener Verbraucher, die Harmonie mit Süße verwechseln, für »süße« Schaumweine sichert ihnen einen Markt, der so bedeutend ist, daß manche ausländischen Hersteller nur für Deutschland – und nur in diesem Fall so süß – produzieren. Infolgedessen sind die Sektkellereien gezwungen, in einem weit höheren Maß, als ihnen wünschenswert ist, ausländische Grundweine aufzukaufen. Für die preiswerten Schaumweine spielt auch eine Rolle, daß die ausländischen Grundweine teilweise zur Hälfte des Preises zu haben sind, der für deutsche gefordert werden muß; denn der deutsche Winzer kann nicht so billig produzieren wie seine von der Sonne gesegneten Mitbewerber im Gemeinsamen Markt.

Während für deutschen Wein Lage und Jahrgang immer noch typisch sind, wurden es für den deutschen Sekt die Marken. In der Frühzeit nahmen es die Verbraucher in Kauf, daß – wie beim Wein – der Sektcharakter von Jahr zu Jahr wechselte. Schon im 19. Jahrhundert begann aber die Vorstellung sich durchzusetzen, daß die Sektmarke ein Erzeugnis von immer gleichbleibender Art und Güte, unabhängig vom Ausfall von Erntejahren, garantiert. Den deutschen Herstellern kommt dabei zu Hilfe, daß sie in der Auswahl ihrer Weine nicht beschränkt sind. Daher können sie Cuvées der am besten geeigneten Weine aus Deutschland, Frankreich oder Italien ansetzen, die sicherstellen, daß das Produkt nach Ablauf der zweiten Gärung und dem Reifelager seinem Vorgänger so genau gleicht, daß der »Markensekt« die Verbrauchererwartung von immer gleichbleibender Art und Güte erfüllt.

Diese »gleichbleibende Art und Güte« ist nicht an typische deutsche Weineigenschaften gebunden. Es gibt zum Beispiel Sekt von hoher Qualität, der ganz dem Champagnercharakter entspricht und auf eine entsprechende Cuvée zurückgeht. Der Gegenpol ist Markensekt nicht minder hoher Qualität von als besonders deutsch empfundener Eigenart, die sich für weiße Sorten mit dem Rieslingcharakter verbindet, der durch fruchtige, herzhafte Säure gekennzeichnet ist, und um die sich auch Marken bemühen, die keine Rieslingweine verwenden, weil sie beim Verbraucher ankommt. Die große Menge der Sektmarken gehört weder eindeutig dem Champagner- noch dem Rieslingtyp an, sondern sie beschreitet einen Mittelweg, der sich mit »Eleganz, Duft und Harmonie« kennzeichnen läßt.

Der relativ hohe Anteil von Sekt, der anders ist, als man es nach dem »deutschen Weingeschmack« erwarten sollte, hat seine historische Grundlage in der ehemaligen Zugehörigkeit von Elsaß-Lothringen zum Deutschen Reich. Die damals geprägte Geschmacksrichtung ist so fest geworden, daß noch der heutige Typ der eingeführten Grundweine, vor allem jener aus der alten Provinz Touraine, wesentliche Züge des aus Lothringen weitgehend verschwundenen Klaretts trägt, bei dem es sich um weißgekelterte Rotweintrauben handelte.

Nach dem Ersten Weltkrieg, als der Klarettbezug versiegt war, gingen die Sektkellereien in großem Umfang auf die Verarbeitung von Weinen aus weißen Trauben über. Dadurch ist ein Wandel der Geschmacksrichtung erreicht worden, dem die großen Marken entsprechen; sonst wären ihre Absatzzahlen, die 25 Millionen Flaschen im Jahr bei einer einzigen Marke übersteigen, nicht zu erklären.

Die Antwort auf die Frage, warum die Sektkellereien nicht größere Teile der deutschen Weinernte aufkaufen und dadurch Absatzsorgen des Weinbaus zu ihrem Teil beheben, ist also vielschichtig; die 5% der deutschen Weinernte, die im Schnitt von den Sektkellereien abgenommen werden, decken einen Spezialbedarf.

Diese Tanks, in denen sich die zweite Gärung in mindestens 9 Monaten vollzieht, haben ein Fassungsvermögen von 240 000 l.

Außerdem gibt es Weinjahre (wie 1976), in denen wegen des guten Ernteausfalls so gut wie kein zur Sektherstellung geeigneter Wein erzeugt wird, und andere, in denen die Weinwirtschaft ihre geringe Ernte selbst zu verkaufen oder zu versekten vorzieht. Die Sektkellereien, die Cuvées für Millionen Liter ansetzen müssen, können sich nicht in eine Abhängigkeit begeben, die es ihnen nicht mehr ermöglichen würde, die gleichbleibende Art zu garantieren, die der Käufer erwartet.

Nach 1945 führte zunächst der deutsche Weinanteil (1953: 57,4% deutscher, 42,6% ausländischer Wein), und auch später gab es Jahre (wie erstaunlicherweise sogar 1959 mit 68,3% und 1965 mit 72,6%), in denen deutscher Wein überwog. Seit 1966 hat sich der deutsche Weinanteil an den Grundweinen zur Schaumweinherstellung auf rund 20% der Gesamtmenge eingependelt. Er ließ sich auch dadurch nicht erhöhen, daß von 1952 bis 1972 Steuerrückerstattungen an Betriebe gewährt wurden, die zu mehr als drei Vierteln deutschen Wein verbrauchten. Wertmäßig ist der Anteil höher (1976: 255 000 hl deutscher Wein = 32,1 Mio DM = 28,4%; 1 542 000 hl Auslandswein = 81,1 Mio DM = 71,6%).

Der Anteil, den die deutschen Sektkellereien aufkaufen (bei den Verbandsmitgliedern im Schnitt etwa 25% ihres Gesamtbedarfs), entspricht ziemlich genau dem, was von der Marktsituation her ratsam und wirtschaftlich zu verantworten ist, wenn Sekt trotz seiner hohen Belastung durch die Schaumweinsteuer wettbewerbsfähig bleiben soll. Die Käufe bedeuten gerade für die Gebiete, deren Weine schwerer absetzbar sind, eine Entlastung. Saar und Obermosel sind ein gutes Beispiel; dort reicht in manchen Jahren die Sonnenmenge nur aus, um dem Wein Säure und Bukettstoffe, nicht aber genügend Süße zu geben. In solchen Jahren fällt der Sektwirtschaft ihre regulierende Aufgabe fast automatisch zu; denn die Versektung führt zu einer so starken Säureverminderung, daß die verbleibende Säure in Cuvées auch für die Sekttrinker annehmbar ist. Keine Anreicherung kann den Charakter der Grundweine so erhalten wie die Verarbeitung zu Sekt.

Die wichtigsten Sektkellereien

Von den 10 größten Kellereien gehören 6 zu den frühen Gründungen. Sie sind hier nach dem Alphabet geordnet.

Die Sektkellerei Carstens, nach dem Alphabet die erste und heute mit rund 7 Millionen Flaschen jährlich eine der 5 größten Kellereien, durchbricht das Traditionsprinzip: sie ist erst 1957 in Neustadt an der Weinstraße gegründet worden. Das Pfälzer Sekthaus beschränkt sich auf die Erzeugung einer einzigen Marke. Carstens SC wird in ganzen und in Viertelflaschen vertrieben; für diese wurde 1975 erstmals in Deutschland der Schraubverschluß eingeführt.

Das Haus Deinhard in Koblenz, 1794 als Weinhandlung gegründet, begann 1843, »rheinischen Champagner« zu produzieren. Seit 1864 bestimmen die Familien Hasslacher und Wegeler, verwandtschaftlich miteinander verbunden, die Geschicke des Hauses. Seit 1888 ist Deinhard Cabinet die Standard-, seit 1910 Deinhard Lila die Spitzenmarke. Mit Deinhard Hochgewächs, Deinhard Tradition Rheinriesling, Deinhard Senior Saarriesling und der Viertelflasche Deinhard Hobby werden 9 Millionen Flaschen jährlich erreicht. Tochtergesellschaft zur Erzeugung von Hausmarken ist die Bernkasteler Sektkellerei GmbH.

Die in Trier 1953 gegründete Saar-Sektkellerei Faber KG, die über Großgärraum für rund 150 000 hl Wein und Sekt sowie Lagerraum für 3 Millionen gefüllte Flaschen verfügt, hat einen Umsatz von über 12 Millionen Flaschen. Hauptträger des Umsatzes ist Faber Krönung.

Unangefochtener Spitzenreiter sind die Sektkellereien Henkell & Co. Die 1832 in Mainz als Weinhandlung gegründete Firma hat spätestens 1856 die Sektherstellung aufgenommen. Sie befindet sich seit 1909 mit Produktion und Verwaltung auf dem Henkellsfeld in Wiesbaden-Biebrich, in dem dort von Paul Bonatz erstellten Gebäude, das seit 1972 unter Denkmalschutz steht. Die Marke Henkell Trocken geht bis auf das Jahr 1894 zurück. Mit Henkell Trocken Pikkolo hat Sekt auch Eingang in die »kleinen Feste zwischendurch« gefunden. Die »farbigen« Sekte Henkell Kardinal Rot und Henkell Rosee, der »für Diabetiker geeignete« Henkell Trocken und die Marke der höchsten Preisklasse Henkell Royal runden das Programm ab. Für den Export wird eine besonders trockene Cuvée Henkell Brut komponiert.

Christian Adalbert Kupferberg, der 1847 in Neustadt an der Weinstraße mit Sektherstellung begonnen hatte, gründete 1850 bei Mainz eine Kellerei, die wenig später auf die heutige Kupferbergterrasse über Mainz verlegt und 1872 in die Christian Adalbert Kupferberg & Compagnie Commandit-Gesellschaft auf Actien umgewandelt wurde. Seit Anfang der 70er Jahre (und damit vermutlich als erste) verwendete sie die Bezeichnung »Sect« auf Etiketten, und 1904 führte sie mit der Marke Kupferberg Riesling die eleganteste deutsche Rebsorte erstmals sichtbar als Sekt ein. Kupferberg Gold, 1852 für den Export geschaffen, ist noch heute die wichtigste Marke des Hauses. Kupferberg Fürst Bismarck Sect, eine Rhein-Riesling-Marke, und Kupferberg Herrenberg, ein besonders trockener Lagensekt aus Serrig/Saar, stammen aus nur deutschen Weinen. Kupferberg ist die größte deutsche Flaschengärkellerei mit einem Umsatz von 6,9 Millionen Flaschen jährlich. Tochterfirma ist die Mainzer Schloß Caestrich GmbH, Herstellerin des Casino-Sekts.

Das Haus MM in Eltville am Rhein, als Weinhandlung im Jahre 1811 von Matheus Müller gegründet, begann 1838 mit der Sektbereitung. MM ist nach wie vor ein Familienbetrieb. Der bekannteste und meistgekaufte Sekt aus den Eltviller Kellern ist die Standardmarke MM Extra mit 90% des Umsatzes. Spitzenmarke des Hauses und eine der exklusivsten Sektmarken ist MM Blau-Rot, ehemalige Privatabfüllung eines Berliner Herrenclubs. Die rund 7 Millionen Flaschen liegen ausschließlich im höheren Preisbereich.

Die dem Hause Henkell nahestehende Nicolaus Rüttgers GmbH vertreibt Rüttgers Club, den Sekt der Mittelklasse mit dem größten Umsatz der Welt: 33 Millionen Flaschen jährlich. Er zeigt, daß »Sektmarken« kein Privileg der höheren Preisklassen sind, sondern daß auch eine Marke mit volkstümlichem Preis hohes Ansehen gewinnen kann.

Die 1880 in Geisenheim am Rhein von Julius Rheinberg gegründete Schloß Rheinberg Sektkellerei zählt zu den bedeutendsten Hausmarkenkellereien. Namhafte Gastronomiebetriebe und Handelsgruppen lassen dort Eigenmarken gehobener Qualität herstellen. Unter der Bezeichnung »Schloß Rheinberg« wird ein eigenes Sortiment angeboten.

1864 gründete Johann Jacob Söhnlein in »Schierstein nahe Wiesbaden« die Kellerei, die heute Söhnlein Rheingold KG heißt. Die erste Marke des Hauses, »Söhnlein Rheingold«, nach der Wagner-Oper benannt, wurde bereits 1867 auf der Weltausstellung in Paris mit einer Medaille ausgezeichnet. Auch heute noch gehört diese Traditionsmarke als »Sekt aus Rheinwein« zu den Spezialitäten im Spitzenangebot des Hauses. Die Tradition kommt auch der Mittelpreisklassen-Marke Söhnlein Brilliant zugute, die mit 27,5 Millionen Flaschen 1974 eine Spitzenstellung im Sektmarkt erreichte. Tochtergesellschaft ist die »Fürst von Metternich Sektkellerei«, deren gleichnamiger Spitzensekt 1974 in seinem Marktbereich an führender Stelle lag. Seit 1934 ist die Söhnlein Rheingold KG mit der Fürst von Metternich-Winneburg'schen Domäne auf Schloß Johannisberg im Rheingau vertraglich verbunden.

Die beiden ältesten Sektkellereien gehören nicht zu den »Größten«; aber seit 140 und 150 Jahren haben sie die Geschicke der Sektwirtschaft mitbestimmt.

In die am 1. 7. 1826 von Georg Christian Keßler in Eßlingen gegründete Sektkellerei trat bald darauf die Familie Weiß ein, in deren Alleinbesitz Keßler & Co. seit 1914 ist. Standardmarke ist Keßler Gold. Keßler Cabinet ist, mit einem Alter von mehr als 125 Jahren, wohl die älteste Sektmarke Deutschlands. Neben der Spitzenmarke Keßler Hochgewächs stehen viele Sekte aus deutschen Weinlagen. In Hochheim am Main wurde die Familie Hummel, die durch drei Generationen die Präsidenten erst des Verbandes Deutscher Schaumweinkellereien und seit 1908 des Verbandes Deutscher Sektkellereien gestellt hat, 1857 Partner von Carl Burgeff und bald darauf Inhaber der Burgeff & Co. AG, die vor dem Ersten Weltkrieg an der Spitze der Sektproduktion stand. Mit den Marken der Hochheimer Kellereien wird ein Umsatz von 2,5 bis 3 Millionen Flaschen jährlich erreicht.

Zum Nachschlagen

Renate Schoene
Weinliteratur

Schon in der griechischen und römischen Literatur finden sich Zeugnisse über Weinanbau und Weingenuß; griechische und römische Schriftsteller haben ihre Erkenntnisse in allgemein landwirtschaftlichen Werken dargelegt, so bei den Römern Cato d. Ä., Varro, Columella und Palladius.

Schriftliche Äußerungen über den Wein im Mittelalter sind wenig bekannt. Mit Sicherheit haben Mönche, die in umfangreichem Maße Weinbau trieben, ihre Erfahrungen schriftlich niedergelegt. Für uns sind diese Zeugnisse kaum zugänglich, da der Handschriftenbestand des Mittelalters nur teilweise und unzureichend erschlossen ist.

Mit Beginn des Buchdrucks wurde es möglich, einer breiteren Öffentlichkeit Wissen zu vermitteln. In dieser Zeit erschienen zahlreiche »Koch- und Kellermeistereien«, die sich mit der Weinbereitung und der Verwendung des Weines für Küche und Tafel beschäftigten.

Das 16., 17. und 18. Jahrhundert brachten hauptsächlich Schriften über Weinbau, Weinbereitung und Weingenuß unter medizinischem, ethischem und religiösem Aspekt.

Waren zunächst viele Weinschriften in lateinischer Sprache abgefaßt (vor allem Dissertationen zum Thema »Wein und Medizin« und zum Weinrecht), so setzte sich nach und nach die deutsche Sprache durch.

Im 19. Jahrhundert gab es im Zuge der sich entfaltenden Naturwissenschaften und der Industrialisierung eine Flut von Veröffentlichungen auch auf önologischem Gebiet. Es wurden alle Bereiche des Weines berücksichtigt: Wein in der Kulturgeschichte, Rebanbau, einzelne Weinanbaugebiete, Weinbereitung, Weingenuß, Weinwirtschaft und Weinrecht. Es wurden in dieser Zeit Maschinen entwickelt, die die Arbeiten des Winzers im Weinberg und bei der Weinbereitung wesentlich erleichterten. Über ihren Einsatz und ihre Nützlichkeit wurde in vielen Abhandlungen berichtet.

Ebenfalls im 19. Jahrhundert wurden mehrere selbständige Weinbibliographien veröffentlicht, die das bis zu dieser Zeit bekannte Weinschrifttum (deutsch- und fremdsprachige Titel) erfaßten.

Zu Beginn des 20. Jahrhunderts brachte Friedrich von Bassermann-Jordan das Standardwerk »Geschichte des Weinbaus . . .« heraus. Er gibt darin über alle Gebiete des Weines umfassend Auskunft. Dieses Werk ist auch für uns heute noch von grundlegender Bedeutung, was der Nachdruck im Jahre 1975 bestätigt.

In den letzten dreißig Jahren hat die deutsche Weinliteratur auf dem Buchmarkt einen breiten Raum eingenommen und kommt so dem veränderten Verhältnis breiter Bevölkerungsschichten zum Wein entgegen. Das große Angebot, vor allem an populärer Literatur, die zum Teil auch in Taschenbuchform vorliegt, beweist, daß wir in einer Konsumgesellschaft leben, für die Wein kein Luxusgetränk mehr ist, sondern ein Genußmittel neben anderen. Der Weintrinker und der Weinliebhaber möchten sich über alle Bereiche des Weines informieren.

Seit 1970 sind über hundert Monographien zu allen Gebieten des Weines erschienen. Bei den Taschenbüchern liegt der Schwerpunkt auf allgemeinen Einführungen (teils lexikalisch aufgebaut), auf Wein-Atlanten und Wein-Lexika. Weinliteratur in gebundenen Ausgaben überwiegt, einige Weinbücher sind in Luxusausstattung auf dem Markt.

Neben diesen Veröffentlichungen sind vor allem die zahlreichen Aufsätze zu nennen, die in verschiedenen Zeitschriften und Sammelwerken erscheinen und den Weinforscher und Weinliebhaber über die neuesten Erkenntnisse auf dem Gebiete des Weines und des Weinbaues unterrichten. Auf die zahlreichen Publikationen der Lehr- und Forschungsanstalten und der Weingesellschaften sei besonders hingewiesen.

Bibliographie

Diese Auswahlbibliographie enthält im allgemeinen deutschsprachige Monographien nach dem Erscheinungsjahr 1970, die zum größten Teil noch im Buchhandel erhältlich sind. Sie ist in 7 Gruppen gegliedert und innerhalb dieser alphabetisch nach Autoren und nach anonymen Schriften geordnet.

Weitere Literaturangaben, Besitznachweise usw. siehe Bibliographie zur Geschichte des Weines. Zusammengestellt von Renate Schoene.

Autor, Titel (oder Sachtitel), Erscheinungsort, Verlag, Erscheinungsjahr, Umfang

I. Allgemeine Literatur über den Wein

(Bibliographien, Lexika, Atlanten)

Eintrag	Mit Abbildungen, Karten	Lexikalisch	Erzählende Information, Poetisches	Sachliche Information
Ambrosi, Hans: Wein-Atlas. Europa. Bielefeld: Ceres 1975. 96 S.	•	•		•
– Ders.: Vom Weinfreund zum Weinkenner. 2. Aufl. München: Gräfe und Unzer 1977. 136 S.	•	•		
– Ders.: Weinlagen-Atlas mit Wein-Lexikon. Deutschland. 3. Aufl. Bielefeld: Ceres 1976. 112 S.	•	•		•
– Ders. und Bernhard Breuer: Die Weinbergslagen des Rheingaues. Rüdesheim: Weinbergslagen-Verlag 1977.				•
Bary, Herbert de: Der Wein erfreut des Menschen Herz. München: Südwest 1974. 174 S.	•			
Becker, Theo: In der Rebe das Leben. Neustadt a. d. Weinstraße: Pfälzische Verlagsanstalt 1970. 100 S.			•	•
Belloc, Hilaire: Ratschläge für Weine, Speisen und anderes. Mainz, Berlin: Kupferberg 1969. 31 S.			•	•
Böttiger, Theodor: Bibulus (das ist Theodor Böttiger): Das 1 x 1 des guten Weins. München: Mosaik-Verlag 1976. 206 S.				
– Ders.: Das große Lexikon vom Wein. München: Gräfe und Unzer 1972. 326 S.		•		•
Göök, Roland: Rolf Jeromin (das ist Roland Göök): Weinbrevier. Gütersloh: Praesent-Verlag Peter 1976. 184 S.				•
Gollmick, Friedrich, Harald Bokker, Hermann Grünzel: Das Weinbuch. 4., neubearbeitete Auflage. Leipzig: Fachbuchverlag 1976. 409 S.				•
Hoffmann, Kurt Max: Weinkunde in Stichworten. Neu bearbeitete und stark erweiterte 2. Auflage. Kiel: Hirt 1977. 350 S.		•		•
Hornickel, Ernst: Der Kenner. Stuttgart: Seewald 1976. 152 S.				•
Johnson, Hugh, Arne Krüger: Das große Buch vom Wein. Erweiterte Neuausgabe. München: Gräfe und Unzer 1973. 403 S.	•			•
– Ders.: Der große Weinatlas, 10. revidierte und erweiterte Auflage. Bern: Hallwag 1977. 288 S.	•			•
Koch, Hans-Jörg: Im Zeichen des Dionysos. Weinbruderschaften im Wandel der Zeiten. Heusenstamm: Orion-Heimreiter 1973. 193 S.				•
– Ders.: Trunkene Stunden. Eine Spätlese heiterer Weinweisheit. 3., vermehrte Auflage. Neustadt/Weinstr.: Meininger 1975. 64 S.			•	•

Titel	Sachliche Information	Erzählende Information, Poetisches	Lexikalisch	Mit Abbildungen, Karten
Leucht, Alfred: Kleine deutsche Weinfibel (Mit Gebietskarten). Konstanz: Rosgarten-Verlag 1974. 47 S.	•			
Mehler, Norbert: Das Buch der Getränke. München: Römer 1975. 208 S.		•		•
Panwolf, Wilhelm: Kleines Weinlexikon 2., durchgesehene und überarbeitete Neuauflage. München: Goldmann 1976. 196 S. (Goldmann Ratgeber. 10541.)	•		•	
Peyer, Ernst, Walter Eggenberger: Weinbuch, 7., neubearbeitete Auflage. Zürich: Verlag Schweizer Wirteverband 1977. 267 S.	•			•
Postgate, Raymond: Was man vom Wein wissen sollte. 2. Auflage. Mainz: Kupferberg 1969. 119 S.		•		
Reck, Heinz: Taschenbuch der Weine. München: Humboldt 1976. 191 S. (Humboldt-Taschenbuch. Bd. 288.)	•	•		•
Ruff, Lajos: Lob der Königsarzenei oder Brevier vom guten Wein. Berlin: Neff 1968. 325 S.		•		•
Scheibenpflug, Lotte: Mein kleines Weinbuch. Innsbruck: Pinguin; Frankfurt a. M.: Umschau-Verlag 1971. 74 S.		•		•
Schön, Werner, Edmund Lemperle: Badische Weinfibel. Das Wichtigste über Weinbau, Kellertechnik, Weinrecht, Weinwirtschaftsrecht. 2., ergänzte und erweiterte Auflage. Freiburg i. Br.: Badischer Landwirtschaftsverlag 1977. 100 S.	•			
Schoene, Renate: Bibliographie zur Geschichte des Weines. Zusammengestellt unter Mitwirkung von Mitarbeitern der Universitätsbibliothek Bonn. Nebst Supplement 1. Mannheim: Südwestdeutsche Verlagsanstalt 1976.	•			
Schoonmaker, Frank: Das Wein-Lexikon. 2., verbesserte Auflage. Frankfurt a. M. und Hamburg: Fischer 1969. 277 S. (Fischer-Bücherei. 1033.)	•		•	•
Simon, André Louis: Auf dem Wege zum Kenner. 2. Auflage. Mainz: Kupferberg 1969. 143 S.		•		
Waugh, Alec: Weine und Spirituosen. Nebst Rezepten. Revidierte Edition 6. pr. Amsterdam: Time Life 1976. 208, 96 S.		•		•
Deutscher **Weinatlas** mit Weinlagenverzeichnis. Hrsg.: Stabilisierungsfonds für Wein, Mainz. Bielefeld: Ceres-Verlag 1976. 96 S.	•	•		•
Wilhelm, Curt: Lexikon der Getränke. Herford, Berlin: Nicolai 1973. 338 S. (Wein: S. 226–294).	•		•	
Woschek, Heinz-Gert: Das ABC des Weines. Mainz: Eggebrecht-Presse 1973. 191 S.	•		•	
– Ders.: Alles über Wein in Frage und Antwort. 3., neubearbeitete und erweiterte Auflage. München: Moderne Verlagsgesellschaft 1976. 256 S.	•			
– Ders.: Das Weinbuch. 3., neu bearbeitete und erweiterte Auflage. München: Moderne Verlagsgesellschaft 1977. 415 S.	•			•
– Ders.: Der deutsche Weinführer. 3., überarbeitete und verbesserte Auflage. München: Moderne Verlagsgesellschaft 1976. 311 S.	•			•
– Ders.: Das Buch vom Wein. München: Gräfe und Unzer 1978. 260 S.	•			•

II. Wein in der Kulturgeschichte

(Geschichte des Weines und Weinbaues, Wein und Religion, Wein und Literatur, Exlibris)

Titel	Sachliche Information	Erzählende Information, Poetisches	Lexikalisch	Mit Abbildungen, Karten
Andres, Stefan: Main Nahe (zu) Rhein Ahrisches Saar Pfalz Mosel Lahnisches Weinpilgerbuch. München: Piper 1976. 144 S.	•			
Bassermann-Jordan, Friedrich von: Geschichte des Weinbaus unter besonderer Berücksichtigung der Bayerischen Rheinpfalz. 3. Auflage (= Nachdruck der 2. Auflage). Bd. 1. 2. Neustadt a. d. Weinstraße: Pfälzische Verlagsanstalt 1975.	•			•
Christoffel, Karl: Ein Krug voll Wein-Spruch-Weisheit. München: Hirthammer 1973. 77 S.		•		
– Ders.: Wein-Lese-Buch. 2., durchgesehene Auflage. München: Prestel 1970. 315 S.		•		•
– Ders.: Wein-Weisheiten. 2. Auflage. Mannheim: Südwestdeutsche Verlags-Anstalt 1974. 63 S. (Liebhaber-Reihe für den Weinfreund. Bd. 1).		•		
Conrath, Karl: Ohr am Weinfaß. Ein Schmunzelbuch über den Saft der Reben. Trier: Spee 1977. 160 S.		•		
Geiß, Lisbet: Die lustige Weinsprache. 9. Auflage. Neustadt a. d. Weinstraße: Meininger 1971. 78 Bl., S. 157–167.		•		•
Heim, Erwin: Worte und Sprüche um den Wein. Weinsberg: Heim 1972. 208 S.		•		
Hömberg, Hans: Professor Hömbergs mollige Schlürflust. Almanach für Wein- und Feinschmekker. Stuttgart: Seewald 1977. 189 S.		•		
Jung, Hermann: 3000 Jahre Bocksbeutel. Würzburg: Stürtz 1970. 111 S.		•		•
– Ders.: Traubenmadonnen und Weinheilige. Neustadt a. d. Weinstraße: Meininger 1971. 64 S.	•			•
– Ders.: Wein-Exlibris. Würzburg: Stürtz 1973. 100 S.	•			•
Kircher, Karl: Die sakrale Bedeutung des Weines im Altertum. Photomechanischer Nachdruck, Berlin: de Gruyter 1970. VIII, 102 S. (Religionsgeschichtliche Versuche und Vorarbeiten. Bd. 9, H. 2.)	•			
Koch, Hans-Jörg: Kneipen, Krätzer und Kreszenzen. Mannheim: Südwestdeutsche Verlagsanstalt 1972. 63 S. (Liebhaber-Reihe für den Weinfreund. Bd. 2.)		•		
– Ders.: Immerwährender Weinkalender. 2. Auflage. Frankfurt a. M.: Lorch 1975. 107 S.		•		
Meyer, Otto: Volle Becher – frohe Zecher. Würzburg: Stürtz 1970. 39 S.		•		•
Quellen der Weinfreuden. Textwahl: Eugen Hettinger. St. Gallen: Leobuchhandlung 1975.				
Rebentrost und Weingedanken. Hrsg.: Walter Jaeger. Zürich: Sanssouci-Verlag 1975. 79 S.		•		
Steigelmann, Wilhelm: Der Wein in der Bibel. 2. Auflage. Neustadt a. d. Weinstraße: Meininger 1971. 118 S.	•			
Weingeschichten. Hrsg. u. eingeleitet von Hans-Jörg Koch. 2. Auflage. Mainz: Mainzer Verlagsanstalt 1970.		•		
Weinhold, Rudolf: Vivat Bacchus. Eine Kulturgeschichte des Weines und des Weinbaus. Zürich, Frankfurt a. M.: Stauffacher 1975. 226 S.	•			•
Worte vom Wein, Hrsg. von Hans-Jörg Koch. Zürich: Sanssouci-Verlag 1967. 96 S.		•		
Woschek, Heinz-Gert: Gästebuch des Weines. Mainz: Eggebrecht-Presse 1972. 81 S.		•		

III. Rebe und Anbau

(Weinbau allgemein, Klima, Rebsorten, Winzer)

Titel	Sachliche Information	Erzählende Information, Poetisches	Lexikalisch	Mit Abbildungen, Karten
Brückbauer, Hans, Maria Rüdel: Die Viruskrankheiten der Rebe, Stuttgart: Ulmer 1971. 119 S. (Grundlagen und Fortschritte im Garten- und Weinbau. H.124.)	•			
Eimern, Josef van: Wetter- und Klimakunde für Landwirtschaft, Garten- und Weinbau. 2. Auflage. Stuttgart: Ulmer 1971. 239 S.	•			

	Mit Abbildungen, Karten	Lexikalisch	Erzählende Information, Poetisches	Sachliche Information
Hertel, Fritz: Der Weinstock. Neubearbeitete und erweiterte Auflage. Minden: Philler 1974. 72 S. (Lehrmeister-Bücherei. 113)				•
Hillebrand, Walter: Taschenbuch der Rebsorten. Nachdruck der 3. Auflage. Wiesbaden: Bilz & Fraund 1976. 294 S.		•		
– Ders.: Weinbau-Taschenbuch. 2. Auflage. Wiesbaden: Bilz & Fraund 1973. 135 S.				•
Hornickel, Ernst: Die Sorten. Stuttgart: Seewald 1976. 173 S.		•		•
Scheuten, Rolf: Stellung und Bedeutung der Winzergenossenschaften in der Bundesrepublik Deutschland. Köln: Kölner Universitäts-Verlag 1972. 361 S. (Schriften zur Mittelstandsforschung. Bd. 46.)				•
Thiele, Kurt: Trauben am Hausspalier. 5. Auflage. Berlin: Deutscher Landwirtschaftsverlag 1976. 116 S. (Bücher für den Gartenfreund.)		•		•
Weinbau. Begründet von Ernst Vogt. Hrsg. von Bruno Götz. 5., neubearbeitete Auflage. Stuttgart: Ulmer 1977. 452 S.	•			•
Weinbau. Von Walter Eggenberger u. a. Frauenfeld: Huber 1975. 187 S.	•			•
Zulauf, Hermann: Das Rebspalier. 5., vollständig neubearbeitete Auflage. Aarau: Wirz 1977. 114 S.	•			•

IV. Weinbereitung
(Kellerwirtschaft, Veredelungsprodukte)

	Mit Abbildungen, Karten	Lexikalisch	Erzählende Information, Poetisches	Sachliche Information
Arntz, Helmut: Sekt und Champagner. München: Heyne 1976. 175 S. (Heyne-Buch. Nr. 4224.) (Heyne-Kochbücher. 480.)	•	•		
– Ders.: Das kleine Sektlexikon. Stuttgart: Seewald 1974. 74 S.		•		•
– Ders.: Weinbrenner. Die Geschichte vom Geist des Weines. Stuttgart: Seewald 1975. 284 S.				•
Dittrich, Helmut Hans: Mikrobiologie des Weines. Stuttgart: Ulmer 1977. 316 S.				•
Hennig, Kurt: Untersuchungsmethoden für Wein und ähnliche Getränke. Neubearbeitete und erweiterte Auflage von Ludwig Jakob. Stuttgart: Ulmer 1973. 188 S.	•			
Jakob, Ludwig: Taschenbuch der Kellerwirtschaft. Wiesbaden: Bilz & Fraund 1977. 366 S.				•
Troost, Gerhard: Die Technologie des Weines. 4. Auflage. Stuttgart: Ulmer 1972. 931 S. (Handbuch der Kellerwirtschaft 1.)	•			
Vogt, Ernst: Der Wein. Neu bearbeitet von Ludwig Jakob, Edmund Lemperle, Erich Weiss. 6. Auflage. Stuttgart: Ulmer 1974. 302 S.				•
– Ders.: Weinchemie und Weinanalyse. 3. Auflage unter Mitarbeit von Helmut Bieber. Stuttgart: Ulmer 1970. 399 S. (Handbuch der Kellerwirtschaft. 3.)				

V. Anbaugebiete
Europa allgemein

	Mit Abbildungen, Karten	Lexikalisch	Erzählende Information, Poetisches	Sachliche Information
Bary, Herbert de: Eigenarten der europäischen Weine. 16., verbesserte und erweiterte Auflage unter Zugrundelegung der Brüsseler EWG-Bestimmungen und des Anpassungsgesetzes (Weingesetz). Heusenstamm: Orion-Verlag 1976. 310 S.		•		
Hornickel, Ernst: Die Spitzenweine Europas. 11., aktualisierte und erweiterte Auflage. Stuttgart: Seewald 1976. 278 S.				•
– Ders.: Die Lagen. Stuttgart: Seewald 1976. 176 S.				•
– Ders.: Die Reisen. Auf Schleichwegen des Bacchus quer durch Europa. Stuttgart: Seewald 1976. 171 S.			•	•
Kaltenbach, Marianne: Fein mit Wein. Die wichtigsten Weine Europas. Sitten: Gay; Vevey: Obrist 1970. 96 S.				•
Woschek, Heinz-Gert: Der Wein-Katalog. Alles über empfehlenswerte Weine der Welt. Erweiterte Neuausgabe. München: Gräfe und Unzer 1977. 240 S.				

Deutschland allgemein

	Mit Abbildungen, Karten	Lexikalisch	Erzählende Information, Poetisches	Sachliche Information
Ambrosi, Hans: Wo große Weine wachsen. Erweiterte Neuausgabe. München: Gräfe und Unzer 1975. 263 S.	•			
Andres, Stefan: Die großen Weine Deutschlands. 7., überarbeitete Auflage. Frankfurt a. M., Wien: Ullstein 1975. 194, 7 S.	•			
Böttiger, Theodor: Die Weine Deutschlands. 5. Auflage. München: Heyne 1977. 303 S. (Heyne-Buch. Nr. 4186: Praktische Reihe.)	•			
Cornelssen, Friedrich August: Das große Buch vom deutschen Wein. Stuttgart: Seewald 1977. 271 S.	•			
Seidel, Helmut: Von Wein zu Wein. Stuttgart: Seewald 1976. 368 S.			•	
Stein, Gottfried: Reise durch den deutschen Weingarten. 6. Auflage. München: Prestel 1976. 307 S.	•		•	

Rhein allgemein

	Mit Abbildungen, Karten	Lexikalisch	Erzählende Information, Poetisches	Sachliche Information
Mostar, Gerhard Herrmann: Das Wein- und Venusbuch vom Rhein. Frankfurt a. M., Wien: Ullstein 1971. 139 S. (Ullstein-Buch. Nr. 519.)			•	
Ottendorff-Simrock, Walter: Rheinisches Weinland. Bonn: Stollfuss 1969. 81 S. (Sammlung rheinisches Land. Bd. 9.)			•	•

Mittelrhein

	Mit Abbildungen, Karten	Lexikalisch	Erzählende Information, Poetisches	Sachliche Information
Dege, Eckart: Filsen und Osterspai. Wandlungen der Sozial- und Agrarstruktur in zwei ehemaligen Weinbaugemeinden am Oberen Mittelrhein. Bonn: Dümmler in Kommission 1973. 294 S. (Arbeiten zur rheinischen Landeskunde. H. 36.)	•			•

Mosel-Saar-Ruwer

	Mit Abbildungen, Karten	Lexikalisch	Erzählende Information, Poetisches	Sachliche Information
Binding, Rudolf Georg: Moselfahrt aus Liebeskummer. München: Heyne 1976. 48 S. (Heyne-Exlibris. 14.)				•
Christoffel, Karl: Mosel-Kantate. Ein Landschaftsbild in Versgedichten. München: Hirthammer 1975. 79 S.				
– Ders.: Moselland, Rebenland. 3., neugestaltete Auflage. Mannheim: Südwestdeutsche Verlagsanstalt 1975. 295 S. (Fahrten durch die deutschen Weinlande. Bd. 1.)			•	•
Henkels, Walter: Bacchus muß nicht Trauer tragen. Moselfahrt ohne Liebeskummer. Düsseldorf, Wien: Econ 1973. 194 S.				
Der **Wein** an Mosel-Saar-Ruwer im Kreis Trier-Saarburg. Hrsg. von der Kreissparkasse Trier-Saarburg. Trier: Koch 1976. 229 S.	•			•
Weisweiler, Hermann: Mosel-Saar, Ruwer. Fotos: Hermann Weisweiler, Text: Ludwig Harig. Köln: Greven 1974.	•		•	•

Rheingau

	Mit Abbildungen, Karten	Lexikalisch	Erzählende Information, Poetisches	Sachliche Information
Ambrosi, Hans; Bernhard Breuer: Der Rheingau, Band 1 der Vinothek der deutschen Weinbergslagen mit herausnehmbaren siebenfarbigen Faltkarten der Weinbergslagen. Stuttgart: Seewald 1978. 170 S.	•			•
Ambrosi, Hans; Hedwig Witte: Wo's Sträuß'che hängt, werd' ausgeschenkt – Weintrinken im	•	•		

Weinliteratur

Marker columns for each entry: [Mit Abbildungen, Karten | Lexikalisch | Erzählende Information, Poetisches | Sachliche Information]

Rheingau. Wiesbaden: Wiesbadener Kurier 1977. 160 S.
Biehn, Heinz: Der Rheingau, Amorbach: Emig 1970. 134 S. [•, , ,]
Haas, Robert: Rheingauer Geschichts- und Wein-Chronik. Unveränderter Nachdruck. Wiesbaden, Rom: Edizioni del Mondo 1971. VIII, 106 S. [•, , ,]
Rheingau, Weingau. 2., geringfügig geänderte Auflage. Mannheim: Südwestdeutsche Verlagsanstalt 1973. 135 S. (Fahrten durch die deutschen Weinlande. Bd. 4.) [•, , •,]

Rheinhessen

Koch, Hans-Jörg: Weinland Rheinhessen. Mannheim: Südwestdeutsche Verlagsanstalt 1976. 315 S. (Fahrten durch die deutschen Weinlande Bd. 5.) [•, •, •,]
Rheinhessische **Weingüter** stellen sich vor. Karlsruhe: Adreßbuchverlag Südwest 1976. 116 S.

Rheinpfalz

Anders, Michel: Weine unseres Landes. Rheinpfalz. Stuttgart: Fink 1973. 62 S. (Skripta-Reihe. 12.) [•, •, ,]
Metzger, Helmut: Die Pfälzische Wei(n)gschicht in heitern pfälzischen Mundartversen. Bad Dürkheim: Verf. 1975. 131 S. [•, , ,]
Die **Pfalz,** die Deutsche Weinstraße und ihr Wein. Karlsruhe: Adreßbuchverlag Südwest Kolberg 1974. 147 S. [•, , , •]
Schmidt di Simoni, Ewald: Die edlen Weine der Pfalz. Stuttgart: Seewald 1968. 184 S. [•, , ,]

Baden

Anders, Michel: Weine unseres Landes. Baden. Stuttgart: Fink 1975. 62 S. [•, •, ,]
Weinland **Baden.** Bearbeitet und zusammengestellt von Eugen Herwig. 3., erweiterte Auflage. Mannheim: Südwestdeutsche Verlagsanstalt 1974. 196 S. [•, , , •]
Fahrten durch das badische Weinland. Bearbeitet und zusammengestellt von Eugen Herwig. Mannheim: Südwestdeutsche Verlagsanstalt 1970. 372 S. (Fahrten durch die deutschen Weinlande. Bd. 2.) [•, , •,]
Schlecht, Winfried: Der badische Wein. Freiburg i. Br.: Rombach 1977. 169 S. [•, , ,]

Württemberg

Anders, Michel: Weine unseres Landes. Württemberg. Stuttgart: Fink 1974. 64 S. [•, •, ,]
Gräter, Carlheinz: Hohenloher Weinbrevier. Gerabronn-Crailsheim: Hohenloher Druck- und Verlagshaus 1974. 95 S. [•, , •,]
Hofmann, Alfred, Kurt Gayer: Das schwäbische Weinbuch. 2., vollständig überarbeitete und erweiterte Auflage. Stuttgart: Seewald 1976. 192 S. [•, , ,]
Weinfahrten in Schwaben. Bearbeitet und zusammengestellt von Eugen Herwig. Mannheim: Südwestdeutsche Verlagsanstalt 1972. 347 S. (Fahrten durch die deutschen Weinlande. Bd. 3.) [•, , •,]
Weinland Württemberg. Bearbeitet und zusammengestellt von Eugen Herwig. Mannheim: Südwestdeutsche Verlagsanstalt 1976. 187 S. (Monographien der deutschen Weinlandschaften. Bd. 2.) [•, •, , •]

Franken

Gräter, Carlheinz: Unterwegs am Maindreieck. Würzburg: Stürtz 1974. 152 S. (Mainfränkische Weinfahrten. Bd. 2.) [•, , ,]
– Ders.: Unterwegs am Steigerwald. Würzburg: Stürtz 1972. 111 S. (Mainfränkische Weinfahrten. Bd. 1.) [•, , ,]
Kittel, Josef Balduin: Das Buch vom Frankenwein. 5. Auflage von Hans Breider. Würzburg: Stürtz 1974. 267 S. (Mainfränkische Heimatkunde. Bd. 12.) [•, , , •]
Meisner, Michael: Mit Weinverstand durchs Frankenland. Würzburg: Stürtz 1976. 189 S. [•, , •,]

DDR

Weinhold, Rudolf: Winzerarbeit an Elbe, Saale und Unstrut. Berlin: Akademie-Verlag 1973. VIII, 419 S. (Akademie der Wissenschaften der DDR. Zentralinstitut für Geschichte. Veröffentlichungen zur Volkskunde und Kulturgeschichte Bd. 55.) [•, , ,]

VI. Weinrecht

Koch, Hans-Jörg: Bacchus vor Gericht. Mainz: Krach 1971. 100 S. [, , •, •]
– Ders.: Weingesetz und zugehörige Regelungen. Kommentar zum Weingesetz vom 14. Juli 1971. Bd. 1. 2. Nebst Ergänzungslieferung. Frankfurt a. M.: Deutscher Fachverlag 1972.
Zipfel, Walter: Weinrecht mit EWG-Vorschriften. Kommentar. München: Beck 1972. VII, 500 S. [, •, ,]

VII. Weingenuß

(Weinkeller, Weinprobe, Weinausschank, Wein und Küche, Wein und Medizin)

Ambrosi, Hans: Die vergnügliche Weinprobe. Bielefeld: Ceres-Verlag 1977. 32 S. [•, •, •,]
Benker, Gertrud: Der Gasthof. München: Callwey 1974. 284 S. [•, , , •]
Cornelssen, Friedrich August: Die fröhliche Weinprobe. Stuttgart: Seewald 1976. 144 S. [•, , , •]
Cornelssen, Hertha: Koche mit Wein – weils besser schmeckt. 11., erweiterte Auflage. Neustadt a. d. Weinstraße: Meininger 1971. 80 S.
Espe, Peter: Tips für den Weinkauf. Düsseldorf, Wien: Econ 1976. 173 S. [•, •, ,]
Hornickel, Ernst: Der Keller. Stuttgart: Seewald 1976. 158 S. [•, , ,]
– Ders.: Der private Weinkeller. 3. Auflage. Stuttgart: Seewald 1971. 207 S. [•, , , •]
Jakob, Ludwig: Weinbewertung und Weinansprache. Neustadt a. d. Weinstraße: Meininger 1973. 44 S. [, •, ,]
Klenk, Ernst: Die Weinbeurteilung nach Farbe, Geruch und Geschmack des Weines. 3., neubearbeitete Auflage. Stuttgart: Ulmer 1972. 175 S. [, •, , •]
Kliewe, Heinrich: Wein und Gesundheit. 3. Auflage. Neustadt a. d. Weinstraße: Meininger 1969. 166 S.
Krüger, Arne: Pikantes zu Bier und Wein. 16 Karten in Schachtel. München: Gräfe und Unzer 1970. (Arne Krügers Kochkarten. Serie 21.) [, , , •]
Marcellus: Flambieren und mit Wein gekocht. 11. Auflage. München: Heyne 1977. 151 S. (Heyne-Buch. Nr. 4052.) [•, •, ,]
Rumpolt, Marx: Ein new Kochbuch. Mit einem Nachwort von Manfred Lemmer. Nachdruck der Ausgabe Frankfurt a. M. 1581. Hildesheim, New York: Olms; München: Heimeran 1976. 41, CC, 17 S. [•, , , •]
Woschek, Heinz-Gert: Vinotheka. Weinkellerbuch für die private Weinsammlung. Mainz: Eggebrecht-Presse 1972.

Spezielle Literaturhinweise zu den Beiträgen dieses Buches

Literatur zur Geschichte des Weines

Adelmann, Raban Graf: Die Geschichte des württembergischen Weinbaues. Schriften zur Weingeschichte 8. Wiesbaden 1962.
Alanne, Eero: Die deutsche Weinbauterminologie in althochdeutscher und mittelhochdeutscher Zeit. Annales Academiae Scientiarum Fenniae Sarja-Ser. B, Nide-Tom. 65, 1. Helsinki 1950.
Babo, L. und Metzger, J.: Die Wein- und Tafeltrauben. Mannheim 1836.
Baumann, Reinhold: Zwölf Jahrhunderte Weinbau und Weinhandel in Württemberg. Schriften zur Weingeschichte 33. Wiesbaden 1974.
Bassermann-Jordan, F. v.: Geschichte des Weinbaus. 2. Auflage Frankfurt/M. 1923. Nachdruck Neustadt 1975.
– Ders.: Der Weinbau der Pfalz im Altertum. 2. Auflage. Speyer 1947.
Bertsch, Franz und Karl: Geschichte unserer Kulturpflanzen. 2. Auflage. Stuttgart 1949.
Bock, Hieronymus: Kreutterbuch, darin underscheidet Namen und Würkung der Kreutter. Stauden . . . 2. Auflage. Straßburg 1546 (weitere Auflagen 1551, 1577, 1595).
Breider, Hans: Der fränkische Weinbau in der Landschaft. Schriften zur Weingeschichte 11. Wiesbaden 1964.
Bronner, Joh. Phil.: Der Weinbau in Süddeutschland. H. 1–7. Heidelberg 1833–1842.
– Ders.: Die Bereitung der Rothweine und deren zeckmäßige Behandlung . . . Frankfurt/Main 1856.
– Ders.: Die wilden Trauben des Rheinthales. Heidelberg 1857.
Christoffel, Karl: Der Moselwein in Geschichte und Dichtung. Schriften zur Weingeschichte 25. Wiesbaden 1971.
Coleri, Johannis: Vom Weinbau, wie und wo man den anlegen . . . Wittenberg 1608.
– Ders.: Oeconomia ruralis et domestica. Mainz 1645.
Crescencis, Petrus de: Das Büch von pflantzung der äcker Boum und aller Krüter. 1512.
Eichhorn, Ernst: Geschichte und Bedeutung des Weinbaues an der Hessischen Bergstraße. Schriften zur Weingeschichte 29. Wiesbaden 1972.
Eis, Gerhard: Gottfrieds Pelzbuch. Südosteuropäische Arbeiten 38. 1944.
Endriß, Gerhard: Der Badische Weinbau in historisch-geographischer Betrachtung. Schriften zur Weingeschichte 14. Wiesbaden 1965.
Forbes, R. J.: Studies in ancient Technology. Vol. 3. Leiden 1965.
Hahn, Helmut: Die deutschen Weinbaugebiete. Bonner geographische Abhandlungen 18. 1956.
Heller, Paul: Vom Weinbau der Freien Reichsstadt Rothenburg o. d. Tauber. Deutscher Weinbaukalender 1961.

Hegi, Gustav: Illustrierte Flora von Mitteleuropa. 5. Band, 1. Teil. München 1925.
Jung, Hermann: Denkmäler der Rebschädlinge – eine kleine Kulturgeschichte der Feinde des Weinstocks. Deutsches Weinbaujahrbuch 1972.
Kalinke, Helmut: Der Rheingau, Weinkulturzentrum Gestern, Heute und Morgen. Schriften zur Weingeschichte 20. Wiesbaden 1969.
Kirchheimer, Franz: In Jongmanns, W.: Fossilium catalogues. II. Plantae, Rhamnales Vitaceae. Die Geschichte der Weinreben Pars 24. Neubrandenburg 1939.
– Ders.: Das einstige und heutige Vorkommen der wilden Weinrebe im Oberrheingebiet. Zeitschrift für Naturforschung. Wiesbaden 1946.
Koch, Hans-Jörg: Weintrinker und Weingesetz. Schriften zur Weingeschichte 21. Wiesbaden 1970.
Loeschke, Siegfried: Römische Denkmäler vom Weinbau an Mosel, Saar und Ruwer. Trierer Zeitschrift für Geschichte und Kunst 7, 1–60, 1932.
Matthiolo, P. A.: New Kreuterbuch. Prag 1563.
Metzger, Johann: Der Rheinische Weinbau. Heidelberg 1827.
Müller, Karl: Geschichte des badischen Weinbaues. 2. Auflage, Lahr 1953.
– Ders.: Weinbaulexikon. Berlin 1930.
Münster, Sebastian: Mappa Europae 1536. Nachdruck Wiesbaden 1965.
– Ders.: Cosmographei, Basel 1550.
Rasch, Johann: Weinbuch. München 1582.
Remark, Peter: Der Weinbau im Römerreiche. München 1927.
Röder, J.: Bodenspuren alten Weinbaues am nördlichen Mittelrhein. Rheinische Vierteljahresblätter, Jg. 18. Bonn 1953.
Rausch, Jakob: Die Geschichte des Weinbaues an der Ahr. Schriften zur Weingeschichte 10. Wiesbaden 1963.
Schumann, Fritz: Die Verbreitung der Wildrebe am Oberrhein. Die Weinwissenschaft 23, 487–497. 1968.
– Ders.: Historische Erziehungsarten im Weinbau. Deutsches Weinbaujahrbuch 1970. 26–36.
– Ders.: Berichte über die Verwendung der Wildrebe Vitis Vinifera L. var. silvestris Gmelin. Die Weinwissenschaft 26. 1971, 212–218.
– Ders.: Untersuchungen an Wildreben in Deutschland. Vitis 13, 1974, 198–205.
– Ders.: Rebe und Wein in Neustadt. Neustadt an der Weinstraße. Beiträge zur Geschichte einer pfälzischen Stadt. Neustadt a. d. W. 1975.
– Ders.: Zur Erhaltung der Wildrebe Vitis Vinifera L. var. silvestris Gmelin in den rheinischen Auwäldern. Pfälzer Heimat 4, 1977, 150–154.
Seltmann, Charles: Wine in the ancient World. London 1957.
Spahr, Gebhard: Wein und Weinbau im Bodenseeraum. Schriften zur Weingeschichte 23. Wiesbaden 1970.
Sprater, Friedrich: Rheinischer Wein und Weinbau. Heidelberg 1948.

Staab, Josef: Beiträge zur Geschichte des Rheingauer Weinbaues. Schriften zur Weingeschichte 22. Wiesbaden 1970.
– Ders.: 500 Jahre Rheingauer Klebrot = Spätburgunder. Schriften zur Weingeschichte 24. Wiesbaden 1971.
Steigelmann, W.: Der Wein in der Bibel. 2. Auflage. Neustadt 1971.
Villanova, Arnoldus de: Von Bereitung und Prauchung des Weins. Ulm 1506.
Volz, Beiträge zur Geschichte des Weinbaues in Württemberg. Württembergische Jahrbücher für vaterländische Geschichte H. 2, Jg. 1850, 1851.
Weinhold, Rudolf: Vivat Bacchus. Zürich 1975.
Winkelmann, Richard: Die Entwicklung des oberrheinischen Weinbaues. Diss. Marburg 1960.
Woscheck, Heinz-Gert: Der Wein. München 1971.

Literatur über die Rebe

Branas, J.: Viticulture. Montpellier 1975.
Galet, P.: Cépages et Vignobles de France. Montpellier 1956.
Krömer, K.: Die Rebe, ihr Bau und ihr Leben. Berlin: Verlag P. Parey 1923.
Müller, K.: Weinbaulexikon 1930. Berlin: Verlag Paul Parey.
Negrul, A. M.: Weinbau mit Grundlagen der Ampelographie und Selektion (russisch). Moskau: Staatsverlag 1959.
Rives, M.: Prospection prilimmaire des espèces américaines du genre Vitis. Anm. Amo plantes 13 (1963), 51–82.
Seeliger, R.: Der neue Weinbau, Grundlagen des Anbaues von Pfropfreben. Berlin: P. Parey 1933.
Winkler, H. J., Cook, J. A., Kliewer, W. M. und L. A. Lider: General Viticulture. Los Angeles, London, Berkeley 1974.

Literatur über Rebenveredelung und Rebenzüchtung

Becker, H.: Aufgaben der Rebenzüchtung im Zeitalter der EWG. Der deutsche Weinbau, Nr. 23, 1968, S. 898–902.
– Ders.: Die Sorte Müller-Thurgau und ihre Bedeutung für Rebenzüchtung und Weinbau. Weinbau-Jahrbuch 1977, S. 9–22.
– Ders.: Über den Stand der Züchtung von Unterlagsreben im deutschen Weinbau, Intern. Symposium on Plant Variety Testing. Budapest, S. 17–26.
Hillebrand, W.: Taschenbuch der Rebsorten, 3. Auflage. Wiesbaden 1974.
Bundessortenamt: Beschreibende Sortenliste für Reben 1974. Hannover.
Probleme der Rebenveredelung. Hefte 1–10. Institut für Rebenzüchtung und Rebenveredelung, Geisenheim

Literatur über Gestein und Wein

Becker, H. und Zakosek, H.: Rebsorten und Böden in den hessischen Weinbaugebieten.

Weinliteratur

Weinberg und Keller, **3**, S. 135–141, 1 Tab. Traben-Trarbach 1969.
– Ders.: Erl. Bodenkarte. Hessen 1 : 25 000, Bl. 5913 Presberg. 59 S., 16 Tab. Wiesbaden 1967.
– Ders. und Becker, H.: Contribution à l'étude des terroirs de la viticulture allemande. In: Le progrès agricole et viticole, Nr. 6, S. 104–110. Montpellier 1971.
– Ders., Horney, G. und Becker, H.: Weinbau-Standortkarte Rheingau 1 : 5 000, Bl. 5542 R 3428 H Gottesthal. Wiesbaden 1972.
– Ders.: Die Weinbergsböden. Z. Pflanzenernährung. Düng., Bodenk., **93**, S. 38–43. Weinheim und Berlin 1961.
– Ders.: Die Böden des Rheingaukreises. In: Das Rheingaubuch, Bd. I, S. 31–44. Rüdesheim 1965.
– Ders. und Stöhr, W. Th.: Erl. Bodenkarte. Hessen 1 : 25 000, Bl. 5914 Eltville. 138 S., 54 Tab. Wiesbaden 1966.
– Ders., Kreutz, W., Bauer, W., Becker, H. und Schröder, E.: Die Standortkartierung der hessischen Weinbaugebiete. Abh. hess. L.-Amt Bodenforsch., **50**, 82 S., 1 Abb., 17 Tab., 1 Atlas. Wiesbaden 1967.

Literatur über Wetter und Klima

Horney, Günther: Die klimatischen Grundlagen des Anbaues von Weinreben in Deutschland. Weinberg und Keller, Bd. **19**, 305–320. Bernkastel 1972.
Landeck, Joachim: Aus der Wunderwelt des Wetters. Frankfurt a. M.: DLG-Verlag. 251 S.

Literatur über Hausreben und Tafeltrauben

Birk, H.: Die Bedeutung der Tafeltraubenkultur in Deutschland. In: Deutscher Weinbaukalender 1960. S. 60–73.
Breider, H.: Der Weinstock am Haus. München 1967.
Goethe, R.: Handbuch der Tafeltraubenkultur. Berlin 1895.
Hillebrand, M.: Tafeltrauben aus dem eigenen Garten. In: Deutsches Weinbau-Jahrbuch 1968, S. 85–94.
Kronebach, A.: Die Pflege von Hausreben. In: Deutsches Weinbau-Jahrbuch 1968, S. 94–105.

Literatur über die Ahr

Heinrich, E.: Entstehungsursachen, Gründung und Entwicklung der Winzergenossenschaft an der Ahr. Dissertation Bonn 1927.
Schött, M.: Die Agrarlandschaft des Ahr-Engtales unter besonderer Berücksichtigung des Weinbaues. Dissertation Bonn 1949.
Ueing, H. B.: Entwicklungstendenzen des Ahrweinbaues seit Entstehung des Katasters bis zum Feldvergleich 1954/56. Dissertation Bonn 1957.
Welter, K. W.: Der Ahrweinbau in Geschichte und Gegenwart. Dissertation Stuttgart-Hohenheim 1975.
Zweijahresberichte der Landes-Lehr- und Versuchsanstalt für Weinbau, Gartenbau und Landwirtschaft in Bad Neuenahr-Ahrweiler.

Literatur über Franken

Weinland Franken. Bayerland Heft Oktober 1973.
Wittmann, O.: Die Weinbergsböden Frankens. Bayerisches Landwirtschaftliches Jahrbuch Sonderheft 3, 1966.

Literatur über den Weinbau in der DDR

Falk, G.: Der Jenaer Weinbau. Dissertation Jena 1955.
Gollmick, F.: Bocker, H., Günzel, H.: Das Weinbuch. 4. Auflage, Leipzig 1976.
Gröger, H.: Vom Meißner Wein. Meißen 1955.
Knippel, K.: Der Mitteldeutsche Weinbau. In: Querschnitt Gartenbau, Berlin 1953.
Liepe, G.: Der Weinbau in der DDR. Deutsche Gärtnerpost **19**, 1973.
Lübben: Geschichtliche Entwicklung und Stand des Weinbaues im Saale- und Unstrutgebiet. Halle 1926.
Schiele, D.: Die Entwicklung des Weinbaus an der Saale und Unstrut seit 1960. Deutsche Gärtnerpost **19**, 1973.
Thiele, K.: Vom Weinbau an der Elbe. Wissen und Leben **3**, 1958.
Thränhart, A.: Der Weinbau bei Naumburg an der Saale. Naumburg 1845.
Töpfer, H.: Zur Geschichte des Weinbaus und Weinverbrauchs in Thüringen. Sondershausen 1909.
Weinhold, R.: Winzerarbeit an Elbe, Saale und Unstrut. Berlin 1973.

Literatur über die Lagennamen

Ambrosi, Hans: Weinlagen-Atlas mit Wein-Lexikon. Deutschland. Bielefeld 1976.
Arntz, Helmut: Natur- und Kulturnamen der Weinlagen des Rheingaues, 1. Teil, Schriften zur Weingeschichte, hrsg. von der Gesellschaft für Geschichte des Weines, Nr. 36, Wiesbaden 1972.
Bassermann-Jordan, F. v.: Geschichte des Weinbaus. Frankfurt 1923.
Christoffel, Karl: Kleine Schriften der Weinbruderschaft Mosel-Saar-Ruwer, Nr. 4, Bernkastel-Kues 1970.
Lüstner, Gustav: Die Lagennamen des Rheingauer Weinbaues, Nassauische Annalen, 67. Band, Wiesbaden 1956.
Staab, Josef: Die Rheingauer Weinlagen nach dem geltenden Recht. Hektographierte Abschrift eines Vortrages, gehalten anläßlich des Rheingauer Weinkonvents in Kloster Eberbach 1971.
– Ders.: Beiträge zur Geschichte des Rheingauer Weinbaus, Schriften zur Weingeschichte, hrsg. von der Gesellschaft für Geschichte des Weines, Nr. 22. Wiesbaden 1970.

Literatur über Wein und Gesundheit

Ambrosi, Breuer, H.: German Wine Academy in Kloster Eberbach 1975.
Berg: Gerichtliche Medizin. München: Verlag Rudolph Müller und Steinicke 1952.
Kliewe: Wein und Gesundheit. Neustadt an der Weinstraße: Verlag Dr. Meininger 1965.
Mirouze: La place du vin dans l'alimentation humaine. Vignes et Vins, März 1974.
Pietrzik, Hötzel, Sültemeyer: Konsum alkoholischer Getränke: biochemische und ernährungsphysiologische Gesichtspunkte. Deutsche Lebensmittelrundschau, 71. Jahrg. Heft 4, 1975.
Prokop: Wein und Gesundheit, positive Aspekte des Weins. Der Weinfreund, Mainz, Nr. 20, 2/75.
Schadewaldt: Diaita-Methoden der Gesundheitsbelehrung historisch gesehen. Deutsches Ärzteblatt, Heft 52, 1975.
Souci, Fachmann, Kraut: Die Zusammensetzung der Lebensmittel. Stuttgart: Wissenschaftliche Verlagsgesellschaft 1973.

Literatur über Schaumwein und Sekt

Arntz, Helmut: Das Buch vom deutschen Sekt. Herausgegeben vom Verband Deutscher Sektkellereien e. V., Wiesbaden 1956.
– Ders.: Vinum siccum. In: Bonner Jahrbücher 159, 1959, S. 192–214.
– Ders.: Sekt. In: Wines of the World. Edited by André L. Simon. London usw. 1962 (und weitere Ausgaben), S. 363–369.
– Ders.: Chronik der ältesten Rheinischen Sektkellerei Burgeff & Co., Hochheim am Main, zum 125jährigen Bestehen. Wiesbaden 1962.
– Ders.: Sekt und Weinbrand aus dem Rheingau. In: Rheingau-Weingau, Mannheim 1973, S. 55–58.
– Ders.: Das kleine Sektlexikon. Herausgegeben vom Verband Deutscher Sektkellereien. Wiesbaden 1974.
– Ders.: Sekt-Portrait eines edlen Getränkes. In: Feinschmecker 1976, Heft 1, S. 85–88.
– Ders.: Sekt und Champagner. München 1976.
Dütsch, Leo: Die Schaumweinindustrie Deutschlands. Dissertation Erlangen 1924.
Kupferberg: Frühe künstlerische Werbegraphik aus dem Hause C. A. Kupferberg & Co., Mainz, Mainz 1963.
Lexique de la vigne et du vin. Office International de la vigne et du vin, Paris 1963. (Deutsche Version: Ernst Vogt und Helmut Arntz).
Mackenstein, Heinrich: Die deutsche Sektindustrie. Dissertation Köln 1924.
Rheinberg, Herbert: Die Entwicklung der deutschen Schaumweinindustrie. Dissertation Heidelberg 1909.
Schraemli, Harry: Das große Lehrbuch der Bar. Luzern 1962.
Sievers, Carl: Die Entwicklung der deutschen Schaumweinindustrie. Dissertation Würzburg 1921.

Simon, André L. und Arntz, Helmut: Champagner und Sekt. Die Geschichte des schäumenden Weins. Berlin usw. 1962.
Treue, Wilhelm: Deinhard-Erbe und Auftrag. Herausg. zum 175jährigen Jubiläum der Firma Deinhard & Co., Koblenz 1969.
Treue, Wilhelm: Christian Adalbert Kupferberg, 1824–1876. Gründer der Sektkellerei Kupferberg in Mainz. Mainz/Berlin 1975.
Weiß, Günther: Die Deutsche Sektindustrie. Ihr Werden und Wesen und das Einwirken des Staates auf ihre Geschicke. Stuttgart 1931 (= Tübinger Wirtschaftswiss. Abh., 3. Folge, Heft 13).
– Ders.: 150 Jahre Keßler-Sekt. Die Geschichte der ältesten Sektkellerei Deutschlands. Eßlingen 1976.

Fachzeitschriften

Der Deutsche Weinbau, Verlag Dr. Bilz und Dr. Fraund, Abeggstraße 2, 6200 Wiesbaden 1
Der Weinfreund, Herausgeber: Stabilisierungsfonds für Wein, Fuststraße 4, 6500 Mainz
Deutsches Weinbau-Jahrbuch, Waldkircher Verlagsgesellschaft, Marktplatz 8, 7808 Waldkirch/Breisgau
Die Weinwirtschaft, Deutscher Weinwirtschaftsverlag Diemer und Meininger, Postfach 312, 6730 Neustadt/Weinstraße
Die Weinwissenschaft, Verlag Dr. Bilz und Dr. Fraund, Abeggstraße 2, 6200 Wiesbaden 1
Rebe und Wein, Verlag »Rebe und Wein«, Schwabstraße 20, 7102 Weinsberg
Weinberg und Keller, Verlag »Weinberg und Keller«, Max Caesar, Postfach 140, 5580 Traben-Trarbach/Mosel
Mitteilungen Rebe und Wein, Obstbau und Früchteverwertung, Typografische Anstalt, Halbgasse 9, A-1071 Wien/Österreich
Schweizerische Zeitschrift für Obst- und Weinbau, Verlag Stutz, Zur Garbe, CH-8820 Wädenswil/Schweiz

Weinadressen

Die für Wein zuständigen Ministerien

• Der Bundesminister für Ernährung, Landwirtschaft und Forsten, 5300 Bonn-Duisdorf
• Ministerium für Landwirtschaft, Weinbau und Umweltschutz Rheinland-Pfalz, Große Bleiche 55, 6500 Mainz
• Ministerium für Ernährung, Landwirtschaft und Umwelt des Landes Baden-Württemberg, Marienstraße 41, 7000 Stuttgart 1
• Bayerisches Staatsministerium für Ernährung, Landwirtschaft und Forsten, Ludwigstraße 2, 8000 München 22
• Hessisches Ministerium für Landwirtschaft und Umwelt, Hölderlinstraße 1–3, 6200 Wiesbaden
• Ministerium für Wirtschaft, Verkehr und Landwirtschaft des Saarlandes, Hardenbergstraße 8, 6600 Saarbrücken
• Ministerium für Ernährung, Landwirtschaft und Forsten des Landes Nordrhein-Westfalen, Roßstraße 135, 4000 Düsseldorf 1

Lehr-, Versuchs- und Forschungsanstalten, Weinbauämter und Weinbauberatungsstellen

Baden-Württemberg

• Staatliches Weinbauinstitut, Merzhauserstraße 119, 7800 Freiburg i. Br., Telefon (07 61) 40 026, 40 027
• Staatliche Lehr- und Versuchsanstalt für Wein- und Obstbau, Haller Straße 6, 7102 Weinsberg, Telefon (07 134) 61 21
• Staatliche Rebenveredlungsanstalt, Posseltstraße 19, 7500 Karlsruhe-Durlach, Telefon (07 21) 41 061
• Weinbau-Verwaltung mit Beratungsstellen im Regierungsbezirk Freiburg, Erbprinzenstraße 2, 7800 Freiburg, Telefon (07 61) 31 939
• Landwirtschaftsamt, Wilhelmstraße 7, 7840 Müllheim, Telefon (07 631) 50 90
• Landwirtschaftsamt, Fürstenbergstraße 17, 7800 Freiburg, Telefon (07 61) 72 020, 72 029
• Landwirtschaftsamt, 7830 Emmendingen-Hochburg, Telefon (07 641) 20 83
• Landwirtschaftsamt, Okenstraße 22, 7600 Offenburg, Telefon (07 81) 43 71
• Weinbau-Verwaltung mit Beratungsstellen im Regierungsbezirk Karlsruhe, Schloßplatz 1–3, 7500 Karlsruhe, Telefon (07 21) 13 51
• Landwirtschaftsamt, Robert-Koch-Straße 8, 7580 Bühl, Telefon (07 223) 25 209 Posseltstraße 19, 7500 Karlsruhe-Durlach, Telefon (07 21) 41 061
• Weinbau-Verwaltung mit Beratungsstellen im Regierungsbezirk Stuttgart, Breitscheidstraße 4, 7000 Stuttgart 1, Telefon (07 11) 20 50-1
• Landwirtschaftsamt, Hohenheimer Straße 40, 7150 Backnang, Telefon (07 191) 64 014
• Landwirtschaftsamt, Austraße 6, 9690 Bad Mergentheim, Telefon (07 931) 20 96
• Landwirtschaftsamt, Karlstraße 9, 7100 Heilbronn, Telefon (07 131) 88 061
• Landwirtschaftsamt, Auf dem Wasen 9, 7140 Ludwigsburg, Telefon (07 141) 83 076

Bayern

• Bayerische Landesanstalt für Weinbau und Gartenbau, Residenzplatz 3, 8700 Würzburg 11, Telefon (09 31) 50 701
• Staatliche Technikerschule für Landwirtschaft, Fachrichtung Gartenbau und Weinbau, Staatliche Fachschule für Gartenbau und Weinbau, Veitshöchheim, An der Steig, 8702 Veitshöchheim, Telefon (0931) 91 091
• Regierung von Unterfranken, Sachgebiet Weinbau, Annastraße 28, 8700 Würzburg, Telefon (0931) 380/595, 596
• Bezirks-Fachberater für Kellerwirtschaft, Regierung von Unterfranken, Maiergasse 2, 8700 Würzburg, Telefon (0931) 55 455

Hessen

• Forschungsanstalt für Weinbau, Gartenbau, Getränketechnologie und Landespflege, 6222 Geisenheim, Telefon (06 722) 502-1
• Fachbereich Weinbau und Getränketechnologie der Fachhochschule Wiesbaden, von Lade-Straße 1, 6222 Geisenheim, Telefon (06 722) 50 23 11
• Weinbauamt, Weinbauschule, Wallufer Straße 19, 6228 Eltville, Telefon (06 123) 41 17-19

Rheinland-Pfalz

• Landes-Lehr- und Forschungsanstalt für Wein- und Gartenbau, Maximilianstraße 43–45, 6730 Neustadt, Telefon (06 321) 86 071
• Landes-Lehr- und Versuchsanstalt für Wein- und Gartenbau, Am Zuckerberg, 6504 Oppenheim, Telefon (06 133) 22 98, 25 52
• Landes-Lehr- und Versuchsanstalt für Weinbau, Gartenbau und Landwirtschaft, Technikerschule für Landbau, Weinbau und Kellerwirtschaft, Rüdesheimer Straße 68, 6550 Bad Kreuznach, Telefon (06 71) 20 57, 20 58, 20 59
• Landes-Lehr- und Versuchsanstalt für Weinbau, Gartenbau und Landwirtschaft, Institut für Weinchemie und Gärungsphysiologie, Institut für Bodenkunde, Egbertstraße 18–19, 5500 Trier, Telefon (06 51) 49 061, 49 065
• Landes-Lehr- und Versuchsanstalt für

Weinadressen

351

Weinbau, Gartenbau und Landwirtschaft, Walporzheimer Straße 48, 5483 Bad Neuenahr-Ahrweiler, Telefon (02 641) 34 590
• Landesanstalt für Rebenzüchtung, Georg-Scheu-Straße 1, 6508 Alzey, Telefon (06 731) 74 83
• Biologische Bundesanstalt für Land- und Forstwirtschaft, Institut für Pflanzenschutz im Weinbau, Brüningstraße 84, 5550 Bernkastel-Kues, Telefon (06 531) 23 64
• Bundesforschungsanstalt für Rebenzüchtung Geilweilerhof, 6741 Siebeldingen, Telefon (06 345) 445, 446
• Pfälzische Landwirtschaftliche Untersuchungs- und Forschungsanstalt, Obere Langgasse 40, 6720 Speyer, Telefon (06 232) 26 80, 37 63
• Staatliche Fachschule für Landwirtschaft und Weinbau, Beratungs- und Weiterbildungsstelle, Gestade 12–14, 5550 Bernkastel-Kues, Telefon (06 531) 32 02
• Staatliche Fachschule für Weinbau, Beratungs- und Weiterbildungsstelle, 5584 Bullay, Telefon (06 542) 26 02
• Staatliche Beratungs- und Weiterbildungsstelle für Weinbau, Am Hafen 2, 5407 St. Goar, Telefon (06 741) 74 04
• Staatliche Fachschule für Landwirtschaft und Hauswirtschaft, Beratungs- und Weiterbildungsstelle, Annweiler Straße 20, 6740 Landau, Telefon (06 341) 31 93
• Staatliche Fachschule für Landwirtschaft und Hauswirtschaft, Beratungs- und Weiterbildungsstelle, Weinheimer Landstraße, 6508 Alzey, Telefon (06 731) 80 58
• Staatliche Fachschule für Landwirtschaft und Hauswirtschaft, Beratungs- und Weiterbildungsstelle, Haydnstraße 5, 6710 Frankenthal, Telefon (06 233) 27 635
• Staatliche Beratungs- und Weiterbildungsstelle für Landwirtschaft und Hauswirtschaft, Fritz-Kohl-Straße 24, 6500 Mainz, Telefon (06 131) 37 446
• Staatliche Beratungs- und Weiterbildungsstelle für Landwirtschaft und Hauswirtschaft, Eckenbertstraße 7, 6520 Worms, Telefon (06 241) 63 81
• Staatliche Beratungs- und Weiterbildungsstelle für Landwirtschaft und Hauswirtschaft, Schloßberg 3, 5510 Saarburg, Telefon (06 581) 24 35
• Staatliche Beratungs- und Weiterbildungsstelle für Landwirtschaft und Hauswirtschaft, Hitschenstraße 36, 6530 Bingen-Büdesheim, Telefon (06 721) 15 251

Prüfstellen für die amtliche Qualitätsweinprüfung

Baden-Württemberg

• Staatliches Weinbau-Institut, Merzhauser Straße 119, 7800 Freiburg, zuständig für Baden, Telefon (06 761) 40 31 39
• Staatliche Lehr- und Versuchsanstalt für Wein- und Obstbau, Haller Straße 6, 7102 Weinsberg, zuständig für Württemberg, Telefon (07 134) 61 21

Bayern

• Regierung von Unterfranken, Maiergasse 2, 8700 Würzburg, Telefon (09 31) 55 455

Hessen

• Weinbauamt, Wallufer Straße 19, 6228 Eltville, Telefon (06 123) 41 17-19

Rheinland-Pfalz

• Prüfstelle 1: Bahnhofplatz 9, 5400 Koblenz, Telefon (02 61) 12 461, zuständig für die bestimmten Anbaugebiete Ahr, Mittelrhein, Nahe, Mosel-Saar-Ruwer (Stadt Koblenz, Landkreise Mayen-Koblenz und Cochem-Zell) sowie für diejenigen Qualitätsweine, die mit keiner engeren Bezeichnung als mit dem bestimmten Anbaugebiet Mosel-Saar-Ruwer bezeichnet werden.
• Prüfstelle 2: Am Gestade 3, 5550 Bernkastel, Telefon (06 531) 426, zuständig für das bestimmte Anbaugebiet Mosel-Saar-Ruwer (Landkreis Bernkastel-Wittlich)
• Prüfstelle 3: Ostallee 47, 5500 Trier, Telefon (06 51) 42 132, zuständig für das bestimmte Anbaugebiet Mosel-Saar-Ruwer (Landkreis Trier-Saarburg)
• Prüfstelle 4: Landwirtschaftshalle, 6508 Alzey, Telefon (06 731) 72 02, zuständig für das bestimmte Anbaugebiet Rheinhessen und für alle Qualitätsweine mit der Bezeichnung Liebfrauenmilch (Liebfraumilch)
• Prüfstelle 5: Maximilianstraße 12, 6730 Neustadt, Telefon (06 321) 80 644, zuständig für das bestimmte Anbaugebiet Rheinpfalz
• Prüfstelle für Qualitätsschaumwein und Qualitätsbranntwein aus Wein: Planigerstraße 34–36, 6550 Bad Kreuznach, Telefon (06 71) 66 613, zuständig für alle innerhalb von Rheinland-Pfalz erzeugten Qualitätsschaumweine und Qualitätsbranntweine aus Wein

Staatliche Weinprüfer/-kontrolleure

• Arbeitsgemeinschaft staatlicher Weinprüfer (Weinsachverständiger) der Bundesrepublik Deutschland und Berlin-West, Graudenzstraße 1–3/E. 13, 5050 Porz-Eil, Telefon (02 21) 20 93 301, 20 93 303 und (02 203) 36 632

Baden

• Chemische Landesuntersuchungsanstalt Karlsruhe, Hoffstraße 3, 7500 Karlsruhe 1, Telefon (07 21) 13 51
Gerhard Huber, Bilfinger Straße 16, 7500 Karlsruhe 41, Telefon (07 21) 40 21 31
• Chemische Landesuntersuchungsanstalt Offenburg, Gerberstraße 24, 7600 Offenburg, Telefon (07 81) 22 01
Manfred Dietterich, Schlehenweg 5, 7600 Offenburg
Kurt Holschuh, Kirschbäumleboden 5, 7840 Müllheim, Telefon (07 631) 38 40
Günther Kraus, Dürrheimer Straße 29, 771 Donaueschingen

Bayern

• Landesuntersuchungsamt für das Gesundheitswesen München, Lothstraße 21, 8000 München 40, Telefon (089) 18 80 01
Ingo Ritter, Fichtenstraße 4, 8080 Fürstenfeldbruck
Hans Sträter, Landshuter Allee 164, 8000 München, Telefon (089) 15 14 47
• Staatliche Chemische Untersuchungsanstalt Würzburg, Theaterstraße 23, 8700 Würzburg, Telefon (09 31) 50 664
Ing. grad. Getränketechnologie Karl Welter, Kirchgasse 22, 8711 Rödelsee
Heinz Mayer, Friedensstraße 47, 8700 Würzburg, Telefon (09 31) 50 664
Jürgen Scholz, Juliuspromenade 28, 8700 Würzburg

Bremen

• Staatliche Chemische Untersuchungsanstalt, St.-Jürgen-Straße, 2800 Bremen, Telefon (04 21) 44 92 54 47
Max Robert Kirschner, Ludwig-Roselius-Allee 203, 2800 Bremen 41, Telefon (04 21) 42 41 49

Hamburg

• Chemische und Lebensmitteluntersuchungsanstalt im Hygienischen Institut der Freien und Hansestadt Hamburg, Gorch-Fock-Wall 15–17, 2000 Hamburg 36, Telefon (040) 34 91 04 20
Walter Kettern, Lilienthalstraße 1, 2105 Seevetal 3

Hessen

• Staatliches Chemisches Untersuchungsamt Wiesbaden, Hasengartenstraße 24, 6200 Wiesbaden, Telefon (06 121) 79 007
Techn. Amtmann Erhard Schick, Wallufer Straße 9, 6228 Eltville, Telefon (06 123) 38 09
Techn. Inspektor Rolf Nahm, Schulweg 13, 3581 Geismar, Telefon (05 622) 720
Techn. Inspektor Hans Günther Stettler, Maria-Hilf-Straße 10, 6229 Kiedrich

Niedersachsen

• Staatliches Chemisches Untersuchungsamt Braunschweig, Hallestraße 1, 3300 Braunschweig, Telefon (05 31) 62 231
Regierungsamtmann Weinbauing. Karl Friedrich Müller, Stolpstraße 15, 3300 Braunschweig

Nordrhein-Westfalen

• Chemisches Landes-Untersuchungsamt Nordrhein-Westfalen, Sperlichstraße 19, 4400 Münster, Telefon (02 51) 79 058
Erich Hausen, Telgenkamp 2, 4403 Hiltrup
Gabriel Pillmayer, Graudenzstraße 1–3, 5050 Porz-Eil, Telefon (02 21) 20 93 303 und (02 203) 36 632

Rheinland-Pfalz

- Chemisches Untersuchungsamt Koblenz, Nevers-Straße 4–6, 5400 Koblenz, Telefon (02 61) 39 12 64
Heinz Kinnen, Bienenstück 39, 5400 Koblenz-Metternich
Robert Merz, Mühlenbach 88, 5401 Güls/Mosel, Telefon (02 61) 40 71 77
Konrad Rosenbaum, Hauptstraße 48, 5411 Stromberg
- Chemisches Untersuchungsamt Trier, Maximiner Acht 11a, 5500 Trier, Telefon (06 51) 48 175, 42 475
Weinbau-Inspektor Franz Leo Berres, Im Weierfeld 39, 5550 Bernkastel-Kues, Telefon (06 531) 563
Weinbau-Oberinspektor Peter Frick, Annheier 7, 5500 Trier-Mariahof
Weinbauing. grad. Peter Lupbrand, Kirchenflürchen 9, 5500 Trier-Ruwer, Telefon (06 51) 52 259
Weinbau-Ingenieur Ernst Thielen, Kyrianderstraße 12, 5500 Trier
- Chemisches Untersuchungsamt Speyer, Kleine Pfaffengasse 9–11, 6720 Speyer, Telefon (06 232) 59 30
Friedrich Bohlander, Mühlenweg 15, 6721 Schwegenheim
Heinz-Dieter Engling, Albert-Einstein-Straße 10, 6720 Speyer, Telefon (06 232) 33 17
Wolfgang Diehl, Wartenbergstraße 12, 67 01 Ellerstadt
Helmut Schreck, Brahmsweg 6, 6720 Speyer
- Chemisches Untersuchungsamt Rheinhessen, Am Zollhafen 12, 6500 Mainz, Telefon (06 131) 62 076
Weinbau-Inspektor Arno Decker, Tucholskyweg 2, 6500 Mainz, Telefon (06 131) 71 531
Weinbau-Inspektor Herbert Blesius, Auf der Morgenweide 45, 6504 Oppenheim, Telefon (06 139) 36 90
Weinbau-Amtmann Walter Gag, An der Grießmühle 12, 6507 Ingelheim, Telefon (06 132) 39 99
Weinbau-Oberinspektor Helmut Sorg, Wörrstädter Straße 56, 6505 Nierstein, Telefon (06 133) 32 59

Saarland

- Ministerium des Innern D II – Weinkontrolle –, Mainzer Straße 136, 6600 Saarbrücken, Telefon (06 81) 60 51/320
Regierungsamtsrat Lando Grimm, Illinger Straße 24, 6689 Wustweiler, Telefon (06 825) 30 25

Schleswig-Holstein

- Ministerium für Ernährung, Landwirtschaft und Forsten, Düsternbrooker Weg 104–108, 2300 Kiel, Telefon (04 31) 596/33 77
Alfons Presch, Großer Kuhberg 35, 2300 Kiel, Telefon (04 31) 49 738

West-Berlin

- Jochen Caspary, Peetzigerweg 9, 1000 Berlin 37, Telefon (030) 80 14 568
- Landesanstalt für Lebensmittel-, Arzneimittel- und gerichtliche Chemie Berlin, Kantstraße 79, 1000 Berlin 12, Telefon (030) 30 63 034
- Ermittlungsbeamter der Lebensmittelpolizei:
Polizei-Kommissar Heinrich Schneider-Ludorff, Gewerbeaußendienst II E (Gad) 11, Polizeipräsidium Berlin, Theodor-Heuss-Platz 7–11, 1000 Berlin 19, Telefon (030) 69 10 91

Württemberg

- Chemische Landesuntersuchungsanstalt Stuttgart, Kienestraße 18, 7000 Stuttgart 1, Telefon (07 11) 201/591
Walter Schrempf, Schimmelfeldstraße 9, 7122 Besigheim, Telefon (07 143) 75 54
Walter Krügele, Silvanerstraße 16, 71 21 Mundelsheim, Telefon (07 143) 45 63
Franz Kimmig, Schöntaler Straße 78, 7102 Wimmental, Telefon (07 134) 61 68
- Chemische Landesuntersuchungsanstalt, Hedinger Straße 2a, 7480 Sigmaringen, Telefon (07 571) 93 21–23
Alfred Klein, Haus Nr. 51, 7791 Hangenhart, Telefon (07 575) 765

Weinbau-Versuchsringe

- Weinbauversuchsring Rheinhessen, Postfach 67, 6504 Oppenheim, Geschäftsführer: Dr. Lott, Telefon (06 133) 22 98
- Weinbauversuchsring Rheinpfalz e. V., Maximilianstraße 45, 6730 Neustadt, Geschäftsführer: Häuser, Sickinger Straße 3, 6701 Ellerstadt
- Weinbauversuchsring Ahr e. V., Walporzheimer Straße 48, 5483 Bad Neuenahr-Ahrweiler, Geschäftsführer: Dr. Böll
- Weinbauversuchsring Bullay/Mosel e. V., Fährstraße, 5584 Bullay/Mosel, Geschäftsführer: Ing. grad. Pfeifer
- Weinbauversuchsring Mittelmosel, Gestade 12–14, 5550 Bernkastel-Kues, Geschäftsführer: Weinbau-Ing. Junk, Telefon (06 531) 32 02
- Weinbauversuchsring Untere Nahe e. V., 6531 Burg Layen, Geschäftsführer: Weinbau Ing. (grad.). G. Freytag
- Weinbauversuchsring Trier-Saarburg, Im großen Garten 14, 5500 Trier, Geschäftsführer: Dr. Schenk
- Weinbauversuchsring Mittelrhein, Am Hafen 2, 5401 St. Goar, Geschäftsführer: Sopp

Sonstige Institutionen

- Stabilisierungsfonds für Wein, Haus des Deutschen Weines, Postfach 3860, Gutenbergplatz 3–5, 6500 Mainz, Telefon (06 131) 20 078–79
Vorsitzender des Verwaltungs- und Aufsichtsrates: Dr. Kurt Becker, Vordergasse 16, 6521 Dalsheim, Telefon (06 243) 70 24
Vorstand: Dr. F. W. Michel, Rechtsanwalt C. M. Baumann.
- Deutsche Wein-Information, Presse-Informationsstelle, Fuststraße 4, 6500 Mainz, Telefon (06 131) 23 104, 20 078
Leiter: Jochen G. Bielefeld.
- Rechtsschutzgemeinschaft Wein e. V., Postfach 324, Am Wall 166–167, 2800 Bremen, Telefon (04 21) 32 59 25, 32 09 24–6
Vorsitzender des Vorstandes und Präsident: Helmut L. Pistorius, Am Papierweiher 101, 6653 Blieskastel-Lautzkirchen/Saar, Telefon (06 842) 20 94 bis 20 96
Geschäftsführer: Rechtsanwalt und Notar Joachim Rohde, 2800 Bremen
- Schutzverband Deutscher Wein e. V., Otto-Beck-Straße 46, 6800 Mannheim 1, Telefon (06 21) 44 10 68
Vorsitzender des Vorstandes: Rechtsanwalt Prof. Heinz Rowedder, 6800 Mannheim
Vorstand: Dr. Werner Becker, 5300 Bonn; Dir. Ludwig Strub, 7814 Breisach; Dr. Georg Anders, 5320 Bonn-Bad Godesberg; Staatsanwalt a. D. Heinz Järgen, 6500 Mainz-Gonsenheim
Geschäftsführer: Rechtsanwalt Dr. Peter Haß, 6800 Mannheim
- Rationalisierungs-Kuratorium der Deutschen Wirtschaft (RKW) e. V., Postfach 11 91 93, Gutleutstraße 163–167, 6000 Frankfurt/Main 2, Telefon (06 11) 23 04 51
- Arbeitskreis »Weinwirtschaft« beim RKW, Schillerplatz 7, 6500 Mainz, Telefon (06 131) 20 049
- Deutsche Landwirtschafts-Gesellschaft, Zimmerweg 16, 6000 Frankfurt/Main, Telefon (06 11) 72 08 61
Präsident: Konrad Jacob, 3501 Körle
Hauptgeschäftsführer: Dipl. Kfm. Hermann-Adolf Ihle
Ausschuß »Forschungsring des Deutschen Weinbaues bei der DLG«, Vorsitzender: M.-Dirig. Dr. Fritz Renz, Ministerium für Landwirtschaft, Weinbau und Umweltschutz, Große Bleiche 55, 6500 Mainz
Geschäftsführer: Dr. Reinhold Dörre, 6000 Frankfurt/Main
Ausschuß für Weinabsatz, Vorsitzender: Dr. Reinhard Muth, Weingut Rappenhof, 6526 Alsheim/Rheinhessen
Geschäftsführer: Dr. Klaus Kogge, 6000 Frankfurt
Unterausschuß für die DLG-Weinprämiierung, Vorsitzender: Ltd. Reg.-Dir. Prof. Dr. Karl Röder, 6550 Bad Kreuznach
Bevollmächtigter der DLG-Bundesprämiierung: Ltd. Regierungsdirektor Prof. Dr. Karl Röder, 6550 Bad Kreuznach

Weinwerbung

- Deutsches Weininstitut GmbH, Gemeinschaftswerbung von Weinbau und Weinhandel für deutschen Wein, Postfach 1705, Gutenbergplatz 3–5, 6500 Mainz, Telefon (06 131) 25 818
Geschäftsführer: Rechtsanwalt C. M. Baumann, Auf der Schlicht 10, 6203 Hochheim
Gebietsweinwerbung »Ahr« e. V., Elligstraße 14, 5483 Bad Neuenahr-Ahrweiler, Telefon (02 641) 34 758
- Weinwerbezentrale Badischer Winzergenossenschaften e. G., Ettlinger Straße 12, 7500 Karlsruhe 1, Telefon (07 21) 31 308

Weinadressen

- »Frankenwein – Frankenland e. V.«, Julius-Spital, 8700 Würzburg, Telefon (09 31) 54 465
- Mittelrhein – Burgen und Wein e. V., Rathausstraße 8, 5423 Braubach, Telefon (02 627) 203
- Nahewein-Werbung e. V., Am Kornmarkt 6, 6550 Bad Kreuznach, Telefon (06 71) 27 563
- »Der Rheingau – Der Weingau«, Weinwerbung e. V., Im alten Rathaus, 6225 Johannisberg, Telefon (06 722) 81 17
- Rheinhessenwein e. V., 117er Ehrenhof 5, 6500 Mainz, Telefon (06 131) 67 61 62
Rheinpfalz-Weinpfalz e. V., Friedrich-Ebert-Straße 11–13, 6730 Neustadt, Telefon (06 321) 38 30
- Weinwerbung Mosel-Saar-Ruwer e. V., Neustraße 86, 5500 Trier, Telefon (06 51) 76 621
- Württembergischer Genossenschaftsverband – Raiffeisen Schulze Delitzsch – e. V., Heilbronner Straße 41, 7000 Stuttgart 1, Telefon (07 11) 20 401

Verbände der Küfer

- Verband des Deutschen Faß- und Weinküfer-Handwerks e. V. (Bundesfachverband), Ottostraße 7, 8000 München 2, Telefon (089) 59 10 07
- Landesinnungsverband des Faß- und Weinküfer-Handwerks Baden-Württemberg, Postfach 10, 7103 Schwaigern, Telefon (07 138) 347
- Landesverband Bayern des Böttcher- (Schäffler)- und Weinküfer-Handwerks, Geschäftsstelle: Ottostraße 7, 8000 München 2, Telefon (089) 59 10 07
- Landesinnungsverband für das Böttcher- und Weinküfer-Handwerk Hessen, Osterholzstraße 13, 3500 Kassel-B., Telefon (05 61) 53 229
- Innung des Böttcher(Behälterbauer)- und Weinküfer-Handwerks (Landesinnung Nordwestdeutschland), Ottostraße 7, 8000 München 2, Telefon (089) 59 10 07
- Küfer-Innung der Pfalz, Konrad-Adenauer-Straße 40, 6730 Neustadt/Weinstraße, Telefon (06 321) 20 56
- Küfer-Innung Rheinhessen, Postfach 1, Monsheimer Straße, 6521 Flörsheim-Dalsheim, Telefon (06 243) 304
- Küfer-Innung Bad Kreuznach, Postfach 565, Rüdesheimer Straße 34, 6550 Bad Kreuznach, Telefon (06 71) 33 321
- Küfer-Innung Cochem-Zell-Koblenz, Bergstraße, 5584 Bullay, Telefon (06 542) 24 44

Korporativ angeschlossen:
- Verband des Deutschen Faßgroßhandels e. V., Ottostraße 7, 8000 München 2, Telefon (089) 59 10 07
- Vereinigung Deutscher Holzsilo-Hersteller, Ottostraße 7, 8000 München 2, Telefon (089) 59 10 07
- Interessengemeinschaft Pfälzer Kellermeister, Weinstraße 28, 6701 Kallstadt, Telefon (06 322) 23 04

Verbände der Verpackungsindustrie

- Verband der Schwerfaßindustrie e. V. (VDS), Am Herrngarten 3, 6239 Eppstein, Telefon (06 198) 77 32
- Verband der Kisten- und Palettenindustrie e. V. (VKP), Am Herrngarten 3, 6239 Eppstein, Telefon (06 198) 77 32
- Verband der Wellpappen-Industrie e. V. (VDW), Hilperstraße 22, 6100 Darmstadt, Telefon (06 151) 81 031/32
- Verband Vollpappe-Kartonagen e. V. (VVK), Rohrbacher Straße 8, 6900 Heidelberg 1, Telefon (06 221) 22 161

Internationale Gremien und Institutionen

- Office International de la Vigne et du Vin (Institution intergouvernementale créée par l'Arrangement international du 29 Novembre 1924). 11, Rue Roquépine, F-75008 Paris
- Fédération Internationale des Industries et du Commerce en Gros des Vins, Spiritueux, Eaux-de-Vie et Liqueurs. 103, Boulevard Haussmann, F-75008 Paris
Ehrenpräsidenten: Graf A. Panza di Biumo, Italien, Enrique Barcelo Carles, Spanien, G. U. Salvi, Großbritannien, P. Vatron, Frankreich, J. F. Verlinden, Holland, A. N. Zullas, Griechenland
Vizepräsidenten: F. Clottu, Schweiz, F. Bordoni, Italien
Generalsekretär: H. Beledein, Frankreich
Schatzmeister: A. J. M. Kerstens, Niederlande
Geschäftsführender Direktor: Lucien Charrel
- Comité de la Communauté Economique Européenne des Industries et du Commerce des Vins, Vins Aromatisés, Vins Mousseux, Vins de Liqueur, 13–15, Rue de Livourne, B-1050 Bruxelles, Telefon x 53 86 977
- Comité des Professionnels Viticoles de la Communauté Economique Européenne, 3, Rue de Rigny, F-75008 Paris
- Confédération Européenne des Catégories Auxiliaires des Activités Viti-Vinicoles, Geschäftsstelle: 30 bis, Rue de la Turbine, F-1300 Marseille

Folgende Adressen sind unter den betreffenden Textbeiträgen zu finden:
Verband deutscher Rebenpflanzguterzeuger e. V. (in: H. Becker, Die Rebsorten) Seite 58
Weinsiegelkommissionen (in: A. Wilcke, Prämierungen, Siegel, Gütezeichen) Seite 235 f.
Weinbauverbände, Raiffeisenverbände, sonstige Verbände (in: W. Becker, Der Deutsche Weinbauverband) Seite 271 f.
Winzergenossenschaften der einzelnen Anbaugebiete (in: K. L. Bieser, Die Winzergenossenschaften) Seite 280 ff.
Weinhandelsverbände (in: G. Anders, Der Weinhandel) Seite 284
Verband Deutscher Prädikatsweingüter und seine Mitglieder (in: P. von Weymarn, Die Prädikatsweingüter) Seite 290
Weinbruderschaften (in: T. Becker, Weinkulturelle Vereinigungen) Seite 330

Register

Die Seitenzahlen in *kursiv* bedeuten, daß der Begriff auf der entsprechenden Seite nur in einer Bildlegende oder Tabelle zu finden ist.
Die Abkürzungen hinter Ortsnamen, Bereichen und Großlagen bedeuten: A = Ahr, B = Baden, F = Franken, HB = Hessische Bergstraße, M = Mittelrhein, MSR = Mosel-Saar-Ruwer, N = Nahe, RG = Rheingau, RH = Rheinhessen, RP = Rheinpfalz, W = Württemberg.

A

Abbauton 105, 106
Abbauzeit (Alkohol) *328*
Abenheim RH *173*
Abfüllanlagen 122
Abfüllapparatur für Champagnerflaschen *21*
Abfüller 228
Abfüllerangaben 228
Abfüllmaschine 124
Abfüllung 121
abgebaut 306
abgelagert 320
Absatzarten der Betriebe mit eigener Kellerwirtschaft 252
Absatzwege *261* f.
– der Winzergenossenschaften 280
Absorptionszone *28*
Abstatt W *196*
Abstich 113
Abtey, Großlage RH *169*
Abtrunk 313
Abtswind F *204*
Acetaldehyd 105
Achkarren B *186*
Adaptation *36*, 306
Adelberg, Großlage RH *169*
Adolzfurt W *196*
Affalterbach W *195*
Affaltrach W *196*
Affentaler 191
Affinität *36*
Agriperl *38*
Ägypten 14
Ahr 16, 17, *20*, *58*, *59*, 128 ff., *216*, *219*, *240*, 275
Ahrtal 318
Ahrweiler A 128, 129, *132*
Aichelberg W *197*
Aktivkohle 106
Albalonga *44*, 49, *54*, *56*, *250*, *317*
Albedo *63*

Albersweiler RP *179*
Albig RH *170*
Albisheim RP *177*
Albsheim RP *177*
Aldehyde 103
Alf MSR *145*
Alken MSR *145*
Alkohol 69, *101*, 102, 107, 111, 323
– am Steuer 327
Alkohole, höhere *102*, 103, 324
Alkoholgehalt (Sekt) 339
– (Weinbrand) 333
Alkoholika, Wirkung verschiedener 325
Alkoholkalorien 324
Alkoholkonzentration im Blut 325
alkoholreich 306
Allmersbach W *195*
Almrich 209
Alsenz N *148*, 155
Alsheim RH *170*
alt 320
Altdorf RP *178*, B *185*
Altenahr A *132*
Altenbamberg N 155
Alter (des Weines) 320
–, das beste (des Weines) 320
Altern (des Weines) 107, 320
Altersmedizin 327
Altmannsdorf F *204*
Altschweier B *185*
Altweibersommer 74
Alzenau F 202
Alzey RH 168, *170*
Amenophis III. (Pharao) 14
Amerikanerreben 35, 36
Aminosäuren *101*, 324
Amoltern B *186*
Ampelographie 27, 45
Ampelopsis 81
Ampelotherapie 24
Amphoren 14, 15
amtliche Prüfungsnummer (Prüfung) s. Prüfungsnummer (Prüfung), amtliche
Analyse 229, 230, 231
–, chemische 309
Anbaugebiet 225 s. a. bestimmtes Anbaugebiet
Andel MSR *146*
Angebotsstruktur *257* f.
Anreicherung 105, 111, 225
Anschnitt 82, *85*, *87*, 88
Anstellung (zur Prüfung) 229 f.
Apfelkelchglas 232
Äpfelsäure *101*, 105
Äpfelsäureabbau, bakterieller 105, 106
Apiculatushefen *102*
A. P. Nr. 224
Appellation d'origine contrôlée 217

Appellations d'origine 218
Appenheim RH *169*
Appenhofen RP *179*
Aris *54*, *250*
arm 306
Armsheim RH *169*
Arnsburger 55
Arnstein F *203*
Aroma 306
Aromastoffe *101*, 103
Aromatisieren 20
Art 306
artbestimmende Faktoren 314
Art der deutschen Weine 314 ff.
Arzheim RP *179*
Asbestzellulose 116
Aschaffenburg F 199, 201, 202
Asche *101*
Äscherich 91
Asperg W *195*
Aspisheim RH *169*
Asselheim RP *177*
Assimilate 69
Assimilation *68*
Assimilationsleistung der Rebe 31
Assmannshausen RG 159, 318
Assmannshausen-Aulhausen RG 160
Assoziation für Bereitung und Verwertung des Weinmostes 275
Assurbanipal 14
Assurnasirpal II. 14
Astheim F *204*
Äthanol, Bildung von *103*
Asti-Methode 336
Atmung der Pflanzen *68*, 69
Attilafelsen, Großlage B *186*
Auen N 155
Auenstein W *196*
Auerbach HB 163
Aufbau der Rebe 26
– des Stockes 75
Aufbewahrung (Tafeltrauben) 78
auf der Höhe 320
Auflangen, Großlage RH *170*
Aufpfropfen 40
Auge *29*, *36*, *37*, *40*
Augenaustrieb *38*
Auggen B *187*
Augusta Luise 55, *78*, *79*
Ausbaukeller *113*
Ausbeeren 77
Ausbildung 125 ff.
Ausdruck 306
ausdrucksvoll 320
ausgebaut 306, 320
Auslese 16, 70, 96, 220, 312
– (Etikett) *224*
– (Mindestanforderung) *101*, 226, 230

Auslese (Mindestpunktzahl) *236*, *238*, *244*
Ausleseweine, Gewinnung 95
Auslesezüchtung *40*, 41, 44
Ausonius 16, 139
Auspflanzen (Tafeltrauben) 75
Ausschuß für Technik (ATW) 125
Außenhandelsstatistik 249
Ausstich 22
Australien 266, 268
Austrieb *29* f.
Auxerrois *44*, *48*, *54*, *56*, *181*, *250*, *316*
Ayl MSR *147*

B

Bacchus *44*, *48*, *53*, *54*, *56*, *78*, *79*, 141, 149, 167, 168, 199, 200, *250*, *251*, *317*
Bacharach M *136*, *137*, *138*
–, Bereich M *138*, *216*
Bacharacher 18, 19
Bachem A *132*
Bad Bellingen B *187*
– Bergzabern RP *179*
– Cannstatt W *197*
– Dürkheim RP *178*
– Ems M *138*
Baden 17, *21*, *58*, *59*, 74, 179 ff., *216*, *219*, *240*, 247, *270*, 273, 274, 275, 310
Baden-Baden B *185*
Baden-Durlachsche Wirtsordnung 180
Badenheim RH *170*
Badenweiler B *180*, *187*
Baden-Württemberg *20*, *240*, 253
Bad Hönningen M *138*
Badische Bergstraße/Kraichgau, Bereich B *184*, *216*
Badischer Weinbau-Verband 183
Badisches Frankenland, Bereich B *184*, *216*
badisches Gütezeichen s. Gütezeichen, badisches
Badische Weinbruderschaft 329
– Weinstraße 182
Badisch Rotgold 181, 226, 319
Bad Kreuznach N *147*, *148*, 152, *155*
– Krozingen B *186*
– Langenbrücken B *184*
– Mergentheim B *184*
– Mingolsheim B *184*
– Münster am Stein-Ebernburg N *148*, 152, *155*

Bad Rappenau B *185*
Badstube, Großlage MSR *146*
Bahlingen B *186*
Bahnbrücken B *185*
Ballrechten-Dottingen B *187*
Bamlach B *187*
Barb, in der *16*
Barbelroth RP *179*
Basalt *58*, *63*
Bassermann-Jordan, Friedrich von 19, 71, 157, 211
Battenberg RP *177*
Bau der Rebe *28* f.
Bauerbach B *185*
Bauernregeln 72
Baumkelter 16, *18*
Baumpresse 15
Bausendorf MSR *146*
Bayerfeld-Steckweiler N 155
Bayerischer Bodensee, Bereich F *204*, *216*
Bayern 18, *240*, 247, 253
Bechenheim RH *170*
Bechtheim RH *173*
Bechtolsheim RH *170*
Beckstein B *184*
Beede 273
Beerenauslese 16, 70, 96, 220, 300, 313
– (Etikett) *224*
– (Mindestanforderung) *101*, 226, 230
– (Mindestpunktzahl) *236*, *238*, *244*
Beerenlay, Großlage MSR *146*
Beeth 273
Befruchtung, künstliche 41
Begrünung 90
Behälter, Kunststoff- (s. a. Tank, Faß) 113
Beihingen W *195*
Beilstein MSR *145*, W *195*
Beinstein W *197*
Bekömmlichkeit des Weines 324
Bekond MSR *146*
Belgien 266, 268
Beliebtheitsprüfung 308
Bellheim RP *178*
Bellinger Rebordnung 179
Belsenberg W *195*
Bengel MSR *146*
Benningen W *195*
Bensheim HB 162, 163, 164
Bensheim-Auerbach HB *164*
Bensheim-Schönberg HB *164*
Bentonit 106
Bentonitbehandlung 110
Bentonitschönung 115, 116

Beratungskarte für den Winzer 69
Beregnung *39*, 94, 95
Bereich *216*, *220*, 227
Berghaupten B *186*
Berghausen B *185*
Bergkloster, Großlage RH *173*
Bergstraße *20*, *58*, 276
Bergtheim F *203*
Berlandieri x Riparia *44*, *54*, *57*, *74*, *82*
Bermatingen B *188*
Bermersbach B *186*
Bermersheim RH *169*, *173*
Bernkastel 74
– (Mittelmosel), Bereich MSR *145*, *216*
Bernkastel-Kues MSR *146*
Bernsteinsäure *103*
Berufsausbildung 126
Berwangen B *185*
Besenwirtschaften 194
Besenwuchs 94
Besigheim W *195*
Bestandsklima 66
bestimmte Anbaugebiete *216*, *219*, *220*, *221*, 227
Betriebe, ausbauende 252
–, nichtausbauende 252
– mit Weinbau 252
Beuren MSR *145*, W *197*
Beutelsbach W *197*
Bewässerung, künstliche 23
Bewindung 84
Bezeichnungsklarheit 223
Bibergau F *204*
Bickensohl B *187*
Biebelnheim RH *170*
Biebelsheim RH *169*
Biela sladka grasica 267
Bienen 77
Bienenfraß 93
Biengen B *186*
Bieringen W *195*
Bietigheim W *195*
Bilfingen B *185*
Billigheim RP *179*
Billigheim-Ingenheim RP *179*
Billigheim-Rohrbach RP *179*
Binau B *185*
Binden der Bogreben 88
Bingen RH 168, *169*
–, Bereich RH *169*, *216*
Bingen-Bingerbrück N *152*
Bingerbrück N *148*
Binzen B *188*
Bioelemente 324
Birkweiler RP *179*
Birnau, Kloster 277
Bischoffingen B *186*
Bischofskreuz, Großlage RP *178*

Register

Bissersheim RP *177*
Bissingen W *195*
Bitterwerden 106
Black Hamburg *50*
blank 306
Blankette 300
Blansingen B *187*
blaß 306
Blatt (Rebe) 26, 27, 30, 31
– einer Amerikanerrebe 26
– von Vitis vinifera 26
Blattfallkrankheit 91
Blattfläche 89
Blattgallen 32, 35
Blattgallmilbe 93
Blattoberfläche 88
Blattrebläuse 35
Blattstiel *29*
Blaufränkisch *50*
Blauschönung 106, 115, 116
Bleichheim B *186*
Blendmesser 36
blind 306
Blindprobe *232*
blühender Rebstock *247*
Blume 306
Blutalkohol *327, 328*
Blutalkoholspiegel *325*
Blüte (Rebe) *26, 27,* 70
bluten 29
Blütenstände 26, 27
Blutlaugensalz, gelbes 115
Bobenheim am Berg RP *178*
Böbingen RP *178*
Böchingen RP *178*
Bockenau N *148, 155*
Bockenheim RP *177*
Bocksbeutel *199,* 201, 294
Bockschnitt 15, 20, *86*
Böckser 106
Böddiger RG *161*
Böden, kalte 63
–, warme 63
Bodenart 60, 61
Bodenatmung 63
Bodenbearbeitung 89
–, biologische 89
–, chemische 90
–, mechanische 89
–, Mechanisierung der 98
Bodenbedeckung 90
Bodenbeschaffenheit *63*
Bodenentstehung 58
Bodengare 89
Bodengefüge 60, 61
Bodengeschmack 64
Bodenheim RH *170*
Bodenkarten 64
Bodenluft 63
Bodenpflege 64
Bodenporen 63
Bodenprofil *58*
Bodenschutz 64
Bodensee 58, 68, *216,* 318
–, Bereich B *188*
Bodenseeburgunder *250*
Bodenskelett 60
Bodenstruktur 60
Bodentemperatur 63
Boden und Unterlagen 64
– und Weincharakter 64
Bodenwärme 65
Bodenwasser 60
Bodmann *183*
Bogen 86

Bogenerziehung 75
Bolanden RP *177*
Bollschweil B *187*
Bombach B *186*
Bönnigheim W *195*
Boos N *155*
Boppard M *138*
Bordelaiser Brühe 21
Bornheim RH *169,* RP *178*
Bornich M *138*
Botenheim W *195*
Botrytis, Behandlung gegen 38
Botrytisbefall 95
Botrytisbekämpfung 99
Botrytis cinerea (s. a. Grauschimmel) 70, 92, 93, 95, *102,* 107, *108*
Botrytisinfektionen 39
Botrytispilz 36
Botter 16
Bottenau B *185*
Böttigheim F *203*
Bötzingen B *186*
Bouviertraube *78, 79*
Boxberg B 184
Brackenheim W *195*
Brandenburg 18
Braubach N *155*
Brauneberg MSR *146*
Braunerden 59
Braunweiler N *155*
Breisach B *186*
Breisgau, Bereich B *186, 216*
breit 306
Breitbach F *204*
Bremm MSR *145, 278*
Brenner, Roter 92
Brennwein *332*
Brettach W *196*
Bretzenheim N *148, 155*
Bretzfeld W *196*
Breuningsweiler W *197*
Brey M *138*
Briedel MSR *145*
Briedern MSR *145*
Brillanz 119
Britzingen B *154, 187*
Brodenbach MSR *145*
Broggingen B *186*
Bronner 13, 20, 21, *53*
Bruch, Grauer 106
–, Weißer B *186*
Bruchsal B *185*
brut *340*
Brutsekt 337
Bruttig-Fankel MSR *145*
Bubenheim RH *170,* RP *177*
Buchbrunn F *203*
Buchholz B *186*
Buchner, Eduard 102
Büdesheim RH *169*
Buggingen B *187*
Bühlertal B *180, 182, 185*
Bukett 306
Bukettsorten 44, 45
Bukettstoffe *101,* 103
Bulbus olfactorius 302, 303, 304
Bullay MSR *145*
Bullenheim F *204*
Bund Deutscher Weinkommissionäre 286
Bundesausschuß für Weinforschung 125
Bundesehrenpreis 238, 239, 240
Bundessortenamt 42

Bundesverband des deutschen Wein- und Spirituosenhandels 283
– Deutscher Weinkommissionäre e. V. 292
Bundesweinprämierung 235, *237* ff., *244*
Buntsandstein 65
Buoch W *197*
Burg 289
Burg MSR *146*
–, Großlage F *203*
Bürg W *197*
Burgbronn W *195*
Burgen *145, 146*
Burgengau, Tafelweinbaugebiet *216*
Burg Hammerstein, Großlage M *138*
– Lichteneck, Großlage B *186*
– Neuenfels, Großlage B *187*
– Rheinfels, Großlage M *138*
– Rodenstein, Großlage RH *173*
Burgsponheim N *155*
Bürgstadt F *202*
Burgunder 20, 21, 31
–, Früh- s. Frühburgunder
–, Grauer 44, 46, 167
–, Spät- s. Spätburgunder
–, Weißer (s. a. Weißburgunder) 44, 47, *53, 54, 56,* 96, 149, 167, 181, 250, 316
Burgweg, Großlage N *155,* F *204*
Burg Zähringen, Großlage B *186*
Burkheim B *186*
Burrweiler RP *178*
Butandiol 2, 3 *101*
Butte 100
Bütte 100
Butzen 28

C

Cabinet *227*
Cabinetkeller 20, 156, *227*
Calcium 91
Cantaro *55*
Carmina *55, 250*
Carstens *342*
Castell F *204*
C/D 22–91 Gm *80*
C. E. C. A. V. I. 286
Celine, Frühe *80*
Certification Mark 268
Chalaza 28
Champagner 334
Charakter 306
Chasselas blanc *79*
– rouge *79*
– Tampa *74, 78, 79*
Chinosol 36, 40
Chlorophyll 31
Chlorose 168
Chlorosenester 64
Chromatographie 310
Citronensäure 101
Clare Riesling *267*
Cleebronn W *195*
Clemens Wenzeslaus 139, 140
Cleversulzbach W *196*
Clevner 47, 191, 192, 318
Cochem MSR *118, 145*

Cognac *332*
color *312*
Comtessa *55, 250*
cos 306, *312*
Coswig 209
Couderc *55, 57*
Criesbach W *195*
Csaba Gyöngye *80*
Cuvée 336, 337, 338, 339

D

Dackenheim RP *178*
Dainbach B *184*
Dalberg N *155*
Dalheim RH *170*
Dalkauer *55*
Dalsheim RH *173*
Damaskus 14
Dammheim RP *178*
Damscheid M *138*
Dänemark 268
Dattier de Beyrouth *80*
Dattingen B *187*
Dattenberg M *138*
Dauenheim RH *173*
Dauerhumus 90
Dausenau M *138*
Dautenheim RH *173*
DDR, Weinbau in der 204 ff.
Deckrot 44, *53, 54,* 56, *250*
Deckrotweine 317
Deckrotweinsorten 53
Degerloch W *197*
Deidesheim RP *172, 178*
Deidesheimer Resolution 329
Deinhard *342*
Delight *78, 79*
Delirium tremens 326
Delizia di Vaprio *78, 79*
Dellhofen M *138*
demi-sec *340*
Denzlingen B *186*
»Der Deutsche Weinbau« 273
Dernau A *128, 132*
Dertingen B *184*
Desloch N *155*
Destillation 333
destilliert 332
Dettelbach F *204*
Detzem MSR *146*
Deutsche Landwirtschafts-Gesellschaft 234 f., 255
Deutscher Sekt 338
– Weinbauverband 271 ff.
– Weinbauverein 22
– Gründungsstatuten, *271*
Deutsches Weininstitut 254
– Weinsiegel s. Weinsiegel, Deutsches
Deutsche Weinstraße 173, 175, 176
– Weinwoche 255 f., *263*
Dexheim RH *170*
Diabase 58
Diabetiker geeignet, für 228, 231
Diabetiker-Weine 235
Diabetiker-Weinsiegel 236
Diana *55*
Diatretglas *143, 211*
Diätschaumwein 339

dick 306
Dickmaulrüßler 93
Dieblich MSR *144*
Diedesfeld RP *171, 178*
Diedesheim B *185*
Diefenbach W *195*
Dielheim B *184*
Dienheim RH *170*
Dierbach RP *179*
Diersburg B *186*
Dietlingen B *185*
Dietzenbach HB *164*
Dimbach W *196*
Dingolshausen F *204*
Dintesheim RH *173*
Diogenes 15
Dionysos 15
Direktzuglagen 85, 86, 89, 91, 97, 98, 99, 100
Dirmstein RP *177*
Distelhausen B *184*
Dittelsheim RH *173*
Dittigheim B *184*
Dittwar B *184*
Djoser, Pharao 14
DLG 234 f.
Dolgesheim RH *170*
Domblick, Großlage RH *173*
Domherr, Großlage RH *173*
Domina 44, *53, 54,* 130, 131, *250*
Donnersdorf F *204*
Doppelmagnum 340
Doppelpfahlerziehung 137
Doppelsalzfällung 111
Dorfprozelten F *202*
Dorn-Dürkheim RH *170*
Dornfelder *53, 55, 250*
Dörrenbach RP *179*
Dörscheid M *138*
Dorsheim N *155*
Dörzbach W *195*
Dossenheim B *184*
Dotzheim RG *161*
doux *340*
Drahterziehung 20
Drahtpfahlerziehung 141
Drahtrahmen 88
–, Oppenheimer 167
Drahtrahmenerziehung 16, 22
Drahtrahmenunterstützung 87
Dränagerohre als Flaschenlager 302
Dr.-Decker-Rebe 44, 57
Dreis MSR *146*
Dromersheim RH *169*
Drutsch 19
dry *340*
Dschemdet-Nasr-Kultur 14
Duchroth N *155*
Duft 306
duftig 306
Dünger 91
Düngung (Tafeltrauben) 76, 77
–, Mechanisierung der 98
–, mineralische 90 f.
–, organische 90
Dunkelfelder *53,* 54, *55, 250*
Durbach B *185*
Durchrieseln 27
Durchschnittstemperaturen 23
Dürn B *185*

Dürrenzimmern W *195*
Duttenberg W *196*
Duttweiler RP *178*

E

Eberbach B *185*
–, Kloster 18, 20, 156, 158, 159, 160, *227, 234*
–, Versteigerung in Kloster *291*
Eberbacher Weinverkaufsmesse, Kloster *292*
Ebernach MSR *145*
Ebernburg N *149*
Ebersheim RH *170*
Eberstadt W *196*
Ebringen B *186*
Ebullioskop *326*
echter Mehltau s. Mehltau
Eckelsheim RH *169*
Eckenroth N *152*
eckig 306
edel 306
Edelfäule 20, 70, 92, 95, 157
Edelfäulepilz s. a. Botrytis cinerea, Grauschimmel *108*
Edelfirne 320
Edelrebe 76
Edelreis 36, 37, 38, 64, 65, 85
Edelreiswurzeln 28
Edelsteiner 15
Edel- und Lautertrauben 19
Edenkoben RP 176, *177, 178*
Edesheim RP *178*
EG, deutscher Wein in der 216 ff.
–, Weinbauzonen *217*
EG-Anbaustop 221
EG-Bezeichnungsrecht 228
Egringen B *188*
EG-Verordnung(en) 218, 219, 222, 338, 339
EG-Vertrag 217
EG-Weinbezeichnungsvorschriften 298
EG-Weinmarktordnung 251
EG-Weinmarktverordnung 229
Ehrenbreitstein M *138*
Ehrenfelser 44, 49, *53, 54, 56,* 149, 157, *250,* 316, *317*
Ehrenpreis des Bundesministers 238, 239, 240
Ehrenstetten B *187*
Eibelstadt F *203*
Eibensbach W *195*
Eich RH *170*
Eichelberg B *185,* W *196*
Eichen von Weinfässern 282
Eichenholz, Einfluß 112
Eichstetten B *187*
Eichtersheim B *185*
Eiergerichte *322*
Eifel 17
Eimeldingen B *188*

Eimsheim RH *170*
Einkartonieren 39
Einrichtung des Flaschenkellers 301
Einschulen 39
Einschulmethode *38*
Einselthum RP *177*
Einzelhandel 262
Einzellage 227
Einzelpfahlunterstützung *86*
Einzelstockunterstützung *86*
Eisental B *185*
Eisheilige 73, 74
Eisingen B *185*
Eiswein 70, *71*, 96, 300, 319
– (Etikett) 224, 238
– (Mindestanforderung) *226*
– (Mindestpunktzahl) *238*
Eiweiß 101, 106, 115
Elbe 204
Elbertal 204
Elbling, Roter und Weißer *19, 20, 21, 44, 46, 54, 56, 130,* 140, 141, 166, 191, *206, 250,* 251
elegant 306
Elektrodialyse 119
Ellenz-Poltersdorf MSR *145*
Ellerstadt RP *178*
Ellhofen W *196*
Ellmendingen B *185*
Elpersheim W *195*
Elsaß 17
Elsaß-Lothringen 247, 334
Elsenfeld F *202*
Elsenz B *185*
Elsheim RH *170*
Eltmann F *204*
Eltville RG 157, *161*
Embryosack 28
Emerald Riesling 267
Endersbach W *197*
Endingen B *186*
Engehöll M *138*
Engelsberg F *202*
Engelstadt RH *170*
Enghalskrug *312*
England 269
Enkirch MSR *146*
Ensch MSR *146*
Ensheim RH *169*
Ensingen W *195*
Enthefer *338*
Enthefung 337
Entkeimungsfiltration 121
entrappen 16, 108, *109*
Entrappungsmaschinen 124
Entsäuerung 105, 110, 111
entwickelt 320
Enzyme 102
Eppelsheim RH *173*
Eppingen B *185*
Erbach RG 160, *161,* HB *164*
Erbes-Büdesheim RH *169*
Erden MSR *146*
Erdmannshausen W *195*
Erfurt 205
Ergersheim F *204*
Erhaltungszüchter 44
Erhaltungszüchtung 41, 42

Erhitzen des Mostes 16
Erlabrunn F *203*
Erlach B *185*
Erlenbach F *203*
Erlenbach W *196*
Erligheim W *195*
Erlöse für Weinmoste *264*
Ernährung, mineralische 30 f.
Ernsbach W *195*
Ernst MSR *145*
Ernte (Tafeltrauben) 78
Ernteberichterstattung 249
Ernteermittlungen, ergänzende 248
Erntemaschine 100
Erosion 59, 60, 97, 98
Erpolzheim RP *178*
Ersingen B *185*
Erträge für Weinmoste *264*
–, Steigerung der *42*
Ertrags-Neuzüchtungen 44
Ertragssorten 41, 45
Erxleben 102
Erzeugerabfüllung 228, 240, 289
Erziehung 14, *17*, 29
–, selbsttragende 15
Erzingen B *188*
Eschbach RP *179*, B *187*
Eschelbach B *185*, W *196*
Eschenau W *196*
Escherndorf F *204*
Esselborn RH *173*
Essenheim RH *170*
Essigbakterien 111
Essigsäure 103, 106
Essigstich 106
Essingen RP *178*
Esslingen W *197*
Ester 103
Etagenerziehung *86*
Etikett 14, 16, *214,* 224, 298, 300
Etikettangaben 223
Etikett deutscher Tafelwein 224
– EWG-Tafelwein 224
Etiketten, alte Wein- 299
Etikettgestaltung 300
Etikett mit Geschmacksangaben 225
– Qualitätsmarkenwein 225
– Qualitätswein 224
– Schillerwein 225
– Weißherbst 225
Ettenheim B *186*
Euphorie *328*
Europäerreben 35, 141
Europäische Wirtschaftsgemeinschaft 216
Eußenheim F *203*
Euvitis 31, 32, 40
Ewig Leben, Großlage F *203*
Export, Entwicklung 265
–, Wein- 263, 265 ff.
extra dry *340*
extra sec *340*
Extrakt 107
–, zuckerfreier 107
Extraktrest 107
Eyth, Max 234, *235*

Faber *44, 47, 53, 56,* 148, *149,* 167, *250,* 251, 317, 342
Fachbach M *138*
fad 306
Falkenstein MSR *146*
Falscher Mehltau s. Mehltau
Farbe *312*
Färber 20
Färberreben 53
Färbersorten 53
Färbertraube *55, 56, 250*
Farbgebung der Flaschenausstattung 300
Farbstoffe 101
Faß, Holz- 112, *113*, 114
Faßgeschmack 306
Faßlager 319
Faßweinangebot 261
Faßweinerzeuger 253
Fastenkuren 326
Federweißer 324
Fehler des Weines 105
Fehlgärung 104
Feilbingert N *155*
fein 306
Feinbrand 333
Feinerde 60
Feldberg B *187*
Feldkapazität 61
Fell MSR *146*
Fellbach W *197*
Fellerich MSR *147*
Fermente 102
Fessenbach B *186*
fest 307
Feuerbach B *187*, W *197*
Feuerberg, Großlage RP *178*
feurig 307
Fila olfactoria 302, 303
Filsen M *138*
Filter 16, *116*
– aus Zellstoff und Asbest 119
Filterenthaftung 338
Filtermembranen 116
Filtration 14
Filtrationsenthefung 337, 338
Filzen MSR *146*
Findling *44, 54, 56, 250*
Finesse 307
Finnland 269
firn 107, 320
Firne 307, 320
Fisch 322
Fischingen B *188*
flach 307
Flachbogenerziehung 87
Flasche 122, 294
–, Öffnen der 313
Flaschenausstattung 298 ff.
Flaschenfüll-Ventil *120*
Flaschengärung 334
Flaschenhalshänger 300
Flaschenkeller 301 f.
Flaschenkühlschrank 302
Flaschenlager 319
flaschenreif 307
Flaschenverschluß 294
Flaschenweinangebot 261
Flehingen B *185*
Flein W *196*

Fleisch 322
Flemlingen RP *178*
Flomborn RH *173*
Flonheim RH *169*
Flörsheim RG 157, *161,* RH *173*
Flurbereinigung 96, 253
Flußbach MSR *146*
Flutlehm 59
Fontanara *55, 250*
Forchtenberg W *195*
Forschung 125 ff.
Forschungsring des Deutschen Weinbaues 125
Forst RP *178*
Forta *55, 250,* 317
Fortunatus 16
Foxton 307
Framersheim RH *170*
Franken 17, 19, 20, *46,* 58, 59, 65, 67, 68, 74, 198 ff., *216, 219, 240, 270,* 294, 315, 316
– Riesling 267
Frankenheim MSR *146*
Frankentaler *50*
Frankenwinheim F *204*
Frankfurt RG *161*
fränkischer Wein 17
Frankweiler RP *179*
Fräse 98, 99
Frauenstein RG *161*
Frauenzimmern W *195*
Freckenfeld RP *179*
Freiburg B 42, 181, *186*
Freiburger Weinmarkt 292
– Weintage 292
Freilaubersheim RH *169*
Freimersheim RH *173,* RP *178*
Freinsheim RP *178*
Freisamer *44, 48, 54, 56,* 96, 181, *250,* 317
frenß 17
frentschen 17
Frettenheim RH *173*
Freudenstein W *195*
Freudental W *195*
Freunde des Walnussbaumes *329*
Freyburg 209
Frickenhausen F *203,* W *197*
Friedelsheim RP *178*
Friesenheim B *186,* RH *170*
frisch 307
Frost 66, 68
Frostschutz 94 f.
Frostschutzberegnung 68
Frucht 307
Fruchtfleisch 28
Fruchtholz 75
fruchtig 307
Fruchtrute 88
Fructose 100, 102
Frühburgunder, Blauer 21, *44,* 53, *54, 56,* 129, 131, 199, 201, *250,* 318
– Erde 106
Frühfrost 94
Frühschoppen 326
Fuchsgeschmack 307
Fuderfaß 319
Fulda 162
Fülldosage 337
Fülle 307
Füllmaschinen 121
füllreif 307
Füllstraße für Sekt 337

Füll- und Verschlußanlage *124*
Fürfeld RH*169*
Fürsteneck, Großlage B *185*
Fürterer *20,* 21
Fuselöle 324
Fußwurzeln 28

G

Gabsheim RH *170*
Gaibach F *203,* 204
Gaisburg W *197*
Gall, Dr. 140
Gambach F *203*
Gänsfüßer *19*
Gärbehälter 14, 15
»gare« Böden 89
Gärführung 112
gärig 320
Gärkeller 16
Gärtechnik *111*
Gärung 100, 101, 103, 105, 107
–, alkoholische 102
–, gekühlte 112
–, gezügelte 112
Gärungshemmung 16
Gärungs-Nebenprodukte 103
Gastronomie 262
Gau-Algesheim RH *169*
Gau-Bickelheim RH *169*
Gau-Bischofsheim RH *170*
Gauersheim RP *177*
Gaugrehweiler N *155*
Gau-Heppenheim RH *170*
Gau-Köngernheim RH *170*
Gaulsheim RH *169*
Gau-Odernheim RH *170*
Gau-Weinheim RH *169*
Gay-Lussac 102
Gazebeutel (gegen Wespen und Vogelfraß) *76, 77*
gealtert 320
Gebietscharakter 45
Gebietseinteilung nach dem Weingesetz von 1971 216
Gebietsweinprämierung 244
Gebietsweinwerbungen 255
GeddelsbachW *196*
Gedeonseck, Großlage M *138*
Gegendruckfüller *122*
Geinsheim RP *178*
Geisenheim RG 21, 35, 38, 42, 44, 70, 126, 157, 160, 316, 318
– 5 C *44, 56, 57,* 137
– 26 *44,* 57, 137
Geisenheimer Anstalt 125
Geiztrieb 26, 30, 31, 75, 88, 89
Geländeaufnahme 62
Geländeklima 66
Gelatine 116
Gelbhölzer *20,* 21
Gellmersbach W *196*
Gemeinschaftswerbung Deutscher Wein 254
Gemmingen B *185*

Gemmrigheim W *195*
Gengenbach B *180, 186*
Genheim N *152*
Genossenschaftsgesetz 279
Genossenschaftskellerei 279, 283
Gensingen RH *169*
Genzentren der Rebe 40
geologischer Aufbau Südwestdeutschlands 62
Geradstetten W *197*
Geranienton 107
Gerbstoffe 101, 108
gerbstoffreich 307
Gerlachsheim B *180,* 184
Gerlingen W *197*
Gerolsheim RP *177*
Gerolzhofen F *204*
Gertdraht 87, 88
Gerten *85,* 88
Geruch *312*
Geschein 27
Geschichte des Weines 13 ff.
Geschmack *312*
Geschmacksangaben 228
Geschmacksknospen 304, 305
Geschmacksorgan 304
Geschmackspapillen 305
Geschmackszonen 305
geschmeidig 307
Gesellschaft für die Weinverbesserung 274
– Geschichte des Weines 329
Gesteinsproben *64*
gestoppt 307
Gesundheit, Wein und 323 ff.
Gewürztraminer *44, 47, 50, 54, 56,* 88, 96, *137,* 157, 163, *167, 174, 175, 181, 250,* 316, 321
Gibeon 14
Gigas-Formen 40
Gimbsheim RH *170*
Gimmeldingen RP *178*
Gipfel, Großlage MSR *147*
Gissigheim B *184*
Glas 294
Glasdicke 297
Glasflaschen-Maschine 294
Glasöffnung 297
glatt 307
Gleisweiler RP *178*
Gleiszellen-Gleishorbach RP *179*
Glimmerschiefer 58
Glomerula olfactoria 303
Gloria *55, 250,* 317
Glotterdal B *186*
Glucose 100, 102, *304*
Glühwein 326
Glycerin *101,* 103, 107
Glycerinbildung 102
Gneis 58
Gochsheim B *185*
Göcklingen RP *179*
Godramstein RP *179*
Goldbäumchen, Großlage MSR *145*
Gondorf MSR *144*
Gönnheim RP *178*

Register

Goseck 209
Gössenheim F *203*
Gottenheim B *186*
Gotteshilfe, Großlage RH *173*
Graach MSR *146*
Grafenstück, Großlage RP *177*
Grando *55*
Granit *58*
Grantschen W *196*
Grasica *267*
grasig *307*
Grassevina *267*
Grauschimmel s. a. Botrytis cinerea, Edelfäule(pilz) *91*, *92*
Grauwacke *58*, *59*, *63*, *65*
Greisenalter (des Weines) *320*
Grenzach B *188*
Greuth F *204*
Grey Riesling *267*
Griechenland *15*
Grolsheim RH *169*
Gronau W *195*
Großbottwar W *195*
Großbritannien *268*
Großer Weinmarkt *255*
Großer Ring der Prädikatswein-Versteigerer von Mosel-, Saar und Ruwer e. V. *143*, *290*
Großfischlingen RP *178*
Großfränkisch *19*
Großheppach W *197*
Großheubach F *202*
Großingersheim W *195*
Großkarlbach RP *178*
Großkellerei *123* f.
Großklima *65*
Großlage *227*
Großlangheim F *204*
Großniedesheim RP *177*
Großostheim F *202*
Großraumfilter *124*
Großraumgärverfahren *337*, *338*
Großrinderfeld B *184*
Großsachsen B *184*
Groß-Umstadt HB *163*, *164*
Groß-Vernatsch *50*
Großwallstadt F *202*
Groß-Winternheim RH *170*
Grötzingen B *185*
Grubber *98*
grün *307*
Grunbach W *197*
Grünberg *334*
Grundgerüche *303*
Grundgeschmack *305*
Gründüngung *90*
Grundwasser *61*
Grundwasserböden *59*
Grundwein *336*
Grunern B *187*
Grünfränkisch *19*
Grünstadt RP *177*
Grus *60*
Guano *22*
Gudea von Lagasch *14*
Güglingen W *195*
Güldenmorgen, Großlage RH *170*
Guldental N *148*, *155*
Güls MSR *144*
Gumbsheim RH *169*
Gündelbach W *196*
Gundelsheim W *196*
Gundersheim RH *173*
Gundheim RH *173*

Guntersblum RH *170*
Güntersleben F *203*
Gutedel (Roter und Weißer) *19*, *20*, *21*; *44*, *46*, *50*, *54*, *56*, *78*, *79*, *166*, *181*, *206*, *250*, *251*, *312*, *316*
– Tompa *79*
Güteklasse *225*
Gutenberg N *155*
Gutenborner *55*, *250*, *317*
Gutes Domtal, Großlage RH *170*
Gütezeichen, badisches *240*, *243* f.
–, gelbes *244*
Guttenberg, Großlage RH *179*

H

Haagen W *195*
Haardt RP *178*
Haas, Wilhelm *275*, *276*
Haberschlacht W *195*
Hackenheim RH *169*
Häfnerhaslach W *195*
Haftwasser *60*, *61*
Hagnau B *182*, *188*
Hahnheim RH *170*
Hainfeld RP *178*
Halbberge *206*
Halbbogen *88*
Halbbogen-Erziehung *86*, *87*
Halber *164*
Halbstück *124*, *319*
halbtrocken *228*, *231*, *321*, *340*
Hallburg F *204*
Hallgarten RG *160*, *161*
Halo *73*
Halsschleife *244*, *299*
Haltbarkeit *121*
Haltingen B *188*
Hambach HB *164*, RP *178*
Hamm MSR *146*
Hammelburg F *201*, *203*
Hammelshoden *19*
Hammerstein M *138*
Hammurabi *14*
Handel, Wein- *282* ff.
Handelsmarken *227* f.
Handels-Weinkellerei *283*
Handthal F *204*
Hangen-Weisheim RH *173*
Hanglagen *89*, *94*
Hängling, Blauer *55*, *250*
Hansjakob, Pfarrer Heinrich *182*, *275*, *276*
Hanweiler W *197*
Hargesheim N *148*, *155*
harmonisch *307*
Hart-Heunscht *19*
Hartroth *19*
Harxheim RH *170*, RP *177*
Harzen des Weines *15*
Haslach B *185*
Haßmersheim B *185*
Hattenheim RG *74*, *157*, *158*, *161*
Hatzenport MSR *145*
Hauptnehmerländer *267*, *268*
Hauptlese *95*, *96*
Hausen W *188*, *195*

Hausrebe, sachgerecht gepflanzte *75*
Hausreben *74* ff.
Hausstock *75*
Haut (Wirkung des Weines) *326*
Hebelkelter *19*
Hebsack W *197*
Hechtsheim RH *170*
Heckenwingert *20*
Hecklingen B *186*
Heddesdorf *274*
Heddesdorfer Darlehnskassen-Verein *275*
Hedelfingen W *197*
Hefe *101*, *102*, *103*, *105*, *107*, *110*, *113*, *336*
Hefepreßwein *107*
Hefezellen *102*
Heftdrähte *87*
Heidelberg B *180*, *184*
»Heidelberger Faß« *258*
Heidelsheim B *185*
Heidesheim RH *170*, RP *177*
Heilbronn W *74*, *196*
Heiligenthal, Großlage F *202*
Heiligenzell B *186*
Heimbach B *186*
Heimersheim A *132*, RH *173*
Heinsheim B *185*
Heißeinlagerung *121*
Heitersheim B *187*
Helfant-Esingen MSR *147*
Helfensteiner *44*, *53*, *54*, *56*, *191*, *250*
Helmsheim B *185*
Hemsbach B *184*
Henkelgläser *298*
Henkell *342*
Heppenheim HB *162*, *163*, *164*
herb *307*, *340*
Herbizide *90*
Herbolzheim B *185*, *186*
Herbstausschuß *95*
Herbstgeschäft *258*
Herbstmarkt *261*, *264*
Herbstordnung *95*
Herbstpreis *258*, *264*
Hergenfeld N *155*
Hergersweiler RP *179*
Herkunft *299*
Herkunftsbezeichnungen *226* f.
Herold, August *53*
Heroldrebe *44*, *53*, *54*, *56*, *191*, *250*
Herrenberg, Großlage F *204*, M *138*
Herrlich, Großlage RP *179*
Herrnsheim RH *173*
Herten B *185*
Hertingen B *187*
Hertmannsweiler W *197*
Herxheim am Berg RP *178*, *179*
herzhaft *307*
Hesekiel *14*
Hessen *240*, *247*, *253*
Heßheim RP *177*
Hessigheim W *195*
Hessische Bergstraße *161* ff., *216*, *219*, *240*
Heßloch RH *173*
Heterosis *40*
Heterosiszüchtung *42*
Hetzerath MSR *146*

Heuchelberg, Großlage W *195*
Heuchelheim RP *177*
Heuchelheim-Klingen RP *179*
Heuholz W *196*
Heunisch *20*, *21*
Heuweiler B *186*
Heuwurm *92*
Hildegardistraube *78*, *79*
Hillesheim RH *170*
Hilsbach B *185*
Hilzingen B *188*
Himmelstadt F *203*
Hirnanhangdrüse *326*
Hirschau W *197*
Hirschberg *334*
Hirzenach M *138*
Histidin *324*
Hochburg B *186*
Hochdorf-Assenheim RP *178*
hochfarbig *107*, *307*
Hochfarbigkeit *301*
Hochheim RG *160*, *161*
Hochmeß, Großlage RP *178*
Hochstadt RP *178*
Hochstätten N *155*
Hock *156*, *267*
Hof W *195*
Hofen W *195*, *197*
Hoflößnitz *209*
Hofrat, Großlage F *203*
Hofstück, Großlage RP *178*
Hofweier B *186*
Höhefeld B *184*
Hohenberg, Großlage B *185*
Hoheneck W *195*
Hohenhaslach W *195*
Hohenneuffen, Großlage W *197*
Hohensachsen B *184*
Hohenstein W *195*
Hohen-Sülzen RH *173*
Hohen-Wettersbach B *185*
Höhnstedt *209*
Hölder *55*
Holland *269*
Höllenpfad, Großlage RP *177*
Holz, I. P. 46 A *79*
–, I. P. 205 *80*
–, mehrjähriges *86*
Holzen B *187*
holzig *307*
Homburg F *203*
Honigberg, Großlage RP *177*
Honigsäckel, Großlage RP *177*
Höpfigheim W *195*
Horchheim RH *173*
Hörigkeitsverband *273*
Horizontalkelter *20*, *22*
Horizontalpressen *110*
Horkheim W *196*
Horrenberg B *184*
Horrheim W *195*
Horrweiler RH *169*
Horsd'oeuvre *321*
Hörstein F *202*
Hößlinsülz W *196*
Hotte *55*
Hubenverbund *273*
Hudler *19*
Hüffelsheim N *155*
Hügelheim B *187*
Hügelpflanzung *38*
Hugsweier B *186*
Huhn *323*

Hülse der Beere *28*
Hummel *342*
Humusanreicherung *84*
Humusdünger *90*
Hundertjähriger Kalender *72*, *73*
Hundstage *74*
hunnischer Wein *17*
huntschen *17*
Hupperath MSR *146*
Hüttenheim F *204*
Huttingen B *187*
Huxel, Fritz *47*
Huxelrebe *44*, *47*, *54*, *56*, *78*, *79*, *149*, *167*, *250*, *317*
Hynß *17*

I

Igel MSR *147*
Ihringen B *96*, *186*
Ihringer Winklerberg *96*
Illesheim RP *179*
Illingen W *195*
Ilsfeld W *195*, *196*
Immenstaad B *188*
Immesheim RP *177*
Impfingen B *184*
Impflingen RP *179*
Imprägnierschaumweine *336*
Ingelfingen W *195*
Ingelheim RH *166*, *168*, *170*
Ingelheimer *317*
Ingenheim RP *179*
Ingenieur für Weinbau und Kellerwirtschaft *126*
Innereien *322*
Insheim RP *179*
Institut für Rebenzüchtung und Rebenveredelung *42*
Internationales Amt für Rebe und Wein (OIV) *125*
Internodien *29*, *261*
Intervitis *272*, *273*
Inzucht *40*
I. P. 46 A *79*
I. P. 205 *80*
Ipfhofen F *202*, *204*
Ippesheim F *204*
Ipsheim F *204*
Irsch MSR *147*
Island *269*
Istein B *187*
Italianski Rizling *267*
Italiansky Rizling *267*

J

Jahresernte (Europa) *216*
Jahresringe *29*
Jahrgang *69*, *299*, *314*, *319*
Jahrhundertwein *70*
Japan *268*
Jechtingen B *186*
Jena *205*
Johannisberg RG *20*, *156*, *157*, *160*
–, Bereich RG *160*, *216*
Johannisberger *45*
– Spätlesereiter *223*
Johannisberger Riesling *268*

Johannisberg-Winkel *156*
Jöhlingen B *185*
Jubiläumsrebe *55*, *250*
Jugend (des Weines) *320*
Jugenheim RH *169*
jung *320*
Jungfeldpflege *85*
Jungfernfrüchte *27*
Jungfernwein *85*
Jungrebe *85*
Juwel *55*

K

Kaatschen *209*
Kabinett (s. a. Cabinet) *220*
– (Etikett) *224*
– (Mindestanforderung) *101*, *226*
– (Mindestpunktzahl) *236*, *244*, *238*
Kahmhefen *102*
kahmig *307*
Kaimt MSR *145*
Kaiserpfalz, Großlage RH *169*
Kaiserstuhl *58*, *68*, *97*, *317*
Kaiserstuhl-Tuniberg, Bereich B *186*, *216*
Kalium *91*, *101*
Kaliumferrocyanid *115*
Kalk *58*, *65*
Kalkgehalt *60*
Kalkofen N *155*
Kalkstadt RP *178*
Kalkstein *59*
Kallstadt RP *178*
Kallus *37*, *38*
Kalorienzahl (des Weines) *236*
Kalte Sophie *73*, *74*
kaltsterile Abfüllung *121*
– Einlagerung *121*
Kambium *29*, *37*
Kämme *307*
Kammererziehung *20*, *22*
Kammerforst F *204*
Kamp-Bornhofen M *138*
Kanada *268*, *269*
Kandel RP *179*
Kanzem MSR *146*
Kanzler *44*, *49*, *54*, *56*, *250*, *317*
Kapellenberg, Großlage F *204*
Kapellen-Drusweiler RP *179*
Käppchen *26*, *27*
Kappelrodeck B *185*
Kappishäusern W *197*
Kapsel *300*
Kapsweyer RP *179*
Karbonatgesteine *60*
Karden MSR *145*
Karlburg F *203*
Karl der Große *17*, *165*, *198*
Karlsruhe-Durlach B *185*
Karlstadt F *203*
Karsdorf *209*
Karst *58*
Kartonage-Pfropfreben *38*, *39*
Kartonagerebe *38*, *39*
Kartonage-Rebschul-Verfahren *39*
Kartonageverfahren *38*, *39*

Kasbach M *138*
Käse 323
Kasel MSR *146*
Kastel-Staadt MSR *147*
Kater 326
Kattenes MSR *145*
Katz, Burg *241*
Kaub M *133*, 134, *138*, 208
Keimblätter *41*
Keimstengel *41*
Keller 16
–, Flaschen- 301 f.
Kellerbuch 302
Kellermeister 126
Kellermotten 301
Kellerproben 309
Kellertemperatur 114
Kellerwirtschaft 17
Kelter 16
–, hydraulische 22
Kelterhaus 108
keltern 110
Kelterraum 16
Keltervorgang 14
Kembach B *184*
Kempten RH *169*
Kenn MSR *146*
Kenzingen B *186*
Kerner *44*, 45, 47, *50*, *54*, *56*, *141*, 148, 149, *157*, *167*, 174, 175, *181*, *192*, 193, 199, 200, *250*, 251, 316, *317*
–, Justinus *47*
kernig 307
Kerzenheim RP *177*
Kesselfeld W *196*
Keßler 342
Kesten MSR *146*
Kestert M *138*
Ketosäuren 103
Keuper 65
Kiechlinsbergen B *186*
Kiedrich RG *161*
Kies, 58, 60
Kieselgur 116
Kindenheim RP *177*
Kindheit (des Weines) 320
Kinheim MSR *146*
Kippenhausen B *188*
Kippenheim B *186*
Kirchardt B *185*
Kirchberg B *188*, W *195*
–, Großlage F *204*
Kirchenweinberg, Großlage W *196*
Kirchheim RP *178*, W *153*, *195*
Kirchheimbolanden RP *177*
Kirchhofen B *187*
Kirrweiler RP *178*
Kirschroth N *155*
Kitzingen F *202*, *203*, *204*
Klärfiltration 116
Klärschleuder 124
Klärschönungsmittel 116
Klärung 115
Klebrot(er) *19*, *50*
Kleinaspach W *195*
Kleinberger 140, 166
Kleinbottwar W *195*
Kleinfischlingen RP *178*
Kleinfränkisch *19*
Kleingartach W *195*
Kleinheppach W *197*
Kleiningersheim W *195*
Kleinkarlbach RP *177*

Kleinkems B *187*
Kleinlangheim F *204*
Kleinniedesheim RP *177*
Kleinochsenfurt F *203*
Kleinsachsenheim W *195*
Klein-Umstadt HB 163, 164
Klein-Winternheim RH *170*
Klepsau B *184*
Klevner *21*, *50*
Klevner, August *53*
Klima 65, 69
Klimaanforderungen, pflanzenphysiologische 65
Klimadaten 129, 137, 140, 148, 157, 162, 166, 174, 181, 191, 199
Klima der deutschen Weinbaugebiete 67
Klimafaktoren 16, 23
Klimakartierung 69
Klingelberger *45*
Klingenberg W *195*, F *200*, 201, *202*
Klingenmünster RP *179*
Klon 40, 41
Klonenauslese 41
Klonenselektion *40*, 41, *42*, 44
Klonenzüchtung 21, 41
Klosterberg, Großlage A *132*
Kloster Liebfrauenberg, Großlage RP *179*
Klotten MSR *145*
Klüsserath MSR *146*
Knauer, Mauritius 72, *73*
Knetzgau F *204*
Knittelsheim RP *178*
Knittlingen W *195*
knochig 307
Knöringen RP *178*
Knoten 29, 36
Kober 54, *55*, 137
Kobern MSR *144*
Koblenz M 137, 138, MSR *144*
Kobnert, Großlage RP *178*
Kocherberg, Großlage W *195*
Kocher-Jagst-Tauber, Bereich W *195*, *216*
Kognak 332
Kohlberg W *197*
Kohlendioxid *101*, 105, 107, 112
Kohlensäure 111
Kohlensäuredruckverfahren 121
Kohleschönung 110, 119
Kolloide 119
Kolor *44*, *53*, *54*, *250*
Kometenwein 71
Komturei 328
Köndringen B *186*
Könen MSR *146*
Königheim B *184*
Königin der Weingärten *78*, *79*
Königliche Magdalenen-Traube *80*
Königsbach RP *178*
Königsberg, Großlage MSR *147*

Königschaffhausen B *186*
Königsgarten, Großlage RP *179*
Königshofen B *184*
Königswinter M *138*
Konservieren 17
Konstanz B *188*
Konz MSR *146*
Kopf, Großlage W *197*
Kopfschnitt *86*
Kopulationsschnitt *37*
Korb W *197*
Korbpressen 110
Kordon *82*
Kordonerziehung 75, *87*
Kordonschnitt 87
Korinthen 24
Korken *122*, 123, 313, *341*
Korkenzieher 313
Korkgeschmack 307
Korkgewebe 29
Korkmotten 301
Korlingen MSR *146*
Körper 307
körperarm 307
Kosthem RG *161*
Kosttemperaturen 313
Köwerich MSR *146*
kratzig 307
Kräuselmilbenkrankheit 93
Kräuterweine 22
Krautheim B *184*, F *204*
Kreiseldüngerstreuer 99
Kreiselstreuer *91*
Kreislauf (Wirkung des Weines) 325
Kressbronn W *197*
Kreuznach, Bereich N *152*, *216*
Kreuzungszüchtung 41, *42*, *43*, 45
Kreuzweiler MSR *147*
Kreuzwertheim F *202*
Kronenberg, Großlage N *155*
Krötenbrunnen, Großlage RH *170*
Kröv MSR *146*
Kufe *16*
Kultivator 98
Kulturreben, Entwicklung 43
Külsheim B *184*
Kunstdünger 90
Kunstweine 22
Künzelsau W *195*
Kupferberg 342
Kuppa 297
Kurfürstenstück, Großlage RH *169*
Kurfürstlay, Großlage MSR *146*
Kürnbach B *185*
kurz 307
Kurzknotigkeit *94*
Kurzroth *19*
Kurzzeiterhitzung 121
Kutikula 29
KZE-Verfahren 121

L

Laboranalysen 309
Lachen/Speyerdorf R *178*
Lachs 322
Lactat (= Milchsäure) 105
Lage 16, 210, *213*, *226*, *227*, *299*, 314

Lagennamen 210 ff., 220
–, lateinische 210
–, latinisiertkeltische 210
Lagensekte 340, 341
Lagerbehälter 15
Lagerzeitpunkt 95
–, Statistik der 249 f.
Lagerkeller 16
Lagertanks 124
Lagerung (Schaumwein) 339
Lahnstein M *138*
Lahntal, Großlage M *138*
Lahr B *186*
Lambsheim RP *178*
Lampersch *19*
Landau RP *179*
Landshausen B *185*
Landwein 218, 219, 221
Landwirtschaftsverein für Rheinpreußen 274
Langenbeutingen W *196*
Langenlonsheim N 148, *155*
Langscheid M *138*
Langsur MSR *147*
Lasky Rizling 267
La-Tène-Kunst 15
Laubarbeiten 88 f.
–, Mechanisierung der 98
Laubbehandlung (Tafeltrauben) 76
Laube 14, 16
Laubengang 17
Laubengerüst *82*
Laubenheim N *155*, RH *170*
Lauda B *184*
Lauda-Königshofen B 184
Laudenbach B *184*, W *195*, F *203*
Lauf B *185*
Laufen B *187*
Lauffen W *196*
Laumersheim RP *177*
Lauschied N *155*
Lautenbach B *185*
Lavoisier 102
Lay MSR *144*
lebendig 307
Lebensgefahr *328*
Lederbeeren 91
leer 307
Leeuwenhoek, Antonius van 102
Legel 100
Lehen B *186*
Lehm 58, 60, 61, 65
Lehmen MSR *144*
Lehrensteinsfeld W *196*
leicht 307
Leimen B *184*
Leingarten W *195*
Leinsweiler RP *179*
Leiselheim RH *173*, B *186*
Leistadt RP *178*
Leitbündel *30*
Leitgewebe der Triebe 29
Leitrebsorten 69
Leitungszone 28
Leiwen MSR *146*
Lembach W *195*
Lemberger (s. a. Limberger) *191*, 192, 194, *318*
Lengfurt F *203*
Lese 14, 19, 22, 95, 108
–, Durchführung der 95

Lese
–, Mechanisierung der Trauben- 100
–, Verordnungen 95
Lesekontrolle 232
Lesetermin 16
Lesezeitpunkt 95
Lettweiler N *155*
Leubsdorf M *138*
Leutershausen B *184*
Leutesdorf M *138*
Lichtmenge 66
Liebfrauenmorgen, Großlage RH *173*
Liebfraumilch 265, *270*
Liebig, Justus von 90
Liebigs Weinbergsdünger 22
lieblich 307
Liel B *187*
Lienzingen W *195*
Liersberg MSR *147*
Lieser MSR *146*
Limberger, Blauer *44*, *50*, *54*, *56*, *181*, *250*, *321*, 322
Lindelbach B *184*
Lindelberg, Großlage W *196*
Linsenhofen W *197*
Linz M *138*
Lipburg B *187*
Literflasche 294
Löchgau W *195*
Löf MSR *145*
Logel *16*, 100
Lokalklima 66
Longen MSR *146*
Longuich MSR *146*
Lonsheim RH *169*
Lorch RG *160*
Lorchhausen RG *136*, 160
Loreleyfelsen, Großlage M *138*
Lorettoberg, Großlage B *186*
Lörsch MSR *146*
Lorsch, Kloster 16, *161*, 162
Lörzweiler RH *170*
Lösnich MSR *146*
Löß 58, *59*, 60, 63
Lößböden 65
Lostage 72, 73
Lothringer Klarett 334
Lotte 26, *27*
Löwenstein W *196*
Ludwigshöhe RH *170*
Luftgeschmack 307
Luftkapazität 63
Lufttton 301
Luftwurzel 28
Luglienca bianca *79*
Lustadt RP *178*
Lützelsachsen B *184*
Luxemburg 268
Luxemburger Urteil 338
Luxor 14
Lyon 16

M

Madeleine Céline *78*, *80*
– royale *78*, *80*
mager 307
Magmatite *60*, 63
Magnum 340
Mahlberg B *186*
Maienfels W *196*
Maikammer RP *178*
Main (Tafelweinbaugebiet) *216*

Maindreieck, Bereich F *203*, *216*
Mainstockheim F *204*
Maintal *318*
Mainviereck, Bereich F *202*, *216*
Mainz 168
Mainzer Weinbörse 289, 292
Maische 108, 109
Maischeerhitzung 112
Maischegärung 112, 317
Malat s. Äpfelsäure
Malban 24
Malingre, Früher *55*, *56*, *78*, *79*, *250*
Malingre précoce *79*
Malsch B *184*
Malschenberg B *184*
Malterdingen B *186*
Malvasier *56*, *250*
Malvasier, Früher roter *44*, *54*
Mandel N *155*
Mandelhöhe, Großlage RP *178*
Mannaberg, Großlage B *184*
Mannistich 106
Mannweiler-Cölln N *155*
Manubach M *138*
Marbach B *184*, W *195*
Marengo *78*, *80*
Mariengarten, Großlage RP *178*
Mariensteiner *44*, 49, *54*, *56*, *250*, *317*
Marienthal A *132*
–, Kloster 128, 132
Maring-Noviand MSR *146*
Mark 28
markant 307
Markbrücke 29
Markdorf B *188*
Markelsheim W *195*
Markensekt 341
Markenwein(e) 119, 227 f., 265
Markgräfler Gutedel 316
Markgräflerland 154, 190
–, Bereich B *186*, *216*
Markgröningen W *195*
Marksburg, Großlage M *138*
Marktbreit F *203*
Markt Einersheim F *204*
Marktstruktur in 10 Hauptabnehmerländern 268
Marque nationale 217
Marseille (Massilia) 15
Martinsheim F *204*
Martinstein N *155*
Martinsthal *161*
Massenauslese 41
Massenbachhausen W *195*
matt 307, 320
Mauchen B *187*
Mauchenheim RH *170*
Maulbronn W *195*
mäuseln 307
Maximin Grünhaus MSR *146*
Mayschoß A 128, *129*, *130*, *132*
Meckenheim RP *178*
Meddersheim N 148, *155*
medium dry 340

Register

Meersburg B *180, 188*
Meerspinne, Großlage RP *178*
Mehltau 40, 92
—, echter 21, 32, 42, 91
—, falscher 21, 32, 42, 85, 91
Mehring MSR *146*
Meimsheim W *195*
Meisenheim N *155*
Meißen *206,* 209
Melaphyr 58
Meldepflicht 249
Meliorationen 63
Menge-Güte-Relation (Verhältnis) 70, 87
Mengen B *186*
Mengenertrag 87, 88
Mennig MSR *146*
Menzingen B *185*
Merdingen B *186*
Mergel 58, *60,* 65
Merl MSR *142, 145*
Mertesdorf MSR *146*
Mertesheim RP *177*
Merxheim N *155*
Merzhausen B *186*
Mesenich MSR *145, 147*
Meßstation, meteorologische 70
Metalltrübung 115
Metamorphite *60*
Metaphasenplatte 40
méthode rurale 336
Mettenheim RH *170*
Metzingen W *197*
Michelau F *204*
Michelbach W *196,* F *202*
Michelfeld B *185*
Michelsberg, Großlage MSR *146*
Michelsrebe *78, 80*
Mietersheim B *186*
Milchsäure 105, 106
Milchsäurebakterien 105, 106
Milchsäurestich 106
Milchsäureton 105
mild 228, *340*
Miltenberg F *202*
Mindestanforderungen der Prädikate 226
Mindestmostgewicht(e) 69, 229, 231
Mineraldünger 22
Mineralstoffe 324
Minfeld RP *179*
Minheim MSR *146*
Missouri Riesling 267
Mittelhaardt 19
Mittelhaardt/Deutsche Weinstraße, Bereich RP *177,* 216
Mittelrhein RG 160, *161*
Mittelrhein 16, 17, *20,* 58, 65, 133 ff., *216,* 219, *240,* 274, 315
MM 342
Möckmühl W *195*
Molasse 58
Molekularfiltration 119
Molketon 105
mollig 307
Mölsheim RH *173*
Mommenheim RH *170*
Mondeinfluß 72
Monokultur 84, 89
Monsheim RH *173*
Monzernheim RH *173*
Monzingen N *148, 155*
Moränen 58
Morillon, zweifarbiger 44

Morio, Peter *46,* 48
Morio-Muskat 44, 46, 50, 54, 56, *149,* 167, 174, 175, *250,* 312, 317
Morscheid MSR *146*
Morschheim RP *177*
Mörstadt RH *173*
Mörzheim RP *179*
Mosaikkrankheit 94
Mösbach B *185*
Mosel *20,* 58, *59,* 65, 67, 68, 73, 74, 315, 316, 342
Moselerziehung 141
Moselkern MSR *145*
Moselpfahlerziehung 137
Mosel–Saar–Ruwer *101,* 216, 219, *240, 270,* 273
Moselsürsch MSR *145*
Moselweiß MSR 144
Most *16,* 102, 110
—, Zusammensetzung 100
Mosternte 23
Mostgewicht 100, 109, 319
Mostgewichte der deutschen Weinernten *318*
Mostgewichtszulassungsstufen 225
Mostgewinnung 14
mostig 320
Möstlingerschönung 115
Mostwaage System Oechsle 22
müde 320
Müden MSR *145*
Mühlbach B *185,* F *203*
Mühlberg B *184*
Mühlhausen B *184,* W *195, 197*
Mühlheim RP *177*
Mulchen 98
Mulchfolie 38
Mulchgerät 99
Mülheim MSR *146*
Müllerrebe 20, 44, 50, 54, 56, *250,* 251
Müller-Thurgau 21, 44, 45, 50, 54, 56, 61, 65, 69, 78, 80, 96, 130, 131, 134, 137, 140, 141, 142, 148, 149, *157,* 158, 162, 163, 166, 167, 174, 181, *192* 193, 199, 200, 201, 202, 206, *250,* 251, 312, 315, 321, 322
—, Prof. Dr. 21, *45, 272,* 315
Müllheim B *187*
Müllheimer Weinmarkt 292
Multaner 55, 250
Münchweier B *186*
Mundelsheim W *195*
Mundingen B *186*
Münster W *197*
Münsterappel N *155*
Münster-Sarmsheim N *148,* 152
Münzesheim B *185*
Munzingen B *186*
Münzlay, Großlage MSR *146*
Murr W *195*
Muscadine 55, *78, 80*
Muscadinien 22, 32, 40
Muschelkalk 65

Muskateller *19, 20,* 96, *181,* 191, 193
—, Gelber 44, 49, 54, 56, *250*
—, Roter 49, *55,* 56, *250*
Muskat-Ottonel 44, 49, 54, 56, 78, 80, 181, *250*
Muskat-Trollinger 56
Muskatweine, deutsche 317
Mußbach RP *178*
Mutation(en) 40, 41, *44*
Mützchen 27

N

Nachauflaufmittel 90
Nachgärung 115
Nack RH *169,* B *188*
Nackenheim RH *166,* 167, 168, *170*
Nacktarsch, Großlage MSR *146*
Nahe 17, 20, 58, *59,* 147 ff., *216,* 219, *240, 270,* 274, 315, 316
Naheweinstraße 151
Nährhumus 90
Nase 307
Nassau M *138*
Naßverbesserung 111
naturrein 111
Naturwein 289, 290
Naumburg 205, 209
Nebel 68
Nebenniere 326
Nebukadnezar II. 14
Neckar (Tafelweinbaugebiet) 216
Neckarmühlbach B *185*
Neckarsulm W *196*
Neckartal 318
Neckarweihingen W *195*
Neckarwestheim W *196*
Neckarzimmern B *185*
Neef MSR *145*
Nehren MSR *145*
Neipperg W *195*
Nennig MSR *147*
Nennvolumen 228
Nerv 307
Nervatur, Blatt *31*
Nerven (Wirkung des Weines) 325
Nerven, periphere 326
nervig 307
Nesselried B *185*
nett 307
Neuanlagen, Erstellung von 84
Neu-Bamberg RH *169*
Neuburger *55, 250*
Neudenau B *185*
Neuenahr A *132*
Neuenburg B *185*
Neuershausen B *186*
Neuffen W *197*
Neuleiningen RP *177*
Neumagen *15,* 16
Neumagen-Dhron MSR *146*
Neumagener Weinschiff 143
Neusatz B *185*
Neues F *204*
Neustadt W *197*
Neustadt/Weinstraße RP 174, *178*
Neuweier B *185,* 294
Niederburg M *138*
Niederdollendorf M *138*
Niedereggenen B *187*

Niederfell MSR *144*
Niederhausen N *148,* 150, *155,* 281
Niederheimbach M *134,* 138
Nieder-Hilbersheim RH *169*
Niederhofen W *195*
Niederhorbach RP *179*
Niederkirchen RP *178*
Niederlande 268
Niedermoschel N *155*
Niedernhall W *195*
Nieder-Olm RH *170*
Niederotterbach RP *179*
Niederrimsingen B *186*
Niederschlag 23, 94
—, Monatssummen 70
Niederschopfheim B *186*
Niederstetten W *195*
Niederwalluf RG *161*
Niederweiler B *187*
Nieder-Wiesen RH *169*
Niefernheim RP *177*
Nieren 326
Nierstein RH 167, *168, 170*
—, Bereich RH *170,* 216
Nimburg B *186*
Nittel MSR *147*
Noblessa 55, *250, 317*
Nobling 44, 49, 54, 56, 181, *250, 317*
Nochern M *138*
Nodien 26
Nonnenhorn F *204*
Nordhausen W *195*
Nordheim W *195,* F *204*
Nordweil B *186*
Norheim N *148,* 155
Normalanlage 87
Normalerziehung 85, 86, 149
Normalflasche (Sekt) 336
Normalflasche (Wein) 294
Norsingen B *187*
Norwegen 269
Notreife 94
Nudelgericht 321
Nußbach B *185*
Nußbaum N *155*
Nußdorf RP *178*
Nußloch B *184*
Nutzungsdauer von Reben-Ertragsanlagen 84

O

Oberachern B *185*
Oberacker B *185*
Oberau 209
Oberbadische Weinreisen 183
Oberbergen B *186*
Oberbillig MSR *147*
Oberderdingen W *195*
Oberdiebach M *138*
Oberdollendorf M *138*
Obereggenen B *187*
Obereisenheim F *204*
Oberemmel MSR *146*
Oberfell MSR *145*
Ober-Flörsheim RH *173*
Obergrombach B *185*
Oberhausen N *150,* 155, *RP* 179
Oberheimbach M *138*
Ober-Hilbersheim RH *169*

Oberkirch B *185*
Oberlauda B *184*
Oberleinach F *203*
Obermoschel N *148,* 155
Obermosel s. Mosel
—, Bereich MSR *147,* 216
Obernau F *202*
Obernbreit F *204*
Oberndorf N *155*
Obernhof M *138*
Ober-Olm RH *170*
Oberotterbach RP *179*
Oberöwisheim B *185*
Oberrhein (Tafelweinbaugebiet) 216
Oberrheinebene 68
Oberrheintalgraben 58
Oberrimsingen B *186*
Oberrotweil B 74, *180,* 186, 187
Obersasbach B *185*
Oberschopfheim B *186*
Oberschüpf B *184*
Oberschwappach F *204*
Oberschwarzach F *204*
Obersöllbach W *196*
Oberstenfeld W *195*
Oberstetten W *195*
Oberstreit N *155*
Obersülzen RP *177*
Obertsrot B *185*
Obertürkheim W *197*
Oberuhldingen B *188*
Obervolkach F *204*
Oberwalluf RG *161*
Oberweier B *186*
Oberwesel M *135, 138*
Obrigheim RP *177*
Obstbaum-Spinnmilbe 92
Ochsenbach W *195*
Ochsenfurt F *203*
Oechsle, Christian Ferdinand *104*
Oechslegrad(e) 100, 109
Ockenheim RH *169*
Ockfen MSR *147*
Odenheim B *185*
Odernheim N *148,* 155
Oedheim W *196*
Ödsbach B *185*
Offenau W *196*
Offenburger Weinmarkt 291, 292
Offenheim RH *170*
Offstein RH *173*
Ohlsbach B *186*
Ohm *16*
Oidium (s. a. Mehltau, echter) 42, 91, 205
OIV (s. a. Internationales Amt für Rebe und Wein) 311
OIV-Schema *311*
Okanagan Riesling 267
Olasz Rizling 267
olfaktorisches Epithel 302
Ölfeuerung im Weinberg 67
Ölspiel, Großlage F *203*
Omega-Schnitt 37
Omelett 322
Onsdorf MSR *147*
Opfingen B *186*
Oppenheim RH 168, *170*
Optima 44, 49, 54, 56, *141, 149,* 167, 200, *250, 317*
Orangetraube 13
Oraniensteiner 55, *317*

Ordensgut, Großlage RP *178*
Orleans *19, 20,* 21
Ortega *44,* 48, 54, 56, 78, 80, *141, 149,* 167, 200, *250,* 317
Ortenau, Bereich B *185,* 216, *317,* 318
Ortenberg B *186,* 296
Ortlieber (Gelber) 19, 20, *55, 250*
Ortsteile 220, 227
Osanner Herbst-Rebregister 273
Osann-Monzel MSR *146*
Osiris *250, 317*
Osteiner *55, 317*
Oesterreicher 46
Osterspai B *185*
Osthofen RH *173*
Oestrich RG 69, *81,* 156, *161*
Östringen B *184*
Ötisheim W *195*
Ötlingen B *188*
Ottersheim RP *177, 178*
Ottersweiler B *185*
Oxidation 107

P

Paella 321
Palästina 14
Palzem MSR *147*
Panse précoce *78, 80*
Papier (für Etiketten) 300
Parabraunerde 59
Paradiesgarten, Großlage N *155*
Paraffinierung der Propfreben 37
Pararendzina 59
Partenheim RH *169*
Parthenocissus (wilder Wein) 81
passé 320
Pasteur 102
pasteurisieren 121
Patersberg M *138*
Pellingen MSR *147*
Pelosol 59
Pendelbogenerziehung 86
Pendeldüngerstreuer 99
Pennsylvania 269
Pergola 75
Perl MSR *147*
Perldrüse *30*
Perle 44, 48, 54, 56, *149,* 167, 199, 200, *250,* 317
— impériale blanche 78, *80*
Perlette *78, 80*
Perle von Csaba *78, 80*
Perlite 37, 38
Perlwein 226, 340
Peronospora (s. a. Mehltau, falscher) 85, 91, 205
Peronospora-Bekämpfung 99
Perscheid M *138*
Petersberg, Großlage M *138,* RH *170*
Pfaffengrund, Großlage RP *178*
Pfaffenhofen W *195*
Pfaffen-Schwabenheim *169*
Pfaffenweiler B *187*

Pfahlerziehung 20
Pfahlunterstützung 88
Pfahlwurzel 28
Pfalz s. Rheinpfalz
Pfarrgarten, Großlage N *155*
Pfeddersheim RH *173*
Pfedelbach W *196*
Pflanzen 84
- (Tafeltrauben) 74
Pflanztaschen 39
Pfropfrebe(n) 36, 37, 38, 39, 44, 64, 84
Pfropfrebenbau 35 f.
Phantasiebezeichnung 228
pH-Bereich 91
Phomopsis viticola 92
Phosphat 101
Phosphorsäure 91
Photosynthese 31, 38
pH-Wert 102
Phyllit 58
Phylloxera vastatrix (s. a. Reblaus) 32
- vitifolii (s. a. Reblaus) 21
Phylloxeridae 32
Picknicks 322
Piesport MSR *146*
Piffche 159
pikant 307
Pilaff 321
Pilgerpfad, Großlage RH *173*
Pilzerkrankungen 92
Pilzkorken 338
Pilzkrankheiten 91
Pilzresistenz 43
Pinot blanc (s. a. Burgunder, Weißer, Weißburgunder) 47
Pinot gris (s. a. Ruländer) 46
Pinot Meunier (s. a. Müllerrebe) 50
Pirovano 78, 80
pithoi 15
Pizza 321
Plasmopara (s. a. Mehltau, falscher) 42, 91
Platten MSR *146*
Pleisweiler-Oberhofen RP *179*
Pleitersheim RH *169*
Plinius 13, 15
plump 307
Pockenmilbe 92, 93
Podsole 59
Pölich MSR *146*
Pommern MSR *141, 145*
Poppenweiler W *195*
Porphyr 58
Portionsflasche 294
Portugieser (Blauer) 21, 44, 50, 53, 54, 56, 78, 79, 130, 131, *137, 149, 157,* 166, *167,* 174, 175, *181, 191,* 192, *206,* 250, 251, 317, 322
Prädikat(e) 224, *225*
Prädikatssekt 336, 338, 339
Prädikatswein(e) 111, 233, 290
Prädikatsweingüter 289
Prämierung 299
Prämierungsstreifen 240
Preis der DLG, Großer *237*
Preisbildung 263 f.
Preise, DLG- (Mindestpunktzahlen) 238

Preise für Weinmoste *264*
Preismedaillen 240
Preismünze 1890, silberne *238*
Preismünzen 240
Presse 19
Prichsenstadt F *204*
Probe (des Weines) 112, *319*
Probstberg, Großlage MSR *146*
Pro-Kopf-Verbrauch 17, 250, *266*
Promillewerte *325*
Proschwitz 209
Prüftermine 240
Prüfung, amtliche 228, 236
-, Praxis der 231 f.
-, sensorische 230
- für das Weinsiegel »Trocken« *233*
Prüfungsbehörden 230
Prüfungsnummer, amtliche 219, *226*, 228, 229, 230, 232, 233, 298, 299, 340
Prüfungsstatistik 233
Pseudogley 59
Pseudopeziza tracheiphila s. Brenner, Roter
Pseudoriesling 267
Pünderich MSR *145*
Punktsystem 310
Putzschere 20, 191

Q

Qualität, geprüfte 223
Qualität im Glas 223, 231
Qualitätsabgrenzung 222
Qualitätsdefinition 222
Qualitätsmerkmale 310
Qualitätsminderungen 105
Qualitätsprüfung, amtliche 223, 308
Qualitätsschaumwein 339
- bA 340
Qualitätsstufe(n) 224, 299
Qualitätsverbesserung des Mostes 111
Qualitätswein bA 111, 216, 219, 220, 233, *270*
- (Etikett) 223, 224 f., *227, 298*
- (Mindestanforderung) *101*
- (Mindestpunktzahl) *236, 244*
Qualitätsweine mit Prädikat 216, 220
- (Etikett) 223, 224, 225 f., *227, 298*
- (Mindestpunktzahl) *236*
Qualitätsweinprüfung, amtliche 219
Qualitätsweinverordnung 229
Quarzit 58, 63

R

Rabaner 55, *250,* 317
Radebeul 209

Rahmenerziehung 22
Raiffeisen, Friedrich Wilhelm 274, 275, 276, 279
Raiffeisenverbände 271
Raiffeisen-Warenlager 274
RAL 235
Rammersweier B *185*
Ramsthal F *203*
Randersacker F *203*
Ranke(n) 26, *29*
Rankenfolge, diskontinuierliche 26
-, kontinuierliche *26*
Ranker 59
Ranschbach RP *179*
Rasse 307
rassig 307
Räucheraal 321
Räucherlachs 321
Rauenberg B *183, 184*
Rauenthal RG 160, *161*
Rauenthaler Berg 156
rauh 307
Rauhbrand 333
Raumbach N *155*
Rausch 327, 328
Rauscher 324
Räuschling (Weißer) 19, 21, *250*
Ravensburg, Großlage F *203*
Rebe 26 ff.
-, Physiologie der 29
-, Samen der 28
- im botanischen System, die 31 f.
Reben, wurzelechte 36
Rebenerziehung 85
Rebenlaube 81, 82
Rebenmüdigkeit 84
Rebenpflanzguterzeuger 58
Rebenveredelung 32 ff., 36 f.
Rebenveredelungsmaschine 37
Rebenzüchter 57
Rebenzüchtung 32 ff.
-, Grundlagen 40
-, Methoden 41 f.
-, Stand 42 f.
-, Ziele 42 f.
Rebfläche der Bundesrepublik 23
- der Welt 23
- nach Rebsorten, bestockte *250*
Rebflächen, ertragfähige *247*
- der wichtigsten Weinbauländer 23
Rebkern 28
Reblaus 21, 32 f., 36, 40, 43, 128, 134, 205
-, beflügelte 35
-, Bekämpfung 35
-, Kreislauf 35
-, Stamm-Mutter 35
Reblausfestigkeit 43
Reblausfliege 35
Reblausgenerationen 35
Reblausherde 35
Reblausresistenz 35, 43
Rebleute-Zünfte 273
Rebmesser 22
Rebschädlinge 92
Rebschere 22
Rebschnitt 87
Rebschule 38, 39
Rebschützer 85
Rebsorte(n) 43, 299
-, Klassifizierung der 56

Rebsorten, römische 16
Rebstecher 20
Rebstichler 93
Rebstock, blühender 248
Rebstöckel, Großlage RP *178*
Rebtrieb 29
-, Entwicklung 30
Rebwurzel 28
Rebzeile 89
Rech A *132*
Rechberg B *188*
Refraktometer 100
Regina 78, 80
Regionalisierung 222
Regionalprämierung 239 ff.
Registriernummer *231*
Regner 44, 54, *250,* 317
Rehbach, Großlage RH *170*
Rehborn N *155*
Rehlingen MSR *147*
Reichenau B *188*
Reichenbach B *186*
Reichensteiner 44, 48, 53, 54, 78, 80, 141, 149, 167, *250,* 317
Reichhartshausen 156
Reicholzheim B *184*
reif 307, 320
Reife 114
Reifegrad 314
Reifen auf der Flasche 320
Reifezeiten (Tafeltrauben) 78
Reifung 319
Reil MSR *145*
rein 307
Reine des vignes 79
Reinsbronn W *195*
reintönig 307
Reinzuchthefe(n) 104, 111, 337
Reisigkrankheit 94
Remischen 152
Remstal-Stuttgart, Bereich W *197, 216*
Renchen B *185*
Rendzina 59
Repperndorf F 202, *203*
Resistenzgene 40
Resistenzzüchtung 43
Restsüße 111, 120, 320
Restzuckerbegrenzung 120
Rettigheim B *184*
Retzbach F *203*
Retzstadt F *203*
Reuschberg, Großlage F *202*
Rezina 15
Rhamnales 31
Rhein 59
Rheinberg 342
Rheinblick, Großlage RH *170*
Rheinbrohl M *138*
Rheinburgengau, Bereich M *138, 216*
Rheinburgenstraße 139
Rheinfront 315
Rheingau 17, 19, 20, 58, 59, 65, 66, 67, 68, 69, 73, 74, 94, *101,* 156 ff., *216,* 219, 240, 270, 274, 315, 316, 318
Rheingauer Erziehung 158
- Freiheit 156

Rheingauer Riesling-Route 159, 160
- Weinkommissionäre, Verbandszeichen 286
- Weinkonvent 329
- Weinwerbung 160
Rheingaugebirge 241
Rheingoldstraße 139
Rheingrafenstein, Großlage RH *169*
Rheinhessen 17, 20, 59, *101,* 164 ff., *216,* 219, 240, 270, 273, 274, 276, 316, 317
Rheinhessen-Wein e. V. 168
Rheinland-Pfalz 240, 253
Rheinpfalz 17, *20,* 58, 59, *101,* 173 ff., *216,* 219, 240, 270, 273, 274, 275, 316, 317
Rheinriesling 45
Rheintal 67
Rhein und Mosel (Tafelweinbaugebiet) *216*
Rheinweiler B *187*
Rhens M *138*
Rhodt RP *178*
Röhndorf M *138*
Riechbahn 303
Riechepithel 302, 303, 304
Riechgeißeln 302
Riechhirn 302, 303, 304
Riechhügel 303
Riechkern 303
Riechkolben 302
Riechnerven 302, 303
Riechschleim 302
Riechschleimhaut 302, 303
Riechschwelle 303, 304
Riechzelle(n) 302, 303, 308
Riechzone 308
Riedlingen B *187*
Riegel B *186*
Rielingshausen W *195*
Riesling (Weißer) 19, 20, 21, 31, 43, 44, 45, 50, 54, 56, 61, 65, 69, 88, 93, 95, 96, 107, 130, 131, 134, 137, 140, 141, 142, 148, 149, 157, 158, 162, 166, 167, 174, 175, 181, 192, 193, 194, 199, *200,* 202, 206, *250,* 251, 267, 312, 314 f., 321, 322, 334, 340, 341
- de Italie 267
Rieslinge 181
Riesling italianski 267
- italico 267
- italien 267
Riesling × Silvaner 45
Riesling-Wanderweg 160
Riet W *195*
Rietenau W *195*
rigolen 59, 84, 98
Rimbach F *204*
Rimpar F *203*
Ringelbach B *185*
Ringsheim B *186*
Riol MSR 146
Riparia × Rupestris 44, 57
Risling italianski 267
Risser 98

Rittersberg, Großlage B *184*
Rittersheim RP *177*
Rivenich MSR *146*
Riveris MSR *146*
Rizling valsky 267
Rödelsee F *204*
Rödersheim-Gronau RP *178*
Rohbrand 332, 333
Rohracker W *197*
Rohrbach RP *179,* B *185*
Rohsekt 337
Rollkrankheit 94
Römer 16, 43, 44
Römer (Glas) 143, 159, 168, 201, 297
Römerberg RP *178*
Römerlay, Großlage MSR *146*
Römertor (Tafelweinbaugebiet) 216
Rommelshausen W *197*
Roschbach RP *178*
Rosenbühl, Großlage RP *178*
Rosengarten, Großlage N *155*
Rosenhang, Großlage MSR *145*
Roséwein (Roseewein) 112, 226, 318, 322
Rosinen 24
Roßbach 209
Roßdorf HB *164*
Roßtal, Großlage F *203*
Roßwag W *195*
Rotberger 44, 53, 54, 56, 78, 80, 130, 131, *250,* 318, 321
Rotenberg B *184,* W *197*
Rotenfels 149, 151, 152
Rotling 172, 226
Rott, Großlage HB *164*
Rottenberg F *202*
Rottenburg W *197*
Röttingen F *203*
Rotwein 226
Rotweinbereitung 115
Rotweine (Lagerung) 301
-, deutsche 317
Rotweinglas 297
Rotweinwanderweg *131,* 132
Roxheim N 148, *155*
Rück F *202*
Rückenetikett 300
Rückgrat 307
Rüdesheim N 148, *155,* RG 72, 156, *158,* 159 *160*
Rüdesheimer Berg 156
Ruland, Kaufmann 46
Ruländer 19, 20, 21, 44, 46, 50, 54, 56, 96, *137, 149, 157,* 163, *167,* 174, 175, 181, *192,* 193, *206,* 210, 250, 312, 316, 321
Ruling 55
Rümmelsheim N 148, 152
Rümmingen B *188*
Rundfüller *121*
Ruppertsberg RP *178*
Rüsselsheim 157
Rüssingen RP *177*
Rüttelmaschine 100
Rüttelverfahren 337

Register

Rüttgers, Nicolaus 342
Ruwer 65

S

Saale 20
Saaleck F *203*
Saale-Unstrut *21*, 204
Saalhausen 209
Saar *20*, 65, 315, 342
Saarburg MSR *147, 295*
Saar-Ruwer, Bereich MSR *146, 216*
Saccharomyces cerevisiae (s. a. Weinhefen, Hefen) *103*, 104
Saccharomyceten 102
Saccharose 105
Sachsen 17
Sachsenflur B *184*
saftig 307
Saint-Laurent, (Blauer) 53, 55, 56, *250*, 318
Salzberg, Großlage W *196*
Sämling(e) *41*, 42
samtig 307
Samtrot *50*, 55, *191*, *192*, *250*
Sand *58*, *60*, *61*, 65
Sandstein *58*, *60*, *63*
Sanherib 14
Sankt Alban, Großlage RH *170*
– Aldegund MSR *145*
– Goar 134
– Goar M *138*
– Goarshausen M *138*
– Johann RH *169*, RP *179*
– Katharinen N *155*
Sankt-Lorenz-Traube *53*
Sankt Martin RP *178*
– Michael, Großlage MSR *146*
– Rochuskapelle, Großlage RH *169*
sapor 312
Sargkelter *20*, 22
Sargon II. 14
Sasbach B *186*
Sasbachwalden B *185*
sauber 307
Sauerfäule 92
Sauerkrautton 105
Sauerwurm 92
Saulheim RH *170*
Saumagen, Großlage RP *178*
Sauna 325
Säure 105
Säureabbau, bakterieller 105
–, biologischer 111
Säuren 69, 100, 101
–, aromatische 103
–, organische 324
Säureverminderung, chemische 105
Sausenheim RP *177*
Sauser 324
Schäden durch Vögel 93
Schädlingsbekämpfung 38
– (Tafeltrauben) 76
–, Mechanisierung 99
Schafhausen RH *173*
Schafkälte 73, *74*
Schäftersheim W *195*
schal 307, 320
Schalentiere 321

Schalkstein, Großlage W *195*
Schallbach B *188*
Schallstadt-Wolfenweiler B *186*
Scharzberg, Großlage MSR *146*
Scharzhofberg MSR *147*
Schattenblatt 68
Schaumwein 334 ff.
Schaumweinflasche 339
Schaumweinhefen 337
Schaumweinsteuer 334, 335
Schelingen B *186*
Schenkenböhl, Großlage RP *178*
Scherzingen B *187*
Scheu, Georg *46*, *47*, *48*, 49, 168, 316
Scheurebe *44*, *45*, 46, *50*, *54*, *56*, *96*, *141*, *148*, *149*, *157*, 167, 168, 174, 175, *181*, 199, 200, *250*, 312, 316, *317*
Schiefer *58*, *59*, *60*, *63*, 65
Schieferböden 65
Schierstein RG *161*
Schild, Großlage F *204*
Schilddrüse 326
Schillerwein 112, 194, 226, 318
Schimmelgeschmack 307
Schimsheim RH *169*
Schinken 322
Schlagerrebe 55
Schlatt B *186*
Schlegelflasche(n) 294, 297
Schleich MSR *146*
Schleimhäute (Wirkung des Weines) 326
Schlepper 97
Schliengen B *187*
Schloß 289
Schloßberg, Großlage HB *164*, F *204*
Schloßböckelheim N *148*, *155*
Schloß Böckelheim, Bereich N *155*, *216*
Schloß Johannisberg RG 71, 159, 160, *161*
Schloßkapelle, Großlage N *152*
Schloß Ludwigshöhe, Großlage RP *178*
Schloß Reichhartshausen RG *161*
Schloß Rodeck, Großlage B *185*
Schloß Schönborn 160
Schloß Schönburg, Großlage M *138*
Schloß Stahleck, Großlage M *138*
Schloßstück F *204*
Schloß Vollrads *60*, 160
Schluff 60
Schmachtenberg F *204*
Schmecken, Physiologie 305
Schmieheim B *186*
Schmitthenner 120
Schnait W *197*
schnapsig 307
Schneckenpressen 110
Schnepfenpflug an der Weinstraße, Großlage RP *178*

Schnepfenpflug vom Zellertal, Großlage RP *177*
Schnitt (Tafeltrauben) 75
Schnittgarten, Unterlagen- 36
Schoden MSR *147*
Schönberg 163
Schönburger *53*, *55*, *78*, *80*, *250*, 317
Schöneberg N *155*
Schönen 106
Schönung 115
Schönungsmittel 116
Schoppenstecher 168
Schoppenweine 312
Schorndorf W *197*
Schornsheim RH *170*
Schotter 65
Schozach W *196*
Schozachtal, Großlage W *195*
Schraubenkelter(n) *19*, 22
Schraubenpressen 15, 110
Schriesheim B *184*
Schulze-Delitzsch, Hermann 275, 276
Schüpfergrund 294
Schutterlindenberg, Großlage B *186*
Schützingen W *195*
Schwabbach W *196*
Schwabenheim RH *170*
Schwabsburg RH 167, *170*
Schwaigern W *195*
Schwangerschaft 326
Schwanz 307
Schwarze Katz, Großlage MSR *145*
Schwarzerde, Großlage RP *177*
Schwarzfleckenkrankheit 92
Schwarzlay, Großlage MSR *146*
Schwarzriesling *44*, *50*, *181*, *191*, *192*, *250*, 318, *322*
Schweden 268, 269
Schwefel 20, 21
schwefeln 104, 114
schweflige Säure 104, 105, 109, 114
Schwegenheim RP *178*
Schweich MSR *146*
Schweif 307
Schweigen 176
Schweigen-Rechtenbach RP *179*
Schweighofen RP *179*
Schweinfurt F *204*
Schweiz 268
Schweppenhausen N *152*
schwer 307
Schwipps 327, *328*
sec 340
Secker 16
Seefelden B *187*
Seeheim HB *164*
Segnitz F *203*
Sehlem MSR *146*
Sehndorf MSR *147*
sehr trocken 340
Seidentraube, Gelbe *78*, *79*
–, Grüne *78*
Seilwinden 97, 98
Seilzuglagen *85*, *86*, *87*, *97*, *98*, *99*, 100

Seinsheim F *204*
Seitz-Böhi-Verfahren 121
Sekt 321, 334 ff.
– bA 340
Sekt-Erzeugung 335
Sektglas 298
Sektherstellung 336
Sektkellerei(en) 340, 342
Sektwerbung *334, 335*
Spätlese 16, 20, 95, 96, 157, 210, 220, *223*, 312
– Oppenheim 57, 137
– (Etikett) 224
– (Mindestanforderung) *101*, *226*, 230
– (Mindestpunktzahl) *236*, *238*, 244
Selbstklärung 116
Selektion, blinde 44
Selzen RH *170*
Senhals MSR *145*
Senheim MSR *117*, *145*
Senkwaage 100
sensorische Prüfung 230
Separator 110, *111*, 119
Septimer *44*, 49, *54*, *56*, *250*, *317*
Serrig MSR *147*
Seußlitz 209
Sexau B *186*
Sickerhausen F *204*
Sickerwasser 61
Siebeldingen RP 42, *179*
Siebeneich W *196*
Siebengebirge, Bereich M *138*, *216*
Siebenschläfer 74
Siefersheim RH *169*
Siegerrebe *44*, 48, *54*, *56*, *167*, *250*, *317*
Siegfriedrebe *54*, *250*
Siglingen W *195*
Silvaner (Blauer und Grüner) *19*, *20*, 21, *44*, *45*, 46, *50*, *54*, 55, *56*, 65, *96*, *137*, *141*, *148*, 149, *157*, 158, *162*, 163, 166, 167, 174, 181, *192*, *193*, 194, 199, 200, 206, *250*, 251, 313, *315* f., 321
Singen B *188*
Singularitäten 73
Sinnenprüfung, Sinnesprüfung 231, 308
Sinzheim B *185*
Sobernheim N *155*
Sobernheim-Steinhardt N *155*
Söhnlein 342
Söllingen B *185*
Sommerach F *204*
Sommerau MSR *146*
Sommerhausen F *203*
Sommerloch N *155*
Sommertrieb 26
Sonnenblatt 68
Sonnenborn, Großlage N *155*
Sonnenbühl, Großlage W *197*
Sonneneinstrahlung 66, 67, 69
Sonnenscheindauer 23
Sonnenstrahlung 67
Sonnenuhr, Großlage B *188*
Sorbinsäure 106
Sörgenloch RH *170*
Sori *44*, 55
Sortenbukett 307
Sortencharakter 314
Sortenliste 42

Spätburgunder, (Blauer) *19*, *20*, 21, *44*, *50*, *53*, *54*, *56*, *96*, 129, *130*, 131, *137*, *149*, 158, 165, *166*, *167*, *181*, *191*, *192*, 199, 201, 210, *250*, 251, *317*, 321, 322, 340
Spätfrostgefährdung 66

South African Riesling 267
Spabrücken N *155*
Spalier 75
Spaltöffnungen 30

Spay M *138*
Speyer 18, 173
Spiegelberg, Großlage RH *170*
Spiel 307
Spielberg W *195*
Spiesheim RH *170*
Spindel 100
Spinne, Rote 92
Spitzenjahrgang 69, 70
Spitzenwein-Versteigerung 289
Sponheim N *155*
Sponsheim RH *169*
Sprendlingen RH *169*
Springwurm 93
Spritzbrühe 99
spritzen 99
spritzig 307
Spritzpläne 76, 77
Spritzung 78
Sproßsystem 26
Staatliches Weinbauinstitut, Freiburg 182
stabilisieren 106
Stabilisierung 114, 115
Stabilisierungsfonds für Wein 254, 268, 269
Stadecken RH *170*
Stadelhofen B *185*
stahlig 307
Stammheim F *204*
Stammhöhe 86
Standardanalyse 309
Standort(e) 22 f., *61*
Standort (Tafeltrauben) 74
Standortatlas 63
Standortkarte *61*
Stanniol 338
Starkenburg MSR *146*
Starkenburg, Bereich HB *164*, *216*
Statistik der Weinmosternte 246 f.
Staudernheim N *155*
Staufen B *187*, *190*
Staufenberg, Großlage W *196*
Staunässe *61*, 84
Stauwasser 61
Stecklinge 40
Steeg M *138*
Steigerwald, Bereich F *204*, *216*
Steigra 209
Steillagen *89*, *94*, *97*, *98*, *99*
Stein 60
Steinbach B *185*, 294, F *204*
Steinberg RG 156, *161*, 214
Steinberger 214
Stein-Bockenheim RH *169*

Steinenstadt B *187*
Steinfeld RP *179*
Steinhardt N *155*
Steinheim W *195*
Steinsfurt B *185*
Steinweiler RP *179*
Sterilisation 121
Sternenfels W *195*
Stetten RP *177*, B *188*, W *195*, *197*, F *203*
Stettfeld B *184*
Stickstoff 91
Stickstoffverbindungen *101*
Stielfäule 92
Stiellähme 93
Stiftsberg, Großlage B *185*
Stockabstand 86
Stockheim W *195*
Stocksberg, Burg 189
Stoffwechsel (Wirkung des Weines) 325
Stomata 30
Strahlungsmenge 67
Straßburg 18
Straußwirtschaft(en) 17, 306
Streckbogenerziehung 75
Strecker 86, 88
Strohweinbereitung 16
Stromberg, Großlage W *195*
Strümpfelbach W *197*
stumpf 307, 320
Stuttgart W *191*, *197*
Südliche Weinstraße, Bereich RP *178*, *216*
süffig 308
Sulfat 101
Sulmer 55
Sultaninen 24
Sulz B *186*
Sulzbach B *184*
Sülzbach W *196*
Sulzburg B *187*
Sulzfeld B *185*, F *203*
Sulzheim RH *169*
sumerische Rollsiegel 14
Suppe 321
süß 228, *340*
Süßreserve(n) 120, 121
Süßspeisen 323
Süßweine 323
Sybillenstein, Großlage RH *170*
Sylvoerziehung 87
Szölöskertek kiralynöie *79*

T

Tafeltrauben 24, 74 ff.
– in Deutschland 78
– in Kordonerziehung 75
Tafeltraubensorten 78, *79*
Tafelwein(e) 111, *216*, 218, *219*, 220, *223*, *224*, 270
Tafelweingebiete 227
Tairnbach B *184*
Talheim W *196*
Taljanska grasevina 267
Tallage 94
Tamara 55
Tankpresse 110
Tanks (Sekt) *337*, 341
Tanks, Doppelmantel- 113
Tanks, Lager- 124

Tanks, Metall- 112, 114, 120
Tanks, Stahl- 113
Tannenkirch B 187
Tauberberg, Großlage W 195
Tauberbischofsheim B 184
Tauberklinge, Großlage B 184
Tauberrettersheim F 203
Tauberschwarz 250
Taubertal, badisches 294
Tau- oder Tagwurzel 28
Teleki 44, 55, 57
Temmels MSR 147
Temperatur 68, 70
–, optimale 66
Temperaturmittel 65
temperieren 313
Terpene 103
Terrassen 59, 97
Tetrastigma Chandleri 13
Teufelstor F 203
Theklatraube 78, 81
Thenard 102
Thörnich MSR 146
Thüngersheim F 201, 203
Thüringen 17
Thurling 55, 250
Tiefenbach B 185
Tiefenlockerung 89
Tiefenstockheim F 204
Tiefenthal RH 169
Tiefgründigkeit 65
Tiengen B 186
Tiergarten B 185
Toggauer 191
Ton 58, 60, 61, 65
Tonmergel 58, 59
Tonschiefer 65
tot 320
Traben-Trarbach MSR 143, 146
Trachyt 58
Trachyttuff 58
Tragholz 75
Traisen N 155
Traktor 98
Traminer (Roter) 19, 20, 21, 44, 47, 54, 56, 96, 149, 166, 174, 175, 181, 191, 192, 193, 200, 206, 210, 250, 312, 316, 321
Transpiration 30
Transvasionsenthefung 338
Trappenberg, Großlage RP 178
Traubenannahme 109
Traubenerfassungsanlage 124
Traubenhaus 81
Traubenlese s. Lese
Traubenmühle 108, 109
Traubensaft 24
Traubensaftkonzentrate 24
Traubenschluß 77
Traubenwickler 92
Trechtingshausen M 138
Treis MSR 145
Treis-Karden MSR 145
Trester 14, 110
Tresterkuchen 110
Trevirisglas 143
Trieb der Vitis labrusca 26
– der Vitis vinifera 26
Triebe 31, 85, 87, 88

Triebwachstum 29
Trier MSR 139, 140, 143, 146
Trierer Verein von Weingutsbesitzern von Mosel, Saar und Ruwer 143
Trittenheim MSR 146, 260
trocken 120, 228, 231, 308, 320, 340
Trockenbeerenauslese 70, 96, 107, 220, 300, 313
– (Etikett) 224
– (Mindestanforderung) 101, 226, 230
– (Mindestpunktzahl) 236, 244
Trollinger (Blauer) 19, 20, 21, 44, 50, 53, 54, 56, 78, 79, 181, 191, 192, 194, 250, 318, 321
Trötsch 19
Trub 110, 113, 119
Trubstoffe 116
Trübung 115
Trunkenheit 327, 328
Tschernoseme 59
Tübingen W 197
Tulla'sche Rheinregulierung 13
Tuniberg 180, 317
Tunsel B 186
Tutanchamun 14
Tutschfelden B 186
Typenweine 119

U

Überdruck 339
Überlingen B 188
Überlinger Heilig-Geist-Spitalordnung 180
Überschüsse 251
überschwefelt 308
Ubstadt B 184
Udenheim RH 170
Uffhofen RH 169
Uhlbach W 197
Uissigheim B 184
Ulm B 18, 185
Ulmer Weinmarkt 292
Ultrafiltration 119
Uelversheim RH 170
Umgärung 119
umschlagen 308
Umstadt, Bereich HB 164, 216
Umweg 294
Uncinula necator 91
Undenheim RH 170
unentwickelt 308, 320
unfertig 320
Ungstein RP 178
unharmonisch 308
Unkel M 138
Unkenbach N 155
Unkrautbekämpfungsmittel, chemische 90
Unstrut 20
Unterdruckfüller 122
Untereisenheim F 204
Untereisesheim W 196
Untergebiete (Tafelweine) 216
Untergrombach B 185
Untergruppenbach W 196
Unterhaardt 20
Unterheimbach W 196
Unterheinriet W 196

Unterjessingen W 197
Unterlage(n) 37, 38, 65
–, Boden und 64
–, reblausfeste 43
Unterlagenreben 21, 44
Unterlagensorte(n) 35, 36, 40, 41, 42, 54
–, freie 44, 54
–, geschützte 56
–, Klassifizierung 57
Unterlagenzüchter 54
Unterlagenzüchtung 43
Untermosel s. Mosel
Unteröwisheim B 185
Unterschüpf B 184
unterschwefelt 308
Untersteinbach W 196
Unterstockbehandlung 90
Unterstützungsvorrichtungen 86
Untertürkheim W 197
Urbar M 138
Uruk 14
Urukagina von Uruk 14
Ürzig MSR 146
USA 268, 269

V

Vaihingen W 192, 195
Vakuumfüller 124
Vallendar M 138
Valwig MSR 145
Variegation 44
Varnhalt B 185, 294
Vegetationsperiode 69
Vegetationszeit 23
Veitshöchheim F 198, 201, 203
Veldenz MSR 146
Veltliner (Grüner) 19, 20, 21, 55, 56, 166, 250
Vendersheim RH 169
Venningen RP 178
Verband der Weinkellereien an der Nahe 151
– Deutscher Naturwein-Versteigerer 289, 290
– Deutscher Prädikatsweingüter 289, 292
– deutscher Rebenpflanzguterzeuger e.V. 58
– Deutscher Sektkellereien 336
– deutscher Weinexporteure 289
Verbesserung 110
Verbraucheraufklärung 254
Verbreitung der wichtigsten Rebarten 32
Veredelung, Hand- 36, 37
–, Maschinen 37
–, Normal- 37
Veredelungsprüfungen 42
Veredelungsschnitt(e) 36, 37
Veredelungswachse 37
Verfahren önologische 221
Vermehrung, generative 43
Vermehrung, vegetative 40, 43
Vermehrungsweinberge 36
Verrenberg W 196
Verrieseln 30

Versanddosage 337
verschlossen 308, 320
Verschluß 123
Verschnitt 119
Verschnittanteil 227
Versteigerung (s. a. Weinversteigerung) 286
Versteigerung in Kloster Eberbach 291
Vertikalpressen 110
Verwendung der Welt-Traubenernte 23
Viertelflasche (Sekt) 336
Vinea Camerata 17
Vin délimité de qualité supérieure 218
Vins de pays 218
Vins de qualité produits dans des régions déterminées 219
vinum francium 17
– hunicum 17
Viruskrankheiten 41
Viskosität 106
Vitaceae 31
Vitamin B 324
Vitamine 101, 102
Viteus vitifolii 32
Vitis aestivalis 31
– amurensis 31, 43
– berlandieri 31, 32, 64
– californica 31, 32
– candicans 31
– champini 31, 32
– cinerea 31, 32, 43
– coignetiae 32, 82
– cordifolia 31
– doaniana 31
– girdiana 31
– labrusca 22, 26, 32
– lincecumii 32
– Longii 32
– Ludwigii 13
– monticola 32
– munsoniana 32
– riparia 22, 32, 64, 84
– rotundifolia 32
– rufotomentosa 32
– rupestris 32, 64
– silvestris 35, 43
– solonis 64
– teutonica 13
– thunbergii 32
– vinifera 22, 26, 32, 35, 58, 78
– vinifera Linné subspecies sativa 31
– vinifera Linné variatio sativa de Candolle 13
– vinifera Linné variatio silvestris Gmelin 13, 14
– vinifera occidentalis 31
– vinifera orientalis 31
– vinifera pontica 31
Vitzenborg 209
Vögel 77
Vogelschutznetze 93
Vogelsgärten, Großlage RH 170
Vogtei Röttelin, Großlage B 187
Volkach F 204, 207
voll 308
Vollmersweiler RP 179
Volltrunkenheit 327, 328
Volta = JP 105 78, 81
Volxheim RH 170
Vom Heißen Stein, Großlage MSR 145
Vorauflaufmittel 90

Vor-Auslese 96
Vorbachzimmern W 195
Vorentsaftungsbehälter 109
vorklären 110
Vorlese 95
vortreiben 38, 39
Vortreibkästen 38
Vulkanfelsen, Großlage B 186

W

Wachenheim RP 173, 176, 178
Wachstum der Rebe 29 f.
Wackerbarths Ruh 209
Wackernheim RH 170
Wagenstadt B 186
Wahlheim RH 173
Waiblingen W 197
Waldangelloch B 185
Waldbach W 196
Waldböckelheim N 148, 155
Wald-Erbach N 155
Waldlaubersheim N 152
Waldrach MSR 146
Waldulm B 182, 185
Walheim W 188, 195
Wallburg B 186
Wallertheim RH 169
Wallhausen N 148, 155
Walluf 156
Walporzheim A 132
Walporzheim/Ahrtal, Bereich A 132, 216
Walsheim RP 178
Waltershofen B 186
Wanderweg Deutsche Weinstraße 176
Wangen W 197
Wannerrebe 55, 250
warm 308
Warmabfüllung 122
Wärmegewinn 67, 69
Wärmehaushalt 69
Warmsroth N 155
Wartbühl, Großlage W 197
Wasenweiler B 186
Wasser, totes 61
Wasserhaushalt der Rebe 30
Wasserliesch MSR 147
Wasserlos F 202
Wasserschosse 88
Wawern MSR 147
Wechselschnitt, rheinischer 137
Wehlen MSR 146
Wehr MSR 147
weich 308
Weikersheim W 192, 195
Weil B 188
Weiler N 148, 155, B 185, W 195, 196
Weilheim W 197
Weimersheim F 204
Wein 16
Wein, Definition 100
Wein, wilder 81
Weinähr M 138
Weinartbezeichnungen 226
Weinbau, globale Verteilung und Begrenzung 23
–, römischer 15 f.
– der Neuzeit 18 f.
Weinbaudomäne 289

Weinbauerhebung 251 ff.
Weinbau-Forschungs- und Lehranstalten 22
Weinbaugebiete für Tafelweine 216, 218
Weinbaugemeinden 227
Weinbau im Mittelalter 16 f.
– im 19. Jahrhundert 20 f.
– in der Welt 22 ff.
Weinbaukataster 250 f.
Weinbaukongresse 273
Weinbaukongreß in Trier 22
Weinbauorte 220
Weinbautechniker, staatlich geprüfter 126
Weinbau und Weinkellerei 289
Weinbauverband, Deutscher 271 f.
Weinbauverbände 271
Weinbauverein, Deutscher, Gründungsstatuten 271
Weinbauzonen in der EG 217, 220
Weinbeere mit Butzen 28
Weinbehälter (s. a. Tanks) 112
Weinbehandlung 15, 20
–, Mittel zur 17
Weinbereitung 108
Weinbergsböden 58
–, Klassifizierung 60
Weinbergskapelle 207
Weinbergspflüge 207
Weinbergsrolle 210, 227
Weinbestände, Statistik der 249 f.
Weinbeurteilung 306 ff.
Weinbewertung 310
Weinbilanz 249
Weinbrand 332 f.
Weinbrennerei 333
Weinbruderschaft 328
–, Die 329
– Baden-Württemberg 329
– der Pfalz 328, 329, 330
– Heidelberg 329
– Mosel-Saar-Ruwer 329
– Rheinhessen 329
– zu Hamburg 329
– zu Hannover 329
Weincharakter, Boden und 64
Weindestillat 333
Weinerzeugung, Statistik der 249 f.
Weinetiketten, alte 299
Weinexport 263, 265 ff.
Weinfachhandel 284
Weinfeste MSR 144, RH 168, RP 176, W 194
Weinflasche 294
–, römische 15
Weingarten RP 178, B 185
Weingärtnergesellschaft 275
Weingärtnergenossenschaft 279
Weingenuß 312 f.
Weingesetz von 1892 222
Weingesetz von 1971,

Register

deutsches 95, 100, 111, 221 f., 228, 249, 255, 298, 333, 336
Weinglas 294
Weingut und Weinkellerei 289
Weinhandel 18, 282 ff.
Weinhandels-Adressen 284
Weinhandelsküfer 126
Weinhandelsvertreter 287 ff.
Weinhandlung 283
Weinhefe (s. a. Saccharomyces cerevisiae) 103
Weinheim RH 166, 170, B 184
Weinheim, Großlage MSR 144
weinig 308
Wein im Alter 327
– in Blut und Leber 325
– in den Verdauungsorganen 324
Weinkollegs 254
Weinkommissionär(e) 285 ff., 286, 291
Weinkönigin 256
Weinkontrolle 233
Weinkrankheiten 106
Weinküfer 126
Weinkultur, Beginn der 14
weinkulturelle Vereinigungen 328
Weinland Nahe e. V. 151
Weinlehrpfad RP 177, B 182, F 202
– Reil 144
– Trier 144
– Winningen 144
Weinlese (s. a. Lese) 34
– in der Pfalz 171
Weinmakler 285
Weinmarkt, Struktur 257
Weinmarktbilanz 262
Weinmärkte 292
Weinmarkt-Gesamtbilanz 263
Weinmarktorganisation, gemeinsame 219

Weinmessen 292
Weinmosternten 247
Weinmosternten, Statistik der 246 f.
Weinmuseen W 194
Weinolsheim RH 170
Weinorden an der Nahe 329
Weinpresse 19
Weinprobe 234, 283, 309, 312
Weinprobierglas 298, 312
Weinprobiertage 292
Weinprüfer 238
Weinprüfung 308 f.
Weinqualität 306
Weinrecht 217
– Grundsätze 222 f.
– und Etikett 221 ff.
Weinsäure 101, 105
Weinsberg W 191, 196
Weinsbergertal 318
Weinschiff, römisches (Neumagen) 15, 16, 143
Weinschlag 273
Weinseminare 144
Weinsheim N 148, 155, RH 173
Weinsiegel, Deutsches 235, 237, 299
–, Deutsches (Mindestpunktzahl) 237
–, gelbes 299, 320
–, grünes 235
Weinsiegelkommissionen 235
Weinsiegel-Prüfung 236
Weinstatistik 246 ff.
Weinsteige, Großlage W 197
Weinstein 102, 106, 111, 113, 114, 115
Weinsticher 285
Weintransport 283
Weinüberschüsse 24
Weinüberwachung 232
Wein und Gesundheit 323 ff.
Wein und Speise 321 ff.
Weinverbrauch 262 f.

Weinverkauf 256 ff.
Weinverordnung, deutsche 221
Weinversteigerungen 285, 291 f.
Weinwerbung 253 ff.
Weinwirtschaftsgesetz 65
Weinzins 273
Weisenbach B 185
Weisenheim am Berg RP 178
– am Sand RP 178
Weißbach W 195
Weißburgunder (s. a. Burgunder, Weißer) 167, 174, 206, 321
Weißherbst 112, 318
Weißwein 226
Weißweinbereitung 114
Weißweine (Lagerung) 301
Weitraumanlage(n) 86, 89
Weitraumerziehung 85
Welgesheim RH 169
Welkepunkt 61
Wellen MSR 147
Welmlingen B 187
Welschriesling 267
Welt-Weinerzeugung 24
Welt-Weinfläche 24
Wendelsheim RH 169, W 197
Werbach B 184
Werbemittel 255
Werbung, Wein- 253 ff.
Werlau M 138
Wermuth 14
Wermutshausen W 195
Wertheim B 184
Wespen 77, 78
Wespenfraß 93
Westhofen RH 173
Wettelbrunn B 187
Wetter 65
Wetterau 17
Wetterbüchlein des L. Reynmann 72

Weyher RP 178
Wicker RG 161
Widdern W 195
Wiener 19
Wiesbaden RG 161
Wiesenbronn F 204
Wiesloch B 184
Wies-Oppenheim RH 173
Wildeck, Burg 242
Wildgeflügel 323
Wildrebe(n) 13, 14, 27, 43, 81, 82, 179
Wildtal B 186
Willanzheim F 204
Willsbach W 196
Wiltingen MSR 147
Wimmental W 196
Wincheringen MSR 147
Winden RP 179
Windesheim N 148, 152
Windischenbach W 196
Winkel RG 160, 161
Winnenden W 197
Winningen MSR 144
Winterauge(n) 26, 36
Winterbach W 197
Winterbau 89
Winterborn N 155
Winterknospe 26, 29
Wintersheim RH 170
Winterswiler B 187
Wintrich MSR 146
Winzer 16, 126
Winzerfeste A 132
Winzergenossenschaft, erste 128
Winzergenossenschaften 22, 258, 273 ff.
–, Absatzwege 280
–, Adressen 280 ff.
–, Lagerkapazität 279
–, Mitgliederzahl 276
–, Rebfläche 276
–, Umsätze 280
–, Zahl 276
Winzerhausen W 196
Winzermeister 126
Winzermesser, römische 16
Winzerverein 279
Wipfeld F 204

Wirkung des Weines 327
– verschiedener Alkoholika 325
Wirmsthal F 203
Wirtschafter, staatlich geprüfter 126
Witberger 55
Wittlich MSR 146
Wittnau B 186
Wolf MSR 146
Wolfsheim RH 169
Wolfsmagen, Großlage HB 164
Wollbach B 187
Wollmesheim RP 179
Wöllstein RH 169
Wonnegau, Bereich RH 170, 216
Wonsheim RH 169
Worms RH 19, 165, 168, 265
Wörrstadt RH 169
Wöschbach B 185
Woschek, H.-G. 311
wuchtig 308
Wunnenstein, Großlage W 195
Wurmlingen W 197
Würste 323
Württemberg 17, 20, 58, 59, 74, 216, 219, 240, 247, 270, 273, 275, 298, 316
Württembergisch Unterland, Bereich W 195, 216
Würzburg F 74, 198, 199, 201, 202, 203, 259, 318
Wurzelatmung 63
Wurzelgallen 32
Wurzeläuse 35
Wurzelreben 85
Wurzelreblaus 35
Wurzelspitze von V. vinifera 40
Wurzelsystem 28
würzen 17, 20
Würzer 44, 54, 250, 317
würzig 308

Z

Zaberfeld W 195
Zabergäu 318
Zähringer 55
Zaisenhausen B 185
Zapfen 86
zart 308
Zechgemeinschaft Bacharach-Steeg 134
Zeil F 204
Zeilenbreite 85
Zeilitzheim F 204
Zeiskam RP 178
Zell MSR 143, 145, RP 177, F 204
Zell (Untermosel), Bereich 144, 216
Zellertal RP 177
Zellingen F 203
Zellkern 28
Zellradschleuse 108
Zell-Weierbach B 185
Zeltingen-Rachtig MSR 146
Zentralnervensystem 326
Zeutern B 184
Zibeben 24
Ziegelanger F 204
Ziegelroth 19
ziselieren 77, 78
Zornheim RH 170
Zotzenheim RH 169
Zucker 69, 100, 101, 102, 103, 107, 111
Zuckergehalt 107
Zuckerrest 103
Zucker-Säure-Verhältnis 69
Zuffenhausen W 197
Zunge 305, 308
Zunsweier B 186
Zunzingen B 187
Zupflügen 89
20-Punkte-Schema 230, 232, 236, 310, 311
– für Qualitätsschaumweine 339
– für Sekt 339
Zweigeltrebe 55
Zwingenberg HB 164

Das Umschlagfoto zeigt den Weinbauort Ediger an der Mosel.

Bildquellennachweis

Académie d'Agriculture de Florence en Toscana (M. Bidet): 20, 21.
Karl Adams, Neustadt an der Weinstraße: 177
Agrarmeteorologische Forschungsstelle Geisenheim
Akademie der Wissenschaften, Dresden: 17
Weinbrennerei Asbach, Rüdesheim: 333
BASF, Limburgerhof (Werkfotos): 51 (außer 7), 52 (außer 4 und 8), 85, 89, 92 rechts
Bayerische Staatsbibliothek, München: 283
Helmut Becker: 51 (7), 52 (4)
Bronner Wb I 3: 19
Luftbild Albrecht Brugger, Stuttgart: 187 (Freigabe-Nr. 2/38408 C), 193 (Freigabe-Nr. 2/41114)
Christies, London: 313
Deutsche Landwirtschafts-Gesellschaft, Frankfurt, Center Press: 233
Deutsche Presse-Agentur: 71
Deutscher Raiffeisenverband, Foto Hönekopp, Bonn: 274, 275
Deutscher Weinbauverband, Bonn: 222, 223 unten, 271
Deutsche Wein-Information, Mainz: 108 unten, 112, 221, 232 oben, 254, 255, 263, 306
Deutsches Wein-Institut, Mainz: 168
Klaus W. Eichhorn und Dieter Lorenz, Neustadt an der Weinstraße: 31 oben
Eidgenössische Forschungsanstalt für Obst-, Wein- und Gartenbau, Wädenswil, Schweiz: 315
Evans: aus: »Australia and New Zealand Complete Book of Wine«, Paul Hamlyn Pty. Ltd. 1973, 266 links und Mitte, 267 links oben
Expression Foto Gerold Jung, Ottobrunn: 309
Forschungsanstalt Geisenheim, Institut für Rebenzüchtung und Rebenveredelung: 26, 27, 36, 37, 38, 39, 40, 41, 44 Mitte, 74, 75, 76, 77, 79, 80, 81, 82, 85, 87, 93 unten, 94, 100, 108 oben, 122, 123, 125, 159, 357 oben
Forschungsanstalt Geisenheim, Institut für Weinbau: 84, 98, 99, 100
Fränkischer Weinbauverband, Würzburg: 120, 199 unten, 201 oben, 203, 299 rechts unten
Fremdenverkehrsverband Rheinland-Pfalz, Koblenz: 139, 171
Germanisches Nationalmuseum, Nürnberg: 258, 327
Friedrich Gollmick, Naumburg: 205 unten, 207, 210
Robert Häusser, Mannheim: 33, 96, 157, 158, 161, 162, 163, 180 unten, 182, 183, 185
Heinz Held, Köln: 128, 166, 167
Hessisches Landesamt für Bodenforschung, Wiesbaden: 62 Mitte, 63, 64, 66
Hessisches Landesvermessungsamt Wiesbaden, freigegeben unter 1498.70 durch Reg.-Präsident in Darmstadt: 213

Historisches Museum der Pfalz, Speyer: 15 rechts, 16
IZG, Gesellschaft für Öffentlichkeitsarbeit der Glasindustrie, Düsseldorf: 294, 297 unten
Luftbild Klammet & Aberl, Germering: 175 (Freigabe-Nr. 6.43/760), 198 (Freigabe-Nr. 6.43/423), 208 (Freigabe-Nr. 76 725), 295 (Freigabe-Nr. 6.43/978)
Gerhard Klammet, Ohlstadt: 207
Wolfgang Krammisch, Dresden: 205 oben, 206
Kreisbildstelle Bad Neuenahr-Ahrweiler: 129
Kulturinstitute Worms: 165, 170, 265, 267
Kunstmuseum Düsseldorf: 298, 312
C. A. Kupferberg & Cie., Mainz: 334, 335
Landesamt für Flurbereinigung und Siedlung Baden-Württemberg, Karlsruhe: 96, 97
Landesbildstelle Baden, Karlsruhe: 180 oben
Landesbildstellen Baden und Württemberg: 197
Landes-Lehr- und Versuchsanstalt Trier, Berthold Walter: 58
Landesmuseum Trier: 211
Bildarchiv des Landesverkehrsverbandes Rheinland-Pfalz: 130, 131, 137 oben
Landwirtschaftskammer Rheinland-Pfalz, Bad Kreuznach: 231, 232, 233 (Center Press)
Siegfried Lauterwasser, Überlingen: 246, 319
Willi Moegle, Leinfelden: 297 oben
Eduard Mückenhausen: aus: »Die Bodenkunde«, DLG-Verlag, Frankfurt/Main, 1974: 59
Werner Neumeister, München: 259
Perrot-Regnerbau GmbH, Calw: 68.
Pfälzischer Verkehrsverband, Neustadt an der Weinstraße: 174, 176
Stadt Pforzheim – Stadtarchiv: 104
Presse- und Informationsamt der Bundesregierung, Bundesbildstelle: 336, 337 unten, 339, 342
Karl Röder, Bad Kreuznach: 149, 150, 151, 247
Schering AG, Berlin: 92 links
Schloß Johannisberg, Rheingau: 223 oben
Schloß Vollrads, Rheingau: 60
Toni Schneiders, Lindau: 15 links, 117, 118, 133, 135, 136, 142, 153, 189, 190, 191, 192, 194, 242, 260, 277, 278, 296
C. L. Schmitt, München: Umschlagfoto, 34, 154, 172, 200, 201 unten, 241
Schott AG, Mainz: 42
Fritz Schumann, Neustadt an der Weinstraße: 13
Seitz-Werke GmbH, Bad Kreuznach: 116, 119, 120 rechts, 124 oben
Staatsarchiv Aargau, Schweiz: 179
Staatsbibliothek Bamberg: 72, 73
Staatliche Grafische Sammlung, München: 282
Süddeutscher Verlag, München: 67
Verwaltung der Staatsweingüter, Eltville: 219
Wacker-Chemie GmbH, München: 93 oben
Wagner-Museum, Würzburg: 14
Weingut Erbhof Tesch, Langenlonsheim: 147, 284
Westfalia Separator AG, Oelde: 109, 111
»Wirtschaftsgeschichte des Kantons Thurgau.« Im Auftrag der Thurgauischen Kantonalbank, heraus-

gegeben von Dr. A. Schoop, Weinfelden 1971: 238
Foto Woscidlo, Frankfurt: 227
Heinz-Gert Woschek, Mainz: 299 oben und links unten, 302, 322
Württembergisches Landesmuseum, Stuttgart: 195
Carl Zeiss, Frankfurt: 209 links unten
Zentralkellerei Badischer Winzergenossenschaften, Breisach: 109, 110, 113

Nachweis der Zeichnungen und Karten

nach BASF: 40
nach Becker: 27 Mitte oben, 29 rechts oben, 32, 36, 37 links oben, 38, 40 Mitte, 43, 45, 46, 47, 48, 49, 50, 53, 55, 56, 57, 75
nach C. Börner 1921: 35 unten und rechts oben
Gauer, Kramer, Jung: aus: »Physiologie des Menschen«, Band 11, Urban & Schwarzenberg, München, Berlin, Wien 1972: 303 Mitte
nach G. Goethe 1895: 76, 77, 79, 80, 81
nach Battista Grassi: 1910, 35 oben und Mitte
Hessisches Landesamt für Bodenforschung, Wiesbaden, nach Zakosek, Horney, Becker und Schroeder 1967: 67
nach Horney: 69, 70
Kahle: aus: »Nervensystem und Sinnesorgane«, Band 3, Georg Thieme Verlag, Stuttgart 1976: 303 rechts, 305 Mitte und rechts
nach Kiefer: 85, 86, 87
nach Kroemer 1923: 26 links oben und unten, 28, 29 bis auf rechts oben, 30 Mitte und unten, 31 unten, 68, 293, 312, 331
Peter Schimmel, München: 3, 25, 83, 127, 215, 245, 293, 312, 331
Waldkircher Verlagsgesellschaft, Waldkirch, aus: »Deutsches Weinbau-Jahrbuch 1975«: 304
Heinrich Zakosek, Bonn: 62

Verlag und Herausgeber danken allen Institutionen, Bibliotheken und Archiven für die Unterstützung bei der Beschaffung von Bildmaterial. Besonders gilt unser Dank den Weinbergsrollenämtern, die uns die Lagenverzeichnisse zur Verfügung gestellt haben.

Nachdruck, auch auszugsweise, ohne ausdrückliche Genehmigung des Verlages nicht gestattet.

© Gräfe und Unzer GmbH, München, 1978
Redaktion: Susi Piroué, München
Buchgestaltung: Peter Schimmel, München
Umschlagfoto: C. L. Schmitt, München
Reproduktion: Brend'amour, Simhart & Co., München
Gesamtherstellung: Ludwig Auer, Donauwörth
ISBN 3-7742-1010-1